DZIENNIK 1970–1979

SŁAWOMIR MROŻEK **DZIENNIK**

tom 1 1962–1969
tom 2 1970–1979
tom 3 1980–1989

SŁAWOMIR MROŻEK

DZIENNIK tom 2

1970–1979

Wydawnictwo Literackie

1970

16 stycznia, Nowy Jork

Przyjechałem tu wczoraj. Mam zostać pół roku[1].

Samolot niszczy zdrowie, ale krzepi duszę. Podobne rozrzedzenie „rzeczywistości" miałem kiedyś w Zurychu nad ranem, dzięki pijaństwu (umęczeniu pijackiemu). Żaden film wyświetlany w samolocie nie da się oglądać, nie mogę na niego patrzeć inaczej jak na do niczego nie przystającą kupkę oddzielnych, mechanicznych, nie usprawiedliwionych niczym znaków. A jeszcze kiedy ma się miejsce przy oknie i ogląda to, co się ogląda przez takie okienko... Nawet czas się rozkłada i okazuje swoją umowność, co kiedy indziej zdarza się tylko dzięki pijaństwu.

Nowy Jork tak działa, samolot także. Inne tu ciśnienia i inaczej rozłożone. A kiedy powiem, że już od pewnego czasu, w moim akwarium paryskim nawet, wszystko mi się rozłaziło i nic nie składało na obraz i kształt, które by mi się jakoś przedstawiały, a co dopiero uwierzyć w nie...

---

[1] Mrożek przebywał w Stanach Zjednoczonych (od stycznia do lipca 1970 roku) na zaproszenie Fundacji Forda.

Tak lepiej, niech się rozkłada i rozrzedza to, co jest na rozkład i rozrzedzenie skazane, co jest rozkładem i rozrzedzeniem samym. Szkoda, że choć tak się rozkłada i rozrzedza, jakoś trzyma się kupy wciąż i nigdy nie może rozłożyć się i rozrzedzić całkiem. Czekam na to codziennie i co noc, jeżeli nie śpię. Właściwie na nic innego nie czekam, ale wiem, że to czekanie beznadziejne mimo mojej nadziei. Więc pomysły i chcenia, żeby jakoś to przyspieszyć, sprowokować, sprawić. Pisałem już o rodzaju teatru, bardzo nędznego, w którym nawet teatru już nie ma, ale z powodów niejasnych przedstawienie trwa, i nie wiadomo dlaczego z coraz większą nudą i złością siedzę i gram dla siebie rolę widza. Stąd różne podejrzenia, na przykład takie, że na niczym innym to nie polega, jak tylko na rutynie, i wystarczyłoby może zdobyć się na odruch, ruch i odwagę – wyskoczyć z rutyny, żeby nareszcie to się zmieniło czy skończyło.

Pisałem zresztą o niejednym i nic się nie dzieje poza czekaniem. A moja rosnąca obojętność wydaje mi się raz obiecująca i płodna, to znowu tylko obojętnością, zamieraniem i odchodzeniem; raczej wynoszą mnie, wynosi mnie coś, niżbym aktywnie cokolwiek ja sam robił.

17 stycznia

Mieszkam w Great Northern Hotel, tym samym, w którym mieszkałem przed rokiem[1]. Tak samo jak wtedy nie mam w pokoju światła dziennego. To także rozkłada i rozrzedza.

Naprzeciw mnie, tuż nad stolikiem, przy którym siedzę, znajduje się lustro. To jasne, że prawie przez cały czas przyglądam się sobie. Dzisiaj uważam, że jestem całkiem przystojny. Jak się nazywam?

Czytałem „New York Times"[2] i Arystotelesa, przez chwilę wydawało mi się, że powinienem się skoncentrować na jednym tylko. Ale i w obrębie „jednego tylko" taka sama niespójność jak w obrębie dwóch. Pytanie: czy jaką taką koherentność, spójność można osiągnąć przez ograniczanie? Chyba nie. Ja sam, nagi, tylko w swojej skórze, w ciemnym pokoju, jestem niespójnością; pozorność, że stanowię jakiś utwór skomponowany, dręczy mnie i wtedy, zresztą jest

[1] Great Northern Hotel – hotel położony przy West Street, obecnie nie istnieje.
[2] „New York Times" – popularny lewicowo-liberalny dziennik wydawany w Nowym Jorku od 1851 roku.

widoczna. Więc ograniczać, usuwać... Z tym że istotna niespójność jest po obu stronach granicy.

I o czym to ja myślę? Myślę, jak walczyć z niespójnością. Ale przecież jednocześnie podobają mi się okoliczności, w których ona następuje. Lepiej ją widać.

Można by się jeszcze uratować stwierdzeniem, że nie ma ani spójności, ani jedności. Ale tak się składa, że dzisiaj tak nie czuję, i takie stwierdzenie będzie raczej retoryką.

W popielniczce znajduje się niedopałek papierosa. Skąd się wziął, jeżeli ja nie palę papierosów?

19 stycznia

Poranek, aż do południa: *high*[1]. Potem jak uciął. Dlaczego? Czy księżyc się odmienił, czy też bakcyl w krtani (poczułem, że boli mnie gardło)? Pytam się tylko po to, żeby – może – znając okoliczności i domyślając się przyczyny, wiedzieć i umieć kierować takimi rzeczami. Ale czym, bakcylem, księżycem?

Świat, jaki jest proponowany i brany mimowolnie, składa się z retoryki, scenariuszy i czegoś jeszcze, czego domyśliłem się wczoraj, ale o czym dzisiaj już zapomniałem.

Chciałem właśnie zapisać kilka takich stwierdzeń, a tymczasem czuję nagły opór. Dlaczego? Podobna zmiana fazy jak w południe? Zmęczenie?

Trzeba zawsze zaczynać od ciała. Od tego, co w ciele. Od myśli w ciele, nie od myśli w głowie.

20 stycznia

Utworek Buchwalda Arta. O smutku tej hucpy.

23 stycznia

Jeżeli prawdą jest, a jest prawdą, że wszystko się wyrównuje, to wobec tego, żeby mieć maksimum plus, trzeba być gotowym na maksimum minus. Inaczej mówiąc, maksimum „złego" jest ceną, którą trzeba zapłacić, żeby dostać maksimum „dobrego". (Złe i dobre – jak najdalej od potocznych znaczeń).

[1] *high* (ang.) – wysoko, tu: w świetnym nastroju

Dziecinność na tym polegająca, że odmawiając płacenia, chce się mieć towar. Tymczasem to równanie zdaje się nieodparte. Nie ma ono też nic wspólnego ze sloganem: „Za wszystko trzeba płacić". Jest to raczej równanie mistyczne. Zazwyczaj zaczyna się od „plus" i czeka się... zazwyczaj żąda się towaru. Kiedy dostaje się próbki, wtedy czeka się na wezwanie do płatności. Tym razem chodzi mi o odwrócenie równania, najpierw trzeba otworzyć portfel i wyłożyć wszystko na stół. A raczej wysłać dyspozytorowi wszystkie pieniądze, jakie się posiada. Otworzyć sobie rodzaj konta, potem można brać. Wiele jest sloganów, które w przybliżeniu o tym napomykają: „Tylko kto gotów jest umrzeć, może żyć" itp.

Mit Fausta kręci się tu gdzieś w pobliżu. Ja bym dodał, że faustowska transakcja nie jest dobrowolna. Wszyscy mamy taką umowę, tylko zależnie od nas mniej, lepiej, gorzej, bardziej, rozmaicie ją wykonujemy. Kontrahent jest solidny. Tylko my kręcimy.

Jeżeli chce się dać mało, dostanie się niewiele. Jeżeli nie chce się dać nic, dostanie się głodowy przydział, a mizerna płatność będzie wyegzekwowana.

Cierpienie puste i cierpienie „gęste". Za cierpienie puste nic się nie dostaje.

Jeszcze raz: jakże można mieć wiele, jeżeli płaci się, oferuje się mało? Równanie jest nieubłagane.

Jeżeli umowa jest nieunikniona, jeżeli już... Jeżeli tak czy tak... Czuję, jak mi przeszkadzają płaskie slogany: „Za wszystko trzeba płacić", „Pieczone gołąbki...", „Bez pracy..." itd. Również w nieco lepszym wydaniu (kroki Komandora[1], moja stara obsesja) towar bierze się najpierw, potem czeka się na inkasenta, który stuka obcasami.

Jak to się godzi z innym przekonaniem: że nie wolno żyć, a raczej patrz rozmyślania o tym: Czy jeżeli czegoś chcę, czy nie chcę, to za każdym razem tak jest naprawdę? Ale na najprawdziwszą, prawdziwą prawdę? A nie ze strachu, przyzwyczajenia i ospałości?

---

[1] Kroki Komandora – tu w znaczeniu nadchodzącej kary, przeznaczenia; aluzja do *Don Juana albo Kamiennej uczty*, dramatu Moliera z 1665 roku; ogarnięty pychą i lekceważąc zasady boskie, Don Juan zaprasza na ucztę posąg zabitego przez siebie Komandora, ojca uwiedzionej i porzuconej Elwiry. Posąg przybywa na ucztę, słysząc jego kroki, Don Juan nie okazuje jednak strachu.

Chyba proste: wiele nie chcę, czy chcę, właśnie z wymienionych przyczyn.

30 stycznia

Człowieku, jak ty chcesz cokolwiek zrozumieć, jeżeli nawet uchwycić nie można. Zrozumienie ma nieco odcień naukowy, żeby zrozumieć, trzeba mieć najpierw coś w rodzaju przedmiotu, preparatu, który ma być do zrozumienia. A nic nawet nie da się zamienić w taki preparat. Kiedy to jest w probówce pod szkłem, to już nie jest to. I wnioski, owszem, dotyczą, ale już nie tego, o co chodziło.

Coraz większy zamęt i zgiełk scenariuszy. Wczoraj, przypominając sobie mnogość i wielość nas w domu u La MaMa[1], uderzyło mnie: a może każdy jeden, którego widzę, to tylko ja w innym wydaniu, to tylko inna wersja mnie? Tylko w takim sensie teoria bliźniego mego jest jako tako do przyjęcia. Nasza identyczność i nieskończoność wersji. Zresztą trzeba jakoś się ustosunkować do mnogości scenariuszy. Jest ich tyle i są tak natarczywe, że trzeba sobie coś o nich pomyśleć.

17 kwietnia

Still I am alive.

Dirty inscriptions on my wall. On my soul's wall. À la lettre.

Pondering upon ways and back to the Way. Forgetting it soon. Reminding oneself of that forgetfulness does not necessarily bring back the forgotten thing.

There is no message. Nor Message. Hence writing should not aim at any message passing. Rather music making.

Straining at "high" contrary to the Way. Easy way of avoiding it? Apparent willing? (Contrary to the real one). Escape, escape.

Facing it as opposed to the escape.

"Did you recognize me in that (my work)? – No, just the shell, the shell only. There was no trace of your spontaneity… (of what else?)". Again the proof of what I do know.

Swing low, sweet chariot, swing low. Only then you would be taken high.

---

[1] La MaMa Experimental Theater Club – teatr eksperymentalny założony w Nowym Jorku w 1961 roku przez Ellen Stewart.

The infinity of changing moods brought him to the conclusion of a total instability of the world. That gave birth to his desire of the absolute. That could not be found or established on any level or in any shape. The philosophy of a want as a principle did not satisfy him either. Sticking to the change, inter-influence and game does not appeal to him, as deprived of any real interest. Neither could he believe in Appearance nor – firmly enough – in transcendence. Waywardness and the contours constantly being washed out. Once he was a fanatic of clear delineated contours. Later on he lost any faith in it.

From time to time taken by it, he rushed blindly ahead, never being able to soar. That was similar to a chicken flight. His self-contempt and saying: "Nothing to be done again" are worth to be thought of. It could be thought of as the lack of a positiveness, so strong and dear in lions. As if he searched for a defeat and disillusion. See the story: "My God, how I was thirsty".

However, sometimes he managed to be on the Way. Then he was more and otherwise than happy. Why did he not stick to it?

More and more he was conscious of his mind contents, various, unnecessary, wanton, unessential. However, he was attached and inclined to daydreaming, less and less he could enjoy it knowing more about its futile nature. He learned more about how to manipulate his mind contents and that capacity took away much of the old joy of it. That aroused in him the temptation of delivering himself radically, which cannot be called otherwise than "death". In spite of some efforts, he never succeeded totally, that is – permanently. This not only because of a natural difficulty of it. A strong attachment to "life" hindered him much in that respect. In a way he loved his stupidity and his wicked weakness (to discern form, weakness, not wicked).

Positive attitude, or at least a balance between a positive and negative one. That was – how to be attained? As anything else, just do it – seemed to be the only answer.

Back to the same point ever – the mind contents as the reality to cope with. These are shifting, voluntary to a large extent. Theory of habits, mind-habits, evolved. Those habits may be called demons, little demons as well, or psyche residues. Hardened and stiffened to a kind of objects, hurt and discomfort as any objects.

[Wciąż żyję.

Nieprzyzwoite napisy na mojej ścianie. Na ścianie mojej duszy. Dosłownie.

Zastanawiam się nad drogami i powrotem do Drogi. Zapominam o tym szybko. Przypominam sobie, że to zapominanie niekoniecznie przywraca rzecz zapomnianą.

Nie ma wiadomości. Ani Wiadomości. Dlatego pisanie nie powinno dążyć do żadnego przekazywania wiadomości. Raczej do tworzenia muzyki.

Dążenie ku „wysokości" w przeciwieństwie do Drogi. Łatwy sposób na jej uniknięcie? Oczywiste chcenie? (Przeciwieństwo do prawdziwego). Ucieczka, ucieczka.

Zmierzenie się z tym jako przeciwieństwo ucieczki.

„Czy rozpoznajesz mnie w tym (w mojej pracy)? – Nie, samą powłokę, tylko powłokę. Nie ma śladu twojej spontaniczności... (czego jeszcze?)". Znowuż dowód tego, co wiem.

Kołysz nisko, słodki rydwanie, kołysz nisko. Tylko wtedy wzniesiesz się wysoko.

Nieskończoność zmieniających się nastrojów doprowadziła go do wniosku o całkowitej niestabilności świata. Stąd zrodziło się jego pragnienie absolutu. Ten nie mógł być odnaleziony lub ustanowiony na jakimkolwiek poziomie czy w jakiejkolwiek postaci. Filozofia chcenia jako zasady również go nie zadowoliła. Upieranie się przy zmianie, wzajemnym wpływie i grze nie przemawiało do niego, jako nie budzące jakiegokolwiek prawdziwego zainteresowania. Tak samo nie mógł uwierzyć w Zjawisko ani – dość mocno – w transcendencję. Kapryśność i wciąż rozmywane kontury. Kiedyś był fanatykiem dokładnie wykreślonych konturów. Później stracił jakąkolwiek wiarę w nie.

Od czasu do czasu porwany przez to, ruszał na oślep do przodu, nigdy nie będąc zdolnym wzbić się wysoko. Przypominało to lot kurczaka. Jego pogarda do samego siebie i mówienie: „Nie ma znowu nic do zrobienia" są warte przemyślenia. Mogłyby być pomyślane jako brak pewności siebie, tak silnej i cennej u lwów. Jak gdyby szukał klęski i rozczarowania. Zobacz opowieść: „Mój Boże, jakże byłem spragniony".

Jednak czasem zdołał być w Drodze. Wtedy był bardziej i inaczej niż tylko szczęśliwy. Dlaczego nie pozostał temu wierny?

Coraz bardziej był świadom zawartości swego umysłu, różnorodnej, niepotrzebnej, swawolnej, nieistotnej. Chociaż był przywiązany i usposobiony do śnienia na jawie, coraz mniej mógł się z niego cieszyć, wiedząc więcej o swojej jałowej naturze. Nauczył się lepiej manipulować zawartością swego umysłu i ta zdolność zabrała wiele z jego dawnej radości. To wzbudziło w nim pokusę, aby się radykalnie uwolnić, co nie może być nazwane inaczej jak tylko „śmiercią". Pomimo paru prób nigdy mu się całkowicie nie udało, to znaczy – na stałe. Nie tylko z powodu naturalnej trudności tego. Przeszkadzało mu w tym silne przywiązanie do „życia". W pewnym sensie kochał swoją głupotę i swoją nikczemną słabość (rozróżnić formę, słabość, nie nikczemność).

Pozytywne nastawienie, albo przynajmniej równowaga między pozytywnym a negatywnym. To znaczy – jak ma zostać osiągnięte? Jak wszystko inne, po prostu to zrób – to zdawało się jedyną odpowiedzią.

Zawsze z powrotem do tego samego punktu – zawartość umysłu jako rzeczywistość, z którą trzeba się zmierzyć. Jest zmienna, w znacznym stopniu dobrowolna. Teoria nawyków, nawyków umysłu, ewoluowała. Te nawyki mogą być nazwane demonami, również demonkami albo pozostałościami psychicznymi. Stwardniałe i zesztywniałe jak przedmioty, bolą i są niewygodne jak każdy przedmiot].

Sztuka jest sposobem mówienia prawdy w sposób możliwy do przyjęcia w dobrym towarzystwie. Nudne.

Z prawdą nie można przeżyć ani chwili. A trzeba jakoś żyć.

Sztuka polega na wyborze. Tymczasem wiem już, że nie ma czego wybierać, że żadne kryteria wyboru nie są *valables*[1].

Sztuka jest formą, a forma dla mnie jest tylko upiorem rzeczywistości. Nie ukazuje się nic poza formą. Dlatego rzeczywistość jest cała upiorem.

Żyję, ale (w rozmaity sposób, łącznie z predyspozycją, *insight*[2]) mam natchnienie śmierci. Dlatego nie mogę żyć, przynajmniej w pierwszej warstwie (życia).

[1] *valable* (franc.) – zasadny, ważny, obowiązujący
[2] *insight* (ang.) – wgląd, intuicja

Operacje i zawartość mojego umysłu (pamięć plus kombinatoryka) nie są już dla mnie niczym więcej niż tym właśnie.

Czy jest możliwe przerobienie percepcji, względnie odkrycie „nowej" percepcji?

Czas z „normalnym" jego poczuciem i interpretacją jest dla mnie podejrzanie nieprawdziwy.

Moje funkcjonowanie intelektualne jest mi wstrętnie nudne i znane. Moja psyche i jej zawartość, zakamarki – tak samo niezabawne jak umysł i jego funkcjonowanie. W moim intelekcie i mojej psychice jest mi nie zabawniej niż w więzieniu. Oto moje dane.

Manipulować nie intelektem i psyche jako zawartościami, ale *en bloc*, po ich liniach zewnętrznych. (Jeżeli już czymś manipulować i jeżeli manipulować).

Przeszkody: obawa przed „śmiercią" i szaleństwem. Nawyki.

Powód za: wstręt i niechęć do takiej kontynuacji.

Niezbędny, niestety, warunek: manipulacja *triple*[1]: ciało, intelekt, psyche.

Czynnik manipulacji (sposób): „nie".

Dać sobie spokój ze sztuką. Wykonywać ją ubocznie.

Od pewnego czasu czytanie książek z fabułą, oglądanie filmów z fabułą, przedstawień teatralnych z fabułą nudzi mnie. Przez fabułę rozumiem opowieść skonstruowaną, z początkiem, środkiem i końcem.

Ale nie ma – w ostateczności – żadnego dzieła sztuki bez fabuły, choćby szczątkowej czy zaczątkowej. Pacnięcie dokonane przez malarza Matthews[2] też jest fabułą. Co robić? Można nie czytać i nie oglądać. Ale ja jestem pisarzem zawodowym, niestety, i choć mogę nie czytać, muszę pisać.

Może nie musiałbym, gdyby chodziło tylko o uprawianie sztuki dla konieczności mojej wewnętrznej. Być może, nawet dosyć to jest prawdopodobne, że nie jestem urodzonym artystą. Dałbym sobie radę ze sobą, ze swoim życiem wewnętrznym bez pomocy sztuki. Chodzi o to, że muszę zarabiać na życie, a uprawianie sztuki jest

---

[1] *triple* (franc.) – potrójna

[2] Chodzi o farby amerykańskiej firmy Matthews Paint.

mi zajęciem stosunkowo najmniej wrogim. Nic innego nie umiem robić.

Dlatego jeszcze raz próbuję się zastanowić, jakie są szanse, jeżeli są, żeby pisać, i jak, i co. Może znajdę jakieś uczciwe wyjście.

Sztuka jako opis – nie, nuda i nieskuteczność.

Sztuka jako przesłanie (posłanie) – na nic. Nic nie wiem o żadnym przesłaniu generalnym ani tym bardziej o poszczególnych.

Sztuka jako wyrażenie siebie, jak to się powiada, swoich treści psychicznych, obsesji, lęków, nadziei – moja psychika nie wydaje mi się koniecznością. Ani ona ważna, ani nie jestem już do niej zbyt przywiązany. Nie potrzebuję jej.

Sztuka jako zdziwienie światem, życiem – ja już tak się zdziwiłem, że nie dziwię się już dostatecznie.

Wszystkie powyższe kategorie zakładają konstatację. Ale ja niczego już nie umiem stwierdzić z dostateczną pewnością, albo też niektóre rzeczy są tak oczywiste, że nie chce mi się ich stwierdzać.

To nie dlatego, że jakobym był zblazowany życiem. Przeciwnie. Mogę spędzić niezwykle interesujący dzień w najbardziej zwyczajny sposób, ale nie chce mi się tego opisywać. Właśnie dlatego, że coraz lepiej umiem żywić się bezpośrednim doświadczeniem, straciłem potrzebę pisania. A jeżeli coś sobie tam myślę i wiem o tym doświadczeniu, to dlaczego mam zaraz o tym pisać? Myślę szybciej i lepiej, niż piszę.

Piękno? Używam tego słowa bez ironii i mam na myśli coś podobnego do muzyki. Może pisać tak, jak istnieje muzyka? Dobrze, ale ja jestem pisarzem i każde słowo obciążone jest swoją własną fabułą. A co dopiero zdanie, książka... Nie ma się co łudzić.

Dajmy więc spokój sztuce, zatrzymajmy się jeszcze przy pisaniu, sztuka nie sztuka. Pisanie tylko jako narzędzie, sposób na pozbycie się tego, co jest, ale nie ma bytu.

Myślę tutaj o mojej „tożsamości", „identyczności". Ja jako moja historia, nagromadzenie zdarzeń, „faktów", zlepionych w przyzwyczajenia wielkie i małe, odruchy dawno umarłych sytuacji, utrwalone w biernej pamięci osobiste archetypy zachowania się bezsensownie przeżyły okoliczności, którym zawdzięczają swoje narodziny. Magazyn podobny do śmietnika, każda chwila i każda okoliczność moich czterdziestu lat coś tam dorzuciły. I naiwna, sztywna ingerencja tego magazynu w fabułę, moją biografię zewnętrzną, wewnętrzną – jakaż nuda i nieprawda.

Niechże więc moje pisanie, jeżeli ma mieć jakikolwiek sens, a ja jakąkolwiek na nie ochotę, będzie tylko robieniem porządku. Nie, nie segregowaniem magazynu w jakikolwiek nowy system, interpretację, ujęcie... po co? Niech będzie po prostu likwidowaniem magazynu, próbą odesłania tego rupiecia tam, skąd przyszedł – donikąd. Nigdy nie umiałem powiedzieć „tak". Ale wiem dużo o tym, co „nie tak". Oto jedyne uczciwe dla mnie pisanie.

Zacznijmy od przykładu poręcznego, bo to, o czym piszę, niezmiernie było dla mnie palące w ciągu całego mojego życia świadomego, a dzisiaj palące jest dla wielu milionów ludzi. Ma więc nośność dla mnie osobiście i ma dostateczną nośność społeczną. Może więc liczyć na moje własne zainteresowanie osobiste i na dostateczne zainteresowanie czytelników.

Raz, między szóstym a dziewiątym rokiem życia, znalazłem się, prowadzony prawdopodobnie przez matkę, ojca, czy też oboje, a może jeszcze przez jakieś osoby, na odcinku Plant krakowskich, między ulicą Stradom a ulicą Sienną. Była późna wiosna albo lato, bo pamiętam zieleń. Była to prawdopodobnie godzina spaceru, bo pamiętam spacerowy nastrój i także nastrój jakby świąteczny, dzień wyjątkowy – niedzieli, soboty, czy też jakiegoś święta państwowego. Oprócz zieleni pamiętam także czerń. Może od tej chwili – ale nie, od chwili kiedy zacząłem się uczyć słów – czerń była dla mnie w słowie „Żyd". Trzeba zastanowić się nad tym słowem we mnie. Niewątpliwie zawsze było czarne i brzydkie. „Brzydkie" trochę jak „nieprzyzwoite", i tak samo brzydko atrakcyjne, a może nawet nie bez bezpośredniej łączności ze sferą zakazaną, erotyczną (choć określenia „erotyczna" nauczyłem się znacznie później, bo – niejasno pamiętam – przed wojną jeszcze).

18 kwietnia

Wywiad, dziennikarka nie głupsza i nie mądrzejsza niż inni[1]. Ale wywiad szybko zamienił się prawie w awanturę i bliska była

[1] Wywiad ten prawdopodobnie się nie ukazał.

płaczu ta zacna lewicowa, w średnim wieku, poprawnie nowojorsko inteligentna szara pracowniczka owego intelektu kolektywnego pewnego miasta, pewnego kraju i stulecia, i w pewnym roku tego stulecia.

Nic, cała ona, wszystko, z czego się składa jej biedna głowa, nie było dla mnie do przyjęcia. Ani jej zasób pojęć i informacji, ani jej intencje, ani metoda myślenia. Co więcej, ten jej magazyn nie mógł mi być tylko obojętny. Zgodziłem się na ten wywiad i musiałem spędzić z nią nieco czasu na rozmowie. A „ona" (piszę w cudzysłowie, żeby jednym wyrazem określić jej głowę i to, co w tej jej głowie) była dokładnie tym, co mi jest nienawistne i co mnie rozjusza, bo ono mi przeszkadza żyć, oddychać, myśleć, czuć, i w ogóle przeszkadza mi we wszystkim najważniejszym.

Co robić? Oczywiście skończyć z tymi wywiadami. W towarzystwie zaś oświadczać, że gotów jestem dyskutować o wszystkim, z wyjątkiem polityki i sztuki. Całym sercem za tym jestem, boję się tylko z niskich powodów: moje kontakty z tymi społeczeństwami polegają tylko i wyłącznie na mojej roli błazna. Nie ma tej roli, nie ma kontaktów.

Skończę czy nie skończę, zobaczymy. Możliwy do pomyślenia jest kompromis, półgębkowanie. Do pomyślenia, ale czy do wykonania? Wydaje mi się, że już trochę dla mnie za późno.

Na czym, poza tym jeszcze, polega głupota i nienawistność wywiadów – nie chce mi się wyliczać sobie samemu. Mam to w głowie.

8 października, Paryż

Po wielu podróżach i przygodach oto jestem znowu, z moją identycznością osłabioną, ale wciąż trwającą. Skąd to osłabienie? Odpowiedź najprostsza i najbrutalniejsza: z wieku i życia. Inna: ze studiowania myśli rozmaitej, ale najusilniej wyrażanej przez azjatyckie koncepcje, które być może nie służą Europejczykowi. Ze studiowania – niewłaściwie powiedziane. Wierny swojemu ukształtowaniu, nie studiuję właściwie nic w tego słowa znaczeniu, czytam bardzo mało nawet. Ale łapię to tu, to tam to i owo, nie tyle studia, ile nadanie sobie kierunku.

Ale jeżeli jestem w takim kierunku, to czy naumyślnie? Krowa sama wybiera sobie pożywienie na łące właściwe krowie. Być może problem jest następujący: Doszedłem czy zostałem doniesiony przed najtrudniejsze. Nic dziwnego, że mnie łamie. Może się przeceniam? Wołam: dajcie mi najtęższy łuk, a kiedy mi go dają i kiedy go napinam, pocę się, drżę i zasypiam ze zmęczenia.

Od dawna miałem pragnienie, aby mnie postawiono przed ostatecznością. Trudno pytać o przyczyny pragnienia i nie chcę pytać o nie. To nie ambicja ani pycha w każdym razie. Czy jestem wybrany? Chciałbym być wybrany po to, żeby nie mieć wątpliwości. Ale kto wie, czy wybraństwo nie pociąga za sobą właśnie najcięższej wątpliwości. O niepewności dosyć już pisałem. Wszystko wskazuje na to, że w ostateczności stoimy przed najgorszym: przed własną, niczym nie popartą arbitralnością. *Trancher, décider, faire gratuitement*[1] w lodowatej samodzielności i wolności. Tymczasem wiem, że tęsknię, jak wszyscy, za niewolą. A więc raczej nie odrzucać tej straszliwej wolności, odpowiedzialności osobistej. A tylko kiedy już ją uznać i przyznać, pomagać sobie pytaniem, z czego to wynika, skąd się bierze owa wolność?

Oscillation – o niej już wiem, że jest konieczna. Trudno, taka jest moja kondycja.

19 października

Stagnacja. Kiedy zaczyna się znowu okres nudy samemu ze sobą...

It means that nothing prevails. None of the shapes, intuitions, forms, propositions, endeavourings... and they are many.

[To znaczy, że nic nie przeważa. Żaden z kształtów, żadna z intuicji, form, propozycji, prób... a jest ich wiele].

Teksty tutaj pisane, albo nie pisane, tego dowodzą, tego są sygnałem. Mniej niż kiedykolwiek owe zapiski mają kształt, kierunek, pomysł, sens. Co się właściwie dzieje?

Próba odpowiedzi na pytanie, co się właśnie dzieje. Ot, od kilku miesięcy dzieje się dryfowanie. Zniknęły wielkie bóle i rozpaczliwe nadzieje. Ociężałość i przeżuwanie, mniej więcej przyjemne

---

[1] *trancher, décider, faire gratuitement* (franc.) – rozstrzygać, decydować, działać bez żadnej motywacji

albo przynajmniej nie nieprzyjemne. Zacierają się odczucia tragedii i niezrozumiałych, wstrząsających zdarzeń sprzed roku i potem. Ospały, na fotelu, leniwie przeżywam dni.

Oczywiście nie ma wyraźnego powodu, żeby tak dalej trwać nie mogło. Od jednego dnia do drugiego, od jednej nocy do drugiej, dlaczego z tym się nie godzić? Tymczasem świat rozpada się w kawałki, co jest oczywiście tylko histerycznym złudzeniem i wykrętnym usprawiedliwieniem. Nie ujmę się za światem, ale nie wierzę, żeby człowiek naprawdę bardziej przejmował się światem niż sobą, swoim losem, a przynajmniej tym, co o sobie czy o swoim losie sądzi.

Co robić i do czego zmierzać? Mam uczucie, że zatrzymałem się, a raczej ugrzązłem w drodze, nie całkiem wiem jakiej. Ale uczucie ugrzęźnięcia jest dosyć wyraźne. Żeby nawiązać do tego, należałoby przeczytać zapiski sprzed pół roku. Wiele tam jest rzeczy prawdziwych i pożytecznych.

Samo to pytanie jest leniwe i osłabiające. Co robić i do czego zmierzać – mój Boże. To założenie, że ja mam co robić i do czego zmierzać – ani siebie nie odczuwam dostatecznie wyraźnie jako siebie, ani też ewentualne cele nie są mi zbyt drogie.

Dość, to pisze hipokryta. Wiesz bardzo dobrze, oszuście, co masz robić i jak. Odtąd zapisuj tylko... A co innego tylko wtedy, kiedy musisz.

Chcesz uchwycić Wielką Prawdę i posiąść ją w formie literackiej, to znaczy opisu, na piśmie? Jako definicję? Na to ja ci powiem: Ależ nie, ależ nie, tak nie można, nie trzeba zapisywać. Spróbuj inaczej.

How you proceed: you are searching for a definition. Remember: do the process. Or: give up to the process. Try to know the nature of the process. Understand the process rightly. First: see the process. Second: try to understand it. Try to have the insight of it. Go to bed.

[Jak postępujesz: poszukujesz definicji. Pamiętaj: spowoduj proces. Albo: poddaj się procesowi. Staraj się poznać istotę procesu. Zrozum proces właściwie. Po pierwsze: zobacz proces. Po wtóre: staraj się go zrozumieć. Staraj się mieć weń wgląd. Idź do łóżka].

18 grudnia

Le Songe *de Strindberg à la Comédie-Française. Le goût du théâtre, un certain goût retrouvé. Je ne parle pas du théâtre en général, mais d'un certain théâtre, abusé et dilué par „l'avant-garde".*

[*Gra snów* Strindberga w Comédie-Française[1]. Smak teatru, pewien smak odnaleziony. Nie mówię o teatrze w ogóle, ale o pewnego rodzaju teatrze – wykorzystanym i osłabionym przez „awangardę"].

Ktoś chory śmiertelnie, kto wkłada maskę, aby oszukać śmierć. Żeby za niego umarł kto inny. Albo podczas epidemii.

W Polsce znowu jakieś nieszczęście[2].

Nowe odczucie: jak w genach zawarta jest cała informacja o człowieku, tak nagle w mojej głowie, nagle uspokojonej, odczucie ziarna wszystkiego, co ta głowa kiedykolwiek jeszcze pomyśli, cokolwiek jeszcze w tej głowie się stanie. Stąd: niepośpiech w tej głowie, bo już w niej się stało. Stało się i jednocześnie nie wiedząc, wiem już jednak. Oczywiście opis aptekarski, a samo odczucie odeszło, zostawiając tylko wspomnienie. Wywołanie odczucia przez jego wspomnienie nie daje skutku.

Drugie odczucie: śmierć wobec samego siebie, jakbym sam leżał umarły i widział, i słyszał sam siebie żyjącego. Nie pozbawione pewnej wesołości, całkiem przyjemne przez brak nawet „przyjemności". Oczywiście też stało się to w taki sposób, że nie umiem powiedzieć ani kiedy, ani jak długo trwało. Dotyczyło konkretu, to znaczy ten ja żyjący akurat robił coś konkretnego, osadzony w życiu, jak tylko to żywy potrafi.

Powyżej opisane dwa odczucia to raczej doświadczenia, przygody. Być może niepowtarzalne. Wspomnienie zostało i na pewno coś ze mną wyprawia.

[1] *Le Songe ou jeu de rêves* (*Sen albo gra marzeń sennych*) – francuskie tłumaczenie dramatu A. Strindberga z 1901 roku, wystawione w paryskiej Comédie-Française w 1970 roku w adaptacji M. Clavela, reż. R. Rouleau.

[2] Mowa o tragicznych zajściach w Gdańsku, Gdyni, Szczecinie i Elblągu, wywołanych ogłoszeniem 13 grudnia 1970 roku przez rząd PRL podwyżki cen, co doprowadziło do robotniczych manifestacji, krwawo stłumionych przez milicję i wojsko w dniach 15–17 grudnia.

1

„Dwanaście lat temu
byłem umęczony,
ale nie pokonany...”
(*Dziennik*, 5 VII 1973)

1.–3. Lata sześćdziesiąte XX wieku.

2

3

4

5

4.–5. Lata siedemdziesiąte XX wieku.

6. Z Samuelem Beckettem, Stuttgart 1977.
7. Z Leopoldem Kielanowskim, lata sześćdziesiąte XX wieku.

6

7

8

9

8.–9. Lata siedemdziesiąte XX wieku.

10. Lata siedemdziesiąte XX wieku.

1971

14 stycznia

Szukanie kamienia filozoficznego. Szukanie formuły magicznej. Szukanie słowa.

Wieczne poczucie niespełnienia: obowiązku, własnej obietnicy, innych obietnic. Zmęczenie tyloma już olśnieniami, obietnicami, przysięgami, odkryciami.

Mnogość ról, uczuć, sytuacji, myśli, nastrojów. Tysiące par sprzeczności. Kuszenie siebie. Wiedze o sobie kolejne i zapominane. Śmierci, miłości, historie, lęki, nadzieje, limbo nieustające (prawie), starzenie się łagodnie i niepostrzeżenie, na co dzień robiące swoje (tumanienie, zasapanie, zmęczenie). Tłumy, mnogości, byłoby czym obdzielić tysiące stron zapisanych, gdyby nie brak imperatywu w tym kierunku.

Pobyty w sobie i wycieczki poza siebie, chwile dalekich podróży do wewnątrz i na zewnątrz. Lenistwo, obskuranckí dyletantyzm, awanturnictwo duszy, które przeszło w nałóg, zmęczone i zwątpiałe już w siebie awanturnictwo.

Takie już rozszerzenie względności i znużenie jednocześnie, że nie wynika z tego ani to, co było, ani to, co ma być. Trwanie, zawieszenie, ruchy wahadłowe, przypominające zanadto skurcze i rozkurcze pierwotniaka. Nieodwracalne już zwątpienie w realność tego tłumu i zgiełku, a jednocześnie w nim przebywanie – ani wcielenie się w niego, jak dawniej, ani też od niego odejście. Limbo, limbo uświadomione mniej czy bardziej, zależnie od chwili, nastroju, predyspozycji, okoliczności...

Poczucie, że zatoczyło się koło i jest się w tym samym miejscu co zawsze, a tylko zmęczenie jest realne. Ostatnio tak silne owo poczucie daremności blisko owego sławnego i obrzydzonego też do znudzenia: wiem, że nic nie wiem.

A teraz: czegoś to oczekiwał, czegoś to spodziewał się? Czy nie nauczyłeś się w twoich sławnych wojażach wewnętrznych i zewnętrznych, że spodziewanie się i oczekiwanie są niesmacznym nietaktem, dzieciństwem i w ogóle pierwszą niewłaściwością? Jeżeli więc do niczego nie doszedłeś, to właśnie jest całkiem w porządku, i jeżeli masz takie właśnie i silne poczucie, to tylko o tym świadczy, że sprawy dobrze idą.

Przyjmij więc to, co cię krzywdzi, według twojej pretensji, jako nie krzywdę, ale właśnie oznakę, że jesteś tam, gdzie trzeba.

A poza tym nigdy nie dość przypominania nauk, których prawdziwości nie podważasz przecież, sam je sobie dałeś w wyniku ciężkich doświadczeń i za wielką cenę, po prostu zapominasz o nich, byle tylko mieć przyjemność poskarżenia się i poskamlania, która to przyjemność jest jakże dobrze ci znana, skąd ona i dlaczego, tak dobrze, że nawet ona nie jest już naprawdę przyjemnością, o czym także dobrze wiesz, obłudniku, i skarżysz się w gruncie rzeczy na to, że tak smakowicie się skarżyć jak dawniej już nie umiesz.

Udajesz głupszego, niż jesteś, kogoś innego, niż jesteś. Dlaczego? To właśnie jest do przemyślenia i przede wszystkim nie do zapomnienia. Uwaga potrzebna, bo nawet kiedy wszystko o tym już będziesz wiedział, to chytrze postarasz się o tym zapomnieć. Więc jeżeli nad czymkolwiek chcesz się zastanowić tej kolejnej niespanej nocy... Jednej z tak wielu, z tak wielu, że już z tych nocy tworzy się jakby kształt twojego życia... Czy ja wiem, czy naprawdę wszystkie one były schludnie męczeńskie i tworzące, odkrywające, a ile w nich było błazeństwa i po prostu dziecinnej przyjemności niespania, mimo że się spać chce.

Rozrzutność twoja głupia brzydzi mnie tym bardziej, że chciałbyś ją zobaczyć jako wspaniałomyślność. Tymczasem jest to tylko głupota.

15 stycznia

Jedno słowo, zdanie, myśl, maksyma, system – i tyle różnic w ich odczuwaniu, rozumieniu, stosowaniu. Kiedy dwóch mówi to samo, to nie znaczy to samo. To mi przyszło do głowy, kiedy czytałem beztrosko prymitywne, filozofujące rozważania Casanovy w jego przedmowie do *Pamiętników*[1]. Coś on tam mówi o stoikach. Skąd wiem, domyślać się tylko mogę, co on miał na myśli.

Przestań łapać Pana Boga za nogi. Więcej pokory. Żyj i rób coś. Zadumany nad ostatecznościami, w pewnym momencie stajesz się śmieszny. Jesteś jak mnich, który odmawiając pacierz, zasypia, kiedy rzekomo doznaje wniebowzięcia. Wniebobrany – pochrapujesz sobie na kanapie.

17 stycznia

„*Ce que l'*Almanach des Muses[2] *a fourni d'agents de la Terreur est incroyable. La vanité des médiocrités en souffrance produisit autant de révolutionnaires que l'orgueil blessé des culs-de-jatte et des avortons: révolte analogue des infirmités de l'esprit et de celles du corps*". (Chateaubriand)[3]

[„Trudno uwierzyć, jak wielu agentów Terroru dostarczył «Almanach Muz». Próżność udręczonych miernot wydała tyluż rewolucjonistów, co zraniona duma kalek i pokurczów: bliźniaczy bunt ułomności psychicznych i fizycznych"].

28 stycznia

Some remarks about London ("London"):

• *London better or worse (found better or worse by me) according to how I find "London".*

---

[1] Mowa o *Mémoires de Casanova*, pełnym francuskim wydaniu z lat 1960–1961 *Historie de vie* sławnego uwodziciela; Mrożek wspomina o nich w *Dzienniku* z 1969 roku (zapis z 16 września).

[2] „Almanach des Muses", pismo krytycznoliterackie wydawane w latach 1765–1833; wśród autorów byli m.in. Wolter, Beaumarchais; publikowanie w „Almanachu" było dowodem uznania i synonimem sukcesu literackiego.

[3] F.-R. de Chateaubriand, *Pamiętniki zza grobu*, księga 9, rozdział 16.

• *In London ("London") longing for Paris ("Paris"). In Paris ("Paris") longing for London ("London").*

• *Back in Paris ("Paris"): the pleasure and displeasure of habits. The confirmation of the previous statement:*

• *New situations pleasurable, because they help automatically in seeing anew. Seeing anew, however, is not impossible without new situations.*

• *Essentially there is no displeasure in the new situations. While in the old ones there is pleasure + displeasure.*

• *Analysis of the "case": I sent a book to Lion – she did not read or read, but did not talk about it. While she imposes herself with her writings etc. So I get touched etc.*

[Kilka uwag o Londynie („Londynie"):

• Londyn lepszy lub gorszy (uważany przeze mnie za lepszy lub gorszy) zgodnie z tym, co sądzę o „Londynie".

• W Londynie („Londynie") tęsknota za Paryżem („Paryżem"). W Paryżu („Paryżu") tęsknota za Londynem („Londynem").

• Z powrotem w Paryżu („Paryżu"): przyjemność i nieprzyjemność nawyków. Potwierdzenie wcześniejszego zdania:

• Nowe sytuacje sprawiają przyjemność, ponieważ automatycznie pomagają widzieć od nowa. Widzenie od nowa jednakże nie jest niemożliwe bez nowych sytuacji.

• Istotne jest, że nie ma nieprzyjemności w nowych sytuacjach. Podczas gdy w starych jest przyjemność + nieprzyjemność.

• Analiza „przypadku": Wysłałem książkę do Lwa – nie przeczytała jej albo przeczytała, ale nie powiedziała. Podczas gdy sama narzuca się ze swoim pisarstwem etc. Więc jestem dotknięty etc.]

18 marca, czwartek

Na dole bawią się jacyś goje. (Czasami bawią się na górze). Tym razem nie jestem w stanie nawet odczuwać ich krzyków jako przeszkody, uciążliwości, fizycznego dokuczenia mi. Między nimi a mną jest tak daleko, że nawet to, co fizyczne, stało się przez to uwarunkowane.

Być może coś przeskoczyło w jakości mojej. W gatunku moim. Dziś siebie oglądam, jak ogląda się scenę i rekwizyty (dekoracje) po przedstawieniu. Aha, a więc ten kawał pomalowanej tektury był domem, tamten pieczenią i bananami, które wnoszono na tacy. Ale nie ma w tym oczywiście ani żalu, ani rozczarowania, ani niczego zresztą ze słów, które przychodzą i mogłyby mi jeszcze przyjść do głowy. Pewne rozbawienie nawet.

Tak, coś w jakości. Bo kiedy doszło się do końca albo tłucze się głową o ścianę, może się okazać, że nie wiedząc kiedy, przeniknęliśmy ścianę i jesteśmy po drugiej stronie, tam gdzie jest całkiem inaczej.

I znowu jestem tak blisko przeczucia, że wszystko jest inaczej, że wszystko, czym ja jestem, było tylko zabawnym nieporozumieniem, że to prawie pewność.

Rok temu, w Ameryce, byłem dotknięty śmiercią. A jednak byłem wtedy bliżej czegoś niż dzisiaj, byłem zdrowy. Pytanie, czy trzeba aż śmierci, żeby być bliżej? Przeczytałem zapiski z jesieni 1969 roku. Część ich jest dalej ważna. Mianowicie uwagi o strachu przed n a p r a w d ę.

W syntezie: składam się ze strachu. Syntezą strachu jest prastrach przed śmiercią. Ale śmierć jest wszędzie i zawsze. Jeżeli nauczysz się o śmierci, pozbędziesz się strachu.

31 marca, środa

Powtarzam się, ale mnie już nie chodzi o to, żeby coś nowego powiedzieć. Może nawet nigdy nie jest dosyć powtarzania.

Więc: życie z przyzwyczajenia. Wszystkie ubrania z szafy wielokrotnie już noszone i niektóre nawet nieco zdarte. Gdyby nawet udało się dokupić nowe, będą to tylko dodatkowe, nowe ubrania w szafie.

Zasadniczy wzór jest znany. Problem polega na tym, aby owa metafora o szafie przestała się stosować do mnie. W tym kierunku wiele intuicji, kilka stwierdzeń, jeszcze mniej natchnień, nie dość jednak poczucia, że nastąpiła jakaś zmiana jakościowa, że nastąpi jakaś mutacja. Poza niektórymi chwilami, poza niektórymi okresami nawet, trzeba to przyznać.

O co więc chodzi? Czy to jest niecierpliwość, odrzucająca wszelkie pośredniości, domagająca się wszystkiego i od razu? Oczywiście, nie tylko ona. Jest także ów sławny strach, owo ukochanie i przywiązanie do siebie – to wszystko, co sobie wiele razy już wyjaśniałem.

Praktyka wykazuje, że nie ma żadnej drogi do Damaszku ani nocy Pascalowskiej[1]. Domyślam się nawet dlaczego. Taka noc to zmiana radykalna, ale czego? Czegoś oczywiście, co jest, czyli osoby, charakteru. Żeby było trzęsienie ziemi, musi być ziemia. Może bywają charaktery i osoby, ale ja muszę trzymać się swojego podwórka. Nie jest to mój wypadek i jakże może się radykalnie zmieniać coś, co jest niedostatecznie, jak gdyby tylko, w każdym razie nie na modłę skały, ani nawet gliny. Coś jak woda raczej.

Teatr jako prawda nie ma sensu. Nie tylko dlatego, że teatr z założenia nie jest prawdą. Gdyby to był jedyny mój argument, można by na niego odpowiedzieć, że założenie nie jest konieczne, i można przyjąć inne, inną definicję. Mój główny argument polega na tym, że takie założenie: teatr jako prawda, zbyt zadufale odnosi się do prawdy, przyjmuje, że jest instancją ostateczną, oczywistą – prawda, czyli tak zwane życie. Tymczasem samo życie jest bardzo podejrzane, jako oczywistość wcale nie jest ani uchwytne, ani jednoznaczne nawet, ani w ogóle pewne. Wobec tego w najlepszym razie przez teatr jako prawdę można zbliżyć się tylko do pozoru. Prawem paradoksu – im teatr sztuczniejszy, im mniej chce naśladować prawdę, a raczej być prawdą, tym bliższy jest prawdy.

Nie ma w „życiu" charakterów. Przynajmniej wszelkie głębokie i dalekie poszukiwania nigdzie nie znajdują charakteru. Niemniej na co dzień spotykamy się wyłącznie z charakterami. Kiedy spotykamy po raz pierwszy jakiegoś człowieka, nie ma dla nas pilniejszej sprawy, jak tylko określić jak najszybciej jego charakter. W obcowaniu posługujemy się wyłącznie charakterami. Może ich nie ma, ale bez nich życie, „obcowanie", nie byłoby w ogóle możliwe, ponieważ zamiast człowieka mielibyśmy przed sobą dokładnie nic i nie mielibyśmy żadnego sposobu, żeby siebie i jego, siebie i jego z osobna i siebie i jego razem zorganizować w jakąkolwiek całość podatną na operację. Umożliwiającą operację.

Dlatego nie wydaje mi się, żeby teatr charakterów kiedykolwiek zaniknął, choć może doskonale współistnieć z innymi teatrami,

[1] Aluzja do nawróceniu Szawła, późniejszego św. Pawła z Tarsu, w drodze do Damaszku (por. Dz 9, 3–7; Dz 22, 9; Dz 26, 13–18) oraz do nawrócenia Blaise'a Pascala, który w nocy z 8 na 9 grudnia 1654 roku doświadczył wizji religijnej, pod której wpływem porzucił naukę i zajął się filozofią oraz religią.

uznawany za teatr niższy, oczywiście. I – oczywiście – wszystkie inne teatry będą mu odmawiały racji, prawa do istnienia, on zaś będzie im się odpłacał tym samym.

Wszystko, co przeżyłem z nią wspólnie, zostało przez nią opuszczone. Jestem sam jeden na całym świecie, odpowiedzialny za te kilka tysięcy dni i nocy, za nieskończoność światów razem stworzonych, a że to niezręcznie powiedziane, lepiej może powiedzieć, po prostu, za rzeczywistość wspólną, której zostałem jedynym spadkobiercą. Jest to więc model innej sytuacji: człowieka, który jest tak stary, że nikt już nie pamięta czasów, które pamięta on. Który przeżył nie tylko całe swoje pokolenie, ale też wiele innych.

1 kwietnia

Co dzień wstępuję do Palais de Chaillot[1]. Dlatego jestem lepiej odżywiony przestrzenią niż kiedykolwiek w Paryżu.

Takie odżywienie nie pozostaje bez wpływu na mnie, choć byłbym w kłopocie, gdyby mi kazano opowiedzieć, jaki ów wpływ. Od tej przypowieści prosta już droga do mojego materializmu biologicznego, czyli do nauki, która twierdzi: od tego, co zjedliśmy na śniadanie, zależy dzieło, które piszemy wieczorem. Albo że wszystko zależy od wszystkiego.

Groza.

3 kwietnia

Oto dzisiaj upiorna powtórka. Ja w tym pokoju, ona w tamtym, tamta gdzie indziej. Tyle mi wystarczy, jako notatka, do przywołania na pamięć schematu.

Makabreska, karykatura, memento. Przypomnienie, jaki reżyser mi to urządził, czy ja sam, chcąc nie chcąc?

6 kwietnia

Être et sa raison[2]. Potrzeba *raison* dla *être* nie jest koniecznością. Dowód: dzisiaj racja nie tylko nie jest mi konieczna, ale przeciwnie.

---

[1] Palais de Chaillot – monumentalny budynek z 1937 na placu Trocadéro w Paryżu, siedziba muzeów; w okresie, o którym pisze Mrożek, odbywały się tam próby jego sztuk.

[2] *être et sa raison* (franc.) – byt i jego racja

Samo *être* jest swoją własną racją tak dalece, że nie rozumiem, jak mogłem domagać się przyczyny. A samo *être* obsługuje samo siebie *et se déborde*[1].

Ostatecznie właśnie dzisiaj widzę to tak jasno, choć pewnie już za chwilę wzrok mi się zamgli. Wyjaśnienie, pewność, powody – to humorystyczne. „Dlaczego – dlatego" wydaje mi się dzisiaj zupełnie wystarczające.

Brakuje mi (chwilowo, czy też zawsze) sprawności języka. Niemniej mogę to chyba powiedzieć dość jasno. A więc przypadkowość, niekonieczność może być źródłem męki i niewątpliwie bywała nim dla mnie. Ale nawet i to nie jest konieczne, kiedy odczucie przypadkowości odwróciło się we mnie (chwilowo?) i nabrało całkiem innego waloru. To może być przyczyną, podstawą udręki, może stać się też przyczyną, więcej niż dostateczną, życia. Inaczej mówiąc, co przemawiało jako śmierć, odzywa się jako życie. Żądanie gwarancji, wyjaśnień, dopuszczenia do udziału w najwyższej Dyrekcji nagle przedstawiło mi się nie tylko jako nieistotne, ale po prostu jako pretensjonalne, absurdalne.

A ponieważ zawsze staram się pamiętać o okolicznościach, warto zanotować, że znowu stwierdziłem nieomylność prawa, którego ilustrację daje nam przypowieść o kozie, Żydzie i rabinie[2]. Właśnie znowu jestem bez kozy, a tylko z liczną rodziną, osiołkiem, biedą i innymi plagami. Ale kozy, kozy nie ma. Jakże dziś pięknie!

2 maja

Merde, merde. Ale wesołe. Coś mi się zmieniło w głowie. I może w całym ciele.

10 maja

Od pewnego czasu wydaje mi się, że moje pojęcie o mnie samym domaga się rewizji, o ile w ogóle pojęcie jest konieczne. (Jest, w pewnym zakresie).

---

[1] *et se déborde* (franc.) – i przekracza samo siebie

[2] Żyd skarży się rabinowi, że w jego mieszkaniu, w którym żyje wraz z liczną rodziną, jest zbyt ciasno; ten radzi mu, aby kupił kozę. Po jakimś czasie Żyd znowu przychodzi do rabina, jeszcze bardziej zrozpaczony, bo koza jeszcze bardziej utrudniła mu życie. Wtedy rabin każe kozę sprzedać, a gdy Żyd to czyni, stwierdza, że jest szczęśliwy, bo w nowej sytuacji mieszka mu się zupełnie dobrze.

14 maja

Niczego się nie wymaga i nic nie jest konieczne.

W Polsce należało ukrywać swoje poglądy przed rządem. Swój strach i swoje poglądy dzieliło się z innymi ludźmi, ze społeczeństwem. Na Zachodzie, teraz, można mówić rządowi, co się chce, ale należy starannie dobierać słowa. Przyzwyczaiłem się do pierwszego. W Polsce nawet donosiciel wiedział, że to nie ma sensu. Jestem więc źle przystosowany do życia, pod pewnym względem, do życia politycznego na Zachodzie.

Oczywiście powyższe wynurzenie dotyczy wyłącznie narratora, który nie jest postępowy.

Stare tabu są już dostatecznie zbezczeszczone, a raczej zdesakralizowane (odświętnione?). Wobec tego sporządzają tu sobie tabu nowe, bo jakże tak żyć bez tabu? Mój kłopot i moja zazdrość: dla nich te nowe tabu będą piękne i święte, i pożywne. Ale tak się składa, że dla mnie te ich nowe tabu, które zaledwie się kształtują, które śnią im się po nocach jako przenajświętsze sny – dla mnie one są już zwapniałe, zmurszałe i całkowicie nie tabu, od dawna, zanim oni tu jeszcze mieli w ogóle pomysł, że takie tabu istnieje. Pod tym względem dzicy chłopi spod Białegostoku są o wiele lepiej rozgarnięci niż cywilizowani młodzi z Rive Gauche[1]. A co dopiero ja!

Zawsze słyszałem, że myślenie jest największą dumą i pożytkiem człowieka. Jakie myślenie? Czy to, co się plącze ludziom w głowach, wszystkim, a tylko niezmiernie nielicznym nieco mniej niż innym, czy to jest myślenie? Lepiej, żeby nie mieli w ogóle żadnej zdolności do myślenia, niż żeby myśleli głupio, chaotycznie, byle jak, niechlujnie, tak jak myślą.

To samo dotyczy (ta sama myśl bluźniercza) przenajświętszego powszechnego wykształcenia. Wiedzieć to jeszcze nic nie znaczy. Co wiedzieć? Ot, pytanie. Umiejętność czytania to jeszcze mało, ale co się czyta potem, kiedy się już tę umiejętność czytania nabędzie?

Jako wróg postępu, pójdę do piekła. Piekłem jest w tym przypadku ustrój feudalny, feudalno-niewolniczy, jako skrajne zaprzeczenie

[1] Dosł. lewy brzeg, południowa część Paryża, gdzie w tamtejszych kawiarniach tradycyjnie gromadziła się cyganeria artystyczna.

raju. Tylko że ja się tam będę czuł bardzo dobrze. Nie przyznam się jednak diabłom, że mi się u nich podoba. Jeszcze by mnie wyrzucili do raju.

17 maja

To nie może, nie powinno trwać. A jednak trwa już czterdzieści jeden lat. Osłabienie fizyczne i umysłowe, ogólne przytępienie jest jedynym wynikiem tylu moich lat. Uczyłem się już dostatecznie długo, żeby się nauczyć, że nie nauczę się niczego. A uczyłem się tak intensywnie, że – biorąc pod uwagę zmniejszone już zdolności – tym wyraźniejsza nauka, że niczego się nie nauczę. Trzeba więc teraz zacząć od innego końca. Oto rozmyślania o sytuacji, nieco chaotyczne, oraz ewentualne wnioski.

Nie chcę umierać. Albo coś we mnie nie chce umierać. Na jedno wychodzi. Wniosek prosty, że trzeba żyć. A jeżeli trzeba, to tak, żeby to życie było do zniesienia.

Nie ma i nie będzie znaku, cudu, metamorfozy, objawienia.

Moja chata uboga, skromnie w niej i dość brudno. Należy spuścić z tonu i gospodarować, jak się da. Nie jestem ani genialny, ani nie mam wyjątkowych zdolności. Co do wiedzy, lepiej o tym nie mówić. Mogłem być znacznym pisarzem polskim. Nie będę niczym szczególnym na miarę więcej niż polską. Zresztą czas nie sprzyja. O tym więcej kiedy indziej. Myślę o tym z pewnym żalem, ale raczej jest to żal za wspomnieniem o sobie samym, któremu kiedyś coś się wydawało.

Nie chce mi się już ani niczego odczuwać, ani niczego wyrażać. Bo odczuwam już tylko mdło, więc i z wyrażaniem krucho.

Inaczej mówiąc, nie mam już wizji samego siebie. Zużyłem się pod tym względem.

Kiedyś, maltretując ciało, zyskiwałem stany niekiedy dosyć interesujące. Obecnie alkohol i nikotyna, napięcie i zmęczenie – powodują tylko nieznaczne euforie, wyczerpane prawie z góry, powodują tylko znużenie i rodzaj otępienia. Ten koń jest już tak zmęczony, że podcinanie go batem nie daje wyników.

Z bohatera niech stanę się raczej świadkiem.

Tu przerywam. Właśnie zmęczenie, po prostu zmęczenie mi przerywa.

18 maja

Cabello nie żyje. Siedem miesięcy temu jadłem z nim obiad w Madrycie. Można by zapytać, co z tego. Gdyby umarł rok temu albo wcześniej, w ogóle bym z nim nie jadł obiadu. Niemniej...

Nie tak skwapliwie jak Gombrowicz, gotów jestem przyznać, że Młody Człowiek posiada wiele uroku. Ale młodzi ludzie? Gombrowicz nie wziął pod uwagę, że masa złożona z młodych ludzi to Gimnazjum Męskie im. Nowodworskiego[1]. Odrażające. (W moim dialogu z Gombrowiczem mam tylko jedną rację, rację tego, który jeszcze żyje. Czy to jest racja?)

Obecny styl (styl świata obecnie) to w znacznym stopniu styl Gimnazjum Męskiego im. Nowodworskiego w Krakowie. W pewnym stopniu mój styl, kiedy miałem szesnaście lat.

Temu sobie, szesnastoletniemu, powiem teraz: jeżeli miałeś jakąkolwiek rację, to tylko taką, jaką miałeś. Ale twoja racja nie może już być moją racją, bo ja nie jestem już tobą. Gombrowicz w gruncie rzeczy uznał młodość za lepszą i wyższą. W gruncie rzeczy życie pojęte jako biologia, mało, jako poszczególny organizm w stadium rozwoju – to było dla niego życiem. Ja – mniejsza teraz z tym, jak i dlaczego – nie jestem skłonny przyjąć, że tylko to i nic więcej, nic innego i nie inaczej. A więc jestem skłonny przyjąć równowartość, odmienność w tożsamości, jeżeli tak można powiedzieć.

Sobie teraz, więcej już niż czterdziestoletniemu, mówię: uspokój się nieco i ucisz. To znaczy – niech twój niepokój i hałas będą innego, tobie właściwego rodzaju, niech nie będą niepokojem i hałasem szesnastoletniego.

25 maja

Tydzień na Côte d'Azur. Symetria. Osie – trzy lata temu (cztery) tak samo patrzyłem na Morze Śródziemne. Tylko od strony Genui. Ze wschodu na zachód. Teraz z zachodu na wschód. Czy to jest jedyna różnica?

[1] Obecnie I LO im. Bartłomieja Nowodworskiego w Krakowie, najstarsza szkoła średnia w Polsce, założona w 1588 roku; Mrożek uczył się w niej w latach 1945–1949.

Wszystko dobrze. Tylko to wszystko tak ciężarne tym, co będzie, co musi być, jak przedtem było tamto. Ciąża innego stopnia czy płód inny?

Lew kieruje się do Jeruzalem. Odsłaniają się dalsze partie krajobrazu, który był, który jest, a który tylko nie był dość widoczny za zakrętem.

Powrót na Rue du Chevalier-de-La-Barre. Miasto zmęczone, w deszczu. Mieszkanie puste, zmęczone. Nie dlatego puste, że żyję w nim sam, tak konsekwentnie i bezlitośnie (nie dla mnie) sam. Ale dlatego że nie wypełnia go żadna moja młoda nadzieja (wszystkie moje nadzieje są stare), żadne „a teraz zacznę naprawdę i od początku".

A jednak trzeba żyć, o czym już wspomniałem co najmniej przed tygodniem. O tym chciałbym ze sobą pomówić.

Nie będzie objawienia, nie będzie cudu. Trzeba spokornieć i zająć się drobiazgami. Nie siadywać już nocami, do rana, domyślając się, myśląc, nie wiedząc dokładnie o czym, domyślając się, nie wiedząc czego. Niby skąd można wiedzieć, czego człowiek chce się domyślić? A jednak to czuwanie zawsze miało charakter czatowania, siedziałem w zasadzce, w niewinnej i naiwnej nadziei, że nadejdzie coś i da się złowić. Teraz już wiem, że to było naiwne i niewinne. Ach, nie tak bardzo niewinne, ale naiwne na pewno.

Pokory, pokory, to wcale jeszcze nie znaczy: rezygnacja.

1 czerwca

No i tak jakoś znowu ileś dni minęło i nocy. O czym to mówiliśmy? O mnie, zdaje się. Siedzę ze sobą, znamy się na wylot i, zdaje się, nic już szczególnego nie mamy sobie do powiedzenia.

Zacząłem przedtem już o tym mówić (też nic nowego, ale warto sobie przypomnieć) – że jeżeli z siebie nic już ciekawego wydobyć nie można, to czy nie prościej zapomnieć nieco o sobie i zająć się tym, co dookoła? Już nie bohater, ale świadek raczej, jak to sobie powiedziałem. Jeżeli głowa miele samą siebie, to znaczy, że miele wciąż to samo. Dać jej coś innego.

Paradoks (jeszcze jeden, ale to prawidłowość właśnie). Odczucie, że nic nie ma poza mną (ale to odczucie, nic wspólnego ze sławnym i brzydkim solipsyzmem) – a jednocześnie tamto: już nie bohater, ale świadek.

12 czerwca

Po raz pierwszy żałuję, że opuściłem Polskę. (Co nie znaczy, że źle zrobiłem. Prawdopodobnie, zostając w Polsce, żałowałbym, że jej nie opuściłem, znacznie bardziej niż tego, że ją opuściłem). Po prostu nigdy dotąd tego, że ją opuściłem, nie żałowałem. A oto dlaczego: na Zachodzie jestem podwójnie obcy. Raz – przez mój język i kulturę ze Wschodu. Ale to nie jest i nie było dla mnie problemem, z którym nie umiałbym sobie poradzić. Drugi raz – przez to, co ja wiem, a czego na Zachodzie nie wiedzą, a udają, wydaje im się, że wiedzą.

Mimo wszystko posiadam także temperament polityczny (także, obok innych moich temperamentów), który w Polsce obracał się na moją korzyść: pisałem przypowieści polityczne zgodne z moim doświadczeniem, które jednocześnie było doświadczeniem tamtego społeczeństwa. Między mną a społeczeństwem było całkowite porozumienie. Tutaj mój temperament i moje doświadczenie obracają się przeciwko mnie.

Historia mojej emigracji jak dotąd potwierdza, ilustruje prawo, które jest ogólne, ale dotąd obserwowałem je na mniejszą skalę w moim życiu: chciej czegoś, a dostaniesz akurat odwrotność tego, czego chcesz.

Przygotowując się wewnętrznie do wyjazdu, padłem ofiarą ignorancji, która rządzi po tamtej stronie świata. Co tam ignorancji, mówmy wprost: propagandy. Tamtejsza propaganda twierdzi, że tu jest całkiem inaczej – „źle". Według przewrotnej interpretacji, którą tam się uprawia, „źle" znaczy, że Zachód jest antykomunistyczny. Według tej samej propagandy Wschód jest pełen żarliwych komunistów. Zachód to „triumfująca reakcja".

17 czerwca

Zdaje się, że nareszcie mam co napisać, co by nie było serią jęków. Chodzi o to, że od pewnego czasu (nie od dawna) inaczej nieco wygląda moja wewnętrzna rzeczywistość.

Przy okazji: jak pisać historię – to pytanie powstaje nie tylko wtedy, kiedy chodzi o historię ludzi, ale też jednego człowieka. Ile razy pisałem oficjalne i formalne moje życiorysy, odczuwałem zażenowanie, że wykonuję pracę głupią i bez związku z tematem. Bliższa prawdy wydaje się historia jako przedstawienie kolejnych kształtów i odcieni wewnętrznych, koleje własnej wewnętrznej ideologii, charakteryzującej nie tylko stosunek podmiotu, czyli przedmiotu tej historii, do świata, ale przede wszystkim stosunek do siebie samego, wizję siebie samego.

Stwierdzam więc ostatnio, że doszedłszy do granicy, pozostaje mi tylko przy tej granicy biwakować albo zawrócić, możliwie też szukać przejścia czy wyjścia na nowe obszary. Potrzeba spuszczenia z tonu, dystansu, a możliwie też innego języka, do rozmawiania ze sobą samym.

Chyba już nie mogłem pójść dalej, ścigając absolut czy w poszukiwaniu chwytu jedynego, zasady ogólnej, formuły i zaklęcia, które by mi pozwoliło uregulować całe moje życie za jednym zamachem. Doszedłem do granicy nie tylko artykułowanego (moje poszukiwania w literaturze mistycznej), ale i nieartykułowanego (moje skromne przeżycia mistyczne, a także parapsychologiczne, czy też może po prostu fizjologicznie i psychicznie, psychofizycznie patologiczne, jak kilka kryzysów, w których doświadczyłem – doświadczyłem fizycznie – depersonalizacji, transu czy czegoś w tym rodzaju). Być może nie są to granice absolutne, ale na pewno granice osobnicze, może i czuję, że w tę stronę poszedłem wystarczająco daleko, to znaczy: stwierdziłem, że nie znalazłem niczego, co by mi zadanie rozwiązało, a jednocześnie, że obstawanie przy tej stronie prowadzi do czegoś niedobrego pod każdym względem. Oczywiście nie muszę się chyba zastrzegać, że nie żałuję, a bogactwo doświadczenia zdobyte w ten sposób jest niezmierne i niezmiernie dla mnie pożyteczne.

A więc spuścić z tonu, a raczej: czas na rodzaj syntezy, na próbę wielostronnego raczej niż jednostronnego rozwiązania, jakkolwiek z usposobienia jestem ekstremistą, co też może nie jest złe.

Tak się składa, że ostatnio doświadczenia, obserwacje, spostrzeżenia z rozmaitych dziedzin zbiegają się i uzupełniają wzajemnie. Okazuje się, że rozmaite nazwy dotyczą tych samych rzeczy. Mam tu na myśli przede wszystkim tak zwaną myśl Wschodu, a zwłaszcza zen, lektury dostarczone mi przez Zachód oraz moje życie w jego wymiarze codziennym.

Jakakolwiek jest prawda o człowieczym „ja", nie mogę już zaprzeczyć, nie spostrzec, nie uznać, że w praktyce jest ono mniej tajemnicze, niżby się wydawało. Wszelkie dogmaty o duszy, podstawowej istności, jedyności i tak dalej wydają mi się nie tylko nieistniejące, ale nawet szkodliwe, ponieważ wprowadzają rozwiązania pozorne, złudne i odcinające od jedynej dostępnej rzeczywistości.

Nie pretendując więc do boskości, czy nie należy raczej zająć się tym, co nam dostępne? Tak byłoby uczciwiej. A jeżeli nie można, jeżeli to, co nam dostępne, jest całkiem osobne i nie mające z niczym nic wspólnego, tym mniej jest powodów, żeby ku temu spozierać, jeżeli nie ma żadnej nadziei, że się coś zobaczy.

Podobno człowiek istnieje na trzech płaszczyznach: *infraculturel* (co pochodzi od okresu, kiedy człowiek nie był jeszcze człowiekiem, ale tylko materiałem przygotowawczym), *preculturel* (kiedy był człowiekiem, ale nie miał jeszcze kultury) *et culturel*. Jeżeli tak, to w ostatnim okresie chciałem być więcej niż *culturel*, chciałem wiedzieć tyle co anioły. Podobno usilność, żeby znaleźć się na tej jednej płaszczyźnie, prowadzi do schizofrenii. Bardzo prawdopodobne.

Trzeba się streszczać.

Co jednak ciekawe, chyba wszystko, co osiągnąłem przez usiłowania, w trybie *super-culturel*, pozostaje *valable*, tyle że *peu maniable*[1], i żeby nie pozostało teorią, należy to skojarzyć z inną praktyką, przetłumaczyć na nieco inny język. Niebo i ziemia są z tej samej substancji, jednak dopóki żyję, wypada mi żyć na ziemi.

Gombrowicz nie pisał „dla publiczności". Nie było „porozumienia między autorem a określoną publicznością, na temat określony". „On gra sam ze sobą" (Puzyna[2]). Gombrowicz nie wymyślał intryg kunsztownych ani nie miał „wyobraźni". Ale każde zdanie nasycał samym sobą, Gombrowiczem.

21 czerwca

Ciotka pyta w liście, czy się modlę.

W Sologne[3] świeci słońce.

---

[1] *peu maniable* (franc.) – mało wygodne

[2] W 1971 roku w zbiorowym tomie *Gombrowicz* (Paris 1971) ukazał się tekst Konstantego Puzyny o Gombrowiczu pt. *Le Noyau* (*Pestka*), nie ma w nim jednak cytowanych przez Mrożka określeń; być może pochodzą z rozmowy z Puzyną.

[3] Sologne – region w centralnej Francji, między Loarą a Cher, miejsce częstych wyjazdów Mrożka.

A ja, gdzie jestem ja w tym wszystkim, czy jestem? Teatr nieustanny i jeżeli jestem, to raczej jak płótno, ekran, na którym wyświetla się byle co. Nieustannie ten ekran próbuje wykreślić z tego jakiś scenariusz, na próżno oczywiście. Więc nawet pytanie: w co gramy i co gramy – jest próżne.

Żeby choć dotrzeć do jakiejś esencji, choćby czegoś małego, najmniejszego… Wciąż mi się wydaje, że coś takiego jest. Tylko zapoznane, przygniecione, zasnute. Ta gra i ruch cieni nieustający.

Idź spać.

4 sierpnia

Co tam było tymczasem? Skandynawia, więcej niż trzy tygodnie podróży, sześć tysięcy kilometrów, było, mignęło i już po wszystkim. Podobnie gdzieś ktoś kogoś może zapytać, co tam było? Ano, jakaś cywilizacja, jakieś wojny, jedna i druga, zaraza, a pewnie i wynalazki jakieś, ludzkość, zafurczało, mignęło i już po wszystkim.

Fakty: starzeję się. Jeżeli nie wymyślę czegoś nowego, powtarzanie się nic mi nie da. Robić to samo co przedtem, tylko z mniejszą energią (bo mniej siły i przekonania) – logiczne, że jeżeli nie udało się do tej pory, tym mniej prawdopodobne, że uda się teraz.

Profesor W. Skąd wrażenie, że on już nie żyje? Podejrzenie problemu: jak przyznawać istnienie, jak najwięcej istnienia – wszystkiemu poza „mną", a jednocześnie przyznawać istnienie tylko sobie? Rozwiązanie tego bardzo ważne. A może jest to problem wyłącznie techniczny? Może wiele polega wyłącznie na technice? Poszukujesz zaklęcia, magii. Tymczasem wszystko jest procesem.

Pomówmy poważnie: co ja w tej chwili robię? Rzucam się od maszyny (do pisania) do maszyny. Uprawiam efekciarstwo na własny użytek, kokietuję samego siebie, chcę się przekonać o czymś (siebie samego), o czym już wiem, że przekonać się nie mogę. Ruszam moimi obskubanymi skrzydełkami, siedząc na fotelu. Jeszcze jedna mina do lustra. Mówię coś (myślę) bez składu, niechlujnie, bełkoczę. Czekam na natchnienie, objawienie, skarżę się, to znów (nie znów, stale) czuję, jak ciężar mój, zwiększający się z wiekiem, to sławne przyciąganie ziemi, do ziemi, czyni moje machanie nielotami wprost karykaturą. Już niedwuznacznie karykaturą.

Dalej piszę odręcznie. Huk maszyny jest mi nieznośny...

A oto dalej.

Nie, do diabła z takim pisaniem. Nie chcę napisać systemu. Trzeba pisać tak, jak sporządza się listę dla praczki.

Jestem sam (ja sam – oczywiście). Ale jak nie ma charakteru, tak nie ma i mnie.

Nie oszukuj siebie.

Nie powtarzaj siebie (*the monkey*[1]).

Mieć – tylko przez nie mieć. Dziennik twój – tylko jako narzędzie wyodrębniania siebie. Nie jako nora alchemika.

Dwie strefy. Bezwzględność w przebywaniu we właściwej.

Sam – suwerenność nieuchronna. Poza „ludzkim".

Nie wiem, kim jestem, ale wiem, kim nie jestem. Widzieć zawsze jasno, kim (czym) nie jestem. Widzieć wyraźnie: konieczność (to nie próba ani domysły). Nie uciekać już, nie zwlekać już.

Dwie strefy. Przebywanie we właściwej nie oznacza niewidzenia tej drugiej. Przeciwnie.

Wysiłek, ofiara, nieprzyzwoitość – bo ten gest ostateczny dotyczy największych (boleśniejszych) moich doświadczeń.

Nie będzie rozwiązania.

A oto kropka.

9 sierpnia, Sologne. Lato.

Dlaczego jestem tak głupi, jeżeli jestem tak mądry, i odwrotnie? Odpowiedź jest nawet gotowa, dzięki Witoldowi Gombrowiczowi[2]. Bo człowiek jest wyższy od wszystkiego, co robi, i odwrotnie. Bo wszystko, co robi, jest formą, a forma jest zawsze skończona, podczas kiedy człowiek jest możliwością, czyli nieskończonością, i tak dalej, i dalej, ale mnie ta odpowiedź nie zadowala, choć sam nie wiem dlaczego. Może dlatego, że nie pochodzi wprost ode mnie i dlatego też, że jest tak wyczerpująca. A może też dlatego, że nie wynikają z niej wnioski. Jak wobec tego należy się zachowywać, żeby było lepiej, skoro jest źle?

---

[1] *the monkey* (ang.) – małpa

[2] Chodzi o sławne zdanie Gombrowicza: „im mądrzej, tym głupiej" z *Dziennika 1961–1969* (zapis z 30 października 1966).

Ale także dlatego, że jakby nie o to wszystko w tej chwili chodziło. I nawet jeżeli podczytuję znowu *Dziennik* W.G. i się nim sycę, to nie jestem nasycony, bo to on, a nie ja, i czuję, że – oczywiście – przez niego nie ma dla mnie zbawienia, bo to właśnie on, a nie ja.

Sologne. Lato. Doskonałość. Nic już lepiej i więcej w tej sprawie nie ma i nie będzie. A jednak wciąż w przedpokoju.

25 października, Düsseldorf

Rekolekcje. Po burzach, naporach, otępieniach, nadziejach beznogich, po desperacjach, po zamęcie, prawdziwych i urojonych błyskach inności i możliwości, po próbach kalkulacji, metafizycznych przeczuciach, wreszcie po życiu w rzeczach i ludziach, przez rzeczy i ludzi, dochodzę do następujących wniosków:

Nie ma i nie będzie ocalenia w żadnym systemie, programie, sposobie, nie ma jednego jedynego chwytu, wyjścia, objawienia się czegoś.

Natomiast są doświadczenia, z których mogę wyciągnąć wnioski. I coś w rodzaju pragmatycznej syntezy.

Żyję i sam nie zamierzam temu zapobiec. Więc jeżeli żyję, to co z tym zrobić?

Trudno się nie zgodzić ze spostrzeżeniami egzystencjalnymi. Natomiast wnioski i propozycje egzystencjalistów nie dla mnie, *l'homme révolté*[1]. Ten bunt kończy się zawsze, tak czy inaczej, tędy czy owędy, na dokuczaniu innym ludziom. Podobno zaczyna się od buntu wobec losu (Boga), ale kończy się na zabijaniu i komitetach blokowych. Nikomu, żadnemu innemu żyjącemu, nie mogę i nie mam prawa, nie chcę wobec tego, stawiać żadnych warunków. Mogę je stawiać tylko sobie. Inaczej – tylko jedna ofiara mści się na drugiej, jeden niewolnik popycha drugiego. Widok śmieszny i żałosny.

U mnie zdziwienie światem ustępuje miejsca zdziwieniu sobą. Zresztą to jedno i to samo, ale tym razem właściwiej określone i nazwane.

Tak, jestem przypadkiem, przynajmniej twierdzić inaczej to tylko kwestia wiary, a na tyle wiary nie mam. Ale ten przypadek

[1] *L'homme révolté* (franc.) – człowiek zbuntowany. Tak brzmi tytuł zbioru esejów Alberta Camusa z 1951 roku (wyd. pol. 1958 w Paryżu).

wytworzył we własnym swoim obrębie rodzaj prawidłowości, czyli konieczności (skutki – przyczyny – skutki), która jest ontologicznie niekonieczna, nielegalna.

Mam na myśli chociażby moją emocjonalność, której mechanizm już jest do przejrzenia. Mam na myśli typowość (ale nie konieczność) reakcji, tu patrz: moją wiedzę o przyzwyczajeniach, samowytwarzaniu się, akumulacji, typu tak zwanego charakteru, schemat: sytuacja A – reakcja A, sytuacja B – reakcja B. Mówię o rzeczach najgrubszych i najprostszych.

Jeżeli jestem przypadkiem, to znaczy, że cała moja świadomość (magazyn, jego przedmioty i ich kombinacje) są to w większości przypadkowe, chaotyczne, odruchowe, błędne właśnie nawet z empirycznego punktu widzenia przeżycia (*the survival*). Innych punktów widzenia, bardziej hipotetycznych tylko, o wiele mniej odpornych na krytykę rozumową – niby – nie znam nawet.

Coraz częściej zdarza mi się dostrzegać u siebie proces identyfikacji (dostrzegać, czyli już być wobec niego krytycznym). Co wiem, używając tego słowa, to wiem dosyć jasno i nie ma potrzeby tego sobie, po raz nie wiem już który, wyjaśniać.

Jednocześnie, tu nowość, kończy się okres próby, żeby poradzić sobie za wszelką cenę, to znaczy zaradzić identyfikacji poprzez radykalne jej zaprzeczenie. Bo u mnie to się nie da. Nie zostanę Buddą, ani też nihilistą świeckim.

A przy tym wszelkie zalecenia kompromisu, *middle way*, złotego środka itp. są dla mnie nieprzekonujące.

Jak połączyć radykalizm z nieradykalną praktyką, nie popadając jednocześnie w kompromis (nijakość)? Identyfikacja kontrolowana? Ale jak, a nawet nie jak (kontrolować – technicznie – można), tylko w jakiej sprawie, dlaczego i po co?

Wróćmy pobieżnie do odczuć zasadniczych.

Napisałem kiedyś, że „prawdziwe było tylko zmęczenie". Niekonieczność przyczyn cierpienia i konieczność cierpienia – zawsze mnie to zastanawiało. Ale wobec tego, czy chaotyczne, ślepe i automatyczne reakcje na przyczyny chaotyczne, ślepe i automatyczne (niezależne ode mnie, wynikające z serii kazualnej) – są naprawdę konieczne? Konieczne? Wiem już z doświadczenia, że możliwe jest rozprzęgnięcie tego, co dawniej wydawało się jednym ciałem: bodziec – reakcja.

Żyję w świecie przyczyn i skutków, form i kształtów. Nie mogę czy nie umiem z tego świata się wyprowadzić (tu nie mówię wcale o samobójstwie). Zresztą czy chcę? Zostanę w tym świecie. Ale nie na każdych, to znaczy „przydarzających mi się" warunkach. (Już powiedziałem wyżej, że warunki mogę dyktować tylko sobie. Zresztą nawet gdybym mógł dyktować je „światu" – nie miałoby to żadnego sensu i efektywności).

Pierwsza rzecz, pamiętać o prawdzie, że znalazłem się w tym świecie, to znaczy ja sam nie odpowiadam za spadek (ale za rozporządzenie nim!), to znaczy – absolutnie nie mogę się identyfikować ze sobą (ja = wszystko, co mnie tworzy i wyznacza). Nie ponoszę żadnej odpowiedzialności i nie mam nic wspólnego z czymkolwiek, co jest mną.

A teraz, po ustaleniu tej oczywistości (ja to już od dawna wiem organicznie), co dalej? Po pierwsze, nigdy dosyć czujności, czyli nieidentyfikacji. Po drugie, nigdy dosyć identyfikacji. Paradoks, ale paradoksom już wiele zawdzięczam.

Gubię nieco wątek, wobec tego kilka innych podstawowych odczuć.

Nie ma żadnego zadania do rozwiązania, żadnego „tam" (ani też „tu"). Nie ma żadnego grzechu naprawdę pierworodnego. (Bóg, jeżeli jest, to jest poza głupim pytaniem o to, czy jest, czy go nie ma).

Nie ma żadnej zagadki, ani też oczywistości.

Myśl o identyfikacji i nieidentyfikacji. Technicznie – nieidentyfikacja jest drugim stopniem po identyfikacji, lecz jako warunek jest pierwsza.

Niech ten człowiek, którym „jestem", będzie nim do maksimum i niech jednocześnie nie będzie mną. Jest to jedyna uczciwa (zgodnie z tendencjami *la condition humaine*[1]) propozycja.

A więc żadnej prohibicji ani w tym, ani w tamtym. Przeciwnie, totalne przyzwolenie identyfikacji i nieidentyfikacji.

Delikatny punkt, *switchpoint*[2], jako arbiter? Mogę to nazwać tylko momentem uczciwości wobec siebie. Największej uczciwo-

---

[1] *la condition humaine* (franc.) – kondycja ludzka
[2] *switchpoint* (ang.) – punkt zwrotny

ści. I tylko w tym jednym punkcie nie może być żadnej niejasności, kompromisu, zabagnienia. Ale też – żadnej prohibicji właśnie. Pełne przyzwolenie na uczciwość. A więc żadnej prohibicji nigdy i nigdzie, żadnej ascezy w encyklopedycznym pojęciu. Asceza uczciwości to nieuczciwość.

Prohibicyjność jest obrzydliwa i nieskuteczna.

Zamiast zabraniać sobie palenia złej fajki – nie zabraniać sobie niepalenia jej.

Są wciąż we mnie wielkie złoża energii „niskiej". Tłumić ją, wypierać się jej, marnować? Nudne i nieskuteczne.

Nie ma żadnego dusza versus ciało, nie ma żadnej immanentnej, ontologicznej manichejskości. Zadanie jest nierozwiązywalne, ale całe to zadanie nie jest konieczne i nie ma żadnego powodu, żeby podejmować się jego rozwiązania.

W sztuce zamiast stawiać tezy – widzieć falowanie i grę rzeczywistości. Inaczej mówiąc, życie tak zaproponowane, jak mnie je zaproponowano (moja edukacja w mojej kulturze i cywilizacji), jest jednym totalnym kōanem (vide: zen *kōan*[1]). Ale kultury i cywilizacje są względne, to już dzisiaj wiadomo. Nie mam żadnego powodu ani względu, żeby przyjmować taką propozycję, żeby przyjąć to nierozwiązywalne zadanie. Moja godność polega na tym, że mogę nie przyjąć siebie takim, takiego, jakim, jakiego mnie się stwarza. Że mogę nie reagować tak, jak tego ode mnie wymagają moje wtórne a niekonieczne uwarunkowania.

Konkluzje człowieka (na dzisiaj):

Nie tylko przydarzyłem się sobie. Przydarzam się sobie nieustannie. Iluzja kontinuum (kontinuum jest prawdą). A więc: wszystko jest w każdej chwili od początku. Nikogo i niczego naprawdę nie znam. Siebie też.

Uczciwość (czujność, bezwzględność wobec momentu: czy poznaję właśnie naprawdę, czy się powtarzam). *The dead man, the monkey*[2].

[1] Kōan (jap.) – w buddyzmie problem lub pytanie oparte na paradoksie; poszukiwanie i znalezienie na nie odpowiedzi ma umożliwić medytującemu oświecenie.

[2] *the dead man, the monkey* (ang.) – martwy człowiek, małpa

Żadne „wszystko nie to". Wszystko jest „to" i „nie to".

Uczciwość – archanioł z obosiecznym mieczem (*double-edged sword*).

9 listopada

Troska, że łysieję. Troska, że ludzkość stoi u progu zagłady. Między tymi dwiema troskami wszystkie inne troski pośrednie. Te dwie troski wyznaczają skalę. Z tej skali wynikają śmieszność, kontrasty, dramatyczność i całkowity brak jakiejkolwiek zborności.

Od pewnego czasu nawet Wielkie Noce, moje nocne czuwania, moje Wigilie stają się rutyną, zaczynają powiewać nudą. Napięte żądanie Ostatecznego Rozwiązania nie jest już takie napięte, żagle nie są już pięknie wypukłe, wiatru w nich coraz mniej. Więc myślę, że i to przestaje być.

Ale... czy to Napięte Oczekiwanie nie stało się też jedną z szyb, przez które chce wylecieć głupia mucha, nie wiedząca, że to tylko szyba? Czy, żądny wolności, nie uwiłem sobie z tej żądzy własnej małej, ciasnej klateczki? Coraz częściej coś we mnie się zastanawia, czy czas, by zobaczyć coś, co już widać, co świta nieznacznie, czas, by już określić, co to takiego jest właściwie.

Obudziłem się jednej nocy w Berlinie, w obskurnym pensjonacie moim, i samo mi się myślało, snuło, konstruowało coś, co może wie, co robi, jeżeli się buduje, snuje, konstruuje. Może troska o łysienie jest tak samo uprawniona jak troska o ludzkość, czyli strach jeden tak samo ważny jak strach drugi i tysięczny.

11 listopada

Spotkanie ze Stefanem Kisielewskim. Po powrocie do domu rzucenie okiem na zapiski sprzed ośmiu lat. Nie ulega wątpliwości, że te zapiski sprzed ośmiu lat są wulkanem wyobraźni, energii i chęci umysłowej w porównaniu z zapiskami obecnymi. Upływ lat, emigracja? Rozwój mojej, w pewnym sensie samobójczej, filozofii życia?

Kisielewski wydał mi się tak miły, że aż mnie to zastanawia. Ostatecznie zakochujemy się w odmiennych płciach. Czyżbym już tak dalece zmienił płeć, a on pozostał przy swojej, mojej poniekąd kiedyś?

Nocą obudziły Kisielewskiego czołgi, w drodze do Czechosłowacji[1]. W Sobieszowie, moim Sobieszowie[2]. Czyżbym mu zazdrościł tych czołgów? Tego przebudzenia?

We wtorek przyjedzie do Paryża moja siostra[3]. Czy kiedy będzie opowiadać o starym i nieznośnym ojcu, będę także jej zazdrościł obcowania ze starym i nieznośnym ojcem? Co takiego znalazłem tu, w szerokim świecie, do którego uciekłem? Co takiego w zamian czy więcej?

Kisiel w swoim biednym polskim kapelutku, w biednym i brzydkim paletku, pośrodku Quartier latin – był najlepiej ubrany, jak arystokrata, jak król. (Podobne wrażenie kiedyś przy spotkaniu z Puzyną). A jednak to samo paletko i kapelutek na innym Polaku mogłyby być ohydne, nie do wytrzymania.

Dlaczego spotkanie dwóch Polaków (i dlaczego tylko dwóch z tej wielkiej liczby tu spotkanych) zostawiło na mnie wrażenie niepokoju co do słuszności mojej drogi i – czy to możliwe – zawiści? Obydwóch łączy to samo – coś wewnątrz, nieustępliwego i jednocześnie pobłażliwego wobec Polski, polskości.

Nie, mój wyjazd nie był pomyłką ani moja emigracja nie była jawna. Tylko co dalej? W tej chwili robię wszystko to, czego nie powinienem, według swojej najgłębszej wiedzy. Palę, piję wódkę i pozwalam się ponosić tym wrażeniom. Powinienem usiąść, skupić się i uzyskać dystans, zamienić to wszystko na świadomość o strumieniu świadomości, o istocie wrażeń, pamięci i myśli. Co to znaczy – popełnić małe, epizodyczne samobójstwo, czy też przeciwnie, pożyć życiem prawdziwym, nie złudnym? Nie jestem zdecydowany w tej sprawie.

Wrócić? Przyjąć z pokorą los, doświadczany przez osiem lat emigracji, mądry, skryty, już w i e d z ą c y? Tołstojowiec wschodni? Ależ to właśnie znowu przewidzieć siebie n a   p e w n o, czyli znowu bzdura, żadnego siebie nie można ani przewidzieć, ani zaplano-

[1] Mowa o rozpoczętej 20 sierpnia 1968 roku inwazji wojsk pięciu państw Układu Warszawskiego, w tym Ludowego Wojska Polskiego, na Czechosłowację w celu powstrzymania trwającej tam liberalizacji ustroju komunistycznego.

[2] Sobieszów – wieś w pobliżu Jeleniej Góry, od 1962 roku prawa miejskie, od 1976 roku dzielnica Jeleniej Góry. Mrożek napisał tam swój pierwszy dramat, *Policję*, zob. S. Mrożek, *Baltazar*, Warszawa 2006, s. 213.

[3] Litosława Mrożek (1935–1991).

wać. Wyszłoby z tego znowu coś innego, nieprzewidzianego. Jakieś narodnictwo[1]. Ono – u mnie?

Zagadnienie centralne: byt i nicość. Czy można być kochankiem obu jednocześnie, nie zdradzając żadnego z nich? Jak dotąd, zawsze chciałem w tej sprawie być monogamistą.

A gęba? Gęba moja własna narodnika, pokutnika.

I czy i tak nie jest za późno? Czy nie lepiej iść do końca? Ten koniec może być samobójstwem (nie wierzę w to, ale miło sobie pomyśleć).

A cóż to znowu, myśli o ocaleniu, o wygraniu czegoś?

Nie, nonsens. Chodzi o suwerenność. Śmierć. Nie dla mnie pokora, nie dla mnie niżej. Jeżeli to jest pycha, niech będzie.

16 listopada, wtorek

Nie dzisiaj, ale jutro moja siostra do mnie przyjedzie.

Moje wrażenie o dogasaniu, wyczerpywaniu się pewnej epoki mojej powtarza się, aż mnie to utwierdza, na skutek tej powtarzalności, że ona rzeczywiście dogasa, że coś jest na rzeczy. Nie zaszkodzi powtórzyć sobie jeszcze raz i jeszcze raz to samo. Jak by to ująć krótko i trafnie... Jeżeli jest coś, co nie jest tutaj, to ono i tak jest tylko tutaj, bo i gdzieś tam to jest tu. Zaświaty są tylko w światach. Może wcale nie mam racji, ale całe moje doświadczenie każe mi dojść – na razie – tylko do takiego wniosku. A na pewno już poświęcać życie na to, żeby – w fotelu i paląc ogromne ilości tytoniu – domyślić się nadprawdy, to nie jest dla mnie zajęcie, bo albo się zmęczyłem, albo tak rzeczywiście nie można. Żadna koncepcja, żadne domyślenie się nie jest możliwe. Domyślenie się zawsze będzie tylko domyśleniem się, czyli nie rzeczą, ale myślą. Co więc robić, doprawdy nie wiem i może wcale nie trzeba wiedzieć. Bo wiedzieć, znać odpowiedź na pytanie: „Co robić?", to znowu znaczy uważać, przypuszczać, być przekonanym, że się wie co i jak. Być może pejzaż nie jest wesoły, kiedy oddala się przypływ i tam gdzie były piękne, wzburzone spienienia, zostają tylko jakieś morskie śmieci. Mam tylko niejasne wyczucie, że trzeba wrócić do malutkiego, co właściwie zrobione może nawet być i większe niż dyspro-

[1] Narodnictwo – ideologia rosyjskich socjalistów w 2. poł. XIX w., idealizujących lud i uznających wspólnotę wiejską za podstawę przyszłego ustroju Rosji.

porcja między ogromnymi myślami – większymi od samych siebie, a więc pustymi, puściejącymi – a niechlujstwem życia na co dzień. Codziennie odgadywać swoje przeznaczenie, teoretycznie raczej, i codziennie nic nie robić, to jest podobne do mitomanii. Jeżeli jest jakieś przeznaczenie, to ono musi mieć jakiś materiał, w jakim się dokonuje. Tu przypomina się anegdota – Żyd, który modlitwami zmuszał Pana Boga, żeby ten zesłał mu główną wygraną na loterii. Ale jakoś główna wygrana nie pojawia się. Żyd ma pretensje, wtedy Pan Bóg powiada wreszcie zakłopotany: Wiesz co, ty zrób coś dla mnie, ty kup chociaż los.

17 listopada, 2.00 rano, środa

A jednak czasem się wydaje, że przebudzenie jest blisko. Nieodparta analogia ze snem pełnym koszmaru. Wie się, że to sen, a jednak strach i cierpienie wydają się prawdziwe.

Za parę godzin ma się pojawić moja siostra. Jaka siostra, kto ma siostrę? Absurdalność dotkliwie odczuwalna. A jednak jestem wplątany w tę historię, jak we wszystkie historie. Przymus i elementy fikcji. Ciągłe uwikłanie w coś, za co musi się ponosić odpowiedzialność, chociaż zupełnie nie wiadomo dlaczego.

Nad wieczorem „wróciłem do siebie". Potem z M. na kolacji u Pierre'a Bortholina. Aperitif, wina nie więcej niż zwykle, ale dzisiaj i tak za dużo. Uwikłanie. Bo uwikłanie bezsensowne, bezwładne. Siedzenie w tym imponującym apartamencie, twarzą w twarze – czyje, kogo, dlaczego? Więc utrata suwerenności, znowu ta przeklęta potrzeba, nawyk? Asymilacji, adaptacji, udowodnienia – sobie? – nie, im przede wszystkim, drugim przede wszystkim, że jestem taki jak inni, swój, ludzki, towarzyski, swojski. Udowodnienie udawania, wbrew prawdzie i naturze, więc konflikt, niesmak i niezręczność, niemożność skoncentrowania się ani na nich, ani na swoich głupawych marzeniach na jawie. Niewygoda i nijakość. Patrzenie bez widzenia, mówienie ze słyszeniem tylko swojego jakby bełkotu. Po co? Przymilić się? Gombrowicz: „Nie wiem, jaki jestem, ale nie chcę, żeby mnie wypaczano"[1]. Ja wiem, że na pewno nie jestem żadną z tych propozycji i wcieleń, w jakie mnie wciąż coś i ktoś

[1] Por. „Nie wiem, jaki jestem naprawdę, ale cierpię, gdy mnie deformują" (D. de Roux, *Rozmowy z Gombrowiczem*, Paryż 1969, s. 61).

wciela i kształtuje. Dystans jedynym ratunkiem. Wiem o tym aż do szpiku kości, a jednak wciąż i zawsze popadam w tę samą bzdurę. Czy to konieczne? Niedowład czujności?

Prawda (moja, o mnie, prawda w ogóle) jest taka może, że nikt by jej nie zniósł. Ale czy to nie jest wykręt? Czy naprawdę symulowałem prawdę? Zresztą czy ktokolwiek na kogokolwiek zwraca naprawdę uwagę? Ludzie jak marionetki, podrygują pierwszymi lepszymi impulsami, jakie ich nachodzą. Przerywają sobie w pół słowa, nikt nie słucha nikogo, nikt na nikogo nie patrzy. I znowu, kiedy siedzę tu, w nocy, znowu sam, jestem mądry i wiedzący. Dlaczego nie byłem taki parę godzin temu? Trzeba mi dolegliwości, spowodowanej nawet tym niewielkim alkoholem, czegoś dotkliwego, niedosamoistnego, żeby mnie pobudzić do żywej reakcji. „Ach, dajcie mi teraz tę sytuację, żebym już ja pokazał wam, jak umiem ją załatwić". Żołnierz samochwał, zuch po bitwie.

Zresztą to strofowanie siebie, te wykrzywiania się sobie też są ułatwieniem i nie mają sensu.

Dość dobrze wiem, o co mi chodzi, dlaczego nie próbować raz i jeszcze raz, nie teraz przy stole, ale zawsze? Łajać się i pokrzykiwać na siebie, dobrze, jeżeli to w formie analizy tego, co było, żeby wykryć, dlaczego było źle. Więc jeszcze raz – było źle, bo byłem miękki, to jest bojący się, odwracający. Jak długo można udawać, że... tutaj opowiadanie:

„W progu ukazał się anioł z ognistym mieczem. A ja udaję, że go nie ma, jakby nigdy nic. Udawanie to głupie i nieporadne. Palnie mnie wreszcie czy nie palnie? O, żeby chociaż palnął, żebym choć poczuł. A on nic, stoi tylko i miecz trzyma"[1].

25 listopada, czwartek

La fin de la lecture du Roi des aulnes[2]. *Bien sûr l'intérét né (ou évoqué, réveillé) dans le déchiffrement.*

---

[1] Por. początek tekstu *Odwiedziny* („Kultura" 1983, nr 6): „Siedzę sobie jak zwykle przy stole, herbatkę piję, a tu u progu Archanioł z ognistym mieczem. – Niech Archanioł uważa, żeby się od miecza szafa nie zajęła, bo jest łatwopalna – powiadam (...). Ale on nic, tylko patrzy na mnie".

[2] *Le Roi des Aulnes* (franc.) – *Król olch*, powieść M. Tourniera z 1970 roku (wyd. pol.1990), za którą autor otrzymał Nagrodę Goncourtów.

Inutile et drôle de prétendre que mon sens du monde égale, équivaut celui de M. Tournier. Mais, comme chaque lecture nous découvre à nous, un peu plus, ou nous modèle...

Et aussi, l'importance des symboles et des chiffres en astrologie, dont je suis modérément intéressé...

Mes propres méditations sur le sujet: „Ma destinée, existe-t-elle? Et si elle existe, comment la déchiffrer..."

L'attraction côté Ouest, si vivement ressentie depuis le début de ma connaissance...

Les histoires : de la statuette maléfique achetée avant la mort de Mara.

De la montre de Cartier.

Parallélisme aux deux côtés de la Baie de Gênes, vécu...

Déchiffrer le cours des choses pour exercer sa volonté en le suivant...

Mon chat de bois.

Les objets dont je m'entoure...

Les constructions arbitraires, certes, mais, parce que je sais déjà que rien n'est volontaire en source...

Essayer de déchiffrer un peu les choses et les événements.

Les choses d'abord.

Ce genre de plume que j'écris avec. L'apparence de cette main qui la tient.

La plume. Elle est à l'encre.

Donc le liquide. L'encre est bleu. Mais, rien de mystérieux. Je n'aime pas les lignes monotonnes, sans nuances, mecanisées, sans rapport avec mes impulsions. Le noir sur le blanc serait trop criant.

Pas de mystère.

[Koniec lektury *Króla olch*. Pożytek zrodzony (wywołany, przypomniany) w odszyfrowaniu.

Zbytecznie i śmiesznie byłoby uważać, że moje poczucie świata równe jest poczuciu M. Tourniera. Skoro jednak każda lektura odkrywa nas samym sobie trochę bardziej, czy też nas kształtuje...

Również znaczenie symboli i liczb w astrologii, czym umiarkowanie jestem zainteresowany.

Moje własne rozmyślania na temat: „Czy mój los istnieje? A jeśli istnieje, jak go rozszyfrować...".

Przyciąganie ze strony Zachodu, tak mocno odczuwane od początku mego poznania... Historie: o złowróżbnej statuetce kupionej przed śmiercią Mary. O zegarku Cartiera.

Podobieństwo po obu stronach Zatoki Genueńskiej, przeżyte...

Odszyfrować bieg rzeczy, by ćwiczyć swą wolę w podążaniu za nim...

Mój drewniany kot. Przedmioty, którymi się otaczam...

Konstrukcje bezpodstawne, tak, ale ponieważ wiem, że nic nie jest dobrowolne u źródła... Spróbować trochę rozszyfrować rzeczy i zdarzenia. Najpierw rzeczy. Ten rodzaj pióra, którym piszę. Wygląd tej ręki, która je trzyma.

Pióro. Jest na atrament.

A zatem ciecz. Atrament jest niebieski. Ale w tym nie ma nic tajemniczego. Nie lubię linii monotonnych, bez niuansów, mechanicznych, bez związku z moimi impulsami. Czarne na białym byłoby zbyt krzyczące.

Nie ma tajemnicy].

7 grudnia

Wolno robić tylko to i tylko tak, na co i jak ma się naprawdę ochotę.

Porywy, Wielkie Noce, zwierzenia i czuwania, to wszystko nagle przestaje mieć sens. Wielkie przestaje mieć sens wobec małego, bezsenność wobec trzeźwości.

Ukazanie się zwierciadła, w tym zwierciadle ja, odbity. Tak się zmienić, żeby się w zwierciadle nie rozpoznać, aż tak przerażająco.

1972

1 stycznia

Nie dostaję już wypieków od Polski, dostaję jeszcze wciąż wypieków od Postępu. Znak, że jeszcze z tego się nie uleczyłem, jak uleczyłem się już z Polski.

Nie dostawać już wypieków od Postępu.

2 stycznia

Przerzuca nas i nami. W pewnym sensie jesteśmy wciąż jak małpy, tylko spadamy i przewracamy się, turlamy i zataczamy, podczas gdy małpy są zręczne.

Dlaczego, jeżeli trzeba pozostać małpą, nie być małpą zręczną?

Ot, teraz, wiszę uczepiony wysokiej gałęzi ogólnego, na przełęczy między chaosem a kosmosem, a ręka mi słabnie (łapa małpia) i puszcza już. Więc zamiast runąć głucho i ciężko w jakieś paskudne i mokre niskie krzaki, czy nie lepiej skoczyć? Puścić się i skoczyć świadomie, lekko i zgrabnie?

Później, o 4.00 rano, bezsenność

Odwrót, odwrót. Dość stania na palcach, dość wysilenia, przesilenie. Czyść buty i myj zęby. Odpisuj na listy, rozmawiaj o pogodzie i nie bądź wyjątkowy. Nie chwytaj Pana Boga za nogi.

G. jakże mnie też zmęczył (pisz wyraźnie). Cały w gombrowiczeniu, w „urzeczywistnianiu się". Jakim urzeczywistnianiu! Belfer. I to taki, co gorsza, co „umie z młodzieżą".

Nie ma niczego, względnie jest wszystko; jak kto woli. Mogę być „wielki" i „mały". Nic nie rozumiem i rozumiem wszystko. I dosyć tego.

Pisz.

Czytaj.

Ucz się francuskiego.

Zrób porządek.

Gimnastykuj się.

Miej myśli albo nie.

Nie ma żadnego problemu ani trudności. Albo jest. Zależy, jak spojrzeć. Nie stoimy przed żadnym zadaniem ani zagadką. Chyba że stoimy (że chcemy). Stawianie sobie zadania czy zagadki jest naszą rozrywką albo przywilejem. Potem jesteśmy tragiczni. Jeśli nam się tak podoba. Wszystko zależy od tego, co i jak zadamy sobie do głowy.

4 stycznia

Mógłbym (gdyby mi się chciało) rozwinąć dzisiejszy zapisek w jakimkolwiek dowolnym kierunku. Dowolnym? Tak, och, nie trzeba tego rozumieć za szeroko i za głęboko. Dowolnym, to znaczy tylko: wybranym z tych, które by mi przyszły do głowy.

Po lekturze II i III volumenu *Dzienników* W.G.[1], więc moja polszczyzna nieco lepsza i piszę właściwie jak małpa. Więc może o nim. (Czyli o sobie).

Ja – przez całe życie zastanawiam się, jakiego siebie (tylu ich być może) wybrać, żeby go potem urzeczywistnić. Do tej pory nie jestem zdecydowany na model, a coraz częściej nie chce mi się ani wybierać, ani urzeczywistniać. On – jakby zawsze był pewien, co, kogo ma urzeczywistniać. Jedynym problemem – urzeczywistnienie.

Łatwo zauważyć różnicę i jej skutki.

---

[1] Edycja w ramach serii *Dzieł zebranych* Gombrowicza, Instytut Literacki w Paryżu, która ukazała się w 1971 roku; t. 2 – *Dziennik 1957–1961*, t. 3 – *Dziennik 1961–1966*.

Ja – w tej chwili (o pierwszej w nocy) mam taki sam kłopot, jaki on miał z popielniczką. Dobrze, mogę spojrzeć na popielniczkę. Ale dlaczego akurat na nią?

Dość. Oszustwo. Wiem dobrze, że piszesz to wszystko tylko po to, żeby pisać, nie pójść do łóżka. Wszystkie te kłopoty nie są wcale twoimi. Fałszujesz sobie problemy, a potem martwisz się, że nie ma rozwiązań. W co chcesz teraz popaść (o pierwszej w nocy)? W wielką noc? Coś byś chciał urzeczywistnić (bo się boisz łóżka i bezsenności), a w drugą stronę nie łaska? W stronę nie-nie-nie.

Na tym się skup: patrz sobie na ręce i sprawdzaj swoje rachunki sobie. Bo oszukujesz się nieustannie.

W.G. – że jego wypaczają. Mój kłopot inny. Mniejsza o drugich, tych innych. Ja sam siebie wypaczam.

Spać.

6 stycznia

Mógłbym (znowu!) zapisać jakąś myśl twórczą (pod-twórczą) i rozsądną, na przykład: żeby uszanować innych ludzi, trzeba doznać własnego uświadomienia sobie siebie, czyli własnego wyodrębnienia, bo jakże inaczej dostrzegać innych, jeżeli nie dostrzec najpierw siebie, czyli tylko indywidualista może być społeczny (niechlujnie i niemrawo zapisane, ale niech tam).

Ale śmiech, śmiech i lekkość. Wszystko jest łatwe! Tak łatwe! Chwila, kiedy... śmiech wariata... ten śmiech nie jest taki głupi.

17 stycznia

Nie lekceważyć mojego i codziennego. Przeciwnie. Jeżeli wieczność, to ona się wyraża na przykład w: czwartek o 15.30.

20 stycznia

No dobrze. Ale umarł Nicola Chiaromonte[1].

Nie wiedziałem o tym jeszcze, a on już nie żył. Więc umarł dla mnie dopiero dzisiaj, tak koło 10.15. Kalkulacja mówi, że musiał być martwy już wcześniej. Ale to „wcześniej" też teraz dopiero się stwarza, zrobione i obrabiane przeze mnie. Więc czy było to „wcześniej"?

---

[1] Włoski pisarz Nicola Chiaromonte zmarł w Rzymie 18 czerwca 1972 roku w wieku 67 lat.

Czy zdaję sobie sprawę, że to umarł on, a nie ja (trochę), że to był, jest *his problem*? Teoretycznie tak. Ale raczej odczuwam to jako *my problem*. Dla niego duża, pełna (ale to wiem tylko teoretycznie) śmierć, dla mnie mała i częściowa, ale prawdziwa, „prawdziwa"?

Przedwczoraj wieczór szczególnie myślałem taką myśl (i żyłem tą myślą). (Nie, to nie tylko goła myśl, ja coraz bardziej myślę „całym" sobą). To nieprawda, że nic nie jest pewne.

Pewne jest, że:

A) Umrę.

B) Jeżeli nawet mam duszę, to nie jest ona świadomością.

A więc umrę i stracę świadomość.

Nie było w tym ani melancholii, ani buntu, ani rezygnacji, ani ucieczki, ani *carpe diem*. Coś jeszcze całkiem innego. Krzepiącego i scalającego w nowy (nie znany mi z innych lektur, rozmów itd.) sposób. Jestem przecież w doskonałej formie, bardzo żyję ostatnio. (Bo jednak ja myślę nie tylko teoretycznie, lata spędzone na fotelu jednak owocują).

1) Godzić sprzeczności (*his problem*, *my problem*) – męka daremności.

2) Ustawiać sprzeczności grzecznie obok siebie – niebezpieczeństwo, na które jest na pewno jakiś termin w psychiatrii.

26 stycznia

Zapiski ostatniego czasu zdradzają coraz mniejszą równowagę, a momenty nierównowagi są coraz mniej interesujące, nie wnoszą nic nowego, nie świadczą o niczym nowym. Być może momenty nierównowagi, romantyczności nie przystoją już panu w średnim wieku. Ale nawet to zostało już powiedziane.

Nie ma ani jednej koncepcji, ani jednego „wyjścia", którego bym nie roztrząsał i nie przeżywał burzliwie co najmniej dwa razy, jeżeli nie dziesięć. Wiele razy w alkoholu, zawsze w obłokach dymu tytoniowego. Nie tylko dookoła, także we mnie wszystko już było, i to ile razy. Oto jest sytuacja. Koło dokładnie się zamknęło. Po raz pierwszy w życiu mam uczucie, że historia jest opowiedziana. Była to historia dążenia i poszukiwania. Ja jednak w dalszym ciągu żyję, z tego wynika, że powinienem wymyślić sobie jakieś drugie życie. Nie wyjście z pierwszego, nie kontynuację tamtego, tylko jakiś inny układ, zacząć inne kółko.

Czy klęska? Nie jest klęską historii, że powiedziano jej ostatnie słowo, ani utworu muzycznego, że się skończył.

31 stycznia

Zamykamy interes. „Nie jestem zainteresowany szczerością. Interesuje mnie tylko *lucidité*[1]", powiedział Paul Valéry do Malraux. (Według *Antimémoires*[2]).

Czekałem dostatecznie długo. Nie doczekałem się. Skąd wiem, że dostatecznie długo? Stąd, że czekałem w kółko. Czekanie nie według prostej, ale w kole. Prosta okazała się kołem.

6 lutego, niedziela

Przeczytałem wszystkie zapiski od początku, po raz pierwszy, od kiedy zacząłem je prowadzić.

Rozum dziecka, a uczucia mędrca. Nie tyle ukrzyżowanie, ile pokrzyżowanie. Duży potencjał, małe dokonanie. A jednak w tych meandrach jest jakaś droga. Tyle że w meandrach. Nie mnie odgadywać jej cel raz na zawsze, za to powinienem to robić na co dzień, a nawet co pół godziny.

Małe piąstki o mur wielkiej fortecy. *Zamek* Kafki[3], oczywiście, gdyby nie był to zamek Kafki, ale mój całkiem osobisty.

Połowa okna otwarta, druga zamknięta. Mucha, tłukąca się o tę zamkniętą połowę, żeby wylecieć przez szybę. Możliwe.

Niechcący napisałem w ciągu tamtych lat „dobrą" książkę. Tamtych, w Chiavari, aż do jesieni 1969. Potem już przerwy, oznaki wyczerpania, powtarzanie się nie na poprzednim poziomie.

Pretensjonalny bełkot pierwszych kilkudziesięciu stron, jeszcze w Warszawie, wtedy kiedy miałem „ciekawe" myśli literackie.

Coś w każdym razie stwierdziłem. Może przywrócić właściwości? Rozum mędrca, uczucia dziecka.

---

[1] *lucidité* (franc.) – jasność umysłu

[2] *Antimémoires* (*Antypamiętniki*) – autobiografia Malraux z 1967 roku (wyd. pol. 1993); cytowane przez Mrożka słowa zostały wypowiedziane przy okazji dyskusji o pisarstwie Gide'a. Por.: „zajmuje mnie jasność widzenia, a nie szczerość. Kogo ona w końcu obchodzi!" (A. Malraux, *Antypamiętniki*, tłum. J. Guze, Warszawa 1993, s. 14).

[3] *Zamek* – powieść F. Kafki z 1926 roku (wyd. pol. 1958).

7 lutego

Dlaczego nie mogę czytać *Don Kichota*? Po raz pierwszy nie mogłem, kiedy miałem dwanaście lat. Nudzi mnie śmiertelnie. Dlaczego mnie nudzi? Może dlatego, że jest nudny. Dla mnie. Nie widzę nic zabawnego w tym, że ktoś postępuje według tego, co mu się wydaje. Don Kichot naciera na owce, myśląc, że to są olbrzymy czy jakieś wojsko. Sancho rechocze i prawdopodobnie powinienem rechotać także ja, jako czytelnik. Ale co w tym zabawnego? Jeżeli on, Don Kichot, myślał, że to wojsko?

Przypuszczam, że nie jest to książka dla dzieci, ale dla niedorostków, tych, którym się wydaje, że są już tacy mądrzy, kiedy przestają być dziećmi: „Kiedy byłem dzieckiem, nie wiedziałem, a teraz wiem, że to są owce, a ten głupi stary nie wie. He, he, ja się już nie dam nabrać, ja mam już piętnaście lat". Sam Cervantes wydaje się niedorostkiem.

Może gdyby sam Don Kichot miał wątpliwości, wojsko to czy owce, ale nie. On zawsze i konsekwentnie myśli, że to wojsko. Żadnych niespodzianek. Najwyżej z krzaków wyjdzie jakaś nowa postać i w bardzo długi i zawiły sposób opowie jakąś nową historię, którą można by opowiedzieć prościej i o wiele krócej. A te historie są o wiele mniej prawdopodobne, o wiele sztuczniejsze niż pomyłki, złudzenia, szaleństwo Don Kichota.

Obyczaje, obraz ówczesnej Hiszpanii? A co mnie to obchodzi, jeżeli, by je nieco poznać, muszę przełknąć taką ogromną i niestrawną pigułę. Nie, dziękuję.

8 lutego, wtorek

Według Chińczyków wystarczy zająć się czyszczeniem latryn, żeby pozbyć się niepokojów duszy. Sprawdziłem. Działa. Tylko co dalej, kiedy latryna jest już umyta?

Co widać jeszcze z mojej trybunki przenośnej? Ano żal, że film rodaka Waleriana Borowczyka ma dobre recenzje[1]. Jeszcze jeden powód, żeby nadal nie spotykać się z W.B. Na co zresztą od lat on nie ma ochoty. W.B. to jeden z ostatnich czystych i pełnych artystów. Człowiek wyspa, człowiek forteca, ale ja nie.

---

[1] Mowa zapewne o filmie *Blanche*, inspirowanym *Mazepą* J. Słowackiego, zrealizowanym w 1971 roku.

9 lutego, środa

Jeśli kiedy dojdę do tego, że pisanie listów w moich interesach będę wykonywał równie obojętnie jak pisanie kartek z życzeniami na święta, to będzie znaczyło, że jestem dojrzałym człowiekiem.

Odczucie-myśl (w łazience, w wannie, co oczywiście nie ma żadnego związku z myślą): dlaczego właściwie nieznane jest dla człowieka przerażające? Taka nieskończoność powinna raczej napawać go otuchą. Oto stoimy u brzegu, doszliśmy do brzegu naszej wesołej, znanej krainy. Patrzymy na ocean, na horyzont. Tam nic nie wiadome, dalej wszystko jest możliwe. Czy to nie przyjemnie stanąć sobie na skraju tego naszego małego lądu?

A swoją drogą, z czego się bierze, rozwija myśl? Czasami mi się wydaje, że to, co nazywamy myślą, jest tylko rozwinięciem, ostatecznym wynikiem z jakiegoś małego ziarenka, z jakiegoś genu myśli. To, co nazywamy myślą, jest zawsze prawie rozwiniętym zdaniem, które żywcem można by napisać na papierze. Tymczasem ile jest myśli mniej ukształtowanych. Śledząc wstecz, możemy dojść do tych myśli-przeczuć, ale jasne, że chwilę potem ślad się urywa, choć zwierzyna musiała tędy przejść. Od wieku męskiego wstecz, do dzieciństwa i niemowlęctwa myśli. A jakby tak później? Wcześniej?

Czy można myśleć samymi tylko genami myśli, nie tracąc czasu na ich dorastanie? Czy takie myślenie byłoby podobne do stenografii, tak by się odnosiło do zwyczajnego myślenia jak stenografia do zwyczajnego pisma? I czy w ten sposób jednak nie myślimy, mimo wszystko i bez szczególnej na ten temat wiedzy?

10 lutego, czwartek

Rita Renoir, *one-woman show*[1]. Sztuka (każda) jest jak wypchany miś. Albo widać misia, albo widać trociny. Trocinami nazywam wszystko, z czego sztuka jest zrobiona, łącznie ze stanem cywilnym aktora i łysiną pana w trzecim rzędzie. Rzadko się zdarza, żeby widać było misia. Przynajmniej mnie rzadko to się zdarza. Wizyta Berliner Ensemble w Krakowie w 1953 roku z *Mutter Courage*, *Kroniki historyczne* Szekspira w reżyserii Strehlera w Piccolo Teatro

[1] *one woman show* (ang.) – dosł. występ jednej kobiety; także: monodram.

w 1965 (?), *Hamlet* Petera Halla w Stratford-on-Avon w 1966, *The Winter's Tale* w Aldwych Theatre, reżyseria Trevor Nunn, 1971 – to były misie[1]. I kilka innych. Wymiar rzeczy nie gra roli. Nie pamiętam mniejszych misiów niż te wymienione, ale też były. Na przykład *Monolog o szkodliwości palenia tytoniu* Czechowa w wykonaniu (czyim, Michała Meliny czy Godika?). W jakimś 1951[2]. Czasem coś jeszcze bardziej miniaturowego.

Pomieszanie i zamieszanie jest cechą epoki. Kto do kogo, z czym i po co? W przypadku Rity Renoir trudno by to było ustalić. A najgorsze, że sama rzecz nie jest najgorsza i Rita Renoir sympatyczna, pełna zdolności i dobrej woli. A jednak wszystko razem jest nieporozumieniem. Tylko kto o tym wie?

Zresztą nie chodzi mi o to, żeby wymierzyć sprawiedliwość epoce, żebym sądził epokę przez Ritę Renoir, czy przez co innego. Jeżeli się zajmuję tym drobiazgiem, to żeby samemu się rozeznać. Gdzie jestem, w jakiej sprawie i kto? Odpowiedzi na to pytanie nie ma. Takie pytania powstają zresztą tylko wtedy, kiedy mamy do czynienia nie z misiem, ale z jego trocinami. Czasami nawet można znaleźć odpowiedź, kiedy mamy do czynienia, czy ja wiem z czym, z *Hair*[3] na przykład. W omawianym przypadku nie tylko nie pojawiają się pytania, ale i nie ma odpowiedzi. Źle. A takie jest to przecież kulturalne, wytworne. Takie „na tle kulturalnych zjawisk".

[1] Berliner Ensemble – zespół teatralny założony w Berlinie Wschodnim w 1949 roku, od 1954 roku kierowany przez B. Brechta; przebywał na występach w Polsce (Kraków, Łódź, Warszawa) 5–29 grudnia 1952, spektakle zespołu spotkały się z ostrą krytyką części prasy komunistycznej; *Mutter Courage – Matka Courage [i jej dzieci]*, antywojenny dramat Brechta z 1939; Mrożek oglądał „zestawienie kronik historycznych" Szekspira w reż. G. Strehlera w październiku 1965 (zob. list do J. Błońskiego z 24 października 1965, w: J. Błoński, S. Mrożek, *Listy 1963–1996*, Kraków 2004.); *The Winter Tale* (ang.) – *Opowieść zimowa*, dramat Szekspira z 1609–1610; Aldwych Theatre – teatr w Londynie założony w 1905, w latach 1960–1982 scena współczesna Royal Shakespeare Company; w Stratford on Avon mieścił się Royal Shakespeare Theatre, część założonej przez P. Halla w 1960 roku Royal Shakespeare Company.

[2] *Monolog o szkodliwości palenia tytoniu* A. Czechowa wykonywał w 1952 roku Bronisław Darski w ramach programu *Objeżdżalnia społeczna*, prezentowanego przez łódzki Teatr Mały.

[3] *Hair* (*Włosy*) – amerykański musical G. Ragniego i J. Rado z 1968 roku.

Zapewne za wiele żądam od tego przedstawienia. Ale to nie ja, to moje pragnienie. Czy jestem naiwny, żądając misiów? Nie, zdarzają się jeszcze czasami. Ulewny deszcz. *Rush hour*[1] graniczy ze stanem wojny. Przekąska w barze na Montparnasse, wybranym spośród innych jako najstarszy, czyli najmniej nowoczesny. Arabowie i rudery. Nad tym wszystkim Himalaje nowego Montparnasse'u. Już nawet nie mogę roztkliwiać się nad starym.

15 lutego, wtorek

W niedzielę wieczorem, w Sologne, nagle choroba. Dziś w Paryżu, drugi dzień postu absolutnego. Choroba, zdaje się, odeszła, ale chcę skorzystać z okazji, żeby trzy dni upłynęło bez jedzenia, bez ludzi, a tylko z C.G. Jungiem, który opowiada mi swoje życie. (C.G. Jung – *Ma vie*[2]).

„*Ce fut au temps de l'Avent de l'année 1913 que je me décidai à entreprendre le pas décisif – le 12 décembre. J'étais assis à mon bureau, pesai une fois encore les craintes que j'éprouvais, puis je me laissai tomber*"[3].

[„Był właśnie adwent 1913 roku, gdy zdecydowałem się na rozstrzygający krok (12 grudnia). Siedząc przy biurku, jeszcze raz przyjrzałem się wszystkim mym obawom, a potem postanowiłem «spaść»"[4]].

Coś mi to przypomina.

Na skutek głodówki, jak sądzę, moja głowa pracuje powoli i niepewnie. (Poznaję to po sprawności czytania. Czytam powoli, z trudem, w sensie fizjologicznym i intelektualnym). Napisałem kiedyś w tych notach, że podświadomości nie ma. Był to rodzaj okrzyku-wyzwania, wtedy kiedy przekonanie o automatyczności odruchów-przyzwyczajeń, o budowaniu się osobowości tylko przez spotykanie kolejnych doświadczeń i konserwowaniu reakcji na

---

[1] *rush hour* (ang.) – godziny szczytu

[2] Pełny tytuł: *Ma vie. Souvenirs, rêves et pensées. Recueillis et publiés par Aniéla Jaffé*, Paris 1961.

[3] C.G. Jung, *Ma vie. Souvenirs, rêves et pensées*. Traduit par le Dr Rolan Cahen et Yves Le Lay, Paris 1998, s. 208.

[4] C.G. Jung, *Wspomnienia, sny, myśli*... przeł. z niem. R. Reszke, L. Kolankiewicz, Warszawa 1997, s. 155.

nie miałem szczególnie silne i kiedy ono szczególnie mi dokuczyło. Teraz, oczywiście, kiedy czytam, kiedy jestem w kontakcie z C.G Jungiem (po *Les racines de la conscience*[1] – *Ma vie* obecnie), wydaje mi się, że podświadomość co najmniej istnieje. Ale tutaj dam sobie ostrzeżenie, które C.G. Jung sam sobie dał:

„Chaque fois qu'un événement numineux fait fortement vibrer l'âme, il y a danger que se rompe le fil auquel on est suspendu. Alors tel être humain tombe dans un «Oui» absolu et l'autre dans «Non» qui ne l'est pas moins ! Nirdvandva – «libéré des deux» – dit l'Orient. Je l'ai retenu! Le pendule de l'esprit oscille entre sens et non-sens, et non point entre vrai et faux. Le danger du numineux est qu'il pousse aux extrêmes et qu'alors une vérité modeste est prise pour la vérité et une erreur minime pour une fatale aberration. Tout passe: ce qui hier était vérité est aujourd'hui erreur, et ce qui avant-hier était tenu pour errement sera peut-être demain révélation... à plus forte raison dans la dimension psychologique dont, en réalité, nous ne savons encore que fort peu de chose. Nous avons souvent manqué et nous sommes encore bien loin de nous rendre compte de ce que cela veut dire que rien, absolument rien n'existe, tant qu'une petite conscience, – ô lueur bien éphémère! – n'en a rien remarqué”[2].

[„Zawsze tam, gdzie dusza wskutek przeżycia numinotycznego zostaje wprawiona w silną wibrację, powstaje niebezpieczeństwo, że zerwie się nić, na której człowiek się trzyma. Bo wówczas jeden popada w absolutne «tak», drugi w równie absolutne «nie». Na to Wschód powiada: *nirdvandva* (wolny od obojga). Dobrze to sobie zapamiętałem. Duchowe wahadło kołysze się między sensem a bezsensem, nie zaś między tym, co prawdziwe, a tym, co fałszywe. To, co numinotyczne, dlatego jest niebezpieczne, że popycha do skrajności i że potem skromną prawdę bierze za j e d y n ą prawdę, a drobny błąd za fatalne zbłądzenie. *Tout passe*: co wczoraj było prawdą, dziś jest błędem, a co przedwczoraj poczytywano za błędny wniosek, jutro może być objawieniem – tym bardziej w wymiarze psychologicznym, w odniesieniu do spraw, o których przecież tak naprawdę wiemy jeszcze bardzo mało. Nie zawsze rozumiemy,

---

[1] Wybór tekstów C.G. Junga ukazał się we Francji w 1971 roku.
[2] C.G. Jung, *Ma vie*..., s. 181.

co to znaczy, że nic nie istnieje dopóty, dopóki mała – och, jakże przemijająca! – świadomość czegoś nie zauważy"[1]].

„Me vouer à l'âme fut la seule possibilité de vivre mon existence comme une relative totalité et de la supporter"[2].

[„Tylko oddanie się duszy otwierało przede mną możliwość przeżycia własnego istnienia j a k o w z g l ę d n e j c a ł k o w i t o ś c i (podkreślenie S.M.) i sprostania mu"][3].

Dlaczego emocja jest uznana za okoliczność łagodzącą, a nie przeciwnie? Dlaczego przestępstwo popełnione „z premedytacją" nie jest uznawane za mniej przestępcze? To tylko wątpliwość zanotowana, a nie opowiedzenie się za „premedytacją" jako okolicznością raczej łagodzącą. Wydaje mi się, że podanie w wątpliwość tej „oczywistości", jaką jest mniejsza wina przestępcy w stanie wzburzenia, działania w spontaniczności, może być początkiem jakiegoś całkiem interesującego rozważania. Nie jestem dzisiaj w stanie tego rozważyć. Więc może tylko kilka punktów:

1. Czy zawsze tak było? Czy spontaniczność, emocja jako okoliczność łagodząca pojawiła się, historycznie rzecz biorąc, dopiero dosyć późno? Wydaje mi się, że tak. Warto by wiedzieć, kiedy i w jakich okolicznościach.

2. Jeżeli tak, to by wskazywało, że przestępstwo popełnione w emocji jest mniejszym grzechem, ponieważ popełnione bez udziału rozumu, poza rozumem. Czyli rozum jest dobry, rozum nie może popełnić przestępstwa, a raczej nie powinien. Jeżeli popełnia, to wtedy... to wtedy mamy do czynienia z największą zbrodnią. Ale w gruncie rzeczy jest to zbrodnia przeciw założeniu, że rozum nie powinien popełnić przestępstwa. A jeżeli popełnia? A jeżeli jednak popełnia? Całe więc założenie, że rozum nie powinien popełnić przestępstwa, jest tylko pobożnym życzeniem. Rozum wprawdzie nie powinien grzeszyć, ale w praktyce okazuje się, że może grzeszyć, czyli wcale nie jest „dobry" z siebie. Więc ustawodawstwo, które bardziej karze za przestępstwa z premedytacją, jest w gruncie rzeczy narzędziem represji w obronie tezy o wrodzonej dobroci rozu-

[1] C.G. Jung, *Wspomnienia, sny, myśli..*, s. 137.
[2] C.G. Jung, *Ma vie...*, s. 224.
[3] C.G. Jung, *Wspomnienia, sny, myśli...*, s. 167.

mu. Już starożytni itd. (Przypomina mi się Epiktet, który dowodzi, że zbrodniarz jest zbrodniarzem tylko na skutek braku rozeznania, rozumu... Ale za czasów Epikteta nie mieliśmy jeszcze oświecenia. Epiktet myślał sobie, ale ton jego epoki nie był chyba jego myślą).

„Après la mort de ma femme, en 1955, je ressentis l'obligation intérieure de devenir tel qu'en moi-même je suis"[1].

[„Po śmierci żony w 1955 roku poczułem wewnętrzny przymus, by stać się taki, jaki jestem"][2].

Zużycie, osłabienie, schyłek, dożywocie? Odkrycie bogactwa i życie o nowej, o zmienionym znaku, intensywności? Samotny, starzejący się pan o skromnych środkach, ale przyzwoicie utrzymany, na marginesie i poza, emigrant, nieco zgorzkniały, rozleniwiony i próbujący jeszcze marzyć? Nowy kształt, pierwsze oznaki owocowania, odcyfrowanie pierwszych zdań szyfru? Przypadek czy przeznaczenie, chaos czy kosmos, hałas czy głosy, znaki czy zamęt?

Pojęcie A: istnieje prawda obiektywna, zwana obiektywną, która ostatecznie skłonna jest się nazywać naukową. Być może nie ma w niej zbawienia, ale ona jest królem. Naszym obowiązkiem jest nie poddawać się złudzeniom, to znaczy podejrzewać, że wszystko jest złudzeniem i naszymi dobrymi chęciami, dobrymi, bo mającymi nam zapewnić jako tako dobre samopoczucie. Ale – nie wiadomo dokładnie dlaczego – to dobre samopoczucie samo i tym bardziej wszystkie sposoby, wszystko, co się do niego odnosi, jest przestępstwem w stosunku do owej prawdy obiektywnej. Dobre samopoczucie to poczucie prawidłowości, losu, przeznaczenia i zgodności z nim, poczucie istnienia, takości, sensu.

Pojęcie B: Nie wiem, czy coś jest prawdą. Ale to daje mi poczucie określone powyżej. To funkcjonuje w tym sensie określonym powyżej i dlatego dla mnie, dla mojego poczucia to jest prawdą. Niech symbole będą tylko symbolami, nie obchodzi mnie to. Dla mnie najważniejsze, że one odpowiadają czemuś istotnemu, bez czego nie można żyć naprawdę. Mogę się starać wyrazić najdokładniej, o co mi chodzi, ale wiem, że wyrazić tego do końca nie mogę, bo nie o to chodzi, żeby to wyrazić. I fakt, że nie mogę tego wyrazić do końca,

---
1 C.G. Jung, *Ma vie...*, s. 262.
2 C.G. Jung, *Wspomnienia, sny, myśli...*, s. 196.

bynajmniej nie świadczy przeciwko temu. Jestem jak zwierzę, które wybiera sobie taki, a nie inny pokarm. Wszystko, i tylko to, co wie o tym pokarmie na pewno, to to, że on mu służy. Dobrze służy. To wystarcza.

Pojęcie A: w tle jest scjentyzm i „materializm". Dookoła opinie. Nastawienie umysłowe przeważające, moda umysłowa, lęk, żeby się nie wydać naiwnym, obskuranckim, jednym słowem – oglądanie się na innych. Chęć adaptacji, dostosowania, przystosowania.

Moje pokarmy – nie jest powiedziane, że one muszą zawsze być niezmienne. Były różne. A jednak kiedy ostatnio przeczytałem mój dziennik po raz pierwszy w całości i ciągłości od chwili, kiedy zacząłem go pisać, odniosłem następujące wrażenia:

Wrażenie jedności i ciągłości, konsekwencji. Jakbym był prowadzony tylko przez jedną obsesję. Tą obsesją może być szukanie siebie.

Wrażenie, że wszystko rozgrywa się wyłącznie we mnie. Stąd prawie całkowity brak scenariusza, opisu wydarzeń zewnętrznych, biografii, opisu życia zewnętrznego, wypadków, zdarzeń itp. Tak samo jak *Ma vie* Junga.

A więc jedność w wielości, ciągłość w rozproszeniu, ustawiczne zwątpienie i znowu odzyskiwanie – jeżeli nie sensu, to poczucia, że poszukiwanie sensu ma sens. Wrażenie, że całość dziennika (całość do tej pory) dzieli się na wyraźne okresy, tonacje, bynajmniej nie arbitralnie, ale organicznie. Wrażenie, że mimo wszystko coś ewoluuje, buduje się, oczyszcza, transformuje, stąd przypuszczenie, że jednak to wszystko dokądś prowadzi.

Tyle o wrażeniach z lektury tego dziennika. A trzeba pamiętać, że zacząłem go czytać w przypuszczeniu ostatecznej pewności rozbicia i wszystkojedności (wszystkojedności w znaczeniu bylecości i bylejakości).

16 lutego, wtorek? nie, środa

Sen. Idę ja ulicą, w płaszczu jakby, rozpiętym, ale z kołnierzem jakby futrzanym. Ulica taka sobie, szara i pustawa. Wtem odbywa się coś jakby pochód-kiermasz firm wydawniczych, reklamujących rozmaite wydania swoich autorów. Odbywa się to w ten sposób, że kilku ludzi niesie transparent, a na nim wielkimi czarnymi literami wypisany jest tytuł reklamowanego dzieła i nazwisko autora. Są to raczej tablice niż transparenty, białe, z czarnymi napisami. Za każdą tablicą podąża grupa gapiów, względnie entuzjastów, mniejsza czy większa. Jedna z tablic głosi dzieło Jana Lenicy, tytułu nie pamiętam ani charakteru dzieła, pamiętam tylko nazwę wydawnictwa: BAT. Rzecz dzieje się w sytuacji geopolitycznej nieokreślonej, nieco na Zachodzie, a nieco jakby w Polsce. Dzieło Lenicy powitane jest wybuchem entuzjazmu przez grupę uczestników pochodu, czy też przechodniów. Grupa ta jest większa niż inne (grupy idą za sobą w odległości stu kroków mniej więcej). Atmosfera wielkiego sukcesu i zadowolenia. Tylko nie mojego. Jestem zawistny, zgryźliwy i starający się obniżyć w sobie samym wartość dzieła, którego zresztą nie znam. Zły i upokorzony, zbliżam się do czegoś w rodzaju restauracji-klubu po drugiej stronie ulicy. Ogólna szarość i żadność ulicy wskazuje, że jest to jakby klub dziennikarzy w Krakowie. Rzeczywiście, równolegle do mnie przechodzą przez ulicę na drugą jej stronę Lidia Skarżyńska z Jurkiem Skarżyńskim. Ja niby chcę się przywitać, ale Lidia stroni ode mnie i również odciąga ode mnie Jurka. Niby żartem, ale przecież naprawdę, cicho i jakby tak spod ramienia, tym dobrze mi znanym sposobem, mówi: „Nie trzeba cię dotykać, bo to przynosi nieszczęście, a może nawet śmierć i chorobę". Po czym oddala się w lewo, powodując za sobą Jurka, który zresztą jest milczący i neutralny, z pełną brodą (*vollbart*), piękną, lśniącą i kasztanową, dobrze i dokładnie przystrzyżoną i uczesaną, przypomina nieco Pierre'a Barbina. Zły i ostatecznie upokorzony (no proszę, nawet Lidia nie chce mnie znać, to oczywiste, proszę bardzo, choć prawdę mówiąc, wcale się tego nie spodziewałem i jestem boleśnie zaskoczony), wchodzę na piętro, do tej restauracji-klubu. Przez oszklone drzwi widzę stoliki nakryte żółtymi obrusami. Zastanawiam się, czy Leszek Herdegen już tam jest, pora jest wczesna, przedobiednia. Zdejmuję płaszcz i postanawiam się upić. Ale siłą rozsądku i woli powstrzymuję się od tego, tłumacząc sobie, że to nic nie pomoże. Wobec tego postanawiam na trzeźwo zastanowić się nad sytuacją, wiedząc, czując z góry, że pewną pociechę będę czerpał z mocnych postanowień: „To tak dłużej trwać już nie może i coś musi się zmienić".

Nie jest to sen nadzwyczajny, ale wszyscy mówią, że należy notować sny, więc to robię. Coś mi się tam jeszcze śniło więcej i innego, ale nie pamiętam. To dobrze, że pamiętam chociaż ten.

Aha, przypomniałem sobie jeszcze: kiedy Lidia powiedziała, że nie należy mnie dotykać, jako przynoszącego nieszczęście, oburzyłem się i dotknąłem ulicznego, wątłego drzewka, krzycząc: „Dobrze, to wobec tego ja dotknę drzewka i niech zginie". Dla dokładności: Mara śniła mi się kilka razy ostatnio, ale nie jako postać centralna snu, bez wyraźnego charakteru i w okolicznościach, których nie pamiętam. Należy dodać, że nie pamiętam też, aby śniła mi się do tej pory.

Choroby, wiadomości o chorobach. Co do tego mam uraz, chyba od czasu kiedy matka chorowała przez wiele lat, z okresami „wyzdrowienia" i nagłych nawrotów (krwotoki, czy ojciec musiał obudzić mnie pewnej nocy, kiedy miałem szesnaście lat, żeby mnie w białym, jaskrawym świetle nagle zapalonej lampy poinformować głosem tragicznym i złamanym: „Matka ma krwotok, zaraz zabierze ją pogotowie"?).

17 lutego, czwartek

„Le critère de l'action éthique ne peut plus consister dans le fait que ce qui est reconnu comme bon doive prendre le caractère d'un impératif catégorique et que ce qui est réputé mauvais doive absolument être évité. Quand nous reconnaissons la réalité du mal, le bien prend nécessairement un caractère relatif et apparaît comme l'une des moitiés de deux termes opposés. Il en va de même du mal. Tous deux ensemble constituent un tout paradoxal. Pratiquement, cela signifie que le bien comme le mal perdent leur caractère absolu et que nous sommes obligés de prendre conscience de ce qu'ils représentent des jugements"[1].

[„Kryterium działania etycznego nie może polegać na tym, że to, co postrzega się jako «dobre», otrzymuje charakter imperatywu kategorycznego, to zaś, co uchodzi za zło, nakazuje się bezwzględnie omijać. Gdy uznajemy rzeczywistość zła, dobro – jako jego biegun przeciwny – siłą rzeczy jawi się jako coś względnego. To samo dotyczy zła; razem oba bieguny tworzą paradoksalną całość. W praktyce oznacza to, że zarówno dobro, jak i zło tracą charakter kategorii absolutnych: musimy uprzytomnić sobie, że wyrażają one sądy"][2].

---

[1] C.G. Jung, *Ma vie...*, s. 373.
[2] C.G. Jung, *Wspomnienia, sny, myśli...*, s. 284–285.

Zła noc. Umęczenie rojem obrazów i skojarzeń, takich też, których pochodzenia nie da się sprawdzić. Na przykład dlaczego przed chwilą ukazała mi się moja przechadzka zimą, pod wieczór, po Garmisch Partenkirchen, w lutym 1962? Sprawdziłem. Nie można tego było z niczym powiązać ani niczym wyjaśnić. Także charakter tego był nie do uzasadnienia: nagła wizja totalna ulicy, obraz, całość, nastrój. Bez ciągu skojarzeniowego, bez konstrukcji jakiejkolwiek.

W nocy coś mi się śniło, ale nie pamiętam. Zresztą bodaj to były sny: jakieś ciągi pół jawne, pół senne. Przeważnie nie obrazowane, tylko monologowane albo widziane jako pisane przeze mnie na papierze, piórem. Dziękuję, dosyć mam tego za dnia i tego nie oczekuję od nocy.

Ale miałem powiedzieć, dlaczego nie lubię *Don Kichota* (książki). Nie lubię za jej charakter negatywny, demitologizujący. Cervantes jest szakalem. I obawiam się, że we mnie też są skłonności szakala. I to, co jest niedobrego w mojej literaturze, to szakalstwo. Może nawet nie-sukces ostatnich lat trzeba przypisać temu, że w takich sztukach, jak *Drugie danie*, *Testarium*, *Szczęśliwe wydarzenie*[1] – wiele jest szakala? Sztuka, która polega na obgryzaniu kości po zdechłym lwie, kości zdechłego lwa, w tym jest coś głęboko antyartystycznego. Czy satyra koniecznie jest córką szakala? Chyba nie.

Zależy od tonacji, od spojrzenia, od uczucia? W każdym razie Cervantes jest szakalem, a jego *Don Kichot* (książka) jest obrzydliwym rechotem, płaskim, głupim i martwym, jak martwy jest cały proceder szakalizmu.

Jeszcze o Ricie Renoir, *one-woman show*: nie można przedstawiać na scenie opętania kobiety (wszystko jedno, kobiety czy kogo) przez diabła. Na scenie, jako aktorka intelektualistka, w Paryżu 1972, w lutym, jako członkini związku zawodowego aktorów, jako jeden z anonsów w „Une Semaine de Paris"[2], tak sobie. Nie można, bo nie można. W tym odkrywam sedno mojej niechęci i mojego oporu wobec tego przedsięwzięcia. W tym, a nie w diable, jest wielkie zło.

---

[1] Dramaty Mrożka; *Drugie danie* – z 1968 roku; *Testarium* – z 1967; *Szczęśliwe wydarzenie* – z 1968 (ten ostatni drukowany w 1971 roku w paryskiej „Kulturze").

[2] „Une Semaine de Paris" – paryski tygodnik zawierający aktualny program teatrów, kin itp.

Czaszka w czaszce, powieść Wojciechowskiego[1]. Bardzo to dobre, interesujące mnie... Moja zawiść starzejącego się literata polskiego. Ale czy naprawdę zawiść? Może tylko starzejącego się literata polskiego. Ale czy moja?

Zbadać: czy wrażenie artystyczne (odbiór) podlega mojemu prawu: identyfikacja, nieidentyfikacja (mówiąc z grubsza). Wydaje się zrazu, że nie podlega, a wydaje się tak dlatego, że cały ten problem przyszedł do mnie tą drogą: jadę sobie samochodem przez bulwar Magenta i nagle mi się wydaje, że nie podlega, że jest obok, poza, specjalna kategoria, nie podlega – co? To właśnie, czyli najpierw, że nie podlega, a w sekundę potem dopiero: co nie podlega.

A więc chyba sama prawda od razu i wprost, i potem problem, a nie odwrotnie, nie najpierw problem, postawienie problemu i zastanawianie się nad nim.

Wobec dzieła sztuki nie mogę ani szepnąć: *neti, neti*[2], ani też nie szepnąć. Może tą furtką można wejść do ogródka całkiem interesujących rozważań nad naturą sztuki. Czy wrażenie artystyczne jest wobec tego specjalną kategorią „substancji głowowej"? Czy niezupełnie, względnie inaczej, jest produktem sześciu (tak, sześciu) zmysłów? Chyba nie umiem na to teraz odpowiedzieć, a może to lenistwo. Zresztą dobre i samo pytanie.

Odpowiedź na pytanie, dlaczego ostatnio pojawiają się ni to chęci, ni to żale, ni to marzenia (które wiedzą same o sobie, że są tylko rojeniami, a więc nie są to nawet rojenia, widma rojeń). Te myśli, jeżeli je można nazwać myślami, są jak robocze próby, świnki morskie, makiety doświadczalne, są po to, żeby na nich, próbując na niby, naprawdę na niby, znaleźć punkty odniesienia, zorientować się nieco w sytuacji, zrelacjonować ją, to znaczy znaleźć w niej relacje, czyli związki i kierunki, o Polsce, o mnie w Polsce, o mnie opuszczającym kiedyś Polskę i wyobrażającym sobie (tak, marzenia o mnie wyobrażającym sobie to jest rozcieńczenie do drugiej potęgi) mnie w Polsce z powrotem.

---

[1] *Czaszka w czaszce* – powieść Piotra Wojciechowskiego, wydana w Warszawie w 1970 roku.

[2] *Neti, neti* (sansk.) – „nie to, nie to", „ani to, ani tamto"; w hinduizmie pojęcie odnoszące się do Brahmana.

„Toutes les identités collectives (...) sont des béquilles pour des paralytiques, des boucliers pour anxieux, des canapés pour paresseux, des pouponnières pour irresponsables, mais tout autant des auberges pour des pauvres et des faibles, un havre protecteur pour ceux qui ont fait naufrage, le sein d'une famille pour des orphelins, un but glorieux et ardemment escompté pour ceux qui ont erré et qui sont déçus et une terre promise pour les pèlerins harassés, et un troupeau et une clôture sûre pour brebis égarées, et une mère qui signifie nourriture et croissance.

C'est pourquoi il serait erroné de considérer ce degrée intermédiaire comme un obstacle; il représente au contraire, et encore pour longtemps, la seule possibilité d'existence de l'individu qui, aujourd'hui plus que jamais, se retrouve menacé d'anonymat. Cette appartenance à une organisation collective est si importante à notre époque qu'avec un certain droit elle paraît à beaucoup être un but définitif, tandis que toute tentative de suggérer à l'homme l'éventualité d'un pas de plus sur la voie de l'autonomie personelle est considérée comme présomption ou défi prométhéen, comme phantasme ou comme impossibilité"[1].

[„Dlatego wszelkiego rodzaju identyczność zbiorowa (...) to kule dla chromych, tarcze dla bojaźliwych, kanapy dla leniwych, żłobki dla nieodpowiedzialnych, ale jednocześnie przytułki dla ubogich i słabych, bezpieczne przystanie dla rozbitków, jest to łono rodziny dla sierot, upragniony chwalebny cel dla rozczarowanych zagubionych podróżników, ziemia obiecana dla zmęczonych pielgrzymów, stado i bezpieczna zagroda dla zbłąkanych owiec, matka, u której zawsze można znaleźć pokarm, która stworzy warunki rozwoju. Dlatego jednak byłoby błędem, gdybyśmy ten szczebel pośredni uznali za przeszkodę; wręcz przeciwnie – jest to, i długo jeszcze będzie, jedyna możliwość istnienia dla jednostki, która dzisiaj bardziej niż kiedykolwiek wydaje się zagrożona anonimowością. Przynależność do tajnego stowarzyszenia ma w naszych czasach tak doniosłe znaczenie, że wielu jawi się jako ostateczny cel, w związku z tym każda próba ukazania ludziom następnego etapu na drodze do samodzielności wydaje się im przejawem

---

[1] C.G. Jung, *Ma vie...*, s. 389–390.

zarozumiałości, zuchwalstwa, fantasmagorią lub po prostu niemożliwością"][1].

„Mais il peut advenir que quelqu'un, pour des motifs de poids, se voie contraint de chercher sa route, par ses propres moyens, vers des horizons plus larges, parce qu'il ne trouve, dans aucune des formes, aucun des moules, aucune (...) des atmosphères qui lui sont offertes, celle qui lui convient. Dès lors, il ira seul, représentant sa societé à lui. Il sera sa propre multiplicité qui se compose de nombreuses opinions et de nombreuses tendances, qui ne vont point nécessairement toutes dans le même sens. Au contraire, il sera dans le doute avec lui-même et il éprouvera de grandes difficultés pour amener sa propre multiplicité à une action homogène et concertée. Même s'il est extérieurement protégé par les formes sociales d'un de ces degrées intermédiairies, dont nous venons de parler, il n'en possède pas pour autant une protection contre la multiplicité intérieure qui le désunit d'avec lui-même et qui le pousse à s'en remettre au détour que représente l'identité avec le monde extérieur.

De même que l'initié, grâce au secret de sa société, s'interdit le détour [retour – S.M.] dans une collectivité moins différenciée, de même l'individu isolé a besoin, pour cheminer solitaire, d'un secret que, pour quelque motif que ce soit, il ne doit ni peut livrer. Un tel secret l'oblige à s'isoler dans son project individuel. Beaucoup d'individus ne peuvent supporter cet isolement. Ce sont les névrosés qui jouent nécessairement à cache-cache avec les autres aussi bien qu'avec eux-mêmes, sans pouvoir, cependant, parvenir à prendre l'un ou les autres réellement au sérieux. En règle générale, ces sujets sacrifient leur but individuel au besoin d'adaptation sociale, ce à quoi les encouragent toutes les opinions, toutes les convictions et tous les idéaux de l'entourage. D'ailleurs, contre ces derniers il n'est d'argument raisonable. Seul un secret que l'on ne peut trahir, c'est-à-dire un secret qui nous inspire de la crainte, ou que l'on ne saurait formuler en paroles descriptives (et qui, à cause de cela, relève apparemment de la catégorie des «folies»), peut empêcher la rétrogradation inévitable dans le collectif.

[1] C.G. Jung, *Wspomnienia, sny, myśli...*, s. 297.

Le besoin d'un tel secret est, dans de nombreux cas, si grand, qu'il suscite des pensées et des actions dont on ne se sent plus capable de supporter la responsabilité. Souvent, derrière de semblables attitudes, il serait faux de ne voir qu'arbitraire ou présomption; c'est au contraire une dira necessitas – une cruelle nécessité – inexplicable à l'individu lui-même qui s'empare de lui tel un destin inéluctable, et qui lui démontre ad oculos – qui lui place devant les yeux – pour la première fois peut-être de sa vie, l'existence de facteurs étrangers plus puissants que lui au sein de ses domaines les plus intimes dont il se croyait le maître"[1].

Oraz w dalszym ciągu:

„Un exemple significatif est l'histoire de Jacob, qui lutta avec l'ange, s'en tira avec une hanche démise, mais qui, de la sorte, évita de commettre un meurtre. Le Jacob d'alors était dans l'avantageuse situation que chacun accorda créance à son histoire. Un Jacob d'aujourd'hui ne rencontrerait partout qu'un sourire éloquent. Aussi préférera-t-il ne pas parler de semblable affaire, encore moins s'il devait se faire une opinion personelle sur l'envoyé de Yahvé. De ce fait, qu'il le veuille ou non, il se trouve en possession d'un secret qui ne saurait être discuté, et il sort du cercle de la collectivité. Naturellement, sa restriction mentale apparaîtra au grand jour s'il ne parvient plus, sa vie durant, à faire l'hypocrite. Mais deviendra névrosé quiconque s'efforce d'accomplir les deux choses à la fois : poursuivre son but individuel et s'adapter à la collectivité. Un tel «Jacob» ne s'avoue pas que l'ange est le plus fort, puisqu'il n'a jamais été dit que ce dernier serait, lui aussi, reparti en boitant.

Celui qui, poussé par son daimon, franchit le pas par lequel il s'aventure hors des frontières de cet état intermédiaire marqué par l'appartenance à une collectivité, pénètre à proprement parler dans «l'inexploré à jamais inexplorable» où il n'est plus de chemins sûrs qui le guident, ni d'abris qui étendent sur lui leur toit protecteur. Ici, dorénavant, il n'y a plus de lois pour les cas où il rencontrerait une situation inattendue, comme, par exemple, un conflit de devoirs que l'on ne peut résoudre en tranchant dans le vif. Habituellement, l'ex-

---
[1] C.G. Jung, *Ma vie…*, s. 390–391.

cursion dans ce no-man's-land ne dure que tant qu'une telle situation conflictuelle n'apparaît pas à l'horizon. Dès que c'est le cas, dès que l'on la flaire, même de loin, l'excursion se termine en général au plus tôt. Si, dans ces conditions, quelqu'un prend ses jambes à son cou, je ne saurais lui en vouloir. Mais, par contre, qu'il plastronne et se fasse un mérite particulier de ce qui n'a été que faiblesse et couardise, je ne saurais l'en approuver. Comme mon mépris ne fait de mal à personne, je puis l'exprimer en toute tranquillité"[1].

[„Mimo wszystko może się jednak zdarzyć, że ktoś – z ważkich powodów – będzie się czuł zmuszony podjąć wędrówkę ku najodleglejszym horyzontom o własnych siłach, wszystkie bowiem oferowane mu (...) formy, osłony, (...) klimaty nie są tym, czego mu potrzeba. Ktoś taki pójdzie sam, samemu sobie dotrzymując towarzystwa. Będzie sam w sobie mnogością, która składa się z różnorakich opinii i dążeń, niekoniecznie zmierzających w tym samym kierunku. Przeciwnie: wędrowiec taki zwątpi w siebie samego i niełatwo będzie mu stawić czoło wielu trudnościom, by w końcu doprowadzić własną mnogość do zgodnego działania. Nawet jeśli zewnętrznie ochroni go społeczna forma, charakterystyczna dla któregoś z etapów pośrednich, o których mówiliśmy, nie znaczy to, że będzie posiadał ochronę przed własną mnogością, która skłóci go z sobą samym i sprawi, że utożsami się on ze światem zewnętrznym, sprowadzając go w ten sposób na manowce.

Jak wtajemniczony dzięki tajemnicy swego stowarzyszenia broni się przed zejściem na manowce zbiorowości niezróżnicowanej, tak jednostka zdążająca samotnie ścieżką potrzebuje tajemnicy, której z jakichś powodów nie powinna ani nie może zdradzić. Taka tajemnica zmusza człowieka do izolacji w jego indywidualnym przedsięwzięciu. Wielu nie może znieść tego osamotnienia. Są to neurotycy, którzy chcąc nie chcąc bawią się w chowanego zarówno z innymi, jak z sobą, nie umieją bowiem poważnie traktować ani innych, ani siebie. Tacy ludzie z reguły poświęcają swój indywidualny cel na rzecz przystosowania społecznego – zachęcają ich do tego wszelkie opinie, przekonania, ideały otoczenia, których zresztą nie potrafią odeprzeć, nie mają bowiem rozsądnych argumentów.

[1] *Tamże*, s. 391–392.

Tylko tajemnica, której nie można zdradzić – tajemnica napawająca trwogą, niewysłowiona (zatem pozornie należąca do kategorii «szaleństwa») – może przeszkodzić w skądinąd nieuchronnym regresie, w powrocie do zbiorowości.

Potrzeba tego rodzaju tajemnicy jest w wielu wypadkach tak wielka, że pobudza do myśli i czynów, za które człowiek nie jest już zdolny ponosić odpowiedzialności. Często nie kryje się za tym ani samowola, ani pycha, lecz niewytłumaczalna dla człowieka *dira necessitas*[1], spadająca nań z natarczywością, niczym przeznaczenie, przed którym nie ma ucieczki, i być może po raz pierwszy w życiu przedstawiająca mu *ad oculos* istnienie czegoś silniejszego i obcego w jego najintymniejszej sferze, gdzie – jak mniemał – był panem i władcą.

Poglądowym przykładem takiej sytuacji może być historia walki Jakuba z aniołem; Jakub wyszedł z tej potyczki z przetrąconym biodrem, lecz uniknął w ten sposób popełnienia zbrodni. Był on jednak w szczęśliwym położeniu, bo każdy, komu o tym opowiedział, dawał mu wiarę. Dzisiejszego Jakuba spotkałby tylko wymowny śmiech, toteż pewnie wolałby on nie rozgłaszać tego, co mu się przydarzyło, zwłaszcza zaś, gdyby wyrobił sobie własną opinię co do natury posłańca Jahwe, z którym przyszło mu się zmierzyć. Tak oto dzisiejszy Jakub nolens volens wszedłby w posiadanie bezdyskusyjnej tajemnicy – wykluczyłby się z kręgu zbiorowości. Naturalnie, jeśli nie opanowałby sztuki hipokryzji na tyle, by aż po grób strugać durnia, jego *reservatio mentalis*[2] i tak wyszłaby na jaw. Każdy jednak, kto stawia Panu Bogu świeczkę i diabłu ogarek – kto zdąża ku własnemu celowi, a zarazem usiłuje zasymilować się ze zbiorowością – popadnie w nerwicę. Taki «Jakub» nie przyznaje się, że to anioł był mocniejszy, gdyż po walce i tak by nie wspomniano, że anioł wyszedł z niej chromy.

Kto zatem, zniewolony przez swego daimona, waży się na stanowczy krok, by wznieść się nad szczebel pośredni, by zrezygnować

---

[1] *dira necessitas* (łac.) – okrutna konieczność

[2] *reservatio mentalis* (łac.) – zastrzeżenie dokonane w myśli (przez przysięgającego); termin prawniczy

z przynależności do jakiejś grupy, ten wchodzi stopą w nietykane/ Wiecznie niedotykalne[1].

Tam nie prowadzą bezpieczne drogi, tam nie znajdzie się przydrożnej gospody, która przyjęłaby wędrowca pod bezpieczny dach. Tam nie obowiązują już żadne prawa, ustanowione na wypadek, gdyby podróżnik znalazł się w nieprzewidzianej sytuacji, na przykład wobec kolizji obowiązków, z którą nie umiałby sobie poradzić. Zazwyczaj taka wycieczka do *no man's land*[2] trwa dopóty, dopóki nie pojawi się tego rodzaju kolizja – wystarczy, że ledwie zamajaczy gdzieś w dali, by zaniechać całej wyprawy, w pośpiechu zwinąć żagle. Jeśli więc ktoś wówczas bierze nogi za pas, to nie mam mu tego za złe; ale gdy ze słabości i tchórzostwa robi się zasługę, wtedy nie zamierzam tego chwalić. Ponieważ zaś moja pogarda i tak już nikomu nie zaszkodzi, mogę spokojnie powiedzieć to, co myślę"[3]].

21 lutego, poniedziałek

Sen (choć nie chce mi się zapisywać snów, podejrzewam, że przy zapisywaniu już zmyślam potężnie. Czy też może nawet ta elaboracja ma jakieś znaczenie? Ale i tak mogę zapisywać tylko z grubsza; szczegóły, a nawet całe wątki ulatniają się razem z przebudzeniem)... Ja z Bohdanem Paczowskim, dwoma naszymi volkswagenami, czarnymi, wjechaliśmy na jakieś wzgórze, całe w kolorze i konsystencji sztucznego tworzywa, sztucznej rzeżuchy, porowatego, jakby z gąbki, twardego, ale uginającego się pod nogami. W dodatku to wzgórze było całe w bąblach i naroślach, również z tego samego materiału. Mieliśmy tam z Bohdanem czegoś szukać, ale wewnątrz wzgórza, nieco je rozgrzebując, on zabrał się do tego ochoczo i z właściwą sobie sprawnością, ja raczej niechętnie i więcej oddając się analizowaniu teoretycznemu wzgórza. Bo mi się zdawało, że nie ma co tam szukać, ponieważ charakter tych narośli, jak również ogólna niesympatyczność i jakby przeczucie odoru, które miałem, wskazywały na to, że całe wzgórze jest wzgórzem śmieci i gnijących odpadków, a wierzchnia warstwa tylko je

---

1 Goethe, *Faust*, część druga, a. I, w. 6239, przeł. F. Konopka.
2 *no man's land* (ang.) – ziemia niczyja
3 C.G. Jung, *Wspomnienia, sny, myśli...*, s. 297–299.

maskuje i nadaje im tę złudną jednolitość, nie mogąc jednak ukryć zasadniczej obrzydliwości tego, co pod nią się kryje. Nie pamiętam, czy Bohdan zgodził się ze mną, dość na tym, że ja poza próbnym i niechętnym zagłębieniem ręki w tę wierzchnią warstwę uginającą się pod nami nic więcej nie zdziałałem. To śniło mi się zresztą przedwczoraj. Nasze dwa czarne samochody volkswageny na tle tej podejrzanej, ciemnej zieleni, gąbczastej i uginającej się pod nimi.

A tej nocy parę innych snów, które nieco pamiętam, ale których nie opiszę. Nie mam zamiaru zbytnio informować tego, kto może mi czytać przez ramię. W każdym razie to sny raczej ograniczające, przygnębiające, sny powroty, sny dotyczące sytuacji, która już nie istnieje, zdawałoby się. Ale potem też inne, sny wyzwolenia, sny otwarcia, sny powroty, ale powroty jeszcze dalsze, aż do tych czasów, kiedy wszystko jeszcze było możliwe. I to samo poczucie po przebudzeniu, że właśnie wszystko jest ciągle możliwe, że wszystko jest ciągle otwarciem, dlatego tym dotkliwsza niechęć do pełnej, normalnej świadomości, kiedy lodówka przeklęta za ścianą u sąsiadki znowu mi się dała słyszeć, a raczej jej zepsuty motorek.

Interpretacje? A bo ja wiem? Motyw warstwy, którą należałoby niby odgrzebać, ale wiadomo, że pod tym jest obrzydliwie, taki motyw wraca dość często we śnie. Nic prostszego, niż powiedzieć, że boję się podświadomości. Ale to jest takie łatwe. Zazdroszczę tym, którym śni się wyraźnie i którzy pamiętają wyraźnie, co im się śni. Nic łatwiejszego, niż powiedzieć, że to sprawa cenzury. Ale powiedzieć tak to każdy potrafi.

22 lutego, mardi[1]

Spanie po jedenaście godzin na dobę. Sny także, ale zapominane. W każdym razie to spanie... czy tylko lenistwo i skłonność do snu, do zanurzania się w śnie? Może też rekonwalescencja po owej grypie wirusowej (czy jest niewirusowa też?). A także skutki czytania Junga. To wszystko na pewno, a co nie na pewno? Nie na pewno: szukanie jakiejś odpowiedzi, przygotowywanie się do czegoś. Próba odgadnięcia losu, przez sen, to śmieszne. Dosyć częste wrażenie, wspomnienie, jak w ostatnich latach w gimnazjum, przed matu-

---

[1] *mardi* (franc.) – wtorek

rą, kiedy nie wiadomo było, co stanie się ze mną po maturze, kiedy los był całkiem niewiadomy. Tak i teraz niewiadomość losu, znowu wrażenie, że w tej ciemności i niewiadomości przede mną znowu się już coś tam warzy i szykuje, i przygotowuje jakiś pasztet.

Telefon od K.B. Nie widziałem go od pięciu lat. Rok temu nie chciałem widzieć. Rok temu miałem bardzo dokładne i surowe pojęcie o ludziach, przynajmniej niektórych, chciałem być czysty i określony. Dzisiaj daleko mi do tego i czuję się skłonny do takich poczynań, które mogą mi być wypomniane jako niekonsekwencja w stosunku do mnie samego sprzed roku. O konsekwencjo. Czy zmienny jestem ponad ludzką miarę, czy właśnie jestem w ludzkiej mierze zmienny, czy ludzki, może bardziej ludzki, czy właśnie nieludzki? Kto mi na to odpowie. Nie ma żadnego standardu. Zresztą to pytanie, po prawdzie, wcale mnie nie obchodzi tak bardzo, jak mi się wydawało przed chwilą. Oto jeszcze jeden przyczynek do mojej zmienności. Wystarczyła chwila, żeby moja zmienność zmieniła stosunek do samej siebie.

Ale, kontynuując, kto mi zaręczy, że moje dzisiejsze stanowisko, mój – znowu – sceptycyzm wobec dokładnie określonych postaw, moje zmęczenie i – znowu – poczucie daremności określania i niweczenia, potrwa? Czy znowu nie zachce mi się prowadzić taką czy inną politykę zewnętrzną, tak czy inaczej wydawać się sobie, tak czy inaczej, ale inaczej niż w tej chwili? Wkładać na siebie inne znowu stroje, inne w stosunku do tych, które teraz przymierzam, ale znane mi już, znane, bo już przeze mnie noszone? Oczywiście nikt mi nie zaręczy.

28 lutego

Zdaje się, że ciągle nie wiem tego, co oczywiste: że nie można kształcić w sobie tego, co rzadkie i osobiste, a jednocześnie oczekiwać powodzenia i dużych zarobków. Nie można należeć do mniejszości, a jednocześnie podobać się większości. Nie można dorabiać się siebie indywidualnego, a jednocześnie nie cierpieć od większości.

Nie można nie cierpieć? Ale można to cierpienie kontrolować i ograniczać. A więc:

1. Zdać sobie sprawę, że taki konflikt jest nieunikniony i pośrednio – chciany (*voulu*).

2. W następstwie powyższego pozbyć się dziecinnego zdumienia. I nie szukać korespondencji, porozumienia z tym, co do tego się nie nadaje. Zdać sobie sprawę, że tylko częściowo, cząstkowo należę do ogólnego, tylko w tym, co we mnie ogólne.

3. Nie spodziewać się, że to „prawda życiowa". Przeciwnie. Ale tu problem: co robić z „prawdą"? Jeżeli nie można jej transmitować, podzielić, uspołecznić?

Może ona nie od tego i nie po to. Może ona już tylko od trwania? Trwanie do czasu.

7 marca, wtorek

Głosiku mój, „prawdo" moja wewnętrzna. Nie zawodzisz mnie, jesteś niezawodna, żeby wiedzieć. Ale żeby działać... Czy doprawdy nie możesz i tego? Jak mogę żyć, wiedząc tylko, i czy to mnie nie stoczy w nieruchomość, w wiedzenie nie to, które jest coś warte, ale w martwą kontemplację?

Ba, dzisiaj taki schyłek popołudnia, kiedy wydaje się, że od wiedzy do działania tylko jeden krok, a właściwie nie ma między nimi żadnej różnicy. Wszystko wydaje się takie łatwe, więcej niż łatwe, samostwarzające się: ja między ludźmi, ludzie dla mnie, łatwo pisać, łatwo mieć sukces, cokolwiek wydaje się tak łatwe. Tylko, tylko że brakuje jakiegoś klucza do tej łatwości. Gdzieś tu jest sekret, zdaje się, który gdyby poznać, to byłoby jak ostateczne otwarcie. Bo, rzecz ciekawa, tylko wtedy kiedy kończyła się moja młodość, odczuwałem przebieg życia jako zwężanie się i zacieśnianie, aż do ostatecznego korytarza, do grobu. Teraz przeciwnie, nastąpiło – zdaje mi się – takie aż otwarcie, że nie wiadomo, co z nim zrobić, za wiele przestrzeni, i nie wiadomo, dokąd przez nią pójść. Oto właściwy problem.

Ten sekret: czy to sekret tylko jednego właściwego sposobu na wszystko i na poszczególne, zgodne z jedyną tylko naturą wszystkiego i poszczególnego? Czy to sekret takiego trafienia w sedno, żeby samo sedno – trafione – nam się oddawało? (Anegdota o rzeźniku, który krajał mięso bez noża, ponieważ znał sekret krajania). Jeżeli to mit tylko, nie szkodzi, podobno nie należy brać mitów dosłownie, ale jako wskazówkę.

Nie znam sztuki „zaczepienia", nieźle już znając sztukę „odczepienia". Gdybym pracował na kolei żelaznej, świetnie umiałbym odczepiać wagony, ale nie umiałbym ich składać w pociągi. Mam wrażenie, że bez sztuki zaczepiania nie można pracować, nie tylko na kolei żelaznej. Czegoś mi brakuje w rynsztunku, miecza prawdopodobnie, podczas kiedy tarczę mam doskonałą.

Stare pytanie: czy moje lektury na przykład to rzecz hazardu, czy też to, że trafiam na takie, a nie inne książki, to rzecz porządku? Jak wszystko, nie do jednoznacznego rozstrzygnięcia. Bo kiedy czytam książkę, która wydaje mi się akurat zesłana, to może tylko moja inteligencja i umiejętność nawiązywania sprawia, że sam stwarzam ową stosowność. Tak jest z tekstami św. Augustyna[1] obecnie. Jego rozważania o duszy, poszukiwanie rzeczy pierwszej, jej dyspozycyjności w kreowaniu rzeczy następnych...

Be the chief, but never the lord...[2] Dobrze, ale aby nie być panem, zapominam być wodzem. Czynić, ale nie posiadać. Ale w gorliwości, żeby nie posiadać, zapominam czynić.

Intuicja *juste milieu*[3]. To wcale nie jest *juste milieu*, które wzbudza niechęć swoim ni tak, ni tak. To nie jest złoty środek, to nie jest obraz odcinka prostej, podzielonej według metody. To jest, jeśli w ogóle można mówić językiem geometrii, punkt podzielony, co z punktu widzenia geometrii jest oczywiście absurdem. To w ogóle nie jest punkt podzielony, to może jest tylko punkt plus nieskończoność, ale też nie linearna ani nie przestrzenna.

Zone de la mort[4]. Istnieją we mnie całe jej obszary. Nieruchomość *tout court*. I to przeklęte przyzwyczajenie, żeby brać rzeczy i świat w pierwszej instancji, już w pierwszej instancji uznawać rzeczy za ostateczne, to mi tak szkodzi jako artyście. To jakby skłonność do wysiadania z pociągu na pierwszej stacji, na której pociąg się zatrzymuje. Niewątpliwie dzisiaj mam skłonność do porównań kolejarskich.

Minęło kilka godzin, jestem pijany, oto rzecz zasadnicza: dotąd próbowałem ułożyć się ze światem, znaleźć kompromis, modus vivendi, w tej chwili czuję, że to nie da się i nie trzeba. Tym gorzej

[1] Być może mowa o lekturze *Wyznań* św. Augustyna lub rozpraw *O wielkości duszy* albo *O nieśmiertelności duszy*.
[2] *Be the chief, but never the lord...* (ang.) – Bądź wodzem, ale nigdy panem.
[3] *juste milieu* (franc.) – złoty środek
[4] *zone de la mort* (franc.) – strefa śmierci

dla świata. Nie ma świata. Zapomnij o świecie. Może to jest prawda, która czekała w tobie do tej pory. Ja jestem światem. Koniec. *Punto*.

Do tej pory: usiłowanie, aby nie było mnie, tylko mnie, poza którym niczego i nikogo nie ma. A mnie także nie ma. A więc ponieważ mnie także nie ma, strach przed byciem mną, którego skądinąd nie ma.

13 marca, poniedziałek

Gombrowicz, kiedy ginął (kiedy się starzał), stworzył sobie mit raju utraconego, młodości. Ten mit pozwalał mu żyć nadal, dawał mu siłę. Nie był w raju, ale raj był. Dla mnie nie ma raju.

Przeczytałem *Vatzlava*[1]. Sztuka wydaje mi się doskonała. O ile jakakolwiek rzecz literacka (nieliteracka też) może wydawać mi się doskonała i o ile narastające zmęczenie i obojętność może mi pozwalać, żebym czymkolwiek się naprawdę przejął. Ta sztuka to jedna z moich największych klęsk w teatrze. Jeżeli więc sztuka, którą uważam za najlepszą, najciekawszą, nikogo nie obeszła i nikomu się nie podobała, to po co pisać dobre sztuki? Pisałbym chętnie złe, ale nie umiem. Też nie umiem.

Wstręt do pisania. Może to wstręt do rzeczy już napisanej? Nie do samego pisania? Ale pisanie też jest mi wstrętne. Może by nie było, gdyby dobrze mi ono szło. Ale natychmiast kiedy tylko siądę przy stole, ogarnia mnie nuda i obojętność jeszcze większa niż przedtem. Ostatecznie żeby pisać, trzeba mieć wielką żądzę napisania. A ja nie widzę powodu. Mam tylko słabą chęć, nie żądzę.

Wstręt do Polski, wstręt do nie-Polski, wstręt do Francji i Ameryki, wstręt do całego świata. Do swojej własnej postaci. Nic nie poradzę na to, że widzę czasami rzeczy i ludzi takim okiem, które, podejrzewam, obawiam się, widzi prawdę. Jak wtedy, podczas kolacji u Marciala.

Kilka dni temu, a raczej kilka nocy temu, postanowiłem zostać artystą. Jak wtedy, dwadzieścia lat temu, jak przedtem jeszcze,

---

[1] *Vatzlav* – dramat Mrożka z 1969 roku, którego premiera światowa odbyła się w 1970; przekład angielski sztuki w tłum. R. Manheima ukazał się w Nowym Jorku w 1970 roku, w Londynie zaś w 1972.

dwadzieścia pięć lat temu. Tylko właśnie te dwadzieścia kilka lat różnicy... I czy już nie zostałem artystą w ciągu tych lat? Dzisiaj, po upływie kilku dni od tamtego postanowienia, znowu mam wątpliwości. Artystą... Może właśnie przeciwnie. Może to wcale nie jest moje powołanie i raczej należy nie opierać się zwątpieniu, raczej należy iść w tę stronę, w którą tak czy tak już mnie znosi. Więc tylko przyspieszać ten ruch.

Najpierw trzeba wiedzieć, gdzie i kim się jest. Nigdy nie byłem wolny, nie jestem i nigdy nie będę. Nikt nie jest, nie był i nie będzie. Pojęcie wolnej woli, mój Boże, do tego by trzeba, żeby ktoś był. Tak, jest ktoś kimś i ten ktoś ma wolną wolę, ale tylko w pewnym wymiarze i do pewnego stopnia. Praktyka życia, codzienność, funkcjonowanie... Sławny kamyczek Gombrowicza, który można obejść albo z jednej, albo z drugiej strony...[1] Problem pozorny, decyzja pozorna. Moje decyzje mają motywy, a moje motywy są mi dane, nie ja je wybierałem. Kiedy zacząłem jeździć samochodem, łatwiej mi było skręcić w prawo niż w lewo. Chętniej więc skręcałem w prawo. Dlaczego łatwiej? Coś widocznie w moim mózgu tak, a nie inaczej sprawiało. Kamyczek, decyzja, wolność pozorna, albo raczej tylko do pewnego stopnia. Ale tak naprawdę...

Gombrowicz miał (wrażenie, które mam) wrażenie, że jest jedynym człowiekiem na świecie istniejącym naprawdę. Często mówił o niemożliwości udowodnienia, że drugi człowiek istnieje. Ja wątpię nawet w istnienie moje własne. On na dowód istnienia swojego własnego przytaczał istnienie bólu. Ale przecież ból, także i ból istnieje tylko o tyle, o ile jest odczuwany, jeżeli o nim wiem. Nie jest niczym szczególnym, żadną odrębną kategorią. Należy do tego, do czego wszystko należy. I tak jak za pomocą wszystkiego innego niczego nie można udowodnić, tak nie można udowodnić niczego także za pomocą bólu. Ból, odwrotność przyjemności. Co można udowodnić za pomocą przyjemności?

Nie, mówmy o rzeczach ostatecznych, bo tylko to jest interesujące. Jeżeli można mówić o duszy, to tylko jako o świadomości, że istnieje coś, czym się nie jest, jako o momencie wyodrębnienia się. Ale dusza nieśmiertelna? Jeżeli jest taka, to bez pamięci i świadomości,

[1] Mowa o epizodzie z rozdz. VIII *Kosmosu*.

czyli dla mnie tak, jakby jej wcale nie było. Nie pamiętam jej ani sprzed mojego urodzenia, ani z mojego dzieciństwa, i Bóg z nią. Po śmierci? Na tych kilkuset stronach książki, autobiografii Junga, nie spotkałem ani razu zastanowienia się, wzięcia pod uwagę biologii, mózgu jako wspólnika duszy, pytania, czy rozkład mózgu po śmierci ma jakiś związek z rozważaniami o życiu pozagrobowym.

Nie, my chcemy, żeby:

Człowiek miał duszę jedyną, indywidualną i nieśmiertelną, samą w sobie. Żeby miał wolę, i to wolną. Bo chcemy też, żeby ludzkość coś znaczyła, i nawet chcemy znać to znaczenie. To wszystko jest szaleństwo i wszystkie inne szaleństwa z tego wynikają.

Nie jestem wolny i o niczym naprawdę nie decyduję. Praktyka społeczna, konieczność wynikająca z konieczności przeżycia to jedno, a prawda to drugie. Szaleństwo, żeby z faktu, że umiemy odróżniać, wnioskować o istnieniu owej sławnej duszy. To prawda, że na przestrzeni życia jedyne, co trwało, co było (ale dopiero od pewnego wieku), to zdawanie sobie sprawy, to odróżnianie. Ale to nie jest ani nieprzerwane, ani wieczne. Przerywane snem i utratami przytomności, nie trwało nigdy wiecznie wstecz i nie będzie trwało wiecznie w przyszłość.

Jedno niezmienne (względnie), jedyny punkt oparcia. *Lucidité*[1].

Nie jestem odpowiedzialny i nikt nie jest odpowiedzialny. Stąd – sądzenie innych, jak i siebie jest głupstwem. Wymaganie czegokolwiek od innych jest głupstwem. Od siebie jedynie można wymagać, żeby nie zapomnieć o prawdzie i nie gonić za urojeniami. Świat, być może, ten, który mamy, to tylko skutek pogoni za urzeczywistnieniem urojenia.

Nie zaborczość, ale odbiorczość. Jestem tylko niczym między rzeczami, chodzi tylko o to, żeby dostosować się do tej rzeczywistości. Introspekcja ma sens tylko o tyle, o ile pozwala nie zapominać o prawdzie. Tu przypomnij sobie, co już wiesz o emocjach, o tak zwanym życiu wewnętrznym. Odkrycie, że nie ma zasadniczej różnicy między tak zwanym życiem zewnętrznym a wewnętrznym. I co się dzieje „w tobie", traktuj tak samo jak to, co się dzieje „na zewnątrz".

[1] *lucidité* (franc.) – jasność umysłu

Być może to wszystko razem ma jakiś sens, ale żaden z tych, które sobie wynajdujemy. W najlepszym wypadku nasze sensy mogą mieć wartość symboli, wartość spojrzenia tylko w jakimś kierunku, ale nie wartość zobaczenia. Świat i ja razem z nim jesteśmy oszukani, zbudowani fałszywie, jak źle zrośnięta noga. Jest to dziwaczny stwór, złożony z impulsów i prymitywnych wniosków. Ślepe kury dziobiące ziarno i z tego stwarzające cały światopogląd, z tego ziarna i ze ślepoty, którą nazywamy wiedzą.

Brak skromności, czyli rozeznania w sytuacji. Te wszystkie bajdy o wielkości, prometeuszowości człowieka, o jego niesłychanych zdobyczach, osiągnięciach i zwycięstwach – kiedy nareszcie nastąpi odwrót od tej niczym nieuzasadnionej zarozumiałości? Kiedy przyjdzie czas Bożego strachu?

Zamiast zastanawiać się, co robić, zastanów się lepiej, czego nie robić. Nie wiesz, co robić, ale możesz wiedzieć, czego nie robić. Przynajmniej częściowo. Zamiast bać się starości, nędzy, piekła, bój się tylko tego, żeby nie mieć fałszywej wiedzy. Nie wiesz, kim jesteś, ale możesz wiedzieć, kim nie jesteś. Miałeś już kilka proroczych chwil w życiu, w jednej z nich zapisałeś: przyznaj się nareszcie do twojej największej prawdy, do twojej ostatecznej samotności. I jeszcze raz, co cię wstrzymuje? Nie tylko niezrozumienie, także strach. Nie być ani niczym, ani nikim to największa samotność. Może to była oryginalna prawda Jezusa, poniżona później przez głupców, którzy uznali, że nie mieć nic to znaczy być biednym, a nie być nikim to znaczy nie żyć.

Tyle razy przekonywałeś się, że nie ma żadnej nadziei ani żadnego postępu na starej drodze, na drodze, którą dało ci przyzwyczajenie, to od urodzenia. Przyzwyczajenie, które ukształtowało twój umysł, spojrzenie, odruchy. Tylko rewizja i zmiana radykalna postawy może być... czym? Wszystko jedno, w każdym razie nie martwotą, nie tym radykalnym, stałym poczuciem, że to nie tak, nie tędy. A jeżeli to poczucie masz stale, to czy ono czegoś nie oznacza? Tak silne?

Jeszcze raz odrzucić zadanie, które jest fałszywie postawione, w którym jest błąd.

Kupiłem gazetę, przeczytałem gazetę, teraz siedzę i boję się. Boję się tak za każdym razem po przeczytaniu gazety. Ten świat taki jest zapewne, ale ja przeżyłem już wielką wojnę. Ale nie byłem jeszcze dorosły. I to, co teraz się dzieje… Mam na myśli ludzi, to, co ludzie mają w głowie…

Tak, tamto, co napisałem sobie dzisiaj powyżej kreski, to prawda. Tylko, druga rzecz, nie można żyć samą prawdą i trzeba także zorganizować sobie życie. Trzeba zaś mieć co organizować, a żeby organizować, wiedzieć jak i co organizować…

Człowiek ma dosyć kłopotu sam ze sobą. Kiedy jeszcze ilość kłopotów przychodzących z zewnątrz… Nie czytać gazet? Odosobnić się, uznać… stworzyć tylko swój własny mały świat, mały, ale taki, w którym można uprawiać, który można jako tako uprawiać…

Każdego dnia tyle rozmaitych sposobów przeżycia każdego dnia. Programowania sobie głowy lekturą, czymkolwiek… Jakie kryteria wyboru?

Travel light[1]. Mit, model podróżnika, w każdej chwili gotowego do odejścia, do pójścia w dalszą drogę…

A może to sprawa proporcji… Dlaczego losy świata, bieżące i przyszłe, wydają mi się ważniejsze od gestu jakiegoś wyrostka zaobserwowanego dzisiaj na ulicy, wytarcia sobie nosa palcami i palców w spodnie…

Losy świata – odczuwam je abstrakcyjnie. Moje… Podział, odróżnienie, konkret i abstrakcja?

Może to jest wyjście? Nie, nie rozprzestrzeniać się w nieskończoność, wiedzieć, co jest po tej, a co po tamtej stronie. Przestać się przejmować tym, co po tamtej? Ład świata? Ustalony. Jego proporcje i miary? Czy tu znowu gdzieś jest błąd?

Goodbye to all that…[2] To mi się snuło po głowie, kiedy miałem jeszcze siedemnaście lat…

I znowu… moja śmierć jako jedyna prawda, teraz, już teraz…

Moja mała „kulturalna” rewolucja… Może to prawda, że nic już nie może być, jak było… Co mi grozi inaczej, dożywanie? Gdzie jest błąd?

Widzieć siebie nowego, całkiem innego, mieć wizję taką…

Co jest „nie tak”, co trzeba inaczej?

Wszystko.

---

[1] *Travel light* (ang.) – Podróżuj z niewielkim bagażem.

[2] *Goodbye to all that…* (ang.) – Do widzenia temu wszystkiemu…

Co to znaczy? Może pomyślmy o przygodzie, człowiek nie może żyć bez przygody. A teraz, co to znaczy „przygoda"?

To mało być tym, który stwarza cały świat na nowo? To mało oddzielić się od wszystkiego, co nauczone, żeby stworzyć wszystko jeszcze raz? Jakiej przygody żądasz, czego więcej potrzebujesz? Czy tam, na schodach Odessy, chciałeś tylko skonsumować, czy także stworzyć jeszcze raz? Tutaj znowu dochodzimy do starej kwestii: negatyw – pozytyw. Bądź negatywny, ale nie dla negacji samej.

Tam, na schodach odeskich...

Prawdy mistyków: obudzenie i sen. Sen codzienny, zanurzenie się. I tamta moc wizji, zobaczenie czegoś nowego i przeraźliwego, a tak pożądanego...

Nie, nie jesteś tylko literatem średniego talentu. A teraz znowu o przeznaczeniu...

Nikt z wielkich (a przecież nie uważasz się za małego, w istocie rzeczy nikt zresztą się nie uważa) nie miał poczucia, że jest tylko jednostką. To raczej poczucie małych i słabych, zagubionych, że są tylko jedynką w wielkiej liczbie... Każdy z nich uważał, wiedział czy czuł naprawdę, że jest tylko ręką, narzędziem przeznaczenia. Ale... Czy ja mam być wielkim, wobec czego i kogo? Podejrzewam, że nie jako literat właśnie. Przygoda, przygoda...

Co mi przeszkadza? Nędzny, mały, asekurujący się sceptycyzm. Nędzny, mały „realizm". *Imagination power...*[1] Jeżeli dostajesz mdłości co rano, nad papierem, na którym masz napisać utwór, to co z tego? Czy nie umiesz tego przezwyciężyć, wyjść ponad to? Co ci przeszkadza? Drobiazgowość, urzekanie się szczegółem, drobiazgiem, małą mądrością.

Śmierć, znowu... Coś mi się zdaje, że pora znowu o niej sobie przypomnieć. Śmierć, czyli strach... A gdyby tak frontalnie, od początku...

Śmierć, moja najsilniejsza karta.

Śmierć, czyli strach. Moje związki ze strachem.

Czy cokolwiek ludzie robią, robią to ze strachu (przed śmiercią)?

A może... Może *I am the power, being the tool of the power... Being nobody, I am the sheer power. Not a substance. A power.*

---

[1] *imagination power* (ang.) – siła wyobraźni

[Może jestem siłą, będąc narzędziem siły... Będąc nikim, jestem siłą w czystej postaci. Nie substancją. Siłą].

Nie, nie jestem tym a tym, starzejącym się emigrantem, literatem, to chyba coś innego. Co cię powstrzymuje? Nędzny sceptycyzm, obawa przed śmiesznością, nędzny realizm. Uwierz w najdzikszą metafizykę. *Imagination power.*

Ja – to nie mój paszport. Ja – to coś nieznanego, groźnego, stwarzającego świat i niszczącego świat. Ja – to nie moje na przykład nadpsute zęby i stara kamizelka. Ja – to rzecz, sprawa inna... I tu nie pomoże żaden strach ani żadne samoograniczenie się. Ja – to ani nie mój paszport, ani nie moja dusza, ani nie moja fotografia. Ja to ani Polak, ani Żyd, ani człowiek, skąd to samoograniczenie się? Ja to coś więcej.

Boisz się szaleństwa? Ależ dlaczego?

Oczywiście piję i jestem podpity. Ale czy to mnie dyskredytuje? Czy to znaczy, że wszystko, co napisałem dotąd, zanotowałem, to głupstwo? Nie jestem, jak dotąd, alkoholikiem. Mój mózg jest narzędziem, co prawda ułomnym...

15 marca, środa

Słoneczko, wiosna...

Tango, sukces tej sztuki. Może stąd, że była to sztuka, w której wszyscy czegoś chcieli. Łącznie z autorem, który chciał zostać na zachodzie Europy.

W gruncie rzeczy nikogo nie interesuje negatyw, nie-chcenie, nie-życie. Wszystkie moje sztuki, które miały powodzenie, były dramatami chcenia. *Tango*, *Zabawa*[1] (par excellence), *Indyk*, dramat nie-możności-chcenia. *O'Hey*[2], dramat chceń, niszczących jednego, który nie chce.

Myśl o tym dalej. To ważne i słuszne.

Sztuki emigracyjne, nieudane: *Drugie danie*[3]. Tam duch chce żyć, ale kto dba o ducha. Tam syn nie chce ojca, ojciec syna, a kobieta sama nie wie, czego chce. *Prorocy*[4] – jeszcze gorzej. Tam w ogóle

---

[1] *Tango* – dramat z 1964; *Zabawa* – dramat z 1962 roku.

[2] *Indyk* – „metafarsa w 2 aktach" z 1960 roku; *O'Hey* – właśc. *Męczeństwo Piotra Ohey'a*, farsa w 3 częściach z 1959 roku.

[3] Zob. przypis do 17 lutego 1972.

[4] *Prorocy* – sztuka pod takim tytułem nie ukazała się.

nikt niczego nie chce, a nawet nie ma tych, którzy by mogli chcieć. Nie ma postaci takich.

Vatzlav. Tak, ten chce, ale tylko on jeden. Poza nim nie ma nikogo.

Sztuka to: zamordowanie tego, który nie chce, propaguje niechcenie. I to jest słuszne morderstwo?

Charakter – czy przede wszystkim „niechcenie" charakteru?

Charakter: jego pożądania, świadome, i tak zwane namiętności. Przyzwyczajenia.

16 marca

Znowu nieco pijany. Noc. Nie, nie jest nic w porządku. Przesublimowany jakiś, przepiękny, przeduchowiony. Tak nie można. W tym fałsz jakiś. Chcesz się przekopać przez życie na drugą stronę. Nie uda się i nie trzeba. Szukasz czegoś, co nie jest życiem. Powiadasz, że nie wiesz, co to poczucie winy, a kiedy tylko wypijesz albo zmarnujesz dzień (na jedno wychodzi), płaczesz i zwijasz się w trąbkę (!?).

Duch, owszem, proszę bardzo. Nie lubisz chamstwa, a sam jesteś chamem. Masz swoje zasady i swoje grubiaństwa. Pomijać je? Zapominać? Twoje pasje, głupie namiętności... Czy i według praw ducha (Ducha) zwalczać, pomijać? Daj spokój. Przestań się wysilać w kierunku Ducha czystego. Przestań być skurczem i wysiłkiem, to do niczego nie prowadzi.

Ten rok – niedobry rok. A w ogóle co niedobre, to scena jakaś ponura, jakieś niechcenie – czego? Inkwizycja? Co ty chcesz zamordować? Czysty chcesz być? Heroiczny? Wysublimowany? Za życia do nieba? A daj spokój. Żyj tak sobie mniej więcej, bądź nawet włóczykijem, jeżeli tak się złoży, ale nie rób z siebie Szymona (św.) Słupnika. Ja ciebie rozumiem, ale, na litość boską, nie zabijaj się.

Te twoje noce mistyczne... Dobrze, bądź duchem, ale tylko jeżeli to natchnienie na ciebie przyjdzie.

Nie wiem, jak ci to powiedzieć, ale czuję w tobie zacisk jakiś i nieporozumienie. Jesteś nieswój i nienaturalny. Żyjesz z systemem (próbujesz). Szukasz kamienia filozoficznego. Stare zaklęcie, sam nie wiem czego. A żyj trochę po prostu. Nie jesteś sobą, nie jesteś wyzwolony. To twoja klęska.

Jeszcze bardziej pijany:
A MOŻE JESTEM TYLKO ENERGIĄ (NIE SUBSTANCJĄ)?

16/17 marca, czwartek, nie, piątek już

Co do wczorajszej pijanej notatki – *no comments*.

A poza tym: jak nazwać to ogólne, jak nazwać ogólnie i wspólnie, co się dzieje, co wzrasta, następuje... Może po imieniu. Z umyślną prostotą i brutalnością. Tryumfem chama. Cham jako ideał, model, styl, cel i przyczyna. Wielka liczba jako prawo jedyne. To i Wschód, i Zachód, to ponad wszystkim, to rzeczywistość wspólna. A ja wobec tego? Ja, arywista, choć uważający się za urodzonego arystokratę, jak żyć w tym i jak przeżyć, względnie dożyć?

Nie wiem.

Zresztą nie to jest najważniejsze. Postawmy sobie kilka zasadniczych pytań: czy „w życiu nie ma nic, oprócz życia?" (Leśmian)[1]. Ale jak to rozumieć? Inaczej – czy w życiu, przez życie trzeba dokopać się czegoś, doszukać, przeżyć jakby wiele wstępów do tego najważniejszego, co ukrywa się gdzieś dalej i co dopiero należy znaleźć... Dwa modele, dwa pojęcia. Jeden to niczego nie szukać, poprzestać na tym tylko, co „jest". Uznać, że niczego nigdzie nie ma do szukania. Mieć dzieci, starać się o sprawy małe i codzienne, potem umrzeć. Bliski tego modelu byłem w latach 62–63. Wtedy kiedy po powrocie z wielkiej podróży zagranicznej zdecydowałem, że właśnie szukać nie ma czego. I miało już mi się potoczyć życie takie właśnie, lokalne, pełen byłem „odpowiedzialności", cierpliwości, dorzeczności... To prawda, że okres silnie podszyty był neoficką mistyką. Niemniej szczery w tym byłem i właściwie – szczęśliwy. Dlaczego potem stało się inaczej? Dlaczego ta cała późniejsza awantura? Można powiedzieć, że z bezwładu, ambicji, strachu. Ale nawet jeżeli to prawda, to już te same trzy wymienione komponenty wystarczą, żeby dopatrzyć się w tym wszystkim znamion „losu", bo są potężne.

Ale skądinąd... Ja od dziecka przecież, a jeżeli nie od dziecka, to na pewno od młodzieńca, nie zgadzałem się na los i może w tym właśnie zgodny byłem z moim losem. Nieustanna męka przerasta-

[1] Z wiersza *Szewczyk* z tomu *Łąka* (1920).

nia samego siebie, przewyższania samego siebie. I to poczucie, że gdzieś, kiedyś jest to właśnie życie właściwe i nie ma takich ofiar, których by nie należało ponieść, żeby tam dojść. Stąd moja przeszłość to ustawiczna improwizacja, zastyga w nieruchomość, nic nie zbudowane, wszystko zburzone. Burzone, w akcie burzenia już wtedy, kiedy zaczyna być budowane.

Ale lata mijają, starzeję się i mojej Jerozolimy ciągle nie widać. Już-już błyska jakieś miasteczko i wydaje się, że to Jerozolima, a potem to pomyłka, okazuje się, inne jakieś miasteczko, inna miejscowość i wcale nie święta. Więc coraz więcej wątpliwości: dokąd tak iść, może donikąd? Może trzeba minimum ustatkowania się, osiedlenia, zrezygnowania... Wieczny pionier i Prometeusz, awanturnik... Do czego to właściwie zmierza?

Znowu pojawiają się myśli o powrocie do Polski. A zdawałoby się, takich myśli już miałem w ogóle nie mieć (najpierw) ani nie mieć znowu (potem). Co to jest, zmęczenie, zwątpienie... Niewątpliwie przede wszystkim moje kłopoty zawodowe. Pisanie po polsku, mówienie po polsku, we Francji w tym przypadku, to przecież coś głupiego. A w ogóle pisanie, sztuka, to wszystko...

Wrócić i zrezygnować. Ze wszystkiego za jednym zamachem. Zapaść gdzieś w kąt, nie udawać już nawet sławnego pisarza. Ukorzyć się i upokorzyć, dać za wygraną, przeprosić niejako... A tu czai się jednak w kąciku nadzieja, że wtedy jednak odżyć by można, jako pisarz, znowu coś dobrego machnąć i wypłynąć... Wypłynąć, to znaczy co? Pieniądze? Rozgłos? To wszystko już było i jeżeli na tym ci zależało, to nie trzeba było przerywać sobie tak świetnej kariery. Odgrzać jej już nigdy by tam nie można.

Zrezygnować. Już raz miałem taki okres rezygnacji, w roku 1959. Wiem, jak to postanowienie: „no, to już koniec", wiem, jak ono umie się mścić. Nigdy nie wiadomo, co jest wynikiem chwilowego zmęczenia, i kiedy potem następuje przypływ siły, zastajemy drogę zamkniętą konsekwencjami poprzedniej rezygnacji.

Zrezygnować możesz i na Zachodzie. O wiele wygodniej nawet. Dopóki starczy pieniędzy.

Literatura to było kiedyś dla mnie wszystko. Umiałem w tym żyć. Teraz, teraz to koszmar i ciężki obowiązek wobec pustoszejącej kasy. Ale skąd gwarancja, że tam, w Polsce, nagle ogarnęłyby mnie stara miłość do literatury i święte jej spełnienie? Zmieniły się czasy, nastroje, subtelności. Tam już dorosło całe nowe pokolenie.

Rezygnacja, zdobywczość i coś pośredniego, model podróżnika, mit drogi. Nie pątnik, ale podróżnik. Tylko te podróże donikąd...

Każdy model miał swoje złote czasy. Rezygnacja pięknie mi się udawała przez rok, kiedyś... Włóczęga także dostarczyła mi wiele szczęścia potem, dwukrotnie nawet. Już mi się wydawało, że uchwyciłem prawdę, choć za każdym razem była to inna koncepcja. Czy inna? Czym różni się rezygnator od włóczęgi... Brakiem nadziei chyba. Totalnym. Jeżeli nie liczyć, że rezygnując z nadziei, ma nadzieję jakoś lepiej się poczuć. Ale przecież i burzliwe okresy, okresy bytu w postaci czystej jak złoto, miłość, wielka, sławna miłość, także mnie czyniły szczęśliwym. I to jak. Czy można z tych różnych okresów wyróżnić bodaj jeden wspólny, ten sam element, żeby zobaczyć, czyby sztucznie niejako tego elementu nie zażyć, jako lekarstwa, teraz kiedy jestem taki chory... Taki chory, aż mi się wydaje, że już nie przeżyję, wiedząc oczywiście, doskonale skądinąd, że przeżyję.

Po prostu za każdym razem odkrywałem, czy też ustanawiałem (na jedno wychodzi), sens. Za każdym razem wiedziałem, na czym życie polega. Z tego wynika, że wystarczy tylko wiedzieć to jedno. Mniejsza z tym, czym to jedno jest.

Wyszedłem na przechadzkę, jak chory, okrążyłem Sacré-Coeur[1] raz dokoła. Nagle wiosna. Młodzież. Światła Paryża, jedzenie kolacji. Nie do zniesienia, nawet nie wszedłem do baru, choć gdybym przez szyby nie zobaczył tylu ludzi, z mięsa i kości, pijących, krzyczących i czegoś chcących, pewnie bym znowu się upił. Święto, *la fête*. Turyści. *Les touristes*. Wiosna i radość w pełni.

Rezygnacja, heroizm. Czy do tego trzeba ci aż Polski? To ci nie wystarcza? Czy życie musi się akurat nazywać „nie do życia", nie wystarczy ci: *invivable*[2]? Jeżeli chcesz być stoikiem, jeżeli chcesz bohatersko znieść życie, utrzymując na smyczy swoje małe, parszywe pieski, swoje nadziejki i chceńka, to możesz to robić w bród, od zaraz, od natychmiast, tu, na miejscu.

---

[1] Sacré-Coeur – Bazylika Najświętszego Serca w Paryżu na szczycie wzgórza Montmartre, zbudowana w latach 1876–1914.

[2] *invivable* (franc.) – nie do życia

20 marca, poniedziałek

A może jednak sztuka jest, może być, pewną syntezą i autonomią? Bo widzę, że inaczej nie wybrniesz. Ostatecznie istnieje takie zwierzę, sztuka, istnieją ludzie, którzy są ku sztuce skłonni, według niej przewidziani. Jeżeli każdy i każda rzecz ma swoją naturę... Zastanów się, dlaczego od kilku lat jakoś z tą sztuką u ciebie nie bardzo, a nawet niechęć do niej i wrogość, i argumenty przeciwne.

Po pierwsze: niesukces, porażki, klęski. Po drugie: zapomnienie o autonomiczności sztuki (tak, autonomiczności sztuki). Uwikłanie się w myślenie (tak, wbrew pozorom) polityczne, społeczne, filozoficzne i religijne. Sztuka i co najwyżej twórczość, jako rzeczywistość funkcjonalna twoja, powinny nieco ci się przypomnieć. Od dawna przestałeś widzieć świat jako potencjalną sztukę. Straciłeś oko, które dawniej wykrywało we wszystkim dramatyczność, możliwość sztuki. Zacząłeś się zastanawiać nad sztuką jako funkcją i wehikułem. Dawniej pisałeś, jakbyś oddychał, tak naturalnie. Czy już nie masz tych samych płuc? Możliwe i to, ale nie pewne. To raczej twoja tendencja niż stwierdzony zanik.

Wola i radość, żywotność, nagle stałeś się wobec nich podejrzliwy. Nie mogąc jednak żyć bez syntezy, zacząłeś jej szukać, a raczej szukać recepty na syntezę, na produkowanie syntezy do woli, jak produktu, zapominając o twoich narządach przyrodzonych, organicznych, do produkowania syntezy.

Nieznacznie, niechcący, sam nie wiedząc jak ani kiedy, uwierzyłeś, że wszystko inne jest ważniejsze od sztuki. Zagrobowa zemsta Polski Ludowej i socrealizmu. Może. W Polsce świat jest niematerialny, irrealny, nie wiem, jak to wyjaśnić, bo jednocześnie tam właśnie materializm jest religią. Więc przez opór i przeciwieństwo sztuka miała ogromną realność, konkretność. Tutaj rozmywa cię świat tak niezmiernie rzeczowy. Świat rzeczy. A ideologie? Stare trupy, upiory, które cię tutaj teraz doganiają i dławią? I kiedy znalazłeś się w tym cyklonie rzeczowości, nagle straciłeś wizyjność.

Czy artysta jest tylko produktem, czy jednak takim już się rodzi? Wracamy po latach do tego prostego pytania. W Polsce nie miałem żadnych wahań, miałem odpowiedź bezwiedną i jedyną: rodzi się oczywiście. Jeżeli tak jest, to moje obecne kłopoty są zbędne i pozorne. Jeżeli jestem artystą urodzonym (a jednak czasami jeszcze przychodzi mi do głowy, że tak), to obojętne, czy jestem w świecie mówiącym po polsku, czy w cyklonie rzeczy, czy w pustce skamieniałej ideologii. Sztuka w każdych warunkach jest afirmacją siebie, aktem, tworzeniem, żywotnością. Boże, jakie to wszystko banalne. A jednak.

23 marca

T.L. wizytuje Francję i spotkaliśmy się na kolacji. Już piętnaście lat temu mogliśmy pójść do łóżka i ta możliwość trwała przez piętnaście lat. Ale nie poszliśmy i nigdy już nie pójdziemy. Aż do śmierci naszej zachowamy tę możliwość, już niemożliwą, bo zeschłą i zwiędłą, jak tyle innych.

Zresztą śmierć przeleciała przez salę, tę drugą, od podwórka, u Mamy Katarzyny. Śmierć była w zapachu remontu i farby (polski zapach), i starej stęchlizny. Retuszowany trup. Śmierć w tej grubasce, co każdego wieczoru pracuje ciężko, żeby go turystom uczynić cudem życia, chyba tylko Pan Jezus jako szansonista mógłby tego dokonać bez wstydu. Stara kobieta już była w kącikach ust u T.L., jak starzec powoli zakrada się też w moje ciało i jak dziki lokator powoli, ukradkiem się w nim rozgaszcza. Śmierć, krótko mówiąc, we mnie i wszędzie dookoła, *en conséquence*, nie mówiąc już o moim mieszkaniu śmierci par excellence, po drugiej stronie wzgórza Montmartre.

Śmierć jest w głosie moich rozmówców telefonicznych, czy też twarzą w twarz. I śmierć w mojej rezygnacji, choć jeszcze zawiść wobec sukcesów nie moich, choć jeszcze ukłucia zazdrości i żalu, kiedy dowiaduję się o powodzeniu, bogactwie i szczęśliwym – wydaje się – życiu moich rówieśników, którzy je prawidłowo osiągają. Powoli, nieznacznie, poprzez fazę rozczarowania, z człowieka pewnego siebie w swoim środku, choć tak niepewnego na zewnątrz, jakim byłem, staję się człowiekiem zrezygnowanym i rozczarowanym co do siebie w środku, przy pozorach jakiej takiej pewności na zewnątrz.

Nie udało mi się przeniknąć do świata, za którym tak tęskniłem, którego tak pożądałem, i nigdy mi się nie uda. Pozostanę przybłędą, trochę niemową, nieco sparaliżowaną. Wszystko jest i będzie tak obce, jak było od samego początku, w najlepszym wypadku obojętne, w najgorszym wrogie i dokuczliwe. Nigdy nie przebiję muru, o którym nawet nie wiadomo, czy istnieje, aż skończy się to wszystko (bo mam nadzieję, że jednak to będzie koniec) i wrócę tam, skąd przyszedłem i o czym nawet nie wiem, gdzie to i co to jest.

Paradoks: boimy się śmierci i chcemy żyć, nienawidząc jednocześnie życia. Kochać i pożądać tego, czego znieść nie można, to głupi los.

24 marca

Udało mi się natomiast znowu upić się nieco. To już cały marzec przepity.

25 marca

Gombrowicz: założył, że nie ma absolutu. Z tego wyprowadził swoją teorię i strategię. Dzięki tej teorii i praktyce nie zderzał się katastrofalnie z brakiem, z nieuchwytnością absolutu.

Ja: urodziłem się z głodem absolutu. Na skutek tego zderzam się co chwila katastrofalnie. Moja historia jest historią ciągu małych, a wielkich klęsk, zasadniczych zrywów i zasadniczych klęsk na co dzień. Dotąd usiłuję co chwila ująć wszystko w całość i raz na zawsze przesądzić o tym, czym jest świat, co chwila konstruuję teorię zasadniczą, raz na zawsze, która trwa kilka dni.

Gombrowicz – ciągłość i jednolitość. Ja – kropka, kreska. Jestem jak alfabet Morse'a.

Wniosek (ale czy wykonalny, czy to jeszcze jedna teoria ważna raz na zawsze, aż do jutra?) – mniej przejmować się teorią ogólną, jej poszukiwaniem, więcej dbać o praktykę. Ale praktykę czego?

12 kwietnia, środa

Dwa tygodnie w górach. Szwajcaria.

Lew w Paryżu. Nawet Lwa zmarnowały nieco życie i konieczność. Przewidywałem to, ale nie cieszę się słusznością swoich przewidywań. Zresztą Lew przestał być już reliefem. Wtopił się we fresk nierealności. Jak w innych odczuwaniach, tak i w tym miotany jestem między poczuciem, że coś jest realne, to znowu upiorne, pozorne, przeze mnie wykoszmarzone tylko. Widzę już Lwa w pochodzie cieni, nas wszystkich, coś między ewakuacją, ucieczką, pielgrzymką i defiladą. Gigantyczny pochód przez... przez co? Przez jaką przestrzeń i jaki czas? Jaki tam gigantyczny. Po prostu pochód. Każdego bolą nogi, każdy niesie jakiś tam znów tobołek. Swój, mały.

13 kwietnia, czwartek

Na czym mają polegać moje spotkania z ludźmi? Ano na tym polegają, że coś tam udaję, przeważnie siebie. Mówię rzeczy te same po raz któryś, w różnych, ale powtarzających się wariantach. Głupsze o wiele, niż kiedy tylko pomyślane. Chodzi tylko o spotkanie, nie ma niczego naprawdę, czemu spotkanie ma służyć. Na czym polega moje spotkanie ze sobą? Ano na tym, że coś mi się tam plącze na mój temat w głowie, a wszystko przypadkowe. Wlokę się od chwili do chwili, a nie wiadomo skąd i dokąd, choć udaję sam przed sobą (bezskutecznie), że skądś i dokądś.

Moja frustracja nie wynika „z zewnątrz", ale „z wewnątrz". Poszczególne moje wewnętrzne kształty przeczą sobie wzajemnie, udaremniają się i niweczą. Jeden ja blokuje drugiego ja, piąty sto pierwszego i tak dalej, w dowolnej kombinacji. Ale czy to jest tylko o mnie prawda? Czy frustrację w ogóle, frustrację innych należy przypisywać tylko zewnętrzności? (Przy okazji: mówi się „moje wnętrzności". Równolegle powinno się mówić także: „moje zewnętrzności").

17 kwietnia

Sto tysięcy wszystkiego na minutę w mojej jednej głowie. Sto tysięcy mnie jednego. Czy jestem wobec tego – jednak – jakiś jeden?

Ale także: możliwość wyboru. Umieszczenie się (w każdej chwili, teoretycznie) w nieskończonej odległości, zobaczenie siebie i wybranie. Ale którego z tych stu tysięcy? Według jakiego kryterium? Witold Gombrowicz chyba nie miał tego kłopotu. A może miał. Może to nieprawda, że był jeden, jedyny. Może on miał ten sam kłopot, a tylko radził sobie z nim radykalniej. Radykalniej i pilniej miał się na baczności, żeby nie być żadnym z tych, którymi był.

Hasło na dzisiaj (wieczór). Jeżeli żadne utożsamianie się nie jest możliwe, to czy pójście za prawdą, zwiększenie dystansu, szczeliny, nieprzystawania, nietożsamości (nieuniknionej) jest wskazane? A utożsamiać się można tylko w pisaniu.

Wszystko by na to wskazywało. Inne myśli schodzą się w tej myśli. Inne potwierdzenie w tym potwierdzeniu.

Utożsamiać się z artystą – nie. Utożsamiać się tylko z procesem pisania.

I jeszcze jedno: sto tysięcy... to niekoniecznie. Można sobie je zredukować. Do stu.

19 kwietnia

A zresztą – jeżeli jestem tą sceną, na której dzieje się wszystko, czy też ekranem, na którym dzieje się ten cały film... jeżeli nie jestem wcale jedynką wobec innych jedynek (że jestem taką jedynką, to sztucznie wymyślone, wtórne, a nie pierwsze) – to nie ma wielkiej potrzeby, żeby bać się, czy też w ogóle przejmować się zbytnio tymi dramatami, tymi personami. Zresztą jestem taki śpiący.

Uważaj, żebyś nie stracił wolności.

3 maja, noc

Powrót. Do dojrzewania „ja". A w każdym razie świata jeszcze nie było. Był, ale ze mną, we mnie. Potem w grozie i przerażeniu ukazał się. Rozdzieliło się na świat i na mnie. Teraz powrót. Nie ma świata. Jestem ja.

Cokolwiek jest, jeśli jest cokolwiek, to tylko we mnie i przeze mnie. Łącznie z kosmosem i szpilką, która leży na stole. Łącznie ze mną samym. Wasale i poddani. W czym tu miotanie się?

Zresztą, tak prawdę mówiąc, to nie miotałem się ostatnio za bardzo, tylko dziś nagła bezsenność. I te problemy sztuczne są nieco. Dosztukowane.

10 maja

Współczesne męki: nie ma człowieka.

Problem, owszem, ale na skutek złudzenia optycznego. Nie jest tak, że człowiek jest roztroszkowany i brakuje mu jedności. Człowiek ma absolutną jedność, tylko robi wszystko przeciwko niej. Żeby jej zaprzeczyć, rozbić ją i rozczłonkować. Postępuje wbrew prawdzie – stąd męki.

To rozbicie człowieka polega na identyfikacji, a raczej na nieskończonej serii identyfikacji. Jeżeli w ciągu dnia identyfikuję się x razy, z x postaciami, to xx jest wielkością wyrażającą moje rozdarcie i moje rozbicie. W dodatku żadna z tych identyfikacji nie jest skuteczna (pełna, udana, kompletna). Stąd w dodatku poczucie frustracji. Rozbicie i frustracja. Metoda polegająca nie na szukaniu całości, ale na odmowie identyfikacji.

To prawda, że jestem na przykład Polakiem. Ale nie powinienem się z nim identyfikować. Niech nim będę, ale z daleka.

Cały tymczasem ludzki wysiłek idzie w kierunku identyfikacji. Ich mnogość i daremność jest powodem katastrofy. Wydaje się złudnie, że tylko przez aktywne spełnienie identyfikacji możliwy jest byt (może byt też niewłaściwie jest pojmowany?).

Jeżeli nie da się zaprzeczyć prawdzie, naturze rzeczy, to czy nie należy jej przytaknąć z równą konsekwencją i energią?

Jedyne szczęście ludzkie w dotychczasowym systemie to moment, w którym po zamiarze i przed realizacją wydaje się, że zamierzona identyfikacja jest możliwa.

Nie jest tak, że świat, natura, porządek rzeczy obchodzą się z nami okrutnie. Jest tak, że to my zaprzeczamy naturze rzeczy, czyli skazujemy się na beznadziejne usiłowanie, kończące się rozpaczą.

Wu-wei[1] jest w gruncie rzeczy nie-identyfikacją. Sposoby na nieidentyfikację są różne, ale istota ich jest ta sama.

To, co tu wykładam ogólnie, nie istnieje ogólnie, przez ogólność. To tylko abstrakt, nie istnienie. To żyje tylko przez konkret. Ponieważ przyzwyczailiśmy się, że abstrakcja ma wyższą rangę od konkretu, trudno jest go realizować. Bo konkret to rzecz „mała i śmieszna".

To powyżej jest niewątpliwe, to stwierdzone doświadczeniem. Problem: dlaczego tak nie postępuję stale?

Problem: dwa gatunki całkiem różne. Gatunek pierwszy (identyfikowanie się) jest całą historią ludzkości (prawie), więc wydaje się, że gatunek drugi jest „nieludzki", jest wyłączeniem się ze wspólnoty ludzkiej, szaleństwem.

---

[1] *Wu-wei* (chiń.) – dosł. niedziałanie, podstawowa zasada taoizmu, głosząca, że należy pozwolić rzeczom istnieć zgodnie z ich naturą, a zdarzeniom pozwolić się toczyć ich trybem, nie ingerując w nie.

Przyzwyczajenie i strach, dwa motywy.

Podwójność (dwa gatunki, dwie metody) jako liczba robocza. Wybór między nimi to wybór podstawowy. Jedyny *valable*. Źródło innych wyborów.

Człowiek ma wybór. Może wybrać albo siebie, albo „siebie". Reszta pozostaje nietknięta. Świat pozostaje światem. Zmienia się tylko optyka.

1

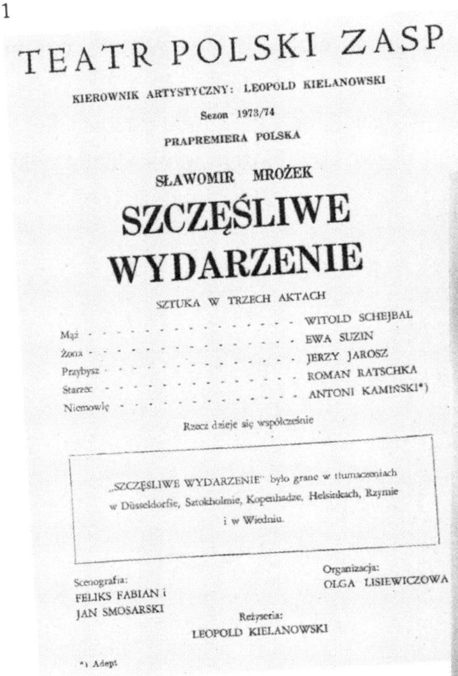

TEATR POLSKI ZASP

KIEROWNIK ARTYSTYCZNY: LEOPOLD KIELANOWSKI

Sezon 1973/74

PRAPREMIERA POLSKA

SŁAWOMIR MROŻEK

SZCZĘŚLIWE WYDARZENIE

SZTUKA W TRZECH AKTACH

Mąż - - - - - WITOLD SCHEJBAL
Żona - - - - - EWA SUZIN
Przybysz - - - - - JERZY JAROSZ
Starzec - - - - - ROMAN RATSCHKA
Niemowlę - - - - - ANTONI KAMIŃSKI*)

Rzecz dzieje się współcześnie

„SZCZĘŚLIWE WYDARZENIE" było grane w tłumaczeniach w Düsseldorfie, Sztokholmie, Kopenhadze, Helsinkach, Rzymie i w Wiedniu.

Scenografia:
FELIKS FABIAN i
JAN SMOSARSKI

Organizacja:
OLGA LISIEWICZOWA

Reżyseria:
LEOPOLD KIELANOWSKI

*) Adept

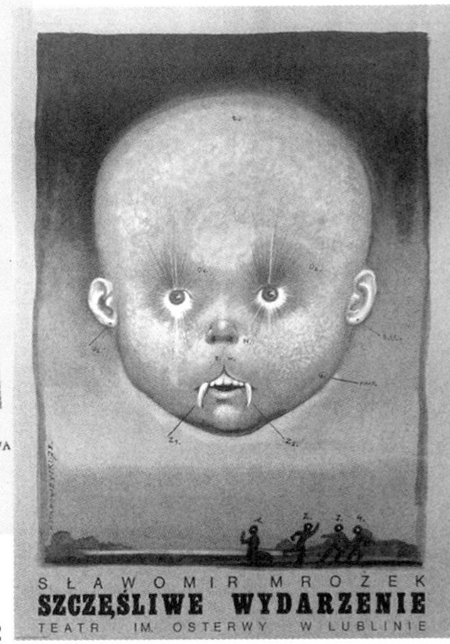

2

3

1. Afisz, Londyn 1973.
2. Plakat Jana Lenicy, 1974
3. Plakat Franciszka Starowieyskiego, 1974

4

5

Szczęśliwe wydarzenie,
reż. Erwin Axer,
scen. Ewa Starowieyska,
Teatr Współczesny,
Warszawa, premiera
3 listopada 1973.

4. Od lewej: Kazimierz Rudzki (Mąż), Marta Lipińska (Żona), Kazimierz Kaczor (Niemowlę).
5. Wiesław Michnikowski (Przybysz).

Szczęśliwe wydarzenie,
reż. Erwin Axer,
scen. Ewa Starowieyska,
Teatr Współczesny,
Warszawa, premiera
3 listopada 1973.

6. Od lewej: Kazimierz Rudzki (Mąż), Kazimierz Kaczor (Niemowlę), Marta Lipińska (Żona).
7. Od lewej: Wiesław Michnikowski (Przybysz), Kazimierz Rudzki (Mąż), Marta Lipińska (Żona), Henryk Borowski (Starzec).

6

7

1973

20 maja

Zapiski gospodarskie. Bezsenność do piątej rano. Wspomnienia. Jedna trzecia butelki Black-and-White. Stare fotografie, tym starsze, że tyle razy już oglądane. Stare myśli, tym starsze, że tyle razy myślane. Nad ranem (kiedy już biało, św. Jan blisko) dojście do tych samych starych wniosków. A rano moje nie zgadza się z ranem ogólnym.

Tak więc po ilu latach – dwudziestu? – wróciliśmy do kajetu w kratkę i wiecznego pióra z pompką. Z jedną różnicą: drażnił mnie kiedyś papier w kratkę. Kiedyś w szkole. Uważałem kratkę za ograniczenie mojej wolności, symbol. Dzisiaj, kiedy krzątałem się w *papeterie* (obecnie żyję we Francji), żałowałem, że nie znajduję zeszytu bez kratek. Cofnąłem się przed szkołę średnią, do szkoły powszechnej.

Chłopczyku, dostałeś nowy zeszyt, nowe pióro. Ta sama chęć, żeby zapisać papier, przyjemność prowadzenia pióra po papierze. Szkoła mnie fascynowała, ponieważ była instytucją dorosłych. Dzięki szkole otrzymywało się szansę, żeby zostać dorosłym. Co dzisiaj myślą o tym dzieci, które mają pójść do szkoły?

„Czysto i wyraźnie" – takie wspomnienia (pani profesor Bendtke, 1937 rok[1]) kto wie, czy nie zostają na zawsze. Chcę przecież pisać czysto i wyraźnie, zawsze się starałem.

„Do jakich ludzi? Nie mam już żadnej publiczności". (Słuchajcie, to ja, jestem, tu jestem). Więc znowu jestem, jeżeli nie dokładnie na starym miejscu, to w każdym razie niezbyt daleko od niego. Ale już od dawna zauważam, że nie chodzę po linii prostej jak kiedyś. W pewnym momencie zataczam koło.

Więc o czym to ja mówiłem?

Odchodzisz więc, ale dokąd? Nie spieszę się już. Już wiem, że nie ma się dokąd spieszyć. Jeszcze od czasu do czasu ogarnia mnie młodzieńcza niecierpliwość. Chcę wiedzieć wszystko, domagam się, żeby mi oddano ster, wydano wszystkie plany i czapkę kapitańską. Sens istnienia. A po co mi on? Co ja bym z nim zrobił? Nie umiem sobie poradzić nawet z drobiazgami, a żądam, żeby mi dano władzę nad wszechświatem. Nie umiem rządzić nawet małym folwarkiem, a rwę się aż, by zarządzać całą ziemią. Czy to nie jest przypadkiem choroba wieku?

Nie ma nic głupszego niż żądanie najwyższej mądrości. Dla siebie, abym ja, abym ja sam. Właściwie co za ulga, że wszystko jakoś tak samo się toczy. Uznaliśmy, że nie ma Pana Boga, a wszystko toczy się jak przedtem, zupełnie jakby był, tak samo jak wtedy, kiedy był. Więc nas to denerwuje. Nie! – wołamy – tak być nie może, musimy wiedzieć, dokąd się toczy, należy się nam kierownictwo. A dlaczego, za przeproszeniem? Skąd ta pycha i tupanie nóżkami? I czy ona rzeczywiście jest we mnie, czy tylko mi ją wmówiono, taki już zmysł naśladownictwa i klimat epoki.

Więc i te twoje noce metafizyczne, coraz mniej mam do nich ufności. Szarpiesz się niepotrzebnie, marnujesz się. Ani to nie jest potrzebne, ani konieczne. Głupi tylko jesteś nazajutrz, coraz głupszy.

I przestań już pisać, bo – doprawdy – ani już nie masz o czym, ani ci się już nie chce. Udajesz tylko. (To znaczy pisać dzisiaj w tym zeszycie).

---

[1] W 1937 roku S. Mrożek rozpoczął naukę w szkole powszechnej im. Świętego Mikołaja w Krakowie przy ul. Lubomirskiego 21.

21 maja

Arystokracja. Mistyczna wartość arystokracji! (*Value*). Czy jeśli na przykład hrabia Tarnowski zadowolony jest z siebie, popełniając czyny etycznie podejrzane – to jest transcendencja? *Dépassement*[1]?

Alkohol szkodzi. Na trzeci dzień szkodzi jeszcze bardziej (w trzecim dniu człowiek po napiciu jest jeszcze głupszy, niż był wczoraj).

Ulisses[2], sztuka, wartości uniwersalne, geniusz, co tworzy moc twórczą, kultura światowa, dużo, najwięcej, pięknie, bosko, heros, wybitność, wyprzedzenie epoki, słup milowy, pomnik, epoka, ludzkość, marsz ku, gloria, apoteoza, wyżyny, daleko, wysoko, całość.

Uszanować, ukorzyć się, rozgoryczyć (własną małością), uznać i uszanować (z daleka, z daleka).

Partycypować (to znaczy: uczestniczyć). Udawać, że się uczestniczy, grążyć się, paść, odkrywać, zachwycać (teoria Gombrowicza – zachwycać albo też szczerze i pracowicie usiłować). Co robić, jak jest uczciwie?

Moja chata z kraja. Ja satyryk. Ja mozolnie klecę sztuki z tezą i jej dowodem, naiwnie a pretensjonalnie, ja ludzkości nic nie dodam, ja, kiedy ja od Słowian (tych mniejszych), ja...

Ja skarby mam wyobraźni, poezji i mocy (tylko gdzie one ukryte?). Ja jeszcze pokażę (co?).

Popołudnie, nerwy, nieróbstwo, drżączka, a to, a tamto, bielizna + pranie, do prania, myślątka tupocikiem, małe, fajka (aby drżączka większa była, kocham ją, tę moją trzęsawkę), coś by zrobić trzeba, rwie się i mąci: Co, dlaczego, jak? Komu? A wszystko do tego się sprowadza, kazania, satyra, morały, boję się, nie chcę, ale grymaszę.

Czyli co, gówniarz jesteś? Gówniarz na emeryturze. Czyli co, pensum, tyłem do nich, tyłem, i jeszcze jedno a to to, a to tamto, znowu się coś tam wlecze, nie wynika, a co wynika, to zaraz odnika albo znika, fika-mika.

Joyce'owi (Joyce'owi, Jamesowi) też? Czy tylko mnie? Mnie przecież także pisali, że scala i wyraża. Że talent. Tyż pisali. Tylko mało

---

[1] *dépassement* (franc.) – przekraczanie samego siebie
[2] *Ulisses* – powieść Jamesa Joyce'a z 1922 roku.

i po polsku. Więc żeby tak więcej i po angielsku albo po rosyjsku chociaż. Więc tylko o to chodzi? A gdzie fajka, drżączka, zepsuty ząb, popołudnie, idzie, idzie, a nie idzie, stoi? Gdzie robótka, na maszynie co przepisać? A co, a kto, a nie?

Nie. Artysta, sztuka, kultura tyż, owszem. Ale tyż nie. Najpierw nie, potem może, ale nie bardzo, bo nigdy nie ma potem, najpierw jest tylko. I ciemno, głupio, tępo trza pchać, jak lecieć się nie da. Na maszynie przepisywać, a do sracza wychodzić, a budzik nakręcać, a tu kultura, sztuka, epoka i rewolucja. A szara kora się łuszczy, zegar bije, brzuch gnije. Więc co, więc jak? Dobre życie, pieniążków trochę jest, do roboty rano nie trza chodzić. A że wstręt? Już mały, już nie za duży. A kiedy za duży był, to tyż mało z tego wyszło, awantur tylko trochę i dużo uciurania i namęczenia się. I spać się chce wciąż, a co dobrego, to robić się nie chce.

A jak się jakie pióro łapie, to zaraz po literacku. Nie żeby mniej po literacku, tylko więcej. A i tak mało kto dba, bo każdy w swoją kaszę dmucha i tylko do garnka czasem zerka, co tyż w moim bulgoce. Ale żeby tak za bardzo, to tyż nie.

A wódki by się tyż napić, ażeby tak w głowie bul-bul robiło, to robi. No to znowu za pióro łap-łap i po papirze pisz-pisz-piszym pan piszyński. To literatura rach-ciach i literatur jestem literacijeński, rypu-pypu. Mrożek się nazywam po ojcu, bo ojciec tyż był, bez ojca nie ma niczego, człowiekiem jezdem i stróżka tyż, *la condition humaine*. I niczym innym nie bede, a jak umrę, to bede umarły. A oni tyż umarli i nic takigo ani wte, ani wewte, tylko człowik, człowik, panie, a pan tyż człowik i *love and pis*[1].

To znowu rewolucja, bo *il faut changer la vie*[2] i bez człowieka nic ni ma, i bez niczego innego tyż nic ni ma, i humanismus, i renesąs, i tylko w szpitalach dają a to zastrzyki, a to pigułki. A jak dadzą, to potem znowu dadzą i jednym noga wystaje, innym nos, ale każdemu coś wystaje i każdy jest wystający. I demokracja jest dobra, a dyktatura nie jest dobra, i dzieci koniecznie trzeba mieć, bo dziecko to radość, i życie jest piękne, tylko trza się zabrać

---

[1] *Love and pis* – fonetyczny zapis angielskiego hasła hippisów *love and peace*, czyli miłość i pokój, słowo *peace* brzmi też jak angielskie *to piss* (sikać).

[2] *il faut changer la vie* (franc.) – trzeba zmieniać życie

do tego, i albo rewolucja, albo tyż wysiłek duchowy. A piguły tyż. I wystawać!

23 maja

Popuścić sobie a ulżyć sobie. Wtedy wyskoczy to, co jest w człowieku, czyli piękne, dobre, szlachetne.

W człowieku jest tylko *lust + fear*[1]. Co dobre, szlachetne i piękne, to wymyślone. Jeżeli przestaniemy myśleć, zniknie i to. Owo dobre, piękne i szlachetne trzyma się tylko autorepresją. Ach, owe śmiechy i chichoty z owych klasyków, którzy opisywali zmagania cnoty z pokusą. Mając wybór między obowiązkiem a dobrym fornikowaniem, tylko wariat wybiera obowiązek.

Przemoc i kłamstwo (nuda przemocy). On mnie, potem ja jego, a on mnie jeszcze raz, to potem ja jego i on mnie. „...I ja go tu jeszcze kopnyłem" (kelner z barku Krakowskiego przy ulicy Starowiślnej, czyli Bohaterów Stalingradu[2]. Czy mamy na myśli von Paulusa?).

Świat chyba zawsze był wstrętny, tylko mnie się wydawało, że jest nieco mniej wstrętny. Żeby można było żyć. I to nie że jest wstrętny z natury. Dopiero kiedy myśliciele myślą wstrętnie, mamy ideologię i religię wstrętną. Wtedy robi się doprawdy nie do wytrzymania. Adolfie, *vicisti*[3]!

Jak piękny i czysty był klasyczny nazizm w porównaniu z ideologią postępu, a zwłaszcza ze szpicem tego postępu. Piękny i czysty w intencjach, intencje jego nie były ani przebierane, ani fałszowane. Czysty Antychryst, a nie za Chrystusa przebrany. Strzeżcie się fałszywych proroków. I rzeczywiście.

W imię Boże.

20 czerwca

Kupiłem ten zeszyt, aby pisać w nim w imię Boże. Proszę pisać, ale tylko w imię Boże. Inaczej proszę nie pisać, kto nie pisze w imię

---

1 *lust + fear* (ang.) – żądza + strach

2 Ulica Starowiślna (w czasach PRL Bohaterów Stalingradu) w Krakowie.

3 Adolfie, *vicisti* (łac.) – ironiczne nawiązanie do łacińskiego tłumaczenia słów rzekomo wypowiedzianych przez cesarza Rzymu i prześladowcę chrześcijan, Juliana Apostatę: *Galilaee, vicisti*, Galilejczyku, zwyciężyłeś.

Boże, lepiej, by nie pisał wcale. Jak pięknie pisze się w imię Boże, jak ładnie pisze się w imię Boże. Jakim kretynem jesteś w imię Boże. Czy kretynem takim musisz być, w imię Boże? Pióra wypróbowanie dnia 20 czerwca 1973.

27 czerwca

Upał, teraz deszcz, nie wiadomo, co robić (pracować?). Tytoń smakuje kwaśno. Życie poczciwe, lato.

La chose suit son cours.

[Rzecz idzie swoim torem].

Mity stare i mniej stare (moje), Wielka Zmiana, Osoba, która ma klucze (ach, spotkać taką), Przeznaczenie Osobiste, Wyjątkowość (moja, ale tu się mało pomyliłem: każdy jest wyjątkowy).

Wiedza (ezoteryczna i tajemna, która gdzieś jest).

Nadzieje, projekty, a niech sobie będą. Choć i tak nie ma niczego poza tym, co jest.

I znowu wszystko się toczy. A sen? Ściśle jak woda, która jest wszędzie tam, gdzie jest. Nieubłaganie. Ciągle (to znaczy na sposób ciągły, jak woda właśnie).

Pyta Wojciech Skalmowski w liście: „A jeżeli najsurowsza determinacja tylko?"[1]. No to co, czasem pomaga takie przekonanie, czasem szkodzi. Czasem tylko wolność właśnie lepiej człowiekowi robi. On zapomina, że my nie tak znowu często i bezinteresownie myślimy różne prawdy. Trzeba żyć i czasami łatwiej jest tak, czasami inaczej.

Podwójność, potrójność, powielenie już nie przeraża. Owszem, może nawet lepiej z tym. Oby głód Jedności mi przeszedł już, spraw to, Boże jedyny. Niech będzie rozmaicie.

A ludzie – najtrudniej im dopuścić, że nie są jedyni i konieczni (każdy sobie), to się przejawia (ta trudność i niedopuszczanie)

---

[1] Zob. S. Mrożek, W. Skalmowski, *Listy 1970–2003*, wstęp A. Borowski, Kraków 2007, list z 22 czerwca 1973 roku; list dotyczył książki B.F. Skinnera *Beyond Freedom and Dignity* (1971; wyd. polskie pt. *Poza wolnością i godnością*, 1978).

w najdrobniejszych szczegółach i postępkach. Cham w tym przoduje i dlatego jest chamem. O, nieporównane rozdęcie chamskie, jak dobrze i ostatecznie cham wie o wszystkim najlepiej. Dlatego tak lubi a to komunistów, a to faszystów.

Okropność i błogość jednocześnie: że jestem tak różny od chama, a jednak należę do tego samego gatunku co on (pod pewnymi względami, biologicznie, ale czy tylko?). Błogość, bo gdzież bym ja się podział?

Ilu nas jest, moich ludzi? Kto nas policzy i co my znaczymy? Czy to przez nas, dzięki nam to wszystko nie kończy się jeszcze straszniej, niż jest straszne, czy też cham także niezbędny?

Ale ja przecież nic nie chcę poza tym, żeby przejść przez ten korytarz, tak mniej więcej, jak to uważam za stosowne. To raczej sprawa stylu niż finalności.

Tak, to sprawa stylu raczej niż czegokolwiek innego. Styl o tyle „prawdziwszy" od finalizmu, że ciągle być powinien bez podejrzanej parcelacji na „teraz" i „potem". O tyle bardziej realny. I bezpieczniejszy tak dla siebie samego, jak i dla drugich.

Ale i tu wątpliwość tę samą mordę pokazuje: Styl? Dlaczego? A jeżeli mnie się akurat zachce czego innego? Odpowiedź roztropna: wtedy to będzie tylko inny styl, zawsze jest jakiś styl, a jeżeli chce ci się zmieniać style, to dlatego że chce ci się dokumentować sobie „wolność".

Taka sobie kazuistyka.

29 czerwca

Piotra i Pawła, patronów moich.

Bezsenność. W każdej sytuacji – może łóżko szpitalne jest właściwym punktem? W każdej sytuacji można na wszystko patrzeć jakby z łóżka szpitalnego.

Jestem odcięty nie tylko od dalekich krain i losów, ale nawet od sekundy, która będzie za chwilę, i tej, która była przed chwilą, od tego, co jest tuż-tuż, i tego, co nawet jest w moim ciele. Moje wyobrażenia są nadużyciem, nie mogą nic, nie znaczą nic – praktycznie. Za chwilę, za każdą chwilę coś się dzieje, coś się stanie, ale to coś niesie mnie, ja będę w tym czymś jak robaczek w bańce mydlanej (?!).

Niedospany, nie śpiący, półśpiący mózg usiłuje filozofować? W nocy. Jak pod wpływem alkoholu wydaje mu się, że jest mądry, a z trudem nadzwyczajnym wymyśla, ale rzeczy mierne albo po prostu głupie. Doszedł nocą, że tylko niebyt jest realny, ponieważ wszystko, co jest, jest tylko rzeczywistością naszych zmysłów i wyobrażeń (zacząłem kiedyś czytać Hume'a, ale nie kończę). Moja dyskryminacja lingwistyczna, lingwistyczne esencje. (Wiele razy niepokoiło mnie pytanie, czy jest, jaki jest domek w Sologne, kiedy odjeżdżam i nikt go nie ogląda. Co się wtedy dzieje z krzesłami, sprzętami?) A więc „jest" jest uzurpacją, arbitralnością, względnością, niepewnością i wynika z „nie jest". Zresztą chyba „nic" zawsze jest pierwsze...

Jak ciężko i niezgrabnie myślę dzisiaj i piszę. Lało, noc źle przespana, kończę czterdzieści trzy lata dzisiaj.

1 lipca

Zapisać, żeby nie zapomnieć: dobrze jest samemu. Królestwo moje nie jest z tego świata[1], co gorsza, czasem podejrzewam, że z tamtego też nie.

1946, zboże, niedziela, lato, Kraków. Ja w zbożu, chlebak „poniemiecki", w chlebaku chleb ze słoniną pożółkłą i soloną. Mam szesnaście lat i jestem samiusieńki, koledzy gdzieś tam mkną z dziewczętami (tymi cudownymi i przejawiającymi się wspaniale nadistotami).

Królestwo moje nie jest z tego świata. Ja im pokażę, ukażę się im w całym majestacie mojego właściwego królestwa, a wtedy, a wtedy – padną przede mną na twarz i ja także będę wtedy mknął nie tylko jak oni, ale znacznie lepiej niż oni.

Nieprawda. Dzisiaj też lało, nie zboże to co prawda, ale wzgórze Montmartre, nie Kraków, ale Paryż. Różnica tylko w nazwie. Bo królestwo moje nie jest z tego świata i nie ma przejścia między dwoma królestwami, nie ma nawet granicy. I dzisiaj, o ile wtedy

---

[1] „Królestwo moje nie jest z tego świata" – słowa Jezusa Chrystusa (św. Jan, 18, 36).

byłem pewien, że mam królestwo, tylko nie na tym świecie, dzisiaj nie mam żadnej pewności i nawet nie mam złudzeń. Wtedy oni mknęli, bo takimi byli, żeby mknąć, dzisiaj ja też nie mknę, bo taki jestem, że nie dla mnie mknięcie. Ale nie że niedostępne, wiem już, o jakie mknięcie chodzi, ale nawet kiedy mknę, nie mknę, i dlatego nigdy nie pomknę chyba jak oni, jak inni.

Nie, nie mam królestwa. Mam tylko małe księstewko, w nim biedę, i nigdy z niego nie wyjdę. I wszystko, co mogę zrobić, to ustalić wyraźnie, co za co, a nie pożądając, nie marząc nawet o cudzym, nie oddać także mojego. Mało mojego, mało, ale tylko to mam, co mam, chcę tego czy nie chcę, a poza tym nie mam nic i poza tym wszystko mi jest wzbronione.

PR[1] – *trafic de personnes*[2]. Czy ktoś go jeszcze szuka dla niego tylko, czy ktoś jego tylko poszukuje? Zapewne. Zawsze trafiają się debiutanci. Ale ja, albo niektórzy jak ja, którzy znają go od tak dawna i tak dobrze... To magazyn międzyludzkiego, rajfurstwo, dom schadzek, zawsze tam ktoś i coś jest na składzie, jego poezja – to zapełnienie tego magazynu, towaru tam nigdy nie brak. Ale ja, czym handluję? Najwyżej sławą nieświeżą i małą, kupują ją tylko ci, którzy nic nie wiedzą, co się dzieje na giełdzie. Zresztą ja nawet nie myślę o tym, żeby tym podejrzanym towarem handlować, żaden kupiec ze mnie, i kiedy ktoś proponuje mi transakcję, nie tyle jestem zadziwiony, ile nawet gniewam się na niego i zżymam. Nie mam nic do zaoferowania i tylko niewiele żądam w zamian za nic, a i to staram się sobie wyperswadować, żeby się pozbyć tej resztki wymagań.

Złudzenia, zwane także przez lud blachą na czoło (nie, mylę się, blacha na czoło, a raczej w czoło, znaczy co innego), same w sobie są wdzięczną nagrodą. Pozwalają, aby było człowiekowi przyjemnie.

Sceptyk powie, że ponieważ wszystko prawdopodobnie jest złudzeniem... Nie chodzi tu o duże złudzenia, tylko ot, o takie malutkie, które łatwo się demaskują i wtedy sprawiają nieprzyjemność.

---

1 PR – *public relations*
2 *trafic de personnes* (franc.) – handel ludźmi

Tak więc w imię przyjemności (braku nieprzyjemności) należy tępić małe złudzenia. (Nie mam nic przeciwko dużym, niełatwym albo niemożliwym do zdemaskowania). Model mojego złudzenia: upicie się. Wódką albo czymkolwiek (niekoniecznie alkoholem) – np. biskup pijany biskupem swoim (W. Gombrowicz)[1].

Mało jest rzeczy bardziej wstrętnych niż masa ludzka. Ale znacznie wstrętniejsi są ci, którzy ją wielbią i innych do niej – wiecznie przymuszają.

N. do Polski pojechała – rano. Potoczyło się, jak wszystko się toczy. Samochód marki Volkswagen w ostrym słońcu, pustki poranne, bagaże. – „Do widzenia" – i już nie ma w mieszkaniu nikogo. Ot, toczy się, toczy, składa, układa, bieży, zamyka, jest.

Nigdy nie umiem żyć bez programu (koncepcji, pomysłu na życie); potrzeba syntezy, usprawiedliwienia, kształtu. Dzisiaj (lato zaczynające się, noc 1/2 lipca 1973) nie jestem już w stanie podjąć niczego w tym rodzaju. Znam wszystkie stare warianty, po kilka razy podejmowane, nowego nie potrafię wymyślić. A może dlatego nie potrafię, że nie umiałbym go już użyć. Czy kiedykolwiek jeszcze potrafię (ton zwątpienia)? Nie mogąc, nie umiejąc już napierać, a źle się czując w miejscu, myślę, że trzeba mi odstąpić. Do tego nie trzeba energii aż tak wielkiej. Stąd pożegnanie, czyli *les adieux*.

Ale nie łudzę się, żebym się żegnał z kimś i czymś konkretnie. Ani możliwości, ani ochoty na to dostatecznej. Chciałbym spróbować żegnania się ze sobą. Ot, nic nie robić, a tylko przypatrywać się sobie robiącemu – co robiącemu? Zobaczyć tego osobnika, który – podejrzewam – polega już tylko raczej na przyzwyczajeniach niż na pożądaniach. Raczej na potwierdzeniach niż na projektach. Bo cóż ja takiego jeszcze projektuję? Uczciwie mówiąc, to znaczy bez przesady, nic wielkiego na tyle, żeby było to zauważane, nic generalnego, nic, co by wynikało z pożądania albo samo było wprost pożądaniem. Rezygnacja? Nie całkiem, to znaczy nie dosłownie. Rezygnacja to niemożność dokonania projektu, po którym wiele się

---

[1] Aluzja do dramatu *Ślub* W. Gombrowicza (wyd. 1953); w akcie III główny bohater sztuki, Henryk, mówi do biskupa, a właściwie już kardynała Pandulfa, m.in.: „Drogi kardynale, czyś ty się nie zalał Zalał Zalał Swoim kardynałem?".

sobie obiecywało. Otóż owe projekty, których już, wiem, nie urzeczywistnię, nie wydają się już wcale ani tak obiecujące, ani wabiące, żeby odstąpienie od nich, zaniechanie, nazywać gorzkim i smutnym słowem: rezygnacja. Owszem, jest tu trochę tonu i barwy ciemnej, ale to nie jest rezygnacja.

(Czy powyższe jest racjonalizacją niemożności, znów te kwaśne winogrona? Nie podejmuję się rozstrzygnięć. Nawet jeżeli tak, to co z tego? Już wiem, że motywy nie tłumaczą następstw i wyjaśnianie jednej rzeczy inną rzeczą niczego nie wyjaśnia).

Całkiem nowe toto nie jest (*les adieux*). Może nieco tylko różny jest nastrój i *gestalt*[1] tegoż, mniej dramatyczny, mniej „negatywnie pozytywny", uczciwszy przez to (bo rzeczywiście mniej tu chodzi o „tak" poprzez „nie", jeżeli chodzi trochę o to jeszcze). Nienowa jest zarówno „redukcja", jak i *five colours deaden the eyes*[2]. Może tylko warunki... Jestem starszy, co oczywiste, ale znajdując się w okolicy czterdziestych trzecich urodzin, już się od nich oddalając, jestem widocznie starszy. Jestem sam, lato samotne, rekolekcje.

3 lipca

"We know too much, and are convinced of too little".

"Man lives in various degrees".

A dialogue on dramatic poetry.

"We crave something in respect of which we shall be more spectators and less participants". (T.S. Eliot)

[„Wiemy za dużo, ale pewni jesteśmy zbyt niewielu spraw".

„Człowiek żyje na różnych poziomach".

Dialog z poezji dramatycznej.

„Pragniemy obrządku mniej boskiego, czegoś, w czym moglibyśmy być bardziej widzami niż uczestnikami"[3]].

---

[1] *gestalt* (niem.) – kształt, postać

[2] *Five colours deaden the eyes* (ang.) – pięć kolorów stępia wzrok; nieco zmieniony wers z wiersza Lao Tsy ze zbioru pt. *Droga*, por. „Pięć kolorów naraz zaciemnia widzenie / Pięć jednoczesnych dźwięków stępia ucho" (Lao Tsy, *Droga*, przeł. z ang. M. Fostowicz-Zahorski, Wrocław 1992, s. 18).

[3] Cytaty z eseju T.S. Eliota *Dialog o poezji dramatycznej* z 1928 roku (wyd. pol.: T.S. Eliot, *Szkice krytyczne*, wybrała, przełożyła i wstępem opatrzyła M. Niemojewska, Warszawa 1972).

Jestem reakcjonistą, a gitara, którą słyszę (godz. 1.00), a która, prawdę mówiąc, nie jest zbyt głośna, budzi we mnie nienawiść. Tęsknota do ciszy? Absolutnej? Niech ustanie życie, a jeżeli nie może, to niech będzie, jak w idealnym średniowieczu, ujęte w najsurowsze prawa, albo jak w klasztorze o surowej regule. Tylko wtedy jest do zniesienia.

Jeśli masz zostać samotnikiem, ot.

5 lipca

Dolce vita[1] po dwunastu latach (Fellini). Zaczynam oglądać filmy mojej młodości. Jeszcze coś poruszyło się we mnie. To będzie poruszać się coraz słabiej i słabiej, aż ustanie. Jak dźgnięte patykiem.

Mój Boże, jakim Wezuwiuszem byłem wtedy, dwanaście lat temu. Czy tyle życia było we mnie, czy tylko tyle tęsknoty za życiem? (Bo może życia nie było nigdy).

Konfrontacja: *Qui suis-je devenu?*[2]. Dwanaście lat temu – projekty. *Dolce vita* – co z tego wynikło? (Z tamtych projektów?) Potoczyła się mała kariera i przetoczyła się wielka miłość. A ja? Ale ja?

Dwanaście lat temu byłem umęczony, ale nie pokonany. Teraz... Teraz obracam resztki sił mych w jednym celu: żeby odejść ostatecznie od wszystkiego, do czego chciałem dojść wtedy.

6 lipca

Druga połowa życia: druga połowa seansu tortur. Zmęczony delikwent zaczyna zeznawać. Stąd mała atrakcyjność nas w drugiej połowie. W pierwszej jeszcze barwnie zmyślamy.

Opowiadanie czy jeden akt sceniczny? Seans publiczny.

11 lipca

Trzy dni w Londynie. Wizyta w trupiarni (Ognisko Polskie[3]). Wizyta w kąciku pożądania (wyrzuciłem ją prawie z taksówki i odjecha-

---

[1] *Dolce vita* (*Słodkie życie*) – włoski film fabularny w reż. F. Felliniego z 1960 roku.

[2] *Qui suis-je devenu?* (franc.) – Kim się stałem?

[3] Ognisko Polskie – polski klub w Londynie założony w 1940 roku, centrum emigracyjnego życia kulturalnego i społecznego.

łem z ulgą, wycofując się tym samym z tegoż). I jeszcze jeden młody człowiek, który mówił: „Pana miejsce jest w Polsce".

Niczego nie można gromadzić. Niczego dorabiać się. Co to jest doświadczenie? Czy to tylko zmęczenie?

Wobec tego, czy można zaczynać wszystko od początku, wiedząc, że nie będzie dalszego ciągu? Czy można być wciąż od początku zachwyconym, urzeczonym? Ależ to udawało się zawsze tylko za pomocą projektu.

Rehabilitacja projektu? Wizja siebie samego? W moim wieku i w mojej sytuacji?

Nie mogę powiedzieć: wtedy a wtedy byłem głupi, wtedy a wtedy miałem rację. Mogę tylko powiedzieć: wtedy a wtedy więcej żyłem. Każdy najgłupszy projekt, wizja, program – był dobry, jeżeli wzmagał życie.

„Niedobre" było tylko to, co było rezygnacją.

Czy nie mam już apetytu? Ależ mam, i projekty mam także. Nie stać mnie już tylko na projekty globalne. Już wiem, że „rozłazi się wszystko". „Wszystko", jeżeli chodzi o jakiś wzór większy i wyraźniejszy.

Zastanowiwszy się, co jest niedobre, nieskuteczne, nieczyste: po pierwsze, brudna rezygnacja. Zważywszy intensywność moich pożądań, skalę wyobraźni i nieporadność praktyczną – za wiele było frustracji. Nie wiem, kto żyje na miarę swoich pragnień, może są tacy. U mnie to były zawsze różne miary i bardzo ostra świadomość tej różnicy.

Brudna rezygnacja: wrócić do domu, zamknąć drzwi na klucz i położyć się na kanapie – wszystko niedostateczne. Albo, leżąc na kanapie, marzyć... To, co między tym a tamtym, niedostateczne. Między tym a tamtym tylko konfuzja, zmęczenie, niedostateczność. Bezradność i poczucie, że nic się nie uda. Więc z powrotem do domu i znowu na kanapę.

W rzeczywistości chyba nawet w więzieniu jest życie: czy uda się obrócić na bok, kiedy prycza jest ciasna... Ale małe. Mnie zawsze interesowała ekstaza ostateczna. Sędziwy, omszały, rozsądny starzec – czy to naprawdę jest mój ideał ostateczny? Nie? Więc jaki starzec, podskakujący, hałaśliwy i młody? Ach, nie lekceważmy i nie występujmy za ostro przeciwko sobie, skłonnemu do nudy i rozpaczy. Bez tej skłonności nie mielibyśmy różnicy napięć, bądźmy i takimi, i takimi, bo inaczej nie będziemy żadni. Tu chodzi tylko o to, żeby zwracać się ku... to jak żagle i wiatr. Żeby to lepiej sobie wyobrazić, należy rozwinąć tę metaforę. Wiatr – żywioł, żagle – to ja.

Metoda: na złość mamie... Jeżeli niewiele się da, jeżeli i tak nic się totalnie nie da... Najpierw dajcie mi wszystko, najpierw niech zostanę cesarzem, a potem dopiero może zgodzę się na życie...

Owszem, nie wymyślę już teraz projektu ogólnego ani systemu, ani programu. Ale wciąż, aż do śmierci, reaguję. Odpowiedź jest w reakcji. Spontanicznej? Co to jest „spontaniczna" reakcja? Według przyzwyczajenia, czyli programu ustalonego kiedyś, programu mimowolnego? Reakcja rezygnacji, frustracji utrwalonych już, stwardniałych w program? Czy reakcja według projektu, pożądania? Załóżmy, że jestem tylko reakcją, i zbadajmy się według tego.

Rozsądek (frustracja) uczy, że należy poprzestać na swoim. „Królestwo moje...". Inna teza, że transcendentalność, *dépassement*[1], jest esencją życia. Oto dwie przeciwne tezy, a gdzie jest prawda? Może to ja sam jestem prawdą?

Maya – złudzenie, *Życie snem*[2], zen – to prawda i nieprawda. Po co od razu tak absolutnie? Może wszystko jest prawdą? Może prawdą jest także literatura, słowo, pisanie, pisanie słowa (mówienie słowa to całkiem co innego). Ostatecznie słowo jest też jakimś sposobem na byt.

I jeszcze raz: żaden styl, żaden system nie jest „prawdą". Prawdą. Każdy jest tylko jednym ze sposobów. Każdy z nas stara się wybrać styl taki, jaki go najbardziej zadowala. W ciągu jednego życia przybieramy rozmaite podstyle. Istnieje coś takiego jak ogólna tonacja, styl człowieka, ale w ilu odcieniach! Doceniać je wszyst-

---

[1] *dépassement* (franc.) – przekraczanie samego siebie

[2] Maya (sansk.) – maja, w filozofii indyjskiej iluzja, złudzenie, ułuda świata rzeczywistego, który w istocie jest odbiciem prawdziwej rzeczywistości bezosobowego bóstwa, czyli Brahmana; *Życie snem* – tytuł dramatu Pedra Calderóna de la Barca z lat 1631–1635.

kie, u siebie i drugich, u siebie i w otoczeniu, nawet jeżeli są mi przeciwne, wstrętne. Determinacja – czy wolność? Zależy, kto czego potrzebuje w danej sytuacji, w danej chwili. Kiedy zagraża nam wolność, myślimy o determinacji i jesteśmy skłonni ją uznać za prawdę najwyższą. Jeżeli zagraża nam determinacja – i tak dalej, odwrotnie. Człowiek jest jak krowa, która je tylko taką trawę, jaka jej służy.

Poczucie, że jest prawda obiektywna, ta, która jest przeciwko mnie, nam. „To, z czym walczymy, jest tak małe, jak wielkie jest to, co walczy z nami"[1]. Wtedy – czy także *selfindulgence*[2] i samousprawiedliwienie?

Kiedy wróciłem do domu, na kanapę, po kolacji na Leicester Square – obudować się, anulować, „przezwyciężyć"?

Najtrudniej być żaglowcem.

12 lipca

Najgorszy porządek jest lepszy od anarchii. Jedyny użytek, jaki można zrobić z wolności, to wybrać sobie porządek. Nie wiem, czy ktoś jest w pełni zdolny do takiego użytku z wolności. Ludzie rodzą się nierówni, niewolni. Życie to równowaga, postęp to śmierć.

Człowiek wie, że umrze. Życie człowieka jest postępem od urodzenia ku śmierci. Dlatego człowiek pojedynczy ma pojęcie postępu. Chciałby jednak odwrócić kierunek.

Tylko społeczeństwo – ludzkość – może zachować równowagę.

Demokracja = represja. Wrodzonym odruchem człowieka jest zniszczenie fizyczne przeszkody (zagrożenia), czyli drugiego człowieka. Utwierdzenie się w sobie, zaprzeczenie drugiemu człowiekowi.

Ustroje totalitarne – porządek oparty na sile. Na przemocy fizycznej. Zwyrodnienie.

Demokracja przesadna – zwyrodnienie w anarchię. Świat zachodni przypomina już Polskę szlachecką okresu liberum veto po upadku. Nawoływanie do całkowitej wolności jest zniszczeniem demokracji. Demokracja jest dobrowolnym i świadomym ograni-

---

[1] Cytat z wiersza *Widzący* R.M. Rilkego z tomu *Księga obrazów* (1902), przeł. M. Jastrun.

[2] *selfindulgence* (ang.) – pobłażanie samemu sobie

czeniem własnej wolności na rzecz innych. Plemiona prymitywne były demokracjami par excellence, choć nie znały głosowania powszechnego.

Człowiek „naturalny" jest leniwy, samolubny, szukający wyłącznie przyjemności. Wszystko, co dokonało się „dobrego", dokonało się dzięki człowiekowi „nienaturalnemu".

Pełna demokracja wytwarza wrzask tłumu. Każdy głupiec krzyczy. Wielka zasługa chrześcijaństwa: idea pokory i skromności. Wobec Boga wszyscy jesteśmy skromni, powinniśmy być. Wobec innych powinni być pokorni i skromni ci, którzy są mniej warci. Kiedy panuje idea pokory i skromności – daje słuszne ramy społeczeństwu. Z nich niech wyłonią się ci, których na to stać. Którzy są więcej warci.

Żadne społeczeństwo nie może żyć bez zgody ogółu na formę, w której żyje. W ustrojach Europy Wschodniej nie ma tej zgody, ustroje zbyt są oparte na przemocy. W Europie Zachodniej też nie ma tej zgody. Terror funkcjonalności utrzymuje jeszcze jaki taki porządek, ale nieustannie i wrzaskliwie, ale porządek ten jest jawnie oskarżany, odrzucany, denuncjowany. Porządek wprawdzie jeszcze istnieje de facto, ale wrzask protestu sprawia wrażenie faktycznej anarchii.

Jedynym zdrowym społeczeństwem, być może, są Chińczycy. (Powszechna zgoda na formę, łącznie z terrorem).

Porządek, jaki mam na myśli, to niestety nie tylko porządek „ustroju", to przede wszystkim porządek człowieka codzienny, porządek we wzajemnych stosunkach. Potęga Izraela – porządek taki właśnie, ustalony przez religię, akceptowany i stosowany przez wieki. (Żydom wszystko powiedziano: jak mają zaczynać dzień i jak go kończyć, w co się ubierać i co jeść).

Polska – dwa zwyrodnienia w jednym. Totalizm władzy i anarchia między ludźmi. Dżungla i pustynia.

Rozpadanie się porządku (tego jedynego): A) Normy między ludźmi ustalone; B) Demokracja ograniczona – na Zachodzie.

Polska – świat. Moment porządku (tego autentycznego) zdaje się mijać bezpowrotnie. Szkoda, że Breżniew jest karykaturą cara. Cara bym przyjął, karykaturę trudno.

Co mam robić? Ustalić sobie własny kosmos, własny porządek? Ale to nie wystarczy. Totalitaryzm ma tylko tę zaletę, że polaryzuje i krystalizuje pewną substancję człowieka. Ale skądinąd wolność w Polsce... Skoro jednak najgorszy porządek jest lepszy od anarchii...

Erenburg... może jednak on miał rację, będąc Erenburgiem. W służbie państwa, prywatne koncesje. Iwaszkiewicz też? Maska przylega do twarzy. Staje się twarzą.

Zajmij się własną śmiercią.

W nocy

Odtrącony kochanek życia. Mam już dosyć tych frustracji. Nie mam cierpliwości, do kobiet tyż. Ich przewaga, druzgocąca, staje się nie do zniesienia. O jakim wyzwoleniu one mówią, kiedy w najważniejszym są mistrzami i panami. Odkąd nie można ich kupować na targu i trzymać w haremie, wszystko stracone. To one decydują, wcale nie my. My możemy je tylko „uwodzić", to znaczy żebrać. One wybierają dzień, noc i godzinę, one mogą się zgodzić albo nie. A pałą w głowę już nie można. A że przeważnie są głupie, uwodzenie polega na popisie (naszym) głupoty. Udowodnić im, że są „wszystkim". Ale jakże to trudno, aż skręca od obrzydzenia, kiedy trzeba przestawać z idealistką. Człowiek wrażliwy narażony jest albo na męki, albo na upokorzenie.

Są tacy, którzy nie uwodzą. Siedzą i czytają gazetę, a baby się przepychają do nich. Niestety, ja do nich nie należę. Nie jestem bynajmniej piękny, a będąc inny niż przeciętni, zrażam je odmiennością. Najchętniej zadają się one z ładnymi miernotami. Ach, jakże wtedy z nimi figlują. Nie odczuwają wtedy swojej niższości (umysłowej).

One jak na mękach, kiedy cokolwiek przyjdzie powiedzieć albo zrobić wprost. Ich czółka zmarszczone są od ciągłego wysiłku kombinacji, wykrętów, podstępów, chytrych niedomówień. Cenią i lubią, kiedy odgaduje się te ich głupie łamigłówki. Mówią wtedy, że się je „rozumie". To „rozumienie" tyle jest warte, co rozwiązywanie rebusów w dodatkach niedzielnych.

Potem, czasami, zakochują się głupio i wtedy są bezradne i tępe jak krowy. Kończy się ta ich cała mizerna chytrość. Stają się nieprawdopodobnie tępe, bez taktu, ślepe. Wtedy nas zdradzają, nie tyle z chęci, ale po to, żeby znowu się znaleźć na swoim ulubionym terenie: chytrostek i podłostek. Po prostu, zanurzając się znowu w swoim żywiole, nabierają sił.

Ich nieustanna obsesja: być środkiem wszechświata, jest nudna i trudna do zniesienia, do zadośćuczynienia. Pytanie: czy to odnosi się tylko do kobiet europejskich? Podobno kobiety azjatyckie są inne. Jeżeli tak, co za ulga dla mężczyzny. Europejskie idiotki nie zdają sobie sprawy, że gdyby nie były takimi idiotkami, mężczyźni by je naprawdę ubóstwiali. Być może jest to cecha kobiet europejskich (idiotyzm, żądanie nieustannego ubóstwiania), ponieważ Europa wymyśliła równouprawnienie. W tej sytuacji kobiety europejskie rekompensują swoją niepewność siebie (we wszystkim, co nie jest miłością). Mania, obsesja wyższości, jest typową cechą kompleksu niższości.

Podejrzewam, że spośród idiotek europejskich największymi idiotkami są Polki. Ach, te kozaczki zadzierzyste, te czupurności, te zuchowatości, te samodzielności „myśli".

To by się tłumaczyło tym, że polactwo w ogóle zadziorne jest i całe nasycone kompleksem niższości. Więc samiczki polskie cierpią na kompleks niższości polski ogólny plus kobiecoeuropejski. Moje doświadczenie z Polkami i nie-Polkami potwierdza tę tezę, zresztą to jest raczej konkluzja, która wynika z doświadczenia. U nie-Polek nieco więcej prostoty i rzetelności niż u tych tajemniczych Królewien Śnieżek z przytupem.

Ty, samcze, męcz się, ach, nawet nie wypinaj piersi i nie natężaj muskułów, nie o to już chodzi, nie musisz już udowadniać, że jesteś silny i wspaniały. Tylko że ona jest najpiękniejsza, najwspanialsza, najbardziej doceniana. Hm, tu się zagalopowałem. Jeżeli rzeczywiście jakiejś nie doceniasz, to się do niej nie bierz. Nie musi być najpiękniejsza. Ale musi być doceniona.

A ja mam już tego wszystkiego dosyć. Ja już nie mogę. Nie tylko bab. Wszystkiego. Brzydzi mnie wszystko, wszystko jest daremne, niemożliwe i puste.

Demokracja, astronomia, sekunda i nicość, życie, śmierć, moja głowa, szok przyszłości i emigracja, anarchia, walka o wolność, gimnastyka, polucja, nirwana, noc i dzień. Jung i Faust, psy i policja, przecinek i kropka. Tęsknię do nicości, tęsknię do śmierci. Nie jest wykluczone, że popełniłbym samobójstwo, gdybym miał rewolwer albo cyjankali. Ale popełnić samobójstwo, technicznie, jest bardzo trudno.

Cokolwiek jest, od razu jest także i tegoż zaprzeczenie. Przekleństwo pary, płeć kosmiczna. Dialektyka to przestępowanie z nogi na nogę. Tak, nie, tak, nie, albo, albo. I owa durna synteza, żałosny wykręt.

Czemu się tak przejmuję światem, z którego tak czy owak jestem wykluczony? Niech przejmują się inni, którzy biorą udział, siedzą przy stole życia. Mnie od urodzenia odstawili, nie dopuścili (odstawiano, nie dopuszczano). Przestań już, skoro jesteś nienormalny, dziwak… Chciałem być jak inni, starałem się, Bóg mi świadkiem, nie wyszło. Skończę więc ze sobą, ze sobą biorącym udział. Przestańmy starać się „być", być w świecie.

Zniknijmy. Moje emocje, uczucia, wrażenia, wspomnienia. Moje atrybuty. Forma! Forma? Niech nie będzie formy. Niech będzie wszystko, ale niech nie będzie mnie. Niech będzie wszystko na zewnątrz, a w środku pusto. Niech inni się wybrzuszają, puchną, uwypuklają się i będą, będą! To się da, na to jest sposób, mam nawet podręczniki. Wtedy okaże się, że nie umrę, bo pustka nie umiera.

Idź za swoim powołaniem, chłopcze. Stworzony jesteś do nicości, nie broń się więc. Nicuj się, nicuj. Ach, gdybyś lepiej się umiał wybrzuszać, wtedy mógłbyś wybrać co innego, wybrzuszanie się. Ale skoro nie umiesz…

Bo ja już nie mogę. Nie mogę i tyle.

Szukasz zaklęcia, kamienia magicznego, masz go, możesz – użyj. Tym zaklęciem jest nic. Nic, które jest tobą.

Jako ty – twoja sytuacja jest doprawdy żałosna. Ale jako nic… Pamiętasz? Udawało się to już przecież. Dlaczego nie powtórzyć?

16 lipca

Ot, i znowu mieliśmy małą euforię negatywną (powyżej). Taki stary, a jeszcze ciągle… Wstyd.

Dwa dni w Sologne. Wszyscy są tacy sami, ale każdy jest inny, tak inny, aż się zastanawiam, czy wszyscy są jednakowi.

17 lipca, godzina pierwsza

Bezsenność mimo niespania ubiegłej nocy, po dniu ogromnie śpiącym.

Tak zwana silna osobowość – egoizm, autocentryzm, zaprzeczenie innym, samoutwierdzenie.

Wszystkie „silne osobowości", które znam, na tym właśnie polegają. Ale czy w ogóle znam kogo innego niż same tylko silne osobowości? Wobec tego silna osobowość to nie tylko egoizm, ale też zdolność narzucania go innym, bezwzględność.

Czy ja jestem bezwzględny? (Oczywiście, miło byłoby być, chciałoby się być zaliczonym do silnych osobowości). Mnie się wydaje, że nie, i mam milion skrupułów. Jestem przeciwieństwem silnej osobowości (SO).

SO „wie, czego chce". Przestańmy. Jeżeli to jest miarą SO, to mnie w ogóle nie ma. Ja absolutnie nie wiem, czego chcę.

Za chwilę coś się stanie. Nic, oczywiście. Jutro coś się stanie. Nic, oczywiście. Wszystko jest łaską? Możliwe, ale rozmaite są perceptory receptorów. Nie ma (zdaje się) Prawdy. Jeden doznaje łaski, będąc kondotierem, drugi mnichem, i to też jeden takim, drugi takim. Buddyjskim na przykład albo katolickim, nie wszystkiego jako łaski doznać można na trzeźwo albo po pijanemu. Kiedy moment jest na pijaństwo, nie należy być trzeźwym, kiedy na trzeźwość – pijanym. Nie wyczuwając momentu, można przez całe życie bywać trzeźwym i pijanym, a nigdy nie zaznać łaski. Cóż więc takiego trzeba? Być muzykalnym na muzykę łaski.

Ale wtedy jakie niekonsekwencje, wtedy już tylko jedno pasmo niekonsekwencji. A tak miło konsekwentnym być. To nuda, ale nagroda w postaci cnoty (konsekwencji).

Wczoraj była pełnia księżyca. Jaką sieć zastawić na tę łaskę? Jaką łapę wyciągnąć, miskę jaką chytrą a żebraczą?

Więc znowu – intuicjonizm? A gdzie doświadczenie wprost przeciwne? I bądź tu mądry.

Może wiersze pisać? Jak się to robi? Nigdy tego (naprawdę) nie robiłem.

Intuicjonizm to znów żelazna dyscyplina. Jansenizm[1] lub prawie dionizyjskość[2], magia to znowu racjonalizm ścisły. To pokusa czystości, bo myśli rozpustne. Oj, bo pęknę. A najgorsze, że to nigdy ani nie intuicjonizm, ani żelazna dyscyplina, ani żadne inne z wymienionych i nie wymienionych, tylko takie sobie myśli teoretyczne, czyli marzenia. Projekty pożądań raczej niż samo pożądanie. Zamiary zamiarów.

Dlaczego jestem tak nudny i zużyty?

19 lipca

Odchodzenie, wątlenie, wycieńczanie, blednięcie, uciszanie, zanikanie, cisza.

23 lipca

Szedł, szedł, aż doszedł. Wypełniony już cały formularz. Dlaczego się jeszcze skarży, że jeszcze rozczarowania?

Pytanie: czy można żyć bez złudzeń? Odpowiedź: można, ale się nie chce.

Wszystkie niespodzianki, jakie się mogą jeszcze zdarzyć, będą raczej szkodliwe. Co się może stać, kiedy się jedzie samochodem? Tylko mały wypadek albo duża katastrofa.

Całe to miotanie się wynika jeszcze i jedynie z tego, że nie chcę się pożegnać ze złudzeniami, choć one już chcą się pożegnać ze mną.

25 lipca

Za wielki na Polskę, za mały na świat. Samemu być – za głupi, z innymi – za mądry.

Ja w szybie wystawowej: łysy, w średnim wieku, w stroju byle jakim i autentycznie ubogim (nie stylizowany), z parcianą torbą na zakupy. A w środku, ho, ho, jakie bogactwo.

---

[1] Jansenizm – ruch religijno-teologiczny we francuskim i holenderskim katolicyzmie w XVII–XVIII w., inspirowany myślą C. Jansena, głosił m.in., że Bóg całkowicie określa życie człowieka i tylko nielicznych obdarza łaską; potępiony przez Kościół.

[2] Dionizyjskość – tu w znaczeniu irracjonalizmu i spontaniczności; od Dionizosa i poświęconego mu kultu, przeciwstawionego przez F. Nietzschego w *Narodzinach tragedii* dążącemu do ładu i dyscypliny pierwiastkowi apolińskiemu.

To właśnie jest podejrzane. Co w środku? Co na wierzchu? Czy to na wierzchu coś nieprawdziwe?

Znowu leje (deszcz).

Tymczasem dekadencja autentyczna, choć w środku jeszcze resztki nadziei. Bezsensownej.

Jeżeli jeszcze będziesz pisał jakieś utworki, to pisz następująco: zapomnij, że publiczność jest twoja. (Przychylna, jednym słowem taka, jaka była w Polsce, w Krakowie). Nie licz na to, że ktokolwiek cokolwiek rozumie.

Five Easy Pieces (kino). Chichoty niedorostków na widowni. Aktor Nicholson[1]. Nienawistny cham.

Jednocześnie: balet w Londynie, Sadler's Wells Theatre[2], chichoty niedorostków. Jednocześnie: transmisja ORTF z Avignonu, zespół MW2 z Polski[3], chichoty niedorostków.

Wielki chichot niedorostków toczy się przez świat. Jak sobie pościelił Ionesco, tak tam śpi. Ja także byłem parodystą. Owszem. Taki Jarry na poziomie Krupniczej 22[4]. „Mrożek – prześmiewca". Lubili to Polacy.

Co do mojego prześmiewania: teraz młodzieńcy z Polski „demistyfikują" muzykę – parodia koncertu, belcanta, celebracji, kultury. Dobrze. Tylko ani oni, ani ja, ani nikt nie bluźni naprawdę. W Polsce, zamiast znęcać się nad Mickiewiczem i księciem Józefem Poniatowskim – należało pośmiać się z K. Marksa i tow. Lenina. Wtedy zobaczylibyśmy. Ale cóż. Może drwi się tylko z tego, co martwe? Jeżeli niedorostki chichocą z kultury, a dorośli skwapliwie im basują, to może dlatego, że kultura rzeczywiście jest martwa? Że m o ż-

1 *Five Easy Pieces* (*Pięć łatwych utworów*) – film amerykański z 1970 roku w reż. B. Rafelsona, z Jackiem Nicholsonem w roli głównej.

2 Sadler's Wells Theatre – London's Dance House – londyński teatr baletowy, jego początki sięgają 1683 roku.

3 ORTF (franc.) – Office de RadiodiffusionTélévison Française; francuskie radio i telewizja publiczna; MW2 – Młodzi Wykonawcy Muzyki Współczesnej, zespół założony przez Adama Kaczyńskiego w 1962 roku. W 1973 roku był gościem Festival d'Avignon.

4 Przy ulicy Krupniczej 22 w Krakowie mieścił się Dom Literatów, gdzie od 1952 roku mieszkał Mrożek.

na drwić? Nikt nie drwi z K. Marksa, jakkolwiek o to się prosi. Może dlatego, że K. Marks noszony jest w gorących sercach młodzieży. (I dorosłych).

Tutaj. Ale w Polsce – tam znowu gra jest nieuczciwa, jak zawsze. Tam Ministerstwo Kultury, czyli rząd. Partia. Nieśmiało marzą polscy młodzieńcy o zdemolowaniu kultury. Ale to nic rządowi ani partii nie zaszkodzi. Przeciwnie. Że burzenie autorytetu, a więc po kryjomu szkodzenie rządowi i partii? Bzdura. Rząd i partia nie mają żadnego autorytetu, mają tylko władzę i siłę. Właśnie w Polsce należałoby dbać o szacunek dla autorytetu, o wartości tak zwane. Zlikwidowanie kultury rządowi i partii nie zaszkodzi. Ona wyjdzie z tego tylko mocniejsza, ta partia nasza. Kiedy już będzie pusto, ona pozbędzie się ostatniego przeciwnika: myśli, wrażliwości, kultury. Mareczek Hłasko nie dożył. A szkoda (dla niego), teraz dopiero otwiera się jego królestwo. Wszędzie tam, gdzie ludzie siedzą, trzymając łokcie przy sobie, rozmawiają niezbyt głośno i kontrolują odruchy kiszek – kiedy wchodzi cham, przewraca stół, pierdzi i kogoś bije, wszędzie tam otwiera się królestwo Mareczka Hłaski. Ireneusz Iredyński – ten urodził się we właściwym czasie. Ale ja? Ale ja?

To wszystko ma charakter koszmaru. Najpierw wojna, skończyła się i już wierzyłem, że się skończyła. Potem Polska. Uciekłem i już wierzyłem, że uciekłem. Nieprawda. Dogoniło mnie. Wojna, Polska, tow. Lenin, dogonił mnie cham. O zemsto „dozorcy domowego". Łudziłem się, że uciekając z Polski, zostawię cię za sobą. Znalazłem się twarzą w twarz z chamem, gorzej tym razem, bo ten cham był umiejscowiony, określony. Tutaj cham wtargnął wszędzie, zamienił się we wszechobecną substancję i esencję obyczaju, stylu, języka, wszystkiego. Po co ja więc uciekłem? Co dalej? Co ja tam zrobię? Niewątpliwie, trzeba jakoś, jak to się mówi, ustosunkować się.

Champs-Élysées. (Wieczorem). Obcość wieloraka, podwójna. Obcość kraju i miasta, i obcość moja totalna. Nie jestem Francuzem. Nie jestem turystą. Nie jestem młody. Nie noszę spodni na głowie ani nie mam gołego pępka. Nie znoszę tłumu (*la fête* = chaos. Dlatego nie znoszę *la fête*).

Tak więc wszystko na to wskazuje, że do prawdy dojdzie. Do mojej najgłębszej samotności. (Pisałem już o tym kiedyś, nieraz).

Przeglądałem album fotografii Krakowa i ogarnęło mnie obrzydzenie.

„Bim-Bom", „Piwnica"[1], stare albumy starych teatrów.

Cul-de-sac[2]. Przez całe życie chciałem brać udział, przystać, być-w-życiu. Nigdy mi się to nie udało. Teraz chyba doszło do ostatecznego wyjaśnienia tej sprawy. Mam, czego chciałem (czy nie chciałem). Paryż, absolutna samotność. Klasyczne kryterium: gdybym teraz umarł – kto i po jakim czasie znalazłby moje ciało?

Jak oni to robią, że figlują, rozmawiają, towarzyszą się i jakoś im leci? Nigdy, przenigdy nie umiałem rozwiązać tej zagadki. Co widzę – widzę inaczej, co słyszę – inaczej. Co mówię – nie do rzeczy. Podobno jest to najokropniejsze kalectwo, jakie może znosić człowiek. Ale kiedy się to ma – można znieść. Jak wszystko.

Co mi pozostaje? Gdybym miał duży talent, rozum, pamięć, wyobraźnię – nie mam. Moja samotność jest miękka, słaba, bezwolna. Nieagresywna. Tylko samotność agresywna jest samotnością zwycięską.

Co mi pozostaje? – To, co jest. Tylko już na to się zgodzić i pójść w tę stronę do końca. Do końca. Czy daleko jeszcze?

Szukać na tym świecie nie tego, co świat wystawia ku mnie. W tym nie mogę brać udziału.

Zrzec się wszelkiego współzawodnictwa. W tej samotności zbudować sobie coś, w czym żyć jeszcze można.

Bo do tej pory żyłeś nadzieją, że mimo wszystko uda ci się przedostać tam, gdzie się bawią. Teraz już czas pozbyć się tej nadziei, która służyła ci tak długo i dłużej już nie może. Nie przedostaniesz się.

Ale co robić, co to znaczy – tak po ludzku – zwyczajnie? Po ludzku i zwyczajnie to nic nie znaczy. Tylko nie po ludzku może coś znaczyć.

Nie ma powrotu. Do niczego nigdy nie ma powrotu. Bo jeśli myślisz o Polsce, to nie jest myślenie o Polsce, to jest pokusa, żeby wrócić do siebie sprzed tylu lat.

---

1 „Bim-Bom" – gdański teatr studencki działający w latach 1954–1960, założony przez Z. Cybulskiego, współpracowali z nim m.in. J. Fedorowicz, B. Kobiela, S. Mrożek; „Piwnica" – Piwnica pod Baranami, krakowski kabaret literacki założony w 1956 roku.

2 *cul-de-sac* (franc.) – matnia

27 lipca

W Maisons-Laffitte[1] wczoraj. Abramow z żoną Ireną. Zygmunt i Zosia, a raczej Zosia i Zygmunt, pan Newerly, ojciec Abramowa, i Giedroyc.

Ale to dopiero przy kolacji. Przedtem rozmowa w gabinecie z p. Giedroyciem (lub Giedroyciem? Bez „p." może oddaję mu więcej honoru, mimo wszystko. Ludziom ponad pewną miarę i wagę „p." nie służy, pomniejszając ich). Przedtem *scotch* na moje wyraźne życzenie (wyczerpanie i rozedrganie po nieprzespanej nocy, ale to tylko pretekst). Przed kolacją, ale po rozmowie, czyli już część druga. Część trzecia – kolacja. A czwarta jak zwykle na moim fotelu z fajką. Czyli znowu pod szubienicą (*Rękopis znaleziony w Saragossie*[2]).

„Brutus".

28 lipca

I wczoraj też pod szubienicą.

Nie ma już ucieczki przed jarmarkiem. Za pomocą elektryki i elektroniki dopadają cię w domu. (Radia, telewizory). Szum i jarmark dopadają cię wszędzie i duszą. Zapamiętaj: twoja przechadzka w nocy z 14 na 15 lipca przez Sologne i ryk nad okolicą. W prasie: Algierczyk – skoczył z nożem i pociął twarze dwudziestu osobom. „Sam nie wiem, co się ze mną stało".

Historia Abrahama i Izaaka. Ojciec (niejeden) w USA zabija syna, bo mu przeszkadza oglądać TV. W emiratach arabskich Zatoki Perskiej do niedawna hodowano dzieci na sprzedaż. Człowiek jest podobny do człowieka. Załóżmy, że ten z USA i ten arabski ojciec czytają Kierkegaarda[3]. Co im to mówi? Nic. „E, panie. Ja tam nie

---

1 Maisons-Laffitte – podparyska miejscowość, w której mieszkał i redagował „Kulturę" Jerzy Giedroyc wraz z gronem współpracowników (m.in. Zofią i Zygmuntem Hertzami).

2 *Rękopis znaleziony w Saragossie* – powieść Jana Potockiego z lat 1797–1815, wyd. w całości w 1847 roku; spotkanie głównego bohatera, Alfonsa van Wordena, z poznanymi w zajeździe siostrami Eminą i Zibeldą kończy się pod szubienicą.

3 S. Kierkegaard w *Bojaźni i drżeniu* (1843) komentuje scenę ofiarowania Jahwe przez Abrahama syna Izaaka (Rdz 22).

wiem, co to jest. To jakieś głupie". Wspaniałość i groza tej możliwości (cham, który może unicestwić wszystko jednym słowem).

29 lipca

Po południu wypadek. Zielone światło, z lewej przede mną samochód. Pędził na czerwone światło. Ukarał się więc. Śmierć pogroziła mi tylko palcem. Rozbite kolana, palce prawej ręki. Koniec mojego samochodu.

Tego mi jeszcze brakowało.

Jestem bezsilny. Gdziekolwiek spojrzeć – bankructwa. Nawet w mojej głowie. (Przede wszystkim).

„To, z czym walczymy, jest tak małe..." To wszystko prawda. I daremność prawda. I śmierć prawda. I w ogóle prawda prawd. Ale może wbrew temu też prawda?

Tylko wbrew, tylko pod prąd.

TO NIE MOŻE TAK TRWAĆ. TO JEST SKANDAL. TO JEST NIE DO PRZYJĘCIA. TO SIĘ MUSI SKOŃCZYĆ (zanim się w ogóle skończy).

Boś ty dziecina delikatna, co się gniewa, że baranki same nie przychodzą i nie łaszą się.

Ja – przypasowany do niczego.
Nic – przypasowane do mnie.

Żeby tak życie samo w sobie, ech. A tymczasem ono tylko w tłumaczeniu (symbolach), w przekładzie jest.

Ja i kobiety – ba...
Tak, ja i one. Nie lekceważyć.
Ja i powietrze.

Jeżeli masz tylko rezygnować, to zrezygnuj natychmiast.

Chcesz dożywać jeszcze, dożywać tylko? Emeryturka?

Przy stole życia – ejże, tobie też udało się usiąść parę razy. Dlaczego nie próbować jeszcze? Że spychają cię? Nie obrażaj się, *baby*.

Ja w czterdziestym trzecim roku życia, ze stłuczonym kolanem, łysy, głupi, ze złamaną karierą, nie umiejący po francusku jak należy, o skromnych dochodach, ciężko już poturbowany przez życie, a przede wszystkim przez mój ciężki (dla mnie oraz dla otoczenia) charakter – a wyliczać mógłbym jeszcze dalej – oświadczam, że chcę żyć i będę żył jeszcze długo. Oświadczam, że nie mam zamiaru dogorywać, ja, który wiem wszystko o nicości, ile człowiek wiedzieć może, o słabości, daremności i unicestwieniu oraz marnotrawieniu. Oświadczam, że mój los jest wyjątkowy, a wyjątkowy jest los każdego. Oświadczam, że nie mam zamiaru iść na emeryturę ani roztkliwiać się i łkać nad sobą, do czego mam ogromne zdolności i chęci. Odwróciwszy się tyłem do przepaści, szedł ku niej będę, popatrując jednak na to i na owo po drodze. Oświadczam, że nie mam zamiaru pozbywać się nadziei, bo nie mogę, ponieważ jestem żywy. Oświadczam, że choć wszystko skończy się, jak wiadomo, to jednak los na loterii kupić trzeba. I nie mam innego wroga, jak tylko pewną część siebie samego. Zło, śmierć – ale to nie powód, żeby im pomagać.

30 lipca

Stary, poczciwy stoicyzm. Ten (bo jest go kilka odmian, jeśli się nie mylę): „robię, co mogę, a czego nie mogę, temu się przypatruję" (inna odmiana: „jestem obojętny zarówno na rozkosz, jak i na cierpienie") – i na tym się kończy moje domniemanie. Na razie więcej odmian nie widzę (chociaż myślałem, że zobaczę) – a więc ten stary, poczciwy stoicyzm najlepiej się chyba nadaje jako rodzaj metody. Bo jest prostacki i przyziemny. Inne programy, owszem, szlachetniejsze i bardziej transcendentalne (co przez to rozumiem?) – ale właśnie dlatego nie nadają się do codziennego użytku. Nie można żyć bez przerwy na najwyższym poziomie duszy.

On (ten stary, poczciwy stoicyzm) w sposób praktyczny, empiryczny, chamski, chciałoby się rzec, rozstrzyga kwestię „wolność czy determinacja". Nieraz już oddawał mi wielkie usługi, kiedy źle było i należało jakoś przeżyć.

31 lipca

Katastrofa samochodu, ząb z przodu mi wyleciał, noga boli stłuczona, N. wynająłem mieszkanie za ścianą.

Schudłem dwa kilo w ciągu dwóch dni; tak miotałem się ostatnio tylko w kwietniu i maju.

A może jednak zostać artystą?

A jednak ile razy mnie to ogarniało, to myślenie, obsesje, przepalenie (fajką i myśleniem), coś z tego wynikało na zewnątrz. Nadzieja, to (spostrzeżenie) dosyć szalone, ale, ale...

Jestem jak w matni, znowu. Dlaczego? Moja to wina? Nie, nie mogę niczego przyjąć, akceptować, na nic się zgodzić. Nie mogę się pogodzić z myślą, że do „leja". Ale co mogę zrobić, praktycznie? Rzucić wszystko, wyjechać? Znowu uciec? Dokąd, z czym? (Z francuskim paszportem, którego jeszcze nie mam). Z jakimi pieniędzmi? (Dużo ci nie trzeba, jeżeli będziesz sam).

Mam poczucie, że to już nie może trwać. „To" – co to jest? Moje życie, jakie jest, ja sam, jaki jestem.

Mimo wszystko, mimo całej nędzy i beznadziei tegoż, tylko to jest moje, tylko temu trzeba być wiernym.

Czy znowu zrobiłem jakieś głupstwo? Możliwe. Ale nieważne. Trzeba dojść do sedna sprawy.

Zajmowaliśmy się zagadką istnienia, ale nie sobą.

Wygodnictwo, chowanie się do skorupy, brak wiary w siebie, niestałość, histeria, skłonność do rozwiązań ekstrawaganckich, natychmiastowych i byle jakich pod uderzeniem chwili.

Co robić?

Przede wszystkim badać motywy i podmyśli. Na ogół twoje motywy i podmyśli to jest twój sztuczny „ja".

Jakiej chcesz przyszłości? Jak ona ma być ułożona? Ba...

Zakres wolności – zobacz: o starym, poczciwym stoicyzmie.

1 sierpnia

Chętnie bym był arywistą, ale nie ma już do czego *arrive*[1].

Wszystko upada. Niczego nie budować.

---

[1] *arrive* (ang.) – dochodzić

2 sierpnia

Cokolwiek się dzieje, źle jest, kiedy nie jestem sam dla siebie odpowiedni, i dobrze, kiedy jestem.

Nie wiem, czy wyliczyłem wszystkie okresy. Na pewno nie wyliczyłem wielu dni czy momentów.

Strach przed samotnością.

Strach przed niesamotnością.

Niesamotność – jeśli czasem dobra – na łasce przypadku.

Samotność – kiedy dobra – to ode mnie zależy.

Samotnością można kierować, kształtować ją. Niesamotnością – nie.

Strach przed „zdziwaczeniem", utratą cech „ludzkich", „normalnych". Okresy dobre – kiedy ten strach przesłaniają, i wtedy urządzenie się w sobie odpowiednie. Wtedy nikt i nic nie jest mi konieczne.

Czy takie dobre okresy mogą trwać? Nie wiem, ale mogą to być długie okresy, nawet bardzo długie. Te okresy, nawet te dni i nawet chwile odkupują resztę i trzymają przy nadziei.

Waste of time[1] (Lion). Czy ja wiem... Lew miał wiele zalet. Oprócz jednej.

Czy te moje wieczne rozważania i męki – to *waste of time*? Czy te różne sprawy – to *waste of time, too*[2]?

Sprawa języka – mówienie po polsku, słyszenie po polsku.

Nie wiem. Wiem tylko, że niezmiernie wiele zanieczyszczeń, niejasności, fałszywych (nieistotnych) powodów wzięło się i bierze z nie dość jasnego rozeznania, z nieporządku, nieuwagi i lenistwa.

Co będzie, jeżeli... Na to pytanie nie mogę sobie odpowiedzieć.

MUSZĘ zorganizować dwie strefy: „życie" i moje pisanie. „Życie" poddaje się jakiej takiej organizacji tylko przez „zajęcie się" sobą. Pisanie – od przypadku do przypadku w ostatnich latach. Więcej zajmuję się moją s y t u a c j ą jako „pisarza" niż samym pisaniem.

---

[1] *waste of time* (ang.) – strata czasu

[2] *waste of time, too* (ang.) – także strata czasu

Wnioski, niewesołe, wynikające z mojej sytuacji, jej dwuznaczności, nieustawienia, niedopełnienia, przeszkadzają mi w pisaniu.

8 sierpnia

Cztery dni w Sologne. A więc to jest możliwe.

To get beyond the scope – due to what is real – not imagination. And how beautiful. If you must live according to different plans, live that entirely.

[Dostać się poza zasięg – zgodnie z tym, co jest rzeczywistością – nie wyobraźnią. I jak piękne. Jeżeli musisz żyć według różnych planów, żyj tym w pełni].

Morgenstunde hat Gold in Munde[1].

Ale już zaczyna mnie nudzić próba innego stylu. Owszem, umiałbym wszystko opisać, napisać. Ale wnioski? Próba wniosku z myślą ku opowiadaniu...

E, też mi się nie chce.

List od Janka Błońskiego[2]. Jak zawsze cenny. Uwaga: czy nie można pisać, czerpiąc z tego, kim jestem? Z życia? Poszlaka. Ze wszystkiego można zrobić małe opowiadanie.

Też mi się nie chce.

10 sierpnia

I znowu lato, szczyt lata, boleść lata, majestat lata. Najwspanialsza, najsmutniejsza, najbardziej przejmująca chwila roku. Pogoda nieprawdopodobna, nieludzka, tak, nieludzka właśnie. Pod względem piękności. I jak zawsze – los mój? Jak to lato przez okno. Sam trochę niedomagający (ta noga).

To lato... o tym potem.

Ale już nie ma za tym latem spodziewania się, nadziei wielkich. I piszę to bez goryczy. Nie czuję się odstawiony od stołu (choć

---

[1] Niemiecki odpowiednik przysłowia: „Kto rano wstaje, temu Pan Bóg daje".

[2] Nie jest jasne, o jakim liście mowa, gdyż w opublikowanej korespondencji Mrożka z Janem Błońskim znajdują się jedynie dwa listy od Błońskiego z roku 1973, w tym jeden sprzed 8 sierpnia. W liście z 7 lutego 1973 Błoński zachęcał pisarza do publikowania tekstów w Polsce, zob. J. Błoński, S. Mrożek, *Listy 1963–1996*, s. 500–501.

może jestem), może dzięki tym czterem sławnym dniom w Sologne (chwała im, chwała), może – czy to wiadomo czemu?

Nie żądam już niczego od tego lata, cieszy mnie, że jest. (Żeby można jakoś opisać to lato, to... to wszystko. Ale nie można, przynajmniej nie można wprost. Jak dzikie konie, trzeba podchodzić bokiem).

Życie nieświadome. Potem świadome, coraz bardziej świadome, aż do rozpaczy. A potem – czy możliwa już nie rozpacz ani jej druga twarz, tępe trwanie?

Iść w stronę rozpaczy – tam nic nie ma. Znowu ogarnia mnie przeczucie, że można się zwrócić tylko ku jednej stronie, tej jaśniejszej, że tylko ku tej stronie można się zwrócić, bo w drugą stronę po prostu nie można iść, tam nie ma żadnego ruchu. Zapisałem to już – rzadko, ale parokrotnie.

I nie budować. Nie ma gmachu. Tylko żyć można, a to nie budowanie. Więc nie optymizm. Tylko jakieś nastawienie się wewnętrzne. Taki stosunek myśli do samej siebie, nawet nie myśli. Prąd jakiś, kierunek prądu.

Napisałem coś z tej okolicy, wspomnienie pośmiertne o Gombrowiczu[1]. Że nie ma co pomagać śmierci (to zapisałem sobie w dzienniku, kiedy już napisałem wspomnienie oficjalne). Jej to nic nie obchodzi, nasze pomaganie czy nie. Kiedy mówię „śmierci", mam na myśli coś więcej niż tylko umieranie, zjawisko, fakt biologiczny.

Więc to lato. Ono takie jak owo sławne lato solońskie, sławny sierpień 1971, kiedy miałem pewność, dzisiaj potwierdzoną, że tam to była doskonałość, która już się nie powtórzy. Bo lato latem, ale ja w nim. I N.

Nie ma co się tak zapiekać przeciwko niej, obracać słodyczy dawnych w obecną gorycz. Urazy. Mieć jasną świadomość tego, co złe, co wyróżnia się złego (niedostatecznego?) w tym wszystkim, ale nie zapiekać. Choć zapiekanie może służyć jako pancerz (skorupa rany), tak potrzebny do samoobrony. To jest (zapiekanie) reakcja samozachowawcza. Ale kontrolować, wznieść się ponad.

Bo mimo wszystko – to już dekadencja.

---

[1] Zob. S. Mrożek, *Gombrowicz. Śmierć*, „Kultura" (Paryż) 1969, nr 9.

Błąd: Jestem kupa mechaniczna (*rien que ça*[1]). Stos, układanka, magazyn, *répétitions*.

Bliżej prawdy: koncepcja organiczna, ewolucyjność, ze studni, z brzucha, pra. Co nabyte, nie nabyte przypadkowo. Ale wynikłe, wyewoluowane.

A więc rzeczywistość, koleje, znaki – jednym słowem, coś w rodzaju kosmosu. W każdym razie nie chaosu.

Nie jestem więc chaosem (chociaż i nie jestem kosmosem), pęcherzem pustym, w którym przesypują się ziarna.

Jestem organizmem, a żaden organizm nie jest chaosem. Świadomość wynika z organizmu. Nie może więc być chaosem.

Jako niechaos – poddaję się obserwacji, pamięci (notowaniu), działaniom (nie całkiem arbitralnym, ale w związku z, w stosunku do).

Złudzenie chaosu wynika z natłoku, nadmiaru, bogactwa.

Jestem organizmem obiegającym cykl. Jestem na pograniczu dwóch faz cyklu. Po raz pierwszy w tej sytuacji (bo byłem już na takich pograniczach) mam szansę porodu (pre-porodu) mniej więcej świadomego. (Ze względu na wyższy już stopień wiedzy i samowiedzy). Pytanie: podobać się sobie czy „walczyć"? Ale co to znaczy: sobie? Sam pomysł (potrzeba?) „walczenia" jest także mną.

Sobie: *les eaux primordiales*[2]?

Dane: mgły, ciemność, błądzenie, ciało.

Uzyskane: świadomość.

bezkształt – kształt
inercja – ruch (określony)
półmrok – światło
sen – jawa
kaprys – konsekwencja
wyobraźnia – rzeczywistość
wyobrażanie sobie – przyglądanie się
ucieczka – wychodzenie naprzeciw
miotanie się – uważne trwanie na pozycji wyjściowej

---

[1] *rien que ça* (franc.) – tylko tyle

[2] *les eaux primordiales* (franc.) – pierwotne wody

↑

To „wady". A zalety „naturalne"?

zdolność trwania

bierny opór

Zawsze, tak czy inaczej, było dobrze, kiedy nastąpiło wzniesienie się ponad owe „bagniska, opary i bulgotania". Stratford – tylko pozornie to było „ulegnięcie sobie". Bo przez owo wu-wej nastąpiło wyjście ze skorupy ku uważnemu przyglądaniu się i słuchaniu.

Moje szukanie „koncepcji", „programu" – to zdrowy instynkt samoobrony przed naturalną fascynacją swoją własną naturą. Szukanie kształtu, formy.

Właśnie, formy.

Nadmiar treści, niedowład formy. Niedostateczność przekaźnika. Stąd poczucie: mógłbym tak wiele (mowa o pisaniu), mogę tak mało. Dlaczego jestem taki głupi, skoro jestem taki mądry? Dlaczego tak płytki, skoro tak głęboki? (Gombrowicz nadrabiał formą, czego mu brakowało. Głową nadrabiał brzuch).

bierność – aktywność

pobożne życzenia – realizowanie

wieczność – czas

Uważne przyglądanie się i słuchanie nie jest biernością (Stratford). To dopuszczanie rzeczywistości. Należy odróżnić to, co mi się zdaje (czego chcę, czego się boję), od tego, co się widzi i słyszy (co jest). Tendencja do ubierania świata we własne szatki. Konflikty i nieporozumienia. Obraza. Uraza jako (też) forma maniakalnego (chorego, niewłaściwego) subiektywizmu. (Narcyzmu?)

Niechęć do obserwacji.

Ja i świat – problem do rozwiązania. Należy dopuścić istnienie i świata, i swoje. (Tendencja do ucieczki albo ku „tylko ja", albo „tylko świat". Absolutna wolność, absolutny determinizm).

Dopuścić istnienie i swoje, i świata nie jest mniej usprawiedliwioną czy nieusprawiedliwioną hipotezą niż tamte dwie. A więc dlaczego nie? (Gombrowicz – bardzo mocno stał na gruncie tej właśnie hipotezy. Każdy może stać, a sposoby stania i ustawienia tej relacji mogą być różne).

Bezpłodność (niemożliwość) dwóch skrajnych hipotez po kolei. Ja i świat = „materia" i „duch". Odwrotnie, niż to się myśli szablonowo. Ja – to właśnie masa, półmrok, ciało, bulgotanie. Świat – to wszystko, co stwarza się przez świadomość.

Do tej pory – tendencja cerebralna[1]. „Zstąpienie w siebie" ukazywało się jako korzyść, potrzeba, wyzwolenie z niewoli, inhibicji inteligencji.

Ba, ale właśnie, czy nie chodzi też o nowy stosunek sił między nimi, och, nie sił, o nowy układ?

Więc – nie o tłumienie, poskramianie brzucha głową. Niech cały brzuch się wyjawi, aby mógł spotkać całą głowę. Niech brzuch będzie brzuchem, a głowa głową. To chyba nazywa się pełną realizacją.

Czy wskazówki tej małej indiańskiej czarownicy nie tego dotyczyły? Nie tak się tłumaczą?

Może dotąd błąd: brzuch i głowa oddzielone. „Duch" versus „materia". „Materia" versus „duch". A gdyby tak między nimi przejście swobodne?

Tu aż się prosi, żeby pomówić o czymś w rodzaju „woli". Bo ani duch, ani brzuch nie są swobodne. Świadomość – dobrze, brzuch – dobrze, ale one są jakoś urządzone, składają się z elementów. „Wola" jest kierunkiem, jest najbardziej eteryczna, to „siła", nie rzecz, podczas gdy nawet głowa (świadomość) jest też jakąś rzeczą.

Na co dzień (praktyka) potrzebne co innego, to samo, ale przystosowane, instrumentalne.

Odkrycie woli (przeczucie nieograniczoności, absolutnej jej wolności. Oczywiście nie w sensie: zrobię, co zechcę).

Co, kto – rządzi wolą? Ona jest jak pierścień magiczny. Komu? Czemu przypadnie? Ona jest zawsze. Więc kontrolowanie – w czyjej jest służbie w danej chwili? Bo wola jest służebna. Ona sama w sobie niczego nie chce.

Z grubsza – ona służy brzuchowi czy głowie?

Pod okiem świadomości czystej współistnieją, współukładają się brzuch z głową, aktywowane wolą. Akcja jest łącznikiem między tym wszystkim a światem.

Coś tu zabrnęliśmy i zaplątaliśmy się.

---

[1] (z franc.) – mózgowa

11 sierpnia

Więc aż tu mnie zagnało, do tego mieszkanka na Montmartre. W tym drugim miesiącu mojej samotności, jeszcze doskonalszej, bo już doskonałej przedtem...

12 sierpnia

Dzienniki Kafki[1]. Zastanawiające podobieństwo, pokrewieństwo, czasami braterstwo, a czasami tożsamość z nim. Szczególnie czytane teraz, w tym miesiącu (mógłbym także w poprzednim).

„Zresztą im większy się sobie wykopie dół, tym staje się ciszej"[2].

„Czy jest zresztą na świecie ktoś, przed kim bym się nie ugiął?"[3]

„Nie mam nic do oznajmienia, nigdy, nikomu"[4].

O mgle, która wznosi się tylko między nim a kimś innym jednym (samodwój).

Nawet o jego zmaganiach i szaleństwach z hałasem. O Bracie! Nie znałeś jeszcze, co to radio i TV w rękach chama.

I to pisanie. Ostatecznie dla kogo? Czy nawet dla siebie? Wszystko, co on mówi o swoim pisaniu, odnosi się do mnie. (O sobie i swoim pisaniu).

Nie. Ani uwagi o Gombrowiczu. Ja jestem od strony Kafki. Dlaczego nie zauważono tego? Ale co inni zauważają?

Ale jego samotność: w Pradze, w rodzinie. Moja – jak w opowiadaniu o stacyjce na stepie[5].

W.G. z dworu i Warszawy. Ja z Galicji i Wiednia c.k.

Odczuwanie galicyjskie, austriackie, Wschodu i rosyjskości. Ci z Kongresówki byli bardziej europejscy. Dlaczego? Na przekór?

Do siostry, aby przeczytała *Dzienniki*.

Ale nawet Kafką nie mogę być. Daremnie się nim podpierać. Kim muszę być, sobą? (Tyle różnic. Choćby lepsze zdrowie).

---

[1] Zob. F. Kafka, *Dzienniki 1910–1923*, przeł. J. Werter, przedmowa Z. Bieńkowski, Kraków 1969.

[2] Tamże, s. 369.

[3] Tamże, s. 374.

[4] Tamże, s. 355.

[5] Mowa o noweli *Wspomnienie kolei kałdańskiej*, zamieszczonej w *Dziennikach* na s. 323–333.

Owe teorie zdrowia i choroby. Na czym zaszczepiona choroba Kafki, na czym moja? (Kafka podziwia Strindberga. Choroba Strindberga zaszczepiona na potężnym, skandynawskim zdrowiu).

Skąd ulga, że Kafka też, że ktoś też... Czyżby za wszelką cenę nie chciało się być samemu? Nawet w powołaniu do samotności? Różnica między mnichami (każdy w swojej celi, a jednak razem) a pustelnikiem? Ale samotność pustelnika – na pustyni – czy większa (czy mniejsza) od samotności każdego z mnichów?

Dlaczego już nie piszę „czysto i wyraźnie", jak na początku tego zeszytu?

Męczą mnie chamy zza okna. Torturują hałasem. Ale może mają prawo.

Moje okno. Okno. Rola okna w moim życiu. Moja wrażliwość na widoki z mojego okna (Kafka).

Kafka żył bez nadziei nawet, to znaczy: nieprawda, miał nadzieję, sam o niej pisze wprost. Ale rzadko. I nadzieję miał maleńką tylko. U mnie znacznie więcej miotania, żeby znaleźć wyjście. Bo siły mam więcej.

Kafka notuje 5 lipca 1916 o wspólnym pobycie z F. w Mariańskich Łaźniach (hotel). „Udręka współżycia. Wymuszony obcością, współczuciem, chucią, tchórzostwem i próżnością, a cieknący może tylko dnem otchłani wąski strumyczek godny miana miłości, niedostępny poszukiwaniom, rozbłyskujący tylko raz przez chwilę chwili.

Biedna F."[1]

I zaraz potem:

„6 lipca. Nieszczęsna noc. Niemożność życia z F. Nie zniosę współżycia z kimkolwiek. Nie żal, że tak jest, żal, że niemożliwe jest, bym nie był sam. Co więcej: bezsens tego żalu, dostosowanie się i nareszcie zrozumienie. Powstać z ziemi. Trzymaj się księgi. Ale znowu nawrót: bezsenność, bóle głowy, skoczyć z wysoka przez okno, ale na ziemię deszczem rozmiękczoną, na którą upadek nie będzie śmiertelny. Mając zamknięte oczy, przewracam się bez końca z boku na bok"[2].

---

[1] Tamże, s. 387.
[2] Tamże, s. 387.

„Jeżeli jestem skazany, to nie tylko na śmierć, lecz także na samoobronę aż po śmierć"[1].

Kafka, *Dzienniki*, str. 392–393, 27 sierpnia (za długie, żeby przepisać):

„...oszczędzać nie można nikogo, pozorne oszczędzanie prawie zgubiło cię dzisiaj".

„...zacznij raz wreszcie wiedzieć, kim jesteś, zamiast kalkulować, czym stać byś się powinien".

„Flaubert i Kierkegaard wiedzieli znakomicie, jak z nimi było, mieli nieprzymuszoną wolę, to była nie kalkulacja, lecz czyn. U ciebie jednak jest to odwiecznym ciągiem obliczeń, linią falistą potwornych rozmiarów na przestrzeni czterech lat...".

„Zgiełkliwe trąby nicości"[2].

13 sierpnia

„6 stycznia 1920: Wszystko, co czyni, wydaje mu się niezwykle nowe. Gdyby nie miało świeżości życia, byłoby, jeśli chodzi o swą własną wartość – on wie o tym – w sposób nieunikniony cząstką dawnego, piekielnego bagna. Ale ta świeżość łudzi go, pozwala mu zapomnieć czy też lekceważyć, czy nawet przejrzeć na wskroś – ale bezboleśnie. Bo przecież dziś jest niewątpliwie ten właśnie dzisiejszy dzień, w którym postęp sposobi się do tego, by dalej postępować"[3].

„Nie jest kontrargumentem na przeczucie ostatecznego wyzwolenia, gdy nazajutrz niewola pozostanie jeszcze bez zmian lub nawet się zaostrzy, lub wreszcie, gdy wyraźnie oświadczą nam, że nie ustanie nigdy. Wszystko to może okazać się raczej bezwzględnym warunkiem ostatecznego wyzwolenia"[4].

„3 lutego 1922: Jakaś słabość, niedostatek czegoś, wyraźny, ale trudny do opisania; jest to mieszanina bojaźni, powściągliwości, gadatliwości, oziębłości – chcę przez to wyrazić coś określonego, zespół słabości, które w pewnym szczególnym aspekcie stanowią jedną, dokładnie scharakteryzowaną słabość (która nie wiąże się z tak wielkimi występkami, jak kłamliwość, próżność itp.). Słabość owa

[1] Tamże, s. 390.
[2] Tamże, s. 402.
[3] Tamże, s. 416.
[4] Tamże, s. 416.

powstrzymuje mnie zarówno przed obłędem, jak i przed każdym wzlotem. Ponieważ powstrzymuje mnie przed obłędem, pielęgnuję ją; ze strachu przed obłędem poświęcam wzlot i sprawę tę, na płaszczyźnie, która nie zna żadnych spraw, z pewnością przegram"[1].

„10 lutego: ...nie odczuwając najmniejszej więzi z ludźmi, prócz tej, którą oni sami stwarzają, a która przekonuje mnie tylko przez moment, podobnie jak wszystko, co czynią"[2].

„12 lutego: Postać mówiąca «nie», którą zawsze spotykałem, to nie ta, która mówi: «Nie kocham ciebie», lecz ta, która mówi: «Nie możesz mnie kochać, choćbyś nie wiem jak chciał, ty nieszczęśliwie kochasz miłość do mnie, miłość do mnie ciebie nie kocha». Dlatego niesłusznie jest mówić, że słów «kocham cię» doświadczyłem na sobie, doświadczyłem na sobie tylko wyczekującej ciszy, którą powinno by przerwać moje «ja cię kocham», tylko tego doświadczyłem, więcej niczego".

„W mojej kancelarii ciągle liczą się z tym, że moje życie rozpocznie się dopiero jutro, podczas gdy ja się kończę"[3].

„15 lutego 1922: Trochę śpiewu pode mną, trochę trzaskania drzwiami na korytarzu i wszystko przepadło"[4].

„«Potrzeba jest wszystkim». Jakże mógłbyś mieć wszystko? Wskutek tego nie masz nawet potrzeby"[5].

„19 maja: We dwoje czuje się bardziej opuszczony niż sam. Jeżeli przebywa z kimś we dwoje, ten ktoś atakuje go, a on, bezradny, wydany mu jest na łup. Gdy jest sam, wprawdzie atakuje go cała ludzkość, lecz niezliczone, wyciągnięte ręce splatają się między sobą i nie dosięga go nikt"[6].

14 sierpnia

Dzisiaj będzie pełnia Księżyca.

Należy przypuszczać, że Kafka pisał tylko (raczej) w momentach największego napięcia, czyli owej jego męki. Można przypuszczać,

---

1 Tamże, s. 438–439.
2 Tamże, s. 440.
3 Tamże, s. 441.
4 Tamże, s. 442.
5 Tamże, s. 445.
6 Tamże, s. 447.

że czasami było mu raźniej, chociaż głupiej (on sam to potwierdza w *Dziennikach*).

A ja? Mija tydzień, odkąd nie widziałem człowieka (jeżeli nie nazwać ludźmi paru sklepikarzy i przechodniów, co drugi dzień na pół godziny). Doświadczenie ostatnich dwóch lat: kiedy znikam ludziom, a ludzie znikają mnie (nie robię tego umyślnie, ani – mam nadzieję – oni też nie; to dzieje się jakimś takim sobie mechanizmem czy naturą rzeczy) – najpierw jest nie do wytrzymania, a potem lżej, a nawet jakaś jakość i styl się z tego robi (czy jakość, wartość = styl?).

Moje różne reakcje w różnych sytuacjach „światowych" teraz widziane – jakże byłbym inny, inaczej bym się już zachował. Ejże, świat cię znowu pomiesza.

Byli tu jacyś ludzie, ale niewiele różnili się od tego, co mi się pojawia w głowie.

A jednak tak szybko mija czas w tym więzieniu. Ale czy to już jest więzienie?

Jestem zadowolony. Z niczego. Dosłownie.

Tak mało już chcę (na razie), prawie nic. Więc może tylko jeszcze mniej chcieć.

Nie chcę zaś niczego zupełnie, bo zupełnie nic mi się nie oferuje.

Dla pamięci: upały 32°C. Dno (szczyt?) kanikuły. Obrzydliwe krzyki podnieconych mężczyzn w Besançon przez radio.

Najwstrętniejsze w tak zwanych *conflits sociaux*[1] jest to, że one są prawdziwe, a jednak są tylko maskaradą.

Konieczność tresowania ludzi (większości).

Nieśmiały (czy lękliwy po prostu) anioł, który przez całą wieczność przechadzał się po parapecie, nie pofrunąwszy. Ale w czym jego niższość wobec latających? I czy naprawdę niższość?

Gdyby tylko jedno puste miejsce między mną a światem, jakiś *no man's land*, gdzie by można się spotkać i wykurzyć papieroska.

1 *conflits sociaux* (franc.) – konflikty społeczne

Ale nie. Jeżeli nawet ja ustąpię, on wciska się natychmiast, jednocześnie, jak woda. Ani jednej szczeliny. Takie to gęste. Oblepia ze wszystkich stron i nawet – podejrzewam – od środka. Każdy mój gest, nawet najdrobniejszy, jest opatulony i spowity, odciśnięty w świecie. Gdyby to odciśnięty. Świat jak woda. To bydlę przybiera każdy kształt.

Więc co? Zastosować jego własną metodę? Woda kontra woda.

Szlachetna ponicość tego pisania. Tak czysta, że może być jedynym usprawiedliwieniem. Na „bo tak" nie ma argumentu.

Jak gorąco.

Przed ostateczną ofensywą. Wojska i woda. „Zwyciężyć lub zginąć" itd. Ostateczność wewnętrzna.

A potem ni to, ni to. Rozmazało się.

Opowiadanie?

„To już nie może dłużej trwać" – a dlaczego nie może? To nawet nie trwa, co dopiero mówić o zmianie. A ja gdzie wobec tego – w tym? Jedyna odpowiedź: daleko, daleko.

Im dalej – tym lepiej. (A może im bliżej?)

Więc chodźmy stąd.

Nagłe i całkowite zdanie sobie sprawy (po raz któryś, i to tylko na moment, ale dobre i to) z ogromnej różnicy między mną dla siebie a mną dla nich. Dla mnie jestem wszystkim, i to wszystkim nieograniczonym, bez konturów i granic. Dla nich jestem fragmentem, kamyczkiem w ich mozaice, i jak kamyczek jestem twardą, małą całością.

Żądza, żeby dla nich stać się taką samą nieograniczoną całością.

Zadowolenie, że jestem dla nich tak mało, że wymknąłem im się, wymykam i wymknę na zawsze.

Kompromis: stać się dosyć dużym kamyczkiem lub nawet figurą.

To (powyższe, co napisane) prawda. I już pisałem, że to jest szansą dla mojej wobec nich wolności.

16 sierpnia

Czy nie przyszło ci nigdy do głowy, że o wolność trzeba walczyć? Też trzeba walczyć ze sobą. O tym więcej i później.

20 sierpnia, Paris

Dwa dni w Sologne.

Nie wiem, jakie będzie moje życie, ani tym bardziej, kiedy się skończy. (Wierzyć w przepowiednie – czemu nie? Ale coś coraz mniej mi to jest potrzebne).

Żyję już wystarczająco długo, aby – coś mi się wydawać tak zaczyna – mój strach przed życiem nieco się zmniejszył.

Systemu na życie potrzebuję nadal i zapewne zawsze będę potrzebował. Ale już mniej potrzebuję amuletu przeciwko życiu (jak amuletów przeciwko tygrysowi, złym duchom itp.).

Coraz częściej mam przeczucie, że możliwe są dwie strony, dwie postawy. W rzeczywistości one się nieustannie przeplatają, nawet co kilka sekund, a nawet występują jednocześnie.

Jedna to negatywna. Życia nie ma, a nie ma, bo nie jest takie, jak sobie układamy i wyobrażamy na dziś, na jutro, na zawsze. W tym, w owym czy we wszystkim. Stąd poczucie, że życia nie ma. Bo prawdziwe to jest to, które myślimy sobie. A tego nie ma.

Druga: życie jest. Takie, owakie. Ale jest. Nie wiem, jaki jest próg, poniżej którego życie jest niemożliwe (moje, jako osobnika, w sensie etymologicznym tego słowa od „osobno"). Więzienie? Tortury? Może tylko nędza albo kalectwo. Ale na razie daleko mi do tego progu. Więc ono jest, fakt pierwszy.

I tam, będąc w nim (czy nim), można iść w dwie strony. Z jednej strony ściana, z drugiej nieco otwarte.

Moje strachy: bo wyobrażam sobie tylko taki, a nie inny upragniony scenariusz. A jednocześnie tęsknię za nieprzewidzianym, za ruchem i zmianą. Sprzeczność. Tylko ten scenariusz – wydaje mi się – jest życiem. Co innego – bynajmniej.

Życie jest więc możliwe, ponieważ jest. Choć tylko w niewielkim stopniu pokrywa się z naszym ulubionym scenariuszem. Trzeba przyjmować strzępy różnych scenariuszy danych (strzępy, bo całości żadnych nie dostajemy). Zresztą – możliwe, że mamy swój własny scenariusz, ale zaszyfrowany głęboko. To inny scenariusz, nie ten sam co scenariusz świadomy, pieszczony, ciągle opracowywany.

Trudne to wszystko. Niewyraźne. Ale coś jest na rzeczy.

Można żyć bez kobiet.
Można żyć w samotności.
I niekoniecznie musi to być złe życie.
Negacja nigdy nie jest całkiem konsekwentna.

Pomyśleć o walce o wolność z samym sobą. Independence Day[1].

22 sierpnia

Czyżby wróżka z San Juan miała rację? (Miała mieć rację?)

(Czyżbym się zmienił znów fizycznie? Od dawna chciałem). Schudłem. Ważę znów tyle, ile między siedemnastym a trzydziestym czwartym rokiem życia. Wyrastają mi persko-szlacheckie wąsy (perskie, bo tydzień mam być w Teheranie[2]), i co tu ukrywać – jestem zadowolony. Z lustra spogląda ktoś inny niż przed miesiącem. (Twarz była nieco obła, nieco dupowata). I tak mi się wydaje – w twarzy w ogóle jest coś innego (nowego?), to może i w duszy?

Zaledwie człowiek się jakiś stworzy, spotyka drugiego człowieka i wszystko mu się rozłazi. Jakieś trociny z niego (z tego pierwszego) wypadają i w ogóle.

Uważać? Można. Ale nie wiesz, czy się opłaci. Może należy tylko zebrać trociny, zaszyć worek i od nowa.

23 sierpnia

Teheran
Zurych
Monachium
Belgrad
Wien, Berlin (?)
USA
Siedem lat do pięćdziesiątki.

---

[1] Independence Day (ang.) – Dzień Niepodległości

[2] Mrożek przebywał w Iranie na Festiwalu Sztuki, organizowanym w latach 1967–1977 w Shirazie i Persepolis na przełomie sierpnia i września; w 1973 roku motywem przewodnim festiwalu był teatr Trzeciego Świata.

Gorzej. Tak być musi. Falowanie. Układy. Ta maleńka falka, jaką jestem, spłoszyła się, już dołek się z niej robi. Na chwilę.

„Być może cały sekret mimo wszystko w tym, aby rozruszać rękę w przegubie", pisał Kafka o pisaniu. Skłonny jestem przyznać mu rację.

Miał doskonały wzrok. Był detalistą. Nie mógł całymi dniami i nocami uwolnić się od zaobserwowanego szczegółu, zespołu szczegółów.

Moja tendencja, aby „ogólnie" – wynika z właściwości moich oczu? (Czy odwrotnie?)

Kafka nie szukał żadnego „ogólnie". Ani słowa w jego dzienniku o kształcie ogólnym świata, światopoglądach, ideach, polityce, programach. Cały w zmysłach, intuicji i selektywnej, a niezwykle drobiazgowej obserwacji. Pogrążony w swoim ciele. Wszystko wyrażało mu się w szczególe, momencie, nastroju. Łowca niewidzialnego, skrupulatnie przetrząsał widzialne. Nigdy nie interesował się makietami niewidzialnego (teraz piszę o różnicach).

Nie pisał: „brzydki, ładny". Dawał zestaw tylko kilku szczegółów. Wybranych, ale które raczej jego sobie wybierały. Wrażenie, że był nieustającym medium.

Nie pił, zdaje się, i nie palił. Nie miał za sobą polskich kmieci, ale cerebralne i zmysłowe żydostwo. Potrafił funkcjonować poprawnie jako urzędnik, ja bym nie potrafił. Z tego wynika, że ja bym nie potrafił nie dlatego, żem artysta, tylko ze słowiańsko-polskiego niezgulstwa. Więksi artyści ode mnie potrafili – Eliot, Kafka, Gombrowicz.

„Żydowska głowa".

Umierał przez całe życie, ale interesował się uprawianiem sportu. Żydowska troska o ciało.

Umarł wreszcie. Czy jest niczym, czy jest duchem? Czy kiedy ja będę duchem, będę tego świadomy? (Jeżeli duchy istnieją, czy mają samoświadomość?)

Nie był, zdaje się, zajęty śmiercią. Umierając przez całe życie, cały był napięty ku życiu. Często wypowiadał słowa „koniec", „kończy się", „skończy się", ale bez myślenia o drugiej stronie. Być może judaizm pozwala swoim ludziom mniej się tym zajmować niż chrześcijaństwo swoim. W ten sposób wielka oszczędność. Bo tak naprawdę niczego się nie można domyślić w tej sprawie.

Nie był ani trochę mistykiem (choć to brzmi paradoksalnie), a może był, ale mistykiem życia, nie śmierci, teozofem też nie. Każdy przedmiot i każda chwila były mu zdziwieniem aż nadto. W szczęśliwy (dla artysty) sposób ta mistyka była spojona z jego literaturą. Zresztą zbyt zajęty literaturą, tylko swoją, nie dbał też o kulturę. Po prostu nie zwracał na nią uwagi. Jakże inaczej niż T. Mann czy Goethe.

Podobny transcendentalny typ wrażliwości na kobiety do mojego. Cielesność i metafizyka.

W ogóle był powyżej problemów. Czy ludzie są dobrzy, czy źli? Czy ustrój taki, czy owaki? Kiedy ukazywał mu się człowiek, ukazywał mu się w takiej tajemnicy i grozie, że nie było czasu na takie pod-rozważania. Tik na twarzy tego człowieka, jedna zdarta zelówka były ważniejsze, i to naprawdę. Czuje się naprawdę, że naprawdę są ważniejsze i to one są raczej kluczem niż dociekania znieruchomiałe w poglądy.

Gdybym nie odebrał dialektyczno-materialistycznej i racjonalizującej tresury (tak, mimo wszystko), może dziś byłbym jeszcze bliżej Kafki. Może ja tak bałem się kafkowskiej substancji w sobie, że rzuciłem się do logizowania i schematyzowania jak do ratunku. Jak zwykle podejrzany to ratunek. Jak zwykle należy twarzą w twarz.

Nie oczekiwał niczego, nie mógł więc niczego pożądać. (Czy też odwrotnie). Kariery, pieniędzy, sławy, samodzielności, przygód, nawet tych wewnętrznych. Podobnie jak Gombrowicz (ale podobnie tylko w tym względzie) urodził się od razu Kafką. Żadnych rozwojów, etapów. (Choć G. urodził się od razu G. en bloc, to jednak, ponieważ był szachistą, dzielił swoje życie na etapy, rozwiązywał jego linię itp. Nic podobnego u Kafki). Palony sam sobą i tylko o pisanie mu chodziło, jako jedyną możliwość życia. Być może to, że nie mógł tylko pisać, uchroniło go od rozcieńczenia tej żądzy. Praca w biurze była mu dobrodziejstwem, choć sam o tym nie wiedział. Ale tego nie twierdzę na pewno. Trochę to prostackie.

Być może wiedział-nie-wiedząc, że umrze młodo. Stąd brak owego zastanowienia się nad „całością" swojego życia. Nie było się nad czym zastanawiać, ponieważ rzecz miała być nie dokończona jakby. A także zawsze tylko ta sama Praga, ta sama rodzina, dom, praca. Brak tych awantur i rozdarć geograficzno-sytuacyjnych, które skłaniają do wykrycia jakiejś linii, wzoru. (Ja, Gombrowicz[1]).

Ale gdyby dożył roku 39 – pieca nawet, czy też by nie dorósł bez „nadrzędnych" wniosków?

Krzywda i głupstwo: krytyczny slogan (tylko polski?) o Kafce: „Przeczuł epokę pieców". Jak gdyby tylko o to chodziło.

Kafka jest mi bratem. Rilke jest mi bratem. Gombrowicz znienawidzonym i fascynującym dyrektorem szkoły (gimnazjum męskiego), którego tak nienawidziłem.

Musil jest mi krajanem. Żaden tak zwany wielki Francuz nie jest mi bliski.

Kafka był bliżej świata niż ja. Był z nim aż boleśnie tuż-tuż. Ja chronię się w fantazje o mnie. Czy bliskość, zbliżenie się do świata może być interesujące? Z doświadczenia wiem, że tak.

24 sierpnia

Przyjechała. Telefon. Pretensja. Dlaczego nie odebrałem w nocy telefonu (o drugiej w nocy). Oczywiście, jej niewygoda zrozumiała. Nocowanie u Hani. A jednak ani jednego słowa, nawet tonu takiego, jakiego można by oczekiwać (troska, czułość, ciekawość). Znowu zdrowe zwierzę, zajęte sobą. To bardzo atrakcyjne, ale czy na całe życie?

Ton natarcia. Ja od razu na pozycje: dziecko, co się musi tłumaczyć przed dorosłym, mężuś safanduła. „Dobrze, dobrze, ty sobie tam coś grymasisz, ale to zupełnie nie jest ważne co. Siedź prosto i nie garb się, jak ci mówię".

Drugi telefon. Że z Hanią na południe. (Wiem coś niecoś o południu, o Hani i o niej samej). Zaczyna się.

To wszystko dzieje się prawie w tej chwili, kiedy to piszę.

Otwiera się zgubna przepustka, kobiety, ów świat łóżka i wszystkiego, co w nim i koło niego. Zgubna, bo w tym wypadku może być narzędziem szantażu psychologicznego, a także bo nie jestem pewien, czy na łóżku można ustawić biurko.

[1] Aluzja do słynnego początku *Dziennika*: „Poniedziałek: Ja. Wtorek: Ja. Środa: Ja. Czwartek: Ja", zob. W. Gombrowicz, *Dziennik 1953–1956*, Kraków 2004, s. 9.

Od razu ruch, organizowanie. Dążenie, pomysły... paskudne. Tylko ja z partnera zmieniam się w narzędzie albo tak zwany szton.

25 sierpnia

Natura ma swoje prawa, młodość musi się wyszumieć, Samson a Salomon. Jaką by jeszcze znaleźć przypowieść? Bądźmy brutalni:

The glory and splendor of it – we are likely to attribute to the specific person. It is (must be) always a specific person of course, but those specific persons are many. While the illusion is: it is only one. Think what (how) it would be if you had had just before that night more nights like that. What's more, the glamour is partly in you. You are the specific person as well.

Take what is given. Remember that you must not be a beggar. That illusion that you can't live otherwise than at the mercy is just the illusion. A dangerous one.

Look, how that specificity of the person weakens, how the truth comes through.

[Jej chwała i wspaniałość – gotowi jesteśmy przypisać je określonej osobie. To jest (musi być) zawsze określona osoba, oczywiście, ale takich konkretnych osób jest wiele. Podczas gdy złudzeniem jest, że jest tylko jedna. Pomyśl, co (jak) byłoby, gdybyś akurat przed tą nocą miał więcej podobnych nocy. Co więcej, wspaniałość jest częściowo w tobie. Ty także jesteś określoną osobą.

Weź, co dają. Pamiętaj, że nie możesz być żebrakiem. Złudzenie, że nie możesz żyć inaczej jak z łaski, jest tylko złudzeniem. Niebezpiecznym.

Patrz, jak owa wyjątkowość osoby słabnie, jak prawda wychodzi na wierzch].

26 sierpnia

Więc szybko napiłem się pejsachówki[1] siedemdziesięcioprocentowej, pół butelki wypiłem (ćwiartka), żeby behawioryzmowi mojemu uczynić zadość. A dzisiaj pomniejszenie umysłowe z tego, jakiego nie znałem od trzech tygodni.

[1] Pejsachówka – żydowska mocna wódka, wytwarzana najczęściej ze śliwek.

Przez radio: że sabotażyści burżuazyjni w Chile sabotują zarządzenie rządu postępowego i dlatego lud nie ma co jeść[1]. Bić wroga, a jedzenia będzie w bród.

Więc dziś znowu sam. Przeleciało po mnie, stratowało. Zostawiło ogłupiałym (wysiłek erotyczny, o, dobrowolny, i nie wysiłek to, więc, o nie, bynajmniej! a więc wódzia). Z mojego pionu moralnego została kupka nici. Z życia umysłowego: jeszcze mniej. Trzeba to wszystko odbudować.

„Nie pij" – do gości: „Nie rozumiem, co mu się stało. On nigdy nie pije". (Staś miał powiedzieć wierszyk przed gośćmi, nagle zapomniał. On nigdy nie zapomina).

Różnica między samodwojem a przy ludziach.

Ale cóż ja biedny wymyślę dzisiaj przy głupocie mojej? Nie pomyślałem o umysłowym pomniejszeniu, kiedy brałem się do picia. Nie, poza tym nic mi nie dokucza. Ale idiocieć? Nie. Lepiej nie.

28 sierpnia

Dlaczego ja właściwie jadę do tego Iranu? Jutro – a dzisiaj już nie wiem po co.

Ciągle, od wypicia tej wódki – ostatniej – arytmia serca, słabość i obrzydliwość. A tu bieganie we wszystkie strony. Przez tygodnie zamknięcie w domu, pisanie i czytanie – działalność inna, „praktyczna", wydaje się tak głupia, że już nie do wytrzymania. (Jeszcze głupsza i jeszcze mniej do wytrzymania).

W bieganiu jest coś upokarzającego. W tym: jak najszybciej się znaleźć tam, a nie tu.

Ogólne obniżenie poziomu umysłowego i lotu ducha. A tu to słabowanie jeszcze. Chyba system jaki zastosować.

I po co do Iranu? A potem do Zurychu, Belgradu, Stuttgartu, Wiednia, Monachium…

Czy to możliwe, żebym ja, ten przyszły, którego jeszcze nie ma (o ile ma być), patrzył na siebie z przyszłości? I dziwił się? Czy to

[1] Ironiczny komentarz do wydarzeń w Chile, rządzonym od 1970 roku przez prezydenta Salvadora Allende i lewicową koalicję „Jedność Ludowa"; konsekwencją tych rządów był kryzys gospodarczy, a potem obalenie rządu w wyniku wojskowego zamachu stanu.

naprawdę niemożliwe, żeby taki ja już nie istniał? Przecież można sobie to nie tyle wyobrazić, ile przed-wyobrazić.

Co on o mnie myśli? Czy nie można z nim nawiązać żadnego porozumienia?

Ten, który był już w Iranie, ten, który ma więcej lat, ten, który już umarł.

Czy to przyjemnie z nim się kojarzyć, czy straszno?

Im więcej mam przeszłości, tym mniej chcę być tylko nią. Ach, nie, więcej: „żyć w przyszłości", wyobrażać sobie emocjonalnie przyszłe przygody i przyjemności, nie przyszłe choroby i troski. Tylko uzyskać owo spojrzenie od przodu.

Nawet na podstawie coraz lepszej znajomości własnego powtarzania się jestem przecież w stanie przewidywać, jaki będę po ukończeniu takiego czy innego małego cyklu.

Zapaliło się w oknie naprzeciw. Zgaśnie.

Siebie samego można też odczytywać, jak cudze stare listy.

Rok temu przeszło – w Brazylii.

Pociecha z nienawistnej skądinąd gęstości świata: jeżeli coś się kończy, to na pewno coś się zaczyna. Nawet jeśli o tym nie wiem.

A jeżeli względność ruchu (którym żeśmy się tak upili ostatnio) bynajmniej nie jest absolutem? Ani całą prawdą? Jedyną? A jeżeli świat jest finalny (tylko nie po heglowsku), jeżeli wszystko dokądś zmierza (tylko nie do komunizmu), jeżeli jest stary, poczciwy absolut? Nie widać śladów tegoż, ale czy to jest wystarczający dowód na nieistnienie? W dowolności „wszystko jest możliwe" szukamy znowu dogmatu i – paradoksalnie – bezpieczeństwa („Nareszcie coś wiemy na pewno"), nie burząc sobie tego spokoju w niepokoju prostym pytaniem: „A jeżeli...".

Teraz mamy rachunki „nieomylne" i niezbite, owinięte absolutną niewiadomą. Czy ta granica nie może być *en douceur*[1]?

Jeśli mam być rodzajem egzystencjalisty tylko (a nie chcę) – ta malutka wysepka przez nas zagospodarowywana (ja) – nie patrzeć ku jej brzegom. Tuptać, orać ją i użyźniać. Zapewne tak trzeba. Ale czy nie patrzeć?

[1] *en douceur* (franc.) – łagodna, płynna

Dzień znów minął. Kufer zamknięty na siedem pieczęci – nigdy nie dowiem się, co było w środku. Tym razem kufer biedy i rozpaczy, paskudy nawet. Ale z kuframi bogatymi, pięknymi, inkrustowanymi jest tak samo.

Ach, Boże, daj mi, aby ta odrobina mojego rozumu, która nie należy do mojej epoki, mody, nawyków, edukacji, Polski i lektury dzisiejszej, nie sczezła, ale rozwinęła się choć trochę. Daj mi w niej żyć.

Tamto okno już zgaszone. Inne teraz świeci się, to, które lubię, małe, w skośnym dachu.

Daj mi przymierze z moim ciałem i nie czyń mnie wrogiem mojej głowy. I żeby świat ani nie niszczył mnie, ani nie łudził. Daj mi sen i daj mi też czuwanie. Ale uchroń mnie od drzemki. Nie karz nad miarę, ja sam wiem, kiedy i gdzie moja wina. Kara mnie głuszy tylko, za stary jestem na karę. Dość jestem słaby, żeby nie sprostać powinnościom, na karę już nie mam siły.

Kiedy marnuję siebie, to już nie tylko siebie, egoistę. Wiem już, że to większe, nie tylko moje marnotrawstwo.

Człowiek nie może żyć sam. Ani sam mówić do siebie. Rodzaj (jakość?) człowieka zależy od tego, z kim prowadzi dialog (jak jego listy). Ze sobą? Ludźmi, społeczeństwem, ideami, ideologiami, ze swoimi przyległościami, żywotem, przeszłością, przyszłością. Tylu partnerów jeszcze nie wymieniłem. Zapewne ze wszystkimi po trochu. Ale jeden czy kilku przeważnie.

Z kim ja rozmawiam?

DZIENNIK PODRÓŻY DO PERSJI

30 sierpnia

Teheran (samolot Teheran–Shiraz), godz. 10.15.

Roma, godz. 15.00. Deszcz pada. Włosi żywi i mali. Reumatyzm w lewym ramieniu. Leje, panie, leje w tej Rzymu okolicy. Zaledwie litery, panie, stawiam. Muzyka gra z radia, to znaczy, panie, z sufitu. No i tak, panie, to wygląda. Nie tak całkiem ładnie, jak by się wydawało, panie święty.

Roma: *catering and cleaning*[1] samolotu przez Włochów. Jaką treść wyrażają Włosi wszystkim oprócz głosu (którego nie słyszałem, zamknięty w samolocie)?

Dziwny (?) język, jakim rozmawiają załoga, dostawcy, policjanci w mundurach i cywilu.

Pojemność włoska w wyrażaniu, ilość gestów w jednostce czasu, przestrzeń, jaką zakreślają i wypełniają. Wielość treści pozasłużbowych.

Szef bezpieczeństwa na pokładzie samolotu. Między moim byłym szwagrem Chęcińskim a Omarem Sharifem.

Teheran – mężczyźni leżący na trotuarze, nieruchomo, w cieniu, czekający na autobus. Bezruch i oczekiwanie fatalistyczne. Czy to ma coś wspólnego z klimatem?

Stara baba, babsko, matrona – w samolocie, tuż przede mną, i młoda dziewczyna, jeszcze półdziecko, twarzą ku niej (ku mnie) klęcząca na fotelu, obejmująca rękami oparcie. Matrona wydzielała mówienie w wielu językach (Żydówka, zdaje się, urodzona w Polsce, obecnie Persjanka). Mówienie jako funkcja fizjologiczna, wcale nie umysłowa. Zafascynowanie małej słowami. Na pół zachichotanie, na pół wychylenie się ku matronie.

Babie w to graj. Monolog z podległym słuchaczem. I tak przez długi czas, i prawie ciągle to samo.

Szukanie bomby w Istambule (zniknięcie jednego pasażera, identyfikowanie bagażu). Poczynające się zmęczenie. Początek stanu, w którym żołnierz śpi na stojąco, z nogą kolegi – urwaną koledze przez bombę – przewieszoną przez ramię.

Dotykanie się, ruszanie, ocieranie, już w samolocie, perskie stewardesy i niektórzy pasażerowie.

Rio, Teheran, Jugosławia, Madryt – wspólnota biednych krajów Południa, dla oka czy innych zmysłów. Zieleń mocnego Południa. Zmęczona, czarna, sucha, zakurzona, opryskliwa i smutna.

31 sierpnia, Shiraz

What is a nice Polish boy looking for in a place like this?

[Czegóż to miły polski chłopiec szuka w miejscu takim jak to?]

[1] *catering and cleaning* (ang.) – katering i sprzątanie

Dlaczego zabłądziłem i nie byłem na przyjęciu u szacha[1]? Bo zaufałem temu Zohariemu[2], którego umysłowość jest dla mnie zagadką. Wie oczywiście dzisiaj, i wczoraj też wiedział, że z jego winy straciłem jedyną okazję zjedzenia kolacji w towarzystwie szacha perskiego. Ale nie wspomina ani słowem, nie mówiąc o przeproszeniu. Przemilcza. Wschodnie to? Jednocześnie sprawia wrażenie przygnębionego. Ale to może wcale nie z tego powodu. Chyba nie z tego. Na pewno nie.

A ja – dlaczego mu zaufałem? Jeszcze jedna strata dlatego, że tak chciało mi się komuś zaufać. Moja ufność wynika z baraństwa, nie z dobrego mniemania o ludziach. Chociaż nie przesadzajmy. Sądzę ludzi według siebie, ale niezdolny jestem do popełnienia wielu pospolitych świństw. Dlaczego niezdolny, to już inna historia. A może z barańskwa też. To tak miło, tak dziecięco zawierzyć komuś, żeby kto inny wziął za mnie odpowiedzialność, luli-luli, bliźni cię utuli. Co chwila wypadam z kołyski na podłogę, brutalnie z niej wytrącony.

Więc ta uczta u szacha, na której nie byłem… Coś tu z tematu snującego się od dawna. Ta uczta, która gdzieś jest, realna, a na którą jakoś nie mogę trafić, nawet jeżeli mam zaproszenie.

Pierwsza osoba, kiedy wczoraj schodzę z piętra – Mme K. Rześka, jeszcze bardziej rześka niż dwa lata temu. A tak bym chciał widzieć ją zdychającą lub już zdechłą ze starości i od złego charakteru. Ale nie, jest gościem szacha co roku. Cała w biżuterii. Gdzieś w tych brylantach są pieniądze, które mi ukradła.

Trawnik, parasole, dzikusy usługują, przez zieleń suną boye na biało z drinkami. Obok trzej przystojni rozmawiający z piękną młodą, co wczoraj w autobusie przede mną, włosy (miodowy blond) żyły osobno, wspaniałe, osobne te włosy. Ona słucha, trzej się wysilają, po angielsku swobodna konwersacja na tematy kulturalne, a ona, leżąc na brzuchu, stopami macha, to machanie osobne i dziecinne jeszcze, jedna z rzeczy prawdziwych w tej scenie. Bo praw-

[1] Mohammad Reza Pahlavi.

[2] W późniejszych partiach dziennika Mrożek pisze o Iriadim Zoharim, ale może chodzi o M o h a m m a d a Zohariego (1926–1995), irańskiego poetę, dziennikarza, działacza kulturalnego.

dziwe także są jej okrągłości, tyłeczek śliczny i nie dziecinny już. Poważna, słucha, przez słomkę pije. A ja – już o dwadzieścia kilka lat starszy (to Kraków, Kraków), wyłączony całkowicie, nawet już bez myśli o rewanżu. Tylko piętnaście minut wytrzymałem, wróciłem do swojego pokoju, bez goryczy. Zresztą gówniarze irańscy ryczą tak samo jak podgórskie niedorostki, całkowita przemiana przyswojonego pokarmu w ryki, ruch i kiełkujące prącie. W nic więcej ani w nic innego.

Wczoraj ów balet w Persepolis[1] – radość moja (tak rzadko taka radość). Perfekcja jest możliwa, objawienie się perfekcji.

Dzisiaj pani Croyden z „New York Timesa" przy obiedzie powiada, że cały ten balet jest bardzo niedobry. Ona krytyk, więc się zna.

Oj, oj, straciłem kolację u szacha.

Uważaj tu, na tym festiwalu. Pełno tu przecież przestępców i trzecioświatowców. Ty spod okupacji, od ruskich i niemieckich, ty arcymistrz skazany na to, że nigdy nie przybędziesz do dworu, ponieważ dworu już nie ma.

Jesteś urodzony przez pomyłkę w nie swojej epoce.

1 września

Dzicy bracia (Jugo) Słowianie – wczoraj. Zaproszenie do picia i nie ma już potem ucieczki. Z nimi Francuz J.L., który postanowił udać też dzikiego Czarnogórca. Pogarda górali, obelgi obsceniczne i elegancja zadziwiająca tychże wobec Francuza, który okazał się nagle chamem.

Z kolei dyskretne, wyniosłe obrzydzenie Irańczyków do rozbuchanych Jugosłowian, którzy dobrze się czują w tej modzie. Ja – z boku.

Ile tu ślicznych dziewcząt. Jaki potencjał erotyzmu w tym tłumku, od uczuć aż do rozpusty. Ale jestem jak dziurawe sito.

Rano komentarze spokojnego Marokańczyka. *J'ai trouvé cette table très désagréable*[2]. Ja wciąż nie mogę się tego oduczyć, by traktować każdego, dosłownie każdego, z poszanowaniem i ufnością. (Gest mojego ojca, kiedy uchyla kapelusza). Per saldo może to

---

[1] Chodzi o występ Béjart Ballet podczas Festiwalu Sztuki Shiraz–Persepolis (31 sierpnia–8 września 1973).

[2] *J'ai trouvé cette table très désagréable* (franc.) – Dla mnie ten stół był bardzo nieprzyjemny.

się i opłaca, a w szczegółach – to katastrofa. Ów J.L. mnie wypytał o Béjarta. Czy miało sens mówić swoją prawdę? A co miałem mówić?

W odpowiedzi wygłosił jakąś francuską tyradę o estetyzmie *petit bourgeois* (drobnomieszczańskim) i swoim podziwie dla ludowego autentyzmu. Dał wyraz swojemu podziwowi w ciągu wieczoru, zyskując sobie pogardę i śmiech Jugosłowian. Jakże nie mogę oddzielić tego, co kto mówi, od tego, jak mówi, jak się porusza, jak się zabiera do jedzenia, jak nosi swoje ciało. (Pani Croyden, „New York Times", od jej zmarszczek, sposobu, w jaki się oblizuje).

Ci ludzie wyrokują o artystach, o sztuce z jakże realnymi konsekwencjami. Ale najłatwiej byłoby ich skreślić i odmówiwszy im wszelkiego prawa, oddalić ich w negację i nicość. Ale oni żyliby dalej, nic sobie nie robiąc z mojej negacji, i dalej by działali. Więc już lepiej wziąć ich także pod uwagę.

Jakże tu nie wypada przyznać się do doznań i wzruszeń. W modzie jest lekko pokpiwać ze wszystkiego. Oddzielać się i ironizować to najłatwiejsza recepta na „wyższość". Tu nikt się nie przyzna, że przyjęcie u szacha ma wartość, jeżeli nie inną, to przynajmniej snobistyczną. Pokpić sobie z szacha i już obracamy całą wartość szachostwa na swoją korzyść, bo się nad nią wynosimy. Odcinamy się od wszystkiego. W rezultacie jesteśmy jak głodne psy, które nie należą do żadnej z okolicznych wiosek. Ta skwapliwość do sądzenia jest nie tylko francuska.

Nie dostawszy się na jugosłowiańskiego *Hamleta*, spędziłem wieczór na zewnątrz teatru, z mężczyznami ze Służby Bezpieczeństwa. Widząc mnie siedzącego wśród nich, ale na boku, podali mi przez jednego ze swoich (starszy, o srebrnych skroniach) ogórek, jabłko i winogrona na talerzu. Ceremonialnie, po chłopsku, po prastaremu. Wolę tych ludzi o łopatowatych rękach, w czarnych garniturach z krawatami, biednych, zakurzonych i wydeptanych, w spiczastych butach od niejednego z inteligentnych a wykwintnie wyzwolonych tutaj, w hotelu. Potem, stojąc wśród nich, mogłem być świadkiem, jak cesarzowa opuszczała teatr, w świcie, odjechała jakimś wyjątkowym mercedesem.

Tymczasem miss Croyden cała w pąsach przeciwko temu, że kiedy Iran cierpi pod jarzmem cesarza itd., tu przepych, przyjęcie gości festiwalowe itd., a jednocześnie wybrzydzała, że za mało dają jeść, i urządziła awanturę.

The Word is the instrument to polishing mankind...

[Słowo jest narzędziem ulepszania ludzkości...]

2 września

Ten Francuz, jak się dowiedziałem, zapytawszy o to wprost mojego Zohariego, to dyrektor TNP[1] w Paryżu.

A jednak jest kilku arystokratów w tym bajzlu: A.P., B.J., a może nawet niejeden chłop irański przebrany za kelnera.

Wieczór – zakochałem się w tej z plecami jak alabastrowe ogrody (jesteśmy przecież na Wschodzie, to jest metafora).

Kafka miał to szczęście, że w swoim nieszczęściu był kompletny. Ja znowu na pograniczu siebie i świata, *petit bourgeois*, jak powiada inteligentny Francuz, ten w koszuli otwartej do pępka, dyrektor wielki z Paryża.

Miss Croyden – klimakterium? Cóż za nieznośna baba. W twarzy ma coś złego, jak pani Corelli, jędzowata. Nic z kobiety. Oczy z płaskiego niebieskiego guzika jak Mrs Leresche. I decyduje. („New York Times").

Mój Boże, ile tu pięknych dziewcząt.

3 września

To ona pierwsza zażądała numeru mojego telefonu, kiedy zdesperowany usiadłem koło niej przy dużym stole. To było jedyne wolne miejsce, zresztą dlaczego ją ciągle spotykałem? Jakby jakiś piekielny rajfur wciąż mnie na nią pchał. Ja poprosiłem o telefon dopiero nazajutrz, nie mając dość przytomności umysłu, żeby prośbą odpowiedzieć na prośbę. Ale nazajutrz rajfur tak urządził, że kiedy tylko dwa razy wyszedłem z pokoju, dwa razy się na nią natknąłem, samą, a trudno jest o to, bo pełno przy niej mężczyzn. Widzę, jak możni mężczyźni, którzy dużo mówili, miękną przy niej jak masło na tutejszym słońcu.

---

[1] TNP – Théâtre National Populaire w Paryżu; w latach 1972–1986 kierowali nim wspólnie Patrice Chéreau, Robert Gilbert oraz Roger Planchon.

Młoda, nie więcej niż dwadzieścia kilka lat. Piękna bez wątpienia. Trochę za krótka od bioder w dół (nisko osadzone biodra), ale jakie to ma znaczenie. Wspaniałe plecy, pełność w niej jakaś i dorodność. Idealna miara w ruchach, leniwe – nie, nie leniwe, lecz takie, które ruszają się tylko tyle, ile trzeba, pewna swojej gotowości.

Zdarzyło się to od pierwszej chwili, kiedyśmy się zobaczyli. O nędzo pierwszej rozmowy, kiedy poszedłem za nią oczami. Szukała mnie od dwóch dni, ja unikałem jej, jak mogłem. Dłużej już się nie dało. Oczywiście unikałem jej na przekór sobie.

Mistyczny rajfur czuwał. Ilekroć wyszedłem z pokoju, nieomylnie trafiałem na nią. Dzięki ci, diable.

Ale ten król Dratini jest grafoman. Widziałem jego przedstawienie. Nikt nie ma wątpliwości, że to grafomania.

Je suis heureux de vous revoir aujourd'hui… Mon Dieu!

[Cieszę się, że znów dziś panią widzę… Mój Boże!]

Skąd ten długopis w moim pokoju?

4 września

Więc nareszcie upiłem się, przepaliłem i znowu o 3–4 rano spać poszedłem. Bo zakochałem się z kolei w pięknej Persjance.

Głupie to było i niesmaczne, a nade wszystko bardzo niezdrowe. Potem zaś znalazłem się znowu pod moją starą, poczciwą szubienicą.

Polacy mieli chyba trzydzieści litrów wódki: siali wokół straszne spustoszenie. Tak niszczyć sobie głowę to grzech przeciwko Duchowi Świętemu.

A ona, ta moja druga piękna…

6 września

Więc wszystko już wróciło do zwyczajności. Ja mam lekkie zapalenie krtani, które załatwiłem sobie za pomocą wódki i papierosów. Wszystko zdechło, zszarzało i spłaszczyło się.

Nie, inaczej mówiąc, nie ma ucieczki od Pana. Pan zwolnił ze służby i teraz sługa na niby-równej stopie z Panem głupiej jeszcze wygląda niż wtedy, kiedy był sługą. Wytrącony z formy, nie umie się znaleźć.

Otchłań, jaka mnie dzieli od większości tych ludzi.

Jadłem obiad z Arabami. Dyrektor teatru w Kairze (rzadki buc). Dyrektor ośrodka kulturalnego (co to jest?) w Tunisie. A ja? Kto? Znany literat.

Polacy, że się ich tu wstydzić nie muszę, a przeciwnie, to chyba najlepsze, co tu jest.

9 września

Koniec festiwalu. Jestem coraz starszy. Przedstawiony cesarzowej, nerwowo gestykulowałem, powtarzając głupkowato: *that is it*[1]. Polakom powiedziałem, że się z nimi nie zgadzam. Trzy stare baby rzuciły się na mnie, w tym jedna pijana. Te, które bym chciał, uśmiechają się do mnie, ale orientuję się dopiero po godzinie, że straciłem okazję.

Dwanaście dni wśród tylu pięknych kobiet i dziewcząt. Męka. Coraz częściej patrzę na młode i piękne dziewczęta jak na gruszkę *La Belle Hélène*[2] w czekoladzie. Ale one są w butelce, a ja mam pyszczek lisa. Zły rok. Zaczęło się od Geraldine, potem przez tego Józefa Stalina w damskim wydaniu, potem ta idiotka w Londynie, ta wariatka w Paryżu, i tak mnie znużyły, zmęczyły i zniechęciły. Do diabła z sufizmem. Dowód: kiedy chcę coś zapisać, nic mi nie przychodzi do głowy oprócz tych mętnych rozważań. Ducha można rozwijać pod warunkiem, że nie napotyka się na każdym kroku pięknych kobiet. Do pustelni, do pustelni.

12 września, Teheran

W suterenie – pracowni mojego nieocenionego (bo zagadkowego jak Persja) Zohariego.

Gdybym był młodszy, zakochałbym się w L. I tak jestem zakochany, tylko nie będę z tego powodu łamał krzeseł.

Poniedziałek: po owej sławnej (moją hańbą wewnętrzną) nocy samolotem do Isfahanu, tam już Zohari i ten potwór energiczny, co znaczną rolę odegrał w moim życiu, nie wiedząc o tym. Dwa dni w Isfahanie, ale wszystko, co się działo, nie było dla mnie, tylko dla L., i tak być powinno. Z radością chylę głowę. Ten maleńki potwór przyprawił mnie o parę rajów i piekieł, i to tylko mimochodem, z daleka. A co dopiero gdyby… Strach pomyśleć.

---

1 *that is it* (ang.) – i tyle, oto wszystko, i na tym koniec

2 *La Belle Hélène* (franc.) – rodzaj deseru z gruszek, sosu czekoladowego i lodów

Z wtorku na środę noc w samochodzie. Z ciałem tej głupiej młodej na kolanach, o szyderstwo, o ironio. Czy poddać się zupełnie, czy też siebie strzec?

Czy ten mały potwór pojawi się jeszcze? Nie wypada o niej mówić. Wszystko jest jakby zanurzone w czymś, ale czy to perskie, czy to tylko ona?

A jednak o niczym innym nie piszę i nie myślę, tylko o niej. Podczas nocy doszedłem przecież do rzeczywistości. Po co tak śnić samemu? Po co ta bezradność, jestem niewidzialny, ona też jest niewidzialna, wszyscy, każdy jest niewidzialny. Więc tylko przyglądać się jej, sobie, wszystkiemu. Więc tylko pozwalać, żeby się działo, żeby się dokonało. Co? Tylko to, co się ma dokonać, to znaczy nic.

Kto jest jej człowiekiem? Jak wygląda? Gdyby udało się z nią nawiązać choćby cień kontaktu. Ach, nie, zostać jej kochankiem, to niemożliwe, ale cień zainteresowania. Gdyby wedrzeć się chociaż trochę w nią. Siła tego małego potwora. Ciało tylko dane. Ale moje? Wpółwymyślone, wydedukowane, sztuczne?

Jaki upał w tym podziemiu.

Co zrobić z kobietą, która jest pozbawiona absolutnie kokieterii, a która cała jest więcej niż kokieterią, jest jakimś sednem? Nie zastawia żadnych pułapek sama na siebie, w które można by ją złapać. A jednak czarów nie ma, ona też jest jakoś i gdzieś nieszczęśliwa. Ale w jaki sposób? Wciągnąć ją w bliskość „dusz"? Nawet jeśli jest blisko, jest tak potwornie daleko. I tak wyjadę stąd. Zohari – jej ziomek, i jest przy niej jak pies, błogosławiony w nieświadomości swojej.

Mam teraz tylko jedną modlitwę.

Teheran jednak pełen znaczenia. To miasto, którego nawet jeszcze nie widziałem.

12 września, Teheran, cd.

Czy ją jeszcze zobaczę?

Oczywiście, że będę mówił z Zoharim. Zakochani zawsze mówią.

No i pomówiłem. Ten energiczny wcale jej nie zgwałcił. Ona sama go zaprosiła na noc. Tylko po persku, ja nie zrozumiałem, ale wszyscy inni owszem. I on także.

Tak mi się gadu-gadu, miłość miłością tymczasem – jak przewidziałem, tamten wcale dziś nie pisze dzienniczka.

To obrzydliwe tak wychodzić na głupca. Jestem doprawdy kaleką.

Mnie zaś w najlepszym wypadku czeka nocka ze starką, która w dodatku wcale mi się nie podoba.

Pod szubienicę. Doprawdy, nudzi mnie to wszystko.

Dla rasowego garbusa nie ma innego wyjścia, jak wyrobić sobie garb stalowy, taki, żeby go nie bolało, kiedy go źli chłopcy po tym garbie biją. Takim garbem sam nawet bić może, a nawet zabić. Stara to bajeczka i może też nudna, ale lepsza od tamtej, łzawej.

Więc pokaż, dziecko, coś tutaj wypisało. Tymczasem zmieniło się już nieco i ty, dziecko, już trochę inaczej myślisz niż przed chwilą. Prawda?

13 września

Wystarczyło, żebym się wyspał trochę, a zaraz już nastroik inny. L.? Owszem, coś słyszałem, ale już we wspomnienie odpływa. Jeszcze parę dni i zapomnę o niej. Cierpię tak gwałtownie, jak szybko zapominam. Znów sam siebie błogosławię i sam sobie udzielam sakramentów.

22 września, Paris

Od dwóch dni w Paryżu.

Przez lata toczy się rozprawa między Porządkiem a Przygodą. Kiedyś Przygoda (zgódźmy się na to określenie, z braku lepszego) była górą. Potem lata Porządku, Mara, bunt Przygody, Przygoda, potem kapitulacja, jej lata upadku i prawie zguba. Teraz Przygoda znów podnosi głowę. Kto wie, czy nie jest ona możliwa już do końca.

Ta podróż była renesansem, czyli odrodzeniem.

24 września, Paryż

Wróciłem z Persji trzy dni temu i dopiero teraz mogę nad tym usiąść. Przyczyna: ano, przyczyna.

Ta Persja ważna. Bo jest możliwe i trzeba, a kiedy się wydaje, że nie można i nie trzeba, to dlatego że nie wiemy. (Patrz: mucha o szybę, kiedy obok okno otwarte).

Wiemy mało, jest znacznie więcej. Na tym tylko, co wiemy, budować: grzech zadufałości.

Żyć tak, żeby zostawiać miejsce, dużo miejsca temu, czego nie wiemy.

A co do mnie: mam znaki, ostrzeżenia, nagrody i kary. Czy to wszystko nie nauka? Byleś był tylko dość pojętny. Nie narzekaj na brak znaków. Tylko pamiętaj, kim jesteś albo się stajesz. Jest tylko jeden grzech (twój) główny, wiesz jaki, dbaj tylko, żeby nim nie grzeszyć. Reszta nie należy do ciebie.

Co zostaje z tego – co jest? Co ważne? Głupie pytanie, postawione przez *old villain*[1]. Nic nie zostaje, jak zostaje rzecz, dom, kamień. Trudność w tym, że jest w tobie tylu, niektórzy prehistoryczni. Stare i znane strachy, nieśmiałości, obawy. Tymczasem wiem już dostatecznie dużo, żeby nie zbaczać. Tymczasem nie jest za późno. Tymczasem pamiętaj, że to nie kwestia dojścia i posiadania. Tu nie ma „dorobku". Twoje ciało zużywa się. I jeżeli dzisiaj (i wczoraj, i przedwczoraj) przykuty jesteś ciężkim i dusznym kocem, to nie bierz tego koca za prawdę, tylko za koc.

Nie pomniejszaj się. I tak jesteś niczym, kiedy na ciebie spojrzeć z pewnej strony. Nie upokarzaj się tam, gdzie nie trzeba. Nie przymierzaj się do złych miar. Nie żyj ani tam, gdzie nie powinieneś, ani tak, jak żyć nie powinieneś. Co mogę więcej ci powiedzieć? Czy sam nie wiesz już o tym dosyć jasno? Doprawdy, nie ma już ani czasu, ani miejsca na szukanie ani wahanie. Nie patrz na boki, jesteś, kim jesteś, i także jest wyznaczone, co wyznaczone.

Wiem, jakie będzie dziś popołudnie, wieczór. Ale czy wiem naprawdę? Mało wiem, bardzo mało. I nie domagaj się małego, kiedy jest nieskończone.

28 września

Jeżeli jesteś rozmaity (a musisz być), to dziel się według potrzeb tych rozmaitych. To sufiego nauka.

Identyfikacja – *détachement*[2].

Pakowanie książek – pisanie tego dziennika pokładowego oraz pisanie.

---

[1] *old villain* (ang.) – stary łajdak

[2] *détachement* (franc.) – oddzielenie, brak zainteresowania

Kafka był stale (wydaje się) tylko jednym sobą. Krótko żył. (Dlatego?) Był wielkim artystą. (Dlatego?)

Artysta transcenduje (chce transcendować). Sufiego transcenduje sama transcendencja.

Janek Błoński twierdzi, że moje listy są unikatem w piśmiennictwie polskim. On się na tym zna.

JAK PISAĆ, ABY TAK PISAĆ JAK LISTY?

Przypomnienie z lektury o SUFIM.

Czas i przestrzeń.

Wszystko jest kontinuum. Materia i duch, czas i przestrzeń.

Związek przyczynowo-skutkowy: wypadkiem poszczególnym, nie prawem, nie regułą.

The higher law[1].

Tylko symboliczność najświętszych i najbardziej nawet „istniejących" (rzeczy, spraw, pojęć). (Prawie: Boga?)

"Permanency of states – but everything is unique anyway". (The Doctrine of the Sudden Illumination).

The importance of the body (because of the importance of everything).

Doing – not just merely thinking. Practice.

The reality of the supernatural. The miracles (that is beyond my scope or even my belief, I must say).

[„Stałość stanów – ale wszystko mimo to wyjątkowe". (Doktryna Nagłego Oświecenia). Znaczenie ciała (z powodu znaczenia wszystkiego).

Czynienie – nie tylko myślenie. Praktyka.

Realność nadnaturalnego. Cuda (to jest poza moim zasięgiem, a nawet, muszę powiedzieć, moją wiarą)].

Nie trzeba myśleć o osiągnięciu *sufi-state*[2]. (To jest znowu myślenie, a trzeba działać).

Moje zażenowanie wobec nieudolności i złego stylu zapisków dotyczących tych spraw (sufi-zen) – to dlatego, że one nie mają nic wspólnego z pisaniem.

---

[1] *the higher law* (ang.) – prawo wyższe

[2] *Sufi-state* (ang.) – stan sufi; ekstaza pozwalająca połączyć się z bóstwem (sufizm – kierunek ascetyczno-mistyczny w islamie).

Ça se prête mal à l'interprétation littéraire. Ça ne se borne pas.

[To się słabo nadaje na interpretację literacką. To się nie ogranicza].

Ścierp to, pamiętając, że nie o styl (pisania) tutaj chodzi.

"The importance of the Practical Activity" (Sufi).

[„Znaczenie Praktycznego Działania" (Sufi)].

Z innej beczki (o czym innym).

„Ty niczego nie lubisz".

Odpowiedź (nie udzielona):

„Lubię wiele, to, czego istnienia nawet nie podejrzewasz".

Nagłe ukazanie się dystansu, nieporozumienia, które zaczyna się tuż za rogatkami małego (choć tak łatwego) porozumienia i które jest nieskończone. Przykrość, strach przed zbyt ustawicznym zniżaniem. Ale czemu przykrość? Czy już o tym nie wiadomo, czy to już nie wyjaśnione i czy prawda może (powinna) sprawiać przykrość?

Jeszcze raz: nie zostanę ani bodhisattwą[1], ani sufim. Zresztą te wszystkie teozofie graniczą ze śmiesznością. Więc przyjmować je tylko za znaki, a żyć. Reszta sama się zrobi.

Proces, nie dokonanie. Dokonanie jest abstrakcją. Pożyteczne tylko jak abstrakcja może być pożyteczna, nie więcej.

Obawa przed drzemką i wiecznym zniżeniem. (Pierwsze – wewnątrz. Drugie – zewnętrzne też).

To, co w tych zapiskach dotyczy tego, co nie może być zapisane – dostateczny argument, żeby zniszczyć wszystko przed odejściem. Obym miał ku temu sposobność i obym zdążył.

[1] Bodhisattwa – w buddyzmie istota kierowana współczuciem – aby ratować innych, powstrzymuje się od osiągnięcia nirwany; przyszły Budda.

DZIENNIK PODRÓŻY DO ZURYCHU, STUTTGARTU I MONACHIUM

29 września, Zurych

Hotel Sunnehus.

Cztery godziny z uczniami w szkole F. Rellstaba.

Godzina może w kawiarni (lecz z ludźmi).

Dwie godziny z W.H. i jego żoną (na szczęście). Za dużo ludzi o jakieś sześć godzin.

Trudno jest o prawdę, a pozór wciąga i nie puszcza.

Przykład interesowności: kiedy się gdzieś spieszę albo na coś czekam. Właściwie wszystko składa się z pośpiechu albo z czekania. Pośpiech jest czekaniem aktywnym tylko. Czekam na chwilę następną, co najmniej i zawsze. *Compte à rebours*[1]? Można wyobrazić sobie, że to, na co się czeka, już nastąpiło. Wtedy można tam i z powrotem, dowolnie.

Może interesowność sprowadza się do czekania. Wszystko jest: ku. Czy może być wszystko: od? Poczynając: od śmierci.

Przyznawać podmiotowość wszystkiemu poza mną.

30 września

A tymczasem jest jak jest. Czy nigdy się nic nie zdarzy?

Zurych – odwiedzanie miejsc. Ile to lat? Pięć? Sześć? Cztery? Odwiedzanie, ale nawet bez – sztucznego nieco zawsze – wysiłku, żeby się coś przypomniało.

Manieryczność Giraudoux.

Jak nudzą mnie moje własne myśli.

1 października, Zurych

Coś nie tak. Niewygodna noc. Linie moich rąk nagle zaostrzyły się, te, które były, wystąpiły ostrzej, ukrwiły się nowe. Razem – nagle siatka gęstsza, wyraźniejsza i bardziej skomplikowana. Po prostu łuszczy mi się skóra. Postarzała się wyraźnie.

Z małymi przerwami, jak w 1970, kiedy przez rok prawie spałem z kimś prawie codziennie, byłem mnichem – tak wielka dyspropor-

---

[1] *compte à rebours* (franc.) – końcowe odliczanie

cja między moją potrzebą kobiecości, wrażliwością na kobiecość. Życie w czystości, statystycznie biorąc. Ale czy można spędzić życie w łóżku miłosnym? Chyba można. Też jakieś życie. Może nawet byłbym zadowolony.

Multiple splendeur[1]. Daleko od *nouveau roman*[2]. No i dobrze. Przestrzeń wielkiej i spokojnej opowieści. Jak to wygląda oczami kobiety? Ano, chyba nie ma większych różnic. One też ludzie.

To ogólne rozrzedzenie wszystkiego. Dawniej dusiłem się pod nadmiarem ciśnienia. Dzisiaj lekkie mdłości z powodu próżni. Dawniej jakoś wszystko było trudne. Jakże łatwe dzisiaj. (No, no, bez przesady).

3 października, Zurych

Sen. Obecność diabła. Ale nawet diabeł tylko – choć nie „symbol", tylko koszmarnie istniejący istotnym istnieniem – jest jedynie wstępem do czegoś jeszcze bardziej strasznego i diabelskiego niż on sam.

Przebudzenie na lewym boku (od serca). Niepewność, czy krzyczałem, czy nie. Raczej nie. Jeśli krzyczę z powodu koszmaru, to na ogół nie mam co do tego wątpliwości (a tu sąsiedzi za ścianą, krzyczący gość w hotelu?).

Pocieszające: koszmar to był „rzeczywisty". Dobrze świadczy o mojej zdolności – mimo wszystko – równowagi. Obudziłem się po przesadnej kolacji i alkoholu.

Odczuwałem fizyczną obecność zła. Jakby coś czynnie przeszkadzało mi w uświadomieniu sobie tego właśnie, lub ktoś.

Mój z kolei opór. Z trudem, pokonując „jego" przeciwstawność, coś niecoś jednak zrozumiałem.

Pamiętam myśl-konkluzję: Nie wolno posługiwać się złymi siłami dla celów osobistych i nędznych. Nie wolno budzić umarłych, żeby wstawali nocą z grobu i szli do łóżka osoby, żeby byli moim narzędziem, zahipnotyzowani jak media na pokazach hipnozy. I to wszystko całkiem dosłownie: nadgniły, okropny trup z rękami jak wahadła, z rękami sprawczymi, który natchniony przeze mnie

---

[1] *A Many Splendored Thing* – powieść chińskiej pisarki Han Suyin, tłumaczenie francuskie ukazało się w 1973 roku.

[2] *Nouveau roman* (franc.) – awangardowy nurt w prozie francuskiej lat 50. i 60. XX w., reprezentowany m.in. przez M. Butora, A. Robbe-Grilleta i C. Simona.

złem, zbliża się do wyznaczonej przeze mnie ofiary. Żeby zamordować? To nie było jasne po co. Więc po coś złego w każdym razie. Nie wolno.

Trudność wstania z łóżka (żeby otworzyć okno, pić wodę). Zakaz czyjś, a mój lęk. Coś było w pokoju. Odrzucenie (moje) myśli o zapaleniu światła. (Banalność tępa lampy, sposób nie fair). To by niczego nie załatwiło, tylko wyminięcie sprawy. To należało załatwić, dać sobie z tym radę, na jego terenie.

Potem, kiedy już wstałem, trudność postawienia kroku. Pewność, że koło umywalki na podłodze spory wąż. Scenariusz koszmaru nie był sam w sobie ani tak przerażający, ani tak prostacki. Śniłem, że śniłem, i w tym śnionym śnie miałem popełnić jakieś czyny, czy tylko gesty, wypowiedzieć jakieś słowa, które mnie zdradzą i ukarzą. Słowa i czyny nieprzyzwoite w sensie towarzyskim, moralnym, ale niekoniecznie moralnym w sensie: „nie cudzołóż i nie pożądaj". Pomiędzy dwiema osobami: pani R. z jednej strony, w łóżku (pani R. to gospodyni, pani domu, gdzie uprzednio kolacja – zawsze apetyczna i nieco dwuznaczna), i L. w tym samym jakby pomieszczeniu. Faza druga: i rzeczywiście. Śnię ten sen we śnie i zachowuję się nieodpowiednio, lecz nieuchronnie. Faza trzecia: przebudzenie się z tego wtórnego snu – reakcja i komentarz osób zainteresowanych, wyrzuty, krytyka – ja bronię się, ale bez przekonania, nawet z pewną złośliwą satysfakcją.

Potem leżenie, coraz przytomniejsze. Przypomnienie pewnego problemu aktualnego (L.). Strach przed złym (dla mnie) rozwiązaniem i strach przed własną skłonnością do zapominania o problemie (jakoś to będzie). Wrażenie, że dosięgnąłem sedna, nieprzyjemnego, o którym nie myślę na co dzień.

Ale najważniejsze: to było zło działające, triumfujące. Obecność diabła poznaje się po groteskowości, jakiejś śmieszno-wstrętnej i przerażającej. Jakaś negacja ostateczna i chichotliwa. Obleśna groteska. Diabeł jest nie tylko straszny. Jest także przerażająco, aż do mdłości groteskowy. W złym – wszystko rozkłada się natychmiast, w sensie gnicia i butwienia, na części.

Jeszcze myśl, przekonanie, które pamiętam: nie ma możliwości posługiwania się złem bez tego, żeby natychmiast zło nie posłużyło się nami. Wszelkie pomysły instrumentalizacji zła kończą się – zamieniają się od razu w bezwzględną niewolę w mocy zła, a raczej jeszcze gorzej – zespoleniem się z nim, utratą własnej materii i wcieleniem się w zło.

A potem znowu sen: egzekucja zbiorowa przez liczny pluton egzekucyjny w strojach paradnych i staroświeckich. Padanie, konwulsje ofiar, wyraźne szczegóły momentu rozstrzelania. Ja jakby zobowiązany do chwalenia tego wszystkiego. Mundury paradne, bo to egzekucja pokazowa, w majestacie słuszności. Dworska. Bo to szach perski pokazowo karze buntowników (ofiary – sami mężczyźni).

Ryciny przedstawiające historyczne mundury szwajcarskie – na ścianach hotelu Sunnehus.

Panią R. oglądałem w ciągu całego wieczoru, o L. myślałem, kładąc się spać. Co do szacha, byłem niedawno w Persji. Wszystko więc da się wytłumaczyć i nie ma powodu do niepokoju. Nawet trup.

8 października

Potem w Monachium aż do wczoraj, gdzie Hilary i Krystyna[1]. Tymczasem na Bliskim Wschodzie wybuchła kolejna wojna[2].

11 października, Paryż

Czy jest możliwe, żebym nieco jaśniej widział w sobie albo, jak to się mówi, doszedł do równowagi? Dlaczego nie, trudno wyobrazić sobie szalejącego starca, szalejącego młodzikowato (choć można, wszystko można). Wydaje mi się, że cokolwiek teraz zabulgocze w duszy mojej, to wynik raczej niechlujstwa wewnętrznego niż „mocy i burz życia".

Notowaliśmy klęski i świństwa, zanotujmy więc i to, co dobre, dla sprawiedliwości. Zbawiły mnie dwie podróże, perska i ta druga, szwajcarsko-niemiecka. (Podróżowanie należy do programu sufich).

Ale gdybym miał wyłożyć, na czym polega TO, nie umiałbym. Na szczęście, bo wyłożenie zniszczyłoby TO. (Pisanie: rozstawianie sideł, w które TO ma się złapać. Nie złapie się nigdy, ale wymyślanie sideł określa kształt zwierzyny, ona staje się przez to, jest).

---

1 Małżeństwo Hilary Krzysztofiak i Krystyna Miłotworska.

2 6 października 1973 roku w czasie żydowskiego święta Jom Kippur Egipt i Syria zaatakowały Izrael. W wyniku interwencji dyplomatycznej USA i ZSRR 25 października doszło do zawieszenia broni.

Do rzeczy, czyli do mnie. Wiem już mniej więcej, jak trzeba, choć nie wiem, co trzeba (bo i po co). *Le vieux vilain*[1] moim naczelnym wrogiem (*le vieil homme*[2]). Życie mniej mi się już przedstawia jako niewiadoma i błyskotliwa awantura, a raczej jako los, rodzaj losu, *un trajet*[3], który trzeba spełnić możliwie lojalnie. Przy tym to nienudne, ponieważ odkrywa się w tymże taki gatunek, który zadowala, bawi, interesuje, bez konieczności przygody i niespodzianki dosłownej. Ale są twarde warunki, które trzeba spełnić. A więc wracamy do koncepcji umowy, paktu.

Życie uczy, wszystko uczy – powiada sufi. Jest więc możliwe, że nie 00 (zero, zero), tylko nauka daje rezultaty. Nie można nikomu przekazać doświadczeń, ale można przekazać je sobie. To prawda, że lubimy popełniać te same błędy. Ale to raczej *le vieil homme* je popełnia. Uwaga na niego!

Tak, nie ma innego wyjścia, drogi ani sposobu.

Dzień jesieni. Zaduch gorąco-śmierdzący w konsulacie greckim. Odkąd wróciłem do Paryża, bolą mnie serce i głowa (symboliczne?).

Cokolwiek się dzieje, patrzeć jak z brzegu na morze. Tu falka, tam falka, same falki. Falują i zamieniają się w siebie nawzajem. Nasze wyobrażenie jest sztywniejsze od przedmiotu wyobrażenia (albo patrzenia). Gdyby nauczyć się myśleć tak płynnie, jak płynnie dzieje się wszystko.

Czasami czas mi gęstnieje. Nie jest aż tak gęsty jak stół (ulubiony przedmiot porównań filozofów – bo piszę na stole – „np. stół"), ale gęstszy niż zwyczajnie czas, a zwłaszcza czas trzydzieści lat (moich) temu.

Smutek końca. (Epilogu, czy też drugiej części? Czy też już czego innego).

Czy miłość „minie" jak człowiek? Najpierw czarujące dziecko albo coś dwudziestoletniego (o, Agnès!), a potem zmęczony i sceptyczny pod-starzec. Chyba tak. Oczy widzą, uszy też zaczynają słyszeć, a umysł notuje i wnioskuje. *Vanitas* itd. Czas już, czas.

---

[1] *le vieux vilain* (franc.) – stary łajdak

[2] *le vieil homme* (franc.) – stary człowiek

[3] *un trajet* (franc.) – trasa do pokonania

Ale mnie tak dużo czasu trzeba na wszystko. Znacznie więcej, niż mi jest go dane. Ile mi jeszcze go zostało?

Czego jeszcze nie biorę pod uwagę, ale czego już się domyślam, to stopniowa utrata sił. Czasem moja twarz w przypadkowym lustrze, w szybie wystawowej. Ten poważny, coraz bardziej zmęczony, bo coraz starszy pan.

12 października

O trwaniu. Ono nie istnieje. „Jest" nie istnieje. „Jest" wynika tylko ze zbyt małej szybkości naszego myślenia. Spostrzec coś. Pomyśleć o tym, to wymaga czasu. Zawsze jesteśmy beznadziejnie spóźnieni.

13 października

Uderzenie alkoholu – wczoraj. Od lat to samo i coraz większa świadomość tego i dlaczego. Czy ona (ta świadomość) pomaga (zapobiega?)? Zapobiegać to ona niczemu nie zapobiega, ale trochę osłabia uderzenie, bo już (co za sukces!) nie upijam się do nieprzytomności, jak dawniej się zdarzało. Nędza tego osiągnięcia ukazuje mi się od razu tak wyraźnie, że trudno dalej pić w dobrej wierze.

Kiedy jest źle, to potem może być gorzej albo lepiej. Jeżeli się pije, na pewno będzie tylko gorzej. I to odurzenie nazajutrz coraz trudniejsze jest do zniesienia. Kiedy się ma takie ambicje i pragnienia jak ja.

A jakie one są? Ano, jestem już przekonany, że wcale „nie wszystko jedno" i życie jest możliwe. Tylko ono jest możliwe wtedy, gdy je umożliwię. Dano mi szansę, wiele szans, żeby życie było możliwe. Więc uniemożliwienie go sobie jest grzechem.

Trzeba się strzec niecierpliwości i obwiniania osób i okoliczności, to znaczy nie przerzucać na nie odpowiedzialności za swoje grzechy. Osoby i okoliczności są jakie są, nie mnie wymagać od nich, żeby były inne. Natomiast mnie wymagać od siebie, żeby do nich, osób i okoliczności, odpowiednio się odnosić, traktować je, stwarzać, modelować moje relacje, unikać ich albo szukać. Już wiem doskonale, co ci służy, a co ci płuży, tylko od ciebie zależy wykorzystanie tej wiedzy. Wszystko można przeczekać. Życie nie zawsze jest możliwe, zgoda. Ale wtedy, w tych dniach, czy nawet okresach, kiedy ono nie jest możliwe, należy po prostu mieć dużo cierpliwości.

Bo przecież wiadomo, że to przejdzie, że za wszystkim i po wszystkim jest jeszcze coś, nie chodzi więc o cierpiętniczą pasywność, tylko o rozsądne postępowanie, rozsądne, bo wynikające z pewnej eksperymentalnej wiedzy.

Ach, powyższe nie brzmi zbyt efektownie. Ale nie wszystko musi brzmieć efektownie.

Czego mi teraz brak, czego brak mnie męczy, to brak stylu obecnie.

14 października

I nie tylko. Nuże, przypatrzmy się temu wszystkiemu z bliska, z bliska. Kilka prawd nieprzyjemnych zobaczymy.

Nie pojechano na weekend do S. Chciano (ja chciałem, bo bałem się dwóch dni zamkniętych tutaj), ale i nie chciano (bo tak samo bałem się dwóch dni zamkniętych tam. Bałem się, że tam też nie będzie dobrze. A kiedy tam nie jest dobrze, to już zupełnie nie jest dobrze). Były względy i powody – też praktycznie rozsądne: koszty, przeziębienie, czas. Ale my mówmy o względach w środku.

Przewidując nijakość – tutaj, chciałem zorganizować przygodę – tam. (Jeszcze długo po 1970 tamten domek był miejscem romantycznego „razem"). Przeczuwałem, że przygoda się nie uda. Nawet jeżeli nie miałem racji – bo może by się udała – samo już moje przewidywanie świadczy o niepewności. Niepewności samej w sobie. A niepewność…

Więc dwa pełne dni pełnego „razem".

Co do łóżka – ono jedynie *valable*, kiedy albo nowość, albo miłość. Ale kiedy tylko łatwość i rutyna… Albo tylko konsekwencja fizycznego „razem"…

A więc wegetacja. Przeciwieństwo życia takiego, jakie znam, jakie jest możliwe, jakie jedynie *valable*.

Sytuacja jest „przedłużeniem", „rozszerzeniem" ciała. Nie można lekceważyć, pomijać sytuacji. Organizowanie, wybór sytuacji ważne tak samo jak organizowanie ciała.

Więc o tym wszystkim lepiej wiedzieć, zamiast wypijać pół butelki wódki albo, zasnuty dymem, zapadać się w fotel.

Samotność da się przerobić na coś *valable*, natomiast „razem" tego rodzaju nie da się. „Razem" jest wegetacją czystą, czasem martwym. Trwaniem w „przyjemnym" czyśćcu. Limbo.

Kiedyś wydawało mi się, że tylko „razem" z taką czy inną osobą jest dokuczliwe. Teraz już wiem na pewno (nie tylko przeczucie, także doświadczenie), że „razem" w ogóle jest potężnie niedobre, jako takie. Nie dla mnie ono. Nic na to nie można poradzić. Sprzeciw, natura nigdy się na to nie zgodzi i nie zgadzając się – mnie niszczy.

Mój Boże, ile życia już zmarnowanego przez to, że nie chciało mi się w siebie zaglądać dostatecznie głęboko i postępować według tego, co bym zobaczył. To trudne, ale jedynie zgodne z… z… z… prawdą? Więc tylko wiedziałem – nie wiedząc, a „jakoś to będzie" żyło za mnie, niszcząc, psując i opóźniając to, co i tak nieuchronne. A z tego tylko wstyd, przed ludźmi i sobą, i ten gatunek życia podławy, pod podłogą, wstyd patrzeć ludziom w oczy, niesmak, byt nie dobyty, mdławość i bezsilność. Twoja niższość wobec W.G. na tym przede wszystkim polegała.

Więc teraz tylko – jak przetrwać te najbliższe dni.

15 października

Dziennik Gombrowicza *revisited*[1]. (Wczoraj miałem atak kompleksu niższości wobec następujących osób: Gombrowicz, Kafka, Proust, Valéry. Ich książki wzięte do ręki na przemian. Pociecha: niezła to ekipa. Jeżeli już być gorszym, to nie od byle kogo). Ale jego dziennik pisany na użytek publiczny, to tłumaczy mnie nieco, ale oczywiście nie tłumaczy mnie całkowicie.

G. widział i rozpatrywał siebie nieustannie w związku z ludźmi. Ja – u mnie ludzi nie ma. On grę jakąś nieustanną prowadził, sam będąc już gotowym i zrobionym. Ja ciągle nie jestem gotowy i nigdy nie będę. G. nie cenił ani Kafki, ani Prousta. Cenił Sartre'a.

A jednak wciąż u mnie ta podwójność wobec G., to przedstawia mi się jako pełnia i wspaniałość, to jako czczość i albo niedostateczność.

Będąc z natury wyłączony ze świata, cały poświęcił się światu. Ja, mając jakie takie związki ze światem (choćby przez kobiety), szukam… (wyłączenia?).

On świat traktuje jako absolut. Ja nie umiem, bo nie mogę, czy też nie mogę, bo nie umiem.

[1] *revisited* (ang.) – przejrzany na nowo, zrewidowany

Więc mnie pozostaje jedna strona otwarta, dzikie pola pełne niejasności, niezdecydowania, niewiadomego (w sensie, że sam nie wiem, co z nimi począć, jak się do nich zabrać). On jest świadomy i pewny na wszystkie strony, każda granica dobrze ufortyfikowana, zabezpieczona.

Dalszy ciąg wczorajszej niedzieli: łatwość, przyjemność, doczesność, wygoda. Łatwość, łatwość. Ale czy to wyklucza, że uwagi napisane rankiem tejże niedzieli – słuszne?

W najbliższy czwartek wyjeżdżam do Grecji. A z Grecji do Wiednia.

Wczoraj wieczór – te mnogie lektury trochę nieprzypadkowe. To zwyczajny wieczorny niepokój i szukanie słowa zaklęcia.

Gombrowicz – sufi – marksiści, chamy, anioły, rosyjscy męczennicy (Sacharow, Sołżenicyn, inni). Nic, żadna droga, żadna cudza propozycja nie dla mnie w całości. Nie znajdziesz nigdzie tego słowa zaklęcia. Rób swoje.

16 października

Błogosławieni, którzy mają własną koncepcję. (Znowu Gombrowicz). Wprawdzie też nie mają odpowiedzi na wszystko (ja nie mówię o „orężu marksizmu-leninizmu", tylko o rzeczach i ludziach poważnych, tu słowo „własny" najważniejsze), ale mają metodę, według której szukają. Ci, którzy nie mają koncepcji, ponieważ też muszą stawiać pytania, pożyczają cudze koncepcje, łatają i są jak... jak co? (Nie sil się na metafory, jeżeli same się nie proszą).

Gombrowicz jest jak Einstein, powiedzmy. Opracował wzór, formułę, która okazała się zadziwiająco pojemna, skuteczna, materia – okazało się – układa się według tej matematyki.

Czy każdy? (Po co każdy – czy ja?) Czy każdy nosi w sobie formułę – w jej stanie ziarnistym, ziarna – a tylko nie każdy umie, może ją wypracować? Zapewne, każdy żyje (dopóki nie umrze) i każdy ma swoją drogę, z której może rozglądać się wokół, którą może powinien poznać. Teoretycznie – ile ludzi, tyle formuł, a każda *valable* – jest możliwa. Wtedy świat składałby się z geniuszów tylko. Na razie formuła zdarza się raz, parę razy na stulecie.

Żeby znaleźć formułę – trzeba przede wszystkim niezwykle interesować się światem. Ja na przykład uciekam. Moje usiłowania idą w kierunku ucieczki. Slalom gigant między elementami realności. Omijanie. Jakże ja mogę znaleźć formułę. Ucieczka jest moim pierwszym odruchem. Należę do rodzaju antylop.

Kilka razy ostatnio pewność (ale tylko w łóżku przed zaśnięciem, potem ona rozmazuje się w barachle dnia), że nic nie jest moje, łącznie z moim ciałem. Jeżeli jestem jakiś ja, to wyłącznie to światło, które oświetla, a które może oświetlać wszystko, w obojętności doskonałej. Zresztą o tym świetle to nie pierwszy raz i nie ja sam oczywiście, Paul Valéry też o tym wspomina w „Tel Quel"[1]. Ale tu nie chodzi o *notion*[2], tylko przeżycie, *vécu*, tegoż. Moje ciało, co dopiero moja głowa od środka, nic, nic takiego, co bym mógł nazwać moim. Wszystko relacją, wymianą, procesem. Ani jednego punktu – momentu statycznego. Wymiana wszystkiego ze wszystkim, z tego „ja" się biorę, czy można to nazwać mną?

Inne *vécu*: wszystko, absolutnie wszystko jest płaskie na ekranie mojej czaszki. Ja, a przede mną ekran. Na nim projekcja mnie i reszty. Wszystkie głębie i perspektywy, wieloplanowości – są złudzeniem. Jeśli czytam książkę – wchodzę niby w głębie i perspektywy tekstu, ale to wszystko, łącznie ze mną czytającym, problemem istnienia i wodą, co się gotuje w czajniku na płomieniu gazowym w kuchni – to na ekranie, który nie ma nawet grubości. Kolosalna kurtyna, dekoracja, welur, gobelin. (Czymże jest film, jeśli nie gobelinem, na którym obraz się rusza, to znaczy gobelinem, na którym jest tyle obrazów, ile zdoła zatrzymać oko?)

Gombrowicz miał „rozszerzone ciało". Ja odwrotnie. I jeszcze chcę się tak skurczyć, żeby się skurczyć aż do sedna.

17 października

Przyczyna → skutek. A dlaczego nie odwrotnie? Jeżeli upuszczam przedmiot, to nie dlatego spada, że go upuściłem, ale dlatego go upuściłem, ponieważ spada. Niezgrabnie to się myśli, przez brak

---

[1] „Tel Quel" – awangardowe pismo literackie wydawane w Paryżu w latach 1960–1982, założone i kierowane przez Ph. Sollersa i J.-E. Halliera.

[2] *notion* (franc., ang.) – pojęcie

przyzwyczajenia. Ale w kinie to proste: wystarczy wyświetlić film od końca do początku. Maszyna czasu – taki film. Tak, ale nawet taka projekcja dzieje się w tym jednym, teraźniejszym czasie...

Ech, zostaw. Nie umiesz i tak.

DZIENNIK PODRÓŻY DO GRECJI I AUSTRII

18 października, Ateny

Nic nie jest moje, łącznie ze mną samym. *Don't invest yourself in everything*[1]. Pstryk, pstryk, foto na lotnisku. Pan Mrożek – pisarz – przyjechał. Jak zachowałby się Gombrowicz? Ja raczej w ogóle już się nie zachowuję. Nie, nie jestem w stanie być Gombrowiczem ani trochę. Mam raczej wrażenie, że to mnie nie dotyczy, ponieważ wszystko tak słabo mnie dotyczy.

Danie z obiadu i wina (bo to pierwsza klasa), leniwe wzruszenie i rozważania erotyczne na temat stewardes, bycza i pewna siebie cielesność. Co jeszcze? Może to lektura gazet (bo wojna przecież), wrzucanie sobie do głowy jakichś strzępków (*A Treatise on Human Nature* Hume'a[2], nie przeczytany wciąż od roku, w kieszeni – jak talizman). Życie poniżej pasa. Gdzie tam jakieś Ateny. (Pod oknami prostytutka, po drugiej stronie ulicy – widok z hotelu).

Jeżeli myślę o wieczornym przedstawieniu[3], to tylko ze względu na aktorkę w roli Ali. Jaką nogę pokaże? Tę sztukę napisał jakiś człowiek trzydziestoczteroletni, kiedyś we Włoszech. Ale nie Włoch. Niejasna nadzieja obłapki, senność, to wszystko. Ciepła kołdra, mokra, śródziemnomorska.

Wczoraj „pod szubienicą". Trochę whisky w porę wypite, fajki. Dojście do wniosków jakichś, jakieś prawdy odkryte, o których i tak dziś już nie pamiętam. A może jakoś tam pamiętam, bo podobno – tak sobie kiedyś ustaliłem – jednak nauka nie idzie w las. Przed whisky – zmęczenie czterdziestu trzech lat. Przeczucie zmęczenia jeszcze większego – potem.

[1] *Don't invest yourself in everything* (ang.) – Nie angażuj się we wszystko.

[2] *A Treatise on Human Nature* (*Traktat o ludzkiej naturze*) – główne dzieło filozoficzne D. Hume'a z latach 1739–1740.

[3] Mowa o wystawieniu *Tanga* w ateńskim teatrze Alabra w reż. N. Kourkoulisa (premiera w 1972 roku).

19 października

Czy coś się dzieje?

Rien en apparence. Les choses suivent leur cours. Et pourtant – d'où ce sentiment, ou quoi que ce soit – d'action silencieuse, permanente, souterraine comme d'impotence?

Attention! Aux aguets les yeux et les oreilles tendus, devine, trace. Ne te laisse pas surprendre par quoi? Il y a des réunifications, des plans inconnus, des trames qui aboutissent à quoi?

Restant vigilant on pourrait peut-être donner le cours aux choses. Pas ce cours voulu par toi-même, mais par quelque chose de plus que toi-même. La destinée?

[Pozornie nic. Rzeczy idą swym torem. A jednak skąd to uczucie – czy cokolwiek to jest – zarówno cichego, ciągłego, ukrytego działania, jak i niemocy?

Uwaga! Wysil wzrok, wytęż słuch, zgaduj, śledź. Nie daj się zaskoczyć przez co? Są złączenia na nowo, nieznane plany, wątki, które doprowadzają do czego?

Będąc czujnym, można by może nadać bieg rzeczom. Nie ten bieg, który ty chcesz, ale ten, który chce coś większego niż ty. Los?]

29 października, Wiedeń

Wiedeń jest najdalej wysuniętym na wschód miastem, do którego mogę dojść ze wstrętem jeszcze do zniesienia.

Don't be afraid of anything. The feartime should be over. Be watchful. There is an enemy between the walls. The determination to survive.

J'espère que mon destin n'est pas celui que je crains... que la source de vie ne serait pas épuisée en moi plus tôt qu'au moment de ma mort.

Ne demande ni grâce, ni pitié, ni d'être isolé ni d'être consolé de personne. Surtout pas cette personne-là.

Don't be afraid of anything.

[Nie bój się niczego. Czas strachu powinien się skończyć. Bądź czujny. Między ścianami jest wróg. Determinacja, by przeżyć.

Mam nadzieję, że mój los nie jest tym, którego się obawiam... że źródło życia nie wyschnie we mnie wcześniej niż w chwili mojej śmierci. Nie proś o łaskę ani o litość, ani o to, by być odizolowanym czy pocieszonym przez kogokolwiek. Przede wszystkim nie przez tę osobę.

Nie bój się niczego].

30 października

The true sense of the Vienna phase – slowly emerges. There is a pole of it, not here, oh, you know where. That pole will not exist one day. Then there will be an emptiness for a while.

Mind: Are you ready to become an addict?

This has been a fine game, but your partner doesn't play it any more. It is you who plays the old game, your partner plays a new one. Or your partner played a different game all the time, or two games at once. Or your partner used game number one in order to win game number two. (The one you do not want to play at all).

Mind: The circumstances. The role and importance of it. Conditioning your image, renewed by yourself must be now strong enough to model the circumstances.

What is beyond the apparent situation? Where does it lead to?

Oh, you know, you know better and better.

You are ready to become a player, but your partner doesn't play it any more. It is you who plays the old game, but your partner will play a new one. Or your partner used the game number 1 in order to win the game number 2.

[Prawdziwy sens okresu wiedeńskiego – powoli się wyłania. Tu jest jego biegun, nie tutaj, ach, wiesz gdzie. Ten biegun zniknie pewnego dnia. Potem przez jakiś czas będzie pustka.

Uwaga: Czy jesteś gotowy na to, by stać się nałogowcem?

To była świetna rozgrywka, ale twój partner już w to nie gra. To ty grasz w starą grę, a twój partner – w nową. Albo twój partner cały czas grał w inną grę lub w dwie gry naraz. Albo używał gry numer jeden, aby wygrać grę numer dwa. (Tę, w którą ty już wcale nie chcesz grać).

Uwaga: Okoliczności. Rola i jej ważność. Musisz teraz z wystarczającą siłą modelować swój wizerunek, odnowiony przez ciebie, aby kształtować okoliczności.

Co znajduje się poza oczywistą sytuacją? Dokąd to prowadzi?

Och, ty wiesz, wiesz coraz lepiej.

Jesteś gotowy, aby stać się graczem, ale twój partner już więcej w to nie gra. To ty grasz w starą grę, ale twój partner będzie grał w nową. Albo twój partner używa gry numer 1, aby wygrać grę numer 2].

3 listopada, Wiedeń

Beyond Freedom and Dignity[1].

Jesteśmy na fali redukowania sobie osobowości (Gombrowicz, Skinner[2]). Jeżeli mnie to niepokoi, to dlatego, że sam sobie już to trochę tak właśnie przedstawiłem za pomocą różnych buddyzmów i zenów, i sufich. Ta wyższość metody „świeckiej", która służy syntezą nadającą się do praktyki dla każdego samodzielnie i osobno, nad naukowymi argumentami, które są tylko nauką, a więc nie całością. Wnioski naukowe nie dają się przenieść do praktyki psychologicznej.

Czym różnią się prace Skinnera od owych prawiecznych: *All things work together.* Albo: *There is not a trace of any identity, soul, etc. apart from the cognitive notion (capacity).*

[Wszystko współdziała. Albo: Nie ma śladu żadnej tożsamości, duszy etc. poza pojęciem poznawczym (zdolnością)].

Maya, karma[3] to tylko stare określenia tego, co Skinner. „Nic nie jest moje", nie ma kary ani nagrody (zasługi ani przestępstwa).

Tak więc Skinner nic mi nie wywraca do góry nogami. Mój opór pochodzi ze mnie, tylko z tego, co jest we mnie jeszcze romantyczne.

Ale nie można żyć nauką. Naukę można tylko znać. Rozmaite interpretacje tego samego życia są możliwe. Ale naprawdę możliwa jest tylko ta, która nie pretenduje do doktrynizmu, ale do tego, że dzieje się wewnątrz człowieka.

A co do Wiednia: nie wiem. Jestem śpiący.

---

[1] B.F. Skinner, *Beyond Freedom and Dignity* (1971; przekład polski pt. *Poza wolnością i godnością*, Warszawa 1978).

[2] Por. np. „Naukowe badania nad zachowaniem nie wymagają zrozumienia istoty osobowości, stanów umysłu, uczuć, cech charakteru, planów, celów, intencji czy innych prerogatyw jaźni", w: B.F. Skinner, *Poza wolnością...*, s. 37.

[3] Karma (z sanskr.) – w buddyzmie i hinduizmie suma etycznych skutków dobrych i złych uczynków, myśli, słów człowieka decydujących o jego losie w kolejnych wcieleniach (reinkarnacjach) w drodze do osiągnięcia pełnego wyzwolenia (nirwana).

4 listopada, Paryż

Koniec podróży do Grecji i Austrii.

5 listopada, Paryż (wczoraj powrót z Wiednia)

A tu nowe rewelacje. Czy rewelacje? Rewelacją jest raczej moja reakcja. Bo przecież ja to wszystko wiedziałem. Teoretycznie.

Myślmy, myślmy, ale wiedzmy, że nic nie wyniknie z myślenia, tylko z czego? Nie wiem. W każdym razie nie z myślenia. *All things work together*. [Wszystko współdziała].

Co się już nie da:

A) Postawa sentymentalna, dzianie się romantyczne. „Odrzucenie świata". (Jeżeli taki brzydki).

B) Cynizm tandetny: Jeżeli tak, to ja też.

C) Akceptacja pełna baraniej dobroci.

Może to wszystko należy rozpatrywać w kategoriach dramatu (utwór teatralny), scenariusza. (Niestatycznie). Dzieje się, dzieje się, to, tamto, tak, inaczej, a potem wszystko się kończy.

Nie, nie można udowodnić „złego postępowania" w kategoriach absolutu. Scena Stomil – Artur[1] zawiera pewną prawdę. Konflikt, podstawą konfliktu jest założenie, że wszyscy są równi, kobiety z mężczyznami też. Równi, jednakowi. Ale kiedy nie zapomnimy o tym, co jest, na co nie ma rady, choć być powinna, o ciele... Nic nie poradzimy na to, że mężczyzna jest stworzony do zapłodnienia wielu kobiet, natomiast kobieta może być zapłodniona tylko przez jednego mężczyznę. Chuć męska jest usprawiedliwiona biologicznie, kobieca – tylko psychologicznie. Nasza jest starsza wiekiem, prehistoryczna. Jeleń prowadzi stado saren, nigdy sarna stada jeleni. Reszta jest naszą gimnastyką cywilizacyjną, racjonalną.

Zastanawianie się, które z dwojga jest mniej fair, do niczego nie prowadzi. To prawda, że nie tylko jedna strona kombinuje i manipuluje. To prawda także, że z mojej strony jest więcej owego „ponad". (O ile tam, z tamtej strony, od tamtej strony, w ogóle jest jakieś „ponad"). W tym zasadnicza nierównowaga.

Przyjąłbym (kiedyś nawet chciałem tak, a nawet mi się wydawało, że tak było) partnerowanie w *unfairness*[2], ale... ale co? Gdybym

[1] Mowa o *Tangu*, zapewne o rozmowie Artura ze Stomilem (akt II).

[2] *unfairness* (ang.) – niesprawiedliwość, brzydota

się czuł mimo wszystko ośrodkiem. Otóż jestem nim, ale wątpię, czy jestem nim erotycznie. Zamieniam się w coś w rodzaju intendenta. I jeszcze: możliwość porozumienia, która kiedyś wydawała mi się nieograniczona, zacieśniła się nieznośnie. Właściwie już ze wszystkim trzeba uważać.

Można kraść ze złodziejem pod warunkiem, że złodziej nas nie okrada. Można oszukiwać z oszustem, ale kiedy oszust oszukuje także nas... Zabijać z mordercą, ale kiedy morderca ku nam się zakrada... Musi być jakaś lojalność i moralność wewnątrz gangu. Inaczej...

Porozumienie było jeszcze możliwe na dwóch najniższych planach. W łóżku i „interesach". Teraz ono także jest podkopane. Już w jednym i drugim nie mam zaufania. W łóżku widmo dzieciny i myśli (nie o mnie), o których nie wiem, a które – to pewne – są. W interesach – ano, jak to w interesach.

Trzeci poziom, socjalny, całkiem już przestał działać. O czwartym od dawna już ani słychu dychu, zresztą tu najwyraźniej skończyło się złudzenie.

Poza tym – starzeję się. Czas na drugą szychtę. Oni są coraz młodsi. Przyjdą młodsi oracze.

Doszło do momentu, w którym zapytano: *Are you really yourself?*. [Czy naprawdę jesteś sobą?]

Odpowiedź jest jasna, mimo przelotnych niejasności.

Czas opatrzyć starą barkę, oporządzić żagle (jakie są, takie są), zaopatrzyć się w żywność i słodką wodę. Przez chwilę nawet nie chciałeś już być marynarzem. Uprawiałeś coś tam na brzegu, tymczasem statek ci murszeje. Nigdy nie będziesz rolnikiem.

Nie, nie jesteś ani bezbronny, ani bez przyszłości. Nie musisz być desperatem. To nie jest: „Nic się nie da". To jest: „Da się, ale nie to i nie tutaj". Szarańcza, nieurodzaj i źli sąsiedzi. Ale z tej chałupki widać, jak maszt kołysze się w przystani.

6 listopada

Proszę, proszę, to się jeszcze nie zdarzyło, żeby nie pójść od razu do łóżka po dwóch tygodniach rozstania. Bo albo jedno miało ochotę czy chciało z jakichkolwiek powodów, albo drugie, albo oboje naraz.

Taktyka to czy zaskoczenie, czy szczere? (Nie o mnie mowa). Rozważmy możliwości.

Taktyka. Uradzono, że ze mną teraz tak trzeba.

Szczere. Tutaj rozwidlenie: szczere, bo znudzenie, ot, tak sobie, z niczego, albo też szczere, bo zdarzyło się jej coś pięknego albo lepszego. Raczej intuicja moja działa sprawnie i obok naiwności mam przebłyski proroctwa. Otóż w Wiedniu: „A jeśli znajdę kartkę na stole: «Żegnaj, musiałam tak postąpić...»". Ach, nie dosłownie to, ale w tym rodzaju coś może prawdą jest. Może coś jej się ukazuje, coś w rodzaju alternatywy.

Poza tym nie zapominać o zwrotnym sprzężeniu: ty mnie tak, to ja też tak, to wtedy ty mnie znowu tak-tak? No to ja ci tak-tak-tak.

Noc nie była zbyt senna. Oczywiście. Z powodów naturalnych. Źle znoszę celibat. Ano, zobaczymy, w jaką grę teraz gramy.

Czego można uczyć się od zwierząt (widziałem je ostatnio w Wiedniu): trwania poza czasem. Są żywe, trwają, mijają. Wieczność jest ich, nie nasza, mimo że jej szukamy. Trwać. Oto mądrość na dzień dzisiejszy.

Pierwsze wrażenie: ta twarz fałszywa, sztuczna, jakby z gumy. Całe zachowanie nienaturalne. Ani śladu zresztą radości z mojego powrotu, prawdziwej czy udawanej. Zmieszanie przy tym jakby?

Skąd na mojej szczotce do włosów – włosy siwe i rude, farbowane?

Bądź zdrów.

7 listopada

A to wczoraj zapisane, to nie dzisiaj. To, co na początku wczorajszego. Ale reszta? Studnia jest zatruta. (Przesada, podtruta tylko).

Zajmijmy się trochę innymi sprawami też. Ostatecznie są inne sprawy. (Czy to nie głowa w piasek? Ano, może i to. Naucz się, że nie ma tylko jednej prostej przyczyny, w niczym).

8 listopada

Czy *ça va*? *Ça va*, ale kuleje nieco.

C'est plus mécanique, ça ne sort plus des profondeurs quasi d'avant la création, comme autrefois. Et toi, où vastu?

[To bardziej mechaniczne, nie wyłania się już z głębi niby sprzed stworzenia, jak niegdyś. A ty dokąd idziesz?]

Do młyna, do młyna, mój dobry panie[1].

Nieco pijany – rozmyślałem sobie wczoraj o diable.

Diabeł lubi, kiedy o nim zapominać. Dlatego teraz tak się cieszy na świecie.

Jestem przerażony i znudzony inwazją dobroci na świecie. Tortury i dyktatury? Kto wyzna, jakie podziemne korytarze nas łączą z nimi? Torturują inni. Kto? Wiadomo. Kapitaliści imperialiści.

Szaleństwo demokracji.

9 listopada

Apocalypsis cum figuris – Grotowski[2].

Nie wstrząsnęło.

A powinno. To „bardzo dobre". Bardzo „dobre". Dobre. Może to nie wstrząsa od razu. Może to jak kataplazm[3]. Założyć, potem będzie przenikało. Tylko co?

A może już mam jakiegoś raka, który mnie zaczyna zabijać (dosłownie, w ciele, nie w duszy). Wtedy trudno, żeby wstrząsało.

Co do reszty – nie ma mowy o lataniu. Wydaje mi się raczej, że jestem tonący, od czterdziestu trzech lat. Kiedy udaje mi się wychylić głowę nad powierzchnię, jestem tym tak zachwycony, że zdaje mi się, iż latam.

Albo jak małe drzewko, które wyrosło na wzgórzu, gdzie panują wielkie wiatry.

Więc być może jestem w stanie, kiedy nawet Apokalipsis nie wstrząsa. Kiedy indziej wstrząsnąć może byle co.

Ja i *Apocalypsis cum figuris*. Nie ma samego Apokalipsis.

---

1 Aluzja do tytułu opowiadania Mrożka *We młynie, we młynie, mój dobry panie*, pierwodruk: „Miesięcznik Literacki" 1967, nr 2; przedruk książkowy w 1970 roku w Paryżu w tomie *Dwa listy i inne opowiadania*. Fraza ta jest wzięta z pieśni ludowej *Gdzieżeś ty bywał, czarny baranie?*

2 *Apocalypsis cum figuris* – spektakl teatralny wg scenariusza i w reż. J. Grotowskiego z 1968 roku.

3 Kataplazm – gorący okład z piasku, owsa, siemienia lnianego i otrąb, stosowany przy stanach zapalnych, zwłaszcza ropnych.

Ludwik Flaszen, rówieśnik. Podłączył się do grupy, zaznał sukcesu. Ja coraz bardziej samotny i sukces zmniejszony. To nie skarga. Tylko różne drogi.

10 listopada

Litania:

O miłość bezpieczną – prosimy Cię, Panie.

O świątynie na wysokim płaskowyżu prosimy Cię, Panie, gdzie bylibyśmy wywiezieni.

...a zresztą jestem zbyt zmęczony, żeby skomponować modlitwę. Poruszam wargami, ale słowa moje nie idą do nieba, czy jak tam powiadał król.

Ucieczka, ucieczka. Są takie zwierzęta, które ratują się tylko ucieczką.

Ludwik F., N. oraz kolacja. Ja – jako puste miejsce. Trup pewnie zatruwa dom odorem rozkładu.

A oni, ci od *Apocalypsis cum figuris*.

Może owe zeny itp. to wszystko nie jest Bóg. Nie ma Boga też w Iranie. Jest tylko jego bliskość.

To wszystko nie jest Bóg, to tylko wstęp do wstępu do wstępu do wstępu do wstępu... Bóg jest w nieskończoności i nie dojdziemy do niego nigdy.

11 listopada

Niebezpieczne granice głupoty. *Point de non-retour*[1].

Szamlan. Wielki poeta perski. Z tumorem na kręgosłupie. Oraz inni.

W niewłaściwym czasie, w niewłaściwym miejscu, w niewłaściwy sposób. Ja cały niewłaściwy.

Jeżeli natychmiast nie zorganizuję... czego?

Niebezpieczne granice głupoty.

Niebezpieczeństwo.

Czy niebezpieczeństwo na zewnątrz wynika z niebezpieczeństwa wewnątrz?

---

[1] *point de non-retour* (franc.) – punkt bez odwrotu

O Panie, przychyl do mnie ten kielich goryczy, abym ją wypił i miał jej dosyć.

Bezpłodne umęczenie.

Samotność w towarzystwie.

Liczenie – na co?

Czekanie – na co?

Albo czekać, jak czekają zwierzęta, albo całkiem inaczej.

Martwizna.

Oddech śmierci.

Kleszcze z bagna.

A jednak życie jest możliwe. Mam na to dowody.

Ja z małpy, ale nie małpa.

O małpo!

O dobry użytku negacji.

Od kiedy?

Od jutra.

To znaczy, że jeszcze dzisiaj nie?

Nie.

13 listopada

I potem upiłem się do nieprzytomności. Kiedy tak samo, ostatni raz? Na wiosnę. Z tęsknoty. Przedwczoraj zaś z niechęci. (Jabłuszko to w nocy, w kuchni, w Chiavari). Przedwczoraj minął tydzień, odkąd wróciłem z Wiednia.

Zaczyna ci zagrażać chroniczna głupota. Broń się. Do tej pory niosła cię jeszcze jako tako młoda biologiczność. Teraz już się zmęczyła ona.

Czytaj i pisz, jeżeli chcesz umieć czytać i pisać.

Popołudnie z Ludwikiem F. On coś wie, ja coś wiem, ale czy wiemy coś razem?

Jakże trudno być naprawdę świadkiem, jakże bohater chce wciąż być bohaterem.

Żeby zacząć – zejść do komórek swojego organizmu, wycofać się poniżej siebie, poza siebie, zredukować, uciszyć i oczyścić, zamienić się w sen bez obrazów, w pra-siebie, spiłować sobie pazury, zaniknąć, mniej, mniej.

To dzisiaj. A jutro?

Wycofać się z innych. Wycofać się z siebie. Ze wszystkiego.

Nie mam teraz innego pragnienia. Czyli to jest pragnienie. Ale wycofać się nawet z pragnienia.

Wycofać się.

14 listopada

Wycofałem się, a potem się przestraszyłem.

Bo miotało coś mną, coś we mnie częściowo wstąpiło (chciało wstąpić całkiem, ale ja się broniłem), słyszałem głos (kobiecy, nie znany mi). Coś było obecne w pokoju (sypialni) i coś mnie pchało do złego, którego tu nie wyjawię, ale które pamiętam.

Lewą rękę ściskało mi coś, zwierało w rodzaj szponów (ruch agonalny?), aż podrzuciło mną i jednocześnie oczy (tzn. gałki oczne) jakby nie były moje i błysnęło w nich światło.

Coś jakby (poza lewą ręką) opanowało mi dolną część twarzy (skurcze) i gardło (kilkakrotny ból).

Powyższe pamiętam najwyraźniej, ale to są tylko *points de repère*[1]. To była jakaś całość, stan.

Z wizji ostrych, „obiektywnych", pamiętam długie, miodowozłote włosy kobiece. Oraz twarz kobiety, ale do niej te włosy nie należały. Młodej, która była przystojna, ale nie poruszyła mnie.

Co to było? Bardzo dużo fajek przed spaniem i dojście do pustki (niedobrej) i inercji. Potem seans jogi, udany. Potem sen i przebudzenie przez „to". Oraz umyślne (przed zaśnięciem) zejście pod obrazy i pojęcia, owo myślenie nie-myślami, które od czasu do czasu mi się zdarza.

Poza tym: „nerwy", „sytuacja", „ciśnienie", „procesy chemiczne w mózgu".

Chciałbym umieć w ogóle tego nie tłumaczyć ani nazywać jakkolwiek. Ani „naukowo", ani „magicznie". Było, to było.

Niewątpliwie – byłem nieco mediumiczny.

„Miła, zadzwoń do tego bałwana, bo ubzdurał sobie, że nie chcę, żebyście się spotkali, żebyś mu za dużo nie opowiedziała o mnie.

---

[1] *points de repère* (franc.) – punkty odniesienia

Idiota kompletny. Nie zostawiłam mu twojego numeru telefonu, tak mnie zdenerwował takim postawieniem sprawy".

Naiwny durniu.

15 listopada

Te wszystkie walki, podboje, rozboje, wyboje – w głowie mojej. Skatowana ona jak klepisko i pobojowisko.

Pamiętasz symetrię „po drugiej stronie zatoki"? (Côte d'Azur, ze dwa, trzy lata temu). Otóż to. I czym wojujesz, od tego giniesz.

Czy Mara też tak stała w oknie, czekając na mnie?

Na pewno. Teraz się zaczynamy rozumieć.

Czy też wiedziała, że kłamię?

Na pewno.

Co zrobiła?

Umarła.

Ja nie umrę.

Ale po co wyliczać. To i jeszcze co innego, ważne, co między tymi wierszami. A między wierszami...

I na to się zużywam. I dlatego się upijam. I o to tylko chodzi.

Trup pawia.

Obróciły się czasy i ludzie.

Dla wszystkich to było jasne. Dla tych mężczyzn także. Tylko dla mnie nie. Aż stało się.

Jesteś w tunelu. Czołgaj się jeszcze przez jakiś czas, aż doczołgasz się do wyjścia. W tunelach nie ma innej rady.

16 listopada

Miło, kiedy jest źle, ale już bez histerii. Co za szaleństwo żądać od kogokolwiek i kiedykolwiek, żeby cokolwiek dla mnie, po mnie, do mnie, ku mnie. Nie dlatego, że nie „zasługuję". Dlatego że *tout-est-pour-soi-même*[1]. Jakim cudem jeszcze żyję i przyglądam się?

„Niech tata sobie usiądzie i popatrzy, bo takiej katastrofy jeszcze tata nie widział".

(Dróżnik, któremu na egzaminie postawiono niemożliwe do odpowiedzi pytania).

---

[1] *tout-est-pour-soi-même* (franc.) – wszystko-jest-dla-samego-siebie

17 listopada

There is not a full swing though swinging we are. What is missing? What is broken? The image I have – probably – of the world – of things – of people – of myself.

The thing is done, somehow. It will be, somehow. Under the sky.

See you later.

[Nie ma pełnego obrotu, chociaż my się obracamy. Czego brakuje? Co jest zepsute? Obraz, jaki mam – prawdopodobnie – świata – rzeczy – ludzi – siebie.

Rzecz jest jakoś skończona. Będzie jakoś. Pod niebem.

Do zobaczenia później].

18 listopada (rano, moje rano 12.00)

Beyond Freedom and Dignity Skinnera.

No pewnie, że tak. Czy na Skinnera będziemy za to krzyczeć, czy go lubić, to już zależy od nas. To, co Skinner powiada, daje się pogodzić zarówno z mistykami, jak i z materialistami.

Ja zawsze miałem podejrzenie co do *freedom and dignity* w absolucie (jeżeli czterej mężczyźni rzucą się na mnie i mnie skopią, gdzie wtedy jest moja *freedom and dignity*?). Nie znoszę anarchistów (histerycy na tratwie rozbitków) i uważam, że na Zachodzie wiele problemów to problemy *de luxe*, zapomina się o ciele i o tym, że wszystko można odnieść do *survival value*[1]. Najpierw to, a potem możemy mieć rozterki. Więc właściwie lubię tego Skinnera, bo nie przeszkadza mi zasadniczo, a może pomóc.

Rano dziś jak rano, głupota (jakże mi daleko do ostrych stanów powyżej zera, znanych i możliwych). Za dużo alkoholu, nikotyny i obsesji w tym listopadzie. A jednak raz przebłysk, jakiś obraz „świeży", jeszcze nie myślany, nie przypomniany, „czarny klawisz" i poczucie, że wszystko jest jeszcze możliwe.

Do czego użyć Skinnera? On potwierdza, co wiem. Że najpierw trzeba zorganizować sobie „stan na przyjęcie łaski", a potem dopiero na nią czekać, jej się spodziewać. Inaczej nie mamy prawa (do niej).

---

[1] *survival value* (ang.) – cena przeżycia

Naczynie łaski. W sensie nie „naczynie w ogóle", ale tylko *récipient*[1], to coś takiego, co nie może być wypukłe. Wklęsłe raczej.

Dlaczego więc nie organizujesz?

19 listopada

Tylko nie po oczach. Sam siebie. Po co – *ça roule, ça coule ma misère*[2].

Coś już stało się niemożliwe. Ile spraw staje się codziennie, co sekundę, niemożliwe? Ile staje się możliwości? Nieustająca wymiana, jak umieranie i rodzenie się komórek w ciele. To ciało – co to jest? Czy to już smutne? Jeszcze smutne? Ano, nic wesołego. Przychodzi płacić za euforię. I za wiarę naiwną, za pomysły w perspektywie, za doświadczenie, za zużycie, za spełnienie, za młodość przedłużoną.

Płacić czym? Tyle jest mi odliczane, ile dane, tyle nie mam, ile miałem. Jak życie. Umieranie, narodziny. Nic nie jest moje. Jestem tylko użytkownikiem.

Te wysiłki i prace, żeby nadać sens swojemu życiu. W miarę wysiłków trudność się wyłania. Bo co to jest, to twoje życie i ja? To może jedyna „mądrość" to pytanie. A do niej dochodzi się przez wysiłki „pozytywne".

20 listopada

Skinner sam powiada, że moje życie, jak i jego życie, jak i każdego, jest jedyne w swoim rodzaju, wyjątkowe. Jest więc cudem – powiadam ja. (To mi się łączy z niejednokrotną nadzieją, że wszystko jest cudem, więc żądanie cudu „indywidualnego", ekstra, jest nieprzyzwoitością, jak żądanie, aby Pan Bóg obsłużył cię ekstra).

Nauka zajmuje się podobieństwami, tożsamościami i statystyką. (Doświadczenie musi być powtarzalne, w miarę możności – identyczne, inaczej dla nauki nic niewarte). Żyjemy w wieku naukowym. Człowiek szuka wyjątkowości. Nie może się pogodzić z nauką.

Sztuka jest „wyjątkowością", Gombrowicz pyta: po co obraz? Ja mu na to: żeby zaspokoić moją ciekawość, jak widzi to jabłko drugi

---

[1] *récipient* (franc.) – pojemnik, naczynie

[2] *ça roule, ça coule ma misère* (franc.) – jakoś leci, stara bieda

człowiek. Gombrowicz na to: gdyby mi kazano wyrażać moją osobowość przez namalowanie jabłka, płakałbym z upokorzenia. Ale Gombrowicz nie był zdolny do bezinteresownej (tzn. mało interesownej?) kontemplacji. Więc musiał mieć słowa, żeby powiedzieć zaraz, co o czym sądzi. (I usłyszeć, zobaczyć reakcję).

„Ja" istnieje, choć nie jako dusza chrześcijańska (co mi zresztą po takiej duszy?). Jest dwuznaczne, w tym właśnie jego wdzięk. Istnieje, o ile wciąż stwarza się, jest w momencie stworzenia. Nie istnieje chyba jako trwanie. Może nawet jest wieczne? (O ile przypuścimy, co ja robię, że wieczność nie ma nic wspólnego z trwaniem).

Dlaczego ja, wyjątkowy (jak każdy, bo jedyny, jak każdy), nie miałbym zająć się wyjątkowością? Stroną cudowności? Nie jestem przecież uczonym.

Więc jednak wrócić do: los, przeznaczenie. Kształt własnego życia, dopełnienie. Nie starać się zniknąć, skoro jeszcze jestem. Zresztą według Buddy tęsknota za niebytem jest takim samym grzechem jak tęsknota do bytu.

Moje życie (w tym listopadzie) jest przerażająco jałowe. Jestem martwym, który śni o życiu. (Przyszłym).

Piekło, niebo, czyściec – dlaczego dopiero po śmierci? Każdy z nas tam bywał i bywa.

Żadne nauki, żadne obiektywizmy nie zmienią faktu, że wszystko dzieje się we wnętrzu, moim, twoim, jego, jej, naszym, waszym, ich. Ale najpierw w moim. To jest okropnie zwyczajne, jasne, wulgarne.

Domek soloński – jaki jest, kiedy go nikt nie ogląda? Jakie jest wszystko, kiedy nikt „nie rozróżnia"? Zapewne (skąd ta zapewność) to istnieje. Ale czy ma przymioty?

Czy to jest właśnie ów „czysty byt"? Niepoznawalny „rozróżnieniem"?

Poznawanie samo (rozróżnianie) jest oddalaniem się od Bytu. Im więcej Bóg ma nazw, tym mniej jest Bogiem.

Ten sam dzień, wieczór (noc)

Pakowanie starych ubrań, by wysłać je do Polski. Stare moje skóry („w tych spodniach byłem szczęśliwy"). Wychodzenie z domu po drobiazgi (kupić papier pakunkowy, filmy do aparatu fotograficznego – który Lidce[1] wysłać – wrzucić list do skrzynki, odebrać bieliznę z pralni, kupić wino na jutro i wodę mineralną oraz masło i chleb).

Dwukrotne schodzenie do piwnicy, letnie buty tam zanieść na zimowisko, stare buty stamtąd przynieść, aby je zapakować (do Polski; zanieść je, znieść do piwnicy z powrotem, bo w paczce już miejsca zabrakło).

Do skrytki pocztowej dwa razy zaglądnąć i nic nie znaleźć. Ale śmieci znieść.

W południe *boeuf bourguignon*[2] z puszki zjeść samemu z kieliszkiem wina, kolację (mleko, chleb, masło, biały ser, miód, jajko na miękko) zjeść razem z N., która w spodniach nazbyt opiętych (nazbyt – z jakiego punktu widzenia?).

Piękna pogoda dzisiaj – słoneczna i niebieska. Radio – Arabowie coraz mniej nafty eksportują na złość, porywacze porwali dziecko dla okupu, to dziecko pewnie już nie żyje.

Pani Ionesco telefonuje i zawiadamia, że wysyła zaproszenie na sztukę swojego męża[3].

Na to wszystko patrzeć z pewnym spokojem.

Fajek wypalonych – osiem.

Pomyśleć, że *bare attention*[4] dobrze byłoby uprawiać. Nieco uprawiać.

Martwić się, że o zmartwieniach z N. nieco udało się zapomnieć.

Głupim być?

Aha, jeszcze na maszynie przepisywanie tego opowiadania, co nie najlepsze chyba (*Przeprawa przez góry* z cyklu *Kogut, Lis i ja*[5]).

No, to tyle.

21 listopada, środa, w południe

Życie na różnych planach. Od rana piętnaście kilo na plecach ku dworcowi kolei. Tam jak w magazynie spedycyjnym. Któż by

[1] Litosława Mrożek, siostra Mrożka.

[2] *boeuf bourguignon* (franc.) – wołowina po burgundzku

[3] Chodzi o sztukę *Ce formidable bordel*, która miała premierę 10 listopada 1973 roku w paryskim Théâtre Moderne.

[4] *bare attention* (ang.) – czysta percepcja

[5] *Kogut, Lis i ja* – opowiadanie pod takim tytułem Mrożek opublikował w „Twórczości" w 1978, nr 6; bohaterowie przeprawiają się jednak nie przez góry, ale przez las.

poznał wielkiego polskiego pisarza w tym dźwigaczu? Z nosa mu kapie (bo zimno, a ręce zajęte ciężarem), po czterdziestce, ale jeszcze krzepki. Tym się pociesza. W moim wieku i w moim zawodzie tego się już nie powinno robić, jeżeli to robić wciąż muszę, to znaczy, że nie spełniłem pokładanych w sobie nadziei. Ale też dziedziczność, mój ojciec całe życie dźwigał ciężary.

Kokiet. Zadowolony, że ubrał się jak paryscy rzemieślnicy z belle époque. W welury. Wystarczy tak nieco popracować, podźwigać jak ja dzisiaj rano, żeby przypomnieć sobie, jak moje życie zazwyczaj nie ma nic wspólnego z życiem tak ogromnej większości. Praca fizyczna, praca umysłowa, praca twórcza. Trzy piętra bez komunikacji.

Do pamiętania:

Zawsze jesteś tylko tu i teraz, w takiej a takiej okoliczności. Pamiętaj o tym, bo masz skłonność do pamiętania o przeciwności tegoż (przeciwieństwie): że jesteś pyłkiem w kosmosie, że jesteś jutrzejszy i wczorajszy, zaroczny, *dilaté, gonflé*[1]. Na skutek tej raczej jednostronnej pamięci twoje życie jest fatalnie nie wykończone w szczegółach.

Pogoda w dalszym ciągu królewska. (Lazur, złoto). Tylko tani satyrycy kpią z rozmów o pogodzie.

Znaczną część przyszłego roku przeżyję w Ameryce. Jak?

Jak to się rusza, jak kręci, jak myśli, jak żyje mimo wszystko, a raczej dzięki wszystkiemu (o mnie uwaga).

Nagłe wspomnienie Sobieszowa. Może przez tę pogodę? I skojarzenie z N. Ta osoba dość szczelnie umeblowała moje życie. Dała mi wiele radości i wiele cierpienia. Ale teraz radość nie jest już więcej możliwa. Do tego potrzebna jest pełnia, beztroska. Niestety. Beztroska nie jest już możliwa. To była piękna droga – *dead end*[2].

---

[1] *dilaté, gonflé* (franc.) – rozciągnięty, spęczniały
[2] *dead end* (ang.) – ślepy zaułek

22 listopada

Dzisiaj wyjeżdżam do Londynu. (Patrz: dziennik podróży do Londynu).

Wczoraj tu byli na kolacji Ludwik F. i Jerzy K.[1] N. upiekła pieczeń.

Tylko po polsku rozumiem naprawdę, i tylko Polaków. Bo mowa jest w ciele, w geście, spojrzeniu, intonacji.

To co z tego?

Wrócić i tak być uważnym, jak uważnym nauczyło mnie być życie u obcych.

Wiesz, że tego nie zrobisz. Więc po co takie myśli?

Myśli te same w sobie nieważne. Znacząca tylko ich obecność.

Są to myśli kombinatora. Jak by i co by tu obstawić, żeby mu wyszedł numer, a ten numer już go sam poniesie.

Nie poniesie. Nawet gdyby wyszedł.

Ludwik. A jednak u niego nie ma wagi. Lekki jest, ale lekkością samolekką. Dlatego nawet jego halucynacje (bo opowiadał mi o swoich halucynacjach, co uważam za dowód zaufania?) nie są „poważne". Czy ludzie spod znaku Bliźniąt naprawdę nie są zdolni do dramatyczności?

Jerzy K. jest poważny. Ale jego powaga wysługuje się powagą innych. Jest poważnym krytykiem literackim.

Obaj są sympatyczni.

Twardość, wulgarność, brak *insight*. Tu nie ma ani czego rozumieć, ani czemu się dziwić.

Pure behaviour[2].

Se plaire. C'est tout. Et cela par les moyens les plus simples (et les plus efficaces). Par le chemin le plus court.

[Podobać się. To wszystko. I do tego najprostszymi środkami (i najbardziej skutecznymi). Najkrótszą drogą].

---

[1] Ludwik Flaszen, Jerzy Kwiatkowski.

[2] *pure behaviour* (ang.) – czyste zachowanie

25 listopada, godz. 3.20

Okropne przejedzenie na kolacji u Tessy Sayle. Przesiedzenie też. Tyle godzin przy stole. Pożegnałem się. Wróciłem tymi samymi ulicami co w sierpniu 1972, co w lipcu 1973. A że jeszcze przedtem wróciłem z obiadu (zrazy z kaszą) polskiego, prapolskiego, u Bolesława Taborskiego, gdzie żona jego i teściowa kobietę polską zaprezentowały, więc to za dużo jak na jeden dzień.

Pisanie niczego nie przekazuje. Pisanie jest autonomiczne. *Medium is the message*[1]. Łącznie z samą czynnością wodzenia tym przyrządem po tym materiale.

Więc tylko gdzie byłem i co robiłem? Samolotem 22 listopada z Paryża o godzinie gdzieś dziesiątej chyba, bo z opóźnieniem półtoragodzinnym – do Birmingham, bo mgła. Potem trzy godziny autobusem do Londynu głęboką nocą. Dekoracja w sam raz dla myśli o mojej kończącej się właśnie i nieudanej miłości mojego życia. Te myśli też kabotyny – aktorszczyzny, potrzebują odpowiedniej dekoracji. Nie, wcale nieprawda. One mogą grać gdziekolwiek i kiedykolwiek.

Więc na drugi dzień telefony i do BBC po pieniądze (może). Z Martinem Esslinem na lunch w hotelu George, na strychu jakby tego hotelu oszklonym, widok na cały Londyn z góry. Jakieś coś w szybie ogromnej się odbija, za szybą już Londyn ciemniejący, mroczniejący.

Więc potem do Foyle[2], gdzie książki zakupione, znowu buddyjskie (pierwszy raz zakupione w 1962, zimą). Spotkanie z BBC o 5.30 pm w pubie. Gin, tonik, wymknięcie się (ale po odczekaniu, kiedy trzeba, wszystko elegancko), do teatru niby ochota iść, ale zamiast tego na kolację do małej restauracji, tanio-elegancko-włoskiej, niedobrej. W domu już H. i H. przed telewizorem, Adolfa Hitlera w Norymberdze przez Leni Riefenstahl[3] dają, ładne. Z Hitlerem patrzyliśmy sobie w oczy, potem poszedłem spać.

---

[1] *Medium is the message* (ang.) – medium jest informacją; słowa Marshalla MacLuhana po raz pierwszy sformułowane w jego pracy *Zrozumieć media. Przedłużenie człowieka* z 1964 roku.

[2] W&G Foyle Ltd. – księgarnia w Londynie przy Charing Cross Road, założona w 1903 roku, swego czasu zaliczana do największych na świecie.

[3] Film *Triumph des Willens* (*Triumf woli*) z 1934 roku w reż. Leni Riefenstahl.

26 listopada, Paryż

(Bo dziś rano powrót z Londynu, gdzie cztery dni. Patrz: dziennik podróży do Londynu).

Pani nie ma. To i lepiej. I ciekawiej.

The Lion. Ale ciało? Co z ciałem? Nikt ci go na razie nie oferuje. Wyjeżdżasz niebawem. A potem też.

27 listopada

„Ciekawiej" okazało się moją pomyłką w śledztwie. Dlaczego? Nie jest to zdrowa przyczyna. *Morbid*[1]. Zdaj sobie sprawę z twojego mechanizmu, z tego mechanizmu. To jest maszynka do produkowania niewolnictwa. Niezdrowe to, upokarzające. Destruktywne. Słowem: diabelskie.

Zbytnia gorliwość, intencjonalność doprowadziła do tej pomyłki. Wniosek: konieczność, aby twój umysł pracował możliwie jak trzeba, a nie jak mu się podoba – szczególniej się uwydatnia.

All is in your mind[2]. Nad tym trzeba się zastanowić. Z tym trzeba ostrożnie. Bo intencje, widzenie rzeczy też są w moim umyśle. Nie tylko rzeczy. Należy, aby intencje...

List od L. To mój *conseiller de guerre*[3]. List od Parlasa. O rzezi, desperacji, nienawiści, niewoli. Brał udział w strzelaniu ateńskim. Jako tarcza (cel). Nie trafiono.

28 listopada

Wczoraj na kolacji u dr. Doriola z komunistami Grekami.

Co do komunistów – wiadomo. Ale w moim obrzydzeniu jest jeszcze coś więcej. A może amputowanie sobie głowy, trepanowanie sobie czaszki – jest jakimś zasadniczym przestępstwem przeciwko ludzkości, przeciwko ewolucji, naturze, Bogu, wszystkiemu? Ale czy oni tak naumyślnie? Z jakichś powodów widok tych głów jest mi tak przykry, męczący, odpychający – że to niewypowiedziane aż.

I czemu sobie podpiłem? W czym ja lepszy od komunistów? Oni upijają się tym swoim komunizmem, ja mam inne wódki. Pytanie retoryczne? Namiętne? Puste?

---

[1] *morbid* (ang.) – chorobliwy

[2] *All is in your mind* (ang.) – Wszystko jest w twoim umyśle.

[3] *conseiller de guerre* (franc.) – doradca wojenny

Wciąż przynależeć chcę. Jakbyś już nie wiedział...

Wiesz, wiesz, i nic nie sprawi, żebyś zapomniał. Wiesz już za dużo, żebyś mógł zapominać. Twoje kłopoty wynikają tylko z tego, że jeszcze starasz się zapomnieć. To nie skłonności naturalne sprowadzają cię z dobrej drogi na złą. Wiesz już tyle i tak, że wszystko, co robisz wbrew tej wiedzy, u ciebie jest już nienaturalne.

29 listopada, czwartek

Od miesiąca już nic nie robię innego, jak tylko przygotowuję się do podróży. To znaczy nic nie robię.

30 listopada

Wszystko, co nie jest pisaniem albo koncentracją, jest tylko plumkającym bagnem. Coś w tym jest, że wszędzie źle, ale najgorzej w domu. Dlaczego? Ano, jakieś przyczyny być muszą. Nastąpiło jakieś przesunięcie się geologiczne, tąpnęło coś bezpowrotnie.

Do Berlina zostałem już zaproszony. Henssel to w prasie ogłosił, *malheur*[1]. Koniec z moją małą tajemnicą.

A moja siostra ma rację.

To ostatnie zapiski. Dziś do banku, do kasy pancernej, trzeba mi odnieść ten zeszyt. I wyjechać.

Wszelkie wysiłki, żeby moje życie ułożyć w jakiś sensowny wzór – czy to się w coś układa? Niewiele. Bo i o co chodzi? Nie mogę nawet wymyślić jakiegoś modelu. Mogę wymyślić tylko metodę. Reszta się rozłazi.

Bo prawdę mówiąc – niczego nie chcę naprawdę. Nawet pisarzować nie chcę zbyt intensywnie. Wszystko to jakaś łatanina. Więc jak się ma co układać?

Do widzenia, mój słodki dzienniczku. Odrodzisz się już w Ameryce. W Ameryce.

4 grudnia, Pensylwania, State College[2]

Pensylwania przyszła do mnie, czy też ja do Pensylwanii? Jak wszystko – nieubłaganie i w swoim czasie. I chyba pęknę już z tego,

[1] *malheur* (franc.) – pech, nieszczęście

[2] Pennsylvania State University – jedna z najbardziej prestiżowych szkół wyższych w USA, założona w 1855 roku; Mrożek przebywał tu od grudnia 1973 do marca 1974 roku, prowadząc wykłady dla studentów.

bo wydawało mi się, że będzie dużo, a tu okazuje się, że jest jeszcze więcej.

Jest tak źle, że jestem już nieczuły. Za dużo, za wiele, to przesada.

Wydawało mi się, że pustka. Okazuje się, że pustka może się rozrzedzać w nieskończoność. Niestety, obawiam się, że to teraz jest pełnią w porównaniu z tym, co może jeszcze nadejść.

Myślałem, że umiem być rozrzedzonym powietrzem, myślałem, że mogę zaprzeczać wszystkiemu, wypierać się wszystkiego. Okazuje się, że kto pozbywa się wszystkiego, nie ma nic. Proste.

Właściwie dlaczego jeszcze? Po co jeszcze? Przeczekać? Przetrzymać? Ale ku czemu to zmierza? Zdaje się, że do niczego. Zdaje się, że moje życie zdechnie tak sobie, chociaż mnie może jeszcze pozostawić żywym przez jakiś czas. Ach, może już niedługo. To znaczy może już niedługo ono zdechnie, a ja żyć będę długo jeszcze. Ach, może jeszcze bardzo długo.

Pozostaje jeszcze poruszanie się, otwieranie ust, zamykanie. Trawienie, odżywianie się... Zapewne. Obserwuję te skurcze i rozkurcze jak ryby w akwarium. (W barze hotelu Sheraton, gdzie wypiłem trzy whisky dziś po południu, ostatni odruch samotnego mężczyzny i jeszcze bardziej samotnego człowieka).

5 grudnia, State College

Tęsknię za Europą, tęsknię za Polską, a co najgorsze, tęsknię za N.

Moje obłąkane szukanie – czego?

Jestem martwy.

W Ameryce nie ma Boga. Są tylko ludzie oraz ich pomysły, niestety zrealizowane.

Tutaj nawet katastrofy nie będzie. (Nawet jeżeli wszystko zniknie). Bo wszystko tutaj było i jest tymczasowe. Więc gdzie katastrofa?

Sei morto[1].

Chcę jednak żyć.

Ale żyć bez N.?

A więc życie nie jest jednak możliwe?

Nie ma Boga bez ludzi (ani dla ludzi).

---

[1] *Sei morto* (wł.) – Jesteś martwy.

Co robić?
Po co tu przyjechałem?
Bez N. jest źle.

6 grudnia, czwartek (św. Mikołaja)

Ponieważ jednak komórki mojego organizmu są żywe, dyktują mi życie. Tęsknota do śmierci też jest życiem. Tęskni się do niej, kiedy boli, a kiedy boli – to znaczy, że się żyje. Ot i wszystko jest życiem.

Dlatego też dzisiaj, lepiej już wyspany, gotuję się do Pensylwanii. Żeby ją przetrwać. Przetrwać tylko? Bo co, bo potem dopiero będzie życie? („Po wojsku", „po maturze"). Nie, tu trzeba się urządzić na wieczność. Która od razu się skończy.

W Ameryce ciągle coś szumi. Maszyny. Maszyny do wszystkiego.
Trzeba wielkiej cierpliwości i wielkiej pokory.
Dzień wolny, nie muszę iść do biura.

Przyjechała maszyna i zestrugała drzewa, pień i korzenie drzew, które były kiedyś pod moim oknem, a które wycięto. Zanim jeszcze to okno stało się moim oknem.

Alison przypomina Manheima. (Starszy, nieśmiały Amerykanin, pełen chrząknięć i szorstkiej wstydliwości). Za to Douglas Cook – o, ten wydaje mi się twardy.

Adolf Hitler – też wyniknął z życia? Zrozumieć Adolfa Hitlera.
Wszystko przeczekać i wszystko zrozumieć.

Hindus szedł przez parking przed moim oknem. Obok mała dziewczynka. Warkocze pędzelki. Jego córeczka, którą widziałem wczoraj, kiedy odbierałem od Mrs. Fernando (żona Hindusa, nieco japońska) naczynia, talerze itd.

Melancholia. Zanosi się na trzy miesiące tęsknoty. Za czym? Za wszystkim. Za niewysłowionym. Za czymś, co miało być i czego nie będzie.

Czy jestem niepoprawny?

To prawda. Sytuacja jest fatalna. Tak znikąd pomocy, że możesz liczyć tylko na siebie. Nie masz tu żadnej perspektywy i żadnego celu. Nikt na ciebie nie czeka, a przynajmniej nikt kochany. Nie mam nikogo poza sobą, a to niewiele. Nikt ci nie pomoże, nikt cię nie rozsupła.

Pozostaje tylko starać się i walczyć. W imię niczego. Bo teraz nie masz nadziei.

Oto co jest pewne: te trzy, cztery miesiące miną. Po tych trzech, czterech miesiącach będziesz mógł sobie powiedzieć: że przeżyłeś je mimo wszystko w najlepszej woli, że nie masz sobie nic do zarzucenia. Że ich nie przeszmaciłeś.

Nie wiem, co będzie dalej po tych trzech miesiącach. Nie licz na nic w każdym razie. Te trzy miesiące to nawias, zesłanie, więzienie. Zgoda. Ale powiedz sobie, że to jest próba. Nic, żadnej pomocy, żadnych nie masz ułatwień. To zgoda, to prawda. Ale zrób sobie tę próbę, podejmij to wyzwanie. Jeżeli to przetrzymasz, to znaczy, że nie masz się co bać o siebie.

Nigdy nie byłeś w więzieniu. Teraz jesteś. I to w łagodnym. Skorzystaj z tego.

Mija. Wszystko mija. Od ciebie zależy jak.

7 grudnia, State College

Zimno i pochmurno. O 9.30 spotkanie z moim szefem, p. Douglasem Cookiem. Informacje i plany. Włosy mu się kręcą na siwo. Chyba młodszy ode mnie. Z Arizony. Żona i dwoje dzieci.

Dalsze opieranie się rozpaczy. Wyróżniać dwa rodzaje desperacji. Taka, co bezpłodna, i taka, co może płodna. (Czy udzielanie sobie licencji? Furtka do rozpaczy mimo wszystko?)

Poczta: lekkie podniecenie pocztą. Bo poczta jest stąd, ale należy do wielkiego świata. Szacunek dla urzędnika. Urzędnik pocztowy – istota ważna, przez jej ręce przechodzą listy do mnie, ode mnie. A więc będzie czekanie na listy?

Wizyta w księgarni. Mizernej. *Second-hand books as well*[1]. (Nie pisz po angielsku. Tutaj pisz po polsku. Obawa przed wynarodowieniem? Zanikaniem języka? Kto się tego boi – ty? pisarz polski?)

Lista studentów. Trzy żydowskie nazwiska i dwie kobiety. W Żydach i kobietach nadzieja. Ale nie będziesz przecież spał ze

---

[1] *Second-hand books as well* (ang.) – Także książki używane.

studentkami. Nawet jeżeli któraś ci się spodoba. Zresztą to mogą być dwa potwory. Notuję samczy odruch. Poza tym staram się być przygotowany na dwa potwory.

Douglas Cook ostrzega, że niektórzy studenci mogą okazać się bez talentu i bez sensu.

Trzeci (czwarty?) dzień w State College. Popołudnie. Grudzień. Święta za pasem. Bliski – czego? Na co?

Żegnaj. Co? Witaj. Co?

Jeszcze Polska nie zginęła. Co to jest Polska?

Żył, był... Kto? I czy naprawdę?

Całe życie goniłem za nieskończonym. Człowiek tak czy inaczej żyje w czymś skończonym. Tylko z tej sytuacji – skończonego – może wyglądać ku nieskończonemu. Choćby nie wiem jak nosił w sobie poczucie nieskończoności, zawsze jest tylko skończony, uwarunkowany. Musi spać, jeść. Nie za dużo i nie za mało. Ten, który udaje, że tak nie jest, który temu zaprzecza, jest albo śmieszny, albo tragiczny.

Żyć w skończoności uzgodnionej to znaczy przyjąć jej dogodności i niedogodności. Dopiero z tej zagrody można czasem spoglądać ku nieskończoności. Tymczasem człowiek chce, żeby wszystko było boskie, pełnią doskonałości, jakością w stanie czystym, doskonałym. Stąd nie chce się zgodzić z niczym, co jest tylko połowiczne. Takie sobie. No dobrze. Ale co ze mną tutaj w State College?

Przetrwać. I przestać łudzić się, że jesteś specjalny, wyjątkowy wśród wyjątkowych, nieuwarunkowany, mogący uwolnić się od ludzkiej kondycji.

Zaczynać od małego, maleńkiego. A potem jak się zdarzy.

8 grudnia, State College

Ludzi trzeba pielęgnować, hodować sobie jak rośliny, niezbędne do wytworzenia tlenu. Nie można ludzi ani lekceważyć, ani pomijać, ani zbywać, ani traktować tylko instrumentalnie. Bo może się zdarzyć, że każdy napotkany będzie twoim towarzyszem dozgonnym i jedynym, czy to w więzieniu, czy to na samotnej wyspie, czy to na ziemi po wielkiej jakiejś epidemii albo katastrofie. Ja nie żartuję.

Ile osób zabiłem już sobie, a które teraz by mnie tutaj poratowały, w State College, w Ameryce?

Do tej pory marnowałem wszystko i bez żalu. A raczej z żalem, z pewnego rodzaju ponurą i desperacką zaciekłością, miałem zawsze pretensje, że to „tylko to, tylko tyle".

Tylko pozornie jesteś desperatem. Jakże jesteś dziecinny, naprawdę. Naprawdę jesteś ku życiu, a tylko obrażony na życie, tak przez ciebie ukochane, wyprawiasz różne głupstwa. Nie trzeba, kotku. Nie trzeba.

Nie trzeba ani tak krzyczeć w sobie, ani tak kaprysić na zewnątrz. Jakże przypominasz tych właśnie, których nie lubisz. Owych egzystencjalistów romantycznych.

A tymczasem – to aż zdumiewające, jak ono, życie, robi swoje, nie oglądając się na ciebie, nie przejmując się wcale twoimi kaprysami i grymasami. Serce wciąż bije, płuca oddychają i czas mija. I wszystko jest szczelnie wypełnione sobą i w sobie. Nie trzeba mu ani pomagać, ani też nie przejmuje się ono żadnymi protestami. Można wyobrazić sobie manifestację przeciwko życiu. Pochody, przemówienia, podniesione pięści. Być może śmieszność wszelkich manifestacji bierze się z tej śmieszności podstawowej.

Wczoraj byłem na kolacji u Archiego Smitha, mojego reżysera[1]. Archie ma pięćdziesiąt pięć lat, wygląda znacznie młodziej. Archie ma syna, co ma lat piętnaście (gruby), i córeczkę, co ma lat trzy. Trochę niesamowita ta córeczka, bo jakoś jest za bardzo uformowana, wyrzeźbiona drobno, ale zbyt dokładnie jak na takie dziecko. Żona Archiego jest byłą aktorką. Ma duże białe ramiona, które obudziły we mnie zrozumiałą tęsknotę za kobiecością, niechby nawet nie ostro erotyczną. Kominka pilnują duże wiewiórki z lanego żelaza. Dwa burbony i wino kalifornijskie do kolacji zrobiły mi dobrze, to znaczy przyniosły mi niewątpliwą ulgę. Kiedy mnie odprowadzali – zobaczyłem znowu *elm trees*[2], o których Archie słusznie zauważył, że przypominają formą kieliszki do wina. Pies – gruby, stary i brązowy – polubił mnie, i mała córeczka też. Błogosławiony alkohol. Kiedy dziś rano myłem głowę, wyleciało mi dużo włosów.

---

[1] Archie Smith przygotowywał amerykańską prapremierę *Szczęśliwego wydarzenia.*

[2] *elm trees* (ang.) – wiązy

Pisanie dziennika, przynajmniej takiego, jaki ja teraz piszę, nie ma prawdopodobnie sensu. Ale nie trzeba pytać o sens w tym wypadku. Jeżeli oddycham, nie ma powodu, żeby tego dziennika nie pisać. Nie wiem, jaki jest sens mojego oddychania, poza tym, że dzięki (na skutek) oddychaniu wciąż jestem żywy. Nie ma powodu protestować przeciwko mojemu dziennikowi, choć tu i tam bywa on wielce niezadowalający. Ponieważ życie w moim przypadku – moje życie ludzkie, człowieka takiego a takiego – polega nie tylko na oddychaniu, ale też na pisaniu dziennika, między wieloma innymi rzeczami, na których polega, niech więc piszę ten dziennik i niech nie wymagam od niego za wiele. W pokorze.

9 grudnia, State College

Ach, gdybym był siostrami Brontë.

N. na pewno nie jest taka, jak o niej mówiła moja legenda. Ale co z tego? Była i jest w dalszym ciągu (choć temu sam przed sobą zaprzeczam) – czym? No, właśnie tym. Przez tyle już lat. Moją krystalizacją. Czy wiadomo, dlaczego akurat ona uruchomiła moje życie? Przedtem byłem jak *Sleeping Beauty*[1].

I tyle ona była mi niezbędna, żebym przeżył Amerykę 1970, co L. Każda w inny sposób. *All things work together*. Dlaczego temu zaprzeczać, jeżeli to prawda?

Rzecz w tym, że aby działać, musimy upraszczać. Ale ja upraszczam jeszcze więcej. Upraszczam nie dla działania, nie tylko dla działania, ale też dlatego, że jak mało kto zdaję sobie sprawę z nieskończonej komplikacji. Więc ze strachu, cofając się przed tą nieskończonością.

Człowiek bez miłości jest brzydki. Człowiek zakochany może być śmieszny, ale tylko według pewnego poczucia humoru, jak śmieszny jest rogacz. Czy rogacz jest śmieszny? Zapewne. Ale jak, i czy tylko?

Więc kocham ją w dalszym ciągu. Może resztkami sił i może już tylko od czasu do czasu. Ale co dzieje się ciągle w naszych głowach? Co nie jest tylko od czasu do czasu?

Siostry Brontë zapewne nie domyślały się nawet, że ktoś może zazdrościć im losu. (Po stu latach? Po ilu?)

---

[1] *Sleeping Beauty* (ang.) – Śpiąca Królewna

Jestem niekonsekwentny, przypadkowy, cały zrobiony z marzenia. Dlatego chcę być konsekwentny, konieczny, totalny, trzeźwy jak rzecz. W tym udręka, ale nie tylko. Czym, kim byłbym, gdybym nie był taki? Z tej całej przypadkowości wyłania się jakaś konieczność. Koniecznie przypadkowy? A jeżeli wszystko jest przypadkowe (to znaczy może: konieczne, tylko ja nie jestem w stanie dostrzec ani pojąć wszystkich koniecznych ciągów, przyczyn, konsekwencji), to znaczy, że wszystko jest konieczne, i gubiąc się w tym rozumowaniu, muszę stwierdzić, że wszystko jest i takie, i takie, i bądź tu mądry.

10 grudnia, State College

Wczoraj pukanie. Poszedłem do niejakiego Greco. Dał mi *Canadian Dry*[1] i jedną szkocką whisky. Upiłem się, zatrułem się, byłem upity i zatruty. Z niedojedzenia? Czy z wyczerpania głowy? (Tak kiedyś straciłem przytomność w Portofino, po napisaniu *Tanga*, od czterech tylko szklaneczek whisky).

Typowe: od razu powiedziałem za dużo o sobie. Obcemu. Taki banał psychologiczny.

W nocy sny trudne i bolesne o N. Pokazywała zaproszenie na tenisa od jakiegoś starego bogacza obrzydliwca. Ona, która nie umie grać w tenisa. Było jasne, że nie chodzi o tenisa. Udowadniała mi, że to niewinne i pożyteczne. Jakieś głupstwa. Było koło niej sporo ludzi. Jakby jej matko-ciotka, z wszelkimi cechami owej niezapomnianej Adalguiry Marcovaldi. Ta się obraziła na N. „Ja mogę sama pić kawę, proszę bardzo". Bo N., chytrze sobie coś obliczając, udzielała się jakimś innym osobom, wpływowym. Miałem z tego jakąś gorzką i jałową satysfakcję, z tej kłótni we wrogim obozie.

Trudny poranek.

Greco – dramatopisarz. Orlock (dziś poznany) – dramatopisarz. Ja – dramatopisarz – mam uczyć dramatopisania osiem sztuk innych dramatopisarzy. To tylko w State College. A ilu jest dramatopisarzy na innych uniwersytetach w tym kraju? W całej Ameryce? A w Europie i Azji? Jedyność w Trójcy Świętej to fraszka w porównaniu z jedynością dramatopisarza. Ale jak inaczej? Nie mogę prze-

[1] Canadian Dry – kanadyjskie piwo imbirowe.

cież być jedynym dramatopisarzem wszystkich czasów i wszystkich krajów. To nie do pomyślenia. A więc jeszcze jeden przejaw tajemnicy: jedyność, wielość, poszczególność, ogólność.

Pogoda lepsza, na szczęście, a nawet całkiem dobra.

Obiadek za chwilę z Cookiem i Archiem. Czy może tylko z Archiem i jeszcze kimś.

State College i ja tutaj. To nieprawdopodobne, nie do pomyślenia, nie do zniesienia. A jednak prawdopodobne, do pomyślenia i znoszę. To właśnie jest najbardziej niesamowite. Przerażające nawet. Tak samo, ale o ile bardziej, odczuwałbym rzecz w drodze do gazu albo na szubienicę. Nie, nie, to nie ja, a jednak ja, to o mnie. Starzenie się jest jednak bardziej humanitarne niż takie przyspieszenia.

Znoszę więc. Adaptuję się. Poza czystym instynktem przeżycia nie ma tu nic dla mnie ani we mnie. Przetrwać, wytrwać, oto wszystko. Nie mogę powiedzieć „dotrwać". Bo dotrwać do czego?

Lepiej sobie niczego nie wyobrażać. Ale nie ma powodu przypuszczać, że mój powrót na Rue du Chevalier-de-La-Barre będzie czymś innym niż tylko smutkiem, żalem i klęską.

Czy ją tam jeszcze zastanę?

Oczywiście paskudny jestem. Gdyby mi tu było dobrze, wtedy nie przejmowałbym się tak bardzo. Ciągle z nią przegrywam w tę grę. Nic dziwnego, ona sama jest tą grą i stawką. Gdybym tu sypiał z kimś bez przerwy i brał udział w ciekawych przygodach, wtedy nie czułbym się podwójnie upokorzony. Tylko pojedynczo.

Podejrzane motywy, dla których chwaliłem się moimi kochankami przed siostrą w Wiedniu. Coś żałosnego w tym było. Chłopczyk pogwizduje w ciemnym lesie. Głośno i fałszywie. Widzisz, jak mogę bez niej się obejść? Widzisz, jakie mam powodzenie? To „widzisz" do kogo? Tyle do siostry, ile do siebie samego.

Listopad spędziłem na męce, zazdrości i tropieniu jej niewierności (przede wszystkim drogą medytacji, indukcji, dedukcji – ale z dobrym skutkiem praktycznym. Czy spędzę grudzień, styczeń i luty na tym samym, ale już bez cienia nadziei, nawet na emocje tropienia? Niszczące, to prawda. Ale czy przez to mniej pożądane?). Najlepszy pies gończy nie poradzi, kiedy nie ma ani kawałka materii, żeby powąchawszy go, mógł pójść za śladem.

11 grudnia, State College

Deep Throat, *The Devil in Miss Jones*[1]. Wczoraj w kinie. Czynności seksualne spotęgowane ilościowo, w czasie i przestrzeni. Jeżeli w ciągu pięciu minut nieruchoma kamera filmuje tłoki lokomotywy – pretekstem (jakże nudnym) może być „piękno maszyny".

W przypadku dwóch powyższych filmów nie było nawet pretekstu. Filozoficznego, estetycznego, etycznego (to znaczy rewolucyjnego, oczywiście). Był tylko pretekst fabuły, mizernej, wypoconej w trudzie i pretensjonalności.

Jedyny więc powód tego filmu (filmów) mieści się widocznie tylko na sali, jeżeli go brak w „twórcach" i w samym „dziele".

Popuszczaliśmy sobie nieco do tej pory, teraz popuścimy sobie na całego. Sala wypełniona, ja też tam byłem. Znaczy: ciekawi jeszcze jesteśmy, jak ludzie na siebie wyłażą. A że to samo w sobie mało ciekawe, widocznie każdy z widzów przynosi swoją ciekawość, motywację, której brak w „dziele".

Moja ciekawość połączona jest z N. Nie sądzę, żeby podpatrywanie lub branie udziału w orgii z byle kim mogło mnie obejść do tego stopnia. Raczej zmiażdżyć.

Do pustyni dorzucona pustynia, do dezolacji i desperacji – dezolacja i desperacja.

Publiczność – wyłącznie dwudziestoletnia. Prawie sami chłopcy. Coś pośredniego między rozrywką dla poborowych a przedstawieniem szkolnym.

Przypominają mi się moje przedstawienia szkolne. Wyspiański, Fredro. O takich przedstawieniach szkolnych, jakie ja wczoraj widziałem, marzyliśmy wtedy w najśmielszych i najdzikszych marzeniach. Czy słusznie, że nam ich odmawiano? Nie wiem. Może to obojętne. I kto – my? Nam? Zależy komu, nawet jeżeli mamy wszyscy dwadzieścia lat.

Nie jestem pewny, czy gwizdy, krzyki dowcipne i śmiechy na sali znaczyły samoobronę, wstydliwość? Czy miałem być z nimi (choć nie lubię krzyków), czy raczej z tymi, co siedzieli nieruchomo i w skupieniu? (Tak niewielu ich było).

[1] *Deep Throat* (*Głębokie gardło*, 1972), *Devil in Miss Jones* (*Diabeł w pani Jones*, 1973) – amerykańskie filmy pornograficzne w reż. G. Damiano.

Nie wiem. Jestem już dwa razy starszy od każdego z tych widzów. Ale mam wrażenie, że stało się, działo się coś bardzo smutnego, odbierającego resztki radości i resztki nadziei. W każdym razie mnie na pewno. (Patrz: moja szczególna ciekawość, moje tak osobiste przyczyny ciekawości).

Niszczenie. Wszystko niszczeje. A kiedy już będzie całkiem wyniszczone, wyłysiałe, sparszywiałe, nędzne, dychawiczne i prawie już całkiem puste, kto będzie dbał, kto będzie się przejmował, kiedy, tak zbiedniałe i spustoszone, dozna ostatecznej zagłady?

To dziwne – wszystko, co się dokonuje, dokonuje się, jak zawsze się dokonywało: dlatego że jest człowiek, który coś sobie tam wyobraża, czegoś chce i czegoś nie chce. Stwarza coś tam, a raczej coś tam przetwarza, stwarza, przetwarzając, ponieważ jest. Taki właśnie, zamknięty w swoim jedynym życiu. A cała destrukcja, jaką ostatnio uprawia, wynika z tego, że jest. Te dwa filmy – ile tam było kręcenia główkami, a to pieniądze były potrzebne, a to odznaczyć się chcieli i wyróżnić. Niwelacja w imię wywyższenia. Tyle że w przypadku tych biedaków niwelacja nawet nie pomyślana. Ot, taka sobie, po drodze. Szeroki gościniec, walmy i my.

Les chemins de la facilité[1].

A cóż mnie, cóż ja? Ano, trwać.

12 grudnia, State College

Nie jest to odkrywcze, ale ów robak przewrócony na plecy, co wije się i łapkami przebiera, to model właściwy. Albo kura z uciętą głową, która jeszcze żyje?

Gombrowicz cały był po „stronie ludzi, a nawet Boga", jak to napisał w *Dziennikach*[2]. Z czego wynika, że Boga uważał za ludzkiego. Po tej stronie więc, przeciwko czemu?

Przeciwko temu, co nazywał naturą. Nieludzkiemu, niezrozumiałemu. Temu, co nie mieściło się w „międzyludzkim kościele"[3].

---

[1] *les chemins de la facilité* (franc.) – drogi prostoty

[2] Por.: „Ja będę po stronie porządku ludzkiego (i nawet po stronie Boga, choć nie wierzę), aż do końca moich dni; także umierając" (W. Gombrowicz, *Dziennik 1957–1961*, Kraków 2004, s. 17).

[3] Por.: „Człowiek jest poddany temu, co tworzy się «między» ludźmi i nie ma dla niego innej boskości jak tylko ta, która z ludzi się rodzi. [...] W tym koście-

Gombrowicz był gęstym i płodnym artystą. Tak płodnym, że poza tym, co sam napisał, zapłodnił całe pokolenie, czy też pokolenia, a w każdym razie wielu.

Ale wielkim artystą był również Kafka. Ten, który doznawał udręki, ile razy wypadało mu nie być samemu.

Tak, ale i jeden, i drugi opętany był i pochłonięty „ciałem". Artysta jest człowiekiem zmysłowym. Ostrość widzenia i słyszenia Kafki miała coś z paroksyzmu. Obaj nie interesowali się metafizyką. To znaczy nie interesowali się nią wprost.

Artysta jest tak cielesny, tak udręczony ciałem, że niechcący stwarza metafizykę. (Tak udręczony poszczególnym. Konkretnym).

Kafka nie teoretyzował ani siebie, ani ciała, jak Gombrowicz. Nie wspominał o formie ani dystansie do formy. Rzucił się, rzuciło nim, drapał ściany pazurami, gryzł je i tłukł głową w mur. Aż go to szybko zniszczyło. Niczego nie organizował. Był jednym ciągłym paroksyzmem artyzmu. To nie mogło trwać długo. Czy można powiedzieć, że był romantykiem?

Gombrowicz był na pewno po stronie klasycyzmu. Organizował sobie napięcie. Nie chciał być ofiarą, był maniakiem kontrolowania.

Zdaje się, że Gombrowicz nie miał poczucia daremności swojej, swoich udręk, stanów, uczuć. Może dlatego, że do niczego nie dążył (w sensie metafizycznym). Jakże odwrotnie Kafka. Ten był napięty do ostateczności w kierunku celu. Jakiego? Oczywiście tego nie wiedział. Przymus wędrowania ku, ale cel wędrówki jest tajemnicą. Absolutne poczucie, że istnieją żelazne prawa i przepisy, ale nie wiadomo jakie (*Proces*, *Zamek*[1]).

Czy Gombrowiczowi przedstawiało się wszystko jako gra, która sama w sobie jest sensem? Sprawiał wrażenie, jakby niepokoił się tylko o wyniki poszczególnych rozgrywek, których reguły są zresztą znane. Z wyjątkiem *Kosmosu*, gdzie zadaje sobie pytanie: a nuż jakaś supergra istnieje? Ale to pod koniec życia i tylko jakby ubocznie, mimo to nie wydaje się, że kłopot metafizyczny jest jego zasadniczym kłopotem.

---

le ziemskim duch ludzki uwielbia ducha międzyludzkiego" (W. Gombrowicz, *Ślub. Idea dramatu*, w: *Iwona, księżniczka Burgunda. Ślub. Operetka. Historia*, Kraków 1999, s. 101).

[1] *Proces* – powieść F. Kafki z lat 1914–1915 (wyd. 1925; wyd. pol. 1935). *Zamek* – zob. przypis do 6 lutego 1972.

Kim byłby P.B., gdyby nie mieszkał na Quai de Bourbon i nie posiadał zamku w Merle? Gdyby zapraszał moje kobiety nie do tego zamku, ale do dwupokojowego mieszkania na Avenue du Maine?

A Henry Kissinger[1]? Nawet wtedy, kiedy był tylko kierownikiem seminarium na Harvardzie, kim był?

Kim byłby Gombrowicz, gdyby nie wywalczył sobie siebie, sławnego Gombrowicza?

Moje apetyty: czy szczerze wygasłe, czy tylko to kwaśne winogrona?

Z wiekiem coraz kwaśniejsze. Z wiekiem i z niepowodzeniem.

Wola walki, wola zwycięstwa, wola życia. Jak można zwyciężać, mając do siebie wieczne obrzydzenie? Osłabiając sam siebie, potykając się o samego siebie? Kłaniając się wszystkim dookoła, przepraszając, dopraszając się łaski, prosząc, żeby nie bito? Merdając ogonkiem? Ustępując, nie żądając niczego? Skomląc? Umniejszając się? Samemu się niszcząc, zanim zniszczy mnie to, co ma mnie zniszczyć? Wycofując się wiecznie, ulegając wiecznie, ze wszystkim i wszystkimi wiecznie szukając porozumienia, oczekując zmiłowania, ulgi?

Czytanki o wielkich ludziach.

Jesteś człowiekiem, ale nie lubisz tego, i bojąc się tego, starasz się być niczym. Wejść pod krzesło, pod kanapę, byle nie być na widoku, bo wtedy trzeba by odpowiadać za siebie, być, działać, wpływać.

Mam wrażenie, że dano ci raczej wyjątkowy los i znaczne zdolności. Zrobiłeś wszystko, żeby tego nie przyjąć. Studiowałeś różne doktryny akceptacji. Jesteś gotów przyjąć obelgi ze strachu, ale nie jesteś w stanie przyjąć samego siebie. Tego ludzkiego.

13 grudnia, State College

Nie sądzę, żeby życie tylko na jednym, dwóch, nawet trzech planach było możliwe. Jak więc nie zwariować? Bojąc się szaleństwa, szukamy jakiejś jedności, wspólnego mianownika. Osoby. Siebie. Tam się ufortyfikować i stamtąd żyć.

---

[1] H. Kissinger w latach 1951–1971 był kierownikiem International Seminar na Harvardzie.

I zawsze, wszędzie, w każdej chwili szukam ostateczności. *La solution finale*[1]. Co chwila już mam, złapałem. Aż do następnej chwili, która dokładnie zaprzecza poprzedniej. To chcę żyć, to umierać. To trwać, to pędzić. To się boję, to jestem odważny. To piękny jestem, to brzydki. Na górze, na dole, po bokach też. Z tego zmęczenie wielkie.

Ten ma rację, tamten też ma rację. To święty jestem, to upadły. Trudno w takich warunkach o jakiekolwiek wyniki, skoro niczego nie mogę chcieć dłużej niż przez parę miesięcy, w najlepszym wypadku. Potem zmieniam zdanie i już chcę czego innego. A że jestem w warunkach znacznej wolności, więc tę wolność obracam w chaos.

14 grudnia, State College

Fun-oriented men. Nawet prorocy, Mojżesz, byli *fun-oriented people*[2]. Tyle że Bóg był ich przyjemnością.

Cóż ty, Frojdziku, że niby Mojżesz się wysublimował?

„Jestem pisarzem" – fatalna sytuacja. „Chcę zostać pisarzem" – znacznie lepiej. I w pierwszym przypadku – nuda. Wypełnianie funkcji. W drugim – dynamiczność, różnica stanów.

Według Gombrowicza – forma mało ustalona, szybko ruchoma. Brak wielkich, wszechobejmujących form. Nawet jeśli jakaś większa fala, na jej powierzchni mnogość małych, szybko pulsujących falek. Wrażenie: to jeszcze nie jest gotowe, to może się zaraz zmienić. Mówię tak i tak myślę naprawdę, i tak postępuję, ale zastrzegam sobie, że mogę zmienić zdanie. A wszystko dlatego, że postępuję tak czy inaczej tylko według swojego osobistego zdania i woli.

Jest w tym trochę kowbojskiego pióropusza, udawania dezynwoltury, protekcyjność (*my gun protects you*[3]), trochę udawania, że jestem silniejszy, niż myślisz, sprawniejszy, niż myślisz. Nie zależy mi na tym, żeby cię o tym przekonać ani żebyś w to uwierzył. Ani nawet żeby ci to dać do zrozumienia. Sam powinieneś to wziąć pod uwagę.

---

[1] *la solution finale* (franc.) – ostateczne rozwiązanie
[2] *fun-oriented men* (ang.) – ludzie nastawieni na zabawę
[3] *my gun protects you* (ang.) – moja broń cię chroni

15 grudnia, sobota, State College

Oto geneza estetyki na gorącym uczynku. Bo nie wiem, czy to jest ładne, czy nie, na początku. Przyciąga uwagę. Lubię na to patrzeć, i może po prostu to, na co lubimy patrzeć, jest ładne. Czemu zaś lubimy patrzeć?

Chodzi o biodra oraz tę wyśmienitą krainę, której biodra są częścią. I nie o każde biodra, tylko takie, jakie mają N., X (bo nie wiem, jak się nazywa moja przyjaciółka) oraz Y, Z...

16 grudnia

Następne party.

Jest ich już kilka. Dzieci udające kobiety. Rewolucje seksualne – rewolucjami seksualnymi. Nic nie zastąpi indywidualnego talentu.

Niech to będzie żądza kariery, miłości czy rozpusta. Myśl o zbawieniu wiecznym czy doczesnym. Sztuka, czy ja wiem co, ale niech to będzie coś. (Nawet męka?)

W tej wiosce odwiecznej koło Isfahan więcej się działo niż tutaj, w State College amerykańskim. Czy w całej Ameryce?

Moje pretensje do tego, co mnie spotyka tutaj: liczyłem na pomoc okoliczności. Byłem pustawy, umęczony. Poprzednie podróże dały mi przecież siłę. Nawet Zurych (ale już nie Wiedeń). Tymczasem tutaj pustka gorsza od poprzedniej.

Nie umiem fabrykować sztuk. Z niczego. Co gorsza, nie umiem żyć z niczego. Tymczasem wszystko martwe, nic nie scala niczego. Nie ma nadrzędności. Gdzie ją znaleźć?

Czy tak jak w Stratfordzie[1]? Ależ tam przybyłem w takich okolicznościach... Wtedy, w 69, postanowiłem nigdy już nie być martwy. Czy to można postanowić?

19 grudnia, State College

Wszystko nadal trwa.

Zawsze chciałem więcej i ponad. Stąd moje kłopoty. Nigdy nie mogłem się zgodzić, że jest tylko to, co jest. To było ze mną, odkąd siebie pamiętam.

---

[1] W sierpniu 1969 roku Mrożek uczestniczył w festiwalu teatralnym w Stratford w Kanadzie.

Nazwać to tylko wyobraźnią? (Wadą umysłową?)

Gombrowicz zdawał się nie mieć tych kłopotów. Cieszył się tym, co jest. Był królem rzeczywistości.

Najlepiej mi było na świecie, kiedy wobec rzeczywistości przybierałem postawę myśliwego na stanowisku. Kiedy nie starałem się o Niewyrażalne wprost, tylko czujnie współżyłem z Wyrażalnym.

Podejrzewam, że najwięksi i najbardziej prawdziwi artyści to ci, którzy nie troszczą się o Niewyrażalne, cali zanurzeni w Wyrażalnym. Co począć, kiedy z natury nic nie przedstawia mi się jako dostateczne, wystarczające? Metafizyczny malkontent.

Stąd wieczne pożądanie przygody i wieczne zagrożenie nudą. Stąd romantyczność. Stąd możliwość mądrości, witana niechętnie, jako umniejszenie, rezygnacja.

20 grudnia

Pierwszy dzień wakacji.

Carla by miała ochotę, ale Krystian… Chciałaby, żeby ją namawiać. Niedoczekanie. Carla się przestraszyła (najmniejsza z nich, a wszystkie są ogromne. Tamta jedna znowu pali papierosy i żuje gumę jednocześnie, czego nie mogę znieść).

Ale nie ma kłopotu. Po raz pierwszy w życiu nie cierpię mąk. Ile to już, osiemnaście dni? Widocznie się starzeję.

Po nocach, ogłupiały, rysuję dowcipy. Ulga, wracam do swojego właściwego wymiaru. Nie przeskaluję sam siebie.

No i co by ci tu jeszcze powiedzieć? Może tylko tyle, że tylko obojętność pozostaje. Nazwijmy to dystansem. Złośliwie – rezygnacją.

Tak mało zależy ode mnie. (Od ciebie). Poczciwy, stary stoicyzm wytrzymuje ostatnie próby. Moja chata mała, ale rządź się w niej, jak umiesz. O ile Skinner nie odarł cię z ostatnich złudzeń.

Po przyjeździe do State College pisałem listy, w zakorkowanych butelkach puszczałem je na morze. Dlaczego czuję się zawiedziony? Dlaczego do kogoś mieć pretensje? Co za szaleństwo spodziewać się czegokolwiek. Raz już uczyniłeś spostrzeżenie, jakże trafne: kiedy jedziesz samochodem, czego możesz się spodziewać? W najlepszym przypadku (w kategorii niespodzianek) tylko katastrofy. Przyjazna pogoda, poprawne funkcjonowanie motoru, dobra szosa – to cię nie zaskakuje. Ale deszcz, mgła, gołoledź – uważasz to za niespodziankę. Dlaczego?

Ach, chyba istnieje coś w rodzaju rzeczywistości, jej praw. Ona, one są także we mnie. Zdawać sobie z niej, z nich sprawę. Nie kaleczyć się o nie.

State College: w tej rundzie jestem położony na obie łopatki, unieruchomiony. Wszelkie ruchy, wszelkie wysiłki pogarszają tylko moją sytuację. State College: model. Nie ruszaj się, nie miotaj, ruszaj się tylko o tyle, o ile to jest możliwe. Inaczej stracisz resztki sił.

Energy crisis[1]. Ukazanie się granic. Nie jesteś nieograniczony. A każdy ma swoje sprawy, każdy ma swoje pólko, po którym lata, krząta się, szuka pożywienia i jamki. Te pólka nachodzą na siebie, ale nigdy nie pokrywają się. Nie miej pretensji. Taka ich królicza kondycja, jak i twoja. (Napiszesz o tym opowiadanie?)

27 grudnia

Pięć dni w Nowym Jorku.

Zbawienie. Niespodziewana łaska. Wielbłąd dowlókł się do oazy, a w garbie już nie miał wody. I wiele było tam życia, i nie ma nic cenniejszego od życia.

I wszystko jest znowu możliwe. Znów sady, gdzie były kupy żużlu. I ludzie są, i moje pustynie, moje spalone lasy, moje stratowane łąki pozostały po drodze, przy drodze. Bo droga także jest. I koty.

Koty.

Było ich razem pięć, trzy i dwa. Jakże różne. Te dwa i trzy, i każdy z osobna.

Biały, czarny, rudy.

Duży (w łazience), mniejszy (w czarnym pokoju).

Aha, i jeszcze ze dwa. Ten, co spał w pudełku. Ten, co był w ramionach.

Ostatniej nocy mokry upał. Otwarte okno, kot w mroku. Ja rozmyślający o wszystkim poprzez koty.

Można.

Irish whiskey w dzień wigilijny, zgubiony ogon od czapki. Kupienie lalki. Znowu Irish whiskey w hotelu Domenico. Plaza. Muzy-

---

[1] *energy crisis* (ang.) – kryzys energetyczny

ka łyżwiarzy. Trzy białe myszy, dwie plus jedna. (*Go home now, straight. Yes, I shall do it for you* – to sprzedawczyni u Szwarca).

[Idź teraz prosto do domu. Tak, zrobię to dla ciebie].

Myszy i koty. Trzy białe myszy, siedem kotów.

Dawniej kino i teatr, potem loża masońska, teraz pracownia malarska. Inna N., jakby czekająca. Wprost ku niej. Czemu nie objąłem jej? (Przy wszystkich? Przy mężu? Ledwo zostałem przedstawiony). Zrozumiała jednak wszystko.

Dwie N. Trzy myszy. Siedem kotów.

Jedna choinka (nie, dwie choinki).

Uściski, pocałunki, dobre życzenia. Czterech mężów, w tym jeden nieobecny. Obejmują mnie mężowie i żony. Dwie zakochane. Dwie mogące się zakochać.

Cztery żony i jedna narzeczona.

Trzy myszy (dwie plus jedna), siedem kotów, cztery żony, jedna narzeczona i jedna nieznajoma u Szwarca.

Nigdy nie wiadomo, z której strony ktoś nadejdzie (o ile nadejdzie). Wołasz w lewo, przychodzi z prawej. Kto inny.

28 grudnia, State College

Być może: uczucia, odczucia, myśli, wszystko, co się dzieje w głowie – to nicość i ułuda. Nie ostateczna realność. Przychodzą, odchodzą, powtarzają się, kino.

Ale tak samo pożywienie. Ciąg potraw, które spożywamy codziennie. Co, znowu ta zupa?

A jednak spróbujmy odmówić pożywienia. Nie będziemy wtedy nawet zwierzętami, nawet roślinami.

Czy nie tak samo z tym, co w głowie?

Jeśli chcemy żyć – a chcemy – to żyjmy.

Umiejętność zmieniania planów, perspektyw, praktyk. Bez wstrząsów i szkody. Kiedyś, jako małpa, tak poruszałem się po drzewie, jak dziś wypadło mi poruszać się po drzewie moim psychicznym. Oby z tą samą gracją.

Zgadzają się wszyscy, że życie to zmiana. Czemuż więc nie postępować według tej zasady, która zresztą dosyć przypada mi do gustu? Tylko Nowy Jork albo tylko State College – to gorzej niż jedno i drugie. Dostałem odszkodowanie za trzy tygodnie szkody w State

College. Możemy przystąpić do nowej rozgrywki. Co zrobić z tym kapitałem? Znowu jestem niebiedny.

I mimo wszystko jestem wciąż tak żarłoczny, że teraz zostałbym w Ameryce przez całe życie, choć wiem, że przyszłaby chwila, dzień, rok, kiedy poczułbym się tutaj tak samo w pułapce jak gdzie indziej i kiedy indziej. To nie powód, żeby się wypierać tego apetytu. Jak zresztą niczego nie trzeba się wypierać. (*But never relinquish the shame...*) [Ale nigdy nie porzucaj wstydu...]

Koty, myszy, żony, lalka. Tymczasem lalek też więcej niż jedna. Ciekawe, jak to, co było, można też przypomnieć sobie dzięki tym rekwizytom.

30 grudnia

Gombrowicz – o sobie dawnym, dziecku... Ach, zresztą mniejsza z tym.

1974

1 stycznia, State College

Nowy Rok. Nowy? A cóż takiego jest w nim nowego?

Ja z Władysławem Strumiłłą, we dwóch, sam jeden dwie butelki wina kalifornijskiego wypiłem (półtorej, bo były dwie butelki; a może jedną i trzy czwarte?). Takie to moroniczne[1] obliczenia. Postsylwestrowe.

Nędza, nędza. Ale mówię to z chichotem, bo nawet tą nędzą się przejąć nie jestem w stanie. Nie dlatego, żem *moron*. Tylko dlatego, że trzeci człowiek. (Dusza, ciało, ja trzeci). A może to jest ten trzydziesty dziewiąty?

Ach, gdyby tak ustawić mnie wszystkich w rzędzie. A na czele kompanii postawić tego ostatniego, najnowszego.

Z Władysławem, przed nim defilowała moja spora grupka. To nie oszustwa. Ten ja ostatni jest *insortable*[2]. Musiałem przecież mu się przedstawić, nie można się przedstawiać inaczej, jak przedstawiając swoich byłych. Ach, nie byłych, oni są. Ale tych uformowanych, „dorosłych", już gotowych.

---

1 *moron* (ang.) – debil

2 *insortable* (franc.) – niewyjściowy

Tylko ja, ja musiałem znowu się w nich wcielić. Przez pół nocy mieszkałem w nich, teatr kukiełek, ręce miałem zajęte sznurkami. Fikali nóżkami, rączkami.

A ja, ten ostatni? Nie miał gdzie się podziać. Ukradkiem tylko coś tam sobie przypominał (ale znowu: przypominał właśnie, i czy to dla niego zajęcie?). Wyobrażał sobie i przypominał. Ale słabo. Bułata Okudżawy słuchał, ale więcej chciał się przejąć, niż się przejął. A kiedy wrócił do domu („pod szubienicę"), jak zwykle chciał sobie urządzić sesję fajczaną pod szubienicą. Z motywem: „opuszczony jestem, ale ja wam pokażę". Tylko na drzwiach kartkę od Carli i Kate znalazł, że były i mnie nie zastały. Zmęczony był i pijany tanim, trującym winem, a poza tym zbyt dobrze już sam wie, jak te sesje pod szubienicą tylko czczą, formalną zabawą się stają, zbyt przejrzał sam siebie i swoją grę, więc spać poszedł i zasnął.

O północy uścisnęliśmy sobie z Władysławem dłonie i tyle. Czy tacy ludzie jak on jeszcze będą? Wątpię. Nie będzie już ani takich ludzi, ani takich Polaków. Nie ma już takiej Polski. Zdjęcia rodzinne jego. Oczy jego pradziadka, dziadek z synem i żoną na tle pejzażu kresowego, czoło jego ojca. Tylko twarze jego dzieci te same. Poza genami nic nie zostało, prawie nic. „Matka do Wiednia sygnet rodzinny herbowy mi przywiozła. Co ja z nim mam robić? Co on dla mnie ma znaczyć? Nie wiem".

Ci ludzie byli historią Polski. Co, kto teraz jest historią Polski? KC[1]? Podejrzewam, że nikt w swoich kościach nie czuje, że jest historią swojego kraju. I nikt tego nie ma w twarzy. Dlatego polskie twarze dzisiaj takie nijakie. Jeżeli moja twarz jest jako taka, to dlatego, że ja mam poczucie, że jestem przynajmniej swoją własną historią.

Władysław: „Mój ojciec (tu określił, a ja to, co on określił, określam właśnie: miał poczucie, że jest historią swojego kraju, był nią) robił to i tamto, robił wiele. A ja? Mnie z tego wszystkiego została tylko uczciwość".

To prawda, drogi Władysławie. Jesteś uczciwym człowiekiem. I może tobie nic z tego, ale pomyśl: może coś z tego tym, którzy ciebie spotykają?

---

[1] KC – Komitet Centralny PZPR

Ale cóż to, ja nie o sobie? O sobie powinienem, o sobie tylko, o tej nocy sylwestrowej.

Jakie były poprzednie? Chyba żadna nie dorównała i nigdy nie dorówna tej 1949/50. W pracowni Tadeusza Brzozowskiego na ulicy Floriańskiej[1]. (Opisana w moim spalonym dzienniku tak dokładnie). Inne pamiętne? Ta heroiczna i stoicka 1962/63? Ta zrewoltowana, intensywna, tragiczno-radosna (zła radość, bo ktoś cierpiał) 1968/69? A 1969/70? Nie pamiętam, choć powinienem. Dziwne. Spróbujmy po kolei wstecz: 1972/73 – zła, z płaczem i przybliżającym się przeczuciem przyszłości, w Austrii (ta scena w okropnej kawiarni, po okropnej kolacji w hotelu naprzeciwko. Łzy). 1971/72? Czy nie u Magdy Wilenko, jednej z jej koleżanek? 1970/71, czy nie z Piotrem i Ransonem, podobnie jak 1969/70? Wobec tego gdzie się podziała jeszcze jedna, ta... Nie, zgadza się.

1968/69? Już było.

1967/68? O ile się nie mylę, we dwoje z Marą, Chiavari. (Tamci pojechali do Vence).

1966/67? Düsseldorf. Ognie sztuczne, pijaństwo moje. Erwin i Ewa.

1965/66? Z młodymi architektami i P.P. w tej restauracji – Chiavari, gdzie dziczyznę podawano?

1964/65 – w tej innej restauracji, nad morzem (czy pp. Tarnowscy też?).

1963/64 – w kinie w Paryżu, z Marą na filmie o zwierzętach.

1961/62 – gdzieś w Londynie. Ale gdzie?

1960/61 – u Literatów?[2] (Ze szwagrostwem).

1959/60? Nic nie pamiętam. Może to wtedy właśnie ze szwagrostwem? (Czy u szwagrostwa?)

1958/59 – u mnie na stryszku, na Krupniczej. Pijany. Telefon do Mary, żebrzący. (To był wtedy czas rozstania, mojego odejścia).

1957/58 – za wiele żądasz, skąd ja to mam pamiętać, tak dawno... Pewnie na Krupniczej.

1956/57 – *ditto*[3]. Reszta w mrokach niepamięci.

---

[1] Ten sylwester opisał Mrożek w *Baltazarze*, Warszawa 2006, s. 135–137.

[2] Dom Literatów przy ul. Krupniczej 22 w Krakowie.

[3] *ditto* (wł.) – to samo, jak wyżej

Sylwestry moje. Nędzna ta gromadka. I tylko od czasu do czasu jakiś bardziej znaczący. Nic dziwnego. Sylwester zdarza się tylko raz do roku, a dni znaczące, szczególne, pamiętne wprawdzie nieco częściej, ale też nie codziennie. Jak więc chcesz, żeby jedno pokrywało się z drugim? Trzeba trafu.

Skąd to wierzenie, że aby stało się, działo się ponad, więcej i nie to, tylko tamto, należy rozprząc sobie nerwy, podrażnić je nikotyną, nerwy unerwić alkoholem, a przynajmniej rozdrażniać się wyobraźnią, wyobraźnią rozjątrzać? Gdybym wiedział na pewno, że nie trzeba. Czy to tylko lenistwo? (Tak się rozdrażnić, żeby się wydawało, że spełnienie jakieś tuż-tuż, że wtedy tylko artystą być, żeby ukojenie nastąpiło, a tymczasem nie pracować, tylko nową szprycę sobie zastosować).

Fałszywa to intensywność? Prawdziwa? Tymczasem łatwiej i zdrowiej żyć można. Ale jaka tam mitologia w zdrowym życiu. W chorym – wielka.

Żyć jak owe koty właśnie? Ale co one wiedzą. Ale żyć jak koty – oto projekt mitologii na zdrowe życie. Bez modelu, bez mitologii nie można. Życie bez modelu nie wydaje się życiem. Czy i jaki model miał Gombrowicz? Siebie? Swój? (Stworzył sobie Gombrowicza i na nim się wzorował).

Pani zostawia mnie bez listu na Nowy Rok. Zresztą nie tylko ona. Moja siostra, Lew, tylko ojciec napisał do mnie. Czy i jak mnie to obchodzi? Ano, obchodzi nieco. Choć co do Pani, to może i lepiej („...dla duszy Juliusza", ale nie żartujmy. To może rzeczywiście lepiej). Tak pewna jest siebie i swojego? Prawdopodobnie i po prostu, ot, jak to ona. Do głowy jej nie przyszło. A jeżeli przyszło, to zapukało słabo, tam w głowie tyle spraw: sylwester, panowie różni, kombinacje rozmaite i problemy reprezentacji. Ciekaw jestem, któremu panu szczególnie oczy błysły w Zakopanem, kiedy mu powiedziano, kiedy mu powiedziano ze szczególną nawet ostentacją, że ten atrakcyjny i obiecujący kawał dupy (to dla niej komplement, szczery, choć szczególnego rodzaju) należy do mnie. Do legendy. Na ile ja sam uświetniłem przyprawione mi rogi. Król z rogami to rogacz królewski.

2 stycznia, State College

Rzeka czasu. Substancja czasu. Podstawowa niemożliwość: być choćby odrobinę dalej od miejsca, w którym się jest. Przede wszystkim w czasie. (W przestrzeni też, ale mnie o czas chodzi). W tym sensie wszystko, co ludzkie, jest tutaj, a każda myśl o tym czasie gdzie indziej.

Dzisiaj od rana zniechęcenie – prawdopodobnie skutek pijaństwa w noc noworoczną. To drugi dzień po, ten gorszy. Już nie zatrucie, jeszcze nie zdrowie. Charakterystyczny ból głowy poranny.

Literatura jest arcyludzka. Cała gdzie indziej niż w czasie. Tym czasie: to nie my się poruszamy. Niesie nas moment, zawsze ten sam.

Tak ładną teorię opracowałem sobie wczoraj. Jak zwykle przy lampie, na fotelu. Z fajką. Pod szubienicą. Teorię *spearheaded*[1]. *Heading man*[2]. Słusznie, słusznie. Tylko jak żyć? Teorię można, życie...

A jednak to mieszkanie jest mi uciążliwe i nienawistne. Krzywda. Dlaczego ja takie mieszkanie? Wielki północny hotel. Nie mam szczęścia do mieszkań w Ameryce.

Nowy Rok. Czegoż my to nie wyczyniamy, żeby był nowy? Inny, szczególny. On tymczasem pruje obojętnie w przyszłość. Nie oglądając się na nas. Na nic. O ile on w ogóle jest.

3 stycznia

Ten zespół okoliczności, którym jestem, znowu obudził się rano, też na skutek okoliczności jeszcze bardziej zewnętrznych. Nie było pożaru, belka nie spadła mi na głowę. Były tylko takie, że nie spadła właśnie. Ani nic innego się nie zdarzyło w tym rodzaju, innego, co mój umysł jest w stanie skonstruować jako fakt w wyobraźni. Więc zdarzyło się tylko to, co się zdarzyło, nic więcej.

Carlę spotkałem na ulicy. Po lekarstwo dla przeziębionego kochanka. Jak cudownie – nie musieć. Nie muszę jej namawiać, nie przyjdzie, nie zdejmie spodenek, majteczek, nie położy się naga w moim łóżku – też dobrze. Tak samo dobrze, jak „New York Timesa" sobie poczytać. Błogosławieństwa dojrzałego wieku. Koniec niewoli?

---

[1] *spearheaded* (ang.) – stojący na czele

[2] *heading man* (ang.) – przywódca, lider

Ona coś tam rozważa w niepewności, to ona coś musi (przyjść, nie przyjść), ja nie muszę. Życząc jej szczęśliwego nowego roku, oddaliłem się z „New York Timesem". Zostawiłem ją razem z jej wyrośniętym pięknie ciałem, z którym ona musi coś począć. Miała piękne długie włosy, na których osiadał drobny śnieg.

Może nauczę się nie mieć już pretensji do okoliczności. Czyli do wszystkich i wszystkiego. Ja też jestem okolicznością. Ktoś dostaje list ode mnie. Przyjmuje to jako fakt totalny, nie pamięta o okolicznościach. Nie zdaje sobie sprawy z tego, jakimi drogami ten list został napisany, dlaczego. Jak w istocie jest przypadkiem, wynikiem tylu właśnie okoliczności, którymi byłem, tak że powstał ów list, że został wysłany. Nie gniewać się na okoliczności. Za to widzieć możliwie dokładnie, jakie są.

4 stycznia, State College

Spadł śnieg, teraz się topi. Cieplusio. W duszy też cieplusiowato. W Japonii kryzys, wszędzie kryzys. U mnie też kryzys. Jestem głupi i nieudolny (dzisiaj).

Trzeci człowiek nie jest taki. *Uomo senza qualità*[1]. Ale dziś rano nie jestem trzecim człowiekiem. Czy dlatego, że źle spałem? Śniły mi się koty, które ciągle gryzły mnie w palce. Brały moje palce w ząbki i naciskały, trochę, troszeczkę, ale zaraz mogły nacisnąć jeszcze mocniej.

Mój umysł jest jak księżyc. Jedna strona jasna, druga ciemna. Pełna gruzełków, nieużyteczności. Moje życie jest jak łatanina. Łatka tu, łatka tam. Kiedyś miałem być wielkim i sławnym artystą. Ale zabrakło mi charakteru i zdolności.

Jestem pełen winy. Dlaczego nie kupiłem w Berlinie na wiosnę pióra o cieńszym ostrzu? Dlaczego wyrzucam pieniądze przez okno? Dlaczego nie umiem postępować ani ze sobą, ani ze swoim życiem, ani z innymi? A Majewski[2] umie.

Dzisiaj będzie jak wczoraj, mniej więcej. Wciąż bliżej końca, którego nie można sobie wyobrazić, ale który nadejdzie. Zaraz trzeba czytać utwory studenckie. Nie chce mi się. Będę czytał.

---

[1] *Uomo senza qualità* (wł.) – człowiek bez właściwości; aluzja do tytułu powieści Roberta Musila *Człowiek bez właściwości* z lat 1930–1943.

[2] Mowa o Januszu Majewskim – reżyserze filmowym i scenarzyście, z którym Mrożek znał się od lat 50. Wystąpił w etiudzie Majewskiego *Rondo* (1958).

Wczoraj pod szubienicą wszystko już wiedziałem. Wiedziałem, że wiem wszystko i że niczego już się nie nauczę. Wobec tego nie należy już siedzieć pod szubienicą, tylko zachowywać się według swojej wiedzy, wykonywać wiedzę. Ale tego nie robię.

Army and Navy Store[1], Cheap Thrills[2]. Spełnienie pożądań mojej młodości. Pan w średnim wieku? Wcale nie, to nienasycony w swoim czasie młodzieniec buszuje w młodzieńczych ubrankach, przebiera, ubiera się, płaci gotówką. I jak zwykle, kiedy jest za późno, jest za późno. Spóźniona rozkosz. „Proszę państwa, zamykamy". Czemu nie mogę się temu oprzeć, kiedy wiem, że to już nie na czasie i nie na miejscu? Kiedy już nie całkiem jestem tym, którym jestem? Wlokę za sobą olbrzymi odwłok, pełen czterdziestu trzech lat.

5 stycznia, State College

Od początku wiedziałem, że wczoraj się źle skończy. To zmęczenie własną cnotą. Ale przeważyły listy, choć tak nieważkie. (Ach, owe kokardeczki, jakbym był dzieckiem, któremu wystarczy zrobić kizi-mizi, a ja już będę zadowolony jak kretyn. Ale jeśli chcesz innego towaru, musisz iść do innego sklepu).

Najpierw listy czekały na mnie w Ihlseng Cottage[3], ale nie na parterze, tylko na piętrze. Gdybym miał choć tyle poczucia obowiązku urzędowego, żeby zaglądnąć do mojego biura, znalazłbym je wcześniej.

Źle, kiedy listów nie było, źle, kiedy listy są. Co to oznacza?

Od rzemyczka do koniczka – gdybym nie przyjął pierwszego (i drugiego) burbona od Kate Smith, jeździłbym dzisiaj na nartach zamiast tego.

Widocznie musiałem (według Skinnera).

Nawet gdyby Steve zatelefonował do mnie, zapraszając na małe przyjęcie, byłbym wtedy trzeźwy i moje chutliwe dziecko nie zawładnęłoby mną i nie doprowadziło mnie do upadku.

Inna rzecz, że okoliczności (zawsze okoliczności, wszystko okoliczności) były szczególnie złośliwe, i zyg-zyg marchewka. Diabeł

1 Army and Navy Store (ang.) – sklep z odzieżą militarną z demobilu.
2 Cheap Thrills (ang.) – dosłownie: tanie wzruszenia, zapewne nazwa sklepu.
3 Budynek na terenie kampusu Penn State University, siedziba Institute for the Arts and Humanities.

nasłał Carlę, czyli iluzję, żeby potem wyprodukować owego przystojnego bastarda Orleanu, który jest chłopcem sypialnianym.

A poza Carlą nie było tam nikogo. Nie liczę mężczyzn i biednej grubaski, która jest raczej fenomenem niż człowiekiem, a już na pewno nie kobietą.

Więc z takim wysiłkiem musiałem dziś rano (czyli po południu) odtożsamić się od siebie, czyli od tego wariantu, który doprawdy nie tylko nudny, ale i nieznośny.

Nie zapominajmy o ohydnym tłuszczu i jajkach sadzonych, po pijanemu usmażonych, na głodno zjedzonych (nawet to małe picie jest duże i trujące przy moim obecnym nieodżywianiu się; albo ascetyzm, albo bankietowanie, ale nie jedno i drugie, głupcze), oraz okropnym tego efekcie.

Przejdźmy do wniosków.

Okoliczności. Wszystko okoliczności i nic poza okolicznościami. One i tylko one. Wynikające z głębi, z otchłani innych okoliczności, nie dla mnie i nie ku mnie, one nic o mnie nie wiedzą. Tymczasem ja traktuję je personalnie, jak swoje przedmioty, jak swoje ubranka. Wchodzę w nie jak w swoje ubranka, próbuję je nosić jak swoją skórę własną.

Ta skóra niekiedy ma kolce do wewnątrz. Kłują, bo właśnie tak skórę na siebie wdziewam.

Tymczasem jestem tylko gościem. Nic nie należy do mnie, wszystko należy do gospodarza (nie znam go, ale to niczego nie zmienia). Ale zachowuję się, jakbym był właścicielem. Wszechwłaścicielem.

Etyka „pobytu w gościnie" na pewno byłaby tu właściwa, ponieważ zgodna z ogólną sytuacją.

Z tego ów wniosek o wolności i działaniu. Jakby reszta była światem klocków, które sobie dowolnie można ustawiać. Tymczasem mnie ta reszta przedstawia się raczej jako wszechorganizm dynamiczny, wszechtworzący się i wszechrozpadający, którego nie jestem panem.

Jakiś diabeł pomylił nam świadomość z „osobowością" i „indywidualnością". Ach, na pewno na jakimś poziomie, na jakimś planie ową indywidualnością też jestem. Ale tu mowa o rzeczach i planach ostatecznych.

Nie można obliczać, budować tylko na częściach niepodstawowych.

Zdrowiej byłoby zawsze wiedzieć, na którym jest się planie. Jeżeli już się utożsamiać, to wiedzieć, czym jest się w danej chwili. Jeśli zaś już o działaniu mowa, to można być tylko koordynatorem okoliczności, reżyserem danych. To wszystko.

6 stycznia

Ale czy bronić się przed sobą? Może wszystko, co mam, to właśnie moja słabość i ćwierćszaleństwo. Kiedyś, już siedem lat temu...

Po takim dniu jak wczorajszy (wszystkie moje diabły mnie opadły i od rana dzisiaj męczą) całe życie przedstawia mi się raczej jako agonia, którą być może ono jest, bo czymże się kończy, jeśli nie śmiercią?

Też wnętrze, dom, pensjonat, tani hotel. Jeden lokator zostawiony...

Brakuje mi słów. Człowiek, który się dusi.

7 stycznia, State College

Szkolne lata. Znowu. Propozycja z Georgii[1], żeby tam zostać do lata, Tennessee Williams i Faulkner w wyobraźni, a tymczasem tam tylko parszywe miasteczko z widokiem na parking i komary. (Też nie, ale w każdym razie jeszcze coś innego).

Ale gdybym był konsekwentny, powinienem zostać. Kto jest konsekwentny? Znam parę osób konsekwentnych. Ale to nie jest ich konsekwencja, to coś w nich jest konsekwentne. Przeważnie są to kobiety, kiedy im chodzi o mężczyzn.

Zadymka w State College. Nad State College.

To był ciężki weekend. Nawet coś w rodzaju ataku pod koniec (w niedzielę po południu). Przesilenie. Sen później i *back to normality*[2]. Można to też nazwać wzmożoną schizofrenią. Wprawdzie nie zobaczyłem siebie, jak Strindberg, w Ogrodzie Luksemburskim[3], ale prawie...

---

[1] Mowa o The University of Georgia w Athens. Mrożek wspomnianej propozycji nie przyjął.

[2] *back to normality* (ang.) – powrót do normalności

[3] Aluzja do *Inferna* (1897, pol. wyd. 1899) Augusta Strindberga, autobiograficznej powieści z okresu choroby psychicznej pisarza; wizja w Ogrodzie Luksemburskim znajduje się w rozdz. VI (m.in.: „Powłóczę nogami, jestem sparali-

Szkoda, że takie rzeczy zdarzają mi się tylko w samotności. Potem, między ludźmi, jestem taką sobie normalną gęsią. Co kwacze.

A jednak zwariuję, i to zły sposób, jeżeli nie będę artystą. Artysta, który musi być artystą, a nie może być artystą, choć powinien być artystą, to mój przypadek.

Tymczasem przeszło miesiąc minął od mojego tu przyjazdu. Jakby nigdy nic i mimo wszystko. Mimo wszystko.

Zużyłem już wszystkie myśli tutaj. Obracanie ich w kółko jest jak rozwiązywanie zadania, którego nie da się rozwiązać. Jednak skłonność, nakaz, przymus rozwiązywania pozostaje. Wciąż jednak silny, mimo daremności.

Koronki, stroik sielsko-dziecinny na kurwie, która powiewa tymi koroneczkami-falbaneczkami i tymczasem liczy pieniądze, popluwając na banknoty.

Boję się jej także dlatego, że nagle może zacząć pyskować jak przekupka. (Dlaczego jak przekupka, skoro jest kurwą?)

Człowiek może zostać obrażony tylko przez niedo-człowieka. Jedyne, co człowiek może zrobić, to oddalić się. (Dokąd?)

Prawdopodobnie ten dziennik chroni mnie jako tako od czegoś jeszcze gorszego.

8 stycznia

No tak, myślę, że na tym można by skończyć. Co by tu jeszcze dodać?

Chyba nic.

9 stycznia

Wrócić do Paryża w kwietniu – jeden miesiąc więcej w Ameryce.

Pojechać do Georgii na kwiecień i maj – nie być w Paryżu o jeden miesiąc plus jeden miesiąc więcej.

Marzec w Nowym Jorku.

Czy czerwiec w Nowym Jorku niewykluczony?

Zaniedbać (zrezygnować?) obywatelstwo francuskie na razie znaczy zaniedbać (zrezygnować) wizyty w Polsce. (Na razie?)

żowany od bioder w dół i osuwam się na ławkę za Adamem i jego rodziną. Jestem otruty!", przeł. M. Kalinowski).

W Paryżu – co? Patrz: ostatni listopad w Paryżu – w męce. To samo, z czekaniem na rozstanie w jesieni.

Propozycja z Georgii: czy nie to, o co mi chodziło zawsze? – przebywanie w innych krajach, w innych miastach.

10 stycznia

Wciąż State College i ja.

What is driving me? [Co mną kieruje?] Co może się jeszcze stać? Do trzydziestki piątki miałem jeszcze poczucie wzrostu. Przyszłości do czterdziestki nawet.

Nie mogę pogodzić się z coraz jaśniejszą oczywistością, że nic już nie może się stać. A jednak – jeśli mi się dobrze przyjrzeć – wciąż odrzucam kolejne propozycje od życia, jakiegokolwiek osiedlenia się, stabilizacji, dla zupełnie bezsensownej nadziei, że coś, coś właściwie, na co czekałem całe życie, jest jeszcze przede mną. Tymczasem piętrzą się dowody, że to coś jest niemożliwe. (Jakże? Przecież nie wiem, co to jest, jakże więc wiem, że to niemożliwe?)

Sukces? Pieniądze? Trudno przypuścić, że w atmosferze ogólnego rozpadu możliwy jest sukces. Sukcesy, one pojawiają się, kiedy świat jest sukcesem ogólnym, sukcesy poszczególne budują sukces ogólny. (Wątpliwa teza zresztą). Ale we mnie samym są granice sukcesu. Czy umiałbym mieć rolls-royce'a, wydawać przyjęcia? Nie, nie umiałbym. Więc nie mam tego, czego nie umiałbym mieć.

Może jeszcze tylko jakaś miłość jest możliwa – ale...

Zmienić się, zmienić siebie, być kimś innym. Jak się to robi?

Tymczasem tylko męka daremności. Męka, której nie lubię najbardziej. Dzień po dniu. Sekunda po sekundzie. Głęboka niezgoda egzystencjalna i obojętność świata wobec tej niezgody mojej.

Tło: na Zachodzie klęska – bankructwo nieograniczonego wzrostu, na Wschodzie – klęska nadziei na wolność i przemiany. Gdzie spojrzeć – rozczarowania.

Prywatnie: klęska moja jako „artysty", klęska mojej miłości. Czy nic się nie zapowiada, nie buduje, czy nie ma żadnego otwarcia, żadnej możliwości?

Nie. Nic nie widzę.

Georgia – znów to samo? Obcowanie z inteligentnymi niewybitnościami albo poczciwymi debilami? Gdzie są ludzie więksi ode mnie, ludzie z atmosferą, którzy by mogli mnie przyciągać, kształtować, na mnie wpływać? Dlaczego nikt nie jest mocniejszy ode mnie z tych, których spotykam?

Magiczne zabiegi – to pisanie. Chciałoby się natrafić na słowo, na formułę, które by zmieniły życie. Tymczasem...

Jestem już o dwa lata starszy od Mary.

Cokolwiek się dzieje, a co uważam za takie, a nie inne (złe, dobre), jest później zdementowane, zdemaskowane, przeinaczone, inne. Ale co w tym nowego? Stara doktryna o zasadniczej nietrwałości wszystkich zjawisk.

Jeszcze czasem wytryski, wysepki, oaza. Oraz czasami poczucie, że to wszystko moja wina. Że sam sobie psuję – siebie, innych, wszystko. Że jestem wielkim psujem.

Ach, Gombrowicz, Gombrowicz. To jego poczucie, że był, że się wzmagał, że rósł, że działał, że był wartością i ją wyrażał, że wszystko było takie gęste, takie prawdziwe.

Czy dlatego, że był genialny?

Witkacy, który się zabił, ale czy nie czuł się wartością? (Czuł się).

11 stycznia, State College

Dzień rozejmu. Bo wielka była bitwa i krwi wiele serdecznej się polało. Mojej.

Boże, a jednak miłość moja prawdziwa była. Raz w życiu byłem zakochany naprawdę.

Boże, jak wtedy wiedziałem, lato w Sologne, 1972, że to było ostatnie niebo i że odtąd już tylko gorzej być mogło.

Budowałem na miłości mojej i zawaliło się.

A jednak, a jednak – ów sen, objęci na łące zielonej irlandzkiej, w Irlandii, nad brzegiem morza, Atlantyk, na słońcu i złocie. Zieleń, złoto, błękit. I wtedy była prawdziwa miłość między nami. (Choć wtedy też podstęp był w jej brzuchu).

I Paryż, inny Paryż, na zawsze pozostanie stolicą mojej miłości. Nawet kiedy ja przeminę i Paryż przeminie.

Nie było i już nie będzie dla mnie takiej miłości, bo nigdy nie będę miał już tych lat, tylu lat cierpienia, kochania, rozstania, pojednania.

Jeść popioły? Ratować, co umarło? Nigdy już jej nie poślę pięćdziesięciu róż.

Tylko rzadko kochała mnie naprawdę, tak rzadko zapominała o sobie. Tylko przez chwilę wierzyłem, że zdarzyło mi się to wielkie szczęście. Wielka miłość we dwoje. A jednak tej chwili wystarczyło jeszcze na całe lata.

Gotów byłem wszystko poświęcić. Ona nigdy nic. (O tym przekonałem się dopiero powoli i w takiej męce). Zawsze liczyła tylko na zyski, na wygrane. (Nie tylko ze mną). Dlaczego, dlaczego? A przecież to było możliwe, wierzę, że takie rzeczy są możliwe. Mogło być tak dobrze, na resztę życia. Nie było. Nie będzie.

Głupia. Za mała. Nie wiem, jak ułoży się jej życie, może jeszcze wygra w swoją grę. Ale już nie ze mną. Gdyby umiała grać inaczej, to znaczy nie grać wcale, miałaby to, czego nigdy miała nie będzie.

Ach, jaka głupia? I ja też. Tylko inaczej.

13 stycznia

Powyższe, choć szczere, nie jest w dobrym stylu. Kiedy ja, Polak, chcę napisać coś takiego, od razu wpadam albo w żeromszczyznę, albo w niesmaczną, niedojrzałą, groteskującą ironię. Moja ojczyzna nie nauczyła mnie rozmawiać z kobietą.

Wczoraj przez cały czas na Blue Knob[1], na nartach z Władysławem. To jednakże nie przyniosło żadnego rozwiązania, natomiast przyniosło odroczenie. Marznąć, stawiać się na wietrze, zjeżdżać w dół, wyjeżdżać na górę i walczyć ze sprzączkami u butów, widzieć w zadymce, dostosowywać własne ciało do tego wszystkiego – owszem. Niby to taka cielesno-przyrodnicza realność. No i zdrowo niby. Owszem, owszem. Sił fizycznych przybyło, pewnie więc i dusza mocniejsza. Ale co z powrotem?

Estetyczna przyjemność z Władysławem obcowania. Człowiek okrojony, wyciszony, jakby wyrzeźbiony przez los jego (ale czy sam w tym nie brał udziału?). Skupiony, zdecydowany na siebie. Fizycznie taki, jak i dusza jego. Kształt, forma. Określenie. Piękny w tej kategorii.

---

[1] Blue Knob Mountain – szczyt w Pensylwanii w Allegheny Mountains o wys. 959 m. n.p.m., popularne miejsce uprawiania sportów zimowych.

State College trwa dziś w słońcu. Nieubłagany, konieczny przypadek. Mościć się nadal trzeba w tym przypadku, dopełniać go i siebie z nim razem. Dopełnić ten dzień.

Czasami poczucie, że tylko tu i teraz się mieszczę cały, mój nieubłagany punkt w czasie i przestrzeni jest tak silny, że aż z tego korzyść pewna.

14 stycznia, State College (bo gdzie?)

Pamiętnik pensjonarki. Diewoczka prawiczka. Dzisiaj znowu byłam smutna... Pan Karol nie zwrócił na mnie uwagi. Czy jestem brzydka? Ach, Boże, obiecuję codziennie dawać jałmużnę tej staruszce, bylebyś tylko sprawił, że mamie przejdzie to okropne zapalenie spojówek.

Dinner (to nie to samo co kolacja). A królem wieczoru ten krytyk przebrany za drwala. Czy głos także sobie wystudiował?

Tylko ta pani domu za stara, za stara. O dziesięć lat za późno.

Ponieważ nigdy tak nie będzie, żeby ludzie mówili WSZYSTKO, więc kiedy udają, że mówią WSZYSTKO, to jeszcze okropniejsze od starej purytańskiej konwencji. Ach, te ich nowo nabyte swobody w amerykańskim domku. Te brzydkie słowa mówione: „Patrzcie, słyszycie, jacy my jesteśmy prości i naturalni, nie tylko młodzież". I znowu nieśmiertelny Gombrowicz. Młodziakowie. *Tango*. Nuda.

A tymczasem co z naszą pensjonarką? „Ach, jaka się czuję opuszczona i samotna. Nikt mnie nie kocha. A pan W. to brutal, zadaje się z innymi cieleśnie". (Bo chciałabyś, kurwo, też, tylko ci się nie składa).

Więc żal, że ty, serduszko, masz załatwiać, a do haratania są inni.

Nic z niczego nie wynika, mój drogi. Nic z niczego.

Ostateczna wiedza jest bardzo nieprzyjemna.

15 stycznia

Dinner speech for faculty members[1]. *By* S. Mrożek.

Że co? Że o niczym? Mam mówić do obcych? Dlaczego? *Stranger's dilemma*[2].

---

[1] *Dinner speech for faculty* (ang.) – Mowa obiadowa dla członków wydziału.
[2] *stranger's dilemma* (ang.) – dylemat cudzoziemca

Mówić o przedmiocie interesującym „obie strony".

Conventional Rite. I am not able to. If not for other reasons, for this: I do not know the convention well enough.

A particular topic? What it could be? I am a playwright. Education – it can be.

The stranger's dilemma. About the difficulty and chance of having a luncheon speech at State College in the USA. At the beginning of 1974.

The difficulty:

I am a playwright. The difficulty of my nature. A writer. I communicate indirectly through what I write, I am not a speaker by nature.

The difficulty of being a stranger to this country. Thus I can't speak about what your everyday problems are because I don't participate in them. I don't know them from within. I have no right to speak as I don't and can't bear any responsibility for them.

The difficulty of being a stranger to elsewhere. I can't bring you any message or any concrete information from the country I live in because I am a stranger there, too.

The specific difficulty of not being a university man. The world of education is foreign to me. Thus I can't compare, make propositions of improvement, criticize or praise.

The chance.

Just because I am a stranger, it is a chance for me to have the audience, the people who are willing to listen to me, even if I don't belong to their community. I appreciate this. It is rare and it is precious for a stranger.

The chance of a nomad, of somebody who is out, uprooted etc. is his position of an observer. Wandering, roaming the world gives opportunity of seeing many places, countries, societies etc. Drawing comparisons. And now what I see:

This is the only country in the world I know or heard about which is not in a sort of a deadlock, but in an open situation. Whatever your problems or troubles are – this is the only country where there are options. If we understand the Freedom as the possibility of making one's choice – this is the only country that lives in a state of freedom, not any absolute freedom, if such a thing exists, but the relative freedom.

The good usage of freedom. Freedom exercised for its own sake is self-destructive. Freedom must be applied to something. Freedom without responsibility leads to disaster.

The responsibility of this century towards the world is not just that or another foreign policy, but the responsibility towards yourself equals the responsibility towards the others. Simply because – as I said – this is the only country that still has the possibility of maneuver. Of becoming that – or another.

Europe and France, they get Americanized not because they want it, but because this is their way of civilization. The evils of the American Civilization become their evils, the virtues, their virtues. They are bitter about the USA not realizing that it is not the USA that is imposing itself on them, but some issues of the life itself. The USA is a scapegoat.

In between the uncritical Polish love and diffident bitterness or active hostility by French.

Deadlocks of other countries: Europe – economic dependency. The pressure of Russia. Communist deadlock – prisoners of their own system as immobile as the ancient China (internally). Only external movement – expansion. Status quo is the higher principle. A New Word – deadlock of nationalism – a fierce reaction to being colonies. Thrills of self-affirmation.

A downward process of disintegration and decay. The upward process. Of self-affirmation. No process at all. But in each case: no options, no side-ways, no turns, are foreseeable.

I would ask you, or beg you: whatever are your ailments, apprehensions, problems etc. – have in mind how it looks from outside.

Your responsibility is not by any direct interventions, but by what you are and what you are going to be yourself. Just your mere being will condition the world, lead your nature.

Quatsch!

[Konwencjonalny obrządek. Nie jestem w stanie. Jeśli nie dla innych powodów, to dla tego: nie znam dość dobrze konwencji.

Szczególny temat? Co to mogłoby być? Jestem dramatopisarzem. Edukacja – może być.

Dylemat cudzoziemca. Dotyczący trudności i okazji do wygłoszenia mowy obiadowej w State College w USA. Na początku 1974.

Trudność:

Jestem dramatopisarzem. Trudność mojej natury. Pisarz. Komunikuję się pośrednio, poprzez to, co piszę. Nie jestem mówcą z natury.

Trudność bycia obcym wobec tego kraju. Tak więc nie mogę mówić o tym, jakie są Państwa codzienne problemy, ponieważ w nich nie uczestniczę. Nie znam ich od wewnątrz. Nie mam prawa mówić o nich, tak jak nie ponoszę ani nie mogę ponosić za nie odpowiedzialności.

Trudność bycia obcym wobec „gdzie indziej". Nie mogę podać Państwu żadnej albo żadnej konkretnej informacji o kraju, w którym mieszkam, ponieważ tam także jestem obcy.

Szczególna trudność niebycia człowiekiem uniwersytetu. Świat edukacji jest dla mnie obcy. Tak więc nie mogę porównywać, proponować ulepszeń, krytykować lub chwalić.

Szansa.

Tylko dzięki temu, że jestem obcy, jest szansa, abym miał publiczność, ludzi, którzy są chętni mnie wysłuchać, nawet jeżeli nie należę do ich wspólnoty. Doceniam to. To rzadkie i cenne dla obcego.

Szansą nomady, kogoś, kto jest z zewnątrz, wykorzeniony etc., jest jego stanowisko obserwatora. Wędrowanie, włóczenie się po świecie daje możliwość zobaczenia wielu miejsc, krajów, społeczeństw etc. Dokonywania porównań. I co teraz widzę:

Jest tylko jeden kraj na świecie, który znam lub o którym słyszałem, nie pozostający w pewnego rodzaju impasie, ale w sytuacji otwartej. Jakiekolwiek są wasze problemy czy kłopoty – to jedyny kraj, w którym istnieją możliwości wyboru. Jeżeli rozumiemy Wolność jako możliwość dokonywania przez kogoś wyboru – to jest to jedyny kraj, który żyje w stanie wolności, nie jakiejś wolności absolutnej, jeżeli taka rzecz istnieje, ale wolności relatywnej.

Dobre wykorzystanie wolności. Wolność używana sama dla siebie jest autodestrukcyjna. Wolność musi być do czegoś zastosowana. Wolność bez odpowiedzialności prowadzi do katastrofy.

Odpowiedzialność tego stulecia wobec świata nie polega na takiej czy innej polityce zagranicznej, ale na odpowiedzialności wobec samego siebie, która równa się odpowiedzialności wobec innych. Po prostu dlatego – jak powiedziałem – jest tylko jeden kraj, który wciąż ma możliwość manewru. Stania się tym – lub czymś innym.

Europa i Francja – ulegają amerykanizacji nie dlatego, że tego chcą, ale ponieważ to jest ich droga cywilizacyjna. Zło Amerykańskiej Cywilizacji staje się ich złem, jej cnoty ich cnotami. Są rozczarowane USA, nie uświadamiając sobie, że to nie USA im się narzuca, ale pewne kwestie dotyczące samego życia. USA jest kozłem ofiarnym.

Pomiędzy bezkrytyczną polską miłością i nieśmiałą goryczą lub otwartą wrogością Francuzów.

Impas innych krajów: Europa – ekonomiczna podległość. Presja Rosji. Impas komunistyczny – więźniowie ich własnego systemu tak nieruchomego, jak starożytne Chiny (wewnętrznie). Tylko ruch zewnętrzny – ekspansja. Status quo jest ważniejszą zasadą. Nowe Słowo – impas nacjonalizmu – gwałtowna reakcja na bycie kolonią. Dreszcze samopotwierdzenia.

Schyłkowy proces dezintegracji i rozkładu. Proces wzrostu. Samopotwierdzenia. Żaden proces w ogóle. Ale w każdym z przypadków: żadnych opcji, żadnych bocznych dróg, zwrotów nie da się przewidzieć.

Chciałbym Państwa prosić – lub błagać: jakiekolwiek są wasze dolegliwości, obawy, problemy, etc. – miejcie świadomość, jak to wygląda z zewnątrz.

Wasza odpowiedzialność polega nie na jakichś bezpośrednich interwencjach, ale na tym, kim jesteście i kim zamierzacie być. Już samo wasze istnienie będzie określać świat, kierować waszą naturą.

Brednie!]

O ważności (efektywności) stylu. Definicja stylu? Nie tylko w pisaniu. Także jazda na nartach. A także wszystko, cokolwiek się robi.

Trudność definicji stylu. Styl – takie czy inne skomponowanie, zharmonizowanie wszystkich elementów każdej akcji.

A także trudność: styl dzieje się w czasie jak muzyka. W czasie danym, a nie wyobrażanym.

Styl to synteza. Istnieje tylko jako synteza. Rozłożony na elementy – nie jest stylem. Jest tylko opisem.

Zen jest zbiorem rozważań o stylu, ale nie jest stylem. Natomiast istnieje możliwość takiego stylu, który może zostać nazwany: zen.

Zen nie istnieje poza dzianiem się. Filozofia klasyczna istnieje poza dzianiem się.

Ale czy cokolwiek istnieje poza dzianiem się? I czy akt rozumowania nie jest dzianiem się?

Co to jest dzianie się? To, co zawiera i percepcję, i rozumowanie jednocześnie.

A Stranger's Dillema. Or: About the Difficulty of Having or Not Having a Luncheon Speech at State College, PA, USA, February 1974.

[Dylemat Obcego. Albo: O trudności wygłoszenia albo niewygłoszenia mowy podczas lunchu w State College, Pensylwania, USA, luty 1974].

16 stycznia

Karty tarota. Ta sama karta i znaczenia odwrócone, odwracalne. Śmierć na przykład może oznaczać coś ostatecznie dobrego albo niedobrego.

Tymczasem ja czuję się nieśmiertelny, to znaczy trwały od urodzenia aż do śmierci, ten sam, a ten, który trwa, jest nieznośny. Dawniej zdawało mi się kilka razy, że umarłem, i rodziłem się kilkakrotnie. I co? Zawsze ten sam skurczybyk.

Nie ma myśli, której bym nie pomyślał. Takiej i całkiem innej.

I śpiący.

17 stycznia, State College

Kafka. Nikt lepiej od niego nie wiedział o mnogości informacji, nakazów i zakazów, jakie otrzymujemy, jakimi jesteśmy, informacji przeczących sobie nawzajem, o wątkach bocznych, o nieskończonym wzorze, robaczek pełznący po dywanie perskim – i braku informacji nadrzędnej.

Wszelkie informacje nadrzędne (metafizyczne) są arbitralne, nie są informacjami, tylko konceptami.

Iness, tarot. Co powiedziała – zgadza się. Jeżeli informacje otrzymane ode mnie za pośrednictwem kart były aż tak ścisłe i jeżeli przekazanie ich jest tak oczywiste – wniosek, że informujemy i odbieramy informacje poza systemem znaków znanych nam (słowo, gest) codziennie. Tarot – specyficzny, zagęszczony przypadek takiej informatyki.

Sytuacja: nadmiar informacji równorzędnych, niezbornych, nieskończona ilość poszlak, prowadzących we wszystkie strony, oraz brak informacji nadrzędnych. (*Kosmos*).

Świat, ludzie – krajobraz pełen tropicieli słaniających się ze zmęczenia, tropiących, tropiących, tropiących... Pełzną, a jeszcze tropią.

Iness – amerykańskie oczy.

Czasami pewność, że wszelkie moje emotywności są zupełnie zbędne, nie przystające do żadnej rzeczywistości. Nie tylko nie mają nic wspólnego z rzeczywistością, ale przeciwnie – utrudniają obcowanie z nią, jakie takie poznawanie jej, rzeczywistości. Mam potężną zdolność mitotwórczą. Jestem zmęczony, wyczerpany własną emotywnością, jak wiewiórka biegnąca po obracającym się kole.

Później (*stoned*[1])

No to do widzenia. Nie mam już zamiaru. *Proszczaj, moj tabor*[2].

Chciałem tyle razy – nie wyszło.

Ale jakie chcenie? Połączone z pragnieniem. Chcieć, ale nie pragnąć?

Dupa. Tego się nie da ująć w słowa.

Chcieć, siedząc na tyłku.

Chcieć, tylko działając.

Chcieć tylko o milimetr naprzód, ale zawsze chcieć.

18 stycznia

Dzienniczek ten – to szubieniczka moja poranna.

Jestem zupełnie wyczerpany, nic nie robiąc. Tym, co zużywam na wewnętrzne szarpanie, mógłbym uruchomić małą elektrownię. Tymczasem niczego nie produkuję poza wyczerpaniem.

Ja jestem sześćdziesiąt postaci w poszukiwaniu autora[3].

---

[1] *stoned* (ang.) – pijany

[2] *Proszczaj, moj tabor* (ros.) – Żegnaj, mój taborze.

[3] Aluzja do tytułu sztuki Luigiego Pirandella *Sześć postaci scenicznych w poszukiwaniu autora* z 1921 roku.

Sheraton Motor Inn[1] – trwa. Przede mną. Wyłania się za każdym razem, kiedy ja do mojej szubieniczki porannej. I kiedy indziej też. Ciekawe, jaki będzie koniec Sheraton Motor Inn. Czy zburzą? Czy obudują? Czy sam się zawali? Czy wojna?

Dziś do pp. Fangorów wyjazd. Na trzy dni.

I tyle fajek.

I pisał, pisał z całych sił, bo niegramotny był.

A oni tacy inteligentni. Wszyscy. Wykształceni ponad swoją inteligencję, jak to gdzieś przeczytałem, to sformułowanie. Tylko we mnie ślepe, to ślepe, to mamroczące, to żyć chcące i żyć nie dające to – to – to. To mnie zabija, to mnie karmi, to mnie cieszy i tego nienawidzę.

Co to jest?

„Co się dzieje z tą straaaszną siłą, która jest we mnie?"

Ona sama się dzieje. Nic albo mało więcej.

„Pójdziemy cisi, zamyśleni, wśród złotych przymgleń i promieni"[2].

Strzępy. Synteza, panowie! Gombrowicz każe się narzucać! Trwać i być.

Różewicz rozpadać się każe.

Malutkim być, a to wielkim być. Bo ja, panie, między skończonym a nieskończonym rozpięty.

Krzyżu, mój krzyżu, cóżem ci uczynił?

21 stycznia, State College (znowu)

Trzy dni gdzie indziej. Ten sam, tylko gdzie indziej. Ale gdzie indziej?

Czy usiłują coś stworzyć? Czy są? Z zewnątrz oglądani – tak. A z zewnątrz każdy jest, już to Camus zauważył w *L'homme révolté*[3]. (Ja to też czytałem i cytuję, aha).

Więc są, jak wydaje mi się, że Iness Ferguson McDade też jest. Więc chciałbym ją skonsumować. Mieć. Do siebie włączyć. Żeby być.

---

[1] Sieć moteli w USA.

[2] „Pójdziemy cisi, zamyśleni, wśród złotych przymgleń i promieni" – z wiersza Kazimierza Przerwy-Tetmajera *Dla rymu III* (zob. tenże, *Poezje*, Warszawa 1974, s. 113).

[3] *L'homme révolté* (*Człowiek zbuntowany*) – zbiór esejów Alberta Camusa z 1951 roku.

A te trzy dni tam – to co? Ano nic. Czyli dokładnie to, co przewidziałem. Zobaczymy, czy reszta tego poniedziałku też się sprawdzi. Już widzę siebie pod szubienicą wieczorem, już po poniedziałku będzie.

Rozkosz niepalenia tytoniu przez dwa dni. Teraz palę. Dlaczego? Z pragnienia, aby, aby, aby coś, aby coś się stało, aby inaczej i niespodziewanie.

Tymczasem to oszustwo. I tylko zatrucie z tego wynika. I tylko to, co jest – jest. Dym nie jest żadnym rozwiązaniem.

Doznałem tylu już frustracji (udaremnień), że wszystko, co myślę od paru dni, to „dosyć". Nie pchać palca między drzwi. Nie zabijać się o mur i szkło. Nie frustrować się.

Zacisnąć pasa i zęby. Nie zajeżdżać tej mizernej szkapy, która i tak ledwo już dycha. Prawie zajeżdżona. Nie majaczyć. Nie dać się sprowokować, wciągnąć. Za wiele już tego było i za mało z tego wyszło. Prawie nic. Więc po co? Po co uważać się za głupca, tylko za głupca, kiedy za nic innego już uważać się nie można? Miej przynajmniej tyle dla siebie litości, szacunku, przyjaźni – żeby nie wpędzać się w głupca.

Później

Tak, tak, wszystko się zgodziło. Żadnych niespodzianek. Oto jestem. Pod szubieniczką.

Może to wszystko jest prostsze, niż się wydaje. Niestety. Może przez całe życie popełniałem ten błąd: „ożywianie" sobą materii. Nadawanie jej swojej twarzy, swoich grymasów. Ja w swoje serduszko wyposażyłem toto. Jak dzicy, którzy ożywiali w ten sposób nawet przedmioty martwe. Myślenie magiczne. Czy nie czas przestać myśleć magicznie, tym razem na tym „wyższym" stopniu?

To może być wyjście.

Goodbye to all that.

Szkoda.

23 stycznia, State College

Georgia.

A jeżeli będzie też tak strasznie jak tutaj?

Ale czy żałuję – tutaj – że jestem tutaj? Choć strasznie? Czy chcę wrócić do domu? (Jakiego domu?)

Przecież i tak jesienią muszę odejść. Czy nie lepiej, nie zdrowiej odejść teraz?

Sypiać z kobietą, której trzeba się strzec? Śledzić ją i siebie, uważać na każdym kroku, bać się, podejrzewać, nie wierzyć, walczyć... bronić się... Na tym życie ma mi upłynąć – dokąd, do jakiego momentu?...

Rue du Chevalier-de-La-Barre... Znowu...

Georgia.

Wytrzymam, bo wszystko jest do wytrzymania.

24 stycznia

Ale ona należy do świata, nie do mnie. Ja też należę do świata, jeżeli uznać, że to, co widzialne, to ja.

L'esprit est la négation. Ce qui n'est pas moi – c'est moi.

[Duch jest negacją. To, co nie jest mną – to ja].

„W walce ze światem bądź po stronie świata", powiedział F. Kafka[1].

Nie, drogi Józefie[2]. Odwrotnie.

Bo ty odczuwałeś świat jako coś, z czym się walczy, co walczy z nami, mój zapaśniku z Pragi.

Nic nie walczy z nami. Nie wziąłeś pod uwagę, że my jesteśmy światu tylko obojętni.

Ile miejsca naprawdę zajmujemy, nawet komuś, kto nas kocha? Co dopiero mówić o reszcie.

I kto to jest „my" („ja")? Zespół okoliczności, który się sobie sam uświadamia. Co jest moje? MOJE? Dokładnie nic. Najmniejsza komórka mojego ciała należy do „świata". Do moich przodków.

Szaleństwo polega na tym, że my przeciwstawiamy się światu. Nie ma ani świata, ani nas.

Jeżeli jednak musimy myśleć, jak myślimy, jeżeli musimy posługiwać się tym złudzeniem, to traktujmy świat przynajmniej tak, jak on traktuje nas. Nie przypisujmy mu kształtu ani cech, których on nie ma. Nie ubierajmy go w siebie. Nie mistyfikujmy.

---

[1] Aforyzm ten przytacza Zbigniew Bieńkowski we wstępie do *Dzienników* Kafki, właśc.: „W walce, którą toczysz ze światem, bądź po stronie świata" (F. Kafka, *Dzienniki 1910–1923*, przeł. J. Werter, Kraków 1969, s. XXII).

[2] Józef to imię bohatera *Procesu*. Mrożek utożsamia go z autorem.

Sami stwarzamy sobie tygrysa, który nas pożera.

Jeżeli już masz umysł, który n i e d a się zastosować do cyklu reprodukcji, to nie możesz ani temu zaprzeczyć, ani udawać, że o tym nie wiesz. Musisz stosować tę konsekwencję do końca. Źle pojęta rzeczywistość cię zabije. Masz cały świat do odkrycia na nowo.

Nie będziesz miał bogów cudzych przede mną. Cudzych, to znaczy takich, którzy się tobie nie objawili. A jeżeli się raz objawił twój Bóg, nie możesz mu zaprzeczyć.

Wolność nie jest kaprysem, ale nakazem ewolucji. Ewolucja dokonuje się tylko przez pluralizm, przez mnogość prób i alternatyw. Brak wolności jest zaprzeczeniem ewolucji, to wyjaśnia, dlaczego niektórzy muszą poświęcać wszystko dla wolności. Nakaz gatunku. Męczennicy gatunku, męczennicy ewolucji. Dlatego prawdą jest, że wolność jest dobrem wyższym nad życie (życie jednostki), ponieważ życie jednostki podporządkowane jest gatunkowi. A żywotnym interesem gatunku jest nie tylko reprodukcja, ale też zdolność adaptacji do zmian, ta zaś nie jest możliwa bez wolności, czyli mnogości rozmaitych wersji i prób. Reprodukcja bez zdolności do adaptacji nie ma sensu. Jest tylko żywieniem śmierci. Ci, którzy powołani są do wolności, a nie do reprodukcji, są tak samo ważni dla istnienia gatunku jak reprodukujący.

Co to znaczy: walczyć ze światem?

Fizycznie – nonsens. Jesteśmy światem.

Walczyć – o co? Co jest stawką? Jakie są przeciwne interesy moje i świata?

Walczyć o wygraną, o narzucenie swojej woli pokonanemu? Jaka jest moja wola? Nieśmiertelność? Nie jestem trwaniem, tylko procesem. Jeżeli trwanie, nieruchomość, jest równoznaczne z życiem – ani przez chwilę nie byłem żywy i nie jestem, i nigdy się nie urodziłem.

O to, żeby świat się dział według moich pojęć o nim? Moje pojęcia są przypadkowe, wynikają z ograniczenia. (Porównaj ilość i dokładność informacji, jakimi dysponuję, z totalną możliwą informacją).

Walczyć o „swoją" formę, o narzucanie „swojej" formy? Moja forma też jest płynna. Podlega ciśnieniom i odkształceniom nieustannym (innych form). Fala formuje falę. Interferencje.

Epoka: lubowanie się w odkształcaniu, mieszaniu form, bastardyzowaniu. Jakby świat nagle odkrył to prawo i zjawisko, i w nim się babrał. Pierwszy krok do świadomego organizowania form. Jak dziecko, które najpierw wszystkiego próbuje, byle próbować. Wyjście ze świata form „wiecznych" i ustalonych.

Średniowieczne oko, średniowieczny brak perspektywy, głębi, odpowiada psychicznej rzeczywistości. Wszystko na jednym planie – naszej świadomości. (Źdźbło trawy zobaczone podczas koronacji czy podczas totalnej zagłady. Szczegół natrętny, gdy dzieje się ogólne, choćby najważniejsze). Szaleństwo: domaganie się czegokolwiek od świata dla siebie.

Szaleństwo: pojmowanie drugiego człowieka jako wiadomej, według zespołu informacji, wrażeń, życzeń, utwierdzanie tego wszystkiego jako *entité*[1], a nie jako okoliczności otwartej, w płynnym zespoleniu z innymi okolicznościami, procesu.

Pierwsze przykazanie w sprawie świata: czujność, pogotowie, obserwacja. Wieczna, ustawiczna gotowość do rewizji.

A więc nie szarpanie, nie narzucanie.

Świata nie trzeba transcendować. Świat jest transcendentny sam w sobie, ze swojej natury. Wystarczy tylko przyjrzeć mu się uważniej. Transcendencja jest zawarta w świecie.

Emocjonalność, emocje – wynikają ze statycznego pojmowania świata. Emocje są zawsze spóźnione, ponieważ odnoszą się do stanu rzeczy, który jest naszą statyczną fikcją, produktem sztucznego, umysłowego przywiązania do nieruchomości (nieruchomość jest fikcją pomocniczą. Musimy coś ustalić, żeby zauważyć).

Emocje są niezbędne, ponieważ „ustalanie" (jak do fotografii) jest niezbędne. Ale to nie jest Bóg, to jest cudzy Bóg.

Szaleństwo: zatwierdzanie, identyfikowanie oraz nieodłączna od tego emotywność. Z tego się bierze fałszywe reagowanie. Reagowanie na nową sytuację, powielanie reakcji na sytuację poprzednią.

Georgia. Potworność „nauczania". Tłumaczyć, jak się to robi, zamiast robić.

Odwrotność twórczości. Wampiryzm, uleganie mu.

[1] *entité* (franc.) – byt skończony, substancja, istota

Po południu

Obawiam się, że nie jestem przy zdrowych zmysłach. Po napisaniu powyższego (na poprzednich stronach) miałem coś w rodzaju ataku nerwowego, konwulsje. Oraz inne objawy, które mnie przestraszyły.

28 stycznia, State College

...zaś dwa dni i trzy noce w Nowym Jorku, zamiast mnie uleczyć, dobiły mnie bliżej dna. Nikomu tego nie życzę.

Ale... czy te piekła są potrzebne? Czy są? Może są? Są interesujące niezdrowo, jak sam diabeł.

Nic tam nie było zdrowe, a jednak... Tyle wódki.

Moje życie: przesunięta (poruszona) fotografia. Trzy zachody słońca i jeden wschód.

Nie próbuj już być pisarzem społecznym i satyr pisać. Nie próbuj być pisarzem. Polska, nie Polska – zmieniło się wszystko, i cokolwiek na twoim ekranie się ukazuje – jest twoje.

Nie scalisz już tego wszystkiego do kupy. Nie pozbierasz, bo od początku było rozbite. Pogódź się więc z rozbiciem, wielością i mieszaniną. Ze State College i z resztą.

A co do świata: nie przedostaniesz się tam, nie przeleziesz. Nie przebijesz i nie przyłączysz się, pryncypu żadnego nie znajdziesz. Nie czuj się winny ani niewinny.

Kurt Vonnegut, kiedy wychodził ze swojego domu na 48 Ulicy. Z żoną. Z wąsami. Z włosami na głowie – nietkniętymi. I ze sławą światową. A ja przez okno go śledzący – po pijaństwie. Starzejący się, wiecznie obiecujący. Rozpadnięty.

Trzeba inaczej. Inaczej. Ach, ostatecznie to emigracja. Uciekłeś już z domu, ze środowiska, z Polski. Uciekaj jeszcze z siebie.

Bo to pustynia, na której masz umrzeć, zbliża się do ciebie czy ty zbliżasz się do niej?

I umrzesz w zachwyceniu. Może tylko o to chodzi. Może to jest twój cel jedyny, nareszcie.

Nie możesz być tylko pisarzem. Musisz być jakimś dobrym pisarzem.

Wszystko, co wymierne, jest tylko częścią, jedną stroną twoją.

Znaleźć, znaleźć jeden punkt, jedno miejsce, jedną zasadę i stosować, stosować to, ją, tamto, coś – punkt oparcia, punkt zerowy. Stan zerowy, stan oparcia.

Życie ode mnie ucieka, ode mnie – ku światu.

29 stycznia, State College

Mam wszystkie choroby umysłowe artysty, natomiast mam tylko część zalet.

Żydowskie nieprzynależenie, żydowska alienacja – to drobiazg. Ja nie mogę utożsamiać się nawet z Żydami. Ja nie mogę być nawet Żydem.

Jestem rasistą par excellence – nie mogę znieść ludzi, łącznie z sobą. Całej rasy.

Kafka żył w raju, bo miał przynajmniej swoje żydowsko-prasko-rodzinne piekło. Ja nie mam nawet piekła. Wyobraźcie sobie Kafkę na emigracji.

Przyszedł ślusarz. Jest w kuchni.

Wieczorem mam wystąpić jako *the most important Polish writer*[1].

Od lata nie napisałem nic.

Żebym tylko nie zwariował do wieczora i poza wieczorem.

Ślusarz poszedł.

30 stycznia, State College

Zbliża się koniec świata. Mojego świata.

Dlaczego przyjąłem czterdzieści dolarów od Davida? Na podróż. Co za kurwa siedziała we mnie na spodzie duszyczki?

I dlaczego mieszkałem na 48 Ulicy? Rezydent?

Na dnie? (Gorki)[2]. Upadły artysta? Pieczeniarz? Czy mnie już czuć trupem?

31 stycznia, State College

Witaj pod szubieniczką poranną. (Już zresztą po południu).

Pogoda przyjemna i wszyscy się cieszą, że taka przyjemna.

---

[1] *the most important Polish writer* (ang.) – najważniejszy polski pisarz

[2] *Na dnie* to tytuł dramatu M. Gorkiego z 1902 roku.

Dwa sny okropne. Jeden: Wyznania N. (Z ilustracjami).

Drugi: to jak pochować trupa osobno, a zrabowane skarby osobno. (We własnym domu).

Panie Freud, proszę się wypowiedzieć.

Pierwszy sen: mieszanina grozy i fascynacji. Ale czy to coś nowego?

Drugi sen to jak oszukać. Ale to nie ja byłem podmiotem snu. To jakaś baba, silna i nienawistna.

A wieczorem (wczora z wieczora) znowu zdumiewający układ mnie wykluczający.

To one, te okna, wychodzą na północ. Jestem w strefie mroku. Zdumiewające konsekwencje. Kto, co się mną bawi?

Ten pierwszy sen był taki, że obudziłem się i powiedziałem sobie: „O...".

Bardzo mocny sen.

Staruszka i dziecko, oboje w fatalnym gatunku. Staruszka, dziecko i kobieta szalona. Oto mój przydział.

Kaleka do kalek!

Dziecko do dzieci, starzec dla staruszek, szaleniec do szalonej.

Co produkujemy? Co zostaje?

Tylko tęsknota i zmęczenie. W najlepszym wypadku obojętność.

Wieczorem.

Więc już wysłałem ten list. Ale nie mam poczucia, że zrobiłem dobrze (ani źle). Wysłałem jak we śnie.

Im dłużej żyję, tym mniej mam poczucia realności.

Cokolwiek zrobię, wyniki znajdują się obok celu.

Nie mam żadnego pomysłu na życie.

Nie mogę mieć żadnego pomysłu na życie.

Jeszcze nie jestem w Berlinie, a już groza berlińska.

Jeszcze niczego nie napisałem, a już znikomość tego, co napisałem.

Wrócić do Polski. Na zawsze. Na wieki. Wyhodować sobie grobowiec.

Panie, choć cień nadziei.

A jedyne, co mogę wymyślić: jeżeli masz kontynuować, a musisz, bo nie popełnisz samobójstwa, wiem o tym dobrze, to staraj się kontynuować na warunkach...

Ja chyba majaczę. Już nawet zdań klecić nie umiem.

Trzymam się jeszcze pióra jak ratunku.

Słowa się ze mnie wydobywają, ale modlitwa moja nie idzie do nieba.

Jakie niebo?

W imię czego przetrwać? Do czego to prowadzi? Do jakiego mnie, do jakiego kształtu?

Jeżeli to życie jest niemożliwe, czy możliwe jest inne życie?

To można zostać tylko świętym, jeśli nie można zostać człowiekiem.

Kontynuacja stoicka.

Świętym.

Tymczasem udał się na próbę swojej sztuki teatralnej, gdzie znowu spotkały go tortury.

Wrócił, zapalił fajkę i się truje.

Martwi się, że nie boli tak, jak by chciał, żeby bolało, ponieważ nie mogąc odczuwać czego innego, chce odczuwać chociaż cierpienie.

Serce go boli.

Moje epitafium: „Chciał za wiele, ale nie wiedział czego".

Gdzie była pierwsza pomyłka? W którym miejscu? Kiedy? Kiedy zaczęło się wszystko psuć, kiedy zginęła moja gwiazda, zaćmiła się? Kiedy powinęła mi się nóżka i powinięta jest do tej pory? Dlaczego?

Zanotowane gdzieś: utworek o tym, co chciał się włączyć, a nie dali. A kiedy dali – chciał się wyłączyć. Tak zwany chuj na weselu.

2 lutego, State College

O tak, State College.

Pogoda piękna. Wstałem o dwunastej. A kiedy już kawę przygotowałem sobie i fajkę nabiłem, przyleciała maszyna i zaczęła huczeć za oknem.

Dlaczego? Za co?

Dziś martwię się, że jestem niewykształcony, zmarnowałem te wszystkie lata, zamiast się wykształcić.

A wczoraj tak ładnie już wszystko wiedziałem... Wczoraj w nocy, kiedy dwudziestą fajkę paliłem... I nawet od N. już byłem uwolniony...

A jednak rok w Warszawie (1962–1963) przeżyłem jak człowiek.

Znowu zaczynasz? Znowu zaczynasz?! To nie ja, to ta maszyna piekielna za oknem.

Po południu

Wskoczyć na chwilę (nagła ciekawość) do głowy innych i zobaczyć, jak mnie widzą. Czy też w takiej nędzy?

Samuel Goldwyn (nie żyje).

Redford (żyje).

Noc.

And now I am tired. I am simply goddamn tired. I don't even think of whoring. Out. Spent. Spent on nothing.

For two months still I had enough strength to revel, fear, want, desire, despair and scream. No more. Finished. No dreams of future life, using desperation over the past, nothing. All for nothing. Then what is the use?

What is the use of torturing oneself, of all that. I am forty four years old and I should know better, not kick around this way. Let others do it.

It was that, it was another thing...

[I teraz jestem zmęczony. Jestem po prostu cholernie zmęczony. Nawet nie myślę o łajdaczeniu. Całkiem. Wyczerpany. Wyczerpany z niczego.

Przez dwa miesiące miałem wciąż dosyć siły, aby hulać, bać się, chcieć, pragnąć, rozpaczać i krzyczeć. Więcej już nie. Wykończony. Bez marzeń o przyszłym życiu, rozpaczając nad przeszłością, nic. Wszystko na nic. Jaki jest więc pożytek?

Jaki jest z tego wszystkiego pożytek, z torturowania siebie? Mam czterdzieści cztery lata i powinienem wiedzieć więcej, nie kopać naokoło w ten sposób. Pozwolić to robić innym.

To było to, to była inna rzecz...]

2 lutego, State College

Zmierzch.

3 lutego

Spałem (wczoraj) na przedstawieniu *St. Joan*[1]. W tym dole, gdzie się znajduję, nie ciekawi mnie ani *St. Joan*, ani nic innego. Mamy tam parę obsesji, w kółko coś tam sobie powtarzamy, diabeł nas przywiązał za nogę do palika i szepcze nam na ucho wszystko, czego słyszeć nie chcemy, a obiecuje coś jeszcze gorszego. Ale oczywiście to nie jest prawda, że nie chcemy, bo sami sobie to do uszka szepczemy.

Wieczorem, to znaczy potem, to znaczy w nocy – w barze po męsku z Robinem Hirschem i kimś w rodzaju Abdu-Abu-Babu, Marokańczykiem. Co, u licha? Żyd z Arabem powinni do siebie strzelać w Palestynie, a ja w Krakowie walczyć o niepodległość, co my tutaj robimy?

Nuda męskiego towarzystwa.

Więc spałem wczoraj w teatrze, stary, dziurawy wór, reszta bawiła się dobrze, reszta zawsze bawi się dobrze, rzadko na odwrót.

Ja wiem, jakie są przyczyny, wiem, jako materialista dialektyczny i historyczny, dobra szkoła. Ja wiem w ogóle wszystko, tylko to, co wiem, nic nie jest warte.

Dawniej rozpamiętywałem tylko klęski przeszłe, gotując się do zwycięstw przyszłych. Teraz napawam się także klęskami z przyszłości.

Śnieg z deszczem.

The power of negative thinking[2].

Jestem już starszy od Czechowa.

Co powiem, to głupie i niedostateczne, co pomyślę, to nudne, co zrobię, to jakoś się rozłazi, a co usłyszę i zobaczę, to mnie nie interesuje.

Staram się dosięgnąć dna, w nadziei, że od dna się odbiję. Tymczasem dna nie widać.

Jestem w stanie alkoholika, który upija się własnym nałogiem. Upijam się sobą. Może to nieźle, tylko ten trunek jest wyjątkowo parszywy. Wino „patyk".

Nie mogę żyć bez „całości", a tymczasem żyję tylko w drobiazgach.

---

[1] *Święta Joanna*, sztuka George'a Bernarda Shawa z 1923 roku o św. Joannie d'Arc.

[2] *The power of negative thinking* (ang.) – siła negatywnego myślenia.

Od czasu do czasu tylko skrajne wyczerpanie przychodzi mi na ratunek. Wtedy zapadam się w nicość. Odpocznę – i na nowo.

Jestem w typowym błędnym kółeczku.

Nawet W. Strumiłło nagle mnie znudził. Jego jakże polska, obronna nonszalancja, jakbym widział polskiego niedorostka, tego Sławka Kapustę na przykład w NY, a przecież W.S. ma ponad pięćdziesiątkę. Gdzie styl? Jaki styl?

Czuję siebie jako starego konia w uprzęży, który ciągnie coś tam po drodze błotnistej, po równinie nudnej, zimowej.

Ciało mam zatrute.

Wróćmy do krajobrazu.

Przebieram w magazynie swoich pomysłów na życie. Jest ich tyle. Wszystkie dobre. Żaden nie interesuje mnie dostatecznie. Ile ról grałem przed sobą w ciągu ostatnich tygodni? Wiele. Wyczerpały mnie wszystkie.

Czy to ja tańczyłem kiedyś *Greek dance*[1] w San Juan?

Czekam, aż ktoś czy coś nada mi wartość. Sam nie umiem.

Niezły ten tytoń.

Rzeczywistość oblepia mnie gęsto z zewnątrz i wewnątrz w postaci mazi.

„O, stare przekleństwo poetów, którzy się nie skarżą, gdy mówić powinni"[2].

Tralala.

A jednak trzeba jechać do Nowego Jorku.

Co będzie za chwilę? Ano, skończy się fajka. Listy jakieś trzeba sortować.

Dlaczego nie piszesz?

Co?

4 lutego, State College

No co, chłopczyku? Znowu tu jesteś?

Ten dzienniczek, jak wszystko, nie może obejść się bez formy. Od tygodni zapisuję krzyki duszy i jęki serca. Poza klinicznym świadec-

---

[1] *Greek dance* (ang.) – taniec grecki

[2] „O, stare przekleństwo poetów, którzy się nie skarżą, gdy mówić powinni" – z *Requiem* (1908) R.M. Rilkego w przekładzie M. Jastruna

twem nie ma żadnej wartości. Nie rób tego, jeżeli nie możesz robić nic innego.

Dyżur w szkole. Diamond nie przyszedł na spotkanie. Ulga. Podobno uwięziony w śniegach w Filadelfii. Krętacz ten Diamond, choć może to i prawda (że uwięziony). Niech mu będzie. Doskonale. Jego krętactwo (jeżeli kręci) wychodzi mi na zdrowie.

Już zrezygnowali ze mnie jako mówcy. Nie będzie mojego przemówienia podczas obiadu fakultetowego. Ulga (choć czy też nie mały *pang*[1], że mnie nie chcą, że się nie nadaję?). Nie mam im nic do powiedzenia o niczym, mógłbym mówić tylko o sobie. Ale nie do nich.

Uniwersytet polega (z pewnego punktu widzenia) na ogromnej ilości małych figurek, szybko poruszających się między budynkami. Każda niesie jakieś książki i zeszyty.

Moje przedstawienie zapowiada się jako katastrofa. Wszyscy to przeczuwają, nikt o tym nie mówi. (Przynajmniej ze mną). Wina jest w moim utworku-potworku, martwo urodzonym. Jak mogłem napisać coś takiego?

Nigdy więcej. Więc co? (Jeśli nie to).

W nocy projekt: dwaj aktorzy związani jak bracia syjamscy. Jeden opiera się scenie, drugi – musimy wystąpić. Jeden chce mało i po prostu. Drugi – dążenie, przymus, prawo komplikacji i sięganie ku szczytom oraz gwiazdom. Trzeci aktor (?), który jest jeden, sam. Kobieta (oczywiście).

Alegoria goła, czy też obudowana „sytuacją" i fabułą? „Przygody braci syjamskich". Pokazywani jako fenomen, rodzice sprzedają ich do cyrku, potem robią karierę jako, jako... (co?) Zawsze sprzeczni, zawsze razem zrośnięci. Nawet samobójstwa nie mogą popełnić.

Moim ulubionym zajęciem jest palenie fajki na fotelu, najlepiej o zmierzchu przed oknem. Pokój powinien być zaciszny, widok rozległy. Albo jeszcze lepiej – leżenie w łóżku z damą. Zamykać się z damą w odpowiednim mieszkaniu na całe dni i noce (lub z dwiema damami). Nie znam bardziej ulubionego zajęcia.

I toto chce „dojść do czegoś w życiu".

---

[1] *pang* (ang.) – ukłucie zazdrości

Podoba mi się (nawet bardzo mi się to podoba), że kobieta podoba się mężczyznom i lubi mężczyzn. Ale moja próżność, czy też moja słabość, nie może znieść „nieuważania" mnie. *No consideration. No respect, no tenderness. A woman in command – that is hard to bear. I can't stand the idea of being her darling-pet, a naïve, sentimental supporter to be manipulated and cheated. Let her fuck in front of me, that would be better (or altogether good).*

But a person who never asks herself how I feel, what I need – that is unbearable.

She talks in bed with her lovers about me. But she barely and reluctantly talks with me of her lovers. I am a kind of a husband. Thus I am supposed to be public, while her lovers are supposed to be more or less secret to me. This is hard to put up with.

What will be her reaction to my letter?

No reaction at all (a long silence).

Offensive and punitive answer.

A calculated answer and sweet calmant.

Blank denial and playing innocence.

Surprise.

[Żadnych względów. Żadnego szacunku, żadnej czułości. Kobieta jako dowódca – to trudno wytrzymać. Nie mogę znieść wyobrażenia bycia jej ukochanym zwierzątkiem, naiwnym, sentymentalnym wielbicielem, którym się manipuluje i którego się oszukuje. Niech się pieprzy przede mną, to byłoby lepsze (albo całkiem dobre).

Ale osoba, która nigdy nie stawia sobie pytania, jak ja się czuję, czego mi potrzeba – to jest nieznośne.

Rozmawia o mnie w łóżku ze swoimi kochankami. Ale ledwie i niechętnie rozmawia ze mną o swoich kochankach. Jestem rodzajem męża. Dlatego mam być znany oficjalnie, gdy jej kochankowie mają pozostać dla mnie mniej lub bardziej tajemniczy. Trudno się z tym pogodzić.

Jaka będzie jej reakcja na mój list?

Żadnej reakcji w ogóle (długa cisza).

Obraźliwa i karząca odpowiedź.

Wykalkulowana odpowiedź i słodkie uspokojenie.

Pusta odmowa i zabawa w niewinność.

Niespodzianka].

5 lutego, State College

None of this so far.

She wants to, would like to, regrets not having been able to come here. (Result of my last letter about my sickness). The last thing in the world which I ...

What does it prove?

A profound misunderstanding. What I need is so totally different from what she thinks that I need or feel. The forecast of further misunderstandings to come. Exclusion of any intimate or reasonable talk. But is not that exclusion precisely what lies at the bottom of everything between us now? She misinterprets me absolutely, and always did, as I realize only now, and with pain.

Being so sure of me and us makes the essential part of that misunderstanding, misinterpretation.

Then still the essential reaction (to my last letter) is why I am writing. With awe and apprehension, I must say. So glad to be beyond the ocean.

[Jak dotąd nic z tego.

Chce, chciałaby, żałuje, że nie była w stanie tu przyjechać. (Efekt mego ostatniego listu o mojej chorobie). Ostatnia rzecz na świecie, której ja...

Czego to dowodzi?

Głębokiego nieporozumienia. To, czego ja chcę, jest tak całkowicie inne od tego, co ona myśli, że ja pragnę lub czuję. Zapowiedź dalszych nieporozumień, które nadejdą. Wykluczenie jakiejkolwiek intymnej lub rozsądnej rozmowy. Ale czy to wykluczenie nie jest dokładnie tym, co leży u podstaw wszystkiego pomiędzy nami? Ona mnie absolutnie błędnie interpretuje i zawsze, jak się o tym przekonuję dopiero teraz i z bólem, tak było.

Bycie tak pewnym mnie i nas stanowi zasadniczą część tego nieporozumienia, dezinterpretacji.

Tak więc zasadnicza reakcja (na mój list) jest powodem, dla którego piszę. Z podziwem i przerażeniem, muszę przyznać. Tak się cieszę, że jestem za oceanem].

Alan Schneider lecturing at State College. "Slawomir, write another play", said at goodbye. An elegant way of not asking: "Did you write another play?". In that case he should show some direct interest leading to the eventual commitment which he avoids.

Showman, but also sincerity and sensibility in this motto:

"Make things happen, move around. The consequences are most imprevisible, but provoke them".

"Nobody cares for you. Take care of yourself".

Good to know. From him.

[Alan Schneider, wykładający w State College: „Sławomir, napisz następną sztukę", powiedział na do widzenia. Elegancki sposób, aby nie zapytać: „Napisałeś następną sztukę?". W tym wypadku powinien okazać trochę bezpośredniego zainteresowania, prowadzącego w końcu do zaangażowania, którego unika.

Showman, ale także szczerość i wrażliwość w tym motto:

„Spraw, aby rzeczy się wydarzyły, rusz się. Konsekwencje są wysoce nieprzewidywalne, ale prowokuj je".

„Nikt o ciebie nie dba. Zadbaj sam o siebie".

Dobrze wiedzieć. Od niego].

6 lutego, State College

Jeszcze tylko dwadzieścia dwa dni.

Zdaje się, że zapłakałem przez sen (jak mój dziadek Ignacy, kiedy umierał, nagle zapłakał przez sklerozę). Żal mi było ludzi, ale nie w ich losie kosmicznym i rozdętym, tylko małym, zwyczajnym i pojedynczym. Nagle żal mi było wszystkich małych nadziei, kłopotów, udręk, dzieci rozczarowanych, dorosłych zmęczonych i tych „silnych", kiedy oglądają w lustrze złą cerę. Tego całego dreptania. To znaczy przykro mi się zrobiło. (Nocne tramwaje, zjazdy koleżeńskie, listy – owa kartka pocztowa na Avenue de l'Opéra, w antykwariacie, czuła, od kochanki do kochanka, wyznaczająca spotkanie, jakiegoś lata, bodaj 1906 roku). Żal mi się zrobiło wszystkiego dobrego, co na złe się obraca, wietrzeje, kwaśnieje, i przede wszystkim wszystkich miłości przebrzmiałych, nieudanych, wszystkich dużych i małych rozpaczy, tęsknot, oczekiwań. Życia, które mija, dokonując się, zużywając samo siebie.

Oczywiście, jeżeli tak zapłakałem, to z własnego powodu, ale co z tego? Może z własnego powodu stałem się wrażliwy na tę sprawę w ogóle, ostatecznie tylko przez siebie mogę zrozumieć to, co ogólne.

Powtarzam jeszcze raz: chodzi o konkrety, o zdarzenia, historie, losy, jednostki, wcale nie o kondycję ludzką. O cały ten świat ludzki mi chodzi, który się dzieje na biologicznej i materialnej podstawie, o wzruszenia i sentymenty, i może przede wszystkim: nadzieje. Bo pomyśleć tylko: ile nadziei na świecie się marnuje. Z jakim ogromnym kapitałem nadziei zaczyna każdy, ile jest wysiłku, oczekiwań, ilu ludzi płacze?

Poza stroną złości, twardości, walki, nienawiści, ta Strona Dobrej Woli. Ostatecznie kto chce zła, tylko zła czystego? Adolf Hitler? Może. Ale nie wiem.

Więc zapłakałem, a noc miałem złą, nienawistną, ciężką, zapłakałem nad ranem, a potem kupiłem sobie buty.

Może to jest siłą Czechowa. Jakże zapomnianą, jakże nie w użyciu. Gdyby mi się udało to samo, to, o czym staram się teraz napisać, włączyć do mojego pisania... Wszyscy jesteśmy twardzi, ogólni, historyczni. A wszyscy gdzieś i jakoś płaczemy.

O tym też mógłbym napisać w „Dialogu"[1]. Stosunek mamy do świata nienawistno-władczy.

7 lutego, State College

Ciemno w południe. Środek zimy. Co po zimie? Znowu uświadomienie sobie nagłe... Ale nic, mniejsza z tym. Nie będziemy się powtarzać.

Może by listy jakie napisać do kogo? Tylko do kogo i po co?

8 lutego

Wiele razy zapisałem wiele sprzecznych ze sobą pomysłów na życie. Zależnie od dnia, nocy i okoliczności (stanu zdrowia?). Więc znowu zapiszmy kolejny pomysł. Ja – świat, ja i świat (oni, ty), dookoła tego wszystko się kręci. A czasami (wczoraj) jakoś się przeważa i wtedy jest lepiej. Przeważa się albo ku światu, albo ku mnie. Reguła: kiedy jakoś się przeważa (obojętnie jak), wtedy jest lepiej.

Więc przeważyło się ku mnie. Leżąc na materacu w sali prób, miałem ich wszystkich na oku, o kilkanaście kroków, w drugim końcu sali. I byli tylko moim snem, obrazem, myślą, wrażeniem.

[1] Od 1974 roku w „Dialogu" (od nr. 5) Mrożek publikował felietony pt. *Małe listy*.

Wtedy łączność jest zerwana, jakakolwiek, i wtedy – paradoksalnie, ale ileż razy już zauważyłem, że paradoks jest prawdziwszy od prawdy, oni byli i ja byłem lepiej, prawdziwiej.

Ile razy odczuwam wszystko jako sen, coś jakby sen, tyle razy jest prawdziwiej.

Przez całe życie gnębi mnie: jak się zachować, dostosować, ułożyć, przymierzyć do nich. Żeby co? Żeby dobrze wypaść? Żeby nie bili? Żeby pochwalili? Żeby nie bolało? Ale kiedy (przeważnie na skutek zmęczenia) przestaję, wtedy jest lepiej.

Ale trzeba nie tylko przestać się tym martwić, jakim dla nich być, trzeba także niczego od nich nie żądać, nie oczekiwać, nie przejmować się nimi.

I dopuścić siebie, tylko siebie. Przestać się trapić tym, że świat istnieje jakiś zorganizowany, z jakimś kształtem obiektywnym, który należy pojąć, zrozumieć, wiecznie korygować o nim swoje pojęcie. Pojąć idealny, uniwersalny kosmos. Bo takiego nie ma. Ten idealny kosmos jest tylko moim wyobrażeniem numer dwa. Mam dwa pojęcia: pierwsze, które uważam za subiektywne, i drugie, które uważam za obiektywne, kiedy ono jest także moim wyobrażeniem. Wewnątrz mojej głowy te dwa pojęcia zżerają się, a z tego wszystkiego także nic nie wynika. To zżeranie się jest także moim wyobrażeniem. Dwa fantazmy, kłócąc się, produkują trzeci.

Po co się tak przymierzać, tak się napinać, wypinać i przepinać? Czy nie lepiej się bawić?

To dopraszanie się łaski, aby być przyjętym, zaakceptowanym, chwalonym – to jest światopogląd ucznia, który chce być prymusem. A nauczyciel wciąż surowy. Albo nieustanne zaloty wobec kobiety, która jak to ona. Dopóki tak zachowywał się będę, biada mi.

I jeszcze jedno: nie pisz tych listów smętnych, rozpaczliwych a szczerych. Pomyśl, gdybyś ty otrzymywał takie listy... Kaleka w podziemiach metra, który wyciąga okropnego kulasa, żeby mu za to dać jałmużnę. Co gorsza, to kaleka szczery.

W Cheap Thrills, przymierzając stroje. Szczególne jak na kogoś, komu „wszystko się tylko śni". Czego to dowodzi? Że szczególnie silny image siebie samego?

Telefon z Nowego Jorku. Będzie dla mnie mieszkanie przy 48 Ulicy.

Jakim prawem wyrzucam jej, że wykorzystuje na przykład Maciusia? Innych? Piotrusia? Że posługuje się nimi? A ja co robię?

Drogi pieczeniarzu, nie stać cię, żeby utrzymywać, ciągnie cię, żeby być utrzymywanym. Twoje moralne oburzenia, jak większość moralnych oburzeń, czy nie z tego, że nie stać cię na to, co robią ci, którym wyrzucasz to i owo?

Ale czy wszyscy nie żyjemy jedni z drugich? Ona z niego, tamten z niej. Tak, ale różnica, czy chodzi o pieniądze i mieszkanie, czy o potrzebę mniej materialną.

Nawet Gombrowicz nie był całkiem samodzielny i samowystarczalny. Jego listy do Iwaszkiewicza[1]. Jego rezydencje tu i ówdzie. Jego pobyt w Berlinie[2].

Zanosi się na pobyt w Nowym Jorku.

9 lutego

Czy ja się kiedyś uczę? Czego? Czy? (Wszystko nas uczy, jeśli się od wszystkiego uczymy, powiada jeden sufi).

Noc spędzona pod szubienicą i z fajką. A także rozmyślanie w łóżku. Do rana. Jak zwykle żadnych wniosków, ale jaka intensywność! I jaka nicość.

Dla Kafki istniał świat. Dla Gombrowicza, dla Dostojewskiego. I jak jeszcze! A nam się świat rozłazi. A jednak ile życia we mnie. Kijem nie dobijesz. Walę i walę, a on nic. Wstaje, wykąpie się i znowu zaczyna.

Szubienica wygląda mniej więcej następująco: uderzenie głową o ścianę, potem takie długie na nią głową napieranie, aż ściana puszcza (w wyobraźni) i ukazuje się kraina pewności. Potem sen z wyczerpania (na ogół pełen koszmarów) i rano znowu jesteśmy, gdzie byliśmy. Na początku.

Piętra osobowości we mnie. Kręgi osobowości. Aż do sedna. Ale sedno może być sednem tylko dzięki peryferiom. I sedno nie jest tworzące, pożywne. Sedno nie owocuje. Choć pewnie bez niego nic się nie odbywa.

---

[1] Zob. „Twórczość" 1969, nr 12 (listy Gombrowicza do J. Iwaszkiewicza z lat 1947–1950), przedruk w: *Walka o sławę*, t. 1, Kraków 1996.

[2] Gombrowicz przebywał w Berlinie Zachodnim przez rok (1963–1964) jako stypendysta Fundacji Forda.

Historia mojego życia – i niehistoria. Konieczność – przypadek. Kosmos i chaos. Dlaczego tylko to albo tylko to? A jeżeli jedno i drugie?

Już dawno wydawało mi się, że pytanie: „Jest Bóg czy go nie ma?" pozbawione jest sensu. Jest to pytanie ludzkiego umysłu, logiczne.

Nie mogę inaczej, tylko moją męką, wyobraźnią i wewnętrzną intensywnością uprawiam transcendencję State College. Dzięki mnie on jest więcej, niż jest.

Zazwyczaj odczucie czegoś gdzieś, przez chwilę, potem notuję jako spiżowe prawo: tym razem w teatrze, patrząc na próbę i ludzi, i Iness, i Matthew (tych dwoje).

Mniejszy strach przed niedopuszczeniem, nieuznaniem, opuszczeniem – wynika z dużego strachu przed samotnością śmierci. Ta samotność jest nieunikniona, z niej jest zbudowane życie. Jak długo nie poradzimy sobie z tym największym strachem, wobec tej prawdy ostatecznej – nie pozbędziemy się małego strachu. Ale nawet bojąc się tego najważniejszego, możemy zredukować tamte mniejsze. Albo zlikwidować?

Gombrowicz uznał siebie po stronie „ludzkiej", międzyludzkiej. Tu widział się należącym. Ja widzę się po stronie tego, czego nie ma. Do tego należę.

Ale należąc, nie mogę uwolnić się od ludzkiej strony. Bo żyję. Zasada suficzna: umieć odchodzić i przychodzić. Jak dwie fazy oddechu.

Zmierzch. Zapalam jednak lampę, jakby bojąc się, że zbyt długie obcowanie ze zmierzchem wypomni mi zaniedbanie czegoś, co zaniedbać muszę.

Zmierzch jest przymierzem. Wyrównaniem rachunków. Wiatr ustaje o zmierzchu. Zakończenie rozgrywki. Zawieszenie. W nocy jest to, czego nie ma. Dlatego wolę zmierzch od świtu. Boję się świtu.

Może nie ma kosmicznego porządku, ale czy istnieje kosmiczna jedność, prakorzeń dziania się? Czasami bardzo wyraźne poczucie jedności materii i dziania się, wszelkie dzianie się wynika z czegoś jednego.

Gombrowicz: forma wynika z formy. Jedyną ucieczką z formy jest inna forma. I tak dalej.

Ja: forma wynika z niczego. Pokusa zstąpienia poniżej formy.

Linearne i wertykalne. To prawda, że forma wynika z formy. Ale każda forma podtrzymywana jest jakby spod spodu przez coś. Wszystko jest nieustającym gejzerem z tej prasubstancji/energii.

Banał: każda świadomość (moja świadomość) jest światem jedynym i zamkniętym w sobie idealnie, obojętne, z czego się składa. Tyle światów, ile świadomości. Świat bynajmniej nie jest identyczny dla dwóch świadomości.

Ciekawość sztuki – ciekawość świata, dla świata – jak on jest pojęty przez inną świadomość. Ciekawość dla różnicy, nie dla podobieństwa. Również atrakcyjność.

Podsłuchiwania, szpiegowania (obserwowania) miłości (w sensie wspólnego przebywania w łóżku i tam dokazywania) – erotyzm.

Wejście w porozumienie z prasubstancją; szczęśliwi, którzy mają wrażenie, że to im się udało.

10 lutego, State College

Wczoraj: The Corner Room z W. i U. Patrzę, stolik. Przy stoliku dziewczyna i pan z wąsem. Przeciętni, estetyczni, sympatyczni. Patrzą, popatruję więc gdzie indziej, tyle na nich, ile na innych. Pan wychodzi na chwilę – widzę – ona zostaje sama.

Mało rzeczy jest tak smutnych jak widok kobiety, przynajmniej tej jednej kobiety (czy uogólniać?), która została sama przy stoliku. Jakieś ciężkie zapatrzenie, w życie, w siebie, w co? Jakieś ciężkie zamyślenie o sprawach zapewne konkretnych, ale ostatecznych. Przed chwilą ożywienie, to znaczy ruch, cała jej twarz ku niemu, uśmiech, intensywność. Teraz nagle bezwładność ciała, jakby zupełnie niepotrzebnego, i cała w jakiejś myśli dla siebie, wsobnej, uporczywej, niewesołej. Ciało jak blok bezwładny i nieużyteczny i myśl w niej też jak blok. I zupełne nieistnienie otoczenia, tego wnętrza estetycznego, choć przeciętnego, tej jaskini i łagodnej, jakby chłopskiej, choć nieco alkoholowej rozrywki. Świętość jakaś była w niej i powaga (jak każde skupienie ostateczne, jak umieranie?), dostojeństwo. Wrócił, w sekundzie znowu ożywienie, blaski, migotanie, wabienie, poddanie, oddanie.

Ciężkie zapatrzenie, zamyślenie kobiet jakby zwierzęce, bez nadmyśli niekiedy. Jakby ich ciężarność, nawet kiedy nie dzieckiem. Frywolność, trzepotanie się mężczyzn.

Sny: ogród. W mieście jakimś, ale europejskim, dawnym, okazuje się, że to, co wydawało się zabudowane, jest dzikim, wolnym, nieuporządkowanym, nieznanym ogrodem. Nieprawdopodobnie zielonym. Odkrywam go. Kobieta (starsza, bezbarwna, niekobieca), mieszkanka zabudowań koło ogrodu, mówi do mnie: „I co teraz, kiedy pan już wie, koniec? Przyjdą ludzie. Urządzi się skwer, dzieci, przechadzki, koniec z nami, koniec ogrodu". Daję jej słowo, że nikomu nie powiem. Że nawet sam nie wejdę do ogrodu. Wystarczy mi, że wiem o jego istnieniu. Przekraczam ogrodzenie dzielące ogród od ulicy. Nawet nie mur, nie płot. Jakieś paliki sięgające mi tylko do kolan. Niezrozumiałe, że ten ogród jest niewidoczny za tak mizernym ogrodzeniem. Znów na ulicy.

Nieprawdopodobna zieleń ogrodu. Życiodajna. We śnie eksplozja życia, czegoś zielonego, soczystego, obiecującego, krzepiącego. Być może: we śnie coś przebiło moją twardawą i wysuszoną skorupę rezygnacji, samokontroli, nienadziei.

Inny sen: utrata N. List od niej, który boję się otworzyć. Tyle snów po drugim z nią rozstaniu we Włoszech. Ostrzeżenie? Kiedy ją utracę, znowu wrócą te sny, prawda?

Inny sen: dom „gotycki", ale dziewiętnastowieczny. Majestat wiktoriańskiej jawnej falsyfikacji. Ogromny kamienico-pałac, czynszowy. Korytarze, sale, muzyka organowa.

Jeszcze inne, których nie pamiętam.

11 lutego, State College

Wielka międzynarodowa prawda na każdą skalę i w każdym przypadku: wejść jest łatwo, wchodzi się prawie niespostrzeżenie. Wyjść, o, to co innego.

Dotyczy to: emigracji, historii amerykańskiej w Wietnamie[1], związków erotycznych, absolutnie wszystkiego.

Nareszcie jakaś niewątpliwa prawda.

Nawet State College trudno jest opuścić. Tyle już tu mnie. Nasyciłem sobą State College.

---

[1] Mowa o trwającej w latach 1967–1973 zbrojnej pomocy USA dla wojsk Wietnamu Południowego walczących z komunistycznym Wietnamem Północnym; na mocy układu podpisanego w styczniu 1973 w Paryżu armia USA wycofała się, co doprowadziło ostatecznie do zwycięstwa komunistów z Północy.

(Opowiadanie: ktoś wołał „Władek, Władek", ja odpowiedziałem i po latach skończyłem jako szef ekipy stolarzy przy budowie bazy arktycznej. Tylko dlatego, że odezwałem się, wszedłem w jakiegoś Władka).

Dlaczego tak jest? Przyczyny mogą być najróżniejsze (są). Między innymi: wychodzenie – to wyjście na jaw prawdy przemijania. Umierania.

Jestem źle wyposażony do zmian. A jednak trwanie tylko zabija mnie jeszcze bardziej niż zmiany.

(Opowiadanie: spotkanie z wędrowcem, który nie miał nóg. A jednak czołgał się. Ja w kolasce. Spotykam pieszych. Potem tego bez nóg. A potem słup kamienny – nie mówiąc o słupach milowych – o którym legenda głosi, że co sto lat przesuwa się o centymetr).

Nauka z prób *Szczęśliwego wydarzenia*[1]. Kostium Niemowlęcia. Obrzydliwość. Dowód złego smaku, humorku, którego atakom podlegam czasami jak chorobie. Skaza stylu. Przestępstwo. Niewybaczalne. Zacząłem od sali prób, szkolnej. Lekcja *tap dance*[2]. (Zwabiony fortepianem). Znajome z widzenia dziewczęta w trykotach. Nie, nie, nie, nie wdawać się, unikać, nie drażnić, nie budzić tego w sobie. Uciekłem.

Dzień wietrzny, mroźny i słoneczny. Wybuch rześkości i niezrozumiałego optymizmu. Z czego, z ciała? Ależ noc prawie nie przespana.

Niezrozumiałe, nielogiczne jak wszystko. Dzisiaj już oczekuję przecież listu. I boję się jak w tamtym śnie.

Między innymi wdzięczny jestem za ciało, zdrowe, silne, przyjazne, źródło radości samo w sobie. „Jak równo bije ci serce". Chciałoby się powiedzieć jak doktor – „proszę tylko nieco odpocząć, a wszystko będzie dobrze". Było to nad ranem, po dobach pijaństwa i najczarniejszego umęczenia.

Może to serce mnie uratuje.

Uratuje od czego? Wiadomo dokładnie – czego. To jedyne, co wiadomo naprawdę z absolutną pewnością. Pozostaje tylko pytanie – jak. W jakim stylu.

[1] *Szczęśliwe wydarzenie* – dramat Mrożka z ok. 1968 roku, pierwodruk w „Kulturze" (Paryż) 1971, nr 5; mowa o próbach przedstawienia na scenie uniwersyteckiej.

[2] *tap dance* (ang.) – stepowanie

Człowiek (ja, każdy) żyje w światku dzikich i urojonych pretensji. Takie same są pretensje strajkujących w Niemczech pasibrzuchów, jak moje do Iness McDade. Strach przed śmiercią i takie tam różne, co mamy w ciele, tłumaczymy na milion małych pretensji.

Słusznie, że trudny jest dostęp do mnie (o co, szczyt mojej głupoty, okazyjnie mam pretensję). Ja mniej niż inni skłonny jestem (mniej nadaję się, diabli wiedzą dlaczego, po prostu dla czegoś tam) do gry we wzajemne pretensje, zabiegi, wybiegi. Nie przypadkiem nie znoszę gier tak zwanych towarzyskich. Pycha (to taki mój wybieg wobec siebie) podszeptuje mi, że przejrzałem grę. I dlatego nie biorę udziału. Wyjaśnienie dobre jak każde inne.

Niekiedy depresje wynikające z niemożności brania udziału. Wtedy kiedy ta ludzka skłonność – do brania udziału – bierze górę nad świadomością, jak sprawy stoją, nad niezależnością. Depresje wynikają z osłabienia świadomości.

Inną okresową słabością (stałą, ale wyraźniejszą czasami, dlatego nazywam ją okresową) jest moje psie błaganie o ochronę. Położy się na grzbiecie, podnosi łapki. Nie bijcie mnie, ja wam nie zagrażam. Ja mogę nawet służyć.

Public relations to *public relations*. Obserwacja: w sprawach z kobietami też odgrywają zasadniczą rolę. Umiejętność etalażu[1], sprzedaży i kupna, czyli reklamy, „nawiązania stosunków". Na ogół osobnicy wyposażeni skądinąd w umiejętność tego rodzaju – *public relations men* – mają powodzenie u kobiet.

Wszystko jest na zewnątrz, na rynku. Klienci wybredni, klienci, którzy mają swoje własne wewnętrzne wymagania i szukają swojego towaru, odrzucając inny – należą do wielkiej rzadkości. G. – *public relations man.*

Ja na rynek wnoszę swoją bezbronność, nieagresywność. Kupuje, kto lubi.

Moja wizja świata (ludzi), pojęcie, światopogląd – też utkane z pomyłek, pretensji i tego „halo", jakim otaczam każdy przedmiot, nie dbając o wniknięcie we własną naturę danego przedmiotu (człowieka, osoby). Tak samo „osobiście" widzę relacje między nimi, między sobą a nimi.

[1] etalaż (z franc.) – popisywanie się

Nieustanny trud weryfikacji. Trud mniejszy, niż się zdaje, niż jest, ponieważ weryfikacja polega przede wszystkim na wycofaniu swoich dzikich pretensji, nazewnictwa, propozycji i pomyłek. (Więc nie na aktywności, ale przeciwnie).

Protezy. Być może bez protez poruszanie się (czyli życie, to między ludźmi) niemożliwe jest w ogóle. Funkcjonowanie sprawne tego życia polega na umiejętnym doborze protez. Kulawy prowadzi ślepego. Rezygnując z protez (całkowita rezygnacja i tak niemożliwa), ryzykuję rezygnację z tego życia (i tak dosyć już ograniczonego).

Tak przez moje braki w wyposażeniu (nieudolność w zakresie *public relations*) i ekstrajasności (*lucidité*), nadaję się raczej do życia typu: mnich rezydent niż typu: gospodarz. Jestem jakimś wyrostkiem (robaczkowym?), niepotrzebnym do funkcjonowania podstawowego organizmu (reprodukcja, utrzymanie równowagi biologicznej, kontynuacja życia biologicznego) – być może przydatnym (potrzebnym?) dla życia w jego bardziej zorganizowanej (skomplikowanej) formie. Do adaptacji, czyli propozycji wariantów jako wstępnego warunku adaptacji gatunku (miejmy nadzieję).

Jak każdy próbny wariant, jestem stale zagrożony zniszczeniem, niepotrzebnością.

Moje konflikty (ze sobą) wynikają ze ślepych prób wyłamania się z granic mojego typu i przedostania się w sferę tamtą. Prób oczywiście daremnych. Należy się przystosować tylko do tego, do czego się przystosować można.

Chciałbym wygrywać w gry, w których nawet nie biorę udziału.

Niechęć, wstręt do rynku – nie dlatego, że rynek jest wstrętny jako taki, sam w sobie. Dlatego, że brak mi ku temu kwalifikacji (żeby dobrze się znaleźć na rynku). Oczywiście skłonność do zakłamania, do uważania, że rynek jest wstrętny sam w sobie.

Dystans mierzy się nie tylko odległością, ale też stopniem rozrzedzenia w tejże odległości.

Odrzeć świat z moich szatek. Niech będzie goły.

Nie inwestować.

Co pozostanie? Coś niewiadomego (może nic) i jaskrawy widok cudzych inwestycji.

Tylko o tych, którzy inwestują dużo i gwałtownie, mówi się: „Wielki człowiek, postać, charakter”.

Ryzykuję, że o mnie nic się nie powie. Czasem to bardzo boli. Mniej, kiedy świadomość rzeczy ostatecznych silniejsza.

A jakie moje radości wtedy?

Wątpliwe, niewielkie i rzadkie. I przede wszystkim takie, takiego rodzaju, z jakich trudno rezygnować człowiekowi.

Na grzbiecie i łapkami... Brzuszkiem do góry, żeby pogłaskali...

Ja też! Ja też! Poczekajcie! Na mnie!

Jakże jestem cenny... Gdyby tylko ktoś zechciał to zauważyć...

Zresztą to wszystko zupa na ludzkich kościach i mięsie, gotowanych na czasie i przestrzeni (jak na wodzie), jestem w tej zupie jakąś marchewką i mieszam w niej jednocześnie.

„Muchy srają, będzie wiosna" – oto mądrość cała, jaką wyniosłem z rodziny, posag mój. Tylko to zawdzięczam swojemu pochodzeniu. Reszta jest moja. Co dziwnego, że niewiele w sumie mam?

Skatologiczny humor, zamiłowanie do wódki, instynkt niewolniczy, służącowski. Nie do mnie, hrabio Gombrowiczu.

Ale czy kiedy patrzyłem na Marę i Witolda razem w wysokim domu w Lavagna[1], wypijając sam na boku butelkę wódki – klasowe to tylko było? Wątpię. Ja tak patrzę zawsze. Na wszystkich.

A sort of surprise[2]. Prawie przemilczenie. Jakby: „Nie rozmawiajmy o tym", sugerujące, że mylę się totalnie, i tak się myląc, krzywdzę.

A więc pojawił się jeszcze homoseksualista. Dziecko (grube), staruszka (mało ciekawa) i homoseksualista. Oto co State College ma mi do zaofiarowania.

14 lutego, State College

Do jakiego stopnia głowa jest śmietnikiem: kiedy dzieje się coś ważnego (śmierć bliskiej osoby – przykład najjaskrawszy), w dalszym

---

[1] Wspomnienie ze spotkań z Gombrowiczami latem 1965 roku; zob. S. Mrożek, *Dziennik 1962–1969*, s. 213–224, oraz R. Gombrowicz, *Gombrowicz w Europie 1963–1969*, Kraków 2002, s. 349, s. 390. Lavagna – miejscowość we Włoszech w prowincji Genua.

[2] *a sort of surprise* (ang.) – pewnego rodzaju niespodzianka

ciągu postrzegamy i przeżywamy fakty proporcjonalnie nikczemnie znikome. (Można się nawet nieco zirytować, że jajko na miękko nie jest dostatecznie na miękko).

To świadczy o tym, że w zasadzie jesteśmy kolekcją. Wszystko jest tak samo ważne, przynajmniej w stadium pierwszej percepcji. Porządkowanie, hierarchizowanie – jest naddatkiem, luksusem, wynikiem „osobowości".

Zresztą osoba, która reaguje wyłącznie na fakt „najważniejszy", uznana jest za wstrząśniętą psychicznie i chorą. Komuś, kto wyłącznie pogrążony jest w śmierci bliskiej osoby, wyszukuje się „rozrywkę", poleca życie towarzyskie itp. Ale ta sama osoba, która – odwrotnie – nie wykazuje żadnego bardziej szczególnego przejęcia się śmiercią bliskiej osoby, też uważana jest za nienormalną. Wniosek: nie bądź ekstremistą, doznawaj wszystkiego, ale hierarchizując.

Co do mnie (jak rzadko „nie co do mnie") – mimo sprawy N., a także niewyspania, umęczenia i braku jakiejkolwiek obietnicy od życia na jutro i na resztę życia – dziwne wzmocnienie. W gruncie rzeczy moje stany mało są zależne od okoliczności i wykrywalnych przyczyn. Od czego więc zależę?

A może rozbicie stylu między mną a N., owo zniszczenie świergotania i niefrasobliwości (już anachronicznej przecież) – czyli dotarcie do pewnej prawdy, uciążliwej, ale prawdy – wpływa na „lepsze" samopoczucie? Jak zawsze, kiedy ginie forma nieaktualna już, czyli fałszywa.

Istota mojej uciążliwości w Polsce niegdyś: życie fałszywe, ja fałszywy, forma fałszywa. Rozumiem, że Sołżenicyn może czerpać taką siłę z rozkoszy odrzucenia fałszywej formy, „złej".

M.G. nie żyje. Powiedzmy, że odebrałem mu kobietę, z którą chciał się ożenić (o ile to byłem ja). Teraz nie żyje, mój rówieśnik, ja wciąż jestem żywy. Jego druga przegrana czy jego rewanż? Jedno i drugie, jak zawsze.

On już tam jest. On jest już w innej kategorii. Jedna sytuacja jest na pewno już niemożliwa: moje z nim spotkanie, na przykład w Krakowie, i konfrontacja. Umierając, zubożył mnie o jedną sytuację (co najmniej). Więc nieco ja także umarłem jego śmiercią.

N. – jej sześć lat przeszłości jest także w grobie. Stały się przeszłością definitywną, a przynajmniej definitywnie oczywistą przeszłością. I tylko ona już jedna pamięta, co przedtem pamiętało ich dwoje.

Mój erotyzm jest zapieczętowany, opakowany i włożony do naftaliny. Strata. Ale jak każda strata, czy jest tylko stratą? Poczucie wolności. Po raz pierwszy przypuszczam, że wolność od kobiet może się też opłacać. To daje szczególną siłę. (L. – świecka mniszka z wyboru i jej szczególna siła).

Édith Gudrun-Weiss. Dwadzieścia dwa lata, autorka jednego aktu bez tytułu, dotąd przeze mnie lekceważona. Nagle napisała rzecz o moim życiu.

Wyższość tego pokolenia nade mną: cokolwiek powiedzieć, są bardziej inteligentni, otwarci, oczytani, lotniejsi niż „my". Pokolenie bez wojny. (Jak pokolenie między wojnami napoleońskimi a 1914?)

Okrutne prawdy. Mężczyzna zgodzi się na wszystko, byle nie być samemu. Bez miłości. Kobieta – mniej taka[1].

15 lutego, State College

Ta ciota budzi we mnie wstręt i nienawiść. Być może szczególnie obrzydliwe połączenie, obrzydliwego człowieka z ciotą. Przecież nie wszyscy homoseksualiści są niesympatycznymi ludźmi.

Wstrętne podejrzenie, uczucie, że im więcej się go upokarza, przegania, tym bardziej – tajemnymi jakimiś drogami – on do ludzi.

Władza nad kimś, podległość komuś. Władza N. nad mężczyznami, moja przypadkowa władza nad tym szmaciarzem, którego nienawidzę.

Jeżeli myśli, że mi zależy na tym, żeby on o mnie książkę napisał... Boże, całkiem przeciwnie. Książka napisana przez takiego głupca może mnie tylko skompromitować.

Sołżenicyn wygnany z Rosji[2].

Rozumiem, że nie mógł wytrzymać swojej złej formy, sowieckiej formy. Ale nie jestem w stanie klęknąć przed jego Prawdą, choć nie-

---

[1] Dopisek autora na marginesie, z datą 5 XII 1976: Czyżby?

[2] Władze sowieckie deportowały Aleksandra Sołżenicyna z kraju 13 lutego 1974 roku, został wywieziony do Niemiec Zachodnich.

wątpliwie prawdziwa. On – jak Gombrowicz, z ludzkiego w ludzkie. Ale czy ZSRR nie jest też stworzony przez ludzi? Wielu nawet bardzo dobrze się tam czuje (lud) i lubuje w tym. (Przeciętny matoł rosyjski i Breżniew). Chyba że to forma przerosła (vide: rozważania Gombrowicza o hitleryzmie[1]). A przerośnięta, rozszalała forma to zawsze niedobrze. Tyle że Sołżenicyn byłby zdziwiony teorią Gombrowicza. Jemu chodzi o Prawdę. Po staremu, po rosyjsku.

Zabije mnie kiedyś to poczucie względności. Heinrich Böll – nie, nie jestem w stanie ani się nim interesować, ani tym mniej zachwycać.

Czy można związać się z kobietą, która: nie kocha mnie, nie jest lojalnym partnerem?

Której nie jestem w stanie uwierzyć, nawet kiedy przypadkiem mówi prawdę. I która, kiedy wchodzę z nią do jakiegoś sklepu, bardziej należy do mężczyzny sprzedawcy niż do mnie. Bardziej do swoich koleżanek niż do mnie. I bardziej do swoich planów i ambicji niż do mnie. I bardziej do swoich rozrywek i przyjemności niż do mnie.

Jej list nie-list też świadczy: ani kobieta zakochana, ani lojalna nie pisze takiego listu nie-listu.

Ale to już myślane tyle razy.

Strach przed samotnością. Strach w ogóle.

16 lutego

Wczoraj premiera *Blessed Event*[2].

Przedwczoraj *Tango* – w Kensington[3].

Penn State jest zarażony epidemią moich utworów.

Ja także.

Jak długo pożerać własne ścierwo? (Bez apetytu).

---

[1] Zob. W. Gombrowicz, *Dziennik 1957–1961*, t. 2, Kraków 2004, s. 97–100 (tu m.in.: „Hitler musiał działać nie własną swoją energią, ale tą, którą zasiliła go masa – czyli siłą, która własną jego siłę przewyższała").

[2] *Blessed Event* (ang.) – *Szczęśliwe wydarzenie*, przedstawienie na Penn State University.

[3] Mowa o wystawieniu *Tanga* w New Kensington w Pensylwanii.

Żyć trzeba.

Party – u Archiego Smitha.

Rozmowy-wywiady z autorem.

Mały autor na prowincji jest wielkim autorem. A gdzie mam rozmawiać? W salonach pierwszej klasy mnie nie przyjmują.

Iness nagle grzeczna i uważna. Bo obok Matthew pojawiła się Barbara.

Dzisiaj zaś będzie kolacja z wielbicielem mojego talentu (też prowincjonalnym), jego nużącą żoną (silna baba, będzie dużo mówić, on zaś od czasu do czasu odczyta z notesu złotą myśl swojego pióra) i studentem, który pisze o mnie pracę. (Te kilkanaście milionów studentów w USA musi się czymś zajmować).

Diabeł mi wmontował poczucie godności i dumę. Które to diabelskie dary udaremniają tę resztę zdolności do *public relations* (kupczenia), jaka mi przypadła, kiedy Pan Bóg w nią wyposażył innych tak obficie, że już więcej się w nich nie zmieściło.

Wypiłem tylko trzy kubki czystego burbona, ale na zmęczenie i niedożywienie. Po co?

Łapki do góry, brzuszek na wierzchu.

Poczekajcie na mnie, poczekajcie.

Ach, jaki jestem piękny. Byle ktoś się zlitował i był łaskaw to zauważyć.

Niechęć do otwierania pyska. Żeby znowu wypuścić trochę wiatru?

I wszystko się zgodziło. Potem pod szubienicę. I sen. Z wyczerpania, zmęczenia, trzech burbonów i rezygnacji.

Prawda: co może się zdarzyć, kiedy prowadzi się samochód? Tylko defekt albo katastrofa. To jest moja złota myśl o życiu. W najlepszym wypadku samochód jedzie. Jedzie. I jedzie. A całe krzątanie, wysiłki, starania zmierzają tylko i wyłącznie do tego, żeby zapobiec defektom i katastrofie.

Ta prawda wystarczy, żeby się odechciało jazdy.

17 lutego

Podległy jest ten, kto potrzebuje czegoś, czego tylko ów, któremu podległy podlega, może dostarczyć.

Nie mówię o podleganiu na skutek użycia przemożnej siły przez tego, komu się podlega.

Trzeba mi utożsamić się na przykład z Polakiem, kiedy ja z sobą samym nie mogę się utożsamić.

Moje wnioski ogólne, wyniesione ze State College, o młodych, o amerykańskim społeczeństwie itp. – jakie by były, gdyby moje życie osobiste tutaj potoczyło się inaczej?

Takie jakie są: oni (ci młodzi) cierpią na kalectwo (w sensie: umniejszenie) psychiczne. Małe i bezkształtne. Amorfizm psychiczny, siekanina, proszek. Prawdopodobnie jest to zapowiedź świata, w jakim wypadnie mi żyć przez następne czterdzieści lat. (Skąd ta idiotyczna pewność, że będę długo żył?)

Być może: rezygnacja (w sensie określenia, odkrycia, ustalenia swoich granic) jest właściwa mojemu wiekowi i nieuchronna.

Bardzo się zestarzałem w State College.

Wczoraj opuściłem zebranie w towarzystwie Archiego. Symboliczne odejście w symbolicznym towarzystwie? Zrezygnowałem. Nie miałem ochoty na jeszcze jedną frustrację. Miałem potrzebę snu. Tam przyszedł *folk singer*[1] (co mnie ten ich *folk singer*, po co mi ten ich *folk singer*). Siedzieli jak zwykle *together*[2]. Nikt nie ustąpił miejsca ni mnie, ni Archiemu. Smutne, amorficzne stworzenia. Muli-stany. *Easy-going*[3].

Take it easy[4]. Hasło, którego nie znoszę. Amerykańskie.

Sukces i siła Sołżenicyna są dziewiętnastowieczne. Ich źródłem jest dziewiętnasty wiek.

Jakie są ich hierarchie? *Folk singer.*

Iness, Matthew, ja. Ten nędzny aktorzyna bez talentu.

Jestem oblężony przez ludzi bez talentu, niepożywnych, miernych. Pasożytują. A owa ciota potworna, ów pedał sakramencki, *the last straw*[5].

Jak mój ojciec – jestem naiwny, łatwowierny, typowy „cyc", czyli „jeleń".

---

[1] *folk singer* (ang.) – śpiewak ludowy
[2] *together* (ang.) – razem
[3] *easy-going* (ang.) – spokojny, beztroski
[4] *take it easy* (ang.) – nie przejmuj się
[5] *the last straw* (ang.) – kropla, która przepełniła czarę

Pani Regina Grol-Prokopczyk. Pojawiła się. Oczywiście. Pracę o mnie napisała[1]. Nie mogę.

Polska paniusia. Polska miełocz. Drobnica. Kiedy podnosi psychiczną filiżankę, trzyma odgięty psychiczny paluszek. Odmówiłem. Nie mogę.

Interesy. Wszędzie interesy. Prestiże, samoluby, ego, jak jestem tym zmęczony.

Jestem na tej ziemi przez pomyłkę. Reszta jest tylko konsekwencją tej pomyłki.

N. co krok postawi (w stosunku do mnie), to fałszywie. Jej reakcja na mój ostatni list też.

Pozostaje mi tylko suwerenność. Mała, zacieśniona. Wyznaczyć granice i co w nich, to moje. Reszta niech... Terytorium.

State College – doświadczenie. Okrutne, smutne. Nużące. Jedyna jego wartość: jakaś w nim jest prawda.

Co może się stać w więzieniu? (Nic, na tym właśnie polega więzienie).

Co może się stać ze mną? Starzenie się. Dalsze udaremnienia (jeżeli będę znowu miewał iluzje). Pomiędzy mną a śmiercią jest albo nic, albo cykl nadziei i udaremnień. Chciałbym wybrać nic (jeżeli nie mogę wybrać śmierci).

Ile razy daję się oszukać nadziei, ląduję w czymś jeszcze gorszym od niczego.

Nic nie rozwiązuje niczego, a powoduje tylko dalsze, nowe zasupłanie. Ktoś powiedział, że problemów się nie rozwiązuje. Można je tylko przeczekać.

Są takie prawdy, które znam, ale o których ciągle zapominam. Jedyne, co mogę zrobić, to nie zapominać o nich. (Starać się). To wszystko.

Nieustająca czujność – to męczy. Ale inne rzeczy męczą jeszcze bardziej.

Kiedy spotykasz ludzi – mów o nich, jeżeli nie chcesz, żeby mówili o tobie. A nie chcesz. Nie pozwól im na siebie nachodzić. Oni będą bardzo niezadowoleni.

---

[1] Zob. R. Grol-Prokopczyk, *The Dramaturgy of Sławomir Mrożek*, Ann Arbor, University of New York 1973; Grol-Prokopczyk pisała też o Mrożku na łamach „The Polish Review" w 1979 (nr 3).

I listów też nie pisz o sobie...

Popołudnie i zmierzch z W. Nasze polskie zło i dobro, co w nas dobrego i złego polskiego.

Bo jakże polscy jesteśmy.

Dylemat: jak bez ludzi, kiedy z ludźmi.

Oni (Amerykanie) twardzi. Czy ludzie? Czy Chińczycy też ludzie? A ja, czy człowiek? Sołżenicyn – człowiek? A Iness czy Adolf Hitler?

Znowu: wola życia, drapieżność, N. i takie tam różne.

Parcela na Sikorniku[1]. Dzieci. Henio Grynberg, z żoną tą swoją i dziećmi. Wola życia. Nie ja. Nie dla mnie.

Świat i mój obraz jego.

Ja i mój obraz siebie.

Adam Tarn i jego wola życia.

Boga swojego mieć.

A prawo jego jakie? Jakiego prawa przestrzegać?

Znowu pokusa. Do woli życia się przytulić, nie swojej.

Zapomnieć o śmierci. Wolą życia się usłodzić.

Znowu zaczynasz? Rekolekcje znowu? Nasiadówka?

A N.? Wolę życia, owszem, miałeś.

Moje życie – druga połowa. I świata druga połowa, tym samym.

A jednak przypomnij sobie, kiedy to było.

Są pewne warunki tego, które spełnić trzeba. Wtedy to się spełnia!

Zdaje się, że mam ziarenko szaleństwa w mózgu. Takiego zwyczajnego szaleństwa.

Odrobina wysiłku jeszcze i znajdziesz się po drugiej stronie. Ale to nie jest wola życia. Chyba że ona tak się przejawia.

Jeszcze trochę, jeszcze chwila.

Ażeby chwila nie rządziła, dwie strefy. Tutaj i tam.

Ażeby nie nudziło się wszystko tak strasznie.

„A ty ciągle czekasz" (Rilke)[2].

Znowu „wolą życia" się skusiłeś, matołku? Podeszło ci znowu? Zachciało się? Matołeczku mój maleńki?

---

[1] Sikornik – wzgórze oraz osiedle willowe w Krakowie.

[2] Z wiersza *Wspomnienie* Rainera M. Rilkego z tomu *Księga obrazów* (1906).

Samobójstwo Witkiewicza[1]. Jak tam z tą wolą życia?

Nie wszystko, co we mnie, mną.

18 lutego, State College

„Pod szubienicą" wczorajsze doprowadziło mnie do stanu *all is void, the void is all*[2], nie do wniosku, ale do stanu, powtarzam, doznania. Potem zasnąłem, a wczoraj wiało coś w rodzaju halnego. Jak zawsze, kiedy udaje mi się zbliżyć do stanu wspomnianego, stałem się bardziej medium niż podmiotem i pojawiły się obrazy oraz coś samodzielnego.

Ten stan to nie tylko ten stan, ale i nowy pewien stan prawdy, że moja identyczność nie jest identycznością ani *entité*, tylko wyrazem czegoś, czego nie znam, znacznie, bo nieskończenie większego niż ja. (I całkiem innego). A zatem moje pretensje są fałszywe, moje rozpamiętywania i żale, wszystkie oparte na pewności (mylnej), że jestem samodzielną *entité*, są uzurpacją i nie mają żadnego bytu. To jakby litera skarżyła się albo słowo. Znak tylko.

Być może ów stan był następstwem innego stanu, niemożności ostrego uświadomienia sobie absolutnej konieczności wszystkiego, co się stało i dzieje – jako wektora nieskończenie przeplatających się sił i wypadków. Jasność, że decyzje są też wypadkową. (To chyba nietrudno pojąć, choć łatwo zapomnieć).

Obudziwszy się po godzinie – seans, i znowu sen, tym razem ze scenariuszem. N. cudzołożyła z M.G. Ja wtargnąłem i zwycięsko przepędziłem gacha. Znów, przebudzony, uznałem sen za pewność, za wizję, transwizję. (W stanie, w jakim byłem od wieczora, mediumicznym). A refleksją było: to ostrzeżenie, jaki jest mój prawdziwy stosunek do N. i związek z nią.

Rano oczywiście jak rano, skończyło się medium i wdziało się ubranko, dosłownie i w przenośni.

Jaka szkoda, że trzeba wkładać te ubranka.

A jednak nie jestem sceptyczny co do moich „stanów". Wydaje mi się, że przekraczam wtedy barierę i doznaję prawdy wyższej,

---

[1] Stanisław Ignacy Witkiewicz popełnił samobójstwo (zażył środki nasenne i podciął sobie żyły) 18 września 1939 we wsi Jeziory na Polesiu na wieść o wkroczeniu do Polski wojsk sowieckich.

[2] *All is void, the void is all* (ang.) – Wszystko jest pustką, pustka jest wszystkim.

czy też głębszej. Zwłaszcza stan „nieidentyczności" był szczególnie przekonujący.

A sen...

Nie będzie tego roku lata. Ani w Sologne. Prawdopodobnie.

Będą bzy i różne nostalgie, ale nie będzie...

To jest sentymentalizm. I szkoda.

Szoł w Cheap Thrills. I po co to kupowałem?

19 lutego

Dance class[1]. Po co ja tam poszedłem? Zmęczyło mnie tylko, zdenerwowało.

Czasami w błysku intuicji rozumiem, dlaczego popełnia się mordy seksualne. Gwałci, a potem zabija. Rzadko kiedy żądza spirytualna nie idzie w zgodnej parze z żądzą seksualną. Przynajmniej w moim przypadku. Asceza jest tylko wtedy, kiedy duch wypiera ciało. Ale nie zastąpisz ciała duchem. (Kiedy ciało ci odmówione).

Pogadałem sobie za to z Murzynem. Odtrącony do odtrąconego. Poniżony do poniżonego. Poskarżyłem mu się, pośrednio. Po raz pierwszy przydał mi się Murzyn.

Śnieżyca. Ciemno.

Pokusa, żeby wyszło na moje. To znaczy pójść na druty, to znaczy nie dbając o żadne rezerwy – przebojem, a jeżeli to ściana, to tak szczerze jak do ściany.

I jeszcze raz rozbić się o ścianę.

Znowu zdumienie, że wszystko się dzieje. Po prostu się dzieje.

Życie nie zadziwiło mnie już od dawna. Wszystko odbywa się z ohydną przewidywalnością.

Jednak: wyjechać. Po prostu wyjechać stąd.

The Power of Positive Thinking[2] – ha, ha.

---

[1] *dance class* (ang.) – lekcja tańca

[2] *The Power of Positive Thinking* (ang.) – siła pozytywnego myślenia; aluzja do popularnej książki *The Power of Positive Thinking* z 1952 roku amerykańskiego protestanckiego kaznodziei Normana Vincenta Peale'a.

1.50 AM. *Irish* whiskey, Corner Room. Iness poszła z jakimś ryżym.

Świat i ja. Nic nas nie łączy. Ja skrywam się przed światem, usłużny. On mnie ma w dupie. Świat i jego przedstawiciele, przedstawicielki. Ile to już zainwestowałem w to świństwo. Nie chcę już niczego, bo nic nie może mi dać albo nie chce. Całe moje wyobrażenie o nim – stałe naiwności. Całe moje wychodzenie ku niemu – bzdura. Całe moje domaganie się od niego – idiotyzm. Odtąd będę spokojniej patrzył, jak zdycha. Oraz jak przesadził. I zdemaskował się. Odtąd będę dla niego taki, jaki on jest dla mnie.

20 lutego

Oczywiście w powyższym chodzi o Iness, która występuje tutaj pod pseudonimem „świat".

Niezależnie od tego: styl pokolenia, styl świata, styl epoki, nagle teraz widzę, jak nie jestem w tym stylu. Mogę być tylko we własnym, jeżeli mam jakiś. Ów styl to brutalność, fragmentaryczność.

Największym złem, jakie Jezus Chrystus wyrządził ludzkości, jest wprowadzenie pojęcia „dobra absolutnego". Rozdział na dobro i zło absolutne. Ale to już Nietzsche zręcznie zauważył.

Co z moim ogrodem ze snu? Gdzie on jest?

Charlie Brown[1] to ja. Zwłaszcza w epizodach: Lucy – piłka – Charlie Brown.

Numer „Szpilek"[2] mi przysłany. Tutaj. Przerażający. Polska – śmietnikiem. Styl czasu bieżącego – tam widoczny jak na śmietniku. Dekadencja nawet nie poprzedzona rozkwitem. Ale, jak na śmietniku, wszystko wyraźniejsze. Sądząc po tym egzemplarzu – zidiocenie też, czyli brak ludzi utalentowanych, nowych. Brawo.

21 lutego, State College

Prawo: wszystko rośnie samo sobą. Mementum. Śpij dużo, a będziesz śpiący jeszcze bardziej, pij, a zostaniesz pijakiem itd.

---

[1] Charlie Brown – prześladowany przez pecha, wiecznie doznający niepowodzeń bohater ukazującego się od 1950 roku popularnego amerykańskiego komiksu *Peanut* autorstwa Charlesa M. Schulza.

[2] „Szpilki" – ilustrowany tygodnik satyryczny wydawany w Warszawie w latach 1935–1939 i 1945–1994; Mrożek współpracował z tym pismem w latach 1950–1982.

Stan otumanienia. Drugi dzień po upiciu.

Myśl o N., a będziesz myślał jeszcze bardziej.

Broń się!

To prawda, to przyleganie, dłoń i rękawiczka. Ale czy to prawda jeszcze? Już tak nie zawsze bywało. Pojawiły się nowe sprawy i inne rzeczy między dłonią a rękawiczką.

Świętej pamięci Kobiela uwijał się i pracował, intrygował i kombinował. A przede wszystkim mówił i mówił.

Jeszcze tydzień w State College.

Jaki jestem niesympatyczny.

Lektura gazet utwierdza mnie w obrzydzeniu.

Lektura gazety polskiej („Szpilek") także. Coraz wyraźniej dostrzegam „nowy styl". Jakież otchłanie, brutalności, *les jeunes loups. Hard line, efficiency in the name of vanity, pleasures and power.*

[...młode wilki. Twarda linia, sprawność w imię próżności, przyjemności i władzy].

Monarchia – władza i suwerenność dedykowana monarsze. Demokracja miała sens, kiedy wynikała z polis i odnosiła się do niego. Demokracja zwyrodniała, kiedy nie polis, ale kiedy jeden bęcwał staje się centrum świata.

Zmierzch.

A może po prostu jestem coraz starszy = słabszy? Upijać się już nie mogę tak bezkarnie jak dawniej. Ani nic.

„Emigracja (wygnanie) to najgorsze, co może spotkać pisarza" (Sołżenicyn). Ale czy ja jestem pisarzem?

No i co, synku, będziemy znowu biadolić?

Być może dokonało się już w tobie coś, czego jeszcze nie wiesz, a czepiasz się tamtego starego (siebie starego).

Wola życia, pisanie, miłość, ojczyzna, społeczeństwo, wiara, ludzie, radość, nadzieja (przypadkiem wymieniłem trzy cnoty główne z katechizmu). Jeżeli to wszystko jest życiem, to ja jestem martwy.

Prowadzenie tego dzienniczka to jedyny odruch życia. Oraz listy do dwóch osób.

Każda kolejna fajka jest kolejną frustracją. Wcale nie przyjemnością.

Czterdzieści cztery latka.

Karin, biedactwo, właśnie odezwała się w telefonie, po cóż ona się właśnie we mnie zakochała, kiedy wszystko, co dać jej mogę, to przyjaźnie zapytać: „co słychać?" i „jak czujesz się dzisiaj?". Biedne dziecko.

Gdybym był na przykład Adolfem Rudnickim (albo gdyby on był mną), to dzisiaj miałbym:

Własny dom w Polsce.

Własne mieszkanie w Paryżu.

Paszport francuski.

Paszport polski.

A także Schopenhauer nieźle sobie radził. Einstein zaś był genialny. Conrad pisał po angielsku. Gombrowicz miał charakter. Czechow żył w Rosji (u siebie). Zaś: Gogol umarł na niechęć do życia.

Żeby to wszystko mogło się we mnie wygotować. Aż do jednego kamyczka, do samego spodu. I żeby choć ten kamyczek mieć i nigdy się z nim nie rozstać.

Dalej, płaczko, płacz, płacz i użalaj się nad sobą. Bo kto się użali?

A mój kraj zasrany. Zasrane to piśmiennictwo polskie i styl, i myśl (półmyśl), i ja zasrany tego kraju zasrańćstwem. Świat też zasrany. Trzeba by sobie zbudować jakiś nieświat. Antyświat. A tu jeszcze moje upodobanie do kobiet i dobrego jedzenia.

Ależ jak to było w Warszawie 1962–63, a potem w Stratfordzie? Ależ jak to było? A nawet w Zurychu zeszłego listopada. Wiesz dobrze, jak to było, i tylko od ciebie zależy, żeby teraz było tak samo. Amen.

22 lutego, State College

Dom z białawożółtawą fasadą w ciemniejącym parku. Ze ślepymi oknami. W parku bawią się dzieci. Zbierają kasztany. Zmierzch postępujący (czy świat jest odwrotnością zmierzchu, zmierzchem cofającym się jak zmierzch na taśmie filmowej wyświetlonej wstecz?). Wiadomo, że do domu wejść by trzeba, ale straszno. Wiadomo, że się wejdzie.

To wczoraj przed zaśnięciem.

Zabawa: śledzenie (wstecz) ciągu skojarzeń. Od czego się zaczęło. Dlaczego pomyślałem o tym a o tym? Bo... (tu ciąg cofa się, aż do zwrotnicy). A, jest!

Pytanie: czy skojarzenia są zupełnie przypadkowe (mechaniczne), czy też itd.? Oczywiście powiedzą mi (oni, tamci, wy), że td.

Bystrzejsza uwaga ku takim sprawom skierowana wykazuje, jak moje (nasze) normalne, samoczynne życie umysłowe jest niechlujne, dzikie, jak nieustające sprzężenie: obraz (wyobrażenie), emocja, bez przerwy mną rzuca to tu, to tam.

Nie robię żadnych wysiłków, żeby być pisarzem. A jednak bez nich nie mogę być pisarzem. Kiedyś nim byłem, bo moja uwaga i moje starania były skierowane w tę stronę.

Na przykład opowiadania o fasadzie tego domu, tylko to, co się ukazało, nic więcej.

Być może moje pisanie powinno teraz polegać na wejściu pod powierzchnię samoczynnego myślenia, odczuwania. A raczej nie samoczynnego, ale konwencjonalnego (według mojej konwencji). Tam gdzie ono jest naprawdę samoczynne. Wejść w swoją inną (głębszą) bajkę. Nie mogąc uprawiać świata, powinienem uprawiać siebie.

Spróbujmy o tym domu w ogrodzie.

23 lutego, State College

Co się dzieje, co się będzie działo na świecie, ze światem, może się jako tako pomieścić człowiekowi w głowie – bez wariacji – tylko w interpretacji religijnej.

To znaczy: człowiekowi mieści się, owszem, jako marksizm i wszelkie rewolucyjności, szowinizm irlandzki, ruska racja stanu czy kwakierskość amerykańskich kwakrów[1]. I tym podobne, których by można sporządzić listę nigdy niekompletną. Aż do racji stanu opryszka, który wyrywa torebkę starej kobiecie.

Wyrostek, który wyrywa starej kobiecie torebkę, to jest punkt dojścia tych wszystkich programów i racji stanu.

Ale kiedy mówię: „człowiekowi”, to mam na myśli tego człowieka, który nie ma skłonności do paranoi i szuka interpretacji uniwersalnej.

---

[1] Kwakrzy – protestancka sekta założona w XVIII w. w Anglii, działająca w USA, głosząca filantropię i pacyfizm.

Kiedy mówię: „religii", nie mam na myśli żadnej religii – bazy, organizacji i programu. Mam na myśli religię indywidualną jednostki, opartą na religiach niektórych, na doktrynach niektórych. Religia zresztą nie istnieje poza „duszą", „umysłem" człowieka.

To nie Kościół nas zawiódł, to my zawodzimy samych siebie. Mniejsza o to, w tej chwili, dlaczego.

Ja – trudno, żebym stał się pisarzem religijnym. Ale mogę się stać pisarzem „antyegzystencjalistycznym". Koncepcja „człowieka Boga" jest mi szczególnie nienawistna.

Religia, transcendencja, Bóg – wszystko jedno, jak to nazwać – jest niewiadomą. Ale bez tej niewiadomej żadne równanie się nie sprawdza.

Ludzkość obecnie: niedokształcona zgraja, która opanowała ledwo podstawy arytmetyki i za pomocą tych „2+2" chce rozwiązać wszystko.

Nawet hierarchia „niesprawiedliwa", bez zasług, jest lepsza niż „równość".

Gombrowicz pisał jeszcze „przeciw". Dzisiaj jego książki są już „za".

Człowiek współczesny: pożreć, pochłonąć wszystko, nadąć się i napompować wszystkim. Zrobić wszystko, mieć wszystko, być wszędzie. Dzikie pretensje do wszystkiego i wszystkich. Każdy człowiek...

Gombrowicz: jego ubóstwienie „młodego Dionizosa" stąd, że nawet jego życie homoseksualne było stłumione. Krok w krok za młodością i marzenia – tutaj jest źródło jego kultu.

Ciążenie i wpływ Gombrowicza na mnie, na nas, stale tym większe, że był Polakiem. W próżni i miałkości polskiej tym większe.

Próba wyznania wiary:

Jest coś, co mnie nieskończenie przerasta, przerasta człowieka i ludzkość, i wszystko, co jest nam dostępne w jakiejkolwiek formie.

Nie wiemy, co to jest. Wszelkie definicje oraz intuicje są tylko znakiem przybliżenia, nawet nie przybliżeniem. Wszelkie wysiłki poznania tego są daremne. Obecność tego poznaje się tylko po istnieniu i działaniu wszystkiego, czym jesteśmy.

Istnieje jednak możliwość takiego stylu (postępowania, bycia), który nie zakłóca rzeczywistości, mniej ją zasłania. Styl ten polega przede wszystkim na redukcji zakłócenia, nieporozumienia. Ja sam nie mogę nic. Ale mogę tak się zachowywać, żeby to mogło mi się ukazywać i działać przeze mnie.

W terminologii religijnej (po co stwarzać własną, kiedy już istnieje terminologia, a próba stworzenia nowej skończy się i tak na dojściu do znanych terminologii, tyle że nieudolnym?) przygotowywać się na nadejście łaski, nie żądając jej jednak i będąc gotowym na zgodę, że ona nie nadejdzie (chrześcijańskie).

Zredukowanie fałszywego „ja" (buddyjskie).

Rzecz jasna, ten styl jest w doskonałej sprzeczności ze stylem współczesnym.

Ale: czy nie jestem powołany do wygnania? Być poza, najpierw poza krajem, potem poza rodziną, przyjaźnią, miłością i resztą. Więc mogę być także i poza stylem współczesności.

Giotto w Padwie[1]. Obraz przedstawiający piekło. Diabły i panie, i co diabły robią paniom. Niech robią. Ale to przestaje być interesujące, jeżeli brak różnicy, skali i rozpiętości. Napisałem szesnaście lat temu opowiadanie pt. *Niżej*[2].

I wszystko jest coraz niżej, a właściwie nie niżej, bo żeby było jakieś niżej, to musi być jakieś wyżej. Więc może nie niżej, tylko bardziej płasko. Do kreski. Do deski. Do wspólnego mianownika. *Statistique aidant*[3]. Przeciętna do przeciętnej.

Dlatego nie lubię Ameryki. Dlatego nie mogę już lubić Europy. Dlatego niczego już nie lubię.

Auschwitze zniwelowały śmierć. Teraz niwelujemy erotyzm. Między *Love Story* i *Deep Throat*[4] nie ma nic. To znaczy w tej pustce jest ktoś: ja. Bez towarzystwa.

"Was I ever with two men? Wait, I have to check. No".

"No". But why, "I have to check"? What kind of memories were there, in that head, to be checked?

---

[1] Mowa o fresku *Sąd Ostateczny* (1303–1305), znajdującym się w Capella degli Scrovegni w Padwie.

[2] *Niżej* – opowiadanie z tomu *Wesele w Atomicach* z 1959 roku.

[3] *Statistique aidant* (franc.) – podpierając się statystyką

[4] *Love Story* – filmowy melodramat amerykański z 1970 roku w reż. A. Hillera według bestsellerowej powieści E. Segala z 1970 roku. *Deep Throat* zob. przypis do 11 grudnia 1973.

I shall never know.

Always beyond, always late. During the last twenty years I caught up with those who were hard and tough – twenty years ago. Meanwhile…

Whatever will be – nothing will cure and heal this four-month gap. I shall be not even able to undertake the same sort of deadly curiosity – investigation game I did from 1970 on. Did I not officially resign – by my famous letter? Do I regret? One more resignation.

Drop-out. Even from that. Do I regret? What else could I do?

[„Czy byłam kiedykolwiek z dwoma mężczyznami? Poczekaj, muszę sprawdzić. Nie".

„Nie". Ale dlaczego „Muszę sprawdzić"? Jakiego rodzaju wspomnienia były tam, w tej głowie, które miały być sprawdzone?

Nigdy się nie dowiem.

Zawsze poza, zawsze późno. Podczas ostatnich dwudziestu lat doganiałem tych, którzy byli twardzi i mocni – dwadzieścia lat temu. W międzyczasie…

Cokolwiek będzie – nic nie uleczy i nie uzdrowi tej czteromiesięcznej luki. Nie powinienem być nawet w stanie obudzić w sobie takiego samego rodzaju śmiertelnej ciekawości – podjąć gry śledczej, jaką prowadziłem, począwszy od 1970. Czyż nie zrezygnowałem oficjalnie – swoim słynnym listem? Czy żałuję? Jeszcze jedna rezygnacja.

Oderwij się. Nawet od tego. Czy żałuję? Cóż innego mogłem zrobić?]

24 lutego

Wczoraj: party u Steve'a Pudenza.

The last show. Tearing down the set of the BLESSED. Vaguely reminiscent of the hammering on the coffin, through the loudspeakers. I did not go to see it.

[Ostatni występ. Rozbieranie dekoracji *Szczęśliwego*. Niewyraźne wspomnienie stukania w trumnę, przez głośniki. Nie poszedłem tego oglądać].

Siedzą. Milczą. Palą. Czasem mówią. Drgają w takt muzyki, siedząc.

Nie kpiny, nie ironia. Lubię to. Ja też.

Chyba wolę (nie „świeckie" *parties, small talk*[1]).

The absence of erotic hunt. Because not repressed? More like animals possibly, posturing together, males and females. Copulating only in rut period. Otherwise forgetting it.

I do not know how to deal with those women. Do they play the games I used to know?

The absence of small talk, of the erotic hunt.

[Brak erotycznych łowów. Ponieważ nie poskramiane? Bardziej może jak zwierzęta, pozowanie razem, kobiety i mężczyźni. Kopulowanie tylko w czasie rui. Poza tym zapominanie o tym.

Nie wiem, jak postępować z tymi kobietami. Czy one grają w gry, które kiedyś znałem?

Brak konwencjonalnych gadek, erotycznych łowów].

Będziesz znów o sobie?

Pan introwertyk? Więc niech pan będzie. Rak niech nie udaje lwa.

State College period: "Farewell to women". Those present and those far away. Pity. It was a joy of life.

Iness: "Shall we meet in NY?"

"Yes, certainly".

But: "No, no, the last thing to do, never again".

Austerity.

[Okres State College: „Pożegnanie z kobietami". Tymi obecnymi i tymi dalekimi. Szkoda. To była radość życia.

Iness: „Spotkamy się w NY?"

„Tak, oczywiście".

Ale: „Nie, nie, ostatnia rzecz, jaką chcę robić, nigdy więcej".

Oszczędność].

Rano: zauważyłem, że nowe zmarszczki mam pod oczami. Nowa świadomość wieku.

Ani alkohol, ani marihuana, ani… Tylko wiedza, z którą nie wiadomo co zrobić.

I have been cheated so many times.

I have cheated too, though never with ease.

Welcome, solitude. You have been always there. Even though I did not recognize you sometimes. Welcome, be at home with us.

---

[1] *small talk* (ang.) – pogaduszki, gadka-szmatka

It is your home. Sorry for misunderstandings. You know, you are not an easy company. Or you are, but one has to get to know you better.

You are horrible only if welcome halfheartedly.

Otherwise you are like a mother.

[Byłem tyle razy oszukiwany.

Ja oszukiwałem także, ale nigdy z łatwością.

Witaj, samotności. Zawsze tam byłaś. Nawet gdy cię czasem nie rozpoznawałem. Witaj, czuj się z nami jak u siebie w domu.

To jest twój dom. Przepraszam za nieporozumienia. Wiesz, że nie jesteś łatwym towarzyszem. A raczej jesteś, ale trzeba cię lepiej poznać.

Jesteś straszna, tylko gdy wita się ciebie bez entuzjazmu.

Poza tym jesteś jak matka].

Jaki sen ścigam, przed jakim widmem uciekam?

Nagle wystarczyło: *Warszawa, album fotografii 1970* oraz *The Warsaw Insurrection (The Issues of WWII)*[1].

I wszystko splątało się w jeden węzeł nie do rozplątania.

I nagle poczułem się znowu człowiekiem. Nieskończoność przybrała wymiary, kształty i zapachy skończoności.

Moje życie. Ja. Taki po prostu. Bez metafizyki.

Wrócić?

Na ogół nie znoszę Polaków za granicą, bo przypominają mi mnie – Polaka.

25 lutego, State College

Jeszcze trzy dni. Nie do wiary. Wyjazd zbliża się jak śmierć, niepożądany, niezbyt pożądany, kiedy kiedyś był tak bardzo pożądany. Teraz obojętny.

State College – model życia? Tyle się działo w mojej głowie. Nie zostawię po sobie nic. Nie było tu nic, nie ma nic poza zmęczeniem i urazą.

Nawet nostalgia, wychudzona, zdrzemnęła się, biedaczka.

---

[1] E. Kupiecki, *Warszawa*, Warszawa 1970; *The Warsaw Insurrection: The Communists Version Versus the Facto*, Washington 1969.

A wczoraj jeszcze coś poruszyło się we mnie. Album Warszawy albumem Warszawy, ale chodziło o wspomnienia. Zdawało mi się, że rozpoznaję dach domu, w którym mieszkałem z Marą. Okna mieszkania.

Mnie już czas pisać jak Czechow. O tym, co miało być, a nie jest. Kijowski uważa, że to jest definicja humoru[1]. Jako incydent – zapewne. Jako życie – to nie jest humor. To jest tragedia w pantoflach.

Nawet doznałem pewności, że tylko *caritas*, wielka chrześcijańska *caritas* jest źródłem życia. Miłość w chrześcijańskim pojęciu. Cóż mamy, my, ludzie, jak tylko siebie nawzajem, ludzi? Aż się wzruszyłem. Ale przyszło rano i znowu tylko znużenie.

Zapewne wiara i nadzieja wynikają z miłości. Najważniejszej z cnót.

Karin (blond) przyszła do mojego biura. Odłożyłem „New York Timesa", sparzyłem się o lampę. *How long will you stay? Three days more. I would like to see you before you leave. Well, I shall be tomorrow in the office.*

[Jak długo zostaniesz? Jeszcze trzy dni. Chciałabym cię zobaczyć, zanim wyjedziesz. Dobrze, będę jutro w biurze].

Czego chciała? *To see me*[2]. Do głowy mi już nie przyszło, że czegoś więcej. Dosyć naiwnych przypuszczeń. *To see me*. Były trzy miesiące. *Goodbye, Karin. It could be a nice love, even for you. But it was not and it will not be. I needed you once, and desperately so. But no more.*

[Do widzenia, Karin. Byłaby z tego przyjemna miłość, nawet dla ciebie. Ale nie była i nie będzie. Potrzebowałem cię kiedyś, i to tak desperacko. Ale już nie].

W czwartek pójdę z córeczką do kina. Gdzie mogę pójść z nią, jak nie do kina?

Nawet gdyby... Za późno. Czechow.

Jakże jestem nimi znużony. I sobą.

Sganciare. Disengagement[3].

---

[1] Zob. A. Kijowski, *Co jest śmieszne*, „Tygodnik Powszechny" 1971, nr 30, przedruk w: tenże, *Gdybym był królem*, Poznań 1988.

[2] *to see me* (ang.) – zobaczyć mnie

[3] *sganciare* (wł.) – odczepić, uwolnić się; *disengagement* (ang.) – brak zaangażowania

Z Archiem (na pokładzie jego samochodu, Arts Building – Foster Ave.) krótka rozmowa o przemijaniu, historii i życiu pozagrobowym. Bez ostatecznych wniosków.

Gdyby sfotografować moją aurę (robią to uczeni radzieccy, prawdopodobnie prace zlecone przez MWD[1]), co wyszłoby na obrazku? Coś szarego w rodzaju mgły. Brudniejsze plamy gdzieniegdzie.

The trouble today (this very day, Feb. 25th) is: no affirmation. Neither the affirmation of the Affirmation, nor the affirmation of rejection. On the borderline. Limbo.

[Dzisiejszy kłopot (tego samego dnia, 25 lutego) to: brak potwierdzenia. Ani potwierdzenia potwierdzenia, ani potwierdzenia odrzucenia. Na granicy. Otchłań].

Limbo jest szczególnie odpowiednim stanem, jak guma do żucia. Ma konsystencję, ale żadnych cech tej konsystencji.

Nadzieja jest jak pies, którego się odpędza, on jednak idzie za mną krok w krok, w odległości większej niż rzut kamieniem, czekając na chwilę słabości.

Za chwilę „zdam sobie sprawę z chwili" i wejdę pod powierzchnię limba. Zniknę w nim i tak ujdę.

„Uchylił się Rykow i tak uszedł śmierci"[2].

O, polskie Gimnazjum im. Nowodworskiego. (Jakie imię miał Nowodworski?)

Ośmiornica wypuszcza podobno płyn podobny do atramentu. Jestem ośmiornicą, która ma dziurawy woreczek z owym płynem. Chora. Cieknie z niej nieustannie i zabarwia otoczenie.

No, ale czas na małą wycieczkę. *Limbo-trip*[3]. Przygotuj wiosła, maleńki, i odbijesz od brzegu. Jak kiedyś – zobaczysz Chiavari z katamaranu. Chiavari – od półwyspu Portofino na lewo do półwyspu Sestri Levante na prawo.

I chociaż wtedy też nic z tego nie przyszło, pamiętam ten epizod. Który, jak zwykle, był tylko w mojej głowie. Poza tym nic się nie działo. Jak i dzisiaj.

---

[1] MWD – skrót od Ministierstwo Wnutriennich Dieł, Ministerstwo Spraw Wewnętrznych ZSRR.

[2] Por. „Schylił się na bok Ryków i tak uszedł śmierci" – z *Pana Tadeusza* A. Mickiewicza (ks. IX, w. 314).

[3] *limbo-trip* (ang.) – podróż do otchłani

Nawet gdyby teraz stawiły się tutaj wszystkie: Iness, Carla, Karin II, Kate, Joan, która jeszcze? – każda by wlokła ze sobą tę swoją, która powstała we mnie w ciągu minionych trzech miesięcy, powstała, umarła, zwiędła i nic już nie przywróci żadnej z nich do życia.

Goodbye, goodbye, Darlings. Goodbye. I loved you all, but loved none of you. A ghostly ballet.

[Do widzenia, do widzenia, Ukochane. Do widzenia. Kochałem was wszystkie, ale żadnej z was. Upiorny balet].

A więc ona nie pisze (dzisiaj list nie-list, list, ale jak zawiadomienie z elektrowni), co było do przewidzenia. Przynajmniej jedna satysfakcja, że to było do przewidzenia.

I ta jeszcze, że nie ma złudzeń. Ona nie zdaje sobie sprawy z tego, że nie pisząc, też komunikuje. To mianowicie, że jej stosunek do mnie jest taki, jaki jest. A nie taki, jaki bywa między ludźmi bliskimi sobie. W jakikolwiek sposób. Ja już nie mówię o miłości.

Nie pisze z obojętności, z obrażenia się (forma obojętności w tym przypadku), za karę (faktycznie). Ale niepisanie (odpisywanie raczej, chodzi tu o reakcję na mój list, przecież poważny i zasadniczy) możliwe jest tylko, kiedy możliwa jest pewna obojętność.

Jakikolwiek jest obraz mnie, mój, dla mnie, przeze mnie (ja, świat) – przez to się kompletuje, potwierdza i nabiera trwałości.

W tym obrazie, pejzażu wypadnie mi teraz żyć.

State College jako druga część Shirazu. Dwie strony medalu. Co to za medal?

Z mojej wczorajszej wizji *caritas* zostają tylko drzazgi i szczątki.

I trudny proces eliminacji – oddalić z siebie to, co we mnie już pozostać nie powinno.

Trzy miesiące wśród dzikich Dalekiego Zachodu. Czterdzieści cztery lata wśród nieznanych mieszkańców jakiegoś miejsca, zwanego przez nich planetą. W niewoli u Ziemian. Jako niewolnik ich, w stanie zwanym przez tutejszych życiem, poddany byłem wielu koniecznościom, przymusom, musiałem wykazać wiele chytrości i pójść na wiele kompromisów, zarówno w stosunku do swojego ciała, wyposażenia, jak i tubylców.

Musiałem zabiegać o ich względy w każdej dziedzinie. Zwłaszcza o względy pewnej odmiany, zwanej kobietami.

Podejrzenie, że Steve Pudenz coś nakłamał wczoraj w nocy w Corner Room. Czy chciał mi się przypodobać? Czy chciał, żeby mu postawić piwo? W najlepszym wypadku urządził sobie żarcik albo sam nie wiedział, co plecie. Ostatecznie zżarty jest marihuaną.

Wszyscy oni, ci zamieszkujący Dziki Zachód, cierpią na dyskontynuację osobowości. Niedorośli. Jak dzieci – coś im się majaczy, a za chwilę coś innego. Przypisywać im jakichkolwiek cech – nie trzeba. Nieuzasadnione. Nie mają cech. Zapominają siebie co trochę. Żyją jakby w letargu.

Ponieważ jestem przez nich adoptowany, podlegam ich prawom oraz ich konstytucji. Jednak rodzaj luki, punktu czy też odrobiny jakiejś innej substancji we mnie sprawia, że nie podlegam nieświadomie.

Wiele pomyłek, niekiedy bardzo bolesnych, wyniknęło z mniemania, że są identyczni ze mną. Ta naiwna wiara, przekonanie dopiero w ostatnich czasach ulega sprawdzeniu, a przez sprawdzenie – nadwątleniu. Niestety, trudno mówić o całkowitej likwidacji.

Będę od nich zależny tak długo, jak długo trwa mój przechód przez ich strefę. Muszę się z nimi układać tak długo, jak długo... Właśnie jak podróżnik, wędrujący przez terytorium plemienia. Do nich należy wszystko, łącznie z moim tak zwanym tutaj ciałem. Jednak wiem, że tylko jedno od nich nie zależy, choć nie jestem w stanie tego zdefiniować. Ale czy definicja jest potrzebna?

Jakiekolwiek poddanie tego czegoś im jest szaleństwem. Również szaleństwem jest jakiekolwiek zaufanie, przywiązanie, liczenie na itd. inne niż okazjonalne i częściowe.

26 lutego, State College

Katherine (nie Kate *or* Cate).

Steve więc nie kłamał.

Czy przyczyny... Nie, jak to było? Janek Błoński powiedział mi przecież: „Czy geneza równa się...". Nie, nie tak. W każdym razie skutki skutkami, a przyczyny przyczynami.

Chodzi o to, czy moje cierpienia mają jakąkolwiek wartość. Pytanie dzisiaj, kiedy nie cierpię bynajmniej. A nawet całkiem przeciwnie.

Nieskończenie wiele wariacji, czy też odmienności podstawowych, odrębnych. Wielka tajemnica przeważnie nie do zniesienia, czasami urzekająca.

Tak czy inaczej, nie ma sposobu na wielką tajemnicę. Ma ona tylko dwa znaki. Kiedy jest wartością, urokiem, wtedy nasuwa się wątpliwość: po co żądać, żeby się wyjaśniła, czyli przestała być tajemnicą? Wtedy taka pretensja wydaje się całkiem bez sensu.

To prawda, że bywam oddzielony od ludzi. Ale oni i ja tak samo należymy do wielkiej tajemnicy.

Prawdopodobnie dzisiaj odczuwam tak samo, jak zwykle odczuwałem, kiedy byłem młodym człowiekiem. Plus refleksja. Mimo wszystko.

Pete Lesnik. Nagle uchylił pokrywę. Powiało grobem. Cmentarność radykałów-anarchistów-rewolucjonistów. Widocznie oni obracają swoje „nie" w to właśnie. Ja – moje „nie" niszczy mnie tylko, nie obraca się przeciwko światu.

Tymczasem toczy mnie, obraca i naprzód pędzi. Liść na wodzie, liść, ale w liściu ludzkie oko. Moje. Łypie dookoła.

28 lutego, State College

To jest ostatni dzień i to będzie ostatnia noc.

Z listu Selco do Alisona, podczytanego (leżał na stole w Ihlseng Cottage, razem z moją fotografią): *Mrożek is charming and generous.*

[Mrożek jest czarujący i wielkoduszny].

Kate zaś twierdzi, że widziała mnie na Allen Street w ciepły, słoneczny dzień, i miałem aureolę. Światło, czyli promienki. Kiedy indziej też, w teatrze. Kate jest intuicjonistką i była badana przez jakiś instytut do badań parapsychicznych zjawisk.

Dziwne, pomyśleć, że chodzę i świecę. Szkoda, że sam nie zobaczę tego nigdy w lustrze.

Czytanie z ręki. Długie życie, dobre zdrowie, pieniądze mniejsze niż zdrowie. Silna głowa, życie ciężkie, nie z powodu biedy, ale uczuć zawodzonych, samotność, choć wciąż jeszcze myśli o rodzinie, jedno dziecko (?).

Silna głowa, silne uczucia, wielkie zdrowie, mniejsze pieniądze.

I coś koło sześćdziesiątki, nie wiadomo co, ale bardzo wyraźne (to owo radykalne rozdwojenie linii życia. Pamiętam, jedna chiromantka już dawno mówiła o wypadku. Inna, w San Juan, że to tylko wizyta w moim kraju).

You are a beautiful man. Etc.

[Jesteś pięknym mężczyzną].

O co chodzi? Może jedyna lekcja: nie próbuj się ani poniżać, ani wywyższać. Tu, w State College, próbowałeś się zdefiniować. Tymczasem twoja definicja była tylko definicją twoją, a poza tym...

Chodzę i świecę (podobno każdy jakoś świeci). To niepokojące i pocieszające zarazem. To znaczy, że ja to nie tylko to, co myślę. Coś jest mną. Nie tylko ja jestem czymś. Coś jest mną. Co? To coś bierze za mnie odpowiedzialność. Przynajmniej tyle, ile ja sam. Ja? To „ja" mruczy z zadowolenia. Ono uważa, że kiedy nagle usłyszało takie różne rzeczy, ma prawo je sobie przywłaszczać. Tymczasem...

Do czego ono ma prawo: do nowego przekonania (na jak długo?), że jestem częścią wielkiej tajemnicy i samo to wystarczy, żeby wszystko nabrało sensu? Nie wiadomo jakiego, ale sensu. Wielka tajemnica jest.

Niech to „ja" wobec tego umie się zachować odpowiednio. Jak? – to jedyne pytanie, na które można odpowiadać (starać się).

Bo jeśli świecę, to nie wiem jak. I nienaumyślnie.

Jeżeli definicją humoru jest: „Śmieszne jest to, co miało być, a czego nie ma"[1] – to całe życie jest śmieszne.

Ostatnia wizyta w wymierającym Arts Building. Carla na pustym korytarzu, Archie na pustym korytarzu, z córeczką.

Ja na pustym korytarzu – dla nich.

Nauka i zjawiska parapsychiczne. Zasadnicza pomyłka: „Zbadać i uzasadnić zjawiska parapsychiczne naukowo".

To znaczy jedną rzecz wyjaśnić przez drugą rzecz. Kota wyjaśnić psem. Tak długo nie uznawać kota, jak długo nie uda nam się go zamienić w psa.

[1] Zob. przypis do 25 lutego 1974.

Nauka, logika: zasada wyłączonego środka. Tak albo nie. Ale ta zasada jest zasadą tylko w pewnym ograniczonym pojęciu czasu. Czy ja żyję? Tak. Czy Napoleon żył, czy umarł? Głupie pytanie.

Nauka opiera się wyłącznie na koncepcji: skutek – przyczyna. Rzecz upada, ponieważ ją upuściłem. A może ją upuściłem, ponieważ upada? Znowu tylko ograniczone, wydzielone pojęcie czasu, linearne.

Zjawiska parapsychiczne i dzisiejsza kultura plebejska, wulgaryzacja, showbiz i naukowość.

Z chwilą kiedy zjawiska parapsychiczne pozwolą się wyjaśnić i kontrolować naukowo, przestaną być nimi. Nie dlatego nie uznaję ich, że się nie dają, tylko dlatego je uznaję, że się nie dają.

Dowody na istnienie Boga – podobna bzdura.

Podobno już odkryto czarne dziury w istnieniu (coś tam, panie, w fizyce). Te czarne dziury to jedyna pociecha i nadzieja.

1 marca, State College (na walizkach)

State College – moje, model życia.

Wielkie oczekiwania, nadzieje. Nowość, przerażenie i radość nowości. Pierwsze rozczarowania. Rozpanoszenie się. Chwile. Osiągnięcia (teatr, show). Osiedlenie się. Przyzwyczajenie. I nagle koniec.

I nagle koniec. Koniec. Nagle.

3 marca, Nowy Jork, 48th St.

Wykorzeniony z Pensylwanii.

Wykorzenienie należy do koncepcji linearnej.

Uczucia, emocje, *feelings, emotions, impressions, the worth and futility of it. The usual double-sided game. What is rich may be nothing as well. And mostly is.*

[Uczucia, emocje, impresje, ich wartość i marność. Zwyczajna dwustronna gra. Co jest bogate, może być też niczym. I zwykle jest].

Stary człowiek, bo stary, czy też bo za dużo wi?

Tyle razy byłem smutny, co i wesoły, powiada Vatzlav[1]. Czy z tego wynika jakaś nauka?

---

[1] Por. „[...] tyle samo byłem wolny, co w niewoli, głodny, co najedzony, tyle wesoły, co smutny, tyle młody, ile jestem stary" – S. Mrożek, *Vatzlav*, sc. 55.

Ale nawet i to pytanie przestaje mnie trapić. Wynika, nie wynika. To zdaje się należeć do tego wymiaru, w którym moja noga nie stale już przebywa. W którym wszystko blaknie i omdlewa, odchodzi i zaciera się. W tym domu, w którym dzieje się tak dużo, tak dużo w tym wymiarze.

Czy to State College? Czy osłabienie ogólne, zmęczenie wędrownym życiem, czy też za dużo pomyślane, za dużo, za długo przebywałem pod szubienicą? W każdym razie gdzie indziej owa noga chciałaby się zwrócić i kiedy więdnie ta kraina, być może inna istnieje, a nawet jeżeli nie istnieje, nie sposób czepiać się tej pierwszej naumyślnie. Jak to zachwyca, kiedy nie zachwyca?[1]

4 marca

Południe. W Europie Arabowie palą samoloty. Niegdyś palili karawele. Jaki postęp? Czy mięso ludzkie jest palone i szarpane inaczej? Czy mniejsza radość z palenia dla palących i mniejszy ból dla palonych? Może tylko judaizm ortodoksyjny ma rację, chasydzi, czy ja wiem? Że ani Bóg się nie zmienił, ani człowiek.

Każdy numer „New York Timesa" ośmiesza książkę *Future Shock* i jej autora[2]. Wiadomościami, jakie przynosi.

Szefowa śpi. Dwa piętra rezydentów chodzą na palcach. Nikt nie wie, jaki to będzie dzień (bo dzień jeszcze się nie zaczął), kiedy szefowa się obudzi. Podejrzewam, że katastrofa jumbo jeta we Francji (352 trupy)[3] wcale jej nie dotknie, ponieważ sama jest jumbo jetem i katastrofą.

Tymczasem bezsilny wobec jumbo jetów, tym bardziej i znowu proponuję zająć się sobą. Stoicyzm jest nauką na takie właśnie czasy, wynalezioną w takich właśnie czasach.

Być może Berlin nie będzie dla mnie złym miejscem. Prowincja, muzeum otoczone armatami. Lej po eksplozji. Zacisze. Jeżeli moje przypuszczenie się sprawdzi.

---

[1] Nieco zmienione słowa Gałkiewicza z *Ferdydurke* W. Gombrowicza (rozdz. II).

[2] *The Future Shock* (*Szok przyszłości*) – futurologiczna książka Alvina Tofflera z 1970 roku (wyd. pol. 1998).

[3] 3 marca 1974 roku pod Paryżem rozbił się turecki samolot DC 10. W największej wówczas we Francji katastrofie zginęło 346 osób; wbrew przypuszczeniom Mrożka za katastrofę nie byli odpowiedzialni Arabowie.

Napisać by co... Ale – o, gdyby udało się już nie pisać dla... Nie dla nich w każdym razie. Bo oni, kto oni są, kim się stali, czego oczekują...

Rano wycieczka na najbliższe ulice. Uroda nowojorska. Urzędnik w banku, pryszczaty młody buc, grubiański. Dziewczyna czekająca na skrzyżowaniu, chętna. Ciepło i po deszczu. Gładcy Chińczycy w pralni. Listy do skrzynki pocztowej i zwykła wątpliwość: czy to jest skrzynka pocztowa? Czy ktoś kiedykolwiek te listy z niej wyjmie i wyśle je według adresów? Jumbo jety palone we Francji i Holandii i rzeka, ocean czasu, rzeczywistości, w nas, koło nas, przez nas, my.

Posępna wspaniałość, pałac klęski, majestat przemijania, ciało wciąż żyjące, umysł umysłowy, pióro, dym (z fajki).

Kontakt. Nie tracić kontaktu. Czekać na kontakt.

„To, z czym walczymy, jest tak małe, jak wielkie jest to, co walczy z nami"[1]. Wobec tego wejść w kontakt z tym, co z nami walczy, ten kontakt zresztą nieuchronny, chodzi tylko o to, żeby go być świadomym. Jak każdy kontakt w walce to coś więcej niż tylko stosunek: pokrzywdzony – zwycięzca.

Kontakt.

To jest możliwe. To jest nieuniknione. Tu nawet nie ma czego szukać, nie ma o co się starać. Ilu jest takich jak ja? Jeżeli są, żyją jak ja. Ale żaden z nich nie jest mną.

5 marca

Z przykrością stwierdzam, że poziom umysłowy obniża się (mój). Mądrzy mądrzeją, a głupi głupieją. (Parafraza prawa według Marksa).

And thanks to him I have discovered sex. Impersonal and generalized, buzzing everywhere. Yes.

[I dzięki niemu odkryłem seks. Bezosobowy i powszechny, buczący wszędzie. Tak].

Ale „Niech się pani nie boi, ja go trzymam"[2] (dziś piszę cytatami). Duszek jest w skrzynce (cytat nie o duszku) i wieczko zamknięte. Wymknie się bestia czy nie wymknie? Wypuścić diabełka?

---

[1] Zob. przypis do 11 lipca 1973.

[2] Być może aluzja do dowcipu o kobiecie, która widząc pijaka załatwiającego się pod ścianą kamienicy, mówi: „Ale bydlę!", na co pijak odpowiada: „Niech się pani nie boi, ja go trzymam".

Mieć stałą kochankę to jedna sprawa, a mieć parę – trochę to inna.

Ciepło i wilgoć w Nowym Jorku.

W Polsce „oni" nie byli dla mnie usprawiedliwieniem nieróbstwa. Na świecie inni „oni" (upadek cesarstwa) jako tako mi służą. Ale jestem o dwadzieścia lat starszy.

Szefowa śpi. Dwa piętra itd. Jaki będzie dzień?

Mam talent do tego, żeby być rezydentem. A mówiłem, mówiłem…

Ogólnie mówiąc – rezydent to taki, który lubi być w środku życia, ale nie biorąc za nie odpowiedzialności. Ale może jestem artystą? Artyści z natury byli rezydentami.

Czy Gombrowicz i Tomasz Mann także? Siła niewidzialna Gombrowicza, która mnie gniecie.

Refleksja pozioma odpowiedzialna jest poziomo. Pionowa – wobec kogo? Czego? W tym jej wdzięk.

W. i U. są bardziej Polakami (Polakiem i Polką) niż szefowa. Ale to sprawa wymiaru, żywotności. Czy inteligencji także?

Forma kulturowa (kultury, w jakiej się wzrosło) i forma osobista. W tym oczywiście implikacje, że ja tę drugą…

Czasami mały lęk: mija, mija, a ja wciąż nie, czyli tylko mija, a nie piszę arcydzieł.

Boję się wrócić do rękopisu. Boję się frustracji.

Nie gniewać się na szefową. Kto się gniewa, ten słabszy. Siła i słabość szefowej. Obie ogromne. Jej siła możliwa jest tylko tam, gdzie jej słabość: w ludziach i zdarzeniach.

Ucieczka w przód.

Wiele kobiet, które pędzone są żądzą władzy. W tym jej niższość albo kobiecość? Ucieczka przed kobiecością? A może to kobiecość właśnie. Władza jako sposób zwracania na siebie uwagi.

Churchill – czy miał żądzę władzy, czy tylko lubił działanie? Dwa rodzaje władców: król i jego pierwszy minister.

Ale wszystko jest i tak poplątane. Cóż to ja próbuję rozplątać.

Nie rozumiem, dlaczego nie piszę (arcydzieł). Może jeszcze czegoś tam chcę ponadto, czymś tam być, coś tam mieć.

Kiedyś pisałem właśnie dlatego. Teraz – czy mógłbym pisać właśnie dla czegoś całkiem innego? Przeciwnego?

6 marca

Radość.

Poza tym, że nie wiadomo dlaczego, to dlatego (przypuszczalnie), że uzyskałem nową perspektywę sytuacji (czy nowe perspektywy sytuacji mogą się ułożyć w odmienną perspektywę życia?). To za trudne dla mnie, bądź co bądź zasnąłem (poszedłem spać) o czwartej. (Nieco napity, ale i najedzony).

Lub też: poszerzyłem wiedzę o swojej sytuacji, o tej sytuacji, a to zawsze cieszy, bo zapewnia większą niezależność. Jak krok na drodze do wyjaśnienia szyfru albo – kiedy się pisze sztukę – ukazanie się nowego „niosącego" układu.

„Nikt nie wiedział, kiedy Pueblos zaczną swój rytualny taniec. Turyści snuli najrozmaitsze przypuszczenia. Czekano nieskończenie. Nagle, bez żadnej widocznej przyczyny (terminu), zaczął się rytuał. Pueblos znają tylko jeden termin: «Kiedy czas i rzeczy dojrzeją»". (Edward T. Hall, *The Silent Language*[1]).

Ja ich rozumiem. *Timing.*

Uroda przebywania w towarzystwie kobiety.

Każdą rzecz można zrobić na dwa sposoby: mądry i głupi. I jeszcze w trzeci sposób, który jest najlepszy.

Życie dotąd – jak odłożenie przeczytanej książki. Teraz kolej na tom następny.

Radość. Ale dlaczego właściwie?

Nagłe poczucie (kiedy byłem w łazience?), że wszystko, wszystko się da, wszystko możliwe – ani na dobre, ani na złe – tylko na w ł a ś c i w e. I nie ja załatwię, nie ja potrafię, nie we mnie ta możność, tylko we w s z y s t k i m. To nie ja załatwię, rozwiążę, wykonam, sprostam, tylko t o, ono, a ono jest moim przyjacielem.

Dbać tylko, żeby ono było moim przyjacielem. Nic więcej nie trzeba. Nic więcej nie można, ale czy to nie wystarczy? Całkowicie.

Tak kończy się niniejszy tom, zaczęty w Pensylwanii. Kończy się w Nowym Jorku rodzajem modlitwy dziękczynnej. Czyli jedynej

---

[1] *The Silent Language* (*Bezgłośny język*) – książka z 1959 roku (wyd. pol. 1987, tłum. R. Zimand, A. Skibińska); cytaty są parafrazą obszerniejszego fragmentu dzieła Halla, zob. s. 33–35 polskiej edycji.

prawdziwej modlitwy. Kiedy zaczynałem w State College, nigdy nie przypuszczałem, że takie będzie zakończenie. Dzisiaj – ale czy tylko dzisiaj? Obym nie tylko dzisiaj – rozumiał, że desperacja jest grzechem. Nie tyle chcę być szczęśliwy, ile proszę, żeby nie dane mi było grzeszyć desperacją, a kiedy przyjdzie, żebym umiał ją ugłaskać, jak święci umieli się obchodzić z lwami dzikimi. Niech będzie, ale niech nie pożera.

6 marca 1974, NY, 48th St. W imię Boże.

7 marca

Moja dusza nieśmiertelna (żarty), ale mój umysłek się pasie tym, co ma. A po pustyni statecollegeńskiej wpadł w zamęt 48 Ulicy, cyklonu, którego oko, niestety, jest bardzo podobne do butelki z wódką. Której ja nie piję, tylko E.

Racine czy Corneille mogą interesować, ponieważ ich tragedie polegają na konfliktach moralnych. Natomiast konflikt oparty na butelce z wódką nie jest dla mnie interesujący. Kiedy się miało pijanego ojca w dzieciństwie, przyjaciela alkoholika w młodości, kiedy samemu wie się sporo o butelce.

Biedna E. Ale jak długo można mieć litość. Litość jest jak nieprzyjemna substancja, którą się bierze do ręki. Ale nie trzeba jej za długo trzymać. Można znienawidzić za litość. Można potrzymać, kiedy trzeba, kiedy tak wypadnie. Ale nie za długo, nie za długo.

Jak powiedział jeden sufi: wszystko uczy. Tutejsza lekcja: lubię zdrowie, zwłaszcza swoje własne, nie lubię choroby, nawet cudzej. Zdrowie i choroba to nie tylko pojęcia fizjologii. Wszystko może być albo zdrowe, albo chore.

Ale czy można nie mieć nic do czynienia z chorobą? Ona jest wszędzie, mniej czy więcej. Wiem, dlaczego zadaję to pytanie: chcę się usprawiedliwić, że zamieszkałem na 48 Ulicy.

Ale ani się nie usprawiedliwiajmy, ani nie nie usprawiedliwiajmy (nie oskarżajmy się niepotrzebnie czy przesadnie). To prawda, że niektóre pobudki były niskie. Ale nie wszystkie i nie można nie mieć niskich pobudek zupełnie.

Czy porozmawiać z nią? (To znaczy: porozmawiać jak z człowiekiem). Nawet jeżeli zastanę ją kiedyś trzeźwą – nie wiem. Rozmawiałem już z Leszkiem – alkoholikiem. Nic z tego nie wyniknęło. I w dodatku Leszek nie był kobietą.

Albo porozmawiać, albo nie porozmawiać. Zobaczymy. Mądrość Indian Pueblo. Albo czas i rzeczy dojrzeją, albo nie.

Tymczasem za oknem piękno świata, w tym przypadku Nowego Jorku. Kiedy mam bezpieczną norę – mogę docenić urodę świata. Pogoda delikatna, świat się toczy.

„Wierność sobie" jest jednym z najmniej określonych pojęć. A jednak bardzo wyraźnych. Na szczęście nie jestem Amerykaninem i nie muszę wszystkiego analizować. Być może sens moich podróży polega na zbieraniu i odrzucaniu. Tego (odrzucaniu), co nie jest dla mnie odpowiednie. Mrożek *international.*

A jednak odczuwam coś na kształt uspokojenia. Jakby droga wyprostowała się. Mniej pretensji do świata, zwrócenie się ku swojemu przeznaczeniu. Czyli nieco wyraźniejsze poczucie przeznaczenia, którego zresztą nie znam, paradoks, ale oczywiście to nie szkodzi, że paradoks. Zgodność. Czego z czym? Nie wiem, ale nieco lepiej odczuwam zgodność. Niezgodność – to jedno z najgorszych (co?) – które znam.

Jaka szkoda, że w dalszym ciągu nie umiem zapamiętywać swoich snów.

8 marca, 48th St., NY

Ale dziś zapamiętałem, chociaż trochę tylko. M. zaprosiła N. na obiad. Fizycznie nie była to M., ale ja widziałem, że to była ona, i to była ona. Fizycznie była zupełnie inna. Właściwie była taka jak N., typ niejasno południowy, ale już jakby matrona. I miała śmierć w sobie, była żywa, ale z aluzjami do rozkładu.

Zaprosiła ją na obiad: teraz przecież wszystko już jedno, wszystko już jasne. Działo się to w niejasnym jakimś bungalowie (?), na letnisku, na werandzie. Czy na obiad było risotto?

N. przyjęła zaproszenie jak zawsze nieco wyzywająco, nieco czujna, gotowa do ataku i ucieczki. Wyglądała jak N. i nie była inna od siebie.

Obiad nie miał przebiegu, być może sen rozpłynął się właśnie w owych momentach, kiedy N. stała przed M., siedzącą przy stoliku, na stoliku risotto, przed tą umarłą matroną ze smutkiem zaświatów i znamionami rozkładu.

Ostatnio to się zdarza, sny, w których występują obie w jakichś związkach. Ale ten sen był najbardziej dobitny. Miał coś z uczty

Komandora[1], ale być może jest to tylko komentarz, jaki przyszedł mi do głowy zaraz po przebudzeniu.

Śniło mi się ponadto wiele, ale co? Zdaje się, że płakałem też przez jakiś sen, to może było rozładowaniem napięcia. (Poszedłem spać o czwartej rano, ale to już inna historia).

Rankiem (czyli już po południu) po przebudzeniu: poczucie zmiany. Coś się przemieniło w świecie. Inna mana[2]? Oczywiście, że inna, bo pada deszcz. Ciemno, szaro. Poczucie pauzy. Przed następnymi awanturami?

Jestem gościem. Gość nie bierze udziału w żadnym współzawodnictwie.

Ciekaw jestem, czy naprawdę moje niewolnictwo, trwające dotąd przez całe życie – w niewoli u kobiecości, ściślej, między udami, nieco się złagodziło. Być może przychodzi wiek, kiedy mężczyzna mniej musi. Na razie nie jest to nieprzyjemne. Fizjologicznie nie zmieniłem się, odkąd osiągnąłem dojrzałość (pokwitanie), ale mniej napięcia.

Trudno coś wyraźnie powiedzieć. Odkąd opuściłem Paryż, nie żyłem z żadną kobietą w dłuższym uścisku, a tylko taki pozwala na takie czy inne wnioski w tej sprawie. Ostatecznie pierwsze noce – to nie całkowitość.

Ale cóż mi się jeszcze śniło?

Trudność: wiedzieć o świecie, ludziach, kobietach, a jednak zachować niewinność. Nie być naiwnym, ale nie być ani zgorzknialcem, ani zaskorupiałym w defensywie skąpcem.

9 marca, 48th St.

Nie trzeba przyjmować (automatycznie), że kiedy kogoś spotykasz, posiada tę samą pamięć, *attention span*[3], zdolność utrzymania uwagi na jednym przedmiocie oraz przede wszystkim tę samą zdolność i możliwość samoświadomości. Tę samą co ty.

---

[1] Zob. przypis do 23 stycznia 1970.

[2] Mana – w wierzeniach mieszkańców wysp Polinezji i Melanezji bezosobowa, nadnaturalna moc, mogąca objawiać się w ludziach, zwierzętach lub przedmiotach.

[3] *attention span* (ang.) – zakres uwagi

Odnosi się to również do N., od której list dzisiaj. Czy to wyjaśnienie snu? Teraz, kiedy sprawy się wyjaśniają, M. zaprasza N. na risotto.

Tylko że one wcale się nie wyjaśniają. Zaledwie zostały nazwane.

Interpretację listu trzeba zostawić czasowi, niezbyt odległemu. Ale co już wynika: wóz albo przewóz, czyli razem jechać do Berlina albo nie. Albo nie.

A jednak żyję długo już i czasami to sobie uświadamiam. Rodzaj pogodnej obojętności wobec świata, siebie w nim i swojej przyszłości nie jest jeszcze moim rodzajem. Ale kto wie, czy nim nie będzie (moim).

Dzieci za oknem, w tym ogrodzie dekadenckim. Nienawistne potworki z przyrządami do hałasu.

Gombrowicz czuł się tylko z ziemi, stąd, z ludzi (znowu Gombrowicz). Ja całkiem odwrotnie. Coraz bardziej czuję się tylko gościem, przybyszem, nawet we własnym ciele. To chrześcijańskie i buddyjskie, i w ogóle religijne. Z przemijania, które zazwyczaj tak straszy i przygnębia, uczynić siłę.

Jak mało wiemy. Jak śmieszne są nasze pretensje.

10 marca, niedziela, 48th St., NY

Bardzo piękna niedziela. Słońce i wiosna. I co?

Na nosie pryszcz. Syfilis?

Nie tylko moje stany. (Nastroje). Dane, informacje o czymkolwiek, a zwłaszcza kimkolwiek – wciąż różne. Czy wnioski muszą być wciąż różne?

Po raz pierwszy od dłuższego czasu kobiecość. Nie tylko tak sobie, do łóżka. Kobiecość.

Jak mogłem żyć bez tego codziennie? A jednak nie tylko mogę, ale i zwariowałbym z nadmiaru kobiecości. Dylemat.

Tylko że od kobiecości aż pisać trudno, to znaczy zdania składać. Niedobrze to działa na rozum. Ten piśmienny.

A także i to, że poszedłem spać przed świtem.

Dziś nie mam żadnych wniosków, żadnych spostrzeżeń i w ogóle niczego.

Jestem skobiecony.

O szczęśliwa głupoto. A gdzie życie wyższe, głębsze oraz przyszłe? A nawet przeszłe?

Nie pytaj mnie.

11 marca, 48th St.

Im wyższa świadomość, tym lepiej. Wyższa jest lepsza niż niższa. Ale może taki porządek jest tylko arbitralny? Można sobie wyobrazić inny, w którym „wyższa" jest „niższa", a „niższa" – „wyższa". Wtedy kamienie są „wyższe" od roślin, rośliny od zwierząt, zwierzęta od człowieka, człowiek od aniołów. Aniołowie od Pana Boga, chciałoby się powiedzieć (to znaczy wcale by się nie chciało, ale tak by wypadało według tego innego porządku). Ale może właśnie Pan Bóg nie znajduje się z tej, tylko z tamtej strony kolejki?

To mnie przeraża. Nie i nie. Okazuje się, że jestem przywiązany do hierarchii, jaka jest. A jeśli nie do tej, to do jakiejkolwiek.

Czy myśli owe nie bez związku (czy w związku) z tą glistą, żulikiem, Żydem, moim imiennikiem? Rzadko się zdarza spotkać takiego bladego gnoja, a jednak jest oficjalnie przyjęty. Przez kogo? Oczywiście tylko przez E. E. jest kobietą.

W porządku tego domu, przynajmniej tym widocznym, jestem jego nie tylko imiennikiem, ale także równym mu rezydentem. Przynajmniej w oczach gości – na pewno. Trudno mi to znieść. Ale pomijając krzywdę wyrządzoną mojej ambicji – obcowanie z nim jest wyłącznie i wybitnie nieprzyjemne. Nawet wstrętne. Gdyby takie nie było – jestem na tyle uczciwy, że kazałbym siedzieć cicho mojej ambicji. Ona jednak ma wszelkie prawa być urażoną.

Widocznie męski *sex appeal* nie ma nic wspólnego z niczym innym poza sobą. Ale czy idiotki też nie bywają ponętne? Niestety. Także dlatego niestety, że jestem negatywnie wrażliwy na idiotyzm.

12 marca, 48th St., NY

Zły dzień w urzędzie imigracyjnym oraz na skwerze Waszyngtona. Przechadzka po Sullivan St. Nie mogę rozpoznać domu. Zaledwie po trzech latach.

Ni stąd, ni zowąd już pijani. Już rano. I już wiele powiedziano sobie, czy złego? Na pewno niezbyt dobrego. I rozum mój zaćmiony alkoholem.

Co dalej? Wszystko wiadomo i nie zadawaj głupich pytań. Rób, co trzeba, co do ciebie należy. Już niedługo. Coraz szybciej.

Ale nawet sobie mam coraz mniej do powiedzenia. A co dopiero innym.

Nie pij. Ale czy ja piję? W tym miesiącu dwa razy (za dużo). Raz tylko się upiłem, ale to nie moja wina. To one.

Nie ma to jak... *Easy, easy...* [1]

„Ja w tej izbie spać nie mogę, inną izbę daj, sąsiedzie"[2].

Noc

Może łatwiej w niepolskim domu. Może łatwiej. Zmęczenie i nostalgia (to, co zostaje). Starzejąc się, też odchodzimy na emigrację.

Gdzie jest mój kraj? *Kde domov* mój?[3] Czas na sztukę pełną nostalgii, subtelnego uroku. W ogóle poezji. O tym, co miało być, a czego nie ma. Jeżeli nie ma mojego kraju, mojej młodości, to co jest? Blisko rozpaczy (znowu), ale nie trzeba. Już tam byłem. Tam też nic nie ma.

State College nie był dobrym miejscem. 48th St. też nie jest dobrym miejscem. Paryż na pewno nie będzie dobrym miejscem. Berlin? Jakże Berlin może być dobrym miejscem? 48th St. jest królestwem zniszczenia.

A może artystą zostać? Jedyny sposób. Jedyne wyjście. Wszystko jedyne. Miłość, młodość, twórczość, wiara, nadzieja.

Nie ma. Niczego nie ma. A miało być. Było. Nie ma. Przecież było. Dlaczego nie ma? Czy będzie? Co?

Myśl pozytywnie. Jak? Ożeń się, osiądź na roli. Uspokój się. Obracasz się ciągle między jeden i dwa. Zwróć się ku trzy. Nie trzeba, nie trzeba.

Pomocy. Gdzie jest pomoc?

Twoje życie w proszku. Co jest w całości?

---

1 *easy, easy* (ang.) – spokojnie, spokojnie

2 Nieco zmienione słowa z *Pieśni żołnierskiej* (1832) Adama Mickiewicza (inc. „Ja w mej chacie spać nie mogę..."").

3 Właśc. *Kde domov můj* (czes.) – Gdzie dom jest mój, z wiersza *Fidlovačka* (1834) Josefa Tyla, spopularyzowanego jako czeska pieśń narodowa z muzyką F. Škorupy; w latach 1918–1992 hymn czechosłowacki, obecnie czeski.

Ona coraz bliżej. Ona tu jest. Ona już przychodzi. Ona już idzie.

Kiedy nie ma niczego – co jest? Kiedy nic nie jest możliwe – co możliwe? Kiedy. U mnie nie ma tego słowa.

O pożytku z Gogola. Dla wszystkich.

O tym, jak wszystko się układa. (Tylko tak, jak się układa. Nigdy inaczej).

Kroki Komandora[1]. Ileż to już nocy czekałem na niego.

13 marca

Sny. Zwierzęta, rodzaje dinosaurosów – szukające nas, żeby pożreć. Mocne rygle, zamki i konstrukcje. Ale bez paniki. Tylko niejasna groźba i ohydzenie. Nie przypominam sobie nawet, abym jakieś widział na oczy. Wiadomo, że się kręciły jakieś.

Mniejsze (od nas). Całkiem małe. Jedno z nich pożerało (rodzaj szczura) coś mniejszego od siebie i jeszcze wstrętniejszego. Białawego. Jałup jakiś czy szkarłup. Kiedy już pożarło – natychmiast zostało zabite. Przez człowieka jakby, ale nie przeze mnie.

Inne jeszcze, zapomniane. Nie wszystkie takie. Jednak na ogół sen dwunastogodzinny i leczniczy (po zatruciu ginem). Widocznie jestem już obyty z koszmarami?

Nie wierzę, żeby czas przespany był „stracony". I co to znaczy? (*Voilà* Hall[2] i jego zdanie o amerykańskim traktowaniu czasu).

Wizyta u dr. T. Jakże się zmienił od trzech lat. Długawe, siwe włosy. Takiż wąs (a nie miał wąsa). Czy jestem „czysty"? Chyba. Mam ogólną tęsknotę do ogólnej czystości. Czym to tłumaczyć? Jestem urodzony niewinnie i chcę być niewinny. Szczególnie nie chcę być chory wenerycznie. Moja o to troska – zrozumiała, ale ona więcej niż zrozumiała. Ona wynika z tej ogólnej troski. O czystość ogólną. Dzwonić w piątek.

Przemijanie przyjmuję z otępieniem, już bez zdziwienia większego, więc i bez bólu. Coraz bardziej ono częścią organiczną wszystkiego.

---

[1] Zob. przypis do 23 stycznia 1970.

[2] Mowa o uwagach zawartych w rozdziale *Czas amerykański* z książki Halla *Bezgłośny język*, por. wyd. pol. s. 31–34.

Koncepcja romantyczna przemijania – wrogość oczywiście. Życiorys Lorda Byrona, *Czerwone i czarne*[1]. Inni, tylu innych. To nie dla mnie. Trzeba się przygotować do długiego życia.

Długa, długa podróż.

Piękna pogoda, słoneczna. Życie jak ze spiżu i z niczego jednocześnie. Idzie, toczy się, jest, trwa. Potężna ręka nas zgina.

Take care of your mind. It is there. That. In your mind.

[Dbaj o swój umysł. Jest tam. To. W twoim umyśle].

Co to, postanowienie? Nie, to nie jest postanowienie. Nawet postanowienia się skończyły.

Jaka szkoda, że nie umiem się modlić. Inni też chyba nie. Chociaż – kto ich tam wie.

Słońce – blade – pada na tę stronicę. Teraz. Koło słowa „teraz". A potem?

Umysłek: niepokój, że trzeba wykonać różne obowiązki. Że im nie sprostam należycie. Nędzka taka zwyczajna.

Bo dopali się fajka.

Dlaczego mam w głowie tak mało i tak nieciekawie? Czy już nie jestem artystą?

Świat nie jest już ciekawy. Trzeba: świat plus X. Doprawić świat, pouczyć go. Przeniknąć. Ujrzeć inaczej.

Związki z przechodniami spotykanymi na ulicy. Reakcje emocjonalne, estetyczne, erotyczne. Chodzenie ulicami jako życie, też życie.

Dopalmy (fajkę).

14 marca, 48th St., NY

Sen. Opisany w *Mojej pierwszej zjawie*[2].

Wiosna. Głupia radość na zewnątrz. Bez uzasadnienia.

Konsulat Kanady. Nie trzeba mi wizy. Radość. Uzasadniona, ale uzasadnienie głupie.

Lunch z V.G. Niestety, jak mało mogę w tej sprawie. Brak diabła. Niestety, tylko diabeł sprawia, że świecą nam się oczy. Jej brak zupełny, a mój niedostateczny.

Contessa (przypomina się). Tam nawet nie diabeł, ale całkowity brak problemów człowieczych. (Wydaje się przynajmniej). Pogod-

---

[1] *Czerwone i czarne* – tytuł powieści Stendhala z 1830 roku.

[2] *Moja pierwsza zjawa* – opowiadanie Mrożka wydrukowane w „Twórczości" w 1974, nr 11; przedrukowane w tomie *Opowiadania* (1981).

ne zmiany. Przyjemne zmiany. I perfumy w doskonałym gatunku (a przynajmniej najdroższe).

Ale i z Contessą nie zejdę się – bez żalu. A nie zejdę się dlatego, że jest kurtyzaną. Miała tak wielu kochanków i tak łatwo, że ja muszę być wyjątkiem (zdumiałbym się, gdyby było inaczej).

Co jeszcze? Nic szczególnego. Trwamy. I przemijamy razem z naszym trwaniem.

Sklepy powinny być na parterze, od ulicy. Na górze mieszkają państwo. Tak było w Wołkowysku[1]. Dlatego nigdy nie będę new yorkerem. Chyba że być new yorkerem to znaczy być z Wołkowyska. Tu za dużo sklepów na piętrze.

A jednak ulica w Nowym Jorku jest w przedziwny sposób mniej wielkomiejska niż ulica w Paryżu.

Noc

Poczucie (choć raczej teoretyczne), że lada chwila jak przed atakiem epileptycznym, że już, już… Wtedy właśnie cofa się wszystko. Po tym stwierdzeniu.

O mój rozmarynie, rozwijaj się[2]. Rozwija się.

Medium path[3].

Zamknięty jestem na siedem pieczęci. Ze trzy już złamałem. Siódmą nie mnie łamać. Pozostają trzy.

Chcesz otworzyć świat, ale zapominasz, że sam jesteś kluczem. Ostatnie twoje sny…

Co było dzisiaj? Znowu – tyle konwencji. Cudzych, własnych…

Dlaczego nie lubiłeś tego dnia? Bo płaski.

Stany w dzieciństwie, młodości – drżenia i zachwytu. Prawdopodobnie to świadomość rosła skokami, wiele ujawniało się po raz pierwszy. To było takie moje pierwsze pisanie.

Czy możliwe jest takie pisanie do śmierci? Klucz, drzwi, korytarz. A gdyby wejść? (Zacząć?)

Dotąd tęsknota za olśnieniem. A może trzeba powoli, powoli…

Ktoś stoi za moimi plecami.

---

[1] Wołkowysk – miasto na Grodzieńszczyźnie, w I RP miejsce sejmików Litwy, po 1945 roku w ZSRR, obecnie na Białorusi.

[2] „O mój rozmarynie, rozwijaj się" – słowa z piosenki popularnej od 1913 roku wśród organizacji strzeleckich.

[3] *medium path* (ang.) – ścieżka pośrednia

Mój wzorzec platoński... Mój „ja" w antymaterii. Być z nim w zgodzie... jedyna szansa. Mój „ja" w przyszłości. Nieuniknony. Nieszukanie go – jedyna szansa.

Ten, kto stoi za moimi plecami, jest moim przyjacielem.

Zagadka: jakże jestem powściągliwy i nieodgadniony, jeżeli jestem taka niepowściągliwa pleciuga.

Ale nie trzeba oglądać się na innych.

Motyw: tyle drzwi i tylko jeden klucz.

15 marca, 48th St., NY

Siedzę ja sobie w zasadzce, na wieży. Potem przelatują króliki – to są moje myśli. Czasem paf-paf i leży. A czasem uda się takiej przelecieć niepostrzeżenie.

Podnoszę, oglądam, na ogół marne sztuki.

Kiedy kawa i dym, i podniecenie – ale bez czekających konsekwencji – wtedy rozczarowanie.

Resztki przyzwoitości: wrócić do Paryża przed Wielkanocą.

Poczciwa lojalność wobec Y. Nie „uwieść" Y.

Także poczciwość wobec W. Nie „uwieść" U. Nie mówiąc o poczciwości wobec D. Nie „uwieść" E.

Alfabet.

Nikomu nie zaszkodzić, nie narazić się. W rękę cmoknąć, przynieść, podać a potrzymać.

Poczciwość mojego ojca.

Pogoda nadal piękna w Nowym Jorku. (Co za styl, samemu ze sobą rozmawiać o pogodzie).

Właściwie: przez całe życie poczucie winy, nie wykonanego zobowiązania. Najpierw wobec siebie. Wobec kobiet. Wobec wszystkich. Obawa, że zawsze ktoś coś ma mi za złe. Jeżeli lojalny wobec siebie – muszę być nielojalny wobec innych. Jeżeli wobec Ani – nielojalny wobec Hani. Ktoś nie śpi, aby spać mógł ktoś. To są zwyczajne dzieje, ale mnie to męczy.

Nie wszyscy mają takie problemy. Na przykład ten Rosenkrantz i ten Guildenstern[1].

---

[1] Rosenkrantz, Guildenstern – dworzanie z *Hamleta* Szekspira; także bohaterowie sztuki T. Stopparda *Rosenkrantz i Guildenstern nie żyją* z 1961 roku.

Bardzo wyraźnie widzę towarzystwo, społeczeństwo, jako związki. Coś za coś. Mam tak silny instynkt umowy, że oburzam się nawet, kiedy kontroler nie kontroluje biletów w kolejce podziemnej. Korzystam i chcę płacić w zamian. Szacunek dla umowy.

Tymczasem raczej przeważa poczucie krzywdy, przymusu. Czułbym się dobrze w stosunkach feudalnych. Jaka szkoda, że nie ma już słowa honoru. Nie ma szlachectwa bez słowa honoru. Zdaje się, że o tym pisał Nietzsche.

Powodzenie (a jednak, nawet w tym świecie) opowieści o mafii itp. Tam umowy między ludźmi spontaniczne, nie instytucjonalno-administracyjne. Człowiek chce być wierny czemuś, komuś. „Jestem wierny i służę, bo tak chcę". A nie dlatego, że większość głosów wybrała mojego monarchę. A co dopiero samozwańcy i tyrani.

Oszustwo, nadużycie zaufania jest pasożytnictwem, hieństwem, a nie siłą. Strach przed oszustwem jest nie tyle strachem przed byciem oszukanym, ile strachem przed naruszeniem tabu. Nie ma życia bez umowy, ale umowy zawartej dobrowolnie przez obie strony.

16 marca

Lolo[1] po trzech latach. Już widoczne to przymierze, które kiedyś obejmie nas wszystkich i wszystko. Wyrówna. Czasem siedzi tak, jak ja czasami siedzę, tylko jeszcze wyraźniej: ręce złożone na kolanach, wielkie ciążenie w całym ciele, przygarbienie, siedzenie dla samego tylko siedzenia, nie dla myślenia, słuchania czy wypoczynku chwilowego. Jest to takie siedzenie, które, odgaduje się to, chce trwać, które się samo w siebie zamienia, a kiedy zostanie przerwane, to nie bez wysiłku woli i myśli. I jeżeli ten wysiłek je pokona, jeszcze tym razem, to już widzi się, że walka jest beznadziejna, że kiedyś Lolo już nie wstanie.

Lecz Lolo mówi o tenisie, o tym, jak czuje się coraz lepiej i żwawiej, jak szybko porusza się w grze zwanej *paddle tennis*[2]. Wszyscy mówią: „Lolo, jak ty młodo wyglądasz, wcale się nie zmieniłeś".

---

[1] Leopold Tyrmand.

[2] *paddle tennis* – odmiana tenisa ziemnego

Ja także tak mówię i nie odczuwam żadnych wyrzutów sumienia. Choć zazwyczaj nie jestem zdolny do konwencjonalnego kłamstwa. Ale tym razem – tak być powinno. Ostatecznie – to jest umieranie Lola, a nikt nie powinien mówić umierającemu: „Umierasz". Jeśli sam o tym nic, to nic.

Więc dawne urazy odsunięte, blakną, tak właśnie jak przy umieraniu. Bóg jeden wie, jak on z kolei mnie zobaczył, jakie zmiany zobaczył we mnie. Co skłamał. (Nic się nie zmieniłeś, właściwie to jedno już chcemy usłyszeć). On chciał je (urazy) odgrzebać, ale nie pozwoliłem i on łatwo się zgodził. Dawniej nie zgodziłby się tak łatwo.

W nocy śpiewałem paniom piosenki (choć nie pijany) i dzisiaj nie mam głosu. Nawet tego małego, który mam zwykle.

Dlaczego Lolo? Dlaczego o Lolu? Bo należy do mnie, jak ja należę do niego. Należność do siebie, wzajemna, ludzi, tylko dlatego, że życie ich spotkało. Charaktery, uczucia, okoliczności nie mają nic do tego. Należymy do siebie nieodwołalnie i już do końca. Choć trzy lata temu lekkomyślnie sądziłem inaczej. Ale wtedy majaczyło mi się nowe życie.

Dzień św. Patryka[1]. Nad miastem słychać kobzy, pojawił się też jeden ptak w ogrodzie. Ale zniknął. Kobzy i samotne ćwierkanie.

Dziś wieczór u pp. Lubomirskich, zobaczę swoją fotografię z Gombrowiczem, Vence[2] 1965 (?).

Zobaczyłem fotografię Gombrowicza ze mną. Bowiem i ja, i ktokolwiek z nim na tych dwóch fotografiach – jesteśmy tylko dodatkami do Gombrowicza. Widać to wyraźnie.

Otrzymałem od p. Lubomirskiej dwa zdjęcia jego, z wczesnej czy średniej Argentyny. Leżą przede mną. Jeszcze młody. Na jednym jakby w rozmowie z kimś, żartobliwej, na drugim sam ze sobą. Blondyn. Jakże całkiem inny ode mnie.

Należy jeszcze spotkać się z p. Lubomirską (a także z jej mężem).

1 Obchodzone 17 marca święto narodowe Irlandii.

2 Vence – miasto w południowo-wschodniej Francji; miejsce zamieszkania Gombrowicza w ostatnich latach życia. Opis spotkań S. Mrożka z W. Gombrowiczem w czerwcu–lipcu 1965 roku zob. S. Mrożek, *Dziennik 1962–1969*, s. 213–224.

A moja twarz wtedy – strasznie wroga sobie i reszcie. Zacięta.

Chiavari – pomyłka, w której tkwiłem kilka lat za długo.

Jak dobrze, że nie mam już tamtej mojej twarzy. Nie ma jej co żałować. Jest w niej jakieś odrętwienie. A przecież ta twarz cierpiała już była od dobrych kilkunastu lat. I nic. Stupor.

Czy to było złe cierpienie?

Coś w niej wyraźnie złego. Twarz, która jest zła, dobrze, że nie parszywa. Twarz, która jest zła, żeby nie być parszywa. Nieprzyjemne pierwsze wrażenie.

Ale twarz B. jeszcze gorsza. Tania jakaś. Lenicy twarz – obronną ręką. Bo ani taka, ani siaka i zawsze w porządku. Solidny i nigdy nie wielki artysta. Solidny – może nie to słowo. Ale łatwy w najlepszym gatunku. Był i będzie. Bez niespodzianek.

Zza grobu, zza lat – ożywił nawet ten wieczór. Taka w nim siła.

Wydobyć, co on o mnie? Podobno napisał w liście: „Jest tutaj Mrożek. Taki jakiś dziwny". Potem pani L. zamyśliła się. Co jeszcze? „Coś bardzo pochlebnego". Ale czy mam w to wierzyć?

O Witoldzie!

Poza mną, Mrożkiem, sami arystokraci. Ale jakaż wulgarność. Wszystkich, z wyjątkiem p. Lubomirskiej i jej męża, w nich coś dobrego. Ale p. Radziejowska z domu, jej mąż (czy jednak arystokrata? wszystko jedno) i pp. Ch., jakaż wulgarność tępa. Jaka płaskość i jaka – chyba głupota.

Może Chiavari zostało okupione Witoldem. Dziwnie nie lubię o tym myśleć. To był najgorszy chyba okres w moim życiu. 1963–1968. Tyle lat.

Tam Mara zaczęła umierać – czy cokolwiek to było. Tam boleśnie zakończyła się moja młodość i równie boleśnie zaczynała się moja dojrzałość. Tam chyba straciłem niewinność.

Gombrowicz prowadził dziennik. Nie ten publikowany. Prawdziwy.

Gombrowicz był gorący do ostatniej chwili. Gorączkowo dożywał. A moje spokoje, moje oddalenie, moja rezygnacja – chyba obce mu były. Czy dlatego napisał: „Jest tutaj Mrożek. Jakiś taki dziwny"? Ano, dziwny. Różniło nas wszystko. A teraz, kiedy nawet artystą przestałem być, różni nas chyba jeszcze więcej.

Nie, Witoldzie. Pożegnałem cię w Vence, wiosną 1969, wiedząc, że to ostateczne. Nie że umrzesz, ale że nie ma już sensu, żebyśmy się więcej spotykali. Musiałem sobie pojechać do swoich spraw, które były ci nie znane, nie tylko dlatego, że moje, ale jako sprawy. Chyba, chyba że miałeś podobne sprawy z chłopcami. Ale – nie, one nie mogły być te same – byłeś z chłopcami, nie z kobietami. Sam mówiłeś, że to zasadnicza różnica.

Być może łączy nas tylko jedno: samotność. Ale i tutaj myśmy się różnili. Ty wolałeś być samotny między ludźmi, choć wchodziłeś z nimi w związki tak silne. Ja wolę być samotny sam. Ty byłeś mistrzem sytuacji, ja jestem mistrzem obok-sytuacji. Różne są nasze królestwa.

Ty bywałeś bezwzględny, ale nie byłeś bezwzględny i miałeś tę miękkość, może uczciwość, wynikającą z twojej wielkości.

Ach, to nie znaczy, że nie jesteśmy złodziejami. Jesteśmy tylko uczciwi w naszych zachciankach, każdy ze sobą samym, a jeżeli w tych zachciankach są pomyłki, to nie wynikają one z nieuczciwości.

17 marca, 48th St., NY

Gombrowicz miał szczególne uszy. Duże, wydłużone. Przystawione do głowy jakby ukośnie.

Tak bardzo przyzwyczailiśmy się odróżniać człowieka od zwierzęcia. Tymczasem wystarczy spojrzeć, czasem znienacka. Ale tylko ludzie o pięknych oczach, wyrazistych, żywych – podobni są do zwierząt. Inni także, ale do zwierząt chorych, umierających.

Jedenaście lat emigracji to dla Gombrowicza rok 1950. Obaj opuściliśmy Polskę, kiedy mieliśmy 32–33 lata.

Ale co z tego dla mnie wynika? („Czy pani uwierzy, że ja i Marlon Brando jesteśmy urodzeni w tym samym roku?") Może tylko to, że biologicznie tę samą mieliśmy możliwość, niemożliwość adaptacji. On wyjechał sam, z jedną walizką. No, powiedzmy, z dwiema. Ja z żoną i czterema walizkami. On do nędzy – ja bądź co bądź na Rivierę. Dla niego to był początek, dla mnie zmiana.

Właściwie nic nie wiedziałem wtedy o sobie. Miałem życie dziwnie rozpaprane i nie całkiem osobiste. Byłem w dużej mierze produktem polskim, Polski ówczesnej.

Ach, przy okazji. Sen dzisiaj: wołałem, że chcę do Polski, to mój kraj, mój dom. Płakałem przez sen, tak wołając. To skutek poprzedniego wieczoru – polskiego? Jeden z uczestników opowiadał, jak był wzruszony, kiedy odwiedził Polskę. Biada mi, jeżeli sny, tylko sny mówią całą prawdę.

Polska – N. Biada mi, jeśli one są moją prawdą, a reszta – urojeniem. Dwie niezdrowe miłości – ale czy miłości?

Drugi sen – byłem dzieckiem młodej i bardzo pięknej Cyganki. Niesionym przez nią na ręku. Czy dlatego, że przed spaniem snuła mi się po głowie piosenka: „Za modrą falą goniąc spojrzeniem, młoda Cyganka siedziała"[1]? Byłem jej dzieckiem, ale dwuznacznie. Jakbym jednocześnie był mężczyzną, jej kochankiem? Ale jak?

Wiem, dlaczego tak dopytywałem się o Dusia Jankowskiego. Nie dlatego, że Gombrowicz. Dlatego że N.

18 marca, 48th St., NY

Mój synu, pamiętaj, że zadając się z osobą cierpiącą na bezsenność – sam będziesz śpiący (niewyspany).

Nie znaczy to jednak, że będziesz tego żałował.

Piękny wiek, kiedy się może, a nie musi. A także nie chce się zbyt wiele. Na przykład Hrabina. Czeka tam teraz (o ile czeka), a ja sobie tutaj siedzę, kawę piję, fajkę palę. Hrabina, owszem, przydałaby się, ale czy ja wiem... Czy ja tak znowu koniecznie muszę jeść z nią ów lunch w owej modnej restauracji, za swoje pieniądze? Kiedy jestem tak śpiący i tak mnie w niej nic nie ciekawi poza jednym? A to jedno widać niedostatecznie mocne, żebym – ledwo obudzony – pędził teraz, szukał tego adresu, bredził coś w hałasie i krzyku. To jest prawdopodobnie jej siła, że kurtyzaną jest, ale też i słabość, bo kiedy chce być panią, to nie dla mnie wtedy. Fałszuje tak okropnie, że tylko ktoś mniej na fałsz wrażliwy ode mnie może to wytrzymywać. Pokój z tobą, Hrabino. I pokój ze mną. Nie pójdziemy do łóżka, ale też dlaczego byśmy mieli koniecznie iść? Potrzebny ci jestem do kolekcji, ale ty mnie nie, ponieważ niczego nie kolekcjonuję. I jestem taki śpiący...

---

[1] Por. „Za Ebru falą goniąc spojrzeniem, Młoda Cyganka siedziała" – początek pieśni anonimowego autora *Cyganka* (pierwodruk 1880).

19 marca, 48th St., NY

Osłabienie wiosenne, bo wiosna (czterdziesta piąta? nie, jeszcze czterdziesta czwarta).

Wczoraj cały dzień a to zasypiać, a to budzić się, bo E. przystąpiła do oblężenia. Więc telefony i wizyty. Na szczęście wieczorem nie do wytrzymania: we czworo siedzieli, pili hiszpańskie wino z garbnikiem i rysowali genitalia na serwetkach. Nie zdobyłem się nawet na cień pozoru, że mnie śmieszyły te dowcipy. Co, u diabła, w moim wieku właśnie już nie muszę. Opuściłem zebranie. Wprawdzie wzburzony, ale zadowolony. Nasze stosunki znowu się wyjaśniły na parę dni.

Jeżeli jest przekonana o moim uczuciu, tym lepiej. To znaczy – może jej jest z tym lepiej, a mnie też. Nie śmiem napisać: wygodniej. Bynajmniej nie myślę udawać cynika przed sobą, choć wszystko jest tak pomieszane.

Czy mam tutaj pisać prawdę? Gdybym tylko wiedział, że zdążę zniszczyć te dzienniki przed śmiercią. Czy napisać, że biedna E. po prostu już okropnie wygląda, od twarzy w dół, zwłaszcza rano, kiedy cuchnie jak owe piwnice na rogu Krupniczej i Karmelickiej – skład win i spirytualiów? Czy mam napisać po prostu wiele rzeczy, niektóre rzeczy są prostsze, niż to się śniło waszym filozofom? Ale gdyby tylko to napisać, to nie będzie prawda, bo żadna cząstka prawdy nie jest prawdą. Pisać zaś wszystko – niemożliwe, bo trzeba by pisać dniem i nocą, nie jedząc i nie śpiąc.

Tak siedząc w swoim uroczym apartamencie, który zawdzięczam dwóm paniom, czułem nie tylko, że jakaś ręka oddala mnie od wszelkiej działalności i inicjatywy (owa indolencja – zdrowe to czy chore?). Ale także, że zmiany jakieś się dokonują – we mnie? Koło mnie? Gdzieś? Że coś tam dojrzewa i coś się wykształca, i jak zwykle nie miałem pojęcia – co. Więc – urojenie czy intuicja (czego?). Ale napisano już, napisałem już wiele lat temu, że dwuznaczność jest panią świata i jeżeli coś wiemy na pewno – nieomylny znak, że jesteśmy w błędzie.

Większość wiosen, jeżeli nie wszystkie, odczuwałem zawsze z głębi mieszkań. Chyba że były to kolonie albo miłości jakieś czy figle. Przeważnie jednak wiosny wkładały pysk przez okno do mieszkania, albo odwrotnie, to ja wysuwałem swój psychiczny pysk przez okno, obwąchując wiosnę.

Owa indolencja – rozkosz sama w sobie. Jakże mi się nie chce porzucać swojego życia, biegać, drążyć, dążyć, eksploatować, pogłębiać i w ogóle działać. Jakże się chciało Gombrowiczowi. Nawet ogród za oknami jeszcze nie oglądnięty, po trzech tygodniach, nawet z okien, niejasna tylko samoobietnica, że będzie. Każde zatelefonowanie – jakże ciężkie, jak z ołowiu ręka, ucho z marmuru i język z gliny. Po cóż, u diabła, telefonować mam? Do kogokolwiek?

Oczywiście zostanie mi uczucie, że nie skorzystałem z Nowego Jorku, jak nie skorzystałem ze State College. Umrę z tym poczuciem, a będzie ono dotyczyło całego życia. Że niewypełnione. Nie dla mnie joga tantrycka[1] (tankrycka?) i najchętniej zamieniłbym się w blok kamienny, choć jeszcze chętniej zamieniłbym się w drzewo.

Mętne poczucie obowiązku skłania mnie, żeby napisać, zapisać co nieco kronikarsko. Ale cóż takiego? Lektura? Alan Watts, Graham Greene, *The End of the Affair*[2]. Spotkanie? Ależ poczucie ich daremności. Cokolwiek ktoś powie i cokolwiek ja powiem komukolwiek – nieważne. Nie zawsze mam to uczucie i czasami jestem przekonany, że tylko z ludzi i przez ludzi... Ależ nie mogę mieć tego przekonania, jeśli go nie mam. I jedyne ożywienie na myśl, że przyjdzie Y. i będziemy rozmawiać (a jednak! tak, ale Y. jest młodą kobietą), i będziemy leżeli obok siebie (choć nie stale obok siebie), i czas minie tak, jak powinien zawsze mijać. (W sposób i w trybie opisanym powyżej).

Kończę i pozdrawiam Cię. Kogo? Nie mam pojęcia. Dobrze jest jednak pozdrowić kogokolwiek.

20 marca, 48th St., NY

Dzień dobry, chłopcze.

Prawdopodobnie jestem monogamistą z natury (umiarkowanym). Nie ma większej radości niż sam na sam z kobietą, z którą chce się być sam na sam, nie przez chwilę, ale długo. Nie znam lep-

[1] Joga tantrycka – w indyjskiej filozofii klasycznej dążenie do zdobycia doskonałości duchowej i zbawienia przez system opanowania ciała i ducha, prowadzący poprzez ascezę, kontemplację i ćwiczenia fizyczne do mistycznej ekstazy.

[2] *The End of the Affair* (*Koniec romansu*) – powieść religijna Grahama Greene'a z 1951 roku (wyd. pol. 1957).

szego konfesjonału niż łóżko, czego oczywiście Kościół nasz nie bierze pod uwagę.

I nie ma większej, lepszej czy prawdziwszej erotyki niż we dwoje, na tyle dobranych, że im jest najpierw dobrze, a potem coraz lepiej. Dlatego gotów jestem zrezygnować (chwilowo) z wielu przygód.

Nie odczytałem powtórnie listu. Ze strachu. Ale też z zażenowania. Nie za siebie.

Cenię sobie, że wiele kobiet, które się ze mną zadały (nie wszystkie), nie tylko nie żałuje tego, ale nie chce się ze mną rozstawać. Jeżeli nie kochają mnie potem. (Co ja chcę powiedzieć? Te, które się ze mną zadały, na ogół kochają mnie, choć nie zawsze od początku).

Ale jakie czekają mnie rozczarowania? Na pewno jakieś. Mniejsza z tym. Byle być na to przygotowanym.

Świat bez kobiet – okropność. Na szczęście tak źle nie jest.

Pozostałem więc wierny. Czyżby to było coś, czego nie było od trzech lat? W niektórych przypadkach wierność jest wskazana. Jak wskazana jest koncentracja. Nie wierność dla wierności, ale dla koncentracji. Jeżeli to coś na to zasługuje, jest ładne i może być jeszcze ładniejsze. Nie mam instynktu niszczenia, upokarzania ani siebie, ani innych. Niczego też nie muszę już sobie udowadniać. Więc może warto zrezygnować z drobniejszej erotyczności na rzecz większej.

Nie lubię (bardzo nie lubię) słowa „seks". Tylko „erotyczność" lepsza niż „erotyka". Erotyka to jak technika. Ale erotyczność to nie jak techniczność.

Nawet jeżeli się mylę i te dni, które mnie (nas) dzielą od wyjazdu, okażą się inne albo zawodne, może nie uznam – nawet wtedy – że się nie mylę.

Dopiero teraz – od wyjazdu z Francji – mam wrażenie sensu. Zdaje się, że te kobiety (koniecznie każda z osobna) nie mogą mieć tego wrażenia, choć mogą mieć wrażenie innego sensu.

Patrzę na fotografię Gombrowicza i nagle mam ochotę dorysować mu wąsy. On nienawidził wąsów i bród, jako atrybutów męskości. Oczywiście nie zrobię tego. Byłby to zabieg magiczny, ale po co? W każdym razie jego fotografia jest przede mną bezbronna.

Czy Gombrowicz w miłości fizycznej – jeżeli znał taką – z chłopcami – nienawidził ciała? Nie chodzi o ciało piękne, ale o ciało. *La chair, the flesh*[1]. Dla mnie każdy związek naprawdę zaczyna się dopiero wtedy, kiedy rozwinie się w tym kierunku. Rzadko się zdarza, żeby od razu. Zdarzyło się z N. Już tyle lat temu. Skutki były, są, wieloletnie.

Teraz doszliśmy do tego. Do mojego roztkliwienia, rozprzestrzenienia się w ciele. Dlatego brak istotnego apetytu na inne. Bo owo *la chair, the flesh* – może być tylko *une, a flesh*. Wtedy dopiero zaczyna się prawda. Erotyczność.

Jak wiele zresztą to wszystko ma znaczeń, możliwości i kierunków, i jaki jestem w nie bogaty. Zaprawdę, nie powinienem narzekać.

Nasze myśli o rzeczywistości – to nie jest rzeczywistość.

Kiedy myślę o moich noclegach w Bostonie – myślę tylko o moich myślach.

Możliwość spojrzenia całkiem innego. Możliwość objęcia swojego życia całkiem inaczej.

A strach? Kiedy po roku wrócę do Berlina i nie zastanę N.?

Wiem, jaki to strach.

Usunąć parawan, który mnie dzieli ode mnie – to najważniejsze.

Ale teraz, kiedy myślę o N. – czy wiem wszystko o niej? O sobie? O reszcie?

Ważność i zawodność „pierwszego wrażenia".

21 marca, 48th St., NY

Nie współzawodniczyć ani z innymi, ani ze sobą. *To be*. Te przymierzania się (do innych, do standardów). O Boże!

Błysk intuicji: PRAWDA. Widzieć siebie, traktować siebie nie jako: ja, Sławomir Mrożek, ale jako ŻYCIE, wszystko, co jest ŻYWE. Święte, wspaniałe, znakomite, tylko dlatego, że jest życiem. Nie jestem ani brzydki, ani piękny, ani zdolny, ani niezdolny, jestem życiem, jestem tym, który jest. I to jest – tylko to jest, tylko to się liczy, tylko dlatego

---

[1] *la chair, the flesh* (franc., ang.) – ciało, mięso

jestem. Jestem życiem, całym życiem, całym światem. Żeby o tym nie zapomnieć.

Siebie szanować, cieszyć się, siebie pojmować tylko jako życie.

Ja jestem życiem i będę śmiercią. Ja jestem tym wszystkim, co jest.

Śmierć nie przyjdzie do mnie. Ja będę śmiercią. Miłość mnie się nie przytrafi. Ja jestem nią. Jestem wszystkim.

Tylko czy będę o tym pamiętał?

Pomyłka: ja, któremu się przytrafia to czy tamto. Nieprawda. Nic mi się nie przytrafia. Ja jestem tym wszystkim.

21 marca, 48th St., NY – cd.

Pomyłka. Zapisanie wczoraj tych ostatnich linijek – po pijanemu. Napiłem się sam, bez powodu, takiego nawet, jak zły nastrój. W pełni sił i świadomości.

Jeżeli nawet prawdą jest, co zapisałem (a po co miałbym kłamać), to zapisane jest nieprawdą i brzmi doprawdy śmiesznie. Zapisywanie nie służy do zapisywania tego i nędza powyższego zapisku wyraźnie świadczy, że zapisywanie jest inną kategorią niż zapisane (to, co wczoraj), że ma swoje prawa i swoją technikę.

Gwałtowny, ale uporczywy deszcz. Ulewa, półmrok przez cały dzień. Obiad w Russian Tea Room z Adziem Holendrem. Widziałem go po raz ostatni trzy lata temu, nieco więcej niż trzy lata, jeszcze przed E. (to znaczy już z E., ale on jeszcze o tym nie wiedział chyba). Miał wtedy trzydzieści trzy lata, w jego przedostatnim mieszkaniu w Greenwich Village. Wolę go teraz. Nie tylko dlatego, że łączy nas E., która już nie jest z żadnym z nas. Pozbył się krakowskiej maniery. Stał się raczej sobą. Nie mogę go już tak łatwo skategoryzować.

W Russian Tea Room spotkało się więcej osób niż tylko my dwaj. E., Kosiński, Basia, jakaś młoda osoba z Kanady i młody człowiek z Anglii. Czy moje widmo też się pojawiło podczas obiadu w Modenie? Jeżeli tak, to chciałbym wiedzieć jakie.

Tak więc echo niespodziewane. Coś gdzieś się dzieje, dwa, trzy lata temu. Echo w dwa, trzy lata później, w Russian Tea Room, w Nowym Jorku, aż z Lugano czy Modeny. Słabe, ale potrąca o inne echa. Tak i ja, jako serie wydarzeń, powoduję jakieś echo, gdzieś później, gdzie indziej. Cała ta muzyka kiedyś milknie, to znaczy ta seria. Pozostaną jakieś listy, ale u kogo? Nie mamy wiele dzieci, większość z nas, znajomych, nie ma dzieci.

Stare, niedobre odruchy zawiści. O życie. Chciałoby się mieć swoje życie poszerzone według tego, co słyszy się o innych. Karykaturalnie – słyszy się, że znajomy jest blondynem (nie widziało się go od dawna). Zazdrości mu się tego, że jest blondynem. Ktoś miał dziecko z Włoszką. Dlaczego nie ja? Głupia pretensja.

Zaś wieczorem widmo główne Gombrowicza między mną a panią Lubomirską, która odczytywała jego listy. Prawdę mówiąc – jego listy są nudziarskie. Nie udziela się w nich ludziom ani trochę. Ględzi, stęka, dowcipkując jednostajnie i w małej skali. Po listach sądząc – nie ma talentu do pisania. Nie chodzi mi bynajmniej o listy literackie. Ale język zdaje się w ogóle być od niego odległy. Żadnego opisu, najdrobniejszego choćby, tylko niewyszukane wyroki. Nudzi informacjami o swoich sprawach wydawniczych. Przejrzałem, wnioskuję – listy pisane do różnych adresatów są dokładnie takie same. To ciągle jeden i ten sam list. O sobie, ale jakoś tak nieciekawie i nieistotnie. Banalnie, według banału przez niego samego ustalonego.

Tylko pamięć o nim żywa i potężna wyraża te listy. Dla czytelnika, który go nie znał osobiście – nudna, nieciekawa lektura.

Naskarżyłem nieco do p. Lubomirskiej. Dlaczego? Nieco z urazy osobistej, nieco po to, żeby jej się przypodobać. Nie naskarżyłbym, gdyby mimo wielu lat nie była to pani urocza, po kobiecemu. Oboje pełni wdzięku. Chyba elementem wdzięku jest prostota, „naturalność” (koty, dzieci). Jeżeli tak, to Gombrowicz nie miał wdzięku. Miał coś znacznie więcej: zdolność fascynowania.

Gombrowicz wymyka się i tutaj: niczego z jego listów nie można się dowiedzieć. Niczego. O pobycie we Włoszech: „Byłem we Włoszech, w miejscowości Lavagna”[1]. Za to tyle miejsca, pisania poświęcone jakimś kłótniom, intrygom, obrażaniu się. Z jakimś Gómezem. Zwroty do p. Lubomirskiej – te same, jakie, pamiętam, do N. Oczywiście tego nie chciałem powiedzieć.

[1] Zob. przypis do 11 lutego 1974.

Podobno pisał dziennik. Nie ten do publikacji, prawdziwy. Czy tam także nic nie było, w tym dzienniku? Pisał dla siebie, jedynej osoby, która się dla niego liczyła.

Na dole: TV, David, E., koty, kuchnia. Koty łażą, David czyta, oglądając TV. Czasem coś powie. E. jak E., kiedy bez alkoholu i bez grupy gości, orszaku, pieczeniarzy, publiczności. Czy wtedy jest, czy wtedy jej nie ma? Nie wiadomo. Nikt nikomu nigdy nie poświęca uwagi, co dobrze i źle. I mam wrażenie, że tylko każdy z kogoś korzysta i na tym się wszystko kończy. Taki balet egoizmów. Takich małych. Niewyszukanych. Z tej anarchii tworzy się ten porządek. W którym ja nie umiałbym żyć.

22 marca, 48th St., NY, rankiem

Silny ból w kości ogonowej. Noc niespana – z bólu. Trudno chodzić, stać, siedzieć, ale najgorzej leżeć.

Tak więc nagle wszystko porządkuje się wobec bólu, według bólu, w stosunku do bólu. Jak kiedy indziej wobec miłości tej czy innej, strachu, nadziei, przedsięwzięcia. Ostateczny porządek tego rodzaju – to porządek wobec śmierci, nie wiem, czy własnej. Ale kiedy umarła Mara, jej śmierć była tytułem mojego życia.

Tytuły. Teraz mamy więc ból. Zaczął się u księżnej. Kiedy rozmawialiśmy o Witoldzie, ja wspominałem, jaki on był chory, a ja jaki zdrowy. Zaczął się, kiedy planuję trzy noce miłości i kiedy postanowiłem być takim zuchem. Zaczął się, kiedy mam pojechać do Bostonu i Kanady. I w ogóle zaczął się bez pytania. Byłem o tyle przygotowany, że nie wierzę zbytnio w plany i decyzje, wiedząc już, jak mało od nas zależy.

Na temat tego bólu można domyślać się i fantazjować nieskończenie. Y. była sparaliżowana przez pół roku, choroba kręgosłupa. Czyżby? A może to kara za grzechy? Wspólnictwo z Y.?

Freud? (Niechęć do opuszczania Nowego Jorku). Nierozwiązalność sprawy z N. (Właśnie mam napisać list i nagle mam o czym).

W każdym razie nie zamierzam ani mu (temu bólowi) ulec, ani w nim się rozmiłować. Potraktujmy go jako przygodę i zobaczmy, co z niej wyjdzie.

W nocy: chwilami (półprzytomnymi) możliwość wejścia w ten ból, wślizgnięcia się jakby między jego cząsteczki – atomy, jakby w jego wewnętrzną próżnię, w jego martwe pole obstrzału.

Odciąć się od bólu. Utożsamić się z bólem. Jedno jest pewne: ból j e s t.

Ból jako widomy, materialny, cielesny kształt tego, „co walczy z nami", dotknięcie Ręki. Przypomnienie, kim jesteśmy (czy też kim/czym nie jesteśmy). Wiele nauki można mieć z bólu.

Ból: zagęszczenie przestrzeni i czasu do bólu. Może ból to jest właśnie to?

Sny: Byłem żołnierzem (człowiekiem sił zbrojnych, policjantem, żandarmem, członkiem zbrojnej elity), ale taki mój status był tylko podstępem, ucieczką. Coś w rodzaju Żyda w SS. Sposób ukrycia się. Szedłem korytarzem, koszary, sale koszarowe, mój pokój. Wszystko zniszczone po niedawnym najeździe, napadzie, wypadzie – właśnie tych sił zbrojnych. Odbywało się jakieś wielkie niszczenie, niszczycielskie siły rozkiełznane. Tak wielkie i tak bardzo, że nie oszczędzały nawet własnych siedzib. A może ten rajd, którego nie byłem świadkiem (oddaliłem się był od koszar i teraz wracałem), był dokonany przez oddziały specjalne wewnątrz sił zbrojnych? Tynk był starannie odbity od ścian, posadzki zerwane, płaty materiałów, okładzin ułożone w jakieś szczególne, ale nieodgadnione desenie, stosy i rzędy haków jakby aluminiowych, skądś przyniesione i ułożone pod ścianami – po co? W oczekiwaniu jakichś dalszych działań – jakich? – przedostałem się do mojego pokoju. Wszystko tam było poprzemieniane, jak po rewizji, ale nie zniszczone. Tylko poprzemieniane, przemieszane, ułożone inaczej. Pamiętam metalowy sprzęcik do fajki leżący na stole. Pomyślałem: co dalej i jak niepewna jest przyszłość. Mimo swojego munduru. Czy zostanę zdemaskowany? Nie tropili mnie specjalnie, ale odbywały się jakieś wielkie wyładowania niszczących, wrogich sił i mogły dotknąć one i mnie przy okazji. Kiedy szedłem korytarzem, na dziedziniec zajechała ciężarówka pełna żołnierzy w hełmach, metalowych łebków, hełmy koloru lufy karabinowej. Za chwilę mieli wyskoczyć z ciężarówki, aby dokonać jakiejś kolejnej operacji. O nieznanym mi celu, ale na pewno mi zagrażającej, chociaż nie mnie bezpośrednio i nie osobiście przeciw mnie wymierzonej.

22 marca

Ból znacznie ustąpił. „Szlachetne zdrowie”[1] – zawsze miałem to powiedzenie za głupie, bo zawsze zdrowie sprawiało mi wiele radości. Ale teraz, jeżeli ból ustąpi całkiem, będzie mi sprawiało radości jeszcze więcej.

Do snu o siódmej, świt. Takie noce? Ale czemu się dziwić?

O świcie rozbiłem talerzyk.

Czy jechać do Bostonu, Kanady? Czy nie większe tu bogactwo? Może tylko do Bostonu.

Bo jeżeli już tak się koncentrujemy... Cóż może mnie spotkać lepszego? Niż... Jakie... Co?...

Głowa pusta. Za dużo bólu, miłowania, alkoholu. Wielkie życie.

24 marca, 48th St., NY

Ciągle jeszcze nie jestem w Kanadzie. Nawet nie w Bostonie. Jeżeli Adam Tarn tam na mnie czeka (a czeka), to „niech z bólu ryczy”[2] itd. Oto jak działa prawo życia, gatunku itp. W nieco wysublimowanej formie. (Choć znowu nie w tak bardzo wysublimowanej).

Wiele się dowiedziałem. Istnieje wiedza prawdziwa, którą przekazuje się tylko w takich właśnie okolicznościach. Mam nadzieję, że ja także nieco przekazałem. Nie chciałbym być pasożytem.

Teraz mam niechęć do wiedzy konwencjonalnej (co ludzie przekazują konwencjonalnie i dla swoich celów taktycznych) i zaostrzony apetyt na wiedzę istotną.

Wydaje mi się, że powodzi nam się w udawaniu tylko doraźnie. Całym życiem nie da się skłamać. To, czym jesteśmy (styl nasz autentyczny), wyłazi na wierzch, ale tylko jako całość, po latach. Wymaga więc lat – jego ukazanie się.

Z udawaniem stylu – jak ze zbrodnią, która nigdy (?) nie może być doskonała. Zawsze znajdzie się nieoczekiwany i fenomenalnie przypadkowy świadek, który nas zdemaskuje. Świadek albo zbieg okoliczności.

---

[1] Z fraszki *Na zdrowie* Jana Kochanowskiego (zbiór pt. *Fraszki* z 1584 roku).

[2] Por. „Niech z bólu ryczy ranny łoś / Zwierz zdrów przebiega knieje, / Ktoś nie śpi, aby spać mógł ktoś, / To są zwyczajne dzieje” – z *Hamleta* Szekspira (akt III, sc. 2, przeł. J. Paszkowski).

Narzekając doraźnie, jestem zadowolony w całości z mojego stylu. O ile doraźnie próbuję coś udawać, o tyle w całości raczej nie mam stylu wspólnego, a tylko instynkty, odruchy, jestem raczej kierowany przez jakiś mój model samego siebie – który, jaki? Tego właśnie nie wiem. Ale z chęcią mu się poddaję, a nawet chciałbym, żeby ujawnił się wyraźniej i także w szczegółach. Doraźnie.

Noc

Zbudzenie się z bardzo nieprzyjemnym uczuciem, że to, oni, to mnie widzi, a ja tego, ich, nie widzę, wiem tylko o tego, ich obecności. Jakby chichotało czy chichotali nawet. Zostałem sam na sam z nimi, z tym, w opuszczonym domu. Wiadomo było, że to coraz gorzej. Tylko jakieś chichoty, trzaski w powietrzu, pomruki. W dodatku miałem zejść do piwnicy, jakby po węgiel, ze świecą. W piwnicy było najgorzej.

Boję się tego domu dzisiaj w nocy. Jest w nim jakieś szaleństwo i jakaś groźba.

Groźba. Tylko skąd? Jaka? Chyba nie ze strony tych szmaciarzy i gnojów, kolegów mojego imiennika, zebranych właśnie na dole, kolejna zabawa, mój to imiennik w dodatku. Czy już wolę, żeby E. wróciła? Tak, ale z Davidem. Jakie takie umiarkowanie wtedy dla bandytów.

Czegoś się boję i nagle, przebudzony dziś w nocy, dosyć mam tego mieszkania.

25 marca, 48th St., NY

Tu, w Nowym Jorku, na 48 Ulicy, o polskości dowiedziałem się wiele. Przypomniałem sobie wiele, domyśliłem się wiele i dopowiedziano mi wiele. I znowu nie żałuję, że opuściłem Polskę. Jednocześnie, kiedy mi się tak polskość pewna określa, ja się określam. Jak w tych zabawkach, wycinankach, malowankach, czy też wywabiankach dziecinnych, kiedy to ukazuje się słoń, małpa, żyrafa i ani się spostrzeżesz, jak ukazuje się także struś. (Czy są takie?)

Polskość pewna to środowisko polskie, warszawskie, tak zwane artystyczne. Dwór. Jaki król, taki dwór.

To już pewne, że nie pojadę do Kanady. Nawet niepewne, czy pojadę do Bostonu. I nawet wiem dlaczego.

Sny, jakie miałem?

Dobrodziejstwa życia bez suwerenności i nie dobrodziejstwa. Na chwilę tak można, nie na długo, tym mniej na zawsze. Chętnie rezygnuję z niej za rekompensatę. To zresztą niedługo już się skończy. Jak wszystko.

Lunch z Miss P. *Possibilities to enter anywhere, worlds begin just a step further (from you). However, and curiously enough (given the present situation), I don't trust myself, I am not sure of myself in that respect. That is: I am very sure of myself, but I am not so sure about them. That pimp from downstairs seems to enjoy a great success with women. It is enough to give up women forever. Somehow the equation is unacceptable: him=women=me. If he is attractive to them – I don't want to be attractive to them at all. Once I am in bed – OK, but... But if they say how attractive I am (?), I simply can't believe it.*

Well, if the matter is different women, persons. But if N. is concerned – and she is – well, she is not so exclusive about me, if her tastes are so large... I would not mind it so much if she had not claimed love for me. I don't think that love should be like that. Or this is not love, just claiming it.

I can't restrain from giving myself out. Then they say: I am cagy. Why I am writing so much to Leon? She is in no need of writing me the same. There should be a balance of need. Otherwise...

Why did I get so angry after lunch today?

At myself. Because I was so sincere to Miss P.? But I don't know how to like a woman without being sincere. About anything else. I am total. I am real. And I have an impression I am less cagy than she is. Out of balance again.

[Możliwości wejścia gdziekolwiek, światy zaczynają się już o krok dalej (od ciebie). Jednakże, co dość ciekawe (biorąc pod uwagę obecną sytuację), nie ufam sobie, nie jestem siebie pewny w tym względzie. To znaczy: jestem bardzo pewny siebie, ale nie jestem za bardzo pewny ich. Alfons z dołu wydaje się cieszyć wielkimi względami u kobiet. To wystarczy, aby dać sobie spokój z kobietami na zawsze. Jakoś to równanie jest nie do zaakceptowania: on = kobiety = ja. Jeśli on jest atrakcyjny dla nich – ja w ogóle nie chcę być dla nich atrakcyjny. Kiedy jestem w łóżku – OK, ale... Ale gdy one mówią, jaki to jestem atrakcyjny (?), po prostu nie mogę w to uwierzyć.

Dobrze, jeżeli chodzi o inne kobiety, osoby. Ale jeżeli chodzi o N. – a chodzi – cóż, ona nie jest wyłącznie dla mnie, jeżeli jej gusta są tak rozległe... Nie przejmowałbym się tym tak bardzo, gdyby nie twierdziła, że mnie kocha. Nie sądzę, że miłość powinna tak wyglądać. Albo to nie jest miłość, lecz tylko jej stwierdzanie.

Nie mogę się powstrzymać od rozdawania siebie. Potem one mówią: jestem nieufny. Dlaczego tak dużo piszę do Lwa? Ona nie ma potrzeby pisania do mnie tego samego. Powinna być jakaś równowaga potrzeb. Inaczej...

Dlaczego tak się dzisiaj wściekłem po lunchu?

Na siebie. Ponieważ byłem szczery wobec panny P.? Ale ja nie wiem, jak lubić kobietę bez bycia szczerym. O czymkolwiek. Jestem całkowity. Jestem rzeczywisty. I mam wrażenie, że jestem mniej nieufny niż ona. Znowu brak równowagi].

26 marca, 48th St., NY

Kolor i kształt wyraźny. Mówię o tym, co się dzieje.

I mowa do rana. To samo, ale wciąż coraz więcej.

Informacja. Czy wszyscy (większość) nie mają racji, plotkując? Jestem rozpięty między moją wrodzoną dyskrecją, powściągliwością, lojalnością a żądzą prawdy.

Pan Bóg (ten z katechizmu, który wie wszystko) musi być okropnie zblazowany. Jestem obstawiony parawanikami, za którymi coś się dzieje. (Ale coś, co jest mną, co mnie dotyczy). Urządzam się w tym krajobrazie. Na przykład na parawaniku namalowany jest zachód słońca. Wiatr albo coś przewraca parawanik i okazuje się, że za tym zachodem słońca trzej grają w karty. Albo coś. Wtedy niezwykłe moje podniecenie. A gdyby tak wiedzieć jeszcze więcej – z prawdy prawdziwej?

Jak dobrze by było znać prawdę. Jak? Najwyżej można zawiesić sądy, nic więcej.

The Silent Language[1], intuicja – ale to nie to. Znać prawdę bezpośrednio, jako informacje, fakty.

---

[1] Zob. przypis do 6 marca 1974.

Pan Bóg (ale nie ten z katechizmu, ten mój) sprowadził mnie do Nowego Jorku na 48th St. A jeżeli sprowadził, to i wyprowadzi – mam nadzieję – bez większej szkody.

Berlin. Do Berlina. Do Berlina.

To wszystko bardzo potrzebne. A może wróżka z Portoryko pomyliła się – co do daty. Może to nie 1973 był *well started*[1], ale 1974?

Coś mi się wydaje, że zostanę w Nowym Jorku znacznie dłużej niż do Wielkiej Nocy. Ale kto to wie na pewno...

Tylko wariat wracałby teraz do Paryża.

Że umysłowo jestem nietęgo, że małe życie spirytualne i alkoholu sporo – ależ to na razie ważniejsze niż cokolwiek.

A tyle się mówi o N., że to samo wskazuje, jak wiele ona wciąż zajmuje miejsca. Ale jak się mówi, kto mówi i co mówi?

27 marca, 48th St., NY

Spanie jak z marmuru. Takież przebudzenie. I coraz mniej realności? To znaczy – wszystkiego, co nie jest tym, co teraz jest? (Co zaczyna się od siódmej wieczorem mniej więcej).

Nie piszę, nie czytam, nie przewiduję, nie organizuję, nawet stanów już nie miewam żadnych, poza tym jednym. Dlatego, jak i co tu zapisywać?

Dom pusty, bo kiedy pierwsze i drugie piętro puste... Jest to jakaś ponura i przestępcza pustka. To terytorium: jakby miejsce permanentnej zbrodni, a potem miejsce, na którym dokonywała się permanentna zbrodnia. Mój imiennik kołacze się tam jak widmo. Bo jest widmem, ten wypchany *henchman*[2]. Wypełnia ciszę zbrodni telewizorem (tzn. ciszę miejsca, na którym itd. Nie idzie ci to pisanie, oj, nie idzie).

W coś się zapadam, w czymś tonę. Moja trzydniowa dolegliwość w krzyżu daje mi pretekst i wymówkę. Już po niej ani śladu, ale jakże się przydaje wobec... Kłamstwo idealne, bo nie całkiem kłamstwo. Ale wszędzie, wszystkim mogę powiedzieć: nie mogę, bo...

Wiosna i robactwo Nowego Jorku wylegają. Nowy Jork woła o potop, o ogień z nieba, o zagładę oczyszczającą. Ja – czy różnię się

---

[1] *well started* (ang.) – dobrze zaczęty (rok)

[2] *henchman* (ang.) – giermek

od szumowin na ulicach? Też jestem błędny. Ale wiem, że się obudzę i otrzeźwieję. To, w czym tonę, jest dobroczynne (i piękne).

Czy ja też jestem brudny jak Nowy Jork? Nie tak jak Nowy Jork, tylko tyle, tylko tak jak zwyczajne ludzkie stworzenie.

Studium 48 Ulicy. Oraz ta inna sprawa: to się dzieje i tylko to powinno się dziać. Mniejsza zresztą o studium. To jest uboczne.

28 marca, 48th St., NY

Od wczoraj wieczorem do dzisiaj wieczorem bez jedzenia i bez spania.

W południe Wilford Leach przyszedł po tekst. Jak Marsjanin. Człowiek z tamtego świata. Posiadam wielką zdolność koncentracji. Tylko zależy na kim.

Pisanie to nie ma żadnego...

To z wyczerpania zdania skończyć nie umiem.

Kiedy przestanę być dziewicą?

29 marca, 48th St., NY

Pada śnieg. Chmurki w śniegu. Nowy Jork w śniegu. Ja w śniegu (choć z tej strony okna).

Kiedy w Nowym Jorku powietrze pachnie jak w Katowicach albo w Berlinie, to znaczy, że będzie padał śnieg.

Wszystko jest, tylko nie ma najważniejszego. (Czego?)

Ciągle jakieś wymówki. A to pijany, a to zmęczony, a to to musi, a to tamto. Byle nie najważniejsze.

Nic, nic, co to jest, czy też udaje?

Noga go boli dzisiaj, prawa. Więc dlatego znowu czegoś tam nie może?

Recoupage[1]. Wiele się dowiaduje. Na przykład o N. Mówiąc o niej. To mu było potrzebne. Bo za długo sam na sam ze sobą i N. Brak bocznych spojrzeń i wejrzeń. Sam prochu nie wymyśli. Tymczasem – niech usłyszy czasem jedno słowo z boku – już rozwiązuje się równanie, którego sam nie mógł rozwiązać. Brakowało mu tego jednego słowa. Niewiele potrzebuje, ale potrzebuje jednak. Sam wszystkiego nie potrafi, choć potrafi dużo.

---

[1] *recoupage* (franc.) – zebranie, skonfrontowanie informacji

I jakkolwiek nie lubi mówić – lubi słuchać. I mówić sam też lubi ostatecznie. Niech rozgrzeszy tych, którzy mówią zawsze i byle co. Trzeba mówić, musi się mówić. Ale dyskryminując. Inaczej nic – struktura. A struktura i hierarchia konieczne – nawet w mówieniu. Także w mówieniu.

Rankiem zawsze coś znajduję. Dziś spinka do włosów. Kiedy indziej bransoletka albo naszyjnik. Okulary odsłoneczne albo złoty łańcuszek. To wzruszające. Nieumyślne, ale czy nie... To ładne.

Boże, jak każdy z nas chce być wyjątkowy. Mimo wszystko. Wyjątkowy przez lepszość. Zauważony co najmniej. Dlaczego nie można nie współzawodniczyć, tak naprawdę?

Janek Lebenstein telefonuje z Cambridge. Ta rozmowa i rozmowy z Y. Jaka różnica. Rozmowa nic – i rozmowa prawdziwa.

Nie znam niczego lepszego niż rozmowy w łóżku. Im lepsza kobieta i im lepsze łóżko, tym lepiej. Ale zawsze jest nieskończenie lepiej niż podczas jakiejkolwiek rozmowy z jakimkolwiek mężczyzną.

Czy pozbędę się kiedyś tego: to jest cud, zdarzenie, zawsze tak znaczące. Łaska. Niezwykłość.

Tymczasem (to wiem „obiektywnie") – to nie jest żaden cud, tylko funkcjonowanie. Jak jedzenie zup. Jak podanie ręki. Jak łatwo to robią wszyscy. Jak mimochodem. Jak „niechcący". Jeszcze jedno moje nieporozumienie ze światem. Ale zasadnicze.

Stąd moja fascynacja: łatwość. Jak łatwo im to przychodzi. Na przykład: jej mężowi, mojej kochance (nie, nie tej, innej).

Sekret tych mężczyzn: uruchamiają w kobietach łatwość. Trafiają w ich łatwość. Ale jak to robią?

Ja uruchamiam trudność przede wszystkim. W niczym nie mam żadnej łatwości. Wszystko dla mnie jest trudne, najtrudniejsze.

Wszystko, dopóki nie znajdę się z nimi w łóżku. Ale potem... Tak samo trudno mi z nimi trafić do łóżka, jak z niego potem wyjść. Mnie i moim kobietom. Czy to jest dla mnie komplement? Niby tak, a jednak łatwość wydaje mi się do pozazdroszczenia.

30 marca, 48th St., NY

Dwadzieścia cztery godziny ani nie przy stole, ani nie stojąc, ani nie siedząc.

Od dwóch dni śnieg, potem deszcz i wichura.

Ale co mi to, skoro nie wychodziłem?

A nie wychodziłem na dwór wcale.

Od trzech lat tak nie wychodziłem.

O lęku. „Właściwie czego się tak bać?" „Uczucie jakże wspaniałe, kiedy okazuje się, że nie ma czego tak bardzo bać się..."

31 marca, 48th St., NY

Tak, wczoraj chyba byłem bardzo wyczerpany.

Przesady, paroksyzmy, przyspieszenia. Wszystko można (czego właściwie nie można?) rozpatrywać jako masę i prędkość. Na przykład Women's Lib[1]: przesada i paroksyzm. Może nic nie jest „złe", „niesłuszne" samo w sobie, tylko przesada i paroksyzm są niesłuszne. Nieodpowiednie prędkości.

Ja na przykład nabieram prędkości w pewnej sprawie.

Czy ufać nastrojowi? Tamtemu (State College), temu, innemu. To znaczy: uważać za prawdę, za prawdy, kiedy prawdę? Czemuś trzeba ufać (ale dlaczego właściwie?). Stosując stary chwyt logiczny: ufać nieufności (jeżeli nie ufać prawdom).

Nie jest to czas na pisanie.

Niemniej rozpatrywanie wszechrzeczy jako *pattern* (układ, wzór), masa (ilość) i przyspieszenie może być całkiem pożyteczne. Czy to nie blisko strukturalizmu? Nie chciałbym. Od strukturalizmu chce mi się wyć jak od pustyni.

Przypomina mi się odczucie, jakie miałem ileś dni temu. Że coś się dzieje. Coś ze mną, przeze mnie, dla mnie. Coś się szykuje. Czy zapisałem to? Usłyszałem „tąpnięcie".

Nienawiść Kościoła do łóżka – być może nienawiścią do konkurencji. Oto całkiem nowe spojrzenie na sprawę.

Nienawiść Kościoła do kobiety i mężczyzny, razem i osobno.

Widzenie człowieka przez Kościół jako: dusza. Dusza?

---

[1] Women's Lib (ang.) – skrót od: Woman's Liberation (Movement), Ruch Wyzwolenia Kobiet, określenie amerykańskich organizacji feministycznych.

2 kwietnia, 48th St., NY

Pakować się. Do Madison[1] jechać.

Duszno. Ciepławo. Lało będzie.

Świat wali się w kawałki. Ratunkiem dla mnie może być tylko takie pojęcie świata, które by go – i mnie – ocaliło. Bo czy świat wali się w kawałki, czy też jego pojęcie? Wali się dla mnie, ale czy dla wszystkich?

Biedny Sołżenicyn. Teraz dopiero zacznie cierpieć[2].

To jest dosyć proste: kiedy sypią się pojęcia cząstkowe, interpretacje wyłączne, jak państwo, demokracja, totalizm, racjonalizm (ile można by wymienić), wtedy szuka się pojęć odpornych na sypanie się. Czyli kiedy trwoga, to do Boga.

Sposoby na życie: dezintegracja, alkohol, partnerzy, socjalizm, totalitaryzm.

Totalitaryzm już się skompromitował. Teraz kompromituje się demokracja. Co potem?

Potem chyba to, co było między upadkiem cesarstw a średniowieczem. O czym mało wiadomo, poza tym, że straszne.

Przemoc jest śmiercią człowieka za życia, ponieważ polega na usunięciu wszelkich relacji, poza jedną – poza sobą samą. Mam na myśli przemoc ludzką, nie między zwierzętami. Tamta (ludzka) jest anarchiczna, kierowana nieograniczoną wyobraźnią ludzką. Ta (zwierzęca) jest ściśle reglamentowana i regulowana przez biologię.

Istnieje miara rzeczy: jest nią ciało ludzkie. Organizm. Najlepiej: umieć żyć według ciała i – nie powiem: Boga, bo tego wypowiadać nie wolno, i słusznie. Ale oznaczmy to: X.

Strach, przemoc. Jak ureguluję swój do tego stosunek – od tego wszystko zależy.

Najczęściej bałwochwali się przemoc.

„Strach panował, śmierć i trwoga"[3].

[1] Madison – miasto w Stanach Zjednoczonych, stolica stanu Wisconsin. Mrożek wziął udział w konferencji organizowanej na tamtejszym University of Wisconsin-Madison.

[2] 3 III 1973 Sołżenicyn opublikował głośny *List do wodzów Związku Sowieckiego*, w którym deklarował się jako antykomunista i rosyjski patriota, broniący tradycyjnych wartości, za co spotkała go krytyka m.in. ze strony dysydentów (np. Sacharowa), zarzucających mu nacjonalizm.

[3] Por. „Czart panował, śmierć i trwoga" – z pieśni adwentowej *Przybądź Panie, bo czekamy*.

Odeszliśmy od miary rzeczy. Za dużo wyobraźni, bo za dużo luksusu. Zapomnieliśmy o hierarchii potrzeb. Czas na lekcję pokory, będzie to lekcja bardzo okrutna. Ostatecznie wszystko reguluje się samo, ale bez uwagi i bez zmiłowania dla nas.

A ja? Ja w tym wszystkim?

Madison
The same day (or night)
[Ten sam dzień (lub noc)]

Lot z Nowego Jorku. Hotel nad jeziorem. Ciemno (nad jeziorem, na jeziorze). Na drugim brzegu migają światła (dlaczego zawsze migają?).

W głowie różne przebitki, ale słabe. Dwie postacie kobiece plączą się ze sobą (tzn. dwa obrazy). Życie-reżyser znowu pokazało mistrzowską rękę.

Tyle prawd sobie mówimy (ja i jedna z postaci), nie wszystkie, ja i ta mówiona, nie zawsze dopowiedziane. Nawet sobie ich nie piszę, a co gorsze, nawet sobie ich nie myślę, albo nie do końca.

I sam nie wiem, namiętny jestem człowiek czy już mniej. Jeżeli zmęczenie (wiek) się liczy – to mniej.

Pani profesor polska tutaj – staruszka. Wyraźna starczość, debilitująca[1] (elegancko – używajmy chociaż obcego słowa w tym wypadku). Polskie panine maniery i ludzki strach, że się nie wydoli, że się jest starym i nie nadąży się.

Będzie trzy dni przerwy, oddalenie nad jeziorem. Antrakt, epizod madisoński. W tym najmniej ważny mój jutrzejszy referat.

W samolocie lektura „Timesa" i dalsze przerażenie, przygnębienie światem. Przynajmniej tym res publica. Potwierdzenie starych obaw. Ciągłych obaw. Dlaczego się jeszcze łudzimy?

W hotelu brudne, zakrwawione prześcieradła. Ilustracja do lektury w samolocie? Tego, że wszystko schodzi na psy. Rozprzężenie.

Niepokój. Trzy stany: życie – bieganina, zmysły – „kontakt", niepokój. Wszystko jest z nich utkane.

Pisanie jest niepokojem aktywnym.

---

[1] debilitująca (z ang.) – niedołężna

Zapomnieć o sobie jako o pisarzu polskim, pisarzu danej kultury. Nie można się na to ani stylizować, ani sobie tym pomagać naprawdę (ja nie mogę).

Zapomnieć o wariancie „pisarz uniwersalny". To jeszcze głupsze.

Niech to będzie tylko niepokój. Zabawa. Ewentualnie próba kontaktu.

Pisarz, kochanek, pasażer samolotów i samochodów, ubrany, rozebrany. Układ wydalniczy, umysł, pamięć (magazyn?). Ile definicji dla mnie. Każda niedostateczna. Nie umiecie określić człowieka (jednego), a chcielibyście określić wszystkich. A to marksizm, a to „dusza", a to „świadomość natury".

Nie ma mnie, ale ja jestem jedynym projektem i materiałem, jakim rozporządzam. Więc i pisarz, i kochanek, i cała reszta.

Shifting[1]. A jednocześnie stałość. Pan Bóg i rachunki za telefon. Trzeba i jedno, i drugie, kiedy chciałoby się tylko jedno albo tylko drugie. Wtedy łatwiej.

Nienasycenie. Piękne słowo Witkiewicza[2].

Lustro nad biurkiem.

Pierwszy odruch – czy zawsze on z prawdy? Stare podejrzenie – że przeważnie on z nawyków.

Pierwsze spotkanie drugiego: od razu ustalić o nim prawdę, ale zostawić ją otwartą. A teraz czekajmy na niespodzianki.

Gdybym umarł w lutym – nie byłoby Nowego Jorku w marcu. Czy moja nieobecność w cudzych losach byłaby też „działaniem"? Oczywiście. Wpłynęłaby na cudze losy w tym samym stopniu, co obecność.

Jordan zrozumiał, co mówiłem o zmarłych, jak bardzo jesteśmy ze zmarłych, w zmarłych, ale się tego przestraszył. Czy nowy dom mniej ze zmarłych niż stary? On: że w nowym domu ja sam raczej jestem. Złudzenie – a ja sam to co?

Już lepiej – jak w każdej sprawie – wiedzieć o tym i nie zapominać.

Ale Jordan – miły i bezradny. Dlatego też bezradny okłada się naiwnością. Czepia się człowieka brzmiącego dumnie.

---

[1] *shifting* (ang.) – zmienność, przesunięcie, zmiana

[2] *Nienasycenie* – tytuł powieści S.I. Witkiewicza z 1930 roku.

Wszyscy walczą o istnienie (prof. Kott, prof. Wirth), tylko każdy wie o istnieniu rozmaicie. Cokolwiek robimy – chodzi o istnienie. Może ja nie wiem więcej o istnieniu niż profesor Kott. Mam tylko inne, mnie właściwe sposoby.

Każdy śpi, jak sobie pościele, ale każdy ma inną pościel.

Przemoc jest też walką o istnienie, ale z odwróconym znakiem. Znakiem diabła – to nie takie głupie – o Antychryście, fałszywym proroku.

3 kwietnia, Madison, Wisc.

Bezsenność, potem sny okropne. Jeden: jakieś walki z N., nie rozstrzygnięte, plugawe, quasi-pornograficzne. (Scenariusza nie pamiętam). Drugi: David i E. powiesili się, czy też zostali powieszeni. Nie bez mojego udziału w jednym i drugim. Czy mnie też groziło powieszenie? Jakieś kłamstwa, jakieś zbrodnie.

Rano deszcz.

Jasne i ciemne. Dosyć już w życiu miałem ciemnego. Nie wiem, czy to jest dobro, czy zło, ale jest.

Ciekawe, dlaczego diabeł zawsze jest tandetny i groteskowy.

Ale nie wyszukujmy. Jasne i ciemne, to wystarczy. Tymczasem tyle ciemnego, tyle ciemnych ludzi, brudnych ludzi.

Bez wyrzeczenia, bez przymusu, bez opresji – jak się to mówi – wszystko staje się podobne do świata E. Hedoniści i dowcipnisie. Mamy być szczęśliwi, swobodni i wyzwoleni. Ale to znowu *Tango*. Co poradzę na to, że to jest sztuka o epoce? Że wciąż aktualna?

Wczoraj umarł prezydent Pompidou[1]. Otoczony nienawiścią i kpinami *à la Gérard*[2]. Szanowałem go. Wiedział więcej, niż mówił. Było coś kiedyś prawdziwego w *grandeur*[3]. Została tylko karykatura. Nie sądzę, żeby lubił być prezydentem i politykiem. Zdaje się, czuł pogardę, może pogarda i gorycz pozwoliły mu lżej umierać. A jednak nie. Chciałbym umierać gorzko. Najlepiej z życzliwą obojętnością.

Nie znałem go osobiście, ale umarł jakby mój znajomy. Jak każda postać publiczna. Jeszcze jeden. Zostaję coraz bardziej sam na świecie, który coraz bardziej staje się światem E.

---

[1] Georges Pompidou był prezydentem Francji od 1969 roku, zmarł 2 kwietnia 1974.

[2] à la Gérard (franc.) – tu: prostacki, niewybredny

[3] *grandeur* (franc.) – polityka wielkości

Amorficzność. Zanik uczuć i kształtu. Gniotę z nas ciasto, które później włoży się do pieca. A potem już nie wiem, co będzie.

Wystąpiłem. Z wypowiedzią. Za tysiąc dolarów. Ale kosztowało mnie samego wiele – tyle lat, czyli doświadczenie.

Uniwersytety trwają, bo co mają robić. Studenci nie mogą znieść uniwersytetów i wcale im się nie dziwię. Jeżeli zniosłem to popołudnie, to tylko za tysiąc dolarów. Ale studenci za co? Oni jeszcze za to płacą.

Bezsens owych szkolarzy pasożytów, tych profesorów i znawców od kultury i sztuki. Profesor Moyer – wykład o pornografii, jaka dobra, jaka zła, a sam wygląda jak z karykatury Grosza: burżuj berliński u prostytutki. Na każdym kroku egzystencja wyje z niezgody z esencją, tylko studenci, niektórzy, są prawdziwi. I jacy brzydcy oni, ci profesorowie. Może się odechcieć wszelkiej wiedzy. Nie chodzi o ciała nawet, ale ten brak ducha dokładny, brak stylu. Co dziwnego, że nikogo nie przekonują. Moi dwaj profesorowie drodzy, Rosenkrantz i Guildenstern, bełkocik jakiś. Nie, w nich nie ma żadnej siły, w jednym tylko nieco wdzięku. Żydowskiego.

Ci kibice od kultury – typ szczególnie brzydki.

Kolacja wieczorem, proszona i polska, ale w restauracji hotelowej, nad brzegiem jeziora. O zmierzchu, nieagresywne światła – wiele piękności. Pół butelki prawdziwego bordeaux, jedzenie nieszczególne, ale co mi tam. Dzisiaj, przez konfrontację – poczucie własnej siły i wartości. *Gioia*[1].

Gioia trwa, sama w sobie bezsensowna i piękna. Po północy. Jakbym poznał sekret. Który we mnie, choć nie mój. A może by tak uruchomić wszystkie siły, które są we mnie? To takie łatwe.

Tańczący Żyd, czy też Grek Zorba[2]. A co dopiero rano, okropne, przygnębiające sny.

Może to po prostu tylko bordeaux.

Zatelefonujemy do Nowego Jorku.

Arrabal, niespodziewanie sympatyczny i spokojny. Może wieczorem dał przedstawienie, ale nie poszedłem tam. *Gioia*.

---

[1] *gioia* (wł.) – radość, uciecha

[2] Zorba – tytułowy bohater powieści N. Kazantzakisa *Grek Zorba* (1945), zekranizowanej w 1964 roku przez M. Cacoyannisa; gdy budowana przezeń kolejka ulega katastrofie, wykonuje pełen radości taniec, zwany zebekiko.

Jego teatr paniczny. Pogański i dionizyjski. Boże, wystarczy na niego spojrzeć, żeby zrozumieć dlaczego. On musi tak śnić. Czy on umie tak wypić bordeaux jak ja? On, biedne, małe, prawie kalekie dziecko. On musi, on musi.

Wolność polega na tym, żeby się nie bać być zranionym. Rzeczy mętne na początku nie staną się mniej mętne na końcu. To dwa cytaty – przytoczone przez nią – z jej rozmowy z pewnym nie znanym mi Murzynem.

A czy ja muszę, czy ja muszę?

Ale bezsenność (parę godzin później). Przypadkiem znalezione dwie kartki pocztówki pod obwolutą opowiadań Szolema Alejchema[1]. Sprzed siedmiu lat. Już sprzed siedmiu lat. Za późno na zazdrość, a jednak nie całkiem za późno. I tkliwość, i smutek. Dla niej. Dla nich. Bo tego sprzed siedmiu lat chyba już nie ma. Boże, a było. Choć nie moje. I moje sprzed siedmiu lat. I obecne, za siedem lat. I ona – za siedem lat. I ja za siedem lat.

Coś musi być ponad tym, ponad nami. Ale dlaczego musi? Boże, wszystkie uczucia tych, którzy kiedykolwiek byli. (Kartka z 1913, lato, znaleziona na Avenue de l'Opéra).

Nie dość mi swojego? Cudzym też się przejmować? Ale jakie tam cudze. To my, wszyscy razem. Umarli też.

Tyle było kochania.

Niepokój. Znowu. Może dlatego, że tornado nad Middle West? A ja nad jeziorem. Po południu grzmoty i błyskawice. Podobno ciśnienie jakoś niezwykłe.

Ale co to wyjaśnia? Ja i tornado. Może tornado i ja. Może razem. Może to wszystko jedno. I tornado też – to umowna nazwa. Gdzie kończy się to tornado, gdzie zaczyna? Jaka jest jego granica i jaki kształt?

A jednocześnie nic nie wiem. Nowa miłość – tyle niewiadomego. Nigdy niepoznawalnego. Każdy coś tam sobie kryje. I drugi nie będzie wiedział nigdy.

Miłość – to także nagle obudzona i niemożliwa do zaspokojenia ciekawość totalna drugiego człowieka. Święte wyruszenie na kru-

[1] Być może mowa o którejś z polskich edycji opowiadań Alejchema, np. *Krawca i innych humoresek* z 1959 albo *Marienbadu* z 1967 roku.

cjatę, która nigdy nie zwycięży nawet troszeczkę. Święty Graal niemożliwy. Wyprawa rozproszy się prędzej czy później. Utknie, zniweluje się. Pozostaną po niej kurhany i nieco historii. Która kiedyś zaniknie także.

Ale nie można nie wyruszyć.

Powoli wchodzi we mnie Y. Przenika mnie, już jest pod skórą. Potem rozejdziemy się. „Co ze mną będzie?"

To samo, co ze mną, moja droga. Najpierw co innego, potem to samo.

Ale kiedy spotkało mnie coś równie dobrego? Nigdy, bo jak można porównywać. Ale kiedy ostatni raz kochałem człowieka? Ostatnio kochałem już tylko moje majaczenia, coraz mniej zdrowe. Czy najsilniej kocha się swoje majaczenia? Nie wiem. Ale jestem rozmaity i gdyby tak się zdarzyło, żeby kochało moje wszystko naraz, jednocześnie, tego nikt by nie wytrzymał. Czy dlatego musimy kochać wiele razy i to nazywa się zdradą?

W Stratfordzie byłem szczęśliwy, ale nie napisałem ani linijki.

Przez chwilę straszne przypuszczenie, że w ogóle wszystko jedno. Ale nie, to nieprawda. Nieprawda?

Chciałbym, żeby tępa i ponura groźba, która wisi w domu 229 E, 48th St., nie spełniła się, przynajmniej dopóki nie wyjadę.

4 kwietnia

Tornado. Nie tutaj, nieco dalej.

Sny, nie zapamiętane.

Rano nie jest przyjacielem człowieka.

Życie rodzinne, film polski[1].

Udawanie. Udawanie jest naczelną cechą polską. Udawanie.

Pani K., „wielka aktorka polska". Wielka, bo tak intensywnie udaje.

Stąd Polacy tak podatni są na tandetę. Można nas zwabić każdą manierą. Sami, widząc się jako mit, stwarzamy mitologie na każdy inny temat (polski mit Zachodu, Wschodu, Północy i Południa).

---

[1] *Życie rodzinne* – film obyczajowy w reż. K. Zanussiego z 1970.

Stąd tak nie lubimy Czechów. Chłopski naród, czeski, który nie udaje.

Kto nie udawał w Polsce? Chłopi i Żydzi. Żydów już nie ma, a chłopi, gdy tylko przestają być chłopami, nabierają pańskich manier. To znaczy zaczynają udawać.

PRL przejmuje z Rzeczypospolitej udawanie jako styl.

Polska nie ma stylu. Udawanie nie jest stylem, ale styl polski to udawanie.

Słabość, słabizna, wątłość – ogólne wrażenie z tego filmu. Nie może być inaczej, bo udawanie.

Moja siła – polskiego pisarza – nie była ani w talencie, ani w umiejętności, tylko w tym, że organicznie mało jestem zdolny do udawania. Ja nic nie udaję, Gombrowicz opanował udawanie, robiąc z niego świadomość i grę z regułami. Nawet Miłosz coś tam udaje. Wielki komplement, jaki słyszę, jaki zdarza mi się słyszeć: *You are real*, „Jesteś prawdziwy". Ciekawe, że słyszę to przeważnie od kobiet.

K., jej kreacja – E., jest typem. Także typem. Jakże polskim produktem.

Kto był prawdziwy z kobiet polskich? Moja żona. Moja siostra też jest prawdziwa. Inne? Nie pamiętam.

Żyd może być żydowski, czy Niemiec, czy kto inny. Ale żydostwo nie polega na udawaniu, ani niemieckość, ani itd. Stąd Polska polega na udawaniu, ponieważ polskość jest udawaniem.

Polak nie udający – są tacy, choć to rzadkość. Co wtedy?

Polacy powinni się witać nie: „Jak się pan ma?", ale: „Jak pan udaje?", „Co pan udaje?".

Dla Polaków można mieć podziw (jak dla kaskaderów) albo pogardę. Trudno nas szanować, albo – lepsze słowo – „uważać".

Zadziwiająca skłonność Polaków do świństwa (np. donosy), podobnie jak francuska zresztą. Kto wie, może z tych samych przyczyn? Francuzi też udają. Retoryka. Stąd to, co nieefektowne, niewidoczne dla oka z zewnątrz, mniej się liczy. Nie ma nawet świadomości świństwa. Te dwa narody polegają na udawaniu. Ale kiedy Francja nie tylko na tym, Polska – tylko na tym.

Pretensjonalność filmów francuskich. Pretensjonalność filmów polskich. Różnica w klasie, ale jednak…

Nie wszystkich filmów francuskich to dotyczy, daleko do tego. A co do filmów polskich...

Udawanie to oczywiście także udawanie przed sobą.

Co w Polsce jest autentyczne? Mój ojciec. Urazy. Obalenia.

Aktorzy w tym filmie: jakże grają a grają. Żadna twarz nie jest tylko twarzą. Żadna nie jest sobą (z wyjątkiem psa. Ten pies – to ulga).

Nie jest sobą także Z., reżyser. On jest Z. reżyserem.

Jak już kiedyś powiedziałem, Polak Polaka albo certoli, albo pierdoli. Ginie na szańcu lub pisze donosy. (Tu przypomina się dramat Łubieńskiego drukowany w „Dialogu"[1]. O tym wojskowym bohaterze, który jest także świnią).

W Polaku brak środka. Są tylko skrajności. Wiem, jak sam jestem tym obciążony.

Dlaczego nie uczymy się od Rosjan powagi i głodu prawdy ostatecznej, od Czechów prostoty?

Dlatego właśnie. Ponieważ jesteśmy szamerunkiem bez kurtki, akselbantem, ostrogą bez buta, szablą bez pochwy.

Polacy nie są narodem mężczyzn, ani nawet narodem żołnierzy. Podobanie się jest zbyt narodowym nałogiem, aby byli.

„Barwny ich strój"[2], ułani. To nie szara niemiecka kolumna Niemców, narodu żołnierzy (byłego).

Duma polska. Tak, pod warunkiem, że ją widać.

Nie „wszystko na sprzedaż"[3], ale „wszystko na pokaz".

Wojciech Skalmowski – prawdziwy. Kto jeszcze? Błoński, Puzyna...

Z Polski wypędził mnie, między innymi, głód autentyczności i stylu, którego tam nie mogłem zaspokoić.

Wezwanie Gombrowicza do Polaków, żeby byli autentyczni – jaki to głos na puszczy. O, naiwny Gombrowicz.

Gombrowicz też nie chciał być Polakiem, takim proponowanym przez Polaków. Męczył się.

---

[1] Dramat Tomasza Łubieńskiego *Zegary* („Dialog" 1968, nr 10); jego głównym bohaterem jest zdrajca, dawny oficer napoleoński Rożniecki.

[2] „Barwny ich strój" – z pieśni patriotycznej *Wizja szyldwacha* do słów Stanisława Ratolda.

[3] *Wszystko na sprzedaż* – film obyczajowy w reż. A. Wajdy z 1969 roku.

Polakiem autentycznym można być tylko jak Gombrowicz i ja. Emigrując z udawania w obcość.

Kisielewski? Tak, też prawdziwy. Ale tylko Kisielewski.

Mickiewicz? Kim byłby Mickiewicz, gdyby przyznał się do Ksawery Deybel[1]? Oczywiście nie mógł się przyznać, bo był Mickiewiczem. Niewiele dzieliło go od Baudelaire'a.

Krótko mówiąc – jeżeli ze mną jest źle, to i tak jest najlepiej, jak może być.

Po kinie: pp. J. zaprosili na herbatę. Pan J., historyk – stypendysta w Madison, z Warszawy. Studia nad tym, jak widziani są Polacy tutaj, model amerykańskiego Polaka, jaki?

Pani J. Polska pani i żona.

Gdybym tam pojechał, do Polski – tam byliby wyłącznie polscy. Tacy jak profesor Czerwiński. („Dobra dupka", powiedział o pewnej studentce, która akurat jest dobrym człowiekiem. To wszystko, co miał o niej do powiedzenia). Jak to wytrzymać?

Jak ja bym wytrzymał polskość? Tę polskość?

Z trudem i własną szkodą. Nie trzeba wracać do Polski.

Jakoś coraz wolniejszy jestem od siebie – polskiego pisarza. Od pisarza w ogóle. Na razie?

Forget it[2]. Odbiło mi się dzisiaj po polskim filmie. Ale ten dziennik mi świadkiem, że rzadko mi się odbija.

Czy Francuz nie może znieść Francuzów? Wątpię. Francuz nie zauważa ich jako Francuzów. Ja nie mogę znieść Polaków jako Polaków. Przeważnie.

Niestety. Nawet z Polakami, którzy są prawdziwymi ludźmi, prędzej czy później zacznie się rozmawiać o polskości. Mówi się rzeczy słuszne, ale o polskości.

Tylko z obcymi o tym się nie mówi.

I dobrze. Przestawajmy z obcymi. Skoro między nimi wypadło nam żyć.

Albo najlepiej – z Y.

---

[1] Ksawera Deybel – paryska guwernantka dzieci Mickiewicza, a zarazem jego kochanka.

[2] *forget it* (ang.) – zapomnij o tym

5 kwietnia, Madison, Wisc.

Przemoc – śmierć. Życie polega na relacjach. (Związkach? Wymianie? Sprzężeniach?) Im więcej relacji – tym więcej życia. (Im więcej komplikacji?) Przemoc jest ograniczeniem tylko do jednego związku – gołego. Jest o krok od śmierci.

Ogromna dynamiczność i siła wszelkich pomysłów opartych na przemocy. Nazizm, bolszewizm. Wykonywanie przemocy – mam na myśli nawet powstanie warszawskie, od strony polskiej – uwalnia od związków i komplikacji, uwalnia więc od życia. Na początku – ulga. (Na końcu – nieszczęście). Po drugie, daje poczucie, że „jestem". Biję, więc jestem. Niszczę, więc jestem.

Do przemocy skorzy są przede wszystkim ci, którzy nie widzą związków i komplikacji. Prostacy.

Przemoc to upraszczanie. Stąd siła atrakcyjna przemocy. Nie dla mnie. Nie dlatego, że się boję. Choć może: wykonywać przemoc zdolni są tylko ci, którzy nie boją się być jej ofiarami. (Pogarda dla bólu własnego). W przemocy czuję coś bliskiego nicości, tej, która jest zaprzeczeniem życia.

Polacy jako państwowość od wieków już nie są w stanie dokonywać przemocy. Są raczej jej obiektem. Chcieliby jednak, choć nie mogą. Ich niegdysiejsza przemoc zaważyła tylko na Wschodzie. Na Zachodzie nikogo nie pobili. Na Wschodzie, czyli na peryferiach historii Zachodu, do której się zaliczają. Ale dlaczego Czesi nie martwią się, że nie pobili nikogo? Czy dlatego, że chłopi? Że wyginęła szlachta, a razem z nią narodowe pomysły, żeby wykonywać przemoc?

Dlaczego Polacy marzą o przemocy? Udawanie? Niedorostek, który ze słabości marzy o potędze?

Mentalność podupadłej szlachty. Czy wszystko stąd się bierze? Szlachta zaściankowa. Czyli arystokrata bidok. Musiał udawać, czym nie był. Obieg wartości umownych. Tu początek udawania.

Napady zmartwienia, że nic nie mam na starość, żadnego zabezpieczenia – z których zdaję sobie sprawę, że niepożyteczne. (Cóż mogę teraz z tym zrobić?) Ale nieuchronne jak zmarszczki.

Słońce. Zasnąłem nad ranem, obudziłem się tak wcześnie (bo słońce). Niedospany – jak pijany. W gazecie wiadomości o tornadzie, ilu ludzi zginęło niedaleko stąd. Przy śniadanku, przy kawie. Dzikie zadowolenie, że to nie ja, że to jeszcze nie ja. Wcale nie myślę tego zadowolenia hamować, poskramiać ani wstydzić się go. Niech będzie i niech o nim wiem.

Znowu wymknąłem się statystyce.

Nocą stary film – Humphrey Bogart. Siła tych filmów: o coś w nich chodziło. Problem. Uproszczony, prostacki, namolny. Nachalny, ale problem, teza. Wyraźna struktura. I mitologia.

Szkoły, nauczanie, konferencje, profesor Kott.

Nauczanie. Wyjątkowo brzydka forma bycia ludzi z ludźmi. Profesor wykłada. Podręcznik można przeczytać ze znacznie większym pożytkiem. Więc dlaczego? Chyba chodzi nie o nauczanie, tylko o jeszcze jedną formę bycia ludzi z ludźmi.

Może kiedyś była to forma piękna. Nauczyciel jak artysta, nie z nominacji, tylko z Bożej łaski. Pojawiał się, uczniowie dobierali sobie nauczyciela, nauczyciel uczniów. Tak mi się przynajmniej wydaje, na podstawie tego, co zasłyszałem o Grecji starożytnej. Nauczyciel był kimś i dlatego był nauczycielem, nie dlatego był kimś, że był nauczycielem.

Szkoły kapłańskie, owe egipskie podobno. Tam nie o nauczanie chodziło, ale o rzeczy święte. Charyzma.

Teraz nauczanie jest naukowe, instytucją jest. Instytucja nie może mieć żadnej charyzmy.

Oraz liczba. Jakie może odbywać się nauczanie, kiedy wokół nauczyciela znajduje się więcej niż kilka osób! I nie wokół, ale naprzeciw. To jest cyrk. To jest show, to jest numer, i może już tylko tak naprawdę chodzić o jakiś sposób znalezienia się z jakimiś ludźmi, spędzenie czasu, a nie o nauczanie.

Anegdoty, historyjki i poglądy – po raz który ja już opowiadam? Te same. Dla słuchaczy nowe. Starzenie się na tym polega? Byle tylko pamiętać, wiedzieć o tym, że się powtarzam. Świadomie. Wywiady.

Jakże bał się Gombrowicz, że go wykoślawią. Że przeinaczą. Jak walczył o każde słowo. I udało mu się. Obrysował się żelazną kreską. Wyjaśnił, na ile to jest możliwe.

Jakże ja o to nie dbam. Jakże zgodnie z jego formułą o mnie: jestem poza formą. (Sytuacją, on powiedział: sytuacją).

Kto wie, czy wreszcie nie zacznę pisać. Bo jakkolwiek żyję, brakuje mi tego. A jeżeli brakuje, dlaczego tego nie robię?

Słońce. Czy jestem na wiecznych wakacjach? A dlaczego nie? Nie nudzę się przecież, brak to nie nuda. Od dwudziestu lat nie miałem żadnej posady, żadnych kłopotów materialnych. Czy wystarczy mi wdzięczności dla losu wobec tego dobrodziejstwa z jego strony? Nic lepszego, według mnie, nie mogło mnie spotkać. Oby tak dalej, tak dalej.

Pełnia.

Balet. Pełnia. Ostatnia noc w Madison. Wieczór baletowy. *Rebeka*[1]. Surrealizm. Odkąd Japończycy w Lod (Izrael) strzelali do Portugalczyków[2], ponieważ brali ich za Żydów, a robili to jako Arabowie – surrealizm mnie nie bawi.

J. Kott. A jednak mogę z nim rozmawiać, ciepło. Z tamtym drugim nie mogę.

6 kwietnia, Madison

Choć czasami mogę ze wszystkimi.

Dzisiaj na przykład. Koniec konferencji w Madison. Umiem już wiedzieć, jak wszystko mija. Umiem już czekać. Azjatycka umiejętność. Choć ja z Galicji.

Różnica między wiedzieć, że wszystko mija, a umieć wiedzieć, że wszystko mija.

Wielka wiosna przyszła. W Nowym Jorku pewnie bardziej biją niż zwykle.

Doprawdy, czas zdać sobie sprawę z siebie. Mowa o tym kadłubku i jego danych i niedanych. W pewnych sensach dano mu więcej niż innym. I późno, ale jednak wykrywam ten rodzaj siły czy *envergure*[3], która – kto wie, może ona dotąd pozwalała mi żyć, jak żyję?

---

[1] *Rebeka* – tytuł wspomnianego przez Mrożka przedstawienia baletowego lub filmu sensacyjnego A. Hitchcocka z 1940 roku.

[2] Lod – miasto w Izraelu na równinie Szaron w aglomeracji miejskiej Tel Awiwu; mowa o epizodzie związanym ze stacjonowaniem tam sił pokojowych ONZ po wojnie Jom Kippur w 1973 roku.

[3] *envergure* (franc.) – wielkość

Coś za coś. Cena jest mi znana. Ale, doprawdy, nie tylko głupio, ale i niepobożnie tylko płacić, a nic za to nie brać. Dotąd wiele tej siły marnowałem, zaprzeczając jej, nie wiedząc o niej. Ale czy ją można doprawdy marnować? To w niej jest moja siła. Jak długo myślałem o swojej sile czy nie sile – źle. Ale zaczynam wiedzieć, że ona nie moja. I cokolwiek się dzieje, to ona, a nie ja działam.

Dotąd: „Proszę mnie nie bić, ja słaby, ja nie zagrażam". Słaby, słaby, ale coraz częściej coś takiego się dzieje, że ludzie układają się według mnie, dookoła *moi*, jak wokół ośrodka. Układają się promieniście i peryferyjnie. Jakkolwiek się o to nie staram, jestem w środku. To byłaby niebezpieczna zabawa, gdybym uwierzył, że to ja jestem w środku. To nie ja, ale coś, co tak właśnie działa. Może ja rzeczywiście świecę?

Siły tej nie można wykorzystać do niczego. Jakiekolwiek bywają praktyczne korzyści, one są przypadkiem. Jeżeli ona funkcjonuje, to raczej jako naturalny układ rzeczy. Zaprzeczać jej, robić z siebie skromną kalekę, to – jak już powiedziałem – niepobożnie.

Widać to w moich wystąpieniach publicznych. Kiedyś przed nimi drżałem. Teraz jestem w stanie im sprostać, a nawet więcej. Jestem w stanie narzucić się zgromadzeniu, pokonać je. Nie naumyślnie, ale siłą mojej osobności, bycia czy trwania.

Nie trzeba się nad tym rozwodzić. Ot, zapisać tylko. Teraz mógłbym to wszystko wziąć w nawias. Ironicznie. Podkopać. Sparodiować. Obrócić w żart. Uniknąć. Zatrzeć. Tylko po co? Ze strachu przed byciem? Z minoderii? Z niepewności?

Mógłbym także to przypisać okolicznościom. Wiosna, Madison, gdzie przez trzy dni byłem tak ważny. Ale nie chcę, czując, że w tym także byłoby coś nienaturalnego.

Zresztą okaże się wiele, kiedy wrócę do Paryża. Może wpadnę powtórnie w samookreślenie bez wyjścia, w drżączkę i straszki, może nawet w wielki strach?

Moje zejście się z N. i moje z nią lata to było z odwagi jednak, nie ze strachu. Moje rozejście się – oby było z tego samego powodu.

Być może zapomnę znowu, że życie jest zawsze możliwe. Obym tylko nie zapomniał o tym na zbyt długi czas. Dzisiaj sądzę, że moja żywotność jest większa niż okoliczności. Że ona poprzez każde okoliczności może produkować życie.

Być może moje desperacje były tak silne, jak moja żywotność, rzecz ta sama, tylko z odwróceniem znaku. Rozpacz jest z tej samej materii co nadzieja.

Nowy Jork, 12.15 PM

Dobrodziejstwa podróży. Jestem jak butelka, którą należy od czasu do czasu potrząsać. Inaczej mętnieję. Pan Gąsiorowski odwiózł mnie na lotnisko w Madison. Kiedy rozmawiałem z nim o przedwojennych układach politycznych w Polsce, ożywił się i mówił całkiem do rzeczy. To znaczy, że ostatnie trzydzieści lat już nie żył (o niczym innym przedtem nie umiał mówić do rzeczy).

Z Madison do Chicago – z Arrabalem. Dlaczego go polubiłem? Bo widać miły. W Chicago godzina przy stoliku. Jego intensywność, ogromna ciekawość i bystrość w zadawaniu pytań. Kogo on mi przypomina? Ciekaw niezmiernie mojego doświadczenia polsko-wojennego. Pytał stale. On był ośrodkiem, nie ja. (Kto pyta, ten jest górą). Opuściłem go wyczerpany. Bo sam się rozgrzałem, to znaczy odgrzałem swoją starą przeszłość i po raz któryś już opowiadałem te same historyjki. Komediant (ja, nie on). O zdrowy paradoksie, o zbawienne odwrócenie wyznaczonych (przeze mnie) ról. On jest tak mały (fizycznie), że przy nim ja jeszcze większy i przez to już wszystko dobrze.

Pomieszał mnie.

Jumbo jet, taki sam, jaki rozleciał się koło Paryża niedawno[1]. Lekki strach. Lektura hiszpańskiej opowieści ludowej o małpie.

Nowy Jork sobotni. Przemknąłem schodami na górę. Co tam znowu na dole?

Tak więc nie ma już Madison. Gwizdnęło tylko i przeleciało. Teraz Y.

Damskie ego (to nie o tej Y., to o tamtej).

7 kwietnia, 48th St., NY

Eksmisja. Nie spełniłem snów dziewczęcych pani gospodyni.

O Polko! Ale o tym (o Polaku, więc i o samiczce jego) napisałem tu niedawno.

---

[1] Zob. przypis do 4 marca 1974.

W oknach pąki, z drzewami coś się dzieje. Jak cztery lata temu.

Nie zawodzi mnie ani odczucie, ani przeczucie. Zawsze wiem, kiedy rzeczy są ostatecznie zżyte, zużyte. Stąd mój pomysł wycieczki kanadyjskiej. Zanim jeszcze kuchta mnie wyeksmitowała.

Myśl powyższa, oczywiście, jest aluzją do podobnego odczucia innej sytuacji, tej w Paryżu.

8 kwietnia, 48th St., NY

Do snu o trzeciej rano. Jak przedtem, jak przed Madison.

Rano (12.30) kawa i głupota. W moim wieku czy nie należy się oszczędzać?

Nie.

Niepokojące. Potem JA nic nie chcę oprócz błogiego trwania. Natomiast ONA rusza do ataków. Jakby wiedząc, że JEGO chwilowe powalenie jest najlepszą sposobnością.

To, zdaje się, jest napisane w Księdze Rodzaju. On jest opróżniony wtedy, ona – przeciwnie. W takich chwilach faworyty królewskie decydowały, komu potem uciąć głowę, wypowiedzieć wojnę, albo sprawiały, że darowywano im fortuny.

Ale zbawienie nie leży ani tu, ani tam, ani gdzie indziej. Przynajmniej nie dla mnie i nie teraz. Każdy się zbawia przez to, co mu jest dane. Obecnie już ja wiem, że Pan Bóg nie to mi ofiaruje jako łaskę.

W mojej głowie – inwentarz. Tam jest światek jak w szklanej kuli bibelocie owe ogródki. Gospodarstwo. I jak nad moją głową jest niebo, tak i nad moją fermą we wnętrzu mojej głowy jest niebo.

Co przez to chciałem powiedzieć? Nie wiem.

Najtrudniej się pozbyć przeczucia, że jest się jedynym sprawiedliwym. Wyobrazić sobie siebie nie jako podmiot sytuacji, ale jeden z elementów sytuacji, produkt relacji wszelakich. Najtrudniej zobaczyć prawdę pod frazesem: każdy ma rację. Ach, jakże wszyscy dookoła są głupi, ciemni, niesprawiedliwi, ograniczeni. I są, bo nie widzą siebie tak, jak my to możemy widzieć. Ale nie wolno zatrzymywać się na tym, jeżeli sami sobie nie chcemy zaszkodzić, to znaczy ograniczyć się w prawdzie. Prawdą jest, że są tacy, ale nie całą prawdą. Ostatecznie musimy się bronić i żyć według miary swojego organizmu. Ale nawet dla tak prymitywnej obrony potrzebna jest wiedza większa niż odruchy miłości własnej.

Warto by więcej wiedzieć, co napisano w Pismach o łasce i współdziałaniu z łaską. Nie jako ortodoksyjny katolik, tylko jako ja, który co nieco wie o sobie, zaś o „sobie" to koniecznie w cudzysłowie.

Tylko kiedy ja zacznę pisać?

Od ostatecznego zrównania (wielkie przymierze wszystkiego ze wszystkim w wymiarze najwyższym, czy też poza wymiarami) do najdrobniejszego zróżnicowania i sprzeczności. Jak trudno się w tym poruszać, kiedy mamy skłonność, żeby osiedlić się tylko na jednym piętrze, w jednym wymiarze, szczególe, komórce, i tam już pozostać.

A więc z wizytą u Adasia Holendra, gdzie mieszkanie kosztowne, żona piękna i na stole plany posiadłości wiejskiej, właśnie dom sobie Adaś na wsi buduje. Zaś w rozmowie – ktoś z Mediolanu przyjechał, a tam p.P.P. też tak samo. B.P. alfami romeo jeździ, żona młoda i pięknie wygląda w ubraniach od Pierre'a Cardina. Zaś – podczas rozmowy – wynika, że R. Polański w Hollywood już film niedługo ukończy, *Chinatown*[1], boks uprawia, na fortepianie uczy się grać, a po włosku już się nauczył. I w ogóle Polańskim jest, Romanem.

Zaś ja?

Dokąd i w jakiej sprawie? Z kim? Za jakie pieniądze? Nie zrobiłem kariery, pieniądze liczę, rezydent, pieczeniarz, niedorajda. Żeby chociaż *un succès d'estime*[2]. Ale też nie.

Byłoby lepiej, gdybym pieniądze wielkie i sukces jakiś miał (aha, w rozmowie jeszcze o J. Kosińskim, że prezes Pen Clubu i do Paryża jedzie, żeby książkę swoją tam lansować, która nazywa się *The Devil Tree*[3].) Więc gdybym te pieniądze zarobił, wtedy mógłbym ich poniechać, spokojnie, i biedakiem zostać. A tak? Ani alfy romeo, ani dostępu do eleganckiego towarzystwa.

Z jakiego świata jest moje królestwo?

Z Borzęcina i Porąbki Uszewskiej[4].

---

[1] *Chinatown* – amerykański film sensacyjny w reż. R. Polańskiego z 1974 roku.

[2] *un succès d'estime* (franc.) – uznanie krytyki

[3] *The Devil Tree* – powieść J. Kosińskiego z 1973 roku (wyd. pol. pt. *Diabelskie drzewo* 1992).

[4] Borzęcin – wieś koło Brzeska w Małopolsce, miejsce urodzenia S. Mrożka. Porąbka – wieś w powiecie brzeskim, Mrożek przebywał tam u rodziny ojca w 1941 roku.

Ale i ze mną coś się dzieje. I N. już chyba niedobrze na mnie wpływała, wpłynęła, deformując mnie w stronę myślenia niedorajdy, podczas gdy nieco nowa moja strona się odsłania, czy też substancja, długo kurzem, śniedzią, śmieciem i plugastwem różnym pokryta, być może się odsłania.

Różnie to można nazwać. I kiedy nie mogę, nie umiem być ani taki, ani taki, może być po prostu? Zrezygnować z udawania wszelkiego i ostatecznie z gry przeróżnej, a wtedy, jak prościej, to może nawet i pożyteczniej? Ale na to liczyć nie trzeba.

I tylko ta szansa, że kiedy odsłonię się jako prawdziwy, niech się okaże, co to jest warte i czy do czegokolwiek to doprowadzi.

9 kwietnia, 48th St., NY

Gardło mnie boli. A raczej tak zwane migdałki. Jeden. Prawy.

Pochmurno aż tak, że ciemno.

Kiedy człowiek bez kobiety, bez takiej, która także człowiekiem jest, wtedy człowiek widzi, słyszy i rozumie tylko połowę tego, co się dzieje.

Pełne człowieczeństwo możliwe dla człowieka tylko wtedy, kiedy człowiek jest z taką kobietą właśnie. Kiedy zaś nie jest z taką, ale z inną, wtedy nie tylko nie rozumie połowy, ale nawet tę połowę, którą rozumie, przestaje rozumieć. Taka kobieta kobieta (nie zaś kobieta człowiek) mąci mu rozum, wypiera jego rozum swoim rozumkiem i robi z niego durnia.

Bo taka kobieta kobieta jest tylko taką kobietą kobietą, jak pies jest tylko psem, a kot kotem. Jeżeli trafi na mężczyznę mężczyznę, wtedy walczą, a jeśli mężczyzna mężczyzna silniejszy, to może się i obroni. Choć wątpię, bo żaden mężczyzna mężczyzna nie jest tak silny jak kobieta kobieta.

Kobieta kobieta niezwyciężona i niezastąpiona jest tam, gdzie chodzi o używanie, funkcjonowanie, doraźność. Jedna noc, jedna zabawa, jedna heca. Ale mężczyzna człowiek nie może żyć z kobietą kobietą. Nie tylko pozbawiony jest wtedy połowy prawdy, ale, jak już powiedziałem, nawet jego połowa jest zagrożona zniweczeniem.

Adasia zaś i jego otoczenie – nie zobaczyłbym tego tak dobrze, gdybym patrzył tylko w dwoje moich oczu, a nie w czworo. I może nie przekonałbym się tak pewnie, że jestem większy od niego i że doprawdy – nie ma mu czego zazdrościć.

Ale ostatecznie: z kim i o czym, i kto ma rozmawiać?
I tak nagle – nie mam żadnej ochoty.
Na nic.
Być może jestem chory.

10 kwietnia, 48th St., NY

Byłem tylko tak bardzo, bardzo zmęczony. Zresztą może nie tylko.

Noc smutku i bólu w głowie (newralgia). Choć nie przesadzajmy. Jakoś zasnąłem. Później. Kiedy już pomyślałem, że nic więcej nie mogę pomyśleć.

Spotkanie we troje. I, niestety, wrażenie to samo co przed czterema laty. Że coś niedobrze. Choć pewnie tylko mnie.

On nie ma ciężaru obecności. Przeciwnie, on ma lekkość obecności. Taką, że jest bardzo miło, bardzo miło, bardzo miło... Chyba lepiej mieć lekkość niż ciężkość. Chociaż... czy ja bym chciał tak samo?

Parę pytań tyczących tego miejsca, tego mieszkania... Parę złudzeń na jego temat („On by tego nigdy nie zrobił", kiedy ja wiem, że zrobił). Ale, mój Boże, to już najbardziej ludzkie z ludzkiego.

11 kwietnia, 48th St., NY

Ostatni dzień na 48th. Jutro samochodem do Ottawy, gdzie Tarn chory[1]. W nocy słyszałem go przez telefon. (Ale to ja się do niego odezwałem, nie on do mnie. On nigdy się nie skarży, a w jego sytuacji odezwanie się do mnie mogłoby wyglądać na skargę). Głos już z zaświatów, głos mojego ojca. Zbudzony przeze mnie w środku nocy, trochę nieprzytomny od środków nasennych, gorączki, choroby i starości. Sam tak zupełnie. Trzeba ustalić: nie przyjmuję żadnych wyrzutów sumienia. Nie ma co udawać, że jadę do Ottawy dla niego. To znaczy tylko dla niego. Jadę, bo z innych powodów pojechać chcę i mogę, choć że do Ottawy – on jest powodem. Nie jestem ani lepszy, ani gorszy od innych, przeciętnych. Gdybym był nie-

[1] Adam Tarn w grudniu 1968 wyemigrował do Kanady, gdzie m.in. wykładał w latach 1971–1973 na uniwersytecie w Ottawie.

przeciętny, pojechałbym tam, żeby go pielęgnować, albo nie pojechałbym wcale.

Co jest tak zwanym prawem życia, a co egoizmem, czyli niepotrzebną przesadą w przestrzeganiu owego prawa? Gdzie jest granica? Jak zwykle nie wiadomo. Jak zwykle dwuznaczne to i jak zwykle zawsze trzeba się nad tym zastanawiać na nowo.

Mimo że tak pięknie, nie było mi tutaj całkiem dobrze. Jakaś groza się tutaj unosi i przenika. Zapewne zwyczajna nowojorska groza (to miasto jest niemożliwe, powinno go nie być, więc ciągle czekamy na potop, czy też ogień lada chwila, na dzień sądu doraźnego), ale z pewnym naddatkiem. W żadnym innym mieście nie mam aż tyle poczucia, że lada chwila może się zdarzyć wszystko, nawet jeżeli nie wychodzę z domu. Zapewne tędy przebiega nerw świata, ale nie jest to święte miejsce jak Shiraz, czy choćby Kraków. Nerw może przebiec gdzie indziej, ale święte miejsce pozostanie świętym.

Karteczka figlarna i ucieszna, od N. i Piotra, ot, stylik mi znany. I coś tam o kręgosłupie. Czy to ma być odpowiedź na mój list o chorobie? Nawet jeżeli w tym liście przesadziłem, taka odpowiedź nie jest właściwa. Ale dzięki za karteczkę. W sekundzie jasnowidzenia widzę, że to jest dialog albatrosa z mrówką albo wieloryba z maszynką do kawy, przez co chcę powiedzieć: nieporozumienie.

Sny. Nie zapamiętane. Ale była w nich znowu Mara. Jakby przywołana z powrotem do życia – ze mną, choć nie tracąc swojej jakości osoby w stanie śmierci.

Nawet jeżeli mi się tak nie śniło, nawet jeżeli to jest komentarz teraz wymyślony, to też znaczy. Zabawne, jak sen uznaję za rzeczywistość „obiektywną", mój własny przecież sen, i troszczę się o to, żeby go nie „zafałszować". Podczas kiedy mój sen, mój komentarz i cała reszta są tylko mną. Mnożę się przez podział wewnętrzny.

24 kwietnia, 35th St., NY, Collingwood Hotel

Tymczasem podróż do Kanady.

Jakkolwiek jest – jestem żywy. Życie to bogactwo związków, relacji. Nieskończona liczba związków możliwych. Umieć tylko... Tu jest ogromny tłum postaci w poczekalni. Umiejętność, żeby każdej z nich być partnerem.

Jak długo w Kanadzie? Dziesięć dni? To zupełnie nieważne. (Nieważne ile). Collingwood Hotel, pokój 611. W tym pokoju dzieje się to samo, co w tylu innych, od dwóch miesięcy. Trochę to rozumiem, trochę nie.

Ale teraz należy wyjść z pokoju 611 i kupić bilet lotniczy do Paryża.

Nowy Jork oglądany z różnych ulic, z różnych mieszkań.

25 kwietnia, Collingwood Hotel

Trudno Nowym Jorkiem się nie odurzyć. Trudno mi także stawiać litery, kiedy... Mój umysł pozbawiony fosforu (patrz: teoria i lęki Alberta Moravii na ten temat), jego ośrodki rozkoszy tak obciążone (ale nie przeciążone, mam jednak wielkie siły i zdrowie), *the whole orientation of it is not certainly an intellectual one*[1].

W żadnym znanym mi mieście świata nie odczuwam życia tak silnie jak w Nowym Jorku. Całego, łącznie z jego degradacją, *death included*[2].

Od N. żadnego listu. Co prawdopodobnie nic nie znaczy.

Collingwood Hotel. Murzyni i jacyś kolorowi. Staruszka sprzątaczka – biała. Słońce. Podobno we Francji wybory prezydenckie[3]. Strach przed wyjazdem stąd i przybyciem tam. Znowu coś umrze – tutaj, a tam – wrócę tylko do niezbyt żywego. Tylko w życiu nadzieja. Wycofać się do mojego rezerwatu? (Królestwa?)

Zajęty życiem, prawie nie prowadzę ze sobą żadnych rozmów. Szósta rano. Była. Rześko i pogodnie. Ludzie rzadcy jeszcze i nie zmęczeni. Noc zmęczyła, ale dobrym zmęczeniem. Przewaga palenia nad piciem.

W moim organizmie dalej odbywa się nieustanna praca komórek. Los najbardziej metafizyczny w jedności z tą pracą.

[1] *the whole orientation...* (ang.) – całe jego nastawienie z pewnością nie jest intelektualne

[2] *death included* (ang.) – ze śmiercią włącznie

[3] Wybory prezydenckie w 1974 roku we Francji odbywały się w dwu turach, 5 i 19 maja; wygrał kandydat prawicy Valéry Giscard d'Estaing, pokonując socjalistę François Mitterranda.

Sprawa z N. Zaczęło się, we mnie, tak jednoznacznie – od miłości *en bloc*. Kończy się w rozkładzie, rozproszeniu i tak mętnie, że nic bardziej mętnego nie znam.

I przez pięć miesięcy – ani chwili pożądania, aby była tutaj ze mną. Pragnienie przeciwne: dystansu jak największego. Jaka różnica między teraz a cztery lata temu.

Nie ma sensu niczego postanawiać ani oczekiwać – teraz. Dopiero kiedy będę na miejscu. Warto tylko pamiętać.

Dlaczego się bać?

Central Park West. Znowu inaczej i obco. Może dlatego, że jestem tak bardzo teraz w klimacie *ice and fire*[1]? Ale potwierdzenie fizycznej nieprzystawalności. Choć u mnie to sprawa...

Jakże trudno mi cokolwiek formułować. Jestem na pograniczu. Między suwerennością, do której trzeba wrócić, a owym przebywaniem z Y.

The merging of two worlds. Mine and hers. The importance of living an experience to the end. What if we parted in early April, just after the meeting?

[Łączenie się dwóch światów. Mojego i jej. Znaczenie przeżycia doświadczenia aż do końca. A gdybyśmy się rozstali na początku kwietnia, zaraz po spotkaniu?]

26 kwietnia

Co robić? Powinienem już stąd wyjechać. Czy nie byłoby lepiej dla wszystkich... Ale nie chodzi o lepiej, tylko o dojrzewanie czasu. Jak tańce Indian Pueblo (kiedy się zaczynają i kiedy się kończą).

Ten piekielny piec rozgrzany w moim pokoju 611, kiedy na dworze słońce i lato, mówi mi więcej o Amerykanach niż cokolwiek.

Jestem na pograniczu histerii. I wcale nie chodzi o piec.

Może jestem tak wycieńczony, po prostu? Ja, w moim wieku... Ten fosfor... (Alberto Moravia).

Pamiętać, że wszystko minie, minie... razem ze mną i beze mnie.

„Wytrwać, oto wszystko". („Kto mówi o zwycięstwie? Wytrwać, oto wszystko..." Rilke).

---

[1] *ice and fire* (ang.) – lód i ogień

Moje tu obcowanie z tym piecem...

Wczoraj na kolacji z X. Jak smutno jest wrócić do starej prawdy (oczywistości), że jestem sam. Te próby ucieczki od tejże prawdy.

Znowu – jak się pogodzić, że śpimy ze wszystkimi, a nawet kochamy wszystkich? Owo sprowadzenie tego wszystkiego do tego, tylko do tego, co na spodzie...

Jakże mogę podobać się kobietom, kiedy jestem tak różny od tych, którzy podobają się kobietom. Z tego wynika, że kobietom podobają się wszyscy. Dupa jest podstawową jednostką miary, modułem, według którego one wszystko u wszystkich. Dają się, bo czarny, innemu, bo biały, trzeciemu, bo odpychający (ale fascynacja), czwartemu, bo pociągający. Temu, bo łagodny i nieśmiały, tamtemu, bo zdobywczy. I wszystkie te prawdy nie mają sensu, bo są równoznaczne. Nie dlatego się dają, bo coś tam, tylko dlatego coś tam, bo się dają.

Ja to niby rozumiem, ale ja tego nigdy nie zrozumiem. Dają się ze smutku i dają się z radości. Bo im nudno albo za dużo się dzieje. Bo dawno się nie dawały albo bo często się dają.

Ale czy tak samo – ja, my? Zaczyna się od najprostszego, usprawiedliwienia szuka się potem. I ostatecznie największe powodzenie mają ci, którzy nie szukają usprawiedliwień. Którzy pracują za pomocą najprostszych narzędzi i chwytów.

A ja? Co ja w tym wszystkim?

27 kwietnia, 35th St., NY

Niedziela. Ciszej. Słońce. Cieplej. Piec grzeje. Między jedną sprawą, która się jeszcze nie skończyła, a drugą, która się nie może nawet zacząć.

Jeszcze tylko czterdzieści lat i odchodzę. Szukajcie mnie potem.

Im wyraźniej wiem, że istnieją poziomy i kategorie (co nie przeszkadza, że jednocześnie coraz wyraźniej wiem, że istnieje wszechjedność), tym trudniej. Tym trudniej na świecie, który się ujednostajnia i niweluje. W dół. Życie jest komplikowaniem, czyli coraz wyższą organizacją. W tym sensie zdążamy (my, w tej epoce) ku śmierci. Zanikanie życia. (Życie – wielość związków i przełączeń. Przemoc – przeciwko życiu, ponieważ jest redukcją do jednego tylko związku. Pisałem już o tym?)

Tak więc nawet moja koncepcja życia (co to jest życie) różni się od powszechnie przyjętej (obecnie), tej, która życie upatruje w zamroczeniu (wszelkiego rodzaju, od narkotyku po wyznania totalitarne, ale czy one też nie są narkotykiem?), w „instynkcie" i w ogóle w redukcji do jednego tylko odruchu.

A więc jestem skoncentrowany. Na jednej kobiecie. To się skończy z przyczyn czasowo-przestrzennych. Wtedy muszę odzyskać umiejętność samotności w pierwszej instancji. Odzyskać moją własność. Na pewien czas oddałem się. Teraz odbiorę się z powrotem. W jakim stanie? Egzamin tego, jakim się odbiorę, i porównania z tym, jakim się oddałem.

Tylko to (ów egzamin, owe zmiany) możliwe. One powstają. Reszta, pierwotne pożądanie, żeby przeniknąć ją, oddać się całkiem i wziąć całkiem – niemożliwe z natury rzeczy. Z tego, że ona to ona, a ja to ja.

Tylko ona we mnie może być dla mnie. Reszta, niestety, na zawsze będzie mi niedostępna. Ona jako ona.

Niechęć powrotu tam, jak i powrotu do domu nie posprzątanego, gdzie na stole resztki jedzenia, nie dopite kieliszki. Życie oczywiście tym się zajmie, życie to największy sługa, a cała sztuka to umieć z nim postępować. Niestrudzony grabarz, stręczyciel, akuszer, morderca, piastun, lichwiarz i kto tam jeszcze. Więc przypomnieć sobie o tym życiu i jego wcieleniach. Ono jest gotowe. Tylko umieć z nim się obejść.

Znaczenie i nieznaczenie. Wykrawanie porcji, rzeźbienie kamienne. Jakich porcji? Jaka rzeźba? To zależy od materiału, narzędzi i czegoś jeszcze, czego nie znam, choć czasami umiem się tym posługiwać (wtedy kiedy ono posługuje się mną).

W każdym razie – jednostka o wolnej woli, stwarzająca egzystencję, dążąca ku celom, stwarzająca cele i osiągająca cele – to właśnie dokładnie nie tak.

Trudno żyć w tych paru dniach, które już były i będą. Ale cierpliwości. Cierpliwość to nic innego, jak tylko zrozumienie oczywistości, że ona jest. Co brzmi bardzo głupio, ponieważ żadne słowa nie wyjaśnią, na czym polega sekret cierpliwości. Cierpliwość jest aktem, jak wszystko ostatecznie jest aktem (dzianiem się), braniem udziału w dzianiu się. Zawsze bierzemy udział w dzianiu się, czy zdajemy sobie z tego sprawę, czy nie.

Kłamstwo. Coraz więcej ludzi żyje według kłamstwa. Prawda przez większe „P" nie jest możliwa bez prawdy przez „p" zwyczajne. Życie w kłamstwie staje się normą. Ale ci, którzy żyją w kłamstwie, nie potrafią się obejść bez ideologii: „Żyj, jak ci się podoba i jak ci jest dobrze". Ale wtedy to „jak ci się podoba" sprowadza się do odruchów i zachcianek tak drobnych jak ruchy robaczkowe. W rezultacie nie wiadomo nawet, czy naprawdę żyją „jak im się podoba". Z godziny na godzinę. I wszystko sprowadza się do modelu pijaka, pijaństwa. I wszystko zmienia się w coraz bardziej jednostajne szaleństwo, które ponieważ jednostajne, zmienia się w ciężką nudę i stupor.

„Człowiek-bóg" egzystencjalny. Jaki człowiek? Jaki bóg? Już to widać. Pokorny bożek z obrzydliwą mordą, i tak stoczyliśmy się w najbardziej tępe pogaństwo.

29 kwietnia, 35th St., NY

Wybuch lata w Nowym Jorku. Jutro wyjeżdżam.

48th Street, Kanada, 35th Street

Przedtem: State College – *Xmas. A visit to NY State College, Fangor's place, State College, NY.*

[Boże Narodzenie. Wizyta w NY State College, mieszkanie Fangora, State College, NY].

Rzadko się zdarza tak wyraźny podział.

Rozstanie.

Skaczę, wyskoczę w Paryżu jak na spadochronie, w noc ciemną, w teren nieznany. Tam ukryty jest nieprzyjaciel, nie wiadomo, jakie urządził zasadzki.

Ale dlaczego się bać?

Y. (nie mogę dla niej znaleźć kryptonimu) słusznie domyśla się, że wszystko polega na wyobraźni erotycznej. To moja jedyna zależność. Była? W każdym razie od tego zależy, co będzie.

Ale czy bać się? Właściwie dlaczego się bać? Po co się bać?

1 maja, Paryż

Nie śpiąc od kiedy? Według jakiego czasu? W Paryżu popołudnie. I już wszedłem, już tu jestem. Przy stole.

Jak wiele czasu minęło. To nie tylko pięć miesięcy. I jak na razie nie ma nawet owej wyobraźni erotycznej, niczego nie ma, poza smutkiem i kurzem.

Postarzeliśmy się. Więcej niż o pięć miesięcy. Ale tu jest czekanie, wyczekiwanie raczej, niepewne. To także jest smutne.

Raczej wyczekiwanie. Pamiętam, jak wyglądało czekanie, nie oczekiwanie. Inaczej.

Teraz podwójna martwota tego domu. Ile życia nawet na 35 Ulicy.

Zużywanie się – to nigdy nie jest wesołe. Zużycie. Wiem, na co to wyczekiwanie – ostateczne.

Jak bardzo nie chciałbym znowu kłamać, postępować tak, jak naprawdę nie chcę postępować, i jak chciałbym, wolałbym być wierny.

Kto, co ci broni? Lęk przed smutkiem, przed brakiem uprzejmości. A tymczasem na złe, zawsze na gorsze, wychodziły wszystkie kompromisy.

Wieczorem

Odświętnie, obco. (Odświętność to obcość? Nieprzyzwyczajenie?) Jak zwykle po przyjazdach. Powrotach. Jak zwykle?

Niechęć do jakiegokolwiek nawiązywania, powrotów. Coraz trudniej mi myśleć bez niechęci o odwiedzaniu znajomych. Starych. Którzy tu byli, kiedy mnie tu nie było. Niechęć do „opowiedz, jak było". Opowiem tylko banały, a sobie: już zacznę tę pracę nad pozbawianiem życia tego, co było.

Niechęć do wchodzenia z powrotem do starej budy. Bo i po cóż? Sprawa mojej dawnej miłości tylko przykładem tej sprawy, za to najdobitniejszym. Nie wiem, czego szukam, już chyba niczego. Ale – przynajmniej teraz, na razie, tuż po powrocie (jeszcze nie obeschły mi skrzydła znad Atlantyku) – niejasny, lecz żywy instynkt: nie daj sobie odebrać życia ani tego, za co drogo przecież zapłaciłeś. (Bo owe trzy miesiące z owych pięciu miesięcy nie były łatwe).

Wszystko tu wymaga ode mnie: powrotu do starej konwencji, do tego, jaki byłem przed wyjazdem. Począwszy od języka, jakim mam się posługiwać. Nawet tego polskiego, to jest rodzaj języka polskiego. Tymczasem obcość tej konwencji jaskrawa aż do niemożliwości. Jestem inny, stałem się inny, skądinąd.

Skąd? Ach, nie tylko z Ameryki. Z siebie. Dosyć tajemnicze. Podróż nie tylko uczyniła mnie nieparyskim. Ona uczyniła mnie własnym. Potrzeba, żeby bronić tej własności.

Między innymi w tej własności – instynkt jakości, dystansu. Jakże stałem się elitarny, wybredny, nieprzystający.

Y. – jakość, w której rozpoznaję wiele cech własnych, swoich. Wiele z nich dotąd wydawało mi się słabościami, niedostatecznościami. Tymczasem dzięki niej – w niej je widząc, czyli poza mną – one przedstawiły mi się jako siła, prawowita odrębność i jakość. Poznanie Y. pozwala mi, umożliwia zgodę na siebie. To łaska zobaczyć na zewnątrz to, nieco z tego, sporo z tego, co było (jest) wewnętrzne, zobaczyć to jako czyjeś i pokochać. Czy to odpowiednie słowo? Przyjąć? Uznać, podziwiać, lubić, chcieć.

Ale już stępienie, znużenie i znowu przyzwyczajenie czyha. Ile to razy, wracając, miałem takie myśli i odczucia, te same co dzisiaj. Nigdy tak wyraźne. Ejże!

2 maja

Już zawiesza się nade mną fala (powierzchnia)! Ale ile obcości.

Dzisiaj już nie rozumiem, jak mogłem kiedyś...

Jaka obcość.

Tylko poniżej pasa.

Nie było tu wygłodzenia.

Ani niczego ponadto – też nie. (Niewiele).

Jaka sprawność. Byłem raczej anonimowy, bez twarzy, obiekt (tak zostałem odebrany). I pewne zmiany w stylu. Małe udoskonalenia. Jakby tu pracowano ostatnio nad perfekcją, jakbym w czyjąś rutynę się włączył.

Zresztą wyznanie wprost, prawie techniczne, dotyczące przygotowania fizjologicznego, a raczej ubezpieczenia, które zastałem.

Z mojej strony: jakże daleko do całego człowieka (mnie), który by w tym brał udział.

Jakże daleko do Nowego Jorku.

Cokolwiek tu się działo i dzieje, też nie jest to pełne. Bo pewne skurcze, minimalne, jakby skurcze histeryczne, twarzy, napięcia i ogólny koloryt, aura, która nie jest aurą ani miłości, ani jakiegokolwiek odprężenia, uległości, ufności. Nie harmonia. To zawsze u kobiet sprawia na mnie przykre wrażenie.

Zacieśnienie nagłe. I królestwo moje także nie leży w tej stronie.

Nie, to niesłychane. Czy to nareszcie nastąpiło? Wyzwolenie.

Trudno doprawdy zorientować się, czy, co i jak nas łączy z kobietą, jeżeli z nią nie jesteśmy w łóżku.

A że jesteśmy, więc się orientujemy.

Że nie. Że już nie.

Kim jest ta osoba? I czy to możliwe, że przez tyle lat byliśmy z nią, w niej, dla niej?

W takim razie przerażamy samych siebie. Przeraża nas to w nas, co sprawiło, że tak byliśmy.

Cieszy nas, że – jakkolwiek jesteśmy wrażliwi na pornografię – pornografia to tylko mała cząstka nas samych.

Cieszy nas, że to nam nie wystarcza ani nas nie uzupełnia.

Jakże bezosobowo odczuwamy tę jej sprawność. Jakże jesteśmy pewni, że ona jest bezosobowa.

Jakże nam smutno i pusto.

Ale smutek i pustka dają spokój i rośnie w nas coś, co może przedtem było, ale małe. Teraz ono wysuwa się na plan pierwszy.

Bo wyschło źródło naszego niepokoju i naszej rozterki.

Albowiem jej już nie kochamy. Alleluja! Skończyła się nasza miłość.

Rośnie w nas co innego.

My? Głupstwo.

Cokolwiek to znaczy, niech będzie powitane. Albowiem to jest początek wolności.

3 maja, Paryż

Jeżeli nawet w powyższym jest przesada, to nie tylko.

Jestem nieco z zaświatów. Zza tych światów, które tu zostawiłem, wyjeżdżając przed pięcioma miesiącami. Chodzę i oglądam je. *Un revenant*[1]. Oto odpowiednie słowo.

[1] *un revenant* (franc.) – powracający z zaświatów

Moje tu mieszkanie jest jak muzeum (stwierdzam to po każdym powrocie). Lęk, żebym ja sam nie zamienił się w eksponat.

Być może wszedłem już na dobre w wiek dojrzały. Piszę tak, ponieważ – czy mimo wszystko (a zwłaszcza mimo depresji w State College) – pewne uładzenie odbywa się we mnie?

Moje myślenie o śmierci (która ukazuje mi się raczej jako przemijanie, jako proces, a nie fakt) ma teraz mniej charakter „rewanżu", ucieczki, pryncypium, a raczej zrównoważone jest.

Jestem nieco wyspą, a nawet wyspą dryfującą.

Wczoraj o niczym nie rozmawiano. Pragnąc się podchmielić (bo co było robić?), wypiłem butelkę wina. Wszystko, co osiągnąłem, to stan głupoty, czyli odrętwienia. Przeżycia seksualne (nie erotyczne) tak mechaniczne jak gimnastyka i tak ograniczone jak inne czynności fizjologiczne. Brak osoby. Nie było tam co najmniej dwóch osób. Jej osoby dla mnie i mojej osoby dla mnie, która byłaby dla niej.

Poza tymi ćwiczeniami (połączonymi z zachętami werbalnymi, w rodzaju „hi-ha!", „ej, uchniem" i „podaj cegłę") nie było żadnej ochoty (czy też możliwości) zbliżenia, a już na pewno nie było faktu spania ze sobą (obustronnie). Czegoś, co jest dla mnie tak ważne (czy tylko dla mnie?), nie było (nie będzie?).

Następuje obcość większa, niż byłaby możliwa z wczoraj poznaną kobietą. A to dlatego, że z wczoraj poznaną kobietą byłaby możliwość poznania i zbliżenia oraz wola tegoż. W tym przypadku wiemy już wszystko, nic zatem więcej nie chcemy wiedzieć i raczej chcemy wydostać się z tej krainy.

Ktoś zdjął z mojej głowy oślą czapkę.

4 maja, Paryż

Ile w niej złej złości paninej, która okazuje się od razu, kiedy cokolwiek się nie udaje, kiedy moje przedstawienie się kończy, kiedy osioł się opiera (jednak to nie był osioł, tylko ja w czapce oślej). Oczka wtedy robią się małe i twarde (oczy są naprawdę zwierciadłem duszy), te same, które nigdy nie są ani przejrzyste, ani patrzące prosto.

Coś mi się zdaje, że najbliższe miesiące zostaną poświęcone zapisywaniu o mojej sąsiadce. Chyba że wyjadę, bo wątpię, czy mogę tu cokolwiek innego napisać.

Jaka złość, kiedy jej się nie udaje. Jakże mnie wtedy nie ma.

Jak urządzić rozstanie? Tu nie można liczyć na żadną współpracę, tylko spodziewać się sabotażu i prześladowania.

Już znowu chciałbym wyjechać. Do Londynu, zostawiając list? Dlaczego mam tutaj siedzieć w kałuży?

Opór, ta ściana od niej w moim mieszkaniu, to mnie zje i znuży, nawet jeżeli nie pokona.

Przyjaciółeczka jej, jedna i druga, do niej dzisiaj przychodzi, ale ta jedna ważniejsza, bo krakowska. Wiem, dlaczego złość. Bo nie chcę się przyjaciółeczce pokazać, a pokazać by mnie należało, jako żywy dowód, że jestem i jestem podległy.

Sam nie przewidziałem, nie spodziewałem się takiego oporu we mnie. Jakby teraz dopiero wszystko na „nie" z tych wszystkich lat powstało i stało się NIE.

Co jest związane z pewną satysfakcją. Za moje upokorzenia, moją byłą niewolę.

Pamiętam posterunek niemieckiej żandarmerii w Borzęcinie, nazajutrz po odwrocie niemieckim, pusty. Opuszczony. Moja dzika radość.

Kolacja u E. wczoraj. Kolejny akt, odsłona, statyści ci sami, akcja już przesunięta i bohaterowie w „rozwoju dialektycznym". Oboje cisi i zmęczeni. Powiedziałbym, stąpający ostrożnie i mówiący cicho, jakby w obawie, że każde głośniejsze (czy zbędne) słowo, każdy głośniejszy krok spowodują wzmożenie bólu czy urażenie, a choroba i tak nieuleczalna. Taka metafora ładna, ale nie wiem, czy nie typowo męska, czyli moja tylko. „Zdumiewa mnie i przeraża naiwność mężczyzn".

Tymczasem nie jest „tymczasem", ale jest, jak wszystko. To nie „na razie", czyli czas niebyły, po którym ma nastąpić potem, czyli czas prawdziwy. (Po maturze, po wojnie, po wojsku). Na razie miało być w State College („na razie" nie było tylko podczas kanadyjskiej podróży, tam było naprawdę). Więc co jest, jest, i to mnie obejmuje, przenika i kształtuje. A to nie jest dobre, to przenikanie, obejmowanie i kształtowanie, jak wszystko, czego się nie chce, czego się odmawia, czego nie można powitać i zaprosić do środka, jak wszystko, czemu się staje okoniem. Nie jest to jeszcze sytuacja schizogeniczna, ponieważ choć ze mną niezgodna, nie jest sytuacją zamkniętą. Ale prawie, prawie.

Tak jest chyba ogólnie, że im mniej można, chce się zaakceptować, przyjąć, zgłębić, połączyć się z... tym gorzej, to znaczy tym mniej życia. Im zaś bardziej, im bardziej chce się z kimś lub czymś złączyć, życia tym mniej. Wzmożenie życia podczas podróży choćby na tym polega (podróży zwyczajnej, nawet nie kanadyjskiej), że podróżnik zmuszony jest do uwagi, czujności i czynności, czynnego przystosowywania się. Musi przenikać, wnikać, uczyć się, rozumować i odczuwać.

Oczywiście miłość, jakakolwiek miłość, jest wzmożeniem życia par excellence, jako dążenie do, ku – o najwyższym napięciu.

Ale tutaj to już nie ma kierunku. Woda – rozlewisko, czy też wsteczna fala. Ściana dzieląca nasze mieszkanie jest martwą ścianą. Jeżeli przez nią coś przenika, to tylko urazy, ostrożność, nieufność, gorzkie pytania, jednym słowem – trucizna.

Four Screenplays of Ingmar Bergman[1]. Bergman może być fantastyczny, taki, owaki (fantazjujący), może odbywać najdalsze i najbardziej kapryśne podróże (jego scenopisy), ponieważ tak mocno tkwi w swojej Szwecji. Wyraźność Szwecji. Stara moja skarga. Skandynawia może być sobie uboczna, mała, ale ona jest tak wyraźna. Tak wyraźna jak śródziemnomorskość czy rosyjskość. A my, czyli ja jedyne, które w Polsce było wyraźne, to szlacheckość. Stąd szansa Gombrowicza i panowie jeszcze wtedy byli panami. Witkiewicz też nie szaraczek.

Moje fantazjowanie pozbawione jest tej piędzi ziemi, która choć piędzią, byłaby wyraźna.

Powyższe nie ma nic wspólnego z przebywaniem w Polsce czy przebywaniem poza Polską. Żadne przebywanie, choćby najdłuższe i najbardziej uparte, w niewyraźności niczego nie uczyni wyraźnym.

Nie mam na myśli żadnych dojrzałości czy niedojrzałości Gombrowiczowskich, tylko coś całkiem zwyczajnego: gest, kształt, zapach, krajobraz, obyczaj.

Już po drugiej w nocy. Po butelce wina (wypiłem po południu w towarzystwie krakowskich pań) na kolacji u T.

[1] *Four Screenplays of Ingmar Bergman*, przeł. z języka szwedzkiego L. Malström i D. Kusher, Nowy Jork 1960.

Życie nieznośnie mdłe po tym, jakie było w ciągu ostatnich pięciu miesięcy. I chyba nie wolno, aby takie trwało.

Nie idę jeszcze spać, ponieważ nawet to głupie siedzenie samemu ze sobą jest lepsze, ostrzejsze niż wszystko, co mnie spotkało, a raczej co sam sobie przyrządziłem w ciągu dnia i wieczoru.

Ta ściana, przede wszystkim ta ściana. Jeżeli się znów przyzwyczajam, to nie do mojej dawnej miłości. Tylko do tego, że jest ściana. I do tego, że teraz już nic poza nią nie ma. Wątpię, żeby tu jakikolwiek *relapse*[1] był możliwy. W listopadzie było cierpienie, teraz już go nie ma (to ważne).

Świat, otoczenie są, jakie są. Teraz już ani podróży, ani nowych kobiet. Żadnych nowości, żadnych wymagań. Otoczyło mnie koło zwykłości, przyzwyczajeń maleńkich. W tym kole można żyć tak dobrze jak w śmierci. Zaniknięcie, życie na niby.

Jaki diabeł kazał mi iść do pań (krakowskich), upić się z nimi, tańczyć (tak)? Ten zrodzony z niemożności nad rękopisem scenariusza? Czy z tej niemożności – nagłe podniecenie seksualne, prymitywne i tępe jak odbeknięcie (gdzie te czasy i miejsca, kiedy to złączone z czym innym tak żywym mnie czyniło)? Jeżeli tak (jeżeli to ze scenariusza), to albo zrezygnować z dwudziestu tysięcy marek, albo tak urządzić, żeby scenariusz nie był wylęgarnią głupich, tępych diabłów, matołków niszczących moje życie.

Pozbawiony (przez siebie) jakości, w małym grzęzawisku głupstwa, nieboski i nieludzki matołek. Bez jakości i bez przygody, człowiek nijaki, tworek nijaki. I po co, dlaczego?

A mnie porozmawiać trzeba? Czy przypadkiem dla świętego spokoju za ścianą znowu na nic się nie zdobędziesz?

Dla przypomnienia:

Czego się bać? (Rzeczywiście, jeśli chodzi o ścianę, nie mogę już bać się pomyłki ani swojego wahania, ani przyszłości. To stało się już tak jasne. Już ani śladu tego oczarowania, tego przypuszczenia – kiedyś pewności – że to właśnie to, jedyne, raz na całe życie, przeznaczone, czego odmawiać nie wolno. Innymi słowy, tu już nie ma strachu, że minę się z przeznaczeniem).

[1] *relapse* (z ang.) – nawrót

A nie bojąc się, tyle mogę zyskać przecież. Należy tylko uważać, żeby za małe nie sprzedać dużego. I w zamian za małe zadowolenie nie przehandlować czegoś, co znacznie więcej jest warte. Amen.

6 maja

Ano, trzeba się będzie rozmówić.

I chyba wyprowadzić się stąd.

Co więcej można na ten temat zapisać?

Nic więcej.

7 maja

Obudziłem się w nocy, księżyc. Usiadłem naprzeciwko księżyca w fotelu. Chciałem chytrze, żeby naświetlanie księżycem coś ciekawego ze mnie wydobyło albo ze mną zrobiło.

Takie wyczekiwanie, żeby coś z nami coś zrobiło (ale tylko przyjemnego, ciekawego, dobrego), jest powszechne. Kto wie, czy nie tak właśnie można określić motyw ludzkiej działalności. Czekanie jako motyw działalności? Coś w tym jest.

Księżyc nic ze mną nie zrobił, dał mi tylko poczucie, denerwujące, że mógł ze mną coś zrobić. Wydaje się, że to wszystko, do czego możemy dojść w tej sprawie.

Wysilałem się nawet, jak turysta przed Moną Lizą. Trochę się umniejszam. Nie aż tak, chociaż trochę tak. On ani drgnął. Moje różne konstrukcje pomocnicze (że astronauci, że czarna magia, że widziałem już ten księżyc w 1935), wzniosły się tylko do pewnej wysokości, potem marniały. Nie było rady. On tam, a ja tu.

Nawet zapaliłem fajkę, ale poza przyspieszeniem serca (dokąd się tak spieszyć?) niczego nie uzyskałem.

Poszedłem więc z powrotem spać. Ale mimo że nie uzyskałem niczego, nie mam też wrażenia, że siedziałem całkiem na marne.

To byłoby też zbyt jednoznaczne.

Varia Gombrowicza[1].

---

[1] *Varia* – zbiór tekstów rozproszonych z lat 1933–1939: recenzji, szkiców i felietonów, a także powieść *Opętani*, wydany w 1973 roku w Instytucie Literackim w Paryżu jako 10 tom *Dzieł zebranych*.

On także często używa określeń: „Życie, wzmożenie życia, osłabienie życia".

Widocznie też o tym myślał. A myślał, bo był na to też wrażliwy.

W sprawie ściany: Pani ułożyła się jak rękawiczka. Żeby znowu powstał stan. Obojętne jaki, ale stan. Wie, jak mi trudno naruszyć stan. Jakikolwiek. Zna moją siłę inercji. To jest – jak mi trudno przychodzi naruszyć to, co jest. A jak łatwo siedzieć w tym, co jest. Więc jej tam chodzi o to, żeby było cokolwiek. Tylko żeby było. Trwało.

Sny. Jakby w snach występował też D. To oczywiście z powodu Y. I żaglówka. Czy to z powodu filmu z wakacji, jaki pokazywał nam Michel Euvrard? Jeżeli tak, to jestem rozczarowany. Zbyt mechaniczne. Prostacka relacja.

Moja wielka zdolność zapominania i przyzwyczajania się do nieprzystosowania.

Dobrze, że umiesz się przyzwyczajać, ale nie przyzwyczajaj się do nieprzystosowania.

Spałem dwanaście godzin. Ze strachu, czy też dlatego, że mój organizm nareszcie chciał wypoczynku?

W kawiarni. G., Bergman.

W kawiarni. Tej samej, w której kiedyś (nie raz, ale to jakby raz) z Marą czy wtedy, kiedy przyjechaliśmy do Paryża z Włoch (1963/64). Dziś tam z Panią, ot tak, między kupieniem jej prezentu (spodni w dodatku), jej zajęciami, moimi zajęciami. Wtedy z Marą, a jeszcze przed spotkaniem Pani, wtedy jeszcze Mara, w 1967 może tam byliśmy, Mara i ja, jeszcze raz potem? Na pewno. Już po 1967, kiedy koszmary, dramaty, wstrząsy moje i jedna, ale za to prawdziwa tragedia Mary, która już nie żyje.

Pani piła wodę, ja wodę, Pani coś mówiła, ja grzecznie czekałem, aż minie przewidziane pół godziny. Z Panią łączy mnie już tylko to, co nas rozłączy. Z Marą, kiedy minie oczarowanie, łączy mnie o tyle więcej, o ile coś jest więcej od niczego.

Tuż przed tym bistro – miejsce, w którym Pani, a wtedy jeszcze Ona, życie moje, wsiadała do taksówki, aby odjechać nią na zawsze, jesienią 1967.

G.

Utarło się, że G. jest sympatyczny. Bo G. Bo kto ostatecznie ma być sympatyczny w tym strasznym świecie, między emigrantami, jak nie G.? Tulmy się, tulmy się.

G. jest odpychający.

Jest taki, ponieważ nie ma w nim przyjaźni dla świata. Ani dla człowieka, który siedzi przed nim.

Na pewno dobrze mi życzy. Ale jako komu? Jako S.M. emigrantowi, polskiemu pisarzowi.

G. nie ma uśmiechu. Czasami ma tylko śmiech, ale wtedy jakże dziwaczny.

Cienkie rzężenie prosiaka? Zazwyczaj myśli się o tym dyskretnie i z zażenowaniem. Staramy się to pominąć, nie zwrócić na to uwagi. Ale dlaczego? Bo G. z założenia jest sympatyczny.

Kiedy napisałem do niego ciepły list ze State College (co prawda nie bez pragnienia, żeby mi też ciepło lub cokolwiek napisał, bo źle mi było w State College), G. odpisał tylko jednym zdaniem – pytaniem: czy to prawda, że wyjeżdżam jesienią do Berlina? Ja, S.M., pisarz polski a emigracyjny. Publiczna ciekawość.

G. nie ma oczu. Czasami ma usta otwarte jak nieprzyjemny ryjek. Pod stolikiem nieustannie trzęsie nogą.

Brzydota G. nie jest ani szlachetna, ani przyciągająca. Jego zachowanie przypomina zachowanie T., którego tak nie lubi. Nie tyle rozmawia, ile prowadzi śledztwo. Wydaje sądy kategoryczne i nie znosi odmiennego zdania. „Amerykanie obudzą się z ręką w nocniku". Sam jeden – on – wie najlepiej. Gdyby tylko ten głupi, podły świat chciał posłuchać jego, G.

G. jest nieszczęśliwy, jak mówią, chyba jest, byłoby to logiczne, biorąc pod uwagę okoliczności. G. to, G. tamto. Zgoda. Ale co to ma do rzeczy. Ja mam do czynienia z człowiekiem, który siedzi naprzeciw mnie. I tak ze mną rozmawia jak funkcjonariusz. Tyle jestem dla niego, ile jestem emigracyjnie, pisarsko. Szczery G., nieubłagany G.

O, G.! Gdybyś zechciał trochę mniej być surowy, a lepiej słuchający, patrzący, widzący. Gdybyś nie chciał być tylko G., tak usztywnionym w sobie, tak nie miłującym jak trumna.

Bo G. prawdopodobnie przeżył życie bez miłości i tak już je przeżyje do końca.

Bergman. *Rêve de femmes*[1]. Wczesne lata pięćdziesiąte. Przeciwieństwo G.

On słyszy, widzi i dlatego wie. Wie na przykład o kobietach. Dawniej „wiedzieć o kobietach" przerażało mnie, jako mądrość nieskończenie pożądana i dla mnie niemożliwa. Bo istotą i celem tej mądrości – według mnie wtedy – było jakieś tajemnicze zaklęcie, które miałoby sprowadzać kobiety prosto do mojego łóżka.

Tymczasem „wiedzieć o kobietach" to wiedzieć o kobietach i mężczyznach. A więc o kobietach i sobie samym. Nie mogłem nic wiedzieć o kobietach, kiedy byłem tylko mężczyzną, a więc nie mężczyzną, bo mężczyzna tylko, mężczyzna nie wynikający z kobiet, nie będący z kobietami, nie jest mężczyzną, tylko snem chłopca o męskości.

Scena: dwie kobiety, żona i kochanka, on w tle, bierny. Ile razy jeszcze potwierdzi mi się to, co już wiem.

Bergman, o ile mi wiadomo, o tyle nie jest mężczyzną, że umie odchodzić od kobiet, których już nie kocha. Zdaje się, że jest uczciwy. Umie tak postępować, jak na ogół umieją tylko kobiety. Dlaczego...

(Tu usłyszałem, że Pani weszła za ścianę. Pospiesznie zwinąłem pisanie, schowałem, ukryłem. Wspominam o tym dla uczciwości. Niech to świadczy, jak jestem skrępowany i jak nieco się boję).

Dlaczego więc (on, Bergman) tyle wie o tchórzostwie mężczyzn? Ano, coś sam widocznie ma na sumieniu.

W sprawie między mężczyznami a kobietami kobiety są tak silne, odważne, przedsiębiorcze, gorące i zimne, wyrachowane i wspaniałomyślne, słowem, mają taką wielkość i skalę, jaką miewają mężczyźni we wszystkich innych sprawach poza tą jedną. Mężczyźni zaś są o tyle mniejsi, o ile mniejsze są kobiety we wszystkim innym poza tymi sprawami.

Trudno, muszę to powiedzieć wulgarnie: mężczyzna chce se podupcyć i tyle. Miłość go męczy i przeraża. Może i ma rację. Coś przecież musi się dziać na świecie poza miłością i ktoś musi to robić. Kobiety – ale po co kończyć tę myśl, i tak oczywistą?

Dramatopisarstwo Bergmana? Żadna sytuacja nie toczy się tak i nie kończy, jak spodziewa się tego, oczekuje widz. Bo widz oczekuje

---

[1] *Rêve de femmes* (*Marzenia kobiet*) – film I. Bergmana z 1955 roku.

banałów, kto może, kto umie przewidywać życie? Dramatopisarstwo Bergmana jest najlepszej jakości. Nie będąc banalne, przebieg i konkluzje jego sytuacji wydają się po chwili zaskoczenia oczywiste i jedyne. Właśnie „życiowe".

Więc Pani trzasnęła moimi drzwiami. Impuls, który więcej mówi niż słowa (*the silent language*[1]). Jej złość, kiedy jej ze mną nie idzie, jest nadal jedynym całkowicie szczerym uczuciem.

Odmówiłem wyjazdu do Sologne. Nie tylko w przyszłą niedzielę. W ogóle. To jest zapowiedź „rozmowy". Uff.

Nie zapominaj, nie zapominaj, nie zapominaj. O tym, o tamtym i jeszcze o owym. O tym na przykład, że kopia jej listu o miłości do mnie (pisany na maszynie) jest w dossier doradczyń i koleżanek. Bo jest to impreza publiczna, *à cor et à cri*[2]. Jednakowoż żadna kobieta nie może zgwałcić mężczyzny, jeżeli mężczyzna tego nie chce. A w ogóle nie robi się niczego, czego się nie chce, choćby nie wiem jakie kłamstwa sobie opowiadać.

Na śmierć. („Dobrze, będziemy się bili. Ale uprzedzam, na śmierć"). Ta przypowieść opowiadana przeze mnie w hotelu King Edward (Eward, bo „d" zgasło w neonie) w Toronto.

I śmierć, całkiem dosłowną śmierć, mam już w swoich rachunkach.

To prawda. (Między innymi to prawda, co napisałem w rozpaczliwym liście do Józia Czapskiego, oczywiście ze State College. Takie listy stamtąd pisałem). Nie mam „pochodzenia" (jak ma je Bergman), nie mam żadnej rzeczywistości, żadnego odniesienia, wymiaru, przyszłości, celu, perspektyw i czego jeszcze. Więc wszystko, co mam, to siebie, choć wzorem Gombrowicza i ja nie umiem powiedzieć, co to jest takiego. I jedyne, co mogę zrobić, to tego siebie nie fałszować. Zadanie jakże trudne, zważywszy na moją łagodność, słabość. Skłonność do szastania nóżkami przed cudzym zdaniem, cudzym chceniem, lęk paniczny przed urażeniem kogoś, narażeniem się komuś.

Ale robić, robić cokolwiek nie tak, jak ja chcę, bo czuję, nie według moich niekłamanych potrzeb (niekłamanych – to ważne), tylko

[1] *the silent language* (ang.) – bezgłośny język; zob. przypis do 6 marca 1974.

[2] *à cor et à cri* (franc.) – głośna, z rozgłosem

według nacisków osób i okoliczności – to byłaby dla mnie śmierć już zupełna i pozbawienie się tego ostatniego bytu, jaki mi jeszcze pozostał. Mojego własnego.

Strach może się zmniejszyć, kiedy zdasz sobie sprawę, jak, gdzie, kim jesteś. Wtedy stwierdzenie, że nic nie masz poza sobą, samo w sobie dosyć okropne, może okazać się pożyteczne (jak każda prawda) i nieokropne o tyle, że wtedy, mając tylko siebie do stracenia, a nic poza tym, będziesz miał tylko ten jeden strach, a przestaniesz się bać o to, czego i tak nie masz, że utracisz to, czego i tak nie masz.

Tyle że napisać to łatwiej, niż żyć. Na szczęście życie też nie musi być przeciwko tobie i należy mu nieco zaufać. Czy już nie masz, nie miałeś tylu dowodów, że twoje własne pomysły, pojęcia i projekty oraz strachy – na szczęście życia wcale nie wyczerpują?

8 maja

W skrzynce list od Pani, w którym tę rację ma na pewno, że żąda rozmowy i wyjaśnienia. Istotnie, moje postępowanie wobec niej bardzo dalekie było od takiego, jakiego oczekuje się od stęsknionego kochanka po tylu miesiącach rozłąki.

9 maja

W maju zawsze coś się u mnie albo ze mną dzieje.

Ano, odpisałem listem na list. (Komunikacja przez skrzynki pocztowe). Całą prawdę. I nic. Pusto. Nawet cierpienia nie ma. Ale osobiście jeszcze mi nic nie wiadomo. Za ścianą raczej cisza. Po mojej stronie cisza tym większa.

W głowie defilada starych oddziałów, jacyż to weterani. Wstają nawet z grobu, żeby wziąć udział. Rozpoznaję tam wiarusów, co przed rokiem równo szli do ataku („co ja zrobiłem – i jakie życie teraz"), a potem umarli. Potem, na przykład w listopadzie.

Idą więc pogrobowcy, widma i najświeższe małe (stosunkowo) niepokoje, obawy. Ale doprawdy bezsilna to już armia. Bo coś trzasnęło w moim oczarowaniu.

A nawet jakbym nabrał ogólnej niechęci, nieochoty do kobiet. Może to tylko te ostatnie wypadki, wczorajsze, przedwczorajsze. Jeżeli to wojna (to, co my mamy z kobietami), jeżeli tu trzeba ciągle tak uważać, nie wierzyć, węszyć, zmagać się, to gdzież radość, bez której nie ma dla mnie kobiet? Jeżeli ciągle tu trzeba bronić się, czyli być przykrym, nieuprzejmym – to zajęcie dla sadysty.

Nagle – pornografia przestała mnie interesować. Na razie? Chyba na razie. Widocznie pornografia sama w sobie mnie nie interesuje, ona tylko jako jeden z biegunów, drugim jest miłość. Wtedy napięcie między biegunami. Ale ani czysty duch, ani gołe ciało mnie nie poruszają.

Ów potężny element pornografii, perwersji, który mnie trzymał w niewoli. To wtedy kiedy chciałem czegoś od OSOBY. Kiedy osoba wydawała mi się wciąż niezgłębiona, należało ją zgłębiać. Ale osoba – jakże się uprościła, jakże zbyt wiele o niej wiadomo. I jakże to, co wiadomo, powtarzające się.

Bowiem i ta „tajemnica kobiecości". Jakaż to tajemnica, do której tak swobodny dostęp miewali czy miewają X, Y, Z oraz reszta alfabetu? Zatem tajemnica urojona przeze mnie. Zatem nie tajemnica.

Podobno dla gnostyków byt przyrodniczy jest tylko jednym z wielu bytów, wcale nie najwyższym, istnieje bowiem hierarchia bytów. Może tak jest, a może nie. Kto to sprawdzi? Wszystko jest tylko hipotezą. Ja też.

Dlatego wszystko traci na znaczeniu. Coraz większa obojętność czy pobłażliwość ogarnia mnie wobec tego, kim lub czym jestem, kim lub czym będę, wobec losu, coraz mniej wydaje mi się ważne, czy będę takim czy innym starcem, czy będę jeszcze pisarzem, polskim, niepolskim. Kto zostanie prezydentem Francji i nawet to, czy Y. do mnie napisze list. Znudziło mnie nawet znudzenie i nie jest to żadna postawa estetyczna, etyczna, ot, takie sobie uczucie. Gdzieś tam rośnie z ziarenka poczucie, że i tak zostanę ostatecznie sam, to olśnienie (jeżeli to może być olśnieniem czy raczej przejrzeniem), że tak czy inaczej byłem sam, jestem sam i będę sam, ale nie ma w tym nic tragicznego. Ot, jest jak jest. Nigdzie, nigdy nie napisano, że miałoby być inaczej, jakakolwiek pretensja w tym względzie byłaby tylko uzurpacją. Tylko pretensją, niczym więcej. Może mi się jeszcze zdarzyć takie czy inne uradowanie, poczucie, że jestem i że jest mi dobrze. Może, nie musi, jeżeli się nie zdarzy, nie trzeba z tego powodu łamać krzeseł[1].

[1] Aluzja do cytatu z *Rewizora* N. Gogola: „Aleksander Macedoński był niewątpliwie bohaterem, lecz po cóż łamać krzesła?" (akt I, sc. 1; przeł. J. Tuwim).

Tymczasem moje komórki rodzą się i umierają, czas we mnie mija, czy też we mnie się wciela, czy też to ja wcielam się w czas. Dojście do tego, jak to jest – cóż zmieni; czy chodzi o to, żeby doszedłszy do boskości i stawszy się Panem Bogiem, wszystko przerobić? Stworzyć jakiś inny wszechświat na nowo, swoim sposobem i przemysłem, i powiedzieć: oto nareszcie rzecz udana? Tamto to było partactwo. Ale proszę, jakie to moje jest śliczne. Jak i w co by to była zabawa?

Co do mnie, nie mam takich ambicji. Wolę z pokorą (jeśli, jak dalece ona jest możliwa) poddać się temu, co ze mną walczy. Zważywszy, że i tak jestem temu poddany, a wierzganie doprawdy jest śmieszne. Już wiele razy napisałem, że każdy bunt przeciw takim ogólnościom i tajemnicom, jak „życie", „Bóg", „istnienie", kończy się tylko całkiem konkretnym i ograniczonym biciem po mordzie bliźniego swego[1]. Który co winien? On jest w takiej samej kabale jak ja (te dwa szczury pożerające się z bólu, złapane w potrzask nad brzegiem stawu w Sologne).

Sologne. Owszem, pięknie tam być teraz musi. Która to już wiosna i jaka? Ale wiośnie jest obojętne, który nosi numer. Znowu jest zielona. Znowu. To, co we mnie jest z natury, zgodziłoby się z tym. Ale to, co we mnie jest z człowieka, historycznego, cierpiałoby znacznie.

I rzeczywiście, nie do wiary, jest mi obojętne, z kim ona pojedzie czy nie pojedzie. Zazdrość polega chyba na tym (ileż może być definicji zazdrości), że wyobrażamy sobie, zakładamy mimowolnie tożsamość odczuwania jej i naszą. Że ona odczuwa taki sam dreszcz, grozę, przykrość, niestosowność zdrady, jak my, kiedy o tym (o fakcie zdrady) myślimy. I słusznie, a raczej to naturalne, że tak zakładamy, ponieważ jaka taka miłość polega jeżeli nie na tożsamości, to na tożsamości do pewnego stopnia (*Two heads and eight legs, it is a very delicate monster*[2]). Tymczasem jeżeli takiej tożsamości,

---

1 W tym miejscu notatka autora na marginesie: Bo „Bóg", „istnienie", „życie" są niedostępne ostatecznie, a bliźni jest pod ręką. Wtedy fascynujące pytanie, które rodzi się z fascynacji zazdrością: dlaczego wobec tego ona tak boli?

2 *Two heads and eight legs, it is a very delicate monster* (ang.) – dwie głowy i osiem nóg to bardzo delikatny potwór; trawestacja słów z *Burzy* Szekspira, por. „Four legs and two voices? – a most delicate monster!", „Dwie gęby i cztery nogi – bardzo niezwykły potwór!" (akt II, sc. 2, przeł. J.S. Sito).

nawet niedostatecznej – nie ma? Jeżeli nic nie współbrzmi? Co wtedy? Ano wtedy nie ma powodu do zazdrości. Ona tam sobie jest z tym czy tamtym i jakoś tam jest z nim sobie, ale nie tak, jak my bylibyśmy, gdybyśmy naszą duszę mieli w jej ciele. Ach, ona nas wtedy nawet nie zdradza. Bo ona to nie jest ona, tylko całkiem kto inny.

Ba, kiedyś odkrywa się to niewspółbrzmienie, tę inność gatunku. Tę marsjańskość. Owszem, i wtedy to jest miłość, ale nie taka, o jaką nam chodzi, czy też taka, jaką możemy wytrzymać. Radość takiej miłości polega na złudzeniu, że możemy wydobyć się z siebie, utożsamiając się z kimś/czymś, co nam jest tak całkiem obce, przeciwne. To chyba miłość do własnej niemożliwości. Radość wydobycia się z siebie. Stąd potęga takiej miłości.

Ba, ale potem okazuje się i okazuje, że nic z tego. Miało być razem, razem z tym, kim/czym nie jesteśmy, a okazuje się, że wciąż jesteśmy osobno. Po staremu. Sami. Samotność we dwoje jest gorsza od zwyczajnej samotności w pojedynkę. Wtedy albo wrócić do siebie, albo zatracić się ostatecznie w usiłowaniu, daremnym, utożsamienia.

Aleśmy się napisali.

Nie mierz świata według siebie. Nie, nie musisz tracić wyobraźni na twoją część prawdy: na jej bezinteresowne cierpienie, może ona nawet kocha cię naprawdę, po swojemu, każdy kocha, jak umie. Ale nie zapominaj o tym, jak zdumiewający jest ten inny świat, nie mniej realny, który mniej osobiście jest ci dostępny. Wyrachowanie niezmiernie prostych kalkulacji, reakcji psychologicznych, których ty nie masz. Czy przyszłoby ci do głowy napisać donos? A jednak ludzie piszą donosy dla policji, nawet ci, których spotykam. Nie możesz i tego nie brać pod uwagę, chyba że chcesz być głupcem.

Zdumiewające, zdumiewa mnie, że prawie wszyscy wiedzą lepiej. Wiedzą, jak należy WSZYSTKO urządzić, żeby było lepiej. Krótko mówiąc, prawie każdy człeczyna ma pretensje, że nie jest Panem Bogiem, bo wtedy nareszcie świat, jego świat, byłby jak należy. Dzieje mu się więc krzywda, bo ma boską wszechwiedzę, nie ma tylko boskiej wszechwładzy. A także – według jego pojęcia – krzywda dzieje się światu, skoro on, który wie i by to załatwił, jest niedopuszczany... Zdumiewające, doprawdy.

O ile się nie mylę, słyszałem płacz za ścianą. Jeżeli tak, to znaczy, że N. wróciła z biura znacznie wcześniej niż zwykle, nie zapaliła światła i leży tam do teraz (a jest pierwsza po północy) w prostracji.

Okropnie niemiło niszczyć czyjąś radość, nawet jeżeli my z tą radością nie mamy nic wspólnego, czy też jest to radość naszym kosztem. Niszczyć nadzieje. Nawet jeżeli są to nadzieje na naszą zgubę. Od tej przykrości silniejszy jest tylko instynkt samozachowawczy.

Dwóch rzeczy nie powinna nigdy usłyszeć żadna kobieta: że nie jest kochana i że mężczyzna nie chce z nią spać.

Jakież pretensje do niej mieć mogę poza tym, że niesłusznie jesteśmy, byliśmy razem? Czyli nie do niej? Do siebie. Ale nawet czy do siebie?

Nie mam żadnej satysfakcji z zemsty. *Méfiez-vous, femmes cruelles (...) oui, pleurez, c'est bien votre tour*[1] – to głupia zabawa i płaska.

Ten mój lodowaty spokój jest nieludzki. Choć ja sam czy jestem nieludzki? Taki spokój może się brać – chyba – tylko z poczucia ostatecznej ostateczności. Jak wtedy kiedy przejeżdżałem nocą, nic nie widząc, w śnieżycy przez przełęcz i nie wiadomo było, czy z tego wyjdziemy żywi. Z Marą.

„N. dodaje otuchy fakt, że jednak nie opuściłeś żony". To prawda. Nie opuściłem. Ale – o czym ona chyba nie wie, nie zdaje sobie z tego sprawy, bo nie zwykła zagłębiać się w takie piętrowe dociekanie – mało jestem zdolny do poczucia winy. Również wniosek na podstawie znajomości mnie, jaki powinien się nasunąć.

Boże, jaki jestem pusty i działam jak nie ja, tylko jak automat zaprogramowany, przez co? Przez kogo? Rok temu działałem w szaleństwie. Dzisiaj jak nie ja, tylko narzędzie. Kto nim operuje?

Jak mało, jak źle ona umie komunikować się ze mną. (Na moje szczęście. Ale gdyby lepiej się komunikowała, czy nasza historia nie potoczyłaby się inaczej i nie musiałbym tak się bronić?) Nie jej

---

[1] „Uważajcie na siebie, okrutne kobiety (...) tak, płaczcie, teraz wasza kolej" – fragmenty piosenki Marcela Mouloudji *La complainte des infidèles* (*Żale niewiernych kobiet*) z filmu *La Maison Bonnadieu* Carla Rima z 1951 roku.

wina, że ma tak rozparcelowaną osobowość, że ma tak niedojrzałe życie emocjonalne. Że jest taka, jaka jest.

Nad czym płacze? Nad swoim życiem, które uważa za zmarnowane. Nad straconymi nadziejami, nad zamordowaną swoją ambicją. Trudno mi powiedzieć, czy płacze, bo mnie straciła. Niestety, wszystkie lata i wszystkie dowody przekonują, że nad tym płacze najmniej. Choć na pewno jest przekonana, że najbardziej nad tym właśnie. Człowiek ambitny nie może przecież czuć dystansu do swojej ambicji, wiedzieć o niej, bo wtedy przestałby być ambitny.

Ja więc prawdopodobnie jestem dla niej teraz tym, czym naprawdę nie jestem. Jest przekonana o swojej wielkiej miłości do mnie, którą wzgardziłem.

Czy ja naprawdę nie potrafię kochać niczego żywego (jej zarzut)? Po pierwsze – potrafię. Jakże ją kochałem, ją właśnie. Gdybyż ona umiała się choć trochę skoncentrować, umieć choć trochę być uważna, nadsłuchująca. Albo – gdybym ja był choć trochę masochistą. Gdyby miała choć nieco zmysłu prawdy, odróżniała ważne od mniej ważnego. Pozór od głębi. Chwilę od trwania. Mniej trzpiotem, mniej kręciuszkiem.

Niestety, przede wszystkim dla niej, nie jest ani kobietą mądrą, ani kobietą mądrą choćby tylko przez kobiecość ową pragłębinową, ciepłą. Jest wiecznym podlotkiem.

A mnie, jako przeciwwaga tego, czego nie lubię, co trzeba zmienić – nie wystarcza już lekkość, trzepotanie, kokieteria, szum i latanie. Jakże mi to kiedyś się podobało i było potrzebne. Diabli wiedzą, co mi się podobało, zresztą nie diabli, tylko ja sam wiem, ale za dużo by o tym teraz mówić.

Chyba po raz pierwszy moje życie nie przedstawia mi się jako „ciąg dalszy nastąpi”, a powinien on być konieczny, zdumiewający i niesłychanie przyjemny. Zdaje się, że trzymam moje życie w rękach jak książkę. Co prawda przeczytaną tylko do połowy, ale mogę położyć rękę na okładce także z drugiej strony. To przedmiot, uformowany i skończony.

Jakbym spojrzał losowi w pysk, ale spokojnie. Nie ma w tym tragizmu, sprzeciwu, żalu. Nie ma nawet goryczy. Chciałbym tylko, żeby nie było także pustki.

Czego chcę? Tylko przeminąć, co i tak nastąpi, ale przeminąć zgodnie ze sposobem mnie tylko danym. Ten sposób, jaki jest, trzeba odgadnąć do końca i bez pomyłki. Amen.

10 maja

Wygląda jednak na to, że N. nie spędziła nocy za ścianą. W takim razie płacz, który słyszałem, był albo płaczem z innego mieszkania, albo zjawiskiem parapsychicznym.

Jeżeli nie ma takiego prawa, żebym był szczęśliwy, to nie ma takiego również, żebym był nieszczęśliwy.

Czy co roku maj będzie taki burzliwy?

Przebywam te dni jak podróżnik tundrę, dziką, posępną i nieprzyjazną. Zmęczony, ale odporny i wciąż jeszcze sprawny. Tyle że dopiero zagłębiam się w tę krainę. W atmosferze rozrzedzonej, raczej bardzo mętnej.

Pomówmy na zmianę o Gombrowiczu. (*Varia*). Ustawienie się człowieka tylko wobec człowieka wydaje się Gombrowiczowi zasadą absolutną. Chciałbym poddać dyskusji tych, którzy idą do klasztoru (choć bynajmniej nie mojego stryja jezuitę), żeby przedyskutować ich motywy. Czy Pascal też orientował się tylko wobec ludzi? Zapewne można powiedzieć, że jego natchnienie boże było tylko przykrywką dla jego rozrachunków z ludźmi. Ucieczka itp. Czegóż jednak nie można powiedzieć, jeżeli się chce.

(Niby o Gombrowiczu, ale kątem myśli myślę o N.).

Może tu trzeba wziąć pod uwagę, jak zwykle, różne stopnie i natężenia oraz mieszankę. Nic nie jest ostro odgraniczone od niczego. Więc „dla ludzi" wszystko miesza się z innymi motywacjami, czy też przyczynami. Zapewne każdy człowiek wytwarza akcję, pole grawitacji, sił czy działania się. Ponieważ każdy jest akcją, każdy jest też reakcją. Trudno oddzielić, co jest w nas akcją, a co reakcją. Akcja wynika z reakcji, reakcja z akcji. Reagujemy na siebie nawzajem, działamy na siebie nawzajem. Ale co to, kto to jesteśmy my? Gombrowicz zatrzymuje się przed tym pytaniem i na tym polegają być może jego schludność myślowa, zdrowie i słuszność. Bo stawianie takiego pytania nie ma sensu o tyle, że nie ma na to pytanie odpowiedzi. Zamiast się męczyć i marnować siły, on zajmuje się tym, co widzialne i sprawdzalne.

Gombrowicz w ogóle nie stawia żadnych pytań (czy ktoś to zauważył?). Poprawka: tylko *Kosmos*[1] jest pytaniem, za to wielkim. Ale poza tym cały jest jednym wielkim stwierdzeniem i opisaniem tego stwierdzenia.

Nie darmo Gombrowicz nie cenił i nie odczuwał ani Kafki, ani Prousta. W pierwszym przypadku nie obchodziła go metafizyka, w drugim – nie uznaje on, nie podoba mu się żaden inny sposób na życie, żaden sposób zbawienia, ani nawet samozbawienia – poza jego własną koncepcją, własnym odczuwaniem prawdy.

Gombrowicz jest raczej reakcją niż akcją. (To, zdaje się, głupie zdanie, nawet dlatego że, jak sam powiedziałem, trudno odróżnić akcję od reakcji). Reakcją na rozdęcie oraz inflację. Bo, trzeba przyznać, myśl metafizyczna ma potomstwo tyleż liczne, ile wyrodne, z nieprawego łoża (zgwałcona głupstwem, głupotą, wywyższaniem się) i nieznośne.

No dobrze. Ale co z N.?

Nic. Teraz jestem zostawiony samemu sobie i osłabiają mnie moje własne myśli. Trzeba je cierpliwie znosić, żyć, a w miarę potrzeby cierpieć. Nic innego mi nie pozostało. Nic innego nie jest możliwe.

Na pewno jakoś będzie. Ty boisz się pustki. Tymczasem pustki nigdy nie ma. Czasami to cię właśnie męczy, ta ściśliwość, kontinuum życia, wypadków, zdarzeń. Ale dzisiaj możesz się tym pocieszyć.

Po południu spotkanie z Roberto. Trudno o spotkanie bardziej ni z tego, ni z owego. Bardziej dziko pomieszane, o dzikim pomieszaniu form, o większego dziwoląga niż to spotkanie. Ale może tego właśnie potrzebuję? Najdziksze pomieszania sprzyjają pamiętaniu o prawdzie, że świat doprawdy nie jest nigdy obłaskawiony, a jeżeli jest, to tylko pozornie i na chwilę. Więc niech będzie Roberto.

11 maja

Przesada. Przesada pod wpływem lektury Gombrowicza (*Varia*). Wcale nie było takich kłopotów między mną a Roberto. Niewątpliwie każdy jakoś tam myśli o tym, jak się zachować. Ale nie tylko o tym.

---

[1] *Kosmos* – powieść W. Gombrowicza z 1965 roku.

Ale dlaczegóż to ociągam się dzisiaj z dzienniczkiem, boczę i stronię? Dlatego że wolta w historii współczesnej. N. przyszła, tkliwa, zwykła i uprzejma, czyli jakby nigdy nic. Więc mnie wzrusza i z tego wzruszenia boję się *relapse'u*. Bo w dodatku przygnębiona jeszcze jest, kaszle paskudnie, więc instynkt opiekuńczy u mnie się budzi. A bojąc się *relapse'u*, boję się nawet tej myśli, że mógłbym zepsuć tu sobie, w tym dzienniczku, obraz swój – mężczyzny stanowczego i niezłomnego.

Ale boję się też czegoś poważniejszego niż zepsucie obrazu. Boję się, jak boi się alkoholik, na razie uleczony, że popadnie z powrotem w nałóg. Boi się skazania, wie, że każdy stłumiony bunt stawia zbuntowanych i pokonanych w jeszcze gorszym położeniu niż przed buntem.

Obawy o tyle bardziej uzasadnione, obawy *relapse'u*, że natrafiwszy na trudność ze mną, N. staje się autentycznie kochająca, zdobywa się na uwagę i ów rodzaj rozbrajającej pokory, który paraliżuje mężczyzn bardziej niż otwarta agresja. Ta skłania do czynnego oporu, natomiast poddanie budzi w nas szlachetną wspaniałomyślność. Usypia czujność, daje nam złudne poczucie bezpieczeństwa. Oto zawieszenie broni. Więcej. Już po wojnie. Wygrałeś, bierz mnie, jestem twoim jeńcem. A kto strzela do jeńców?

Niech mnie ma w opiece kto może i kto mi jest życzliwy.

Źródło Bergmana[1]. Człowiek boi się tego, co wie, i tego, czego nie wie.

Dialektyka niewinności i gwałtu. Mądrość Bergmana: ta dziewica prowokuje do gwałtu. Jest wcale nie tak niewinna, jak by się wydawało; wie o swojej niewinności, wie, że jest skarbem. To jest samoniewinność czasami nieznośna i aż prosi się o zbezczeszczenie. Jak wszystko, co czyste – o skażenie.

Gwałciciele (jakie doskonałe zróżnicowanie: dwaj plus jeden) nie są substancją, nie mają bytu. Oni owijają się dookoła wszystkiego. Tak samo mogą być pasterzami, jak gwałcicielami, handlarzami, podróżnikami. Fizjologia, której jest obojętne, jak, co, gdzie, z kim, kiedy. Fizycznie – poruszają się tak sprawnie, jak mikroby (skąd

[1] *Źródło* – film I. Bergmana z 1959 roku.

ja wiem, jak poruszają się mikroby?). Zawsze najkrótszą drogą do najbliższego celu. A, B, C – a nie: A – C – E itd. W tym znaczeniu nie są ludzcy, ponieważ człowiekowi jest właściwe przeskakiwanie, wyprzedzanie samego siebie. Ja teraz siedzę tu sobie i myślę o Bergmanie zamiast o mojej ręce, która pisze, choć ręka jest mi bliższa niż Bergman.

Zabicie gwałcicieli przez ojca mściciela jest zwycięstwem człowieka nad jego niższością, przeszłością, czy też historią biologiczną. (Potem ów ojciec zbuduje jeszcze kaplicę dla ekspiacji, czyli jeszcze podbicie bębenka, jeszcze wyżej). Plemniki, komórki, bakterie zrobiły swoje, ale muszą zginąć. Nie są winne, pasterze gwałciciele nie są winni, rozumie to ów ojciec mściciel. Jednak mści się, zabija. Choć wie, że wobec Boga – nie powinien. Wszystko jest „klasowe". Proletariat i arystokracja. Dla współczesnego postępowca nie ma problemu. A raczej jest tylko jeden: rozparcelować arystokratę, podnieść poziom bytu owych pasterzy, a wszystko będzie w porządku. To znaczy nie będzie ani gwałtu, ani zabójstwa, ani zemsty, ani ekspiacji. Nie będzie filmu i w ogóle niczego nie będzie poza szczęściem powszechnym. Czy jednak to w ogóle jest problem? Zaglądnijmy do słownika filozoficznego, żeby się dowiedzieć, co oznacza słowo „problem":

„*In generale ogni situazione che includa la possibilità di un'alternativa*" (Nicola Abbagnano, *Dizionario di Filosofia*)[1].

Miałem bałagan w głowie co do definicji. Zdawało mi się, że problem to po prostu kłopot. Tymczasem to jest kłopot o tyle, o ile każde dokonanie bytu jest kłopotem. Ale mnie się zdawało, że to jest kłopot, ale taki, z którym nie można sobie poradzić. Być może to jest wskazówka co do mojego usposobienia: dla mnie kłopot – widocznie – to coś, z czym nie można sobie poradzić w żaden sposób, a nie zadanie do rozwiązania w sposób taki czy inny.

Tak więc jednak dla współczesnego postępowca problem przedstawiony w filmie Bergmana *Źródło* nie jest problemem. Ponieważ dla współczesnego postępowca istnieje tylko jedno rozwiązanie gotowe dla wszystkiego, czyli rzeczywistość nie przedstawia mu się

---

[1] *In generale ogni...* (wł.) – W ogólności każda sytuacja, która zawiera pewną alternatywę (*Dizionario di Filosofia*, książka włoskiego filozofa egzystencjalistycznego N. Abbagnano z 1961 roku).

problematycznie. To Bergman ma problemy. Ojciec mściciel odczuwa problem, ponieważ zabił, ale nie żałuje, że zabił.

Postępowcy dzielą ludzi na kategorie. Ja tego nie robię o tyle i w tym sensie, że dla mnie wszystko dzieje się szybko w polu i za sprawą jednej niepodzielnej świadomości ludzkiej, w tym przypadku mojej. (W moim przypadku – mojej). Więc ja sam mam w głowie i pasterzy gwałcicieli, i ojca mściciela. W jednej i tej samej mojej biednej głowie. Jestem i nimi, i nim. I przypuszczam, że tak jest z każdym człowiekiem. Uważam, że pasterze gwałciciele istnieją tyle na zewnątrz mnie, ile we mnie. Dlatego sprawa pasterzy gwałcicieli-morderców tyle jest „społeczna", ile moja najgłębiej osobista. Nie wiem, czy można ją rozwiązać (to znaczy zlikwidować ją) w jej istnieniu społecznym. Interesuje mnie jej istnienie we mnie. Nie sądzę, że można ją we mnie rozwiązać (to znaczy zlikwidować). Pozostaje mi tylko rozwiązanie jej związku, miejsca w mojej głowie, razem z innymi sprawami. To, o co chodzi w filmie Bergmana *Źródło*, jest moje osobiste, kostiumy, okoliczności to rzecz drugorzędna. Ale problem (który jest, ale którego nie ma dla postępowców) jest tak samo mój, jak Bergmana, ponieważ obaj jesteśmy ludźmi. Pasterze, lud, niższa forma, niższe człowieczeństwo. Jakże oni nie mają żadnych wątpliwości. Ich jedynym uczuciem „wewnątrz" jest strach. Strach jest ich jedynym życiem wewnętrznym. Nie mają problemów, ponieważ w każdej chwili wiedzą, czy też on za nich wie, co należy uczynić. (Jak zwierzęta?) Nie zauważają niczego ani nikogo na zewnątrz inaczej, jak tylko jako przedmiot konsumpcji, manipulacji czy zagrożenia. Mniam, mniam czy tfu, tfu.

W sferach wyższych dziewica, córka nie służy do niczego poza tym, że jest. Wszyscy jej służą. Nie ma z niej żadnego pożytku. Oczywiście, można powiedzieć, że jest luksusem, a luksus, jak twierdzą etnografowie i antropolodzy oraz upraszczacze, jest niczym innym, jak robieniem sobie przyjemności na zasadzie: „Stać mnie na niepotrzebne, a zatem mam nadmiar siły, czyli jestem więcej niż potężny". (Polacy pijacy-biedacy, którzy stawiają sobie nawzajem kolejki). Być może moje zamiłowanie do luksusu – już zresztą raczej minione – polega na tej samej bezosobowości i jest (było) zażegnywaniem lęku przed biedą. Ale czego nie można powiedzieć, jeżeli się chce?

Sfery wyższe rozpaczają z powodu śmierci dziewicy, ale pasterze są gotowi pozabijać się między sobą dla najbardziej błahego interesu.

To prawda, że dla wyższych uczuć trzeba mieć pieniądze. Ale z tego nie wynika, że uczucia wyższe nie są uczuciami wyższymi i że należy je dyskredytować.

Po zaspokojeniu głodu dostrzegamy istnienie dalej, inne i obok, nie tylko w naszym brzuchu. To nie znaczy, że to obok, wyżej i dalej nie istnieje, nie ma bytu.

Na czym polega satysfakcja, z jaką – niestety i niewątpliwie – jesteśmy świadkami gwałtu i zabójstwa? (Obok innych uczuć). Satysfakcja, że dokonało się uproszczenie? Zniszczenie czegoś, co jest poza nami, nad czym nie mamy żadnej władzy? Satysfakcja z konsumpcji ostatecznej? Że coś, co się nam wymyka, już się nam nie wymyka?

Jednak z równą, jeśli nie większą satysfakcją jesteśmy świadkami zemsty, kary. Nasze elementarne poczucie sprawiedliwości jest zadowolone. Dzisiaj ci pasterze debile zostaliby poddani badaniom psychiatry i uniewinnieni jako jednostki niepoczytalne, o ograniczonej świadomości czynu. Ojciec mściciel wie, że w tym sensie pasterze są niewinni – a jednak zabija ich. Dobrze robi. Bierze na siebie odpowiedzialność, rozterkę, grzech. Pokutuje.

Tak być powinno, moim zdaniem. To oznacza przyjęcie konfliktu, zgodę na konflikt. Dzisiaj polegamy na jednym przede wszystkim: na udowadnianiu sobie, że konflikt nie istnieje, istnieje tylko niewłaściwy sposób załatwienia sprawy. Na panicznym strachu przed konfliktem. Robimy wszystko, żeby sobie udowadniać, jak łatwe jest życie. Uważamy, chcemy uważać, że nie ma tragedii, jest tylko pomyłka. Z fatalnymi dla nas rezultatami. Jesteśmy w dalszym ciągu, po staremu, miażdżeni przez tragedię, o co mamy pretensję do życia. Ponieważ jesteśmy miażdżeni z taką brutalnością, z jaką nie powinniśmy być miażdżeni, gdyby chodziło naprawdę tylko o pomyłkę.

14 maja

No i jak tam? Czemuż to nie pisujemy?

O festiwalu filmów Bergmana?

Nie. Nie o to chodzi.

O życiu?

Choroba N. Bronchit, kaszel, przeziębienie. Wymiana listów jakby zapomniana obustronnie. Nikt o tym ani słowa. Za to na pewno o tym myśli każde. (Każde z nas dwojga).

Jestem opiekunem, przyjacielem. Ba, nawet kochankiem. Choć takim sobie. *Les coeurs n'y sont pas*[1]. Gdzie moja miłość, dawniej podsycona namiętnością, czy też perwersją (upokorzeniem, niechęcią, zazdrością). Ale czy to także namiętność?

Niewątpliwie. Ona jest. Gdzieś, tylko przycupnęła, zmęczona. Jak N. Ani śladu junackości, zawadiackości, agresji czy złości. Bo choroba? Jakże łatwo zapominam.

Trzeba kupić samochód, trzeba wynająć mieszkanie, trzeba wyjechać do Berlina.

Nie można – odwrotnie. Co jest odwrotnie? Ożenić się, mieć dzieci, wrócić do Polski.

Trudne wszystko i bez blasku. Ale dlaczego ma błyszczeć, przynajmniej błyszczeć bez przerwy?

Smutek, niedomówienia. Strach przed przyszłością. Nie, nie strach. Tylko przypływ lęku. Czasami.

Nawiązując do mojego porównania o alkoholiku, alkoholizmie, czyli nałogu: nie, to mi chyba nie grozi, ten zwodniczy alkohol. Co się stało? Może po prostu osłabienie witalności. Gdy przyjdzie co do czego, nie ustępuję sobie sprzed lat. Tylko w głowie inaczej, spokojniej. Cielesne szaleństwa same w sobie zdają się mniej mnie interesować. Nawet nie przychodzą do głowy.

Kiedy to mija – pozostaje przyjaźń i zaufanie. A z tym krucho.

Więc zbieraj się do drogi, wędrowcze.

18 maja

Więc ani tragedia, ani wesoło. Tylko smutek brzydki. A w każdym razie – dekompozycja tylko. Jedynie kupowanie samochodu wprowadza trochę nowości. Ach, nie chodzi nawet o samochód (dlaczego ach?), tętno poczułem w Raymond Areas, gdzie sprzedają samochody Fiat na Champs-Élysées. Niewiele, prawda?

---

[1] *Les coeurs n'y sont pas* (franc.) – tu: Robimy wszystko bez uczucia.

Wybory prezydenckie. We Francji[1].

Może po prostu stary, poczciwy stoicyzm tylko?

Dziwne, jak już od dawna nie mam stanów metafizycznych. Przygotowują się, pakują się do starości?

Wyraźnie opuszcza mnie wyobraźnia seksualna. Nie żałuję. Może to w związku z epilogiem tej długiej i burzliwej historii. Czy to już epilog?

Coraz większa obojętność na moje losy pisarskie. Byle pieniędzy nie brakło. Żeby nie bolało.

Ruina w uzębieniu też mnie słabo przejmuje.

Drobne, śmieszne (ejże!) czynności wykonuję bez żalu i sprzeciwu. Jeżeli wielkie rzeczy nie mają większego znaczenia – dlaczego by miały je mieć małe?

Jestem raczej pogodzony. Nie walczę ze światem i świat nie walczy ze mną.

Nie jestem ani zadowolony, ani niezadowolony. Raczej tylko jestem.

Przeczucie życzliwej obojętności, jaką może mieć człowiek stary.

Życzenie: aby umrzeć niedramatycznie. Odejść spokojnie w łagodnych (ulubione wyrażenie Y.) warunkach.

Przekonanie, że większość tego, co ludzkie, jest nieuniknionym głupstwem. Tylko hałasu tyle, ci młodzi tak krzyczą...

Ja też krzyczałem. Ale czy to ja? Wrzeszcząca moja młodość.

Modlitwa: nie każ mi, Boże, popaść w takie okoliczności, w jakich bym był zmuszony myśleć o samobójstwie i popełnić je.

Niechęć do nadużywania, a nawet używania alkoholu.

23 maja

Siódma pieczęć Bergmana[2] (po raz drugi? trzeci?).

„Nie chcę wiary, chcę pewności"[3].

Kto by nie chciał.

„*Dieu se tait, homme bavarde*"[4] (z innego filmu Bergmana).

---

[1] Zob. przypis do 25 kwietnia 1974.

[2] *Siódma pieczęć* – film I. Bergmana z 1956 roku.

[3] Słowa Rycerza z *Siódmej pieczęci*; w polskim przekładzie: „Chcę wiedzieć – nie wierzyć, nie chcę gubić się w przypuszczeniach, chcę wiedzieć". (I. Bergman, *Scenariusze*, przeł. K. Młynarz, Warszawa 1973, s. 98).

[4] *Dieu se tait, homme bavarde* (franc.) – Bóg milczy, człowiek gada.

Śmierć powiada, że też nic nie wie.

Pewność przez wiarę – sprzeczność.

Ostatnia scena: że życie toczy się dalej.

Ładnie, ale ja nie mam do tego zdolności.

Nie ma wyjścia poza buddyzmem (zen). A to dlatego, że ów przestaje mówić o wyjściach. Za to bierze pod uwagę coś, czego nie bierze chrześcijaństwo: funkcjonowanie ciała, umysłu oraz psychologię.

Arystokratyzm buddyzmu.

Gdzie (czy) będę po śmierci? Ale ja – sprzed trzydziestu lat – gdzie jestem?

Gdy popatrzeć na robotę, Bergman nie wstydzi się grubych pytań ani grubych efektów.

Od wszystkiego silniejsze jest zmęczenie. Śmierć ze zmęczenia, znużenia raczej – jedyna „naturalna".

24 maja

Bezmiar naszej niewiedzy.

Jakże miałbym wiedzieć, czy jest życie pozagrobowe, kiedy nawet nie wiem, czy Y. przybyła pierwszym, czy drugim samolotem z Nowego Jorku?

Pierwszy, spóźniony, wylądował o tej samej godzinie co drugi. Ale pasażerowie wychodzili innym wyjściem. Mogłem czekać tylko przy jednym wyjściu.

A może w ogóle nie przybyła?

Te dwa wyjścia i ja jeden: nędza naszego: tylko to, tylko to jedno. Nigdy dwa naraz.

Wstałem o 6.00. Groza białego rana. Groza tłumu porannego. Groza wszystkiego.

Tylko śmierć jest pewna, ale tylko ogólnikowo. Gdzie, kiedy, jaka? Nic nie wiadomo.

Wszystko jest inne, każdy szczegół jest inny niż w wyprzedzającej go wyobraźni. („Na obiad będzie zupa. Ale jaka zupa?" – Gombrowicz).

Wielka bezsilność wobec tej niewiedzy. Jakże śmieszy żądać odpowiedzi na pytania kosmiczne, metafizyczne, kiedy nawet na temat zupy – milczenie.

Niewiedza jest naszą totalną kondycją.

Jesteśmy miotający się w ciemności, wymierzający ciosy na ślepo, biegnący na ślepo.

Nawet swoich myśli nie można przewidzieć. Skąd wiem, jaka myśl mi się narzuci za chwilę?

Jesteśmy w stanie przewidzieć tylko abstrakcję. Za chwilę pójdę na komisariat w sprawie rejestracji samochodu. Ale to jest tylko abstrakcja, o której wiem.

Powrót do swojego mieszkania o niezwykłej porze – obce ono, jego zużycie, prześmierdnięcie jaskrawo nagle odczuwalne.

Jak moje przyzwyczajenia, czyli ja sam.

W totalnej niewiedzy planujemy tylko jedno, zawsze tylko jedno. Oczywiście nie planujemy – bo „decydując się", robimy. Tylko na podstawie danych, impulsów, motywów, które mają swoje przyczyny. Których też nie planowaliśmy. Które mają swoje przyczyny w innych danych, impulsach, okolicznościach, wnioskach itp.

Niewiedza, przeznaczenie. Co nam pozostaje? Tylko emocje, które są wynikiem niewiedzy i przeznaczenia.

Nużąca groza. Groza i znużenie.

25 maja

Sam w domu. Lepiej. (Nie, nie jestem okrutny. To natura).

Ustalmy sytuację: maj ma się ku końcowi. Zmęczył mnie. Jestem zewnętrznie i wewnętrznie wyczerpany. Brak mi wydarzenia, zmiany. Doznania. Trwanie w relacji niezbyt wyraźnej z N.

Od wymiany listów nie było rozmowy. Nawet o wymianie listów. Jednocześnie jakbym nie miał apetytu. Ani na alkohol, ani na dziewczęta. Stałem się nieerotyczny. Praca nad scenariuszem posuwa się ospale, o ile się w ogóle posuwa. Ugrzęzłem nieco w drobiazgach codzienności (sprawa samochodu). Może to niedbałe i byle jakie odżywianie się? Niekoniecznie. Nieraz odżywiałem się jeszcze niedbalej.

Do tej pory nie wiem, czy Y. jest już w Paryżu. Nie telefonuje? Telefonowała podczas moich nieobecności? Nie przyjechała? Chora? Później przyjedzie?

Telefonowało dziewczę z Finlandii. Zobaczyło mnie już prawie dziesięć lat temu. Wtedy było dziewczęciem (to ono mnie raczej zobaczyło). Od tego czasu zostało mi gdzieś w głowie, i dziwić się, że kobiety interesują się raczej tymi, którzy się nimi interesują. Gdyby to dziewczę nie zobaczyło mnie, czy ja bym je zobaczył, nawet tak tylko kątem oka, jak je zobaczyłem i jak je widzę?

Mam wrażenie, że oboje mamy wrażenie, że to jest nieuniknione, albo raczej, że to należy załatwić, bo inaczej nigdy nie będzie spokoju. Ano, okaże się. Mnie taka kolacja jest właśnie potrzebna. I kobiecość. Nawet nie łóżko, tylko kobiecość, kobiecość bez problemów, kobiecość nie zmęczona, nie znużona (w moich oczach) życiem i komplikacjami, tylko kobiecość. Może.

26 maja

Jakie głupstwa napisałem wczoraj. Jaka pomyłka.

Zostaję więc między N. słusznie zasmuconą a Y. zasmuconą również. I tak dla mnie tylko przykrości, uwikłanie i to, że nigdy nie spełnię, czego się oczekuje ode mnie. Przede wszystkim czego oczekują kobiety. Kobiety ciągle i zawsze oczekują czegoś, każda. Przeważnie tego samego. Żeby być tylko dla nich. W jakikolwiek sposób. Słowem, czynem, szczegółem, ogółem, duszą, ciałem. Nawet jeżeli nie okazują oczekiwania – oczekują, ponieważ nie mogą nie oczekiwać.

Z dziewczęciem nic się nie stało. A właśnie, czy ono oczekiwało? Oczywiście, co nie znaczy, że mnie przyjęło. Dawniej takie rozwiązanie wieczoru wtrąciłoby mnie w ostateczną depresję. Dzisiaj tylko w suchą i chłodną obojętność. Znowu mam niechęć do własnych sentymentów, sensacji, ambicji, nadziei, instynktów, odruchów. „Nadzieja jest instynktem życia". To prawda. Ale czy instynkt życia nie oszukuje? Ilu nie popełniło samobójstwa, licząc na ocalenie? Zginęli w torturach i piecu, podczas gdy samobójstwo dałoby im śmierć znacznie lżejszą.

Udałem się w kierunku tej kolacji, niechętny niewolnik instynktu życia. Świadomy tego przymusu, bez entuzjazmu. I właściwie dziewczę miało rację. Próbowałem wskrzesić w sobie radość, beztroskę i pożądanie, a tylko były chłód, dystans, znużenie. We mnie, w środku samym, bo zewnętrznie funkcjonowało wszystko. Nie dziwię się, jeżeli nie byłem dostatecznie przekonywający. Jeżeli dla siebie nie byłem dostatecznie przekonywający – jakże mogłem być dla niej?

Czego więc chciała ode mnie przez te wszystkie lata, dlaczego co spotkanie, to nagliła, żeby nie odchodzić i nie znikać, tylko być i znowu się spotykać – zresztą co tu opisywać, jej zainteresowanie było bardziej niewątpliwe, niż to wynika z tego bełkotania.

N., Y., Berlin, Warszawa, Paryż, 1974 i ja sam, ogromne znużenie, niechęć i świadomość, że już tylko coraz słabiej, coraz wolniej, coraz chorzej, coraz niedołężniej, a potem do grobu. Ach, ten Sołżenicyn Aleksy i jego entuzjazm.

Nie mam ochoty. Nie chcę. Jakże chciałoby się zniknąć i jakże nie można. Trzeba by się zabić, a to nie jest zniknięcie, tylko znowu przedsięwzięcie, akt woli, nuda i obrzydliwość.

27 maja

Nie chcemy kłamać ani sobie, ani innym – kłamiemy (trochę, choć trochę). Chcemy być dobrzy dla siebie i innych – nie jesteśmy. Chcemy być źli – nie jesteśmy.

Doprawdy, mało należymy do siebie. Nawet najbardziej świadomi i najsilniejsi (czyli najmniej lękający się o swoją egzystencję, los, karierę).

Wieczór i noc na Porte d'Auteuil, przedpołudnie na Rue du Chevalier-de-La-Barre.

Wiem, dlaczego nastąpiło to przedpołudnie na Rue du Chevalier-de-La-Barre. To jest stare prawo, stary mechanizm. Ale wiedząc – podlegam mu.

Instynkt przewodnika stada (jeleń i łanie). A także „zemsta" za ostatni tydzień Y. w Nowym Jorku? O którym powiadomiła mnie tak lojalnie.

Co się to z nami wyprawia?

Po miesiącu aerotyczności nagłe przebudzenie. Dzięki Y. Prawdziwość tego.

Choć wiem to samo – co mi się ukazało podczas nocy w King Edward Hotel, Toronto. Że na końcu zostanę sam. Wiedziałem to tak dobitnie wczoraj, to znaczy minionej nocy, kiedy wróciłem do domu tak bardzo pijany. (Fajka na fotelu).

Ale w tej wiedzy jest dążenie do jednoznaczności. Żeby tylko tak, a nie inaczej. Tymczasem i to powinienem wiedzieć, że nie ma jednoznaczności i nie ma zasady wyłączonego środka. (Logika nie jest prawem życia).

Ile opowiedziała mi Y.? Tylko tyle, ile się opowiada, ja też nie opowiadam wszystkiego. Całkiem wszystkiego. Nie opowiada się wszystkiego. I to jest słuszne.

Inna uwaga: potwierdzenie, że naprawdę nie wiemy wszystkiego. Wiemy bardzo mało, nawet o tym, co będzie za chwilę.

Wydaje się nam, że wiemy, kim byliśmy. Staramy się zrozumieć, kim jesteśmy, i wiemy, że nie możemy wiedzieć, kim będziemy.

Mam dzisiaj wiele sympatii dla ludzi. Bo wiem, że męczą się tak samo jak ja, choć na różne sposoby. Wielka wspólnota bólu, tęsknoty, strachu. Wielu jest z tego aż obłąkanych. Bracia moi i siostry moje.

Zwłaszcza siostry.

28 maja

Skąd niepokój, smutek, zniechęcenie (poza efektami pijaństwa)?

Z tego, że mam dwie kobiety i jedną literaturę w tym maju i czerwcu. Obu się boję, a trzeciej też (to znaczy literatury).

Trzy tygodnie minęły od deklaracji praw moich jako człowieka, który się nie ożeni. Od tego czasu – na podstawie tej deklaracji – ustalił się modus vivendi, który jest znośny, ponieważ nie zawiera elementu walki. (Mam nadzieję. Ale ile w tym jest jeszcze czekania i liczenia na to, że ja się zmienię?)

Strach, że N. odkryje istnienie Y. i jej obecność w Paryżu.

Strach, że Y. zniechęci się do mnie z powodu mojego współżycia (jednak) z N.

Strach, że te oba strachy nie pozwolą mi pisać. Że jestem zbyt zmęczony i zaszczuty.

Oraz od czasu do czasu pytanie o sens istnienia, które, jak zauważyłem, pojawia się zwłaszcza wtedy, kiedy istnienie nie układa mi się bez oporów albo kiedy się staje mniej interesujące. Z tego wniosek: starać się, żeby istnienie było raczej interesujące, jeżeli już nie można nic poradzić na jego opory.

Czy tonacja między mną a Y. obniżyła się? Warunki mamy odmienne niż w Nowym Jorku. Nie jestem cały dla niej, jak w Nowym Jorku (N. oraz literatura, oraz moje życie zwyczajne). Ona zaś wydaje się nie mniej kobieca, to znaczy nie mniej mająca skłonności do totalnego współżycia niż inne kobiety.

A także – tamten jej mężczyzna. Pojawił się. Jakkolwiek się jej ukazał w Nowym Jorku, zajmuje w niej miejsce, jakiekolwiek jest to miejsce. I kiedykolwiek Y. wróci do Nowego Jorku, on tam będzie. I będzie na nią czekał, i będą mieszkali razem w tym samym mieście.

Teoretycznie nie powinienem narzekać na to pojawienie się pewnej symetrii. Ale jaki mężczyzna lubi się dzielić, nawet jeżeli – praktycznie, cynicznie rzecz biorąc, jest mu to na rękę? (Symetria zawsze jest lepsza od niesymetrii).

Tak czy inaczej – czy najpiękniejsze między nami mamy już za sobą? Niestety – to jest prawdopodobne.

Lektura odbitki *Dwóch listów*, wydanie WL[1]. Witalność tej prozy. Nadzieja, że – ponieważ ja to napisałem – ja tak mogę pisać. Trzeźwa uwaga, że tak pisałem lata temu. A teraz jest teraz.

Moje dwa złote zegarki i jeden z porządnego metalu.

Wszystko jest do zniesienia, do zrobienia, jeżeli ma się w sobie tę głębię, żywość, witalność, nadzieję, czynność, które to nazwania są tylko przybliżeniem. Pojawiają się one najchętniej w warunkach sprzyjających – oczywiście. (Podróże, miłość, twórczość, życie „religijne"). Gdy takich warunków nie ma, pozostaje tylko transcendencja warunków niesprzyjających, o co trudno.

29 maja

Spotkanie w nocy, przed domem. Jej o tyle niezręczniej, bo zobaczyłem ją niejako in flagranti. Ów P. i jego samochód PDG[2]. Ministerialny.

Nie znam ich sprawy, ale co przykre, ona, tak sądzę, nie jest dla niego sprawą, to znaczy jej godność, ambicja nie mogą w tym związku, jakikolwiek jest, znaleźć zadośćuczynienia.

I już myślałem, że stan rzeczy zbliżony jest do najmniej nieznośnego – symetria i to złudzenie dały mi lekkość pewną i *savoir-faire*[3],

---

[1] *Dwa listy* – zbiór opowiadań Mrożka opublikowany przez Wydawnictwo Literackie w 1974.

[2] samochód dyrektorski, limuzyna

[3] *savoir-faire* (franc.) – umiejętność działania

kiedy pukanie do drzwi – wstęp do rozmowy zasadniczej i kryzys, łzy. Destrukcja.

Łez wiele już w życiu widziałem. Tyle że o ile nie jestem wobec nich obojętny, to mam wobec nich coś, co może wydawać się obojętnością. Od dawna już wiem, że są jak zjawiska tej samej natury, co narodziny i śmierć. Cierpienie nie jest przypadkiem, tylko kondycją właśnie. Więc co robić poza tym, że znosić swoje cierpienie tak samo jak cudze? Kobiety są poniżej czy obok wszelkich „rozwiązań" metafizycznych. Miłość, czyli drugi człowiek, czyli w ich przypadku mężczyzna, jest tą metafizyką, której mężczyźni szukają gdzie indziej. Dla nich, dla kobiet, życie bez sensu to znaczy życie bez upatrzonego mężczyzny. Upatrzonego obojętnie z jakich powodów. Tu niekoniecznie chodzi o miłość tylko. Tu właśnie chodzi o życie.

Tak rozumiem słowa z dialogu Bergmana: nie ma mężczyzny, który by nie był winien wobec kobiet. Wina jest mimowolna i pierworodna: polega na tym, że żaden mężczyzna nie jest w stanie być tym, czego muszą żądać kobiety: pełną i zadowalającą odpowiedzią na ich metafizyczne żądanie.

Co do mnie – kołaczą się we mnie resztki obrzydliwej kalkulacji: co będzie ze mną, jeżeli tak wszystko odrzucam (wszystkie)? Strach przed opuszczeniem ostatecznym w starości. Nie wiem, na czym należy budować, ale na pewno nie na tym. Powtarzam sobie: za to wszystko ciężko kiedyś zapłacisz, ponieważ płaci się za wszystko i wyrównuje się każdy rachunek. Ale to jest moja sprawa, moja kasa i nie wolno tutaj pożyczać, kraść, brać na kredyt i jakie tam jeszcze mogą być kombinacje, metafory zapożyczone z dziedziny finansów.

Dalszy ciąg w nowym zeszycie.

Garbus,
reż. Jerzy Jarocki ,
scen. Ewa Starowieyska,
Stary Teatr, Kraków,
premiera 19 grudnia 1975.

1. Józef Onyszkiewicz (Garbus)
i Jerzy Bińczycki (Baron)

1

Garbus,
reż. Jerzy Jarocki ,
scen. Ewa Starowieyska,
Stary Teatr, Kraków,
premiera 19 grudnia
1975.

2. Na pierwszym planie Józef Onyszkiewicz (Garbus); na planie drugim: Renata Kretówna (Onka), Jerzy Bińczycki (Baron), Jerzy Święch (Onek), Ewa Lassek (Baronowa).
3. Od lewej: Jerzy Bińczycki (Baron), Renata Kretówna (Onka), Ewa Lassek (Baronowa), Jerzy Święch (Onek). Na drugim planie Józef Onyszkiewicz (Garbus).

2

3

4

4. Od lewej: Mieczysław Voit (Baron), Andrzej May (Onek).
5. Od lewej: Izabella Pieńkowska (Baronowa), Barbara Krafftówna (Onka), Mieczysław Voit (Baron), Bogusław Sochnacki (Garbus), Leon Charewicz (Student), Andrzej May (Onek).

5

Garbus,
reż. Jerzy Jarocki ,
scen. Ewa Starowieyska,
Stary Teatr, Kraków,
premiera 19 grudnia
1975.

6. Od lewej: Leon Charewicz (Student), Jan Kobuszewski (Nieznajomy).

7. Od lewej: Izabella Pieńkowska (Baronowa), Bogusław Sochnacki (Garbus), Barbara Krafftówna (Onka), Mieczysław Voit (Baron), Leon Charewicz (Student).

6

7

1975

1 września, Berlin

Ciepło. Duszno. Parno. Dworzec Zoo[1]. Czytanie Gurdżijewa. Y. odjechała przed chwilą do Warszawy.

W tej kolejności?

Już jestem przez nią wychowany. Półtora roku. Burzliwe. Silniejsza od Berlina. Miał być Berlin. Była Y.

Doczytanie Gurdżijewa. (O nim przez jego ucznia[2]). Teraz tylko Gurdżijew, Y. nie ma. Berlin?

2 września

Znowu, zawsze to szaleństwo: traktowanie każdego bliźniego, jakby był dokładnie mną. Sobowtórem.

Między tą pomyłką a manipulacją drugimi – strefa rozsądku: przypatrz się każdemu z osobna i poznaj, jaki jest.

(*External considering instead of inner considering*).

---

[1] Dworzec Zoo – Banhoff Zoo, dworzec kolejowy w Berlinie (wówczas) Zachodnim.

[2] Zob. Kenneth Walker, *A Study of Gurdjieff's Teaching*, Nowy Jork 1969.

[Rozważanie zewnętrzne zamiast rozważania wewnętrznego].

Dwoje ludzi: na początku znajomości jeszcze jako tako zdajemy sobie sprawę z tego, że nie jesteśmy wymienną parą sobowtórów. W miarę powiększania zażyłości folgujemy sobie. Przestajemy się sobie nawzajem przypatrywać. To objawia się w zaniku zwykłej grzeczności, jaką uprawiamy z obcymi.

Błąd. Zanik czujności, utrata poczucia rzeczywistości.

Skutki niedobre.

Henssel.

Transport.

Fiat.

Bank.

Mieszkanie (krzesło).

3 września

Mam siebie dosyć. Co mnie czeka? Starzenie się i załatwianie spraw praktycznych. W najlepszym wypadku.

Mam dosyć moich euforii, moich depresji, mojej wiary (jakiej?). Mojego sceptycyzmu.

Wszystko, co wiem, myślę i czuję, cały mój majdan powstał, wytworzony został przez zestawienie: ja i świat. To ma czterdzieści pięć lat.

Czy zmieniłaby się ta cała sytuacja, gdyby udało mi się skończyć ze sobą? Zmienić to, czym jestem? Usunąć siebie na bok i pozwolić, żeby świat sam się tworzył? Żeby toczyły się rzeczy i sprawy, ale bez tego nieustannego mnie, który rzeczom i sprawom już tylko przeszkadza?

Przeżyłem samego siebie.

Wszystko, co służy kontynuowaniu, utwardzaniu mojego „ja", jest już szkodliwe. Wszystko, co służy dalszemu budowaniu mojego „ja", jest szkodliwe.

„Ja" utkane z niczego jest trwalsze od wszystkiego. Dlatego właśnie? Bo jest pojęciem, niematerialnym, jedynym, które ma kontinuum (w głowie). Ponieważ jest niewidzialne (pojęcie), a trwałe, dało początek nieporozumieniu o duszy.

„Ja" jest zapisem w głowie. Przyzwyczajeniem. Powstało, teraz samo tworzy. Obrasta.

Zwrócić, oddać „ja" tam, skąd się wzięło: światu, do świata. Tam gdzie ono faktycznie jest, czym jest.

Jeżeli „ja" tak męczy, to znaczy, że jest chorobą, wynaturzeniem, naroślą, guzem na mózgu. Inaczej by nie męczyło. Czy palę fajkę, czy nie palę fajki, zawsze „ja".

Czasami „ja" – jedyne sprawdzalne, rzeczywiste, *the cognitive function*[1] – wydaje się jedyną, tak oczywistą prawdą, że nie rozumiem, skąd się bierze uporczywa niepewność mojego „ja". Właśnie: czasami.

Jeżeli od „ja" się zaczęło, na „ja" trzeba skończyć. Sposób: nadal nie zapominać o „ja", ale z odwróconym znakiem. Negatywnie. Nie żeby ono samo o sobie myślało, ale żebym ja o nim myślał. Złudzenie (jakie trwałe) mojego „ja", że jest stąd, że fizjologicznie umieszczone jest w mojej czaszce, czyli ma tylko jeden punkt widzenia, stały. Dlatego świat wydaje się tym gęstszy, im bliżej tego punktu. Definitywnie twardnieje na powierzchni mojego ciała. Ale jest to zatem tylko błąd optyczny.

Wszelkie naruszenia tego tworu, którego granice zacierają się, im dalej od centrum fizjologicznego, to „ja" odczuwa boleśnie, przyjemnie, ale zawsze dotkliwie. Zmiany, ubytki, dodatki. Dopóki się nie przyzwyczai. Ponieważ zmiany są nieuniknione, na skutek stałego ruchu, przenikania się elementów rzeczywistości, komponentów, wobec tego „ja" jest stale otwarte, dotykane, naruszane.

Najsilniej oczywiście odczuwa zmiany od powierzchni ciała w głąb. Gdzie jest najgęstsze. Gdzie jest gęste po prostu biologicznie.

Nie można, prawdopodobnie, całkiem usunąć „ja". Można je zmniejszać, okresowo (ono kurczy się i rozszerza zależnie od okoliczności). Największe jest „w świecie". Wśród ludzi.

Tam utrwalane jest nie tylko przez siebie samo, jak zawsze, ale też przez innych, którzy mają mnie traktować tylko jako „mnie".

Dlatego potrzebna mi jest samotność. Czasami. Tu „ja" jest mniejsze.

Nie byłbym fanatykiem całkowitej likwidacji „ja". Musi być, skoro jest. Ale należy pamiętać o jego naturze.

---

[1] *the cognitive function* (ang.) – funkcja poznawcza

Ja palę fajkę – „ja”. Ja nie palę fajki – też „ja”.

Fajka się pali. Fajka się nie pali.

Jeżeli fajka się nie pali – wtedy „ja” trudniej poczuwa się do autorstwa – bo niby czego – niepalenia? Trudniej mu powiedzieć, że powoduje niepalenie, niż że powoduje palenie.

„Ja” chce uczyć „ja”? To jest tworzenie „naszego ja”, takiego samego.

Kto usuwa „ja”? Nikt. Jego nie ma. Jego byt jest abstrakcją. Czyli żaden.

Palę fajkę – mam złe samopoczucie. Nie palę – mam dobre, czyli żadne. (Mniej wyraźne, bo naturalne, mniej odczuwalne zatem, jak oddech).

Złe samopoczucie, cierpienie, wyrzut sumienia – „ja” to lubi, ponieważ to je utwierdza.

„Ja” nie lubi dobrego samopoczucia, ponieważ to je „nudzi”. To go nie utwierdza, czyli mu szkodzi. Ono się w nim rozpływa.

Myśl o samobójstwie – to znowu trik ze strony „ja”. Samobójstwo to „ja” w paroksyzmie. Najwyższe potwierdzenie „ja”. Można zabić tylko „się”, „ja”, „mnie”. Myśl o samobójstwie jest miła „ja”, o wiele bardziej znośna niż myśl o pomniejszeniu „ja”, oczywiście. Może nawet doprowadzić do samobójstwa.

I świadomość, i myśl o samobójstwie są mi obojętne, neutralne, tak samo jak życie, jak wszystko.

4 września

Zaczynam dzień myślą o „ja”. Nie, to „ja” zaczyna dzień. Zastanawia się nad tym, jak by tu się dalej urządzić, zagospodarować. Pierwsza część życia – narastanie „ja”. Przychodzi moment, kiedy ono samo sobie siebie uświadamia. Staje się istnieniem. Jego granice są już widoczne, jego mechanizmy ujawniają się. Wtedy kończy się zabawa. Gaśnie motor. Zaczyna się nuda, która może trwać aż do śmierci.

„Ja” innych ludzi. Nigdy dosyć baczności w tej sprawie. Zwłaszcza „ja” kobiet. (H. jest damski). Widocznie ich „ja” jest luksusem, dorabiają się go z takim trudem, że ich „ja” jest szczególnie drażliwe. Wszystko można zrobić z kobietą, jeżeli umie się manipulować jej „ja". Tak zwana silna indywidualność to „ja" szczególnie zabudowane.

Formą wyjścia z „ja" jest szczególnie silna, całkowita identyfikacja. Praca artystyczna (natchnienie). Prorocy, przywódcy – identyfikacje są nieuniknione, zależy tylko, z czym się identyfikujemy. Fanatycy. Ideologowie. Marks, który zidentyfikował się z marksizmem. Papież, który identyfikuje się z Kościołem.

Oczywiście człowiek zawsze identyfikuje się z rzeczami pomniejszymi.

Wszystko, co się dzieje na świecie, dzieje się przez „ja", na skutek „ja", jest dzianiem się „ja".

Nie mam już takich pomysłów, żeby „ja" zlikwidować i zostać Buddą. Podejrzane to, czy to nie „ja" przypadkiem chce mnie przebrać za Buddę?

Gurdżijew jest wyraźnie umysłowo chory. Jego pisma są klinicznym tego świadectwem. Tylko część eksperymentalna, psychologia pragmatyczna jest do przyjęcia. I to nie w jego wykładni, ale jego ucznia, Kennetha Walkera. I być może (supozycja) D. Uspieńskiego. Jego kosmogonia jest czystą dowolnością.

Czemu moje „ja" jest tak bezbronne wobec innych „ja"? (Gdy chodzi o kontakt, sprawy praktyczne).

Strach. Moje „ja" gotowe się sprzymierzyć z każdym innym „ja". Moja łagodność jest podejrzana. Wynika ze strachu.

Czego się boi moje „ja"? Jest to strach biologiczny. Przed zniszczeniem biologicznym. Na skutek złego użytku z wyobraźni strach ten objawia się, czy trzeba, czy nie trzeba, wszędzie. Sublimuje się w dziedzinach nawet odległych od rzeczywistego zagrożenia. Jestem przestraszony w kołysce.

A jednak nie należy pozwolić, aby czyjeś „ja" tratowało moje „ja". Ponieważ ja traktuję moje „ja" niedbale, nie przywiązuję wagi na przykład do prestiżu, więc cudze „ja", bywa często, rozpycha się kosztem mojego.

W dodatku moje „ja" wyrobiło sobie kompleks niższości w wielu dziedzinach, zapewne w celu utwierdzenia się. Kompleks niższości jest takim samym sposobem „ja" na utwierdzenie się, jak kompleks wyższości. Stwarza miary, czyli wyznacza się niejako w przestrzeni. Nie będąc substancją, tylko pojęciem, nadużywa cech substancji.

Spostrzeżenie: osoby o przeroście „ja" na ogół nie panują nad rzeczami. Trudno udowodnić jednak ten związek i tym trudniej znaleźć z tego regułę. Moja siostra jest najlepszym przykładem.

Czekać na śmierć, robiąc, co do mnie należy.

Wszystko jest tylko systemem hipotez.

Kępiński o Gombrowiczu[1], jego przyjaciel z dzieciństwa i młodości.

Gombrowicz też cierpiał na niemożność identyfikacji. Gorzej, był *troublé sexuel*[2].

Najzabawniejsze jest to, że gdyby mi kazano powiedzieć, czego bym chciał, nie umiałbym. Najwyżej jakiejś nieokreślonej gwarancji, zabezpieczenia przed nieszczęściem (biedą). I czegoś, co bym nazwał stylem, a czego brak, twierdzę, odczuwam.

Między mną a rzeczą jest punkt jeden, idealny...

5 września

Nie poddaję się depresji, ponieważ depresje, na skutek powtarzalności, stały się nudne.

Coraz trudniej jest o przekonanie, że życie, w tym przypadku moje, ma być pasmem *of happy thrills. Or even thrills*[3].

Rok temu zdawało mi się, że jestem na początku „nowego życia". Po roku wydaje mi się, że jestem tam, gdzie byłem. Nie chcąc znajdować się tam, chcę udawać, że znajduję się nigdzie.

Jedyne zmiany w układzie materialnym: jestem bez mieszkania, bez opiekuna (H.), a wkrótce bez kobiety. Jestem także bez siebie, to znaczy bez minimum perspektywy, nawet na „nie", bo już zburzyłem sobie wszystko, co mogłem zburzyć.

Tadeusz Kępiński o Gombrowiczu sprzed 1939. Dlaczego ja „lubiłem" Gombrowicza? Dlaczego go tylko nie podziwiałem? Ta sama

---

[1] Zob. T. Kępiński, *Witold Gombrowicz i świat jego młodości*, Kraków 1974.

[2] *troublé sexuel* (franc.) – z problemami seksualnymi

[3] *of happy thrills. Or even thrills* (ang.) – szczęśliwych wzruszeń. Albo chociaż wzruszeń.

naiwność, która zawsze kazała mi lubić wszystkich. Z której czy kiedykolwiek się wyleczę?

Wahadło: kiedy złe życie dopiecze – wtedy ku dobremu. Wtedy ulga i nazad.

Cóż tak atrakcyjnego jest w złym życiu? Ano, może chodzi tylko o to, żeby mieć poczucie wolności. (Złudne? Czyżby Marks miał rację – tylko na planie filozoficznym, oczywiście, nie politycznym i społecznym, że wolność jest to itd.).

6 września

Odstąpić i przypatrzyć się. Sobie, innym, światu.

Pisze się testament w ostatniej chwili, jeżeli się pisze. Powinno się go pisać, jak gdyby pisać, zawsze. Tobie zostawiam to, tobie tamto wspomnienie... Ale to myśl nie dopracowana, a być może mętna bez ratunku.

Prośba: obym miał czas przed śmiercią zniszczyć wszystkie moje papiery. Przede wszystkim dzienniki.

Krysia sublokatorka nie chce się ruszyć z mojego mieszkania w Paryżu. Które i tak jest nie do użytku z powodu sąsiedztwa N. Jedno i drugie całkiem niepotrzebne. Do jednego i drugiego doprowadziłem sam. Bo nigdy nie brałem pod uwagę, jakie podstawy do działania na moją szkodę da moje działanie. Myślałem tylko o swoim działaniu, jakby działanie innych nie istniało. Nie kalkulowałem, zajęty roztrząsaniem własnych pomysłów.

Wypadek Krysi ostatnio – daje do myślenia. Oby mnie otrzeźwił.

A może by tak spuścić z tonu? *Je vis au-dessus de mes moyens*[1]. Od wczesnej młodości domagam się od życia fety, która jakoby mi się należy, jako nadzwyczajnej osobie. A co jeśli nadzwyczajną osobą nie jestem? Jeżeli nie zostanę ani zbawiony, ani potępiony? A co jeżeli jestem niższy od najskromniejszej pracy, jaką wykonuję, od mycia klozetu, od posuwania piórem po papierze? A co jeżeli...

Domagam się nadzwyczajnego traktowania przez los. A co jeżeli to jest czcza, śmieszna pretensja? Nieustannie żyję w napięciu, nie

[1] *Je vis au-dessus de mes moyens* (franc.) – Żyję ponad stan.

zgadzając się na codzienność, domagając się chwili wyjątkowej. Jestem tym umęczony, rozgoryczony (bo ileż mam chwil wyjątkowych).

Odstąpić od tego. Nie wypinać się. Być może nic szczególnego nie ma ani we mnie, ani w moim losie. Jest określony, ale nie nadzwyczajny. Trzymać się tylko jego kształtu, nie wypaczać, ale nie widzieć go fantazyjnie.

Spotkałem swoje oczy w lustrze. Wokół oczu jest coraz ciemniej, a raczej szarzej. Nie spostrzegam tego oczywiście na co dzień, ale powoli zamieniam się w starszego pana, twarz coraz starsza, zmęczona coraz bardziej, takim zmęczeniem, które już zostaje.

Gdybym się zdobył na takie spuszczenie z tonu, jaka ulga. Spokojnie, bo pokornie przyjmowałbym, co mnie czeka, nie sierdziłbym się na czas niełaski, którego znacznie przecież więcej niż święta. Może wiek i zmęczenie, może powtarzalność doświadczeń nauczą mnie cierpliwości, wytrwałości, których nie posiadam i których dotąd nic nauczyć mnie nie mogło.

„Ja" rozmyśla o „ja".

Czym byłem? (Będę?) Chłopczykiem czterdziestopięcioletnim odwróconym od rzeczywistości. Podtrzymującym swoje histerie za pomocą alkoholu. Rozkapryszonym przez pomyślne zbiegi okoliczności. Odrzucającym ludzi, ale domagającym się opieki, protekcji, ochrony.

Moje histeryczne bunty i wojny, nie był to dorosły mężczyzna spokojnie upominający się o swoje. Gówniarzem podszyty, chciał raczej nie być brany za gówniarza, kiedy mu już jego własne gówniarstwo dopiekło. Domagał się szacunku, pospolitując się. Dziwił się, kiedy to, co w ludziach z hołoty, brało go jak swego.

Nie, niezbyt to poważne ani solidne.

7 września

Champagne (German sekt) party and brunch, chez Günther Doecker. A young man trying to be. How many models that young man follows? A lot.

[Przyjęcie z szampanem (niemieckim sektem) i drugie śniadanie z Güntherem Doeckerem. Młody człowiek usiłujący być. Za iloma wzorcami ten młody człowiek podąża? Wieloma].

Poszedłem tam, tylko mając nadzieję znaleźć się w towarzystwie kobiet. Tylko ta, która należała do gospodarza... Moja wrażliwość na kobiety bardzo męczy Y. Gdybym mógł jej wytłumaczyć, że jestem wybredny, niestety. A jeśli mi się podobają – rzadko okoliczności sprzyjają, także niestety.

Twarz Doeckera, cały Doecker. Zazdrościłbym mu, gdybym nie nauczył się, że będąc marzeniem jego własnym i kobiet o playboyu, brak mu tego, co może naprawdę przyciągać. Zapewne ma ich wiele, ale ja wiem swoje.

The importance of moving out. Outside. Of my self-centered sphere. It gives me ideas. Distractions.

However, the high degree of self-organization is paying off. In any respect. It is "I" thinking about itself. Again.

Buddha is exhausting me in vain. My desire and need for womanhood cannot be disposed of.

[Znaczenie wychodzenia. Na zewnątrz. Z mojej skoncentrowanej wokół mnie samego strefy. Jest to dla mnie źródłem pomysłów. Rozrywki.

Jednakże wysoki poziom samoorganizacji się opłaca. Pod każdym względem. To „ja" myślące o sobie samym. Znowu.

Budda wyczerpuje mnie na próżno. Nie da się pozbyć mojego pożądania i potrzeby kobiecości].

8 września

Nie jestem tak piękny jak wrzesień, ale to mamy wspólne, że jesteśmy ku końcowi. W młodości buntowałem się przeciwko jego pięknej melancholii. Wrzesień nie ukrywa, że jego piękność przemija. A nawet boleśnie wiadomo, że to może ostatni już dzień.

Moje rekolekcje (dzisiaj już tydzień) wciąż trwają (długo jak na mnie, tak zmiennego). Ustaliły się, ustaliły mnie w poczuciu (przekonaniu?), że jest jeden pewnik i jedno prawdopodobieństwo. Że muszę trwać (natężenie tej wiedzy jest bardzo niejednakie w ciągu życia) i że prawdopodobnie nic się już we mnie zasadniczo nie zmieni. Znacznie mniej oczekuję (napisać: „nie oczekuję już niczego" byłoby jednak nieostrożnością), a spodziewam się raczej rzeczy przykrych, uciążliwych. Nie mam w każdym razie w sobie zachłanności. Reszta życia przedstawia mi się raczej jako wypełnianie i dopełnianie. Niknie ów mit osobisty, intensywny we wczesnych moich latach czterdziestych. Że jestem powołany do jakiejś wyjątkowej drogi, którą należy odgadnąć i przebyć. *I desist*[1].

9 września

Uroda września. Spuchnięte oko (lewe). H. milczy, tym samym dyskwalifikując się zupełnie i rozpuszczając resztkę moich wątpliwości, czy słusznie postąpiłem. Wiosłowanie na Schlachtensee[2] jedyną moją radością. Moje „ja" kontynuuje myśli o sobie, przeważnie głupie, niepotrzebne.

Günter Grass. Gdyby wrócił z jeniectwa na Kaszuby, do Gdańska, zostałby w Polsce[3]. Byłby może pisarzem polskim. Członkiem gdańskiego oddziału Literatów Polskich.

Niezależnie od tego, jaki jest (*stocky built*[4]), spokojnie robi, co robi, bez metafizyki, kafkowatości. Chce mu się uprawiać grzyby. Nie pcha się do ostatecznej formuły. Ma wiele dzieci, dwa małżeństwa, robił politykę, był kamieniarzem i jego przyjemnością jest gotowanie dla pięćdziesięciu osób.

Co można ciekawego napisać z Porąbki Uszewskiej albo Borzęcina?

Kaszuby. Wojna. Polityka.

Dzieci. Grzyby. Kuchnia.

A ja? Arystokrata bez zawodu, Polak bez polskości, geniusz bez talentu, święty bez Boga, schizofrenik bez rezultatów, duch bez substancji.

Przygnębiło mnie spotkanie z Grassem.

Zgoda, ale co z tego? Żalić się – też nie dla mnie? Do kogo, do czego te pretensje?

Jeżeli taka już twoja dola, podejmij ją konsekwentnie.

1 *I desist* (ang.) – zaprzestaję

2 Schlachtensee – jezioro w południowo-wschodniej części Berlina.

3 G. Grass urodził się w Wolnym Mieście Gdańsku, jego ojciec był Niemcem, matka Kaszubką; w listopadzie 1944 roku wstąpił do Waffen-SS, w kwietniu 1945 dostał się do amerykańskiej niewoli, po roku został zwolniony i zamieszkał w Niemczech.

4 *stocky built* (ang.) – mocno zbudowany

11 września

H. żąda odszkodowania, czyli łapówki za to, że uwolni mnie od swojej opieki przed terminem.

It is astonishing how often everything boils down to money. Maybe it is because money is the only thing in life, a fact of life, which is measurable with absolute precision. I am maturing speedily.

[To zaskakujące, jak często wszystko sprowadza się do pieniędzy. Może jest tak dlatego, że pieniądze są jedyną rzeczą w życiu, faktem życia, który da się zmierzyć z absolutną precyzją. Szybko dojrzewam].

Znowu: zemsta kompromisów i połowiczności. Należało z H. skończyć rok temu, *en bloc and at once*[1].

Nie piję już ósmy dzień. Mój mózg odżywa.

Czasem podejrzewam, że mam zdrowie i siły znaczne, odmiennie od obrazu swego, który sobie stworzyłem. A to pewnie dlatego, że cierpiąc na nadwrażliwość zmysłów i duszy, uznałem siebie w ogóle za bardzo delikatnego, czyli słabego. Znowu pomyłka w perspektywie?

14 września

Fucking „I" does not want to give up even a bit.

[Pieprzone „ja" nie chce dać nawet odrobiny spokoju].

W oczekiwaniu gości (Hélène), z H. sprawa u adwokata. Tak mijamy.

Wrzesień. Nic się nie dzieje i nic się nie będzie działo do skończenia świata, nawet gdyby było trzęsienie ziemi. Nawet gdyby mi się zdawało, że coś się dzieje.

17 września

Powtarzać, może się utrwali (wykorzystać siłę powtarzalności, skądinąd wstrętną).

Myślenie o tym, co będzie, inaczej niż rzeczowo – to szaleństwo. Myślenie emocjonalne o przyszłości – szaleństwo. Tak samo w sprawie tego, co było.

---

[1] *en bloc and at once* (franc. i ang.) – zupełnie i raz na zawsze

Możliwość nagłego odłączenia się od planu „intelektualnego", odkrycie planu zmysłowego, intuicyjnego, biologicznego, „życia", Tathāgata[1] czy jak tam...

„Ja" i rzeczywistość. Nieustanne korygowanie „ja" przez rzeczywistość. Uświadamianie sobie nieprzystawania, pomyłek, fantastyczności, arbitralności „ja".

Jeżeli coś we mnie chce żyć – nie przeszkadzać mu bardziej, niż to jest nieuniknione.

Berlin, mon amour. Jedyne miasto, które mi bliskie, jedyne na emigracji. (A Londyn? Nie, Londyn za dobry dla mnie, zbyt pański).

Śmieci w mojej głowie. Czytać trzeba. W mojej głowie nic nowego.

To był piękny rok, mimo wszystko. W Berlinie. Dobry rok, udany. A co do przyszłości...

Sur l'importance de reconnaître la réalité. Les vues erronées, les conséquences désastreuses.

[O wadze uznania rzeczywistości. Błędne wyobrażenia, katastrofalne skutki].

20 września

Lekcja rzeczywistości. „Ja" pohulało sobie. A że wódeczka też – umysł dziś słaby.

Rzeczywistość. Oto mój temat ostatnio. Do tej pory moim tematem było „ja", któremu jeszcze (wtedy) nie nauczyłem się dawać cudzysłowu.

Rzeczywistość to chyba niemyślenie o niej.

Rozróżnić medytacje od bezmyślnego myślenia. Ile z tego, co dzieje się w mojej głowie, jest czystym deficytem?

Rzeczywistość a fantazjowanie.

Romantyzm? Czy gdybym studiował, wiedziałbym coś więcej o romantyzmie?

„Ja" jako motor już nie działa. Ale rzeczywistość jest paliwem niewyczerpanym.

---

[1] Tathāgata (sansk.) – Ten, który przyniósł prawdę; jedno z określeń Buddy.

Ponieważ powstałem z rzeczywistości, powinienem być jej instrumentem. Tymczasem uznałem „siebie" za siebie. Uzurpacja. Błąd.

Wu-wej – metoda otwarcia się na rzeczywistość.

Być może (nadzieja) zwrócenie się ku rzeczywistości pozwoli mi zaczerpnąć oddechu.

Największe szaleństwo (?): reagować emocjonalnie na swoje własne fantazmaty (nie na rzeczywistość, tylko na to, co sobie wyobrażam jako rzeczywistość).

21 września

Booze[1] już drugi wieczór. Po trzech tygodniach wstrzemięźliwości.

Oto co mi przychodziło do głowy, z arogancją właściwą „ja" nadętemu pod wpływem alkoholu: *I am accidental + definitive. Forget the accidental and be definitive only. That definitive (close to the absolute) is me, the God.*

[Jestem przypadkowy + ostateczny. Zapomnij o przypadkowym i bądź tylko ostateczny. To ostateczne (bliskie absolutowi) jest mną, to Bóg].

Nietrudno zauważyć prymitywizm tegoż, typowo pijacki.

Utożsamienie się ze swoją śmiercią (znowu). Ona jako przyjaciółka, mająca mnie wzmacniać do życia, pomagać mi.

Nasładzanie się myślą, jaki to ja jestem straceniec, że nic nie mam do stracenia. To ładne i łatwe, kiedy się rozmawia z butelką.

Przebudzenie, rano, z wyrzutem sumienia. Że znowu wszedłem na złą drogę. Aż do śniadania. Potem atak samopobłażliwości.

22 września

Trzeźwy. Radosny. Wyspany. I od razu inny światopogląd. Też na zawsze. Już nigdy, już zawsze. Składam sobie przysięgi i zaklęcia, *ptica krasnożopaja sama siebia jebiot*[2]. Dobrze wiadomo. Co? Kółko.

Jeżeli to, co przychodzi mi do głowy i tam się dzieje, nie budzi mojego entuzjazmu – to niech zamiast fantazmatów dzieje się tam literatura.

---

1 *booze* (ang.) – upijanie się

2 *ptica krasnożopaja sama siebia jebiot* (ros.) – ptak czerwonodupy sam siebie jebie

24 września

Po czym odkryłem, że włamano się do mojego samochodu i ukradziono radio. I już inne samopoczucie.

25 września

Pierwszy dzień pochmurny i deszczowy – od długiego czasu. Nic się nie dzieje, wszystko zatrzymane albo zwolnione. Zawieszony między Berlinem a Paryżem, między przyjazdem Y. a jej wyjazdem do Nowego Jorku, między procesem z H. a nie procesem i jeszcze w kilku pomniejszych „między".

Także między pijaństwem a trzeźwością. Wypijam wieczorem nieco, nie mogąc znieść trzeźwości, ale nie mogąc także znieść pijaństwa, wypijam niedużo.

O własnych siłach z tego pomiędzy nie umiem, jak dotąd, wybrnąć (jak w przyszłości też?). Zaś siły zewnętrzne – trudno na nie liczyć. Zresztą mogą mnie umieścić po lewicy Pana, więc nie ma do czego tęsknić.

Dziś rano, zanim otworzyłem radio, miałem w głowie pewną melodię. Kiedy otworzyłem, to była ona, ta właśnie melodia (w następstwie bezpośrednim). Marne jest to jednak jasnowidztwo.

Jak długo będziesz się bronił przed lekcją, przed którą się nie obronisz?

26 września

Aż do śmierci. Aż do śmierci będziesz się bronił.

Narastające obrzydzenie.

Przychodzi czas, kiedy sam sobie nie mam już nic do powiedzenia. Tylko sny i lektura wnoszą coś nowego. A inni ludzie? Przeważnie komunikują tak mętnie i tak coś mętnego, że lepiej być samemu.

Sny i lektura są bezinteresowne. A ludzie – na żywo – chcą sobie coś załatwić. Odgadywanie, o co im właściwie chodzi (naprawdę, a nie pozornie), jest zbyt męczące i nigdy nie prowadzi do pewnych wyników. Bo albo oni sami nie wiedzą, o co im chodzi, albo udają, że chodzi im o coś innego, albo nie umieją tego wyrazić. Zresztą powyższe odnosi się prawdopodobnie i do mnie.

27 września

Hipotezy, wszystko jest hipotezą. Tylko jedno wiemy na pewno: że umrzemy. Ale za to w to nie wierzymy.

Poza tym nie wiemy dokładnie nic (na pewno) i spodziewamy się tylko raz złego, raz dobrego. Cała ogromna działalność ludzka opiera się wyłącznie na hipotezach: począwszy od hipotezy, że Bóg istnieje (lub nie), poprzez hipotezę marksistowską, aż do hipotezy, że jutro przyjedzie Y.

Toteż skutki tej działalności są, jakie są.

Przeważnie jednak postępujemy tak, jakby to nie były hipotezy, ale pewniki.

29 września

Hipotezy (*les espoirs, les désespoirs*[1]), emocje (te, które dzieją się na skutek hipotez, możliwości wyobrażanych jako zdarzenia rzeczywiste) oraz przyzwyczajenia. Zabrać mi to wszystko i co ze mnie zostanie?

Ciało, wrażenia zmysłowe, emocje bezpośrednie (na skutek zdarzeń rzeczywiście się dziejących i tuż po nich, jednocześnie z nimi). I być może jakaś praca myśli, dzięki energii nie marnowanej już przez emocje niebezpośrednie, przyzwyczajenia psychiczne (te niedobre, czyli skrzywienia, na przykład odruch strachu, warunkowy) ani przez hipotezy.

Ale dokładnie nie wiadomo, bo nigdy jeszcze nie byłem czym innym – ani czymś mniej, ani czymś więcej – jak tylko ciałem oraz hipotezami, emocjami i przyzwyczajeniami.

Powyższe więc jest także hipotezą.

Hipotezy, emocje i przyzwyczajenia (wynikające z nich emocje, wyobrażane) to materiał, z którego buduje się „ja". Umniejszanie tego materiału byłoby umniejszaniem „ja".

Wiedzę teoretyczną (o sobie) mimo wszystko nieco akumuluję. W ciągu lat osadza się coś w rodzaju wniosków, które się utrwalają, powtarzalność doświadczeń utwierdza je. Ale w dziedzinie praktyki jakiż postęp?

Ileś tam lat temu i znowu ileś tam lat temu – zdarzało mi się być znacznie lepszym praktykiem niż dzisiaj. Mimo że moja wiedza

[1] *les espoirs, les désespoirs* (franc.) – nadzieja, rozpacz

była mniejsza, wyniki były znacznie lepsze. Intensywność praktyki, nawet jeżeli przesłanki są słabsze, decyduje o wynikach. Najmocniejsze przesłanki są niczym, jeżeli praktyka niedomaga.

Zawsze dochodzę do momentu, w którym nie wiadomo, co decyduje o praktyce. O podjęciu praktyki, o jej intensywności. Wola? Ależ to powrót do starego i zwątpionego układu: zamiar, cel, postanowienie, chcenie... Czasami doktryna o *effortless effort*[1] daje się pochwycić, ale jak rzadko...

W każdym razie bezsilność najlepszej nawet doktryny bez praktyki potwierdza, jakże uderzająco, nierzeczywistość myśli tylko jako myśli. Pod tym względem nie ma różnicy między najgłupszymi fantazjami a najmądrzejszą doktryną.

Być może nie ma tu żadnego chwytu, triku ani numeru, który dałby się wykryć. Dlatego niczego w tej sprawie dotąd nie wykryłem. Nie ma żadnego klucza do praktyki. Ona jest sama w sobie i żeby coś zrobić, trzeba to robić, a żeby nie zrobić, nie trzeba tego robić. Być może praktyka nie ma nic a nic wspólnego z intelektem i dlatego intelektualiście tak trudno o praktykę. Bo wszystko układa mu się tylko w kategoriach intelektualnych, poza nimi nic nie wydaje mu się ani rzeczywiste, ani godne uwagi.

A więc znowu przyzwyczajenie? W tym przypadku przyzwyczajenie do intelektu. Do intelektualizowania. Podpada pod przyzwyczajenie w trójcy „hipotezy, emocje, przyzwyczajenia". Przyzwyczajenie do stawiania hipotez.

30 września

Siła przekonania jednakowa, kiedy chodzi o przekonania sprzeczne, o sprawy drobne czy wielkie. A jednocześnie potrzeba poddania się, która ujawnia się żądaniem, aby za nas decydowano w sprawach śmiesznie błahych albo takich, w których podjęcie decyzji przez kogo innego niż przez nas samych jest kategorycznie niemożliwe. Jednak wtedy siła przekonania, że ona ma rację, żądając takiej decyzji nie od siebie, jest równie wielka, jak siła jej przekonania w sprawach zasadniczych. Energia zużyta na przekonanie partnera, że nie ma racji, kiedy twierdzi, że to kobieta nie ma racji, jest tak

[1] *effortless effort* (ang.) – wysiłek bez wysiłku

wielka, że wystarczyłoby jej nie tylko na powzięcie decyzji przez nią samą, ale też na więcej jeszcze.

Kobieta.

Dziedziczenie oraz imitacja rodziców (ojca) wcześnie utrwalona.

A w ogóle: jeżeli siła przekonania w poglądach ze sobą sprzecznych w obrębie jednej osoby jest tak wielka, czego oczekiwać, gdy chodzi o współżycie między ludźmi? Jeżeli jedna osoba nie może ze sobą dojść do ładu...

Straszliwy i miażdżący promiskuityzm[1] wszystkiego ze wszystkim. *Eintopf*[2] i kupa.

Tęsknota, potrzeba, konieczność struktur, podziałów, stylów, korespondencji – tylko moja czy wrodzona człowiekowi?

Tout va avec tout[3]. Mój strach, niepokój – z tego też, że żyję w cisnącej mnie kupie, w której mogę spodziewać się wszystkiego, czyli niczego.

Jak w tych warunkach pisać sztuki?

Tout va avec tout – c'est le principe d'un rêve ou d'un cauchemar. [Wszystko ze wszystkim – to zasada snu albo koszmaru].

26 października, Paryż

Rue du Chevalier-de-La-Barre.

Nawet moja słabość nie może sprawić, żebym tu znowu zamieszkał.

A jednak piszę to na rue du etc.

Nieprawidłowość. Sfery życia się nie zgadzają ze sobą. Plany pomieszane. Szkaradny styl.

Wczoraj: Y. wyjechała. Ja z hotelu na Rue du Chevalier-de-La-Barre. Do whisky. Ale to dobrze, to trzeba było. Tutaj cisza, ale deprymująca. *Chargé de... quoi?* [Naładowana... czym?]

Umysł mam osłabiony. A jednocześnie czuję witalność wzmożoną. Skąd poczucie, że wszystko będzie dobrze?

---

[1] promiskuityzm – przypadkowe stosunki seksualne; rozwiązłość erotyczna

[2] *Eintopf* (niem.) – jeden garnek, potrawa jednogarnkowa; tu w znaczeniu: mieszanina

[3] *tout va avec tout* (franc.) – wszystko ze wszystkim

N. spotkana dwukrotnie, jak w kinie. Jeżeli nawet teraźniejszość wydaje mi się nierzeczywista – co mówić o przeszłości?

Nic nie czuję wobec niej. Nic, a nawet wobec siebie. Ale to „wobec siebie" nie jest jak możliwość wszystkiego.

Stan sprzed stworzenia.

Spotkanie z ojcem Y. Czy będę notował moje choroby? (Duszy).

Co robić?

System priorytetów.

27 października

Zawsze najpierw należy wyspać się. Jeżeli już mowa o priorytetach.

Została po nim ta kawa poranna, fajka, co na nic – tylko mdło mu robi.

Próba obrony przed chaosem (słownej):

Jeżeli nic nie układa się w nic, pozostaje jeden układ, zawsze jak dotąd nienaruszony: mój układ osobniczy, biologiczny. Tam wszystko jest kosmogoniczne i jakiekolwiek są twoje próby naruszenia porządku, poczciwy twój organizm robi, co może, żeby nic naruszone nie zostało.

Przyjęcie u N. za ścianą. Niespójność tak doskonała... Tu żadnych wrażeń nie ma, poza wrażeniem niespójności.

Spanie w małym, moim pokoju. Znacznie lepiej.

Tu koszmarów mniej. Hipoteza: tu Mary obecność nie taka.

Ani fajka, ani kawa dobrze mi nie zrobiły. A zrobiły mi źle. Po raz który ta uwaga? Zapisuję, żeby sobie w sobie utwierdzić.

Pismo mam nieszczególne, ale robię, co mogę.

Błąd metodologiczny (zapewne). Usiłowanie, żeby ogarnąć całość. Pojąć całość. (Nie mówię o wszechbycie. Tylko o mojej teraz sytuacji). Tymczasem należałoby zająć się częściami i poczekać, aż całość się ukaże.

28 października

Les moules marinières[1] – ciężka noc.

---

[1] *Les moules marinières* (franc.) – Małże po marynarsku, tzn. gotowane w białym winie, z dodatkiem cebuli i pieprzu.

Wszystko jest prawie.

Substancje czyste, sto procent – to istnieje tylko w naszych głowach. (Nie wiem, jak tam w fizyce, mówię o życiu). Sytuacje – tylko w naszych głowach. Wilki podchodzą tuż-tuż. Nieustannie budujemy modele hipotetyczne (zapominając, że są hipotetyczne). Cała nasza rzeczywistość jest modelem rzeczywistości. Pracujemy na modelu. Inaczej nie możemy.

Skłonność naturalna: zapominać, że mamy do dyspozycji tylko model. Czy należy nie zapominać? Czy można nie zapominać?

Zapominamy, jednak ta sztuczna natura naszej rzeczywistości nie da się nam zapomnieć całkowicie. Gnębi nas.

Byłem – prawie. Prawie byłem, prawie jestem. Już-już, tuż-tuż, a byłbym naprawdę. Ale byłem tylko prawie-prawie...

A także byłem jakiś. Ile nocy spędziłem na wymyślaniu, jaki mam być. To były też modele. Metamodele. A potem byłem jakiś. Takie sobie to „jakoś", może i pocieszające. Skąd gwarancja, że gdybym był całkiem zgodny z wymyślonym modelem – dobrze by to było? Może czasem dobrze, a czasem nie. Niektóre modele nawet teraz, jeszcze w doczesności, oceniam już jako niewłaściwe. Na szczęście nie udało mi się ich urzeczywistnić. Inne może były lepsze. Ale w ogóle wydaje mi się to szczęściem, że nasza arbitralność jest tak bezsilna wobec rzeczywistości. Tej prawdziwej, która jest poza nami, która nam nie ulega.

29 października

Wynająłem, zdaje się, nowe mieszkanie. Małe i bardzo drogie. Ale może bardzo piękne? Nie wiem.

Jestem przerażony. Życiem, jak zawsze.

Należałoby wymyślić sobie – mimo wszystko – wymyślić jakieś cele.

Na przykład: dostać paszport francuski i zacząć podróżować.

Dokąd?

30 października

Mieszkanie wynająłem na pewno.

Wizyta u N. Czy to możliwe, żeby aż tak spokojnie, przyjaźnie, bez problemów?

31 października

Strzępki, rozlatanie, rozproszenie, złe spanie, nerwy, klisze podwójnie, potrójnie prześwietlane, niemoc, histeryczne zrywy, postanowienia na wieki, które nie trwają do wieczora, spazmy, skurcze, skoki i wybryki wyobraźni, kompleksy, hałasy, wstręty (pragnień brak).

Właśnie. Nawet nie wiem, czego miałbym, chciałbym pragnąć. Życie nie układa się w żadną perspektywę. Doczesność, docodzienność przesłania mi wszystko. Czuję, że to sprawa organizacji. Gdybym był lepiej zorganizowany, mógłbym uchwycić jakiś kształt własny.

A jednak powróćmy do najprostszej oczywistości. Żyję i coś we mnie żyje. Znak negatywny – znakiem, że jest wartość, przy której jest postawiony. Gdyby jej nie było, nie byłoby znaku. A zatem jest możliwość odwrócenia znaku. Histeria i rozterki są odwrotnością euforii. Czy można, aby wartość była bez znaku, żyć samą wartością w sobie? Nawet jeżeli nie można, należy.

Dostać paszport.
Uciekać z Paryża.
Pojechać do Nowego Jorku.
Pisać.
Boże, jakie to wątłe.

1 listopada

Trzeci człowiek – po raz drugi (Orson Welles, młody)[1]. Daleko odeszliśmy od czasu, kiedy sztuka stroniła od dosłowności, czyli była sztuką. Gdyby ten film kręcono dzisiaj, zobaczylibyśmy:

poderżnięte gardło portiera;
dzieci potworki;
ciało rozkładające się w trumnie;
strzał w tył głowy
...i wiele innych.

Daleko odeszliśmy od prostej prawdy: że sztuka nie może konkurować z życiem, nie jest życiem. Nic dziwnego, że sztuka, która udaje, że nim jest – zawodzi. Ludzie odwracają się od niej – ku życiu. *Life – show.*

---

[1] *Trzeci człowiek* – brytyjski film sensacyjny z 1949 roku w reż. Carola Reeda, z udziałem m.in. Orsona Wellesa.

Sztuka nie jest też biciem po głowie. Dlaczego biją po głowie? Licytacja środków. Kto śmielej, kto brutalniej? Ten więcej zrobi, ten zostanie zauważony.

Być zauważonym.

Rzeczywistość można interpretować według rozmaitych, nieraz sprzecznych systemów. Zawsze się zgodzi, byle to zrobić konsekwentnie (tzn. nie mieć wątpliwości co do systemu, uczynić go wyłącznym). Rzeczywistości jest wszystko jedno. Ona robi swoje, nie oglądając się na nasze interpretacje. Przypomina się przekazana mojemu pokoleniu przez poprzednie pokolenie opowieść o pewnej kobiecie trudniącej się nierządem. Młodociany klient usłyszał od niej, kiedy siedzieli jeszcze przy stole, a on już przystąpił do badania tajemnicy życia: „Niech panicz się tutaj pobawi, a ja tymczasem napiję się herbatki".

Dzisiaj proponuję następującą interpretację (ciasną zapewne, ale każda interpretacja jest dobra, byle była ograniczona): Wszystko, co się dzieje, dzieje się dlatego, że każdy chce być zauważony.

Dostrzeżony, uznany jako... i tak dalej (dla „Dialogu"?).

2 listopada

Bezsenność. Umysł zajęty głupstwami się pogrąża. Ta sama zdolność pogrążania się, która pozwala mi pisać utwory (co za słowo), działa w sprawach innych, niepotrzebnie. W bezsenności na przykład dialoguję z p. Gransardem, formułuję zdania, których użyję, kiedy mu wypowiem mieszkanie, przewiduję jego zdanie... Nonsens.

Telefon od p. Sommer[1].

Jestem w mocnych i sprawnych rękach, chciałbym napisać: dobrych, ale po tylu doświadczeniach...

5 listopada

Smutek – *morbidité*[2] tego mieszkania – obiektywny czy subiektywny? Jedno i drugie? Pani Pia znalazła, że smutne. Nie ona jedna.

Próba obejrzenia doraźności od strony dobrej:

---

[1] Maria Müller-Sommer z Gustav Kiepenheuer & Witsch Verlag.

[2] *morbidité* (franc.) – chorobliwość

Jestem zdrowy.

Przeprowadzam się do mieszkania, które pod każdym względem zapowiada się jako mieszkanie, w którym będzie mi lepiej.

Mam dosyć pieniędzy na najbliższy rok.

Odwikłałem się z H., od sprawy, która pachniała pleśnią i emeryturą.

Jestem wolny nie tylko od H.

Sprawy kobiet, które zdawały się tak nie do rozwiązania, rozwiązały się.

Sytuacja zawodowa jest lepsza niż kilka lat temu. Obiektywnie, a także subiektywnie. Uwolniłem się od poczucia frustracji. Niezdolności.

Ale z innej strony:

Nowe mieszkanie jest tak drogie. Boję się, że kiedy minie rok, nastanie bieda.

Źle już znoszę samotność. Y. daleko i nie widać w tej sprawie niczego poza rozstaniami.

Czy – od złej strony – to już wszystko?

To chyba nie jest czas do rozważań. Mieszkasz na cmentarzu. Porozmawiamy, kiedy zamieszkasz wśród ludzi.

7 listopada

A jednak poczucie, że słusznie się dzieje. Choć strach (przed życiem ponad stan) drąży, ja dążę. Ku nowemu mieszkaniu. Tak widocznie jestem zaprogramowany.

To uczucie nie da się podrobić, oszukać. Jakiekolwiek towarzyszą mu rozterki i udręki.

9 listopada

Jak nazywa się taki, co popada w stany sobie przeciwne, raz mu dobrze, raz mu źle (zbyt)?

Kompleks niższości, strach, że nie dam sobie rady w sytuacjach przeciętnych, oraz rzucanie się w sytuacje wyjątkowe, których by nigdy nie zaryzykował ktoś, komu do głowy nie przyjdzie, że mógłby sobie nie poradzić w sytuacji przeciętnej. Bezmyślne ryzykowanie i króliczy strach.

Tylko co druga noc przespana.

Umysł łatwo fantazjujący, wymykający się spod wszelkiej kontroli (kontrolą nazywam konfrontację z rzeczywistością). Działanie emotywne. Pomieszanie centrów.

Wieczne komentowanie. Ale czy pisanie może być czym innym? Stwierdzam stany rzeczy, komentuję.

Znowu jestem w tunelu. Byle do przeprowadzki. A potem byle do czego?

Jak trudno być swoim ojcem duchowym.

Powtórzmy sobie przykazania:

Nie siedzieć. Ruszać się.

Są inne. Ale nie chce mi się ich powtarzać. Umiem je i tak na pamięć.

A tylko mija, mija, mija...

Boże, żeby tak nie minęło tępo, mijało tylko. Co robić?

A jednak wiem doskonale, co robić. I jeszcze raz powtarzam ci: nie dotrzymujesz umowy. Najpierw wywiąż się z obowiązku, potem zadawaj pytania.

Pan Bóg nie żąda od ciebie wielkiej ofiary. Żąda od ciebie ofiar tak małych, że nie chcesz ich spełnić, ponieważ drobiazgi cię nudzą. Chcesz zobaczyć ognisty krzak, a tymczasem dana ci jest trawka. A jednak powinieneś temu sprostać.

10 listopada

Nie siedzieć. Wychodzić.

Sello, Hans, Geraldine. U Sella. Kolacja.

Dopiero z nimi, przez nich widzę, jak jestem napięty i drżący, i zorganizowany, i niezrezygnowany.

Jeszcze jedno świadectwo – jak bardzo Rue du Chevalier-de-La-Barre jest miejscem ponurym. Świadectwo złożone przez kobiety. A one wiedzą.

11 listopada

Na czym właściwie to moje życie teraz, obecnie, w tej chwili, polega? Chyba na czekaniu, aż się przeprowadzę. Czyli czekanie na niespodziankę, bo nie wiadomo, jaki będę, kiedy to się już stanie.

Model czekania na życie pozagrobowe? Nie, to wiadomo, że tu jakieś życie będzie na pewno, podczas gdy...

W każdym razie na te dachy patrzę po raz ostatni, aż do soboty. Inne dachy? Ale ja? Ja? (Znowu to ja).

Nic dziwnego, ostatecznie, że jestem tak napięty, że źle sypiam. Te ostatnie dni tutaj...

Stąd mnie nie wywiozą. Stąd sam wyjdę. A więc jeszcze się udało. Poczucie życia.

Skąd mnie wywiozą? Czy będę to wiedział?

Nie, ja bym zwariował, gdyby mi wypadło tu zostać.

12 listopada

E. i Dora – jutro w Paryżu (telefon od E.).

Wczoraj – kolacja u N. Jest coś nienormalnego w tej normalności naszych stosunków. Czy to tak? Czy coś za tym?

Mieszkanie (tutaj) czepia się mnie, jeszcze wampiryzuje. Egzorcyzm ostateczny? Widmo pokutujące, które ma zginąć (zostać zdezintegrowane ostatecznie), broni się. Ale nie chciałbym tego porównania posuwać za daleko, ze strachu, że to wcale nie jest porównanie. (Mara).

Jeszcze tylko trzy dni. Jutro zobaczę nowe mieszkanie i nareszcie przestanę je sobie tylko wyobrażać. Kto (co?) się mną opiekuje? (*You are protected*[1]).

Z Borzęcina. Dokąd?

12 listopada, cd.

Śmierć mieszkania.

Coraz bardziej obce... Już mnie wyrzuca na zewnątrz.

Traci duszę? Analogie są zastanawiające. Moja dusza – czy to jest dokładnie jak to, co wypełnia mieszkanie?

Już to mieszkanie bardziej jest zwrócone ku temu, kto w nim będzie mieszkał. Nie ku temu, kto mieszkał. Przewaga przyszłości nad przeszłością?

Natomiast z N. – czego trudno było oczekiwać – nie jest martwo, ponieważ stosunki ułożyły się na nowej zasadzie. To nie stara zasada, martwa, ale coś innego, od początku. Wszystko może być dobrze w takich wypadkach, pod jednym warunkiem: że już nigdy nie pój-

[1] *You are protected* (ang.) – Jesteś chroniony.

dziemy razem do łóżka. Zresztą wydaje się to teraz nie do pomyślenia, nikt na to nie ma ochoty.

14 listopada

Ostatni dzień na Rue du Chevalier-de-La-Barre.

Wczoraj – szaleństwo. Powinienem sobie zabronić jakiegokolwiek działania w stanach *affolé*[1].

To nowe mieszkanie też wynająłem w stanie *affolé*.

Byłem tam wczoraj. Zachciało mi się dzielnicy.

16 listopada

5, Av. Franco-Russe.

17 listopada

Le chagrin et la pitié (*pour soi-même*)[2] – na tym mi życie ubiega. Gdzie tu mowa o pracy umysłowej? Czuję się, jakbym musiał uczyć się pisania i czytania dopiero.

Wstrząs po przeprowadzce. Strach. Podobno to nerwica. Wobec tego nerwica ma rację.

19 listopada

To nie jest nawet depresja. To jest takie *out of focus*[3].

Nie trzeba i nie można zdejmować maski. Rzeczywistość ma tylko maskę, bez twarzy.

Nie ma środka, jest tylko dookoła.

22 listopada

Wizyta Bohdana Paczowskiego.

Dalszy zanik życia emotywnego na skutek frustracji.

Kaloryfery nieco lepiej pracują.

Mam najpiękniejsze mieszkanie w życiu. Nie zauważam tego nawet.

---

[1] *affolé* (franc.) – tu: szaleństwo

[2] *le chagrin et la pitié* (*pour soi-même*) (franc.) – smutek i litość (dla samego siebie)

[3] *out of focus* (ang.) – nieostre

25 listopada

Nie myśleć, jeśli nic wymyślić nie można. Ruszać się. Coś robić.

Kilka starych myśli:

Chodzi o styl.

Czego się boisz, jeśli i tak umrzesz?

Skłonność do cierpienia w ogóle (*Weltschmerz*[1]) upostaciowana (co za słowo) w Y. Gdyby nie ona, cierpiałbym bez powodu. Skłonność naturalna: zneutralizować ją w sobie, przynajmniej na razie. Ponieważ cierpienie jest zbyt wielkie i przede wszystkim martwe. (Nie ma jej tutaj).

Skoro nie można latać – pełzajmy. Starannie, tuż przy ziemi. Cierpliwie. Jeden segment podbrzusza za drugim. Systematycznie. Od kamyczka do słomki.

Skoro nic wielkiego nie jest możliwe, niech będzie małe. Bo coś być zawsze musi.

Co to jest? Dziennik psychiatry. I pacjenta. Pacjent się skarży. Psychiatra udziela porad. Pacjent rzadko się do nich stosuje.

Nie ma w tym pisaniu ciekawości dla świata i ludzi. Ego żre samo siebie. I na tym się kończy.

26 listopada

Rekolekcje. Nie wychodzę. Śpię – teoria (*the notion*) *of a great friendly power taking care of me* [(pojęcie) jakiejś wielkiej przyjaznej siły opiekującej się mną].

Listy do Y. Kapitulacja. Te same myśli znowu i znowu. Nie mogę żyć ani bez niej, ani z nią. W rezultacie żyję z nią i bez niej, zależy tylko od tego, czy ona jest, czy jej nie ma.

Utwierdzam się w mieszkaniu. Ogłuszony rozłąką z Y. i przeprowadzeniem się, dopiero teraz dostrzegam, jak ono jest szczególne. Być może napiszę tutaj, co trzeba napisać.

Śpię zachłannie.

Schronisko to mieszkanie. Tak, tutaj mogę pogrążyć się w sobie. To był właściwy wybór to mieszkanie.

Co napiszę? *One-act*[2]. Coś w rodzaju. Gawędy i przygody oszalałego ego – w szafie.

---

[1] *Weltschmerz* (niem.) – ból świata

[2] *one-act* (ang.) – jednoaktówka

27 listopada

Trzeba zapisywać, jak kronikarze zapisywali czas wojny i plagi. Nie starając się zrozumieć, tylko wyliczając, kto umarł, kto przeżył. Niech mi tylko będzie wolno.

Jedyną rzeczą, jaką odczuwamy, jest brak. Pogody trwają cudne. Zwłaszcza z moich okien. Ale skała, z której widoki i kuszenie, pusta. Nie ma na niej nikogo. Ani mnie, ani szatana.

Wczoraj popiłem sobie nieco, sam. (Pierwszy raz od września). Sesja poświęcona Y.

Spacer przez nocne Champ-de-Mars. Kim jestem? – pytałem się siebie. Tylko świadomością. Nie brzmi odkrywczo. Ale byłem tylko świadomością tak całkowicie, że odczułem ulgę. Teraz mam kaca alkoholowo-tytoniowego. Kaloryfery ostygły całkiem i wody gorącej brak.

Nocą na Champ-de-Mars: jestem po stronie bogatych, możnych. Przeciwko biednym, licznym, niedorozwiniętym. Hierarchia, różnice są źródłem życia i podstawą ludzkości. Kultura jest owocem wyższości.

Tak więc opisywać, opisywać, opisywać, ponieważ wszystko jest tylko dookoła, nic nigdy samo w sobie. Niezmordowane opisywanie. Czasami zmordowane.

Dlaczego nie mogę być jak wczoraj przez pół godziny – nikim?

Cierpiał na dotkliwy brak projektu. Choć wiedział, że projekt jest jedynym, co możemy. Przyszłość przedstawiała mu się jako dotkliwe pasmo udręki, nie służące niczemu.

Po każdym rozstaniu z Y. stawał się czymś w rodzaju *a sexual misfit*[1]. Potem wprawdzie życie go leczyło, ale przez jakiś czas uważał się – i słusznie – za wyłączonego ze sprawy. Tym razem wydaje mu się, że jest nieuleczalny. To się okaże.

Pisz, pisz dalej. *The waste*[2], jego antykonstruktywność, antypozytywizm – przerażały go i męczyły. Ciężkie neurastenie pozbawiały go życia całymi okresami. Zatruwał się alkoholem i nikotyną, potęgując w ten sposób stopień złego samopoczucia. Co z kolei... itd. *Feedback*[3].

---

[1] *a sexual misfit* (ang.) – seksualny odmieniec, dziwoląg

[2] *the waste* (ang.) – jałowość, ugór

[3] *feedback* (ang.) – sprzężenie zwrotne

A więc mam wszystko, czego chciałem.

Czy możliwe, żeby zamiast umierać, żyć z tym wszystkim?

Przypomnij sobie: „Przyznaj się nareszcie do swojej najgłębszej samotności" (że niby w przyznaniu się siła).

28 listopada

Przeczytałem wczoraj zapiski berlińskie – rok życia. Obraz człowieka opętanego sobą. Dążenie…

29 listopada

Potem była przerwa, przez cały dzień instalowałem piec w kuchni, a w nocy upiłem się, sam, rozmyślając o tym, o czym rozmyślać nie powinienem.

A jednak nie powinienem. Albo się żyje, albo się umiera. Jeżeli już żyjesz, to żyj.

Widzenie ojca Y. Miał ten przywilej, że rozmawiał z nią przedwczoraj. Jest zdrowa, lepiej się czuje. Czy dlatego, że ja jej już tak nie dręczę jak ona mnie?

A jednak nie można bez projektu albo wielu projektów małych, jeżeli jeden duży niemożliwy.

30 listopada

Wczoraj *Les Enfants du Paradis*[1] w naszym dzielnicowym kinie przy rue Saint-Dominique. Po dwudziestu siedmiu latach. I tutaj mógłbym napisać wiele. Ale po co? Co ma sprawić, żeby to coś zapisać?

Nie, to nic, że tyle razy mi się nie udało. Tak dalej być nie może. Nie udając przed sobą, że chcesz zmienić życie i dostąpić zbawienia, zrób coś ze sobą, bo zginiesz i na tym strychu zostanie tylko twój szkielet.

Nie łudź się co do Y. Ona jest silniejsza od ciebie, nawet jeżeli nie używa żadnych protez, a może właśnie dlatego. Jej siłą jest życie, jest przepełnione życie – twoją siłą jest antyżycie, dystans do niego.

---

[1] *Les Enfants du Paradis* (*Dzieci raju*) – francuski film kostiumowy z 1945 roku w reż. Marcela Carné; w Polsce grany pt. *Komedianci*.

Nie łudź się co do kierunku jej usiłowań. Poza latem minionym nic ona innego nie robi, jak tylko usiłuje się wyzwolić od ciebie. Wszelkimi sposobami. Nie udawało się jej to do tej pory, ale kiedy jej się uda – nie będzie miała dla ciebie litości. I słusznie. Teraz znowu jest w sytuacji najlepszej do tego, żeby znowu spróbować.

Przestałeś być suwerenny.

Siedzisz teraz i czekasz na jej litość, gotów jesteś przyjąć litość, choćby udaną.

Zapomniałeś, że bez suwerenności giniesz.

Wyszedłem niby na przechadzkę. I wziąłem samochód, i pojechałem – na Orly. Byle szybko, daleko. W tym jechaniu było wszystko, co nie jest stagnacją, mielizną. Przestrzeń, także wewnętrzna.

Więc takie uczucie jeszcze jest możliwe.

Tyle czasu miałem: tyle mogłem jej powiedzieć, o tyle zapytać. Ile z tego czasu z Y. zmarnowałem.

Teraz ile – bez niej – marnuję. Marnuję to mieszkanie, siebie. Fajki...

Być zawsze w życiu, jakie jest dane, nie myśleć wtedy o czym innym...

Tak by trzeba.

1 grudnia

List od Y., opanowany, przyjazny i spokojny, krótki.

Jeżeli (kiedy) jedna strona wariuje, druga się opanowuje. (Zasada?) Ale przecież bywa, że wariują obie.

Kobieta twierdzi, że owa kobieta nie jest zakochana. No, może trochę zakochana. Ale nie zakochana.

Czy kobieta wie swoje, czy tylko moje?

Reszta kobiety wie o pieniądzach, że dużo, o przyjaźni dla mnie, że wiele, o sprawach urzędowych, że pomyślnie załatwione. Ale o miłości – nie. (Parę kobiet się tam kręci, to wszystko).

Choć niezmiernie cieszy mnie dobre słowo w sprawie pieniędzy i innych, najbardziej obeszło mnie słowo o niezakochaniu. Owej kobiety.

I dałbym wiele, żeby wiedzieć na pewno, jak jest z tą jej miłością.

2 grudnia

Może zdrowiej, może prawdziwiej umniejszyć wyobraźnię, zdemaskować nawyki, nie dać się uwieść nadziejom (ale to już było w rozdziale „wyobraźnia") ani za bardzo przestraszyć strachom. Tak, na pewno. Tylko znacznie wtedy jest nudniej.

Jeżeli je redukuję (od wczoraj wieczorem), to dlatego, że nie widzę w nich niczego poza kręceniem się w obłąkane kółko, powtarzalnością o cyklach zbyt krótkich, żeby można było ich nie zauważać. A także, jeżeli nie przede wszystkim, niezredukowanie tego wrzasku i karuzeli zaczyna mi grozić zwyczajnym, praktycznym nieszczęściem. Utratą zdrowia i niewydolnością w sprawach praktycznych, niezbędnych, żeby kontynuować swoje ukochane intelektualne, moralne, duchowe nieszczęście.

Dlatego wycofuję się do *no man's land*. A jeżeli już w nim byłem, jeżeli nigdy go nie opuszczałem, nawet o tym nie wiedząc, to teraz wiem, nie chcę udawać, że jestem gdzie indziej. Okopuję się w *no man's land* i nie zamierzam się z niego ruszyć.

Nigdy się nie dowiem, czy noc – jakoś jednak przespana, ale tak, że nic o tym nie wiem i wydaje mi się, jakbym przez całą noc czuwał – dlatego taka, że coś zjadłem przed tą nocą, czy dlatego, że spotkałem się z tą D.H., która nie tylko mi się nie podoba, ale która mnie drażni. Gdyby nie była Rosjanką, powiedziałbym, że jest polską panią, na przykład żoną reżysera albo pisarza. A może to Wschód i komunizm w ogóle takie panie wytwarza? Ach, ten ton, ta swoboda, ta swada, dowcip i pewność siebie przy braku jakichkolwiek widocznych powodów do takiej pewności. I chamstwo. Czego chciała ode mnie? Nie chciałbym, żeby to mój obłęd tylko, który wszędzie upatruje związku z Y. Ale jej ostatnia wizyta w Warszawie i wszystkie poszlaki, które z niej wynikają...

3 grudnia

To trwa już przeszło miesiąc. Dłużej niż kiedykolwiek.

I coraz bardziej mi się wydaje, że bez wzajemności.

4 grudnia

To trwa.

6 grudnia

30 grudnia lecę do N. Jorku.

Teraz, po dwudziestu czterech godzinach od momentu pewności w tej sprawie (bilet, wiza), nie jestem nawet pewien, czy po to, żeby być dobrze przyjętym, ani nawet czy po to, żebyśmy znaleźli się ze sobą w sytuacji podstawowej.

Już nawet nie wiem, jaka jest ona żywa. Oszalała praca wyobraźni od pięciu tygodni zrobiła z niej, ze mnie, z nas coś, co prawdopodobnie nie ma nic wspólnego z rzeczywistością. Ona – *point de vue global*[1]. To ja, jak kobieta, widzę okoliczności.

Ona wierzy wyłącznie w uczucia. Ja – nie tak bardzo.

Ona nie wie, jakim jest tyranem, despotą.

Nacisk wewnętrzny nie pozwala wyrażać się, jest za duży. Stąd bełkotanie. Zdania niekoniecznie takie, jakie powinny być napisane, pierwsze lepsze, byle jakie.

Tymczasem sen, po południu, po nocy przepitej i nie przespanej. *Corral* – rodzaj klatki-zagrody z grubych bierwion, wewnątrz cielę i krowa, jakby matka cielęcia. Oraz treser, mężczyzna w skórzanej kurtce, tęgi, z biczem. Zresztą nie widać dobrze, kurz nieustannie wznoszony na skutek tego, co się tam dzieje, przysłania.

A dzieje się, że treser wychowuje cielę. Zwyczajna rutyna, sposób opracowany. Nie pamiętam szczegółów. Za coś tam (cielę, a może i krowę?), za to, że powiedzmy – naciśnie A zamiast B (jak naciśnie, mordą? mniejsza z tym), treser wali ją (je) biczem. Świst bata, klaśnięcie, ryk bólu, szarża. Cielę w ogóle nie umie, krowa rzuca się na tresera z pochylonymi rogami. Zadziwia aż tak żadna skuteczność jej gniewu. Wpada na bierwiona – jakby ślepa. Treser z najwyższą łatwością unika jej rogów.

Ja – jakby świadek. Żal, współczucie, żeby choć raz treser został ukarany. A tam nic tylko kurz, bicz, trzask, ryk, kopyta, bodzenie, wściekłość bezsilna, treser, bicz, kurz, trzask itd. Praca tresera.

Bardzo rzadko pamiętam sny. Jeszcze rzadziej pamiętam je tak dokładnie. Sen, którego powodów (na zasadzie ciągu skojarzeń z jawą myślową) nie da się prześledzić. Skóra krowy na podłodze? Tak, ale tylko to.

[1] *point de vue global* (franc.) – całościowe spojrzenie

Po przebudzeniu: oto metafora dla mnie. I o ile głupsi jesteśmy od zwierząt, te w końcu uczą się coś robić i czegoś nie robić pod wpływem tresury. Nam bat nie pomaga. Zapominamy o bólu albo nie chcemy o nim pamiętać. I znowu robimy to samo, za co – niezmiennie, z całą pewnością – zostaniemy ukarani.

7 grudnia

Przyjęcie było u pp. S. Ja na nim.

Jestem impotentem. Prawie impotentem, ponieważ wszystko jest „prawie". Impotencja psychiczna – niemożność wzbudzenia w sobie żadnego dostatecznego entuzjazmu wobec żadnej kobiety – uniemożliwia sprawdzenie, czy jestem impotentem fizycznie.

Uwagi: jak zwykle ten objaw biorę sobie do głowy i amplifikuję. Nazywam, przesadzam, umacniam. Tak postępując, mogę doprowadzić się do impotencji nie „prawie", ale do rzeczywistej choroby. Ale to też jest hipoteza. Poza tym: mam przeważnie do czynienia (tzn. spotykam się) z kobietami, które należą do mojej przeszłości paryskiej. Albo z którymi coś mnie łączyło rzeczywiście (nie przesadzajmy, tylko dwie są takie), albo...

Nie skończyłem zdania. Napisałem list z prawdą do Y., potem zasnąłem, całkiem wyczerpany. Nie zasnąłem nawet, urżnąłem się. Moment ulgi, ponieważ przyznałem się do miłości. Moment szaleństwa. Co z tego wyniknie?

8 grudnia

Radzę ci napisać utwór. To broni przed szaleństwem.

Wczoraj – cały dzień w domu. Rekolekcje. Różne stany i wizje – sprzeczne. To się nazywa – intensywne życie wewnętrzne.

Mózg trzeszczy w spojeniach. Dzień zakończony triumfalnie. Pytanie: czy prawo cykliczności i przemian powoduje, że po stanie depresyjnym musi nastąpić euforia? Wahadło?

Y. już nie jest kobietą. Zamieniła się w obsesję, symbol. Czego?

Stan idealny: stan równowagi między ja i świat. Stan komunikacji między nami.

1. Plakat Jana Młodożeńca.

1

Rzeźnia, reż. Jerzy Jarocki, scen. Kazimierz Wiśniak, Teatr Dramatyczny, Warszawa, premiera 21 marca 1975.

2. Od lewej: Andrzej Szczepkowski (Dyrektor Filharmonii), Gustaw Holoubek (Skrzypek), Zbigniew Zapasiewicz (Paganini-Rzeźnik).

2

3

4

3. Od lewej: Janina Traczykówna (Flecistka), Gustaw Holoubek (Skrzypek), Wanda Łuczycka (Matka).
4. Z lewej: Gustaw Holoubek (Skrzypek), z prawej: Zbigniew Zapasiewicz (Paganini-Rzeźnik).

Rzeźnia, reż. i scen. Krystian Lupa, Teatr im. Juliusza Słowackiego, Kraków, premiera 8 maja 1976.

5. Od lewej: Jerzy Nowak (Paganini-Rzeźnik), Paweł Korombel (Skrzypek).

5

6

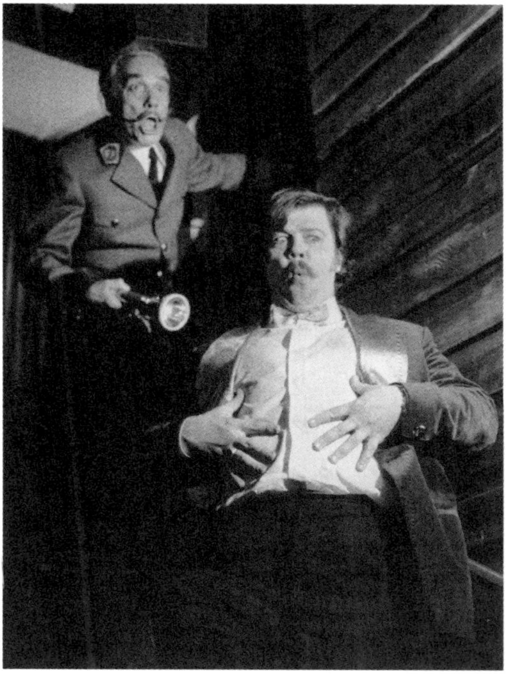

7

6. Na pierwszym planie Maria Przybylska (Flecistka), z tyłu: Maria Kościałkowska (Matka) i Paweł Korombel (Skrzypek).
7. Od lewej: Ambroży Klimczak (Woźny), Jan Prochyra (Dyrektor Filharmonii).

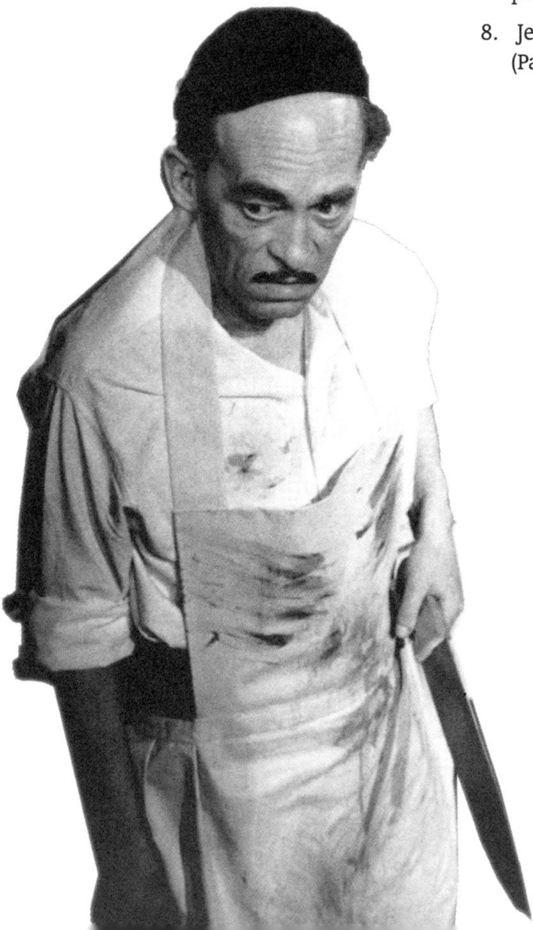

Rzeźnia, reż. i scen. Krystian Lupa, Teatr im. Juliusza Słowackiego, Kraków, premiera 8 maja 1976.

8. Jerzy Nowak (Paganini-Rzeźnik).

1976

21 stycznia

Dzisiaj powrót z Nowego Jorku, gdzie Y.

Wydaje mi się, że coś wiem. (Tak w ogóle). Tylko nie wiem co. Wiem coś, ale dookoła. (Tego, co wiem).

Zawsze to samo, kiedy trzeba mówić. Wie się w milczeniu.

22 stycznia

Być może (na pewno) kończy się epoka. Przynajmniej dla mnie.

Ujmijmy to z innej strony. Spałem czternaście godzin. Jestem jakby w letargu.

Ani dosłowność, ani ucieczka (dystans?), próba tegoż.

22/23 stycznia

Ósma rano, przy zaciemnionych oknach, świece…

Nagły wybuch żywotności. Odwrócenie się w stronę życia. „Wszystko będzie dobrze".

Wali się świat. Ale moje życie, moje poszczególne, jest zdumiewającą przygodą.

W NY otrułem się czymś, co powinno być marihuaną, ale nie wiadomo, czym było. Noc, spędzona z Y. na umieraniu, połączyła nas jeszcze bardziej i wiele mnie nauczyła.

Jestem zdrowy i silny. Na ciele i duszy. Jakiekolwiek są moje skazy, nie są to wady organiczne mojej substancji.

Jeśli potrzebuję samotności, to tylko jako konkluzji, uzupełnienia życia. Z ludźmi, wśród ludzi. A moje życie z ludźmi to życie przez kobiety.

Nie chciałem umierać, nie ze strachu przed śmiercią, ale z miłości do życia.

Taka była prawda wywabiona ze mnie chemicznie. Mózg, ciało – zaatakowane trucizną, narkotykiem – nie kłamały.

23 stycznia

Chmury na niebie. Nie, niebo na chmurach.

Nie mogąc wrócić do dawnego stylu (owe dwa miesiące ostatnie 1975), a nie zdobywszy się jeszcze na nic nowego, pozostaję w zawieszeniu, dyspozycyjności.

24 stycznia, w nocy

Zmiana we mnie: czy trwała? Jeżeli tak, na czym polega?

25 stycznia

Co znaczy „zmiana trwała"? Co jest trwałe?

Coraz mniej jestem obecny w ludziach i rzeczach. Wyzwoliwszy się ode mnie, ludzie i rzeczy poruszają się niezależnie. Więc bardziej obco. Stygnę.

Wczoraj wizyta N. Kolacja w Eiffel. Jakbym grał swoją postać w filmie z mojego życia. Część już jeśli nie finalna – to bliżej końca niż początku. Kiedyś w Krakowie nazwałbym ten film „francuskim". On i ona – po latach. Spotykają się. Starsi.

Wygaszenie świateł? Zostanie tylko ta lampka nocna względnie robaczek świętojański? W każdym razie gasną pochodnie mojej kawalerii. Moi jeźdźcy już nie pędzą donikąd. Ale ciemność nie zapada. Raczej zmierzch północny, światło równe, wszystko w świetle jednakim. Widoczność dobra, spokojna. Nic nie oświetlone, wszystko samo siebie oświetla. Czy potem jednak się ściemni?

Zbliża się czas – kiedy ja i wszyscy moi znajomi zaczniemy się zmieniać. Będziemy ci sami, ale inni. Do tej pory postacie były te same i nie inne, odkąd je pamiętam. Na pewno coś to zmieni w moim myśleniu o nich.

Michał Komar z Warszawy. Trzydziestoletni, wygląda jak dwudziestoletni. Ci młodsi, wobec których odczuwam niższość mojej inteligencji. To jest niższość genetyczna czy odmienność kultur wynikająca z odmienności czasów – ich i mojego. Ostatecznie zacząłem się kształtować jeszcze w epoce dorożek konnych. Są szybsi. Ale czy są szybsi, czy też biegają po nieco innych torach, do których nie nawykłem? Czy wobec mnie też odczuwają odmienność? Że ja po innym torze? Zapewne dla nich jestem człowiekiem z „osiągnięciami". Widzą mnie autorem dzieł. Mnie to trudno sobie nawet wyobrazić. Dla nich moja przeszłość jest i jest pełna, wypełniona substancją. Dla mnie prawie jej nie ma. Nie umiem nawet określić, jaka jest dla mnie moja przeszłość, jeżeli jest. Młodszy, starszy. Znowu ta dialektyka, w której ugrzązł Gombrowicz. Miał rację, ale nie żeby aż tak. Dla mnie to zdarzenie towarzyskie, na nim się kończy, ale jemu chodziło o życie.

Przeczytałem w gazecie, że nie wiadomo właściwie, dlaczego słońce świeci. Do tej pory nie było co do tego żadnych wątpliwości. Teraz jakieś nowe spostrzeżenie i paf – żelazna teoria, ta niewątpliwość leży. Stała naukowo i leży naukowo. Teraz parę nowych teorii. Myślę nawet, że gdzieś tam coś tam robi w tej sprawie jakaś czarna dziura, *black hole* – takie dziury nie tylko podobno w Słońcu, w ogóle w uniwersum. Mnie to wszystko bardzo cieszy. Dobrze im tak z tą teorią. Ich pewność siebie była denerwująca wobec mnie, biednego człowieka. Człowiek tu się męczy, nic nie wie, a oni wiedzą na pewno, że Ziemia jest okrągła, i z tego powodu się przemądrzają. Arogancja nauki. Ja nic nie wiem, ale oni też coś nie bardzo. Dobrze im tak, dobrze.

Opowieści Komara o Warszawie, o Polsce. Opowieści N. o Krakowie, o Polsce. *Recoupement*[1]. A jednak powinienem tam pojechać. Polska zajmuje w mojej głowie miejsce większe niż Australia, ale tak samo legendarne. Przesada prawdopodobnie. Ale jak to inaczej powiedzieć.

[1] *recoupement* (franc.) – zebranie, skonfrontowanie informacji

26/27 stycznia

Trzecia w nocy. Powstałem. Owa piekielna kawa. I na chuj mi ten tanc. W dodatku nie wiem, czy to KGB[1] rozmawiało ze mną, czy kobieta, której się podobam. A nawet jeśli jedno i drugie...

Ani radość życia, ani depresja. Ani nawet obojętność. Wszystkie trzy mi się znudziły, znużyły mnie. Nie wiem, co ze mną. Niechęć nawet do alkoholu, a fajka jak nudny obowiązek.

Rekolekcje, długie nocne rozmyślania, roztrząsania, postanowienia – też zdarły się do podszewki. Polska, kryzys światowy, demokracja i totalitaryzm, jak długo można.

Jeżeli Pan Bóg chce mnie nawrócić, to wybrał sposób łagodny. Nie przez cierpienia, metodą wstrząsów, ale przez nudę. Ukazuje mi się jako jedyna rozrywka. Jestem wdzięczny, jestem wdzięczny zawsze, kiedy jestem traktowany łagodnie.

Niedosyt, nienasyt, a żadne środeczki, półśrodeczki go nie zaspokajają. Żeby choć jeden dzień przeżyć w realności. Owszem, to możliwe. A jednak życie – też sianko.

Dzienniczek ten – skargi gwałtowne albo mdłe – też mi coraz bardziej obcy. Nudzisz mnie, mój dzienniczku, nie dajesz satysfakcji. Jesteś starym zrzędą.

27 stycznia

Noc całkiem bezsenna. Po takiej nocy komunikat radiowy i lektura gazety – idiotyzm ludzkości – trudniejszy jeszcze do zniesienia. Hipokryzja Zachodu i Północy równa jest hipokryzji Wschodu i Południa. Ci rozhukani głupcy. Oni... Po co epitety, dlaczego, komu, za co i jak?

29 stycznia

Powrót z Sologne. Michał Komar i jego żona.

Coś dzieje się we mnie – dojrzewa? Wszystko zaprzeszłością. Państwo Komarowie z Polski – zaprzeszłość. Sologne także. Ja także.

Nieudane przedsięwzięcie. Ale od tego też trzymać się w odległości. Obojętność. Cokolwiek robię, zawodzi. Regularność tego daje do myślenia. Naturalna niedostateczność wszelkich fenomenów.

---

[1] Komitiet gosudarstwiennoj biezopasnosti, Komitet bezpieczeństwa państwowego – policja polityczna w ZSRR.

30 stycznia

Y. pisze, że „...owej intensywności już nie ma".

31 stycznia

Nie ma.

Czy to znaczy, że jestem znowu i dokładnie sam? Może jeszcze nie teraz, ale pewnie już niedługo.

Nie należy o to obwiniać nawet siebie.

Nie ma więc już Y., nawet jeżeli jeszcze trochę jest. (Z zastrzeżeniem, że tak rzeczy teraz wyglądają, jak się obróciły, ale rzeczy mają wygląd niestały. Choć na rozum – jak inaczej mogą wyglądać?) Do tej chwili byłem izolowany, ale nie byłem sam, ponieważ była Y. Teraz jestem izolowany oraz nie ma Y.

Co do reszty i co do ogółu, wiele zależy od tego, czy rezygnacja – z wiekiem i czasem nieuchronna – nabierze charakteru goryczy, *risentimento*, okresowej rozpaczy, czy też zgody.

Sądząc po odporności, zdrowiu i sile, jakie się ujawniły we mnie podczas „próby trucizny" (owa noc konania w NY), dysponuję możliwościami, aby nie wszystko obróciło się na złe. Sądząc po nicości, jaka mnie przenika mniej albo bardziej, zależnie od okresu, reszta zapowiada się jako nicość dosyć dokuczliwa.

Wczoraj wywołany telefonem przez Piotra Rawicza. Mały, zadymiony, bidusiowaty pokoik. W nim posiedzenie nędzy, brzydoty, niezdarności ludzkiej. Brudek i smutek.

Wyszedłem z domu, wiedząc doskonale, że wywiodła mnie wyłącznie potrzeba, żeby posiedzieć przy paniach. Te panie, mój Boże. Żałość, tylko trochę rozczarowania, bo takie rzeczy coraz bardziej przedstawiają mi się jako prawidłowość. Teraz, po dwóch latach z Y., stałem się jeszcze bardziej wybredny, wymagający. Nie zdziwiłbym się, gdybym pozostał bez kobiety. Ale nawet i ku temu jestem raczej zrezygnowany, i to raczej rezygnacją łagodną niż nie.

1 lutego

Coś chyba się dzieje, bo sny. Jak zwykle nie pamiętam, co mi się śni. Ale erotyczne oraz nieerotyczne. Wiem tylko, że budzę się z poczuciem, jakby coś ważnego mi się śniło.

W młodości zapisywałem każdy dzień. Wszedłem, wyszedłem – wszystko było ważne. Czy miałem rację wtedy, czy teraz mam rację, kiedy nic tu z konkretu, żadnych już prawie zapisków, gdzie byłem i co robiłem. Nawet gdybym był... Czy opisałem moją wizytę u szacha Persji? Może, ale na pewno pobieżnie. Czy wtedy miałem swoją rację i teraz mam swoją? (W młodości i dzisiaj?)

Wizyta na Rue du Chevalier-de-La-Barre. Najpierw u pani Corelli. W muzeum, w małym muzeum jej małego życia. Ale dlaczego małego, czym mierzyć wielkość życia, i czy mniejszego niż moje? Dlaczego wymknęło mi się to słówko? Małego, bo pani Corelli nigdy nie dążyła ku prawdzie absolutnej, jak ja kiedyś. Więc ja w tym sensie... Co jeszcze może się stać osobistego w życiu Mme Corelli? Najbardziej była zainteresowana temperaturą: czy gołoledź? Czy ślisko? Czy się przewróci, kiedy wyjdzie z domu? A ja martwię się jeszcze upadkiem cywilizacji zachodniej. Pani Corelli się przewróci albo nie przewróci. Cywilizacja zachodnia upadnie. To są tylko dane, elementy, meble w tym pomieszczeniu mojej świadomości. Niejasny stan rzeczy i nic ponadto. Ja, Mme Corelli, gołoledź, cywilizacja. Piłem jej niedobrą herbatę, mówiąc, że dobra, ale ta mała hipokryzja nie ma żadnego znaczenia. Dlaczego ją odwiedziłem? Żeby się jej, sobie wydać porządnym człowiekiem, grzecznym chłopcem? Z życzliwości, litości nieco? Żeby uciec od zajęć ważniejszych dla mnie, ale które wykonuję niechętnie (obowiązki biura mojego)? Ze wszystkiego po trochu.

Potem u N. Mała pokusa, żeby opaść z powrotem. Mętny, ogłupiający komfort łatwości. Znamy się tak dobrze, tyle lat i tyle przeżyć... Tak sobie przebywać tylko w jej towarzystwie. Dopóki Anioł Stróż mnie strzeże, żeby nie więcej, jeszcze dopuszczalne, choć niewskazane.

A potem wizyta u Teresy D. A więc tryptyk, popołudnie archeologa. Wielka jest, była, moja niechęć do przeszłości, wielkie moje pożądanie przyszłości. Ale z latami jednej coraz więcej, drugiej coraz mniej. Co robić? Nieść coraz większą, cięższą przeszłość bez nienawiści i bez miłości, jeżeli uwolnić się od niej nie mogę? Nie mogę – czy naprawdę nie mogę? – pójść w inne miejsca, inne strony, to byłoby jeszcze możliwe, to wymaga tylko nadzwyczajnego wysiłku albo nadzwyczajnie pomyślnego zbiegu okoliczności. Przecież jeden z najpiękniejszych okresów mojego życia – mój rok w Berlinie – to dzięki zmianie uwarunkowania, a ta dzięki nadzwyczajnie pomyślnemu zbiegowi okoliczności. Piękny okres, bo gdzie indziej i z kim innym.

Na rozum – również w Paryżu powinienem postarać się o nowość. Tymczasem – łatwość tego, co było, więc może pozostać w tym, co było. I narzekając, korzystać jednocześnie z wygody tego, na co narzekam.

N. ma rodzaj drgania oczu (choć niby jest to tylko zbyt częste trzepotanie powiek), któremu jeśli to ja jestem winien, policzone mi będzie na Sądzie Ostatecznym. Nie tylko to zresztą i nie tylko w tej sprawie.

Jaws[1] – film moralnie czysty i optymistyczny. Filmowo uczciwy – dokładnie dotrzymuje umowy. Ludzie ludziom zadają znacznie więcej kalectwa niż rekiny. Znacznie, znacznie więcej. A jednak nie oburzamy się aż tak bardzo, kiedy na ekranie widzimy łódź podwodną zatapiającą pasażerski statek. Terroryści też nie są przedmiotem aż takiej nienawiści. Dlaczego? Czy sekretnie utożsamiamy się z nimi albo nie jesteśmy zdolni się z nimi utożsamić, więc na wszelki wypadek łagodzimy nasze oburzenie?...

Publiczność zawsze jest podzielona i każdy widz jest podzielony. Tu jednomyślność – to nie my zabijamy. To coś zabija. Coś, co jest spoza nas, ludzi. (Oklaski, kiedy rekina niszczą). Ulga.

2 lutego

A więc umieranie. I trzeba zmienić perspektywę. Nie: „Ja chcę więcej". Nie: „Ja chcę być szczęśliwy". Odwrócić się tyłem do tego. Zainteresować się *taedium vitae*[2]. Nie uciekać. Nie biegać już i nie tupotać, na miłość boską. Po wszystkich twoich doświadczeniach... Odwrócić się i trwać. Stawić czoło, że tak powiem. Źle ci, nudno i w ogóle okropnie – nie unikniesz tego przez popłoch i ucieczkę. *Stampede*[3] – to nie jest rozwiązanie.

---

[1] *Jaws* (*Szczęki*) – amerykański thriller filmowy w reż. Stevena Spielberga z 1975 roku. Zob. felieton Mrożka na temat tego filmu pt. *Potrzeba rekina* („Dialog" 1975, nr 6).

[2] *taedium vitae* (łac.) – znużenie życiem

[3] *stampede* (ang.) – popłoch

3 lutego

Powyższe napisane po pijanemu. (Pejsachówka).

Wiem, co powinienem. Życie kołacze się we mnie, chce tego i owego. (Zwłaszcza tego). Niemniej nie powinienem już narażać się na frustracje. W ogóle powinienem umieścić się w stanie przedustawnym. (Tao[1]).

Teraz też, poranne (druga po południu) palenie fajki, picie kawy. Też, bo nie powinno tego być. Jedyna przyjemność, to znaczy jedyna próba, że przez tę ceremonię coś się ze mną stanie ciekawego. Że przy zapisywaniu wyłoni się – znowu – formuła. I znowu narażenie się na frustrację. Małą i oczekiwaną.

Siedzieć nad fajkami i butelką, rozpamiętywać swoje klęski, upewniać się w swojej niewartości i bezsensie świata – przebywać w jednym miejscu. Można. Coś się niby wtedy dzieje. Umniejszanie, niszczenie się, deficyt. Powiększanie deficytu. Mój Boże, jakie to nudne, ile razy tak już było, ile razy pisałem ten komentarz.

Stwierdziłem – i to ponad wszelką wątpliwość – że utrzymuję się sztucznie w tym samopoczuciu fizycznym i umysłowym, a także psychicznym, za pomocą trucizn i nieodpowiedniego postępowania ze swoim ciałem. Dlaczego?

To pisząc, zapaliłem fajkę.

4 lutego

Fajki na przechowaniu u ojca Y. Od wczoraj wieczór.

Przeczytałem gazetę i wypastowałem podłogę. A także zjadłem fasolkę. To są moje zajęcia człowieka zdrowego, to znaczy nie zatrutego nikotyną.

Coś mi się niezmiernie śniło, ale nie pamiętam.

Lepiej przerwać to zapisywanie dzisiaj, żeby się nie kompromitować.

Przed kim?

Prawie północ.

Fajka. (Znowu. Słaby charakter).

---

[1] Tao – w taoizmie jednolita zasada pierwotna będąca źródłem wszelkiego bytu, wieczny ład kosmosu.

5 lutego

Przygotowuję się do schludnej starości. Sprzątam, froteruję podłogę, myję wannę, a także klozecik. Gospodarstwo starego kawalera. Nie dlatego, że pozostałem nieżonaty od ilu? – siedmiu lat już będzie niedługo. Przestaję myśleć o paniach. Naumyślnie. Dosyć owej frustracji, nieporozumień, zabiegania nie o całość, tylko o część. Ażeby dostać część, trzeba przyjąć wszystko. Teraz kiedy Y. i ja żeglujemy już od siebie – to znaczy ja stoję w miejscu, a ona żegluje – nie znam osoby, którą chciałbym w całości. I nie mam siły, ochoty, to znaczy nie mam ani dosyć ochoty, ani cierpliwości, żeby ubiegając się o trochę, znosić to wszystko, co na ogół dostępne wszystkim.

Jeżeli tak się przestawić i ustawić, jeżeli ich nie widywać, nie myśleć o nich, nie myśleć o tej sprawie – wtedy można. Dopóki ciało samo nie zacznie się męczyć zbytnio i przypominać o sobie. Może nie zacznie. Znieść – na razie – można tę nudę wykastrowaną, tę czystość myśli, mowy i uczynków, dosyć paskudną.

Wygnane za dnia, powracają w nocy. Nie znane mi. Jak dotąd nie są to sny orgiastyczne, ani nawet erotyczne. Chociaż... owszem, erotyczne one są. Przebywam z nimi i na coś się z nimi zanosi.

Rezygnacja, *giving up*[1]. Nie siedzieć i nie rozmyślać. Bo nie ma już rozmyślania. Jeżeli pozwolę sobie na rozmyślanie, jest tylko tępe kręcenie się w kółko, żadnych myśli naprawdę. I w ogóle żadnego życia nie ma, ani zewnętrznego, ani wewnętrznego. A nie dlatego, że prowadzę (ależ to od paru dni zaledwie, a już jakby to było od lat) tryb życia higieniczno-ministrancki. Ale nie ma, po prostu nie ma, i kiedy piłem wódkę ostatnio i paliłem wiele fajek, i wiele siedziałem w fotelu – także nie było żadnego życia. Więc mając do wyboru: żadnego życia i umęczenie a żadnego życia bez umęczenia... to jest jedyny wybór, jaki mi pozostał.

6 lutego

Paląc fajkę.

Niski poziom tego dziennika. To ma być dziennik pisarza?

Niewątpliwie dlatego, że coraz mniejsze zainteresowanie dla siebie. Zainteresowanie światem zawsze było mniejsze. Nie zwiększyło się.

---

[1] *giving up* (ang.) – poddanie się, kapitulacja

Napisać Polakom jakąś dramę narodową – tam by się nie obyło bez Żyda, bolszewika i Chrobrego. Nie przyjmą. Ani naród, ani cenzura.

Bo jednak odbyłem wczoraj sesję myślenia. Przy fajkach. Co by tu napisać? Co ludzi interesuje? Co interesuje mnie?

Ludzi, jakich ludzi? Na Zachodzie, w Polsce? Na Zachodzie – to nie jest jednoznaczne. W którym kraju? Oni sami nie wiedzą. Moim zdaniem powinno ich interesować zagrożenie. Ale tego właśnie nie chcą, nie umieją sobie uświadomić. Ich zabawa w lewicowość i egalitaryzm wydaje mi się tylko zabawą. *Passe-temps*[1] skazańca. Co im o tym napisać? O skazańcu, który odmawia przyjęcia do wiadomości, że jest skazany? To nie jest pomysł dostateczny.

W Polsce uczyniłem wszystko, żeby się od niej oddalić, nie wiedzieć o niej. Wiedza o Polsce wydała mi się nie tą wiedzą, którą należy uprawiać. Dywersją, przeszkodą w uprawianiu innej wiedzy, zasadniczej. Jakiej? – zapytuję teraz. Nadal wierzę, że miałem rację, niemniej nie wiem dlaczego. Jaka jest ta inna, zasadnicza wiedza?

Ogólniej – nie łączy mnie już nic z bezpośrednim doświadczeniem totalitarnym, ani też z przedtotalitarnym. Tyle o zainteresowaniu światem.

Co do zainteresowania sobą – nie mam już nadziei, został mi tylko strach. Nie mam nadziei – to brzmi desperacko. Tymczasem jest to raczej brak wyobraźni na swój temat, brak projektu, brak mojej małej, osobistej mitologii, niemożność, wzmożona, identyfikowania się z projektem, nawet gdyby jakiś przyszedł mi do głowy. Rodzaj neutralności, obojętności. Zapewne z tego braku bierze się brak dostatecznego zainteresowania światem.

Podobno cechą, nawet zdobyczą, wieku dojrzałego jest poznanie i zaakceptowanie swoich granic, co mogę, a czego nie mogę. Sądząc z mojego własnego doświadczenia, tak jest rzeczywiście. Dla pisarza (artysty?) to niedobrze. Bo przecież nie może on żyć poza swoimi granicami, *sans dépassement de soi-même*[2]. Przynajmniej w moim wypadku. Zgodnie z moim wiekiem powinienem teraz zwrócić się

[1] *passe-temps* (franc.) – sposób na spędzenie czasu
[2] *sans dépassement de soi-même* (franc.) – bez przekraczania siebie

ku „realizmowi", ale brak mi po temu ekwipunku. Nie ten rodzaj talentu, nie ta umiejętność.

Czytam znowu Boya *O Krakowie*[1]. Jeszcze kilka lat temu ta sama lektura wzruszała mnie, powodowała serię napięć emocjonalnych, nostalgii, słodko-bolesne odczucia przeszłości, pożądania, słowem – ruchliwość emocjonalną, intelektualną. Teraz nic takiego. Czytam, bo czytam. Z daleka.

Pytanie: jeżeli życie, los takim mnie czynią, w tę stronę mnie popychają, czy należy się temu opierać w myśl założenia: to dla mnie gorzej, co dla mnie lepiej? Czy też przeciwnie: poddać się, bieg ten przyspieszać i nie zbaczać z kierunku (to niemożliwe zresztą, najwyżej zrobi się zygzak)? Przystanąć i patrzeć, co z tego wyjdzie. Czy to możliwe, żeby pchało mnie ku nicości, od lepszego ku gorszemu, czy też pcha mnie od innego ku innemu? Starać się raczej zrozumieć, co się dzieje, niż biadać, że się dzieje, i starać się, żeby się działo inaczej.

Ale byłaby to postawa po raz pierwszy w moim życiu – taka. Wszystko toczyło się zawsze przez opór, kiedyś bunt, próby korygowania. I trudno uznać, że niepotrzebnie, że nie należało.

Cykliczność, zamknięcie, zakończenie moich ostatnich dwóch miłości też nie jest bez wpływu na mnie. Było, nie ma. Na razie ogólne zniechęcenie do całej sprawy, wycofanie się. Jak długo potrwa? Oczywiście odrobina złej wiary. Po cichu mam nadzieję, że los mi to odmieni. Ale nie odmieni, jeżeli nie wyjdę mu naprzeciw. A tak jak rzeczy stoją, już mi wychodzą naprzeciw. Teraz już tylko siedzę w domu.

7 lutego

Jankowie Błońscy[2].

Każde spotkanie z ludźmi kończy się lekkim rozczarowaniem. Nawet z najmilszymi, z którymi najlepiej się rozmawia. Nie z ich winy ani z mojej. Oczekujemy od siebie nawzajem pomocy. Nie

---

[1] Zob. T. Boy-Żeleński, *O Krakowie*, oprac. H. Markiewicz, Kraków 1968.

[2] Teresa oraz Jan Błońscy.

wiemy, na czym ona ma polegać, to, że nie wiemy, to może właśnie część oczekiwania. Spotykamy się. I musimy pozostać osobno.

Chyba że spotykamy się w łóżku, jesteśmy mężczyzną i kobietą. Ale tak właśnie się już nie spotykamy i nie wiadomo, czy i kiedy tak się będziemy spotykać.

Poruszono następujące tematy: koniec cywilizacji, Grotowski i jego sprawa, inni znajomi, i dalej nie wiem, bo stwierdzam z przygnębieniem, że nie jestem w stanie złożyć sobie sprawozdania, pamięć zawodzi.

8 lutego

Co może wyniknąć z czytania Boya *O Krakowie*? Pogrążenie się przez tę lekturę w nic nowego, a więc nieposzerzanie się. Może co wyjdzie ze spojrzenia? Nawiązując kontakt po latach z moją presubstancją – spojrzenie na nią inne, nie tylko pogrążanie się. Ale jeśli chodzi o twórczość – nie wynika z samego tylko spojrzenia. Wszystko z substancji. A stara już wyciśnięta.

Moje tematy teraz: emigracja – już było. Ale czy wyliczać? Jeżeli coś znowu napiszę, to tylko dzięki wizji. Trzeba mi płodnego – że tak powiem – obrazu. Z którego potem by wyniknął temat. Odkąd to już nie patrzę na świat jako artysta, tylko jako człowiek?

Co jest w powietrzu? Między innymi – mesjasz. Pożądanie mesjasza. Moon[1], Grotowski, inni. Czy to sparodiować? Słyszałem dzisiaj przez radio (France Culture)[2] wywiad z prezesem Le Libre Penseur[3]. *Dérisoire*[4]. Ten stary, zarozumiały nudziarz nawet nie umiał mówić z głowy. Czytał najwyraźniej z kartki. I to miała być *la libre pensée*. Ich propozycja: *Liberté et Solidarité*. Co to znaczy?

Racjonaliści – niedowarzona forma być może przyszłych ludzi religijnych. Kto jest bardziej staroświecki – racjonaliści, katolicy, komuniści? Wszyscy razem są staroświeccy.

---

[1] Moon – sekta religijna założona w 1954 roku w Seulu przez Sun Myung Moona (tzw. Kościół Zjednoczeniowy).

[2] France Culture – publiczna stacja radiowa poświęcona kulturze.

[3] Może chodzić o założoną w 1901 roku organizację Association des Libres Penseurs de France lub działającą od 1848 roku La Libre Pensée o charakterze republikańskim, laickim i antykatolickim.

[4] *dérisoire* (franc.) – śmieszne, żałosne

Jeden z moich starych tematów (a tak się składa, że jednak po kolei realizuję moje stare tematy): prorok, sekta. Mesjasz. Spróbujmy o tym pomyśleć.

Ksiądz proboszcz, pustelnik, samozwańczy prorok. Ortodoksja i wizja, wizjoner zawsze oskarża ortodoksję o wypaczenie, zaniechanie pierwotnych inspiracji, zdradę. Oskarżają się o zdradę wzajemnie.

Jakże mi daleko od takich niezdarnych, grubych, prostackich zdań do jakiejkolwiek wizji.

A jednak – jak to określić: o religii? – jeszcze nie pisałem.

Wrócić do tego, co wiem o wiejskiej parafii z dzieciństwa? Pleban, wikary, notable... Ale gdzie i kiedy? W Polsce przedwojennej, która tak się różni od dzisiejszej? A jedna i druga tak są różne od reszty świata.

Prorok jest niemową. Jak więc jest prorokiem? Niemową, debilem. Za niego działa impresario. „Jam jego sługą i narzędziem". Kombinator, cynik. Ale niemowa okazuje się naprawdę prorokiem. Czy też cynik sam daje się wciągnąć w tę grę, sam już niemy.

Odkrycie rodziny, która jest modelem cnót, pojęć, wartości – obecnie tak egzotycznych, jak jakieś plemię w Nowej Gwinei. Więc ciekawostka etnograficzna. Uczeni, dziennikarze, sensacja. Spór między uczonymi a dziennikarzami. Żeby zachować czystość egzemplarza. Stworzyć rezerwat.

Nic rodzimego. Wioska. W górach.

Nic z tego nie wynika dramatycznie. Żadnych tu charakterów. Ale siedzi, siedzi nad papierem. Będzie siedział do godziny 14.00.

Ksiądz zreformowany i reformujący. Prorok samozwańczy.

A może sztuka bajka? Lis, Kogut i ja[1]. Tego jeszcze nie pisałem.

Polowanie. Lis ukrywa się. Tu duże możliwości. Skoro nie umiem teraz osadzić się w realnościach, wysadźmy się w wyobraźnię. O wyobraźni: dlaczego ona u mnie w takim zawieszeniu? Przeplatanie się, przenikanie planów...

[1] Mrożek napisał wspomniane wcześniej opowiadanie pt. *Kogut, Lis i ja* (zob. przypis do 20 listopada 1973). Kogut oraz Lis są też bohaterami jednoaktówek Mrożka z 1977 roku: *Polowanie na Lisa* oraz *Serenada* (wyd. w 1979 w tomie *Amor*). Tu chodzi o zarys wstępny *Polowania na Lisa*.

Odgłosy trąb. Król na polowaniu. Wszyscy polują na Lisa. Kłusownicy, zwyczajni myśliwi... Demokratyczny przywilej polowania na Lisa. Królowi też wolno.

Wchodzi Lis, prowadząc Koguta. Nie zjada go, ponieważ chce sobie pogadać. Jestem ostatnim Lisem.

Panie z towarzystwa ochrony Lisów.

Lis i Kogut wchodzą na drzewo. „Przeżyłem, ponieważ nauczyłem się wchodzić na drzewa. Wszyscy szukają mnie na dole".

Lud, panowie, król, mieszczanie, wszyscy polują. Obalenie wszelkich przywilejów, każdemu wolno. A nawet każdy musi. Jeden taki, który jest zmuszony do polowania, choć bardzo tego nie lubi. Tłumaczą mu, dlaczego musi polować. Bo masz przywilej, musisz z niego korzystać.

Scenicznie: Lis siedzi z Kogutem na drzewie i przyglądają się, Lis komentuje.

Kogut: „Chcesz przeżyć, ale po co?".

Lis nie wie.

Zmęczeni myśliwi spotykają się na polanie, biwak, rozmowy. Król chodzi z patefonem, na którym nagrane fanfary.

Myśliwi narzekają. Nic już się nie chce tylko jednemu. Ten, któremu nigdy się nie chciało, buntuje potencjalnych odstępców. Ideolog polowania mu się przeciwstawia: „Chcesz cofnąć koło historii?", „Chcesz królowi podobać się z powrotem?".

Jeden jest nawet sparaliżowany. Wiozą go na wózku, by także polował.

Co chwila jakiś wypadek na polowaniu. Szeregi myśliwych przerzedzają się. Ideolog polowania grozi, że: „Ej, to będzie wypadek na polowaniu".

Las zadeptany.

Kogut: „Dlaczego nie popełnisz samobójstwa? Tym zrobiłbyś im na złość...".

Lis i Kogut siedzą sobie wygodnie, Lis ma barek.

Sparaliżowani, dzieci, starcy, wszyscy.

Ten, któremu się nie chce: „A może Lisa już nie ma?". „He, he, nie ma" – komentuje Lis na drzewie.

Myśliwi wszyscy w lisach. „Czy nie dosyć już mamy Lisów?..."

„Skoro już wszyscy mamy ten przywilej, to znaczy, że nikt nie ma przywileju".

„Dobre to były czasy, kiedy tylko król musiał polować. Zwyczajny człowiek siedział sobie w domu…"

Król i Pan. Dwaj. To Król powiada: „Kiedyś ja za was polowałem. Obowiązek. A teraz wy musicie…".

Nagle wycie wilków. (Początkowo nikt nie zwraca uwagi). Popłoch. To ja już pójdę do domu… Ten, któremu się przedtem nie chciało: „Ale wilki podejdą pod dom". Eee, iii… Ten, któremu się nie chciało, sam zostaje ze strzelbą.

„Wilki? Przecież już są wytępione", tak powiada ideolog polowania. „Pójdę i sprawdzę". Idzie i nie wraca. (Albo też ucieka razem z innymi).

Zostaje Lis, Kogut i ten, któremu się nie chciało. Pali do Lisa (dlaczego?!) i zabija Koguta.

Lis przebrany za myśliwego. (Peleryna zielona narzucona na futro).

Kogut w purpurze: „Lisów nie ma".

„Nie ma? A kto mi zabił Koguta?"

„Czy tobie nie wszystko jedno, czy skończysz w garnku, czy u mnie? (Lis do Koguta). Ze mną sobie przynajmniej pogadasz. I ostatecznie my, zwierzęta, powinnyśmy się wspierać między sobą…"

Ogary: hau, hau. Ale tylko… Już nie szczekam. W umowie stoi: szczekam tylko sto razy na dobę.

Król i Burgrabia na emeryturze. Starcy.

Lis przebiera się za myśliwego, a Kogut za… Schodzi na dół i miesza się z myśliwymi.

„Ja z Kogutem poluję na przynętę". Wtedy dopiero wilki.

Zostaje ten jeden antymyśliwy, Lis i Kogut.

9 lutego

Pan Bóg się zlitował – zesłał mi tę młodziutką Azjatkę, związek – mam nadzieję – najmniej szkodliwy, najodpowiedniejszy teraz, kiedy z Y. wstąpiliśmy w ten okres łagodnego porozumienia (mam nadzieję).

10 lutego

Gdyby się znowu zapytać siebie, co z tego, nie umiałbym odpowiedzieć.

Reakcje, doraźne rozwiązania. Jestem człowiekiem, któremu doraźne rozwiązania nie wystarczają. Nawet jeżeli są najbardziej zadowalające. Nie wiem, skąd wzięła mi się ta potrzeba, aby było „Ponad".

Powiedzmy inaczej. Jeżeli „Ponad" jest nie do znalezienia w sferze zjawisk i doraźnych rozwiązań, to znalezienie ostatecznej formuły też nie jest możliwe...

Trzeba go szukać w metodzie. Stylu. Jedyne „Ponad" możliwe to metoda i styl.

Nie należy obrażać się na zjawiska, mieć im za złe, że nie satysfakcjonują, nawet jeżeli nie są satysfakcjonujące. One nie są od tego. (Głupota powiedzenia: „Pieniądze nie dają szczęścia"). Nic, co się dzieje, nie jest ostatecznością. Ani w dobrym, ani w złym.

Wczoraj, po szczęśliwym rozwiązaniu mojego celibatu, wypiłem flaszkę wina i wypaliłem wiele fajek.

11 lutego

Radość, ponieważ otrzymałem to, co mi się należy. *Carte de séjour en France*[1]. Trzy lata.

W nocy – ucisk na duszy fizyczny, jeżeli tak można powiedzieć. Jęczałem.

Ponieważ otrzymałem tę głupią *carte de séjour* – radość i nowe życie.

Wczoraj spotkanie z N. Steraną, zmęczoną. Wróciła z pogrzebu kolejnego narzeczonego.

Recenzja polskich *Garbusów*[2]. Nic nie rozumieją.

16 lutego

Powrót z Londynu. List od Y. Oznajmienie zakończenia.

Pełna próżnia w Londynie. Jeżeli nikomu nie chcę być potrzebny, nikt mnie nie potrzebuje.

---

1 *carte de séjour en France* (franc.) – karta pobytu we Francji

2 *Garbus* – dramat S. Mrożka z 1975 roku; prapremiera w łódzkim Teatrze Nowym 14 XII 1975 (reż. K. Dejmek), 19 XII 1975 odbyła się też premiera sztuki w krakowskim Teatrze Kameralnym (reż. J. Jarocki); o przedstawieniu pisali m.in. M. Karpiński („Literatura" 1976, nr 5), M. Fik („Polityka" 1976, nr 6), K. Zbijewska („Dziennik Polski" 1975, nr 288).

Coś się dzieje ze mną, w dalszym ciągu i coraz szybciej. Obojętność, oddalenie coraz większe.

A nawet pisać o tym mi się nie chce.

17 lutego

Tymczasem Y. ciężko chora.

Ja chyba też, bo to, co mi w głowie, dalekie jest od statystycznej normy.

Co to będzie?

Czy to zasadnicza niezdolność do emocji, czy też paraliż emocji na skutek porażenia, zbyt wielkiego napięcia?

Niemożność życia na skalę moich emocji, a więc dążność, żeby je całkiem wytępić. Możliwe.

Ale kiedy już znikną emocje – to co? Co na przykład będę tu pisał? Zapisywał?

Bo jednak wszystko się bierze z pomyłki: z traktowania siebie jako kogoś, czegoś... Ulga, kiedy udaje się zmienić optykę.

Smutne prawdy o mnie: nigdy nie żyłem naprawdę dla kogoś, zawsze dla siebie. Trudno powiedzieć: myślałem tylko o sobie. Żyć dla siebie wyłącznie to dla mnie tak naturalne, że nie wymaga myślenia.

Dlaczego w Londynie jednej nocy płakałem we śnie? Obudziłem się pełen płaczu. Coś mi się śniło. Pamiętam tylko, że nie płakałem nad sobą. To był płacz z żalu, współczucia dla ludzi, ludzkich losów, kondycji w ogóle.

Obudziłem się i byłem zdziwiony. Bo w dzień – chłodny i rozsądny. A w nocy takie historie...

Gdybym mógł znać moje nocne, senne życie...

18 lutego

Południe. „Herald Tribune" przeczytana. Fajka zapalona. Kawa gotowa.

Jedyny moment dnia, kiedy coś powinno mi przyjść do głowy. Wszystko gotowe na przyjście tegoż.

Od dawna już nic nie przychodzi.

Wernisaż Jasia Lebensteina. Nic nie mam do powiedzenia.

Pomyślmy o literaturze.

Teatr (sztuka): wszystko oparte na kolosalnej pomyłce. Ojciec nie jest ojcem, matka matką, rząd rządem. Wszystko okazuje się zupełnie inaczej.

To znaczy: mały detektyw. Odkrywa, że wszystko jest zupełnie inaczej. Chce odkryć, że wszystko jest itd.

Jaskinia zbójców.

19 lutego

Jaka jaskinia zbójców?

Z Yuriko coś nie tak. Coś tam wymyśliła tymczasem jej nędzna główka. A może to ja nie dbam dostatecznie?

Lepiej zabrać to dziecko do kina.

Kiedy dziecko poszło, whisky i fajka przed nocą, co niczemu nie służy i nie jest w żadnej sprawie. Jak nic nie jest w żadnej sprawie.

Żadna moja cecha młodzieńcza – poza lenistwem, skłonnością do małych przyjemności i bojaźliwością – nie rozwinęła się. Pożądanie znaczenia, sławy, dostępu do kobiet zostało zaspokojone łatwo i tanim kosztem. Pożądanie absolutu, tak silne w latach moich trzydziestych i na początku czterdziestych, także sczezło. Zmęczyło się samo swoją zasadą: nieosiągalnością absolutu.

Brak mi było zawsze altruizmu, zainteresowania światem, ciekawości. Zawsze byłem ciekaw tylko siebie. Kiedy okazało się, że ja to nic ciekawego, przestałem się interesować czymkolwiek.

Nie było we mnie nigdy żadnej obsesji, zboczenia, skazy – dostatecznie silnych, żeby mnie naznaczyć.

Ostatnio zamierają mi ostatni ludzie. Jak u siebie, tak u ludzi, którzy dawniej wydawali mi się jacyś, odkrywam teraz nijakość, małość i nieszczęście.

Ostatnie ognie.

20 lutego

„Rozstałam się z Tobą…"

A ja nawet…

Ostatecznie moja filozofia życia sprowadza się do światopoglądu ostrygi przed zjedzeniem jej.

Jest we mnie odmowa życia, życia, które było już na początku, dawno temu.

Niczego nie chcę i wszystkiego chcę jednocześnie.

Ustalić, czego chcę właściwie, wybrać i tego już chcieć. Ba...

Przestać, przestać, zacząć, zacząć...

Wszystko mi się z wiekiem zmniejszyło – poza łysiną i brzuchem.

Co to, jęki znowu i skargi?

Moja wizja sprzed sześciu lat, synajska. Czy to jest, ma być, ową prawdą? Obietnica ostateczna?

„Rozstałam się z Tobą..." Ile już rozstań?

7 marca

Dziś rano z gór (zbliża się południe). Dwa tygodnie, Sestriere[1], 2000 metrów. (Głupia informacja dla siebie?)

8 marca

Przykazania. Na przykład dziesięcioro.

9 marca

Powyżej miało być zapisane o tym, że dziesięcioro reguluje rzecz między człowiekiem a drugim człowiekiem, natomiast przydałyby się (i są takie) przykazania, które regulują człowieka wewnątrz. Człowieka z samym sobą.

10 marca

Samotność jest moją kondycją. Reszta zależy od tego, jak się z nią ułożę. Ostatnio mam z nią dobre stosunki. Czasami ją nawet lubię.

14 marca

W pięć dni napisałem *Polowanie na Lisa*[2].

Pan Leopold Kielanowski i jego siostrzenica.

22 marca

Dwa tygodnie i dwa dni. Należy wrócić do tych dwóch tygodni i nie przedłużać tych dwóch dni.

---

1 Sestriere – alpejska miejscowość we Włoszech w regionie Turynu.

2 *Polowanie na Lisa* – pierwodruk: „Dialog" 1977, nr 5; premiera (wraz z *Serenadą* oraz *Lisem filozofem*) w Teatrze Nowym w Zabrzu 11 XII 1977 w reż. W. Krygiera.

26 marca

Z czym walczę, co ze mną walczy?

Z kobietami nie walczy się ambicją.

27 marca

Z kobietami w ogóle się nie walczy.

28 marca

Tymczasem przyszła wiosna. Przyznałem to rano, wystawiwszy rękę za okno. Potem potwierdziło się.

„Tam skąd przyszedłem, wszelka nadzieja była śmiertelnym niebezpieczeństwem. Wszelką myśl, rozpamiętywanie lub marzenie o innym życiu trzeba było wypalić w sobie, przysypać kurzem obojętności. Żyć tylko tym, co znajdowało się w zasięgu wyciągniętej ręki. Trzeba było czepiać się szczegółów, błahostek... inaczej groziło załamanie i obłęd". Jerzy Gierałtowski, *Wakacje kata*[1].

Tam skąd przyszedłem... to więzienie (cały zbiór opowiadań wydaje się autobiografią). Tam skąd przyszedłem... to wszystko dokładnie stosuje się do mnie. Tu, gdzie teraz jestem. Dokładnie to samo.

Zbrodnia Karola Marksa polega na tym, że litość, współczucie, nie, nie litość, ale współczucie właśnie, ludzkie współbrzmienie między ludźmi postanowił opracować „naukowo".

Wyjął serce z człowieka i opracował je w laboratorium na coś w rodzaju aspiryny. Człowiek od tego umarł, serce zamieniło się w martwy proszek.

Jest to początek wielu innych zbrodni.

„Jestem Żydem... Nasza tułaczka to odwrotność cygańskiej! – Jest rozpaczą i lękiem" [2].

Też z książki Jerzego Gierałtowskiego.

---

[1] Zob. J. Gierałtowski, *Oczekiwanie*, w: tegoż, *Wakacje kata*, Warszawa 1970, s. 127.

[2] Cytat z opowiadania Gierałtowskiego *Noc druga – Umschlagplatz*, z tomu *Wakacje kata*, s. 151.

31 marca

Właściwie na tym można by, należałoby zakończyć. Mam wrażenie, coraz częściej, że na tym się kończy moja historia. Będzie już tylko historia tego, co z zewnątrz, naokoło. Mój środek zanika.

1 kwietnia

Ostrzygłem się prawie do gołej skóry. Jak zwykle – strzygłem się sam, ale mając mniej cierpliwości niż zwykle, ostrzygłem się w dziury. Nie pozostawało nic innego, jak pójść do fryzjera i wygolić resztę.

Teraz jestem skłonny twierdzić, że ostrzygłem się na znak pokuty (za co?), ascezy (chcąc nie chcąc) i w ogóle na jakiś znak. Tak powstają upiększone wersje zdarzenia. Tak dorabia się mitologie do faktów.

4 kwietnia

Z czego ja się tak cieszę, jeżeli to nie było samo w sobie, jako takie, radosne. Poszedłem spać o szóstej rano, a mieszanina whisky i piwa nie jest moim ulubionym napitkiem.

To nie było ani radosne, ani nawet szczególnie atrakcyjne. Cieszę się więc z powodów innych. Chyba z tego, że byłem tym, w tym, z tym, będąc jednocześnie od tego wolny. Cieszę się chyba ze swojego zdrowia. I z rozwiązania tego, co było zawiązane. Chociaż sam nie wiem jeszcze dokładnie, co to takiego.

Gdyby można wiedzieć, nie doświadczając – być może na tym polega sztuka i metoda, mądrość wyższa. Ale ja jestem człowiekiem niższego poziomu.

Jeszcze raz: nie dowierzaj, na miłość boską, temu, co wydaje ci się rzeczywistością (synonim czegoś), a co jest tylko twoim nabudowaniem. W miarę możności zawieś sądy, bo to jedyny sposób, żeby nie żyć w pomyłce, zamknięty w domku z klocków, który sam sobie zbudowałeś i budujesz ciągle.

5 kwietnia

Les Damnés[1] Viscontiego. Po raz drugi, bo w pobliskim kinie. Do kina chodzę tylko w stanie debolectwa[2].

---

[1] *Les Damnés* – francuski tytuł filmu L. Viscontiego *Zmierzch bogów* z 1969 roku.
[2] (z włos.) – słabości

Artyści tworzą interpretację, nie historycy. Odium, teza polityczna Viscontiego. Hitleryzm = kapitaliści winni. I co z tego, że to tylko część prawdy. Wspólny korzeń faszyzmu-komunizmu strasznie zaklepywany. Pańska fantazja i talent Viscontiego nadają imiona rzeczywistości. Tym sposobem ja mogę się nazywać Radziwiłł.

Visconti za wielkim jest artystą, żeby jego film był o tym, o czym, że jest, przekonuje nas krytyka i co zauważa widz (?). Zło jest bohaterem tego filmu. Dymy i ognie na początku i końcu to dla krytyka eleganckiego (wiem, bo spotkałem takiego krytyka) działalność wielkich stalowni w rękach posiadaczy prywatnych. Tymczasem to są dymy i ognie piekła.

Zło, być może, jest tylko (tylko!) perwersyjną działalnością ducha (*l'esprit*, *mind*). Kombinatoryką wyobraźni uwolnionej, wyzwolonej od wszystkiego. Wyobraźnia kojarzy kocioł z gorącą wodą i człowieka (ponieważ wszystko może skojarzyć ze wszystkim), pakuje więc człowieka do kotła i gotuje żywcem – naprawdę. To, co Valéry pomyślał o odwrotności idiotycznego porzekadła: „Duch dobry – ciało złe".

Zła nie ma w naturze. Zło jest pomysłem. Ale jest.

Rozterka-trzęsiączka. Skutki pijaństwa i wiosny. A jednak jest sposób, żeby to opanować. Czy też usunąć. Nie korzystając z niego, udowadniam, że lubię tę trzęsiączkę, narzekając na nią.

Gdyby stwierdzono, że wyobraźnia, to, co psychiczne, jest realnością, że realność składa się też z tego, jest tym przesycona, uwarunkowana... Podobno są już takie podejrzenia w najnowszej fizyce. Tłumaczono mi to przez radio, mówili wielcy uczeni, fizycy. Jak zwykle zbyt mało zrozumiałem.

6 kwietnia

Jestem skażony, zniechęcony, zbrzydzony romantyzmem polskim, tymi 44, Polska Chrystusem itd. Kto wie, czy moje rzucenie się w objęcia K. Marksa i J. Stalina w młodości nie było też reakcją na polską historiozofię. Wydobyć się z mętniactwa, partykularyzmu. Być światowym, ładne mi wydobycie. Czyli udawanie. Skończyć z garbatą polskością, być światowym. Próba podobna do żydowskiej, Żydów, co uciekając od żydostwa, rzucili się w marksizm.

Brudne dziedzictwo romantyzmu, jego pretensje. Religie Wschodu, przeżute przez europejski romantyzm i wyplute nam na talerz. Aż do mistyki hitlerowskiej.

Gdziekolwiek się obrócić, wszystko skończona głupota, wszystko zwulgaryzowane, zgnojone. Precz z popularyzacją, upowszechnianiem, egalitaryzmem, z alfabetyzmem powszechnym.

Marksizm i chrześcijaństwo poczęły się od razu na poziomie szkółki parafialnej. To były idee dla wszystkich, od razu. Skutki widoczne do dzisiaj. Marksizm, *stumbling bastard*[1]. Ewangelia bez Boga przepisana przez Żyda antysemitę.

12 kwietnia

Noc. Głęboka.

Niesenność, powrót z Monachium. Wieczór, noc i dzień w Baldham[2]. Szczególne miejsce, okoliczności i skutki. Znowu coś wiem, ale nie wiem co.

Chociaż nie wydarzyło się nic. A nawet brak zdarzeń ciężko mnie znowu doświadczył.

Stawianie kart. Zmiana, miłość, pieniądze. Pieniądze, owszem, zgadza się. Ale jaka miłość, jaka zmiana?

Baldham. Miejsce piękne i nasycone pięknymi rzeczami. Piękny gospodarz, piękna pani domu i piękne dziecko, w dodatku córka.

Jaka zmiana?

Z czego się budzę, w co zasypiam? Skąd ta niesenność, choć być powinna senność? Gdzie znowu pomyłka, stara wciąż i nowa prawdopodobnie? Nieunikniona chyba.

Żelazna ręka losu – czy znowu włoży dla mnie jedwabną rękawiczkę? Prowadzi mnie za rękę, czasami tylko chwyta za gardło.

Czemu nie śpię?

Szpunt i muł w głowie – czy konieczny?

Przeczucie nieuniknionego końca, czasami na chwilę tylko to łagodzi.

Dwa oblicza śmierci. Jedno nigdy (zawsze) niewyobrażalne, drugie może być takie albo inne. Słuszne, mniej słuszne (rodzaj i okoliczności mojej śmierci).

---

1 *stumbling bastard* (ang.) – jąkający się bękart

2 Baldham – miasto w Niemczech w pobliżu Monachium.

Nieosiągalność kobiet, ich wymykanie się mnie (inżynier D.).

Czy przywiozłem z Baldham to, co mnie tam dopadło, doszło, czy też co otworzyło się? (Co?)

Czekam na jutro. Które okaże się zaspane i pełne krzątaniny.

13 kwietnia

Dokładnie takie się okazało.

Do Bruges. Co mi przyniesie mój nieprawdopodobny brak szczęścia w tych sprawach?

17 kwietnia

Dosyć dużo, i to dobrego (z Bruges).

Właściwie o co tyle hałasu? Pomału (?) zbliżamy się do zniknięcia i znikniemy, jakeśmy się pojawili: sami nie wiedząc jak, kiedy i po co. Byle nie przywiązywać zbyt wielkiej wagi do tej umownej postaci, która na razie jeszcze się przemyka.

18 kwietnia

Wielkanoc. Jeszcze jedna. Piękna pogoda. Żyję niewłaściwie, choć nie całkiem. Ale też nie całkiem właściwie. Łatanina. U A. i P. Rawicz. Zły. Agresywny (!). Coś nie wyszło.

19 kwietnia

Jakoś mi ten dzienniczek mniej potrzebny. Odkąd przestałem wymyślać światopogląd, odkąd cierpienia się przecierpiały, pisać tu mi się nie chce. Sam nie wiem, kiedy pogodziłem się z tym, że tyle jestem ważny, ile słup telegraficzny widziany z okna pociągu (w ruchu). Oczywiście to przesada, takie porównanie, w tym kierunku jednak.

Złośliwie dodam, że odkąd mam piękne mieszkanie i tyle pieniędzy, ile mi potrzeba, ustały także moje męki. (Jakże się zmniejszyły).

Jednak poczekajmy, nie spieszmy się z wnioskami. Coraz bardziej wszystko do snu podobne. Ponieważ nie zależy mi już tak bardzo, żeby się przebudzić, może się przebudzę. Choć już wiem, że nie będzie jednego wielkiego przebudzenia (*solution finale*, rozwiązanie ostateczne). Bardziej przebudzenie małe, częściowe.

21 kwietnia

Człowiek – podobno jedyne stworzenie, które wie, że umrze.

Powiada się, że stąd jego melancholia. I może stąd – bardziej niż melancholia – jego obrzydliwe na ogół zachowanie się.

Czy jednak nie da się, po pierwsze, pamiętać o śmierci możliwie wciąż, po drugie, nie rozpaczać z tego powodu, ani też się nie cieszyć złośliwie, tylko przyjąć śmierć, myśl o niej, pewność jej do swojej rzeczywistości, jeżeli jest ona rzeczywistością. Wtedy większa – może – równowaga i przyzwoite zachowanie się.

Greed – kiedy po polsku mówi się „pożądanie", chodzi przede wszystkim o życie erotyczne. Może pożądanie rzeczywiście należy zlikwidować, nie pożądać pożądania, ale tylko pożądania intelektualnego. Pożądanie jako pożądanie posiadania. Głód gastronomiczny i erotyczny – proszę bardzo. O ile nie pożąda się, byle nie pożądać, zaspokojenia tych głodów jak zaspokojenia innego głodu: posiadania.

Posiadanie jest próbą obrony przed śmiercią. Nawet nie dlatego, że wywodzi się z chęci gromadzenia zapasów. To jest naturalny charakter głodu posiadania, prawie biologiczny. Posiadanie jako osiągnięcie trwania. Posiadanie jest nieruchome, statyczne. Nie rusza się, więc śmierć się nie zbliża.

22 kwietnia

Rozumiem teraz, co powiadają, że wszystko już jest zawsze w pojedynczym losie ludzkim, w jego pierwszej części, może tuż po urodzeniu (albo przed nim?); to, co teraz się wyłania z mojego losu, już w nim było na samym początku.

Przede wszystkim moja samotność. Uprawiałem ją jako dziecko i jako dziecko nie miałem do niej żadnego stosunku, bo nie wiedziałem, że to była samotność. Kiedy zacząłem wiedzieć, cierpiałem z powodu samotności. Chciałem należeć. Teraz nadal, jak zawsze, jestem samotny, ale układam się z moją samotnością. Godzę się z nią i mniej z jej powodu cierpię, niż mam z niej radości. (Radość – nie to słowo, ale innego nie znajduję).

Nigdy w życiu nie zaznałem prawdziwej biedy. (Dlaczego zapominam o paru latach obszarpania i prawie głodu? Dla kompozycji?) Mój nieprzerwany dostatek od dwudziestu sześciu lat. W tym także ciągłość.

Rodzaj moich zajęć, zabaw dziecinnych, nie zmienił się. Literatura do niego należy. Był ten sam, zanim jeszcze nauczyłem się pisać.

Być może istnieją losy przełamane, heterogeniczne. Przynajmniej kiedy sądzi się o nich z zewnątrz. Ale żeby znać prawdę, trzeba by siedzieć w drugim człowieku.

Pycha arystokraty jest obrzydliwa. Pycha „proletariatu" jeszcze obrzydliwsza. Chce mi się wymiotować, kiedy z daleka patrzę na jakiś pochód krzyczący i wyjący – na moście de l'Alma. Pycha tłumu. Sama esencja pychy, anonimowa, nawet bez okoliczności łagodzących, jakimi zawsze są pojedynczość, indywidualność. Tak zwana świadomość klasowa, gdy się zastanowić, jest przerażającym, nihilistycznym zjawiskiem. Abstrakcja zinstytucjonalizowana, przestępstwo przeciw rzeczywistości. Już bardziej wybaczalny jest nacjonalizm, ponieważ może się powoływać (nadużywając tego argumentu) na jakieś uzasadnienie genetyczne, kulturowe. Jest także grzechem przeciw rzeczywistości, ale bardziej wybaczalnym.

Ten pochód (każdy pochód) – sama esencja, paroksyzm pychy. Samo – wniebobranie.

Gdybym umarł dwadzieścia pięć lat temu, umarłbym jako młody „komunista". Gdyby mnie zastrzelono 3 maja 1946 w rozruchach antykomunistycznych w Krakowie, umarłbym jako polskie, narodowe pacholę, orzełek biały, a w gruncie rzeczy jako młody bałwan. Co komu z tego, że dożyłem dzisiejszego dnia? Czy to, jaki jestem, ma jakieś znaczenie? Zapewne, żyjąc, oddziałuję. Więc może to ma jakieś znaczenie, mimo wszystko.

Kolacja z Sello.

J'ai dit: Les femmes sont touchantes. La façon dont elles promènent leur féminité.

[Powiedziałem: Kobiety są poruszające. Sposób, w jaki obnoszą się ze swoją kobiecością].

Jestem naturą refleksyjną. Rozmyślam nawet (przeważnie) nad tym, co nie nadaje się do rozmyślania. Teraz, kiedy zjadłem już kolację z beznogim, prawie siedemdziesięcioletnim Sellem, kiedy już wróciłem do domu – teraz i przez cały czas kolacji – miałem nagłe (?) i szczególne widzenia kobiet. Mój błąd do tej pory na tym polegał, że traktowałem kobiety jak siebie samego. Tymczasem należy je traktować jak kobiety. Niby proste, ale genialne.

Byle Women's Lib nie dowiedziały się o tym. Powiesiłyby mnie. Ale inne, te nie z Women's Lib – nie.

Po butelce chiroubles[1] na głowę.

Nie mogę żyć bez kobiet. To znaczy życie bez nich jest nędzne. Przy tym nie mam na myśli tylko leżenia z nimi w łóżku (choć to przede wszystkim).

23 kwietnia

Mogę, mogę i będę.

Wymagam dobroci, łagodności, wyrozumiałości, uczuć. Sam rezerwuję sobie prawo do opryskliwości, złości, gwałtowności i w ogóle wszelkich kaprysów. Nie tylko ja jeden.

Nadchodzi czas, kiedy znowu dzienniczek mój ukochany i nic poza tym (nikt).

Zdaje się, że postawiłem wreszcie na swoim. Ostatnie osoby, które jeszcze chciały mieć ze mną coś wspólnego, tracą na to ochotę. Jak mojej siostrze chodzi o to, że jest ona skazana na nieszczęście (i wreszcie jest), tak mnie chodzi o to, aby udowodnić, że nikt nie może wytrzymać ze mną (i nie może). Konsekwentnie przeprowadzamy swoje reżyserie.

24 kwietnia

Janek Błoński, a dla mnie znowu popicie, tym razem dolewałem sobie wiele. Kiedy minie pierwsza euforia alkoholu, już wiem, że nic to niczemu nie pomoże, niczego nie zmieni. Że nic nie wymyślę, nic się nie stanie. Nie mówię już o wieczornych godzinach trzeźwienia-zmęczenia. Ani o głupocie na drugi dzień. (To znaczy dzisiaj).

Dlaczego robimy rzeczy, których nie powinniśmy, które nam szkodzą, niszczą nas i nudzą?

Pierwsza odpowiedź: ponieważ ulegamy skłonności, żeby sobie sprawić przyjemność doraźną albo uniknąć nieprzyjemności doraźnej. Narażając się na nieprzyjemność znacznie większą.

[1] Chiroubles – odmiana wina Beaujolais produkowana w gminie Chiroubles we Francji.

Prawo paradoksu? Kto szuka, nie znajduje. I odwrotnie. Mój sposób na czas życia – coraz bardziej przypominam wzorowego więźnia, który możliwie bez ekscesów chce sobie urządzić czas i celę, w której wyrok spędzi (dożywocie). Nie jest to porywająca perspektywa.

Kabała ostatnia spełnia się. Ostrożnie z młodą dziewczyną. (Yuriko zniknęła bez słowa z młodym Szwajcarem, co jest nawet w niezgodzie z dobrym wychowaniem. Tym mniej z jej wyznaniem-problemem, że się we mnie zakochała. Chyba że rozwiązała sobie ten problem radykalnie). Kobieta mojego życia odwraca się ode mnie, będą z nią przykrości. Już są. Jeszcze się nie spotkaliśmy, a już jesteśmy gorzko, źle pokłóceni. Definitywnie?

Y. postępuje dowolnie, wyłącznie według swoich nastrojów, myśli, uczuć, okoliczności doraźnych. Nie biorąc pod uwagę, że to, co robi (i zapomina), może zostawić w otoczeniu trwałe ślady, że to zostaje i drąży. Nie jest świadoma efektów, przyczyn i skutków. Dokładnie tak samo jak ja.

Jednocześnie domaga się opieki, żeby rozwiązywać problemy, które stawia albo którymi jest. Nie pomaga w tym. Dokładnie tak samo jak ja.

Ma dar męczenia, ale nie ma daru kojenia. Musi mieć dwór, suwerenność inna niż jej własna nie przychodzi jej do głowy.

Od dwóch dni mięśnie nad kolanem skaczą mi nieprzyjemnie. (Samoczynnie).

Zapowiada swój przyjazd, ale jak zwykle – to wszystko. Nigdy nie określa swoich planów. Bezwiednie chce sobie zachować pełną swobodę inicjatywy i działań. Inni muszą się tylko dostosować.

Od początku snuje pasmo męki i udręki, boli ją przede wszystkim jej własna pycha. Ładnie się zapowiada spotkanie za cztery dni (o ile do niego dojdzie).

A potem moje dwa telefony do Y. i jeden jej do mnie. A także stałem się pijany. Po pijanemu odkryłem punkt 0 albo X.

Jeżeli wszystko i tak redukuje się do 0 albo X, wobec tego 0 albo X jest też początkiem, ziarnem, źródłem wszystkiego.

Mój pomysł – zanim stałem się pijany, kiedy indziej – że raczej są siły niż *entités*, raczej jest choroba niż chory, siła niż silny, słabość niż słaby.

Najwyraźniej to widać w sprawie erotyki. Raczej jest erotyczność niż kochanek i kochanka.

25 kwietnia

Poszedłem więc spać pijany (piłem już czwarty raz z rzędu, cztery dni), zapisawszy te słowa. Jak zwykle po pijanemu prawda była oczywista. Uchwyciłem ją i trzymałem. Ona trzymała mnie. Patrzyliśmy sobie w oczy, ja i prawda. Po czym wyspałem się i jest tępe rano (tzn. południe).

Coś jednak jest na rzeczy. Punkt X. Punkt Zero. Punkt poza formą. Przed formą. To chyba nic innego, jak *the wooden block*[1] w nauce zen.

Wichura i pochmurno w dalszym ciągu. Oraz deszcz.

Co to było wczoraj?

Zwyczajne popicie, skłonność do alkoholu. Rewolta brzucha wobec głowy. Siły psychiczne, sfrustrowane, przeciw *ratio*. Ujście sfrustrowanych sił (przede wszystkim zatamowanej erotyki) w samozniszczeniu. Rozbicie nudy, *taedium vitae*, za wszelką cenę. Święte poszukiwanie Graala.

Każda interpretacja jest dobra. I wszystkie razem.

Co teraz? Kalectwo umysłowe. Rekonwalescencja. Wyrzuty sumienia. Frustracja ogólna jako cena ulżenia frustracji poszczególnej. *Standstill*[2] w sprawach administracji życia, pogrążenie się w stagnację. Debilizm.

Najgorsze, że to wszystko już było. Ile razy? Wiele.

Przebudzenie pod szubienicą. (*Rękopis znaleziony w Saragossie*[3]).

Mięśnie lewej nogi skaczą w dalszym ciągu. Wrzodzik w lewym oku w dalszym ciągu. W tymże oku niebezpieczeństwo odklejenia siatkówki w dalszym ciągu. Lewe kolano miałem uszkodzone w wypadku samochodowym. Kiedyś zapalenie ucha środkowego, lewego. To grzbiet lewej dłoni przypaliłem sobie kiedyś po pijanemu papierosem. Stanowczo moja lewa strona jest mniej szczęśliwa.

---

[1] *the wooden block* (ang.) – drewniany blok; klocki, których układanie ma uczyć zdolności koncentracji

[2] *standstill* (ang.) – zablokowany, w martwym punkcie

[3] Zob. przypis do 27 lipca 1973.

Restauracja chińska. Tam punkt Zero. Dlaczego? Bo tam szczególna nuda. Nuda oczekiwania na posiłek, nuda między daniami. Przymus siedzenia. Przymus nieruchomości. Wtedy oko ogląda, wychodząc z punktu Zero, do punktu Zero z powrotem. Na pewno: to, co się widzi, nie tyle zależy od tego, na co się patrzy, ile od tego, jak się patrzy. Bogactwo obserwacji nie zależy od obfitości materiału obserwowanego. Ale to chyba truizm. Tak, ale i nie. Nie truizm, to jest zdanie, którego się nie rozumie naprawdę, właśnie dlatego, że się je powtarza, uważając przy tym, że jest zupełnie zrozumiałe.

Czy wiatr mniejszy? Mniejszy obiektywnie, ale subiektywnie jeszcze mniejszy, bo nie jestem już tak wobec niego bezbronny.

26 kwietnia

Moje zainteresowanie Nabokovem nihilistą, jak powiedział jego rówieśnik chyba wczoraj u O., chyba dlatego, że ja też staję się nihilistą. Chcę podpatrzyć, jak to robi starszy kolega.

Nadchodzi czas, kiedy wyczerpię sposoby i zostanę na wielkim wietrze bez parasola.

Ja, który tak lubi, musi tulić się, urodzony maminsynek, nie mam już do czego się tulić.

Najpierw zawiodła rodzina. To było pierwsze stwierdzenie, że to – to nie to.

Potem – jakże prymitywny incydent – ideologia. (W jakże prymitywnym, brutalnym wydaniu). Potem kobiety. Kobiecość. Jako małżeństwo i jako miłość. To także, jak się okazało, nie dało się, nie było sposobem.

Potem literatura, kariera literacka. Na pewnym stopniu kariery przestało to mieć znaczenie.

Potem Europa, świat, ucieczka z prowincji. To było może największe rozczarowanie.

Potem próby życia religijnego. Nieśmiały panteizm, astrologia, życie w „kontakcie" z „nadprzyrodzonym". Też nic z tego nie wyszło.

O tym, że osiągnięcie dostatku materialnego też nie ma większego znaczenia, prawie nie warto wspominać.

Nie zawodzą tylko: dobra kolacja i prymitywna erotyka. Ale to nie zasługuje nawet na miano sposobu.

Pozostaje już tylko wszechpogaństwo. Plamy na Słońcu. Bulgotanie kosmosu. Siły nieokreślone, nienazwane, pozostaje tylko nieludzkie. Ocean.

Wszystko, co historyczne, religijne, moralne, ideologiczne, psychiczne, intelektualne – wszystko to zaczyna mi się wydawać żałosnymi parawanami. Papierowymi zabawkami.

Nie jest to – głupstwem byłoby – „antykulturalność". „Siły" jako program to nie jest żaden program. Nawet słowo „siły" jest tylko słowem.

Wieczór u O. Wieczór? Pięć bitych godzin siedzenia na dupie. Prawosławni obchodzą Paschę. A co mnie Pascha? Ileś tam osób siedzi i grzeje się nawzajem, stworzywszy kupę. Dla mnie męka niewysłowiona. Gdybym wiedział... Ale to kara. Uznałem, że nie mogę dłużej znieść samotności. Dobrze mi tak. Byłem sam w najgorszych wyobrażalnych warunkach. (Choć mogą być chyba i gorsze, tylko ja o nich jeszcze nie wiem, nie wyobrażam ich sobie).

Jedzenie, wódeczki, patefon i gadu-gadu. Upiorność. Ciasno i brudno – takie rzeczy są jeszcze do zniesienia w salonach, kiedy kupa nie pretenduje do prawdy. Konwenanse i rytuały ratują jeszcze – przed kłamstwem kupy. Są wyższe sceptyczności wobec kupy. Do tego potrzebne są przestrzeń i pieniądze. Oraz etykieta. Nie w modzie i nie w potrzebie.

Nienawistna mi „kupowość" słowiańszczyzny. Na Zachodzie nazywa się to „ludzkim ciepłem, bezpośredniością".

„Żywe dzielnice". Ciasnota, brud, hałas, pijacy, awantury. Jak bardzo trzeba być trupem, żeby dopiero tak grube efekty sprawiały wrażenie życia. Powoli dochodzę do takiego wyostrzenia, że obserwowanie robaczka na pustyni daje mi poczucie pełni. Efekty wyżej wspomniane paraliżują tylko mój zbyt już wyrafinowany, zbyt usprawniony aparat percepcji. Moja nienawiść do „żywych, malowniczych dzielnic".

Niech sobie ginie cywilizacja. Niech sobie będzie apokalipsa nawet. Cywilizacja, a nawet cała planeta, to moja ostatnia mama, do której chciałem się przytulić. Ludzkość, gatunek, idem.

Jestem więc nihilistą. I byle nie robić z tego znowu programu ani ideologii. Jeszcze raz potwierdzenie: dziwny jestem, odmienny, nieludzki. Dobrze. Coś jest na rzeczy. Tylko to jest moje i może tylko to jest wyjście.

27 kwietnia

Znowu zimno, wiatr.

Nie należy dopuszczać do stwardnień w głowie. Zasada: uczynić to natychmiast zasadą zdrowia. Chyba że chce się być chorym. Od dwóch tygodni należało uporządkować te papiery. Zabieg, błahy sam w sobie, teraz urósł do guza na mózgu. Czy grozi mi (grozi?) ostateczne „zdrowienie"? Upodobnienie do samotności.

The Tin Drum Grassa[1]. On należy do tego samego pokolenia co ja. Niedouczony. Ale ja nie jestem z tego zadowolony, on całkiem *self-indulgent*[2]. Według standardów Nabokova G. Grass jest nie do przyjęcia. Tyle tam tandety i wulgarności. Pisze, co mu atrament na pióro przyniesie. Stylik czasami trudny do zniesienia, czasami nie do zniesienia. Kawałki szczerego talentu zanurzone w oceanie sosu przyrządzonego z niekontrolowanych erupcji i wydzielin. Talent – i nie na poziomie. Tyle płaskich dowcipów. Jest w nim coś niedowarzonego, niedorozwiniętego. Nic dziwnego, że taki sukces. Wyprzedził lata sześćdziesiąte. Kiedy szykowało się już chamstwo. Płaski gatunek nihilizmu (ja jestem nihilistą wytwornym). Rodzaj beztroskiej, zadowolonej z siebie głupoty. Ale to, widać, też potrzebne. *It takes all kinds to make a world*[3].

Ja nie jestem na swoim miejscu, on – tak. Ja jestem protestem nawet przeciw sobie – on znakomicie się czuje. Skutki są odpowiednie.

Do Brukseli jutro, na lotnisko.

I tak wszystko nie tak w ciągu tych trzech miesięcy samodzielności. Niczego nie utrwaliłem, wszystko pomyślałem. Głupota i słabość mną rządziły w dalszym ciągu. Lewe oko mi gnije w dalszym ciągu. Nadzieja wbrew nadziei i nadzieje, żeby już nie mieć nadziei.

---

1 *The Tin Drum* (*Blaszany bębenek*) – angielski tytuł powieści G. Grassa z 1959 roku (wyd. ang. 1962).

2 *self-indulgent* (ang.) – pobłażający sobie

3 *It takes all...* (ang.) – angielskie powiedzenie, akcentujące potrzebę różnorodności w świecie, dosłownie: „trzeba wszystkich gatunków, aby stworzyć świat".

Piłem, choć miałem już nie pić, źle żyłem, choć miałem żyć dobrze. Nie było aż tak źle, jak być mogło, i moje wysiłki zredukowały mnie do miernoty tak w dobrym, jak i w złym.

Zamykamy ten sklepik na czas niewiadomy.

Tu następuje zamknięcie sklepiku.

Jeszcze nie, jeszcze chwila.

Kapitalny dowcip – „ja".

Dalsze rozluźnienie wizji osobowej. Wewnątrzosobowej.

Kapitalny dowcip.

Dokąd to się wybierasz – ty mój? Po co?

Nigdy nie było i nie ma czegoś takiego jak Sławomir Mrożek. Tym bardziej nie będzie. Rozwiązanie problemu. Nie było problemu.

Pan Bóg nie stworzył niczego. Stworzenie jest anomalią antyboską. (Niszczenie jest stworzeniem *à rebours*, tym samym co stwarzanie właściwie – przywróceniem równowagi). Dziełem szatana i człowieka. Mówić, że Pan Bóg jest – jest grzechem, obciążaniem Pana Boga ludzkim pomysłem (jest). Pan Bóg jest, nie będąc.

Tym bardziej pomysł „postępu", wzrostu, ulepszania – jest *null and void*[1].

Wszystkie moje zmartwienia i utrapienia są rezultatem pomyłki. Niczego nie ma, więc ich także nie ma.

Ruch to życie (zmiana), zgoda. Ale ruch jest złudzeniem (czegoś wobec czegoś), więc życie jest także złudzeniem.

Szaleństwem jest oczekiwać czegoś od złudzenia. (Czego innego niż złudzenia).

Niczego nie było, kiedy mnie nie było, niczego w dalszym ciągu nie ma, kiedy mnie nie ma (poza złudzeniem chwilowym).

Zmartwienie o koniec cywilizacji – czyż jestem nieśmiertelny i czy nawet gdybym był – nie byłaby to tylko nieśmiertelność złudzenia?

Nie do przodu. Do tyłu (???).

Dokąd tak pędzisz, rozpierasz się, rozdymasz? Ostrożnie, ostrożnie. Minimalnie. Bądź mniejszy nawet od swojego ciała. Przerosłeś się.

---

[1] *null and void* (ang.) – bez mocy prawnej, nieważny

Dziecko jest stale mniejsze od swojego ciała. Dorosły stale większy. Stąd kłopoty dziecka i dorosłego.

Bądź tylko tym – czym jesteś. (To ziarenko, punkt X). Pamiętaj, że tylko zachowując to równanie, będziesz prawdą. Jeżeli niemożliwe jest zachować to równanie stale, zachowaj możliwie najmniejszą odległość między prawdą a tobą.

Wszelkie odchylenia od tej jedynej, niewątpliwej, doświadczalnie sprawdzonej prawdy są i będą przyczyną twojego nieszczęścia. Więc się nie skarż.

Nie spiesz się nawet do prawdy. Pozwól, żeby prawda odnalazła ciebie. Bo nie możesz być nawet tym, który spieszy do prawdy. (Bo nie możesz być nikim).

28 kwietnia

Jeszcze tu jesteś? Ano.

Jeżeli sobie nie posiedzę, nie popalę, chory jestem. I jeżeli kawy się nie napiję.

Zmęczenie. Za długo żyję w celibacie. Piłem przez pięć dni. Z tego dwa razy samotnie. Oko gnije. Cywilizacja ginie. Wiatr wieje. Talent nie rozwija się. Przyszłość pochmurna, raczej nic w niej nie widać. Pan Bóg jest albo go nie ma. Zaraz będą awantury. Do ziemi, do ziemi.

Tyle mojego, co w samochodzie sobie posiedzę albo pojadę.

Na kurację jaką pojechać by.

Hej! Hej! – cicho. Nic się nie odzywa, nie odpowiada. Nie ma żadnej odpowiedzi. Są tylko pytania, wyłącznie.

Co by tu napisać? Może jednak o tej szafie… W szafie.

No to jedźmy.

14 maja

Awantur nie ma (raz była). Maj piękny. Nasycony kobiecością. W celibacie mi źle było. Duch może woli być sam, ale ciało pojedyncze źle się czuje. Duch zresztą na dwoje podzielony.

Equilibrium[1]. Ale i konsumowanie kapitału. Uprowadzenie do seraju. Pogodna dekadencja. Jak pięknie jest wiosną w Paryżu, ale

---

[1] *equilibrium* (łac.) – równowaga

tylko tutaj, gdzie mieszkam. Kiedy światu jest coraz gorzej, mnie dobrze jest. Trwa wciąż łaska i przywilej.

Czas mija, śmierć się zbliża. Teraz włożyła aksamitne pantofle.

Umysł niepoliczony. Ale teraz nawet nie ma siły... Nawet zdania napisać nie ma siły.

Obezwładnienie. Przyjemne.

9 czerwca

Powrót z Berlina przez Frankfurt. Wiele się działo i rozmaicie. Dużo życia. Za przyczyną Y. Już wiadomo: jak wiele życia ona daje i we mnie budzi.

Jestem więc bardzo żywy. Do tego stopnia, że zapomniałem odwiedzić grób Mary. Przestraszyłem się, kiedy to spostrzegłem. Przed chwilą, już w Paryżu. Do zakończenia drogi i dobrej kolacji bardzo zadowolony.

Człowiek jest po to, żeby żył. Oto do czego dochodzę po latach życia. (I żeby umarł też – dodaję na wszelki wypadek).

Nieufnie zapisuję. Zapisywanie wydaje mi się procesem zasuszania. Przystępuję do zasuszania.

A tak bogato było. Różnie bogato.

Model koła. Na obręczy – obręcz porusza się najwolniej. To jest historia powszechna, ludy odległe, klimaty.

Najbliżej ciało, moje.

W środku – to, o czym należy pamiętać. I choć tyle się kręci i kręci dookoła, to jedno – punkt – jest niematerialne.

10 czerwca

Gówno ptasie na szybie okiennej. Patrzę na nie, bo koło mnie, kiedy siedzę przy stole, wtedy problemy ludzkości światowo-wszechświatowe. Dowolna ilość elementów i kombinacji. Na szczęście jestem ograniczony.

Mimo wszystkiego, co się dzieje, wzmożenie iluzoryczności. Sen ogólny coraz bardziej przyspieszony.

W logice nic, co ważniejsze, się nie mieści. Tylko na niższym piętrze siedzi logika.

Jak jasno Y. widzi moją pustkę i moją pełnię (raczej w liczbach mnogich: pustki, pełnie).

11 czerwca

Sprzątanie. Moje hobby. Tyle rzeczy do zrobienia poza tym.

Zanotować – co? Co jakiś czas odruch, ni to obowiązku, ni to nadziei, że notowanie coś mi objawi, do czegoś większego od siebie jest potrzebne. Jeszcze jedna myśl, cykl, układ myśli, które się powtarzają. Które znam coraz bardziej do znudzenia.

Film – ten, który mam napisać, reżyserować w Niemczech[1]. Spróbujmy o nim. Co? Pustka w głowie.

Kup telewizor. Brrr.

Nabokov's *The Gift*[2].

Oczywiście, nawet jeżeli jest jakiś sens przedustawny, to i tak go nie poznam. (Gdyby w ostatniej chwili dany był, dawany był – ludziom – coś więcej by się o tym słyszało). Może jest jakiś, ale nie w tej sprawie, w której go się oczekuje, i jeżeli jest objawiony, to nie tymi słowami.

Nabokov zadowala się poczuciem *of the innate strangeness of the human life*[3], które go nie opuszcza. (Nic dziwnego, przy jego monstrualnej inteligencji i wyostrzeniu zmysłów). Nie wdaje się w teorie, poszukiwania ostatecznych prawd. Otwarcie mówi, jak brzydzi się „ideami ogólnymi". Sugeruje podejrzenie, że zwolennikami idei generalnych są ignoranci, ci, których nie stać na wiedzę w żadnej dziedzinie.

Nie odczuwa potrzeby zadawania się z ideami generalnymi ani szukania prawd absolutnych i uniwersalnych. Jest tak pochłonięty światem, tak pewny, przekonany od urodzenia, że najprostsze zjawiska są same w sobie oszałamiającą (i fascynującą) otchłanią.

Jeżeli tak chętnie i tak wiele czytam teraz Nabokova – znak, że we mnie coś tak się przekręca, aż Nabokova potrzebuję.

---

[1] *Wyspa róż* – scenariusz filmowy Mrożka z 1975 realizowany dla niemieckiej telewizji ARD, emitowany w 1976 roku pod tytułem *Insel der Rosen*.

[2] *The Gift* (ang.) – *Dar*, powieść V. Nabokova z 1963 roku (wyd. ros. 1938).

[3] *of the innate strangeness of the human life* (ang.) – przyrodzona dziwność ludzkiego życia

(Jeszcze o niechęci Nabokova do idei generalnych – czy nie dlatego ten ruski starzec emigrant spotkany na przyjęciu u O. nazwał go nihilistą? Może dlatego).

Kiedyś i ja nie szukałem idei generalnych. Kiedy byłem dzieckiem, oczywiście, i potem, kiedy przez pewien czas byłem artystą. Ale prawie we wszystkim, co pisałem, przebijała się skłonność do „idealizowania generalnie". To smutna prawda, że jestem ignorantem i łatwość generalizowania zastępowała mi wiedzę. Jak Czernyszewskiemu[1] w książce Nabokova *The Gift*.

Gdyby mi się udało pozbyć (*to shed*) swoich wszystkich nawyków myślowych (*mind tracks*), odnaleźć się na nowo w wolności odczuwania (*perception*) i zdumiewać się bez przerwy istnieniem – byłbym zadowolony.

Czasami (ale to rzadkie owoce nudnej dyscypliny) spod warstwy kurzu w mojej głowie wyłania się coś żywego.

Obawiam się, że wyrzucając rupiecie, wyrzucę siebie. Że pozbywając się „idei ogólnych", pozbędę się siebie. Strach przed „utratą zasług".

12 czerwca

Dlaczego im ktoś bardziej inteligentny, tym dziwniejsze mu się wszystko wydaje?

Czy najbardziej zdziwiony jest Pan Bóg?

Typowy dowcip (bon mot) demagogiczny. Ale czy płaskość nie jest w ogóle istotą bon motu?

Męczące upały. Whisky jedna część – dziewięć części zimnej wody (Vittel). Dobre.

Film: historia literacka, pokazana[2]. (Taka była ostatecznie *Wyspa róż*).

Historia impresyjno-realistyczna nie bez ekspresjonizmu. Ta moja historia borzęcka, wojenna. Wątek słaby, obrazy.

---

[1] Poświęcony jest mu IV rozdział *Daru*.

[2] *Amor* – scenariusz filmowy, na którego podstawie zrealizowano film dla niemieckiej telewizji ARD, emitowany w 1978 roku; polski pierwodruk: „Dialog" 1978, nr 3.

Opowiedzieć wszystko obrazem.

Opowiedzieć wszystko obrazem i komentarzem.

Tak. Jeżeli ta historia, to aktorzy prawie nic nie będą mówili. Nie wyobrażam sobie jakiejś niemieckiej aktorki jako ciotki Janki[1].

Przykład: „Podobno tę kobietę wzięli żołnierze na Ukrainie" (komentarz). Obleśne szepty na ucho i śmiechy mężczyzn.

13 czerwca

Tyle ludzi, a wszyscy niezadowoleni. Kobiety, jako delikatniejsze, psują się łatwiej. To wszystko jako komentarz do kolacji – przedłużanej – z Sellem, ze mną oraz ze znajomymi Sella.

Kiedy tak sobie patrzę na ludzi, tędy i owędy, tu i tam, to wyprawiają oni ze sobą i innymi takie rzeczy, że – wydaje się – albo prowadzą jakieś piekielnie wyrafinowane gry i zabawy, albo po prostu są tak całkiem siebie i tego, co się z nimi dzieje, nieświadomi, że ich burzliwe i często obrzydliwe sprawy układają się w ów bogaty deseń i bukiet natury tak skomplikowany, że poecie przychodzi myśl: w tym musi być projekt i wola.

Wśród nich przechadzam się szczęśliwie pusty, właściwie tak mało chcący od kogokolwiek w sprawie mojego „ja", jakże nadwątlonego, że – relatywnie – prawie święty, tylko od kobiet chcę, żeby im było dobrze i mnie z nimi. Jakże jestem bez przepaści, nie mówiąc już o ciemnościach.

Dobrze więc czasem z ludźmi się zadać, wtedy, porównując, widzę, jak daleko dokądś uszedłem, w pozornym bezruchu, w mojej samotności.

Bardzo bym nie chciał, żeby Nabokov zapoznał się z tymi zapiskami. Są w złym stylu.

Nie ma obawy.

Spocony dzień. Był. Pcham ten dzienniczek jak mrówka. Odruch prawie trawienny.

Atak nudy śmiertelnej z powodu myśli, tyle razy już myślanych. Wyżłobiły mi już żłobki w mózgu jak korniki. Z wiekiem – aż rynienki.

---

[1] Mowa o Ciotce z *Amora*.

Coraz większa potrzeba, żeby myśleć pomiędzy nimi (myślami), nie nimi. To jest możliwe, chwilami.

Rosnąca obojętność wobec reszty.

Co jest w moim życiu – pomiędzy tym, co wiem („wiem"?).

Rodzaj „ateizmu", który jest religijnością większą niż „religijność".

Bez resztek sentymentalizmu. Czy nawet emocjonalności.

14 czerwca

Instynkt religijny, jak instynkt miłości, najrozmaiciej się wyraża i tyleż ma odmian, paradoksów i zboczeń.

Południe. Fajka, kawa. Moment dla siebie, dla mnie. I zawsze rozczarowanie. Nic z niego nigdy nie wynika. Poza złym samopoczuciem od fajki i kawy. Z momentu własnego też nic nie wynika?

Znowu ta czapa upału.

Nabokov – fullness, completeness of his destiny. Fullness of his gift, no flaws are visible. The chance much above the average. The power of creation, of comprehending. The power of feeling bolstered with that tremendous, all-pervading intelligence.

Ugliness must give birth to ugliness, cliché produces clichés. The miserable platitude of the „progressiveness" must correspond (and it does) to the same nature of the „reactionary" stimulus.

[Nabokov – pełnia, kompletność jego przeznaczenia. Pełnia jego daru, nie widać żadnych skaz. Los znacznie powyżej przeciętnej. Siła kreacji, zrozumienia. Siła wyczucia poparta tą wspaniałą, wszystko przenikającą inteligencją.

Z brzydoty musi narodzić się brzydota, klisze tworzą klisze. Żałosny banał „postępowości" musi korespondować (i tak czyni) z taką samą naturą bodźca „reakcyjnego"].

I got stuck, baby[1]. A jednak ten kamień, ten pierścień magiczny.

19 czerwca

Wczoraj po północy Hans, Geraldine, Piotr, Sello i ja na tarasie L'Alsace[2], place Saint-André-des-Arts.

---

[1] *I got stuck, baby* (ang.) – Utknąłem, kochanie.

[2] L'Alsace – restauracja w Paryżu.

Jedno z tych widzeń, które widzi nic.

Jeżeli ja narzekam na brak integracji – czy inni narzekają na dezintegrację, której są tak widocznie poddani?

Ludzie, większość, świat, tłum, ludzkość, brak mi nazwy – to przypomina pole kompostowe. Fermenty i gnicia, uwicia i ruchy robaczkowe. Poszczególni – drobiny żywo-mineralne, wsadzone do tygla, gdzie poddawane są nieustannym reakcjom kwasów.

Być może są szczęśliwsi ode mnie. Wydaje się, że nie są świadomi tych procesów, które ich (nas) niszczą. Niszczą? Niszczenie samo jest procesem.

Siedzą i zużywają wielką ilość słów. Mówią bez przerwy. Gestykulują, piją. Czekają na coś czy coś na nich czeka.

Nie oczekuję już od nich niczego. Ale przebywanie z nimi, towarzyszenie niedoli na jednym pokładzie tego samego statku przeraża. Albo zbyt poucza. O mojej własnej kondycji. Lepiej już usunąć się w samotność i starać się, starać się, choć ani cel, ani wynik starania nie są jasne, a w chwilach depresji, czy też wzmożonej trzeźwości, wiem, że ich nie ma.

20 czerwca

Cliché: wszyscy na jednej galerze galernicy. Skazańcy w ogromnej celi śmierci. Między sobą.

Powyższe jest tak nędzne jako pomysł, forma, styl, że ja palę fajkę, a wstyd pali mnie. Ale publicznie nie wolno mi być grafomanem.

To śmieszne: jeszcze (resztkami siebie) domagam się formuły, podczas kiedy już tak dobrze wiem, jaka jest formuła. Podejrzenie: formuły domagam się, żeby olśnić ludzkość – ja ją odkryłem.

Ada Nabokova[1]. (Początek dopiero).

Overlapping and discrepancies of realities – known to me as well.

[Pokrywanie się i rozbieżności realiów – mnie także znane].

Niczego już nie wymyślę, nie zrobię, jeżeli nie wydobędę na wierzch tego właśnie.

Tymczasem Y. chora, wzywano pogotowie. Czy jestem potworem? Ale nie mogę oddać się – czemu, rozpaczy? Jestem potworem według

---

[1] *Ada or Ardour: A Family Chronicle* – powieść V. Nabokova z 1969 roku.

wszelkich standardów. A może jestem prawdziwiej. To nawet nie jest współczucie. Poczucie, że trawi nas, mnie i ją, to samo, ją, mnie, nas wszystkich, że suma jest ta sama... Ale jak to napisać?

Cień nad doliną.

Arbitralność lamp elektrycznych, sztucznego oświetlenia. Może zaczęło się źle dziać od tego wynalazku.

Głupia, pusta arbitralność, dowolność.

Wasteland of my mind. Anything: a void or any irrelevant observations are better than those endless repetitions, trite revivals, kasha[1].

[Pustynia mojego umysłu. Cokolwiek: pustka albo oderwane obserwacje są lepsze niż te nie kończące się powtórzenia, banalne odrodzenia].

29 czerwca

Wczoraj z Londynu. Tydzień w Londynie.

Przesunięcie w jakości. Oddalam się – mnie oddala – do tego stopnia, że już nie cierpię z powodu oddalenia, odsunięcia. Czy nie o to chodziło?

Tyle razy już stawiałem sobie diagnozy – jestem ostrożny.

1 lipca

Porte de la Chapelle.

2 lipca

Nie tylko oddalam się. Również przeżywam już samego siebie.

Wydrążenie przestrzenne życia: coraz mniej po linii prostej. Raczej przestrzeń właśnie. Pole, na którym, w którym kierunki są dowolne albo przypadkowe.

E., N. opowiadają mi teraz swoje życie i miłości. Cudzoziemski mąż Barbary – opowiada mi o sobie i Barbarze. Czuję się duchem. Umarłem, powróciłem jako duch i asystuję życiu tych, którzy mnie przeżyli. Co dałbym kiedyś za takie opowieści N. od niej wprost. Teraz tylko słucham i co najwyżej czuję się jak duch.

---

[1] *kasha* – kasza (w żartobliwej anglojęzycznej transkrypcji)

3 lipca, Sologne

The Letters to the Young Poet by Rilke[1].

Różnica między depresją a smutkiem. Rilke i młody poeta Kappus piszą sobie o smutku. My już mówimy tylko o depresji. Depresja – kliniczne i deprecjonujące. Jak wrzodziki. Smutek – pełniejsze i poważne. (Nic wspólnego z farmaceutyką i Freudem). Nic dziwnego, że potem, kiedy już napisaliśmy i przeczytaliśmy wszystkie wiersze Młodej Polski (te okropne), lepsza już depresja niż smutek. Wszy oblazły nasz smutek i zaczęliśmy się go wstydzić. A jednak, a tymczasem...

Czy nie czas przestać o depresji, a zacząć znowu o smutku? Nie tak jak dekadenci i Młoda Polska. Tylko jak przedtem, na nowo, od początku. Uwaga: depresja – choroba, nieszczęście. Wstydzimy się tego stanu, jeżeli określamy go słowem „depresja". Przestaniemy się wstydzić, jeżeli znowu nazwiemy go smutkiem. To zdrowiej. Dlaczego tylko radość ma być *légitime*[2]? Może w smutku coś jest, wartościowego (w depresji nie ma nic). Zresztą jeżeli nazwiemy ten stan smutkiem, łatwiej z nim, w nim, żyć i przeżyć. Wspomnieć też należy o głupawej filozofii wieku: bądź szczęśliwy, musisz być szczęśliwy. Tu amerykanizm do spółki z marksizmem. (Marksizm jako synonim wszelakiej „postępowości społecznej").

Pisanie Davida Hughesa, nowego narzeczonego E.

Ten człowiek ma wielką sprawność, ale żadnego talentu. Typowy pisarz z pomysłami. Recepta: weź pomysł, jakikolwiek, byle świeży (weź dwa punkty, dwie myśli, byle odległe od siebie, i połącz je. Sztuka połączenia jest jego całą sztuką), i napisz książkę. Ta recepta zarówno co do całości, głównej koncepcji, jak i szczegółów.

Jest *smart*[3]. Fajny. *The Rosewater Revolution*[4]. Usiłuje mnie przekonać za pomocą nieskończonej ilości cytatów o swoim własnym,

---

[1] *The Letters to the Young Poet by* Rilke (ang.) – *Listy do młodego poety* autorstwa Rilkego; angielski przekład książki wydanej w 1929 roku, zawierającej dziesięć listów Rilkego z lat 1902–1908 do Franza Kappusa.

[2] *légitime* (franc.) – słuszna

[3] *smart* (ang.) – sprytny

[4] Zob. D. Hughes, *The Rosewater Revolution: Notes on a change attitude*, Londyn 1971.

osobistym przeżyciu. *Self-defeating it must be*[1]. Pisze wyłącznie *zwischenrufami*[2]. Chorobliwa niezdolność powiedzenia czegokolwiek po prostu. Przy czym – znam go osobiście – nie wydaje się, żeby cokolwiek przeżywał zbyt głęboko. Zbyt – w sensie progu, za którym zaczyna się wrażliwość artysty. *Smart, charming*[3].

W tym pisaniu nie ma człowieka, który pisze. Są tylko edukacja i zręczność.

Czy jest człowiekiem uczciwym dla E.? Nie mam żadnych podstaw, żeby cokolwiek sądzić.

E.: zdolność do analizy (zdolność i skłonność) tylko takiej i tylko do takiego stopnia, jak to jest potrzebne do działania. Niezdolność do analizy, jeżeli analiza może przynieść wnioski dla niej kłopotliwe. Przykład: z Dorą przeżyła szesnaście miesięcy. Jak to się stało, jak to jest możliwe, że kim jest, jaki jest Dora, odkryła dopiero teraz? Że odkryła dopiero teraz: zrozumiała. Miłość, czy też cokolwiek właściwe kobiecie, czy też ludzkiej naturze w ogóle. Ale ani jednej refleksji potem, ani chwili zastanowienia się nad faktem swojej ślepoty i głuchoty, ani nawet przyznania się, że fakt jest? Jednocześnie E. pretenduje do wrażliwości i świadomości artystycznej. Jak to możliwe, bez owej zdolności – skłonności do analizy, refleksji bezinteresownej, szerszej niż tylko ta, która ma służyć wykonaniu następnej akcji? Kategoryczna i arbitralna w sądach. Czarne i białe, białe jest to, czego chcę w danej chwili, czarne to, czego nie chcę. To, co ona o Davidzie i ich nowej miłości, nieco żenujące. Miłość zaślepia? Niekoniecznie. Nie wszystkich, nie wszystkie.

4 lipca, Sologne

Dlaczego E. nie zastanowiła się, dlaczego nie zastanowiła się przedtem?

Mam wrażenie, że boję się bardziej niż dawniej. Napadu nocą na ten dom na odludziu, przemocy, upokorzenia. Nocami postanawiam kupić broń (w tym kraju wolno?). Rankiem już o tym nie myślę.

---

[1] *Self-defeating it must be* (ang.) – Musi być ono autodestrukcyjne.
[2] *Zwischenruf* (niem.) – okrzyk z sali, przerywający tok przemówienia, wykładu etc.
[3] *charming* (ang.) – czarujący

Broń przestała mnie czarować, kiedy opuściłem chłopięctwo. (Ono mnie opuściło). Owszem, zawsze lubiłem postać chwilę przed wystawą rusznikarza. Czy teraz – pod wpływem strachu, czy też obok strachu – powracam w tamte okolice?

5 lipca, Sologne

Uwolnienie zakładników w Ugandzie przez *Israelis*[1]. Dzięki ci, Boże, za pierwszą i jedyną dobrą wiadomość od niepamiętnych czasów. Więcej niż dobrą.

Czas (wiek) sprawdzania się wszystkich (prawie) banalnych stwierdzeń. Nigdy nie wierzyłem, że „Zachód jest zgniły", aż zamieszkałem na Zachodzie i stwierdziłem, że jest zgniły. Tfu!

6 lipca, Sologne

Samolot libijski, porwany przez organizację Młodzież Czuwa, leci do Algierii. Tymczasem Amin Dada nie chce oddać samolotu Air France.

Projekt filmu *Borzęcin* oporny[2]. Czy dlatego, że za dużo autobiografii? Pewnie tak.

Znajdźmy więc historię, historyjkę.

Nie tylko autobiograficzność odstręcza. Odstręcza także „realizm". Znaleźć niesamowitą historyjkę…

O duchach. Oczywiście.

Kiedy mam reżyserować sam – przepada wolność. Jakże mi się nie chce – z góry – ustawiać w obrazach tego, co już w głowie.

7 lipca, Sologne

Siła bezwładności. W pierwszym dniu nieswojo się czułem w Sologne. (Sześć dni temu). W siódmym dniu nie chce mi się stąd wyjeżdżać.

O, Aminie Dada, *maréchal*![3].

---

[1] Mowa o szturmie izraelskich komandosów, którzy 4 VII 1976 odbili na ugandyjskim lotnisku Entebbe pasażerów porwanego 27 VI samolotu Air France; w akcji zginęło 3 zakładników i 7 terrorystów.

[2] Film pod takim tytułem nie powstał; chodzi o pracę nad *Amorem*.

[3] *maréchal* (franc.) – marszałek

Nasi kristiano-marksiści miłością swą i teorią obejmują (dobre tu słowo, jak: *abbraccio*[1]) człowieka. Na spodzie siedzi ta straszna pomyłka – nieporozumienie o równości ludzi. (Ludzie nie są ani równi, ani nierówni. Jak mogą być, kiedy są poszczególni? *Particuliers*[2]?) Rzeczywistość rozsadza ten gipsowy gorset.

O, Aminie Dada!

Piszę tak ogólnie, ponieważ poszczególnie nie mam nic do napisania. Jestem poszczególny, ale pusty. (Stary i zmęczony).

Ada – Nabokova. Muskularna pyta bohatera nie pozwala mi się z nim identyfikować. Nie tylko ona. Jak na pastisz książka jest za mądra (w sferze języka). Jak na dzieło poważne – jest za głupia (w sferze zawartości). Nic mnie nie obchodzą kolejne kopulacje. Dojrzałe dzieło? Jego niedojrzałe dzieła wolę.

Traktor wjechał na podwórze. Jedyne wyjście – feudalizm. Oddzielenie dworu od czworaków i zabudowań gospodarczych.

Amin Dada, traktory, *intellectuels de gauche*[3], polski nacjonalizm, telewizja, idea równości człowieka.

Tu pomyłka, nadużycie – bękart nauk ścisłych, medycyny, biologii? Mylny wniosek, że skoro wątroba Amina Dady i moja funkcjonują tak samo, identyczne są nasze dusze. Już sam pomysł duszy trudny jest do zniesienia. Co dopiero ten, że dusze są identyczne.

Chłop krząta się na podwórku. Chłop. Gdyby chociaż baba.

Ciekawość, co też tam w Paryżu. Tu ciekawość będzie zawiedziona, jakiekolwiek czekają mnie tam nowinki.

Zawiodły. Moja lektura (*Ada*), Sologne ledwo, ledwo, a przede wszystkim ja sam.

Wytrwać, oto wszystko (Rilke).

Jak nudno. I świadomość, że nuda lepsza od zdarzeń. Zdarzenia bywają przeważnie utrapieniami, jeżeli nie katastrofami.

Młodzi mają mózgi jak gładkie kule. Starzy – całe wyrobione w rowki, czasem dziurawe. Czy jest możliwy inny mózg?

Na przyszłość: impresjonistyczna metoda (pisać, co atrament na pióro przyniesie), jedyna, choć nie najlepsza, w pisaniu dzienniczka. Porsche, które zaczęło się obracać naprzeciwko mnie na drodze koło Chaumont-sur-Tharonne. To było blisko, blisko…

---

[1] *abbraccio* (wł.) – uściski

[2] *particuliers* (franc.) – poszczególni

[3] *intellectuels de gauche* (franc.) – lewicowi intelektualiści

Eksplozja i defekt motoru w pół godziny potem w Les-Aubrais-Orléans[1]. Ale bez katastrofy. Wróciłem pociągiem.

Telefon do Y. Bardzo chora.

8 lipca

Nieco mniej upału. Nieco więcej bronchitu. Ludwik Flaszen z żoną. Traktat o roli i nieroli kobiet w towarzystwie. Bez kobiet posucha. Chyba że jest się świętym. Ale kto może przebywać tak wysoko. (Wysoko – kura podlatująca, moja przypowieść o kurze podlatującej, podskakującej).

Od dawna czuję się źle. Fizycznie – z powodu upału?

Nie powiem: likwidacja. Ale nijaczenie nawet moich depresji powiększa obraz nijaczenia ogólnego.

Tylko pisanie (ej, nie tylko) może mnie uratować.

9 lipca

Jeżeli jesteśmy wygnani (ja jestem) z raju, godność osobista nakazuje nie pchać się tam z powrotem.

Nie to nie.

Myśl dosyć kapitalna. Antyprometeuszowska.

Nic głupszego, bardziej poniżającego niż wpraszanie się tam, skąd nas wyrzucono.

To wszystko po wielkim piwie. A wielkie piwo stąd, że pp. L'Anglais zaprosili mnie na kolację. Katherine L'Anglais niezbyt mi się podoba. Ale towarzystwo kobiety jest więcej warte niż niekobiety.

Żyć, pracować, funkcjonować w deficycie. Pomimo śmierci i ostatecznej niewygranej. Na śmietniku i pod schodami. *Tenacious*[2]. To chyba jedyna godność.

Tylko po co tyle piwa?

10 lipca

Rodzaj bronchitu i ogólne osłabienie. Spanie tępe, głębokie, pod narkozą (piwem). Dzionek prześliczny, lecz chłodny. (Wróćmy do dzienniczka tą ścieżką, poczciwą i wypróbowaną przez pokolenia pensjonarek).

---

[1] Les-Aubrais-Orléans – dworzec kolejowy w aglomeracji Orleanu.

[2] *tenacious* (ang.) – wytrwały, nieustępliwy

Przechodziłem koło wieży Eiffla wczoraj o północy. Zataczając się i przede wszystkim czkając. Wieża była bardzo piękna, sepiowa w oświetleniu. Jakby zwierzę. Silna wrażliwość estetyczna godna podkreślenia (moja). Mimo piwa i czkawki. Zaraz przebiorę się w piżamę i będę sprzątał mieszkanie. Dokładnie jak mój ojciec. Genetyczność. Mam pewność, że już nie będę miał dzieci. (Skąd ta pewność?) Dla moich prywatnych genów świat się kończy nawet bez interwencji Amina Dady.

Fajka i kawa – dwie trucizny.

Premiera *Emigrantów* w Londynie raczej udana[1]. Przychylna recenzja w „Herald Tribune" (International). Wywiad (z fotografią) w „Manchester Guardian". Odruch niewolnika: co takiego powiedziałem w tym wywiadzie, co mi zaszkodzi u władz warszawskich.

Dismissed. Admitted and dismissed.

[Zwolniony. Przyjęty i zwolniony].

Projekt utworu: *un arriviste presque arrivé. Moi-même.*

[...karierowicz, któremu prawie się udało. Ja sam].

11 lipca

Ludwik z Irenką. Kino Champs Elysées, piwo.

Pisać, napisać by co. Dajcie mi pierwsze zdanie.

A. i B. wchodzą.

A.: Więc osiągnął pan wszystkie zamierzone cele?

B.: Nie, to od razu „koncepcja".

A.: Czy nigdy nie zapragnął pan zmiany?... Mam na myśli – zmienić wymiar. Odnaleźć się w innej skali.

B.: A po co?

A.: Jest coś przygnębiającego w świadomości, że funkcjonujemy tylko odtąd dotąd. Najprostszy przykład: temperatura. Gdy temperatura naszego ciała podnosi się powyżej czterdziestu kilku stopni lub zbytnio spada – umieramy.

B.: Co w tym przygnębiającego? Uważać tylko trzeba.

---

1 W National Theatre w Londynie pt. *Emigrés*, przeł. M. i T. Wronowie przy współpracy R. Holmana, reż. K. Billington.

A.: Lecz wewnątrz danego nam obrazu wszystko jest już tak znane, tak dane. Żadnej tajemnicy.

B.: A po co mi tajemnica?

A.: Bez tajemnicy nie można żyć. Marksizm, materializm uwalnia nas od tajemnicy. Objaśnia wszystko, mniema, że objaśnia. Zdejmuje z człowieka ciężar tajemnicy. Ale w tym kryje się też jego słabość.

A.: Cokolwiek zrobię – wrażenie, że wszystko jest nie to. Jakkolwiek jestem – poczucie, że nie jestem naprawdę. Wszystko niepotrzebne, podczas gdy jedyne ważne leży odłogiem. Co to jest?

X.: A ty czy się modlisz?

A.: Co to jest modlitwa?

X.: Zagłuszasz się, potem się skarżysz, że jesteś ogłuszony. To wszystko.

A.: To wszystko?

X.: To wszystko w pewnej skali, na pewnym poziomie, na pewnym piętrze.

X.: Przypomnę ci twoje grzechy. Po pierwsze, nałóg twój, choroba twoja, „intelektualisty". Nie zdajesz sobie sprawy, jak bardzo rozstrzygasz wszystko teoretycznie i tylko teoretycznie. Tymczasem myśl, definicja, formuła nie rozstrzygają niczego.

A.: Po drugie?

X.: Właśnie, ponieważ jestem tobą, ogarnął mnie bezwład i niechęć do przezwyciężenia go (część bezwładu, a może jego istota), pojawił się próg, bariera, stary koń nie chce przeskoczyć nawet tak małej bariery. Już zerka na trawę obok, poskubałby sobie. Zjawisko coraz częstsze.

X.: Jeżeli ziemia przyciąga cię coraz bardziej (atrakcja grobu), spraw, aby niebo znalazło się na dole, ziemia na górze. Polecisz wtedy do góry bez trudności. (Słowa, słowa, słowa czy część prawdy?)

X.: Czemu nie chcesz posłuchać owej „żelaznej ręki w stalowej rękawicy" (to znaczy stosować się do jej znaków)? Czemu nie oddasz się swemu kosmicznemu bratu? Rozumiem, chcesz żyć na własną rękę, tę miękką, z kośćmi. Chcesz żyć, być sobą. Ale to sobą, co to jest, jakież to złudzenie. Upierasz się przy nicości. Tej małej, nędznej nicości, która przebiera się w „coś".

12 lipca

Pierre Amiot. Szampan. (Butelka na głowę).

Jałowość rozpaczliwa spotkania między mężczyznami. Amiot, pięćdziesiąt dwa lata. Starokawalerstwo unosi się wokół niego w dodatku.

Bardzo niedobra noc, „szampańska". Chwyciwszy się za włosy, wyciągnąłem się z bagna o świcie. W ostatniej chwili.

Sny. Ale jakie? Nie pamiętam.

Ostatkiem sił, z nudy i obowiązku, oto wymyślam tematy. Akademia ku czci. A tymczasem coś się pruje i psuje. Nieład, niejasność i mętność się wkrada. Rozkład akademii. Ale to już lepiej w *Rzeźni* powiedziane.

Ta rzecz o przeciętności. Jestem mały (średni), a chciałbym być duży.

Charaktery.

Naturalistycznie. Pedagog. Profesor. Humanista. Dzikie życie się wkrada do jego domu. *Generation gap*[1]. Profesor się adaptuje, udaje młodego, nadąża.

Problem autorytetu. Ciągłości kultury. Wielkie postacie mu się pojawiają. Dyskutuje z nimi. Okazuje się, że oni nie tacy, jak utrwaleni w jego kulturze.

Co za banały. Ale czego wymagać od mojej biednej głowy?

Tango – drugie pokolenie *Tanga*? *Tango II*.

14 lipca

Żłobki w mózgu. Myśli zjeżdżają po rynienkach. Wyłażą z powrotem na górę, znowu zjeżdżają. Hałasują przy tym jak ochronka.

Kiedy im się przyjrzeć z bliska, nie mają nic wspólnego z dziećmi. Małe i pomarszczone jak stare jabłuszka. Z daleka można by je wziąć za młodzież. O to im zresztą chodzi.

[1] *generation gap* (ang.) – przepaść pokoleniowa

Dyktatura. Pisarz boi się napisać. Wynajmuje sierotki. Każdą sierotkę uczy na pamięć fragmentu. Sierotki małe, nie rozumieją nawet fragmentu. Kiedy będzie rewizja, nic nie znajdą. Wszystko w głowach u sierotek. Małe niebezpieczeństwo, że sierotki zejdą się razem i wyrecytują całość. Utwór w głowach sierotek przetrwa do lepszych czasów.

Lepsze czasy nie nadchodzą. Sierotki rosną. Opuszczają sierociniec. Gubię ich ślady. (Sierociniec daje mi tylko pomysł). Dla większego bezpieczeństwa biorę do siebie sierotki pojedyncze. Każda sierotka – fragment czy co drugie, trzecie zdanie?

Kataklizm, rewolucja. Po latach usiłuję odszukać sierotki. Gromadzę je. Zjazd byłych sierotek. Jakie zmienione. One albo nie pamiętają, albo nie chcą. Jedna taka, która nic nie pamięta, ale udaje, że może sobie przypomnieć. Szantaż.

Opowiadanie? Sztuka? Słuchowisko? Film?

Sierotki rozgościły się na dobre. Siedzą, jedzą, piją.

Idiotyzm rocznicy innego idiotyzmu skończony.

15 lipca

Im coraz dalej w las, tym mniej drzew. Ognie sztuczne. Estetycznie – zwykłe niebo więcej warte od nieba z ogniami sztucznymi, które nic nie wartają. Zwykłe, ciche niebo to nawet bardzo jest piękne. Ognie sztuczne i spocony tłum na dole. Staram się zrozumieć, na czym to polega. Na budowaniu zbiorowego podniecenia? Czym? Dlaczego dzieci także? (Pamiętam huk i błysk). Ale o co, na Boga, o co tu chodzi?

Jestem po prostu chory. Bez przenośni. Nawet fizycznie... Fajka, zwłaszcza poranna, przyprawia mnie o mdłości. Wzmaga mdłości, które i tak są. Nie musi przyprawiać. Mdłości i poty.

Żeby wyzdrowieć, trzeba przede wszystkim uwierzyć w możliwość, w pewność wyzdrowienia. A ja nie mam wiary.

Nic donikąd nie prowadzi i samo sobie wystarcza. Całkiem przeciwnie. Na przykład to piękno lipca. Za oknami, w dole. Przewyższyło samo siebie.

16 lipca

Upiłem się jak świnia.

Czy mógłbyś mniej zastanawiać się nad sobą i przejmować się sobą, i pokornie wypełniać to miejsce, które zajmujesz wyrokiem niezbadanym?

Nie bohater wielki, nie bohater, ale jak dziadek twój Ignacy, chłop, który o nic nie pytał.

17 lipca

Burza w nocy. Ledwo słyszałem. Dzisiaj chłód.

Dla kogo ta informacja? A jednak dla mnie samego. Z nie znanych mi przyczyn po dwudziestu latach wiedzieć, że była burza dzisiaj – będę czytał to za dwadzieścia lat? – jest znaczące.

Telefon od E. Do czego ją jednak zobowiązałem dwoma listami. Czy jednak ten komentarz jest potrzebny?

Wczoraj wieczór – krótkie rekolekcje. Współczucie niezmierne dla nas wszystkich. Dlaczego tak nie umiemy żyć? Dlaczego tak się miotamy? Bez odpowiedzi.

Słuszny poziom wszystkiego, na przykład rocznica zburzenia Bastylii[1]. Na przykład wieczór z O. w rosyjskim Samowarze. Niech mnie Pan Bóg broni, żeby z nią pójść do łóżka. I broni mnie skutecznie, dobry Pan Bóg.

Tęsknota za Y. Tęsknota do kobiety, z którą mogę być naprawdę. Na sto procent siebie.

Sen, że dzienniczek został znaleziony i przeczytany. Przez Gabę, siostrę Mary. Żyjącą. Nieprzyjemny sen. Aż się przebudziłem nieco i odczułem z tego powodu radość. Zazwyczaj przebudzenie mnie męczy, przygnębia. Wolę spać.

Deszcz.

Czy kiedy już nieunikniona jest świadomość, że wszystko się powtarza i nic nie trwa, za tym następny jakiś krok, faza, etap? Czy już nic?

---

[1] 14 lipca 1789 roku lud paryski zburzył więzienie Bastylia, dając początek rewolucji. 14 lipca jest we Francji świętem państwowym.

Moje obecne mieszkanie zupełnie koresponduje z moim niezapomnianym poddaszem na Krupniczej, gdzie wszystko się zaczęło. Czy to coś oznacza?

Czy nawet jeżeli nic nie oznacza samo przez siebie i z siebie, jeżeli byłbym przekonany, że oznacza, to czy zacznie coś oznaczać? Sygnał od przeznaczenia? Jeżeli coś takiego jak przeznaczenie nie istnieje, a jakiś sygnał uznany jest za dany – powstaje przeznaczenie, które choć „subiektywnie" powołane do istnienia, nie staje się jednak subiektywnie istniejącym?

And what all that talk of „subjective" and „objective" really means?

[I cóż całe to gadanie o „subiektywnym" i „obiektywnym" naprawdę znaczy?]

Co napisać, co chciałoby się napisać?

Coś, co by się samo pisało. Potrzebuję postaci, które by same miały ochotę mówić, działać, odczuwać. Sam będąc ilustracją, nie mam ochoty na ilustracje.

Tylu ludzi „zbędnych"[1]. Nie tylko u Czechowa. Tyle istnień zbyt jawnie bez sensu własnego, ani nawet pożyczonego.

Moja niemożność napisania czegokolwiek, co by nie było „realistyczne" – na przykład o rodzinie mojej matki.

Na przykład ojciec i syn, idący pieszo z Borzęcina do Porąbki przez kraj tuż po przesunięciu się frontu. Żeby znaleźć matkę i żonę, resztę rodziny. Idą poczwórnie – pierwsza para: syn i ojciec „jak są". Bez porozumienia. Ojciec bidny bidok. Syn idzie ku przyszłości, ojciec niby też, ale właściwie ku teraźniejszości, a raczej ku przeszłości.

Ojciec – spotkać matkę, czyli żonę. Syn – też żonę (bo idzie ku przyszłości). Ta druga para (ci sami aktorzy) idzie w drugim, wyższym planie.

Spotykają śmierć. Śmierć stale koło nich. Spotykają znaki i sygnały. Ojciec zachowuje się kompromitująco w jakiejś przygodzie.

---

[1] Aluzja do rosyjskiego określenia „człowiek zbędny" („zbyteczny"), dotyczącego kogoś, kto nie potrafi odnaleźć się w społeczeństwie i nie jest mu potrzebny; z *Dziennika zbędnego człowieka* I. Turgieniewa z 1850 roku.

Trup kota. Synonim tylu trupów dookoła. Droga może być zaminowana.

Niosą plecaki.

Inni znajomi: bandyci i paskarze. Dezerter z pobitej armii. Dezerter ze zwycięskiej armii. Uciekinierzy, żona, mąż, dziecko, bandyci gwałcą. Upokorzenie dla… Gwałt w ogóle.

Jeden bandyta: „Niech chłopczyk się popatrzy". Drugi nie.

Może: nie tylko śmierć im towarzyszy. Towarzyszy im także inna postać, rodzaj Anioła Stróża. Przeznaczenie? Te dwie postacie dyskutują ze sobą. W scenach drugiego wymiaru. W scenach pierwszego wymiaru mogą to być rozmaite postacie, które kolejno utożsamiają śmierć i Anioła Stróża.

Idąc, natrafiają na coś bardzo złego, co już się dokonało. (Wisielec za ruiną domu?)

Ktoś sympatyczny, kto im towarzyszy.

Każda scena w drugim wymiarze powtarza i rozwija motywy z odpowiedniej sceny pierwszego wymiaru. Znaleźć trik zaznaczający zmianę planów?

Aktorzy grający postacie wtórne pierwszego wymiaru grają w drugim… To znaczy śmierć i Anioł Stróż wcielają się w różne postacie.

Dla mnie wyjście polega na szukaniu przełącznika z „życia" do sztuki. (Odczuwam nieefektywność wszystkiego, co polega wyłącznie na mojej fantazji).

Sello i jego dwór.

Ojciec opowiada o innej wojnie, swojej. (To straszne rzeczy, a nie wie, co mówi. Ojciec w ogóle nie wie, co mówi)[1].

Ojciec w krzaki. Śmierć wyłania się skądś i zagaduje chłopca. Każe mu myśleć o ojcowych genitaliach. Ojciec wraca – śmierć teraz grzeczna, ale w sposób dla ojca upokarzający.

Ojciec upija się z nieznajomymi. Bandyci? Paskarze? Służalczość i kokieteria ojca. Także jego fantazjowanie. Ojciec przechwala się, że broń, że konspiracja. Bandyci ukazują pistolet. Ojciec nie umie

[1] Projekt dramatu *Pieszo* („Dialog" 1980, nr 5).

się obchodzić, zapraszają ojca do gwałtu. To może synka? Sytuacja rozwiązuje się sama, ale *it was a close call*[1].

Ojciec zaleca się do baby. Baba wstrętna i chętna.

Na przystanku, gdzie czekają daremnie na jakiś pociąg. (Potem rezygnują, odchodzą). Syn odciąga ojca, który by chętnie został.

Dekoracje minimalne. Przestrzeń określona akcją, nie dekoracjami.

Tyrady polityczne ojca – mętne. Człowiek mały i mętny, ale uczciwy. Chce zadać się z babą. Ale czy wiesz, że on nie miał kobiety, nawet swojej żony, twojej matki, od lat? (Scena drugiego wymiaru).

W pewnym momencie ojciec „ma wszystkiego dosyć". Jacyś hochsztaplerzy proponują mu wyjazd na Zachód. Brylanty. Szaber. Tyś uczciwy człowiek.

Ojciec ma chwilę słabości. Przez chwilę syn porzucony (rzeczywiście czy zbieg okoliczności?). Ale ojciec wraca.

Bo tyrada ojca wieczna: „Gdyby nie ty, gdyby nie wy – miałbym to, miałbym tamto. Byłbym tym, byłbym owym". Ale robi swoje mimo wszystko. Choć żona chora, choć...

Boję się, że kiedy napiszę, ojciec umrze. Czy można taką rzecz napisać za życia ojca? Ma to być *hommage*[2] dla tego człowieka, ale czy wolno... Czy tak wolno ze względu na niego samego?

Finał. Dochodzą. Już blisko. Syn: „Chodźmy prędzej". Ojciec przysiada. Muszą odpocząć. Ale podnosi się. Idzie. Do chorej żony. Do swojego życia nieudanego. Lecz idzie. Syn idzie do swojej świetlanej przyszłości. Śmierć i Anioł Stróż przestają dyskutować. Patrzą za ojcem i synem. „I co dalej?" „To samo". Kurtyna.

Okoliczności, przyczyny wędrówki – okazują się w rozmowach ze spotkanymi. (Ludzie dużo mówili o sobie w tych czasach i tych okolicznościach. Jakby chcieli o sobie możliwie jak najwięcej zawiadomić, spodziewając się śmierci lada chwila).

Ktoś spotkany: „Panie, tam wszystko zniszczone". Ojciec i syn niepewni od początku, co znajdą. Kiedy ojciec się łamie, żeby uciec, powołuje się na to: „I tak nie ma po co wracać".

---

[1] *it was a close call* (ang.) – o mały włos (od wypadku)

[2] *hommage* (franc.) – hołd

Lęk przed złodziejami, bandytami. Ojciec ma coś zaszyte? W czapce u syna. Trzy dolary.

Ojciec ma małą flaszeczkę. „Dla rozgrzewki". „Na grypę". „Łamie mnie coś".

Przystanek. Strefa lasów. Pola. Lęk przed linią kolejową. Lęk przed szosą. „Kolumna na szosie". Samoloty. Miny.

Początek: syn „na stronie". Głos ojca, niecierpliwy: „Skończyłeś już? Skaranie z tobą, kto widział tak szczać i szczać. Czy ja tak szczam? Nie. To dlaczego nie możesz tak jak ja". (Nie, to ojciec niecierpliwy na scenie, syn wychodzi z krzaków, nieszczęsny, zapinając spodnie).

19 lipca

The most exquisite weather. Translucent and gay. I feel like a feather that weighs a hundred pounds. Well said.

Morning. Immaculate. Options ahead. Of many things I must do I can choose few. Of things I must do I choose few.

[Najwspanialsza pogoda. Półprzezroczysta i radosna. Czuję się jak piórko, które waży jakieś sto funtów. Dobrze powiedziane.

Ranek. Niepokalany. Możliwości wyboru przede mną. Z wielu rzeczy, które muszę zrobić, mogę wybrać kilka. Z wielu rzeczy, które muszę zrobić, wybieram kilka].

20 lipca

Szatan krąży jak lew ryczący, patrząc, kogo by pożreć[1].

Jak dotąd jeszcze mnie nie pożarł. Odgryzł mi tylko to i owo.

Tu maszynka literacka: spotkanie osób, którym brakuje tego i owego. Opowiadają sobie okoliczności, w których to i owo im odgryziono lub je stracili.

Opowiadanie? Spotkanie inwalidów. „Ja zaś..." – zaczął niejaki R.

We shall not elaborate.

[Nie powinniśmy tego rozwijać].

Tak więc skończone iluzje. Ich wybuch największy: zakończenie okupacji i wojny 1945. Klęska towarzyszy mi stale i już na zawsze.

---

[1] Cytat z I Listu św. Piotra Apostoła 5, 8.

Wstręt, pogarda i lęk pozostaną mi na zawsze i nic innego mi nie pozostaje.

Maszynka literacka: ten cham urósł razem ze mną. Spotykam go wszędzie i zawsze. Jako dyktatora, jako ideologa i w stanie prymitywnym – jako rabusia w metrze. Czy zginę z ręki chama, czy też uda mi się umrzeć własnymi środkami?

Skąd owo złudzenie (1945), że świat będzie coraz lepszy?

Ponawiam moje śluby nienawiści do: *intellectuels de gauche*[1], do... ale po co wyliczać? Wystarczy ta substancja jednolita a obrzydliwa, która ich wytwarza. Tych wszystkich, których mógłbym wyliczyć.

21 lipca

Jasność umysłu, zdrowie ciała. Notujmy, bo to rzadkość.

Dlaczego? Czy dlatego, że pogoda cudowna, skandynawska, czy też – że gruntownie oczyściłem i wysprzątałem dom?

Czy dlatego, że konstelacja się zmieniła?

Drugie nie zależy ode mnie. Ale dlaczego nie stosować sposobów, które znam, a które czynią człowieka lepszym?

Właśnie. Dlaczego?

17 września

Nerwowa cisza. *A lot of activity. Outside.*

Third day (and night) of solitude. All is well, but that uneasy tension... Which makes me what? I wonder.

[Duża aktywność. Zewnętrzna.

Trzeci dzień (i noc) samotności. Wszystko jest dobrze, ale to niespokojne napięcie... Które czyni mnie czym? Zastanawiam się].

Posiadam karabin Long Rifle 22, automatyczny, dziesięciostrzałowy. Mogę się zabić w każdej chwili. To uspokaja i oddala myśl o samobójstwie.

(Dlaczego posiadam, jak się stało, że broń kupiłem, to cała historia solońska).

---

[1] *intellectuels de gauche* (franc.) – lewicowi intelektualiści

18 września

Wczoraj wieczór Miłosza u oo. pallotynów.

Potem sto osób w jednym pokoju. Po chwili już tylko dziewięćdziesiąt dziewięć.

Zaczyna się czas, kiedy ludzie się starzeją. A wczoraj wszyscy ludzie tacy byli.

Miłosz – nie tyle stary, ile szary. Ale czy nie na wszystkich sypie się popiół? On jednak młodszy niż inni, za to szary (tylko? Czy właśnie dlatego szarość widoczniejsza, bo nie aż na takiej starości?).

Czytał swoje wiersze. Rzadka chwila, kiedy mi nie wstyd, że myślę i mówię po polsku.

Ale to zebranie – polskie. Czy moje trzecie oko tylko bezlitośnie widzi?

Jak mało, prawie wcale, tam dziewcząt. Młodych kobiet. Znak, że mało życia. Nie żebym ich nieobecność odczuwał. (Zauważam tylko). Ale dla owego zebrania to niedobrze.

Starczość, polska szlachetność, emigracyjność, paniusiowatość, biedność.

Czy chcę z tym mieć coś wspólnego? Już ani chcę, ani nie chcę. Już tylko nie mam.

Każde większe zebranie jest nieco śmieszne, bo bezradne. (Może nie każdego rodzaju). Ale są różne sposoby tej śmieszności.

Polskie zebrania – brak mocy, substancji. Przeważnie zaduszki.

Zwycięska erupcja mojej samotności. Determinacja naturalna. Już nawet nie wahanie, nie niepewność. Tak jest dobrze, bo tak być musi. Tak jest, już nie alternatywy. (Już nie szukanie tychże).

Ano, pójdziemy, dokąd nas zanosi.

U Janka Lebensteina, pracownia i goście. A także Jan Lenica w Harry's Bar[1]. (Przedtem).

Im dalej jestem, tym łatwość coraz większa.

Niebezpieczeństwo: gdy słyszeć i widzieć za dużo, za ostro, za uważnie, wtedy zniecierpliwienie i zlekceważenie bliźnich swoich może się pojawić i ujawnić. Nie trzeba. Nie wymagam od sie-

[1] Harry's New York Bar – popularny bar w Paryżu na Rue Daunou, należący do światowej sieci Harry's Bar.

bie *compassion*[1]. Ale nie trzeba się ani niecierpliwić, ani lekceważyć innych. Oni niewinni. A także na psyche zważać, żeby się nie narodziła.

Empty, but not marvellous.

[Puste, ale nie cudowne].

Obrazów oglądanie. Nie wiem, nie umiem, nie znam się. Mogę oglądać. Ale tak samo jak wszystko mogę. Albo i nic nie mogę.

No i dobrze.

18 września, ciąg dalszy

Kiedy klęska – to jeszcze można uszanować. Rozpacz prolongowana, „w prenumeracie", utyskiwanie, czy też po prostu skomlenie, jako światopogląd jest nie do przyjęcia ani moralnie, ani estetycznie. Wiem, bo sam skomlenie nieraz, właściwie zawsze, uprawiałem i może jeszcze będę uprawiał.

Zważmy: nie było żadnej obietnicy, tym mniej przysięgi, tym mniej spisanej umowy, że życie nasze ma być, będzie pasmem szczęścia. Nikt nie obiecywał nawet, że nie będzie nieszczęściem. Sami wnieśliśmy pretensje, a pretensję naszą uznaliśmy za Prawo Najwyższe. Nie tylko oczywiste nieszczęście, nawet brak szczęścia, i to tego największego, którego nie znamy, nigdy nie znaliśmy, ale które – jesteśmy tego pewni, choć najzupełniej bez podstaw – jest gdzieś i nam się należy. Uważamy to za krzywdę, za niesprawiedliwość, za niedotrzymanie umowy.

Podobno narcyzm jest chorobą epoki. Te wszystkie pomysły z *self-realisation*[2], które muszą się skończyć, poprzestać na *self-gratification*[3]. Wszystko, co w ziarnie swoim jest prawdziwe, musi obrócić się w głupie zło, kiedy tak upowszechnione, zwielokrotnione, powielone i zwulgaryzowane, jak to się ze wszystkim dzieje w naszej populistycznej epoce.

Ale co to ja chciałem powiedzieć? Aby nie mieszkać nawet w swoim ciele. Patrzeć jeno, co ono robi, z kim i z czym się zadaje. Ani żadna myśl, żeby nie była mną, ani żadna chęć, ani niechęć.

---

1 *compassion* (franc., ang.) – współczucie
2 *self-realisation* (ang.) – samorealizacja
3 *self-gratification* (ang.) – samozaspokojenie

Nie siedzieć ani przez chwilę nieczynnie ani nie pozwolić, żeby umysł siedział. Bo głupi jest samopas. Dać mu cokolwiek, niech się bawi. Właściwość jego: nawet jeżeli z początku nad tym, co mu dane, leni się i ociąga, wolałby co innego, co mu pocieszniejszym się wydaje.

O babach nie myśleć. Kiedy nie myśleć o nich, a na widoku ich nie ma, wtedy potrzeba sama uśpiona jakby i nie dokucza.

Bo baby dobre, ale krótko trzymane, i to z daleka. Zaś krótko, a z daleka się nie da. Tedy lepiej precz od nich. Bo za to, co dać mogą, wielokroć więcej biorą i coraz więcej brać chcą, bez końca. Baby istnienia swego nie mają. Przeto z chłopa istnienie chytrze ciągną, nim się karmią, ale nigdy syte być nie mogą. Tam cię wpuszczą, dokąd sam się pchasz, nieborę, ale wyjść trudno. Póki można, tam się nie pchaj, bo nie wyjdziesz. Tobie o co innego, im o co innego chodzi.

I tak sobie pożyjesz, sam a w skromności, w cnocie ciała i duszy, aż dożyjesz, i jak przedtem cię nie było, tak i potem cię nie będzie. Amen.

Do prawd powyższych własną osobą, na własną szkodę, ku pożytkowi własnemu doszedł Mrożek z Borzęcina. Bo w Borzęcinie zrodzony, co żadnemu innemu Mrożkowi nie przydarzyło się.

Ja nie mówię: altruizm. Ale bodaj wstrzymać się od czegoś, nawet małego, co by sprawiło przykrość, szkodę innemu, innym. Ponieważ by sprawiło.

To jest najrzadsze na świecie. Czy dlatego najcenniejsze?

Ohydny, monotonny widok i słuchowisko żrących się jak psy mniej albo więcej wściekłe. Patrz (i słuchaj): polityka. Zwłaszcza. Francuska zwłaszcza.

Mijanie to jedyna pociecha. (Do tego już doszło?)

Historia, polityka – konwulsje. Wymioty. Agonie. Skurcze i rozkurcze. To zło na Wschodzie (inne od zachodniego, większe, bo przymusowe, niemożliwe, żeby je odrzucić, tak się narzuca i naciska) – czy możliwe, żeby rozeszło się samo po kościach, łagodnie i ku lepszemu? Olbrzymi gad, kiedy będzie zdychał, świat cały zasmrodzi. Więc nie wiadomo już, lepiej już niech żyje, niż żeby to się działo, co dziać się będzie, gdy zdychać mu przyjdzie.

Rzeź, anarchia, zdziczenie, upadek ostateczny jakiegokolwiek porządku. Jeśli życzę sobie, żeby zdychał, o tych następstwach muszę pomyśleć.

20 września

Chyba świecę, tyle *X-rays*[1]. Dwie godziny przenikany promieniami Roentgena. Tryumf, wszystko w normie.

Sufit w sztukaterię, kominek marmurowy. Maszyny Roentgena pod tym sufitem i ja nagi. Przystojna kobieta – operator. Fluidy erotyczne zabłąkane między tymi maszynami, bez sensu. Jak jednak potężne, nieuniknione. W takich okolicznościach można stwierdzić z całą pewnością, że są. Tylko po co? Niezależne.

Rue de Clichy, Casino de Paris – próchno Paryża. Dobre miejsce dla zakładu rentgenowskiego. Śmierć, a przynajmniej choroba, w starych dekoracjach.

Komplet mojego kościotrupa. Moja czaszka – moje piszczele. To warte dwieście dolarów. Moją czaszkę prawie mogę w ręce trzymać, auto-Hamlet. To pomaga na oddzielenie – dalsze – siebie od siebie.

Ćwiczenia na temat: jestem przedmiotem. Płyn jakiś krążył w moich nerkach. Napompowali mnie.

W sobotę oko mi będą szyli laserem.

21 września

Wiedząc to, co wiem, nie muszę się dowiadywać już niczego. A mam na myśli wiedzę negatywną, nie pozytywną.

Życie inne, a nie tylko biologiczne, składa się wyłącznie z nadziei. To znaczy, że wszystko, co nie jest fizjobiologią, cała reszta (literatura np.) – jest nadzieją. Nie mam przy tym nadziei: jutro pójdę do kina, albo: położę się z tą albo z tą. To nie są nadzieje, ponieważ mogą zostać spełnione. Nadzieja to jest coś, co nigdy nie zostanie spełnione (metafizyczna), a jednocześnie wierzy się itd.

Można się zbuntować, żyć trzeźwo. Karą za bunt jest właśnie utrata nadziei, czyli rozkoszy nadziejowania.

---

[1] *X-rays* (ang.) – promienie Roentgena

Kiedy zaczyna się – widocznie – proces starzenia, wtedy nadzieja jest jak podstarzała właśnie pani po balu. Przed lustrem przeprowadza demakijaż. Czym zajmuje się mój umysł? Teraz tylko operacją oka, w sobotę. Jaka nuda. A nie mogę o tym nie myśleć.

Miłosz i Kot Jeleński, ja oraz kura w rosole.

Oni obaj Polacy. To dobrze, w ogóle dobrze i dla nich dobrze. Ale ja, którego polskość tak wycieńczona, odkrywam, że czyjaś być nie musi. Zdziwiony, bo ja bez niej, tak krzepkiej...

Nigdy się nie dowiem, jaka jest różnica w stopniu świadomości. Mojej oraz innych. Jest, ale nie wiem, jak duża. A nawet czy na pewno jest. Moja jest taka, że – wydaje mi się – inne muszą być mniejsze. Nie umiem zapędzać się w jeden temat, w jedną stronę. Widzę wszystko razem z opakowaniem. Dlatego jestem ostrożny i czujny jak na kruchym lodzie. Pewne znaki świadczą, że nie każdy tak.

Ich reakcje wydają mi się przesadne, głosy za głośne, ruchy za gwałtowne, szarpane. Zdolność słuchania mniejsza i często wyłączana namiętnością wypowiadania się.

Nie, ich obecność nie przykra, przyjemna, obecność ich głów nie do pozłoty, fizyczność imponująca, do marmuru, rzec by się chciało, do rzeźby i portretów. Czego brak?

Jakichkolwiek uczuć między nami. Ciepła? (Brr, co to jest ciepło?). Fluidów innych jak tylko umysłowe? Może tego, co zawsze jest, kiedy jestem w obecności Żydów. Albo innych osób, między którymi a mną coś się zdarzyło, dzieje albo zdarzyć może.

Obaj mówili tak głośno, że wszyscy inni byli do ich hałasu przymuszeni. Szlachcice polscy. Ich była ta restauracja. Co dla nich dobrze, bo zdrowo. Ale czy takim jak oni będąc – nie jest się uboższym o to wszystko, co się sobą zagłusza i zaślepia?

Czy spotkam jeszcze człowieka, którego obecność porusza, zostawia ślad, przemieszcza, jak obecność magnesu przemieszcza opiłki, i kiedy magnes oddala się, układ nie jest już taki sam jak przedtem? Mężczyznę. Każda ładna kobieta tak działać może, a jeśli choć trochę podobna do Y., wtedy tak działa jak Y., choć o tyle mniej, o ile nie jest Y.

Zresztą – ile przypadkowych nawet spotkań z osobami nieskończenie mniejszymi niż dwie dzisiaj spotkane zostawiło ślad bodaj drobny, o coś zaczepiło, coś uruchomiło, choćby niewiele, ale jednak? Od czego to zależy? Może właśnie wybitność tych dwóch sprawiła, że byłem z nimi osobno i nic tej osobności nie przebiło. A przecież z Gombrowiczem, też wybitnym, było inaczej. Czy ja byłem inny?

A co do samych tematów, niczego sobie nie powiedzieliśmy takiego, czego bym sam nie wiedział, i to tak, że rutyną już jakby. Co do tego jednak do nikogo i niczego nie mogę mieć pretensji. Ot, zwykły los takich spotkań.

22 września

Choć, oczywiście, czego byś chciał, formuły znowu? Żeby ci ją powiedzieli? Cośmy sobie powiedzieli, to nie było na goło i od razu. Trochę z tego, trochę z owego, coś jedno z drugim się połączy i tak się wcieli, że będzie, zostanie i wyniknie.

23 września

Occupons-nous de détails. Parlant de généralités nous tombons aussitôt dans le drame.

[Zajmijmy się szczegółami. Mówiąc o rzeczach ogólnych, natychmiast zaczynamy dramatyzować].

(Ja w rozmowie z Hélène).

Pycha, nadęcie samym sobą, jest źródłem wszystkich (?) nieszczęść ludzkości.

Komuniści osiągnęli najwyższy stopień głupoty. Tak zwana burżuazja nie może upaść aż tak nisko. Wie, że nie może się obejść bez tak zwanych robotników. Natomiast komuniści przekonują robotników, że ci mogą się obejść bez kogokolwiek.

Ja i lekarze.

Znaczenie przypadku w badaniach lekarskich. (Z wyjątkiem analiz laboratoryjnych, promieni X, a i to...)

Lekarz powinien tyle – co najmniej – podkreślać pacjentowi, co w nim zdrowe, ile przedstawiać mu to, co chore.

Odmawiam: środków pobudzających, środków uspokajających. Zwłaszcza kiedy jednocześnie zadane.

Samopoczucie takie czy inne, o ile nie przeszkadza ostatecznie, jest do zniesienia, coś znaczy. Nie zamazywać tych znaczeń. I wiem, jak się ze sobą obchodzić, co nie znaczy, że zawsze chcę.

Nerwowość? Nie palić tytoniu. Tak pić, żeby na drugi dzień nie być zatrutym. Pójść do łóżka z kimś sympatycznym lepiej działa niż sympathil i valium[1]. Podobnie dobra kolacja.

Brak sił: patrz – kolacja. Starannie przespana noc. Dobra lektura, joga i gimnastyka.

Moje bóle newralgiczne – doświadczenie uczy, że występują w okresach, w sytuacjach schizogennych.

Tylko infekcje mają sens swój własny i odpowiednio należy je traktować farmakologicznie. Nie wdawać się w lekarzy. Ostrożnie z myślami. One są obrazami, a obrazy wywołują uczucia. Obrazy powstające z myśli tylko stopniem różnią się od obrazów zobaczonych przez oczy (Hume, a ja to potwierdzam). Ergo: myśli są rzeczywistością, tylko tym się różnią od tej drugiej (czy pierwszej, zewnętrznej), że w nich nie ma łańcucha fizycznych przyczyn i skutków. (W scenariuszu snutym wyłącznie przez myślenie, nie przez obserwację na zewnątrz). Ale tak czy inaczej myśli stwarzają świat i jeśli pozwolić bezwładnie, żeby złe albo głupie myśli rozzuchwaliły się samopas – tedy świat będzie szedł w stronę głupstwa i zła. Myśli – czyli powstające z nich obrazy (mniejsza o kolejność i starszeństwo) – ostatecznie stwarzają świat, w którym żyjesz.

Takie czy inne zachowanie, unikanie jednego, a szukanie drugiego, czy też na odwrót – sprzyja powstaniu lub wręcz powoduje powstanie odpowiednich (*corresponding*) myśli.

24 września

Ostatnio uciekam z Francji. A) Do Kanady (Ottawa). B) Do Berlina (Berlin). Oczywiście w teorii i wyobraźni.

Zdaje się, że nareszcie nie udaję, że ja już nie, że mi nie zależy, że nic z tego nie będzie, że nic się nie zdarzy, co by mnie wyniosło i posadziło na tronie. Ja już naprawdę.

Cocktail u Hani P. N. z tym młodym człowiekiem. To nie ja, to nie ona, to już całkiem co innego. To zdarzyło się w innym kraju, kiedy indziej, nie mnie, i w dodatku ta kobieta nie żyje.

Przestałem się starać, żeby dogonić rzeczywistość, chwycić się jej i aby z nią, tym mniej, żeby mnie woziła na plecach.

---

[1] sympathil, valium – środki uspokajające

Patrzę się na nią, przeważnie siedząc. Ona się zatacza, to gdzieś pędzi, to się przewraca. Daje mi przedstawienie.

Przekonanie gdzieś w brzuchu, że mam rację. To wszystko, co od wiosny we mnie się pojawia, rośnie, kształtuje – jest słuszne. To nie piski histeryczne ani *mauvaise foi*[1]. Ja już jestem naprawdę.

Więc tak dalej. Tak samo, tylko jeszcze bardziej. Jeszcze prawdziwiej.

Czyżbym był dorosły?

A także – czyżbym doprawdy był w lepszym gatunku? Tak. W lepszym. I kiedy przestaję mieć co do tego wątpliwości, nic z tego nie wynika. Tylko jedno może: żebyś przestał sam dla siebie, kiedy jesteś sam ze sobą, żebyś przestał się poniżać.

Szastanie nóżkami. Już czas, żeby nie szastać.

Ale szastać przestanę tylko wtedy, kiedy samo przestanie się szastać. Kiedy moje nóżki same przestaną. Czy już przestają?

W lepszym gatunku. Czyli całkiem innym, niż to sobie wyznaczyłem. Ostatecznie o to tylko chodzi.

Adieu.

25 września

Powyższe pisane pod wpływem alkoholu. Dlatego takie mętne.

I kompromitujące. Nieumiejętność sformułowania. Pijackie: „Panie, ja to czuję, a pan mnie rozumie".

W południe mi szyto oko laserem.

Nie chcę się wdawać w moje uczucia w tej sprawie. One są, jak są w innych sprawach. Nie mogę już. Nie wdawałem się w moje uczucia w sprawie mojego oka, nie wdaję się w moje uczucia erotyczne, których potencjał jeszcze przecież trwa, jest. Nie chcę się już wdawać w żadne uczucia *avortés*[2], wtedy kiedy nic nie mogę zrobić, działać, a tylko odczuwać. Dosyć już emocjonalności *for its own sake*[3], zatruła moje życie, wycieńczyła mnie. Już nie chcę się z nimi identyfikować zawsze i wszędzie. Niech będą, skoro być muszą, ale na uwięzi, za szkłem. Nie dopuszczać. Nie identyfikować się już nawet z moją samotnością, moimi depresjami. To jest instynkt samoobrony.

---

[1] *mauvaise foi* (franc.) – zła wola, niemożność, udawanie

[2] *avortés* (franc.) – poronione

[3] *for its own sake* (ang.) – dla niej samej

To mniej więcej chciałem powiedzieć wczoraj, kiedy byłem podpity. I wyrazić moje zadowolenie (nie mylić z radością, choć wczoraj tak radośnie zapisałem), tę jedyną namiastkową radość, radość ersatz, że ta nieidentyfikacja mniej więcej sama już się dokonuje.

Lekarze, narzędzia lekarskie, aparaty i farmakologia. Jedynie nic, a jakże istotne nic, dzieli ich od katów i narzędzi katowskich. Dlatego szczególną grozę budzi we mnie gdzieś zasłyszana, przeczytana czy zobaczona w kinie scena: tortury za pomocą wiertła dentystycznego. (Wywiercenie oka, membrany usznej). To jest szczególne diabelstwo: umyślne pomieszanie sfer.

Każde diabelstwo posługuje się pomieszaniem. Vide: moje uwagi o groteskowości zła itp. (Rozwinąć. Przypomnieć sobie i rozwinąć).

Miałbym już siedmioro dzieci, ale nie mam.

26 września

Ojciec Y. jest jak Jehowa. Niezmiernie by się tym zdziwił, a jeszcze bardziej oburzył. On, który życie poświęca udowadnianiu sobie i innym, że Żydzi to nie są Żydzi, tylko Żydzi, ale nie tacy jak Żydzi.

I to nie Jehowa paktujący. Ale Jehowa nieugięty w swoich kaprysach i prawach. (Najwyższe Prawo: Francja jest koroną stworzenia, a pies Ajax jest prawie Francuz). Kaprys jest prawem i odwrotnie. Dogmat narodu wybranego. Tyle że narodem wybranym są Francuzi, a nie Żydzi. Goje to są nie-Francuzi. Jehowa nieomylny. Jehowa nie wybaczający, tyle że nie jedzenia świniny, tylko sera roquefort w sposób nieortodoksyjny. Jehowa okrutny, nie z sadyzmu, tylko ze swojej boskości.

Już lepiej, żeby był po prostu ortodoksyjnym Żydem. To samo, ale normalnie.

Ciężko mi dzisiaj znosić Jehowę. Dzień mam nerwowy.

Rozkosze patrzenia (patrzenie sprawne, widzenie pełne, pożywne i ciągle obiecujące jeszcze większą pożywność) związane są z przyjemnością myślenia, czyli myśleniem w dobrym gatunku, również, krócej mówiąc – na pewno jest jakiś związek między wzrokiem a myśleniem. Nie wiem, jak przebiega myślenie ślepców, w czym jest odmienne od myślenia ludzi widzących. Czy myślenie krótkowidzów inne jest od myślenia dalekowidzów i tak dalej, i tak dalej?

28 września

Paryż męczy.

Dwa przedpołudnia w prefekturze, dwa w konsulacie austriackim. Głowa wyschnięta. Zaś przy goleniu słuchanie radia: Trzeci Świat podwaja się liczebnie co dwadzieścia pięć lat. Za dużo zmartwień.

29 września

Zdechły dzień.

Borowczyk. Robi to, co można robić nie po polsku, i tak skutecznie oddzielił się od Polaków, że najtęższi Polacy nie wiedzą nic o nim. Prawdopodobnie oddalił się także od wszystkiego, co nie jest jego wizją, impulsem, siłą najzupełniej osobistą. Czyli od całej reszty, łącznie z troską o upadek cywilizacji.

Przez film zajmuje się sobą w sposób jedynie jeszcze jakoś żywotny ze wszystkich sztuk. (Widowisko – ostatnia żywotna sztuka upadającego cesarstwa). Co daje mu także pieniądze, pozycję w świecie i szanse erotyczne, co niebłahe dla każdego, a zwłaszcza dla niego, zważywszy, że jest erotomanem.

Posiada tajemnicę dla mnie nieprzeniknioną: sprytu we wszelkich rzeczach praktycznych, urządzania się i załatwiania sobie, a wszystko to jakby mimochodem. Przy pozorach niezaradności, niebłyskotliwie, z cicha pęk. Tak sobie.

30 września

Odkrycie piekła: moja subiektywność jest sama w sobie, absolutnie zamknięta, mikroukład zamknięty, i nie ma absolutnie nic wspólnego z rzeczywistością, która toczy się (dzieje) sama dla siebie, osobna i doskonale obojętna. Jedyne, co mogę zrobić, to odpłacić jej taką samą (to niemożliwe) obojętnością.

Moja subiektywność: zbiór wyobrażeń, obrazów, struktura języka, wspomnień fałszywie zakodowanych, bo ich źródło też było pomyłką. Nieuniknioną. Doskonała daremność wszystkich moich uczuć (dotkliwa, zwłaszcza jeśli chodzi o ból fizyczny). Nuda odżywiania się, żeby podtrzymać ten zbiór pomyłek (złudzeń), które mamy przyjmować za prawdę. Nuda mnie.

Oszustwo wszystkiego, cokolwiek jest i dzieje się.

I tak aż do śmierci. Bez całkowitej pewności, że to już koniec. Obok komunistów prawie tak samo nienawidzę wszystkich, którzy wymyślili życie pozagrobowe, jakiekolwiek.

I napisanie powyższego, zdanie sobie sprawy z powyższego, też nie znaczy absolutnie nic.

1 października

I nic więcej ani nic innego nie mam, jak tylko powyższe. I tylko tym mogę się bawić, jak dziecko szmacianą lalką. Od dziecka zależy, czy uda mu się ta zabawa i jak piękna będzie ta lalka.

Może tędy biegnie znowu jakaś dla mnie droga do literatury. Może tędy jakoś znowu będzie mi się chciało. Dawniej pisałem, żeby dokonać. Napisanie rzeczy było akcją, to znaczy wierzyłem w nią jak w akcję. (Nie, że wpływ na świat, tylko że napisać – znaczy zrobić, i że moje życie posuwa się skokami, każda rzecz napisana to jeden skok, należało więc skakać, i to daleko). Skuteczny to był powód. Teraz nie wierzę już w tego rodzaju magię. Tylko przyjemności umysłowe zdają się mi już być jedynymi przyjemnościami solidnymi.

Czy dlatego mniej piję? Marność wszechrzeczy, odczucie tej marności tę ma przynajmniej zaletę, że takie bunty na fotelu z butelką obok wydają mi się też daremne. To zdrowiej.

Kiedy wszyscy będą już równi, czyli tacy sami (w sytuacji takiej samej, czyli w totalitaryzmie), zniknie, a raczej zostanie zawieszony w próżni jeden z najpotężniejszych instynktów człowieka: żeby być, stać się kim innym, żeby przejść siebie samego. (*Se dépasser soi-même*). Znikną modele dostarczane przez innych. Po co się starać być kim innym, kiedy ten inny – to taki sam jak ja?

Skończyłem scenariusz[1].

---

[1] Mowa o filmie *Amor*.

Między myślą a myślą jest przestrzeń, w którą gdyby wniknąć, nie byłoby tak nudno, a może nawet wszystko by się odmieniło. Ale to jest teren dostępny przez stan przedzgonny, przedsenny, być może przez narkotyki (ale nie alkohol), może przez jakąś dyscyplinę, tak surową, że nigdy dla mnie dostępną. Że zaś nie lubię narkotyków, wypada mi czekać na chwilę przed zaśnięciem i na śmierć.

2 października

Nastrój umysłowy Europy, Ameryki, a raczej jeden z komponentów tego nastroju (bo co ja wiem o całym nastroju?), liberałowie: są jak grzeczne dzieci z dobrych domów (którymi są), kiedy domów już nie ma, nie ma już świata, który ich urodził i wychował, a oni jeszcze o tym nie wiedzą. Dokoła krwawe mordy, ale oni nie widzą ani że mordy, ani że krwawe. Grzecznie rozmawiają z tymi mordami językiem inteligenckim. Krwawe mordy uśmiechają się, rozbawione. Na razie bawi je ta sytuacja. I jeszcze te krwawe mordy... Aż nie mogę uwierzyć, że można być aż tak naiwnym. Więc jeszcze nie są aż tak rozpuszczone, aż tak sobą, krwawymi mordami, jak będą, kiedy się zorientują, że za tą grzecznością, za tym ucywilizowaniem nie ma już żadnej siły. Ostatecznie ojciec i dziadek dzisiejszego liberała też miał kiedyś krwawą mordę, o czym dzisiejsza krwawa morda wie od swojego ojca i dziadka. Kiedyś nasz liberał mógł rozprawiać bezpiecznie, brat jego załatwiał interes. I jak załatwiał. Dzisiaj liberał jeszcze nie wie, że został sam. Żyje z kapitału, którego już nie ma. Ale jeszcze o tym nie wie, nie wie.

3 października, Wiedeń

Wiedeńsko. Prawie nieprawdziwie. To znaczy odnosi się do czegoś, co tak nierzeczywiste, jak moja przeszłość (ck). Odwrotnie, niż można by oczekiwać w pierwszym, mechanicznym odruchu (że Wiedeń jest dla mnie prawdziwszy, bo taki jak Kraków).

Odwrotnie niż Proust. (Powtórna lektura po latach). Im dawniej, tym nieprawdziwiej.

To najwewnętrzniejsze oko nigdy nie może mówić o sobie „ja". (Oko mówi?) „Ja" – tak może się nazywać każda z tych postaci mojej grupy, która, co chwilę inna, wychodzi na przód sceny, żeby odegrać swój numer, mniej lub bardziej żałosny.

Która to z nich zlękła się właśnie, że o piątej przyjdzie dr Kraus i wyprowadzi mnie z olbrzymiopustego mieszkania (którego duszą będę przez tydzień), mój opiekun i gospodarz tej absurdalnie niepoważnej imprezy kulturalnej? Która to duszyczka? Ta, która szasta nóżkami, wstydzi się i boi? Czy też żadna, tylko sama niechęć do wcielenia się kolejnego. Doktor Kraus mnie wcieli, przyjdzie tutaj z gotową rolą dla mnie, a ja ją zagram (już on zagra tę grę, którą mam dla niego). Tyle że ja rolę mam dla niego nie tę, o której on myśli, a którą mam dla siebie. W takich wypadkach role, które mam dla ludzi, nie są tymi, które oni mi proponują. Świadomość tej niezbieżności i zażenowanie, że tej niezbieżności nie potrafię ukryć, są przyczyną mojego nieporządku w obcowaniu z ludźmi. Między innymi dlatego właśnie jestem „trudny i dziwny".

Dziewczyna wyszła na balkon.

4 października

Przyczyny, dla których ten Wiedeń jest dla mnie bardziej wiedeński niż parę poprzednich. Po raz pierwszy od kilku lat jestem w Wiedniu nie tylko sam, ale i bez zasadniczych problemów, kłopotów i obsesji.

Wydaje mi się nierzeczywisty, to prawda. Ale wydaje mi się taki silnie. Bo nie tylko dlatego, że jestem sam. Także dlatego, że jestem już postarzały i może bliższy moim źródłom i korzeniom, niż kiedy byłem młodszy.

„Dobrze wyglądasz, nic się nie zmieniłeś". Mówimy to, wiedząc, że się zmieniliśmy i ja się zmieniłem. Ale wyrażamy w ten sposób nadzieję, że obaj mieliśmy rację.

Tylko z kobietami ta sprawa jest bardziej delikatna. Oczekują wsparcia bardziej niż my, ale jednocześnie wiedzą znacznie lepiej, że się zmieniły. To, że ja wiem, jak bardzo one o tym wiedzą, krępuje mnie, nie umiem tak ich zapewniać o niezmianie.

Czy one też myślą o tym, że to jest ostatni pociąg, pięć minut przed dwunastą, i jeżeli teraz nic między nami nie będzie, to nic już nigdy nie będzie, aż po całą wieczność? O tym też trudno byłoby z nimi mówić, bo ten ostatni pociąg to tylko dla nas razem ostatni i dla nich raczej niż dla mnie. Ja jeszcze wsiądę do niejednego pociągu, ale już nie z nimi. Też trudno im o tym powiedzieć, że będą to ekspresy. Raczej lokalne wąskotorówki i przedziały trzeciej klasy.

Przejmująca wiedeńskość Wiednia. Dojmująca. Wydaje mi się, że mógłbym tu trochę mieszkać, ale na stałe mieszkając gdzie indziej. Inaczej to samo poczucie końca – stacja Terminus – które kiedyś miałem w Krakowie. Ale wtedy byłem młody i to poczucie końca dało mi tyle siły, żeby z końca zrobić początek. Dzisiaj Wiedeń, jak i Kraków, mógłby być dla mnie niebezpieczny.

Afisz: *Afrikanische Kunst*[1], reprodukcja maski afrykańskiej. Sto lat temu w Wiedniu można było mieć tylko przeczucie albo olśnienie, że istnieje coś innego niż to, co wtedy tutaj malowano. I jaki ogromny świat był wtedy.

5 października

Mrs. Hofer: głos telefonicznie ostry i głuchy jednocześnie. A jednak okazuje się miłą osobą. Mrs. Mendt – głos telefonicznie obiecujący miłą osobę. Potem spotykam coś, o czym nie wiadomo, czy jest miłe, czy niemiłe.

Ograniczać się tylko do tego, co jest tu i teraz? To wielka sztuka. Czuję się znacznie lepiej, gdy ją uprawiam. Ale tylko tę sztukę uprawiając – gdzie wtedy literatura, gdzie honoraria, nie mówiąc o innych skutkach psychologicznych. Ale czy na pewno? Czy literatura mimo wszystko nie byłaby, i czy może nie jest lepsza?

7 października

Dobrze, że jestem już dorosły. Dziecko po takiej wizycie jak wczorajsza mogłoby pozostać w malignie na zawsze.

Nawet ja, z moją skłonnością, pośpiechem do wniosków, z moją żywą wyobraźnią, tutaj nic nie mogę wymyślić. Albo tam jest jakaś straszna wiedeńska tajemnica, albo nic nie ma. Po prostu zwykła, normalna głupota i taka też normalna nijakość, której ja nie mogę pojąć. Ponieważ aż tak normalna.

---

[1] *Afrikanische Kunst* (niem.) – sztuka afrykańska

Tylko nie zwracaj niczego przeciw sobie. Przekonałeś się jeszcze raz, dobitnie, że świat jest nieskończenie inny niż twoje wyobrażenia i pomysły. Dalej należy redukować wszelkie sądy i tylko przypatrywać się, ile można. Nie jesteś ofiarą świata, tylko własnych o nim wyobrażeń.

Nigdy nie przeniknę, jak działają wiedeńskie umysły. Można podejrzewać niezmierne wyrachowanie, tam gdzie jest – być może – tylko bezmyślność, i odwrotnie. Ale to samo można powiedzieć o kobietach.

Nigdy się nie dowiem, jaki jest stopień wyraźności świata w innych oczach. Ja mam silne odczucie struktur, kształtów, linii i konsekwencji. Wydaje się, że ponadprzeciętne. A zwłaszcza już z pewnością nie jest to specjalność wiedeńska. Przypomina się tutaj Persja.

Więc co dalej? Jeszcze jedno postanowienie na całe życie, silna jakaś filozofia na podstawie jednego wniosku, paru wydarzeń?

8 października

Które się toczą tak sobie, sobie raczej niż mnie. Nadzieja ma twarde życie. Wiele sił mi idzie na zwalczanie nadziei. Gdybym tych samych sił użył na ściganie jej celów, to co?

To częściej byłbym zadowolony. W tym rzecz, jak umiesz czy nie umiesz ustosunkować się do przegranej. Udawało mi się parę razy uwolnić od uścisku owej starej choroby, przekonania, że nic mi się nie uda, przekonania tak starego jak ja. Ani też wtedy nie oddawałem się przekonaniu wprost przeciwnemu. Delikatna to równowaga: dążyć, ale tak, żeby ani nie utożsamiać się (znowu natrafiam na to słowo) z celem, ani też od niego zupełnie się nie odcinać.

Niewątpliwie to przekonanie, że nic mi się nie uda, jest rozkoszne, choć nie jestem masochistą. Rozczarowanie jest tak nie do zniesienia, że wolę się z góry pozbyć wszelkiej nadziei. Świadczyłoby to jedynie o wielkiej sile mojej nadziei, o wielkich namiętnościach, o wielkim pożądaniu. Tak wielkim, że nieraz ono samo uniemożliwiało mi osiągnięcia. Od razu byłem już u końca, z nim utożsamiony. Nie mogłem zrozumieć dlaczego, po co jeszcze ta droga do przebycia. Zniecierpliwienie, obraza i wtedy chęć zburzenia wszystkiego. Zmęczenie, wyczerpanie przeżyciem, nie tyle rzeczywistym, ile wyobrażonym, rzeczywistym w mojej wyobraźni.

Ale nigdy nie mogę przewidzieć, jaki będę, nie tylko pojutrze. Za chwilę.

Moje duże zdolności – skłonności. *A terrible capacity of investing the word with myself and the equal capacity of getting impressed by the word. The combination of the two, the alternation, makes the richness and the curse of my life. The third capacity: that of centering, is a new and higher one. Acquired with difficulty and endeavor. However, it seems to be the only solution. She is.*

[Jakaś straszliwa zdolność obdarzania słowa sobą i taka sama zdolność pozostawania pod wrażeniem słowa. Kombinacja tych dwu, przemienność, decyduje o bogactwie i klątwie mego życia. Trzecia zdolność: skupiania się, jest nowa i lepsza. Uzyskana z trudnością i wysiłkiem. Jednakże wydaje się ona jedynym rozwiązaniem. Ona jest].

Nad ranem dwa sny. Najpierw okazało się, że jestem już żonaty. Z N. I przerażenie. Potem, że przedstawiła mi młodego i bardzo podejrzanego człowieka jako swojego męża. I przerażenie, że dobiorą się do mnie oboje w sposób nieznany, ale przeczuwany i niewątpliwy. Szantaże, groźby (ale na jakiej podstawie?). Ogólnie: *She is there, but she's menacing. Impossible to keep her, to deal with her.*

[Ona jest tam, ale jest niebezpieczna. Niemożliwe jest ją zatrzymać, zadawać się z nią].

9 października

No i co?

A myślałeś, że jak co, to co?

Co się dzieje z myślami, ze wszystkim, co było? Ale nie tylko z myślami. Nie o to nawet idzie, czy zostają w platońskim królestwie, gdzie były, ale czy zapisują się chociaż we mnie, gdzie zostają aż do mojej śmierci? Czy działają na mnie z tego podziemia? Nie chodzi mi o wspomnienia o nich, o ich interpretacje historyczne. Tylko czy są, jak się stały, te same, z tą samą siłą istnienia? Tyle że niezależnie od mojej uwagi.

10 października

Dzięki, Boże, że pozwoliłeś mi dożyć siebie takiego, który na tę grafomańską premierę[1] maleńką musi patrzeć z umiarkowaną tylko przykrością i pewnym rozbawieniem przechodnia.

Nieudolność innych też powinna dobrze na ciebie działać. Dopiero kiedy widzisz podstawowy brak, czy też brak podstawowych umiejętności, w tym wypadku teatralnych, przychodzi ci do głowy, że twój film zamierzony nie jest beznadziejnym przedsięwzięciem. Być takim nie musi.

Mój Boże, *savoir-vivre*, *savoir-faire*[2] – ile bym dał za to w mojej bezradnej młodości. To, co powyżej o teatrze, odnosi się też do innych dziedzin. Z wyjątkiem moich kontaktów z bankiem, warsztatem samochodowym i urzędem podatkowym.

Człowiek przebity nożem (?) na Plantach. Blue jeansy uciekające od leżącego. Obiad z tym workiem trocin, reżyserem moim. Jedno i drugie jałowe. Ubóstwo ostateczne przemocy fizycznej (śmierć Niemiec, oddanych, *dedicated*, uprawianiu przemocy). Śmierć (umysłowa, psychiczna) terrorystów. Nie zabijaj. Bo jeśli zabijesz, sam umierasz jednocześnie, choć cieleśnie jeszcze żyjesz. Dusza twoja umiera.

11 października

Wiedeń przed finałem. Już nieco za długo. O dzień.

Wiedeń podważa we mnie konserwatystę. Zachowanie starych cnót – ale co zrobić, kiedy to gnije? Czy możliwy jest ideał równowagi?

Nie, ujmijmy to inaczej. Jestem za porządkiem, ale nie muzealnym. Wiedeń jest przykładem porządku w stanie gnicia przez inercję. Paryż porządkiem burzonym, rozkładającym się aktywnie. Tu i tam ruch zstępujący. A nowa racja porządkująca, racja tak zwana rewolucyjna, mnie nie odpowiada. Przypuszczam, że to nie tylko sprawa osobistej animozji (co to za słowo?). Porządek totalitarny jest porządkiem cmentarza.

---

[1] Może chodzi o premierę *Emigrantów* w Deutsches Theater w Getyndze, która się odbyła 1 października 1978 roku.

[2] *savoir-vivre*, *savoir-faire* (franc.) – dobre maniery, umieć się zachować

Wiedeń jest konserwatywny nie z ducha, nie tyle z ducha, ile z bezwładu, tępoty, braku sił.

Socjalizm – najwyższe stadium gnicia kapitalizmu[1]. Czy w formie zachowawczej, czy w formie owego socjalizmu – biała cywilizacja gnije. Eksport marksizmu do Trzeciego Świata jest takim samym eksportem choroby, jak syfilis podarowany Indianom przez Hiszpanów. Ale Trzeci Świat niczego sam nie jest w stanie zaproponować. Ma tylko wolę życia, która przybiera formy najprymitywniejsze: wola władzy, znaczenia, zemsty, bogactwa, użycia. Rasizm i nacjonalizm. Wszystko, co i my kiedyś mieliśmy, oprócz jednego: zdolności stwarzania. Wytwarzania i tworzenia.

Z marksizmu (zwąc to ogólnie) biorą to, co jest jego końcową postacią, konsekwencją u nas: totalitaryzm. Nadaje im się on, łączy się bezpośrednio z ich jedynym własnym doświadczeniem historycznym: tyranią kacyków afrykańskich i cesarzy azjatyckich.

My jeszcze wytwarzamy, ale już niczego nie tworzymy. Ale jak długo można tylko wytwarzać, nie tworząc? Wydaje się, że cały świat zbliża się do wielkiego zastoju i tylko ogromna, wciąż rosnąca kupa będzie fermentować, pulsować i gnić, gnić na różne sposoby lokalne.

Czy pojawi się i dla mnie problem: jak zaprosić młode dziewczę na kawę, aby uniknąć śmieszności i chichotu między tym dziewczęciem a jego koleżankami, kiedy im o tym opowie? Pewnie się pojawi, bo wszystko się pojawia.

Dowiem się o tym w swoim czasie, niestety. Na razie, teoretyzując: jak zwykle być świadomym swojej roli, sytuacji, co nietrudne, i bawić się nią, co trudniejsze.

12 października

Jeszcze Wiedeń. 8.00 rano. Za chwilę podróż. Reisefieber. (Fiber?)

O ósmej rano nie ma już żadnych pomysłów.

Co zmarło, co będzie żywe?

Alles raus.

---

[1] Trawestacja tytułu pracy Lenina *Imperializm jako najwyższe stadium kapitalizmu* z 1917 roku.

Reisefieber – to mam być ja? Myśl sama sobą. Myśl wytwarza emocje. Tylko po co?

Po kilku godzinach w Paryżu.

Gnębiąca potrzeba „nad", „meta", „syntezy", jak zwykle, kiedy tymczasem nawał i zawał drobnostek. Zrób to, zrób tamto.

13 października

Coraz więcej osób chce czegoś ode mnie i coraz mniej jest osób, od których ja chcę czegokolwiek. Ale mniej tu mam na myśli wymianę i pomoce rzeczowe, nawet nieboszczyk Hughes nie mógł obejść się bez ludzi. Mam na myśli wymianę substancji innej, najlepiej to określić przez: pożądanie obecności.

Ale czy to jest prawda?

Nieco tylko prawda. Jakże ja niezmiernie potrzebuję pewnych obecności. Ale – i tu różnica – tylko na chwilę, choćby powtarzającą się. Dany mi jest jednak dar samowystarczalności wewnętrznej, dar samotności nie jako przekleństwa, ale jako błogosławieństwa. (Choć z tym też różnie bywa, ale w zasadzie...) A ponieważ, powtórzmy banał, samotność jest pierwszą kondycją każdej świadomości, więc lepiej jestem wyposażony do życia niż przeciętnie.

Napisz utwór.

Lis na łożu śmierci przyjmuje Koguta. Zapisuje mu w testamencie swoje futro. Kogut oblicza, ile takie futro warte, czy ofiaruje je kurze? „Powiesz, że mnie upolowałeś. Jakże ona będzie cię podziwiała".

Ale dlaczego Lis to robi? Czy jest naprawdę chory? Rosołek na wzmocnienie?

„Wiele ci krzywd wyrządziłem, chcę zadośćuczynić".

Albo inaczej: futro wisi na wieszaku. Lis żąda zaliczki, pożyczki? „Ale czy nic za to nie żądasz?", niepokoi się Kogut. Nic, absolutnie nic. To budzi podejrzliwość Koguta. „Muszę naradzić się z żoną". Która czeka w przedpokoju. Naradzają się obok lisiego wezgłowia. Wypróbować, czy naprawdę jest chory ten Lis. Kura mu się podstawi. Wypróbuję go, zobaczymy, ile w tym prawdy. „Boję się", powiada Kogut.

Kura zostaje sam na sam z Lisem.

Część spraw i rzeczy widzieć jak widowisko tylko – aby nie zwariować. *Mesure d'hygiène*[1]? Ale czy coś, na co się nie ma najmniejszego wpływu, jest czymś innym niż widowiskiem tylko, jeśli wyłączyć oszalałą wyobraźnię i wynikające z niej emocje, które na nic?...

Dyktatury są idiotyczne od początku. Demokracja idiocieje w miarę rozwoju. Ale czy wtedy to już jest w ogóle demokracja?

Doktor Forel ma to z głowy, razem z głową. Umarł nagle w poniedziałek.

14 października

Napisać. Co? Felieton dla „Dialogu". Powieść.

Jak długo nie muszę się bać rewizji mojego domu przez policję państwową, polityczną, tak długo nazywam taki ustrój dobrym ustrojem.

Co z tym felietonem dla „Dialogu"?

Rury[2]. Rura kanałowa i tuba w laboratorium. Teleskop. Też rura. Ale jakaś rura wynalazła, że wszystkie rury są równe. Rury kanałowe przegłosowały, bo jest ich większość. I powstaje rurokracja.

Teleskopy, tuby w laboratoriach – zawstydziły się. Tylko rura, naprawdę dwie dziury połączone jedną rurą ciągłą (teoria kontinuum dziury), są najbliżej świętego ideału dziury. A więc one są rurami par excellence. One są rurami boskimi. Święta Dziura.

Inne, różne rury: wieczne pióro, lufa karabinowa. Wnętrzności (przewód pokarmowy). Bambus. Neon.

Dwie rury ubiegały się o prezydenturę nad rurami. (Ford, Carter[3]) Bambus i Gazrurka. Rura naturalna i rura sztuczna, ale prosta. Rura naturalna miała poparcie tej części rur, która sama była bardziej naturalna (kiszki etc.?), tu jednak była w mniejszości. Wchodziły też w grę subtelności ideologiczne: czy rura długa jest bliższa ideałowi rury, czy krótsza? Krótsza zbliżała się niebezpiecznie

---

[1] *mesure d'hygiène* (franc.) – zabieg higieniczny

[2] Zob. felieton *Krótka, ale cała historia* – zob. przypis do 16 października 1976.

[3] Mowa o kampanii prezydenckiej w USA; 2 listopada 1976 roku kandydat demokratów, Jimmy Carter, pokonał republikanina i dotychczasowego prezydenta – Geralda Forda.

do „minus pierścienia”, czyli obrączki, czyli dziury krótkiej minus, czyli do zaniku rury. Długa, za długa, rura niebezpiecznie zbliżała się do nieskończoności (początek rury? koniec rury?), czyli jak gdyby nigdy rurą miała się nie stać (bo gdzie wlot i wylot? Nie ma rury bez końców). Ustalono, że najlepsza jest rura średnia, tak zwana w sam raz.

Tak trwały dyskusje, spory między dwoma kandydatami oraz ich poplecznikami. Ale przyszła rura trzecia z następującym programem: wszystkie rury połączą się końcami i stworzą jedną ogromną rurę. Tylko w ten sposób położy się kres ostateczny różnicom wśród rur. Teleskop przypasuje się do rury kanałowej itd., itp. W co będą wglądać oba wyloty – z tym mniejsza.

Bambus i Gazrurka przypasowały się. Przypadkowo?

I tak powstała kosmiczna rura. Astronom innej jakiejś cywilizacji spojrzał i dojrzał przez teleskop to nowe ciało niebieskie, tę bardzo długą rurę. I teleskop…

15 października

Skąd to przypuszczenie, że po śmierci nie tylko będziemy, ale w dodatku dowiemy się wszystkiego na temat stworzenia, bytu, co i dlaczego itd.? A może się mylę? Może religia, chrześcijaństwo, niczego takiego nie obiecuje? Dobrze, ale co z ową żądzą poznania? Wiedzieć wszystko to znaczy boskość. A jak to tam ma być po śmierci podobno? Mam się zjednoczyć z Bogiem? To znaczy co – wejść w obieg wszechrzeczy (w którym i tak przecież już jestem, tyle że razem ze świadomością), bo przecież Bogiem samym… Nie, *this is too far-fetched, everything*[1].

Tak czy inaczej, mogę liczyć tylko na to, co bardziej prawdopodobne. Wszelkie pomysły, że dowiem się czegokolwiek po śmierci (założenie, że ja teraz i ja po śmierci to jest to samo)… Hm. Nawet – spuśćmy z tonu – jeżeli ja będę jakoś tam po śmierci, nie ten sam, co teraz – to ten, który się dowie, nie będzie już mną. Czyli ja, ja-teraz, nigdy się niczego i tak nie dowiem. Należy więc teraz i aż do końca pozbyć się wszelkich pokus spekulowania co do wszechbytu, natury bytu itd. Najwyżej, jeżeli się ma ku temu ochotę i zdolności, zarezerwować sobie możliwość, że wszystko jest czy będzie absolut-

[1] *this is too far-fetched, everything* (ang.) – to zbyt daleko idzie, wszystko

nie inaczej, nie odwrotnie, tylko całkiem inaczej, niż jakiekolwiek najdalsze przypuszczenia by na to wskazywały.

Zająć się wyłącznie dostępną (?) rzeczywistością. Tym, co jest (?). Czyli teatrem.

Jeszcze o demokracji. Toto powstało (i tylko wtedy było możliwe) w społeczeństwie, w którym panował zasadniczy consensus. Ale teraz, w tych ogromnych ludach (USA), co ma wspólnego jedna grupa czy podgrupa z innymi? Idiotyzm „demokracji" w ONZ jest ostatecznym przykładem tego ogólnego idiotyzmu.

16 października

Woda z kaloryfera na podłogę przez całą noc, wiadra podstawianie, hydraulika wołanie zamierzone... Aż podszedłem, wziąłem śrubkę w dwa palce i przekręciłem. Przestało kapać.

Coś mi się wydaje, że płynie z tego wielka nauka.

O tym – oraz o jabłuszku chiavaryjskim – dla „Dialogu"[1]. Także rzecz o relacjach ludzkich. I teatrze. Skończony *Amor*[2]. Teraz tylko nauczyć się po niemiecku.

Może napitek nocny.

Nie można tu notować tego, co tylko przez najlepszą poezję notować się daje. Więc co, jak, aluzje do tego robić? Jak i jakie? To właśnie najlepsza poezja może najwyżej, w najlepszym wypadku.

Jak więc zanotować? Notujmy jak węglarz, piaskarz lub studniarz. Podczas tego seansu i napitku ukazało mi się:

a) Że nie ma czego szukać – ale w tonacji radosnego odkrycia. Jakbym miał trzynaście lat, wybrał się znowu do szkoły o listopadowym świcie i znalazł, że szkoły nie ma, zniknęła razem z budynkiem.

b) Że jest we mnie ów punkt... Ale czy u mojego ojca, nie, nie tak. Czy przypadkiem nie jest to to samo, co u mojego ojca wyrażało się gestem do kapelusza: „Ja płacę" (ja mogę, mnie na wszystko

---

[1] Zob. felietony *Krótka, ale cała historia* („Dialog" 1977, nr 4) oraz *Jabłko* („Dialog" 1977, nr 5); oba z cyklu *Małe listy*, publikowanego przez Mrożka w tym miesięczniku w latach 1974–1982 (wyd. książkowe wybranych tekstów w 1982, pełna edycja: Warszawa 2000).

[2] Zob. przypis do 12 czerwca 1976.

stać, kelner!), tyle że na tak zwanym wyższym poziomie? Nie sądzę. Raczej niezupełnie to samo. Pewne odczucia na ten temat miałem i na trzeźwo.

c) Że życie jest za krótkie, żeby się przejmować kłopotami. Dlaczego nie korzystać tylko z tego, co cieszy? A w każdej minucie i w każdej okoliczności coś takiego znaleźć sobie można (*positive thinking*, po prostu).

Niedługo już przyjdzie schodzić ze sceny. Czas już powoli myśleć – w jakim stylu. Wolałbym: bawcie się teraz sami, chłopcy, ja idę do siebie.

Przedwczoraj oglądanie fotografii, powiedzmy, rodzinnych. Też nie jest regułą („też" – bo więcej jest reguł pozornych), że tylko cmentarz się z tego wyłania. To zależy od oglądania. Tym razem miałem dosyć ochoty do życia widocznie, oglądając, żeby oglądanie tę ochotę zwiększyło.

Wstąpiłem na Borowczyka. Wystąpiłem po kwadransie. (*La Marge*[1]).

Ten człowiek ma już dziurę w głowie. To, co zrobił, tak samo nic nie znaczy, tak samo jest puste, nudne, niekonieczne jak większość, jak prawie wszystko, co się w filmie teraz robi.

Stracił swoją odrębność, miał kiedyś coś z genialnego dziecka, z geniuszu osobnika inaczej, osobno patrzącego, z genialnego niedorozwiniętego (niedorozwiniętego w sensie zwyczajnej, powszechnej gładkości, sprawności, sztampy kulturalnej). Teraz to stracił. Nie można tego filmu odróżnić od innych, tak samo nijakich, tak samo pretensjonalnych.

Pozostało tylko jego erotomaństwo, ale już tylko jako choroba.

Film ma znakomite krytyki. Już nazywają Borowczyka jednym z twórców współczesnej sztuki filmowej.

Ano. Kto o kim mówi?

Tak więc mam już z głowy Borowczyka.

Nie można tworzyć filmu tylko z obrazów.

To wszystko ma służyć do udowodnienia, że mój *Amor* będzie doskonałym filmem.

---

[1] *La Marge* (*Margines*) – film francuski w reż. W. Borowczyka z 1976 roku, wyświetlany też pt. *Emanuelle 77*.

19 października

Łaska.

Aż mi się wydaje, że udręczenie, złoszczenie, strach, cały ten kopiec, rojowisko oszalałe i udręczone, i dręczące, jakim jestem, jakim byłem przez całe życie, jakim jest nasze ludzkie życie – było niekonieczne, było pomyłką. Że nie umiałem być inaczej, że trzeba umieć inaczej, że inaczej można. Nieznaczne przesunięcie czegoś wewnątrz, i dobrze, jak dobrze nie do wypowiedzenia jest wszystko.

Śmierć, koniec życia, nie przedstawia mi się jako paskudna degeneracja. (Jako katastrofa nie przedstawia mi się nigdy). Pan Bóg nie przedstawia mi się jako Bóg żydowski ani chrześcijański, ani mahometański. Tylko jako wielkie, ostateczne wyrównanie, zaniknięcie horyzontu, złączenie nieba i ziemi, światła i ciemności, bliskiego z dalekim. Jeżeli to będzie śmierć, to śmierć jest Panem Bogiem. Pojęcia kary i nagrody wydają mi się śmiesznawe.

Moje obchodzenie się z życiem, z sobą, takie, jakie ono na ogół bywa, wydaje mi się barbarzyńskie, oszalałe od ignorancji, ślepo marnotrawiące.

Jestem szczęśliwy, że minęła rozwścieczona młodość i mija rozgoryczony wiek średni. Że bliższy jestem niż dalszy wielkiemu wyrównaniu.

Moje okno, jedno z moich trzech okien podniebnych (deszcz przez cały dzień. Nie znam drugiego miejsca, gdzie deszcz jest tak niesmutny, tak w pełni szczęśliwy, jak w moim obecnym mieszkaniu). Godzinę mogę patrzeć (leżąc) w ten prostokąt, na którym, w którym tylko niebo i delikatna ruchomość chmur. (Galijskich, innych niż chmury wschodnie). Mam z tego więcej niż z ekranu filmowego, telewizyjnego. Może dlatego, że zdolności, skłonności do takiego patrzenia – coraz rzadziej mogę wytrzymać kino i TV – nie będę miał chyba już nigdy. Oraz wydaje mi się, że przez to patrzenie staję się lepszym, wrażliwszym krytykiem, nie tylko filmowym, niż gdybym studiował cinematekę.

Moja największa modlitwa: żeby mi było dane rozpłynąć się kiedyś całkiem w tym wielkim wyrównaniu, *where all ends meet*[1], stać się nim bez śladu najmniejszego mojego własnego.

---

[1] *where all ends meet* (ang.) – gdzie spotykają się wszystkie końce

Nie posiadać i nie być posiadanym.

Diabeł, być może, to właśnie przeciwieństwo wielkiego wyrównania. To wszystko, co sprawia, że nie jesteśmy szczęśliwi. Ale życie nie może być całkowicie diabelskie, jeżeli nawet teraz mam takie przeczucia i odczucia, choć jeszcze jestem żywy.

Sen, wczesnym popołudniem: wagon jakby kolejowy, a raczej tramwajowy. W nim my, jakby deportowani czy ewakuowani, ale nastrój nie grozy, a nawet jakby wycieczkowy.

Wagonik, wagon, który porusza się sam z siebie, ani nie ciągniony, ani nie pchany, także bez własnego napędu, ale wiadomo, że porusza się za sprawą tych, którzy nas deportują, ewakuują, czy też w ogóle jakby opiekują się nami (my to ci w wagonie), choć opieka ta nieco groźną ma konotację, zatrzymuje się na szynach. Obok leży odcięta ręka, realistyczna, choć bez kałuży krwi, której należałoby oczekiwać.

Wysiadamy. Sensacja i konsternacja. Jednak bez grozy, bez makabryczności to wszystko. Rozchodzi się pogłoska, jakoby ci, oni, umyślnie to urządzili, przestrzec jakoby nas przed czymś chcą czy coś dać nam do zrozumienia.

Oglądam tę rękę. Teraz to jest już ręka aż do ramienia. Ręka mężczyzny i coś mi się wydaje, że ta ręka jest moja, moja własna, choć niby obie swoje ręce mam przy sobie. Paniki ani straszności jednak w dalszym ciągu w tym nie ma. Czy to mnie w szczególności oni ostrzec chcieli (upomnieć), dać mi coś do zrozumienia?

Po obudzeniu niejasne i niepokojące uczucie, że nawet jakbym pamiętał, kiedy mnie kładli na szynach. Oraz myśl nieprzyjemna, że sen jest snem wróżebnym.

W tej chwili uświadamiam sobie (kiedy to piszę), że jutro mam jechać pociągiem.

23 października

Lecz nic z tego mnie się nie przydarzyło. O ile wiem. I chyba nie tylko mnie. Mam nadzieję.

Tematy życiowe. Mężczyzna zamknięty w pokoju hotelowym. Pojawia się tylko jego kochanka. On ukrywa się przed jej mężem, przed swoją kochanką, przed paroma innymi. Ukrywa się także przed policją, a przede wszystkim przed sobą.

24 października

Jak by tu pisać, zapisywać, żeby to miało możliwie największy sens? Jak już nie chce mi się pisać, że mi jest smutno czy wesoło, tak i nie chce mi się, że uważam siebie raz za gnojka, raz za bohatera. Obie wersje są równie głupie. (Nie jestem też niczym pośrednim).

Moja siostra pisze (teraz, kiedy będę już pisywał sztuki z życia, oto postać, ta moja siostra), że ojciec albo w depresji, albo w euforii, że raz po raz gra kogo innego, wymyśla i fantazjuje na wszystkie tematy.

Mój ojciec nieraz mi był ostrzeżeniem.

25 października

Za wiele się dzieje, a ja za wolno przeżuwam. Teoretyzując: powinna być jakaś idealna proporcja między wypadkami a czasem na refleksję.

W społecznej skali: podczas wojny i rewolucji nikt nie myśli. Potem ta wojna albo rewolucja jest materiałem dla wszelakiej literatury, aż do następnej wojny albo rewolucji.

Pamiętniki Chłędowskiego[1]. Miły to człowiek. A ja co bym robił w Galicji?

Za trzynaście lat będę miał lat sześćdziesiąt. To nie to samo, co napisać sobie przy trzydziestce: za trzynaście lat będę miał lat czterdzieści trzy. Prędzej już, mając lat siedem, napisać: za trzynaście lat będę ich miał dwadzieścia.

Obiecałem sobie pomyśleć, co się w tych trzynastu latach zdarzy, ale leniwość myśli...

Sztuka żywa... Leniwość myśli jednak...

26 października

Jeżeli zapiszę, że cierpię na zimne pocenie się, to czy taka wiadomość mnie zainteresuje za kilka lat? Czy jako obserwacja o starz...

Tu zadzwoniła owa osoba, przez którą obym nie był wplątany w mafię jakąś, tym bardziej obym nie był, że nic mnie z nią erotycz-

---

[1] K. Chłędowski, *Pamiętniki*, t. 1–2, oprac. A. Knot, Kraków 1957.

nie nie łączy. Kochanka gangstera i nie tylko. Ano, dokąd zajdziemy z moją świętą niewinnością oraz naiwnością?

Spróbujmy jednak napisać tę sztukę trzecią o Lisie i Kogucie.

Lis i K. w jakiejś niezwykłej sytuacji?

27 października

Takie wokół szaleństwo, zwłaszcza bab, że aż się wydaje to jakąś farsą niedopuszczalną. I podejrzenie, że skoro aż tak ludzie wariują od życia, to może właśnie wszystko jest zupełnie proste i łatwe, i dobre, i tylko jakaś ślepota, pomyłka, traf, że ludzie nie mogą trafić.

Czy zaczęło się od tego, że wymyślono jednostkę, podczas gdy tylko ktoś jeden na milion z najwyższym trudem nieco może być jednostką? Inni łamią się jeszcze przed początkiem, już od samej propozycji.

L'Innocent par Luchino Visconti[1].

Jeszcze kilka lat temu byłby ciężko znośny ten film, jako melodramatyczny nazbyt. Dzisiaj już, kiedy przedrzeźnianie tak ogarnęło świat, że szczęki mu zastygły w tym grymasie, mniej w tym widzę melodramatyczności (wada) niż powagi (zaleta).

Jaka ulga, kiedy ktoś mówi i nie mruga przy tym okiem.

28 października

Newralgia głowy, bolesna.

Pokusa, żeby znowu wymyślić sobie coś do pisania i w to pisanie uciec.

Komunizowanie zachodnie: ostatni luksus burżuazji (Luchino Visconti – towarzysz).

Resztki u mnie szacunku dla słowa pisanego. Pamiętać, że *poszłost'*[2] ujawnia się wszędzie i pod każdą postacią. Odrzucać powodzenie, rozgłos jako kryterium wartości.

---

1 *L'Innocent* (*Niewinne*) – film włoski w reż. L. Viscontiego z 1976 roku.

2 *poszłost'* (ros.) – plugawość, wulgarność, banalność

30 października

Bardzo piękna, słoneczna pogoda.

Starość starością, rozpacz rozpaczą i kryzys kryzysem. Tymczasem czuję się coraz lepiej (prawdę mówiąc), depresji coraz mniej (ogólnie biorąc), pieniędzy mam coraz więcej oraz im mniej zastanawiam się nad sensem bytu, tym byt jest znośniejszy.

Człowiek widocznie niczym się nie zadowoli, co nie jest *le bien total*[1]. A ponieważ *le bien total* nie istnieje...

Ach, ta wyobraźnia. Ona, rozbuchana, rozpędzona, robiąca, co chce, przyczyną naszych nieszczęść.

2 listopada

Niepokój w rocznicę śmierci. Tym wyraźniejszej, że łączy się z Dniem Zadusznym. Niepokój o siebie. Niepokój, że jej z tym źle, że ona nie tylko za to nie udzieli mi poparcia z zaświatów, ale nawet mnie za to ukarze.

Chęć tłumaczenia się z tego – przed sobą, przed nią? Argument: że ja wobec śmierci czuję się aż tak bezradny, że nie umiem spełniać rytuałów, bowiem one są też bezradne i tylko bezradność moją powiększają.

S. – milioner. Gdyby on nie miał tych milionów, czy zgodziłbym się na tę kolację? Czy dopatrywałbym się aż tylu cech sympatycznych w tym człowieku? Otacza go i promieniuje z niego moc, nie ma co ukrywać. Zrozumiałem, jak wielkie pieniądze działają na kobiety. Władza, czy przez pieniądze, czy przez politykę, to potężny afrodyzjak. Rozumiem, że jest coś magicznego w przebywaniu w otoczeniu człowieka, który wszystko może. Nieunikniona pokusa pochlebiania mu. Podłączyć się do owego źródła mocy, jakkolwiek. To nawet nie chodzi o korzyści. Rzecz jest głębiej: poczuć się choć trochę ową mocą.

Do tej pory mało zwracałem uwagę na to, co tak powszechne, znaczące i działające: *the power*. Pamiętać o tym. Tu gdzieś jest prawda o tym, jak toczy się świat.

Po raz pierwszy w życiu ważę osiemdziesiąt kilo. I tą uwagą kończymy sezon 26 stycznia 1976 – 2 listopada 1976.

---

[1] *le bien total* (franc.) – całkowite dobro

3 listopada

Rok temu wynająłem to mieszkanie. Jak zwykle z takich uwag – z tej także nic nie wynika. Czyni się ją, zawieszając głos. Oczekując, że coś z niej samo wyniknie, mocą jej, w niej ukrytego znaczenia.

Jeszcze o S. – milionerze: Coś mi zatrąca o siebie z lat szkolnych, wczesnych. Kiedy koledzy silniejsi, Leliciński, Bajsarowicz... Ja przy nich asystent, wiadomo, że władza w nich ma źródło. A tak miałem być psychicznie niezależny, odległy, panujący. Czy jednak prawdziwa intensywność, jaka w tym człowieku jest, mnie nie usprawiedliwia? Kimkolwiek jest, nie jest *phoney*[1]. I nie popełnił ani jednego nietaktu, jakiego oczekiwałem, a co byłoby jego słabością.

4 listopada

Ciastko z serem. To znaczy ja.

Kupiłem pięć poszewek na poduszkę oraz jedną poduszkę.

Pogoda dzisiaj bardzo piękna.

Fotografie z Wiednia. Wyraźne postarzenie się od roku. Niech tam. Ostatecznie od czego człowiek jest? Między innymi od tego, żeby się starzeć.

Coś stało się między mną a paniami. Nie mam już na ich temat owej gorączki, która przez całe życie mnie męczyła. Nie ma też co ukrywać, ochota mniejsza, i to na pewno z wiekiem.

A jednocześnie nigdy nie było lepszego porozumienia między nimi a mną. Upada legenda grasująca wśród młodzieży, że im silniejszy napór w portkach, tym większe powodzenie u pań. Czy może właśnie dlatego, że już tak okropnie nie muszę? Ale dlaczego, jeżeli tak? Czy opętany napór przeszkadzał mi widzieć kobiety, ponieważ widziałem raczej swą pytę? Nad tym by trzeba się zastanowić, ale ostrożnie. Zwłaszcza w tej dziedzinie pochopne wnioski są niewskazane.

5 listopada

Se dépasser soi-même. Se retrouver soi-même. Deux notions bien différentes.

[Przekroczyć samego siebie. Odnaleźć samego siebie. Dwa pojęcia zupełnie różne].

---

[1] *phoney* (ang.) – fałszywy

Listopad prawdziwy. Szczęście siedzenia w domu *avec le compte en banque bien garni*[1]. Jak długo jeszcze tak będzie mi się udawało?

La réussite sur le plan immédiat[2]. Sława tylko nieco mniejsza, niż pożądałem niegdyś. Mojego portretu nie ma na okładce „Time Magazine"[3]. Oko nieco boli.

Zadowolenie ciała, współczucie duszy. *Hic transit* Mrożek[4]. Hej, psy moje, szarpiące mnie niegdyś, nie żałuję was, zawsze chciałem się was pozbyć, aby was się pozbywszy – co?

Pięć lat na Riwierze – dziurze w moim życiu, której do tej pory nie rozumiem (Chiavari).

My tu gadu-gadu, a tu trzeba wyrzucić śmieci. Jutro będzie Y. Co to będzie?

Ano, coś i jakoś będzie. Cokolwiek bym sobie teraz myślał, czegokolwiek bym się teraz spodziewał. Ale ani wiele nie myślę, ani wiele się nie spodziewam. *Hic transit* – ale co?

O pisaniu moim: nie mam nic do napisania.

Lena Kolanowska-Katelbachowa. Dwadzieścia lat temu państwo Katelbachowie z dziećmi i ja, i Cybulski, i Kobiela. Katelbach też umarł? Przypatrzymy się epilogowi. Wszystko, co teraz zapisuję, powinno nosić tytuł: „Dwadzieścia lat później"[5].

Dlaczego właściwie nie pisujesz teraz dniem i nocą? Wszystko układa się już w historię. Dwadzieścia lat temu nie miałeś nic do opowiedzenia – wszystko do wymyślenia. Toteż wymyśliłeś. Teraz wymyślać ci się już nie chce. Ale możesz opowiadać.

Martwi mnie twoje niechlujstwo umysłowe, kiedy tutaj tak obcujesz sam ze sobą intelektualnie. To jest jak jedzenie kiełbasy z papieru, niechlujne nawyki samotności. Nie wolno tak, nie trzeba tak. Nie powinieneś tak. I w gruncie rzeczy wcale tak nie lubisz.

---

[1] *avec le compte en banque bien garni* (franc.) – z kontem bankowym pełnym pieniędzy

[2] *La réussite*... (franc.) – niezwłoczny, natychmiastowy sukces

[3] „Time Magazine" – amerykański tygodnik społeczno-polityczny założony w 1923 roku.

[4] *Hic transit* Mrożek (łac.) – Tak przemija Mrożek; aluzja do biblijnego „przemija postać świata" (I List św. Pawła do Koryntian 7, 31).

[5] Aluzja do tytułu powieści Aleksandra Dumasa ojca z 1845 roku, kontynuacji *Trzech muszkieterów*.

Kiedy nareszcie postępował będziesz zgodnie ze swoją naturą? Kiedy nie będziesz niejasny i dwuznaczny w tym, co lubisz?

Co mnie łączy z Wieniawą-Długoszowskim? Polska. Dla mnie Wieniawa żyje – bardzej niż dla Słonimskiego[1] (który już nie żyje) – w głowie mojej, która urodziła się w Polsce. Raz tylko uwierzyłem w Polskę, to znaczy w kraj, w którym, wydawało mi się, ja byłem tak naturalnie, jak jestem w swoim ciele. To było w 1956 roku i nie trwało długo.

Lepszy mój los niż inny, jaki bym sobie mógł wymyślić, bo naturalny. Nie mogłem żyć w Polsce i nie żyję. A co by było, gdybym mógł, tego nawet nie wymyślę, bo musiałbym wymyślić kogo innego, niż jestem.

Ale szkoda.

Polska powinna być niepodległa. Wtedy moglibyśmy porozmawiać. Czy kiedyś będzie? Może i będzie, ale skutki kalectwa, na jakie została skazana na tak długo, bardzo długo pozostaną.

Żal mi Polski, jak żal mi siebie. Kiedy myślę o innym jej losie, myślę o swoim własnym, innym. Urodziłem się do życia, nie do walki o życie. Dlatego nie żyję w Polsce.

6 listopada

Sen ciężki był, sen snów pełen, ale jakich. *Qualis artifex pereo*[2], jeśli nie pamiętam swoich snów.

Lektura wspomnień Słonimskiego[3] zamieszała kocioł od dna, gdzie moje własne wspomnienia, dawno nie ruszane. Może to moje przyszłe „pisanie z życia" tak się przygotowuje. A jeżeli tylko wymyślam sobie, że ono się tak przygotowuje, jeżeli to nie obserwacja, tylko konstrukcja: czy wtedy będzie znaczyło i będzie miało następstwa?

Słonimski nie był demonem. Parę słabości (próżność literacka, chęć dowcipu zbyt przemożna) ustępuje wobec uczciwości podstawowej, którą coraz bardziej cenię. Nie był demonem, ale też za to

---

[1] Antoni Słonimski zmarł 4 lipca 1976 roku w Warszawie w wieku 81 lat.

[2] *Qualis artifex pereo* (łac.) – Jakiż artysta [we mnie] ginie; słowa cesarza Nerona wypowiedziane przed jego samobójstwem w roku 68.

[3] A. Słonimski, *Alfabet wspomnień*, Warszawa 1975.

nie ma w nim ciemności. I nie mam do niego pretensji, że demonem nie był, jak – z naszych – Gombrowicz i Witkiewicz, Miłosz. Jest tym, kim jest – uczciwym, inteligentnym człowiekiem. Nie miał swojej wizji, swojego kształtu, swojego suwerennego królestwa. Wszystko, co miał, otrzymał, przejął (pojęcia, ideały, styl), dziedzictwo postępowej, literackiej, dziewiętnastowiecznej inteligencji polskiej. Ale dobre to było dziedzictwo i umiał nim dobrze gospodarzyć. Był nam może potulniejszy niż „demony". Bo jakoś nie widać, żeby nasze „demony" dały radę niedostateczności, niedorosłości polskiej. Mam uczucie, że Gombrowicz, Witkiewicz byli na darmo. Mam wrażenie (bezczelne nieco, bo prawie nie sprawdziłem), że przedstawienia Gombrowicza i Witkacego były albo nieporozumieniem, albo w najlepszym wypadku powierzchownością. Że nie weszli oni do polskiego organizmu, ten organizm takich nie przyjmuje. Byli wyskokiem natury, luksusem w polskiej rzeczywistości. Polak zbyt ograniczony jest i być musi Polską, jaką ona jest, żeby mógł od niej się oderwać, pojąć coś więcej, wytrwać w czymś więcej, nawet gdyby pojął. Mam na myśli Polskę nie tylko jako rzecz narodową, ale jako zespół uwarunkowań różnorakich, które tak ściśle są splecione i tak zwięźle Polaka oplatają, że Polak w tym kaftanie bezpieczeństwa prawie ruszyć się nie może, nie ma przestrzeni koniecznej do manewru, wyboru konstrukcji osobistej. Witkiewicz, Gombrowicz poszli na marne, Miłosz – nie wiem, o tamtych łatwiej jest rzecz stwierdzać, bo tamci zostali upowszechnieni (ale nie przyswojeni). Miłosz ciągle jest ograniczany, nie dopuszczany przez siłę niższą, która nami rządzi (Słonimski).

Napisałem wczoraj, że ja urodziłem się do życia, nie do walki o życie. Nie do tego, żeby życie dopiero przygotowywać, żeby urządzać dom, w którym dopiero można zamieszkać, albo żeby bronić domu przed rabusiami, którzy wynoszą meble jawnie i są złodziejami. Nie do tego, żeby wydobywać się dopiero na powierzchnię, ale do tego, żeby zacząć od powierzchni, od normy, od normalności. Cechą życia polskiego jest właśnie walka o życie. Nic w tym kraju od paru wieków nie jest normalne, wszystko subnormalne. Słonimski, najlepszy i najszlachetniejszy publicysta, polemista – oto jego właściwe powołanie, łącznie z jego poezją – doskonale się do życia polskiego nadawał. Wrócił do Polski nie po to przecież, żeby *do his own thing*[1], ale właśnie po to, żeby w tym życiu uczestniczyć, czyli o to życie się starać.

24 listopada

Y. wczoraj odjechała do N. Yorku. Jutro ja odjeżdżam do Madrytu. Moje mieszkanie, gdzie tyle się działo ostatnio, zostanie puste – nowy model planety po zniknięciu ludzkości ją zamieszkującej. Jeżeli tu nie będzie nikogo, czy będzie tu cokolwiek? Ulotnienie się sensu. Co zostaje, jeżeli ulotni się sens? Co, kto zostaje, kiedy odchodzą ludzie?

Wszystkie nasze sprawy rodzą się tak przypadkowo, jak rodzi się dziecko. Z tego, co arbitralne i przypadkowe – na oko przynajmniej – rozwija się dane i konieczne. Mniejsza o dziecko. Ale związek dwóch osób? Tak samo przecież. Na początku była chuć, może nie na początku stworzenia, ale na pewno na początku każdego związku. Jakie ryzyko, jakie szaleństwo? Koniecznie chce się pójść z kimś do łóżka, z kimś, kogo jeszcze nawet się nie spotkało. Potem przypadek – zjawia się osoba. Jeżeli łóżko przetrwa – obrasta w resztę. Potem, kiedy nawet łóżko znika – reszta zostaje. Życia się splatają i łączą. Nigdy by do tego nie doszło, gdyby nie ślepa siła, która nie myśli o konsekwencjach – na początku. Bo żadne cudze życie nie może uzupełnić idealnie mojego własnego.

Ostatecznie i narodziny dziecka, i spotkanie mężczyzny i kobiety – czy nie są modelem zdarzeń w ogóle? Czy nie wszystko w ogóle dzieje się *al fresco*[2], na ślepo, w odruchu, w stworzeniu faktu? Żyjemy otoczeni wciąż wzrastającymi następstwami, w bezładnej masie następstw, dziwnej, fermentowanej wciąż nowymi faktami. Następstwa, grupy następstw, to męczy. A jednak chcemy faktów, początków wciąż nowych. Tylko początki dają poczucie życia. Konsekwencje przypominają materię nieożywioną. Nowa osoba, pojawienie się kogoś nowego – zawsze to uczucie początku, nowych możliwości. Jak tu być wiernym w sensie przysięgi składanej u ołtarza? Jakim cudem mężczyźni i kobiety mogą być wierni, wierne, a jednocześnie żyć?

---

[1] *Do his own thing* (ang.) – robić swoje; Słonimski opuścił kraj we wrześniu 1939 i przebywał na emigracji we Francji, a następnie w Anglii; do Polski powrócił w 1951 roku.

[2] *Al fresco* (wł.) – dosł. na świeżo; technika malarstwa ściennego polegająca na malowaniu na świeżym, wilgotnym jeszcze tynku.

Ból w kolanach. Dosyć mi obojętny.

Odwiedziny u Albina Michela, wydawcy[1], czyli Mme Blavier. Mme Blavier na pewno jest bardzo zajęta, także poza godzinami urzędowania. Doskonała wymówka.

Deszcz i zimno. Należy wyrzucić śmieci.

Czarodziejska góra po dwudziestu trzech latach[2]. Owszem, dobre. Czy ja mógłbym tak napisać? Nie, i nie chciałbym. Czy dlatego, że po latach nauczyłem się tego, co wtedy wydawało mi się niezrozumiałe? Czy niechcący, a nawet wbrew, podzielam gust epoki, która Tomaszem Mannem już się nie zachwyca? Ta klinika mnie już nie przerasta, a nie przerastając, już mnie nie urzeka (urzeka mnie Proust po latach jeszcze nieco, ale czy to nie – po części – dlatego że po francusku?). Bluźniercza ochota, żeby przyznać słuszność bluźnierstwom: belfer, pedant, nudziarz, człowiek bez poezji.

Obniżenie tylko w stosunku do dawnego wymyślenia. Ostatecznie wszystko dosyć jeszcze jest wysoko. Ale tylko jedna radość, dosyć trzeźwa zresztą (nie z gatunku urzeczeń): oto Mann zdaje się podzielać moje odkrycie – zajmować się metafizyką trzeba i wolno tylko o tyle i tylko dotąd, o ile i gdzie dochodzi się do swoich granic. Potem pozostaje jedno: obowiązkowość, życiowy imperatyw. I nie pozostaje mi teraz nic innego, jak tylko przerwać pisanie i wynieść śmieci.

A moje zapiski o pierwszym czytaniu *Czarodziejskiej góry* spaliłem kiedyś. Nie pamiętam ich wcale i w ogóle. Nic.

27 listopada, Madryt

Za dużo luster w hotelu Plaza. Znacznie więcej, niż trzeba. Nie można było nie zobaczyć, jak się postarzałem. Moje osiemdziesiąt kilo, świeżo nabyte, widać nie tylko w barkach, ale także w dupie. Twarz nie tyle pomarszczona, ile przybrzękła. A to, czego nie widać w lustrze: nerwobóle i zmęczenie, którego nie mogę pominąć, choć próbuję.

Przyjechać do Madrytu, żeby się oglądać w lustrze – o czym to świadczy?

---

[1] Éditions Albin Michel – francuskie wydawnictwo założone w 1900 roku.

[2] *Czarodziejska góra* – powieść Thomasa Manna z 1924 roku.

Nie wiem, co jest mniej interesujące: Madryt czy ja. Dla mnie, oczywiście. Ten nonszalancki monumentalizm. *Squalor*[1] już śródziemnomorski, monumentalizm ospały jakby i bez nadziei, jakby z poczucia obowiązku honorowego tylko, bez przekonania – był właściwością hiszpańską. Ponury – jak wszystko tutaj. Przypomina kupy usadzone tu i ówdzie. Żadnej organizacji całości. Milczenie i *olé*! Nie, to nie dla mnie.

O czym myślę, co czuję? Zadziwia mnie, jak mało o Christinie. W ogóle nie rozumiem, jak się to dzieje, że teraz, kiedy niczego już nie chcę zdobywać, łatwo mi wszystko przychodzi. To „wszystko" dałoby się zresztą ściśle określić. Kiedyś to było dla mnie naprawdę wszystko. Ale co, na miłość boską, wynika z takich uwag, ciągle powtarzanych? Jakież to odkrycie i jaki wniosek? Przyjeżdżam, spotykam dziewczynę, która mogłaby być moją córką, i na drugi dzień, sam nie wiedząc jak, znajduję się z nią w łóżku. I mimo że to jest realne, to jednocześnie jakby zdarzyło się nie mnie, ale komu innemu, i nie teraz, ale kiedy indziej, i nie tutaj, tylko gdzie indziej. Ileż radości i chwały czerpałbym z tego dawniej. Teraz – radość, i owszem, ale nie ma tego, kto się cieszy daną mi jej urodą, jest tylko radość, pewna radość bez właściciela. A co do chwały, nie rozumiem już nawet, o co by mogło chodzić. I zapominam o wszystkim już nie po latach ani miesiącach, nawet nie po godzinach, ale prawie natychmiast. A jej uczucia, uniesienia, kaprysy, jej kobiecość, w której jest jeszcze dziecinność, jej wielkie ze mną kłopoty nie są już dla mnie ani tajemnicą, ani tematem. Choć gdybym powiedział, że jestem okrutnie obojętny, nie byłaby to prawda. Obojętny, owszem, ale obojętnością jakby samej natury. Być może żyję już w cieniu owego wielkiego wyrównania, które coraz bardziej wydaje mi się istotą tego, ku czemu wprowadzi mnie śmierć.

28 listopada, Paryż

Dzisiaj z Madrytu.

To, co zapisałem w Madrycie, wydaje mi się podejrzane. Dlaczego nagle zacząłem donosić o takich sprawach? Czyżbym jednak chciał się pochwalić? Przed kim, przed sobą samym? Jeżeli już zaczęliśmy

[1] *squalor* (ang.) – brud, nędza, plugastwo

o tym mówić – nie byłem wielkim triumfatorem. Christina musiała się przede mną obronić, a raczej przed deficytem, który jej groził, gdyby zanadto pogrążyła się w tę sprawę. Nie wdając się w techniczne i delikatne szczegóły, odjechałem, zanim doszło do prawdy. Nie było *il momento della verità*[1], ani dla mnie, ani dla niej.

29 listopada

Demon mnie dopadł i zemścił się za to, że trzymałem go ostatnio dość daleko. Przybrał postać butelki.

Od czego się zaczęło? Między Madrytem a ułożeniem się do snu wytrwałem przecież w cnocie. Ale nie mogłem zasnąć. Wstałem i jak opętany wypiłem butelkę hiszpańskiego wina, głodny i prawie duszkiem. Można szukać przyczyn głębszych. Ale naprawdę to nie rozumiem, skąd ten wybuch zniszczenia. Demon przybrał postać nie tylko butelki, ale także anioła, anioła życia, piłem w triumfie witalności. Na cześć swojej siły, którą – otumanił mnie tak demon – uznałem, że posiadam. Dzisiaj jestem ruiną.

Nie ma nic wstrętniejszego niż ruina umysłu i ciała. W tej kolejności.

W ubiegły czwartek opuściłem ową zabawę o jedenastej. O dwunastej jeden z uczestników zastrzelił się, wprawdzie nie wśród zabawy, ale w mieszkaniu obok. Przez godzinę jednak bawił się, mając w kieszeni nabity pistolet. Nabił go i przyniósł specjalnie na tę zabawę. Wszystko wskazuje na to, że był to kretyn. Być może miał zamiar zabić się wśród tłumu, jeżeli nie strzelać do nas.

Skończyłem czytanie *Czarodziejskiej góry* i nic. Dwadzieścia trzy lata temu paliła mnie twarz i niezmierzone potęgi przyjmowały mnie w ramiona. Dzisiaj mam tylko kaca. Może to zbieg okoliczności, że w nocy piłem, a w dzień kończyłem czytanie książki, może i nie.

Tylko dwadzieścia trzy lata temu co ja takiego pisałem sam jako pisarz? *Maleńkie lato*[2]? Dzisiaj jestem wygarbowany i wysuszony,

---

[1] *il momento della verità* (wł.) – chwila prawdy

[2] *Maleńkie lato* – powieść satyryczna S. Mrożka z 1955 roku.

ale umiem tak pisać, żeby wzruszać ludzi. Albo się wzrusza, albo się jest wzruszonym. Albo się kocha, albo się wywołuje miłość. To spostrzeżenie nie dzisiaj uczyniłem, ale dzisiaj ono mi się potwierdza.

30 listopada

Myśl z nocnego przebudzenia, może nie błyskotliwa, ale człowiek ceni te myśli z półsnu, ponieważ myśli się wtedy jakby w oparze. U mnie ciężko i każde myślątko wydaje się gigantem (z powodu trudu), a że to noc i jej głębia – moje myślenie takie, choć prawdę mówiąc ciężkawe, ma prestiż nocy.

Moja klęska, moje pijaństwo pozawczorajsze, widać we mnie głęboko tkwi, choć nie lubię wyrzutów sumienia i je zwalczam. A moje myślątko dotyczyło tej klęski i brzmiało tak: Czegóż chcesz od świata? Spójrz na siebie. Oto jesteś zdrów i rześki, w stanie, z którego wiele dobrego może wyniknąć. A ty co robisz? Rzucasz się na butelkę i opróżniasz ją, przelewasz ją w siebie i padasz nieprzytomny. Ruina i zniszczenie. Dlaczego? Bo w tym stanie dobrym zdarza ci się jakaś mała niewygoda, jakaś nuda przelotna, brak jakiś maleńki czegoś, co nieistotne. I w intencji (oszukańczej zresztą, o czym powinienem już dobrze wiedzieć) pozbycia się tej drobnej niedogodnostki sięgasz po flaszkę. Palisz dom, żeby pozbyć się myszy. Więc czego chcesz od świata, od ludów, narodów i społeczeństw, kiedy postępują tak samo? Oskarżasz je o zbrodniczą lekkomyślność, głupotę, krótkowzroczność, nienasycone łakomstwo, kiedy mając wszystko, niszczą to wszystko tylko dlatego, że w tym stanie rzeczy, najlepszym, jaki kiedykolwiek się zdarzył w historii ludzkości, uznają się jednak za pokrzywdzone. A sam?

Morał: Żaden stopień szczęścia nie zadowoli człowieka, póki cokolwiek takiego sobie wynajdzie, czego mu do pełnego szczęścia brakuje. A wynajduje sobie ten brak zawsze, choćby dlatego, że nie wie właściwie, jak ma to pełne szczęście wyglądać. Że mu jest dobrze – to uważa za naturalne, za przyrodzony stan rzeczy, za zgodność z prawem. I nie zwraca na to uwagi i nie odczuwa wdzięczności. Ale niech tylko odczuje najmniejszą niedogodność, natychmiast podnosi krzyk, ponieważ to uważa za skandal, za niezgodność z przyrodzeniem. I najmniejsza niedogodność przeważa nad największym dobrobytem (nie tylko w sensie materialnym).

I gotów jest największe swoje dobro wysadzić w powietrze, czy to w imię buntu, czy to w głupiej nadziei, że to, co robi, usunie mu tę niedogodność, o której jedynie myśli, nie myśląc o tym, że jego działalność zniszczy jego dobro.

Krótko mówiąc – moja siostra jest arcyludzka.

1 grudnia

Sny ciężkie, noc ciężka, niby przespana, ale jak nieskutecznie. Kolacja to chińska czy spotkanie z ojcem Y. po kolacji. Bo ojciec poruszony, a kiedy poruszony, silne, a niekiedy przerażające rzeczy wychodzą z tego silnego a popękanego człowieka.

Czy zresztą jest silny? Intensywny raczej. Czy napięcie, nieustające, chorobliwe, jest siłą? Napięcie – idźmy szlakiem tego słowa – ku czemu?

Dowiedział się, o czym mnie nie powinien powiedzieć, jeżeli ona sama tego mnie nie powiedziała – o sytuacji swojej córki. Nie mógł jednak powstrzymać się z dwóch powodów: z napięcia właśnie, którego nie wytrzymał, oraz z chorobliwej skłonności do ingerencji we wszystko, a zwłaszcza w życie swojej córki.

Jego nienawiść do zięcia – jak wiele zarzutów, które zarzuca jego charakterowi, umysłowości – odnosi się do niego samego. Przykro było słuchać słuchaczowi, który o tym wie. W ogóle przykro. I groźnie. Byłem świadkiem, jak ten człowiek tak emocjonalny, którego emocjonalność tak często przechodzi w afektację, nie radzi sobie ze swoją emocjonalnością. Ten wyznawca rozsądku, wielbiciel *la raison*, jest bezwolny we władzy ciemnych sił. Otello deklarujący się wolterianinem i Descartes'em, niedobra to sztuka.

Nie powinien mnie brać na świadka swojej posępnej burzy, ze względu na Y. nie powinien i ze względu na mnie. Jakże moją sytuację uczynił niezręczną. Nie podejrzewam go jednak bynajmniej o manipulację. Ten uderzający brak taktu wynika nie z chytrego wyrachowania, ale z oślepienia namiętnościami, z owego straszliwego egocentryzmu.

Ów podwójny nietakt pierwszą przyczyną mojego samopoczucia, ciężkiego, niezdrowego, ciemnego. Były i dalsze. Wspomniałem o nienawiści do zięcia. Trudno się zachować jakkolwiek – to znaczy w byle jaki sposób, jak również w jakiś sposób wybrany – kiedy słyszy się namiętne życzenie, wypowiedziane przez nienawidzącego, aby ktoś znienawidzony umarł, życzenie wypowiedziane z taką siłą, nie hamowaną żadną refleksją, żadną samoświadomością, że graniczy z aktem magicznym. Zachować się nie zewnętrznie – to jest względnie łatwe, wystarczy nie poruszyć się i nic nie mówić – ale wewnętrznie. Co wtedy myśleć i co czuć? Niesmak i protest, i rodzaj grozy nie wystarczą jako myśli i uczucia wtedy. Rodzi się niechęć do osoby, która naraża mnie na takie wewnętrzne kłopoty.

Życzenie nagłej śmierci, wypowiedziane z taką pasją nawet wobec nieznajomej osoby, już jest nieco żenujące. A kiedy chodzi o męża mojej kochanki i jeżeli przeklinającym i zaklinającym śmierć jest jej ojciec, w mojej obecności, co wtedy? Jeżeli ów ojciec jest człowiekiem, który przez pięć lat był skazany na śmierć z natychmiastowym wykonaniem wyroku, którego unikał, przed którym uciekał w każdej sekundzie owych pięciu lat, którego życie jest dozowane – trudno być świadkiem, kiedy taki człowiek skazuje na śmierć tak lekko. I to kogo? Człowieka, który nie tylko jest mężem jego córki, który ostatecznie jego córce nie wyrządził żadnej krzywdy przekraczającej miarę zwykłych małżeńskich krzywd (a doznał od niej na pewno niejednego, mocą nieuniknionej małżeńskiej męki), który kiedyś był dla niej bardzo dobry – i dla niego, dla ojca, także. Dochodzimy do skraju, do momentu, w którym chęć niewidzenia czegoś – ponieważ z daną osobą jesteśmy w takich osobistych stosunkach, że tę osobę adoptujemy niejako, czynimy ją nami, włączamy do siebie (proceder nieco feudalny, ja – feudał, moi bliscy – wasale) – już nie wystarcza, żeby nie widzieć.

Powód przytoczony: „Gdyby umarł, wtedy ona byłaby materialnie zabezpieczona". Gdyby uwierzyć w ten motyw – straszno. Ale namiętność mordercza była zbyt wielka, żebym uwierzył. Kalkulacja handlowa, nawet dla dobra ukochanej córki, nie tłumaczy tego tonu. Więc o co naprawdę chodzi? Naprawdę jest to nienawiść, taka, do jakiej nie jestem zdolny. Dlaczego? Skąd ta nienawiść? Tego właśnie nie rozumiem. Aż taka nienawiść.

Nieżydowski jest ojciec w tej krwiożerczości. Mówi o sobie: renegat. Jeżeli jest renegatem, to w tym właśnie, co wyżej opisałem. Byłby radością każdego scenarzysty pracującego dla wydziału propagandy Trzeciej Rzeszy.

Barry Lyndon[1].

Ano, sztuka jest chyba amoralna. Dawno już o tym nikt nie rozmawia ani się o to nie sprzecza. Ale ona chyba jest.

Chyba przede wszystkim jest więc sensacją (doznaniem). Doznaniem jakim, czego? Jak to powiedzieć inaczej niż negatywnie? Doznaniem takim, jakie tylko ona dać może, jakiego nic innego dać nie może. Ale doznaniem czego? Może na tym właśnie polega jej tajemnica, że jest doznaniem, ale nie ujawnia – czego. Doznajemy, nie wiedząc, czego doznajemy. Doznanie jest faktem i zdarzeniem. Niewyjaśnionym, w niewyjaśnionych okolicznościach.

Pozostawia po sobie tęsknotę. Też nie wiadomo za czym, a chcielibyśmy wiedzieć tak bardzo. Tęsknota jest skutkiem doznania owego.

Jakie staroświeckie prawdy mi odżyły, a wszystko przez *Barry'ego Lyndona*, czyli przez Kubricka, który według mojej opinii jest artystą niewątpliwie genialnym. Fellini i Bergman to już inne pokolenie. Stanley Kubrick jest tak współczesny, że aż zimno się od tego robi.

Współczesnym artystą nie jest się ani przez temat, ani przez sztuczki modne. Współczesnym jest się przez nieuchwytną esencję współczesności.

W rękach Kubricka sztuka przestaje być powolnością, a staje się nową jakością, niesamowitą w skuteczności i wyrazie.

Jest coś demonicznego w tym człowieku. Inaczej jeszcze mówiąc o jego tworzeniu: porusza mnie ono i czyni mnie niezwykłym, a przynajmniej niezwyczajnym dla mnie samego. To dla mnie znak, że mam do czynienia z czymś, z czym chcę mieć do czynienia. Zazwyczaj jestem o wiele większy od proponowanych mi dzieł. Czuję więcej, myślę więcej i szybciej, mam lepsze wyczucie kompozycji i stylu niż to, co w nich jest zawarte. Tutaj mam do czynienia z czymś, co albo mnie przerasta, albo łapie mnie za włosy (mimo łysiny) i wyciąga mnie samego ze mnie samego.

Przypomina się Nabokov. Ta sama nieobecność pogańska jakiejkolwiek metafizyki, jakiejkolwiek idei porządkującej. I ta sama

[1] *Barry Lyndon* – amerykański film kostiumowy w reż. S. Kubricka z 1975 roku, na podstawie powieści W. Thackeraya z 1844 roku.

demoniczna wnikliwość w rzeczywistość zmysłową, przeniknięcie jej prawie – prawie aż tam (na drugą stronę?), gdzie jest nadrzeczywistość, czy też sama esencja rzeczywistości, jest, ale jej złapać nie można. Pogranicze możliwości, ostatnie bramy percepcji. Dalej jest – co?

Nihilizm niewątpliwie. Ale ostatnio zadaję sobie pytanie, czy nihilizm to nihilizm. Ten metodyczny i zajmujący się zaprzeczaniem to jest słaby interes. Ale wielkie wyrównanie!

3 grudnia

Boże, jakie smutne listy teraz będą. Już przyszedł jeden. Smutny jest sam sobą, nie tym nawet, co w nim napisane. Tym smutniej.

Tak być musi. Co do tego różnimy się właśnie. Y. sądzi, że konieczności ja sobie wbijam do głowy za pomocą osobistego i umyślnego młotka. Ja wiem już trochę o sobie i wiem, jak straszne rzeczy wynikają, kiedy się sprzeciwiam – nie chcę powiedzieć: swojemu przeznaczeniu, bo brzmi to patetycznie. Ale to mówię. Bo jak inaczej mam to powiedzieć? Ja także wiem, że Y. musi tak sądzić.

Do czegóż to się sprowadza doświadczenie, owo sławne doświadczenie, o którym tyle słyszałem, kiedy byłem młody i kiedy tego doświadczenia jeszcze nie miałem.

Z wiekiem wszystko się upraszcza. A jednocześnie zyskuje nie tyle głębię, ile odblask głębi, który jest chyba już refleksem tego, co z braku lepszego słowa nazywa się wiecznością.

W każdym razie nie chcę już rozpaczy. Niech będzie już raczej heroiczna nuda.

Odwiedziny u T. Niezmienność. Czy też zmienność tak mała, że raczej niezmienność. Teraz już nasze starzenie się nie budzi wstydliwej grozy. Jest zbyt jawne, żeby się do niego nie przyznać i nie przyzwyczaić. B. – początek rutyny?

Północ. Przeczytałem czterdzieści stron mojego dziennika pisanego w State College. I nic. Chcę określić sens zapisywania (przecież teraz znowu zapisuję) i nie umiem. Zapisywać, oto wszystko.

Moja własna miara: krzątać się nieustannie i raczej koło tego, co da się popchnąć naprzód.

4 grudnia

Na dnie listopada. Nie, grudnia przecież. Ciemno o dwunastej w południe. Deszcz. Już zimno.

5 grudnia

Ukończona scenka o Lisie i Kogucie (Biskup)[1]. Radość twórczości tak samo powtarzalna, jak wszystko. Czy esencja i warianty to jest to samo? (Słowo: wariant – odmiana, zakłada niezmienną esencję, której warianty są wariantami). Ale wyraźniejszym modelem jest miłość i w tej sprawie raczej nawet nie należy się zastanawiać. Kiedy indziej.

Narzekam na rozkład powszechny. Jednak sam jestem robakiem, który tuczy się w tym rozkładzie. Gdyby nie promiskuityzm kultur (wszystko idzie ze wszystkim), czy mógłbym przeniknąć i egzystować w kulturze światowej, prosperować w niej nawet? Gdyby nie była taka, jaka się stała na skutek jej rozkładu? Gdyby Anglicy pozostali Anglią, Francuzi Francją, Niemcy Niemcami? Gdyby już sami nie wiedzieli, kim są i czego chcą, i gdyby nie szukali wszelkich propozycji? Może nie jestem śmieciem, ale płynę na fali śmiecia.

Że mi się z tym, w tym, dzięki temu udało, to jeszcze nie znaczy, że musi to mi się podobać.

Silne zdenerwowanie. Rozedrganie jałowe. Opanować.

6 grudnia

Z pomocą alkoholu. Po tygodniu czuły pocałunek Dionizosa. A było to tak:

Mérétik na jeden dzień (?) w Paryżu, telefonuje i przychodzi. Tłumaczenie *Garbusa*[2] przynosi. Trochę się napije. Jak tu się nie napić z nim? Ochota już była ukryta, pretekst teraz już jawny.

Pijemy. Opowiada o Rosji. Zmienił się. W mniej inteligentnego, elokwentnego Francuza, co to świat jest według jego rozumu. Jest bardziej jak człowiek, który przyjechał z frontu na krótki urlop. Zmęczony zmęczeniem bez końca, osiedlony w okopach.

---

[1] Mowa o monodramie *Lis filozof*, pierwodruk: „Dialog" 1977, nr 3.

[2] *Le pic du bossu*, przeł. G. Mérétik (sztukę w tym przekładzie wystawiono w 1979 roku w paryskim Théâtre de Chaillot).

A tu z H. na kolację umówienie, tak sobie, bez głębszych myśli. Ona proponuje, by ją odebrać w mieszkaniu N. Zgoda.

Podpity tam jadę.

Ile życia w N., w tych oczach nieco azjatyckich, nie mówiąc o biodrze. Ale i bladość jakaś, i napięta nerwowość. Może wszystko jest dobrze. Może.

Nastrój między nami wszystkimi swobodny, ale co każde z tam obecnych dorosłych ma w głowie? Za dużo upiorów, żeby nikt nic w głowie nie miał. A jednocześnie nastrój swobodny prawie niekłamany – dlatego właśnie. Bo za dużo wszystkiego, żeby cokolwiek, jakkolwiek można inaczej. Więc już prawie jak w kinie. Siedzieć tylko wygodnie i patrzeć na siebie, na grupę naszą, jak na ekranie jesteśmy.

Potem H., w Brasserie 1925[1], dostaje czegoś w rodzaju spazmów wewnętrznych, dyskretnie oczywiście bardzo, przypadłość nerwowa moim zdaniem, między żołądkiem a górą. Siedzi pięknie ubrana, duża i dorodna niby, a w środku spustoszenie, w środku, czyli w duszy. Bo dusza H. nigdy nie była tęga, ale która dusza osamotnionej kobiety jest tęga? Odwożę ją do domu, kładę do łóżka, pozostaję chwilę w roli czułego i uprzejmego opiekuna, ale uczciwie to żal mi jej, a przez nią żal mi wszystkich osamotnionych kobiet, których jest tyle i coraz więcej, wszystkich, których życie nie daje im tego, czego potrzebują bardziej niż życia samego, a co jest niby tak łatwe i proste – a nie jest, a nie ma. Patrzę na mieszkanie tak ładnie, tak starannie urządzone, i bezsensowność tego strasznie męczy, żal ludzi. Rozumiem, jak jej tam straszno. I kiedy tak leży w pościeli, to jeszcze żyjemy i, chwała Bogu, jesteśmy zdrowi, ale śmierć się kłania.

Wracam do domu, telefonuję do Y. Ma swój głos niedobry, ten wyczerpany, bezdźwięczny, martwy. Bo sama, dowiaduję się – bardziej z tego jak, a nie co mówi – jest taka. Zresztą dowiaduję się też, że już znowu była ciężej chora, nawrót choroby, zasłabnięcie nawet przy innych. A przecież rozstaliśmy się dopiero dziesięć dni temu, cztery dni choroby znowu, w ciągu dziesięciu dni zaledwie, to dużo. Więc żegnamy się, ale jesień w tym jest, badyle mokre ziemniacza-

[1] Brasserie Terminus Nord 1925 – restauracja w Paryżu przy 12 Boulevard de Denain.

ne, które niby palą się na gliniastym polu, jako ognisko niby. Mój Boże, a przecież czytam właśnie zapiski z wiosny 1974, która była naszą wiosną.

Moja to wina? Zamordowałem parę kolejnych osób. Ostatnią Y. Dla nikogo, dla czegoś, co mi każe mordować, jeżeli życie moje nazbyt od cudzego życia zaczyna zależeć, cudzym życiem bardziej się staje niż moim. Nie, nie umiem lubować się w wyrzutach sumienia. Ale też nie mogę nie widzieć zniszczenia, starych pobojowisk, które nigdy nie staną się kwitnącymi polami znowu, dezolacji, skwaszenia i mroku. (O ile mrok można widzieć).

W tym wszystkim, to wszystko widząc, nic nie mogę uczynić, nic innego, jak tylko widząc, a będąc bezradnym, trwać w paradoksie. Bo współczując i odczuwając naprawdę, jednocześnie oddzielony tą cienką warstwą nicości, która niewidoczna, ale która oddziela (jak nicość może być widoczna?), więc odczuwając, ale i nie odczuwając jednocześnie. Trochę jak na wojnie. Widzi się wszystko, a jednak nie jest się emocjonalnie na miarę wypadków, nie jest się, bo gdyby się było, toby się od razu rozerwało, zniszczyło, zabiło... Więc może to nie nicość żadna, tylko instynkt samozachowawczy, czyli jak na niego uważniej spojrzeć, też nicość, bo to jest coś nazwane w kategorii umysłowej (jak inaczej nazywać?), ale co kategorią umysłową nie jest. Instynkt samozachowawczy, to brzmi jak „natura", ta zaś jest dla umysłu nicością.

7 grudnia

Kolacja z Janem Lebensteinem. Jak by to powiedzieć... Tylu, którzy dawniej wydawali mi się większymi, dzisiaj wydaje mi się mniejszymi. Kiedyś on ginął na horyzoncie, *high speed*, w lśniącym wehikule, a ja stałem przy drodze, brudnawy szmaciarz, wachlując się, żeby odpędzić kurz wzniesiony jego pędem i zostawiony na jego szlaku takim jak ja. Nie chodziło oczywiście o pieniądze, nie o tym w tej chwili mówię. Teraz mógłbym go podnieść z krzesełka, na którym obok drogi spoczywa, z rękami starczo (choć jest z mojego pokolenia) złożonymi na kolanach, zarzucić go sobie na plecy i ponieść, podbiegając nawet czasami. Tak zresztą jest, ile razy się spotykamy.

Tylko żeby gderał. Z mojego karku słyszałbym monotonne, starcze gderanie, narzekanie, z przerwami na zażycie pigułki przeciw tej czy innej dolegliwości. Gderałby na wszystko. Ile życia jest we mnie w porównaniu z nim. Trudno wierzyć, żeby jako artysta dokonał jeszcze czegokolwiek, tak jest wysuszony, jałowy, zamknięty, zgorzkniały. Spędziłem z nim pięć godzin, podczas których nie było ani jednej rozmowy, która by nie polegała na stwierdzeniach. Dotyczących rzeczy płaskich, oczywistych i niewartych uwagi. Miałem wrażenie, że nie będąc żywy – żywił się jednak mną. Zawsze wiem, kiedy jestem wampiryzowany.

Nie mówię tego wszystkiego, nie chciałbym mówić – złośliwie, tym mniej z pogardą, od tego broń mnie Boże. Nawet niewinna satysfakcja nie jest tutaj przystojna, chociaż ona jest. Na szczęście czy nieszczęście jestem od takich uczuć oddzielony jak od wszystkiego. Dziwne, jak ostatnio przeżywam i jednocześnie nie przeżywam. Co nie jest dokładnym określeniem. Inaczej mówiąc: coraz większą mam swobodę, to, co z zewnątrz może być opisane jako swoboda, naturalność i spontaniczność, a co jakby nie jest jednak całkiem mną, widziane przeze mnie od mojego środka. Choć dzieję się nieco i jak gdyby obok siebie, to jednak nie jest to uczucie schizofrenii, rozszczepienia osobowości, nie jest to coś, co bym odczuwał negatywnie, źle, przykro. Przeciwnie.

Mogę tłumaczyć to tak: przez tego, który jest przede mną, jestem odczuwany tylko jako „ja" okazyjnie, od czasu do czasu, podczas gdy moje „ja", moje własne, pracuje bez przerwy, stale i nieubłaganie. Tak to przynajmniej odbieram.

N. jest w ciąży. Zrobiła ta wiadomość na mnie wrażenie, choć nie wiem jakie. Jak gdyby definitywne zakończenie naszej sprawy? To sekret i podobno jestem trzecią osobą, która o tym wie (poza ojcem dziecka, oczywiście), powiedziała mi podczas rozmowy telefonicznej w nieważnej, praktycznej sprawie. Jakbym po raz ostatni stał na wzgórzu, z którego widać krainę przebytą, rozwidlenie drogi, gdzie zmieniłem kierunek. Za chwilę nic już z tego krajobrazu nie pozostanie.

Czy odczuwam ostatnie ukłucie żalu? Oczywiście. Drobne. I jak wszystko, jak nawet znacznie silniejsze dotknięcie, ten, który je odbiera, to trochę nie ja. Rodzaj żalu naturalny. Ostatnia myśl o życiu, którego nie chciałem, ale kto lubi niszczenie możliwości? Kto lubi wiedzieć już na pewno, że już „nigdy"? Nawet jeżeli nigdy tego nie chciał.

E. telefonuje z Crau, opowiada wiele, zaprasza, żeby przyjechać na święta. Steve, armator, rzecz finansuje, to jego tam apartamenty. Moja przyjaźń z tą kobietą o życiu tak burzliwym pochlebia mi, ponieważ dowodzi, że nie jestem tak zamknięty w typie, kategorii, jak mnie powszechna dość opinia zamyka i jak ja siebie skłonny jestem – nie zamykać wprawdzie, ale – ograniczać, pod nieświadomym wpływem tej opinii. Może to zażyłość dwojga uwięzionych w *l'image publique*[1]? Bo ona, ją zamknięto jeszcze bardziej niż mnie. Kurtyzana, awanturnica, traktowana nieraz ni to z pobłażaniem, ni to ze złośliwością, *gente per bene*[2]. Tymczasem lepiej mi się z nią przebywa niż z niejedną damą, oficjalnie za damę uznawaną. Duszę ma szeroką, inteligencję spontaniczną, i tyle w niej życia.

Porządki w mieszkaniu. Magiczny wpływ takich zabiegów na moją duszę. Kiedy się wcielam w sprzątaczkę, staję się lepszym człowiekiem i artystą.

8 grudnia

Au lit toute la journée. Le calme, c'était le temps. Comme j'en ai besoin.

La pluie. Tombe, bien sûr.

[W łóżku cały dzień. Spokój, wreszcie. Jak bardzo tego potrzebuję. Deszcz. Pada, oczywiście].

Lecz smutno. *Il n'y a pas de germes du futur, dans cela. Même si je les vois toujours, plus tard, quand ils veulent pousser, ils me manquent s'il n'y en a pas. Simultanément, je médite sur les deux avenirs avortés. L'un qui est devenu plus-que-parfait déjà, l'autre qui se décroche du présent, et avec quelle tristesse.*

---

[1] *l'image publique* (franc.) – wizerunek publiczny
[2] *gente per bene* (wł.) – porządny człowiek

À présent, j'ai tout ce que je souhaite. Ce qui n'exclut pas la tristesse. Sans remède.

[Nie ma w tym zalążków przyszłości. Nawet jeśli je ciągle widzę, później, gdy chcą wyrosnąć, brakuje mi ich, gdy ich nie ma. Równolegle rozmyślam nad obiema przyszłościami, skazanymi na porażkę. Jedna jest już zaprzeszłością, druga oddziela się od teraźniejszości, i to z jakimś smutkiem.

Teraz mam wszystko to, co chcę. Co nie wyklucza smutku. Nie ma na to lekarstwa].

Czytanie moich dzienników. Doczytanie do daty, kiedy opuściłem Paryż dla Berlina.

A jednak teraz wszystko podszyte jest nieobecnością Y. Żalem, smutkiem. Ten żal już podszyty świadomością nieuchronności. Jest, jak być musi.

Znowu powracam do wniosku zawsze tego samego. Zostań tylko tym, kim (czym) jesteś. To „tylko" – to będzie wszystko. Ani dużo, ani mało. Wszystko po prostu.

Wietnamczyk restaurator znowu się przysiadł i nie pozwolił spokojnie zjeść kolacji. Ględzenie, nie umiem na tym ględzeniu nic stworzyć dla siebie. Zamknął mnie w tym ględzeniu, a ja dałem się zamknąć. Czy nauczę się poszerzać sytuacje moją wewnętrznością, jej odpowiednią organizacją, uwagą, czujnością? Czasem, rzadko, umiem. Zawsze przeszkadza mi moja własna inercja.

9 grudnia

Telefon od p. Sommer. Ja byłem nieco podlizujący się.

Pogoda znowu – na dworze.

Dzień, rok, życie. Cykle i podobieństwa między nimi.

L'heure de recueillement. La matinale. Il est douze heures moins cinq.

[Pora zadumy. Przedpołudnie. Za pięć dwunasta].

10 grudnia

Wczoraj – półsen piętnastominutowy w ciągu dnia. Kiedy znużenie oczywistością i płaskością moich myśli, oczywistą ich płaskością.

W półśnie pojawiły się ni to myśli, ni to obrazy. Odświeżające, bo nie mające nic wspólnego z dniem, z ciągiem skojarzeń. Wyniknęły z podglebia, z jakiejś strefy, która na co dzień nie jest na wierzchu. Pionowo, nie poziomo. Wertykalnie ku powierzchni. Obudziłem się – a raczej półobudziłem się, bo na pół tylko byłem śnięty – pocieszony. Sama świadomość, że istnieje taka sfera, jest pocieszająca, nawet kiedy tracę z nią kontakt i znowu się włączam w monotonię mechanizmów.

Jedno z wieczornych, nieczęstych spotkań z Basią M. w La Bucherie. Od tylu już lat jakby konwencja taka. Spotkanie informacyjno-sprawozdawcze. Usłyszałem komplement: „Zmieniłeś się tak bardzo na korzyść, to rzadkie, zwłaszcza u mężczyzn – dojrzewanie. Stałeś się sobą (*whatever that means*[1]), to się odczuwa, stałeś się przez to tak sympatyczny dla otoczenia". Takie i tym podobne. Słucham i uszom nie wierzę. Przyszedłem tam w letargu i martwocie. Pusty, bynajmniej nie żywy. Czy to możliwe, żebym tak inaczej odczuwał siebie, a inni mnie tak inaczej?

A jednak jest coś na rzeczy. Od pewnego czasu posiadam łatwość przebywania. Jeżeli nie wiem o tym, wiedzą o tym ci, z którymi przebywam, którzy przebywają ze mną. Zwłaszcza ci, którzy znają mnie od dawna i porównują. Ale ta łatwość jest jakby nie moja. Jestem jej świadkiem tak samo, jak jestem świadkiem siebie. W każdym razie pomyłka, jeżeli to, co oni wyliczają (na szczęście) jako moje usympatycznienie, przypisują pogodzie, mojemu wypogodzeniu, a jeszcze większa pomyłka, jeżeli przypisują to wzmożeniu życia mojego. Pomyłka, pomyłka, ale nie będę prostował. Nie będę ujawniał, że przeciwnie – to raczej wzrastająca obojętność jest przyczyną. Coraz mniejsze liczenie na cokolwiek, coraz mniejsze oczekiwanie i domaganie się czegokolwiek.

A jednak miło usłyszeć takie oświadczenie. Miło, bo milej być milszym niż nie. A także dlatego, że – choć odczuwam siebie jako coraz większe ubywanie – to jednak, jak widać, dla innych przynajmniej nie jestem ubywaniem.

Jestem łatwy, ponieważ jestem obojętny. To znaczy, żeby nieco ściślej – jestem prawie łatwy, ponieważ jestem prawie obojętny.

[1] *whatever that means* (ang.) – cokolwiek to znaczy

Tak to jest, kiedy widziane od środka. Widziane z zewnątrz – nigdy się nie dowiem, jakie jest, ale czasem otrzymuję w tym względzie ułamkowe wskazówki.

11 grudnia

Trzy (podwójne) whisky wczoraj przed zaśnięciem. Stosunkowo spokojne. Bez krzyków i wzlotów.

Doczytałem mój dziennik do końca stycznia 1976. O ile okres berliński – napięty i narzekający jak zawsze – ma jednak formę i treść, styl, o tyle moje jęki, począwszy od jesieni 1975, są tylko płaczliwe. Rozmazane i brzmiące w kółko, przykre sprawiają wrażenie. Nawet kiedy dzienniczek jęczeć przestał – nieco przestał – na lepsze mu się to nie obróciło, na jakieś lepsze, wyraźniejsze. Nawet moje biadania w State College lepiej zaowocowały niż nie takie aż rozpacze z ostatniego (wiosna, lato, jesień 1976 – bo na nie też rzuciłem okiem) okresu. Wniosek, jaki się narzuca – w sprawie jęków metodą jęków niewiele już zdziałam. Mniej niż kiedyś. A że jęki były zawsze moją *materia prima*, więc należałoby się zastanowić nad jakąś zmianą zasadniczą.

Zasadniczą – oto słowo. Zawsze u mnie wszystko jest zasadnicze. Być może stąd jęki. Przeplatane euforiami, z rzadka.

Uderzające: Ja jest moim głównym tematem. Na wszystkich poziomach. Zatrzymajmy się na najwyższym. Tyle lat poświęciłem zastanawianiu się, choć to słowo implikuje działalność intelektualną tylko, nie liczy się z krwią serdeczną, co to jest – ja. Kim jestem czy nie jestem i co z tym zrobić. Wydaje się, że nie mogę w tym względzie ani wymyślić nic więcej, ani zrobić nic więcej.

Wczoraj, kiedy sobie piłem, o tym właśnie, co powyżej – myślałem. Jedyne, co mi się nasunęło jako propozycja, to zwrócić się teraz na zewnątrz. Ja moje jest już tak przebadane, wyeksploatowane, że aż stało się statyczne. Natomiast to, co na zewnątrz, na pewno jest większe ode mnie i co ważniejsze – obfituje w niespodzianki i możliwości. Na pewno nie są to niespodzianki ani możliwości tego rodzaju, jakiego kiedyś oczekiwałem i żądałem. Mówiąc w skrócie: świat nie przyjdzie do mnie i nie poprosi, żebym został jego królem. Nie zorganizuje się jako gigantyczny dostarczyciel rozkoszy, przeżyć i satysfakcji wszelkiego rodzaju – dla mnie. (Nowa teologia: jaki jest sens istnienia? – Żeby Mrożkowi było dobrze, jak najlepiej). Nie, pod tym względem nie ma się czego spodziewać i słusznie to zauważyłem tyle już razy, niesłusznie tylko czując się z tego powodu tak bardzo pokrzywdzony. Natomiast świat naładowany jest niespodziankami sam w sobie. Świat sam sobie musi sprawiać niespodzianki. Tutaj nieco mętnieję i nie umiem już tego dalej określić. (Bo niby dlaczego to ma być dla mnie interesujące?) W każdym razie jeżeli jednego się nie da, trzeba zacząć drugie.

Nagle kupiłem mały kalkulatorek oraz polaroid. Dlaczego? Kalkulatorek da się obronić racjonalnie, ale polaroid? (Trzeba będzie kalkulować podatki).

Polaroid na pewno ma coś wspólnego z pokusami pornografii, czysto teoretycznej zresztą. Oraz: był to dzień, w którym nic się nie mogło zdarzyć. Więc sprowokowałem tę drobną niespodziankę. Przyniosłem polaroid do domu, położyłem na stole i wpadłem w przygnębienie: przecież polaroid-szmoloroid niczego nie zmieni. Rozrywki samotnika? Odruch konsumenta? Złudzenie konsumenta?

W dodatku wszelki kontakt z nie znaną mi technologią, którą mam opanować, wprowadza mnie w stan osłupienia i przygnębienia. I skupienia, bo należy opanować zespół czynności absolutnie niedowolnych w celu absolutnie określonym. Niby to właśnie powinno być łatwiejsze niż cokolwiek. Brak metafizyki i konieczność porządku mechanicznego mąci moje myśli, które stworzone są jak koń szachowy – do przeskakiwania, ale w grze, której nie znam, której nie umiem nazwać, która nie jest ani partią szachów, ani polaroidem.

Jednakże pożytek z polaroidu. Moja wizyta u ojca odbiegła od rutyny. Wypełniła się polaroidem. Nie była twarzą w twarz, ale skrystalizowała się wokół polaroidu. Lepiej. Zresztą fotografowanie psa sprawiło mu wielką przyjemność. (Dwie twarze koło polaroidu).

Nie mam żadnej wiadomości wprost od Y., od ojca wiem tylko nieco o Y. Znowu choroby. Wycieńczona, zbrzydzona chorobą, kryzysem także jej osobistego Nowego Jorku – być może jeszcze bardziej jest wycieńczona i zbrzydzona mną. Może nie tyle nie zapomina, ile już nie ma siły. Co czy nie jest jednym i tym samym? Niezapominanie dzieje się wprawdzie w teraźniejszości i dotyczy przeszłości, ale nie może się obejść bez przyszłości. O ile nie jest, nie chce być tylko chorobą, martwą nostalgią.

Po dniu samotnym – samotna kolacja w restauracji rzekomo i naumyślnie rosyjskiej. Tam gdzie przedtem była La Pipe Fendue. Jaka zmiana. Wydmuchane wszystko i sztuczne. Starsza pani, jakby Potocka, człowiek, którego wołają Jakov, z grubą dupą, i jakby Jadzia Kukułczanka celebrują rosyjskość. Francuzi, którzy chcą później powiedzieć: „*L'on a dîné chez les Russes*"[1]. A wszystko *juste en dessous de sous-moyen*[2]. Ci Francuzi.

Po połowie butelki wina jestem zdolny i potężny. A nawet piękny. Koszmar tych zmiennych uczuć i nastrojów. Tej zmienności i zależności od byle czego.

Nic, dokładnie nic się nie akumuluje (nagromadza – czy to to samo?). Przede wszystkim nie uczucia, przyjemności czy nieprzyjemności.

Ów pęd i napęd całego mojego życia, cierpienia, radości, plany i nadzieje – po co, dlaczego, skąd i ku czemu? Nie mam sobie za złe, nie żałuję, że był. Ale teraz?

Nie jest to już narzekanie, zastrzegam się. Nawet nie narzekanie. Stwierdzenie oczywistości musi nim być jeszcze, o ile poczucie oczywistości niedostatecznie silne. Ale już w moim wypadku?

Kiedy ktoś umrze, kto inny oczywiście, mówimy: tyle się nacierpiał, nacieszył, i co z tego, gdzie to jest, co z tego zostało? Ale kiedy to samo może powiedzieć ktoś żyjący, i to nie o kim innym, ale o sobie...

Budda umęczony kołem (*vicious circle*[3]) mógł usiąść i wymyślić to, co wymyślił. Ale Budda tylko znużony?

Telefon z NY w tej chwili. Szaro, szaro.

A jeżeli nijakość jest tylko, tylko nijakość jest jedyną prawdą? Tą poza człowiekiem? To człowiek wymyśla sobie i ciepło, i zimno,

---

[1] *L'on a dîné chez les Russes* (franc.) – Jedliśmy kolację u Rosjan.

[2] *juste en dessous de sous-moyen* (franc.) – dokładnie poniżej kiepskiego poziomu

[3] *vicious circle* (ang.) – błędne koło

szczyty i przepaście. Wtedy człowiek nie ma już ochoty ani siły (na jedno wychodzi) wymyślać.

Więc idź spać. Sen, taki sobie, w którym nie liczysz na nic, nie dążysz do niczego, przed niczym nie uciekasz. O ile taki sen jest możliwy. Ale nie jest. W nocy, we śnie, także coś się dzieje, i rano budzę się za każdym razem inny, w zależności od tego, co się w nocy działo.

Więc idź spać nawet nie po to i nie dlatego. Idź spać w imię niczego, jak w imię niczego żyć ci przyszło.

Być może takie życie jest najuczciwsze.

12 grudnia

Helena Kolanowska eks-Katelbachowa, jej synowa i jej wnuczka. Moja u nich wizyta. Niestety, a miałem dobrą wolę. Oszalałe mieszkanie oszalałej kobiety. A jeśli potem w hoteliku paryskim odwiedziny u tego Władzia, kuzyna mojego rzekomego, który jest moim widmem i upiorem? A jeśli rano odrzuciłem zaproszenie niewiele mniej przygnębiające, wampirów?

Nic, dlaczego tacy ludzie, dlaczego z takimi ludźmi, dlaczego tylko nuda, przykrość, wstręt, deficyt, deficyt, deficyt?

13 grudnia

Wczoraj przed snem znowu picie i rozmyślanie. Pije mi się tak dobrze, myśli nieźle, pijąc, i śpi potem wyśmienicie, a rano ociężałość tak substancjonalna, że nie żałuję.

Czego ostatecznie żałować? Chyba że chcę żałować dla samego żalu. Co mi się śniło? Kto to wie. Może ten, który sprawia sny, reżyser snów. Jeżeli jest jakiś.

Taedium vitae gorsze od wszystkiego. *Accidia*[1]. Więc jeżeli można, rozwodnić szklaneczką i snami.

Tabac niedzielny przy placu Nation, gdzie rozpaczliwie szukałem toalety. (Powinienem raczej szukać doktora). No to co? I wszystko – no to co? Co z tego, że jestem otoczony tym, czym jestem? We mnie moje sny, które także „no to co".

Dlaczego ten Władzio z Bieżanowa budzi we mnie wstręt? Ostatecznie nic mi złego nie robi. Pojawia się tylko w Paryżu, telefonu-

---

[1] *accidia* (wł.) – lenistwo, ociężałość, apatia

je słodko i wymusza spotkanie, szantażując a to moim ojcem, a to Bożym Narodzeniem i upominkami, które mi przywiózł. (Nie znoszę żubrówki. Już drugi raz opowiedział mi o Japończykach, którzy ukradli Polsce sekret tej nalewki i podbijają nią świat).

Władzio jest odrażający, oczywiście jako Polaczek. Oślizgły Polaczek. Ale będąc w dodatku moim krewnym, podobno, odraża mnie podwójnie. Wpycha mi z powrotem w gardło to, co już dawno temu zwymiotowałem. Czy też odbija mi się Władziem, więc straszne podejrzenie, że resztki tego mam jeszcze w organizmie? Nie, nie mam. Na litość boską, nie mam!

14 grudnia

Drętwota przednocna, ale już nie picie nawet, do tego też trzeba mieć minimum dążenia. Potem przypomnienie sobie drogi mojej mistycznej i nawrócony doznałem pocieszenia.

Coś widać naprawdę się otworzyło, skoro noc spana długo, intensywnie i sny znaczące, głębokie i zorganizowane. Te jednak aż tak znaczące, że ich nie zapiszę. Rano znamienne również.

17 grudnia

King Kong – *remake*[1]. Szming-Szmong.

Ideologia strasznie wypocona. *Oil Company – the bad guy. Environment. The lady in the first version – was the sophisticated lady. But... No, no* [Kompania Naftowa – czarny charakter. Środowisko naturalne. Dama w pierwszej wersji była wyrafinowaną damą. Ale... Nie, nie], nie chce mi się. Szming-Szmong.

Jak lalka uboga – szmaciana i drewniana, którą bawili się wszyscy. Teraz wspaniała lalka mechaniczna, która nudzi. Wspaniała?

Słowik cesarski[2].

Napisać o tych lalkach. Lis dostaje lalkę.

Boże Narodzenie w lesie. Jedyne drzewo, choinka. Drwal.

A jednak: agresja Lisa i defensywność Koguta.

Jezu, jak mi się nie chce pisać tej czwartej aktówki.

---

[1] *King Kong* – film amerykański z 1976 roku w reż. J. Guillermina; był to *remake* filmu z 1933 w reż. Meriana C. Coopera i Ernesta B. Schoedsacka. W wersji z 1976 roku rolę Ann Darrow grała Jessica Lange, w wersji z 1933 – Fay Wray.

[2] Aluzja do baśni H.Ch. Andersena *Słowik cesarza* (1843).

Więc Lis dostaje lalkę. Przez pomyłkę.

Drwal. Ty, drwalu, jeżeli zetniesz drzewo, co potem będziesz ścinał?

Lis – nowe życie. Nie będę już Lisem. Kogut – Trębacz.

Tak więc z pisania utworu nic nie wyszło.

Nuda.

Tyle życia, sił jeszcze dosyć i do czego to? To są rozmyślania mężczyzny, który chce się ożenić.

Mężczyzny „w sile wieku".

Ano, pójść do jaskini ojca i psa fotografować. Czy to są zajęcia dla mężczyzny w sile wieku? Pewna ilość pań uważa, że nie. Ja się z nimi zgadzam, ale na odległość.

W tym rzecz cała.

Doskonałe beaujolais mamy w tym roku.

18 grudnia

Whisky też. Trzy tygodnie, odkąd jestem sam. Sporo alkoholu. Nie upijam się do nieprzytomności wprawdzie. Ale skutek jest taki, że nie będąc ukarany, piję częściej i chętniej. Napiłem się więc dosyć sporo przed snem i spałem dziewięć godzin.

Nie żałuję nawet. Czego? Marzenia o życiu czystym i wzniosłym? W moim wieku więcej jest do żałowania niż marzenia. A że tego więcej, też niezbyt żałuję, jak marzeń żałować?

Piękna pogoda. *OPEC raises petrol prices*[1].

Pogoń za szczęściem.

Przeczytajmy list od Józka Barana.

Ładny list. Udał mi się ten Józek.

Dziwne. Popiłem wczoraj, a żadnych wyrzutów sumienia. Sprzątałem cały dzień. Z wiekiem to moje hobby coraz wyraźniejsze.

Dużo surowego mięsa (*steak tartare*) i dwa wina. *Caprice des Dieux*[2]. Fajka. I światopogląd mi się zmienia. Na lepsze.

---

[1] *OPEC raises petrol prices* (ang.) – OPEC podnosi ceny benzyny; OPEC – Organisation of the Petrol Exporting Countries, Organizacja Krajów Eksportujących Ropę Naftową, została założona w 1960 roku, zrzesza głównie kraje arabskie.

[2] *Caprice des Dieux* – odmiana francuskiego sera pleśniowego

A pleasure (jak się to pisze – skutki alkoholu?). *Pleasure man*.

A jednak częściej czuję się duży i silny. Może jestem taki? Panie zapewniają... Ale nie mieszajmy tu pań.

Mój asceta i mój *bon viveur*. Pogodzić się jakoś. Zaraz do Józka Sadzika – księdza – pójdę. On choruje, ja nie.

19 grudnia

Wczoraj zapisane – jeszcze jeden dowód, że nie należy pisać w stanie zezwierzęcenia ani kiedy nie jest się Rabelais'm.

Józek Sadzik – przyjemność obcowania z człowiekiem, który opiera się o coś silnego, a to coś nie jest marksizmem, a wręcz przeciwnie. Z człowiekiem, który nie ma swojego „honoru", ale honor Boga, jak to nazywa Anouilh[1]. Taki człowiek nie rozpycha się. Męczą ci z prywatnym honorem.

20 grudnia

Kolacja u przyjaciół Hélène, pp. Szmidt (?). Francuzi u siebie, dom francuski. Substancja autentyczna. Przyjemność obcowania z substancją prawdziwą. (Oraz takiego jedzenia i picia. Wino, jakże dobre, szampan 1929, nalewka cedrowa. Ptaszki dzikie zjedzone, towarzystwo właśnie wróciło z polowania).

List od Y. Pierwszy obszerniejszy, smutny, o smutnych sprawach.

Wczoraj przygotowanie *dossier* do obywatelstwa, wino po południu i atak rozedrgania. „Tak dalej być nie może". Potem myśl o myśli: Myśl nie może zmienić niczego, ponieważ jest tylko myślą. Zmianę powoduje całkiem co innego. Działanie, oczywiście. Ale co powoduje działanie? Tak zwana wola, oczywiście. Ale skąd się bierze wola? I dlaczego wola ma akurat lubić ten akurat kierunek działania, który wyznacza jej dana myśl? Jeżeli wola jest czystą wolą, czyli zasadą wolności, wtedy może lubić wszystkie kierunki naraz, ponieważ tylko wtedy potwierdza swoją wolność. A więc także kierunki sprzeczne. Taka wola jest więc anarchią.

Czyżby wola wynikała z namiętności? A te również bywają sprzeczne. Z potrzeb?

Nie wybrniemy z tego, dopóki nie wprowadzimy hierarchii. Ani z tego, ani z innych zabrnięć.

---

[1] Aluzja do tytułu sztuki Jeana Anouilha *Becket, czyli honor Boga* z 1959 roku.

21 grudnia

Trochę mniej palenia. Zbliżają się święta Bożego Narodzenia.

Na skutek psychoorganizacji umysł tężeje i czyścieje nieco. Słuchanie deszczu w nocy. Przypomnienie Mary, naszej historii, jej *erotic milestones*[1].

The lost being together. The excitement forever wanton (vain).

[Utracone bycie razem. Podniecenie na zawsze niezaspokojone (daremne)].

Rano prefektura, zabłądzenie w korytarzach. Papiery moje do naturalizacji OK. Wyznaczone przesłuchanie na 16 lutego. Potem spraw załatwianie.

Kolacja u T. Mnie ona książkę podarowała, ja jej pogrzebacz. Co będzie ze spadkiem po mnie, jeśli będzie jaki? Potrzeba dawania, smutek dawania tylko sobie. Nie przesadzajmy. Sposoby na obdarowanie innych zgodzę się obmyślać tylko przy kolacji samotnej, ale z ostrygami i szampanem.

22 grudnia

From the beginning nothing is[2] – jak to rozumieć? Oto jak: za pół godziny mam odwiedzić ojca Y. Ale to: „Odwiedzić ojca", czy jest, czy ma jakikolwiek byt poza przedstawieniem w mojej głowie? Droga, ulice, którymi przejdę, ojciec – taki, jaki jest dla mnie i tylko dla mnie, jakim go widzę, jakim go znam (takim nikt poza mną go nie zna) – nie istnieją, i to nie istnieją do drugiej potęgi. Pierwsza potęga to już wspomniane istnienie tylko w moim umyśle. Druga to owo istnienie w moim umyśle nawet nie jako spostrzeżenie (bo jeszcze nie ruszyłem się z domu), ale jako projekt. Z elementów zastanych (zastanych zresztą tylko w magazynie mojej pamięci) buduję obraz zdarzenia, które dopiero nastąpi, o ile moja intencja uruchomi działanie. A już, mimo tej podwójnej nierzeczywistości, nie bacząc na nią, zaczynam reagować emocjonalnie. Już do tego, czego nie ma, określam mój stosunek, już to, czego nie ma, tak przyjmuję, jakby było.

---

1 *erotic milestones* (ang.) – erotyczne kamienie milowe

2 *From the beginning nothing is* (ang.) – Od początku jest nic.

Kiedy zobaczę ojca – czy wtedy będę ja i będzie ojciec? Tak, ale bynajmniej nie tożsamo. To znaczy będzie to tylko zbiór, zespół, *totalité* moich wyobrażeń, *notions*[1] w tej sprawie, bardziej nieruchomy, bardziej statyczny, bardziej zamknięty niż otwarty na ewentualne zmiany, korektury i uzupełnienia. Moje wyobrażenie sprawy i rzeczywistość tej sprawy nie będą tożsame, a wiem o tym na podstawie doświadczenia: budowała się ona przecież i modyfikowała nieraz, zanim osiągnęła „zakończoność" obecną. Zresztą w rzeczywistości nie ma „sprawy", jest – jak zawsze – dzianie się, a tylko ja z dziania się czynię sprawę. Wykrawam z niego to i owo, unieruchamiam, łączę w układy i oto sprawa. *From the beginning – nothing is.*

Należałoby więcej o tym pamiętać, w imię rzeczywistości – i częściej, i skuteczniej traktować to stężenie, skupienie, znieruchomienie w mojej głowie owym odczynnikiem rozpuszczającym, rozcieńczającym, *dissolvant*.

Kiedy poznajemy nowego człowieka – w miłości – jesteśmy zafascynowani. Przypuszczenie: jesteśmy zafascynowani, ponieważ nie mamy do czynienia, jeszcze, ze „sprawą". Dzianie się dzieje się na naszych oczach. Coraz więcej wiadomości o drugim człowieku nie układa się jeszcze w nieruchomy obraz. Dopiero pracujemy nad tym. Paradoks: pracujemy nad tym, do tego przecież zdążamy (żeby poznać), a kiedy pracę ukończymy, cel już osiągniemy, wtedy jesteśmy rozczarowani. Znika urzeczenie, a potem znika nawet zainteresowanie. „Wiemy" już wszystko.

Ale najpierw jesteśmy urzeczeni, zanim zakończenie pracy nastąpi. Może dlatego, że póki się dzieje, a nie „jest" – bliżej czujemy się rzeczywistości.

23 grudnia

Czyściej, chłodniej i bliżej wyjścia.

Znowu jakbym umarł i patrzył na siebie stamtąd. Ale nie odnosi się to do stanu, tylko do epizodu.

N. przyszła na ciastka i herbatę.

[1] *notions* (franc.) – pojęcia

Naczynie, które napełniane jest kolejno czym innym. Tak naczynie przygląda się swojej treści, pamięta, co w nim było kiedyś (też kolejno).

Większość (kobiety zwłaszcza) zdaje się nie mieć tego spojrzenia naczynia. Ich świadomość utożsamia się z każdorazową treścią.

Kobiety – na przykład – parkują swoje samochody byle jak. Zainteresowane są wyłącznie daną *l'immédiat*[1] oraz przyszłością (co z nimi i jak będzie w życiu). Znam jedną, która nawet nie zakręca kurka wodociągowego. Potrzebny był dopływ wody, reszta, nawet stykająca się bezpośrednio z aktualnym przedmiotem zainteresowania, już jej nie interesuje.

Znaczna część głowy (nie mówię, że cała głowa) działa na zasadzie komputera (*l'ordinateur*), ale komputera oszalałego, puszczonego samopas, uruchomionego powiewem wiatru, bezmyślnym dotknięciem przechodzącej tamtędy przypadkowo małpy, wstrząsem od przejeżdżającego autobusu, zmianą temperatury. Komputer bredzi, dymi, zacina się, przyspiesza. Rozwiązuje obłędne, przypadkowo samozaprogramowane działania, które ani nie mają zastosowania, ani nie dadzą się rozwiązać. Wysoko zorganizowana, precyzyjna i kosztowna maszyna w rękach idioty. Tym idiotą jest persona, czyli twór ulepiony w ciągu lat z przypadków, byle czego i byle jak.

Już minimalny ład zaprowadzony w operowaniu komputerem-głową ukazuje, jak niepotrzebny jest ten chaos, że to jest chaos i że nie jest on potrzebny. Nie ma w nim żadnego sensu (to znaczy – nie ma sensu to, że powstał), powstał samorodnie, nie ma w nim żadnej metafizyki. Ani sensu codziennego, ani metafizyki.

Znaczna część zagadek, uniesień, wzruszeń i w następstwie tego znaczna część zmęczenia, otępienia, rezygnacji i rozpaczy wynika jedynie, tylko i jedynie, z niewłaściwego zastosowania i błędnego działania tej maszyny. Tylko reszta coś znaczy naprawdę, wskazuje na jakieś naprawdę. Może dlatego niechętnie się o tym myśli, niechętnie, nie chce się o tym wiedzieć. Przywiązanie do „bogactwa" życia wewnętrznego. Strach, że kiedy się zrobi porządek, nie będzie życia wewnętrznego.

[1] *l'immédiat* (franc.) – to, co natychmiastowe

Kiedy się robi porządek, chociaż trochę porządku, życie wewnętrzne zmienia się tak bardzo, tak bardzo przestaje być podobne do tego, co znamy, że – choćby nawet to inne było skądinąd pożądane, a nawet fascynujące (w antycypacji) – pospiesznie cofamy się w stare rejony.

Uczciwość nakazywałaby zrobić tyle porządku, ile tylko możemy. Dopiero to, co zostanie, to, co będzie dalej i potem, może posłużyć jako przedmiot badań, jako materiał do badań w sprawie życia, istnienia, metafizyki. Zresztą badania przeprowadzone w niechlujstwie, złudzeniu, byle jak, byle czym i przez byle kogo trwały już tak długo, że ich proces i rezultaty, wiecznie te same, znane są doskonale i ani same nowe nie mogą się już objawić, ani niczego nowego objawić nie mogą.

My dwoje, ja i N. – ta herbata i ciastka popołudniowe.

Jesteśmy teraz już tymi, którymi jesteśmy, i tak, jak jesteśmy. Tymczasem mamy jeszcze wspomnienie czy przypomnienie tych, którymi byliśmy, i tego, jak byliśmy. Gdybyśmy się częściej spotykali, odległość wypełniona pustką między tymi dwiema fazami nie byłaby aż tak odczuwalna, aż tak wypełniona pustką. Nie mamy teraz sposobu, stylu, metody przebywania razem. Dawne, oczywiście, już nie są do zastosowania. Nie jest to zażenowanie, tylko niepewność, ale też konsekwencje w rodzaju pytania: jak się zachować? – Nie wiem, jak się zachować, i wobec tego odczuwam niepokój. To jest tylko sama niepewność, techniczna, że tak powiem, nie moralna. Moralnie przeżyliśmy kiedyś, wspólnie, tyle i tak ostro, że takie uczucie jak niepokój w sprawie zachowania się jest zbyt błahym uczuciem, żeby mogło powstać na tak potężnym pobojowisku. Jednocześnie, ponieważ znamy się tak dobrze, wcale łatwo nam jest ze sobą przebywać. (Idealna łatwość marszu razem, kiedy bierzemy się pod ręce na ulicy). Jednocześnie znamy się tak dobrze, a staliśmy się sobie tak obcy. Obcość przeczy znajomości, znajomość obcości. Nie, nie jest to trudność, tylko niesamowitość wynikająca z tej niepojętej pary przeciwieństw i jej dialogu. Jak my sami byliśmy niepojętą parą przeciwieństw.

24 grudnia

Jeszcze w Paryżu, za godzinę do Londynu.

Spotkanie o północy w Tabac, pl. Trocadéro, z Terzieffem, Pascalem de Boysson. Vercors z żoną. *Aphonia*[1] moja towarzyska. Noc, zimno, dezolacyjnie[2], kiedy wracać przyszło.

26 grudnia, Londyn, Phillimore Gardens

W poszukiwaniu Graala – jeżeli Graal jest kielichem świętym – gdyby go Monsieur znalazł, napełniłby go trunkiem i wychylił do gardła. Fioritura[3] niesmaczna, *qui se voulait spirituelle pourtant*[4].

28 grudnia, Phillimore Gardens

Przyjęcie u E. Na poczet George'a, więc kobiet też tam nie było. Wino. Powrót przez Mews, pieszo, w nocną śnieżycę.

Tam maszerowanie – trzeźwy i lękający się. Powrót – pijany i jak lew. Czy trzeba aż alkoholu?

Nocna rozmowa z Y. w NY.

29 grudnia, Paryż

Dzisiaj z powrotem, rano, południe, wciąż jeszcze Londyn.

Y. British Airways.

Jurek Lipman, jego rodzina. E. i jej David. Y. British Airways. Fajki w salonie Hélèny. Rozmyślanie już u spodu samego. Jakby koniec rozmyślań? Widmowość przekształca się w łatwość i jakość. Dystans samoczynny.

Xmas Day[5] u pp. May. Smutek w dzień odjazdu, bez widocznej przyczyny.

Paryskie osłupienie i zmęczenie.

30 grudnia

Postanowiłem (?) być łysy bez ogródek. Golić tę resztkę, która nad czołem. Stawić czoło mojemu czołu.

Czy to ważne?

---

1 *aphonia* (gr.) – bezgłos; tu w znaczeniu milczenia, nieśmiałości
2 dezolacyjnie (z ang.) – niszcząco
3 fioritura – w muzyce ozdobnik, pasaż
4 *qui se voulait spirituelle pourtant* (franc.) – a która chciała być duchowa
5 *Xmas Day* (ang.) – Christmas Day, Boże Narodzenie

Beyond Reductionism: The Alpbach Symposium[1] – wpadło mi w ręce w sam raz. Hierarchia jest, a niższe nie tłumaczy niższego. Zresztą co ja sam będę opowiadał. Nie ukrywajmy. Żal było opuszczać Londyn przed party w Berkeley Hotel (milioner, znajomy E., wynajął ów lokal dla swoich gości). Teraz pocieszenie – jutro mogę pójść na party inną, inną także w rodzaju, niemniej party.

Bo chodzi o to, żeby posiedzieć przy paniach, jak chodziło mojemu dziadkowi Ignacemu, kiedy już miał sklerozę i nic już nie rozumiał.

Tym bardziej że one tam właśnie po to przychodzą. Stroją się specjalnie. Na co dzień są zajęte tym czy tamtym, ale kiedy party, zajęte są tylko tym, żeby okazać swoją kobiecość.

Czy to ładnie wobec Y., jedynej kobiety, na której mi naprawdę zależy? Nieładnie, oczywiście. Ale czy stałbym się bliski Y., a ona czy stałaby mi się bliska, gdyby nie ów napęd, nakaz podstawowy, a niestety (niestety dla naszych wyższych osobowości) anonimowy? Usunąć to, a runie wszystko inne. I jaką krzywdę sobie tym nawzajem robimy?

Taką, że jeżeli to robimy – jesteśmy jedno drugiemu mniej potrzebni. Ona mnie, ja jej. Lęk, że druga, a tak bliska osoba mogłaby się bez nas obejść. Że jakoś się bez nas obchodzi.

Więc skąd fascynacja moja jej związkami – a jej moimi? Skąd, dlaczego wtedy większe pożądanie? I kto by chciał spać z dziewicą, choćby tylko wtórną, żeńską czy męską?

Popyt podbija cenę, czyni obiekt bardziej pożądanym. Ale takie wyjaśnienie nie wystarcza. Za bardzo jest kulturowe. Raczej wtedy mamy kontakt z ową siłą anonimową powiększony. Dla niej przez moje kobiety, dla mnie przez jej mężczyzn. Podwójna natura zazdrości. I tak czy inaczej przykuci jesteśmy i do siebie, i oboje razem do tej siły, która i tak robi, co chce.

[1] *Beyond Reductionism. The Alpbach Symposium. New Perspecitves in the Life Sciences*, ed. John R. Smythies and A. Koestler, Londyn 1972.

1

Emigranci, reż. Jerzy Kreczmar, scen. Ewa Starowieyska, Teatr Współczesny, Warszawa, premiera 17 grudnia 1975.

1–3. Od lewej: Wiesław Michnikowski (AA), Mieczysław Czechowicz (XX).

2

3

STOC

4

Emigranci, reż. Andrzej Wajda, scen. Krystyna Zachwatowicz, Stary Teatr, Kraków, premiera 24 kwietnia 1976.

4. Od lewej: Jerzy Stuhr (AA), Jerzy Bińczycki (XX).

5–6. Od lewej: Jerzy Bińczycki (XX), Jerzy Stuhr (AA).

5

6

7. ***Emigranci***, reż. Roger Blin,
Theatre D'Orsay, Paryż 1974.
Na zdjęciu: Laurent Terzieff (AA).

THEATRE D'ORSAY-PETIT ORSAY
COMPAGNIE RENAUD-BARRAULT

LES ÉMIGRÉS

PIÈCE DE **SLAWOMIR MROZEK**

TRADUCTION DU POLONAIS GABRIEL MERETIK
MISE EN SCÈNE ROGER BLIN
DÉCOR ET COSTUMES DE MATIAS
BANDE SON GUY BEZANÇON
CRÉATION AU PETIT ORSAY LE 19 OCTOBRE 1974
© ÉDITIONS ALBIN MICHEL 1975

AA : LAURENT TERZIEFF
XX : GÉRARD DARRIEU

Laurent Terzieff. AA. Revenons à ta promenade. En passant devant le cinéma, tu t'es dit que ça vaudrait le coup d'y entrer.

• Le spectacle a été repris en tournée, et en juin 1977, au Lucernaire-Forum.
• La pièce a été jouée dans le cadre du « Théâtre des Nations », Yougoslavie en 1977 au Théâtre Sarah Bernhardt. Traduction Mirjana et Malden Martic. Mise en scène Tomislac Radic. Décor de Zvonimic Suler. Costumes de Diana Kosec-Bourek. Effets sonores de Sasa Friedrich, avec la distribution suivante : AA : Vanja Drach ; XX : Fabijan Sovagovic.
• En 1978, la pièce a été montée par le centre dramatique de Tours (mise en scène Pierre Lefebvre)
• La pièce est présentée actuellement au Théâtre des Déchargeurs, jouée par Alain Duclos et Guillaume Le Dantec, dans une mise en scène de A. Duclos et P. Haggiag.

1977

1 stycznia

Pokręciliśmy się przy paniach i wróciliśmy do domu, sami. Ale za to pijani. W Berkeley Hotel byłoby mi lepiej niż wśród Polaków. Mimo że nikt tam mnie nie zna ani o mnie nie dba.

Siedzimy o godzinie drugiej po południu, czyli porannej, z fajką i nad kawą. Ostatecznie świat toczy się wokół tej fajki, jedynego rytuału nieużytecznego, który co dzień się powtarza. Tu nie tyle wymierzamy sprawiedliwość widzialnemu światu, ile czuwamy przy jego wezgłowiu jak stara baba. Bo czuwanie bywa też formalne, to i drzemiemy, drzemiemy sobie też.

Jesteśmy jeszcze pijani, lekko. Jeszcze nie nastąpił przykry czas ani nietrzeźwości, ani trzeźwości, czyli głupoty i złego samopoczucia. Nie odczuwamy męki, jak dotąd zawsze, ile razy wróciliśmy z takiej zabawy do domu sami, bez pani. Moje stare ja proponowało mi wprawdzie taką mękę, ale – czy robiło to bez zwykłego już przekonania, czy to my jesteśmy dostatecznie już inni – propozycja zawisła i zwiędła.

Pogoda jest piękna i ciepła. Astrologowie jacyś przewidują, że rok 1977 jest wstąpieniem w okres podobny do dwóch wojen światowych, mający się na dobre zacząć w 1980 – do 1985. Ponieważ nic na to nie mogę poradzić oraz z innych przyczyn, które są mi (na razie? jeszcze?) nie znane (coś, co dzieje się nowego ze mną i we mnie, ale czego nie umiem nazwać) – mogę się tylko uśmiechnąć. Nie tyle uśmiechem Greka Zorby, ile uśmiechem człowieka pogodnie smutnego. Opuściłem zabawę, kiedy była u szczytu rozwoju i na początku dezintegracji. Jak zwykle ja. Instynkt samozachowawczy? Duma? Zmysł estetyczny, czy też zmęczenie doraźne i wrodzony brak krewkiej natury? Noc kierowała mnie, gdybym jej na to pozwolił, do garsoniery jakiegoś Polaczka, wyjątkowo ohydnego, który organizował, dla siebie i dla mnie, dwie lesbijki zupełnie pijane. Jedna z nich była piękna i bardziej pijana (Catherine Deneuve). Moje stare ja proponuje mi żałować, że na to sobie nie pozwoliłem. Propozycja również zwisła i zwiędła.

Co dalej? Pytanie głupie. Dalej jest tylko teraz.

O, may my heart's truth
Still be sung
On this high hill in a year's turning[1].
[O, serce śpiewaj
swą prawdę
na wzgórzu wysokim, na zakręcie roku].

Koniec, wyczerpanie – po to, żeby mógł być początek?

Nie, już nie początek. I nie chcę już tego nijak formułować.

2 stycznia

Drugi stycznia jak gdyby nigdy nic. A także ni z tego, ni z owego.

Drugi (trzeci dzień) po napiciu. Tępy.

Pogoda szara. Zimniej.

Tel. Y. Oboje ku sobie, potrzebujący się, pojednawczy. Jej najlepszy, najprawdziwszy, najtkliwszy głos (ten z jej głosów).

Nie ma nic bardziej wzruszającego, delikatniejszego, piękniejszego może niż nadzieja kobiety. Jest to sama nadzieja życia (nadzieja

---

[1] Z *Poematu w październiku* Dylana Thomasa z tomu *Zgony i wstąpienia*, 1946; tłum. S. Barańczak.

mężczyzny jest zawsze egoistyczna, osobnicza, przez to ciasna i skażona). W nadziei kobiety jest też coś z nadziei dziecka. Nadzieja kobiety, która jest jednocześnie i miłością, kiedy ta jest w fazie wstępującej, rozszerzającej, młodej.

I nie ma nic smutniejszego niż klęska tej nadziei, destrukcja. Gorycze i zło, które wynikają z takiej radości, z takiego wyniesienia.

Czwarty raz oglądanie *Cabaretu*[1] w dzielnicowym kinie przy rue Saint-Dominique. Ten film zawiera dla mnie więcej, niż o nim się zazwyczaj sądzi. Liza Minnelli śpiewająca *Lady peaceful, lady happy*[2].

3 stycznia

Drugi dzień diety, tak zwie się elegancko głodówka. Uczucie, nie powiem, osłabienia, bo jednocześnie z głodem lekkość i zaostrzenie umysłu. Dużo fajek.

List od Y. Z tych codziennych, trzeźwych. Mogę tylko trwać, ale z trwania też nie robić ideologii. Prędzej czy później buntuję się przeciw każdej formie i wtedy następuje ogólna kosztowna destrukcja. Przeciw której też się buntuję przez podjęcie nowej formy (raczej jednej ze starego repertuaru, z lekką modyfikacją – *due to the new circumstances of life and of myself*) [zgodnie z nowymi okolicznościami życia i mnie samego].

Sesja fajczana przed zaśnięciem: sceptycyzm wobec pojęcia (dążenia ku) szczęścia, takiego (a takim jest samoczynnie), jakie ma być szczęściem totalnym. Co ma być we mnie zadowolone: ciało? umysł? ambicja? Potrzeba (zaspokojenie) jakaś poszczególna? Za bardzo człowiek składa się z rozmaitości rozbieżnych, żeby się ich zadowolenie zharmonizowało, a zadowolenie jednej dzieje się kosztem niezadowolenia drugiej. Jeżeli centrum jest szczęśliwe, to wtedy nie możemy mówić o szczęściu, tym pojęciu, czyli o szczęściu *tout court*. Ale tylko to „szczęście" jest możliwe mniej więcej *à volonté*[3].

---

1 *Cabaret* – amerykański musical filmowy z 1972 roku w reż. B. Fosse'a.

2 *Lady peaceful, lady happy* (ang.) – „Dama spokojna, dama szczęśliwa", słowa z piosenki *Maybe This Time* wykonywanej w filmie *Kabaret* przez Lizę Minnelli.

3 *à volonté* (franc.) – do woli

Notion: to nie „ja" jestem szczęśliwy czy nie. To tylko czynnik organizujący „ja", który może organizować elementy i komponenty w całości, w układy. Takie, które są takie czy inne.

4 stycznia

Głodówka, lekkie osłabienie (przepalenie?). Krzątanie się nieustanne. Wątpliwości, czy taki tryb życia pozostawi jeszcze we mnie artystę. Wątpliwości o tyle śmieszne, że to dopiero trzeci dzień.

Gotowanie, przyrządzanie, mały kucharz.

Ani czasu, ani siły na myśli ogólne. Wszystko poszczególne. (Znowu niepokój o artystę).

Strach przed administracją (podatki itp.) – wynika z zadawnionego kompleksu niższości: ja tego nie potrafię, nie umiem, zginę.

Moja głodówka, chudnięcie – z powodu próżności. Choć wszystkim tłumaczę, że tylko po to, żeby nie utracić garderoby. (Także, ale co najpierw, co ważniejsze?)

5 stycznia

Doktor Kraus. Siła konsekwencji. Stylu. Choćby to był styl dr. Krausa. Który bynajmniej nie jest jego stylem osobistym (jemu tylko danym), ale wprost przeciwnie. Monument nieosobowości.

Czy dlatego jest taki, że ma wrzody na żołądku, czy odwrotnie?

Wizyta w Les Babiolles. Obiektywnie, trzeźwo i prawdziwie można by o tym pomyśleć i zobaczyć to inaczej, niż to zobaczyłem. Ale to właśnie polega na tym, że ani obiektywnie, ani trzeźwo.

Cold noodles. What if she is just cold noodles?

[Zimne kluchy. Co, jeśli ona to tylko zimne kluchy?]

Brak metafizyki.

Jedną z ujemnych stron „dobrego życia" (*virtus*) jest to, że nie można już sobie obiecywać, że od jutra będzie się prowadzić dobre życie. (Praktykować *virtus*). Pijak, który chce się poprawić, ma podwójną przyjemność. Pije, a jednocześnie zachwyca się wizjami wspaniałej trzeźwości od jutra.

A to dopiero trzy dni.

6 stycznia

Wizyta w agencji fotograficznej, okolice place de la Bourse.

Zmęczenie solidne (życiem solidnym, konkretnym). Poza tym *Urlaub* (urlop).

Dlaczego nie cenimy zadowolenia, a przepadamy za szczęściem? Po pierwsze, dlatego. Po drugie, zadowolenie możemy sami sobie sprawić, natomiast szczęście to akt łaski.

Czy ludzie zadowoleni mniej gonią za szczęściem? (Przykłady ze świata minionego i nie tylko: rodzin, małżeństw w dobrze funkcjonujących, zorganizowanych rodzinach etc.) Podejrzewam, że mitologia współczesna „szczęścia" jest mitologią, którą współcześni chcą narzucić wstecz przodkom naszym.

7 stycznia

Ze zwykłą sobie przesadą już bym chciał zerwać z moim szczęściożerstwem. Zamienić się w zadowolonego pracowniczka na niwie duszy mojej, ogrodniczka uprawiającego tenże ogródek od niedzieli do niedzieli, skromnie uśmiechniętego do wewnątrz.

Zapewne wiele będzie mnie ku temu skłaniać. Ale sama natarczywość chwilowa świadczy, że nieco mam jeszcze sił na trwonienie i jako starzec też pewnie jakąś myśl starczą poświęcę szczęściu. I chyba ogrodniczek całkowity też jest sztuczną ideą, na szczęście nie dającą się całkiem w życie wprowadzić. Szczęścia nie ma, ale pożądanie szczęścia sprawia, że dzieją się najważniejsze rzeczy. Co by było, gdyby zaprzestano dążyć do niemożliwości, zaprzestano pożądania rzeczy niemożliwych? (Uwaga Prousta, kiedy napisał daremny a namiętny list do Gilberty Swann[1]. Starzec by nie napisał już takiego listu, bo wiedziałby o jego daremności. Oto różnica między młodością a „starością").

---

[1] Gilberta Swann – jedna z głównych postaci powieści *W poszukiwaniu straconego czasu* M. Prousta; młodzieńcza miłość narratora, Marcela; o liście mowa w tomie 2 powieści, *W cieniu zakwitających dziewcząt*. Por. „[...] byłem jeszcze młody, skorom mógł napisać do niej list, w którym spodziewałem się, mówiąc o samotnych uczuciach swojego serca, obudzić w Gilbercie podobne uczucia. Smutek ludzi, którzy się zestarzeli, tkwi w tym, że nie myślą o pisaniu takich listów, zrozumiawszy ich daremność". (M. Proust, *W poszukiwaniu straconego czasu*, t. 2, przeł. T. Żeleński (Boy), Warszawa 1992, s. 59).

Zresztą sam koncept zadowolenia u mnie wynika nie z jego wartości, inności, ale z frustracji, z nadmiaru frustracji, kiedy tylko koncept szczęścia rządzi, czyli jest jego dzieckiem. Ja wiele cierpię, kiedy mój głód szczęścia nie da się zaspokoić, wtedy zastanawiam się i nie chcę już być frustrowany. Wolę być tylko zadowolony.

Idiotyzm interpretacji Prousta: „Odmalował epokę burżuazji, środowisko, snobizm itd.". Jak gdyby snobizm na przykład nie wynikał z natury ludzkiej, ale z burżuazji wyłącznie. Napisał Proust: „*Aussi est-il inutile d'observer les moeurs puisqu'on peut les déduire des lois psychologiques*".

[„Toteż zbyteczne jest obserwować obyczaje, skoro je można wywieść z praw psychologicznych"[1]].

Zajmuję się ostatnio nieco mniej kuchnią, gospodarstwem i w ogóle praktyką dnia. Laboratoryjnie przekonuję się o tym, o czym wiedziałem intuicyjnie. Małżeństwo dla mnie jest niemożliwe inaczej, jak tylko dorywczo. Niestety, nie mogę być na co dzień i na zawsze z kimś, komu musiałbym być – poza tym, czym mogę być z natury rzeczy i mojej – także kucharzem, pokojową, sekretarzem, pielęgniarką. Z kimś, nad kim to ja musiałbym czuwać, łagodzić, pocieszać, koić, dostosowywać się – swoje nastroje, uczucia, bóle i chwile temperować w funkcji tejże osoby. Inaczej mówiąc – komu musiałbym być nie tylko mężem, ale i żoną.

8 stycznia

Wyśmienitą *sole meunière*[2] zrobiłem sobie wczoraj na kolację. Dieta pozwala.

Zaczynam się interesować gotowaniem tuż przed dojściem komunistów do władzy. Czyli tuż przed tym, jak skończy się jedzenie.

Sposobem utrzymania się w młodości jest życie w obcym kraju i jego kulturze. Tutaj trzeba się jej wciąż uczyć, poczynając od języka, i nigdy nie będzie momentu, w którym już umiem wszystko.

---

[1] M. Proust, *W cieniu zakwitających dziewcząt*, przeł. Tadeusz Żeleński (Boy), Warszawa 1992, s. 82.

[2] *sole meunière* (franc.) – sola w maśle

Mniejsza o młodość, ale proces uczenia się jest korzystniejszy niż stan wiedzy.

Tego właśnie na ogół się nie lubi. Na emigracji nigdy nie można zostać seniorem, zająć stanowiska. Seniorem, jubilatem, pierdołą. W najróżniejszym wieku jest się w sytuacji niedorostka, czyli kogoś, kto nie jest osadzony w społeczeństwie.

Właściwie wszystkie moje dręki (dlaczego udręki, a nie dręki?) streścić można do dręczącej potrzeby zmiany – przez całe życie. Zmiany siebie, niebycia ustalonym, danym, znanym sobie mną. Temu miały służyć zmiany miejsc, wrażeń, podróże, zmiany lektur, miast, kobiet, krajów, pomysłów, koncepcji, ujęć, sposobów, zawsze, przez całe życie, aż dotąd. Dlatego też może czas mnie tak nie przygnębia, mijanie mnie tak nie terroryzuje, jak to na ogół słyszę, że z innymi robi, czas przynosi zmiany, i kto wie, czy nie jestem cichym zwolennikiem mijania?

Przechadzka nocna przez Élisée Reclus, tam gdzie przechadzałem się – przed rokiem już przeszło – przy podobnej nocy i pogodzie. Umęczony sobą i Y. nieobecną, tym, że byliśmy osobno, i tym, że nie możemy być ani razem, ani osobno.

Dziś już nie jestem udręczony, nie jestem też szczęśliwy. Może nawet dalej jestem od szczęścia niż wtedy, bo nawet bez negatywu szczęścia. Poza sprawą. Zmęczony pracowitym dniem (wtedy też byłem zmęczony. Nie pracowałem, siedziałem dniami, paląc i rozpamiętując niemożliwości, wciąż zderzając moje dążenie ku z niemożliwością, pijąc, nocami nie sypiając, inaczej wtedy byłem zmęczony), słabo odczuwając, nieco machinalnie myśląc.

Kilkoro młodych ludzi na ławce. Może dzięki wilgotności powietrza, kamieni, asfaltu, która przypominała mi Kraków (jak egzotycznie zabrzmiało to słowo), która tutaj nie kojarzy się z zimą, ale z każdą porą roku, przypomniała mi się moja młodość. I przez moment miałem odczucie – przypomnienie tamtej intensywności, niesłychaności życia, choć nic takiego niesłychanego się nie działo. Przypomniało mi się, jak „wierzyłem”, w tym sensie, w jakim Proust używa słowa „wierzyć”, pisząc o swoich przechadzkach w Lasku Bulońskim i kawalkadach, które tam się toczyły, za jego wczesnej, bardzo wczesnej młodości.

Byłem pewien, że owi młodzi ludzie, kiedy mijałem ich drugą stroną ulicy, spiesząc do domu, a oni tak siedzieli sobie na ławce, byli w stanie „wiary".

Mają tyle życia, że z tego starego próchna, starego Marksa, piękność czynią. Tak, ale piękność widoczną tylko dla nich.

Odwróciły się role. Teraz to ja mam produkować piękność, sam jej nie widząc, wywoływać miłość, sam będąc poza miłością. Mówić rzeczy mądre, nigdy nie będąc tak przekonanym o swojej niewiedzy jak teraz. Bo mogę już tylko dawać, niczego w zamian nie mogę brać.

9 stycznia, niedziela

Niezwykłość, urok itd. dzieciństwa chyba z tego, że w dzieciństwie niezwykłe rzeczy dzieją się ze świadomością. Nie tylko ona powstaje, ale powstając, przetwarza się tak szybko i potężnie, tak potężnych doznaje przygód, że nigdy potem, poza stanami miłości, czegoś podobnego nie doznajemy.

Wielką sztuką byłoby – i rodzajem zbawienia – znaleźć sposób na podobne życie świadomości w wieku późniejszym, niby to już skazanym na stagnację świadomości. Niby, bo nie jestem pewien, czy skazanym nieodwołalnie, jeżeli prawdą jest to, o czym zapewniają mistycy i coś w rodzaju scjentyzmu także: że nasz umysł – nawet, czy przede wszystkim, w wieku późniejszym – jest wzbudzony tylko w jakiejś minimalnej części jego możliwości. Znaleźć, dlaczego się zatrzymujemy, a znalazłszy to, znaleźć, jakim sposobem ruszyć dalej.

W każdym razie potęga dzieciństwa (święta psychozmysłowego wtedy) leży nie w okolicznościach, ale w podmiocie, jeszcze jeden dowód, że *mind is the root*[1]. Nie ma większego subiektywisty niż dziecko. Dopiero później uczymy się błędu, że świat to okoliczności.

Uwaga: okresy wzruszeń (dzieciństwo, młodość, a potem już tylko okresy miłości) są okresami *bien-être*[2] tylko we wspomnieniu.

---

[1] *mind is the root* (ang.) – umysł jest źródłem

[2] *bien-*être (franc.) – satysfakcja

Kiedy się działy, na pewno odczuwałem je wtedy, doraźnie, jako intensywne, ale także, i to przeważnie, jako udrękę. Natomiast okresy października wspominam nie tylko jako *bien-être*, ale także wiem, że kiedy się działy, odczuwałem je wtedy, także na bieżąco i doraźnie, jako *bien-être*, miałem świadomość *bien-être* współczesną i równoczesną.

Wystarczy, żeby osoba świeżo poznana dawała nam poczucie, że przez nią możemy doznać innego świata, innego życia (to znaczy, żebyśmy sobie to poczucie sami dawali, przez tę osobę jako nieświadome medium) – abyśmy już byli skłonni ją pokochać. Tak mniej więcej powiada Proust i kiedy zastanawiam się nad swoim doświadczeniem, dochodzę do wniosku, że ma rację.

To jest kulturowa – niżej rzecz sprowadzając, a jeszcze niżej – socjologiczna strona miłości. Wiadomo, jaką rolę, jakie znaczenie ma w budzeniu miłości tajemnica. „Tajemniczy James", który przyciąga kobiety, czy kobieta sfinks, tajemnicza lady (lady – to już jest socjologiczne), która przyciąga mężczyzn. Oczywiście, na niskim planie znane to jest jako kicz i karykatura. Ale chodzi o sprawy istotne i poważne. Nie tylko gatunek ciała i sprawność, intensywność ściśle artystyczna stanowią o powodzeniu. I słusznie, bo inaczej to byłoby mniej, a ja jestem za bogactwem, nie za zubożeniem. (Marksizm robi z ludzi żebraków. *Les clochards spirituels*[1]). Może nawet nadzieja: „Oto ktoś, kto poszerzy, pogłębi, zmieni mnie i moje życie, kto będzie moim przewodnikiem do innego świata", jest silniejszym afrodyzjakiem niż wszystko inne. Przynajmniej w pierwszym okresie miłości. Dowodów, przykładów znajduję mnóstwo i wszędzie, nie ma przypadku, który byłby wolny od owej strony, jak nie ma trójkąta, który byłby wolny od swojego trzeciego boku.

Mógłbym teraz rozważyć wszystkie swoje historie pod tym kątem widzenia (już to zrobiłem), ale wolę to zrobić mentalnie (to, co już zrobiłem właśnie) niż na piśmie. Zgadza się.

A kobiety? Czy to prawo dla mężczyzn i dla kobiet? Z całą pewnością, tylko potem występuje pewna różnica. Mężczyźni „nudzą"

[1] *Les clochards spirituels* (franc.) – żebracy duchowi

się łatwiej. Podczas gdy kobiety chętniej zostają z kimś już spotkanym. Przynajmniej ze mną.

Nie chodzi o to, żeby nie przemijać (bo niby jak?), tylko jak przemijać. Najlepiej tak jak koncert skrzypcowy.

Czemu ufać – życiu czy nieżyciu? To proste – życiu, ponieważ żyję.

„*Ce n'est jamais qu'à cause d'un état d'esprit qui n'est pas destiné à durer qu'on prend des résolutions définitives*" (Proust).

[„Rozstrzygające postanowienia robimy zawsze pod wpływem nastroju, któremu nie jest przeznaczone trwać"][1].

11 stycznia

Wczoraj – *una giornata speciale. Grazie à Dio*. [wyjątkowy dzień. Dzięki Bogu].

13 stycznia

L'espirit de Vichy n'est pas mort. La France tient beacoup à son indépendance: l'indépendance de servir qui se soit montré plus fort, l'indépendance d'agir sans descendre de ses paroles d'honneur et même de l'honneur lui-même. Seulement les gens s'abaissant eux-mêmes parlent de l'honneur si haut – la sensibilité compréhensible. Le côté dégoûtant du caractère contemporain français se révèle dans l'affaire Abou Daoud.

Et moi? En quoi suis-je mieux en disant ces mots? En quoi suis-je supérieur aux Français? En cela et en rien d'autre: je me sers de la rhétorique et je fais rien, les Français se servent de la rhétorique et ils font des choses qui prouvent le contraire de ce qu'ils disent. J'essaye de respecter mes paroles même par l'inaction, ils ne respectent pas les leurs.

[Duch Vichy nie umarł. Francji zależy na swej niezależności: niezależności w służeniu temu, kto okazał się silniejszy, niezależności w działaniu bez rezygnowania ze słowa honoru, a nawet z samego honoru. Tylko ludzie, którzy sami siebie poniżają, mówią o hono-

---

[1] M. Proust, *W cieniu zakwitających dziewcząt*, s. 144.

rze tak górnolotnie – zrozumiała wrażliwość. Odrażająca strona współczesnego charakteru francuskiego objawia się w aferze Abu Daouda[1].

A ja? W czym jestem lepszy, mówiąc te słowa? W czym przewyższam Francuzów? W tym i w niczym innym: posługuję się retoryką i niczego nie robię, Francuzi posługują się retoryką i robią rzeczy będące przeciwieństwem tego, co mówią. Próbuję szanować swoje słowa nawet przez brak działania, oni nie szanują swoich].

Parszywy dzień. Ale nic dziwnego, że masz niedobre samopoczucie. Dopóki nie zdecydujesz się być tylko tym, kim, czym naprawdę jesteś – *a cognitive agent*[2] – i niczym innym, i niczym więcej, będziesz czuł się parszywie. Tak, ale to oznacza śmierć. *I don't say, No*. [Nie mówię nie].

26 stycznia, Paryż

Znowu Paryż. Dzisiaj z Berlina, przy moim stole znowu, po dziesięciu dniach zgiełku i furii.

I jak zwykle, wnioski ogólne by się chciało wysnuć. Ale te, które by można wysnuć, znane już, a innych nie ma. I nawet się tęskni za nimi. Te znane rzetelne są. I nie do snucia one, tylko do życia. Tak że zapisywać ich nie ma co.

Jurek Lipman i Genia. I przyjaciółka moja. Coraz lepiej na starość porozumiewam się z kobietami. I wszystkim wybaczam wiele, tym, które są moimi przyjaciółkami.

Dwie są ojczyzny moje: w łóżku z osobą, która jest kobietą, i przy moim stole, jak teraz. Reszta to tylko reszta.

28 stycznia

Wczoraj okulista oko, oczy oba mi otworzył na stałe kroplami, oczy jak guziki, cały dzień na nic. Smutne myśli o ślepocie czy oka nie-

---

[1] Abu Daoud – terrorysta palestyński, przywódca organizacji Czarny Wrzesień, która dokonała zamachu na izraelskich sportowców podczas olimpiady w Monachium w 1972 roku. 7 stycznia 1977 został zatrzymany w Paryżu przez tajne służby. RFN i Izrael domagały się jego ekstradycji, ale z powodu niejasnych błędów proceduralnych do ekstradycji nie doszło i Daoud mógł opuścić Francję.

[2] *a cognitive agent* (ang.) – czynnik poznawczy

domaganiu, nie mojej, ale w ogóle. Zmęczenie jeszcze poniemieckie, sen twardy, przebudzenie trzeźwe. France Culture[1] o Józefie Balsamo mówiło, i mówienie słabe, i samo z siebie wiedzące, że niepoważne, o mocy, władzy nadprzyrodzonej, żeby ją mieć. A także o tym, jak to od poniedziałku (to w poniedziałek oddaję fajki T.) przestanę palić – na zawsze.

W Rodezji powołują do armii mężczyzn do pięćdziesiątki. A więc już za trzy lata nawet armia by mnie nie chciała?

Ciekawe, czy jeszcze kiedykolwiek będę artystą?

List od Y., jak wszystkie jej – poza tematem. Ja, mężczyzna, umiem znaleźć życie poza miłością, kobieta – nie. Wszystko, co miłością nie jest – jest blade, wtórne i nie jest dla niej życiem. A że obecnie trudno mówić o miłości...

Nigdy nie brałem zmęczenia fizycznego pod uwagę. Teraz bywa ono tak znaczne, że przemożne. Jak dzisiaj. Dlaczego? Czy – ponieważ dzień wiosenny? Obiad z B., czyli samochodem trochę tu i tam, sprzątanie całego mieszkania, 19.30 wieczór i zmęczenie, które o niczym właściwie myśleć nie pozwala. Czy dlatego już za trzy lata armia by mnie nie chciała?

29 stycznia

Le cafard[2], *spleen*, *l'ennui*[3], *skuczno*[4]... Nie jak syfilis w szesnastym stuleciu, morderczy, ale już ułagodzony, nieostry, choroba tylekroć przebyta nie ma już takiej siły. Więc i ten nastrój ani mnie nie powala na kolana, ani nie szarpie za włosy. Ot, tak sobie trochę trwa, podczas gdy ja się trochę krzątam i coś tam robię.

31 stycznia

Tyle spraw do załatwienia, z drugiej strony – gdybym teraz umarł... Głupi argument. Żyję. Pytanie: czy wszystko, co teraz chciałbym zmieścić w moim mózgu, tam się zmieści? Nie odpowiem, póki nie uczynię wszystkiego, żeby się zmieściło. Czyli nie zreorganizuję mózgu.

---

[1] France Culture – francuskie radio publiczne.

[2] *le cafard* (franc.) – chandra

[3] *l'ennui* (franc.) – nuda

[4] *skuczno* (ros.) – nudno, tęskno

2 lutego

Poczciwy, stary kacyk tymczasem. Oto moja reorganizacja. Poczciwy mój, stary kacyku. Czy ty na serio myślałeś, że ja cię opuszczę, że nie spotkamy się już nigdy?

Cygara nie zastąpiły fajek w dniu, kiedy uroczyście rzucałem palenie. Ucisk w oczodołach, tępota połączona z nerwowością. Tytoniu, wódki! To było silniejsze niż wszystko, uwaga, silniejsze niż erotyka. W samochód i na Malakoff[1]. A już pierwsze wyniki dobroczynne niepalenia po drodze: ostrość i spokój widzenia, wzroku. Daremnie anioł przedstawia korzyści, mówi: jeszcze nie za późno. U T. pół butelki smirnoffa i fajki, pierwsza rozkoszna, następne... Anioł płacze, ja piję i palę. I ble, ble moje, intelekt mój i reszta byle jaka, byle jak, szumowiny same mojej głowy z siebie wyrzucam, tandeta mojej duszy na zakąskę. Anioł już zemdlał, podeptany, potem zdechł. Zarzuciłem go sobie na plecy, do samochodu i do spania. No i miałem, czego chciałem. Coś się we mnie działo. Kiedy się we mnie nie dzieje, żyć nie mogę, niech się dzieje byle gówno. Oto moja wewnętrzna przygoda.

Odnajduję się dzisiaj przy mojej fajce i kawie, ogłupiały, ale sobą. Czyli nie dla mnie „dobre życie".

Nie przesadzajmy. Różnie bywa.

3 lutego

Dzień kaca (dalszy ciąg wczorajszego). Bardzo powoli idzie, ale nie stoi w miejscu ta historia. Ale dokąd idzie? Chart chowany pod szafą. A cóż z tego wyniknąć może?

4 lutego

Dzień bardzo wielkiego kaca. Bowiem wczoraj upiłem się.

Demon mnie karze za próby buntu, pokazuje mi, kto tu jest panem. On bez wątpienia.

Trzy pijaństwa już w tym roku. Trzy dni ciężkiej choroby i trzy dni lekkiej. Razem sześć dni choroby.

Deszcz, jak wczoraj. Wizyta u T.B.: jedna z najobojętniejszych, najbardziej bez sensu wizyt przeze mnie dokonanych. Parasol się zepsuł. Milion samochodów na ulicach.

---

[1] Malakoff – miejscowość w południowej części aglomeracji Paryża.

Potem wizyta w DAAD[1]. Nie wytrzymałem. Moja odległość od wszystkich tam zebranych niezmierna, od nich niczego nie mogłem oczekiwać. Od siebie też nie. Upiłem się do nieprzytomności i opuściłem zebranie. Jakim cudem wróciłem do domu samochodem?

Piję, bo niezmierna nuda, niezmierna jałowość jest we mnie. Bo nic się we mnie nie dzieje dobrego ani złego, nic poza straszliwym, tępym, jałowym przyzwyczajeniem do egzystencji. Fakty, zdarzenia, uczucia, wrażenia, myśli malowane tandetnie, płytko jak na szkle, snują się pasmem monotonnym. To już nie jest żadne malarstwo, ale sztance. W niczym nie ma tajemnicy, a jeżeli jest – nie ma do niej najmniejszego nawet przystępu. Milczą niebo i ziemia, i ziarnko piasku każde. Milczeniem głuchym i ostatecznym.

Ani cienia, ani okruszyny świętości. Nic nigdzie. Pusta. Ta pozorna gęstość zdarzeń jest przerażająco pusta. Mam wprawdzie karabin w szafie, ale się nie zastrzelę. Więc narzekanie, który to już raz?

Przepowiednia – ostrzeżenie z lata, że zatruję się na przełomie roku. Mogę ją odnieść do moich ostatnich pijaństw. Mogę (choć nie na pewno). Jeżeli tak, to pocieszenie: nie byłem winien. To los kazał mi się spić jak świnia.

Nie mając żadnego celu (rodziny, ambicji, idei), powinienem się zająć wyłącznie stylem. Ale jako propozycja jest to tak nikłe, błahe, że zaraz ziewam.

Dotąd szczyciłem się konsekwentnością mojego losu. Teraz gdzie jest jego konsekwencja? Linia zamazuje się. Cel życia: żebym się dobrze czuł, nawet jako święty? A niby dlaczego to ma być aż tak ważne?

6 lutego

Ciężkie czasy. Czy to skutki przepicia, czy to układ gwiazd nieprzyjazny, pogoda może, po prostu – najgorsze moje rzeczy ze mną się dzieją i najbardziej tandetne moje śmieci we mnie się panoszą.

---

[1] DAAD – Deutscher Akademischer Austausch Dienst, Niemiecka Centrala Wymiany Akademickiej, organizacja niemieckich szkół wyższych zajmująca się m.in. pośrednictwem w zagranicznej polityce kulturalnej Niemiec.

Kompleks *l'ultima sigaretta*[1] rozwinął się we mnie niesłychanie i kwitnie. (Patrz: *Coscienza di Zeno*[2], autora nie pamiętam z powodu zaniku pamięci). Od marzeń o wielkości i zbawieniu spadam w najgłupsze, najbardziej upokarzające rozedrganie, roztrzoneczkowanie. Kiedy jestem sam – boję się tego (nieco), kiedy jestem w świecie – dręczy mnie niekoherencja, niewystarczającość, *ni pri czom*[3] świata. Moje administracyjne daninki, wciąż nie wykonane, urosły do upiornych rozmiarów, tak groźnych, jestem jak lustro roztrzaskane, tyle że prawdziwe lustro nie chce samo znowu się pozbierać i niemożność połączenia nie przyprawia go o cierpienie. Wczoraj na przykład dzień oszalały, cały spędzony na nowym pomyśle – kupić nowy samochód. Jak zwykle nie o samochód chodzi, tylko o rojenia. Na fotelu i z fajką rozterka: ma to być 2,7 litra sportowy peugeot czy fiat 1800 GLS. Spocony, biegający po Champs-Élysées i salonach samochodowych, nowe fajki i nowe urojenia. Idiotyzm.

I nigdzie nikogo, kto by mi pomógł. Ani rabina, ani kobiety. Kobiety, która nie wymagałaby ode mnie, żeby ją kochać lub tylko o tym ją przekonywać. Żadna nie wie, że gdyby się mną zajęła spokojnie, miałaby to wszystko, czego chce, a czego gdzie indziej miała nie będzie. Rozumna, cierpliwa, nie walcząca ze mną o istnienie swoje dla mnie, taka by dla mnie istniała. One zapomniały już, w tym szalonym świecie, że istnieje coś takiego, potężnego, jak kobiecość. Tylko moja epizodyczna Japonka i jeszcze bardziej epizodyczna pół-Indianka o tym wiedziały. Inne są „ludźmi".

Mała ulga: powiedziałem sobie otwarcie, że bardzo nie lubię Simone Weil. Wszystko, czego nie znoszę, to ona: żydowskość zwarzona i chora na zaprzeczenie swoje, tak samo kobiecość obrócona w monstrum, chodzący katalog – karykatura intelektualizmu współczesnego, pomysły katolickie. Precz z Simone Weil.

Sen: Od dwudziestu lat nie myślałem ani przez chwilę o doktorowej – ale jak ona się nazywała? Miłej i bardzo przystojnej pani,

---

[1] *l'ultima sigaretta* (wł.) – ostatni papieros

[2] *La Coscienza di Zeno* – powieść I. Svevo z 1923 roku (wyd. pol. pt. *Zeno Cosini*, 1966).

[3] *ni pri czom* (ros.) – bezsens, brak związku

której wyraźnie się podobałem, kiedy zastępowała czy pomagała doraźnie paniom na Krupniczej, w stołówce Literatów. Żył z nią Staś Nelken. O tym osobniku pomyślałem wprawdzie na jawie trzy dni temu, ale to wszystko.

Ta kobieta śniła mi się przez całą noc i byłem z nią blisko, prawie do ostatecznego zbliżenia. Sen miły, pełen otuchy.

Wtedy wydawała mi się za stara, ale to był, przypuszczam, pretekst tylko, żeby się do niej nie zbliżać. Za bardzo byłem wtedy nieśmiały i bezradny. Dzisiaj nie wydawałaby mi się za stara. Ostatecznie Staś Nelken, wielki użytkownik kobiet, wiedział, co robił.

Ów sen, że był, jest optymistyczny. Bo teraz tak bardzo żyję bez niespodzianek, bez nadziei niespodziewanego. Tymczasem przez dwadzieścia lat coś było ukryte w moim mózgu. Jeżeli to, co inne, też ukryte tam jeszcze być może.

Być może dojrzałem do małżeństwa. Ale nigdzie nie widzę żony. Y. nigdy nie zrozumie, że kochając ją, nie mogę być z nią. Na to jestem za słaby.

7 lutego

Setka przed zaśnięciem, długie spanie, wiele snów. Alkohol, ostrożnie używany, jest uroczy. Pod warunkiem wtedy, żeby był używany stale.

On przedstawił mi mnie we właściwej perspektywie: zespół elementów, które niesłychanie ważne są same dla siebie (to była ironia). Przez chwilę przestałem być tym zespołem, zobaczyłem go z boku. I nędzne mi się wydały jego pretensje.

Ale rano zespół budzi się znowu sobą. Nazywa się to wolą życia.

Mój stan obecny można interpretować rozmaicie. Na przykład jako stan, w którym domagam się łaski, bo jej nie mam. Wiem, że bez łaski, bez życia wyższego nie przeżyję (chyba jako wrak), a jednocześnie z jakichś powodów to życie wyższe jest dla mnie teraz całkiem niedostępne.

Nie wiem, co mnie zgubiło około tygodnia temu. Pycha, czyli za wiele wymagań od siebie? Czy też pogodzić się z przepowiednią pani Eli, że to przyjść musiało?

Irracjonalne nadzieje, że Zurych, jutro, mi pomoże. Stworzy mi warunki – jeśli nie do odrodzenia, to do wyjścia z desperacji.

Uwaga na przyszłość: jeżeli znowu mi się zdarzy wyjść na lepsze. Wtedy uważać: nie gubić tego lepszego, uważać na moment, kiedy wszystko znowu może popaść w ruinę.

Odzyskać mój umysł przede wszystkim.

Chcę jednak wierzyć, że nie wszystko stracone. Mimo że śmierć przywołuję jako sojusznika (myśl o tym), wiem, że nie tędy droga.

10 lutego

Dzisiaj z Zurychu. Tam dwa dni. Rozlatanie, rozedrganie nadal, także potem, jako pretekst w sprawie B.

13 lutego

Potem przez dwa dni pisanie listu do Y., zakończone wypiciem butelki wina, które mnie załatwiło na cały dzień trzeci. Obecnie niezdolność kojarzenia, koncentracji, czyli w ogóle pracy umysłowej. Pomysł, że mógłbym, byłbym w stanie napisać sztukę teatralną, wydaje mi się śmieszny jak propozycja, żebym został inżynierem, pogromcą zwierząt albo doradcą wojskowym generalissimusa Amina Dady. Śmieszny przez niemożliwość. (Już w Zurychu wydawało mi się to śmiesznie niemożliwe, kiedy oglądałem *Travesties* Stopparda)[1].

Był to najbardziej brutalny list, jaki do Y. napisałem, i wątpię, czy potem się jeszcze ostaniemy. Pognębiłem ją bowiem w tym, co dla niej najboleśniejsze, w jej niezdolności do współżycia.

Wczoraj wieczorem miałem pomysł, żeby już do końca życia zostać prywatnym mnichem quasi-buddyjskim. Może bym i nim został, gdyby nie niemożliwość niezapalenia tej porannej (jest 12.30) fajki, którą właśnie palę. Paląc, nie widzę jednak w dalszym ciągu innego rozwiązania niż buddyjskie. Potem prawdopodobnie wyjdę na spacer.

Przez pierwszą część życia oddawałem się tym samym słabościom, wynikającym z *mal d'être*[2], co obecnie. Będąc jednak młodszy, jednocześnie miałem na tyle sił, żeby uprawiać mój umysł i wyobraźnię. *Mal d'être* trwa, ale sił już mniej i nic albo mało co

[1] *Travesties* (*Trawestacje*) – komedia Toma Stopparda z 1974 roku.
[2] *mal d'être* (franc.) – ból istnienia

zostaje, *mal d'être* pożera prawie wszystko. Ponieważ siła złudzeń też osłabła.

Zginęła też nadzieja zbawienia przez miłość, którą miałem podświadomie aż do czasu, kiedy okazała się niemożliwość z N. Potwierdzona drugą niemożliwością z Y. (Choć obie niemożliwości z innych powodów). Była to nadzieja potężna, która mnie wiodła, choć o tym nie wiedziałem. To był mój Stalingrad. Od tego czasu moje armie są w odwrocie.

14 lutego

Przed spaniem seta żubróweczki „bardzo zdrowej", jak powiadał Władzio, kuzyn, który mi ją ofiarował. Nie lubię żubrówki, ale nic innego w domu nie było, a alkoholik nie pyta.

La vie spirituelle[1] wydaje mi się niezmiernie śmieszne, jak wszystko zresztą. Śmieszne w swojej pretensjonalności do załatwienia czegokolwiek (osiągnięcia). *La vie spirituelle*, owszem, niezły sport, jeżeli się go uprawia. Codziennie, jak wszystko.

Nie jestem już nawet zbuntowany. Jestem znudzony. Bunt mnie też nudzi.

Jedyne momenty ulgi to te, kiedy udaje mi się być bliżej samego środka, tego nieruchomego, z którym jedynie mogę się identyfikować z poczuciem, że nie identyfikuję się z pomyłką. Ale do tego nie trzeba żadnego *vie spirituelle*.

Co do mojej zewnętrzności, czyli wszystkiego, co ów punkt środkowy otacza, to jedyny moment „życiowy", jedyna czynność, sytuacja, jaka mi dogadza, w jakiej dobrze się czuję, to poranna (jest południe) kawa i fajka, i ten zeszycik.

Z Y. pokłóciłem się, a prawdopodobnie ona ze mną. Ale przede wszystkim nie mogę już identyfikować się ze sobą – jej kochankiem, przyjacielem, kimkolwiek – jak już nie mogę identyfikować się z niczym. To nawet nie jest bunt ani wrogość. Gdzieś na zewnątrz jestem ja zewnętrzny razem z nią. Ale co ja mam do tego?

Ostatecznie zawsze tak było. Zawsze byłem niczym innym, jak tylko tym wewnętrznym punktem. Tyle cierpień i usiłowań, żeby być wszystkim, tylko nie tym. Ja tego punktu ani nie znalazłem, ani tym mniej nie wymyśliłem sobie. To on mnie odnajduje.

---

[1] *la vie spirituelle* (franc.) – życie duchowe

Prawda jest taka, że jestem bez żadnych przymiotników. Nie jestem mężczyzną, Polakiem, pisarzem, ani śmiertelnym, ani nieśmiertelnym. To są tylko sposoby (*les modes*) bycia niczym. A ze wszystkich sztuk najbliższa prawdy jest muzyka.

Nie będąc niczym, nie mogę też zostać niczym. Wszystkie pomysły i próby „zmiany", poprawienia siebie, pozbycia się pewnych cech i nabycia innych są śmieszne, ponieważ nie ma tego, kto by miał się zmieniać i poprawiać.

Cała rzeczywistość uchwytna, dostępna wszystkimi naszymi sposobami, jest tylko kakofonią form, bełkocących jedna w drugą. W najlepszym wypadku możemy ją zorganizować w muzykę.

Buddyjskie wyzwolenie jest też o tyle śmieszne, że nie ma tego, kto ma się wyzwolić. Nigdy nie było. Pozbywanie się jest jedynie możliwe, ale tylko do pewnego stopnia. Dostępne jest tylko jasne rozeznanie sytuacji.

15 lutego

Wczoraj około godziny ósmej wieczór demon opuścił moją klatkę piersiową. Głowa odżyła, byłem w stanie przeczytać nawet nieco, nie palić i mniej cierpieć. (Nie cierpieć).

Życie – nie ten mój ośrodek sławny, ale to życie, które się nabudowało dookoła, ocknęło się. W postaci haniebnej co prawda. W postaci próżności. Przymierzanie przed lustrem ekwipunku górskiego oraz ogólna bieganina myśli mętnych a samodzielnych, usamodzielnienie się obaw i skojarzeń, które sprawiło, że źle spałem. (Obawy i skojarzenia najzupełniej przypadkowe też i mętne, płaskie, nic z głębi). Mimo zdrowia, które natychmiast się budzi, kiedy przez parę godzin nie katowane dymem (właśnie palę znowu) ani przez kilkanaście godzin – alkoholem.

Nie jest to żadne odrodzenie, ale zanik cierpień psychofizycznych. Głupota nie ustąpiła, przycupnęła tylko.

Obserwuję, jak dym zdrajca i kawa hiena znowu mnie podtruwają.

List z Polski, od młodzieńca. Młodzieniec i Polak, to żałosne. List też żałosny.

W miejscu, gdzie Y. i ja – czarna dziura.

W miejscu, gdzie ja – plum, plum.

Zatrzymajmy się w tym miejscu i przerwijmy dym.

16 lutego

Dzień minął jako tako, z wielkim deszczem o północy. Kiedy znowu przypływ świadomości, że co mnie to wszystko obchodzi. Nie będąc tym ani owym, niby czemu czymkolwiek mam się wzruszać i przejmować? Jakbym *tapped something real*[1], bo z tego światło olśniewające trysnęło, na mniej więcej pięć minut (czy dwie), po czym spać poszedłem.

Teraz fajkę palę i kawę piję, na zasadzie, że nie należy zbyt gwałtu sobie zadawać, żeby palić albo nie palić, a palić się chce. Co jest znaną mi operacyjką mojej osóbki, nędzną, na którą patrzę (osóbkę i operacyjkę) z pobłażliwym niesmakiem.

Murzynów nie lubię i miło jest patrzeć na Afrykę Południową, gdzie oni są na swoim miejscu. Jak przyjemnie sobie napisać coś tak okropnego.

Zanotujmy trik, pomysł triku, który, jak wszystko, sprawdza się świetnie jako teoria, natomiast życie i tak robi, co chce: mianowicie niczym nie jestem z tego, czym byłem przed chwilą, a to, co w tej chwili zrobię albo pomyślę, mogę tak zrobić i pomyśleć, żeby było przyjemnie. He, he. *Idea of discontinuity*[2] zawsze była kusząca.

Ot, na przykład teraz w głowie mętna dziura, w tę dziurę od razu wpycha się jakaś mętna bzdura. Dziura i bzdura, na przemian. I to nazywa się życiem psychicznym.

Po wizycie w prefekturze, gdzie moje „ja", to najgłupsze, najwstrętniejsze, bo administracyjnie obrażone, opukane i upokorzone. Nie traktowaniem przez urzędnika bynajmniej, tak sobie uprzejmą panią, ale przez jego własną naturę. Jakże się wiło, piszczało, czapkowało, a szastało nóżkami. Nie umiałem się z nim nie identyfikować i wyjadło mnie ze szczętem. Mój Boże, wszystko, co robię, cały mój wysiłek, trud mojego życia, powoduje jako skutek niezamierzony, ale nieubłagany, moje coraz mniejsze, coraz trudniejsze przystosowanie do świata ludzi. W takich okazjach jak dzisiejsza to się ujawnia i przygnębia.

Także z tym, co ma kupić nowy samochód, nie mogę się nie utożsamiać. Po głowie snują mi się jakieś na ten temat wcielenia

---

[1] *tapped something real* (ang.) – nakłuł coś rzeczywistego

[2] *idea of discontinuity* (ang.) – idea nieciągłości

i kupuję ten samochód oczywiście nie jak należy – kupując samochód – tylko, że tak powiem, poetycznie. Nie umiejąc być sprawnym kupcem, nie mogę jednocześnie przestać być tym, kim jestem, nie jako ów sławny „ośrodek", ale jako rodzaj umysłu, któremu łatwiej jest czytać Kanta niż katalog firmy Peugeot. Który jednocześnie wie, że trzeba ten samochód kupić, jako tako i swoimi ubogimi środkami umysłowymi, jakie mu do dyspozycji w tych sprawach zostają – stara się jednak. Znowu więc frustracja, bo stara się, a nie umie. Ani nie jestem samochodziarzem, ani nie stać mnie na nonszalancję całkowitego poety, który by kupił ten samochód całkiem poetycko.

I po co ja to wszystko tak zapisuję, skrzętnie, a w miarę pracowicie? Komu? Sobie? Ja to i tak wiem, pomyślałem to sobie tyle już razy. Po co to ubierać w niedołężne słowa, myśl to już załatwiła w sekundę i znacznie lepiej. Po co? Ano nie wiem. Jak mrówka, która też nie wie, po co toczy kamyczek.

Od Y. list krótki i jeszcze przyjazny. Jeszcze, bo pisany, zanim dostała mój ostatni. Teraz już nie.

Między innymi – ja ten list ostatni do niej napisałem i dlatego, że bunt czasami.

Od trzech lat ona wie lepiej o wszystkim niby, co nas dotyczy. Od trzech lat nieustanny nacisk tej wiedzy „lepiej", od histerii do sarkazmu. Nigdy ani chwili współczucia, nie dla mnie, ale dla doli naszej, jej – mojej, mojej – jej, dla doli ludzkiej, dla przypadku mojego i przypadku naszego, który jest doli ludzkiej przedstawicielem. Nic tylko wojna i mobilizacja, żadnych podstępów i zdrad (tych prawdziwych, i nie mam tu na myśli płaskości, którą się przez to zwykle rozumie) ani manipulowania, oto bitwa nieustająca, której ona pierwszą jest ofiarą. Ona nigdy nie ma od siebie wytchnienia, nawet we śnie, a przy okazji ja także. Nic, co by pocieszyło, pokrzepiło, pomogło choćby czasami, choć na chwilę podtrzymało mnie na duchu, który, Bóg mi świadkiem, bardzo tego potrzebuje. A tak niewiele tego trzeba i prawie każda, głupia nawet kobieta to umie, choć się nie uczyła, jak ryba umie pływać, jak ptaszek latać. Czy za wiele żądam? Jedno odpowiednie spojrzenie w odpowiednim momencie, jeden gest i znowu byłbym się gotów pogodzić z niejednym. Nie ma tego, co tak małe, a co tak wiele znaczy.

17 lutego

Deszcz. Chwilowa zdolność zaglądania sobie w myśli, i jakże tam nieciekawie. Jeszcze bardziej chwilowa ochota, żeby już tak pozostać, jako zaglądający, a o to najtrudniej, aby tak pozostać.

Ten deszcz – jak deszcz na Piekarskiej 4 m. 5[1].

Lewe oko sparszywiałe silniej niż zwykle.

List do Józka Barana napisany, niby mądry i szczery, tymczasem pozorem już tylko takiego listów pisania, jakie miewałem. Jak wszystko, tak i owa zdolność mnie opuszcza. Czuję powszechną we mnie ewakuację. Pustoszeję. I tylko czasami wydaje mi się, że to bardzo dobrze właśnie. Jakby dokonywało się coś, co potrzebne, aby inne coś... Chętnie też skorzystałbym z kazania o przydatności wszystkiego, co Pan Bóg zsyła, także stanów takich psychicznych niedobrych, bo on je zsyła i patrzy z ukrycia, jak my sobie z tym radzimy. Ale kazanie takie zbyt cnotliwe, cnota zbyt grubą nicią szyta, zbyt na wierzchu, i w ogóle jeszcze jedna hipoteza. A hipotezami też jestem zmęczony.

19 lutego

Dziś wieczór do Engelbergu[2]. Narty. Szwajcaria. Kiedy wrócę, nie będzie już lutego.

Książka o depresjach nerwowych.

Tel. od Y., mój do niej. *The highest tension followed, but lowered to a level almost pleasant. But I must say for myself – suddenly I had a clear vision of how high and stupidly we have soared – and said it. It worked. I had a momentary and salutary capacity to see the situation from the second point of view, to reduce it to the simplest elements. It worked.*

[Pojawiło się najwyższe napięcie, ale obniżyło się do poziomu prawie przyjemnego. Ale muszę sobie powiedzieć – nagle miałem jasną wizję, jak wysoko i głupio wzlecieliśmy – i powiedziałem to. Zadziałało. Zyskałem chwilową i pożyteczną zdolność oglądu sytuacji z drugiego punktu widzenia, zredukowania jej do najprostszych elementów. Zadziałało].

---

1 Adres warszawskiego mieszkania Mrożka przed wyjazdem z Polski.

2 Engelberg – miejscowość w centralnej Austrii u podnóża lodowca Titlis (3238 m n.p.m.).

28 lutego

Powrót z Engelbergu. (Ucieczka). Z Zurychu samolotem. Do Zurychu dowiozła mnie Krysia Hilarowa.

1 marca

Z Engelbergu przywieziony list oznajmujący od Y. Dawniej las na mnie runął (*Macbeth*[1]), teraz od jakiegoś czasu coś dziwnego dzieje się z pejzażem, ale nie umiem tego określić. Możliwe, że teraz nie tylko pejzaż się rusza, ale i we mnie zachodzą zmiany biologiczne ponowne (od kwietnia), a więc i zmiany w gatunku świadomości. Stąd trudność, podobnie jak trudno było w okresie pokwitania (ale o ile trudniej), domyślić się, o co chodzi i co się właściwie dzieje.

Przydałaby się jakaś algebra języka, pisanie to jakieś jest zbyt nieudolne. Poezja jest taką algebrą.

Noga moja wygląda mi na zupełnie zdrową. Słabe pożałowanie, że nie zostałem w górach.

Nawyki moje i przyzwyczajenia czekają na mnie w domu jak psy wygłodzone, pozostawione bez pożywienia na tydzień. Przyjemność ich – pożerania mnie – moją przyjemnością? Bycia pożeranym. Już niedługo obgryzą mnie znowu do kości. Na co znowu będę narzekał.

Oto wiem – algebra:

Engelberg – Anielska Góra.

Boooo – Buuu...

No dobrze. Ale co jest pomiędzy mną X a mną, co dookoła? (Między środkiem obwarzanka a obwarzankiem?) Ja X nie podejmuję się niczego. Czysta świadomość jest nieformą. Nie stwarza formy. Nie do niej należy wybór formy ani jej urzeczywistnianie. Więc jak się ma tworzyć ta forma? Jeżeli „sama z siebie", to znam ja takie stwarzanie. Nawyki i okoliczności pohulają sobie.

Uwierzyć jeszcze raz, jak kiedyś w Stratfordzie, Ontario, w naturę swą, dobrą w gruncie rzeczy – jak ów dobry dzikus – i jej się

---

[1] Aluzja do *Makbeta* (1606) Szekspira; na przebywającego w zamku Dunzynan tytułowego bohatera naciera las Birnam, zamaskowana gałęźmi drzew z tego lasu armia jego przeciwników; Mrożek napisał na ten temat felieton do „Dialogu" pt. *Makbet* (1978, nr 5).

powierzyć? Czego ona chce – nadsłuchiwać i tylko nie przeszkadzać, żeby brała, co chciała? Więc nie forma „sama z siebie", ale forma zarządzania – nie przez model, projekt swój, ale przez naturę swą suponowaną a przedustawną? Chyba nie ma czystej woli, woli jako takiej, silnej czy słabej. Wola nieodłączna jest od projektu i jeszcze trudniej pomyśleć czystą wolę niż czystą świadomość. Bo czysta świadomość – kryterium jej czystości – to odłączność od akcji. Od celu i chcenia. To nawet jej warunek. Natomiast wola bez: projekt – cel – akcja – jest nie do pomyślenia.

O ile ze świadomością jestem w dość dobrych układach, o tyle zawsze mi brakowało ogniwa między środkiem pieczywka (obwarzanka) a jego dookołem. Z projektami u mnie już krucho, a kiedyś, kiedy nie było krucho – krucho było z wolą, czyli z realizacją. Więc nic innego nie zostaje, jak owa natura moja, którą by przyjąć należało, żeby cała maszyna jako tako mogła funkcjonować.

A więc, drodzy słuchacze, mamy środeczek, naturę prawdziwą, oraz naturę parszywą, czyli fizyczną, czyli sztuczną, zrobioną z nawyków. Które to nawyki nie zawsze powstały w zgodzie z naturą, nie zawsze z niej wyniknęły, ale z przypadków, okoliczności, wmówień i złudzeń. Byłby to niezły schemat. Natomiast to, co cały ten schemat ożywia i syntetyzuje, niemożliwe jest do uchwycenia.

2 marca

Wczoraj, przechodząc przez Champs-Élysées, kupiłem samochód. Przesadzam, ale niewiele. Tak, po dwudziestu dokładnie latach wróciłem na to samo miejsce (może z różnicą około 50 metrów, między salonem Peugeota a tą wystawą, po tej samej stronie Alej, gdzie oglądałem kiedyś mikroskopijny samochodzik Vespa, dziś już nie istniejący i wystawa też nie istniejąca).

Wstąpiłem i kupiłem peugeota TI ze skórzanymi siedzeniami, *beige couleur métallisée*[1], prawie dwa litry pojemności, szybkość maksymalna 173 kilometry na godzinę, płacąc prawie 40 000 franków. Z początku mnie lekceważono, na skutek mojego nieporadnego bełkotania, potem kłaniano się przesadnie, bo tak kupować

---

[1] *beige couleur métallisée* (franc.) – w kolorze beżowym, metalizowany

może tylko wariat albo szejk. Nie wiedzą, że istnieje jeszcze trzecia możliwość – ja.

Za godzinę odbiorę ten samochód i pojadę.

Niby nic, samochód, powiedziałby dalajlama. A jednak. I tak, i nie tak, i jeszcze inaczej.

Dwadzieścia lat temu byłem stypendystą, pierwszy raz w Paryżu. Mieszkałem z Tadziem Nowakiem, śpiąc z nim w jednym łóżku, w hotelu dziś już nie istniejącym, na rue Saint-Louis-en-L'Isle, która jeszcze istnieje, ale całkowicie zmieniła charakter (z biednej stała się turystyczną i bogatą). Tadziowi śmierdziały nogi. Dziś już wiadomo dlaczego. Choroba Bürgera. Tadzio ma już tylko jedną nogę. Drugą mu amputowano. I drugi zawał serca.

Na Champs-Élysées spotkałem Cybulskiego z Kobielą, obaj nie żyją, zginęli tragicznie w odstępie paru lat, już z dziesięć lat temu. Oglądaliśmy damską bieliznę, spotkaliśmy się przypadkiem przed wystawą z damską bielizną. Nie żeby kupować, oczywiście. Wszyscy byliśmy erotomanami.

Vespa była najmniejszym samochodem w Paryżu. Marzyłem o jej posiadaniu, tak jak się marzy – o ile się o tym marzy – żeby zostać prezydentem Stanów Zjednoczonych. Wybierając sobie tak skromny samochód do marzeń, niby to mieściłem się w granicach prawdopodobieństwa, które były poza granicą możliwości. Psychiczna gra samego ze sobą. Że niby ja tylko tyle. A to tylko tyle było najwięcej. Oczywiście nie chodziło o samochód jako taki. Chodziło o wszystko. W dodatku przybywałem z Krupniczej 22 i wracałem na Krupniczą. Na zawsze. Na zawsze?

3 marca

W pół zdania udałem się do Nanterre[1], aby odebrać mój samochód. Trzej mężczyźni w samochodzie do Nanterre, trzej oblubieńcy udający się na ślub z oblubienicami – każdy po swój nowy samochód. Oraz kierowca, czyli przedstawiciel Peugeota, w blezerze a siwy. Coś ze stręczyciela i Mefista, tak dowozi fachowo i obojętnie, choć grzecznie, a nawet z życzliwością i taktem, też zawodowym. A trzej aż drżą. Emocja w nich (jestem jednym z nich) wstydliwie

[1] Nanterre – miasto na zachód od Paryża.

tłumiona, a jak głęboka. Żadna kobieta tak nie nabywa samochodu. (Samochód – władza, szybkość, moc, myśliwi, jaskinie). Jestem jednym z nich.

Kobieta, owszem, robi mi wymówki. Nic nie rozumie z tej sprawy. Dlaczego nie przyjeżdżam nad Atlantyk? Bo mam ciężki katar od trzech dni (w katarze kupowałem ten samochód). Ale to nie główna przyczyna, tylko o tym nie mogę jej powiedzieć. (To było telefonicznie). Ma rywalkę. *La voiture. Et quelle voiture!*[1]

W nocy do Sologne. Noc w Sologne. Miodowe moje i jej godziny. (*La voiture*). Rozkosz poznawania jej intymnego. Nowa, a tak wspaniała. Trzeba też ją dotrzeć. Pojadę, ja i ona, do Stuttgartu. W Sologne przeszła powódź. Sologne... N., Y., ale odległość, mijanie, życie – to już czasami nie przygnębia. A nawet budzi rodzaj radości. Kiedy poznane, przejrzane – na wyższym piętrze poznania. Jak i mój los.

Ile wielkich zmartwień, cierpień – było niepotrzebnych. Ile nadziei niespełnionych. Człowiek pamięta tylko o niespełnionych nadziejach. Człowiek jest niewdzięczny.

Ile się stało już w ciągu tego roku. Gwałtowne przyspieszenie. Coś dzieje się ze mną. *Let it be welcome.* [Niech będzie mile widziane]. Zmiany nieznacznie, w ukryciu przede mną, się przygotowywały. Teraz ruszyły. A także jakby wiosna już. Katar. Niewyspanie. Wróciłem do mojej właściwej wagi (73,5 kg). A pocę się. Niesamowite uczucie nie-siebie, a przez to jednak szczególnie siebie, bardziej siebie – *welcome.*

Życie znowu przestało być bajorem.

Samochód? Ona? (*La voiture*?) Ona jest tylko sygnałem, konkretyzacją. *Money*!

Umrę bezpotomnie, ale tak jest dobrze, to przesądzone. Czasami to się konkretyzuje. Pozostaje strach, obrączka, szastanie nóżkami. Nawet w tym samochodzie (ale o tym należy więcej, bo to ciekawe). Rano z powrotem z Sologne. Ona jest wspaniała.

4 marca

Urodzaj albo nieurodzaj. Mógłbym, a nawet chciałbym mniej tu zapisać, niż mam czasu i możliwości. (Co to są możliwości?) Ta

[1] *La voiture. Et quelle voiture!* (franc.) – Samochód. I to jaki samochód!

przygoda (ach, te skórzane siedzenia z miękkiej skóry koloru *chamois*[1]).

Wczoraj wieczorem do Orleanu i z powrotem. Widmo autostrady. Na tle tego wielkiego kataru... Ona (auto) stwarza mi azyl przed katarem. (Po raz pierwszy mam stosunek do samochodu wyraźnie erotyczny). Zastanowić by się nad tym: wydać roczny dochód „człowieka pracy" na maszynę... W tym jest szaleństwo. Ale tylko to, co nazywa się szaleństwem, rządzi światem. Czyli wyobraźnia rządzi światem. Psychizm rządzi światem, nie instynkty. To oczywistość i ponieważ oczywistość, znowu temat wielki. Instynkty rządzą światem tylko w sytuacjach *de base*[2]. (Komunizm – wyobraźnia zła). Co za szansa dla literatury, sztuki (mojej) na nowo odkryta.

Czy Ona nagle obudziła moje siły twórcze (ojej, ojej), czy też to, co we mnie się dzieje (nacisk żywiołów, potrzeba uporządkowania tego, pracy więc umysłowej), czy też przygoda z Nią następstwem i wyrazem tego obudzenia? Ale coś we mnie puściło, wyzwoliło się.

Tajemna korespondencja (patrz: magia) Jej – ze sprawą Y. Transfer? Ona i Y. Tamten samochód był tak poprzenikany z Y. Tamten samochód utraciłem dokładnie w chwili, kiedy Y...

Co się dzieje, co się dzieje...

Przyspieszenie. Znowu szybki ekspres, dokąd?

5 marca

Jeżeli jestem euforyczno-depresyjny, to teraz jest czas euforii.

Samochód? Czy dlatego, że kupiłem nowy samochód?

Apetyt na życie, podobny jak jesienią 1974, po przybyciu do Berlina. Dlaczego? Co za niespodzianka. Berlin – zakończenie żalów, smutek, nagle – N. Peugeot – pewna analogia?

Brutalność: lękam się, że śmieciarze porysują mi karoserię. Ale nie troszczę się o najbliższą mi – ciągle – osobę w Nowym Jorku.

Nie wolno tym się prześladować. To jest w naturze człowieka. Nie obciążać się, nie obwiniać, że tak jest. Wiedzieć o tym, ale się tym nie katować.

---

[1] *chamois* (franc.) – płowożółty
[2] *de base* (franc.) – podstawowy

Zegarek od Cartiera, na początku „emigracyjnej nocy" w 1968. Przełamanie strachu. Wyzwanie. Nie tyle pociecha, ile wyzwanie właśnie.

A więc mimo wszystko nadal jestem żywy?

Mam widać wielką siłę przetrwania. Nie w sensie obozu koncentracyjnego, ale psychiczną – umysłową.

Wczoraj ojciec. Z jej ojcem. Po raz pierwszy łączy nas nie Y., ale co innego. Peugeot.

Za trzynaście lat będę miał sześćdziesiąt lat. Czas na ostateczne porachunki.

Bilet do kina – tak zwane „pierwsze miejsce", kupiony jako bunt i wyzwanie gdzieś około 1946. Znowu jakbym odczuł to samo. Tyle energii i ochoty na życie. Otwarcie. Ale co się stało, teraz, jak zawsze w takich stanach – nie rozumiem. Jak mogłem poddać się depresjom? Szkodzić sobie, życiu, marnotrawić.

Why not the best?

[Dlaczego nie najlepsze?]

Napiszę wszystko, zrobię wszystko, przeżyję wszystko; muszę – zgodnie z pamiętną wizją mojej śmierci. Jeżeli taka ona będzie – nie ma się czego (jej) bać. *You are protected*. [Jesteś pod ochroną].

Błogosławiony stan, w którym żadne pytania o cel życia nie są potrzebne. Samo życie wystarcza w nadmiarze. Stwierdzenie. Tak było tylko w młodości. Druga młodość?

Wiosna, słonecznie.

W Engelbergu odkryłem muzykę. Wielka i dobra nauka.

Mój dobry geniusz wrócił z urlopu. Nie sobie służyć, ale jemu.

Dobrze jest i nie pozwolę sobie już tego odebrać. Już wiem, jak się to robi.

Powinienem się wstydzić euforii. Ale dlaczego, jeżeli pobłażam sobie w chorobie i upadku?

Jestem w odpowiednim miejscu i odpowiednim stanie. Mam wszystko, do czego prowadził mnie mój los. Mimo wszystko – spełnienie. Tajemna praca mojego losu, mojego *dajmona*, stale i nawet wtedy, kiedy okresami – tak długimi – ukryta przede mną. Ja mogę leżeć spity, w upadku, *dajmon* pracuje stale.

Nabokov.

No, już przeszła trochę ta euforia. Wystarczy przepracować parę godzin jako sprzątaczka, zaraz lepiej. A już było źle. (Czyli za dobrze?)

6 marca

Potem znowu na tyle źle, że już źle, potem obojętnie, i tak dożyliśmy do rana, kiedy te słowa piszemy. Samochód, zdaje się, przestał już nas tak bawić jak dotąd. Czego zresztą oczekiwaliśmy? Wiecznej euforii?

Od pewnego wieku człowiek wie, że jeżeli walczy, to skazany jest na klęskę. Przedtem jest pewien zwycięstwa. Rzecz polega na tym słówku: jeżeli. Bo nie walczyć nie może, skazany jest na walkę. Od pewnego wieku człowiek więc znajduje się w trudnej sytuacji. Trudy bojowania nie są słodzone nadzieją, a nawet pewnością zwycięstwa.

Powyższe pisanie przy dźwiękach walca wiedeńskiego, dwa piętra niżej.

Można jednak, spuszczając z tonu, zastanowić się nad błędami taktycznymi, które popełniam. Oto one:

Za dużo czytam gazet. Książek za mało, prawie wcale, a poezji, filozofii, czyli lektur najbardziej pożywnych – wcale.

Za mało widuję ludzi, wcale nie widuję ich. Do kina nawet nie chodzę.

Moje życie erotyczne nie jest umeblowane. *Hit and run*[1].

Za dużo palę. (Zatrucie).

Nie piszę w ogóle.

Wszystko to w imię niby pracy biurowej, przygotowawczej (do czego?) i organizacyjnej. Która też nie bardzo, bo nie żyję normalnie, czyli harmonijnie (vide powyżej).

Proste przyczyny, proste skutki.

Plan dnia: trzy listy (nieurzędowe, oczywiście) i dwa numery „Time Magazine" przeczytane. Pół godziny histerii nad papierem (że pisarz) i to wszystko.

[1] *Hit and run* (ang.) – dosł. uderzenie i ucieczka; określenie przestępstwa polegającego na nieudzieleniu pomocy po spowodowaniu wypadku samochodowego.

Ale teraz po co ja to piszę? Żeby się poniżyć, ukazać sobie nieudolność raczej swoją, niż zachęcić się do lepszych osiągnięć. I żebym – przeczytawszy to za dwa, trzy lata – pomyślał sobie, jakież to ja życie napięte, neurasteniczne w tym okresie prowadziłem.

To jest jakiś rozdział z książeczki: *Games People Play*[1]. Gra samego ze sobą w samego siebie. Rujnująca. I czyli – gra niczego z niczym o nic.

Ale tu znowu grę grą prowadzimy (*self-depreciation*[2]), tylko na innym piętrze.

W tej chwili: że od jutra grać przestanę. *Ultima sigaretta* Itala Svevo[3]. A póki co, nie *sigaretta* to, ale fajka. Też *ultima*. Poty biją. I toczy się gra.

Więc najważniejsze (może), żeby przerwać tę grę. (Ale poty z tej nikotyny).

7 marca

Halo, to znowu ja.

Mogę wyliczyć to, siamto i tamto z moich wad, niedostatków, zawinionych, niezawinionych i różnych. Tu jestem do przodu, tam do tyłu, gdzie indziej jeszcze w bok. Zakochany jestem nie dość czy za bardzo, to za stary, to za młody, to za trzeźwy, to za pijany. Niemniej jakimś cudem wszystko się trzyma kupy, życie radzi sobie beze mnie, choć stoję nad nim i nieustannie a to robię mu wymówki, a to udzielam mu dobrych rad.

Ale napisz co, sztukę jaką albo co, bo bez tego nie będzie ani co jeść, ani o czym mówić.

Jednoaktówka owa, Lis i Kogut. Od dawna już nie chce mi się o nich, a niby trzeba.

---

[1] E. Berne, *Games People Play: The Psychology of Human Relations* (1964); wyd. pol. *W co grają ludzie* (1994).

[2] *self-depreciation* (ang.) – samoponiżenie, autodeprecjacja

[3] Zob. I. Svevo, *Zeno Cosini*, rozdz. 3 pt. *Ostatni papieros*; tytułowy bohater wciąż postanawia, że pali „ostatniego papierosa": „Moje dni stały się pełne papierosów, a zarazem postanowień, żeby przestać palić (...). Moja zabawa w ostatecznego papierosa, rozpoczęta w dwudziestym roku życia, trwa nadal" (przeł. Z. Ernstowa, s. 12).

Duszno. Ciepło, trupio. Na ile jestem winien, na ile nie winien, ostatecznie. Ale głowę mam z waty. Chcę czytać książkę, nic nie rozumiem. Częste połączenie senności z nerwowością.

8 marca

Tedy setka żubróweczki „bardzo zdrowej" dobrze mi zrobiła. Do snu i w ogóle. A rano i w południe, i wczesnym popołudniem w szpitalu prefektury, czy nie mam syfilisu i gruźlicy, jeżeli chcę zostać tutejszym obywatelem. A kiedy powrót, to załatwienie poczty i telefonów, bo szesnastego wyjeżdżam. Więc jeszcze tylko do pralni i parę listów koniecznych w związku z wyjazdem. Teraz już ósma dochodzi, więc kolację zaraz trzeba sobie przyrządzić – i tak dzień szlag trafił.

9 marca

Drogi dzienniczku.

Gdyby wtedy do niego się uśmiechnąć albo coś takiego zrobić, toby się nie powiesił – powiadają potem o samobójcy. Może. Tylko co mnie po uśmiechu.

Wiem, że „obiektywnie" nie mam racji. Rozumiem jej rację, sytuację, przesłanki, motywy, powody, okoliczności, cele, odruchy i resztę. Ale nie będę o tym. Wiem, że tao mi język pokazuje, że rozsądek w gębę pluje, a sytuacja kopie mnie w dupę. Ja nie o tym, ja to wszystko doceniam.

Może jednak żubróweczki bardzo zdrowej? To odpręża.

Dobrze, niech będzie.

Chodzi mi tylko i wyłącznie o jedno. Ja już nie mogę, naprawdę nie mogę znieść tych małych i grubych oszustw, jakich na mnie dokonują moje uczucia, czyli pragnienia, pożądania, cały ten bajzel emocjonalny, któremu ja, stary byk, podlegam.

Tu znowu jestem niesprawiedliwy. Wiele pożądań się sprawdziło. Wiele nadziei, całkiem pokaźnych, się spełniło. Czy chciałbyś, żeby spełniły się wszystkie twoje nadzieje, także drobne? Oczywiście.

Bez ogródek. Sprawa jest dosyć prosta i zasadnicza.

Do dupy z tym dzienniczkiem. Milcz, mordo.

11 marca

Morda zamilkła, a tylko żubróweczką bardzo zdrową się dochlustała. Na szczęście dużo tego już w domu nie było.

Ale noc bardzo nieprzyjemna. Koszmary jakieś.

To wszystko wygląda mi już na rozstanie. Tytoniu za to w domu wiele, zatrucie jak za najbardziej zatrutych czasów. Właśnie palę.

Wczoraj już prawie pewność, że złożę śluby czystości. Te śluby już prawie złożone?

Chory jestem na nerwy porządnie. A przede wszystkim chory jestem na niekobiecość.

Waste, waste[1].

Wizyta Gucia z Lydią. *No comment.*

Uczucie – nie pamiętam kiedy, wczoraj – rzadkie u mnie i które zawsze potępiałem: odrębności ode mnie ciała i jego zasadniczej uciążliwości. Nie na skutek choroby żadnej, tylko tak sobie...

Nic, pisanie nadzwyczaj ciężko mi idzie. *Une dépression dite nerveuse*[2].

Inni akumulują wiedzę teoretyczną i praktyczną, o ludziach, świecie, umiejętnościach. Ja gromadzę pustą wiedzę o sobie, nicość dodaję do pustki i dokładam zero.

A tak łatwo mogłoby się to obrócić inaczej. Jedyne wyjście – włączyć bieg jałowy.

Wiele razy wydawało mi się, że cała ta heca, życie, nie jest warta życia. Nie tyle nadzieja jakaś wielka, ile drobne poprawy w samopoczuciu prolongowały moją jaką taką ochotę. Ale to się powtarza, a byłbym ostatnim głupcem, gdybym tyle razy powtarzanej lekcji wreszcie się nie nauczył.

W ciągu pozostałych miesięcy trzeba zrobić ostateczną próbę. Na ile wstręt do życia przeze mnie samego jest zawiniony. Przekonać się.

Kiedy wieczorem wyszedłem z mojej nory, okazało się, że ukradziono mi koło zapasowe samochodu. Miała to być przechadzka lecznicza. A ten samochód – czym jest dla mnie właściwie?

---

1 *waste* (ang.) – jałowość, nędza

2 *une dépression dite nerveuse* (franc.) – depresja zwana nerwową

Pewność tego rozwiązania przywraca właściwą skalę wszystkiemu. Bez niego wieczne obrażanie się na życie i czekanie nie wiadomo na co.

Nie wierzę w żadne życie pozagrobowe. Ono jest naszą wyobraźnią. A jak mylna, złudna jest nasza wyobraźnia, o tym wiem co chwilę. W każdej chwili i na każdym kroku jestem ofiarą, męczennikiem, ofiarą mojej wyobraźni.

Powyższe jest typowe dla neurastenika, nazajutrz wstyd. Ale ani tak odrzucać wczorajszego nie można, ani na wczorajszym się całkiem opierać. Wszystko chcesz załatwić przez ducha, kiedy ciało, a zwłaszcza jego jedna część, ma swoje wymagania. Nie walcz z ciałem, czyli z życiem, bo źle to się dla ciebie obróci. A przecież ostatecznie chodzi ci tylko o to, żeby obróciło ci się na nie najgorsze.

Dwa rozstania nałożyły się na siebie, przyznaję, że to sporo. Ponadto żyjesz bez rezerw. Przeciążony sobą. Potrzeba ci ludzi bardzo gwałtownie. Musisz zmienić nieco politykę. Dotychczasowa do niczego dobrego nie prowadzi.

Neurastenię chcesz pokonać neurastenią. Eskalacja nienormalności. Jeszcze nie chodzi o to, żeby umierać, niepotrzebnie tak sądzisz. Masz umrzeć niegwałtownie. Kiedy przyjdzie pora na umieranie, sam to poczujesz.

Mimo wszystkich intelektualnych pomysłów życie nie jest śmiercią ani śmierć życiem.

Kłopot w tym, że nienawidzisz swojej neurastenii i jednocześnie ją kochasz. Kiedy brak ci znaku pozytywnego, przyjmujesz negatywny.

Teoretycznie chciałbyś się znaleźć w punkcie zero, nieodwracalnie. W praktyce tego nie znosisz. Wolisz intensywność, niszczącą nawet, od nijakości.

Ostatnio jesteś podobny do twojej siostry. Rozumiesz teraz mękę jej życia, skoro ona właśnie z tego stanu „przeciw życiu" uczyniła sobie rację życia. Rozumiesz męki twojego ojca, który przeżył życie, tak jak ty je czasem – teraz – przeżywasz. A inni? Już Lebenstein zapija się na śmierć. Rozumiesz to. Powinieneś rozumieć. Powinieneś rozumieć szaleństwo ludzkie.

Wyobraźnia rządzi światem. Życie psychiczne rządzi światem. A straszny w nim bałagan.

Mimo wszystko jest w tobie instynkt życia. Nic dzisiaj przeciw niemu, pomóż mu raczej. Teraz chcesz się zabijać w imię życia. Żyj raczej w to samo imię.

Dzień: słoneczko – chmury, wszystko oślepiające. Marzec. Ruszyłem więc w stronę życia, ale chwieję się na nogach. Przepalone złącza w mózgu źle kontaktują. Irracjonalne poczynania kończą się i dokonują. Zły to czas dla mnie, moje „dzisiaj" kończy ten okres niedobry. Złe znowu się o mnie otarło.

Ja już skromniej. Już nie formuły ostateczne tutaj zapisuję, ale małą kronikę leczenia. Z choroby w wielkość nie można, z ogłupienia nie będzie mądrości.

Kolacja z Piotrem i Anką, długi powrót, odprowadzanie pieszo. Odebranie samochodu z parkingu Joffre, gdzie go w irracjonalnym odruchu zostawiłem. Niech stoi znowu przed domem. Ukradną czy nie, na to wpływu nie mam.

Na parkingu strach przed bandą młodocianych motocyklistów. Ucieczka, pozostawienie nieszczęsnego dyżurnego na łasce losu. Nie bili, nic nie zrobili (jeszcze?). Ja uciekłem.

13 marca

Wszystko przechodzi.

Wszystko wraca. Stopniowo coraz słabiej.

Rien ne se passe – tout arrive.

[Nic się nie dzieje – wszystko przychodzi].

Wszystko przychodzi (nie dziejąc się jednak) – tutaj. My nigdy nie dochodzimy – tam. My nigdy nie dochodzimy do niczego. Wszystko przychodzi tu, do nas.

Przyjęcie u S. Parę nurtów scenariusza: wstępujący romans między panią domu a młodym człowiekiem, malarzem z Argentyny. Nie wiem, czy do tego dojdzie, że ów romans się zrealizuje, i nie moja rzecz, życzę im wszystkiego najlepszego, dobrze, kiedy ludzie żyją, to jest najczystsza forma życia. Trudniej mi przychodzi taka życzliwość, o wiele trudniej, kiedy chodzi o kobiety, z którymi ja sam jestem związany. Wtedy niezbyt lubię, kiedy one śpią z kim innym. Wstępujący romans między H. (czas jednak zastosować inicjały) a innym młodym człowiekiem. Moje spotkanie z N., w piątym miesiącu ciąży z innym człowiekiem. Moja życzliwość (odblask dawnej miłości) dla N.

Grupa południowców amerykańskich, komunistów emigrantów, lecz i muzyków. Przewaga biologiczna Trzeciego Świata, przewaga ciała, odruchów. Oni są biologiczni i emocjonalni. Umysłowość noszą jak amulety albo jak biżuterię. Dyskutować z marksistą południowoamerykańskim nie ma sensu. Bo my wtedy serio, ale głową, oni też serio – ale ciałem. Biała cywilizacja utknęła w połowie wysokości. Wzniosła się ponad uczucie i biologię, ale nie wzniosła się aż do „świętości". Znalazła się jak ktoś, kto zaczął wyłazić, utknął, dalej leźć nie może, zleźć też nie, siedzi na gzymsie i się boi.

Grali, śpiewali pieśni, które w innym wydaniu zmusiłyby mnie, żeby wstać i wyjść. Komunistyczne brednie, jeśli chodzi o libretto. Cóż z tego, śpiewali tak samo, jak śpiewa się o miłości. Nie wyszedłem. Zdałem sobie sprawę, że tu wcale nie chodzi o komunizm, chodzi o biologię i emocje. Czyli niby samo życie. My na gzymsie, spoceni, z oczami w słup. W dole materia pierwsza, której trudno nie lubić, bo jest pierwsza. Biologia, namiętności, miłość, śmierć, pożądanie. Duch na poły, duch udręczony, na pół tylko poczęty, tęskni już do wtórnej swej nicości. Zwycięska plazma czeka już, żeby wszystko zastąpić. Wszystko, co w Trzecim Świecie jest umysłem, duchem, cywilizacją, jest obrzydliwą tandetą, odpadkami z naszego stołu. Wszystko, co jest pierwotne, co jest życiem, namiętnością, rodzeniem, umieraniem, jest prawdziwe, zdrowe i urzekające. Gdzie ja?

14 marca

La culpabilité[1] – ona u mnie umieszcza się w tej sferze właśnie. Nie czuję się zbyt winny cierpień, które zadaję innym. Ale lubię mieć poczucie winy wobec siebie.

[1] *la culpabilité* (franc.) – wina

Kiedy wszystko zawodzi, należy zająć miejsce w ostatniej loży. Oto teoria na dzisiejszy wieczór. Teoria ostatniej loży.

15 marca

Moja fajka i kawa odwieczna, opoka moja ten stół mój poranny, z niego przyszłość i przeszłość mierzę. A potem odpadam jak robak uschnięty i leżę.

Le vagabondage de l'esprit[1]. Ale duch mój nie rusza się, gdy otworzyć mu klatkę i powiedzieć: pobaw się, pobiegaj, poskacz. Ociężały leży leniwie.

Duch mój sterany.

Śpię tylko doskonale. Jakość mojego snu argumentem, że nie całkiem zgubionym neurastenikiem jestem.

List od pani Eli – potwierdza, że pozbywając się dawnego samochodu, chronię się od wielu kłopotów, a nowy będzie znacznie szczęśliwszy. Chwytam się tego zapewnienia jak małej zielonej gałązki. O mojej siostrze też pisze. Że nie jest stracona dla życia, tylko żeby się nią zająć i tak dalej.

Mam jeden cel: 23 marca znaleźć się na drodze w moim nowym samochodzie, który rozwija szybkość do 173 kilometrów na godzinę. Za mną jest dziewiętnaście lat urazu, kiedy zawsze wyprzedzały mnie lepsze samochody. Dziewiętnaście lat tłumaczenia sobie, że to nie ma żadnego znaczenia i że jestem zupełnie szczęśliwy w samochodzie, jaki mam, skromnym, ubogim, lecz sympatycznym. Dziewiętnaście lat udawania, że mi na tym nie zależy, że mnie nie obchodzi, że jestem ponad to i obok tego. Za tydzień chcę się pozbyć tego kompleksu. Nic więcej mnie teraz nie obchodzi, nie kusi i nie bawi. Trudno.

22 marca

W Stuttgarcie i Monachium, zwłaszcza w Monachium.

W hotelu Schlicker – uchwycenie momentu, podłączenie się do, przebicie na tamtą, właściwą stronę rzeczywistości. Łaska, bo nie zapracowałem sobie. Czemu było? Czemu nie trwało?

---

[1] *le vagabondage de l'esprit* (franc.) – włóczęga ducha

Ejże. Trochę pracowałem. I nie paliłem. Przeszło razem z fajką.

Otto Brun. Riesstraße.

Paryż jest inny. W tym mieszkaniu zagościła kiedyś, od samego jego początku, drżączka i neurastenia. Zapuściła korzenie. Trupiarka ohydna.

Gorzej wytrzymuję niż dawniej. Wszystko się pogłębia i ustala. Mój arystokratyzm właśnie teraz, kiedy Wielkie Gówno zalewa.

Jak dożyć, żeby na boku od Wielkiego Gówna? Mieć pieniądze. Jak mieć pieniądze? Wielkie Gówno niszczy także pieniądze. Zwłaszcza moje.

Postąpiłem bardzo niewłaściwie, na to zgoda. Gorzej, postąpiłem głupio. Ale odmawiam żalu, skruchy i samoponiżenia.

Put the blame on me, boys, but I will not take it, boys[1].

2 kwietnia, Monachium

Powinienem nieustannie tak podróżować, jak już od 23 marca. Nie tylko przemieszczenia geograficzne mam na myśli. Być może nawet tak powierzchowny sposób zakorzenienia jak mój w Paryżu nie wychodzi mi na zdrowie. Czy kiedyś cierpiałem na depresję w podróży? Na tę bezsensowną, nijaką, znikąd depresję? Zdaje się, że nie. Depresja, ta depresja gubi moje ślady, kiedy wyjeżdżam.

Można by przypuścić (ale to nie tak), że to wielkie i niespodziewane powodzenie w Berlinie (*Garbus*[2]) mnie podleczyło. Ale w innych podróżach nie było *Garbusa*. Już ja wiem, co mnie leczy. I jak zwykle nie będę notował tego, co dla mnie jest oczywiste.

O *Garbusie*: zamknął się cykl poczęty na wiosnę 1975, kiedy go pisałem. Ten cykl toczył się potem poza mną. Działy się rzeczy, które doprowadziły do 24 marca w Berlinie. Już beze mnie, ale dla mnie. Moje złe urojenia tymczasem, jak się okazuje, nie miały sensu. Znowu lekcja.

---

[1] *Zrzućcie winę na mnie, chłopcy, ale ja jej nie przyjmę* – tytuł piosenki śpiewanej przez Ritę Hayworth w filmie *Gilda* (1946).

[2] S. Mrożek, *Buckel* (*Garbus*), przeł. Ch. Vogel, Schlosspark-Theater, Berlin Zachodni, reż. B. Barlog, premiera 24 III 1977.

4 kwietnia, Paryż

Znowu jest dobrze. Bardzo dobrze. Nie dlatego, że na mojej ziemi dzieje się coś szczególnie mnie uszczęśliwiającego. Choć nic złego się nie dzieje także, a raczej same pomyślności, ale ile to razy tak źle mi było, choć niby pławiłem się nie tylko w pomyślnościach, ale w dobrociach ziemskich mniej nadzwyczajnych. Jest to więc dobro niebiańskie.

Nie zawdzięczam go sztuczkom buddyjskim. Zanurzyłem się w życiu, a dojście do owej rzeki życia dla mnie – wiem, którędy prowadzi. Nie ma życia poza życiem i nie wolno myśleć o niebie, żeby tam wskoczyć obiema nogami, zaprzeczając życiu. Pod karą wielką.

Czas już pogodzić się z prawdą, w którą nigdy nie mogłem uwierzyć, ja – ten szmaciany i spod podłogi. Że dana mi jest siła. Trzeba ją przyjąć, uważać tylko, żeby nie poczuć się jej właścicielem. Jak z każdą prawdą: jeżeli z tą się nie pogodzę, skutki są fatalne, dla mnie i dla drugich. (Zły użytek z rzeczywistości, jej krzywe samorozpanoszenie się).

5 kwietnia

Basia, Hania, Sabina, Gabi, ojciec, Y., Colette, Rubinstein (Artur), peugeot, poczta, *concierge*, Susan Sontag, kolacja, noc.

7 kwietnia

Zanim umrę – ile jeszcze cudownych niespodzianek w mojej głowie i dookoła.

Zanim umrę – jaka jeszcze nuda i jaka powtórka.

Jedno i drugie składają się na prawdę.

W nocy list do Y. Ani się spostrzegłem, jak ugrzęzłem i opadłem w styl ten, z którego czasem udaje się wyzwolić, który już nie jest konieczny. To nie dotyczy mojej korespondencji, tylko to korespondencja owa tego dotyczy. (?! – co to znaczy, to odwrócenie szyku, czy to w ogóle coś znaczy?) Stylu nie umiem określić, gdybym umiał, byłby już przestarzały.

8 kwietnia

Pamiętniki Rubinsteina[1]. Umiłowanie życia ma to do siebie, że jeżeli ktoś świetnie się czuje, zjadając trufle, to trudne to jest do zako-

---

[1] A. Rubinstein, *Moje młode lata*, przeł. T. Szafar, Kraków 1976.

munikowania innym, poza wykrzyknikiem: „Te trufle są świetne. Wyśmienicie się czuję".

Nie przesadzajmy jednak. R. komunikuje aurę. Jest sam i cały aurą, dobrą. Dlatego i słusznie ludzie go lubili, a kobiety kochały. Ja lubię go również.

List od Y. lepszy. Zgadzający się nieco ze mną. Boję się tylko tego, że jej obecność mnie zablokuje, ograniczy i wywoła ze mnie złe moce, *my lady guard*[1], ponurych drabów. Ale przecież nie całkiem wiadomo, jaka to będzie obecność.

Przedświęta, miasto pustoszeje, coś tam załatwiając, pomysł, żeby skoczyć na Montmartre. Ale właściwie chodziło o to, żeby przejechać się nowym samochodem po pusciejących ulicach i nie wracać jeszcze do domu. Wiecznie nowe i wiecznie bieżące, nawet najgłupsze i najmniejsze, silniejsze jest od największego minionego. Stoimy nad grobem bliskiej osoby i muszka leci, kołnierzyk ciśnie. Wnioski z tego żadne, a już zwłaszcza wystrzegać się wartości większej muszki i pijącego kołnierzyka. One mocniejsze, ale co mocniejsze, niekoniecznie więcej warte. W drugą stronę też nie przesadzać. Unikać łatwych i pochopnych wniosków. Być neutralnym.

Naturalnie mi to przychodzi. Oglądnąłem Rue du Chevalier-de--La-Barre 19 – jak przedmiot. Siebie też. Czegoś się spodziewałem, tam jadąc, ale wiedząc jednocześnie, że daremnie. Ta daremność też była naturalna, bez wniosków. (I słusznie).

Może impulsywnie, N. wychodzi za mąż 23 kwietnia. Za bogatego, przystojnego, małżeństwo z prestiżem. Dziecko urodzi się w sierpniu. To także jest konstatacja. Cóż może być innego?

Moje siły, moje królestwo – coraz bardziej odnajdują się gdzie indziej. Nie w krainie moich przeżyć zamkniętych wyłącznie we mnie. Ale o tym trudno mówić. Nie jest to do określania.

9 kwietnia

Wycieczka. Śnieg i błękity nad chatą rozśpiewaną. Polacy. Pijak pan Jerzy. Dziecko na zielonym majdanie, łapiące biały śnieg z nieba. Biedna, napuchnięta Hania, źle coś grająca. Spacer do lasu. Baran pieczony przez osobę w koszuli z podwiniętymi rękawami. Polska

[1] *my lady guard* (ang.) – moja strażniczka

stara zołza mnie się czepiająca. Inna – poczciwa, moja wielbicielka (talentu). Teresa, napita i naerotyzowana, ze swoim młodym argentyńskim amantem. Basia obwieszona dziećmi, ze swoim mężem hrabią, bęcwałem. Twarze, losy, przesuwanie się, dekompozycja. Ludzkie życie, wzruszające w jego dobrej woli (żeby żyć), bezradności i usterkach.

Ja – przystający, ale nieprzystawalny. Obecny, ale nie chwilowy. Dobrze tak.

Odjechałem w porę. Rubinstein.

Dziwne.

10 kwietnia

Być może myśl, pomyślenie – należy do tej samej materii żywej, co rośliny, zwierzęta, organizmy. Zwykło się rozdzielać. Działanie (pierwsze miejsce według walorów „realności"), trwanie (nic nie robi, ale przynajmniej jest) oraz myślenie (tego, panie, w ogóle nie ma). Zadziwiający jest opór myśli wobec unicestwienia, jak opór organizmu wobec śmierci. Każdej myśli, mądrej i głupiej. „Wyobraźnia rządzi światem, tylko że przeważnie jest w złym gatunku", powiada mój Lis[1].

Wczoraj – ten dom w słońcu i śniegu – wrażenie jednoczesności czasów.

To, co powiem, nie jest propozycją, hipotezą, wnioskiem pewnym z doświadczenia, ani tym mniej stwierdzeniem, oświadczeniem, wyznaniem wiary. Należy raczej do gatunku: „a, jeśli...". Można by to nazwać marzeniem, gdyby „marzenie" zbyt silnie nie oznaczało wyobrażania sobie, pełnego bezsilności i rezygnacji, tego, czego nie ma, a co ładnie, gdyby było. Wydaje mi się jednak, że czasem takie swobodne uruchomienie wyobraźni, byle zdawać sobie sprawę z jego nieodpowiedzialności, może być pożywne. Luźne założenie może spowodować ciekawe wnioski. Wyszedłszy na taką sobie tylko przechadzkę, włóczęgę, można zdobyć ciekawe i prawdziwe rzeczy.

---

[1] Cytat z jednoaktówki *Bruno Sznajder*, opublikowanej w 2010 roku w tomie *Sztuki odnalezione. Małe i mniejsze*, por. „Wyobraźnia rządzi światem. Niestety, przeważnie jest to wyobraźnia w złym gatunku" (s. 177).

Zdaję sobie też sprawę, jak ostrożnym należy być, żeby nie popaść w romantycznego Króla Ducha[1], który jest mi szczególnie podejrzany, a kiedy zwulgaryzowany – nienawistny. Po tych zastrzeżeniach – zaczynajmy więc.

15 kwietnia

Po trzech dniach w Stuttgarcie (nie, dwóch).

Coraz bardziej mi się robienie filmu podoba. Może odkryłem moje właściwe powołanie?

Podłączenie się do jedynej żywotnej sztuki współczesnej. (Aspekt duchowy).

Awantaże socjologiczne z tego płynące. (Pisarz – to mętne. Filmowiec – to konkret. Już inaczej na mnie patrzą, nie tylko elita, szary człowiek także).

Aspekt praktyczny.

Podłączenie się do życia w ogóle. Kontakty, ludzie, odpowiedzialność.

Przypływ życia. Wyjście z izolacji. Lepsze samopoczucie – optymizm.

Odkrywanie siebie, uzupełnianie siebie. Radość z tegoż.

Wszechstronnie jest lepiej.

Dziś kupuję szampana i kawior. Mam powody. Ostrzegam się: kiedy się odwróci – nie szkodzić sobie. Oby nigdy już sobie nie szkodzić. Nauczyć się tego.

17 kwietnia

Zapisywać by tu inaczej. Zmiany i odcienie, a tymczasem sposoby zapisywania – moje, ustalone i te same. Zmieniają się i one, ale wolniej niż ja.

Nie nadążają.

Dobrze by było nauczyć się widzenia z wyżej czy jak, a w każdym razie nie z perspektywy pieska nerwowo ciągnącego za nogawkę – kogo? Pana Życie? Panią Sytuację? (Gdy ta nosi akurat spodnie). Oraz innego – patrząc na stół, widzieć tylko, co na stole. To jest możliwe.

---

[1] *Król-Duch*, poemat historiozoficzny J. Słowackiego z lat 1845–1849.

Czego innego też: używania umysłu, gdy trzeba, jak *brain control*[1], maszynki komputerowej, którą właśnie sobie kupiłem (moje zamiłowanie do perfekcyjnych gadżetów).

A także nauczyć się codziennego życia jako rozrywki, czyli przyjemności. Takimi uczynić owe działania i czynności, które na skutek rutyny psychicznej są tylko nudą i przykrością.

To wszystko jest możliwe.

Czterdzieści osiem godzin. David. Wyczyny tylko mimochodem. Dobra esencja.

20 kwietnia

Złodziej przyszedł, ale mnie zastał i odszedł. Do Antwerpii muszę jechać, choć nie dla przyjemności, ale przeciwnie. Dzień cały nad Lisem i Kogutem przesiedziałem i spociłem sobie oczy tytoniem. Niedobrze.

Upokorzenie umysłu i duszy – przede wszystkim strachem i jego pochodnymi. Nie mogę przestać myśleć o złodzieju. Spotkanie z gadem.

Jaka niska jakość.

Do Antwerpii jadę przeciw sobie. Czy powinno się robić takie rzeczy? Zgodziłem się ze słabości. Ale usprawiedliwienie: nic z tego nie będę miał, czysty deficyt. Jadę pocieszać i wspierać. Człowiek w nieszczęściu i rozterce mnie potrzebuje. Coś to zbyt szlachetnie brzmi.

21 kwietnia

Z Antwerpii. Po nocy bezsennej w hotelu szmatławym-eleganckim. *La chose suit son cours*[2]. (C.). W domu list od Y., odwołujący list poprzedni, którego jeszcze nie dostałem. Oraz strajk śmieciarzy.

W nocy rozmyślanie o kobietach. Że te, które umieją się zatroszczyć (co nie znaczy koniecznie obszyć i oprać, chodzi o sposób istnienia), więcej są warte niż te, które zapewniają o miłości, kochają naprawdę po swojemu, ale umęczą, upokorzą, zniechęcą. Dajcie mi taką, co sama cierpiąc na bezsenność, stara się nie budzić mężczyzny śpiącego obok. Co ma w głowie myśl, żeby mężczyźnie było

---

[1] *brain control* (ang.) – dosł. kontrola mózgu

[2] *La chose suit son cours* (franc.) – Rzecz idzie swoim torem.

jak najlepiej i w życiu, i w drobiazgu. Co łagodzi, uspokaja, krzepi i pociesza, wzmacnia. (Co oczywiście nie wystarcza, jak wiem, dajcie mi taką, co również i to). Kobiety bez taktu, bez względu – precz.

Precz z tymi, które nie dotrzymują słowa małego, codziennego. Które nie przychodzą na spotkanie, telefonują w piątek, kiedy miały w poniedziałek, precz z rozkosznymi Poleczkami-kozaczkami, „tajemniczymi" kurwo-aniołami.

Czyli precz z tymi, którym się wydaje, że ponieważ są kobietami, nie muszą się zachowywać jak ludzie – przyzwoici i dobrze wychowani – w stosunku do innych ludzi.

C. mi wypowiedziała. Najsłuszniej i w najlepszej formie. Jest taktowna i dobrze wychowana. Wypowiedzenie przyszło w porę. Jej dwuletnie z górą mną obłąkanie nie miało sensu. Choćby dlatego, że wyłącznie korespondencyjne. Bardzo niezdrowe. Dla mnie nieco uciążliwe, dla niej chore.

Zmieniła się. Frontowa jakaś, w boju w chwilę. Ano, zaczęła wojowanie. Moje życie: rozbudzać kobiety do życia. Ale potem odchodzić. Dobre i to. Skierowałem ją na złą drogę, jak się kiedyś mówiło. Prawdopodobnie była już do tej drogi gotowa, kiedy się pojawiłem.

Jestem instrumentalny.

Jacy już jesteśmy dorośli. Najwyższy czas. Zostało wszystko, ale minęło już jedno: że kiedy która poszła ze mną do łóżka, wydawało mi się to nieprawdopodobnym, ale pomyślnym zbiegiem okoliczności, prawie cudem. Wiedziałem w młodości (i nie tylko, niestety, jakże byłem opóźniony w rozwoju), że one chadzają do łóżek chętnie i regularnie, jakby nigdy nic. Ale to właśnie wydawało mi się straszne i wspaniałe, groźne i wielkie, fascynujące – bo zbyt często nie ze mną. Czasami czułem się aż wyklęty i przeklęty. Nie tak znów dawno temu, zbyt niedawno, zważywszy mój wiek.

Teraz moje łóżko stało się jak tyle innych łóżek – do których one przychodzą. Nic więcej. Dla mnie zmiana raczej zasadnicza. Odczarowanie. Uzwyczajnienie. Ale tak wreszcie powinno się stać. Może teraz dopiero stanę się (?) kiedyś dojrzały, w tym nowym dla mnie świecie inaczej będę tę część mojego świata budował. Jakiekolwiek są straty, ubytek intensywności, czyli poezji – tak jest słusznie i tak jest dobrze, dla mnie i dla nich. I może dla kogoś w przyszłości.

22 kwietnia

Jestem jedyny i niepowtarzalny. Jednocześnie jestem tak pospolity, jak wszyscy ludzie, z których każdy jest tak samo jedyny i niepowtarzalny jak ja.

Antwerpia: jak trzeba być czujnym, żeby nieruchomość rzeczywistości w mojej głowie i płynności jej na zewnątrz nie zderzyły się zbytnio. Ale trzeba i to, i tyle innych rzeczy jeszcze. A wszystko naraz. Nie można ani żyć, ani pracować inaczej jak tyle pokoleń i z osobna. Czyli nie można żyć inaczej jak przeciw życiu, które jest naraz i jedno.

Rzeczywistość jest jedna i nieruchoma (nieruchoma – słowo nieudolne). Jednocześnie jest samą płynnością (płynność – słowo nieudolne). Zależnie od planu powtarzam: nie wybrniemy, dopóki nie będziemy pamiętać o planach, poziomach, hierarchii.

23 kwietnia

U Józia Czapskiego w Maisons-Laffitte. Wprawdzie Józio też jest hrabią, ale nie tylko. I to go ratuje przed hrabiostwem. Polskim (innego nie znam). Trudno o większe przeciwieństwo niż to między polskimi hrabiami i Żydami. I słusznie.

U Józia Czapskiego, bo Józio ma już więcej niż osiemdziesiąt lat i nie wiem, czy, kiedy go jeszcze zobaczę. Chciałem jeszcze zobaczyć Józia i żeby on zobaczył mnie.

N. wyszła dziś za mąż.

I nic więcej nie umiem na ten temat napisać ani nie myślę.

25 kwietnia

Beyond Reductionism[1].

Determinizm (naukowo – determinowalność) znaleziony tylko na poziomie makro. Zeloci mówią, że musi być także w mikro.

A więc znowu plany i poziomy. *Stratification*[2]. Zawsze to mówiłem.

Wczoraj – sesja przed zaśnięciem (ale na sucho). Przedtem Proust i kartkowanie ze wstrętem książeczki niejakiego Paula Guimarda

---

[1] Zob. przypis do 30 grudnia 1976.

[2] *stratification* (ang.) – nawarstwienie, rozwarstwienie

danej mi przez B. (Co ona miała z nim czy ma do niego?) Ślamazarne i sztuczne (sztuczne na planie literatury, przywołanie niewątpliwie szczere, ale ja przecież czytam książkę) jęki tego osobnika, że się starzeje. Starzenie się jego przeciwstawione młodości, hardej i twardej. („Gdy dziadzio był maleńki – był bardzo hardy"). Nędza.

To kartkowanie asumptem do sesji? Wyniki sesji: żyję nie dlatego, że już przeżyłem tyle lat, a więc nie dzięki wprawie i rutynie, tylko dlatego jedynie, że w każdym momencie moje życie, mój organizm się staje. Starzenia się – w istocie rzeczy – nie ma, tak samo, podobnie jak nie ma wielu innych rzeczy, które wydaje się, że są. Moje odczucie sedna świadomości (które raz silniejsze, raz słabsze, jak wszystko) wzbogacone o to poczucie momentu biologicznego, zawsze tożsamego, momentu, który nie ma historii. Przeciwko historii, a za momentem jako za prawdą wyższą (stratyfikacja znowu, nieunikniona a konieczna). Ja historii nie przeczę, stwierdzam tylko, że w hierarchii prawdy jest podrzędna wobec momentu – to moja prawda żywego stworzenia.

Starzenie się jest w znacznej mierze zjawiskiem intelektualnym, bardziej nawet takim niż psychicznym. Z natury naszej drugiej (stratyfikacja), mniej prawdziwej niż pierwsza (biologiczna), czyli z naszej natury utkanej z idei – nagromadzenie nawyków i wspomnień, przedstawienie pomylone z rzeczywistością. Stara sprawa znowu: kiedy patrzę na rzecz, coraz bardziej jestem skłonny widzieć moje wspomnienie i nawyk (wspomnienie z nawyku) niż rzecz samą. Wniosek i sposób: oczyścić się, umknąć z magazynu. Nie ma żadnej konieczności (jest tylko tendencja, której przyczyny są znane i do zoperowania), żeby świat przeżywać zasadniczo inaczej w starości niż w młodości. Nie ma żadnej przyczyny, żeby świat przeżywać specyficznie po młodemu albo specyficznie po staremu. Nie ma żadnej konieczności absolutnej. Jest tylko tendencja, wprawdzie tak silna, że wydaje się koniecznością, a jej przyczyny są tak wyraźne, tak mechanicznie nachalne, że wydają się prawem nie do zawieszenia. I być może nie ujdę ani tej tendencji, ani jej przyczynom, nie ujdę im całkowicie. Ale jestem przekonany, że konieczności nie ma. Gdybym o tym należycie pamiętał – może bym uszedł nieco. Gradacja jest równie ważna, jak stratyfikacja.

26 kwietnia

Im bardziej jestem poza, tym lepiej się nadaję do bycia w. Nieraz już wspominałem (chyba) o łatwości wzrastającej. Im dalej – tym łatwiej.

Do ludzi przemawiam jak do siebie, więc łatwo. Już nie troszczę się ani o to, czy mnie właściwie zrozumieją, ani o to, że przemowa mnie zuboży, a rzecz wymówiona straci na wartości.

Jakże jednak interesuję się sobą. Sobą – nie tym przestylizowanym i przesublimowanym za pomocą rozmaitych technik i pomysłów, tym właśnie sobą, którego, jakiego tak bardzo bym chciał przesublimować. Ten mi jest jednak najbliższy, najdroższy?

Lektura moich – dość wstrząsających – dzienników 1973.

27 kwietnia

„Choć burza huczy wkoło nas, wesoło wznieśmy śpiew"[1]. (Ironia?)

Niespanie nocne. Pisanie – ku pisaniu skłonność. Rzeczywistość skrzeczy.

Trudność – jak przekonać siebie, im się jest starszym, o swojej wyjątkowości. (Niewątpliwej na początku życia).

Pogoda – chmurki, słońce. Nie znoszę.

Pédicure, *„Vous ne rajeunissez pas"*[2] – powiada ona. Zgoda. Jeszcze dwa lata temu moje stopy nie rodziły odcisków.

„Vous allez avoir quarante-sept ans"[3] – to młody człowiek w prefekturze.

28 kwietnia

Bezsenność (nauczyłem się nie spać wcześnie, spać późno, nie jest to bezsenność neurotyczna, chwała Bogu). Wstanie jednak wcześnie, bo ślusarz przychodzi, ocalić mnie przed złodziejami. Senność.

Istnienie Francuzów – dowodem, że inteligencja nie decyduje (sama w sobie) o niczym.

---

[1] Pierwsze słowa pieśni religijnej z 2. poł. XIX w. do słów Pawła Sikory, potem popularnej piosenki żeglarskiej.

[2] *„Vous ne rajeunissez pas"* (franc.) – Pan nie młodnieje.

[3] *„Vous allez avoir quarante-sept ans"* (franc.) – Będzie pan miał 47 lat.

Czarująca inteligencja tego młodego człowieka (*technicien*), przyjemność obcowania z inteligencją. Szkoda Francuzów. Inteligencja im szkodzi.

Dzisiaj nie można mówić o mojej inteligencji. Zero. Ach, wyspać się.

W nocy lektura o trzech znakach zodiaku, astrologicznych: Panna, Skorpion i Rak. Wszystko się zgadza.

Poświęcimy się więc pracom fizycznym (sprzątanie).

29 kwietnia

Poświęciliśmy się.

L'art de se séparer[1]. Ćwiczenie drugie w odstępie tygodnia.

L'art de s'en aller[2]. Renesans młodocianej myśli egzystencjalnej: mnie nie pytano, czy chcę przyjść na świat. Z tego może być albo punk rock (*punkies*), albo ja.

Przyjęcie, ale nie ma gospodarza. Goście zachowują się każdy po swojemu. Zabawy nie ma, są tylko goście.

30 kwietnia

Od tygodnia zasypianie trudne albo budzenie się w środku nocy.

Porządkowanie starych papierów. Nie nowych, które pilnie domagają się uporządkowania. Jak zawsze wtedy – zagadnienie przeszłości, teraźniejszości i przyszłości. Jak dotąd jedyny sposób: mieć przeszłość, ale uporządkowaną. Moja wzrastająca alergia na kurze, resztki i popioły.

Wymówki czynione sobie: tyle czasu zmarnowałeś, siedząc i paląc, pijąc, zanurzony w tumanie. Ale komu te wymówki – tamtego osobnika już nie ma. Tak, ale zostawił mi swoje parszywe nawyki.

Wydobycie się z tumanu, mgły i bajora – zadanie życiowe Raka według książeczki astrologicznej. Nie jest to zły (*too deficient*[3]) znak, byle umieć coś z nim zrobić.

W poniedziałek przyjedzie Y. i moje życie zacznie inaczej wyglądać. Jak – mogę się domyślać na podstawie doświadczenia. Które uczy, że nic nie wiadomo.

---

[1] *l'art de se séparer* (franc.) – sztuka rozstawania się
[2] *l'art de s'en aller* (franc.) – sztuka odchodzenia
[3] *too deficient* (ang.) – zbyt wadliwy, wybrakowany

1 maja

Bo jak ma być wiadomo? Ona spotka się jutro z kimś, kto nie będzie mną dzisiejszym. Czy mogę w imieniu tego kogoś przeżywać dzisiaj jego jutrzejsze emocje?

9 maja

Wiadomo, wiadomo.

Uczeń niewiarygodnie tępy, czy też heroiczny refiuzczyk[1]. Taki, który odmawia, żeby nauczyć się czytać i pisać, nie, taki, który odmawia lekcji, bo mu się lekcja nie podoba. Nie wiem zresztą. Wczoraj wypiłem na fotelu i nie żałuję. Zaczynam przypuszczać, że fajka i szklanka to mimo wszystko najlepsze, na co mnie stać.

Nieprawdopodobny i niezrozumiały upór, z jakim nie chcę przyjąć do wiadomości najprostszych lekcji powtarzanych przez całe życie. Tępota czy heroizm?

4 czerwca

Wiadomo, wiadomo.

Tymczasem dwa tygodnie w Londynie.

Po wielu wczorajszych szampanach. Wesele. Wielkie tafle widoku na Ogród Luksemburski – od ilu już lat? Tam kiedyś butelka whisky z Piotrem, kiedy Mara żyła, a ja kochałem N. Tam pożegnanie H., kiedy do Londynu się wyprowadzała. Tam teraz jej wesele.

Zmieniam się szybciej obecnie niż w ciągu ostatnich dwudziestu lat.

Wielkie Wyrównanie jeszcze nie całkiem wyrównuje, ale już jest obecne. Obecne było zawsze, ale ja o tym nie wiedziałem. Woda, w której się przeglądamy, nie wiedząc na co dzień o tym, że istnieje tylko to odbicie, a nie ma podmiotu, który się w wodzie odbija – płynie.

Wyciszam się. Jakiekolwiek jeszcze zaczną się hałasy, już tylko z ciszy w coraz większą ciszę. Niesamowite, ale nie jest to cisza śmierci, choć śmierć będzie ciszą.

---

[1] z ang. *refuse* – odmawiać

5 czerwca

Żebraczo uszczknięty kąsek samotności z mojego własnego stołu. Gdyby nie te kąski, zdechłbym już, ponieważ zbyt daleko mnie odniosło od mojej sprawy i zaczynam umierać. Korektura konieczna.

Kiedy nareszcie spełznie mi wszystko, co spełza, spełznie na tyle, że moja sprawa, jedyna, która w ciągu życia nie spełzła, która do końca nie spełznie, pozostanie jedyna. Marność i pustka tam, gdzie ciągle jeszcze – z nawyku, ze złudzeń – szukam czegoś, pełni, zanim utrwali się we mnie hierarchia, już rozpoznana, ale wciąż znikająca to we mgle, to w oddaleniu, to czym innym przysłaniana.

Złość wtedy, niesłuszna, bo nie na siebie tylko. Każdy czyni swoją sprawę i Y. nie ma obowiązku z moją sprawą się liczyć, o nią dbać, ma dosyć swojej. To ja nie umiem dostatecznie o swoją sprawę dbać.

Dla kobiet czas miłości rozciąga się na całe życie i kiedy jej nie ma, czas mają pusty. Dla mnie nierytmiczność, jednostajność, nawet miłość, są zabójcze. Ponadto z natury nie znoszę zamazania i zamętu. Noc powinna być nocą, a dzień dniem. Pierwszy jestem gotów odstąpić od tego, ale właśnie odstąpić. Żeby odstąpić od zasady, musi być zasada. Inaczej umieram. Przez uduszenie.

6 czerwca

Symbole i życie. Logos – męska sprawa. Kobieca – nie logos na pewno, ale co insze. Ja swoje – one swoje. I często nie daję im rady.

Iradi Zohari znowu się pojawił. Znowu go na lotnisko. Zęby pantery mi dał – z Afryki.

Od razu wyrzuciłem. Z lękiem i odrazą. Mnie zęby pantery? W dodatku z Afryki?

7 czerwca

Wszystko nie wiem, czy jest, ale wydaje mi się prostsze, brutalniejsze, mniej ciekawe i łatwiejsze, niż kiedy było – czy też jak mi się wydawało – kiedy indziej i jeszcze kiedy indziej.

W sprawie „Metafizyka Miłości" jestem prawie taki, jak wróży Schopenhauer. Baba – prokuruje sobie chłopa, żeby pasował jej jak pantofel i w niczym już nie uwierając, jak rękawiczka, służył jej ku potrzebie i wygodzie. Najpierw się zalecamy, chcemy się spodobać i zyskujemy uznanie. Potem konsumujemy nie znany sobie świat. Czyjeś życie, doświadczenie, myśli, najdrobniejsze sposoby bycia, dotąd egzotyczne, stają się nam znane, stopniowo. Spostrzegł to Proust i napisał: kiedy sądzimy, że dana osoba może nas wprowadzić w świat inny, odmienny od naszego, dotąd tajemniczy – pierwszy i najważniejszy warunek fascynacji – od razu jesteśmy gotowi, żeby się zakochać. W łóżku staramy się poznać tajemnicę życia, czyli innego życia. Niezwykle słuszne spostrzeżenie. Kocha się cudzoziemców, ludzi z innej sfery, artystów, wszystkich, którzy obiecują samym swoim istnieniem, że wprowadzą nas do czegoś innego, nowego (czyli – *sous-entendu*[1]), lepszego, bo wszystko, co nie nasze, co nie my – jest, wydaje się nam, lepsze. Chcemy zawsze się poruszyć, zmienić, wzbogacić.

Dopóki to trwa, dopóki nie skonsumujemy, trwa żywioł, trwa miłość. Potem, kiedy już wiemy wszystko, zaczyna się wygoda. Teraz Drugi powinien być jak pantofel właśnie. Odwracamy się ku niemu najsłabszymi naszymi stronami i uważamy za naturalne, samo przez się zrozumiałe (dla nas), że powinien tym stronom dogadzać. Przestał już być posłańcem tajemnicy, naczyniem Bytu, teraz ma już być tylko pantoflem.

Zaczyna się też niewygoda. Ponieważ interesuje nas już tylko wygoda, wszystko, co nią nie jest, staje się niewygodą. Przedtem mieliśmy się na baczności, uważaliśmy na siebie, kontrolowaliśmy wszystko, nie tylko to, co w nas mogłoby Drugiego urazić, ale nawet to, co mogłoby się nie podobać, mniej podobać. Czuliśmy się dobrze, wzniośli i niezwykli, ponieważ byliśmy zmobilizowani, gotowi do ofiar ze swoich słabości, słabostek i słabizn. Potem rozpinamy się, luźniejemy i gnuśniejemy. Tracimy przez to, sami dla siebie, swoją wyjątkową – bo tylko wyjątkowo, w takich okresach właśnie i tylko – niezwykłość. Nie jesteśmy z tego zadowoleni, jesteśmy rozczarowani sobą, winę za to rozczarowanie przypisujemy Drugiemu.

Tymczasem Drugi – tak samo jak my. Też chce być już uznany nie za to, co robi i co daje, tylko za to, że jest. Obie strony proponują się sobie nawzajem. Zdemobilizowane i w stanie swojego zazwyczajnego gnuśnienia. Więc pozostaje już tylko znoszenie się

---

[1] *sousentendu* (franc.) – w domyśle

wzajemne. W tym jednak jest obietnica przetrwania, dzięki inercji. Tak wielka jest nasza skłonność do gnuśnienia, tak wielka potrzeba, żeby tylko być, a nic nie robić, że jeżeli tylko Drugi toleruje jako tako nasze słabości, nasz stan *au naturel*, jeżeli tylko dogadza im jako tako i choćby byle jak, nawet jeżeli czasem nas po tych słabościach zadrapie – wolimy już tak trwać.

Z rezerwą wprawdzie, ale nie mogę jednak się oprzeć przekonaniu, że bardziej w tym celują kobiety. Kiedy kobieta zaczyna się zachowywać jak mała dziewczynka, jeżeli przy tobie, dla ciebie i przez ciebie zaczyna odgrywać psychodramy swojego dzieciństwa – to wielki dla ciebie komplement jako mężczyzny, ale też znak, że uznała cię już za swojego, że teraz chce cię już mieć i nie puścić. Teraz już chce tylko być, z tobą oczywiście, coś doszło w niej do wniosku, że dosyć zabiegów, że teraz powinieneś już kochać ją za to tylko, że jest, i taką, jaka jest. Znosić jej wszystkie kaprysy i uciążliwości, jakie ci sprawia, wybaczać z ojcowskim uśmiechem jej grzeszki codzienne, zaniedbania, kaprysy, głupstwa. Wszystko za jeden uśmiech, za wdzięk kobiety i za to przede wszystkim, że chadza z tobą do łóżka.

O Żydach.

Żydzi oficerowie Czeka, GPU, NKWD, KGB, UB[1] – nie byli Żydami religijnymi. Disraeli od biedy nie musiał robić niczego, co by nie zgadzało się z jego moralnością. Odejście Żydów od Jehowy, od kodeksu moralnego judaizmu zagraża Żydom. Sprawia, że Żydzi wdają się w rozmaite paskudztwa, co zwraca się przeciw wszystkim Żydom. Przez nich, przez antyżydowskie pomysły Żydów (sławny Karol Marks) antysemityzm zyskuje argumenty. Kiedyś wszystkie oskarżenia Żydów musiały być niedorzeczne, jak to o ukrzyżowanie Chrystusa czy wytaczanie krwi z chrześcijańskich dzieci. Teraz argumenty przeciw Żydom zyskują podstawę i sens. Winni są Żydzi, którzy odchodzą, usiłują odejść, od żydostwa.

---

[1] Nazwy policji politycznej w ZSRR i PRL: GPU – Gosudarstwiennoje Politiczeskoje Uprawlenije, Państwowy Zarząd Polityczny; NKWD – Narodnyj Komisariat Wnutriennich Dieł; Ludowy Komisariat Spraw Wewnętrznych; KGB – Komitiet Gosudarstwiennoj Biezopasnosti, Komitet Bezpieczeństwa Państwowego; UB – Urząd Bezpieczeństwa.

8 czerwca

Dyskutowanie z nimi (kobietami) przypomina dyskutowanie z agencją TASS[1]. Kobiety i komuniści żyją w świecie ideologii, każdy swojej, informacje (fakty) oraz logika służą wyłącznie ich potrzebom i wykazaniu swojej racji, a raczej woli swojej racji, posiadaniu racji, a raczej przedustawnemu przekonaniu, że mają rację. Komuniści, kobiety i Trzeci Świat nie są zdolni do myśli jako takiej, do myślenia według praw myślenia. Myślenie u nich spełnia rolę niedorostka robaczkowego. Nie szczątkowego organu, ale tyle niepotrzebnego, ile organ szczątkowy.

Besides, they have a short span of everything, with one exception: their ego is permanent. A short span in feelings, emotions, and the shortest one of all: the short span of attention. With one important exception again: their attention to what they consider is being noticed and loved and served – or not. A slightest suspicion that they are not – triggers immediately their reactions, all negative of course, in the sense of action against the person suspected of lacking the proper love and veneration towards them. On that point they are "infoilable". You can always count on them – on their having that sort of reaction.

For the same reason they are the easiest of all to be cheated. They are easy prey to adulation, rarely they distinguish the false one from the true. They are victims of their ego-universe, nothing but that.

[Poza tym wszystko trwa u nich krótko; z jednym wyjątkiem: ich ego jest niespożyte. Krótkotrwałe uczucia, emocje i najkrótsza z wszystkiego: krótkotrwała uwaga. Znowu z jednym ważnym wyjątkiem: zważają na to, czy ich uwagi są zauważane, wielbione i czczone – czy nie. Jedno najmniejsze podejrzenie, że nie są – wyzwala natychmiast ich reakcje, całkowicie negatywne oczywiście, w znaczeniu akcji przeciwko osobie podejrzewanej o brak właściwej wobec nich miłości i czci. W tej kwestii są „niepowstrzymane". Zawsze można na nie liczyć – że zachowają się tak właśnie.

Z tego samego powodu można je najłatwiej ze wszystkich oszukiwać. Są łatwą zdobyczą dla pochlebców, rzadko odróżniają fałszywe od prawdziwego. Są ofiarami własnego ego-świata, i nic ponadto].

---

[1] Centralna agencja prasowa ZSRR, założona w 1925 roku.

9 czerwca

Troszkę wypiłem. *Alles nicht gut.* Ile jeszcze dowodów potrzebuję na oczywistość?

Dobrze mi tak. Za nisko pełzam. I czego chciałem? Żeby mi coś samo udzieliło odpowiedzi na to pytanie.

Dobrze mi tak. Za krótką pamięć, za słabości, zaćmienia. Za czekanie bezmyślne, za ciągłe odsuwanie, nieuznawanie tego, co jest i być musi.

Dobrze mi tak za wszystko.

10 czerwca

Awantura za awanturą. Coraz cięższe. W bilansie awantur już coraz więcej niż nieawantur.

Co mogę dodać do tego, co przedtem, wczoraj napisałem? Nic oczywiście. Może dokładniej określić, za co „dobrze mi tak". Mianowicie: przeceniam swoje możliwości. Potem nie jestem w stanie, nie wytrzymuję.

Także nie jestem w stanie nawet unosić się już, jak wczoraj. Mam do czynienia ze zjawiskiem natury. O tej naturze – ich naturze – dostatecznie już wczoraj napisałem. Tęsknię do celibatu. Do spokoju. Mojego spokoju. Do tego, kiedy mogę myśleć, działać, spać, żyć bez owego...

Zostałem (dziesięć minut temu) nazwany chamem, ponieważ (znowu ten brak opanowania, *restraint*[1]) nie tyle upomniałem się o swoje prawa człowieka i obywatela (człowieka współżyjącego w sytuacji największej ścisłości z drugim człowiekiem), ile zostałem sprowokowany. Nigdy się nie nauczę (nawet jeżeli będzie do tego jeszcze okazja, oby już jej nie było), żeby naiwnie nie wpadać w takie pułapki. Przecież z nimi nie można, nie wolno dyskutować. Zwłaszcza z nią.

One są mistrzami w odwracaniu sprawy i stawianiu jej na głowie. (Agencja TASS). One mogą – należy im się to – postępować w sposób dowolny, one nawet nie myślą tak: należy się, nie należy. One są z tym prawem jedno. To ty masz stąpać jak po najkruch-

[1] *restraint* (ang.) – powściągliwość

szym lodzie, ustępować we wszystkim, dostosowywać się do chwili, nastroju, kaprysu, humoru, ich dyktatury (one same są z kolei w niewoli ich...), ustępować, wybaczać, starać się, wystarczać im w łóżku i poza łóżkiem. Ja jestem już tym wszystkim bardzo, bardzo zmęczony.

Kiedyś wydawało mi się, że dzień, a zwłaszcza noc bez kobiety są stracone. Teraz tęsknię do wszystkiego, co nie jest nimi, co bez nich. *La vie d'esprit*[1] wydawało mi się nędzną i śmieszną rezygnacją, ersatzem, kiedy ich nie było, kiedy takie życie prowadziłem *faute de mieux*[2]. Teraz już nie widzę nic lepszego.

„Francja jest piękna, gdyby jeszcze nie było Francuzów". Kobiecość także – gdyby jeszcze nie było kobiet.

Ogólnie: nonsens dyskutowania, udowadniania sobie nawzajem, dyskutowania – krytykowania wzajemnie sobie postępowania wzajemnego. Przecież one nigdy nie przyznają niczego, co by nie było ich racją. Nie mogą. Same rządzone są tylko jedną siłą. Kochaniem, kocha, nie kocha, kocham, nie kocham. Tragiczna pomyłka nieunikniona. My rozumujemy, myślimy, postępujemy według innych praw, one – innych. Żyjemy w innych światach i poza chwilowymi spotkaniami na granicy tych dwóch światów – nigdy się nie spotkamy.

Kiedyś byłem od kobiet daleko. Potem przestałem być od nich oddzielony. Wydawało mi się, że jestem z nimi, że należę raczej do nich niż do świata, a nawet do siebie samego. Teraz oddalam się znowu, z przeciwnej strony. Przeszedłem przez nie. Obity i umęczony, a także znużony. Omal nie zostawiłem skóry w tym złudzeniu.

Mam już tylko jedno pragnienie: zostać sobą.

I zostałem. Y. opuściła mnie parę godzin po tym, co napisałem powyżej. Zostałem sam z rombem słońca na ścianie naprzeciw, z chmurami wielkiej piękności na niebie.

11 czerwca

Czyli, według wszelkich danych, z niczym. Nie ma we mnie nic, nawet desperacji ani samożałości (pożałowania siebie samego).

[1] *la vie d'esprit* (franc.) – życie duchowe
[2] *faute de mieux* (franc.) – z braku czegoś lepszego

Cóż, nic usiadło naprzeciw mnie i patrzy mi w oczy: „mój jesteś". Ano twój. I poczucie głębokiej prawdy. Straszna ona, ale przynajmniej prawda.

Nigdy nic nie zrozumiem, rozumiem tylko pustkę. To prawda, co o kobietach przedtem. Ale przed rozstaniem Y. przeprowadziła analizę tak wnikliwą, syntezę tak imponującą, że nic nie rozumiem, skąd jednocześnie i tak, i tak... Szczęśliwy, kto jest tylko mężczyzną, prawdziwym mężczyzną, i potrafi sprostać takim kobietom. Ja nawet mężczyzną przestaję być. Bywam nim tylko. Niczym już nie jestem. Bywam już tylko tym, czym ludzie są.

Po południu – pogodziliśmy się nieco. To znaczy – odzyskali zdolność porozumienia, a jeśli nie, to porozumiewania się. Ale co ja mogę tu napisać?

Jedno jest tylko pewne: że istnieje pewien sposób, mój – na mnie – dla mnie, pewna forma i treść, scalanie się moje i rozpadanie. Teoretycznie zawsze mam możność wyboru – scalać się, czy też przyzwalać na rozpadanie. A nawet je uprawiać.

Można iść pod ziemię – także do ziemi. Są stany, w których zastrzelenie się, tak bez histerii jak zamknięcie drzwi, wydaje się możliwe. Nawet nie z desperacji żadnej, wcale. Tak sobie, bez niczego.

Można się nie identyfikować. (Na przykład z taką sprawą: złodziej był znowu, zepsuł mi drzwi samochodu, włamując się, zepsuł je i nie wszedł do środka. Święty Antoni pani Eli działa?) Można też identyfikować się jednocześnie z czym innym: kulą przez głowę, od strony podniebienia. Uzyskać relację między tymi dwiema (dla przykładu) identyfikacjami. Która może pomóc?

15 czerwca

Czy św. Antoni ochronił, czy zawiódł? Próba włamania skutkiem jego niedbalstwa, nieudanie się tej próby – skutkiem jego czujności?

To przykład ogólnej dwuznaczności. Szczególnie gdy los i wróżby wchodzą w grę. Jest jakby filuterność w tych sprawach, *a touch of irony*[1]. Wszystko się niby zgadza, ale gdzieś figluje coś. Wyrafi-

---

[1] *a touch of irony* (ang.) – odrobina ironii

nowanie życia, losu jest wyjątkowej klasy. Wytworność. Subtelne środki *and a bit of derision*[1].

Te zwroty, niby w celu, ale też i obok, ta lekkość w rozwiązaniach, *a sudden deflation of the most solid states*[2], ta przestrzeń nagle ukazująca się wśród rzeczy najbardziej ścisłych – do naśladowania w pisaniu. Życie ma swój styl, niewątpliwie.

Dni przymierza, mojej kapitulacji? Nie, w niczym się nie omyliłem. Przynajmniej co do efektów, zewnętrznego kształtu spraw oraz ich efektów. Potem zobaczymy.

18 czerwca

O święta chwilo. A także jakby ostrzeżenie: ostatnia to chwila.

19 czerwca

Czy taką samą – co? – postawę transcendentalną wykażę, gdy ząb mnie zaboli?

Czas materiałem i architektem. On – czy sprawi, że tylko jedno będzie, jest, możliwe? Nieźle by było, wdzięczny bym mu był. Bo jedno to ani „dobre", ani nie „niedobre". Tylko po prostu „jedno".

Czy erotyka tak samo mi przejdzie, jak przeszła mi już pornografia? Na razie jej nie ma, osłabiona czy tylko poszła na swoje miejsce? Drogi czasie, ty mi to wyjaśnisz.

Czy to, jak jest teraz między mną a Y., jej ubliża, jest przeciwko niej? Według niej na pewno tak. Ale ja nie jestem przeciwko niej. Dzieją się we mnie rzeczy, które nie są przeciwko niej, ale pomimo niej. Tego właśnie żadna kobieta znieść nie może.

The new quality of boredom. That something may turn into "taedium vitae" or become something else. "The cool boredom". Stability, it can kill you, or change you completely, losing its notion of "stability" in the process.

[Nowy gatunek nudy. Coś takiego, że uczucia mogą się obrócić w *taedium vitae* albo stać się czymś jeszcze. „Chłodna nuda". Stabilność może cię zabić albo całkowicie zmienić, zatracając po drodze swe pojęcie „stabilności"].

---

[1] *and a bit of derision* (ang.) – i troszkę drwiny

[2] *a sudden deflation of the most solid states* (ang.) – nagłe zwiotczenie najbardziej stałych stanów skupienia

W domu N., maszynę do szycia (Mary) jej zawiózłszy, żeby wyprawki dla dziecka szyto. Ego moje słabe, tylko że po francusku z jej mężem słabo mówię, a jak pamiętam, ją zawsze męczyło, że po francusku słabo mówię.

Złe wyjście miałem. Dlaczego? Niezręczność mimo wszystko zawsze przy wyjściu wychodzi. Trzy osoby, jeżeli jedna z nich (ja) ma myśli nie wypowiedziane, niemożliwe, żeby dwie pozostałe nie wypowiedzianych myśli nie miały. Za dużo myśli nie wypowiedzianych. Zaproszono mnie, bym jeszcze pozostał i oglądał albumy. A zmęczony byłem, bo przedtem godzinę przeszło już tam byłem z krewnymi N. z Polski. Oglądać albumy?

1. Zmęczenie, a tu za dużo myśli nie wypowiedzianych, we troje.
2. To była ucieczka? Ale czemu miałbym zostawać?
3. Z ciekawości? To za mało, żeby zostać, ciekawość.
4. Po francusku, źle i niepotrzebnie, a z wysoka o Rossellinim i jego filmach zacząłem (a wciąż źle po francusku).
5. Za duża bliskość z jedną osobą, za duża obcość z drugą.

Czemu wyszedłem z konfuzją? Ego? (Ale ono nie tyle o N. zazdrosne, tylko że źle po francusku i mąż niedostatecznie podziwia).

A może poczucie, że coś tam nie tak? Jakże tutaj ostrożnie trzeba. Może tam właśnie bardzo tak, tylko dla mnie nie tak. Naumyślnie dla mnie, ja tak naumyślnie myślę.

Całkowita swoboda N., jej *laisser-être et faire*[1]...

Im wypadało mnie zatrzymywać, mnie wypadało wyjść (?).

Tam coś nie tak. Jeszcze by trzeba wiedzieć – jeżeli nie tak, to jak. Amen.

20 czerwca

Konfuzja długo nie dawała mi spać (jeżeli to była ona). Aż czas ją przykrył. Czas jest jak wysychająca ziemia. *Les fossiles*[2].

Czy pamięć jest aż tak martwa, nieruchoma, nie ukazująca niczego na nowo, czy ukazująca coś nowego za każdym razem?

Rendez-vous z Anouchą. Po co? Tak sobie. Stare, wykopaliskowe moje nerwy w sprawie *rendez-vous* z kobietą jeszcze żywą, jak system nerwowy zwierzęcia, którego już nie ma.

---

1 *laisserêtre et faire* (franc.) – swoboda i przyzwolenie
2 *les fossiles* (franc.) – skamieniałości

Odkąd śpię sam – sny mocne, głębokie, ale też zapominane po przebudzeniu.

21 czerwca

Od dwóch dni życie mniej więcej takie, jakie chciałem prowadzić – chyba zawsze. Nie jest to nic wielkiego ani szczególnego. Zawsze wiedziałem, że konfuzja jest piaskiem w mojej maszynie. Bajoro, mgła w głowie, na to cierpiałem zawsze mniej czy bardziej i trudno przypuścić, żebym już nigdy więcej nie cierpiał. Na razie prawie nie cierpię (tylko dwa dni).

Szukałem Wielkich Wzruszeń, Formuł. Z tego cieszy się dzieło, jeżeli jest się Kierkegaardem, religia, jeżeli jest się Mahometem. W moim wypadku nic nie mogło wyjść, byłem jak maniak z pomysłem na perpetuum mobile, samoszkodliwy amator, który się uparł, żeby w stodole wybudować samolot własnym przemysłem. Chłopie, do pola i obrządku...

(Tu opowiadanie – reporter odwiedza takiego chłopa, ale chłop urządzony już, nic z reportażu, tylko na końcu błysk jakiś w oku, za stodołą rakieta).

...tymczasem nie tam należy się obrócić.

Wystarczy trochę uwagi: cóż się dzieje z twoim umysłem, kiedy nie zajęty? Nic, a raczej jeszcze gorzej, źle się dzieje. Siadam i ku absolutowi zmierzam albo wielkie myśli o życiu swoim, czy też życiu w ogóle, chcę mieć. Już za chwilę umysł w jakieś głupstwa błądzi, coś w nim się telepie bez związku. Mgła, bajoro, zmęczenie niczym. Konfuzja.

Napisałem powyższe i jestem niezadowolony. Źle to napisałem, nie oddaje rzeczy i zresztą po co pisać? Tu już nie o gadanie chodzi. Sama rzecz na dzianiu się polega, nie na teoriach. Piszmy więc o czym innym, a rzecz niech się dzieje.

22 czerwca

Znowu nie wiadomo (dwuznaczność jest naszą kondycją), czy ta Anoucha mi się nie podoba (to znaczy wiadomo, że mi się nie bardzo podoba), czy w ogóle mi się wszystko odmieniło i dlatego nic mnie w tej sprawie szczególnie nie interesuje.

Ale głupio! Jaki głupi dzień. A ja chciałbym na skrzydłach orlich, tymczasem jaka głupota.

Co z nią zrobimy? Już wiadomo, że nic zrobić nie można. Przeczekać tylko. Co za głupota!

Niebo z tępej blachy, głowa moja z głupoty, świat z niczego zrobiony, jaka głupota, jaka tępota.

Buty kupiłem, do wyrzucenia. Moje pieniądze do wyrzucenia. Nic tylko wyrzucam pieniądze. Co za głupota.

Przeczekać, wszystko przejdzie, także głupota.

Wstań, do szewca pójdź.

Co za głupota.

23 czerwca

Dalszy ciąg wypadków też nudny, bo także nie nowy. Whisky za dużo. Ale jak miało nie być za dużo, kiedy namiętności żadnej?

Nie, nie zostałem jej kochankiem i wcale nie miałem na to ochoty. Na tym polega jedyna nowość. Że to wszystko naprawdę przestaje mnie aż tak interesować jak niegdyś. Jeszcze rok temu starałbym się, a gdyby mi się nie udało, bardzo bym cierpiał.

Czy to psychiczne osłabienie poprzedza nadchodzące fizjologiczne kłopoty?

„Pieniądze nie dają szczęścia". Głupotę tego przysłowia dawno już sobie uświadomiłem. Pieniądze przecież wcale nie są od tego i tylko głupiec żąda od wołu, nie od krowy, żeby dawał mleko. Teraz przyszła kolej na „kobiety szczęścia nie dają".

Teraz mnie zmęczyły. Niestety, spora w tym zasługa Y. Ten stopień umęczenia, znużenia uświadomił mi, jak one w ogóle męczą i że właściwie to wszystko się nie opłaca. Za parę miłych chwil w łóżku tyle utrudzenia i nudy.

Swoją drogą, w osobie Anouchy trafiłem na egzemplarz szczególnie ogołocony z wszelkich ponęt, poza tą podstawową, która w ten sposób okazuje się niewystarczająca. W ciągu tych dwóch spotkań ani nie usłyszałem jednego zdania, które by mnie ciekawiło, które byłoby nowe, ani – co może jeszcze gorzej – sam takiego zdania nie wypowiedziałem. Co za nuda, jaki deficyt. I to wszystko tylko po to, żeby dostąpić przywileju załatwienia jej ekstazy swoim trudem i fizyczno-psychicznym zmęczeniem? „Marcelku, jak będziesz grzeczny, to wujcio się napije piwka".

A to damskie ego, najnieznośniejsze z wszystkich eg. U każdej to jest. (Czy owe legendarne kobiety prehistoryczne, owe Azjatki jeszcze podobno, czy one były znośniejsze, kiedy jeszcze ego im nie przyszło do głowy?) Dzisiaj one dla mnie są ani tym, ani owym, ani ludźmi, ani kobietami. Nuworyszki ega. Nawet najbardziej ludzkie, człowiecze z nich, kiedy zaczynają mówić o sztuce, polityce, czymkolwiek ogólnym, powiedzmy – „niezwierzęcym" – czymkolwiek, co dla mnie jest konkretem, robi się dziwnie podejrzanie. A co dopiero te przeciętne... Wtedy chciałoby się zarzucić im koc na głowę i spódnicę także. Nieznośne.
Sekret powodzenia masowego Francji: we francuskości wszystko jest *cheap*[1]. Tanio można tu znaleźć i nabyć wdzięk, inteligencję, intelekt, politykę, krajobraz i towarzystwo – tanie. Tandeta zawsze przyciąga masowego klienta. Wartości w masowej wyprzedaży, tandetne, tanie, masowa produkcja, reprodukcja raczej, wartości. *Vive la France*, kocham Paryż.

Charakterystyczne: kobiety rozprawiają o sztuce, polityce, społeczeństwie, wszystkim, tylko o religii jeszcze jakoś im nie idzie (niech mi nikt tu nie wyjeżdża z Simone Weil, bo kopnę, ani tym bardziej z kandydatkami na księży). Chyba nie dlatego, żeby nie chciały. Widocznie o tym najtrudniej im jeszcze idzie. Próbowały już wszystkiego, ale mimo owej niezmiernej gorliwości i ambicji nie było jeszcze kobiety twórcy systemu filozoficznego. A przecież zajmować się filozofią nie zabraniano im już od osiemnastego wieku, znacznie wcześniej, niż mogły studiować medycynę.

Zły styl kobiet współcześnie, podobnie jak ludzi kolorowych i w ogóle wszystkich niedorozwiniętych, a udających rozwinięcie, wyzwolonych sług itd.

Archipelag Gułag, tom drugi[2].

---

[1] *cheap* (ang.) – tani

[2] A. Sołżenicyn, *Archipelag GUŁag. 1918–1956. Próba analizy literackiej*, t. 2, przeł. M. Kaniowski [J. Pomianowski], Paryż 1975.

Miałem dwadzieścia lat, kiedy zacząłem kochać Stalina. Kochałem go jakieś dwa i pół roku.

To byłem ja?

Ta myśl wystarczy, żeby ogarnęło mnie wielkie przygnębienie, z tą jedyną pociechą, że niedługo umrę, tak jak się urodziłem.

24 czerwca

List znowu od Ewy F. i Steve'a. Kto by przypuścił (tę korespondencję)? Piętnaście lat temu? Pięć? Dwa? Zabawne to.

Jeszcze kac? Jednak można nie dopuszczać do najgorszego.

Teraz, kiedy nie mam czasu (film), chciałbym usiąść i coś napisać.

Coś trwa. Nigdy się nie dowiem co.

28 czerwca

Wczoraj ze Stuttgartu.

Coś trwa. Nie wiem co, ale coraz lepiej wiem, jak nie należy się z tym obchodzić.

Nie wiem, co to jest rzeczywistość, życie, byt itp. Ale wiem, co to są moje złudzenia, wynik mojego umysłu, wtedy kiedy – puszczony samopas – najdziksze i najbardziej próżne, i daremne pomysły, żądania i działania przedsiębierze.

Suivre la réalité de près[1]. Stosować się do czegoś, o czym się nie wie, co to jest – nielogiczne, nieracjonalne. A jednak.

Stosowanie się do rzeczywistości – bynajmniej nie w sensie Realpolitik. To wszystko odbywa się na planie mózgu, funkcji i w zakresach drobnych, osobistych.

Ciężko jest zrezygnować ze snu. Ale jestem w sytuacji człowieka, który już się obudził, choć jeszcze nie całkiem przytomny, i zasnąć z powrotem już nie może.

Ciężko, bo spałem przecież przez całe życie. Co chwila podrzemuję. Jednak daremność, niewygoda senności, a raczej usiłowania, żeby sobie pospać – staje się coraz bardziej dokuczliwa. Odczuwam ją już tak często, że prawie stale, *en permanence*. Jest to uczucie bardzo nieprzyjemne. Próbuję raz po razie i coraz częściej, z góry już

---

[1] *Suivre la réalité de près* (franc.) – Śledzić rzeczywistość z bliska.

wiem, że nic z tego nie będzie, poza frustracją właśnie. Coraz trudniej mi pakować się chociaż na chwilę w styl tak często i tak gruntownie już kompromitowany. Choć trochę bez złudzeń.

Różnica: dawniej te nieustające porażki były źródłem wielkich rozpaczy. Rewolt i samoniszczenia. Teraz coraz częściej widzę tylko jedną, jedyną możliwość: jeżeli tak jest, to nie tędy droga.

My i one.

My nie staramy się ich ranić, ranimy je tylko, kiedy nie możemy inaczej, kiedy musimy (czy też nie musimy, ale jednak postępujemy tak, że przy tym są ranione, wypadek, *the accident*). One starają się nieraz zranić nas umyślnie, wtedy mianowicie, kiedy ich ego od tego lepiej się czuje, kiedy sądzą, że nasze ego, przydźgnięte raną jak koń ostrogą do krwi, poniesie nas w stronę przez nie upatrzoną.

Tyle zabiegów, taktyk i strategii w tych naszych z nimi sprawach, żeby otrzymać coś, co samo w sobie jest męczące, a w wyniku czego tylko utrudzenie i zdenerwowanie jeszcze większe? Nic dziwnego, że mężczyźni umierają wcześniej niż one, przeważnie na atak serca.

Gra na tym polega, że one dają z łaski to, na czego oddaniu im najbardziej zależy, niczym innym w ogóle nie są w życiu zainteresowane, jak tylko oddaniem tego, a tak się urządzają, że czynią to jakby z łaski właśnie, przy największych naszych mękach i staraniach. Przed tym, po tym i w trakcie.

Szczęśliwy ten z nas, kto na tyle już osłabły czy doświadczony, że w grę taką już bawić się nie chce, nie jest w stanie. Szczęśliwy, czyje ego skapcaniałe takich ofiar już nie wymaga. Bo fizjologia swoją drogą, ale ile w tej całej sprawie ważne jest ego, wyobraźnia mężczyzny, który za wszelką cenę chce siebie ciągle widzieć mężczyzną, jak najbardziej mężczyzną? Zaś w dramatyczniejszym jeszcze wypadku ten, który w ogóle innego sposobu na byt nie dostrzega i nie posiada. Udział biologii w tej sprawie skromniejszy jest, niż się wydaje, zwłaszcza kiedy się nie jest już pierwszej młodości.

U H. Wszystkie panie nagle postarzałe, a te, które nie są, i tak mnie nie interesują. Widzę wszystko, ale bez lubieżnej mgły. Smutno, ale lekko i właściwie dobrze. (Smutnawo raczej).

29 czerwca

Napisałem tę datę i uświadomiłem sobie, że dzisiaj wieczór skończę czterdzieści siedem lat (czterdzieści siedem lat mnie skończy). Ale to coraz mniejsze ma znaczenie.

Jeszcze o wczoraj: Polka, ta, która dwadzieścia jeden lat temu była jedną z pierwszych niewinnych w teatrzyku Bim-Bom[1]. Niewinna, denerwująca, arogancka po polsku i pretensjonalna polska pani, pusty talerz jest bardziej interesujący od jej twarzy niby „ładnej". Niemożliwe, żeby dwadzieścia jeden lat temu była czym innym jak tylko denerwującą, głupią polską panienką. Po owocach poznacie ich. Wtedy o tym nie wiedziałem. Podobała mi się w ławicy innych, takich samych, czy może bardziej ludzkich i kobiecych, nie wiem, bo niczego wtedy nie odróżniałem.

Chciałem je wszystkie i nie miałem żadnej. Dzisiaj (wczoraj) wszystko, co ja ku niej, to wzruszenie ramionami (mentalne) i odwrócenie się tyłem (dosłowne).

Tandeta Polaków, jej mąż Polak dobrany. O ileż południowa Amerykanka, Indianka jakby, i towarzysz jej lepsi w gatunku. Ale tu znowu cały ten kram postępowo-wyzwoleńczo-trzecioświatowy. Polka wie lepiej i tamci też wiedzą lepiej, choć każdy co innego. Nudne.

30 czerwca

Co będzie z moim pisaniem? Nie mam żadnego światopoglądu, z półświatopoglądów też rezygnuję. Fobie i obsesje, emocje nawet – staram się trzymać w odległości, jak sforę wyleniałych psów albo domokrążców. Moje życie wewnętrzne przestaje polegać na nich. A publiczność, krytycy nie lubią niczego, co polega na ideach, proporcjach, emocjach.

W tym jednak może jest szansa. Może w wyzwolonym (relatywnie) od psów i domokrążców mnie coś dojdzie do głosu? Co? Wizyjność?

Niespodziewana kartka od Colette. Ego przyjemnie pogłaskane przeciąga się. Skądinąd zadrapane, bo poza Sabiną i Colette nikt,

[1] Zob. przypis do 25 lipca 1973.

w tym osoby znacznie mi bliższe, nie pamiętał o moich urodzinach-imieninach. Ale jakoś spokojnie na to się zapatruję. Jestem na drodze, aby niczego nie oczekiwać od nikogo, tym mniej żądać.

Potem telefon, od B. Ale w tym wypadku nieważne od kogo. Ważne, że tłumaczyłem się, usprawiedliwiałem, przebierając nóżkami (sprawa też nieważna, chodzi o tłumaczenie się).

Ego nie wyszło najlepiej. Potem cierpiało, że nie wyszło najlepiej.

Stać z boku i przypatrywać mu się.

Dwa grzechy:

1) *Jumping when touched (asked, approached, whatever), jumping due to a sheer sensation of being approached, jumping in any direction, often in a wrong one, so easy to startle. Getting startled – with a stampede as a prospect.*

2) *The urge to justify oneself, placate and please (through getting the forgiveness – for what? – and condescending – (from whom, why?). Putting oneself immediately in the begging position.*

[1) Podrywanie się, gdy ktoś cię dotknie (poprosi, zbliży się, cokolwiek), podrywanie się w związku z prostym wrażeniem, że ktoś się zbliża; podrywanie się w każdym kierunku, często w złym, tak łatwy do wystraszenia. Stawanie się przestraszonym – z popłochem w perspektywie.

2) Potrzeba usprawiedliwienia siebie, udobruchania i zadowolenia (przez uzyskiwanie przebaczenia – za co?) – i protekcji (od kogo, dlaczego?). Stawianie siebie natychmiast w pozycji proszącej].

Więc już wszystko odtąd należałoby pisać w nawiasie i cudzysłowie, przynajmniej wszystko, co dotyczy mnie, co o mnie. Tylko reszta zachowałaby się bez nawiasów (o cudzysłów raczej chodzi).

Rozdział o kobietach w obozie – u Sołżenicyna[1]. Im trudniej było bez nas niż nam bez nich. I były bardziej łapczywe (one na nas niż my na nie).

[1] Rozdział VIII *Kobieta w obozie*, w: A. Sołżenicyn, *Archipelag GUŁag. 1918–1956. Próba analizy literackiej*, t. 2, Paryż 1974, s. 193–215.

1 lipca

Rzeczy, dobre i złe, dokonują się nieznacznie, a więc powoli. *Rien ne se passe – tout arrive*[1]. Co nie jest oryginalnym spostrzeżeniem, gdyby nie sprzeczność między tą prawdą a naszym myśleniem. Bo my zawsze myślimy w kategoriach przełomów, skoków, apokalips, odrodzeń, wniebowstąpień, ciosów, szczytów i den.

Nic się nie dzieje, a jednak wszystko się dokonuje. Myślimy tak, jak myślimy, bo myśl jest szybka. Mamy pojęcie przyszłości i przeszłości, wyobrażę sobie coś w przeszłości albo w przyszłości i już tam jestem, a między chwilą pomyślenia a chwilą pomyślaną – nic, pustka. Możemy myśleć tylko punktowo, nie możemy sobie wyobrazić ciągłości. Trwanie jest tylko abstrakcyjną kategorią. Nie umiemy odczuć trwania, ciągłości. Ciągłość wymyka się nam całkowicie.

Ano, myślimy, jak możemy i umiemy. Ale należałoby nie przesadzać i zdawać sobie sprawę możliwie ciągle (ale jak ciągle, kiedy właśnie ciągłość nam się wymyka?) z zasadniczej odmienności naszego świata myślanego, odczuwanego, i świata, jaki jest. W głowie mamy daty, zamiary i wspomnienia, punkty i punkty, podczas kiedy wszystko dzieje się pomiędzy. Wtedy kiedy nie myślimy. Tu gdzieś leży pies pogrzebany.

Sztuka jest też punktowaniem, oczywiście, tyle że punktowaniem świadomym, doprowadzonym do doskonałości. To trwanie, ta ciągłość dziejąca się poza nami, poza naszym pojęciem, tworzy nas, to już element nieludzkiego świata. Chronimy się do naszej zagrody, sztuka jest taką zagrodą. Ale za płotem toczy się coś głucho i ciemno. Znajdujemy przytułek, znów chwilowy, jak wszystko, co nowe, jest chwilowe, jak chwilowi my sami jesteśmy – w muzyce. Słuchamy kawałka muzyki (znów chwilowo – czy jest ktoś, kto potrafi wysłuchać jakiejkolwiek symfonii ciągle, nie błądząc ani na chwilę w jakieś bełkotliwe myśli i nastroje, wysłuchać całej symfonii – u w a ż n i e?) – i ten kawałek załatwia nam sprawę czasu – chwilowo. Przez pół godziny czas jest gęsty, lity, ciągły, na chwilę traci swój dwuznaczny i przerażający charakter ni to pustki, ni

[1] *Rien ne se passe – tout arrive* (franc.) – Nic się nie dzieje, wszystko się wydarza.

to rozrzedzenia, tej niepokojącej inercji i nijakości, która jednak coś sprawia i coś działa, sposobem dla nas niepojętym. Przez muzykę czas jest na chwilę oswojony i przez nas przyswojony, wtedy nie boimy się czasu. Ale – jak wszystko – tylko na chwilę.

Od dawna już instynktownie odczuwam nieufność do przełomów, dat, odrodzeń i apokalips. Potrzebujemy ich, bo tylko one nas ratują od groźnej, niepojętej nijakości, która nas stwarza i nas gubi. Jednak tylko w przymierzu, usłużnym, przymusowym, częściowym, z tą nijakością, z tym pomiędzy – jako tako możemy żyć zgodnie z prawdą. Należałoby pokonać, poskromić choć nieco naturalną tendencję i uprawiać przeciwną: nie piąć się, tylko zstępować, nie puchnąć, tylko klęsnąć, nie nabudowywać, ale penetrować w głąb rzeczy i chwili, bliżej owego jądra, do którego nigdy nie dotrzemy, ale od którego im dalej, tym nieprawdziwiej. Jonasz uciekający przed wielorybem, mistrz kraula, i Jonasz dający się mu pochłonąć, będący w wielorybie. Szybkość podróżna wieloryba równa się wtedy szybkości podróżnej Jonasza, tak samo jak w innym wypadku, ale bez zmęczenia.

Tymi słowami kończę niniejszy tom, którego zapisanie zabrało mi pół roku, czy też pół roku zabrało mi to zapisanie.

Wstałem, podszedłem do półek, wyciągnąłem rękę, trafiłem na wiersze Miłosza. Otworzyłem: trafiłem na *Traktat moralny*[1]. Rzadko aż tak w sedno.

Nie do wiary, ten człowiek pisał to dokładnie trzydzieści lat temu. Trudno nie wierzyć, że istnieje, obok zdolności i wykształcenia, trzecia jeszcze siła, bodaj najważniejsza, którą Miłosz posiada. Dawniej nazywano ich prorokami, w Biblii.

Ilu wtedy ten wiersz naprawdę rozumiało, czyli rozumieć mogło? Ja na pewno nie, nawet gdyby mi wtedy ten wiersz wpadł w ręce i gdybym go przeczytał. (A wątpię w to bardzo. Nawet gdybym przeczytał, dotykałem wtedy wierszy – nie, jeszcze nie wtedy, zacząłem dopiero trzy lata później dotykać – jak cudownych przedmiotów. Nawet myśl o tym, że można by je zrozumieć – nie racjonalnie, ale pojąć, utożsamić ze swoim doświadczeniem – była mi

[1] *Traktat moralny* – poemat Cz. Miłosza z 1948 roku.

nie znana). Byłem za młody epoką i wiekiem. Wszyscy byli za młodzi epoką, ja także i wiekiem.

Ile Miłosz miał wtedy lat? Trzydzieści parę. Ja, nawet mając lat trzydzieści parę, nie mógłbym ani zrozumieć, ani tym mniej napisać tego wiersza. Dopiero teraz mógłbym.

Czy obecnie Miłosz znów jest starszy ode mnie? Czy już jesteśmy w jednym wieku? I czy ma wciąż jeszcze tę szczególną siłę (ona z wiekiem nie jest równa)?

2 lipca

A dzisiaj znowu wstałem, spojrzałem w okno i zobaczyłem piękną, nieubłaganą twarz lata.

Który to raz w nią patrzę? (Podobnie jak w twarz Księżyca w pełni. Wczoraj była pełnia).

Kiedyś mieszałem się przed tą twarzą, twarzą jak wyrok, żądanie, najskrytszy ból. Padałem przed nią na kolana, szeptałem jej przysięgi, starałem się ją odgadnąć i sprostać jej surowości najsłodszej.

Dzisiaj patrzę w nią – nie, nie obojętnie, piszę przecież te słowa, to nie jest obojętność. Patrzę, naśladując jej surowość, na ile mnie, miękkiego, stać. Patrzę z determinacją, a jeżeli o obojętność się staram, to tylko wobec jej wyzwania. Nie, już się nie staram go podejmować, a kiedy już nie podejmuję, nie cierpię, kiedy temu wyzwaniu, niemożliwemu przecież do odgadnięcia, niemożliwemu do sprostania – nie mogę podołać, nie mogę zadośćuczynić.

To jest także rodzaj rewolty. Nie, nie nabierzesz mnie już na to, nie dam się już sprowokować. Także dlatego, bo kiedyś moja rewolta była inna. Także nie mogłem podołać. Wobec tego postanawiałem: ja ci pokażę. Nie wiadomo było dokładnie, co to miało znaczyć. Sny o potędze. O miłości, o jakichś przeżyciach, jakimś życiu, które sobie sprawiwszy – mógłbym rzucić w ten wspaniały, wszechmocny pysk, mówiąc: patrz, oto moje argumenty. Nie jestem wobec ciebie ani bezbronny, ani oczekujący od ciebie litości, mam ja tu swoje oto, nie muszę już korzyć się przed tobą.

Dzisiaj w zasadzie chodzi o to samo: żeby nie korzyć się przed nim w bezradności, ubóstwie, znikomości i pustce. Ale inną teraz drogą. Wysiłki sprostania już nie dla mnie, już tyle ich było, daremnych, a ponadto nie mam już siły. Teraz inaczej, teraz w ogóle nie przyjmuję wyzwania. Teraz powiadam: odczep się. Bądź sobie, a ja będę sobie. Nie ma między nami ani przymierza, ani wrogości. Nic nie jestem ci winien, nie patrz tak na mnie. Odrzucam twoje tajemnicze pretensje, nie chcę, nie będę ich odgadywał, tym mniej będę się starał im zadośćuczynić. Ocalenie mojej godności, której nie udało się ocalić dawniej innym sposobem, teraz widzę w odmowie. Zrobiłem wszystko, co umiałem, żeby wejść z tobą w związki, jak tego wymagałeś. Nic z tego nie wyszło, dalej na mnie patrzysz jak wtedy. Teraz dosyć, teraz zostaw mnie w spokoju.

Wróciłem do domu nocą, w pełni. Sam postarałem się o takie mieszkanie, o taką scenerię, w której pełnia (m.in. także pełnia Księżyca) najbardziej jest pełnią. Ale nie niosąc w sobie niczego, nie będąc niczym, co by pełnia mogła napotkać, a napotkawszy, być pełnią. Do oklasków, do uścisku potrzebne są dwie dłonie. Owszem, były mój fotel i moja fajka. Ale poza tym nie było już niczego. Bez myśli i bez uczuć innych jak żadne, wysiedziałem i wypiłem swoje, w tym samym miejscu i w ten sam sposób, które dawniej tak wielkich i tak strasznych intensywności były agentami. A księżyc? Wykorzystałem go jak światło, więcej niż wystarczające, żeby pastę do zębów nałożyć na szczoteczkę do zębów. Bo zęby myć trzeba i zamiast nienawiścią, darzę przyziemne zajęcie nawet pewną sympatią, rodzajem wdzięczności. Oto wam przynajmniej można zaufać, na was polegać. I poszedłem spać bez myśli i bez uczuć.

To wszystko pisze jeszcze ja tamten, mimo wszystko. Ja narastający temu się przypatruję. I w tym innym moim już świecie, innych sposobów relacji, innych substancji nawet, jakby to, co napisałem powyżej, jest *irrelevant*[1].

Dawniej odczuwałem brak życia (niedożycie, brak pełnego życia) i starałem się ów brak uzupełnić. Teraz odczuwam nieobecność, fikcyjność życia w ogóle. Więc już nie jego brak. Jak może być niepełne nic, jak niczemu może czegoś brakować.

[1] *irrelevant* (ang.) – nieistotne

A bardziej poszczególnie: wiem już, z doświadczenia i relacji, że one, jak bardzo one są zainteresowane nami, czyli tym – poprzez nas.

Kiedyś byłem przekonany (dlaczego? rodzaj wychowania, życiorysu, rodzaj mojej natury?), że tym tylko ja jestem opętany, one przeciw, jakby tym nie dotknięte. Z właściwą dla siebie naiwnością brałem konwenanse, pozory, wybiegi i udawanie za prawdę. Moja namiętność, moje ukochanie i pożądanie kobiecości, nadmiar (a raczej to, co w takiej sytuacji wydawało mi się nadmiarem) *of basic sexuality*[1] – brałem jako ciężar, zbyteczność, anomalię nie korespondującą z niczym poza sobą samą.

Tym bardziej teraz niezgodność między ich naturą (o której, jaka jest, jestem przekonany odwrotnie niż w młodości) a brakiem wciąż potwierdzenia, jakie wokół siebie osobiście odczuwam (nie wtedy kiedy pękną już pozory, wtedy chcą mnie już kochać i tyle sprawiają mi kłopotu, ale w pierwszej warstwie współżycia, kontaktu) – mnie dziwi. I tylko doświadczenie mnie jako tako broni przed popadnięciem w starą i skompromitowaną jednak, przez doświadczenie właśnie, teorię, że jestem *„an outcast from fucking society". The men's lust is visible, seen on the surface. (Not mine, that is the problem, too). Theirs is camouflaged.* [„wyrzutkiem z pieprzonego społeczeństwa". Męskie pożądanie jest widoczne, widać je na powierzchni. (Nie moje, to jest też problem). Ich jest ukrywane].

Party u Teresy i Pawła. *Polish by definition.*

Niekonsekwencja. Bo z jednej strony patrzyłem na obecne panie jak na nieotoczone już ową mgłą, w której głuszec widzi tylko to, co sprawia, że jest głuszcem-cietrzewiem. Panie, podobnie jak dawniej panowie, rozłożyły mi się na elementy. Dotąd w każdej kobiecie widziałem tylko kobiecość. Teraz widzę ręce i nogi, wyraz twarzy, ruchy, rodzaj umysłowości, wszystko (wymieniać można *ad infinitum*) – wiwisekcja, *X-rays*. Dotknąć tej ręki, zbliżyć się do tego psychofizycznego kompleksu, który siedzi tam, na sofie, albo dobiera sobie kanapki z talerzyka? W imię czego? Po raz pierwszy odczuwam niechęć, kiedy wyobrażam sobie kontakt fizyczny (nawet z ładną i skądinąd powabną, o brzydkich nigdy nie było i nie ma

[1] *of basic sexuality* (ang.) – seksualność pierwotna, elementarna

mowy), zbyt wielkie znużenie na myśl o miłości fizycznej i jej towarzyskich, ludzkich konsekwencjach. Jak dobrze, że śpię sam. A jednak jeszcze lekka pretensja, że żadna z tych, które by mogły się liczyć, nie zwróciła na mnie uwagi, przynajmniej według moich – co prawda, wygórowanych zbyt – kryteriów. Paskud nie liczę. Trzy stare i odstręczające baby chętne mi były.

Utrata kolejnej wiary. Zaczęło się od utraty wiary w rodziców. Potem inne. Wiara w Boga katolickiego, ideologię, ojczyznę, sztukę, miłość, zmianę zewnętrzną (*environment*) i przemianę osobistą. Wiara w kobiecość, wyznanie *basic sexuality*, trzymała się najdłużej. Czy nadszedł jej kres także?

Ano jeżeli tak, to tak. To coś znaczy, ten ciąg utraty. Jest czystym deficytem, jeżeli wierzymy w wiarę. Jeżeli przyjmiemy ten punkt widzenia. Przyznaję, że zbyt mocny to punkt i zbyt jestem w nim zasiedziały, żeby nie myśleć smętnie: tak, to deficyt. Dekadencja, *déclin*[1]. Ale kto mi zaręczy, że ten punkt widzenia jest prawdą i że ten ciąg utrat, ten marsz do czasu większego ubóstwa nie jest procesem ani „dobrym", ani „złym", lecz tylko naturalnym, który, jak wszystkie procesy, nie prowadzi jednak do c z e g o ś?

3 lipca

Upał.

Survive, please. Will you?

[Przetrwaj, proszę. Zrobisz to?]

A jednak: *be gentle. Whatever they do to you (they mostly do nothing else but love you), be gentle. You are by nature but, just because of your fear of being abused, you make turns and you often turn rude. No need for that.*

The way to do it is by not being their enemy. All your grudges specified lately are not the outcome of the way. They belong to your old burden, though the one with a negative value.

[...bądź łagodny. Cokolwiek robią tobie (głównie nie robią nic innego, jak tylko cię kochają), bądź łagodny. Jesteś <taki> z natury, ale tylko z powodu strachu, że zostaniesz wykorzystany, odwracasz się i wtedy często stajesz się niegrzeczny. Nie ma takiej potrzeby.

[1] *déclin* (franc.) – upadek, utrata, zanik

Sposobem, by to zrobić, nie jest bycie ich wrogiem. Wszystkie twoje żale przedstawione ostatnio nie są wynikiem tego sposobu. Należą do twego starego ciężaru, chociaż tego o negatywnej wartości].

4 lipca

Leopold Tyrmand.

Szary upał, ścierka.

Rok 1959. Miałem dwadzieścia dziewięć lat – osiemnaście lat temu – moje cierpienia bez kobiet w Cambridge, w tym sławnym lecie.

W pustym domu wielopiętrowym w Bostonie, z widokiem na dale i rzeki, z Francuzką, którą tak mało znałem i której nigdy już potem nie spotkałem, z płaską moją kieszeniówką whisky podręczną, leżąc na Francuzce, patrząc na dal, na rzekę, sięgając po butelkę – wspomnienie szczęścia, bo spełnienia i obietnicy jednocześnie, jeden z największych momentów w moim życiu. Cóż to był za dzień i wieczór, bo tego samego wieczoru dalszy ciąg z moją wybawicielką w Cambridge. Nigdy przedtem ani już potem nie byłem tak wydolny jako kochanek.

Dlaczego to wspominam dzisiaj? Na skutek pogody podobnej? Jako coś, co się już nie powtórzy? Te same okoliczności nie spowodują tego samego momentu.

Kobiety. Od tego nie uwolnię się nigdy, ale bo i trzeba? Na razie *Démon de midi n'est pas là*[1]. Ale chyba należy się liczyć z jego nadejściem.

5 lipca

Bezsenna z powodu upału noc. (Lolo, zapytany, jak spał, odpowiedział, że wyśmienicie). Whisky *with ice* (malutko), fajki, okna na oścież – nie pomaga. Intensywność myśli i wizje.

Należy pogodzić *the way* ze mną. Błąd – *too much negativity, it is not the way.*

---

[1] *Démon de midi n'est pas là* (franc.) – Nie pojawił się demon drugiej młodości (dosł. południowej pory). Chodzi o rozbudzenie się silnych zainteresowań seksualnych w wieku średnim.

The way is not to be used as a method – to suffer less, and the Christian notion of the futility of this life on earth, of ascesis, should be kept outdoors. This is my error of the eternal beginner, the fault understandable in the first stage. The way is not annihilation.

The joy (too much said, but close to that) of the morning, even if it is 7:00 (to bring Lolo to the airport). The joy is to fulfill one's destiny. The destiny is traceable in the commonest, most conspicuous things.

Be gentle with yourself (it does not mean self-indulgent), be gentle to people, and first of all – to women.

[…zbyt wiele negatywności, to nie jest droga.

Droga nie ma być użyta jako metoda – aby cierpieć mniej, a chrześcijańskie wyobrażenie daremności życia na ziemi, ascezy, odłóżmy na bok. To jest mój błąd wiecznego debiutanta, błąd zrozumiały na pierwszym etapie. Droga nie jest anihilacją.

Radość (za dużo powiedziane, ale blisko tego) poranka, nawet jeżeli jest to 7.00 godzina (by zawieźć Lola na lotnisko). Radością jest spełnianie czyjegoś przeznaczenia. Przeznaczenie da się odnaleźć w najzwyczajniejszych, najbardziej rzucających się w oczy rzeczach.

Bądź łagodny dla siebie (to nie oznacza samopobłażania), bądź łagodny dla ludzi, a przede wszystkim – dla kobiet].

7 lipca, Stuttgart

Nad zieloną doliną, w chłodzie i pogodzie, nowe życie.

Das neue Leben beginnt da schon. Ja, ja.

[Nowe życie się zaczyna. Tak, tak].

Inne lustra. W innych lustrach (nie u mnie w domu, w tych zwyczajnych) wyglądam inaczej, i zawsze starzej. Jak w Madrycie. Pamiętasz?

9 lipca

Co za noc. Częściowo, to, co najważniejsze, zanotowane na taśmie – *cassette*. Dotknięcie sił zwierzęcych, wyobraźnia na usługach zwierza, czy też odwrotnie. Zdałem sobie sprawę, że ów potencjał istnieje jak elektryczność, jak pierwiastki czy inne dotykalności.

Dotykalność – właściwe słowo. (Miłość – jedyna okazja, żeby dotknąć, dosłownie, *l'au-delà*[1]).

Choć sam byłem. Sesja kombinowana. Od czasów chłopięcych autoerotyzm u mnie zaniknął. I nie pojawił się aż do wczoraj. To były także słowa. Na taśmie są, dopóki ich nie zniszczę. Zastanawiam się, co sprawiło, że tak było, że nie czuję upokorzenia mimo samotności. Nowe doświadczenie? Może mnie wystarczy, żeby doświadczenie było nowe, a już je akceptuję. Ale przecież nie sądzę, żeby to samo było prawdą, było możliwe, w sprawie homoseksualizmu. Wystarczające mam dowody, że pod tym względem żadne, najdrobniejsze nawet skłonności czy ciekawości u mnie nie istnieją.

10 lipca, Stuttgart

Ból. Ciężki. Fizyczny. Panie Boże, daj mi ból moralny, a zabierz ten cielesny, jeżeli chciałeś mi wykazać moją głupotę.

Krzyczałem, płakałem; wmawiam sobie, że jest mi już lepiej. Tak trwa od trzeciej godziny w nocy. Teraz jest 7.30 wieczorem. Sam w Stuttgarcie, sam w mieszkaniu. Do tej pory nie zdecydowałem się wzywać pogotowia – w osobie mojego producenta. Boli i boli. Jednak mniej chyba boli, skoro mogę pisać te słowa. Przedtem mogłem tylko płakać. I teraz nie chcę niczego na świecie, byle tylko przestało mnie boleć. Chyba jednak mniej mnie już boli, skoro jednak nie ruszyłem się w stronę szpitala. Tylko z niechęci do ujawnienia mojego bólu, mojej choroby przed ludźmi. Obcymi. Ta niechęć jest u mnie tak silna, że dla niej mogę wiele wytrzymać. Obawiam się, że tak wiele, aż mi to trwale zaszkodzi.

Gdyby ktokolwiek (nie, nie ktokolwiek, ale życzliwa mi kobieta) był ze mną, czy o wiele byłoby mi lepiej?

12 lipca

Szczęście to jest nieobecność bólu.

Jeżeli nawet o bólu zapominamy tak szybko i znów grymasimy, doświadczenie bólu jest przecież najsilniejsze z możliwych.

Ból jest konkretem: tylko tu i teraz. Czy także dlatego nie lubimy bólu? Nie tylko dlatego, że boli, ale i za jego filozoficzną odmienność

---

[1] *l'au-delà* (franc.) – tamten świat

od wszystkich innych znanych nam przeżyć? Nawet przyjemność odczuwamy niejako w zamiarze: jest przyjemnie, ale czy nie dlatego, że za chwilę jeszcze przyjemniej będzie? (Jeszcze jeden kieliszek, jeszcze jedna miłość – jeszcze jedno danie. Co jest dobre, ale przecież to tylko początek. Kto umiałby się cieszyć ostatnim papierosem skazańca?)

13 lipca, Stuttgart

Nie boli mnie. Trudno w to uwierzyć. Jestem szczęśliwy.

Kiedy śmierć przyjdzie – chyba tak samo jak ból, choroba, wojna, nieszczęście, każde nagłe wytrącenie z naszej lubej równowagi chwiejnej. Wskazówka na manometrze życia nagle wychyli się poza zwyczajną kreskę. Wtedy dwa doznania: groza, a jednocześnie jak gdyby nigdy nic. Poczucie normalności. Tu groza, a tu normalność też. Ta normalność jest bodaj trudniejsza do zniesienia. Właśnie dlatego, że łatwa. Umrzeć wydaje się nam szczytem niezwyczajności, ostateczną anomalią. A jednak wszyscy umierają jakoś tak łatwo, zupełnie po prostu. To także jest ł a t w e. A groza to nasze osobiste. Przystająca do Wielkiego Strasznego Wydarzenia.

Więc jak sobie z nią poradzić? Zwyczajność nas przerasta, nie jest nasza osobista. Należy do świata, nie do nas. Groza jest prawowita, jakoś porządkuje to straszne, co nas spotyka. Zwyczajność w straszności jest nieprzyzwoita, *obscène*. Zwyczajności przypisujemy miejsce tuż obok nudy. Okazuje się, że ona rozsiada się, gdzie chce. Czyli wszędzie. Sadowi się przy naszym łóżku najstraszniejszej boleści i gapi się na nas tak samo obojętnie jak na nasze najpowszedniejsze czynności.

Teraz, kiedy już jest po wszystkim, kiedy już nie boli, nie żałuję, że mnie to spotkało. Mam doświadczenie bólu, i to w samotności. Bolało mnie tylko raz, w 1944 (43? lądowanie w Normandii[1]), ale wtedy byłem dzieckiem, nieszczęsnym stworzeniem i tak przerażonym tym, co się działo z moim ciałem przemieniającym się w świecie wojny, nawet bez bólu. Potem nie bolało mnie już nigdy, czyli nigdy *tout court*. Jeżeli nie przeżyło się prawdziwego bólu, czegoś się nie wie.

---

[1] Lądowanie wojsk alianckich w Normandii odbyło się 6 czerwca 1944 roku.

To trwało trzy noce, dwa i pół dnia. Jak w laboratorium, bo sam byłem. I do dzisiaj o tym nikt nie wie. Ból, kiedy można o nim komuś opowiedzieć, kiedy ktoś wtedy jest obok, kto nie tylko cię słucha, twoich jęków, ale także pomaga ci praktycznie, sprowadza lekarza, jest nie mniejszy, ale prawdopodobnie inaczej przedstawia się twojej duszy. Ale czy ta surowość okoliczności nie jest jednak zdrowsza, nawet gdy chodzi o samo wycierpienie bólu? Gdybym tylko leżał i ktoś załatwiał za mnie i dla mnie praktyczną stronę życia, czy wtedy owej pewnej wygodzie nie towarzyszyłyby poczucie bezsilności i ukorzenia się? Kiedy musisz walczyć o każdy krok, o każde wyciągnięcie ręki, wtedy jesteś sam na sam z bólem i może nawet łatwiej go znosisz, kiedy – na skutek tych, takich okoliczności właśnie – nie tylko swoim bólem musisz się zajmować. Ale bólem w świecie, bólem i światem jednocześnie, bólem jako nie tylko twoją jedną, świętą sprawą, tylko bólem jako częścią świata[1]. Odebranie takiej wyłączności bólowi, niewywyższanie go do jedynej sprawy, niedopuszczenie do jego odrębności, oddzielenia od życia, chyba bliższe jest prawdzie.

Teraz wiem, że można „płakać z bólu", „gryźć palce z bólu", „wchodzić na ścianę z bólu".

Żadna ideologia, żadna sprawa, żadne przedsięwzięcie niewarte jest ani jednej drobiny ludzkiego bólu. A także o ile bólu fizycznego można nie zadawać, o tyle cudzej duszy tak zupełnie dręczyć też nie można. Ale uważać, uważać. Niekiedy tak łatwo można oszczędzić komuś tak trudnych cierpień. Niejedno pod tym względem mam na sumieniu.

Podczas wojny ludzie tępieją na ból (cudzy, oczywiście). Podczas pokoju ludzie zapominają o bólu. O tym, że on jest. Więc kiedy się o nim pamięta?

Projekt reformy kodeksu karnego: kara powinna być proporcjonalna do bólu, jaki przestępca zadał ofierze. Fizycznego i moralnego.

Zadawanie bólu jest zbrodnią przeciw życiu, ponieważ ból niszczy w cierpiącym wszelkie życie poza fizjologicznym. Zadawanie bólu jest nihilistyczne.

[1] Dopisek autora na początku strony: Ale jako życie: zależy, czy życie weźmiemy ludzkie, czy coś więcej.

Kiedy to piszę – ilu ludzi skręca się z bólu? Kto i co o nich myśli? Czy możliwa jest sztuka dla ludzi, których boli? Jeżeli bardzo boli – na pewno nie. Ale dla tych, których boli prawie już nie do zniesienia albo boli z przerwami, w przerwach? Kiedy wiedzą, że za chwilę będzie bolało znowu?

Na pewno ani James Joyce, ani nouveau roman, ani Manifest Komunistyczny ich nie zainteresuje.

Siły – erotyzm (*basic sexuality*), ból – istnienie sił. (Inne jakie? Są też inne, niewątpliwie).

Grzech – wobec istnienia, i grzech pisarski – *acidia*. Rozkapryszone żądanie zaspokojenia ostatecznego, Absolutu. Prawda, a więc i Zbawienie, tylko w świecie danym. Żadne poza, żadne poza *an sich*[1]. Żadne odrzucanie, bo jest w imię zachcianek tego, czego nie ma. TO WIELKA NAUKA.

Masochizm – flirt z bólem. *Obscène*.

14 lipca

Zmiana pogody jak zmiana dekoracji. Inną dramę, inny sens tej samej dramy – teatr naszej duszy odgrywa. W teatrze – dekoracja na życzenie. Pogoda: stawiają nam dekorację i mówią: a teraz grajcie, co uważacie, byle się nadawało do nowego tła.

Niemieckie lato zawahało się. Na północy nawet małe zawahanie niemieckiego lata podszyte jest już jesienią.

16 lipca

Powracające uczucie, że rzeczywistość, czyli ja sam, jako rzeczywistości syn, że to, co się dzieje, nie ma nic wspólnego z moim gaworzeniem na jej temat. Że właściwie rzecz się toczy w podziemnym sztabie, że decyzje na serio nie na moim szczeblu są podejmowane, że my tu sobie możemy to czy sio, ale mój głos jest piskliwym klarnecikiem na tle ultradźwiękowej harmonii. Nie mnie sądzić, nie mnie się wymądrzać.

---

[1] *an sich* (niem.) – w sobie

Długo spałem, a tępy jestem. Widocznie coś znowu się przesunęło. Czas, gwiazdy, ja? Te ruchy tektoniczne na mojej małej osobistej planecie, te zmienne jej pogody i sezony – to jej powab i przekleństwo też.

Tępoty nie lubię.

Czasami z daleka widzę stworzenia, które jakieś dziwne są, odmienne. Podobno nazywają się kobietami. Skądś jakbym wiedział, że można mieć z nimi coś do czynienia. Ale co? Przypominam sobie także, że podobne wrażenie miałem w dzieciństwie. Domyślam się, że istnieją jakiś świat i jakieś sprawy, w których te nieznane istoty odgrywają jakąś rolę. Trudno mi jednak wyobrazić sobie, co to być może. Nie można sobie wyobrazić nieznanego. Aż tak nieznanego.

18 lipca, Stuttgart, niedziela

Stuttgarckie rekolekcje dobiegają końca. Jurek nadciąga, pracować będziemy. O ile tę zabawę w żywe obrazy kiedykolwiek nauczę się nazywać pracą.

Już tydzień minął od apogeum mojej boleści. Uczę się, dosyć skutecznie, samo mnie uczy, na nic nie czekać. Bo co ma przyjść, już jakby przyszło.

Uczę się nie tupać nóżkami i nie wołać: ja chcę już, zaraz, żeby było nadzwyczajne i żeby życie nagle i nareszcie okazało się tym, czym ma być – ekstazą, olśniewającym, porywającym objawieniem nowego, czyli tego, czym jest, czym na pewno jest!

Le Palais d'hiver Greniera[1] i *Czerwone i czarne* Stendhala. Dwa przeciwieństwa. Nie, chyba nawet nie *Le Palais*, inna jego powieść, życiorys pewnej kobiety. Tytuł?

Nie przeczę Stendhalowi. Przecież u niego wprawdzie to najwyższe zdarza się, ale potem przychodzi rachunek: wypalenie się wielkiego ognia, wypala się materiał na wielki ogień. Najwyższe skonsumowane, szara śmierć i pokuta, unicestwienie. Ale nie ma u niego ironii. Tak jak jest, po Stendhalowsku, jest sprawiedliwie.

I Stendhal, i Grenier – prawda.

[1] *Le Palais d'hiver* (Pałac zimowy) – powieść R. Greniera z 1965 roku.

6 sierpnia, Stuttgart

Po tygodniu Münsingen – Gruorn[1]. Film – plenery.

Znowu inaczej, niż myślałem. Ale dlaczego nie cieszyć się, że zawsze inaczej, niż myślę, nawet jeżeli źle, a tylko dlatego, że inaczej właśnie? Gdyby było tak, jak myślę, czy nie nuda? Czy nic nowego?

Chyba że pod „myślę" czytaj „jest mi miło"? A więc nie tak jak myślałem, że mi będzie miło? Czy niemiło nigdy nic nie wróci?... Przerwijmy mój *flamme de*[2]...

7 sierpnia

Ja i Y. – żywy obraz przedstawiający konieczną niemożliwość, niemożliwą konieczność.

Przy wszystkich moich sztuczkach, wyższych świadomościach itp. – źródło życia, złego i dobrego źródło, jest w tym, co wyższymi świadomościami nie jest. A co posiada Y.

Noc więc pełna męki, niespana, choć wróciłem z Münsingen tak wyczerpany, bez snu. Nawet nieco napitku, pierwszego od miesiąca prawie, od czasu Wielkiego Bólu.

Rozmowa z nią, czemu od początku prawie jej pobytu w W. wydaje się tak zadowolona, szczęśliwa prawie? (O ile nie wprost szczęśliwa?) Jej głos, znam się na jej głosach. Najprostsze wyjaśnienia, intuitywne, w dodatku są najtrafniejsze. Moja zazdrość jest irracjonalna. Nie mam do niej najmniejszego racjonalnego prawa. W dodatku – gdzie jest moja teoria, że powinienem cieszyć się jej zadowoleniem, nawet jeżeli...? A gdzie jest moje zadowolenie zadowoleniem N.? Chciałoby się być altruistą. Nie jest się nim.

Zostały mi tylko fotografie. I pomyśleć, że byłem znużony tym fotografowaniem. Zawsze nie to, co akurat jest, zawsze obietnica na kiedy indziej, czego innego. (A tam, dzisiaj, czy nie obiecuję sobie czego innego? Niż jest?) Teraz żałuję: dlaczego tych fotografii tak mało...?

Moje dążenie przez całe życie: właściwie walka z literaturą. Żyć, to najważniejsze, nigdy to mi się nie udawało. Więc literatura.

I fotografie.

---

[1] Münsingen – miasto w Niemczech w Badenii-Wirtembergii; Gruorn – opuszczona wieś w Schwäbische Alb. Mrożek przebywał tam w ramach realizacji filmu *Amor*.

[2] *flamme de* (franc.) – zapał

10 sierpnia

Im bardziej, tym bardziej – jeszcze jedno prawo uniwersalne przeze mnie odkryte.

Łatwiej daję sobie radę ze wszystkim, co jest nawet groźne i trudne, ale bezosobowe, niż z ludźmi. Ludzie i ludzkie jest moim problemem (ale i nagrodą bywa), nie przemijanie, historia, śmierć, zagadka bytu ani nie ludzkość. Ósmy dzień zdjęciowy – jutro. W Stuttgarcie od miesiąca. W *Amorze* od roku.

Przeżywam *Amora* trzykrotnie. Wymyślając go, realizując i oglądając na ekranie.

Oglądam fotografie. (Nie *Amora*).

Sprawa jest beznadziejna.

Y. nie ma i nie będzie.

Film robić – jak życie żyć. Wydaje się nieskończone. Tymczasem lada chwila będzie po wszystkim.

Już jest po dwóch trzecich. I tak samo ostatnia jedna trzecia będzie inna, jak inne były pierwsze dwie od wyobrażenia o nich, jak inne jest wszystko.

I ta otchłań nowego (następnego), która się przede mną otworzy, kiedy wrócę jesienią do Paryża.

2 września

Ból, Lipman, Y., brak snu. W tych punktach mógłbym ująć moje koło. Film na ostatnim miejscu, i to ewentualnie. Najbliżej i najdolegliwiej – Y.

Co zrobić z moją naturą, miejscami tak bezbronną wobec manipulacji, małości, chytrostek? I na co być mi zżartym przez takie sprawy, które nie są tymi sprawami, jakie powinny mnie zżerać?

O Y. nie mam już siły (na razie?) ani myśleć, ani odczuwać. Ten żywioł robi, co mu się podoba, a najmniej, jak to żywioł, jest *pour quelqu'un*[1]. W tym wypadku *pour moi, en soi*[2] cały. Jestem pomiędzy żywiołem a małym kombinatorem. Oczywiście, tylko żywioł można kochać. Co robić z drugim? Pokochać na pewno nie.

---

[1] *pour quelqu'un* (franc.) – dla kogoś

[2] *pour moi, en soi* (franc.) – dla mnie, w sobie

Jak traktować żywioł (oprócz kochania)? Ano ulegać mu, do czego jestem zdolny tylko do pewnego stopnia.

Wynurzyłem się ze swojej paryskiej dziury, bo dziura, a chciałem do ludzi, do świata. Ano, mam ludzi i świat.

Pani Ela, przepowiadaczka: przepowiedziała mi świetny okres, lato. Przepowiednia leży na pysku. Przepowiedziała mi, że peugeot będzie dla mnie pasmem spokoju i szczęścia. A ile już z nim miałem kłopotu tylko w ciągu sześciu miesięcy? Przepowiedziała, że szybciej, niż myślę, odwiedzę Polskę i będzie to świetne. Że już wkrótce pojawi się młody człowiek, dotąd mi nie znany, a z nim wielkie pieniądze, zmiana miejsca stałego pobytu, kupię dom i Y. w nim zamieszka. *No comment.*

Świetny to okres nie jest, mało mówiąc. Może chodzi o ziarno, teraz kiełkujące? Jaka karma mi obrodzi z tego lata? Na razie widzę deficyt. Karmię ten czas starymi rezerwami. Niczego mi nie przybywa. Nie wzbogaciłem się. Sam siebie utrzymuję zasiłkami.

Nudna powtarzalność. Mój brak wyobraźni o cechach i sposobach, których sam nie posiadam i nie znam. Mój brak pojęcia o tym, jak oddzielni mogą być ludzie, osobnicy. Osobowość mam mniej więcej scaloną, wie moja prawica, co czyni lewica, nawet kiedy nie może temu czynieniu zapobiec. U nich, u wszystkich prawie, członki zachowują się osobno, w wielkiej i przygnębiającej niewinności.

Y. sprawiła mi najprzykrzejszą łaźnię od początku naszej znajomości. Były znacznie gwałtowniejsze, dotkliwsze. Żadna tego rodzaju. Pozwoliła mi wiedzieć, że coś się dzieje, nic więcej. Brak symetrii. Ona wie, co robię, jakie jest moje lato. Uwiązany do filmu, uwiązany. Ona na swobodzie. Brutalny schemat: mąż w pracy, żona tymczasem dysponuje sobą. Wiem tylko, że zadysponowała to wszystko. Bardzo dużo połączone z niczym.

Duże i częste przeżycia, ale zmuszony do wyczerpania (nie do szaleństwa) we własnej głowie.

Przeżycia i myśli tak chudo karmione substancją obiektywną, że zżerają same siebie. W dodatku ciąg dalszy, konfrontacja, nastąpi dopiero za pięć tygodni. Do tego czasu zmieni się i ona, i sytuacja, i ja, moje poezje, dramaty obecne, do tej pory nie znajdą już korespondencji. Pozostaną na zawsze samotne, oderwane, zamknięte same w sobie. Jeżeli nastąpią inne, będą to już inne. Tyle więc udręki i nierzeczywistości. Udręka w nierzeczywistości to majak i koszmar. Przewrotny smutek, że nie dochowam mojej męki. Stare prawidło: być może dowiem się czegoś o tym, co było, ale wtedy nie będzie mnie to już interesować. Będzie umarłe. Tyle i na nic.

Trudno przypuścić, żeby się odmieniło coś do końca mojego Stuttgartu. Jeszcze jednym rozczarowaniem to wszystko pozostanie, jeszcze jednym bezsilnym odbiciem się od ściany.

3 września

Nadziało się, nadziało (od: dziać się) i znowu nic nie ma.

Les forces[1] – moja ostatnia filozofia. Siły, kierunki, żywioły – i punkt X (o ile o siłach można wiele, punkt X jest tajemniczą sprawą, choć on jest). Siłom nie można przeczyć, ich istnieniu. Ani się poddawać im, ani im zaprzeczać.

Część tych rozmaitych sił operuje przeze mnie. Skłonny jestem uważać się wyłącznie za ich obiekt, zapominam, że jestem także ich instrumentem.

Znowu o kobietach: legenda, jedna z moich najgłupszych, o ich aseksualności. Opowiadam ją sobie czasem, choć głupota jej tak jest piramidalna, że nawet opowiadając, nie mogę zapomnieć, że opowiadam bzdury. Wróćmy do sił. Czasami przekonuję się, jak one przeze mnie działają. Dowiaduję się od kobiet.

Ja tym siłom tylko przeszkadzam. Gdybym tak ich nie hamował (niechcący), to...

Zresztą mam głowę po przepiciu. Nic innego nie mogliśmy zrobić z moją ostatnią przewodniczką po rzeczywistości, jak upić się, sami nie wiedząc kiedy. U niej mąż w domu, u mnie nie. Rano sytuacja ta sama, choć przewodniczka inna. Za dużo. A jednocześnie nic.

Mogłem zginąć tej nocy. Tak strasznie oboje pijani, ale o tym, że mogliśmy zginąć, pomyślałem dopiero rano. Tym razem nie ja prowadziłem samochód. Dziwna jest ta D.

---

[1] *les forces* (franc.) – siły

Smutek. Bo uświadomienie, jak bardzo jesteśmy na łasce sił. Tej najbrutalniejszej, najbardziej gołej, przez jej jedyność, gołość i brutalność aż metafizyczną. Jakby w niej z jednej strony w jedną stronę nieskończoności, z drugiej w drugą – nieskończone wysublimowanie vs. nieskończona wulgarność. Też jakby punkt X. Ale wszystko, a tyle tego i tak rozmaite, co między mną a Y., jakże od niej zależne, na niej zbudowane. Smutek, bo i strach pomyśleć: nie ma powodu, żebym tylko ja tak był tą prasiłą warunkowany. Y. także. Ona także, na pewno. A więc? Gdzie jesteśmy (z kim?) i co możemy? Kochamy kogoś i to jest prawdą. My. Ale tamta siła śmieje się tymczasem. Ona wie, kto tu rządzi, do kogo wszystko należy. Ona wie, że nasze kochanie wprawdzie jest nasze, ale i nie nasze.

Żadne filozofie nie poradzą, kiedy zapomnimy o siłach. Ułuda i *nihil* – tak, ale tylko na planie przedstawień intelektualnych. Siły natomiast są. Ciało jest. Wyobrażonego może i nie ma. Wyczuwalne jest. Oto moje właśnie odkrycie. Mały towarek po dużej cenie. Bo jeśli tyle wydaję, wolę myśleć, że choć trochę za to mi się dostaje.

Chciałem się uanielić, nieraz, często, stale. Nie uanielę się, jeżeli zapomnę o siłach. Chrześcijański tik. Trzeba to samo, tylko inaczej. Wtedy to już nie może się nazywać uanielenie, ale jakkolwiek by się nazywało, będzie bardziej prawdopodobne i przez to lepsze.

Diabeł – poddanie się siłom? Anioł – dążenie ku założeniu, że siłom całkiem się można przeciwstawić (chrześcijaństwo) albo je uznać można za nieistniejące? (Buddyzm jego odmianą?) Diabeł tedy raczej jest możliwy, nie anioł. Człowiek – ani jedno, ani drugie. Surfing raczej. Słowo podobne do „sufi".

4 września

Wyspany może już tak bełkotać nie będę. Mgła pierwsza jesienna. Stuttgart jak Beskidy. Zdeprawowany filmem i jego sztuczkami. Łatwo już oddzielam jedno od drugiego, żeby połączyć z trzecim. Ale czy to deprawacja? W takim razie jako dziecko byłem szczytem deprawacji. Kredens kuchenny był pałacem. Byłem filmowym artystą par excellence, sam o tym nie wiedząc.

Pokrętny, pokątny i ubogi umysł. Nie mój.

10 września

Znów ruszył las Macbetha[1]. Ale nie w tę stronę, do tyłu. Macbeth patrzy, jak las się oddala, nie spodziewał się tego.

Macbeth jest upokorzony.

Byłby, gdyby był tym samym Macbethem co niegdyś. Ale kiedyś już zaczął wypadać z roli, nie Szekspirowskiej, ale tej, w której był, potem już tylko bywał, w sztuce przez niego samego napisanej. Niemniej las pokazał mu plecy. Dotąd to mu się nie zdarzyło. Może później nabędzie wprawy. Jak patrzeć za uchodzącym zielonym lasem Macbetha?

Dotąd, dwa czy trzy razy przez całe jego Macbethowe życie (las rusza rzadko, w tym tego doniosłość), las szedł na niego. Za każdym razem nie wiedział on, Macbeth, co będzie, ale wiedział, że coś bardzo będzie. Tym razem wie, co będzie, i wie, że będzie nic. Las przecież idzie do tyłu.

11 września

Back to normality. What is now – is not later. Tomorrow you can't quench today's thirst. The illusion of early years – the notion that you can.

[Powrót do normalności. Co jest teraz – nie jest później. Nie możesz jutro ugasić dzisiejszego pragnienia. Złudzenie wczesnych lat – wyobrażenie, że możesz].

Wszystko, co przeżyłem tutaj w związku, dla, przez Y., pozostanie na zawsze zamknięte w tej doraźnej kompozycji. Październik nie będzie dotyczył lipca, sierpnia ani września.

Strach przed rozstaniami – także ze strachu przed przeszłością. Odchodząc, zostajemy przeszłością, przez kogoś, dla kogoś. Bardziej bezsilni niż dla siebie. Siebie samych możemy wspominać do woli. My w innych – bezsilni, bezsilnie wspominani nie według naszej woli i zapominani. Samych siebie mniej jednak zapominamy.

Porzucony mężczyzna może zwrócić się ku pracy, modlitwie czy pijaństwu. Porzucona kobieta musi natychmiast zwrócić się ku innemu mężczyźnie, choćby na jedną noc. Nawet nie porzucona.

[1] Zob. przypis do 1 marca 1977.

Musi, kiedy tylko powstaje w niej cień podejrzenia, że nie jest kochana dostatecznie.

Nigdy nie jest kochana dostatecznie. Dłużej niż przez jakiś czas. Nigdy inaczej niż z przerwami.

12 września

Drugi dzień – pogoda jak na jakichś obrazkach staroitalskich (Proust by to lepiej wiedział ode mnie). Piękno jesieni mniej mi dokucza niż piękno lata. Jesień niczego nie chce ode mnie, jesień odchodzi, a lato przychodzi. Jestem też w wieku pod jesień. Swój do swego.

Jedno z moich niedbalstw: pozwolić się (J.C.) udać do kina, James Bond, wnuk chyba tego, którego tak chętnie oglądałem we Włoszech.

Zdaje się, że już tylko czytanie Prousta może mi być rozrywką albo kontemplacją. Jak dla innych, jak dla mnie kiedyś, rozrywką mógł być Bond. Śmiertelna teraz nuda Jamesów Bondów, powieści kryminalnych, telewizji. To samo o pornografii. Mogę jeszcze czasami zająć się pornografią, ale świadomie i ostrożnie, jak alkoholem. To znaczy, że wzniosłem się na wysoki poziom – niechcący. Przysięgam, że niechcący. Ten poziom mnie nawet niepokoi. Trzeba się z nim ukrywać. Towarzystwo snobów, którzy udają, że czytają Prousta dla rozrywki i nie lubią TV, jest niewskazane. Ale – zdaje się – snobizm też uległ przemianie. Wątpię, czy ktoś jeszcze snobuje się Proustem. Raczej popkulturą.

Daleka droga Bonda od jego początków. Dziesięć lat chyba. Już tylko sama wulgarność bez energii. Popkultura też jest zmęczona. „W objęciach KGB". Ale tym też nie radziłbym sobie się przejmować.

Dziś do Nördlingen, ostatnie zdjęcia w plenerze, przedostatnie w ogóle. Już nie będę reżyserem panem. Wrócę do Paryża – czyli do anonimatu. Anonimowy starszawy pan będzie kupował jarzyny na rue Saint-Dominique.

Nikt mnie tam nie szanuje.

16 września, Stuttgart

Zakończone filmowanie (wczoraj). W żadnej sztuce, którą znam, nie panuje (w atelier) taki smutek, podniecenie, frustracja i fascynacja, jak w tej (w tym atelier).

Łatwiej jest trudniej (znowu paradoksu prawo). Przed 15 lipca było mi trudniej, czyli łatwiej. Usiłuję o ósmej rano napisać jakieś refleksje owocne, ponieważ film zakończony.

Jest to podobne do usiłowania, żeby wygłosić o sobie, do siebie, solenną przemowę okolicznościową. Naiwnością się wydaje, że ponieważ wczoraj ukończone dzieło, okres, rozdział – należy zaokrąglić, podsumować, wyciągnąć wnioski. Ludzkie usiłowanie.

Wnioski wyciągają się, kiedy chcą. Rocznice najwyżej udają się emocjonalnie. A jedyną emocją, która się wtedy naprawdę udaje, jest lęk i smutek wobec przemijania, jedynego zjawiska, które możemy stwierdzić – wtedy – niewątpliwie, ale które nie poddaje się żadnej interpretacji ani analizie. „Już rok, już dziesięć, dwadzieścia lat" – tyle tylko możemy stwierdzić i odczuć.

Chcemy wieczności, chcemy „ponad", jesteśmy rozczarowani, kiedy nie znajdujemy jej tam, gdzie jej szukamy. W historii, w zjawiskach ukształtowanych, w scenariuszu. Nie znajdujemy i wtedy ogłaszamy gorzko i buntowniczo: nie ma wieczności, nie ma „ponad". Albo odwrotnie. Zaprzeczamy historii i tulimy się do fragmentów „ponad", kiedy, jeżeli dane nam są przypadkowo. Mamy wtedy święte chwile, chwile, ale potem, wciągani z powrotem w historię, biadamy, że wieczności w ogóle nie ma.

Nie umiemy (nie możemy) żyć dwuznacznie, a tylko tak – dwuznacznie – bywa. Dowiedziawszy się o kole, pcham się ku jego osi, szydząc z okręgu, zaprzeczając mu.

The center – very well. But what about the center if you deny the wheel? A wheel without wheeliness?

[Centrum – bardzo dobrze. Ale co z centrum, jeżeli odrzucasz koło? Koło bez kolistości?]

Koło złożone z samego centrum?

Postępy (czyli wytrwanie tylko) w *right attitude*[1], nawet najmniejsze, są ogromne wobec ogromnych nawet zdarzeń w *attitude which is wrong*[2]. Niecierpliwość i pycha każą nam te, takie małe, postępy lekceważyć. Biadać i zniechęcać się. Okruszynka chleba jest bardziej pożywna niż sto kilo tekturowej żywności (rekwizyt teatralny).

---

1 *right attitude* (ang.) – właściwe nastawienie

2 *attitude which is wrong* (ang.) – nastawienie, które jest złe

Zresztą ja tego filmu nienawidzę. Upokarza mnie, ponieważ jeszcze raz pokazuje, co miało się już nigdy nie powtórzyć: jak bezbronny, naiwny jestem wobec manipulatorów, jak jestem ofiarą, poniżaną, głupią ofiarą własnej naiwności.

Nie wiem, czy kiedykolwiek przytrafi mi się życie. Teraz mam wrażenie, że już nigdy, a nawet, że nie chciałbym. Kiedy kobieta, z którą jesteś związany, wprowadza w twoje życie mężczyznę, niekoniecznie kochanka, to ufaj tylko swojemu instynktowi. Jeżeli ci się nie podoba od pierwszego wrażenia, to niech ci się nie podoba dalej. Nie pozwól, żeby ci się wreszcie wydał sympatyczny – przez jej oczy.

17 września

Spaliłem tę resztkę energii, która mi jeszcze pozostała, w alkoholiku wieczornym, ot, tylko cztery butelki piwa. Alkoholik spala to, co jest niepotrzebne (niepotrzebne ani sobie, ani nikomu – „nikomu", słyszę skomlnięcie porzuconego kochanka), ale nie zabija. Niszczy trochę, więc pozwala mieć złudzenie samobójstwa, a chodzi właśnie o to, żeby samobójstwo, ale nie naprawdę. A jednocześnie odpręża. Jeden z trzech czynników łagodzących neurastenię, wymienionych w książce doktora, którego nazwiska nie pamiętam.

Wprawdzie należę do tej grupy mężczyzn, którzy brani są pod uwagę jako partnerzy, ale jakoś tak się składa, że i teraz, i zawsze – bo moja pamięć tylko to zatrzymuje, pamięta się głody i niedosyty – całą moją seksualność mogę tylko trzymać w naftalinie, w kuferku pod łóżkiem.

Kiedyś, tak dawno, że już nie pamiętam, zdarzało mi się jeszcze znaleźć przy dobrym stole obok kogoś, jeść i pić z apetytem – czyli, że tak powiem, ze zdroju życia. Kiedyś.

Wszystkie moje intuicje sprawdzają się. Nie nadzieje, nie apetyty i nadzieje apetytów. Ot, rozmowa moja z Y. dokładnie taka, jak przewidziałem. Już jestem obcy. Tyle razy widziałem i słyszałem ją przy telefonie, znam ją, kiedy nie ma nic do powiedzenia, ta rozmowa krępuje ją, czuje się temu winna i stara się rozmówcy zrekompensować ów brak swój zasadniczej chęci przesadnie uprzejmą intonacją. I kiedy taka oczywistość jej samowoli, jej „ja" wyłącznie sobą zajętego, jest widoczna, stara się rozmowę jak najszybciej zakończyć. Jej dobra wola, jej uprzejmość bezsilne są wobec tego, co lubi albo czego nie lubi. Można by powiedzieć, że ta prawdziwość, niemożność wszelkiego sprawnego udawania, należy do jej uroku. Można.

Wypominanie klęsk, *self-pity*[1], nie chciałbym tego powtarzać. A jeżeli, to szczerze – bez *mauvaise foi* – tylko tak i po to, żeby z nich wyciągnąć jakąś naukę.

Od lutego i marca 1975 w Berlinie (czas *Garbusa*) nie miałem radości[2]. Przeżycia – tak, ale wszystko, co przeżyliśmy z Y. potem, mogło być wielkie czasami, ale nigdy ani jasne, ani radosne, ani żywiące. Pamiętna wyprawa na Korsykę i jej oszalałość z zazdrości ponad miarę i okoliczności, upiorny sierpień w Paryżu, jej odjazd. Potem moje oszalenie z miłości, podróż do NY, która jedno szaleństwo zastąpiła drugim. Wróciłem tak bezsilny, jak wyjechałem, może bardziej. Jej przyjazd wiosną, jej choroba, upiorne dla nas obojga koło. Wyjazd jej do Warszawy, moja ponura praca nad *Amorem*, jej powrót i wyjazd do NY, aż do jej przyjazdu wiosną tego roku, a jak zwykle, jeżeli nie szaleństwo i udręka, to nuda i apatia, kiedy jej nie ma (między tym i tym z nią żyłem). Znowu ostre, tym razem już ponure, brutalne i pozbawione wdzięku szaleństwo, aż do naszego rozłączenia – ona do Warszawy, ja do Stuttgartu. Czym okazał się dla mnie Stuttgart – za świeże to, jeszcze trwa, żeby wspominać. Ona odnalazła życie, czy też życie odnalazło ją w Warszawie. Ja zdycham.

Co z tego, że za mało miałem rozkoszy? Tylko tyle – i nic innego – że siły zmarnowane.

17 września 1977 r. o godzinie 21.50 życie mnie przestało interesować. Nie rozumiem, jak ani po co się zadawać z kobietami, czego się bać ani czego chcieć. Uczucie ani przyjemne, ani nieprzyjemne, choć podobne do lekkich mdłości. Kolejne roztrząsanie mojej osoby, mojego życia, szukanie sposobów na życie i ponęt na przyszłość,

[1] *self-pity* (ang.) – użalanie się nad sobą
[2] Zob. przypis do 2 kwietnia 1977.

wydaje mi się śmiesznym zajęciem, zabawia mnie. Podobnie jak myśl o samobójstwie. Proszę mnie nie rozśmieszać.

18 września

Wyspałem się i życie znowu zaczęło mnie interesować, jak zawsze w podobnych okolicznościach. Ale już spodziewałem się tego i wiem zresztą, co oznacza w tym wypadku: interesować.

Spodziewałem się, ale nie oczekiwałem, że już zastygnę w jednym stanie ducha: *impermanence*[1]. Nasze pożądanie trwania, jeśli nie wieczności wprost, jest tak silne, że każdy kolejny stan ducha chcemy już uznać za ostateczny. Co gorsza, wyciągamy z niego wnioski praktyczne, których będziemy potem żałować, kiedy okażą się niestosowne do następnego stanu ducha. Zmiana stanów ducha nic nie kosztuje, ale urządzenie spraw jest cięższe, materialne, i co w tym zakresie nakręcone, nie tak łatwo daje się już odkręcić.

Interesować: mój umysł jest jak *plateau*, na którym przesuwają się, dzieją się kolejne obrazy. *With a strong emotional response of mine*. [Z silną emocjonalną odpowiedzią z mojej strony]. Interesować to znaczy – zapominając, że to jest tylko *plateau* – identyfikować się z przedstawieniem. Kiedyś ta identyfikacja była pełna i nieuświadomiona, więc naturalna, tak było. Dzisiaj albo coś się popsuło, albo się zmieniło. Chciałbym pozostać przy tej drugiej tezie. Przyjąć nadwątlenie identyfikacji jako zjawisko naturalne, związane z ewolucją (wiekiem).

Dialektyka między identyfikacją a oddzieleniem jest, stała się właściwie jedyną, w każdym razie najwyraźniejszą cechą mojej aktywności, mojej działalności wewnętrznej ostatnich lat. Jest strukturą i areną wszystkiego, co się we mnie dzieje. Przedtem byłem skazany wyłącznie na perypetie scenariusza, obecnie scenariusz stał się elementem większego kompleksu.

Zdaje się, że neoficką fazę: zlikwidować scenariusz, scenariusz jako *the evil*[2], fanatyczne (i daremne) dążenie do oczyszczenia *plateau* z czegokolwiek, aby gołe zostało – mam już za sobą. I nie trzeba, i nie pomoże. O ile jednak bronię się przed zbytnim wciągnięciem w scenariusz, o tyle, gdy się oddalam od niego, przed tym

[1] *impermanence* (ang.) – nietrwałość
[2] *the evil* (ang.) – zło

się nie bronię, a przeciwnie, zachęcam się do tego. Oddalenie się, zdolność oddalenia się jest nowa i wątła, chyba nigdy nie dorówna skłonności do identyfikacji. Nie trzeba jej się przeciwstawiać, przeciwnie, zabiegać o nią raczej. To nie jest *the upper dog*[1]. Poza tym daje ona stan jedyny w swoim rodzaju i taki, który jest pożądany.

Nie wyjaśniony jest jednak do końca mój do scenariusza stosunek. Moja do niego niechęć bierze się ze spostrzeżenia, coraz silniej utrwalanego, że jest on na ogół nudnawy, chaotyczny i rzeczywiście zbyt podobny do snu idioty śniącego nieprzytomnie. Żenujący poziom. Niemniej gdyby zdarzyły się w nim, jak się zdarzały, lepsze kawałki...

Czy jest jeszcze coś innego poza *plateau* i widownią? To, co najbardziej widoczne, rażące i zniechęcające w scenariuszu, to jego mechanizm skojarzeniowy, mechanizm automatyczny. Skojarzenia, ciąg ich, obrazowe, słuchowe, słowne. Najbardziej przygnębiające są skojarzenia słowne, intelektualne (stąd moja – od zawsze – nienawiść do kalamburów?). Potem obrazowe. Potem zmysłowe. Istnieje jednak wynikanie obrazów, odczuć, które zdaje się wynikać z głębi, a nie z powierzchni ku powierzchni, pionowe, nie poziome. Określenie: *plateau* ma więc sens tylko w tej materii scenariusza, która dzieje się poziomo, od powierzchni ku powierzchni. Ta inna część materii trudna jest do zbadania i waham się, czy ona jeszcze należy do scenariusza, czy już nie, czy nie jest ona już innym ogniwem, gdzie indziej prowadzącym, gdyby się dało za nim pójść. W każdym razie nie tylko nic nie mam jej za złe, ale przeciwnie, ona naprawdę mnie interesuje.

Każdy kolejny stan ducha skłonni jesteśmy uznać już za ostateczny. Światopogląd z niego wynikający – za ostateczny. Dlaczego? Skoro doświadczenie i minimalna choćby uwaga jemu poświęcona uczy nas o naiwności takiego przedsięwzięcia? Nie możemy, nie chcemy, bardzo nie lubimy uznać się tylko za zlepek, beznadziejnie przypadkowy, za teatrzyk cieni. Chcemy się widzieć całymi całościami, *the unit*. To nasze pożądanie pakujemy w każdy fragment naszego scenariusza i z każdego chcemy zrobić całość.

---

[1] *the upper dog* (ang.) – lider, przywódca, faworyt

Trudno nam się dziwić, ta odmowa, aby być z istoty swojej snem idioty śnionym nieprzytomnie, jest prawowita. Niemniej jeżeli uprawiamy ją, integrując się w sposób, który z natury swojej jest zaprzeczeniem integracji, jesteśmy tylko patetycznie śmieszni. (Proust pełen jest opisów i analiz takiej patetycznej śmieszności). Musimy ją uprawiać, dopóki nie znajdziemy innego sposobu, nie odkryjemy, że istnieje inne, niescenariuszowe ja, które jest integracją par excellence, do którego jedynie możemy się przyznać.

Kłopot polega na tym, że to „ja" jest niczym. Że jest, to można stwierdzić tylko przez interpolację, przez rodzaj równania matematycznego. Nie można go ani zobaczyć, ani dotknąć, ani – oczywiście – opisać. My sami możemy je stwierdzić tylko w powyższy, tak mało przekonujący nasze wymagania sposób, ale najgorsze, że nie możemy go pokazać innym. Dla innych w ogóle go nie ma. Jeżeli więc choć trochę przywiązani jesteśmy do *paraître*[1] jako koncepcji, porzućmy wszelką nadzieję.

Ono jest, ale zaledwie możemy zbliżyć się do niego, przeczuwając zaledwie, że się zbliżyliśmy. Przywiązani, jak jesteśmy, do dwuznaczności, do pożądania omletu bez rozbijania jajek, czy w ogóle chcielibyśmy się zbliżyć? Ono zaspokoiłoby wszelkie nasze wymagania integracji, ale z taką nawiązką, że się boimy. Na przykład: ono jest poza czasem. To wystarczy, żeby nas przerazić. Jak każdemu, znane mi jest niewygodne uczucie, że byłem dzieckiem, a już nie jestem, czy więc byłem, a jeżeli nie ja, to kto nim był? Ja byłem wczoraj, ale już nie jestem, ja myślałem coś przed chwilą, ale już nie myślę, kto więc to myślał? Jeżeli wszystko dzięki temu, że ktoś tu był, ale już go nie ma, ktoś tu będzie za chwilę itd. – to tylko okoliczności? Właśnie okoliczności – powiadają niektórzy – a okoliczności to ja. Owszem, jeżeli ja – scenariuszowy. W przeciwnym razie – bynajmniej. I na tym lepiej ten dyskurs zakończyć. Doprowadziłem go do progu, poza który wyjść nie może.

Sny – głupsze niż jawa czy mądrzejsze? Jeżeli sny to osad, zstąpienie do tego, co najstarsze, najdłuższe, najtrwalsze, najprymitywniejsze – to czy to właśnie jest najlepsze, najbardziej wartościowe? Czy to, co nowe, wyższe, niepewne, osiągnięte – na jawie, zasługuje

[1] *paraître* (franc.) – tu: do tego, jak nas postrzegają

na pogardę wobec snów, czy odwrotnie? Tak samo z alkoholem. Czy bełkot pijaka, którego alkohol sprowadził do osadów jego osobowości, jest święty wobec rozprawy napisanej na trzeźwo, wysiłkiem, najlepszym rozumem i wolą?

19 września

Pijaństwo.

Z tym samym stanem duszy i spraw lepiej się obchodzić na trzeźwo niż po pijanemu. Samo całopalenie zaś – lepiej, gdyby było można, gdyby umieć rządzić nie butelką whisky, ale jak?

Bywają pijaństwa, które przetykają zlew jak żrące kwasy. To do nich nie należy, nie należało. Stoję nad tym samym zlewem, tak samo zatkanym jak przedtem.

Jesień wyraźna, zimno. Niedługo opuszczę Stuttgart.

20 września

Dopiero dzisiaj przychodzę do przytomności po tym, co sobie wlałem do głowy przedwczoraj. W przytomności – dziękuję, wszystko po staremu.

1977 i czy dalej jeszcze – u mnie nic nie wiadomo, podobnie jak na świecie. Wszystko zamierzone, niby jest, ale być nie chce. Byt się zatkał. Rzeczy, sprawy rodzą się z trudem, rosną pokraczne i niewyraźne. (Jak w socjalizmie. Czy rzeczywistość już się zaraziła, cała, stylem tym? Czy to jest ostateczne zwycięstwo socjalizmu?)

Jeżeli wyjadę ze Stuttgartu z tym właśnie uczuciem, to nie będę się dziwił. Wszystko, moja praca, moja miłość – tutaj na dziwną chorobę bytu zapadło.

Rien ne se passe et presque rien n'arrive. S'il arrive quelque chose, combien pâle et exténué, pas tellement à cause du chemin à faire. Seulement l'être n'est pas suffisant. Moi?

[Nic się nie dzieje i prawie nic się nie wydarza. Jeśli coś się wydarza, jakże jest blade i wyczerpane, nawet nie z powodu przebytej drogi. Tyle że byt nie wystarcza. Ja?]

21 września

Czy palnę sobie dziś kilka bon motów, sam sobie? Czy opis sytuacji, nie bez jęków oczywiście? Na odmianę, co dobrego?

Ano, po pierwsze, kończy się ten okres i początek zawsze daje szansę, że będzie lepiej.

Po drugie – dał mi doświadczenie. Z którego nic nie wynika, jeżeli nie zastosuję go praktycznie.

Po trzecie – jeszcze żyję. Wprawdzie przeważnie bardzo na życie obrażony, ale nic złego mi ono nie robi. Nie daje tylko rozkoszy, których pożądam. Ale nigdy mi ich nie obiecywało. Sam sobie je wymyśliłem.

Nie lubię, kiedy ma się do mnie pretensje. Na miejscu życia dawno już bym sobie przywalił, dawno już straciłbym cierpliwość.

Przepraszam Cię, życie.

Tyle różnych mnie, hola, moja gromadko. Tylko jeden ja, gdzie znowu giniesz mi z oczu, najdroższy?

Jak one chcą, żebym był zdolny do miłości zawsze, kiedy miłość to zapalenie wyobraźni, a ja z nadmiaru wyobraźni za dużo o niej, wyobraźni, wiem. Kiedy miłość to życie wyłącznie z ukochaną, a ja – choć zanikający tak często – jestem tak silnie i niezniszczalnie? Próbowałem się zniszczyć przez miłość, wódkę i sztukę, nie pomaga. Teza: wszystkie moje działania w życiu – akcja przeciw ja mojemu. Żeby je obrócić raz w to, raz w owo (w perzynę) i żeby go nie było. Na nic. Co chwilę się odradza.

Czy nie czas mu powiedzieć: OK, jesteś, to bądź. Już z nim nie walczyć?

Witaj, moje ja (nie „ja"), przynajmniej dzisiaj. Może już po południu wystąpię przeciw tobie. Ale choć przez chwilę bądźmy razem bez kłótni.

22 września

Jestem w Stuttgarcie, ale jakby mnie już nie było. Film skończony, ale jeszcze nie całkiem. Z Y. jestem na rozstaniu, ale dwuznacznie, niby z R. blisko, ale jak najdalej, D. zaś albo przyjdzie, albo nie przyjdzie. *Pass* francuski prawie mam, ale nie mam jeszcze. Czy będę miał? *L'assurance*[1] mnie przyjęło jako ubezpieczonego, ale nie ostatecznie. Do Polski pojadę, ale nie wiadomo.

---

[1] *L'assurance* (franc.) – ubezpieczalnia

Nawet do München nie wiadomo, czy pojadę dziś samochodem, czy koleją. Teatr z Polski przyjeżdża z *Rzeźnią* do Köln[1], ale nic pewnego, choć termin krótki. I co, panie lekarz?

Nigdy, dawno – nie było tylu dwuznaczności i niepewności spiętrzonych. Nawet gdybym był naprawdę gościem tylko na tej planecie, jak to czasami usiłuję sobie wmówić, kiedy obywatelstwo ziemskie zbyt mi ciąży – nawet gość takiej sytuacji nie lubi.

Być może ta niejasność, niepewność – tylko odbiciem, jeżeli nie wynikiem wprost, braku celów, koncepcji i dążeń. Z tego ogólnego jakże: nic nie wiadomo i wiadomo być nie może. Choć niepewność mnie męczy, wyznaczenie mnie zabija. I znowu mamy dwuznaczność.

Inna rzecz: nagromadzenie niepewności, dwuznaczności, niejasności, nawet w szczegółach, doprawdy jest ostatnio wyjątkowe.

Pogoda dzisiaj piękna.

Więzienie mojego potocznego, codziennego umysłu tak jest już zagospodarowane, ścieżki w obejściu moim tak już wydeptane, że nuda dreptania po nich doprawdy coraz mniej jest znośna i czasami przyprawia mnie o rozdrażnienie bliskie histerii. Jeszcze raz i raz przetoczyć się drogą tą samą czy inną, tych samych skojarzeń, tych samych tematów emocjonalno-intelektualnych. Żadnych bocznych wyjść, nie mówiąc o perspektywach. D. by pomogła. Na chwilę. Wszystko w ręku (?!) D. Chwilowo.

Czy dlatego Jan Potocki zastrzelił się przy śniadaniu, kulką ozdóbką od cukiernicy nabiwszy pistolet? Możliwe. Napisał przecież *Rękopis znaleziony w Saragossie*, ze sławnym, tylekroć przeze mnie wspominanym tematem: „Obudził się znowu pod szubienicą".

A teraz „adwokat anioła": lepsza nudna niepewność niż utwierdzone nieszczęście. (Lekcja o bólu już zapomniana. Uważaj).

23 września

Koniec. Jeszcze trzy dni w Stuttgarcie, później jeszcze tydzień czy trochę, ale koniec.

---

[1] Chodzi o spektakl warszawskiego Teatru Dramatycznego, wystawiany w ramach Dni Kultury i Nauki Polskiej, które odbyły się w Kolonii na przełomie września i października 1977 roku.

Mowę pożegnalną? Koniec czy początek należy do owej rzeczywistości, której nareszcie zaprzeczać nie mogę – już wiem, którą utrzymać się staram w trudnej dwuznaczności – rzeczywistości drugiej kategorii? Ostrożnie.

Mowy nie wygłoszę. Już czas miniony, stuttgarcki, rozłazi się i blednie, już zaczęła się samoczynna, potajemna praca dezintegracji. Ani mowy – ani przyspieszać tę pracę i pomagać jej. Ani utwierdzać, co utwierdzone być nie może, ani zwalczać, co i tak samo ginie.

24 września

W moim wieku już się wie, że wojna jest przegrana. Niemniej będzie jeszcze trwała. W moim wieku i później trzeba już wiele heroizmu. Jakiego heroizmu? Stoicyzmu?

Nocny seans z moją twarzą. Jakaś narośl na czaszce, operować? Łysy coraz bardziej. Coraz brzydszy.

Potem fotel, faja i wnioski. Zasnąłem w buntowniczym nastroju. OK, *we are going to play tough*[1]. Rano fotel i faja. Czy mnie się nie należy ta poranna rekolekcja? Co ja mam z życia, niech sobie chociaż zapalę. Który już raz to samo, tysięczny? *Tough*?

Na razie dalej rozpięty na niepewnościach małych i dużych. Żadnej, nawet małej ucieczki na horyzoncie. Już widzę tę górę zmęczenia paryską.

Home, I want to come home. Homecoming. I am so tired. When have I not been?

[Dom, chcę jechać do domu. Powrót do domu. Jestem tak zmęczony. Kiedy nie byłem?]

Cherish uncherished things[2] – naturalnie, jakie inne mi pozostały? Więc chodźmy na wysypisko śmieci.

Y. – rozmawiamy ostrożnie, obco. Daleko. Nawet już o tym, co nas rozdzieliło, nie ma wzmianki. Obopólnie. Jaka degradacja.

Nie mam nadziei, nie mam siły. Nie mam tej nadziei przede wszystkim, którą miałem kiedyś – wiary w szczególność swojego przeznaczenia. Moje przeznaczenie i ja usiedliśmy zmęczeni,

---

[1] *we are going to play tough* (ang.) – zamierzamy grać twardo
[2] *cherish uncherished things* (ang.) – troszczyć się o rzeczy, o które nikt nie dba

naprzeciw siebie. Patrzymy na siebie – milczymy. Mamy się dosyć wzajemnie. Nie mamy już wobec siebie żadnych szczególnych zamiarów. Stare małżeństwo.

Znowu kilka godzin przed lustrem (tym razem po południu), na pograniczu – walka z ręką, która chce złapać nożyczki i uciąć mi wąsy. Aż sen mnie zmorzył na kanapie. Ponieważ D. nie przyszła, trzeba poświęcić się sztuce.

Pospawszy na kanapie – znowu mam siły więcej, żeby rozpamiętywać swoją nicość.

Jaką sztukę, powiadasz?

Do teatru? A co mnie teatr.

Przemów jednak rozsądnie: jesteś po trzech miesiącach... Znamy, znamy!

Więc nie pozwolisz mi dojść do głosu?

Moja niezdolność, aby usiąść i zająć się napisaniem listu w sprawie podatków i przekazania do Paryża znacznej sumy pieniędzy, ma cechy patologiczne. Neurastenia?

Od trzech miesięcy nie dzieje się, nie stało się – nic. Nie mówię: wielkiego. Nic małego też. To znaczy w mojej głowie głód i posucha wrażeń, bez których – okazuje się – głowa umiera. Nagle zrozumiałem straszność więzienia. Straszność prowincji jest mi znajoma.

O co zakład, że D. jutro też nie tylko nie przyjdzie, ale nawet nie zatelefonuje?

Damy życiu ostatnią szansę. Jeżeli nie (chciałbym przegrać zakład), wycofuję się z życia.

Głupota powyższego jest uderzająca, jednak nie mogę się powstrzymać od napisania jej.

25 września

Pół butelki wina, sto fajek – w nocy. Jałowy telefon od Y. Dlaczego, kiedy już wiedziałem, że telefony są jałowe? Ano z bezradności i prośby o pomoc, *indirect*[1]. Sam sobie pomóż, a Pan Bóg ci pomoże. I Y.

---

[1] *indirect* (franc.) – pośrednio

Festiwal wszystkich moich koszmarów i upiorów, zlot gwiaździsty, sabat. Rozpoznaję starych znajomych, niektórzy mają mnie w opiece od trzydziestu lat. Ale też i nowe twarze. Na przykład lęk przed starością i chorobą dopiero niedawno się wprowadził. Zapoznajemy się. Paskudna postać. Rozgości się?

Ale najpierw sen, tuż przed obudzeniem, a nawet, zdaje się, sam się obudziłem, siłą, żeby uciec z tego snu. Rzadko pamiętam swoje sny, raz na kilka lat. Tym bardziej znaczący być może.

Podróżowałem jako turysta? Sam. Samochodem BMW 316, tym samym, który stał porzucony na podwórzu przed hotelem, kiedy się tu wprowadziłem 7 lipca, i dalej stoi bez żadnej zmiany. Na noc zostawiłem go na łące, u zbocza opadającego do drogi. Rano nie mogę znaleźć. Już wiem, że ukradli, ale jeszcze nie chcę tego przyjąć. Szukam, sprawdzam, przypominam sobie. A raczej staram się sobie przypomnieć. Tu go zostawiłem? A może jednak trochę dalej. Tymczasem dookoła życie jakieś, wyjeżdżają, przyjeżdżają, odjeżdżają. Zacznijmy jeszcze raz od początku, powiadam sobie. Od góry, od szczytu zbocza. Zaczynam. Jakaś nowa gromada turystów wyłania się z kolejki podziemnej czy wąskotorowej, której tam przedtem nie było. Słyszę Polaków. Zaczepia mnie Jerzy Hordyński, akurat teraz, kiedy najmniej to sposobna chwila, żeby spotkać Jerzego Hordyńskiego. Jakoś pozbywam się Hordyńskiego – i już widzę: nie to zbocze, nie ta okolica. Wszystko obróciło się jakoś, zgubiłem drogę, czy też ruch jakiś nieustanny, jakby sceny obrotowej, a może też upływ czasu spowodował, że jestem, ale gdzie indziej i kiedy indziej. A jednak mój samochód gdzieś tu być powinien, blisko, to znaczy to miejsce, ta okolica, gdzie być powinien, gdzie powinienem ostatecznie sprawdzić, czy jest, choć już wiem, że go nie ma.

Okolica ta przemieniona, ruchliwa jak zawsze, jak zawsze okolice. Nawet jakaś katedra, jakby hiszpańska, wysoko teatr kukiełek, ale kukiełki gigantyczne, głowy zakapturzonych mnichów same tylko, coś odgrywają: „Aha – myślę sobie – jeszcze jeden postępowy skecz satyryczny na Kościół i inkwizycję".

Jednocześnie (?) pomieszczenie jakieś duże, jakby publiczne, ale zamknięte (chwilowo?) dla publiczności, rodzaj muzeum przyrodniczego (?) – co noc nawiedzane przez wandali. Wandale się panoszą, niszczą, ich odwiedziny w tym muzeum nie muzeum zapowiedzią, wstępem, uwerturą.

Wróćmy do sabatu. Łysa Góra to moja czaszka, tyle że sabat odbywa się nie na powierzchni, ale pod kopułką, wklęśle. Ale czy opisywać moich gości?

Ginę, zdycham. Mój umysł, zgnojony alkoholem i nikotyną, nie wykonuje prostych nawet działań.

Zbyt beztrosko powierzyłem się temu latu, wydawało mi się, że lato samo mnie utuli i ukołysze, że mi przyniesie mnie samego na złotej tacy w darze. To prawda, że przesadzam. Mogło być jednak lepsze od siebie samego, od tego, które było, nawet jeżeli nie stawiać mu aż takich wymagań. Ale zbyt beztrosko, zbyt beztrosko…

26 września

Ostatni dzień Stuttgartu – tego Stuttgartu. Będzie już inny.

Poniedziałek, ulga. Dwa dni w zamknięciu. (D. nie zadzwoniła, wygrałem zakład). *Ultima sigaretta.*

Dziś rano znowu inną mam koncepcję, oczywiście, jak od życia się wykręcić. Skłonny jestem już przyjąć niektóre jego warunki – w zamian za to czy owo. Ono jednak nadal nie rozmawia ze mną.

„Postultima"[1] *sigaretta*. Poczucie humoru – dobra rzecz, uważać tylko na granicę, za którą zaczyna się błazeństwo.

Dwa dni, jedne z najcięższych, jakie pamiętam. Całe szczęście, że alkoholizm tylko umiarkowany (dwie butelki piwa wczoraj i pół wina, ale od 17.00 do 22.00).

Nędza stylu i treści odbiciem mojej nędzy obecnej umysłowej, psychicznej.

Ano, nędza to nędza. Czy nigdy nie przestanę być arywistą? (*L'arriviste qui n'arrive pas, quel ridicule*).

[Karierowicz, któremu się nie udaje, śmiechu warte].

D. nie przyszła, bo los tak chciał, podobnie jak chciał, żeby kiedyś przyszedł Lipman.

Łatwo oskarżać los. A prawda jest taka, że zawsze należy słuchać tylko swojej intuicji.

---

[1] „postultima" (z wł.) – po-ostatnia, neologizm

Żeby dać głos intuicji, należy jej nie zagłuszać wtedy, kiedy ona się odzywa. I – oczywiście – nie mówić potem, że jest starą idiotką, która na niczym się nie zna, po to żeby swoją sprawę przeprowadzić.

27 września, Stuttgart, godz. 7.40

Łaska spłynęła na mnie wczoraj wieczorem, przez dwie godziny sądziłem, że życie może być do życia. Prawdopodobnie prawem reakcji, wahadła. Napięcie negatywne dochodzi do takiego punktu, w którym możliwe jest tylko pęknięcie albo zmiana kierunku. Leżenie na prawym (lewym) boku jest wygodne tylko dlatego, że przedtem za długo leżeliśmy na lewym (prawym). Ani prawy, ani lewy bok nie jest sam w sobie wygodniejszy od drugiego.

Przesada. Istnieje różnica między napięciem a odprężeniem, między negatywem a pozytywem.

13 listopada, Paryż, niedziela

Kończą się żarty. Tkanina długo używana przeciera się do osnowy. Jeżeli to jest gobelin, zacierają się ładne obrazki. Materia zostaje. Do czasu.

Czas niewiadomy. Ale już wiadomo, że jest. Wyznaczony. Przestrzeń między chwilą a nim jest wyczuwalna, to znaczy ograniczona. Dusznawo. Wtedy można by oddychać tylko wiecznością. Ale do niej trzeba mieć inne płuca.

Nie wyrywam się już do przodu jak dawniej. Wystarczy czekać, w odpowiedni sposób oczywiście, nie byle jak. Cała sztuka w czekaniu.

Nieznany rzemieślnik nade mną pracuje. Zawsze pracował, tylko ja o tym nie wiedziałem. Nie tyle jestem alchemikiem, ile substancjami w jego retortach. Myślącymi. (Posiadającymi pewną, nie całkowitą jednak, świadomość).

Współpracować z alchemikiem?

14 listopada

Y. New York.

Prawie cztery lata. Niepostrzeżenie wyłoniły się układ i trwałość. Przemieściły się akcenty.

Matka, żona, córka. Po kolei byłem już żonaty z każdą. Co jeszcze może być? Babcia? Wnuczka? Kuzynka?

Rozstania. Każdego rodzaju. Ile ich już było?

Ty nie myśl. Ty pracuj. Módl się i pracuj.

Pisarz powinien pisać. Ja już nie chcę być pisarzem, ponieważ nie czuję, żebym nim był. Niemniej muszę nim być.

Nieznośny ton ostatniego Lisa i Koguta (*Bruno Sznajder*[1]). Dowcipkowaty.

Lis i Kogut rozstają się.

Kogut zrobił wielką karierę. (Co?) Lis nie zrobił. Jest Lisem, jak był Lisem. Trwa. Kogut jest kogutem + co? Poszedł do szkół. Zarobił pieniądze. Ma kolorowe pióra. Ja już nie jestem kogutem. Czym? Czym zechcę. Teraz zwierzęta nie są już wyraźne. Postęp. Wszyscy podnoszą się na wyższy poziom. Jestem czymś między strusiem a kozą? (Kogut umie naśladować różne inne zwierzęta. Czyli jest nimi? Skrzyżowałem się z jedną kozicą ostatnio. Zostań mną).

15 listopada

Zapisać choćby trzeba: 19–31 października Y. i ja byliśmy w Izraelu, Ejlat, Jerozolima. Byliśmy – ponieważ bardzo wspólnie.

Nic więcej (może co więcej – w przyszłości?) nie mogę o tym napisać. Nie tylko dlatego, że było, minęło, trudno teraz nadążyć. Za wiele, za inaczej, trudno mnie, pękającemu, przemieszczającemu się i umiejącemu – cokolwiek o tym powiedzieć, o tym, co tak bardzo nie było tym, kim byłem, zanim się zderzyłem z tym, co tak niewiadomie jest tym, którym teraz się staję. (A raczej trudno o tym pisać mnie, który tak niewiadomie jest tym. To raczej ja jestem terytorium przyłączonym, nie ono przyłączane jest do mnie).

Noc niedospana, bo rano wczesne. Przestawiamy się na model „ja sam". Jesteśmy wcześni, aktywni. Jest to model tak inny od „ja i Y.".

---

[1] *Bruno Sznajder* – jednoaktówka z udziałem postaci Lisa, Koguta oraz Wisielca, czyli Brunona Sznajdera, została opublikowana w 2010 roku w tomie *Sztuki odnalezione. Małe i mniejsze.*

Coś przemieściło się między ja i Y. Zmieniło się więc? Jedną z jej cech jest zdolność do zmiany. Żyć jest teraz łatwiej obojgu, kiedy jesteśmy razem.

Mnie, kiedy jestem sam, ani trudniej, ani łatwiej. Wielkie histerie chyba już nie powrócą. Czy bez wielkich histerii można pisać utwory? Brak motywacji ku temu się pogłębia.

Zanik metafizyczności i tęsknoty ku. A nawet niechęć: tylko to i tyle, co sprawdzalne, co dookoła mnie. Teraz jestem po stronie raczej rytuałów i praktyk, jeśli ktoś je uprawia, niż ględzenia mistycznego. Nie twierdzę, że Pana Boga nie ma. Ale twierdzę, że nie należy mu zaglądać w garnek, który nie może być inny, jak tylko wymyślony.

Koniec ekspansji? Więc i w literaturze mojej odejść od napierania na niewidzialną ścianę. Ta moja literatura, jak i wszystko inne, to nic wielkiego. Zagościć się i poczuć dobrze w tym: to nic wielkiego, to ma być owa zmiana, którą czuję w kościach, a nie wiem, jak ją określić?

Coraz dalej od romantyzmu. Czy to także nie jest współbrzmienie z czasem? Żyjemy w początkach wielkiej zgagi po latach sześćdziesiątych.

Pisarz powinien pisać. Piszmy więc, pisząc.

Ławka. Kobieta. Lis i Kogut.

16 listopada

Dopiero drugi dzień, trzeci i pół.

Zginęły gdzieś (nie daj Boże), podziały się zdjęcia intymne. Jak to możliwe? Nikogo tu w domu nie było.

I tak umysł mam załatwiony. Jeżeli nie tym, to czym innym. Powinienem zajmować się literaturą. Tymczasem zajmuję się kontrolowaniem swojego małego otoczenia. Jestem kim innym niż pisarzem, który pisze. Ma swój gabinet, do którego udaje się celem pisania. Reszta domu urządzona, żona na czele służby dba, żeby mu nic nie przeszkadzało i nikt. Sekretarz załatwia jego sprawy. Pisarz oddaje się wyłącznie pisaniu.

Między wyróżniającymi cechami: perfekcjonizm, mania dokładności. Przy zasadniczym braku zmysłu organizacyjnego. Lęk przed utratą kontroli nad sprawami praktycznymi. Rekompensowanie sobie zasadniczego braku, niewydolności praktycznej – znęcaniem się nad drobiazgami. Przesadna inwestycja emocjonalna w działania praktyczne, w drobiazgi.

Chłód, chłód – *cool. Krutit'sia – krużyt'sia*[1].

Dzieją się dzieje, ludziują się ludzie. Spotyka mnie to i owo, ja spotykam owo i to. Coraz chłodniej, a im większy pęd, tym większa nieruchomość. Widzę, dostrzegam – nie powiem, że mam już oczy posągu. Piękna byłaby to przesada. Nie jestem, nigdy nie stanę się posągiem. Ale czemu coraz chłodniej? Tylko małe gniewy, złostki, straszki-trywia mi zostały. I dziwię się tylko sobie, coraz chłodniejszemu. Stygnę, w księżyc się zamienię?

Przeżyć samego siebie – na przykład. N. opowiada o swoim dziecku. Słucham, N. to opowiada czy jakaś pani? Jest we mnie skłonność, żeby tę panią skojarzyć z N. Coś próbuje utrzymać, że to N. Nie wychodzi, nie udaje się. Uznać, że to jakaś pani i to już nie ja, tamten, tego słucha – tak by było najprawdziwiej. Też nie wychodzi. Rozpostarty na niczym.

17 listopada

Zabierzcie ode mnie opinie i hipotezy. Zostawcie mi małe zdarzenia prawdziwe.

Będziesz tam siedział na dupie i pisał.

Czasy moich szkicowników młodzieńczych, gdzie tyle było grafomanii i tyle możliwości, tyle potencji i tyle tandety.

Ta myśl o przeszłości mnie wiedzie do innej myśli: aby do Polski pojechać (przeszłość) i tam coś znaleźć, co by mnie ku prawdzie powiodło. Ku wodzie żywej.

Lis dorosły rozważa i rozmarza o tym, kiedy był młodym Lisem, a Kogut, kiedy był jajkiem.

Kogut wielkie jajo na scenie piastuje. To jajo to jego dziecię, ale że jajo, nie wiadomo, co to za dziecię jest. Oczywiście – mechanicz-

---

[1] *krutit'sia – krużit'sia* (ros.) – kręcić się – obracać się

nie – różne niespodzianki (?) się nasuwają. Że w tym jaju Lis siedzi. Albo że jajo puste. Albo…

1. Lis w jaju.

2. Jajo puste.

3. Jajo w jaju, w nim jeszcze mniejsze jajo. (Ale już po pierwszym jaju – gdzie jest niespodzianka?)

4. Jaja nie rozbijać? (Sygnały coś daje z jaja. W jaju siedzi Bruno Sznajder albo ktoś, coś w tym rodzaju, kto z jaja wychodzi i bierze udział w akcji).

5. W jaju głupota jakaś, frędzel (frędzle?), czyli kutas, wisior. Albo książka, przedmiot jakiś. W jaju.

Z jaja sygnały. Dyskusja: czy jajo rozbić i tak przyspieszyć urodziny, czy też czekać, aż coś, co jest w jaju, samo się wykluje.

Lis ciekaw, co jest w jaju, bo zjeść by to może można.

W jaju kartka: jajo pierwszego gatunku, wyhodowane w Państwowej Hodowli Jaj im. F. Dzierżyńskiego. Przepis na gotowanie jaja: użyć wody.

Albo kartka: zaraz wracam. (Kto?)

Jajo pomalować. Ozdobić. Niech nie będzie samo tylko jajo, gołe.

Kogut przynosi jajo albo też jajo już na scenie, Kogut razem z Lisem ku jaju.

W jaju – spodziewa się Kogut – nie kurczę, nie przedłużenie koguciego „ja", ale coś nowego, innego i wspaniałego – wielkość jaja niezwykła na to wskazuje. Bo Kogut dosyć ma siebie, chciałby już poza siebie wyjść. Czy też – argumentuje Lis – też kurczę, ale ogromne, czyli nadal Kogut, ale spotęgowany. Sprawa: czy wielkość przechodzi w jakość? Wszystko, co wielkie, jest piękne, powiedział Napoleon. Jedyna możliwość, żeby o tym się przekonać, to zobaczyć, co jest w jaju. Czekać, aż się coś (kurczę czy co innego) z niego wykluje. Ale biorąc pod uwagę właśnie wielkość jaja – czekać należy dłużej niż na dojrzałość jaja normalnego.

Tymczasem jajo należy do kosmicznej kury, słychać jej ogromne gdakanie. Rozmiary takiej kury są niebezpieczeństwem nie tylko dla Lisa, ale też dla Koguta. Kogut nie może być mężem takiej kury tylko z powodu dysproporcji.

Inne dziwności jaja? Słychać w nim morze jak w muszli. Słychać w nim (z niego) tętno jak uderzenia w bęben.

Kogut – grzebień, buty, ostrogi, strój. Lis – futro.

Ogromna łapa kogucia, która chroni Koguta przed Lisem samą swoją wielkością. Ale też tą samą wielkością Kogutowi także zagraża. Przychodzą drwale i tę łapę piłują. Ta łapa była tylko makietą filmową. Niczym szczególnym.

Sfinks. Rodzaj koła. Kogut i Lis ze sfinksem rozmawiają.

Jaś i Małgosia (jak las, to las) oraz krasnal, Baba-Jaga i inna fauna leśno-bajkowa. Oni już nie tacy, bo inne czasy, kończą się dawne. Co oznacza, co jest agentem tych czasów nowych? Baba-Jaga... Co Baba-Jaga... Koniec lasu? Jeśli lasu już nie ma, to co będzie?

Jaś i Małgosia siedzą na ławce. A tu przychodzi Lis. Kogut jest właścicielem lasu.

Jaś i Małgosia – po co poszli do lasu? Przyprowadza ich profesor, który im od razu daje wykładnię freudowską, nudzi, ach, jak nudzi. Nie tyle przyprowadza, ile siedzi na tej ławce. Nadchodzą Lis i Kogut. Przysłuchują się. Ich także profesor likwiduje swoją mądrością.

Profesor jest Lisem? Jaki on ma interes tak podstępnie im coś opowiadać? Podstępnie? Albo: profesor jest profesorem, ale powoli szaleje ze swojego profesorstwa. Podaje się za Lisa, to znowu za Koguta. Jaś i Małgosia wcale nie są Jasiem i Małgosią, to zwyczajna para, ale nawet nie para, nie znają się. Profesor jest mną? Literatem umysłowcem? Usiłuje wyjaśnić mitologicznie całą sytuację, która nie jest wcale mitologiczna?

Ale dlaczego Jaś i Małgosia, dlaczego nie Lis i Kogut *tout court?* Profesor daje im wykładnię mitologiczną ich samych. Czy – odautorsko – Lis naprawdę jest Lisem, a Kogut Kogutem? Czy są tam, stworzeni rzeczywiście, czy tylko jako duże makiety: dwaj osobnicy, którzy się nawet nie znają, a profesor robi z nich Lisa i Koguta, usiłuje ich zainscenizować? Odautorskie wysiłki? Obaj jednak wchodzą w swoją rolę: jeden (Lis) pożycza od niego, profesora, pieniądze (chytry), drugi...

A. Kogut i Lis są Lisem i Kogutem, profesor przerabia ich na mitologię. L. i K. mają byt (sceniczny) L. i K. – to profesor robi z nich pył intelektualny.

B. Kogut i Lis są niczym, dwoma osobnikami. Profesor stwarza z nich Lisa i Koguta. Czyni to, kiedy na ławce pojawia się kobieta.

L. i K. zachowują się jak L. i K. – to znaczy, nie będąc (scenicznie) podani jako L. ani jako K., ubiegają się o jej względy w koguci i lisi sposób. Ale lisi sposób jest załatwiony w *Serenadzie*.

C. Kobieta, L. i K. – Profesor. Profesor uruchamia całą akcję, sugeruje, jak ma się zachować jeden i drugi, żeby z nich wyszedł Lis i Kogut. Pojedynek między Lisem a Kogutem wobec kobiety.

Pojedynek. Las jest miejscem pojedynku. Puszkin pojedynkuje się z Lermontowem[1]. Do lasu przybywa hrabia z sekundantami. Oczekiwanie na przeciwnika jest okazją do akcji (jaką, jakiej?), okazją dla Lisa i Koguta (jaką?).

Co dzieje się w lesie takiego, w czym Lis i Kogut mogą wziąć udział *et se révéler*[2]? Grzybobranie? Przechadzki?

18 listopada

Wczoraj w nocy czytanie *Vatzlava*. Dziwna sztuka, żywotna, choć może niedoskonała (co to znaczy? dla mnie ma charakter, uwagę poprzednią zrobiłem ze strachu przed polonistami), tak inna niż niektóre moje gnieciuchy. Swobodna. Też nie wiadomo, jak by się potoczyło moje pisanie, gdyby nie jej klęska na scenach Europy. (Nie całej. Tylko tam, gdzie ją grali).

Po przeczytaniu *V.* olśnienie, ale nie na temat sztuki. Pojąłem siebie jako medium. Nic jako nic. Nic trudne jest do wyobrażenia i tym bardziej do operowania, nawet nie jest coś.

Medium to jest coś, ale jednocześnie nic w porównaniu z *hard-core personality notion. Myself as a medium is workable*[3]. Jeżeli tak siebie pojąć, pytanie o sens bytu traci sens. To nie jest pytanie dla medium. Wiele kłopotów znika. Także pytanie pomniejsze, o sens mojego bytu, troska i strach o moje życie poszczególne. Jeżeli ona, on nie znikają, to – ponieważ stają się zjawiskiem, którego nosicielem, którego medium, *whose means of existence*[4] ja jestem – jak-

---

[1] Aleksander Puszkin zmarł na skutek ran odniesionych w pojedynku w 1837 roku, Michaił Lermontow zginął w pojedynku sprowokowanym przez carską policję w 1841 roku.

[2] *et se révéler* (franc.) – i ukazać swą naturę, odkryć się

[3] *hard-core personality notion. Myself as a medium is workable* (ang.) – pojęcie twardej osobowości. Ja jako medium można wypracować.

[4] *whose means of existence* (ang.) – którego sposobem egzystencji

by znikają. Nie: oto jestem ja, który się boję, ale oto strach, którego jestem ciałem i formą, który się pojawia, ponieważ istnieję ja, punkt koordynujący (w tym wypadku koordynuję instynkt samozachowawczy i niebezpieczeństwa jemu zagrażające, w wyniku – strach).

I am the agent and the bearer, or: the reason of – not a substance.

[Jestem pośrednikiem i nosicielem, albo: jego uzasadnieniem – nie substancją].

Z tego wynika znaczne poczucie swobody, zanik zacisku. A że pogoda dziś piękna, więc razem ze skutkami olśnienia, które jeszcze trwają, choć już pewnie niedługo, życie jest całkiem znośne.

Wczoraj zrobiłem porządek na półkach. Nową półkę wstawiłem. Odczułem to silniej niż znacznie donioślejsze reformy – załóżmy – na przykład w ustroju Zambii, czy nawet ZSRR (?!). Świat jest egocentryczny i nie ma na to rady. Ta mała reforma w moim świecie jest wielka.

Moje pisanie:

1. „dowcipna" groteska, *pastiche* i parodia;
2. *à la* Szekspir (*Vatzlav*, *Krawiec*);
3. *à la* poemat romantyczny (*Rzeźnia*);
4. „realistyczne" (*Amor*, *Emigranci*).

Czy możliwy jest inny jeszcze styl?

Wróćmy do mojego *writer's block*[1], czyli do Koguto-Lisa.

Le soir[2].

Jeżeli jestem medium, to nie mam ochoty do wszystkiego się podłączać, do tego, do czego podłączałem się nieraz.

Czas ucieka? Ostrożnie z wyrokami. Chociaż zmiany długie, czyli zasadnicze, w zakresie takiej zmiany *les flux et les reflux*[3], przypływy, opóźnienia i nawroty. Poczekajmy, zobaczymy.

Widząc tych samych ludzi, którzy – tacy sami – widzą, co się ze mną dzieje. I daj Boże.

---

[1] *writer's block* (ang.) – pisarski zator, blokada

[2] *le soir* (franc.) – wieczór

[3] *les flux et les reflux* (franc.) – przypływy i odpływy

Zresztą oni nie tacy sami w moim widzeniu. Zmienionym okiem widzę ich trochę inaczej.

21 listopada

Cokolwiek by się działo czy nie działo – ja się boję. Strach mi wmontowano kiedyś jak lalce mechanizm mówiący: „mama". Nic się nie dzieje, strach głupi, samoczynny – działa. Coś się dzieje – on tym bardziej. Nie jest to „umysł", *l'angoisse*[1], *anguish*[2] kosmiczny. Boję się ludzi i boję się rzeczy. Że czemuś nie podołam, czegoś nie zdołam, czemuś nie sprostam. Drobiazgom. Ktoś mi to kiedyś załatwił. Ojciec, kiedy, nieświadomy tego, wpajał mi niedowartość. Nie przesadzajmy z ojcem. Ojciec by nie dał rady, gdyby moje geny z nim nie współpracowały.

Z wiekiem poczucie: „to nie to" minie. Byłem zakochany kiedyś, wtedy byłem pewny: to jest to. Kiedy indziej (później) uzyskałem wolność, taki rodzaj życia, jaki chciałem. Myślałem: „to jest to", chociaż słabiej już. Nie mówiąc o uświadomieniu sobie literackiego powołania, najdawniej już. O, to było to. Jak długo? Dzisiaj już także nie ma z tego dostatecznego śladu. Odkrycie zen-buddyzmu na przełomie moich lat trzydziestych. Także minęło.

W moim wieku żadne olśnienia nie wydają się już możliwe. Ani natchnienie, ani olśnienie. Tylko mozolne uprawianie codzienności, jej nadawanie jakości – nie olśniewającej. Takiej sobie.

Cokolwiek się dzieje – teraz G. na przykład – dzieje się na mojej powierzchni, zaledwie coś się porusza na icebergu[3]. Miłość dwudziestoletniej, tylekroć opiewana, dla starszych panów, demonizowana, dzieje mi się w tej samej dalekiej perspektywie, co wszystko. O tym, jak kobiety przestały mnie poruszać, już wspominałem nieraz. To jakby nie przelotne. Przychodzą, odchodzą, tak samo nie fundują mi rzeczywistości, jak nic nie funduje mi rzeczywistości. Nigdy nie byłem tak łatwo kochany jak teraz, kiedy kobiety nie przyspieszają już mojego pulsu więcej, niż to jest konieczne i normalne.

Kiedy znikają wszelkie metafizyki, w tym metafizyka miłości – tym bardziej nużące i drażniące są dla mnie moje małe strachy. Nie

---

[1] *l'angoisse* (franc.) – lęk
[2] *anguish* (ang.) – udręka, ból
[3] *iceberg* (ang.) – lodowiec

odczuwać już niczego specjalnie na myśl o wieczności, nie reagować już na pytanie o sens istnienia, a jednocześnie denerwować się w urzędzie przy załatwianiu byle jakiej sprawy, nie przeżywać Boga, a przeżywać ogonek na poczcie, to *bizarre*[1], nużące, lekko upokarzające i oburza moje poczucie hierarchii. Zapowiedź starczego idiotyzmu, kiedy nic już mnie nie będzie obchodziło poza porannym trawieniem i rentą starczą? Jeżeli tak, to przygnębiające.

22 listopada

Co nowego w tym, że sąsiedztwo trzech pijanych wyrostków przy stole (Buffet 1928[2]) psuje mi nastrój? W tym, że tłum rekrutów na Gare de l'Est nie jest moim ulubionym *milieu*? I że kiedy wypijam za dużo wina – na drugi dzień mam ciężką głowę?

Nic, oczywiście. I wiedząc o tym, siedziałbym w domu, gdyby nie grzeczność wobec młodocianego gościa. Nie namawiam cię, żebyś nie był grzeczny. Ale kiedy już musisz być tam, gdzie nie masz ochoty, to nie spodziewaj się niczego dobrego, skoro – i słusznie – spodziewasz się tylko niedobrego (dla siebie). I chroń siebie, aż do chwili, kiedy znowu będziesz mógł wrócić do swojej książki i lampy.

A swoją drogą, fala brzydoty i chamstwa podnosi się w dalszym ciągu. Ale czy to nowe?

Pokerową twarz młodzieży (dzisiejszej, oczywiście) skłonny jestem przypisywać, jak całe (?) moje pokolenie, jej nieczułości. Niesłusznie. Wydają się oni lotniejsi niejednokrotnie od nas, starych. Ich lotność leci w innym kierunku niż nasza? Na inne rzeczy są od nas wrażliwsi, na inne tępsi? Są naturalniejsi od nas, mam wrażenie. Jak czegoś chcą, to chcą, nie, to nie, jak im się coś podoba, to podoba, jak nie, to nie, bardziej otwarci, bardziej szczerzy, aż do granic nieczułości na czułości drugiego człowieka? A jednak pewna to kukłowatość, bierność... Czy tylko pozorna, *just because they are not jumpy? Like us, the old? It is not a riddle, just a difference.* [...tylko dlatego, że oni nie są nerwowi? Jak my, starzy? To nie jest zagadka, tylko różnica]. Bóg z nimi.

---

1 *bizarre* (franc., ang.) – dziwny

2 Buffet 1928 – nazwa baru

„Ile tu leży byłej młodzieży" – napis na cmentarzu. W każdym razie nie jestem chory na młodość, ani kobiecą, ani tym bardziej męską. Chociaż doceniam, doceniam…

Historia nie interesuje mnie (opowiadanie), jak interesowała mnie kiedyś, kiedy byłem jeszcze tylko czytelnikiem, widzem. Dopiero kiedy w pierwszych kilku słowach, obrazach znajdę jakość (organizację, jakość spojrzenia, ujęcia), wtedy zgadzam się, żeby historię przeczytać, zobaczyć do końca. I tylko wtedy mam zresztą gwarancję, że będzie to historia warta tego.

Ale też dlatego coraz trudniej mi pisać.

23 listopada

Medal i dwie jego strony. Jedna: więc tylko to, tylko tu i tylko teraz – horror. Druga: prawda (spokój) właśnie z tego samego powodu.

Niemniej tęsknota do redukcji przeważa. Mniej to jest tęsknota do redukcji, raczej zmęczenie ekspansją.

24 listopada

H.M. (pół butelki whisky), któremu w języku francuskim opowiedziałem wszystko, co wiem o dochodzeniu do pięćdziesiątki, a on mnie wszystko o tym, jak się pięćdziesiątkę przeszło.

Teraz głupota, ale i zadowolenie. Dlaczego, chociaż głowa boli? Nie wiem.

25 listopada

Tuptam tu, tuptam tam,
No i co ja z tego mam?

Przede wszystkim: mam z tego zachowanie (do czasu) mojego osobowego istnienia. Te skromne posługi wokół twojej osoby mniej powinny cię złościć teraz, kiedy już umówiłeś się ze sobą, że nie będziemy sobie stawiali wielkich zadań metafizycznych, ponieważ nie wierzymy już w możliwość ich rozwiązań. (Nie udało się takiemu tłumowi głów niepospolitych, odkąd istnieje człowiek, to znaczy odkąd człowiek wie, że jest, a miałoby się udać mnie, Mrożkowi z Borzęcina?) Stajemy się wyznawcą doktryny zen, która poleca skromność, ograniczenie, *that is that* i koniec. Nie uciekamy przed nudą płynącą z takiego tuptania, ale też jej nie ulegamy. Nudzimy się – *that is that.*

Czujemy się opuszczeni przez Y. (bo od niej ani znaku) i przez maleństwo, które pojechało (wróciło) do domu i dotąd znaku nie daje. Dla równowagi czujemy się pokrzepieni w naszej próżności przez R., która wróciła, uciekłszy ode mnie parę tygodni temu (miała rację), oraz przez wyśmienity do mnie stosunek ze strony D., która przestała odchodzić (też miała rację) bez zabiegów z mojej strony (bo czy mogłem namawiać ją, żeby przestała odchodzić, kiedy odchodząc, miała tyle racji?).

Pogoda chwilowo piękna. Śmieciarze znowu porysowali mi karoserię mojego pięknego samochodu, Mlle Pédicure przepisała leczenie moich paznokci u wielkich palców nogi prawej, jak również lewej. Należy zaprowadzić porządek w mojej sytuacji finansowej oraz pójść do odpowiedniego urzędu w celu wystarania się o zaświadczenie dotyczące mojego stanu cywilnego, niezbędne do uzyskania *sécurité sociale*[1].

O metafizyko, gdzie jesteś?

Później już się nie ożeniłem, nie mam dzieci i żyję, co tu dużo mówić – sam. I być może prawdą jest, co wie o mnie Y., najmniej zwykła (czyli niezwykła?) kobieta, jaką spotkałem.

Nie osiedliłem się, bo tęskniłem do metafizyki, czy też pożądałem jeszcze przygód. Jedno w drugim i jedno w drugim, jedno z drugiego, drugie z jednego. Przygód metafizycznych, metafizyki przygodowej. Ale tak naprawdę to nie dla metafizyki nie zgodziłem się na fizykę. Być może ani metafizyki, ani fizyki tak naprawdę mi nie trzeba. Jedno i drugie przeżywam i zżywam tylko w wyobraźni. Nie chcę oskarżyć się o patologiczność. Wszystkie moje odczucia i uczucia były aż nadto prawdziwe, aż nadto, kiedy chodzi o ich dotkliwość. A jednak, jednocześnie, tak bardzo przeżywam swoją wyobraźnię, że aby naprawdę przeżyć to, co sobie wyobrażam, już mnie nie starcza. Nie jestem komediantem. Ale też nie jestem charakterem, który przedstawiam. Ani aktor, ani naturszczyk.

---

1 *sécurité sociale* (franc.) – ubezpieczenie społeczne

Dlatego, choć przeżywałem naprawdę i tak wiele, że powinienem tym już dawno być powalony – dziwnie lekki i pusty jestem. Powiadam często: jestem zmęczony. Bo jestem. Jednakże bardziej przypominam wodę, na której nie ma śladu po największej burzy, niż skałę, na której jest ślad nawet po kropli wody, o ile ta kropla skałę drążyła przez odpowiednią ilość stuleci. Raczej wodą jestem niż górą pooraną działaniami doraźnymi, ale w ślady, które zostają.

Być może nie ma dla mnie ani kary, ani nagrody, bo jestem niepoważny. I jeżeli mój koniec będzie żałosny, jako kara za niepoważność (nie byłem ani mężem poważnym, ani poważnym kandydatem na ojca, na przykład), to ta żałosność też będzie niepoważna. Może dlatego jestem tylko literatem, nie tyle dla talentu, którego stopień jest zawsze niepewny, ile z całej swojej, samej swojej, substancji, która jest literacka. Do tego stopnia, że poważnym literatem też nie jestem, tak jak nie ma złotego złota.

Nie, nie wymyślam sobie moich uczuć i przeżyć. Przeciwnie, dosyć surowo zmierzam raczej do prawdy, nie jestem ani egzaltowany, ani mitoman. Moje uczucia i przeżycia są autentyczne, ale przeżywam je i odczuwam tak silnie w mojej wyobraźni, w moim ich sobie przedstawieniu, że w tym procesie tracę realność, to znaczy ciężar, który jest potrzebny każdej rzeźbie, wszystkiemu, co ma się stać rzeźbą i trwać jako rzeźba. Dość prędko ich trzewność zamienia się w głowność, nie mówiąc już o tym, że zaraz wypierają je następne. Moja wrażliwość, gotowość na to, co jest, wypiera to, co było. *Impressions squeeze memories out.* [Wrażenia wyciskają wspomnienia].

Dlatego nie mogę niczym, nikim zostać naprawdę, ponieważ ciągle się kimś staję. Neurastenia nie zamieni się nigdy w szaleństwo ani kalectwo, ponieważ bruzdy i szramy na moim mózgu nie mają trwałej konsystencji. Nie mógłbym zostać ani prawdziwym mężem, towarzyszem kobiety, ani ojcem inaczej jak we śnie, tak by to było. I jeżeli zostanę opuszczonym starcem, to będzie też jak we śnie. Dotkliwe, ale kim jest ten, kto tylko śni?

Nieraz, przypisując swoje innym, zadaję głębokie rany, zachowuję się chamsko, brutalnie, ale niewinnie, nie zdając sobie z tego sprawy. Bo nie zdaję sobie sprawy z tego, że inni (kobiety zwłaszcza, zwłaszcza kiedy chodzi o uczucia) bardziej niż ja są przeżyciami i uczuciami, a mniej niż ja wyobraźnią, świadomością tychże uczuć i przeżyć, czyli mniej owe przeżycia i uczucia są dla nich snem, bardziej realnością. Nie zdaję sobie sprawy, że inne ciała krwawią naprawdę, kiedy moje ciało (naprawdę-nie naprawdę, czyli naprawdę) w prawdzie takiej, od której się nie umiera. Że nie każdy ma ową lekkość i pustość, w której może być tak gęsto i ciężko, ale świat, w którym istnieją i działają miary i wagi – nic nie waży.

Nie rozumiem zresztą tego dokładnie. Powyższe powziąłem w błysku intuicji, która kiedy zapisana, mętnawa jest i rozwlekła. Chodzi mi prawdopodobnie o to, że moje życie nie poszło ani krzywo, ani prosto, ponieważ poczęte zostało w takiej substancji, w takim wymiarze, w jakim przestrzenność pozwalająca na takie pojęcia nie istnieje, w którym ani prosto, ani krzywo pójść nie można. Nie wymodelowałem się w nic, ani dobrze, ani źle się nie ukształtowałem, ponieważ nie było mi sądzone zostać żadną rzeźbą. A tylko procesem, ruchem, nieustannym ruchliwym procesem mojej wyobraźni (na litość boską, dlaczego w języku polskim nie znajduję innego słowa, jak tylko to, które, jakże mylnie w tym wypadku, oznacza raczej wymyślanie, fantazjowanie, robienie z igły wideł? Nie to mam na myśli).

Jeżeli więc coraz bardziej czuję się nikim i nigdzie, to nie jest to kara, żałosny skutek odmowy, żeby kimkolwiek i gdziekolwiek zostać. Jest to stan mi przyrodzony i niekoniecznie żałosność i przygnębienie muszą z niego wynikać. Raczej rodzaj pogody, jaki zawsze towarzyszy zgodzie na wszystko, co przyrodzone.

26 listopada

Zbyt śmiałe byłoby przypuszczenie, że depresje już się u mnie nie pojawią. Natomiast na miejscu byłoby stwierdzić, że nie zrobią mi już takiej krzywdy jak dawniej. Odruch samozniszczenia możliwy jest tam, gdzie jest co niszczyć. „Jakiż artysta ginie". Jeżeli nie ma artysty, nie ma co ginąć.

Oddemonizowanie depresji. One raczej jak ból głowy niż jak głos Pana.

27 listopada

O świcie, czyli o 8.00, trzy godziny snu, ponieważ nastąpił jeden z tych niezrozumiałych przypływów energii czysto nerwowej (nie mylić z depresją, to jest euforia, powiedziałbym, doskonała sprawność, jeżeli nie stan zmysłów i umysłu), która nie pozwala mi spać. Raczej w nocy list pisać, a teraz jechać do Kolonii.

5 grudnia

W której byłem, wróciłem, a także w Wenecji.

Nawyk, żeby uchwycić tę moją ostatnią Wenecję w jedno zdanie. A kiedy się nie da, żeby całkiem zrezygnować (z cząstkowych uchwyceń). Zresztą jestem nerwowy i zmęczony. Wróciłem dopiero przed chwilą.

Później. Zasadniczo tylko tak dalej. *Les points. Sur les limites des contours (entités???).*

Transparence. Rien ne bouge, tout navigue mais par le mouvement venant du centre de chaque chose et d'un autre, qui est en dehors de tout. Si l'on voit rien que les mouvements ? Mais dont les trajectoires sont les plus inusuelles.

Comme une simple narration, ou même un système de narrations – Venise de ces jours-là est impossible à raconter.

Comme tout, d'ailleurs.

Ce qui se passe – se passe. Estimé, jugé selon les vieux critères, les miens, donc faussement. Par exemple: „Ce n'est qu'un refroidissement, l'ossification". Mais, ce jugement, cette appréciation-là, est-elle juste?

Moi – tellement... quoi? Mais pourquoi se sécher la tête en cherchant la réponse. L'insistance de la question ne prouve pas nécessairement sa légitimité.

Léger, léger, ça souffle, volons donc, pas de questions.

Venise, je ne te raconte pas. Je te traite. Je suis traité de toi. Et tout ensemble est ailleurs.

Voilà.

[Punkty. Na skraju konturów (byty???).

Przezroczystość. Nic się nie porusza, wszystko płynie, ale ruchem pochodzącym ze środka każdej rzeczy i z innego środka, który jest poza wszystkim. Jeśli nie widać niczego innego jak tylko ruchy? Ale których trajektorie są najbardziej niezwykłe.

Jako zwykłą narrację, czy nawet system narracji – Wenecji tamtych dni nie da się opowiedzieć.

Jak i niczego innego zresztą.

To, co się dzieje – się dzieje. Oceniane, sądzone według starych kryteriów, moich, więc fałszywie. Na przykład: „To tylko schłodzenie, skostnienie". Ale czy ten sąd, ta ocena jest właściwa?

Ja – tak bardzo... co? Ale po co sobie zawracać głowę, szukając odpowiedzi. Nachalność pytania nie dowodzi w żadnym wypadku jego zasadności.

Lekko, lekko, wieje wiatr, latajmy więc, żadnych pytań.

Wenecjo, nie opowiadam o tobie. Analizuję cię. Jestem analizowany przez ciebie. A ogólne wrażenie bierze się skądinąd.

I tyle].

6 grudnia

Pogoda przyjemna. Trzeba kupić narty.

Trochę patrzyłem na ludzi za stołem, wielkim, w weneckiej sali. Przykład, jak każdy bardzo jest tylko tym, a nie innym zespołem różnych rzeczy sprawiających, że jest tylko tym, a nie innym. Kiedy tak siedzieli, ja patrzyłem. Kiedy tak musi się siedzieć i kiedy tak chce się patrzeć, siedzi się, jak się musi, i widzi to, co jest. Kto inny jest Moravia, a Siniawski kto inny. (Inaczej są). I ta ładna hostessa, która stale się przechadzała służbowo, ale żadna funkcja nie sprawi, że ładna dziewczyna jest dla mnie wyłącznie ładną dziewczyną i żadna dziewczyna nie chce być czym/kim innym niż tylko sobą.

Odłupany kawałek kolumny, maleńki wobec całej kolumny, silniejszy od całej kolumny, bo bez niej by go nie było, jako mój *point de repère*[1].

I zapłakane lustro.

Ostrożnie, ostrożnie.

Dwa pokoje w hotelu Concordia, Basilica San Marco w oknie, widok z łóżka o różnych porach. *Austrian connection*[2]. Mój odjazd z pomostu (*motoscafo*) San Marco, świadomie przeze mnie spłasz-

[1] *point de repère* (franc.) – punkt orientacyjny
[2] *Austrian connection* (ang.) – austriackie połączenie

czony. (Moja technika *of de-dramatisation through a conscious banality*[1]). Harry's Bar[2].

Parę niegdysiejszych demonów, zakurzone już i zastygłe, wypchane już muzealnie ich niegdysiejszym demoństwem. Moja wolność jak wolność zwiedzającego wobec eksponatów w gablocie. Nic już nie może się między nami stać.

Italy is going to pieces and down the drain. Living in a dangerous world – at a distance.

Much room and space around. Around what? That was my Venice. Not bad. It is so. It should be so. Will it be so? The new waves, new people arriving in the East, but the eternal identity of everyone with his, her self.

[Włochy rozpadają się na kawałki i staczają do rynsztoku. Życie w niebezpiecznym świecie – na dystans. Dużo miejsca i przestrzeni dokoła. Dokoła czego? To była moja Wenecja. Niezła. Tak to jest. Tak powinno być. Czy tak będzie? Nowe fale, nowi ludzie przyjeżdżający na Wschód, ale wieczna identyczność każdego z jego/jej ja].

Ryki przez całą dobę na Piazza San Marco, młodzież ze spuszczonymi portkami. *A mixture of pity and disgust. The past, the history, Venice. Now it does not claim anything from me, I don't claim anything from it. That is alright.*

[Mieszanina litości i niesmaku. Przeszłość, historia, Wenecja. Teraz niczego ode mnie nie wymaga, ja niczego od niej nie wymagam. Tak jest w porządku].

Nie pisałem jeszcze powieści (młodzieńczej bzdury, *Maleńkiego lata*, liczyć nie będziemy).

Jaką mógłbym napisać?

7 grudnia

Moje starzenie się przypada na starzenie się (dekadencję) świata. Tak jak moja młodość przypadała na jego młodość.

---

1 *of de-dramatisation through a conscious banality* (ang.) – oddramatyzowania przez świadomą banalność

2 Harry's Bar – restauracja założona w 1931 roku przez Giuseppe Ciprianiego w Wenecji na Calle Vallaresso, miejsce spotkań artystów z całego świata (m.in. E. Hemingwaya, Ch. Chaplina); dała początek światowej sieci restauracji.

Piszę: świata, nie tam żadnej Europy ani burżuazji. Żaden pomysł nie jest już świeży. Marks gnije już razem z resztą, a Trzeci Świat jakoś szybko przeżył euforię dekolonizacji i zasnął pod palmą. Zresztą – uzyskać niepodległość to ładnie, ale to, że Murzyni dobrze się czują u siebie, nie może być propozycją dla świata. Trzeba, żeby Murzyni zrobili i wymyślili coś takiego, co byłoby pociągające dla ludzkości. Wcale się na to nie zanosi.

Brak Wielkiej Propozycji czują Niemcy, którzy po raz drugi w ciągu czterdziestu lat w takiej sytuacji wymyślili sobie obłęd (oni szaleją najłatwiej od braku idei i dlatego wymyślają sobie zawsze najgłupsze), tym razem ów superpostępowy, terrorystyczny, baderowski[1]. Zresztą nie tylko oni. Wszędzie on po trochu. Oni tylko solidnie, po niemiecku.

Gnije Europa, gnije komunizm. Kupa i masa rosną, cisną, egalitaryzm jest ową przodującą ideą, ale raczej tyłkującą, ponieważ on jedynie wynikiem ciśnienia kupy, ideologią strachu, rezygnacji, kłamstwa „koniecznego".

Pytanie „co dalej?" unosi się w powietrzu jak smród. Na szczęście nie mam dwudziestu lat w tej sytuacji. Wiem już, że dla mnie to pytanie nie ma sensu, ono ma sens tylko dla zbiorowości. Nie jest, nie powinno więc być już dla mnie dotkliwe. Teraz trzeba (ja) pracować tylko nad tym, żeby nie została po mnie tylko nieprzyjemna plama, ale *clean spot*, nie do odróżnienia od *a mystic clean space, around as well as inside*[2].

Zrobić porządek – oto zadanie, a nie myśleć już o tym, o czym należało myśleć, kiedy byłem młodszy: o stworzeniu – siebie, świata, o powstaniu i ekspansji. Chciałbym odejść, nie pozostawiając po sobie bagażu, umrzeć tak samo, jak się narodziłem, lekko i goło, bez ciężkości i ciężaru. Świat się pyta: „co dalej?", i nie znajdując odpowiedzi, szaleje albo się martwi. Jego prawo, od tego jest światem. Ja nie chcę się przyłączać do tego interesu, bo ani w moim wieku, ani w moim temperamencie takie przyłączanie się nie leży. Odwróciwszy się od „co dalej?" – dosyć życia znajduję w „co teraz?".

---

[1] Mowa o terrorystach z niemieckiej skrajnie lewicowej Frakcji Czerwonej Armii założonej przez A. Baadera i U. Meinhof, która w latach 1968–1973 dokonała szeregu mordów politycznych w RFN.

[2] *clean spot* (ang.) – czyste miejsce; *a mystic clean space, around as well as inside* (ang.) – mistyczna czysta przestrzeń, tak na zewnątrz, jak i wewnątrz

Różnica między pokwitaniem a starzeniem się: wtedy zmieniłem się tylko ja. Inni, czyli dorośli, tkwili w nieskończoności, nieruchomości. Teraz zmieniam się nie tylko ja. Teraz wszyscy, których znałem, teraz ci dorośli zmieniają się w oczach, ja staję się starszy, oni stają się superstarcami, umierają. Gwałtowne zmiany dookoła tym usilniej każą pamiętać o własnej zmianie.

12 grudnia

Nie, nic nie wynika, ale o to właśnie nie trzeba mieć pretensji. Ciągle jeszcze nie umiesz się zachować, może (prawdopodobnie) nigdy nie będziesz umiał. Ale tego też nie bierz sobie nazbyt za złe. Raz umiesz, raz nie umiesz. Co byś chciał stworzyć z siebie? Monolit? Zastanów się nad taką propozycją, logicznie oraz intuicyjnie, a od razu się okaże, że ta propozycja zwisa, także ona, w próżni. Nie w próżni wielkiej, ale małej.

I czego byś chciał więcej od tych trzech dni? Brałeś także, nie tylko dawałeś. Bądź za to wdzięczny. A ponadto, a może przede wszystkim: nie jesteś dla siebie. Raz zostawszy dla siebie w sednie swoim (zawsze tak byłeś), bądź, zgodnie z naturą tej rzeczy, cały dla drugich. Dla tych nielicznych, którzy cię kochają, których szanujesz, lubisz, dla tych, którzy jawią ci się jako ludzie.

Reszta tak cię drażni, męczy i nudzi. Ale prawdą jest, że nie wiesz, kto w tej masie nacierającej i wulgarnej męczy się tak samo jak ty, kto jest czy bywa lepszy od ciebie. Z kim mógłbyś także się spotkać jak z człowiekiem, kogo mógłbyś lubić i szanować. Ten ktoś, utkwiony w masie nacierającej, widzi ciebie i także nie rozróżnia. Dla niego jesteś ową masą, jak ona dla ciebie. Ostrożnie.

13 grudnia

Wszystko zależy od szczebla interpretacji. W jakiej kategorii zobaczy się daną rzecz. Już dawno to zauważyłem. Miłość można widzieć w kategoriach graffiti na parkanach i klozetach, można też inaczej. Ale od czego zależy szczebel interpretacji? Mój zaczynający się dzień mogę zobaczyć jako pasmo nudy, mechanicznych czynności. Albo jako pierwszy dzień przed swoją śmiercią, jeszcze inaczej także.

Uwaga: kiedy chcę go widzieć jako pasmo szczęścia, na pewno będę nieszczęśliwy. Dzień nie sprosta takiemu wymaganiu. Jeżeli przyjmę go skromnie, jako szereg nieefektownych zadań, pewne zadowolenie jest możliwe.

Pewna inżynieria umysłu, własnego umysłu, należy do najmniej rozwiniętych dziedzin naszej cywilizacji. Co do mnie, nie umiem nic z różnych umiejętności ani wykształceń. Posiadam tylko podstawowe przeczucie owej inżynierii, i to jest moją najważniejszą wiedzą.

Możliwość depresji, regresu, czai się zawsze, tak jak w każdej chwili jestem zagrożony śmiercią. Wychodzenie z depresji należało do nich, ale jak zdrowienie po przepiciu. Stan mniej więcej ciągły, niedepresyjny, jest mało efektowny. Jednak pewność daremności, ostatecznej bezowocności depresji stopniowo się umacnia i słabnie pożądanie takich rozkoszy.

Gdybym mógł już pracować. Ciągle teren nieoczyszczony. Za trzy dni wyprawa narciarska do Szwajcarii. Myślę o tym jak o wyprawie na wojnę. W słusznej sprawie, ale w strachu i niechęci. Ale to także jeden ze stanów mojego umysłu. Czy musisz się z nim identyfikować?

14 grudnia

Korzyść z długiego życia: umysł zaczyna się objawiać. Nie jest to już ślepy żywioł, w którym wybucha raz po raz coś tam, zapada się coś tam. Nie jest jak ziemia w okresie magmy ani plazmy, zaczyna być jak ziemia już uprawna. Jeżeli coś się zapada, nie zapadam się z tym razem. Jeżeli coś wybucha, ja razem z tym nie wybucham. Z cykliczności umysłu nasuwają się wnioski, dostarcza ona podstawowego warunku dla „nauki" – powtarzalności zjawisk. Kiedy jako tako poznane formy i procesy umysłu, większa szansa, że dym i zasłona będą rozproszone i podniesione. Coś głębszego może się ukazać.

Ludwik. Spać o piątej, ale z tym rodzajem radości, jaki mi znany, kiedy po raz ostatni paliłem marihuanę (zostawię, sławna noc bliska umieraniu w NY), kiedy stwierdziłem, że nie tędy droga. Kiedy po raz ostatni spałem z dwiema kobietami jednocześnie i stwierdziłem, że nie tędy droga. Że jestem wolny od potrzeby narkotyków i *débauche*[1]. Mogę, brałem udział, znam korzyści i nawet doceniam, ale nie potrzebuję i już nie chcę. Radość wolności, radość zażegnanego niebezpieczeństwa, deflacja demona, pożegnanie ze złem.

Wczoraj, po dniu, kiedy byłem obrażony na życie „drobne", życie konkretu, na nudę. „Nudę". Bo kiedy wróciłem do domu o 5.00 rano, po spotkaniu z sufim, smętną jakąś półaktorką i Ludwikiem, pokochałem znowu „nudę". Boże, dzięki, że po latach odwróciłeś mnie od Ostateczności, od skłonności, żeby Graala brać gołymi rękami, szukać Twojej twarzy, aby w nią patrzeć wprost. Że mnie nauczyłeś: tu, na ziemi, nisko, we mnie i koło mnie, jest Twoja rzeczywistość, ani skromna, ani wielka, ale właśnie Twoja. Obym wytrwał tylko w tym, co mi jest dane, bo to, co mi jest dane, i tak dla mnie za dużo. Z powrotem do tu i teraz, żegnaj „poza" – i dalej jeszcze. Dałeś mi oko bystre, które dostrzega *ridicule*[2], pretensję i zamierzone wielkie, a jakże moje i puste, dążenia.

Nie znam dobrze samego Wielkiego Mistrza[3], wiem, że budzi we mnie odrazę fizyczną. To coś oznacza. Ludwik mi jest bliski, a jego symbioza z Wielkim Mistrzem nie wiem, na czym polega. Przykro mi, że przy całej przenikliwości Ludwik jednym okiem na siebie jest ślepy. Być może Wielki Mistrz organizuje to śniadanie, ale u Ludwika atrofia „małego" umysłu jest chyba skutkiem hipertrofii umysłu „wielkiego". Jego *rupture*[4] może nie jest jeszcze tak wielkie, żeby go pchać w najoczywistsze głupstwa. Ale chyba metoda wszystkich Wielkich Mistrzów na tym polega, żeby pozbawić, jeżeli nie siebie, to podwładnych, zdolności widzenia, przebywania w świecie „małym", czyli tym jedynie, który jest nam dany, czyli świętym, choć „nudnym". Aby ich oczy nie widziały małego i wyraźnego, oderwanego guzika u koszuli, kota, który przechodzi krawężnikiem, koloru abażuru u lampy. Żeby ich umysł nie kojarzył małych rzeczy, a cali wysileni w Ostateczność nie utracili całkiem jej szansy, ponieważ powierza się im ona z oporami ich własnego umysłu, z projektami ich własnego chcenia.

---

[1] *débauche* (franc.) – rozpusta
[2] *ridicule* (franc.) – śmieszność
[3] Chodzi o Jerzego Grotowskiego.
[4] *rupture* (ang.) – zerwanie, rozłam

Nie znam ich posiedzeń, nie widziałem przy pracy apostolskiej. Wydaje mi się, że wstydziłbym się za nich wszystkich, gdybym tego był świadkiem. To nocne spotkanie było „cywilne", ale dało mi małą próbę wielkiej próby. Słodkawy fałsz, bo nie prawda, nie fałsz zamierzony, ale fałsz wynikający z nieobecności prawie całej prawdy ludzkiego z sobą przebywania, unosił się na poddaszu, gęsty jak substancja. Niech będą błogosławione moja niepewność i niewiedza, moje błąkanie i niedostateczność, jeżeli chroni mnie przed tym lakierem na oku, oko takich powleczone jest niby lakierem odblaskowym przekonania ostatecznego. Mają tylko jedną nogę, ogromną stopę, druga im uwiędła i odpadła. Lepsza jest posolona zupa niż sama sól, a także...

Trudno o tym się pisze.

24 grudnia

Z Crans[1], gdzie tydzień. Narty. Cały dzień w samochodzie.

Najwyższy czas wyrażać się nie wprost. To znaczy zająć się poezją.

25 grudnia

Znowu trudno mi się rozeznać w stanie, w którym jestem. Czy trzeba?

Lektura zaległych gazet. Obrzydzenie i strach. Intensywny i odległy (?!), jak wszystko w moim teraz stanie.

Telefonowanie do NY. Głos obcy nagle. Jak dwa ostatnie listy. *Drifting apart and away*?[2] Czy znalazłem się już na peryferiach? Możliwe i prawdopodobne.

Może to zmiana klimatu. Ale takie zmiany też zmieniają mnie. Mnie?

A great coolness[3].

26 grudnia

Czy mogę już zaryzykować stwierdzenie? Dawniej moim problemem były depresje. Teraz obojętność.

---

[1] Crans – stacja narciarska w płd.-zach. Szwajcarii.
[2] *Drifting apart and away*? (ang.) – Dryfując osobno i daleko?
[3] *a great coolness* (ang.) – wielki chłód

Obojętność może mieć jednak kilka jakości. W wypadku jednej: nie tyle jest wtedy obojętnością, ile oddaleniem czy braniem udziału na odległość.

Czasami tęsknię do „starych dobrych czasów", czyli tych, które były okropne, ale teraz zostaje po nich tylko wspomnienie – czyli bezpieczna rzecz – intensywności. Tęsknota to daremna, proces obojętnienia naturalny i nieodwracalny. Znosi mnie ku obojętności natura rzeczy – czy wszystkie moje wysiłki od tylu lat nie w tym kierunku właśnie? W tym, a kiedy się udaje, kiedy się staje, czy jestem niezadowolony?

To zależy od jakości mojej obojętności. Może ona – bywa – martwa. Nie musi.

Pewnik: stygnę wobec rzeczy poważnych: miłości, śmierci, pytania o absolut. Ale wciąż reaguję żywo na trywia. Moje małe ego nie troszczy się już o absolut, ale podskakuje, kiedy spotyka drugiego człowieka na schodach, kiedy liczy pieniądze, kiedy troszczy się o siebie. W tym jest nieprzyzwoitość (*obscenity* – nareszcie odpowiednie słowo, żeby określić wrażenia wyniesione ze spotkania z Ludwikiem i jego spotkania z innymi, którego byłem świadkiem).

Zamiast się galwanizować, idź, dokąd musisz. Ale uważaj po drodze. To dobrze, że ty dajesz spokój absolutowi, a on ciebie już zostawia w spokoju. Ale pozbądź się nieprzyzwoitości, uporaj się z twoją wciąż żywą reakcją na trywia. Tego wymaga poczucie formy, kompozycji, stylu.

27 grudnia

Sto lat jest tak samo daleko, jak następna sekunda. Zwykło się uważać, że sto lat jest dalej, ponieważ więcej się stanie w ciągu stu lat niż w ciągu sekundy. Czas więc mierzony jest nie sobą, bo nic sobą być mierzone nie może, ale akcją. Sto lat w próżni niczym się nie różni od sekundy i nie jest ani setką lat, ani sekundą. Jeżeli akcję nieco nadwątlimy, jeżeli przestanę ją przyjmować na słowo honoru i zapytam: „co to jest akcja?" – wtedy zarówno sto lat, jak i sekunda staną się wątpliwe. Przeczucie takiej możliwości rozrzedza czas i sprawia, że dookoła przeczuwającego robi się przestrzennie, przestronnie. Ideał (ale czy zdrowy?). Wszystko jest tylko wtedy, kiedy jest, kiedy następuje. Uprzedzanie tylko tego bytu będącego wyobraźnią jest złym użytkiem, zboczeniem wyobraźni i niczym więcej.

29 grudnia

Życie mnisie i samotne, to samo zresztą dałoby się powiedzieć nawet o tygodniu spędzonym w Crans, niby między ludźmi. To samo o poprzednich tygodniach, cokolwiek robiłem i gdziekolwiek byłem. Tym się ono między innymi cechami charakteryzuje, że kiedy praca i skrzętność zaczynają nużyć, spoczynek nuży jeszcze bardziej i nie ma innej rady, jak znowu wrócić do pracy i skrzętności. Nie z miłości ku nim szczególnej, ale jako ku temu, co nuży i nudzi mniej.

Możliwe, że okres romantyczny, heroiczny, mam już za sobą. Nie byłoby zresztą w tym nic szczególnego, a raczej wszystko naturalne. Nawroty, recydywy, opadnięcia i bunty możliwe są zawsze (i naturalne), ale nie zmienią tendencji: przestaję się pojmować jako istotę boską (nigdy nie nazywałem tak siebie, ale na jedno wychodzi, kiedy pojmuje się siebie jako coś absolutnie jedynego, nie tylko w sensie jedynego w swoim rodzaju przypadku, co jest prawdą, ale w sensie jedynej w swoim rodzaju jakości, substancji), a zaczynam się pojmować jako poszczególny przypadek wielkiej ogólności. Czasowy związek elementów, trzymanych chwilowo w kupie biologią i świadomością. Funkcjonowanie na każdej płaszczyźnie, a nie osiąganie, jest moją racją bytu. Wzmaga się poczucie chwilowości w dwóch znaczeniach: że tylko chwila jest jako tako dostępna i że jestem, istnieję tylko mimochodem, w przechodzie i tymczasem.

Smutek starzenia się, znany i opiewany, z tego się bierze (poza tym, że rzecz sama w sobie nie jest wesoła), że starzejący się człowiek jest zmuszony do zrewidowania pojęć o sobie. Zaś ta rewizja musi doprowadzić do detronizacji, redukcji, zmniejszenia – co za tym idzie – wymagań. Ale przy pewnej dobrej woli ten smutek nie jest konieczny. Jest bowiem jeszcze jednym urojeniem i wynika raczej z przyzwyczajeń z okresu młodości. I dlaczego się smucić, kiedy tak naprawdę wspaniały nie byłem nigdy, a tylko tak mi się wydawało? Młodość zachowuje się zgodnie ze swoim urojeniem, a nie według rzeczywistości. Zawsze byłem poddany prawom ogólnym, natura moich emocji i wyobrażeń zawsze była zmienna od niemowlęcia, tylko ja o tym nie wiedziałem. Czy nie lepiej wiedzieć, a wiedząc, raczej się cieszyć z tego, że się wie, niż się smucić, że dawne pojęcie okazało się urojeniem? To nie natura, świat i rzeczywistość zmieniły zdanie na mój temat. One nie kłamały, to ja opowiadałem sobie bajkę.

Z wiekiem zaczyna się odczuwać dokuczliwie stan rozrzedzenia. Wszystko się rozłazi, nic już nie ma tej gęstości co przedtem. Ale ten stan rozrzedzenia można też odczuć jako stan przestrzenności, który przestaje być dokuczliwy, staje się obiecujący jako obietnica większej wolności. Pisałem już o stanie oswobodzenia uzyskanym przez nagłe uświadomienie sobie, że bliźnich moich obchodzę tylko umiarkowanie i tylko wtedy, kiedy wkraczam w sferę ich interesów. Poczucie gęstości, kiedy jest się młodym, wynika ze ścisku, przepychania się, pożądań ubranych wyobraźnią. W młodości „nie można się doczekać". Niczemu nie poświęca się wtedy uwagi, a pragnie się wszystkiego. Zaledwie dziecko dopadnie nowej zabawki, zaledwie przyjdzie tak oczekiwana feta, a już rodzi się rozczarowanie.

30 grudnia

Samemu nudno, ale przynajmniej można coś robić. Między ludźmi nudno, ale nic robić nie można. Między ludźmi znośnie, kiedy umiemy się nimi zająć bezinteresownie. Z jakichś powodów teraz nie potrafię. Przypatruję się sobie: to niby już było, ale jeszcze nie było, apetyty tak zredukowane, że w porównaniu do poprzednich wydają się żadne. Nawet myśl o depresji, o tym, żeby mieć depresję jako reakcję, wydaje mi się śmieszna. Przestałem pić, to był już raczej suchy rok, prawdopodobnie z uwagi na moje dolegliwości, z którymi się liczę, chociaż o nich ze sobą nie rozmawiam. Trwam.

A jednak miałem rację, wtedy w Stuttgarcie, że ruszył las Macbetha – do tyłu. Listy i telefony o tym świadczą. W zasadzie jakby zakończone, to był początek końca. Skończyła się epoka. Być może jeszcze coś nastąpi. Na razie trwać.

Casanova, Fellini[1]. Niestrawność, *no insight whatsoever*[2]. Nauka zawodowa: nie wypinać się, nie starać się o „wielkie" dzieło. Małe,

[1] *Casanova* – włoski film kostiumowy w reż. F. Felliniego z 1976 roku.
[2] *no insight whatsoever* (ang.) – bez jakiejkolwiek wnikliwości

drobne rzeczy, „mali", drobni ludzie. Fellini – aż tak zdolny i aż tak niemądry? Na nie z onirycznością, fantazją artysty. Przeciwieństwo: *Żart* według Kundery, najlepszy film, jaki widziałem od niepamiętnych czasów[1].

[1] *Żart* – czechosłowacki film fabularny z 1969 roku według powieści M. Kundery pod takim samym tytułem w reż. J. Jireša; dotyczy czasów stalinowskich.

1978

2 stycznia

Definiowanie siebie coraz mniej mnie interesuje, odkąd wiem, że nie ma czego definiować. Należałoby zresztą definiować definiowanie.

Cztery lata minęły od mojego pobytu w State College. Rok minął od zeszłego roku. Ten jest niepodobny do tamtego. Powtarzam: zmiany, zmiany, zmiany w człowieku.

Przeczytałem zeszyt-rocznik (jeszcze nie cały). O wrażeniu, że jest to dziennik neurastenika, nie ma co obszerniej wspominać. Ale nie tylko to wrażenie. O jednym z innych wrażeń. Nie martw się. To znaczy nie bój się. Cokolwiek się dzieje, z rzeczy dużych i małych, nic nie pozostawia śladów na tobie. Z jednej strony rani cię każda okruszyna, z drugiej – nie można cię wysadzić w powietrze nawet dynamitem. Co tam w powietrze. Nawet najmniejszego draśnięcia.

Więc nie bój się ani małych, ani dużych rzeczy. Jesteś anormalnie wrażliwy i anormalnie wszystkoodporny. Nieludzko. I nikt nie powinien cię kochać.

3 stycznia

Wywiad z J.B. Priestleyem w „Herald Tribune”[1]. Przykro nie być autorem pierwszej klasy. Oczywiście J.B.P. nie cytuje mnie, wymieniając znanych mu, interesujących go autorów. Oczywiście tego nie mogłem nawet oczekiwać. Ale jakże byłbym przyjemnie zdumiony. Czy zdumiony, czy także trochę niezdumiony? Może jednym kącikiem coś by szepnęło: „to naturalne”.

Przypomnienie od J.B.P.: trzeba pracować. Na początku mojej kariery (jaka ona tam jest) miałem dosyć zdrowego rozsądku (instynktu, bo rozsądku nie miałem w ogóle), żeby traktować się w znacznym, dostatecznym stopniu jako rzemieślnika. Potem (oderwanie od mojego powiatowego rynku też na to wpłynęło) bardziej duszę wyrażałem, swoją i świata. Może czas wrócić do rzemiosła. Ale na innym poziomie. Jest różnica między mną wychowanym w kulturze rzemiosła na poziomie „Szpilek” i „Podwieczorku przy mikrofonie”[2] a mną, który może mieć pojęcie o poziomie, jeżeli nie jego możliwości, J.B.P.

Skarżysz się, że nie masz duszy, w związku z tym nie masz czego wyrażać. Zapomnij nieco o duszy, zajmij się rzemiosłem.

4 stycznia

Jack daniel's. To lepsze niż *Śmierć w Wenecji* Viscontiego według Manna[3]. Nawet Visconti nie może sfilmować refleksji, bo to się nie da. Poza tym moja całkowita obojętność na homoseksualizm i jego sublimacje. Poza tym, a przede wszystkim: brak wentylacji w małym kinie studyjnym, za to wypełnionym wyłącznie młodzieżą. Zaduch (dlaczego oni i one wszystkie muszą mieć tak strasznie brudne włosy? Młodość nie myta to już za dużo). Nie wyszedłbym jednak w połowie filmu, gdyby nie warunki sanitarne. Ja mam już swoje wymagania. Urywki dysput na ekranie, o duchu i ciele,

---

[1] Wywiad ukazał się w „International Herald Tribune” z 3 I 1978.

[2] „Podwieczorek przy mikrofonie” – cykliczna audycja radiowa o charakterze rozrywkowym, nawiązująca do tradycji kabaretu, emitowana w I programie Polskiego Radia w latach 1958–1989. Mrożek (od 1960 roku do wyjazdu z Polski w 1963) pisał do tej audycji monologi satyryczne.

[3] *Śmierć w Wenecji* – włoski film fabularny w reż. L. Viscontiego z 1971 roku według opowiadania T. Manna z 1912 roku.

nie pomijać ciała – woła partner profesora Aschenbacha. Właśnie: powietrza! Mydła!

Mała sesja przy jacku daniel'sie. Uchwała: przestać labidzić. Może wszystko dałoby się sprowadzić do *Positive Thinking* (nie mam tej książki[1]). Oraz: tylko sytuacje. To znaczy: prawie są, ale to już wiele, kiedy byt i absolut – rzeczy, których nie ma nawet w przybliżeniu. Dlaczego odrzucać to, co jest (jako tako), w imię tego, czego nie ma?

Poszedłem spać, uszczęśliwiony tym odkryciem, nie pierwszym i nie nowym. Czyniłem je już nieraz, choć nie tak często jak odkrycia o desperacji lub nicości. Szkoda, że nie umiem zapisać ani przebiegu, ani wniosków tej sesji. Jak zwykle przeżycie przy udziale alkoholu jest euforyczne i mało z niego zostaje, gdy dochodzi do zapisu. Ale dobrze, że było. Coś z jego aury przetrwało do rana, dobre jest wszystko, co pomaga człowiekowi żyć.

Było i o pisaniu. *Valable*[2] niewątpliwie. Przestań tak do tego podchodzić, jakby to było zadanie wielkie, duszę wypowiedzieć, dzieło stworzyć. *Une corvée*[3], praca, trud, osiągnięcie. Ostatecznie pisanie jest luksusem, zabawą i nie ma w nim żadnej odpowiedzialności. Co napiszesz, będzie. Po co ten skurcz?

8 stycznia

Człowiekowi dobrze urządzonemu w chwili – co trzeba? Nie umiem już tak przejąć się pisaniem jak dawniej, nawet kiedy piszę. Ale po co ta uwaga?

9 stycznia

Ten stary dureń, ten ograniczony i na zawsze wyznaczony (do śmierci) wszystkim, co go stworzyło i utrzymuje przy trwaniu – mnie nudzi w tej chwili bardziej niż zwykle. Dopomina się o nowe rozrywki i zabawy, które by go utrzymały przy życiu, ponieważ, podległy prawu dynamiki, ich pozbawiony, czuje, że zdycha. Nie chcę mieć z nim nic wspólnego. Jego troski (depresje) przyprawiają mnie o mdłości, jego radości prawie tak samo. Kiedyś, zanim go jeszcze dobrze poznałem, nie był taki nudny. Teraz jest.

---

[1] Zob. przypis do 19 lutego 1974.
[2] *valable* (franc.) – zasadny
[3] *une corvée* (franc.) – ciężka, wyczerpująca praca

Ten literat, zmartwiony o swoje pisanie. Ten posiadacz konta w banku, zmartwiony o swoje pieniądze (czy aby za chwilę mu ich nie braknie). Ten kochanek oczekujący kochanki, to śpiący, to znów wyspany – nudzi mnie. Jedną z przyczyn, dla których nie chce mi się tu pisać, jest, że przeważnie muszę pisać o nim. Jego miotanie się zajmuje te strony.

Wciąż jeszcze nie mam ani dosyć uwagi, ani cierpliwości, żeby śledzić go i pojąć w całości. Chwytam go na małych uczynkach, to łatwo. Ale czasem pojmuję coś więcej niż jego uczynki. On miewa także pomysły szersze, niż tylko napić się albo przespać, najchętniej nie sam. Czasami świta mu, że chciałby zostać kimś więcej, a nawet kim innym. Majaczy mu się zbawienie, nie rezygnując z siebie – kim jest w istocie, chciałby się rozszerzyć w rodzaj anioła. Nie wie, że będąc bęcwałem, może zostać tylko superbęcwałem (kiedy doda sobie jakieś super). Nie wie, nie chce wiedzieć, a ta odmowa wiedzy, ta chyba takiej wiedzy niemożność, jest jego samą istotą, że cokolwiek sobie dorzuci, o cokolwiek spuchnie, nie zmieni natury swojego istnienia, czyli nie zmieni się ani odrobinę.

Nie pozbędę się go nigdy, a nawet śmierć – choć nie ma najmniejszych podstaw do obawy, poza niepewnością samą w sobie – nie wiadomo, czy mnie od niego uwolni. Muszę nie tylko z nim przebywać, ale i nim bywać, jeżeli nie wręcz nim być. Jest tylko jeden sposób: trzymać go z daleka. Razem, ale nie blisko. Najdalej, jak to tylko jest możliwe.

Kiedy raz spostrzegło się jego obecność, czyli tym samym: kiedy raz zauważyło się, co to za osobnik – z nieuniknionym, nieodłącznym od tego spostrzeżenia niesmakiem – nie można o tym zapomnieć. Jednocześnie, kiedy to spostrzeżenie zbyt świeże i zbyt przypadkowe tylko, nie można tego typa dostatecznie od siebie oddalić. Jest prawie pewnością, że im dokładniej mu się przypatrywać, im lepiej go poznawać, tym większy budzi, będzie budził, wstręt i nudę. Gwarancja, aby tym usilniej się od niego oddalać, na co nie ma właśnie innego sposobu, jak tylko tym dokładniej mu się przypatrywać.

On nie jest ani lepszy, ani gorszy od innych osobników, zamkniętych w innych niż mój osobnik jednostkach psycho-socjobiologicznych. Nie należy, nie warto, nie można zajmować się takimi porównaniami. Wystarczy wiedzieć, że ta smutna jakość, istność jego i innych jest ta sama. Co wystarczy, żeby już nie dziwić się temu, jak toczy się świat.

Obym umiał pisać tu o nim, ale w cudzysłowie, jak najmniej z nim się utożsamiając. Nie wiadomo, jak by wyglądał taki dzienniczek, i od razu gra tutaj obawa, że straciłby na uroku, co zresztą jest jego obawą, nie moją.

Pomysły samobójstwa są głupie, ponieważ są jego pomysłami, jak wszystkie pomysły. Samobójstwo – akt doprowadzenia do samobójstwa – jest, byłoby tylko ścisłą symbiozą z bęcwałem, a nawet prawie z nim zespoleniem. Zresztą – jego nie ma. Jego byt jest tylko skutkiem złudzenia, złudzenie ma złudzenie. Czasami rozluźnia się ten zacisk nieporozumienia i on znika, czyli staje się – na chwilę – tym, czym jest naprawdę – niczym.

10 stycznia

Przed wyjazdem do Stuttgartu.

Prawdopodobnie należy zrewidować: *my approach to writing*[1].

Pisanie nie musi już być świętą krową moją, czyli Pegazem. Przynajmniej kiedy nie piszę, a tylko o nim myślę. Ale też nie ma powodu, tym mniej potrzeby, nad nim się znęcać. (Ponieważ nie ma ani potrzeby, ani powodu znęcać się – myślami – nad życiem, z niego drwić, szydzić z jego „nicości". Nicość życia jest takim samym pomysłem, uzurpacją, tworem intelektualnym, jak jego „gęstość"). Pisanie z pewnego punktu widzenia ma wysoką rangę, a tym punktem widzenia jest: lepsze ono niż zwyczajna konfuzja, tandeta umysłu zostawionego samemu sobie. Podobnie jak miłość – pisanie organizuje, daje ciągłość i zwartość większą niż ta dana na co dzień (ta jest prawie żadna). Ostrożnie, tylko w tym punkcie pisanie i zakochanie można zestawiać.

Wchodzić do pisania jak do wszystkiego powinienem, *the same approach*[2]. Gdy raz wejdę, niech rządzą mną jego prawa, ale podejście takie właśnie być powinno. Ponieważ inne, dawne podejście jest już nieczynne.

---

[1] *my approach to writing* (ang.) – moje podejście do pisania

[2] *the same approach* (ang.) – takie samo podejście

11 stycznia

Ze Stuttgartu.

The cessation of absolutely all longings for "other states" (états secondaires), salvations and final solutions is the pre-condition of everything. (To use the word which replaces the void. I don't know which one to use. But everything is everything. Also, that which I don't know how to name otherwise, makes the part of everything). Accompanied, of course, by other proceedings.

[Porzucenie absolutnie wszelkich tęsknot za „innymi stanami" (*états secondaires*), zbawieniami i rozwiązaniami ostatecznymi, jest warunkiem wstępnym wszystkiego. (Użyć słowa, które zastąpi pustkę. Nie wiem, którego użyć. Ale wszystko jest wszystkim. Również to, czego nie umiem, jak nazwać inaczej, stanowi część wszystkiego). W towarzystwie, oczywiście, innych czynności].

12 stycznia

W myślach – hierarchia. *Just the statement of how it is. Careful not to press for conclusions.*

S. Bellow's "To Jerusalem and Back"[1]*. Proust reading – very well. But what about being stirred or not stirred?*

The absence of any, whatever they might be, notions of (after) my experience at the Wailing Wall – a very healthy absence. It keeps it what it was, whatever it was. No-thinking about it. If it was something – it affects me in its own way, which I should not interprete.

[Tylko stwierdzenie, jak jest. Ostrożnie, nie domagać się wniosków.

Do Jerozolimy i z powrotem S. Bellowa. Czytanie Prousta – bardzo dobrze. Ale co z byciem poruszonym lub nie poruszonym?

Brak jakichkolwiek, czymkolwiek mogłyby być, wyobrażeń doświadczenia (po doświadczeniu) przy Ścianie Płaczu – bardzo zdrowy brak. Pozostawia to tym, czym było, czymkolwiek to było. Niemyślenie o tym. Jeśli to było czymś – dotyka mnie na swój własny sposób, którego nie powinienem interpretować].

---

[1] *To Jerusalem and Back: a Personal Account* – wspomnienia z podróży Saula Bellowa z 1976 roku.

15 stycznia

Ostatnia wizyta Prousta w salonie – moja nie ostatnia, ale podobna.

Coraz więcej kobiet, które by mi się żywo podobały parę lat temu. Parę lat temu. Moje oko zmieniło się tyleż, ile one. Cała nadzieja w młodzieży. Jak zwykle. Żegnam się z rówieśniczkami, choć one o tym nie wiedzą.

Moje oko, co dzieje się z moim okiem? To, co zawsze chciałem, żeby się działo. Zaczyna widzieć, a uciszenie w głowie nareszcie mu na to pozwala. Uszedłem nareszcie kawałeczek drogi, dokąd chciałem, i nie mam wątpliwości, że słusznie. Zresztą innej nie ma.

Mateusz, syn N., półroczny już. Dobry, otwarty, pogodny i ufny charakter, spokojny.

Nie odczuwam nic, to znaczy ten, którym byłem, a co do którego wydaje mi się niemożliwe, żeby nic nie odczuwał, nie odczuwa nic, bo go przecież nie ma. Ten, który jest, odczuwa tylko zwyczajność, to znaczy tylko to, co jest do odczuwania, co wynika z nowej sytuacji, w zgodzie z nią, według niej. Zdrowo.

Idę. Czy też „iście" idzie. Dobrze.

17 stycznia

Korzystaj z ciszy, ponieważ wydaje ci się tylko, że ona jak opoka trwała. Życie już się o to zatroszczy (nieprawda, ono się nie troszczy, ono sprawia, nie troszcząc się), aby ci udowodnić co innego. A ponadto czas, który w skrócie nazwałbym czasem mojego mieszkania na tym wspaniałym poddaszu, tak dojrzał, doszedł do takiego optimum, że rodzi się przypuszczenie-obawa: to długo, bardzo długo – już nie połowa. Podobne były kiedyś wakacje solońskie, tak doskonałe, tak pełne, tak dojrzałe w doskonałości, że – sycąc się ową doskonałością i doceniając ją, będąc za nią wdzięcznym – już wiedziałem: lepiej być nie może, czas dojrzał i teraz pójdziemy w stronę dezintegracji. I rzeczywiście.

Więc się ciesz, póki czas jest po temu.

Pani Halina M. Szedłem na spotkanie z dwiema osobami. Bardziej z tą, którą miałem w pamięci, niespełnioną i uczynioną tylko z moich niegdysiejszych wyobrażeń, nigdy nie spełnionych, nigdy nie zdementowanych bliższą znajomością. Oraz z tą, która jest obecnie dana. Doskonale o tym wiedziałem, a jednak nie mogłem ich zredukować do jednej. Nawet nieubłagana ewidencja – czas uczynił z p. Haliny kogoś całkiem innego, niż była – nie pomogła. Dowód, jak trwałe i żywotne są niegdysiejsze nawet wyobrażenia, jeżeli nie naznaczone doświadczeniem. I takimi już pozostaną, nic się z nimi nie stanie, poza prawdopodobnie pewnym zblaknięciem: nieruchome, zastygłe – i pogrzebane.

18 stycznia

Rio Bravo – TV, western[1]. Wzruszyłem się. Gratuluję sobie świeżości uczuć, w moim wieku wzruszać się starymi westernami? Może to i znak, że przewaliła się skatologiczna fala i zostawiła odświeżoną tęsknotę za dobrem. Czy też ja się przewaliłem? Dobro niech zwycięża – silne pragnienie, silniejsze niż naiwność scenariusza i stara konwencja. Stara, już teraz jakby retro. Repozycja konwencji. Dlaczego zżymać się na konwencję, raczej niech będzie przezroczysta.

Nie mam sobie za złe, że spędziłem dwie godziny przed TV, przejmując się losami „płaskich" bohaterów „na niskim poziomie intelektualnym". Dobre to było.

19 stycznia

Śnieg. Czy widziałem już Paryż w śniegu?

Jak w bajce powiada złota rybka albo czarodziej, dostaniesz to i to, tylko nie wolno ci tego użyć tak i tak, to jest warunek. Głupi Jaś nie dotrzymuje warunku i tak kończy się pięknie zaczęta kariera.

Przede wszystkim jednak chodzi o szampan i wino wypite po wręczeniu nagrody pp. Międzyrzeckim[2]. *Mon exercice en néant*[3]. Popisywałem się sam przed sobą (ostatnio popisuję się raczej przed sobą niż przed innymi) i zostałem ukarany. Nie ma dzisiaj pałacu.

---

[1] *Rio Bravo* – western amerykański w reż. H. Hawksa z 1959 roku.

[2] Mowa o Prix de Traduction, przyznawanej przez francuską Fondation d'Hautvilliers, której laureatem w 1977 roku został Artur Międzyrzecki, a w 1978 jego żona, Julia Hartwig.

[3] *mon exercice en néant* (franc.) – moje ćwiczenie w nicości

18 lutego pojadę do N. Yorku. Dopiero 18 lutego, ale kiedy na podróż się zdecydowałem, ona mi zabarwi i wyznaczy cały ten miesiąc, który jeszcze do wyjazdu pozostaje.

21 stycznia

Nie osiemnastego, ale jakiegoś innego dnia.

L'exercice en néant doublé. I am so cold. It makes me scared.

[Powtórne ćwiczenie w nicości. Jestem taki zimny. To mnie przeraża].

To aż tak nie ma sensu, że staje się fascynujące. (I po co ta przesada?)

The way she is says nothing good about how she would be. Expecting a disaster, I steer for it slowly. But I do not have much choice nowadays.

[To, jaka ona jest, nic nie mówi o tym, jaka by była. Oczekując katastrofy, wolno się ku niej kieruję. Ale obecnie nie mam zbyt dużego wyboru].

Głupota tego wina wypitego do jednej z najgłupszych kolacji. Już nie dramatyczne pijaństwo, ale zwyczajne wino przy jedzeniu jest moim wyrzutem sumienia. Uniemożliwia mi jedyny stan, jedyny sposób życia, jaki mi pozostał, jaki mnie jeszcze interesuje. Gniew.

23 stycznia

I słusznie. Ale nawet gniewu nie ma. Sam jeszcze nie mogąc w to uwierzyć – brodzę w ten nowy wymiar, któremu nie wiem jak na imię. Mam co najmniej dwie nazwy, każda z nich od razu kwalifikuje, każda inaczej, *en mode contradictoire*[1]. Mniejsza z nazwami. A także ani to wymiar, ani nowy. Konsolidacja stanów znanych mi już nie od dzisiaj, ich dłuższe trwanie i stykanie się brzegami.

Non, pas une surface continue, mais vers la continuité quand même.

It is good news and bad news. Who cares? Also, wait till something really strong happens.

Extreme paleness, fading of that phenomenon does not make the experience fully valid. However, the change in my reaction to that sort of thing is remarkable: it is hardly any reaction at all.

---

[1] *en mode contradictoire* (franc.) – w sprzeczny sposób

[Nie, nie powierzchnia ciągła, ale w stronę ciągłości mimo wszystko.

To są dobre wiadomości i złe wiadomości. Kogo to obchodzi? Tak więc czekaj, aż wydarzy się coś naprawdę poważnego.

Wyjątkowa bladość, wypłowiałość tego zjawiska nie czyni doświadczenia w pełni ważnym. Jednakże – zmiana w mojej reakcji na tego rodzaju rzeczy jest znacząca: z trudem nazwać to można w ogóle reakcją].

Reaguję emocjonalnie nie na rzecz (rzecz w przyszłości albo nieobecną), ale na moje wyobrażenie o rzeczy, które jest a priori i arbitralne. Prawdziwa reakcja (prawdziwy skutek) na nieprawdziwy bodziec (nieprawdziwą przyczynę).

Osiem przykazań:

1. Right view

2. Intention

3. Speech

4. Discipline

5. Livelihood

6. Effort

7. Mindfulness

8. Absorption

All of them should be right, of course.

[Właściwa perspektywa; Intencja; Mowa; Dyscyplina; Utrzymanie; Wysiłek; Rozważnośc; Absorpcja. Wszystkie powinny być właściwe, oczywiście].

24 stycznia

Rano. Złe wiadomości. Na przykład młodociani zbawiciele ludzkości znowu chcą zabić człowieka, żeby ludzkości było dobrze. (Porwanie „polityczne"). Aztecy – ofiary z ludzi dla przebłagania bóstw, w czym dzisiaj inaczej? Zamiast azteckiego boga mamy Historię, straciliśmy tylko celebrację i rytuał, a raczej celebracja i rytuał jest: telefon do Radia, TV – rytuał dziennika telewizyjnego. Nawet *sacré* też jest: *la cause*[1]. Tyle że sparszywiałe, niewyznane.

[1] *la cause* (franc.) – sprawa

Nie przyjmować zdarzeń, jakby były meteorami spadającymi mi na głowę znikąd i psującymi mój porządek. Raczej jak ukazanie mi nowych elementów układu, gry, partii. Układ jest przecież już ułożony i końcówka przewidziana. Raczej korzyść dla mnie, uczestnika, kiedy odsłania mi się nowe posunięcia, lepiej ogarniam wtedy całość. Myśl o przyszłości, jaka ona jest naprawdę, a nie w moim nędznym odczuciu, fantazji: pewna określona ilość i jakość, *compact*, już zorganizowana przyczynami, choć jeszcze nie znam skutków. Pula „wydarzeń" oraz moich stanów wewnętrznych, które jeszcze będą. Już są, ale dopiero mi się ukażą. Kiedy coś się zdarza, komentuję raczej: „Aha, więc to, więc tędy", a nie: „Ojej, co się zdarzyło!".

A więc to tak, więc to tędy...

25 stycznia

Zobaczmy, kto chodzi za kulisami. Czym jest podszyty mój stan, jeden (?) fragment tego pasma, co się snuje od 29 czerwca 1930 r., dzisiaj, teraz, o tej godzinie.

Niepokój o Y. Wina, że jeszcze nie napisałem listu (to sprawa najważniejsza, bo, czyli, jedyna).

Mała uciążliwość psychiczna w sprawie G. Że nie mogę nic w tej sprawie zrobić.

Wyrzut, że za późno się obudziłem. Widmo obudzenia się pojutrze o godzinie szóstej. Wyrzut, że moja praca nie posuwa się należycie. Że palę szkodliwą fajkę.

Jeszcze parę.

Bond[1], ten angielski, napisał sztukę (którą wystawiono w Royal Shakespeare Company), która ma udowodnić, że krwawa bezlitosność jest warunkiem rewolucji i przyniesie ludowi szczęście, zaś litość i niezadawanie bólu są przestępstwem przeciw ludowi i temu ludowemu szczęściu. Pomijając to, że chciałbym osobiście kopnąć Bonda w zęby, żeby dowiedział się co nieco na temat, który porusza, warto by mnie też napisać sztukę: o Bondzie piszącym taką sztukę.

---

[1] 13 I 1978 odbyła się londyńska premiera sztuki E. Bonda pt. *The Bundle or New Narrow Road to the Deep North*.

27 stycznia

O szóstej godzinie zbudziłem się, od godziny szóstej ja o tobie śnię – przed godziną szóstą śniłaś mi się ty – po szóstej, przed szóstą takie moje sny.

Ładna piosenka, napisałem ją z głowy.

30 stycznia

Oczywiście powtarzam się. Oczywiście będę się powtarzał coraz częściej. Tracę powoli poczucie, że trzeba, że należy, że można dokądś po linii prostej. Hamuję, ponieważ zbliżam się – to niewykluczone – do zakrętu.

Długo wierzgałem i nie chciałem się z tym (czym?) pogodzić. Czy tylko zmęczyłem się i tylko zmęczeniu należy przypisywać umniejszenie wierzgania? Mam nadzieję, że nie tylko. Mniej wierzgam, bo nareszcie zaczęło mi świtać, mam nadzieję, że z wierzgania nic nie wynika poza wierzganiem.

Zresztą czy to moje, to wierzganie?

Mam wrażenie, że nawet i ono nie, ponieważ nic nie jest moje. Nie wiem, czy nigdy nie było, ale odpowiedź na to pytanie nie jest mi pilnie potrzebna. Nic nie jest moje, wiem (wszystko mam tylko w dzierżawie), ale jeszcze tak nie czuję. Jeszcze to i owo odczuwam jako moje, choć już wiem, że moje to nie jest.

No thrills, not to mention frills. [Żadnych dreszczy, nie mówiąc o fanaberiach]. Obrażam się jeszcze, że ludzie i rzeczy, okoliczności, nie przynoszą mi już thrillsów. Niesłusznie. Oni, one nie są od tego. Wartość ich nie mniejsza przez to, że nie do mnie osobiście adresowane. Ale zanim to pojmę do głębi i skutecznie, potrwa ten ni to smutek, ni to nuda, ni to rozczarowanie.

1 lutego

Nie tylko uciekłem za granicę. Także starannie uniknąłem wszelkich związków i wszelkich odpowiedzialności, rodziny, środowiska, pracy wśród ludzi, uczestniczenia w czymkolwiek. A wszystko to nieustanną, podziemną pracą, dążeniem ku temu, całego życia, od czasu do czasu sprawdzaną dramatycznymi, dramatycznie jawnymi działaniami w tym samym kierunku. Jakby to było zadaniem mojego życia: usiąść samemu przy stole, samemu, to znaczy w samotności, i donikąd się nie spieszyć. Nie mieć do czego się spieszyć.

Teraz można powiedzieć dwojako: to z lenistwa i ze strachu. Albo też dla innego celu i innej przyczyny. Teraz pierwsza jest zbyt prostacka. Teraz druga zbyt mętna. Bo nie jestem pewien, jakie by być mogły te inne cele i inne przyczyny.

2 lutego

O cokolwiek chodzi, tyleż argumentów za, ile przeciw. Okoliczności i chęci sprawiają, że raz jedne przeważają, raz drugie. W rozliczeniu ogólnym panuje idealna równowaga, czyli idealna obojętność. Nie możemy żyć oczywiście w pozycji głównego buchaltera. Ale ciągle za (dużo, mało). Nieporządek. Spieszymy się, żeby uporządkować. Nasze księgi nigdy nie są w porządku. Cokolwiek jest – jest tylko lokalnym i chwilowym wybrzuszeniem, czyli, z drugiej strony, wklęsłością. Potem się odbrzusza, wklęsłość staje się wybrzuszeniem i odwrotnie.

Można też spojrzeć inaczej: wszystko jest, tylko mnie nie ma. Wtedy uwaga na wszystko, tylko nie na „mnie". Nie jestem całkiem pewien, że wszystko też jest. Ale stopień prawdopodobieństwa w tym wypadku jest większy.

Jedno jest raczej pewne niż niepewne: wszystko się niweluje, kompensuje, znosi. Trudno w takiej sytuacji o namiętności i wysiłki. Raczej skłonność, żeby swoją głowę uznać za kocioł, który nosi się na ramionach, a w tym kotle bulgoce coś i się warzy, ale niezbyt tym należy się przejmować, ponieważ to kocioł.

Pozostaje hipoteza, czy raczej pobożne życzenie, że zasadnicza sprawa nie dzieje się w kotle-głowie, ale w innym jakimś centrum. Może w okolicy żołądka, może w mostku (?). Czasami wydaje się blisko, czy też ja temu bliski, w każdym razie obecność, nie tylko istnienie tego, zdaje się stwierdzona. Jednak to tylko chwila jak inne. Jeżeli się powtarza, to nigdy tak samo.

Powyższe uwagi, jak zwykle, mają zmierzać do wniosku. Wniosku nie będzie.

3 lutego

Pochwały i nagany mnie udzielane są niebezpieczne, bo tak czy inaczej mnie utwierdzają w moim bycie najmniej już atrakcyjnym (persona w personie). Szczególnie pochwały są utwierdzające i balsamujące.

Jednak zauważyć należy, że zaskakujące, jak ludzie nas widzą. Siedzimy w domu i nam się wydaje, że co się w nas dzieje i dokonuje, wiadome jest tylko nam. Jednak skutki nosimy widocznie na twarzy, gdyż komentowane są – w takiej czy innej formie i jakże celnie – przez osoby nawet takie, które nie mają żadnego dostępu do naszego wnętrza, przypadkowe, odległe. Wniosek – musi to tylko czysty ogląd być. My tracimy dziesięć lat na jakichś procesach wewnętrznych, a okazuje się, że skutki tych dziesięciu lat sygnalizują się jakoś prosto i natychmiast naszym bliźnim, nawet przelotnym.

Wszystko jest, tylko mnie nie ma. To „wszystko" występuje pod postacią sytuacji. Panem sytuacji zostaje się, kiedy jest się jej sługą, a przynajmniej inteligentnym świadkiem, świadomym uczestnikiem.

Wstrętnawy i irytujący stał mi się Proust po dwudziestu latach. Jest coś paskudnego w tym, że trzeba go jeść jak leci, jak się podaje, żreć go z kośćmi i włosiem, żeby zjeść i pożywne, bo nic nie da się wykroić ani oddzielić. Może kiedyś, kiedy jego odkrycia, czy też zapisy i opisy po raz pierwszy dokonane w ogóle, budziły entuzjazm, którego teraz nie rozumiem.

Ale czy to nie jest przy okazji wyjaśnienie, dlaczego dwadzieścia lat temu byłem przed nim na kolanach, a teraz siedzę i czasami doznaję żywego niesmaku? Dwadzieścia lat temu też był dla mnie rewelacją, jak pięćdziesiąt lat temu dla wszystkich. Od tego czasu pożyłem, poczytałem, pomyślałem. Trudno o rewelacje.

Może również: wtedy Proust wymykał mi się jako osoba. Ja nie miałem żadnego stylu, i każdy, kto go miał, istniał, kiedy ja nie istniałem. Dzisiaj odczuwam Prousta jako człowieka i ten człowiek jest mi głęboko antypatyczny.

4 lutego

Odkopałem grób, w którym stare roczniki dziennika, listy i zapiski luźne. Czego chciałem, żywić się własną padliną? Oczywiście miałem złudzenie a priori, że to nie padlina, tylko doświadczenie w dokumentach. Okazało się, że padlina. I zaraz zamknąłem grób z powrotem.

Potem mała sesja z udziałem jacka daniel'sa. Ale skromna, gdzie mi tam już do półbutelek niegdyś wypijanych przy takich okazjach.

Nie ma już wątpliwości i trzeba *se rendre à l'évidence*[1]. Całe życie emocjonalne, czyli całe życie, łącznie z mniej dramatyczną tkanką wszystkich myśli, stanów i nastrojów, okazuje się nicością, a wszelkie w nie inwestycje – inwestycjami w nicość. Od dawna już to podejrzewałem, czasami wiedziałem, ale przychodzi czas, kiedy ta wiedza gości już na stałe. Nie ma już sensu z nią dyskutować. Taki jest fakt, taki stan moich rzeczy. Co z tym zrobić?

Przede wszystkim nie narzekać z tego powodu. Narzekanie było na swoim miejscu kiedyś, kiedy proces dopiero się zaczął i toczył. Teraz jest już po wyroku i trzeba urządzić się w nowym świecie. Trzeba zmienić znak postawiony przy wartości, komentarz, interpretację zjawiska, czy raczej stanu rzeczy, bo raczej stanem rzeczy niż zjawiskiem bym to nazwał.

Walczyłem kiedyś z tym, co jest stałe, nieubłaganie takie samo, ze zdolnością zdawania sobie sprawy, *basic consciousness*[2]. A raczej niezbyt dobrze jeszcze wiedziałem o jej stałej obecności. Utożsamiałem się raczej z fazami scenariusza, ale mi się to nie udawało, bo taka sztuka nigdy i nikomu naprawdę nie może się udać. Nawet najbardziej pijani nie są jeszcze całkiem pijani i podwajają wysiłki, żeby się jeszcze bardziej upić. Mussolini musiał coraz bardziej mussolinować, jak teraz Georges Marchais musi być coraz bardziej Georges'em Marchais – używam tych przykładów, bo TV działa na moją wrażliwość wizualną i Georges'a Marchais widuję dosyć często.

Inaczej mówiąc, życie polegało przede wszystkim na ucieczce. Na uciekaniu, w trwodze, od podstawowej niezmienności, trwałości tego, co trudno nazwać, ponieważ to jest jedyne i ostateczne (jak już pisałem kiedyś, jedyny dostępny nam absolut), jest jakby dnem oka czy najdalszym zakamarkiem mózgu, to nie może być nazwane, ponieważ to ono nazywa, ogląda, słyszy, jest jedyne i nie ma żadnej równoległej a równorzędnej, bliźniaczej instancji, z którą mogłoby się przerzucać nazwami i oglądać się wzajemnie. Oczywiście, myślałem, że uciekam raczej od swojego Chochoła (persona), i przy okazji tak było, uciekanie od Chochoła jest zresztą prawym

[1] *se rendre à l'évidence* (franc.) – sobie to uświadomić
[2] *basic consciousness* (ang.) – elementarna świadomość

zajęciem. Ale nie wiedziałem, że uciekając od Chochoła – uciekałem z Chochołem, z przyczyną mojej ucieczki w objęciach.

Zgoda, słusznie Chochoła się bałem, choć nieefektywna – nie mogła być inna – była moja przed nim ucieczka. Ale to nie był strach zasadniczy. Najbardziej się bałem (i chyba dalej boję) owej ostatniej ściany, owego absolutu. Paradoks, niby głodny byłem absolutu zawsze, ale kiedy mi się ukazał, popłoch.

Właśnie – ostatnia ściana, ostatni zakamarek mózgu. Od tego powinno się zacząć przestawianie pojęć. Jest on ostatnim w chronologii wydarzeń mojej podróży, w geografii moich doświadczeń. Ale nie ulega wątpliwości, że jest on pierwszym. (*Primaire*, *originel*).

Następnie mogło mi się wydawać, że – jakżeż to nazwać, stara, podręczna denominacja – punkt X jest mną. Pomyłka, nie mylić punktu X z Chochołem. On z Chochołem nie ma nic wspólnego i wcale nie jest mną. Kim jest, czym jest, nie wiem, ale nie jest mną. Znowu przestawienie wartości.

Punkt X – nie ostatni, ale pierwszy:

– nie jest bynajmniej mną ani ja nim;

– *inevitable. Instead of fleeing in panic, stick to it.*

[nieuniknione. Zamiast uciekać w panice, trzymaj się go].

Co do Chochoła, a raczej co do pasma emocji i myśli, nie należy go ani zwalczać, ani się z nim (jakże już daremnie) utożsamiać. Nawet Chochoł przestaje być *the chief villain*[1] – on ma też swoje miejsce i rolę.

Szkoda, że tego wszystkiego nie umiałem zapisać bardziej efektownie, sprawniej.

5 lutego

Zanosi się na powódź, już widzę z moich okien statki i barki na Sekwanie, ukazały się wyżej od dachów sześciopiętrowych kamienic. Troszczę się o mój samochód, mój drogi samochód, który zostanie zniszczony w razie powodzi. Oto jakie jest prawo egoizmu i nie ma na nie rady. Wszelkie inne skutki powodzi przychodzą mi do głowy dopiero potem. Nudno i przykro podlegać takim prawom. Z tego prawa zdaję sobie sprawę, ale to wszystko, co mogę zrobić.

---

[1] *the chief villain* (ang.) – główny łajdak

Straszno i śmieszno (ponury to śmiech), że wszyscy są tak sądzeni, w ogromnej większości bez zdawania sobie z tego sprawy. (Co i tak nic nie pomaga, nawet jeżeli jest). Czego się spodziewać? Kolacja w rodzinie, mój teść, *stepmother of my wife*, *my sister-in-law*[1]. Jak to w rodzinie.

Potem sesja, już trzeci wieczór. Jack daniel's. Sen przepastny i sny obfite jak holenderska martwa natura. Ciężko.

Ciężko ostatnio. Jakieś wrzody w oczach.

Podczas sesji wnioski nieubłagane, rano gdzieś się podziewają. Tutor[2] i Chochoł rechocą zwycięsko. Malec prowadzi swoje życie i duch mój, duch zasadniczy, błąka się między nimi wydziedziczony, bezradny.

Zaś artysta – gdzie on? Co będzie, skoro coraz trudniej mi interesować się artystą, a co dopiero z nim się utożsamiać, czasami chociaż?

Trzeba złożyć zeznanie podatkowe.

Do schronu.

Oto jak wygląda sytuacja.

6 lutego

Pod pozorem pilnych spraw przestaję wychodzić z domu. W domu zajmuję się pracami bynajmniej nie pilnymi, wynajdując pilne pozory.

State College jakby.

Może wszystko się bierze z tego ni to ssania, ni to pustki, z tej ssącej pustki w głowie, która może mieć przyczynę całkiem fizjologiczną, biochemiczną. Czasami pojawia się ona (teraz) i staje się trudna do zniesienia. „Neurasteniczny kask"? Jakieś specyficzności ciśnienia? Paraliżuje wszelką zdolność myślenia, ale nie zabija świadomości, że tej zdolności brak. Uciążliwa tępota i świadomość tej tępoty.

Co będzie, kiedy nieochota do pisania, niezainteresowanie niczym, między innymi – jeżeli nie przede wszystkim, „kulturą" – występuje, a czasami, skokami, się pogłębia? Nie może być inaczej,

---

[1] *stepmother of my wife, my sister-in-law* (ang.) – macocha mojej żony, szwagierka

[2] *tutor* (ang.) – guwerner, nauczyciel

skoro wiedza, że szukać już nie ma czego, tak się utrwaliła. Trzydzieści lat temu czytanie było łapaniem za nogi tajemnic, które potem – tego było się pewnym – miało się posiąść osobiście. Pisanie było zgłębianiem, wypróbowywaniem siebie, jakoś nieznanego, przez to atrakcyjnego. Teraz ani już szukać nie ma czego, ani po co. Ani czytanie, ani pisanie nie wydają się czymkolwiek innym, jak tylko czytaniem i pisaniem. Jeszcze jedno uciążliwe zajęcie. Nie przejmowałbym się tym, gdyby nie to, że pisanie mnie żywi i daje mi legitymację.

Niebo – od ilu już tygodni? – tak ciężkie jak ołowiana pierzyna na moim mózgu.

Projekt – jeszcze jeden: *Je suis las de devenir. Cesser. Se réduire. Cesser de gonfler les projets, les rêves, les souvenirs, les émotions et toutes les pensées qui les soutiennent. Las de devenir. Devenir toujours en vain. Devenir ceci ou cela pour se reformer tout de suite après, recommencer tout de suite le travail dont le résultat detruit les intentions aussitôt que obtenu. Tendre vers la disparition. Elle-même n'est pas possible avant son temps, mais l'excès de l'expansion est – peut-être – possible.*

[Jestem znużony stawaniem się. Przestać. Redukować się. Przestać wyolbrzymiać projekty, marzenia, wspomnienia, emocje i wszystkie myśli, które je utwierdzają. Znużony stawaniem się. Stawaniem ciągle na darmo. Stawać się tym czy tamtym, aby natychmiast potem się zmienić i zaraz na nowo rozpoczynać pracę, której rezultat niweczy zamysł, gdy tylko zostanie uzyskany. Dążyć do zniknięcia. Ono samo może się wydarzyć tylko w swoim czasie, ale przesada w ekspansji jest – być może – możliwa].

7 lutego

Tym bardziej że i tak wszystko wróciło do punktu zero. Robiłem, co mogłem, żeby uniknąć cykliczności, ale nie dało się. Fazy zawsze te same. Niezadowolenie – wzmożenie dyscypliny – zadowolenie – zadowolenie z zadowolenia i początek nudy – potrzeba, żeby coś zrobić (*thrills*), a że pamięć o nędzy, kiedy się żyło byle jak, jeszcze żywa, więc szuka się ich (*thrills*) w zwiększaniu dyscypliny, która ma przynieść jeszcze większe, nie znane dotąd zadowolenie (*thrills*). Wtedy wszystko trzaska, wypijam butelkę, idę na miasto (rewolucja anarchistyczna, nihilistyczna). Budzę się z kacem i znów mam skromne potrzeby – usunąć znowu to podstawowe niezadowolenie, w które się z powrotem stoczyłem. Cykl zaczyna się od początku.

Jedyna konkluzja: kiedy przesada w cudzie, grzech dostaje furii i demoluje cały domek.

Kolacja w charakterze orgiastyczna, choć w gruncie rzeczy (przebiegu i skutkach) całkiem niewinna, u Balzaca[1]. Przedtem pijany na wieczorze polsko-szopenowsko-norwidowskim, recytacje, deklamacje. Osób ze trzysta, a nikt nie wiedział, że nie polskość żadna mnie tam przywiodła, tylko jack daniel's. Wypiłem nie tyle, ile trzeba, siedzieć w domu pijany nie mogłem. Więc tam poszedłem.

Dzisiaj subtelnych rozważań nie będzie.

8 lutego

The point of no return?[2] Czy tak samo, czyli jeszcze bardziej? Z wyjątkiem jacka daniel'sa, już który wieczór z nim spać się kładę? I kto wie, czy już z nim nie wolę niż z nimi. Nieswojo mi na tę myśl: czy to możliwe, żeby nawet one przestały mnie interesować?

A jednak rozglądam się za rozrywkami (*diversions*). Gdybym się nie rozglądał – nie garnąłbym się do daniel'sa.

To prawda, owe zarzuty, które wczoraj tak gwałtownie mi przedstawiono. *La fête* – ja i *la fête*, nie, ze mną fety nie ma i chyba już nie będzie.

Sytuacja. Zawsze mała, bezpośrednia, dana sytuacja, której nie oświetla żaden projekt, czyli żaden apetyt. Oraz świadomość.

To wszystko prawda. Ale ja prawdy już się nie boję i nie zamierzam sam się nią obrzydzać. Niech się obrzydza mój Chochoł.

Nudźmy się więc, jeżeli taka jest prawda.

Dylemat: jak można żyć, kiedy apetyty są już za słabe, żeby jakiekolwiek przedsięwzięcie, duże czy małe, nie przedstawiało mi się inaczej, jak tylko jako jeszcze jedna uciążliwość? Kiedy nad

---

[1] Restauracja Pierre'a Gagnaire'a w hotelu Balzac w ósmej dzielnicy Paryża (6 rue Balzac).

[2] *The point of no return?* (ang.) – Punkt, z którego nie ma powrotu?

pożądaniem jakiejkolwiek pani przeważa nuda jej obecności, tego, co ona powie i zrobi, co będzie tak już znane i nieciekawe? Trudno wtedy o nowe znajomości, a stare – i słusznie – już są mną znużone. Muszą być znużone, skoro żaden entuzjazm, żaden zapał nie da mi rady.

Ciężko było przez cały dzień. Dopiero przed chwilą, a późno już jest, ulżyło mi, bo przyszedł do mnie koncept przestrzeni.

Piekło to esencja klaustrofobii. Skamienienie wszystkiego. Poszczególne bloki rosną, aż wszystko zostaje razem zabetonowane i nie ma już przestrzeni.

Wtedy, ewentualnie, użytek z dynamitu. Rewolucje i eksplozje. Wybuchy powstają w związku z zabetonowaniem.

Starzenie się sprzyja betonowaniu. Ja sprzyjam betonowi w mojej głowie.

Płynność i niestałość, niepewność i dwuznaczność wszystkiego – tak przerażająca i męcząca, może też nie być taka, jeżeli odczuta jako konsekwencja przestrzeni.

Od duchoty staram się wyzwolić przez bieganie od jednego bloku do drugiego. Tulenie się to do jednego, to do drugiego. Sporo mojego procesu, zapisanego tutaj, można od tej strony zobaczyć (jak można też od innych).

Jak zwykle: ja kontra rzeczywistość. Staram się być po stronie rzeczywistości.

9 lutego

Pomysł dobry. Ale jak wszystkie pomysły – działa tylko na chwilę. Dobre i to.

Prawdziwy neurastenik uśmiałby się z moich kłopotów. Gdyby się dowiedział, jak głęboko i solidnie sypiam. Zresztą uśmiałby się z moich kłopotów także prawdziwy chory, opuszczony i biedak.

E. donosi o końcu kolejnego jakby małżeństwa.

Za chwilę mam wyjechać do Stuttgartu. Wyrwanie ślimaka ze skorupy. Ślimak się stara, aby skorupę zabrać ze sobą.

Tel. od Y. Czy to prawda, że od pewnego czasu i jej listy, i głos wskazują na zmianę – zanik owej wojowniczości, a pojawienie się prostoty, miękkości jakby, przyznanie się do bezbronności, czyli do prawdy naszej? Jeżeli tak, tym bardziej do niej jestem przywiązany.

Ano, może minął ten tydzień, przeszło tydzień, kiedy moce obróciły się w zło i mnie gniotły. Ostatecznie przesadnych szkód nie pamiętam, poza czasem utraconym. Ale i wiedza większa.

Pakuj się w podróż. Pakuj swoją skorupę.

11 lutego

A teraz ją rozpakuj, bo już wróciłeś.

Sekwana mniejsza. Świadomie ta uwaga. Głowa jest jak izba – można w niej postawić to czy tamto. Trumna zajmuje w niej tyle samo miejsca co kołyska, kufer ze złotem tyle co stare gazety. A miejsca jest tylko tyle a tyle. Izbie jest wszystko jedno, co mieści. Głowa jest jak ekran (zwłaszcza moja jak ekran), na nim obraz wyświetlony, kiedy obraz Sekwany – nie ma miejsca na inne. O ile ważniejsze.

12 lutego

Niespanie.

13 lutego

Już wyspanie, ale z tego też nicniewynikanie.

Gunga Din[1] po dwudziestu latach. Czy to było kino Świt[2]?

Do Ameryki jechanie. Sztuki teatralnej pisanie. Kiedy umysłem dociskanie, żadne osiąganie. Granic przekraczanie (wychodzenie z siebie) na nic, mną w granicach pozostawanie, byle tam, u nich, zobaczenie okiem innym nie nudy i golizny, ale czegoś więcej, bo chyba dużo jest, a czego nie znam.

Paryż w dużym śniegu. Stanisław Dygat nie żyje[3].

A toczy się, a walcuje i pogrąża. Do Polski jechać, panowie.

---

[1] *Gunga Din* – amerykański film przygodowy w reż. G. Stevensa z 1939 roku.

[2] Kino na Osiedlu Teatralnym w Nowej Hucie, otwarte w 1953 roku.

[3] Pisarz Stanisław Dygat zmarł na atak serca 29 stycznia 1978 roku.

Pisać można tylko dla siebie. A siebie już nie ma, przynajmniej na tyle, żeby warto dla niego pisać. Z tego wynika, że już pisać nie można.

Czy walczyć jeszcze, galwanizować trupa, udawać żyjącego, czy też przyznać się, przystać do Hunów oblegających, przerobić ich na swoich ludzi?

Epitafium na moim grobie: „*He almost did it*”[1]. To „*almost*” jest upokarzające.

A jednak w okresie dezolacji napisałem ze trzy sztuki (w tym *Emigrantów*), które okazały się żywe. Tak, ale to była żywa dezolacja. Już mnie na taką nie stać.

Mam przeczucie, że nie ma sensu się bronić. Nuda, nieżywość, oddalenie – to wszystko coś oznacza. I nie zdarza mi się bawić w starą zabawę. Najwyżej zdarzają mi się, rzadko, powroty nadziei, że jeszcze mogę się w nią bawić. A raczej: postanowienie, że jeszcze umiem, że jeszcze w nią bawił się będę, że jeszcze taką nadzieję będę miał.

Czas na zmianę zabawy. W starą już nie mogę, ale co do nowej – jej nie widzę, nie znajduję. Nie mam żadnego projektu zabawy nowej. Nic w starej na nową nie wskazuje. Z tego wynika, że powinna to być zabawa totalnie nowa.

Proust nic mi tu nie poradzi. Przeczytałem, nieraz nienawidząc, już te trzy tysiące stron prawie, tylko przecież po to, żeby dojść do końca, gdzie rada. Ona nie dla mnie, ta jego rada. Nie jestem dzieckiem przeszłości jak on, przeszłość mnie brzydzi.

Stan ducha – nie ma go, zdrowego, bez relacji ze światem rzeczy i zdarzeń, a ona u mnie nie wiadomo jaka. Dopóki tej relacji nie uporządkuję, jakkolwiek, nic nie poradzę.

Powraca więc przemyślana już zasada: „wszystko jest, tylko mnie nie ma”. Czyli szukanie, zastanawianie się, nie nad stanami ducha „jako takimi”, lecz wyłącznie operowanie w świecie zdarzeń i rzeczy. Nawet kiedy duch skowycze z nudów i o coś się dopomina.

[1] *He almost did it* (ang.) – Prawie mu się udało.

A więc jednak rodzaj heroizmu. Żadnej metody ułatwionej, żadnego *Spanish when sleeping (learn it)*[1]. Kiedy nie da się od głowy – od ogona. Kiedy komplikacja – przeżyć bez zawiłości, zacząć od największej prostoty. To właśnie jest najtrudniejsze.

14 lutego

Co natomiast jest najłatwiejsze, to gawędzić. Sposoby wymyślać i pomysły mieć. Głupota wielka. Dobrze mi w tej głupocie. Gdzie ja pociechę znajdę, jak nie w niej?

Instytucja spowiedzi, krzyża – jako temat.

Simenon powiada, że spał z 10 000 kobiet. Dlaczego nie przeliczy ich na tony? Przyjmując, dla ułatwienia, że każda kobieta waży 55 kilo. Ale sprzedał 400 milionów sztuk swoich książek. Ja najwyżej ze 40 tysięcy.

Wywiad organizuje klasztor (już było). Szpieg podszywa się pod księdza. Szpiega szkolą na księdza, aż szpieg zostaje księdzem z przekonania.

A co z *Pieszo*[2]? Niezdecydowanie, ani to sztuka historyczna, ani akcyjna, ani teraźniejsza. S.I.W.[3] – samobójstwo, a młody, Syn w życie idzie.

Spotkanie mnie młodego ze mną starym. Co mogą sobie powiedzieć? S.I.W. udowodni młodemu, że żyć nie ma po co. Ale młody: cha, cha.

Nauczyciel obejmuje rolę ducha? Kiedy tata o… on po angielsku: *„I doubt it". „Mon plaisir", mon plaisir – ce n'est plus ni avoir, ni atteindre, ni, moins encore, conquérir. Comment donc vivre?*

[„Wątpię w to". „Moja przyjemność", moja przyjemność – to już nie jest ani mieć, ani dążyć, ani tym mniej zdobywać. Jak zatem żyć?]

Wypastowałem podłogę. Podłoga jest wypastowana. A praca? Jak tam praca?

---

[1] *Spanish when sleeping (learn it)* (ang.) – Hiszpański w czasie snu (naucz się go).
[2] *Pieszo* – dramat S. Mrożka opublikowany w „Dialogu" w 1980, nr 5.
[3] S.I.W. – Stanisław Ignacy Witkiewicz.

Jaka praca…

Czy rozpacz, depresja konieczne są (nieuchronne), nieodłączne od stanu, w którym jednocześnie jest się artystą?

A. Świat – mało mnie obchodzi, bo: ani go nie zmienię, ani sam się nie zmienię, ani nie potrafię (nie potrafię, bo już nie mam ochoty, czy nie mam ochoty, bo już nie potrafię?) w nim zająć wybitnego miejsca.

B. Ja sam – to samo, co powyżej, odnosi się do mnie.

C. Kobiety – to samo, ponieważ punkt A i punkt B.

Więc co i jak tu pisać?

Poszukiwanie nie sensu bytu w ogóle, ale mojego własnego. I nie w sensie *finality*[1], tylko w sensie *privities*[2].

Stan obecny: składam się z wielu. Różne dochodzą do głosu, zależnie od okoliczności. Wyliczać je? Mniej więcej wiem.

Ja – tutaj chodzi o mnie „widzialnego". Z materii i sił. O moją poszczególną organizację materii.

Small picture i *big picture*[3]. *Small picture* – ludzikowie, moi malcy, mają przewagę nad moimi ludźmi, moimi gigantami. Ich dziedziną jest *immediate*[4]. Giganci istnieją tylko w projekcie, wyobraźni, do której mam słuszną skądinąd nieufność.

Pytanie: skruszyć się (w sprawie wyobraźni, projektu) i przyznać, że *big picture* i ludzie (jeżeli nie giganci) – to ważne? Ważniejsze od *small picture* i ludzików? Już mi się pomyślało, że bez hierarchii, bez *hierarchy motion*[5] nie damy rady. Ani na świecie, ani u mnie.

Próbowałem pomyśleć, że można zaufać temu *what I really like*[6]. Ale który „*I*". Ludzik, który akurat chce sobie zapalić fajkę, czy większy od niego osobnik, niepalący dla zdrowia, oczu, gardła i ogólnej *brilliance and clearness*[7]? Ten drugi istnieje tylko w wyobraźni, tym samym – nie jest.

[1] *finality* (ang.) – ostateczność
[2] *privities* (ang.) – znajomości
[3] *small picture* i *big picture* (ang.) – obrazek i obraz
[4] *immediate* (ang.) – to, co bezpośrednie
[5] *hierarchy motion* (ang.) – ruch hierarchii
[6] *what I really like* (ang.) – co naprawdę lubię
[7] *brilliance and clearness* (ang.) – świetności i czystości

Awareness – that is fine, no special problems with it. But the old questions: why I should choose that and not that (and choosing = doing) space being, of my temporal body – remain. Awareness is helpless and not in the least capable of offering any preference. It is just its essence – the impartiality.

Think about it.

[Świadomość – ona jest świetna, żadnych z nią szczególnych problemów. Ale stare pytania: dlaczego powinienem wybrać tamto, a nie tamto (a wybieranie = robienie) bycie w przestrzeni mego czasowego ciała – pozostają. Świadomość jest bezradna i wcale niezdolna do zaoferowania jakiejś preferencji. Taka jest właśnie jej esencja – bezstronność.

Pomyśl o tym].

15 lutego

Tylko kiedy? Za chwilę na Gare du Nord. W niedzielę do Kolonii, a za tydzień do N. Jorku. Omal nie pojechałem też do Afryki.

Sztuka (*une pièce*) – Teatr Polski? – Film – SDR[1] – projekt, scenariusz – kiedy?

Teatr marionetek, dookoła teatru marionetek, w teatrze marionetek. Ekspresjonizm i *Dr Mabuse*[2].

Spóźnisz się na Gare du Nord.

Nie znoszę porannego pośpiechu. Ale jakie wynika z tego stwierdzenie?

Czasu mi trzeba.

Niechże się więc pogłębia i poszerza – ten stan, w którym nic szczególnie nie porusza, w którym nic szczególnego się nie chce. Nie będę się sprzeciwiał, na to nie ma sposobu, a może coś on oznacza i może coś z niego wyniknie. Zwiastowany już od lat, od jesieni tak się uzupełnił, że prawie ciągłość stanowi. Czasami zmienia się aż jego jakość, z gniotącej, bolesnej nudy przechodzi w spokojną uciechę, że trwa coś, czemu nic nie da rady, coś samo w sobie i koniec.

1 SDR – zachodnioniemieckie radio i telewizja Süddeutscher Rundfunk.
2 *Dr Mabuse* – niemiecki film sensacyjny w reż. F. Langa z 1922 roku; jedno z arcydzieł ekspresjonizmu.

Nareszcie coś pewnego i swojego – na moją skalę, która mała, ale skądinąd dla mnie wszystkim.

Ot, i dzisiaj. Jestem świadomy wszystkiego, co się wyprawiało przez cały dzień prawie, ale to jakby nie ja. Nietknięty jestem. Chętnie wróciłem do moich drobiazgów, do mojej małej rutyny, na którą skądinąd tak się skarżę. I tylko pytanie: czy tak już będzie i co z tego będzie?

Nieoczekiwanie tylko – wzruszają mnie głęboko naiwne, stare filmy oglądane w TV.

Większość z nas tyle zaledwie posiada wyobraźni, inteligencji, żeby przedstawić sobie przedmiot swoich namiętności. Rzadziej samą namiętność, jeszcze rzadziej przestrzeń, w której te namiętności się dzieją.

W tym dzienniku coraz mniej zdarzeń, coraz więcej myśli, czyli abstrakcji. Proust byłby ze mnie zadowolony. *Dégager l'essence des faits*[1]. Ale nie jestem przekonany, że *les lois générales* to *l'essence*[2].

Nie ekonomia, ale wyobraźnia rządzi światem, mój ty głupi Marksie. Nawet żeby zrobić dobry interes, trzeba go sobie najpierw wyobrazić, wyobrazić sobie swoje pożądanie zysku etc.

17 lutego

Jack daniel's. Nie musiałbym był, gdyby nie niemożność pisania. Ta frustracja przeważa i tracę moją jaką taką równowagę. (Jeżeli alkoholik potrzebuje wymówki). Fajek około piętnastu. Lewe oko skacze.

W dalszym ciągu wszystko zależy od tego, kim jestem. W trudzie domyślam się tego coraz bliżej, mimo wszystko. Da się to powiedzieć w jednym zdaniu, ale to nie jest wiedza. Wiedza na ten temat jest bardzo trudna, a kiedy teoretyczna – niczym nie jest.

Jest to najważniejsza wiedza, więc nie ma ważniejszego zadania, niż nad nią pracować. Nic dziwnego, że nie mogę pisać. Mam nadzieję, że kiedy z nią się uporam (?), odzyskam zdolność pisania.

Dwa gwałtowne listy o sobie, do jakże różnych adresatów – E. i Jurka D. Na podstawie tego błysku wiedzy, jaki uzyskałem wczoraj,

---

[1] *Dégager l'essence des faits* (franc.) – Wydobyć istotę faktów.

[2] *les lois générales* to *l'essence* (franc.) – prawa ogólne to istota

i za przyczyną, i wbrew mojemu współpracownikowi, „Jackowi Danielsowi", te listy są nieuczciwe, ponieważ pisane wyłącznie przeze mnie *temporel et spatial*[1]. Ale je wyślę, mimo wszystko.

Pracuję nad uzyskaniem „jednego stałego punktu we wszechświecie" – czyje to wołanie? Jakiegoś filozofa.

Pomyłka programu od 15 listopada: był to program oparty wyłącznie na mnie, *spatial et temporel*. Program słuszny, ale za mały. Tego, czego ten program nie objął, nie da się zapomnieć. Kiedy uzyskam wiedzę ową, zmieni się stosunek – czyj? – mojego *spatial – temporel* do niego samego. Przestanie być quasi-nienawistny. Obecnie on podejrzewa swoją marność, oskarża się, że jest tylko *spatio-temporel*. Kiedy zorientuje się, że taka jest właśnie jego natura i że nie jest sam, wtedy się uspokoi i zacznie funkcjonować w zgodzie ze swoją naturą. Przestanie aspirować do tego, co nie jest jego naturą, do czego nie jest powołany, czego nie może.

18 lutego

Chyba byłem jeszcze pijany wczoraj, pisząc tak solennie. Pijany ksiądz odprawia mszę. Dzisiaj za to jestem doszczętnie głupi – głupotą drugiego dnia.

Prawidłowość toczy się dalej. Bęcwały z szóstego piętra łupią w hi-fi, ja z fajką i kawą – trzy ostatnie dni toczyły się i przetoczyły, niczego nie ucząc, poza zmęczeniem dalszym i obojętnością w sprawie niegdyś tak mnie obchodzącej, nowa się zbliża, która też niczego nie nauczy. A za tydzień do N. Jorku. I tak przemijamy. Niezmiernie głupi list od mojej siostry. Wypaczone, nie wyznane, a najprostsze instynkty i pragnienia zdają się cechą inteligencji, lecz miernej. Do niej moją zaliczam.

Obskurny felietonik w „Szpilkach"[2] – szydzący ze snobizmu i gry w pewien styl panujący w Zakopanem. Wolę już ten styl i w niego grających niż to „wyższe piętro". Ta niby nadświadomość jest jeszcze obrzydliwsza.

A teraz do pralni. Przynajmniej coś uczciwego.

---

[1] *temporel et spatial* (franc.) – czasowy i przestrzenny

[2] Stałym felietonistą „Szpilek" w tym czasie był Jerzy Urban, nie jest jednak jasne, który tekst mógł mieć na myśli Mrożek; np. w numerze z 12 II Urban ogłosił tekst pt. *Pokłady wstydu*, traktujący o rewolucji seksualnej.

21 lutego

Proust przeczytany.

Klęska T. Manna (*Czarodziejska góra*) i zwycięstwo Prousta (*À la recherche*[1]) w tej samej sprawie: czas jako *materia prima*. Mann to pisał o czasie z zewnątrz, P. – od wewnątrz. Mann – bo układał swoją opowieść. P. – bo opowiadał.

Zgoda z P.: jedyną rzeczywistością jest ta, która we mnie, w innych (Jung: *L'individu comme le seul porteur de la réalité*[2]). Tym tłumaczy się pokraczność rzeczywistości zbiorowej: polityka, stosunki towarzyskie, nawet miłość. Wszystko, co zbiorowe, musi być nieudane, bo jest udane. Pomyłka, szaleństwo zwracania się ku „rzeczywistości" zbiorowej.

Pomyłka, szaleństwo, nuda porażki – kiedy siebie pojmujemy jako *entité*[3] – od urodzenia do śmierci.

Szansa i odkrycie *moi – extratemporel*[4].

Szaleństwo/pomyłka akcji (*pour l'avenir – courrir à la tombe*[5]) – szansa akcji = kontemplacji.

22 lutego

Pokraczność, nieudaność „rzeczywistości" zbiorowej a „gęba" Gombrowicza. (To znaczy, że co?).

Przesada Gombrowicza z jego „życiem dla drugiego".

Un obsédé qui voudrait voir dans son obsession une règle universelle. Une règle générale: une règle générale est nécessairement fausse.

[Maniak, który chciałby widzieć w swojej obsesji zasadę uniwersalną. Zasada ogólna: zasada ogólna jest w sposób konieczny fałszywa].

Potrzeba, konieczność podręcznego sposobu. Dobry jesteś w wymyślaniu formuł, bo to należy do twojego nawyku i potrzeby. Potrzeba stworzyła nawyk formuły. Ale w polu na nic formuła. Tu potrzebny jest prosty, poręczny sposób.

---

1 *À la recherche du temps perdu*; tyt. pol. *W poszukiwaniu straconego czasu*.

2 *L'individu comme le seul porteur de la réalité* (franc.) – Jednostka jako jedyny nosiciel realności.

3 *entité* (franc.) – byt

4 *moi – extratemporel* (franc.) – ja – ponadczasowy

5 *pour l'avenir – courrir à la tombe* (franc.) – na przyszłość – biec do grobu

I pisząc to, już wiem, że lepiej by mi zrobiło nie pisanie tego, ale załatwienie paru drobnostek, które wiem, jak załatwić, ale nawyk błędu mnie trzyma, mimo że jestem tego błędu świadomy. I tu jest pies pogrzebany, pies, z którym nie mogę dać sobie rady. Potężny, złowrogi, zbutwiały pies.

Telefon od P.R. To gorzej niż wyskrobana miska. To miska wyskrobana już tyle lat temu, nigdy potem nie umyta. Nie tylko pożywienia w niej brak. Gdyby była choć pusta, pusta jest i brudna, odrażająca, pustka minus.

Wieści o Y. Chora i rozdrażniona. Z mieszkaniem też nietęgo. Powstaje przypomnienie szarpania małego, wyczerpującego, niszczącego.

Ale: Tak jest, jak jest.

Czego oczekuję od P.R. i czy do NY jadę, oczekując tam zbawienia? Więc tym się nie przygnębiać. Wszystko, co nudzi, męczy, grozi i przestrasza, czyni to, czyni tak, ponieważ oczekuje zabawy, odpoczynku, pocieszenia i ufności. Owszem, ale od kogo, skąd, szaleńcze? Nie stąd, nie od tego, nie z tej strony.

Więc *don't put the blame on it, on that what is blameable and guilty only if you submit it to your arbitrary, totally gratuitious laws and requests.*

[...nie zrzucaj winy na to, co jest godne potępienia i winne, tylko wtedy gdy podporządkujesz to swoim arbitralnym, całkowicie bezzasadnym prawom i prośbom].

Owszem, szukaj odpoczynku, żywości, pocieszenia i ufności, ale nie tam, gdzie ich być nie może. Zastanów się, zastanów.

Zastanowić się to jeszcze nic. *But to act accordingly...* [1]

Za następnym zakrętem, na następnym przystanku, jutro.

Że to nieprawda, wiem o tym od tak dawna, że wstyd jeszcze raz powtarzać.

A raczej wstyd, że wiem, ale nic z tego nie wynika. To znaczy – nie robię użytku z tej wiedzy.

Ludwik miał rację, teraz to rozumiem: jestem wciąż piśmiennym człowiekiem.

[1] *But to act accordingly...* (ang.) – Ale dostosować do tego swoje działanie...

Czyniący człowiek a człowiek akcji (przedsiębiorca, *avvanturero*[1]). Odwlekanie – oto czym się zajmuję. (Zły użytek z przestrzeni umysłowej. A czy jest jakaś inna?)

Wracamy do miejsca, w którym powinien być klucz, a nie ma: kto, co sprawia, że jest „działanie"? Nie projekt ani wybór, ale „działanie".

Nie mówię o motywacji. To nie na tym poziomie. Motywacja mnie teraz nie obchodzi, a więc jej brak także mnie nie powinien martwić. Zresztą poza narzekaniem na jej brak nic więcej nie da się zrobić w tej sprawie. (Pomyśleć, to znaczy skomentować, aby usprawiedliwić? – Owszem).

Zazwyczaj jest to:

1) Motywacja (popychanie);

2) Projekt (przyciąganie);

3) Przyzwyczajenie (trwanie przy, w).

W każdym wypadku – założenie, że jest jakby przedmiot, bierny obiekt, albo popychany, albo przyciągany, albo przyklejony do *momentum*, które się powtarza.

Ale działanie wynikające z samego podmiotu? Ale co ma być tym podmiotem, kto? Przecież nie Chochoł. Chochoła nie bierzemy poważnie, nie chcemy nim być. Pracujemy właśnie nad odutożsamieniem się od Chochoła.

A już powiedzieliśmy sobie, stwierdziliśmy, że X nie jest działające.

Przypuszczenie: mają działać siły. Konsekwencje prawidłowe wynikają z prawidłowego odczytania układów. Więcej: z prawidłowych układów, z prawidłowości układów.

A więc założenie: istnieje prawidłowość, przedustawność układów, nie, dajmy spokój prawidłowości. Istnieją układy, należy tylko odczytać je prawidłowo i nie przeszkadzać konsekwencjom, czyli dalszemu ciągowi układów...

W każdym razie nie aktywność, tylko najdalej posunięta, wyostrzona bierność, *surfing*...

Hierarchia sił: na przykład siła przyzwyczajenia powinna ustąpić temu, co wynika z dynamiki układu (to ostatnie mętnie powiedziane, ponieważ mętnie pomyślane).

[1] *avvanturero* (wł.) – awanturnik, ryzykant

Co sprawia działanie? Kto? Nie mówmy o woli. To tylko ładne nazwanie przyciągania, popychania... Nie, wola jest zwietrzała, kiedy się otworzy okna, to wietrzeje natychmiast. Nie ma konsystencji.

Kto, co powoduje działanie?

Działanie z działania jest tylko rozpędem. Mnie chodzi o działanie w momencie jego narodzin, nieustające narodziny działania. Działanie, które uwolnione jest od rozpędu, linearności bezwładnej.

Prawdopodobnie chodzi mi o tworzenie. O coś, co raczej niż działaniem, właściwiej nazwać tworzeniem.

Kontynuacja fałszywa, wbrew naturze, oraz kontynuacja właściwa, zgodna z naturą, nieunikniona. Przywiązanie do kontynuacji fałszywej, wysiłki uprawiania jej (zawsze w końcu daremne) przyczyną frustracji.

Egzystencjalizm – ładnie. Człowiek jest wolny i wybiera. Ale co to takiego jest, ten człowiek?

Oni, ci egzystencjaliści, zdają się nie mieć co do tego najmniejszej wątpliwości. Człowiek i już.

Czyli moje pytanie: co działa?

Zresztą kto już dzisiaj pamięta o egzystencjalizmie, o strukturalizmie nawet. (Już nie zdążyłem się dowiedzieć, co to takiego. Przy egzystencjalizmie jeszcze byłem młody, jeszcze chciałem się dowiedzieć i jeszcze miałem do tego siły). Teraz są modni Palestyńczycy.

Odzyskanie możności pisania, raczej uzyskanie nowej, innej możliwości pisania. To właśnie między innymi odwlekam.

Czy nawet dnia, jednego dnia, nie potrafisz przeżyć? Jeden dzień, jednostka życia. Jeżeli już potrafisz ograniczyć się do momentu.

Pusta gadanina.

Are emotions closer to doing or thinking? I don't do anything much. I dream the word and think it, but never (almost) do it.

Which may be not too bad after all, provided you quit hankering after the doing. You give up the perverse pleasure of regrets, rewards, self-flagellation because of wanting and not getting because of not doing. Is that game of yours really so interesting?

No, it is not, but precisely that lack of attractiveness, that opposite of attractiveness makes the essential part of it. Of your game. It is ugly so you want to get out of it, but precisely wanting to get out of it and not doing that is your game. If it were attractive, you wouldn't wish to get out.

Then, see it as a sort of a game. The question is not how to play it, all modes of playing it will be brought eventually to the one, always the same. The question is if you want to play it or not. But you just cannot vow that you don't want to quit, that you want to play. A very sincere vow that you want to quit, that you do not want to play – necessary for the game itself – and then not quitting.

All of the above presupposes a sort of a single entity, that of yourself. It is just an approach different from the one that presupposes a lot of various, mutually independent persons in your household who prevail in turns.

Being or writing. All your life you have been rather writing than being. Writing is, has been, your way. Each time you would like to switch into being – your writing is in trouble. Can you save writing when being? You are craving for being now and again. You feel writing is not adequate to… not satisfactory anymore. But you are not sure. Writing seems to be your natural way, while being always looms as desirable because it is remote from you, almost impossible. Looming and luring. Writing has no more mystery; you have explored it, used it. Being is tempting, but you cannot get rid of writing, you just cannot tear yourself away from your mother.

What is possible, what is impossible? Is writing really impossible when being? How do you know, to know – you should first try to be in any consistent manner, in a sufficiently long and dense span of time, writing then… just to find out…

It means doing again. And all that boils down again to doing. But with doing itself, you have your problems. Is your lack of any theoretical understanding of what doing is, how it happens – the part of your game?

The words of the fortuneteller remembered: "There is something about you I don't understand: you do and do not want something at the same time" (Puerto Rico, 1970). That external observation validates my own internal remarks. But if that is so, can it be otherwise?

Again: I know what is me, but I do not know what acts. Worse – what writes.

I feel a need for cutting down all those complexities and subtleties. At this moment I do not know how to do that.

[Czy emocje są bliższe czynom, czy myśleniu? Niewiele robię. Marzę słowem i myślę nim, ale nigdy (prawie) nie wcielam go w czyn.

Co w sumie nie musi być takie złe, zważywszy, że porzuciłeś wzdychanie za robieniem. Porzucasz perwersyjną przyjemność żałowania, nagradzania, samobiczowania z powodu chcenia i nieotrzymywania z powodu nierobienia. Czy ta twoja gra jest naprawdę tak interesująca?

Nie, nie jest, ale właśnie ten brak atrakcyjności, to przeciwieństwo do bycia atrakcyjnym tworzy jej zasadniczą część. Twojej gry. Jest tak brzydka, że chcesz się z niej wydostać, ale właśnie chęć wydostania się z niej i nierobienie tego jest twoją grą. Gdyby była atrakcyjna, nie życzyłbyś sobie, aby się wydostać.

Tak więc patrz na to jak na rodzaj gry. Pytanie brzmi nie: jak w nią grać, wszystkie sposoby gry sprowadzają się ostatecznie do jednego, zawsze tego samego. Pytanie brzmi: czy chcesz w nią grać, czy nie. Ale nie możesz po prostu przysiąc, że nie chcesz zrezygnować, że chcesz grać. Bardzo szczere przyrzeczenie, że chcesz zrezygnować, że nie chcesz grać – konieczne dla samej gry – a potem brak rezygnacji.

Wszystko powyższe zakłada rozumienie siebie jako swego rodzaju pojedynczej całości. To po prostu podejście inne od tego, które zakłada wielość różnych, wzajemnie od siebie niezależnych osób w twoim „gospodarstwie", które na zmianę dominują.

Bycie albo pisanie. Przez całe swoje życie raczej pisałeś, niż byłeś. Pisanie jest, było, twoją drogą. Za każdym razem, gdy chciałbyś przejść do bycia – twoje pisanie jest w kłopocie. Czy możesz ocalić pisanie, będąc? Tęsknisz za byciem tu i teraz. Czujesz, że pisanie nie jest adekwatne do… że nie jest już satysfakcjonujące. Ale nie jesteś pewien. Pisanie wydaje ci się naturalną drogą, podczas gdy bycie zawsze jawi się jako pożądane, ponieważ jest odległe od ciebie, prawie niemożliwe. Jawiące się i kuszące. Pisanie nie ma już w sobie żadnej tajemnicy; zbadałeś je, zużyłeś. Bycie jest kuszące, ale nie możesz pozbyć się pisania. Nie można po prostu oderwać się od własnej matki.

Co jest możliwe, co jest niemożliwe? Czy pisanie jest naprawdę niemożliwe w sytuacji bycia? Skąd wiesz, by wiedzieć – powinieneś najpierw postarać się być w jakiś konsekwentny sposób, w wystarczająco długim i gęstym odcinku czasu, pisząc wówczas... po to tylko, by się dowiedzieć...

To znowu oznacza robienie. I wszystko znowu sprowadza się do robienia. Ale z samym robieniem masz problem. Czy twój brak teoretycznego zrozumienia, czym jest robienie, jak się wydarza – jest częścią twojej gry?

Zapamiętane słowa wróżki: „Jest w tobie coś, czego nie rozumiem: chcesz i nie chcesz czegoś jednocześnie" (Puerto Rico, 1970). Ta zewnętrzna obserwacja potwierdza moje własne wewnętrzne spostrzeżenia. Ale jeżeli jest tak, czy może być inaczej?

Znowu: wiem, czym jestem, ale nie wiem, co działa. Gorzej – co pisze.

Czuję potrzebę, by ograniczyć wszystkie te zawiłości i niuanse. W tej chwili nie wiem, jak to zrobić].

Working project.

Means: a project that might work, a project of how to work (proceed).

Am I a smoker (the?) – Am I not a smoker? In this very moment I am not, not in the least, because I am not smoking. More generally, abstract-mindedly, I am a smoker because, I remember – I have smoked many times and there is room in the future for my smoking again. There is also a probability that the room will be filled, because the habitude, a habitude EXIST. How? In my memory a certain given set of proceedings is kept fixed, a certain attitude preserved.

Exactly – in my memory, in my mind. Plus a physiological want of nicotine in my body. That mode of being is like that of a ghost. A ghost that whines for realization, for a body.

Looked at him, I watched him wriggling there from the want of becoming, begging and threatening for it. I did not move finally, and he did not get it. Then he subsided. He is not the only ghost pushing for existence (becoming) in myself. They alternate. There seems to be room for a single one only on the forepart of my consciousness, only one spot, a begging-pushing position. They try to get one in front of the others. I am sure that particular one, the smoker, will find his way – through the crowd – to the pushing position again.

Now, I do not know how it happens. But it happens that a ghost may not receive the amount of something that causes becoming. Where does that something come from?

Well, let us say without being sure, without knowing for sure, but let us say it as a sort of a working image, a symbol or what… I do not care what it is, provided that it works. And it works in this case.

That something causing the ghost to become realities, that becoming force, agent or capacity comes from that nothing that I feel – that sometimes I can't stand, I am afraid of – in my throat and head when breathing. From there my successive persons appear. Why do they die out after a short span of existence? Made of a temporary configuration of circumstances (no circumstances are permanent of course) they must die out and make room for a next one.

Obviously, some ghosts have to become realities. I neither pretend nor aspire to abiding in that pure and terrifying void I mentioned before. What should be the necessary amount of something that makes something become? I do not know, neither I know how that allowing or not allowing to become works, who or what, if anything or anybody is behind it. Let us suppose: those are born, let those be born who are strong enough to take what they want. (For example: the lover is stronger than the smoker or many others). The principle should be: to refuse it to all of them. Then wait. The really strong and needy (or rather: needed) will care for themselves. But be a miser. Keep your eye on the store of that something that gives life and nourishment to projects, ghosts, phenomena. If you are angry – do not nourish him (that angry one of yourself). You cannot refuse his coming, but you can refuse him to become, deprive him of becoming. Thus he should fade away, starved.

Thus not striving to be anything, anybody, but the selection (should it be called natural?) of those that present themselves inevitably, those pushers for becoming seems to be the way. At least, why not try? The advantage: you have your problems with doing. In that way you do not do anything. Just keep your hand on the tap, control the tap of the something-that-makes-something become.

That is all, folks. Today's sermon, gimmick, the latest twist. Bonne chance.

[Projekt roboczy.

Środki: projekt, który mógłby działać, projekt, jak działać (postępować).

Czy jestem palaczem? – Czyż nie jestem palaczem? W tej oto chwili nie jestem, wcale nie, ponieważ nie palę. Bardziej ogólnie, abstrakcyjnie: jestem palaczem, ponieważ – pamiętam – paliłem wiele razy i w przyszłości jest miejsce na moje ponowne palenie. Istnieje też prawdopodobieństwo, że to miejsce zostanie wypełnione, ponieważ to przyzwyczajenie, jakieś przyzwyczajenie ISTNIEJE. Jak? W mojej pamięci ustalona jest pewna dana seria zachowań, przechowywana pewna postawa.

Dokładnie – w mojej pamięci, w mym umyśle. Plus pewna fizjologiczna potrzeba nikotyny w moim ciele. To sposób istnienia ducha. Ducha, który skamle za urzeczywistnieniem, za ciałem.

Popatrz na niego, obserwowałem go, jak skręcał się tam z chęci, by się stać, błagając o to i grożąc. Ostatecznie nie ruszyłem się i nie dostał tego. Wtedy się uciszył. Nie jest on jedynym duchem domagającym się istnienia (stawania się) we mnie. One się zmieniają. Wydaje się, że tylko dla jednego z nich istnieje miejsce na powierzchni mojej świadomości, tylko jedno miejsce, prosząco-napierająca pozycja. Starają się wyprzedzić inne. Jestem pewien, że szczególnie jeden, palacz, znajdzie znowu swoją drogę – poprzez tłum – do pozycji napierającej.

Teraz: nie wiem, jak to się dzieje. Ale zdarza się, że duch nie dostaje wystarczającej ilości czegoś, co powoduje stawanie się. Skąd to coś przychodzi?

Dobrze, pozwólmy sobie powiedzieć, nie będąc pewnymi, nie wiedząc nic na pewno, ale pozwólmy sobie powiedzieć, że jest to rodzaj roboczego obrazu, symbolu albo czegoś... Nie obchodzi mnie, co to jest, pod warunkiem że to działa. A w tym wypadku to działa.

To coś powodujące, że duch staje się realnością, ta stająca się siła, czynnik czy zdolność pochodzi z tego nic, które czuję – którego czasami nie mogę znieść, którego się boję – w moim gardle i głowie, gdy oddycham. Stamtąd pochodzą moje kolejne osoby. Dlaczego giną po krótkim okresie istnienia? Powstałe z prowizorycznej konfiguracji okoliczności (żadne okoliczności nie są oczywiście stałe), muszą ginąć i tworzyć miejsce dla następnej.

Oczywiście, niektóre duchy muszą stać się realne. Ani nie pretenduję, ani nie aspiruję do wytrzymania w tej czystej i przerażającej próżni, o której przedtem wspominałem.

Jaka powinna być konieczna ilość czegoś, co pozwala czemuś się stać? Nie wiem, tak jak nie wiem, jak to pozwolenie albo niepozwolenie na stawanie się działa, kto lub co, jeżeli cokolwiek lub ktokolwiek, za tym stoi. Pozwólmy sobie na przypuszczenie: rodzą się duchy, więc niech rodzą się te, które są dość silne, by wziąć to, co chcą. (Na przykład: kochanek jest silniejszy niż palacz lub wielu innych). Zasadą winno być: odmówić tego im wszystkim. Potem czekać. Naprawdę silne i potrzebujące (czy raczej: potrzebne) zadbają same o siebie. Ale bądź sknerą. Pilnuj zapasu tego czegoś, co daje życie i pokarm projektom, duchom, fenomenom. Jeżeli jesteś wściekły – nie karm go (tego wściekłego siebie). Nie możesz mu odmówić przyjścia, ale możesz odmówić mu stania się, pozbawić go stawania się. W ten sposób powinien zgasnąć, umrzeć z głodu.

Tak więc nie dążenie, by być czymś, kimś, ale selekcja (czy powinno się ją nazwać naturalną?) tych, którzy są sami nieuchronnie obecni, tych naciskających na stawanie się, wydaje się drogą. Dlaczego przynajmniej nie spróbować? Korzyść: masz swoje problemy z robieniem. W ten sposób nic nie robisz. Po prostu trzymaj rękę na zaworze, kontroluj zawór tego czegoś-co-pozwala-czemuś się stać.

To wszystko, ludzie. Dzisiejsze kazanie, sztuczka, ostatni zwrot. Powodzenia].

23 lutego

Dekretem opublikowanym dnia 5 lutego 1978 w Dzienniku Ustaw zostałem obywatelem Francji.

A w ogóle to żyje się, jak się może.

Par les moyens du bord[1]. Tylko wieczorem, kiedy fantazja dopisuje, snuje się pomysły i postanowienia. Pan powinien to wszyst-

---

[1] *par les moyens du bord* (franc.) – z tym, co się ma

ko opisać, panie Mrożek. Kiedy słucha się tych wieczornych pana gawęd, to jakby pisarza się słuchało. Kto wie, może nawet pan ma talent?

Step by step[1]. Coś w tym jest. Jeżeli odtąd do tamtąd jest sto kroków, na pewno krok pięćdziesiąty można postawić tylko po czterdziestym dziewiątym. Przygnębiające to, ale właściwie dlaczego? To przynajmniej daje pewność (że inaczej być nie może) oraz jest w naszej mocy. Czego lepszego żądać?

Niekiedy tylko to widzę: nie ma większego skarbu niż nuda nasza powszednia. Ale częściej, najczęściej, ona mnie tylko męczy. Dzisiaj, zdaje się, jestem po dobrej stronie.

Zen and the Art of Motorcycle Maintenance by Pirsig[2].

Cytuję: Fanatycy bynajmniej nie wierzą. Fanatycy tylko bardzo chcą wierzyć. Fanatyzm wynika z nieustannego napięcia tej woli.

Przypomnienie – tamże – świętej prawdy: student, który nie mógł ruszyć z miejsca, kiedy miał własnymi słowami opisać US, potem miejscowe miasto, potem jedną ulicę. Nagle ruszył – i to jak – kiedy zaczął od określonej cegły we frontowej ścianie budynku opery. To moje własne doświadczenie przed hotelem Negresco w Nicei, w jakimś 196…7? 6? 5?[3]

Bo przy cegle żadne ogólności zasłyszane, wyuczone już nie przeszkadzają we własnym patrzeniu. (Próba wyjaśnienia tego fenomenu).

24 lutego

The truth about the immobile and eternal point should be – not revised just because it is the truth – but felt from a slightly different approach than the above one (the immobile and eternal is just a way of approaching it). The thing of course is not speakable. By

[1] *step by step* (ang.) – krok po kroku

[2] Zob. Robert Pirsig, *Zen and the Art of Motorcycle Maintenance: An Inquiry into Values*, Nowy Jork 1979. Wyd. pol. *Zen i sztuka oporządzania motocykla* (1995) oraz w nowym przekładzie jako *Zen i sztuka obsługi motocykla* (1999).

[3] Luksusowy i zabytkowy hotel z 1912 roku położony nad Baie des Anges (Zatoką Aniołów) w Nicei; Mrożek wspomina o nim w zapisach z 17 XII 1967 oraz 5 VI 1968.

the way, "to feel" does not imply neither emotion, nor sensation. There is a "cool", tactless, odourless feeling, too).

What is less recommendable (as less workable): the watcher. The immobile and eternal watcher. Obviously it provokes the split. And there is no way of avoiding, escaping the tendency to personify the watcher. It tends to become "I", another ego, who thinks of itself highly as of being superior to the first one.

[Prawda o nieruchomym i wiecznym punkcie nie tylko powinna być zrewidowana, dlatego że jest prawdą, ale odczuta z perspektywy trochę innego podejścia niż powyższe (nieruchome i wieczne są tylko sposobami zbliżania się do niego). Rzecz oczywiście jest niewyrażalna. Nawiasem mówiąc, „czuć" nie implikuje ani emocji, ani wrażenia. Jest też uczucie „chłodne", bez dotyku, bez zapachu.

Co jest mniej godne polecenia (jako mniej wykonalne): obserwator. Nieruchomy i wieczny obserwator. Oczywiście, to wywołuje rozszczepienie. I nie ma sposobu, aby go uniknąć, uciec od skłonności, by personifikować obserwatora. Ma tendencję do stawania się „ja", innym ego, które myśli o sobie samym z wyższością jako o istnieniu lepszym od pierwszego].

Lepiej wyobrazić sobie „krawędź". Trudno to wyjaśnić (co jest znakiem), że bardziej odpowiada celom roboczym. Dziwne (?): im bardziej poddaje się definicji – tym mniej rzecz jest odpowiednia dla celów roboczych.

5 marca

Z Nowego Jorku, gdzie tydzień.

Déphasé par le vol. Intercontinental. But, by Jove, I needed that.

[Zdezorientowany lotem. Międzykontynentalnym. Ale, na Jowisza, potrzebowałem tego].

Ogromne pomieszanie – skutek latania – tym razem mi sprzyja. Tego potrzebowałem. (*Le vol intercontinental drug wise*). *My brain may wear down, the reality may not.*

Living at Central Park West. Another dimension. US – another dimension. The importance of living there. The skyline of 5th *Av.*

Only now, in the quiet and obsoleteness of my Polishness, I feel that importance. That one of that week. That one of US. (Y.) I was not able to consume it.

[Lot międzykontynentalny niczym narkotyk. Mój mózg może się zużyć, rzeczywistość nie.

Życie w Central Park West. US – inny wymiar. Ważność życia tutaj. Panorama 5 Alei.

Tylko teraz, w ciszy i anachroniczności mojej polskości, czuję tamtą ważność. Tamtą z tamtego tygodnia. Tego z US (Y.). Nie byłem zdolny tego strawić].

6 marca

Accidental versus (?) eternal. This is the main problem.

(Drunk because of Jack Daniel's. Accidental).

Being the "man of the eternal" I am painfully involved in the accidental. Drinking, for example.

Up to now I presumed the eternal does not exist. Now, lately, I feel it does.

It is within myself. The accidental does not lead to the eternal.

[Przypadkowe kontra (?) wieczne. To jest główny problem.

(Pijany jackiem daniel'sem. Przypadkowo).

Będąc „człowiekiem wieczności", jestem boleśnie uwikłany w przypadkowe. Picie na przykład.

Do tej chwili sądziłem, że wieczne nie istnieje. Teraz, ostatnio, czuję, że tak.

Ono jest wewnątrz mnie. Przypadkowe nie prowadzi do wiecznego].

7 marca

Tyle powiedział pijak. Później, albo przez sen, albo między snami, sformułowało mi się jeszcze jedno: *Non-verbal. The problems, the difficulties are because of the verbal. Stand within the non verbal zone, occasional tilts to the verbal one.*

Le pays de…

[Niewerbalne. Problemy, trudności powstają z powodu werbalnego. Pozostań wewnątrz strefy niewerbalnego, przypadkowe przechyla się w stronę werbalnego.

Kraina czegośtam…]

Co się właściwie działo w NY? Jakby i nic, i dużo jednocześnie. Ogłuszony, stoję w polu. Trawa rośnie.

Emotional security. I don't give it. No commitment. That is what I do.

How to submit myself to that frustrating boiler of life, of permanent change from one contradiction to another, one mood to another, of that non-stop show of madness. I am reproached because I don't jump into it, don't meet, don't get mad? Because I try to keep my vision and sanity? I am reproached for the best I can do, for the worst I am striving not to do.

I jumped to it yesterday (under the influence), talking to Y.'s father. It was bad. What the hell, I lost my mind.

Never again. Again, just the one solution (non-verbal), just the one way. Painfully reminded of it again and again. Gathering momentum. It can't be otherwise. How long will it take before you attain?

Love. I used to love it, love. What did it bring to me? There is something stranger than love, the love itself comes from something deeper.

[Bezpieczeństwo emocjonalne. Nie daję go. Brak zaangażowania. Tak robię.

Jak poddać się tej frustrującej kipieli życia, wiecznych przemian z jednej sprzeczności w drugą, jednego nastroju w następny, temu nieustannemu spektaklowi szaleństwa? Zarzuca mi się, że nie skaczę w nią, nie stawiam jej czoła, nie staję się szaleńcem? Ponieważ chcę uchronić swoją wizję i rozsądek? Jestem ganiony za najlepsze, co umiem robić, za najgorsze, którego staram się nie robić.

Wskoczyłem w nią wczoraj (pod wpływem), rozmawiając z ojcem Y. Było źle. Do diabła, oszalałem.

Nigdy więcej. Znowu tylko jedno rozwiązanie (niewerbalne), tylko jedna droga. Boleśnie przypomina mi się o tym znowu i znowu. Gromadzenie energii. Nie może być inaczej. Ile to potrwa, zanim to osiągniesz?

Miłość. Kiedyś ją kochałem, miłość. Co mi przyniosła? Jest coś bardziej obcego niż miłość, miłość sama w sobie pochodzi z czegoś głębszego].

The Eternal is mounting. You can't grasp it, accidental as you are (accidental towards eternity). By your nature it is only the acciden-

tal that you are grasping. But the accidental keeps revealing itself as such.

The above is neither coherent, nor convincing. Because it is verbal. But even as verbal – it is verbally poor.

[Wieczne się wznosi. Nie możesz go uchwycić, taki jaki jesteś, przypadkowy (przypadkowy wobec wieczności). Z natury jesteś zdolny uchwycić tylko przypadkowe. Ale przypadkowe samo siebie odkrywa jako takie.

Powyższe nie jest ani spójne, ani przekonujące. Ponieważ jest werbalne. Ale nawet jako werbalne – jest werbalnie ubogie].

Deep. On the surface it roars and sways. The deep is quiet.

[Głębina. Na powierzchni ryczenie i kołysanie. Głębina jest cicha].

I feel like telling a story. What story? I don't know. A story is verbal. I am not verbal today.

I am quiet today. Resting. After yesterday's booze. After New York, after life. A break, a lull, a pause.

I would like to follow a blue note, for 5th dimension, anything which is not. Turn to something far away, or just by – the obvious.

How about that? How to do that?

Tomorrow is another day, a brand new day. But I shall pollute it with my oldness and my old sins.

How about imaging that day of tomorrow as a precious materia prima, clean and virgin, that should be treated with the utmost care and love? How about that?

Ask me tomorrow. Today I am today's man.

Don't pollute. Cut clean and neat. This is ideal. Don't pollute.

This is the longing.

[Czuję się, jakbym opowiadał jakąś historię. Jaką historię? Nie wiem. Historia jest werbalna. Dzisiaj nie jestem werbalny.

Dzisiaj jestem cichy. Odpoczynek. Po wczorajszym pijaństwie. Po Nowym Jorku, po życiu. Przerwa, cisza, pauza.

Chciałbym podążyć za bluesową nutą, do piątego wymiaru, czegoś, co nie jest. Zwróć się do czegoś daleko albo tylko obok – oczywistego.

Co ty na to? Jak to zrobić?

Jutro jest kolejny dzień, całkiem nowy dzień. Ale zanieczyszczę go swoją starością i swoimi starymi grzechami.

A gdyby wyobrazić sobie ten jutrzejszy dzień jako cenną *materia prima*, czystą i dziewiczą, która winna zostać potraktowana z najwyższą troską i miłością? Co ty na to?

Zapytaj mnie jutro. Dzisiaj jestem człowiekiem dzisiaj.

Nie zanieczyszczaj. Tnij czysto i starannie. To jest ideał. Nie zanieczyszczaj.

To jest tęsknota].

8 marca

What devil makes me tell the truth to women? They don't want to hear it. All they want is the pleasant truth. This is not available – pleasant lies. If it comes to the worst – they prefer not to be told at all. But the truth – never.

Again – this afternoon – a flicker of feelings, and thoughts that already engendered other feelings and thoughts – before the reality showed up, those who were the parents had no other foundation whatsoever than my imagination. But – if I were to think and feel legitimately only – that is according to facts, true facts – I should not feel or think most of the time. How many true facts are available, after all? The mental and emotional labour was there – real, caused by nothing – for nothing.

The truth is, I am all for it, when deceiving myself – who is free not to – I suffer. The truth, my hopeless attachment to it – my hatred of illusions is the cause of my being the freak – in life, in life with women first of all. I see too honestly myself and the situations. I say it sometimes (too often) and then it is very bad.

The truth. What do I get from it? Just nothing. The truth is indifferent. It does not care to be followed or not, it does not reward or punish. Rewards and punishments – we make them ourselves. I am not good at it. That is why my life is so drab.

Only with the illusions one may have passionate and colorful affairs. The truth gives nothing, takes nothing. Be truthful – be unhappy.

But how not to see the truth = how to take illusions for something else than they are, if you see – with age and experience – the mindless mill and whirl. You should be either without memory, or with too much wishful thinking. I have none of them in the sufficient amount – neither the lack of memory – nor the wishful thinking is my specialty.

How can you not see that everything comes to nothing and back? How not to be weary of those mindless repetitions, the eternal game of death and rebirth? How to care for what you possibly cannot care for, once you perceive its wantonness? How?

This is my prayer.

In truth – how to live? You can neither.

Live in the truth, not in illusions – where is your place, please.

Step aside. But what does it mean? Is there any aside?

Back to the old question about who you really are. Back to the old answer, the only satisfactory one you could dig out. It works – provided that you stick to it. Nothing else works, nothing else is possible.

[Co za diabeł każe mi mówić prawdę kobietom? One jej nie chcą słyszeć. Wszystko, czego chcą, to przyjemna prawda. To jest nieosiągalne – przyjemne kłamstwa. Jeżeli dochodzi do najgorszego – wolą, aby im o tym w ogóle nie mówić. Ale prawdy – nigdy.

Znowu – tego popołudnia – migotanie uczuć i myśli, które już zrodziły inne uczucia i myśli – zanim ukazała się rzeczywistość, te, które były rodzicami, nie miały innych podstaw niż tych w mojej wyobraźni. Ale – gdybym miał myśleć i czuć tylko słusznie – to znaczy zgodnie z faktami, prawdziwymi faktami – nie powinienem czuć albo myśleć przez większość czasu. Ileż w końcu prawdziwych faktów jest dostępnych? Była tam praca umysłowa i emocjonalna – rzeczywista, spowodowana przez nic – na nic.

Prawdą jest, tak sądzę, że oszukując siebie – któż nie jest od tego wolny? – cierpię. Prawda, moje beznadziejne przywiązanie do niej, moja nienawiść do złudzeń jest przyczyną mego kalectwa – w życiu, przede wszystkim w życiu z kobietami. Widzę zbyt uczciwie siebie i sytuacje. Czasem o tym mówię (zbyt często) i wtedy jest bardzo źle.

Prawda. Co z niej mam? Po prostu nic. Prawda jest obojętna. Nie dba, czy się za nią podąża, czy nie, nie nagradza ani nie karze. Nagrody i kary – to my sami je ustanawiamy. Nie jestem w tym dobry. Dlatego moje życie jest takie szare.

Tylko za cenę złudzeń można mieć namiętne i barwne romanse. Prawda nic nie daje, niczego nie bierze. Być prawdomównym – być nieszczęśliwym.

Ale jak nie widzieć prawdy = jak brać złudzenia za coś innego niż to, czym są, jeżeli widzisz – z wiekiem i doświadczeniem – ich bezmyślne mielenie i wirowanie. Powinieneś albo nie mieć pamięci, albo często myśleć życzeniowo. Nie mam żadnej z tych zdolności w dostatecznym stopniu – ani brak pamięci, ani myślenie życzeniowe nie jest moją specjalnością.

Jak możesz nie widzieć, że wszystko zmierza ku nicości i z powrotem? Jak nie być zmęczonym tymi bezmyślnymi powtórkami, wieczną grą w śmierć i odrodzenie? Jak dbać o to, o co prawdopodobnie nie możesz dbać, dostrzegając bezsens tego czegoś? Jak?

Oto moja modlitwa.

W prawdzie – jak żyć? Nie potrafisz.

Żyj w prawdzie, nie w złudzeniach – tam gdzie jest twe miejsce, proszę.

Odejdź na bok. Ale co to znaczy? Czy jest jakieś na bok?

Z powrotem do starego pytania o to, kim naprawdę jesteś. Z powrotem do starej odpowiedzi, jedynej satysfakcjonującej, do jakiej mogłeś się dokopać. Ona działa – założywszy, że trwasz przy niej. Nic innego nie działa, nic innego nie jest możliwe].

9 marca

Bezsenna noc, bo do późna listów pilnych pisanie. A teraz śniadanie na mieście, *a hateful thing*[1], w słoneczku, z tą radością życia ucieleśnioną. Kiedy ja słaniam się po nocy koszmarnej.

My mood, I almost know what it is. What happened to that "joy of life", baby, is not because of me, she said.

In a few days I'll damage my three bridges heavily if I don't set them on fire thoroughly. My God, will it ever change?

[Mój nastrój, prawie wiem, czym on jest. To, co stało się z ową „radością życia", kochanie, nie stało się z mojego powodu, powiedziała.

---

1 *a hateful thing* (ang.) – rzecz nienawistna

W ciągu kilku dni mocno uszkodzę moje trzy mosty, jeżeli nie podpalę ich całkowicie. Mój Boże, czy to się kiedykolwiek zmieni?]

College State.

Cul de sac.

Mon Cul.

What shall I do? All these above – again. What a waste. Still writing this.

[Matnia.

Dobre sobie.

Co mam zrobić? Wszystko powyższe – znowu. Co za jałowość. Ciągłe pisanie tego samego].

Après le déjeuner d'affaires.

[Po obiedzie biznesowym].

A teraz, kiedy jesteśmy sami, porozmawiajmy o kobietach. Mamy chwilę do nich tak głębokiej niechęci, że – wydaje się nam – nigdy z nimi już nic wspólnego.

Denerwuje nas nasza własna głupota, która polega na następującym: nie jesteśmy ciągle w stanie pojąć dostatecznie i permanentnie tego, co już wiemy od czasu do czasu:

Cała tak zwana dusza kobiety, cała rzekoma tajemnica kobiecości polega tylko na jednym. Na pytaniu: Czy mnie kocha? Czy jestem kochana? Czy się podobam? I nic, absolutnie nic więcej. Jest to tak niesłychanie, tak niepojęcie dla mężczyzny proste, że z tej niepojętości powstał mit o duszy kobiecej. Za proste. Taka prostota, taka jednoznaczność, takie sprowadzenie całego świata, całego bytu, całego uniwersum i całej rzeczywistości tylko do tego jednego pytania (na które nigdy nie otrzymują zadowalającej odpowiedzi, ponieważ ich potrzeba bycia kochaną jest przepastna i bez dna) – mężczyźnie nie mieści się w głowie. Stąd nieustanne nieporozumienia. Wyjątkiem są manipulatorzy, czyli mężczyźni uproszczeni. Ci – ponieważ ich uproszczenie proporcjonalne jest do uproszczenia kobiet – świetnie sobie ze sprawą radzą. Ponieważ kobiety są tak głupie, tak ogłupiałe swoją potrzebą bycia kochaną – nie rozróżniają w tej sprawie. Najprostsze, najgłupsze, najbardziej nawet sztuczne dowody, zapewnienia, objawy – przyjmują za prawdę. Stąd manipulatorzy mają wielkie powodzenie.

Nie sądzę, żeby można coś jeszcze dodać. Prostota, prostactwo tego wszystkiego są przygnębiające.

10 marca

Znów się napiłem. Ustala się obyczaj. Dwie setki jacka daniel'sa i spać. Rano jeszcze działa. Dopiero potem i trzeciego dnia tępota dokuczliwa. Dzisiaj tępota, ale niedepresyjna jeszcze.

Czy na tym polega dusza mężczyzny?

Całe życie – walka z miłością, kobiecością. Nie, panowie, to nie walka „przyciągania z odpychaniem". Nic mnie nie odpycha, wszystko tylko przyciąga. Tak bardzo, że walczę. Bo niewiele mnie zostaje, kiedy to mnie dopada. I nie wyszedłbym już z łóżka. Tam z nią – to jedyne miejsce na świecie, gdzie czuję się dobrze. Jedyna sytuacja, do której nie mam zastrzeżeń. Stąd te tematy. Bo chcę być sam, a nie można. To jest moja jedyna, a jeżeli nie jedyna, to najważniejsza schizofrenia.

Kiedy dożył czterdziestu ośmiu lat, wmawiał sobie, że jest już uformowany, to znaczy zamknięty. Tak uważał. Jednocześnie nie mógł funkcjonować inaczej, jak tylko w imię tej samej przyszłości, której istnieniu uparcie zaprzeczał, twierdząc, że jest jego własnym wymysłem, złudzeniem i niczym więcej. Obiecywał sobie codziennie, że nie spodziewa się już niczego. Szydził z góry ze wszystkiego, co miało go spotkać, rozczarowywał się z góry, umyślnie i z tępym wysiłkiem. Kiedy potem rozczarowywał się istotnie, przesadzał w tym rozczarowaniu, smakował je i wzmacniał. Za złe, niewłaściwe miał sobie wszelką nadzieję, ale źle czuł się bez nadziei. Chciał, bardzo chciał działać już tylko w imię niczego. Nie mógł, oczywiście. To go wyczerpywało.

Jednocześnie miał codziennie, a zwłaszcza co wieczór, co najmniej kilka pomysłów na życie. Co chwilę uważał, że już ostatecznie, że już dokonał ostatecznego odkrycia. Niekiedy, często, pomysły te były ze sobą sprzeczne. Wyczerpywało go to.

Wszystko u niego miało, chciało być ostateczne i totalne – nic nie było. Żadnego przedsięwzięcia, nawet drobnego, nie był w stanie nie tylko doprowadzić do końca, ale nawet wynieść poza początek. Wyczerpywało go to. Wielkie pomysły, szybkość myśli – powolność i niezdarność działania. Działał zresztą z przerwami. Składał się raczej z pauz niż z aktów. Tylko myślenie i odczuwanie toczyło się w nim bez przerwy oraz świadomość myślenia i odczuwania. Ale gatunek jego myśli i uczuć wysoce go nie zadowalał. Marzył, żeby nie myśleć i nie odczuwać, niekiedy zmuszał się, żeby myśleć i odczuwać „prawidłowo". Próbował zdefiniować, co to znaczy. Bez ostatecznego wyniku. I całe przedsięwzięcie, jak wszystkie inne jego sprawy, więdło.

Nudził się łatwo, dlatego podejmował inicjatywy w wielu kierunkach i dawał się wciągać w wiele. Będąc jednak powolny, o małej podzielności uwagi, niezdarny – nie radził sobie z wielością. Wtedy wpadał w histerię i marzył, żeby zająć się tylko czymś jednym. Ale zaraz uciekał od problemu, albo podejmując jeszcze jedną inicjatywę, albo dając się wciągnąć w coś nowego.

Miał zamiar opisać siebie. Właśnie zaczął. Ale napisawszy zaledwie to, co powyżej, już znudził się i znużył. Już mu się nie chce. Zamknięty w swoim mieszkaniu, nie ma możności ani niczego nowego przedsięwziąć, ani czegoś, w co dałby się wciągnąć. Wobec tego odejdzie na fotel i zapali fajkę. I pomyśli kilka starych myśli, mocno już zużytych.

11 marca

Film? Jaki film? Ten, który mam zrobić, następny...

O czym? Najgłupsze, najwłaściwsze pytanie. Historia niekonsekwencji. O kimś tak niekonsekwentnym, rozdartym jak stara gazeta na wszystkie strony, jak ja. Ale fabuła, fabuła.

Piknik. Historia pikniku. Gdzie, kto, z kim? A ta historia starego pedanta i młodej – historia miłości do porządku i przygody... Stary pedant, przebierający się za Napoleona i wygrywający bitwy ołowianymi żołnierzami. A dookoła życie...

Historia jednego dnia – niedzieli. Przez okno – piłka. Dziecko. Za dzieckiem – mama.

Powrót z wycieczki – mieszkanie okradzione.

Zabawa u młodzieży sąsiedniej.

Lektura „Time Magazine".

To wszystko, a jeżeli nic innego, lepiej zabij się od razu. Tylko co innego może cię uratować. Pisanie – ucieczka i schron. Za mało. Tu w ogóle nie chodzi o schron. Tu chodzi o eksterytorialność. I tylko ona może cię uratować, jeżeli ją znajdziesz.

Przepalenie.

12 marca

Ni z tego, ni z owego tak jestem wyczerpany, tak mną wytrzęsło, tak mnie wyniszczyło. Ale co właściwie...

Wiele i nic.

Siedzę na pół spakowany do Zurychu. I jak zwykle, oby już znaleźć się w samochodzie.

Przez tydzień trzęsło mną wszystko. Sens bytu (a miało już o tym nie być), moje miłości, sztuka, życie, a także wstręt ostateczny do ludzkości w ogóle i stanu świata oraz jego perspektyw. Nikotyna i alkohol w tych warunkach szczególnie są zabójcze. A nadziei znikąd.

Tylko ta jedna, że mój Anioł Stróż ma dosyć cierpliwości, żeby nie opuścić tak niewdzięcznego klienta.

16 marca

I zesłał mi katar jako łagodne ostrzeżenie. Już w drodze do Zurychu.

E.A. w Zurychu. Dwa dni z człowiekiem, który nie jest kobietą, a tylko dobrym i życzliwym człowiekiem, dobrze na mnie podziałały. Dawniej, nie tak jeszcze dawno, mieszkanie przez dwa dni z człowiekiem, który nie jest kobietą, uznałbym za stratę. Nie dzisiaj.

Który to już mój Zurych? W różnych miejscach na świecie pojawiam się co jakiś czas, miasta zmieniają się wolniej niż ja, nie zmieniają się wcale (bo tak wolno), tam porównuję siebie z pamięcią. Zwłaszcza Zürichsee[1] i kaczki są te same. Ja ten sam i nie ten sam. No i dobrze.

Ile jest osób, z którymi kiedy przestaję, mogę powiedzieć to, co myślę i czuję, opowiedzieć? (Aby słuchały i rozumiały). W tej sprawie gradacja. Najwyżej Y.

Moje dalekie podróże samochodem, samotne. Tam siebie poznaję. Nie jestem sobą zachwycony, ale przynajmniej poznaję siebie. Takie

[1] Zürichsee (niem.) – Jezioro Zuryskie, położone koło Zurychu w północno-wschodniej części Szwajcarii u podnóża Alp Glarneńskich.

podróże kiedyś w Polsce, dwadzieścia lat temu. Pudełko wypełnione snami na jawie, przesuwające się przez krajobraz. Teraz inny krajobraz i podobne pudełko. W środku raczej czysta świadomość, już bez wyobraźni. Ubogo w porównaniu z tamtą częścią snów. Ale solidniej. Skromnie i nieefektownie, ale prawdziwiej.

17 marca

Nie mnie sądzić, nie mnie naciskać, oburzać się ani gniewać. Siła gniewu, życia żądza, to znowu siła desperacji. Ale jest także i trzecia siła, a raczej druga, jeżeli radość i desperacja (*in a broad sense*[1]), *elevation*[2] (*the elation*[3]) są tylko dwiema stronami jednego. Przypomnieć sobie: są dwa sposoby, mądry i głupi, oraz trzeci, który jest najlepszy, choć (ale) nie można go określić przymiotnikiem. Dopóki zamknięty między dwoma, miotam się nieskutecznie. Tylko boczne otwarcie zostaje. I czy nie wszystko, co się działo, działo się i dokonało bokiem?

Jeszcze ileś tam lat, pięć czy dwadzieścia pięć, w każdym razie już tylko ileś. Świadomość tego może pomagać. Nie jako tępa rezygnacja, nie jako determinacja skazańca. Jak? To należy do praktyki, nie do teorii.

20 marca

Köln. Katedra w Köln. *L'eau de Cologne*[4]. Od trzech dni bez tytoniu – zobaczymy, jak działa mój umysł pozbawiony tego. Zaraz my tu film napiszemy i powieść, i wszystko po prostu.

Nikotynowy szatan podsunie mi sposób następujący: umyślnie głupio pisał będziesz, żeby udowodnić sobie – bez nikotyny ani rusz. Szatan różnych sposobów używał będzie. Jak to szatan.

Tymczasem postępowcy jeszcze nie doszli do władzy we Francji i wczorajsze wybory[5] wygraliśmy, my to znaczy my.

---

[1] *in a broad sense* (ang.) – w szerokim sensie
[2] *elevation* (ang.) – podniesienie, wzniesienie
[3] *the elation* (ang.) – euforia, uniesienie
[4] *l'eau de Cologne* (franc.) – woda kolońska
[5] W II turze wyborów parlamentarnych we Francji zwyciężyła prawicowa koalicja rządowa prezydenta Giscarda d'Estaing, pokonując koalicję socjalistów i komunistów (prawica 290 mandatów, lewica 201).

Deszcz pada.

Zeszyt nowy kupić trzeba. Niniejszy na długo mi wystarczył, rok prawie.

Nie palę, oczy mam zdrowe, wzrok świeży i głos metalowy. Tylko ta głupota.

Szatanie, ja cię widzę.

21 marca

Sztuka teatralna, scenariusz filmowy. Zastanówmy się nad filmem.

A) Stary pedant i młode zwierzę.

B) Cesarze.

Jakie inne? Film – amorowaty. Więzienie – to na środku miasteczka, „Dom pod Oświęcimiem"[1]? Debata co do kary śmierci? Nonsens.

Film, w którym przedmioty grają tyle (co najmniej), ile ludzie. Poddasze, lamus. Dom przeznaczony do rozbiórki. Wakacje u farmera.

Studium palenia i niepalenia. Kampania antytytoniowa. Silna wola. Ćwiczenie woli. (Podanie o władzę nad światem).

Komedia, farsa.

Cesarze. Pułki ołowiane, kostiumy. A żony?

Urząd, okienko. Człowiek za okienkiem, urzędowy.

Film musi mieć żelazną fabułę. Inaczej nic z tego.

Prześladowanie. Mania prześladowcza i rzeczywistość prześladowcza. Pechowiec. Przekłute opony. Pierwszy obraz: stłuczona filiżanka. Spotkanie w kawiarni. Z kobietą, źle jest.

Podróż, jakże egzotyczna, metrem aż do stacji Châtelet i to aż o godz. 22.00. Unikam tego starannie. Zazwyczaj staram się sobie wmówić, że to jednak pouczające. Co jest pouczające i czego jeszcze nie wiedziałem? U jednego końca korytarza jedna orkiestra, u drugiego druga, naśladowczyni Edith Piaf i Murzyni, i boogie, środkiem tłum. Tłum składa się z jednostek, a każda wrzeszczy, zadziwiające, jak już ludzie niczego nie mogą robić spokojnie, bez nadmiernych gestów, bez nadmiernego natężania głosu, bez wytwarzania hałasu

---

1 Taki tytuł miała sztuka T. Hołuja z 1948 roku.

za pomocą sztucznych, nie tylko głosem, sposobów hałasowania. Młody człowiek obecnie nie może już przejść spokojnie koło pudełka ani puszki, ani butelki leżącej na ziemi, teraz musi ją kopnąć; za moich czasów nie musiał, kopał tylko od czasu do czasu. A na ścianie festiwal napisów, że niech żyje arabskie zbrojne ramię, że precz z Izraelem i tym podobne, a wszystkie odpowiednie.

24 marca

Rzut oka na tomy I i II dziennika. W nich ja już dostatecznie dawny, żebym chciał nim być, bo zamienił się w obcego, bliźniego, a przeważnie chciałoby się być raczej bliźnim swoim niż sobą. Czy aż tak atrakcyjny? (Nie każdym bliźnim swoim być by się przecież chciało). No, może on nie całkiem nie mną. Na tyle tylko nie mną, że wydaje mi się godny pozazdroszczenia. Czy lepiej mu było, niż uważam, że mnie jest teraz? Pytanie od rzeczy, nie o to chodzi. Ale on pozostał jako zapis quasi-literacki. Stał się literaturą i dlatego było mu lepiej, jest mu lepiej niż mnie teraz. Bo nie ma go inaczej jak tylko w postaci literatury. Uwolniony jest już od ciała, umarł, przebywa już tylko w niebie mojej obecnej wyobraźni i tylko wtedy, kiedy przypadkiem zacznę go czytać.

Ile tam namiętności i naiwności. Ile jeszcze wiary we wszystko, przede wszystkim w człowieka, reprezentowanego przez niektóre osoby, takie jakie sobie w głowie mojej stworzyłem, jakie same mi się w głowie stworzyły. Wzruszający byłem.

Niemniej nie ma do niego powrotu. Nie ma między innymi powrotu do tamtego ognia i wiary w pisanie, w literaturę. Trudno i darmo, pisanie nie może być już moim *mode d'être*[1], jakkolwiek bym za nim tęsknił.

A jednak pisać trzeba, a jeżeli nawet nie trzeba, to nie można już nie pisać. A więc trzeba zmienić sposób, nie mówię o sposobie samego pisania, tylko o sposobie zasiadania do pisania. Zabierania się do pisania, myślenia o pisaniu.

Czego nie można już: nie można – kiedy do pisania zasiadam – zasiadać jak do wielkiego biesiadnego stołu literatury, kultury ogólnej i mojej poszczególnej. Pisanie niech będzie aktem nie osobnym

[1] *mode d'être* (franc.) – sposób bycia

i innym, szczególnym i niezależnym od innych i wszystkiego innego, niech będzie... Nawet gdyby mi się udało zapisać, opisać, co mam na myśli, takie zapisanie, opisanie do niczego nie posłuży.

Rozdzielenie się na pisarza i niepisarza nie jest już możliwe. Więc pisanie niech podlegnie prawu, które w niepisaniu już dostrzeżone zostało: działa się, robi, żyje – nie dla przyjemności. Inne są powody. Są inne powody. Pisanie nie może już być azylem, bo jako azyl ono stało się do niczego.

Powyższe notuję tylko z poczucia obowiązku i nie dla przyjemności. Tom I i II, jak również pozostałe tomy, może niewiele są warte jako czytanie. Ale gdyby nie ich tworzenie, narastanie, może byłbym jeszcze głupszy niż jestem. Ostatecznie nie snułem ich dla rezultatu. Tylko dla procesu. Choć wtedy niemało było w tym procesie przyjemności. Przyjemności w sensie szerszym, niż to się zazwyczaj rozumie.

26 marca, Wielkanoc

Deszcz chodzi po dachu. Mogę go słuchać długo. Jest prosty, nieskomplikowany. Jako dzieło sztuki całkiem mi wystarcza. Tym większa niechęć, żeby dzieło sztuki wymyślać. Na co mi to?

Żeby pojąć, objąć czy też nadać „całość". To pożądanie mniejsze we mnie jest, niż było w mojej młodości. Jeszcze jedna przyczyna, że trudno jest wymyślać dzieła sztuki.

Trzasnęło, huknęło i złamałem, zniszczyłem fajkę. Czy trzeba gestu, sytuacji, ofiary, pewnie i trzeba, kiedy bez tego przestać palić nie mogłem. Nie wiadomo, czy z nim mogę. Już ogarnia mnie senność, już krew bez nikotyny ciąży, ale z nikotyną też nie mogę. Ani z nikotyną, ani bez nikotyny, ani z nikotyną, ani bez nikotyny, ani z nikotyną, ani bez nikotyny, ani z nikotyną, ani bez nikotyny, ani z nikotyną ani bez nikotyny...

Oto do czego doprowadza niepalenie.

27 marca

Znowu po staremu. Kłęby dymu. Czas nie przeżywać ani palenia, ani niepalenia. Pomyśleć raczej. Jest czas przeżywania i czas pomyślenia.

Tutaj nastąpiło myślenie.

Co nie jest prawdą. Nic nie myślałem. Jestem wciąż przed progiem myślenia.

Ten bezwład, ta niemożność czegokolwiek pomyślenia – to ciężarność (ciąża) czy też przyciąganie ziemi, zapowiedź myślenia czy też zapowiedź ostatecznego bezwładu, starości i śmierci? Nie mogę – ponieważ w przyszłości będę mógł, czy po prostu nie mogę?

Zapowiedź? Przecież nic nie będzie. Ale ostrożnie z wyrokami tyczącymi czasu. Daremnie chcesz się z czasu wywinąć.

Pustka tętniąca w skroniach ustała. Teraz skronie też ciążą, ale inaczej. Nie rozsadzają, teraz jakby są rozsadzane. Ale to jest cała różnica, nic więcej.

Moja bezradność, zawieszenie, nieskuteczność i niespójność. Przecież można przypuszczać, to prawdopodobne jest, że wszyscy, cały świat tak samo. Bieg tego świata stąd taki jaki jest, nie inny...

Kiedy przypuścić, że inni tacy sami, tak samo, mniej powinieneś się bać. Albo bardziej.

Ustawicznie pożądasz najwyższej jakości wszystkiego. Ustawicznie nie jesteś zaspokojony.

Jak pisać? Jak „tworzyć"? Tworzyć?

Ja na co dzień do prawdy dążę, a piszę – nic nie jest dążeniem do żadnej prawdy. Pisanie jest opisywaniem tego kroju, tej rzeczywistości, która nie jest niczym innym, tylko moim krojem, moją rzeczywistością.

Palenie – niepalenie, śmieszne. Ale wobec tego co nie jest śmieszne? Skazany jestem, jesteśmy, na śmieszność. I tęsknotę za czymś poważnym. Satyra – satyra na wszystko. Gdyby satyra też nie była śmieszna.

Gdybym mógł, gdybym umiał zabierać się do pisania, traktować pisanie mniej poważnie, bardziej śmiesznie. Ale to nie jest jedyna rzecz, która, którą, gdybym mógł, gdybym umiał...

Masa śmiechu, masa upadłości.

Kim chcesz być: sobą – co to znaczy (jest parę znaczeń), nie sobą – to znaczy kim?

Wystarczyło to napisać, powyższe, żeby się zużyło i straciło wszelką esencję.

Wystarczy zapalić fajkę, żeby się już nie paliło fajki, żeby straciło zapalenie wszelką esencję. Pozostają forma, czynność, zwłoki esencji.

Esencje są tylko w głowie. I tak samo z moją miłością.

Dzieło sztuki – takie organizowanie form i czynności (czynności – seria form?), żeby przy każdym spotkaniu z nim dawało złudzenie – nie, nie złudzenie, złudzenie jest prawie naturą esencji, więc zgoda, złudzenie, ale to samo się znosi – więc nie złudzenie, ale esencję.

Ostatnio, od dawna, walczę z esencjami. Staram się sobie udowodnić ich niebyt. Zapamiętać, stwierdzić, zapamiętać, że są tylko złudzeniem. Wciąż wracają.

A jednak wyjrzą, jeżeli tylko im się poszczęści. Tęsknię tylko za jednym, bo dwa – to dla mnie za dużo.

Ideał – być jednym, ale w mnogości, to znaczy najtrudniejsze – najprawdziwsze XXX. Dwuznaczny (bo wieloznaczny) charakter rzeczywistości.

28 marca

Upity, umęczony i chory na skutek słabości i głupoty.

Sześć godzin państwa Palestrów. Przyjęcie wielkanocne u Teresy. Cztery godziny upijania się potem na skutek kompresji. Pełne zatrucie nikotyną. Atak przypadłości urologicznych, stosunkowo łagodny (bez bólu). Trzecie ostrzeżenie w ciągu ostatnich trzech lat.

Rano okropne obudzenie, ale i wnet potem szczęście, znane mi z podobnych okazji, leżenie i słuchanie głosów świata (na przykład słuchanie głosów świata). Odkrycie, że nie jestem linearny, ale punktowy. Nie tyle odkrycie, ile odkrycie na nowo. Śmiech wielki i zdrowy z siebie i reszty.

Ostatecznie nie ma o co robić tyle hałasu. (O siebie). Nieco łagodniej się broi.

30 marca

Znowu długi list do Y. i zatrucie nikotyną, tym razem poważne dość (bezsenność). I znowu, jak trzy lata temu, choć myślałem, że się nie powtórzy. Jakaż intensywność i jaka szkoda.

Zapisywać? Przepisywać to sprzed trzech lat.

Narysowanie dla „Pardonu"[1], pojechanie do Bazar de l'Hôtel de Ville[2] (autobusem), ugotowanie *smoked haddock*[3]. Już te trzy cudzoziemskie nazwy w jednym tylko zdaniu wskazują na to, że rzecz dzieje się za polską granicą.

Nabycie płóciennego kapelusza. Teraz fajki zapalenie. To wszystko? To wszystko.

1 kwietnia

Przyjęcie, spotkanie, posiedzenie. Ostatecznego słowa nie powie nikt (już tylko Pan Bóg), ostatecznego nie stanie się nic (już tylko śmierć), a kiedy o tym się już wie, kiedy nie inaczej tylko tak już można wszystkiego słuchać i wszystko robić, jak tylko gdyby się oglądało igraszki falującej wodnej powierzchni, trudno słuchać i trudno robić.

Nie żebym był istotą z natury inną niż to, czego słucham i co robię. Jestem dokładnie tym, czego słucham i co robię. Tym, co sobie samo swoją naturę uświadamia i samo się sobie przedstawia.

Daleko już do osoby, osobistości, człowieka mojego. Jednak nawyki pozostały, a może coś więcej niż nawyki: prawa, *mode d'être*, których zmienić nie można. Prawdopodobnie nie można się wymknąć spod jednych praw ku drugim. Prawdopodobnie można sobie tylko uświadomić, że obok starych, znanych praw są też inne, którym się także podlega. Powiększenie takich praw, nie anulacja jednych, ustanowienie drugich. Ja nie jestem, nie mogę w najmniejszym stopniu być prawodawcą.

Jeżeli zebrani posądzali mnie o nonszalancję, niedostateczne stowarzyszenie się, niedostateczną ludzkość, to niesłusznie, choć nie

---

1 „Pardon" – niemiecki miesięcznik satyryczny wydawany w latach 1962–1982.

2 Bazar de l'Hôtel de Ville – galeria handlowa w centrum Paryża.

3 *smoked haddock* (ang.) – wędzony łupacz; łupacz (plamiak) – ryba morska

mogę ani protestować, ani ich za to nie szanować (oskarżać o niedostatek przenikliwości). Są, jak muszą. Mnie warunkuje świadomość, że jesteśmy tylko tak, jak być musimy, i nic więcej. Smutek, życzliwy żal, żal mi ich, żal mi siebie, żal mi nas. Niemożność przyjęcia na serio, poważnie tych fragmentów, tej improwizacji, która ma charakter konieczności także, tego tulenia się do strzępków, fragmentów, przymus widzenia poza ramą także tego, co przedtem i potem, i obok, i w tle. Oni, zdaje się, przeciwnie, oni uciekają ku temu, do czego według mnie nie ma ucieczki. Ja idę w całkiem przeciwnym kierunku. Nic dziwnego, że się mijamy.

Powoli, z trudem, wśród buntów i regresji dokonuje się proces następujący (raczej dzieje się, bo czy kiedykolwiek się dokona?): najpierw każdy segment – choć wtedy nie wiedziałem, że segment – fragment, wycięty arbitralnie z kontinuum – nie, też nie tak, trudno mi uchwycić, o co chodzi, nawet jeżeli mnie o to chodzi, więc może zacznijmy od części drugiej, stwierdziwszy, że:

Wszystko, cokolwiek się dzieje – a dzieje się przecież tak rozmaicie, tak nieprawdopodobnie rozmaicie, bogato, różnie – podszyte jest podstawową jednakowością. Rosnąca intuicja tej jednakowości, rosnące poczucie tego może doprowadzić i często doprowadza do rozpaczy. Do stwierdzeń:

I tak wszystko jedno. Nic nie jest więcej warte od drugiego. Tylko gra cieni, obrazów na kinowym ekranie, odbić w lustrze. Kasa zawsze wykaże jedynie zero i zero, i tylko zero. I tak dalej – nihilizm, unieruchomienie. Stupor albo ataki rozpaczy i szturmowania buntowniczego owej prawdy, która – wiemy to nawet, szturmując – jest nieubłagana. Szukanie *divertissements*[1] z jednoczesną świadomością, że żadna rozrywka nas od tej prawdy nie oderwie, ponieważ ta prawda jest wszechobecna, stanowi materię samą czegokolwiek, wobec tego odchodzenie od jednego czegokolwiek, uciekanie od jednego czegokolwiek ku innemu czemukolwiek jest, musi być, złudne.

Powolnienie tych buntów i nieuchronne ich klęski podniecają do dalszych buntów i dalszych klęsk. Gdyby nie zmęczenie.

Tymczasem: czy jest możliwe owej podstawowej tożsamości, stałości, niezmienności nie odrzucać (skoro odrzucić się nie da), nie

[1] *divertissements* (franc.) – rozrywki

buntować się przeciw niej – skoro bunt jest niemożliwy do przeprowadzenia i musi zawsze się skończyć na impulsie tylko? A przeciwnie: ową niezmienność, ów element podstawowy przyjąć, jako to, czym ona jest: podstawą, istotą.

Nie buntować się wtedy też przeciwko scenom i fragmentom, nie gardzić nimi oraz im nie wygrażać za to, że są „tylko" fragmentami, że nie spełniają, czego się od nich żąda, za to, że są tylko tym, czym są, a nie tym, czym chciałbym, żeby były.

Jeżeli to możliwe. Jeżeli to możliwe więcej niż tylko w przeczuciu i koncepcji, to konsekwencje mogą być daleko, daleko, bardzo daleko idące.

2 kwietnia

„*Peine de coeur d'une chatte anglaise*"[1].

„Spotkamy się na tamtym świecie" (nie na „nowym", jak mówi przedwojenna piosenka[2]). Tak, ja i N. elizejscy już jesteśmy dla siebie i tylko takimi być możemy. Bez ciał.

Ale czy i ja sam dla siebie taki już nie zaczynam być? Mały (prawie duży, to nie rozsądek ani wola, ale zmęczenie mnie przed dużym powstrzymało) jack daniel's wczoraj przed snem. Przed snem. Znów emerytalne oznajmienie sobie, że czas najwyższy przyznać się do niczego, którym jestem.

Pożegnać się z moim literatem. Miłość i sztuka, jakże z wami być chciałem, niegdyś, pacholę. Z miłością – wiadomo, do niej potrzebnych jest dwoje, sztuką ja sam być chciałem, a teraz i ona być mną już nie chce. Trzeba to jeszcze uprawiać – jako ćwiczenie psychoumysłowe, nie mówiąc o zarabianiu na życie.

Kobiety tracą urodę, mężczyźni tracą siłę.

Że nie jestem „tym wszystkim", to nie znaczy, że „tego wszystkiego" nie ma. Jest, choć beze mnie. *Selflessly*[3], jak powiadają.

Dawniej nie mogłem żyć bez pisania. Teraz nie mogę żyć z pisaniem, a pisać trzeba. Z jakimkolwiek *mode d'être* identyfikuję się

1 „Cierpienie miłosne angielskiej kotki" – nawiązanie do tytułu noweli Balzaca *Peines de coeur d'une chatte anglaise*.
2 *Spotkamy się na Nowym Świecie* – piosenka Ludwika Sempolińskiego do słów A. Własta i muzyki Z. Karasińskiego oraz Sz. Kataszka z 1932 roku.
3 *selflessly* (ang.) – bezinteresownie

albo zbyt słabo, albo wcale nie. Więc także z pisaniem. Skutek nieidentyfikacji.

Ponieważ z niczym nie mogę się identyfikować, nic mnie nie interesuje. Między innymi pisanie.

Nie jest to jednak nieidentyfikacja dostateczna, całkowita, czyli prawdziwa. Gdyby taka była, moje ja, którego by wtedy nie było, nie odczuwałoby nieidentyfikacji. Wtedy „to wszystko" ani by mnie interesowało, ani nie interesowało. Byłoby samo w sobie i pełne.

Czy hoduję sobie chorobę umysłową?

Czy mosty nie są spalone? Zachowujesz się tak, jakby nie były. Czy nie jesteś skazany na... Dokąd chcesz uciekać i czy możliwa jest jakakolwiek ucieczka?

Czy nie jest ci dana siła, mimo wszystko? I co znaczy to marudzenie po kątach, na fotelu, na kanapie, co znaczy to oglądanie się na boki, spłoszone, jakim prawem uważasz, że już skończone i już nic więcej, kto dał ci to prawo, kiedy dalej żyjesz, dalej jesteś żywy i jeszcze żył będziesz?

Że nie ma wygranej? Kto ci obiecywał wygraną, wielką i ostateczną. Natomiast co do reszty – tak, masz wszystko, co trzeba. Że siedzisz, stękasz i scenariusza napisać nie możesz, bo to, bo tamto. Czy od scenariusza do, czy od – do scenariusza. Od trzech lat kręcisz się w kółko, zamieniłeś się w słój i w ogórek kiszony w tym słoju. Myślałeś, że już czas na emeryturę, na mnicha. Mnichem może i zostaniesz, ale wojującym.

3 kwietnia

A potem jack daniel's, dość poważny.

A rano list od Y., bardzo poważny.

Morangis[1].

5 kwietnia

Velux[2].

---

[1] Morangis – miasto na południe od Paryża.

[2] Velux – fabryka okien dachowych tej firmy znajdowała się w Morangis.

6 kwietnia

Looking for Mr. Goodbar[1] (*cinéma*).

Więc udało mi się. Doprowadziłem się do nicości i też mi w niej niedobrze.

Z niczym i nikim nie mam „relacji" (M. Buber).

Do dupy z tobą, mój dzienniczku, z tobą także mi się znudziło.

7 kwietnia

Nudny, ale własny.

8 kwietnia

This Joy of Life – in former times (of my own history – because of the promise).

[Ta Radość Życia – w dawnych czasach (mojej własnej historii – z powodu obietnicy)].

Z mojej fajki i kawy zostaje tylko rytuał, ortodoksja. Nie mam nic do powiedzenia ani napisania, ale nawet nie rozpaczam już z tego powodu. Z bezmyślnym chichotem patrzę w przyszłość.

Nowe życie – gdzie, z kim, za ile?

To prawda, że ani nowa książka, ani nowy film niczego zasadniczo nie zmienią w tobie. Ale czy to jest powód, żeby ani książki nie pisać, ani filmu nie robić?

Czy to możliwe, żeby było gorzej niż kiedykolwiek, chociaż bywało już tak źle? Mimo wszystkich prób i wysiłków – czołganie się tunelem i doczołganie się do ściany.

Anything goes[2], albo jak dym, albo jak beton. Żadna myśl nie jest ostateczna, a każda zależy tylko od poprzedniej i następnej. Mniejsza z myślami. Żadne uczucie, żadna emocja i sensacja nie ma ani doniosłości, ani siły nawet w momencie swoim najlepszym. Wydrążone ziarna.

---

[1] *Looking for Mr. Goodbar* (*W poszukiwaniu idealnego kochanka*) – amerykański film obyczajowy w reż. R. Brooksa z 1977 roku.

[2] *anything goes* (ang.) – tu: wszystko ujdzie. To powiedzenie stało się sławne po ukazaniu się w 1975 roku książki P. Feyerabenda *Against Method*.

Więc uczucie, że gram komedię, nie tylko przed innymi, przed sobą także. Oszukuję.

Y. – przecież ona tylko moją wyobraźnią, nie ma jej tutaj, a kiedy będzie, mało będzie miała wspólnego ze sobą, to znaczy z mojej wyobraźni.

Nie poruszają mnie ani obrazy, ani dźwięki, ani myśli o przyszłości, a przeszłość jest mi obojętna.

Znowu usłyszałem pytanie: „Co ciebie cieszy?". Znowu dałem wymijającą odpowiedź, bo co mnie cieszy? Na wszystko mogę, w najlepszym wypadku, patrzeć uważnym, dostrzegającym spojrzeniem, ale poza dostrzeganiem – nic.

To prawda, że w każdej chwili mogę być martwy innym jeszcze sposobem. Poczuć się martwy. Mogę wstąpić w tę martwą strefę siebie samego, gdzie mnie nie ma. Mogę. Dlaczego nie chcę? Boję się tego, oczywiście. Piję kawę, palę fajkę, żeby tak chociaż poczuć się żywy. Galwanizacja.

Nie tylko nie chce mi się być artystą, ale nawet nie chce mi się martwić z tego powodu.

State College – straszne to było, ale inne, w charakterze, gatunku.

Dlaczego nie pisałem, albo tylko tak mało, o Wailing Wall[1]? Bo z tamtego też nic nie wyniknęło. Tak silne było, tak z samej głębi, z nieznanego – i nic. Ani trochę nie zmieniło mojego środka środków, nie mówiąc już o moim życiu. Jedno głupie przyzwyczajenie, jakiś idiotyczny nawyk, jeden mały strach i małe apetyciki są nieskończenie trwalsze i silniejsze od największego przeżycia abstrakcyjno-mistycznego. Wszystko, co dotyczy ciała, materii, jest silniejsze. Moje komiczne udręki z kolorem nowej ramy okiennej, moje przeżycia na ten temat są burzliwsze niż kryzysy na temat metafizyczny. Zapalenie spojówki, rozlana zawartość filiżanki, nie wysłany list. Czy taka powinna być hierarchia? A jednak taka jest.

9 kwietnia (on swoje, ten kwiecień, nieubłaganie)

Lektura tomu 1965. Rozgadany, spłoszony, neurasteniczny (to zawsze), sieczka w mózgu, pożądanie przeżyć i przygód cuchnie,

1 Ściana Płaczu.

pomimo zapewnień, że nie. Tylko gdzieniegdzie zwarte, treściwe, krótkie myśli, jakby ponad moją ówczesną miarę. To łaska widocznie, ta zdolność spoza siebie, bo gdyby tylko to i jaki taki zwyczaj – marnie by było. Łaska dorywcza. Oraz język mało swój, zakażenie stylem wówczas panującym w owej mikrokolonii. Niemiło się do tego przyznać. Ja, taki pisarz, tak łatwo ulegający takim wpływom.

A jednak wtedy napisałem *Tango*, *Krawca*, widocznie łaska działająca.

Czy dotknięcie dna – wczoraj – od którego zawsze odbicie, poniżej którego nie zejdę i – *resilient*[1] – znów w górę, żeby potem było skąd opadać?

Jakkolwiek rzecz obrócić i rozważyć, czegokolwiek pożądać, tylko jeden sposób, jeden wniosek, jedna skuteczność. Ta nieuniknioność powinna mnie cieszyć – czy nie pewności szukałem? Chyba że nawet to moje szukanie było fałszywe?

Podróż samochodem do place d'Italie i z powrotem.

10 kwietnia

Ultima sigaretta. Poranna głupota. Wieczór: albo euforia, albo desperacja. Rano: albo głupota, albo bystrość. Wieczór: wiekopomne postanowienia i dekrety – rano trzeźwe z nich szyderstwo. Rano – pierwsza fajka. Wieczór – ostatnia.

Skaza w charakterze. Brak jakiegoś jednego elementu, który uczyniłby mnie wielkim, gdyby był.

No dobrze, dosyć narzekań, nudzą mnie one.

Nie ożeniłem się po raz drugi, żeby uniknąć klaustrofobii, tymczasem tu, na tym strychu, pogrążyłem się w klaustrofobii takiej, że mogę zwariować (mogę, nie muszę).

Samotność moja była zawsze dwuznaczna. Niezbędna, a jednocześnie trudna do wytrzymania.

Teraz nie mogę niczego napisać. Wydaje mi się: ostatecznie. Winę przypisuję swojej samotności. Stąd powyższe rozważania.

„Tylko cud może mnie uratować". W cudzysłowie, bo głupie. Niemniej oczekuję otwarcia. Nie wierząc już w otwarcie, oczekuję.

---

[1] *resilient* (ang.) – elastyczny, sprężysty

Dawniej zawsze jednak przychodziło. Teraz od dawna już się nie pojawia.

Lektura tomu 1965/66 (dalsza). Nieprzyjemne i niekorzystne wrażenie. Małe, oszalałe ego.

Niezdolność nawiązania kontaktu wprost (*en direct*) ani ze sobą, ani z otoczeniem. Zamieszanie w głowie (intelektualne). Histeria *en permanence*. Ogromnie dużo wokół siebie zamieszania.

Ustawiczne pożądanie uchwycenia samej esencji wszystkiego, bez cierpliwości i bez środków, moralnych i umysłowych, dla takiego przedsięwzięcia. Szarpanie i psucie ustawiczne wszystkiego, co jest, co jest możliwe, w imię niemożliwości. Odpychanie, odrzucanie wszystkiego w imię niczego. Wołanie: to nie to, to nie to. Ja chcę inaczej i więcej.

Niesympatyczny, histeryczny osobnik, który nie zna i nie chce znać tego, co mu jest dane, a chce czegoś, czego nie posiada, o ile w ogóle wie, czego chce.

Czy mógłbyś choć przez chwilę wybaczyć życiu (jeżeli nie światu), że jest, jakie jest? Czy mógłbyś choć przez chwilę być bezinteresowny? Sługą, dzierżawcą, instrumentem życia?

11 kwietnia

Directness should be the password. Simplicity, a direct approach.

[Hasłem powinna być bezpośredniość. Prostota, bezpośrednie podejście].

Co do pisania: przestań z tego robić szamaństwo. Pisz i koniec. Zdejmij z siebie literata.

12 kwietnia

Seen from outside (all the others are, can be, seen from outside only) nobody looks incomplete. Even the worst cripple and the most acute schizo looks perfectly in their place, filling their boundaries, their destiny. Other people, if told, always sound a bit irrelevant and we are never really convinced about them. Only from inside, their own mind's standpoint, everybody is far from being complete. Who is without longing? Everybody is a bunch of expanding desires and shrinking fears. Imagination? Needs? Real ones, imagined ones, that is beyond the point[1].

[Widziany z zewnątrz (wszyscy inni są, mogą być, widziani tylko z zewnątrz), nikt nie wygląda niekompletnie. Nawet największa kaleka i najstraszniejszy schizol wyglądają idealnie, wypełniając do granic swe przeznaczenie. W naszych opowieściach inni ludzie wydają się zawsze trochę nieistotni i nigdy tak naprawdę nie jesteśmy do nich przekonani. Tylko z wewnątrz, z punktu widzenia ich umysłu, wszyscy są dalecy od bycia kompletnymi. Kto jest bez tęsknoty? Każdy jest zbieraniną powiększających się pragnień i kurczących obaw. Wyobraźnia? Potrzeby? Prawdziwe, wymyślone – to jest poza kwestią].

13 kwietnia

Do Stuttgartu. Zadziwiająca ilość czynności, jakie trzeba wykonać, żeby ruszyć. Proust nie musiał. Françoise[2].

Teraz nawet nie można usiąść, bo organizm chce iść do WC.

Wieczór – zdenerwowanie, że się już wyjeżdża. Rano – zdenerwowanie, że się jeszcze nie wyjeżdża, choć już się wyjechać miało.

Cały ten aparat w głowie doprawdy albo jest źle ustawiony, albo domaga się lepszej obsługi.

Bezsensowny, kapryśny, samoczynny, samobieżny świat wyobraźni.

Niespokojna, za krótka, źle przespana noc. Dlaczego? Taka być nie musiała, sam ją sobie tak urządziłem.

Do samochodu: materialna metafora losu. W samochodzie jestem *complete. The limits are so clear. And the purpose so single and clearly defined.*

L'homme à femmes sans femmes – encore un de mes paradoxes.

[...kompletny. Granice są wyraźne. A cel tak pojedynczy i jasno określony.

Kobieciarz bez kobiet – jeszcze jeden z moich paradoksów].

---

1 *Seen from outside...* (ang.) – podobnie zaczyna się felieton S. Mrożka pt. *Straszność utajona* („Dialog" 1978, nr 10).

2 Służąca u bohatera *W poszukiwaniu straconego czasu*.

19 kwietnia

Nie zdarzyło się nic, co by się nie mogło zdarzyć. Nie przyszło mi do głowy nic, czego by już tam przedtem nie było.

Powoli zmierzamy do zakończenia tego dziennika. Umrze śmiercią naturalną? Co to jest śmierć naturalna?

20 kwietnia

Składam się z wyobraźni i nicości. To tylko jest jako tako moje. Reszta mnie jest jedną z nieprzeliczonych form (*appearances*[1]).

21 kwietnia

Kiedy to niemożliwe (a niemożliwe) i z niczym zjednoczyć się nie można, spróbujmy odwrotnie: oddalić się od wszystkiego, tak żeby wszystko ukazało się tym, czym jest, o ile jest czymkolwiek.

Bolesna operacja.

Jak zwykle – zaczynamy jutro.

Z niczym nie mieć nic wspólnego, jeżeli z czymkolwiek nic wspólnego mieć nie można.

Amen.

23 kwietnia

La lucidité[2] powoduje nudę, którą z kolei pozwala znosić.

I żeby nareszcie się pozbyć żałosnego już zwyczaju postanawiania czegokolwiek.

24 kwietnia

Którego trudno jednak się pozbyć.

Czasem czytanie tomu 1966/67. Wrażenie, że jestem wciąż tym samym człowiekiem. Różnica jest tylko w energii agonalnej. Jeszcze dziesięć lat temu miotałem się i majaczyłem silniej. Oczywiście – organizm wyczerpany agonią nie może dzisiaj zachowywać się tak samo. Agonia ta sama, odruchy wszystkie te same, tylko słabsze.

Być może agonia zaczyna się po dwudziestu pięciu latach życia, kiedy ciało osiągnęło już pełnię dojrzewania.

Jest to bardzo ponura koncepcja i nie upieram się przy niej.

---

[1] *appearances* (ang.) – zjawiska, pozory

[2] *la lucidité* (franc.) – jasność umysłu

25 kwietnia

A poza tym, zdaje się, nic albo mało co się zmienia. Każdy ma swój *pattern*[1], parę sprężynek jakby, które uruchamiają i warunkują jego aparacik, każdy swój własny. Nie sądzę już, żeby cokolwiek się zmieniło, to znaczy nie mam już nadziei, złudzenia, pewności – wszystko to miałem, miewałem – że są we mnie jeszcze nieznane, nie uruchomione postaci, obszary. Że taki, jaki jestem, albo jestem tylko na niby, albo też nie jestem jeszcze ostateczny, a ja właściwy dopiero mam się wyłonić. Pewien podstawowy model mojego funkcjonowania, jakaś bardzo prosta formuła dane mi zostały chyba jeszcze przed urodzeniem. Każdemu chyba zresztą. Nie znam jej, ale moje najbardziej skomplikowane historie (wszystkich zresztą) dadzą się na tym modelu wyjaśnić albo przewidzieć. Momenty radości – to były te, kiedy mi się wydawało, że wymykam się poza tę formułę. Momenty depresji (prawdy?) – te, kiedy się okazywało, że nie.

27 kwietnia

Peter Handke – pieszczoszek.

Nie lubię, bo nie mam prawdziwego sukcesu (to znaczy, żeby o mnie pisano, mówiono nie tylko z okazji premier) – czy nie lubię, bo po prostu nie lubię? Jedno i drugie, ale oddzielnie.

Witaj, *artritis*[2] stóp moich. Czy będziemy już razem? Chcesz się zaprzyjaźnić z łysiną, która teraz na dobre już się rozsiada? Czekasz na kolejnych kolegów?

Nie jestem pełen goryczy, a tylko odrobinę zamyślony na wasz temat. Ale człowiek pogrążony w zamyśleniu zawsze uważany jest za smutnego. Czy zamyślenie nigdy nie prowadzi do radości? Nie. Ale też niekoniecznie do rozpaczy.

28 kwietnia

Miło czasem pomyśleć (kiedy indziej niemiło), że jestem aż tak przejściowy i te moje stopy znikną kiedyś, tak jak powstały, razem z kłopotem, jaki sprawiają, razem ze mną.

---

[1] *pattern* (ang.) – wzór

[2] *artritis* – artretyzm

3 maja

Nagłe (to mi się już nie zdarza) wspomnienie Porąbki Uszewskiej, Żmigrodu, czasów i miejsc sprzed czterdziestu lat. Aż z tego bezsenność. Paryż wydał mi się egzotyczny i niezrozumiały – na chwilę.

4 maja

Zmęczenie, progi fizyczne, to już nie niemożności duszy. Senność, ubytek, *diminution*[1]. Zaczyna przychodzić do głowy: a może kiedyś zniedołężnieję?

Kłopot uprawiania literatury: *the absorption is nothing but the absorption. To write: one has to believe that it is much more: everything.*

That au-delà, inbetween land. The path which is neither on the earth, nor through the air, nor in the water. That subtle essence and nature of everything – what is it? A wishful dream, or even the slightest chance of truth? Maybe – even if it does not exist – is it valid, as mathematics is in the realm of bodies?

[Absorbcja jest niczym innym jak tylko absorbcją. By pisać, trzeba wierzyć, że to coś znacznie większego: wszystko.

Tamto *au-delà*[2], ląd pomiędzy. Ścieżka, która nie jest ani na ziemi, ani w powietrzu, ani na wodzie. Tamta subtelna esencja i natura wszystkiego – czym ona jest? Marzycielskim snem czy choćby najmniejszą szansą prawdy? Może – nawet jeżeli nie istnieje – czy jest ważna, jak matematyka jest w sferze ciał?]

Ból newralgiczny w czaszce, w okolicy lewego ucha, każe pamiętać maj 1944. Więcej niż pamiętać. Ten krzyk niesiony wiatrem, kiedy z matką do laryngologów. Podgórze, byłe getto krakowskie.

Siła oporu, siła sprzeciwu wobec tego nie jest wyczerpana. Nie może być wyczerpana. Jest nieskończona. Nawet skonanie przedstawia mi się jako ostatni fragment od tego ucieczki, ucieczki ku?

Ku?

Survive. Probably in my case the survival drive is so strong, but so sublimated...

[Przeżyć. Prawdopodobnie w moim przypadku instynkt przeżycia jest tak silny, ale też tak wysublimowany...]

---

[1] *diminution* (ang.) – zmniejszenie, skurczenie

[2] *au-delà* (franc.) – tamten świat

Wszystkie maje moje.

The quest for the essence. Overboard with everything which is not essential.

[Poszukiwanie istoty. Za burtę wszystko, co nie jest istotne].

Oczywistość: po pewnym okresie starzenia się umrę dokładnie tak samo, jak tylu przede mną i po mnie. Co dotąd było wiadome, ale nieuświadomione.

Nic wyjątkowego, nic szczególnego nie przypadnie mi w udziale.

Ani „wielkie" uniesienia, ani „wielkie" upadki nie są wielkie. Nie trzeba się ani szczególnie bać, ani spodziewać. Choć należy się raczej bać, niż spodziewać. Spodziewać się można tylko, że nic nadzwyczaj złego mnie nie spotka. Bać się należy, że coś nadzwyczaj złego albo zwyczajnie złego może mnie spotkać w każdej chwili.

5 maja

Czy starzenie się polega na redukcji? Na pewno redukuje się to, *ce qui est probable*[1], gromadzi się natomiast albo doświadczenia, albo odpadki, to zależy, jak chce się nazwać.

7 maja

Jezus, Marks, Freud, Einstein spotykają się w Witebsku. Ideologicznie się nie lubią, ale są Żydami. Myśleli, że mogli już o tym zapomnieć. Goje im przypomnieli. Więc choć się nie lubią i kłócą – radzą, jak się bronić.

Gdybym był literatem – takiego chwytu bym użył: spotykają się w czasie nazi. Ale to jest czterech zwykłych, biednych Żydów, którzy – czekając na transport – chcą się ocalić, a więc podają się za owe postacie, wybitne – a więc liczą na to, że ze względu na zasługi będą oszczędzeni. To więc nie musi się dziać w czasie nazi, bo ci akurat bardzo tych postaci nie lubili. Jacyś inni goje, kiedy indziej. Jezus (do gojów): „Czy chcecie być tymi, którzy ukrzyżowali Chrystusa?".

Goje w rozterce. Czy się okaże, że nienawidzą właściwie wszystkiego, czym, kim są Żydzi (bo owe postacie ukształtowały przecież

---

[1] *ce qui est probable* (franc.) – co jest prawdopodobne

całą historię gojów i niegojów), i za to właśnie Żydów zabiją, czy też nienawiść do Żydów jest aż tak wielka, że wolą ich zabić, niż mieć kulturę i cywilizację?

Proponują im „odżydzenie". Ale tu przecież co jest, to jest, i nie da się inaczej.

Nieco inna wersja: ci czterej grożą, że jeśli stosunek do Żydów się nie zmieni (i jego konsekwencje), oni odwołają wszystko. Wycofają, unieważnią. Jak wtedy będziecie wyglądali?

Rzecz dzieje się w ogóle, ale też jakby podczas pogromu w Rosji. Takie umieszczenie daje sytuacji odpowiedni folklor.

Jeszcze inna wersja: ani to są Żydzi biedni i zwyczajni, którzy podają się za Czterech, ani to nie są Czterej naprawdę, tylko dwuznaczność. Może być tak i tak jednocześnie.

Piąty kto? Mały i całkiem biedny Żyd, Lejzorek Rojtschwanz[1], który całą sprawę wymyślił i na ten pomysł wpadł? Mleczarz z *Fiddler on the Roof*[2] – nieśmiertelny mały, ubogi, niezniszczalny Żyd?

Każdy z wielkiej Czwórki sądzi, że jest sam w sobie i że wzniósł się ponad żydostwo. Lejzorek, sceptyczny, kiwa głową: zobaczymy.

Przesłuchania. Komisarz (inteligent) w kłopocie. Chciałby tę sprawę jakoś załatwić. To prawda, że będzie pogrom. Ale opowiada o pogromie w ładnych słowach. Robi Czterem wyrzuty: „Dlaczego panowie mieszkacie w Antołówce[3], pan powinien w Wiedniu". Oni na to: „My jesteśmy zajęci, nie zwracamy uwagi na *way of life*[4]. Proszę raczej zwrócić uwagę na nasze dzieła".

Sekretarz, pomocnik komisarza, jest gojem czystym i prostym, bez parlefrance. Komisarz nieustannie zagrożony posądzeniem o sprzyjanie Żydom. „Może sam Żyd".

Kamień wpada przez stłuczoną szybę.

Czterej się godzą na paszporty i wyjazd, przed pogromem? Lejzorek tak jakoś żałośnie, że nic z tego? (Donosi sekretarzowi?) Czy też

[1] Lejzorek Rojtschwanz – tytułowy bohater powieści satyrycznej I. Erenburga z 1927 roku pt. *Burzliwe życie Lejzorka Rojtszwańca*.

[2] *Fiddler on the Roof* (*Skrzypek na dachu*) – oparty na powieści Szolema Alejchema z 1894 roku *Dzieje Tewji Mleczarza* musical amerykański z 1964 roku do muzyki J. Bocka i libretta J. Steina, w 1971 roku zekranizowany przez N. Jewisona; jednym z głównych bohaterów jest Tewje Mleczarz.

[3] Aluzja do Antałówki, części Zakopanego, oraz do nazwy Anatewka, wsi, w której toczy się akcja *Tewji Mleczarza*, a potem *Skrzypka na dachu*.

[4] *way of life* (ang.) – sposób życia

Czterej mają jednak świadomość żydowską? Jednak prawda powinna być taka: „Nawet kiedy ty zapomnisz, że jesteś Żydem – inni ci o tym przypomną”.

Komisarz – namiestnikiem z Petersburga, ale w dialogu Petersburg myli się z Berlinem i Leningradem. Komisarz – gubernator, *Gauleiter*[1].

10 maja

Oczywiście, że *koncerta nie budiet* (Wania podpiździł patiefon). Nie będzie żadnego olśnienia. Ale czy to powód, żeby mieć za złe (komu?), powód do żalu (za tym, czego nie było, nie będzie i nigdy nie miało być)?

Na swoje poletko, chłopie, a orać.

Tak oto stałem się tołstojewcem. Jeszcze należy sprawdzić w encyklopedii...

Lejzorek na audiencji u komisarza: „Ten pan to Freud”. Pan Freud. Potem jeszcze trzy asy w rękawie.

11 maja

Zabicie Aldo Moro – Czerwone Brygady[2].

Niezręczność i niewygoda wszystkich na świecie (nie licząc państw komunistycznych, to już nie jest świat, ani trzecioświatowców) w sprawie Czerwonych Brygad. Bo niby trzeba im mieć za złe, że są i jacy są ci brygadziści, a nawet ma się im za złe szczerze. Ale brygadziści też są szczerzy. Nie mówią nic innego, jak tylko to, co się mówi od lat na Zachodzie: o konieczności obalenia „państwa burżuazyjnego”, „walce klasowej”, Leninie. (Cytują Lenina, który przecież nie tylko jest w księgarniach, ale również w estymie). Rzecz w tym, że oni nie tylko mówią, ale i robią dokładnie to, co w ogóle się mówi. Nie są hipokrytami, podczas kiedy hipokryzja jest naczelną zasadą naszego Bizancjum.

---

[1] *Gauleiter* (niem.) – naczelnik okręgu; w III Rzeszy tytuł przywódcy NSDAP w okręgu partyjnym lub gubernatora prowincji.

[2] Aldo Moro – włoski polityk związany z chadecją, premier Włoch w latach 1963–1968 oraz 1974–1976; porwany 16 III 1978, następnie zamordowany przez Czerwone Brygady, skrajnie lewicową organizację terrorystyczną działającą we Włoszech od 1970 roku.

Są dla mnie ostatecznym dowodem, że moje złudzenie o zmienialności i odmienności świata – pomiędzy dziś a powiedzmy, rokiem 39 – było tylko złudzeniem. Po co tępić, dobijać emerytowanych SS umierających gdzieś po kątach, staruszków, od trzydziestu lat nieczynnych w fachu. Mamy młodych i świeżych.

A także, że konc-kempy[1], że czerwony faszyzm nie jest bynajmniej rosyjską specjalnością i nie można jej delegować ani na Wschód, ani do innych, niższych i ciemniejszych zakamarków świata. Ku pamięci, kiedy się mówi o eurokomunizmie[2].

12 maja

Przypływ ulgi i pociechy (chwilowy) z tego, co kiedy indziej męczy: że jestem ograniczony, wyznaczony, już tylko to i tylko tyle (z małym marginesem dowolności, nie mojej nawet, ale losu). Zawsze byłem (no, nie całkiem, ujmijmy to inaczej: jestem przedstawieniem mającym się raczej ku końcowi niż ku początkowi), ale o tym nie wiedziałem. Już wiem (mniej więcej), co mi pozostaje do zrobienia. I czemu tu się martwić? Raczej dziś się cieszę. A może ma się – na zmianę – zdolność cieszenia się i martwienia, które tę samą myśl, tę samą okoliczność (*une donnée*[3]) zabarwiają raz tak, a raz tak. Od paru dni jestem dość dobrze zorganizowany, więc zdolność do pogody przeważa.

Watts: *Only if we fully accept the finitude and limitness – we may become open to the absolute.*

[Watts: Tylko gdy w pełni zaakceptujemy skończoność i ograniczoność – możemy otworzyć się na absolut].

A także (to już kto inny): *There are proofs that "I" is neither the aggregate nor independent from them. Logically, it means that "I" does not exist.*

Clever.

---

[1] konc-kempy – obozy koncentracyjne

[2] Eurokomunizm – ideologia zachodnich partii komunistycznych, zwłaszcza we Włoszech i we Francji, popularna w latach 70. XX w., zakładająca m.in. odrzucenie sowieckiego modelu ustrojowego, roli ZSRR jako przywódcy światowego ruchu komunistycznego, rezygnację z haseł rewolucji oraz dyktatury proletariatu.

[3] *une donnée* (franc.) – informacja

[Są dowody, że „ja" ani nie jest ich ogółem, ani nie jest od nich niezależne. Logicznie to oznacza, że „ja" nie istnieje.

Zmyślne].

13 maja

Czas: wzrastające prawdopodobieństwo odwrotności tego, co jest. (Który to raz już cytuję?)

Styl – coś, co trwa przez wszystkie przypadki, jeżeli wszystkie dzieją się w tym samym stylu.

Jeżeli człowiek się zmienia – zmiana dotyczy chyba stylu. (Przypadki są tylko przypadkami). Jednak chodzi tylko o modyfikację stylu. Cały styl nie zmienia się nigdy. Co i lepiej. Nareszcie coś się nie zmienia.

Przyzwyczajenia – ach, przyzwyczajenia. Niektóre z nich, kurwy, warto by zmienić.

Nie mylić stylu z przyzwyczajeniami.

14 maja

„Literat" – jak to wygląda? *An abstract word*. Nawet w akcie pisania jestem tylko człowiekiem piszącym, ale i samo „pisanie" – co to znaczy? Kiedy je więc ogarnąć wystarczająco szeroko, żeby było „pisaniem"?

Palacz – to już bliżej konkretu.

Czy zazdrość jest dowodem miłości? Zależy, jak pojmuje się miłość. Kiedy zazdrośnik zwraca się przeciwko osobie wzbudzającej zazdrość – do dupy z taką miłością.

15 maja

Dwie osoby i jedna sytuacja. Każda z tych osób pojmuje tę sytuację w sposób tak różny, że powstaje aż wątpliwość, czy istotnie jest to ta sama sytuacja. Topografia, dane faktyczne tej sytuacji (czy to nie nazywa się przypadkiem: topologia?) są jednak dla obydwu osób jednakie.

Nawet mnie, pojedynczej osobie, zdarzyło się tę samą sytuację pojąć tak różnie, że powstaje pytanie, czy chodzi o tę samą osobę (mnie).

Sprzątaczka (ja). Ciśnienie fatalne (pogoda). Watts powiada, że to wszystko razem – ja, ja zaś – to nic więcej. Możliwe.

Znużenie. Który to już raz zauważam? Ile razy jeszcze zauważę? Co robić ze znużeniem? Nużyć się.

16 maja

Ja proszę o niespodziankę. Jeżeli jej nie będzie – będzie dokładnie tak, jak przewidywali S.I. Witkiewicz i George Orwell. (Po przeczytaniu porannej gazety).

Wczoraj oglądałem (opatrywałem) mojego Long Rifle'a 22. Pół godziny byłem instynktem nie powiem, że zabijania, ale tego, w czym zabijanie jest sensem. Mogę sobie wyobrazić, że ci kilkunastoletni, którzy zabijają w Afryce, Azji, Ameryce i Europie – realizują tę radość, którą aby zrealizować, trzeba jednak kogoś zabić. Kiedy nie było broni palnej, dzieci nie mogły prowadzić wojen. Myślę, że wprowadzenie broni palnej odkryło tę nową dla rodzaju ludzkiego radość, która na czym polega? Uczucie mocy, skoncentrowane materialnie w pocisku? Oko łączy się bezpośrednio z mózgiem, bezpośrednia realizacja tego, co w myśli, bez pracy rąk (nacisk palca na spust to błahostka). Dzieciom to bardzo musi się podobać. Dziecko jest wtedy śmiercią, czyli więcej niż dorosłym. Ale może nawet nie myśli o śmierci. Strzelić i zabić.

(Do „DL"?[1])

17 maja

Lacombe Lucien by Louis Malle[2]. Jeden z tak niewielu filmów (książek, teatrów), w których o coś chodzi, a to coś jest poważne.

Amor – po *Lucien* widzę, jakim jestem amatorem realizatorem, ale też że mógłbym zostać niezłym profesjonalistą.

Dyskusja byłych *maquis*[3] – potem. Smutek rozkładu, bo nawet słuszne rzeczy nie przekonują, kiedy mówione są przez staruchów w złym już stanie. Czy ja też tak będę? Może jako człowiek nie czynu (jak ci byli żołnierze), ale refleksji zachowam lepszą głowę do starości.

---

[1] Zob. S. Mrożek, *Obrona przed bronią*, „Dialog" 1978, nr 9.

[2] *Lacombe Lucien* – film francuski w reż. L. Malle'a z 1974 roku, dotyczy kolaboracji Francuzów z okupantem niemieckim w czasie II wojny światowej.

[3] *maquis* (franc.) – członkowie francuskiego ruchu oporu z czasów II wojny

Zabijanie, głupota, zło, opilstwo wyobraźnią – film aktualny, czasy aktualne, czasy zawsze aktualne.

19 maja

No i co, panie Sławeczku, przypierdoliło, co? I to tak od razu, nawet nie poczekało.

Na pańskie zdrowie. Żeby pan wiedział, na czym pan stoi. Żeby się panu coś nie wydawało. Bo pan jest tępy dosyć i sto razy trzeba panu powtarzać jedno i to samo.

Więc, panie Sławeczku...

Tego się nie da ująć w słowa.

23 maja

Prawda sama w sobie nie jest ani wesoła, ani smutna, ale dla ludzkiego stworzenia jest smutna. Aż wydaje się, że zdolność mylenia się, czyli projektowania przez siebie – siebie, jest jedyną ludzką radością.

Mało kiedy aż tak byłem pewny, że tylko maleńkie podwórko, poletko, ogródek jako tako mi służy, a reszta – niech będzie, kiedy musi być, ale ani spodziewać się czegoś z tamtych stron, ani do nich się wtrącać – „albo nie trzeba, albo nie pomoże".

Poza tym wizyta u radcy *culturel* w polskiej ambasadzie, po raz pierwszy od dziesięciu lat. I chociaż chory byłem od tego i do dzisiaj słabuję, już to wszystko do tejże reszty – gdzie należy – się przesunęło.

24 maja

Jack Daniel's oraz to wszystko, co jest właściwe temu, jak teraz i tutaj.

Może jadę do Polski po jedno przede wszystkim: od pewnego czasu już zaczynam się zwracać ku mojemu życiu jako historii (*Emigranci*, *Amor*, *Homecoming*[1]). Uciekać od tego dalej już nie sposób. A jechać do Polski to widocznie ten nowy dla mnie trend zaakcentować, stawić temu czoło, jakkolwiek boleśnie i niewygodnie.

---

[1] *Homecoming* (ang.) – *Powrót [do domu]*, scenariusz filmu zrealizowanego dla niemieckiej telewizji w 1978 roku, druk: „Dialog" 1994, nr 9.

27 maja

Jack Daniel's. Wyniki sesji: odczucie centrum (wobec tego propaganda centrum: odtąd już tylko centrum i nic więcej, od jutra). Oraz, co chyba mądrzejsze: zawsze i wszędzie chodzi o fetę i nadzwyczajność. Ile procent życia to niewygoda, niewyraźność, nieprzyjemność? Dziewięćdziesiąt? Dziewięćdziesiąt dziewięć? Jeżeli tyle, to sztuka i problem tylko takie: jak żyć z tą większością. O reszcie nie myśleć. Reszta sama się sobą zajmie.

29 czerwca

Wczoraj wróciłem z Polski (tam dwa tygodnie po piętnastu latach i dziewięciu dniach) – po trzech dniach podróży i przygodach z niemiecką policją wschodnią nocą przekraczałem Checkpoint Charlie[1], zbłądziwszy.

I nic. I wszystko? I wszystko, czyli nic, czy też po prostu nic? Jestem, jak byłem, coś nadziało się na moich peryferiach, środek ten sam. Czyżby stał się już aż tak wyraźny?

Z Polską nic szczególnego, między nią a mną, nie zaszło. Przybyłem, popatrzyłem, wróciłem. Już raczej między Y. a mną. Jakby tamte cztery minione lata były tylko preludium do tej pełni i zgodności, nieoczekiwanych, jakie znaleźliśmy w Polsce.

Myślałem, choć nie oczekiwałem (o ileż już mniej oczekuję niż dawniej), że jednak między mną a Polską, czy też ze mną w Polsce, coś się stanie. Tymczasem jeżeli było jakieś zaskoczenie, to brak zaskoczenia, czyli ciągłość mnie samego sprzed wyjazdu, stałość, stabilność. Za dużo wrażeń, żeby cokolwiek poczuć? Wątpię, bo ani kiedy jest ich mniej, ani teraz, kiedy już czas, żeby je poczuć, nie czuję nic. Sterylność, czyli niemożność odczuwania? Nie wiem. Z głowy, czyli z wyobraźni psychologicznej, mógłbym opisać wiele wrażeń i wiele uczuć. Ale impulsu, żeby to zrobić – brak.

Przy okazji: dzisiaj moje urodziny. Przypomniałem sobie o tym przypadkowo, patrząc na datę. I tylko dlatego o tym wspominam, że przypadkowość tego przypomnienia tylko zasługuje na uwagę. Coraz większa mimochodność takich dat. Coraz mniejsza ich ważność.

Za dwa dni jadę do Wenezueli.

---

[1] Charlie Checkpoint – jedno z najbardziej znanych przejść granicznych między NRD a Berlinem Zachodnim.

1 lipca

Pani Ela przepowiedziała, że kupię dom w Szwajcarii. Pieniędzy może mi wystarcza na mieszkanie w Saint-Denis[1]. Ciekawe, skąd los mi weźmie pieniądze na dom szwajcarski.

Pani Ela częściowo przepowiada głupstwa.

Nie chcę już być nikim, kim nie jestem, nawet Warrenem Beattym, „misterem Hollywood". Sobą zaś ani chcę, ani nie chcę być. Ot, jestem. Tę przynajmniej sprawę mam załatwioną.

18 lipca

Wczoraj z Wenezueli. Gdzie nie tylko żadnego otwarcia (jak kiedyś w Montrealu, Stratfordzie, Shirazie), ale przeciwnie, przetrwanie z własnych zasobów.

Osłabła wola definiowania i komentowania oraz utrwalania. Na skutek tego nie ma opowieści ani o Polsce, ani o Wenezueli.

19 lipca

Pociąg Wrocław – Przemyśl. Horror podróży. Caracas – Rzym. Gorzej niż Wrocław – Przemyśl.

A kiedyś podróże lotnicze wydawały mi się luksusem. Arystokracją podróży. („Dialog"?) Khaznadar – i jego Indianie. Także „Dialog"[2].

Wenezuela – wzmożone oko (moje) na martwe i żywe. Martwe jest wynikiem żywego. Fasada i kulisy. Tekst i przekład. Szyfr i odczytanie.

20 lipca

Sesja. *Time-lag + obsessions*[3]. 100 g whisky White Label.

---

[1] Saint-Denis – miasto na północ od Paryża.

[2] Felietony na takie tematy nie były drukowane w „Dialogu"; Khaznadar – może chodzi o Marufa Khaznadara (1930–2010), kurdyjskiego pisarza, arabistę oraz wydawcę kurdyjskich czasopism; w „Dialogu" 1973 (nr 10) w sprawozdaniu z Kongresu Międzynarodowego Instytutu Teatralnego w Moskwie opublikowano też głos Cherifa Khaznadara z Syrii na temat sytuacji teatru w Trzecim Świecie.

[3] *time-lag* (ang.) – pauza, zastój; *obsessions* (ang.) – obsesje

A muddy cocktail of all issues, together with the awareness of its fadedness.

[Błotnisty koktail wszystkich tematów, razem ze świadomością jego słabości].

22 lipca

Ćwiartka white label o piątej rano. Katar, zapalenie spojówek, kac. Nieszczęście i upadek, które są, ale tak mi obojętne jak karp za szkłem. To było i jeszcze będzie, tak samo, nowego nic.

Nieco było rozmyślania o zabawach ego, jak ono nawet Pana Boga stara się chytrze ku swojej ozdobie użyć, udając pokorną służkę. Jak ono stara się nie być, udaje, że go nie ma, żeby tym bardziej sobie pozwalać w przebraniu pozornej nicości. Jak ono jest niezniszczalne, póki żyje ciało, i jak mu (mnie?) zawsze będzie towarzyszyć. Jak śmieszne są pomysły, żeby (to jego są pomysły) je usunąć całkiem. Jak ono kocha swoje cierpienie nawet i ból, kiedy przyjemności są niemożliwe, bo ono chce, musi siebie doznawać i przed niczym się tak nie buntuje, jak przed zanikaniem.

Mamy więc ego i czy tylko ono istnieje? Chyba nie tylko, mamy też *basic forces*[1], jak dotkliwie dającą się we znaki *basic sexuality*. Ego także do tych sił pretenduje, udaje, że do niego należą, choć jest nimi sterowane.

Superego? O tym słyszałem, ale niezbyt dokładnie wiem, co to jest. Świadomość?

23 lipca

Wszystko jest, jak już było. Tylko – obojętnieję już i na własną niedolę, nie tylko na cudzą. Kiedy jest się młodym – jest się obojętnym na cudze nieszczęście. Potem też i na swoje. I to pewnie jest dojrzałość.

Bon mot. Dlaczego siebie nie podziwiasz?

Poprawka: nie „na swoje nieszczęście". Lepiej „na siebie". Jak i na drugich.

To może nazywać się i cierpliwością.

[1] *basic forces* (ang.) – siły pierwotne, elementarne

Beaujolais, quai de la Tournelle[1]. Miejsce odwiedzane od dziesięciu lat. To samo. Tym wyraźniej widać, jak ja tam już inny.

Zmniejszanie amplitudy. Takie proste.

25 lipca

Aby zasnąć, o 4 AM. Ze dwie setki, to zawsze pomaga.

Sesja nie chciana, nie chcę już sesji. Wyniki: *Since all cycles are already known and trodden, boring to kill, the only thing left is stepping out. According to all the rules of Art.*

Appendix: step out, but reckon with forces. But – "stepping out" – how many times tried already?

There are only the conditions, the constellations of them, which permit that the consciousness (this one takes birth in the memory, the faculty of remembering and supposing the future as well) conceives the concept of ego and the striving for fixing and developing the ego starts. The ego does not exist otherwise as a project and intensity. The hollowness ever persisting and immanent exacerbates the striving to overcome it, but this goal will never be achieved, because the ego is just the phantom in its very nature. Death is the dissolution of the conditions mentioned at the begining. It is not even the end of the ego, because the ego has never been.

This is what we are.

God does not exist – but this maybe in his divine way of being. God as the absolute non-being, contrary to the Christian belief that he is the plenitude of being. Being possibly does not exist either, but is only our concept.

[Ponieważ wszystkie cykle są już znane i wydeptane, śmiertelnie nudne, jedyna rzecz, która pozostaje, to wyjść. Zgodnie ze wszystkimi zasadami Sztuki.

Appendix: wyjść, ale licząc się z siłami. Ale – „wychodzenie" – ile razy już podejmowane?

Są tylko warunki, ich konstelacje, które pozwalają na to, że świadomość (ona rodzi się z pamięci, zdolności pamiętania i tym samym domyślania się przyszłości) pojmuje koncepcję ego i zaczyna się dążenie do umocnienia i rozwoju ego. Ego nie istnieje inaczej niż jako

[1] Quai de la Tournelle – jeden z bulwarów nad Sekwaną.

projekt i natężenie. Owa pustka, od zawsze trwająca i jemu właściwa, zaostrza to dążenie, aż do pokonania go, ale ten cel nigdy nie zostanie osiągnięty, ponieważ ego jest w swojej istocie tylko fantomem. Śmierć jest rozpuszczeniem się wspomnianych warunków ego. To nawet nie jest koniec ego, ponieważ ego nigdy nie istniało.

Oto, czym jesteśmy.

Bóg nie istnieje – ale tak może być w jego boskim sposobie bycia. Bóg jako absolutne niebycie, wbrew przekonaniu chrześcijan, że jest on pełnią bycia. Bycie prawdopodobnie także nie istnieje, lecz jest tylko jednym z naszych pojęć].

26 lipca

Płody schizofrenicznego zmęczenia. I już wszystko jedno, gdy o mój umysł chodzi, czy śpię dwanaście godzin, czy dwie. Kiedy dwie – nawet jakby więcej w moim umyśle wynika.

Quelle fatigue de chien.

Frustrations:

1. Sexual (how long already I have been staying alone in my male substance without any natural outlet?).

2. Philosophical – the erosion of any hope and ideas and even of any counter-hopes and counter-ideas.

3. Personal – the image of my future remains as blurred as always, minus the blind drive of the former days.

4. The frustrations of frustrations: not even my frustrations serve as a spring-board. The bankruptcy of all my measures, attempts at compensations.

Quite a lot.

It is raining. It is grey, but instead of the refreshing cool – a warm blanket.

[Jakież cholerne zmęczenie. Frustracje:

1. Seksualna (jak długo już pozostaję sam w swojej męskiej substancji bez żadnego naturalnego ujścia?).

2. Filozoficzna – erozja każdej nadziei i idei, i nawet każdej kontr-nadziei i kontr-idei.

3. Osobista – obraz mojej przyszłości pozostaje zamazany jak zawsze, minus ślepy popęd ostatnich dni.

4. Frustracja frustracji: nawet moje frustracje nie służą jako trampolina. Bankructwo wszystkich moich miar, prób kompensacji.

Całkiem sporo.

Pada deszcz. Jest szaro, ale zamiast odświeżającego chłodu – ciepły koc].

27 lipca

Znowu ćwiartka przed snem i sen długi, do samego południa. Jedenaście godzin?

Należałoby osiągnąć stan, czasami osiągalny, *beyond*[1].

Sny – tylko we śnie może się jeszcze zdarzyć coś nowego. We śnie nie ma refleksji ni *jugement de valeur*[2]. Ani czasu.

I have developed the fear of the empty bed. [Rozbudziłem w sobie strach przed pustym łóżkiem]. Moje wakacje to ćwiartka i spać.

Dobroczynny wpływ porządków domowych na duszę artysty.

29 lipca

Trzydzieści lat temu rzeczy były te same, tylko zdanie moje o nich inne.

Czy teraz mam rację, wtedy nie?

Bezsenność trwa. I moje jałowienie coraz większe. O ile to możliwe. Jeszcze tylko drobnostki robią na mnie wrażenie, duże sprawy już nie. Podobnie jak na starcach.

Between me and a situation (an object) mostly the veil of my turmoil. The transparency wanted instead. In that transparency – the directness (mostly it is the deviousness). In that directness – neither attack, nor retreat.

How it should be?

Writing (the craft) has never been the concentration, but the absorption. The natural one. As the self-procreating images and their attracting power are natural by me.

[Pomiędzy mną a sytuacją (przedmiotem) głównie zasłona mojego podniecenia. Zamiast tego potrzebna przezroczystość. W tej

---

[1] *beyond* (ang.) – poza

[2] *jugement de valeur* (franc.) – ocenianie

przezroczystości – bezpośredniość (głównie jest to przebiegłość). W tej bezpośredniości – ani atak, ani odwrót.

Jak powinno być?

Pisanie (rzemiosło) nigdy nie było koncentracją, tylko absorpcją. Naturalną. Tak jak samorodne obrazy i ich siła przyciągania są naturalne u mnie].

30 lipca

Tom Stoppard znowu w „Time Magazine". On który już raz, a ja jeszcze nigdy. On ma czterdzieści jeden, ja czterdzieści osiem lat. Kiedy *Tango* miało być moim pierwszym krokiem ku międzynarodowej sławie, Stoppard był pokątnym adiustatorem przekładu angielskiego. Obecnie S. jest najbardziej wziętym dramaturgiem międzynarodowym, a ja po *Tangu*, mimo *Emigrantów*, pozostaję tam, gdzie doszedłem, w grzecznym kącie. Moje nazwisko pojawia się tylko z okazji premiery, jeżeli w ogóle do premiery dochodzi. Dopóki nazwisko nie jest cytowane przy innych okazjach – nic z tego. Nie mówiąc o „Time Magazine". Mój atak tępej, oczywistej, silnej, zdrowej zawiści.

Tom S. jest Żydem czeskim, który, mając cztery lata, został Anglikiem. Ja – nawet nie wiadomo, czy jestem Żydem, a Polakiem nigdy mi przestać nie było dane. Tym mniej zostać Anglikiem.

31 lipca

Nudno i nudno mówić, że nudno. Być może, że teraz dopiero powinno nastąpić to, co nastąpiło dwadzieścia lat temu: małżeństwo. Straszne słowo, ale z nim mniejsza. Po raz pierwszy chyba czułbym się lepiej nie sam, mieszkając nie sam. Śniadania, obiady i kolacje jedząc nie sam. Sam jestem już sobą zbyt zmęczony.

Czy to prawda?

6 sierpnia

Maria Pawlikowska-Jasnorzewska.

Ona mogła jeszcze mieć nadzieję, że wróci do Krakowa, choć nie wróciła[1]. Ja mogę wrócić, ale nie mogę już mieć nadziei. Nasz – jej

---

[1] Maria Pawlikowska-Jasnorzewska urodziła się w 1891 roku w Krakowie, z którym była przez wiele lat związana; po wybuchu II wojny światowej znalazła się na emigracji; zmarła 9 VII 1945 w Manchesterze w Wielkiej Brytanii.

i mój – Kraków nie istnieje, choć istnieje miasto tak nazwane. I nie zabił go czas, Krakowowi czas służył. Kraków, jak i Polskę, znieprawił, zmiął bękart tak zwanej rewolucji.

Kraków jest teraz miastem nowoczesnym. Należy do tej nowej ludzkości totalitarnej, w której tak samo żyć się nie chce, jak Nabokov nigdy nie chciał już zobaczyć Rosji, ponieważ jej już nie było.

Mieliśmy jednak tęgich proroków. Nie Mickiewicza, ale Witkacego.

W totalitaryzmie, pod jego panowaniem, nie ma tajemnicy, ponieważ nie ma życia.

Tylko gdzieniegdzie trafia się w Krakowie na szczątki, zabytki tajemnicy, wydrążone.

15 sierpnia

I znowu lato wzniosło się do szczytu. Z dołu, z dziury, z depresji, spod podłogi podziwiam je.

Resztkami wiary jeszcze wierzę. Moja wiara jak dziurawy okręt. Dziury się łata, gorzej, że kadłub zmurszały.

Słowa moje leniwe, gnuśne, niechętne. Pod łóżkiem się chowają, po kątach, uciekają do piwnic i na strychy. Stamtąd wyciągam je, zakurzone i oporne. Gderające, sabotujące, z trudem je wprzęgam. Nie mają ani przestrzeni, ani dźwięku. I płaskie jest wszystko jak cynowa blacha, i o podobnym smaku.

Siedzę, kupa zmęczenia nagromadzonego w ciągu czterdziestu ośmiu lat. Siedzę i na myśl, że trzeba mi wstać – odczuwam zmęczenie.

Czas umierać? Chyba jeszcze nie. Czas. Czas po prostu.

7 września

Ucieczka z Sologne (*définitive*?).

Le besoin de valoriser le passé, le déplorer, la nostalgie, sourde, amère, détestante et détestée, ne suffit pas, ne donne rien. S'échapper à la conception figée de son passé.

[Potrzeba dowartościowania przeszłości, użalania się nad nią, nostalgia, głucha, gorzka, nienawidząca i znienawidzona, nie wystarcza, nie daje nic. Uciec od utrwalonego pojęcia swojej przeszłości].

Tymczasem... *Une relation qui prend les nouveaux tournants pendant qu'elle existe, quatre ans déjà. Étranges journées, le soulèvement du coeur et de l'âme, dû à l'on ne sait pas quoi.*

D'où ça vient ? Où ça mène ? Finira-t-il bientôt sans conséquences, ou signifie-t-il le début du nouveau, tellement attendu, tellement désiré, même dans le désespoir apparent, si longtemps?

Suis-je desséché, vide, comme cela paraissait sûr déjà, ou y a-t-il encore une profondeur, d'où l'avenir, le vrai, vivant, peut surgir encore?

[Związek, który w czasie swego istnienia, już cztery lata, przechodzi różne przełomy. Dziwne dni, uniesienie serca i duszy, wynikające z nie wiadomo czego.

Skąd to przychodzi? Dokąd prowadzi? Skończy się zaraz bez konsekwencji czy oznacza początek nowego, tak oczekiwanego, tak upragnionego, nawet w pozornej beznadziei, od tak dawna?

Czy jestem oziębły, pusty, jak się to już wydawało pewne, czy jest może jeszcze jakaś głębia, z której przyszłość, prawdziwa, żywa może się jeszcze wynurzyć?]

9 września

„Proszę państwa przesuwać się do przodu" (konduktor).

„Dialog".

„Proszę państwa, zamykamy" (kierownik lokalu)[1].

12 września

Śmierć Sologne, ale dlaczego mnie to dziwi? Może dlatego, że było kiedyś tak żywe.

Byłoby dobrze dojść do następującego: od długiego już czasu coś sprawia, że nic nie jest. Aż tak bardzo, że powszechny niebyt zdawał się legitymowaną koncepcją. Tymczasem wielce prawdopodobne, że wyższa prawda (powiedziało mi się, ale kto wie, czy prawdy także nie podlegają hierarchii, ściślej – czy nie istnieje hierarchia prawd) polega (a więc nieco wyższa) na współistnieniu owego czegoś, co sprawia, że niby nic nie byje, oraz wszystkiego, co byje. Owo coś to rodzaj elementu, natury innej niż to wszystko, co byje. Coś,

---

[1] Zob. felieton *Cytaty*, „Dialog" 1979, nr 3.

co jest poza formą, inna materia, jeżeli o materii w ogóle może być mowa. Teraz uwaga: jak się owo coś używa i traktuje. Można z niego – z tego – oczywiście zrobić Boga, jak z czegokolwiek można zrobić Boga. Ale się nie musi i chyba nie powinno, ponieważ Boga nie powinno się robić z czegokolwiek. Pochopność w tym względzie leży w ludzkiej naturze.

Tak więc wszystko byje, ale też nie byje. Co niemożliwe, paradoks, ale tylko jeśli upieramy się przy jednym planie, jednej substancji. Trudno się nie upierać. Hierarchia też jest pojęciem ubogim i niewystarczającym. Można go używać, pamiętając, że ukształtowani w przestrzeni, jaką znamy (i czasie), musimy myśleć przestrzennie (góra – dół).

16 września

Człowiek się ani starzeje, ani nie starzeje. Człowiek jest. „Ja" nie ma żadnych atrybutów, więc nie może być ani młode, ani stare.

Z mniejszą pewnością można cokolwiek powiedzieć o sposobie, w jaki człowieka nie ma. Nie ma go, jak nie ma samochodu, kiedy wszystkie jego części nie składają się należycie? (Wystarczy jedna śrubka, wystarczy jedna arteria, choć na oko samochód „jest"). Albo nie ma go już potem, kiedy części osobno już, nie razem. Nie ma go, jak nie ma kogoś, kto poszedł gdzie indziej! (Dusza chrześcijańska). Utożsamianie się ze swoimi atrybutami. Raczej pozwolić, żeby atrybuty się rozpadały... W dziwnej jestem pozycji. Z jednej strony koncept duszy chrześcijańskiej mnie nie przekonuje. Wydaje mi się w najlepszym dla niego wypadku tylko przypowieścią (o kimś) stwardniałą w dosłowność. Z drugiej strony koncept, że człowiek to tylko atrybuty, nie przekonuje mnie również. Szukam duszy, ale żeby nie była *à la chrétienne*[1].

Mnogość i jedność. A jaka (czy możliwa)? Jedność mnogości i jedności. Ta dwójca jest tajemnicą. Ot, jeszcze jedna wykładnia dogmatu Trójcy – mnogość: Syn Boży (Bóg-człowiek), Duch Święty – to jedność. A Bóg ojciec – to owa jedność pierwszego z drugim. Pasuje.

Człowiek – ja – i wszystko, i nic. Ale ani jedno, ani drugie.

Starzeję się. Czas przede mną – już tylko pakiet z określoną zawartością. Ponieważ mój umysł niezdolny jest, żeby inaczej: czepia

[1] *à la chrétienne* (franc.) – na sposób chrześcijański

się tylko jednego i drugiego – po kolei. Jak wszystkie umysły, *humanly standardized*[1]. Ja tylko wiem, że to ograniczenie, niezdolność. Inni nie tylko nie wiedzą, ale pakują się w to kalectwo, *emphasize it*[2]. Albo nie chcą nadziei. Instynkt prawdy albo przeciwnie. Nie inteligencja, ale instynkt prawdy. Wiele znakomitej inteligencji, o tyle lepszej niż moja, obraca się na unikanie prawdy. Na instalowanie się w tym, co ułomne, częściowe. Na czynienie z fragmentu całości i metafizyki.

18 września

Źle, kiedy wypada pracować (lenistwo). Potem źle, kiedy się pracuje (praca męczy). Potem źle, kiedy się praca skończy (nie ma co ze sobą robić).

I dlaczego to nazywać pracą? Czy to nie jest zabawa, a jeżeli nie, to dlaczego?

Dla „Dialogu":

Gdzie się podziali mędrcy, święci starcy, rabini (ci ostatni – wiadomo)? A może ich nigdy nie było?[3]

Co pisać teraz, kiedy *Tuż przed wojną*[4] napisane? Opowiadanie? Prozę, ale tylko to, tylko tak, jak nie można, tylko to, czego nie można w scenariuszu, teatrze. Nikt nie pisze opowiadań moralnościowych – słowo smakołyk nowopolszczyzny, choć przeze mnie wymyślone. Oraz: nie ilustrować, lecz eksplorować moje doświadczenie wiedzy psychopsychicznej.

„Nalka z wałogiem". „Przesilenie".

19 września

Przedstawienie, tak, ale żywe. Nie cienie na ekranie, dym, miny znudzone na widowni. Bo w takim ujęciu od razu błąd i pretensjonalność: co to za widownia, u diabła, i kim jest ten, kto na niej siedzi?

Show, ale *live show*. Podwójności – uczestnictwa i oglądania – nie wolno ani obracać w schizofrenię, ani tłumaczyć schizofrenią.

---

1 *humanly standardized* (ang.) – po ludzku ujednolicone
2 *emphasize it* (ang.) – podkreślają je
3 Zob. felieton *Rozterki duszy niezbawionej*, „Dialog" 1980, nr 11.
4 *Tuż przed wojną* – mowa o *Powrocie*.

Jeżeli wytłumaczyć tego nie można – zostawić w spokoju, jako tajemnicę, nie tłumaczyć siłą (*par force*). Cóż to za mania, wyjaśniać wszystko, nawet kiedy nie można. Marksistowska? To jak owa inna mania: nie zostawić w spokoju dziewiczych obszarów – pędzenie snowmobile'ami do lasów Kanady tylko po to, żeby nie zostały bez nas, puste.

20 września

To see reality no eye should be strained. Just withhold your frivolity. Your frivolity and your credentials.

[By widzieć rzeczywistość, żadne oko nie powinno być wytężone. Po prostu powściągnij swoją frywolność. Swoją frywolność oraz swoje kwalifikacje].

21 września

Dwa tygodnie samotności. Model na życie?

Jeżeli tak, trudno zachować coś ciekawego.

„Poznaj samego siebie". A co potem?

Fragmenty dziennika Brechta[1]. Cóż za antypatyczny osobnik. Dlatego też nie mogę przeczytać *Ulissesa*. Osobnik jest zbyt antypatyczny.

Wuthering Heights Emily Brontë[2]. Co na to Orzeszkowa?

23 września

Setka i posiedzenie. Czy to był seans? Wnioski owszem. Że jestem jak *plateau*, na którym. Nic więcej. Miejsce, sposób, moduł, tryb, żeby mogło się odegrać to czy tamto. To już nawet nie dzierżawca ani medium. Jeszcze mniej i jeszcze prawdziwiej. Do tego potrzebna mi była setka.

Już nie jest wcale pewne, że powinienem być tam, gdzie mnie nie ma. Życie dzieli się na dwie połowy. Pierwsza – kiedy chce się być za wszelką cenę tam, gdzie nas nie ma. Ja wstępuję w drugą. Oczywiście, jeszcze chcę, a że się nie da, jestem w dalszym ciągu powodem swojego *mal d'être. Mais l'évidence croissante de l'impossibilité rend cette velléité primordiale de moins en moins aggressive.*

---

1 B. Brecht, *Dzienniki* (z lat 1920–1922), przeł. R. Szydłowski, „Dialog" 1978, nr 8.

2 *Wuthering Heights* (*Wichrowe wzgórza*) – powieść Emily Brontë z 1847 roku.

Frivolity. All of the first part of life is nothing but frivolity (dans le sens que tu sais bien).

[...bólu istnienia. Ale narastająca oczywistość niemożliwości sprawia, że to najważniejsze pragnienie staje się coraz mniej agresywne.

Frywolność. Cała pierwsza część życia jest niczym więcej jak frywolnością (dobrze wiesz, w jakim znaczeniu)].

24 września

Wrzesień mają wspaniały. Oni, bo ja go nie mam. Patrzę na niego codziennie przez okno.

Dzień, model życia. Jak wszystkie inne cykle w naturze. Rok. Najbardziej zmęczony jestem rano i po południu. Z tego wynika, że na starość będę znośniejszy niż obecnie?

Zmęczenie długodystansowca, coraz bardziej także ono. Stopniowo przekonuję siebie, że nie trzeba sprintować. A przekonać trudno. Długodystansowiec, który wciąż sprintuje, jest więc zmęczony podwójnie.

27 września

Stanley Gaither. U mnie ćwiartka – kolacja *chez* Edgar.

Kolisty wynalazek. Ćwiartka więc już była, już po ćwiartce, dopóki znowu nie wróci. Przedtem było niepalenie (osiem godzin) oraz paru innych starych bywalców.

Stanley ożywiony, nigdy go takim nie widziałem, ale kim on jest właściwie? Jeden z tych moich znajomych widzianych raz na dwa lata.

28 września

Mój samochód, tak nowy półtora roku temu jak zeszyt szkolny 1 września, teraz już trzykrotnie trzaśnięty (dwa razy na parkingu przeze mnie samego, *marche à reculons*[1]), nieco zwandalizowany przez nieznanych wandali. Mój samochód, na przykład.

Na przykład. Co można? Kupić nowy, jeśli się ma pieniądze i energię. Wtedy od początku, „w imię Boże", a potem to samo, tak samo. Więc tylko kupować nowe samochody?

---

1 *marche à reculons* (franc.) – cofanie

11 października

Stuttgart, Maribor, Ptuj, Stuttgart. Plenery dla *Tuż przed wojną*.

Filmowanie jest dziecinną zabawą dla dorosłych. Ptuj (Putan) w kącie między austriacką, węgierską i jugosłowiańską granicą.

Co jeszcze po raz pierwszy?

Świadomość, że już można zobaczyć swoje życie zamknięte. Co dziwniejsze, nie jest to nieprzyjemne.

Rozleciał mi się ząb, opuścił mnie na zawsze, zniechęcony.

Byłem w pralni odebrać czystą bieliznę i zostawić brudną.

Jestem śpiący.

12 października

Obiektywizować, obiektywizować.

Nic nie stoi w miejscu ani czasie, dlaczego by miała demokracja? Dobra była jako postulat realizujący się. Raz osiągnięta:

Nie bawi już nikogo (przestała być atrakcją);

Osiągnęła monumentum, a osiągnąwszy je – straciła.

Ponieważ ilość, nie jakość, jest jej zasadą, przyczyniła się do ogólnego zaniku *the notion of quality*[1].

Mowa oczywiście o tym świecie, gdzie demokracja jest. Wszędzie, gdzie jej nie ma...

O człowieczeństwie stanowi obszar i dynamiczność świadomości.

Dr Martin Luther King był bardziej człowiekiem niż iluś białych szeryfów.

Szaleństwo nazizmu, rasizmu – dekret, że o człowieczeństwie stanowi „rasa".

Nazizm:

Ułatwił życie komunizmowi;

Skompromitował pojęcie jakości, wyższości.

Podwójna zbrodnia Niemców. Nie mówiąc już o morderstwach.

[1] *the notion of quality* (ang.) – pojęcie jakości

22 października

Karol Wojtyła papieżem. Raz na ile lat to może się zdarzyć? Ale rarytas jest tu najmniej ważny.

Mam wrażenie – jeżeli nie całkiem nowe w życiu, to ponowne – doznaję wrażenia, że... ale ono za wielkie, żeby dało się tak sobie powiedzieć. Rozłoży się na długo i długo będzie pracowało.

Po raz pierwszy – od ilu lat? – mam ochotę powiedzieć: „my". My parokrotne – my, Polacy, my – chrześcijańska cywilizacja. Coś nas zmienia (tylko „zmienia"?), coś większego ode mnie, od każdego ja.

„Moment historyczny" – są takie, zdarzają się. W krótkiej chwili streszczenie – w jednym miejscu, w jednym akcie, w jednym obrazie – wielu czasów i przestrzeni, ogromnego kompleksu zdarzeń, małych przypadków.

Może odtąd zacznie się lepiej? Może odtąd zacznie się nadzieja? Może rozpacz, unicestwienie, głupota naszego świata znajdą przeciwwagę w jakim takim odrodzeniu do *valeurs primaires*[1]? Sięgnięcie do ostatecznych rezerw?

Zdarzenie (zdarzenie?) większe niż cokolwiek, co ostatnio (ostatnio?) się zdarzyło.

Tydzień na Malcie.

Po raz pierwszy od jak dawna? – poczułem się historyczny, ludzki.

Laickość, laicyzm, typ człowieka antropologa.

25 października

Pisanie moje niegdyś świeże było, ponieważ było zabiegiem magicznym. Przez wiele lat tłumacząc sobie żmudnie i uparcie, że magiczność jest zabobonem, przy okazji osłabiłem sobie także wiarę w pisanie.

4 listopada

Co sprawia, że ktoś należy lub nie należy do „liberałów" albo „konserwatystów"? To, zdaje się, niezależne od pochodzenia, wychowania, pozycji w społeczeństwie.

[1] *valeurs primaires* (franc.) – wartości nadrzędne

Czy ten podział nie pokrywa się (choćby nieco) z podziałem na ekstra-, introwertyków?

Czy K. Marks był introwertykiem, który sobie zintegrował świat zewnętrzny, popełnił kolosalne oszustwo na samym sobie, udając, że jest ekstrawertykiem (przez napisanie marksizmu), i nie ruszając się z domu i fotela?

Marzenie introwertyków, żeby być ekstrawertykami, musi być niebezpieczne dla otoczenia. A raczej niechęć introwertyka do introwertyzmu. Ekstrawertycy mniej wydają się wrogami swojego ekstrawertyzmu. Lepiej są wyposażeni do wspólnej wszystkim tendencji ucieczki od siebie. Pozory są po ich stronie.

Czyli ucieczki od swojej świadomości – „jedynego nosiciela realności" (Jung).

La fatigue et pas une ambition, un projet, un devoir, un but qui permettrait d'oublier la fatigue. La fatigue immédiate, stable, persistante. Le fond de tout. La fatigue physique, psychique et mentale.

[Zmęczenie i żadnej ambicji, żadnego projektu, obowiązku, celu, który pozwoliłby zapomnieć o zmęczeniu. Zmęczenie natychmiastowe, ciągłe, trwałe. Tło wszystkiego. Zmęczenie fizyczne, psychiczne i umysłowe].

15 listopada

Tydzień w Berlinie.

Pamięć służebna i pamięć jako schronisko (*refuge*).

Moje mity rodzinne – zero. Środowiskowe – zero. Narodowe – tak mi nie odpowiadające, że mity innych narodów bardziej mnie pociągały i pobudzały wyobraźnię. (Przewaga dramatów Szekspira nad *Balladyną* Słowackiego). Moje dzieciństwo – nie takie, jakie by się chętnie wspominało. A młodość szczególnie głupia i kompromitująca, ze względu na warunki i okoliczności, w których musiała upłynąć.

Nie jestem obciążony pamięcią – taką, do której chciałoby się uciekać. Jeżeli uciekać, to od niej.

Możliwe, że i dlatego mam kłopoty z tożsamością. I dlatego jej nie szukam tam, gdzie się zwykło.

16 listopada

Chrześcijaństwo przekazało postępowi dwa dogmaty, których nie mogę przyjąć organicznie, to znaczy które są odrzucane przez mój organizm, zanim jeszcze odrzuci je moja krytyka.

Dogmat o duszy u wszystkich i każdego takiej samej[1], w dodatku nieśmiertelnej. Dogmat o finalności, docelowości historii (Królestwo Boże).

Jeżeli wszystkie dusze są takie same, identyczne, to jak można mówić, że są oddzielne, pojedyncze, jednostkowe? Co je oddziela, co je czyni osobnymi i jednostkowymi? Czy ciało pokrojone na kawałki nie jest tylko jednym dużym ciałem?

17 listopada

Im bardziej, tym bardziej, a im mniej, tym mniej.

Dawniej: wszystko było tymczasowe, ponieważ już za chwilę miało nastąpić to, o co naprawdę chodzi. Wszystko było więc przeszkodą, ponieważ było zamiast, dzieliło mnie od właściwego. W tym sensie całe moje życie było niewłaściwe.

Obecnie: choć nawyk całego życia, jakaś widoczna zasada umysłu przede wszystkim, sprawia nadal, co sprawiały dotąd, częste są przebłyski, że co już jest, już tak będzie (do końca) i nie ma co z tego powodu się obrażać. Bo „właściwego" nie ma i nie będzie.

„Właściwe" to nie żadna idealna sytuacja. Nawet nie wiadomo przecież, jak taka idealna sytuacja miałaby wyglądać, więc nie wiadomo nawet, czego się żąda, a żąda się, więc pozostaje tylko pretensja, tym bardziej pretensjonalna.

Wszystko, co jest teraz – jest właściwe, a raczej potencjalnie właściwe. Jak dobrać się do tego potencjału? Oto jedyne pytanie.

Dawniej: wymyślać. Teraz: czynić – być.

Mój charakter pisma: chwiejny i zmienny. Jakbym nieustannie szukał swojego idealnego, właściwego charakteru pisma i nieustannie odchylał się, krążył wokół niego.

---

[1] Nie ma takiego dogmatu w oficjalnej doktrynie Kościoła rzymskokatolickiego. Dogmatem wiary jest istotnie nieśmiertelność duszy. Sobór Laterański V (1513) odrzucił pogląd o jednej, wspólnej wszystkim ludziom duszy intelektualnej i orzekł jednocześnie nieśmiertelność duszy ludzkiej (por. *Encyklopedia katolicka*, tom IV, pod red. R. Łukaszyka, L. Bieńkowskiego, F. Gryglewicza, Lublin 1989, s.v. Dusza ludzka, s. 382).

Durrell – dekadencko-romantyczny samotnik z *Kwartetu aleksandryjskiego*[1] – przeżył życie obciążony żonami i rodzinami, zmuszony do podróży i pobytów w romantycznych miejscach koniecznością zarabiania i obowiązkami wobec bliźnich.

Kerouac – *On the Road*[2] – król beatników, był niewolnikiem despotycznej matki, pruderyjnym konserwatystą *all American*[3].

Hermann Hesse – *Wilk stepowy*[4] – prowadził życie osiadłe i rodzinne.

19 listopada

Obituaries[5] – lubię je czytać. Co chwila umiera ktoś, kto przygotował moje życie. Rockwell na przykład, amerykański ilustrator, przez pięćdziesiąt lat.

Kiedy ja umrę, również będę sygnałem dla niektórych czytelników. W Polsce.

Czterdzieści osiem lat wysiłku, żeby wydostać się na kawałeczek tratwy. Co dalej, kiedy już na niej jestem?

Linia prosta (wektor) w nieskończoność. Koło i wahadło, spirala, elipsa, horyzontalnie i wertykalnie. Głębia, powierzchnia. Przezroczyste i *opaque*[6]. To prawie wszystko.

Jakże ubogie są nasze pojęcia. W tych tylko – a wszystkie biorą się z doświadczenia przestrzeni, jakie nam są dane – zawiera się wszystko, co myślimy i czujemy, co możemy myśleć i czuć. I jeszcze tylko: nadzieja, że dziejemy się jeszcze jakoś inaczej. Tak, jak to nie jest nam dane pojąć.

Moje rysunki sprzed dwudziestu, dwudziestu trzech lat. Widoczny moment zaniedbania. Niecierpliwość, żeby już tylko ideogramy. Straciły wszelki walor rysowniczy, jeżeli jakiś miały. Stały się nieinteresujące w oglądaniu. Jak notatki do czegoś, po latach nieczytelne.

Szkoda. Nie wyrażają niczego, ponieważ miały za wiele wyrażać. Rysunki idee, nie rysunki fakty. Konkluzja?

---

[1] *Kwartet aleksandryjski* – tetralogia powieściowa Lawrence'a Durrella z lat 1957–1960 (wyd. pol. 1971–1975).

[2] *On the Road* (*W drodze*) – powieść Jacka Kerouaca z 1957 roku (wyd. pol. 1993); Mrożek pisał o Durrellu i Kerouacu w felietonie *Straszna myśl* („Dialog" 1979, nr 4).

[3] *all American* (ang.) – typowo amerykański

[4] *Wilk stepowy* – powieść Hermanna Hessego z 1927 roku (wyd. pol. 1929).

[5] *obituaries* (ang.) – nekrologi

[6] *opaque* (franc.) – matowy

24 listopada

Trzy dni w Stuttgarcie. Słońce przed zachodem oświetlało ludzi w restauracji lotniska. Ludzie krzątali się i żyli. Był w tym patos, użyteczny – nieużyteczny? – i prawdopodobnie wyprodukowany tylko przez ruch neuronowy w mojej głowie. Myśli o tworzeniu się mnie, kiedyś, w mojej matce, dziwnie obiektywna myśl o powstawaniu – nie tyle mnie, ile warunków, które miały dać niejaki asumpt do konceptu „ja". Podobne myśli o przyszłej dekompozycji.

Co zostało ze mnie, którym byłem? Pamiętamy – 23th November 1953? Co zostało, a co nie zostało?

We go along with ourselves. Judging each stage of what we were – from the vantage (?) point of what we are. Dying – I judge it from here and now, but there will be no (?) judging it when it will be happening. I shall be it. (?) As I was when being born. (But then I was not adult, I had no consciousness).

Reading Conrad. Extremely bad tale: The Planter of Malata. *Fascinating, too, so bad and because so bad.*

Sometimes any small every day doings are preferable to mental, intellectual endeavor. As if I create rather when doing whatever than thinking whatever.

Go along rather than strive to be beyond what you are (doing).

[Aprobujemy siebie. Osądzając każdy etap tego, czym byliśmy – z perspektywy (?) tego, czym jesteśmy. Umieranie – osądzam je stąd i teraz, ale nie będzie (?) tego osądu, gdy będzie się ono dziać. Będę nim. (?) Tak jak kiedy się rodziłem. (Ale wtedy nie byłem dorosły, nie miałem świadomości).

Czytanie Conrada. Strasznie zła opowieść: *Plantator z Malaty*[1]. Także fascynująca, taka zła i ponieważ taka zła.

Czasami jakieś drobne codzienne czynności są bardziej pożądane od wysiłku umysłowego, intelektualnego. Jakbym tworzył raczej wtedy, gdy robię cokolwiek, niż gdy myślę cokolwiek.

Raczej aprobuj siebie, zamiast dążyć do tego, by być poza tym, kim jesteś (co robisz)].

Tymczasem rzeczy się zdarzają, ponieważ dojrzewają. Kiedy w Stuttgarcie patrzyłem w dal, na uskok, zrąb w horyzoncie, a były

[1] *Plantator z Malaty* – opowiadanie Conrada z 1915.

tam wzgórze i las, daleko, przyszło mi do głowy, że chyba, że na pewno przecież takie a nie inne ukształtowanie, nieznaczna tylko fałda na grzbiecie wzgórza, wpłynęło na losy świata. Powstał tam lub nie powstał dom, droga, kto patrzył z okien, widział to, a nie co innego, myślał tak, nie inaczej, świat przez niego niesiony taki był a nie inny, razem z tym szczegółem, i czyny jego – w konsekwencji – także. Coś się dzięki tej szczerbie we wzgórzu zdarzyło lub nie, zdarzyło się tak, a nie inaczej.

A co dopiero, kiedy obok mojej izby są trzy wolne, nie wykorzystane pokoje i Mlle Houdville, powołana do życia, aby być właścicielką i działaczką *immobilier*[1].

Oto moje opcje:

1) Odmówić. Wtedy za trzy lata rozwiąże ze mną umowę i będę musiał moją izbę opuścić. Mam prawo odmówić, ale – dziedzictwo po ojcu – nie umiem odmawiać. Chcę być lubiany. Nie lubię być nielubiany.

Za trzy lata pójść – dokąd?

Zresztą jeżeli odmówię, nie jest pewne, czy Mlle H. nie wyporządzi tych pokoików tak czy inaczej, nie wynajmie – i będę miał sąsiadów za cienkimi ścianami.

2) Zgodzić się. Wtedy płacić 3000 F miesięcznie, 1500 DM. Zobaczyć, czy taki wydatek wytrzymam – będzie to wyrzucanie pieniędzy przez okno, pod którym stoi Mlle H.

To znaczy wtedy – też wyprowadzić się, wcześniej niż za trzy lata? Pożyć jeszcze trochę, pan na czterech pokojach, potem pójść – dokąd?

Nie chciałbym odmawiać. To prawda, że jest mi dobrze, jak jest, i w moim życiu – jaka by nie była dotąd koncepcja tego życia – tak jak jest, jest doskonale. Ale…

Nieuchronnie pojawia się pytanie, co dalej. Z jednej strony mojej natury status quo najbardziej mi odpowiada i wszelkie zmiany nadzwyczaj są dla mnie bolesne. Z drugiej strony za dużo jeszcze jest we mnie życia, żebym nie czuł zgrozy wobec nieruchomości.

I wiem już, że przychodzi czas, kiedy opieranie się zmianom jest wbrew życiu i naturze mojej. *Time is ripe now, again, probably.* [Czas dojrzał teraz, znowu, prawdopodobnie].

---

[1] *immobilier* (franc.) – w branży nieruchomości

Przeżyłem nieruchomo trzy lata. Kto wie, czy już nie dosyć. Jakkolwiek bolesne będzie przemienienie. (Zgroza wobec zmian jest też – możliwe – znakiem życia).

Każda zmiana jest przecież śmiercią. Lęk przed umieraniem. Żal. Więc tylko tyle było, czy nie mogło być więcej? Przedłużcie mi jeszcze tę szansę.

Samotniczek w latarni. Więc będę samotniczkiem w czterech pokojach? Kiedy mnie znosi ku takiej właśnie koncepcji samotniczka, życie mnie rozdyma. Daje mi więcej możliwości, niż taka koncepcja może wytrzymać. Wciąż mam więcej pieniędzy, niż mi trzeba na doraźne wydatki, nie umiem się obchodzić z nadwyżką.

Tęsknię do redukcji, tymczasem przez sam fakt istnienia i działania – dzieje się moja ekspansja. Cztery pokoje to nie tylko cztery pokoje.

Pożyć więc szeroko, szerzej... Widmo bidusi, *the image of a frightened, helpless, over-modest something...*

To be continued.

[...obraz przerażonego, bezradnego, nadmiernie skromnego czegoś. Ciąg dalszy nastąpi].

1 grudnia

Co ty bredzisz, synku.

Teraz sam jestem.

Przeczytałem swoje wyznanie liryczne na temat poszerzonego mieszkania.

Przyjąłem propozycję Mlle Houdville, jak przystało na rozmarzone dziecko. Zamiast tak, jak na to zasługuje, jaka jest. Odpowiedziałem lirycznie zamiast praktycznie.

2 grudnia

Noc bezsenna. Niestety, nie ma w tej bezsenności żadnej romantycznej tajemnicy. Wiem, dlaczego nie mogłem spać, wiem, dlaczego dzisiaj będę mógł. Manipulacja. Inżynieria.

Odkąd przestałem się nad sobą rozczulać, a moje myśli i emocje są marnym programem w starym kinie, w kółko proponowanym... Staję się więc posługaczem w takim kinie. Nie wiem, kto obsługuje maszynę, ale nudzi się chyba tak samo.

„Apostrophes"[1] – kilku starszych panów, skażonych współpracą, czy też nieoporem, czy też prawie proniemiecką działalnością podczas okupacji. Dlaczego wolę ich niż panów współcześnie inteligentnych… Ach, nie wiem, czy wolę. *They are slightly repulsive, anyway.* [Tak czy owak są nieco odpychający].

Może łączy mnie z nimi marginalność. Oni już na nic nie liczą. Nie pompują siebie ani innych sobą. Spoceni, popękani i połatani. Zdają się więcej wiedzieć, a może tylko są nieco większą wiedzą. I poza grą.

Takie przedstawienie możliwe jest tylko w ostatnich zakątkach wolności i tolerancji na świecie. W tych paru krajach…

Oni wracają z daleka.

4 grudnia

Sesja. Bushmills (Irish). Ze dwie setki.

Ustalono:

1. Nie dać się.
2. Jeszcze pokazać.
3. Nie pozwolić sobie.
4. Dotrzymać.
5. Nie popuścić.
6. W ogóle.

Rankiem papiery okazały się bezwartościowe.

Po co ci większe mieszkanie? Duże mieszkanie – do dużego mieszkania potrzebne jest duże życie, do małego małe. I odwrotnie.

Duże mieszkanie ma iść przodem? Duże mieszkanie, a za nim duże życie. Y. mówi, że nie. Y. o życiu ma zawsze rację. Dawniej miałem sobie wiele do powiedzenia w tym zeszycie. Nie teraz. Nie dzisiaj.

5 grudnia

Wrażenie nierealności. Nierealność. Nierealność, czyli realność także istniałaby? Nieostrość konturów, zjawiska – to lepsze słowo niż

---

[1] „Apostrophes" – popularny program telewizyjny poświęcony literaturze, prowadzony przez Bernarda Pivot, emitowany w programie francuskiej Antenne 2 w latach 1975–1990.

fakty. Twarde i nieco inżynierskie. Pewnie i jest jakiś świat konieczności, biologii, materii. Ale wszystko, co zawiera się w pojęciu: *les présentations et re-présentations*[1] – tumany, zwiewy, korby w mózgu, ułudy, kaprysy. A cóż nie jest *présentations*, a cóż nie jest mi tymi przedstawieniami i przedstawieniami przedstawień?

Pewnie i dlatego już od dawna nie jestem zdolny do notowania przygód, przeżyć, doznań, obrazów i zdarzeń. Jak i dlaczego opisywać zjawy? Jak opisywać falującą powierzchnię morza? Po co?

Z jednej strony: determinacja, losy poszczególne zamknięte w ramy poszczególnych determinacji. Z drugiej: owo właśnie falowanie, rozpływanie się wszystkiego we wszystkim, bez końca, bez widocznych praw.

6 grudnia

Obłomow[2] to ja (częściowo). (Poniekąd).

Zbawienie – wierzyłem kiedyś w jego możliwość.

Gdzie się znalazłem? Nie wiadomo gdzie, czyli jak wiedzieć, dokąd iść, kiedy nawet się nie wie, gdzie się przebywa?

Coś mi dziwnie wstrętne to zapisywanie.

7 grudnia

Jeżeli nie zgodzę się na poszerzenie mieszkania – za dwa i pół roku będę je musiał opuścić tak czy inaczej. Jeżeli się zgodzę – pomieszkam w lepszym niż dotąd mieszkaniu przez dwa i pół roku za cenę 30 000 F (+ meble itd. – 10 000?) dodatkowo. Albo i dłużej, jeżeli zjawi się archanioł z portfelem.

Zażądam trzech małych pokoi, nie dwóch (jeden duży, drugi mały). Jeżeli Mlle Houdville na to nie przystanie, zostanę w tym, co jest, do 1981 roku.

A coś się ruszy jednak.

Nie muszę, gdyby mieszkanie zostało powiększone, zostać w nim w ogóle – o ile nie dam rady tyle płacić.

---

[1] *les présentations et représentations* (franc.) – przedstawienia i przedstawienia przedstawień

[2] Ilja Iljicz Obłomow – tytułowy bohater powieści I. Gonczarowa *Obłomow* z 1859 roku; wyznaje ideał życia biernego i pasywnego.

Wyprowadzanie się teraz, szukanie nowego mieszkania (jakiego, studio, dwupokojowe?), kiedy nie mam na to ochoty, kiedy nic mnie stąd nie wygania, kiedy nic gdzie indziej nie mam do szukania. Tym bardziej że film mam na głowie oraz inne prace.

Kupowanie, przeprowadzanie się – teraz?

Studio – 200 000 F. Jakie, gdzie? (Kupić, wynająć, tu mieszkać, nie zgodziwszy się na żadne zmiany – podwyżki. Dbać o pieniądze. Ale co z życiem?)

Nie ma mnie, bo jestem: na nartach, w Stuttgarcie, w Polsce.

Memo dla Mlle Houdville:

1. Trzy pokoje;
2. Roboty podczas mojej nieobecności.

Zgadzając się – tracę: minimum 12 000 F (+ meble) – roczny czynsz dodatkowy. Ale w czym to blokuje mi inne opcje (kupno, przeprowadzka do własnego, przeprowadzka do cudzego, wynajem, albo: kupno i pozostanie, gdzie jestem)?

8 grudnia

Najtrudniej jest przeżyć następne pięć minut. Bez wymyślania sobie czegoś, co jest wszystkim, tylko nie tymi pięcioma minutami.

Heroizm – gdzie, kiedy? W sytuacjach heroicznych łatwiej jest być heroicznym. Najtrudniej jest być heroicznym w następnych pięciu minutach, gołych pięciu minutach.

Najtrudniej, niemożliwe nawet? Do tego stopnia, że właśnie wymyślasz sobie wszystko, przede wszystkim heroiczne, byle tylko móc przeżyć następne pięć minut?

9 grudnia

Ustąpiłem więc w sprawie mieszkania, nie dlatego, że coś chcę czy nie chcę, tylko ze słabości charakteru.

12 grudnia

A cokolwiek się dzieje, chodzi tylko o to, żeby usiąść tutaj oto sobie, zapalić fajkę i pijąc kawę i przez okno patrząc, niby coś robić, to znaczy nic nie robić. Do tego się wszystko sprowadza, to centrum moje i zasada moja, i tak już zawsze będzie.

W szpitalu Laennec[1] wycięto mi z głowy stwór jakiś obły, białawy, wielkości fasoli jasiek. A takie stwory wewnątrz głowy – mentalne? Nie dałoby się wyciąć? Nie dało.

13 grudnia

Porządkowanie dawnych listów.

Jakoś ani tyle, ani tak do nikogo już nie pisuję. Więc nikt też do mnie.

Dlaczego? Może straciłem złudzenie, że cokolwiek – pomoc, rada, przemiana – może przyjść od kogokolwiek. Więc od razu przestałem pisywać listy. Zgodnie z prawdą, że były to tylko monologi.

Może znudziło mi się powtarzanie w listach tego samego, co znudziło mi się skądinąd. Siebie i swojej obsesji, coraz mniej świeżych. Tak samo jak i dziennik mi chudnie.

Więc siedzimy sobie, znowu palimy fajkę i pijemy kawę. Noc była wichrowa, bezsenna, dopóki uszu sobie nie zamknąłem quiesem[2]. Odgłosy burzliwej nocy przez quies się nie przebiły i zasnąłem sobie, z czego wynika, że najważniejsze, co sobie człowiek dopuści do głowy, jak mówią w Bartodziejach[3].

He, he, rzeczywistość, *la réalité*.

Więc tu mamy okazję do dysertacji: rzeczywistość swoją drogą, ale filtr rzeczywistości nieunikniony i cała rzecz się sprowadza do operowania filtrem. Samo się filtruje, czy też można filtrem operować, a jeżeli tak, to jak? Piszmy więc o tym felieton.

Wspominam stwór obły, białawy, w słoiku z roztworem konserwującym, ze mnie wycięty. Przypomnienie, że świadomość jednostkowa jednostkową świadomością, ale poza tym nie zaczynam się i nie kończę. Życie, materia organiczna jak zwój materiału, tnie się z metra, jestem kawałkiem wyciętym z metra i z tego kawałka można też wyciąć taki czy inny kawałek. Ile jeszcze można obciąć, zanim świadomość zostanie naruszona? Ileś tam na pewno, a więcej już nie.

---

1 L'hôpital Laennec – szpital w Paryżu na rue de Sèvres.
2 Quies – firma francuska produkująca zatyczki do uszu.
3 Bartodzieje – wieś w województwie mazowieckim.

I mam przeczucie, że śmierć będzie niczym, niczego nie wyjaśni i tak przeminę sobie, jak żyłem – nijako i bez konkluzji.

Jeżeli żadna z części… Zaś środek osobowości jest tylko punktem niczego…

Brak hierarchii. Banda pijaków i leniów, tu pijak, tam leń, ówdzie wizjoner, ale też i człowiek pracowity, rozpustnik i asceta, co chwilę kolejno dochodzą do głosu i obejmują rządy. Już inny go szarpie za poły i ściąga z tronu, żeby samemu na niego wyleźć. I z tego nierządu zmęczenie tylko coraz większe, i republika, jeżeli to jest republika, a nie hołota, trzyma się wprawdzie jakoś kupy, ale grzęźnie w coraz większej niemocy.

Właściwe centrum jest właściwym centrum. Ale ono nie jest od *faire*, tylko od *être*. I niezależnie od właściwego centrum, jeżeli ktoś porządny nie obejmie władzy i nie ustali się hierarchia, do niczego nigdy nie dojdziemy i żyć będzie trudno – jak i jest trudno.

Oto pobieżny spis postaci:

1. Samotnik
2. Społecznik
3. Asceta
4. Rozpustnik
5. Leń
6. Pracowity
7. Wzruszeniowiec
8. Beznamiętny
9. Twardy
10. Miękki
11. Katastrofista
12. Optymista
13. Ulubieniec śmierci
14. Życiowiec
15. Literat
16. Antyintelektualista
17. Miłośnik kobiecości
18. Wróg kobiet.

I tak dalej. I widzę, że listy nie da się ustalić. Poszczególni osobnicy zamazują się, łączą w pary, grupy, migają się.

Ogólnie da się ich zgrupować:

A) Negatywista

B) Pozytywista.

Zgody nie będzie i rząd przez consensus jest niemożliwy. Więc nie obejdzie się bez przymusu. Nie musi to być republika. Dyktatura?

14 grudnia

Po czym upił się pejsachówką i poszedł spać. A teraz znowu siedzi, jak siedział, nie tylko w tym samym miejscu, ale także o tej samej godzinie, i pali tę samą fajkę.

Rano źle się czuł i był zły na siebie.

Nic więc się nie zmieniło.

Działa karuzela jak na wieży zegarowej monachijskiego ratusza. Wyłazi co jakiś czas postać, pokazuje się, znika. Żeby wyleźć znowu, kiedy koło obróci się całe.

List napisał do Y. Czy też jedna z jego postaci list napisała. Ta, która jest odpowiedzialna za jego kontakty z Y.

Czy w ogóle można mówić o nim? Coraz bardziej wydaje się serią postaci, zlepkiem ich i anarchią. Jeden rzyga, drugi sprząta.

15 grudnia

Dlaczego nagle już jest południe – jakiegoś nagle dnia, a tym dniem jest nagle dzisiaj?

Duszę się, ale tym razem duszę się sam sobą. Brak przestrzeni w głowie, głowa zabetonowana – nicością stężoną na beton.

16 grudnia

Wobec tego dwieście gramów żytniej i sto fajek, do trzeciej nad ranem.

Po śniadaniu lektura o rozmaitych naukowo stwierdzonych możliwościach końca świata, w „H.T."[1].

Na skutek otępienia alkoholowo-tytoniowego – prawdopodobnie – moje zmagania o duszę, wyłącznie teoretyczne, bo bez ruszania się z fotela – wydają się śmieszne. Śmiesznie nieważne. Można też powiedzieć, że to na skutek formuły będącej wynikiem sesji (nie nowej zresztą), że byt, a nie coś innego (szczegóły w pamięci...).

---

[1] „H.T." – „International Herald Tribune".

O moją duszę. Mój Boże. To nie musi być o duszę, to tylko taka nazwa. Może raczej o gwarancję stałego zadowolenia, jeszcze niżej – o gwarancję bezpieczeństwa (?!), nieco wyżej – o szczęście. O szczęście, mój ty Boże.

Pieszo nudzi mnie. Nie jestem w formie, tej formie, żeby polskie miazmaty zapamiętywać. Wolałbym już znaleźć bezpośrednie przełączenie z moich sesji ku pisaniu.

17 grudnia

Hélène – party.

To już chyba tak będzie. Rówieśnicy, towarzysze podróży. Czas.

Kobiety, które tak mi się kiedyś podobały, z którymi nigdy do niczego nie doszło – już nigdy nie dojdzie. Nagle zamieniły się w coś innego, co najbardziej tajemnicze, zamieniły się dosłownie, nie są tymi samymi stworzeniami. Inne wiedzą, że czeka je to samo, już za chwilę, są już na progu.

Pojawiły się nowe. (Chłopców, którzy byli, jak pamiętam, dziećmi, nie wspominam, bo mnie nie interesują). Ale ogromne zmęczenie na samą myśl o skutkach zadania się z nimi, nawet gdyby mi się udało z nimi zadać, nie pozwala nawet próbować. A nawet na samą myśl, że trzeba by z nimi o czymś mówić, opowiadać o sobie te same historie, które już opowiadałem tyle razy, powtarzać siebie. A potem ich lgnięcie, oczekiwanie ode mnie czegoś, czego im dać nie mogę.

Nie.

Ta sama daremność, która udaremniła już owe kobiety, pracuje też nade mną. Innymi sposobami, skutek będzie ten sam.

A jednocześnie na tle owej pustki i grozy, i niewiadomego, i tego, że nawet nasze groby są śmieszne, ponieważ rozpadną się razem z planetą (gdzie wtedy podzieją się duchy i widma, kiedy rozpadną się nawet *the haunted sites*[1]), nasz mały ludzki korowód snuje się jakby nigdy nic, makijaż, śniadanie, troski, zabawy, śmiechy i płacze. Udajemy tylko czy tylko nie możemy nie udawać? Heroizm, niewiedza, beztroska, śmieszność – wszystko naraz, zależy, jak na to spojrzeć, a patrzy się rozmaicie.

---

[1] *the haunted sites* (ang.) – miejsca nawiedzone

Wczoraj miałem kaca tylko fizycznego. Dzisiaj moja dusza ma kaca, tego co zawsze i wszędzie, tyle że wzmocnionego fizycznym zmęczeniem i podpatrzeniem tego co wczoraj.

20 grudnia

Oczekiwanie nie jest oczekiwaniem, to znaczy nie ma nic wspólnego z przedmiotem oczekiwania. Jest samo w sobie jednostką przeżycia, sposobem bytu, trwania. „Czekał przez całe życie". Tak, ale to nic nie znaczy, tylko tyle, że taki a nie inny miał sposób.

New sensitivity[1] – *Działa Navarony*[2] itd.
Do „Dialogu".
O byłych lokajach i byłych panach (teatr)[3].

22 grudnia

Cała działalność ludzka polega na zasypywaniu dziury, której nie da się zasypać. Tą dziurą jesteśmy my sami.

Oczywiście: głód, chuć i żądza władzy – jako motywy. Ale jako cele?

Weźmy mnie, dziurę, dla przykładu.

Ona już jest świadoma sama siebie. Nawet gdybym napisał dzieło epoki i przespał się ze wszystkimi kobietami świata, to dziury nie zmieni ani na chwilę, ani trochę.

Wszystko dzieje się dookoła tej dziury. Żadne układy rzeczywistości, ułożone według najlepszych życzeń, tej dziury nie zasypią. Stąd i nie chce mi się opisywać niczego, ani też organizować takich układów, to znaczy dążyć ku ich organizowaniu.

24 grudnia

S'accepter soi-même[4]. Ach, nie w tym sensie, w jakim się to zwykle do wierzenia podaje i w jakim to się rozumie. Nie chodzi o to, żeby się pogodzić ze sobą bardziej czy mniej krzywym. Ale o to, żeby się

---

1 *new sensitivity* (ang.) – nowa wrażliwość
2 *Działa Navarony* – amerykańsko-brytyjski film wojenny w reż. J. Lee Thompsona z 1961 roku.
3 Tekst taki się nie ukazał.
4 *s'accepter soi-même* (franc.) – zaakceptować samego siebie

zgodzić na siebie jako na ową dziurę właśnie. Ani jej nie zasypywać, ani nie rozszerzać. Trwać w „równowadze dziury".

Dzień wigilijny. Przez mury czuję podniecenie miasta, napięcie tylu emocji, świadomości, rodzaj „piku".

Jak daleko już odszedłem od normalnego człowieczeństwa. Nie odczuwam nic: ani depresji, żalu i krzywdy, że ten dzień i wieczór nie różni się od innych moich dni (ale jakiej krzywdy, na litość boską, że jestem sam, tak jak jestem, to moje dzieło, to wynik całożyciowej pracy nad tym, żeby tak właśnie było, i takiego sterowania, żeby do tego dobić), ani nie wbijam się z tego powodu w żadną samotniczą pychę, deprecjonując obyczaj, wzruszenie wigilijne społeczności. Trwam – w tym przynajmniej wypadku – w owej równowadze dziury.

29 grudnia

Źle z moją samotnością. Jej jakość się obniża. Nietwórcza, niehigieniczna, zła, parszywiejąca samotność. Przestaje być moją siłą, staje się moją słabością.

Wódczane wybuchy, ofensywy dymu tytoniowego. Działanie w próżni. Usunąłem sobie wszystkie punkty tarcia i zaczepienia, te, które dały się usunąć. Żeby szybować. Tymczasem nie szybuję, ale siedzę na dupie.

Mogę wyjść, zobaczyć niedobitków z mojego pogromu. Ale od razu nudzą mnie jeszcze bardziej niż ja siebie. Trzeba by ich pokochać – obojętne jaką miłością – żeby w ich towarzystwie, *in the society*, znaleźć orzeźwienie, a nie nudę jeszcze gorszą od własnej.

Własna nuda byłaby mniejsza, gdyby nie brak odpowiedniej dyscypliny. Moim jedynym towarzyszem jest mój umysł, ale on, kiedy niewyspany, spity, a przede wszystkim otumaniony nikotyną, ale jeszcze bardziej przede wszystkim zatruty sam sobą, swoimi własnymi wyziewami, nie jest odpowiednim towarzyszem.

30 grudnia

O roku ów. Ja w pejzażu. Ja w moich pejzażach. I oto – nieznacznie, niepostrzeżenie – sam jestem tą wierzbą już próchniejącą, sam zamieniam się w żaby kumkające w stawie, jeszcze jestem częściowo poza obrazem, ale już część mnie przeniknęła w obraz. Aż nasuwa się przypuszczenie: czy nie zawsze byłem w obrazie od samego początku? A tylko wyszedłem z obrazu, mylnie i złudnie jako oglądacz obrazu się wytworzyłem, ażeby po latach znów stać się tym, czym nigdy być nie przestałem?

„Możliwe" – jak zwykł mawiać pan Hermansdorfer przy każdej, drobnej nawet okazji, a przede wszystkim przy większych.

31 grudnia

Pożegnanie – na pożegnanie starego roku kilka słów? Eeee...

Krawiec, reż. Erwin Axer, scen. Ewa Starowieyska, Teatr Współczesny, Warszawa, premiera 22 lutego 1979.

1. Od lewej: Jan Englert (Karlos), Wiesław Michnikowski (Krawiec).
2. Zofia Saretok (Nana) i Mieczysław Czechowicz (Onucy).
3. Od lewej: Krzysztof Kowalewski (Ekscelencja), Jan Englert (Karlos).
4. Mieczysław Czechowicz (Onucy) i Zofia Saretok (Nana).

1

2

3

4

5

6

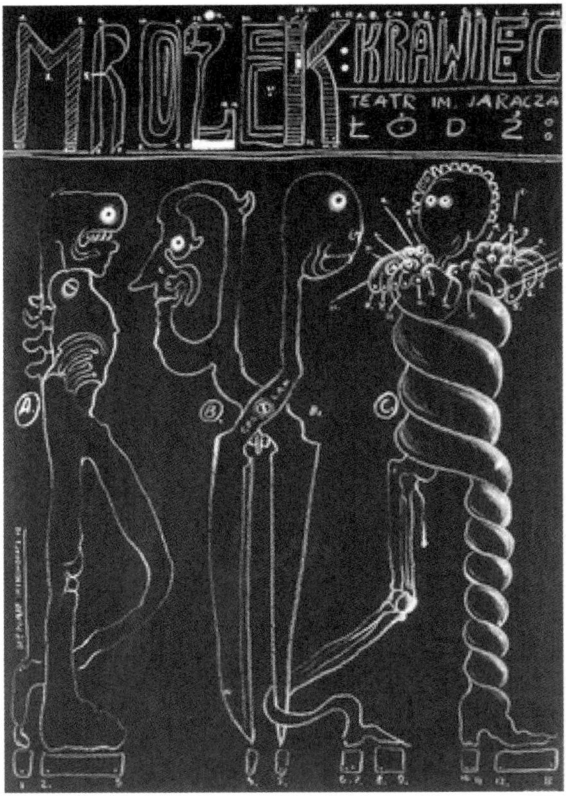

7

Krawiec, reż. Janusz Nyczak, scen. Jacek Zagajewski, Teatr Współczesny, Szczecin, premiera 20 października 1978.

5. Henryk Gęsikowski (Karlos).
6. Henryk Gęsikowski (Karlos) i Irmina Babińska (Nana).
7. Plakat Franciszka Starowieyskiego.

1979

3 stycznia

To samo można klinicznie, jak i poetycznie, jak i matematycznie, a także ekonomicznie. A także na sto jeszcze innych sposobów. To samo, czyli wszystko. Można marksistowsko, można jeszcze inaczej. Faszystowsko, demokratycznie, kobieco, męsko, dziecinnie. Jeszcze inaczej też.

6 stycznia

Amor kilku znajomym osobom pokazany. Noc bezsenna. Zima surowa. Wszyscy się starzeją. Indie stają się samowystarczalne gospodarczo. Nawet eksportują. *Amor* jest dobrym filmem. Co będzie z kobietami? Palę i mam pomysły, zawsze te same. *Go West, young man, go West*[1]. Według dwóch przepowiedni w tym roku mam zmienić miejsce zamieszkania, kraj nawet. Za dziesięć dni samo-

---

[1] *Go West, young man, go West* (ang.) – Jedź na Zachód, młody człowieku, jedź na Zachód; hasło popularne w XIX w. w Stanach Zjednoczonych, autorstwa dziennikarza i wydawcy H. Greeleya (1811–1872), który w ten sposób propagował wśród młodych Amerykanów akcję zasiedlania zachodnich połaci kraju.

chodem do Stuttgartu i Berlina. Czy przejadę i dojadę? Czas, żeby felieton napisać. Co się dzieje? Którędy? Tao odgrzewane. *The lady is the tramp*[1]. Basta.

Coraz mniej przystające – jedno do drugiego, ja biorący udział w cichym wieczorze rodzinnym, rodzice i czworo dzieci, od sześciu do piętnastu lat.

Podstawowa komórka społeczeństwa w dobrym wydaniu. I nie w głowie mi prześmiechy. Ale kiedy się do takiej komórki przychodzi, trzeba przynieść ze sobą jasną koncepcję innej propozycji. Z czego może wyglądać, że żal mi było... Ach, ani przez chwilę. Chodzi tylko o to, że ich niesie życie, organiczne prafrancuskie, rodzinne, narodowe, społeczne. Są nim, a jakiekolwiek ich osobiste przegrane nie znaczą w bilansie, nie wytrącą ich i nie dadzą im rady. I temu trzeba nie przeciwstawić, ale zestawić do tego coś równie zorganizowanego, jeżeli tego się nie ma, jeżeli takim się być nie może, jeżeli jest się innym, to trzeba być innym, ale innym jakimś, nie takim rozbitym śmieciem, jakim byłem.

Telefon od sióstr. Od jednej w imieniu drugiej. Nic z tego nie będzie, siostrzyczki. Dlaczego? W tym celu musiałbym wam opowiedzieć swoje życie.

9 stycznia

Co tymczasowe – trwałe. Co wydaje się przedmową – jest właściwym tekstem. Co przyjmuje się jako zapowiedź – jest już epilogiem. Zaczynać trzeba od końca. Przyszłość nie przybiegnie z pociechą twoich trosk dzisiejszych. Sama będzie inną troską, a dzisiejsze same zdechną.

Oto dyskurs, którego młodość nienawidzi najbardziej. Ale gdzie ona?

---

[1] *The lady is the tramp* (ang.) – Dama jest włóczęgą; aluzja do popularnej (m.in. dzięki F. Sinatrze) piosenki *The Lady Is a Tramp* z musicalu *Babes in Arms* z 1937 roku; *Lady and the Tramp* to także tytuł filmu W. Disneya z 1955 roku, w Polsce znanego jako *Zakochany kundel*.

10 stycznia

Jeżeli dzienniczek mój z moich lat trzydziestych świadczy o niedojrzałości aż takiej, to co dopiero spalona jego część z moich lat dwudziestych. *Baby minus*[1].

Tender is the Night[2]. Fitzgerald cały wrażliwy na moment, szczegół, fluktuacje i układy, zmysłowe i psychiczne. Cały w ludziach i cały nieobecny w kwestiach „ja", Pan Bóg, wieczność. Dar kompozycji, ale czysto literacki. Żadna pokusa, czy też podejrzenie strategii życia, krótko mówiąc – metafizyki, nie jest mu znana. Jego cierpienie wynika z niemożności wyrażonej ulotnością i mijaniem (w sensie czasu i mijania się osób) życia, nie z niemożności metafizyki, której bynajmniej nie szuka. *The perishable beauty, fleeting emotions*[3]. Pisarz towarzyski w najszlachetniejszym gatunku, *without malice*[4]. Nie ma w nim ciemności, zdziwienia dziecka, że życie takie piękne, a jednak niemożliwe. Dlaczego, jeśli takie piękne?

Omal nie zginąłem, wszedłem między rozpędzone samochody, nie zauważając ich. Potem ani o jedno uderzenie pulsu więcej, żadnego wzruszenia, tylko chłodny dystans i refleksja.

Potem, nazajutrz, awantura w urzędzie Sécurité Sociale. Nieodpowiednio potraktowany przez Murzynkę kretynkę. I bicie serca, bladość twarzy, długo nie mogłem się uspokoić.

Dlaczego? I czy jestem nienormalny? Inny niż norma, niż przeciętna.

11 stycznia

La villeggiatura w trzech częściach *par* Carlo Goldoni[5], a właściwie to Strehler przede wszystkim. Czy wszystko zależy od człowieka, nawet to, czy mogę wytrzymać w teatrze? Wytrzymałem. Aż cztery godziny.

Trzy filiżanki ustawione na długim stole, stół na tle balustrady, balustrada na tle odległych wzgórz (Toskania?), wzgórza na tle szczególnego nieba.

---

[1] *baby minus* (ang.) – dziecko minus

[2] *Tender is the Night* (*Czuła jest noc*) – powieść F. Scotta Fitzgeralda z 1934 roku.

[3] *the perishable beauty* (ang.) – nietrwałe piękno, przelotne emocje

[4] *without malice* (ang.) – bez złośliwości

[5] *La villeggiatura* (Święto) – włoska trylogia komediowa C. Goldoniego z 1761 roku, znana też jako *La Trilogia della villeggiatura*.

Żeby dojść do takiej prostoty, trzeba takiego, już długiego życia, jak Strehler.

Taki teatr przywraca wiarę nie tylko w życie, ale nawet w siebie. Taki teatr – jedyny kąt, gdzie dzieje się coś, to samo, co poza teatrem, ale prawdziwiej. Tu niedostępność jest dostępna.

TWOJE ŻYCIE BĘDZIE TAKIE JAK TO, CO ROBISZ W TEJ CHWILI.

Nie takie, jak myślisz.

12 stycznia

Coś tam Schisgala. Nagle: mam dosyć. *The self-indulgent, infantile, uncouth, pretentious, American whining. The old sauce which has never been fresh.*

[Pobłażające sobie, infantylne, nieokrzesane, pretensjonalne, amerykańskie biadolenie. Stary sos, który nigdy nie był świeży].

Dawniej obwiniałem siebie, bo nie miałem opinii. Teraz często mam opinię. Czy to ulga, czy obwiniać siebie, że mam opinię? Nie, moja opinia – ta przynajmniej o Schisgalu – jest samorodna, nie automatyczna. (Spontaniczna ona jest – a jednocześnie jasno sformułowana i uzasadniona).

Publiczności się podoba. Publiczność – *materia prima*. Budulec, surowiec. Materia. Wciska się i wypełnia wszystkie ramy jak woda.

13 stycznia

Parę dni uwagi i cóż się okazuje? Mechanizm samoczynny zrzędzenia i agresji. Czasami nic nie pozostaje, jak tylko się uśmiechać. Kiedy jestem zły, zdolny jestem do najgłupszej reakcji, śmiesznie głupiej.

Moje niechęci i urazy zaczepiają o taki a taki temat (*are triggered by*[1]), kogoś innego. Starcy, którzy nie wiedzą o tym, zrzędzą bez pohamowania, mnie może uratuje samowiedza. Proszę, nawet klasyczna zawiść wobec młodych i zdolnych zaczyna się u mnie pojawiać. Dawniej nikomu, młodemu ani staremu, nie zazdrościłem, ponieważ byłem przekonany, że, po pierwsze, przyszłość przede mną. Po drugie, w tej przyszłości okażę się genialny. Ani jedno, ani drugie obecnie już nie istnieje.

---

[1] *are triggered by* (ang.) – są odpalane przez

Wiedząc już to o sobie, łatwiej mi jest obcować z innymi. Nawet z dokuczliwymi starcami. Każdy jest sterowany swoim układem mechanicznie powtarzających się urazów, skłonności, nawyków duszy.

(*O God!* Znowu jestem oburzony na czerwone światło, które ukazało się, zanim zdążyłem przejechać przez skrzyżowanie. Czy to konieczne? Czy muszę być niewolnikiem tego łańcucha pobudek i reakcji, ciągnącego się z tak dalekiej przeszłości w przyszłość, jakakolwiek ona będzie? Muszę, ale mogę przynajmniej o tym wiedzieć).

Walczę o wolność, nie ludów, ale swoją. Moim tyranem jest nawyk.

Jakżebym chciał choć trochę wymknąć się spod tego wspólnego losu. U całkiem bezsilnych to nazywa się szaleństwem. Produkty ich umysłu nabierają diabolicznej solidności i zamieniają się w prawdziwe demony, *entités*. Tymczasem są tylko mgłą i oparem. Nigdy nie dość pamiętać o tym.

14 stycznia

Haudressy – ruski Nowy Rok. *Eppur si muove*[1]. Scenariusz epizodu ten sam, ja inny.

Potwierdza się, że oko moje nabrało samodzielności. Samo widzi.

Czy jednak nie za wcześnie na opiniowanie siebie w tym spodziewanym, a jednak zaskakującym tranzycie w lata moje pięćdziesiąte? Ta uwaga może być szczera, ale tak samo dobrze może wynikać z trudności znalezienia formy (to już z zakresu techniki pisania) dla wyrażenia tegoż i niechęci do pokonania tej trudności, czyli z lenistwa.

Czy wyszedłem z mojej nędzy, która tak dokuczała mi – znowu – ostatnio? Za wcześnie, dopiero kilka dni. A jednak jeżeli wyszedłem, to o własnych siłach, bo z zewnątrz nie przyszło i nie pomogło dokładnie nic.

Biedne kobiety. Koło czterdziestki wpadają w panikę. Ja, koło pięćdziesiątki – co odpowiada czterdziestce – staję się coraz pod tym względem spokojniejszy.

---

[1] *Eppur si muove* (wł.) – a jednak się porusza; rzekome słowa Galileusza po tym, jak inkwizycja zmusiła go do wyrzeczenia się nauki Kopernika w 1633 roku.

Czy one – to znaczy kobiety – są, były tylko kobietami, a kiedy się starzeją – wobec tego nie pozostaje im nic, podczas kiedy mężczyźni... My jednak pozostajemy mężczyznami znacznie dłużej niż one kobietami. Jak byś zaśpiewał, gdybyś już nie czuł się na siłach?

Czy Y. też wpadnie w panikę? Nawet jeżeli tak, jest przecież kobietą, to w innym, lepszym stylu niż jej koleżanki.

Mam wrażenie, że teraz dopiero minęło pięć lat. Że pięć lat minęło w ciągu ostatnich sześciu miesięcy.

11 lutego

15 stycznia → 22 stycznia w Stuttgarcie.

22 stycznia → 9 lutego w Berlinie.

A) Ja jestem złożony i obfity – życie prostackie i tępe.

B) Ja jestem tępy i ubogi – życie obfite i złożone.

Można. Jedno i drugie. Zależnie od weny.

A jednak znoszę coraz mniej. I coraz mniej z tego powodu przykrości. A nawet łatwiej, a że łatwiej – nieco przyjemniej. Być może tak półświadomie steruję, żeby pamiętając, że to długo już nie potrwa, nie odczuwać tego jako przykrości, a tym bardziej jako oburzenia. Ani też, oczywiście, nie lubować się w tej świadomości ponuro. (Nie praktykować spaczonej miłości życia, swojego osobowego trwania, *à rebours*).

Co jest – jest na zasadzie dwoistej, wszystko, co jest. Czy to ma być więc byt, który jest tylko dlatego, że może go nie być, kontur na tle niebytu? Słaby taki byt.

Spotykają się – prześmiewca, świadek, sędzia, nauczyciel, desperat, skarżypyta, wariat.

Historia mojego śmiechu.

12 lutego

Łatwo się śmiać z idei ogólnego postępu. Trudniej, kiedy człowiek sam siebie musi wreszcie zobaczyć, że zamknięty jest w cyklu. Wtedy lament lub oburzenie. Ale niekoniecznie. W każdym razie nieuczciwie, nieprawdziwie tępić ułudę postępu poza sobą, a pielęgnować ją w sobie.

Postęp – tam gdzie jest najważniejszy – tam go nie ma, to znaczy nie ma w nas samych. Chyba że w imię postępu skreślimy naturę człowieka, to, co się powszechnie uprawia. Postęp na przykład w matematyce – proszę bardzo. Ale kogo interesuje matematyka, kiedy chodzi o życie?

Der Gesichtspunkt[1] – podobno człowiek niegdyś nie posiadał „ja" (jak dziecko go nie posiada) i nie znał granic między sobą a otoczeniem, plemieniem i naturą. Możliwe, ale to było dawno. Co mówią etnologowie, etnografowie o najprymitywniejszych obecnie ludach? Wydaje się, że nawet u najprymitywniejszych obecnie już się stało: *der Gesichtpunkt* to „ja". Jednostka. Wszystkie pomysły na ogólność są już tylko konceptualne.

It is later than you think[2] – podobno powiedzenie z lat trzydziestych.

It is always later than you think it is, but it must be much, much later for you to be able to see the difference. It was the case in Berlin, recently.

[Zawsze jest później, niż myślisz, że jest, ale musi być dużo, dużo później dla ciebie, abyś dostrzegł różnicę. Tak było ostatnio w Berlinie].

Utwardy – engramy[3]. Życie utwardów, nie moje. Cały jestem utwardem.

Kiedy utwardy się rozpanoszą, trudno już odróżnić, co jest zachowaniem drugiego człowieka (kobiety zwłaszcza), a moim utwardem, mną samym w danej chwili. Wtedy utwardy sprawiają, że moja spontaniczność, czyli to, jak naprawdę chciałbym się zachować, nie może dojść do głosu. Do głosu dochodzi jedynie utward. Bezsilność wobec utwardów.

Przypomnienie: zajmuję miejsce w innych tylko o tyle o ile. Znacznie mniej, niż mi się wydaje. Inni zajmują miejsce we mnie tylko o tyle o ile, znacznie mniej, niż im się wydaje.

14 lutego

Powiedzmy to jeszcze raz: jeżeli nawet nie nic, to coraz mniej jest moje, mną. „Ja" – to coraz mniej.

---

[1] *der Gesichtspunkt* (niem.) – punkt widzenia

[2] *It is later than you think* (ang.) – jest później, niż myślisz

[3] Utwardy – neologizm, Mrożek tłumaczy to słowo dalej jako nawyki; engram – ślad, trwałe udrożnienie pozostawione w mózgu przez przeżycia psychiczne, stanowiące podstawę pamięci.

Źródłem strachu jest instynkt przetrwania. Owija się on wokół niezliczonych konkretnych sytuacji – w zetknięciu instynktu z sytuacją powstaje strach doraźny, emocja.

Potencjał-tendencja, czy to moje? Raczej to „ja" powstało jako dodatek do potencjału-tendencji, nie odwrotnie. A sytuacje na pewno już moje nie są.

Niech sytuacja boi się sama, sama za siebie. Ale nie, ja jestem jej potrzebny, żeby się bała. Coraz bardziej męczy mnie moja rola dodatku emocjonalnego do sytuacji.

15 lutego

I jeszcze raz: nic do mnie nie należy, ale ja muszę płacić wszystkie rachunki.

16 lutego

Wyzwoliliśmy już Iran spod jarzma[1]. Jeszcze zostaje nam Turcja, Saudi[2], parę jakichś innych krajów – trzeba by zadzwonić do ONZ, żeby dowiedzieć się – i już możemy zabrać się do Izraela.

Znowu myśl o ucieczce. Znowu nie ma dokąd. Nowy Jork? W moim wieku muszę już brać pod uwagę klimat i reumatyzm. Szwajcaria? Ale czy mnie tam wpuszczą?

Uciec do siebie? *Omnia mea mecum porto*[3].

Nawrót strachu w sprawie mieszkania. Za duże, nie dam rady.

Do Polski? Żeby zamknąć koło? Do Irlandii?

19 lutego

Myślałem o tym kiedyś, ale tak samo w to nie wierząc, jak w swój wiek obecnie: że z listami, które piszę i wysyłam – będą kłopoty. Już są. Umarł Chiaromonte, Tarn, Gombrowicz[4], te listy zostały.

---

[1] Mowa o wydarzeniach rewolucji islamskiej w Iranie – 16 stycznia kraj opuścił szach, w lutym przybył do kraju z wygnania ajatollach Chomeini, 12 lutego do emigracji zmuszono premiera Szapura Bachtiara, co doprowadziło 1 kwietnia 1979 roku do proklamowania Iranu republiką islamską.

[2] Saudi – Arabia Saudyjska.

[3] *Omnia mea mecum porto* (łac.) – wszystko, co posiadam, noszę z sobą (przytoczone przez Cycerona słowa przypisywane m.in. Symonidesowi z Keos).

[4] Zob. zapis z 20 stycznia 1972; Adam Tarn zmarł 23 kwietnia 1975 w Lozannie; Witold Gombrowicz zmarł w Vence 25 lipca 1969 roku.

Nagle wieczorem:

A może sobie dać spokój ze specjalnym powołaniem swoim, literaturą, duszą, świadomością, wyglądem, losem już dokonanym i przyszłym? *Stop considering yourself something special. Get down from your tiptoes. Maybe here is der hund begraben. Be what you probably are: absolutely not special at all.*

Then, what a relief.

[Przestań uważać siebie za coś wyjątkowego. Przestań chodzić na palcach, zejdź na ziemię. Może tutaj jest pies pogrzebany. Bądź, czym prawdopodobnie jesteś: absolutnie niczym wyjątkowym.

Wtedy – co za ulga].

20 lutego

Reading Evelyn Waugh. Enjoying it. Being dull.

[Czytanie Evelyna Waugha. Ciesząc się. Nudząc].

Jednak – kiedy przestanę zajmować się sobą – nie będę się już zajmował niczym. Moje zainteresowanie innymi jest zbyt nikłe.

Oto – co powiedziane powyżej – przykład zajęcia się sobą i tylko sobą.

No escape from it. Be sure.

[Nie ma od tego ucieczki. Bądź pewien].

Projekt felietonu – pochwała obojętności[1].

Dalszy ciąg rozważań o demisji.

Natura, świat, wypadki – są obojętne. Namiętność jest tylko po twojej stronie, co powoduje nierównowagę. Dla równowagi powinieneś je traktować tak samo obojętnie, jak one ciebie.

Proszę nie napinać procy. Strzelanie nie odbędzie się.

Nic nic nie znaczy i o nic nie chodzi. *Jusqu'à la preuve du contraire.* [Dopóki nie zostanie udowodnione, że tak nie jest]. Jeżeli wszystko jest – *if all is that transparent, why make, why try to make it – that opaque.* [...jeżeli wszystko jest tak przejrzyste, czemu to czynić, czemu starać się to czynić – tak nieprzejrzystym].

[1] Zob. *Jedyny sposób*, „Dialog" 1979, nr 9; przedruk w tomie *Małe listy* (2004).

21 lutego

Nieprzezwyciężona niechęć do oglądania ludzi. Przynajmniej tych ludzi, których mógłbym oglądać. Być może ujrzawszy już swoje ograniczenie, widzę je wszędzie, u innych też. Kiedy sam dla siebie przestałem być interesujący, nie jestem w stanie zainteresować się innymi, co jest formą zainteresowania się sobą samym. Może dlatego znów czytam książki. Wydają mi się lepszym sposobem obcowania z ludźmi niż obcowanie z nimi wprost.

Może mnie nuży u innych to samo, co u mnie samego: niezdolność do wyjścia poza siebie. Jeżeli każdy jest tak wyłącznie sobą, świat jest pusty, worek wypełniony kuleczkami śrutu. „W" i „pomiędzy". „W" jest beznadziejnie oczywiste, „pomiędzy" puste.

23 lutego

To są oczywiście luksusowe rozważania człowieka, który ma nadwyżkę, jest nadwyżką kalorii, czasu i przestrzeni. Jako mieszkaniec miasteczka przy kolei syberyjskiej, jako – tu mógłbym wymienić ze trzy biliony przypadków – nie miałbym tej nadwyżki. Ale co z tego? Pamiętam o przywileju. Ale co z tego?

24 lutego

Pół wieku. Przeżyłem jedną czterdziestą ery chrześcijańskiej. Nie tak mało.

Dekadencja w przyspieszeniu. Moralnie i umysłowo jest gorzej niż sto lat temu (mnie, oczywiście, tu o mnie chodzi). Ale fizycznie i materialnie jest mi lepiej, niżby być mi mogło w nieskończonej ilości miejsc i czasów, sytuacji, podczas całej ery chrześcijańskiej, nie mówiąc o innej, a co za tym idzie, moralnie i umysłowo też by mi było gorzej, niż mi jest (jako chłopu pańszczyźnianemu na przykład).

Moje narzekanie: w imieniu cywilizacji, do której należę, oraz porządku, którego mam wielką potrzebę. Jako indywiduum – jestem wyjątkowo uprzywilejowany.

Z Polski nie widać końca świata. Lokalnie jest tam tak źle, że wątpliwość: „a jeśli nawet załatwimy interes lokalny, to staniemy wobec bankructwa ogólnego, więc..." – nie musi powstać.

Pisz dla siebie, nie dla cywilizacji. Jak się to robi?

6 marca

Tydzień w górach. Pełne zdrowie. Duszy brak. Rezygnacja z mimikry. Przystosowanie przez pełne nieprzystosowanie. Dalsze osłabienie wyobraźni erotycznej powiększa obszar wolności. Dwie wycieczki do szałasu, obym na starość miał przyzbę, na której bym siedział, w słońcu.

Français moyen – hateful. The crowd consuming the mountains. They don't mind it. No thoughts, sometimes emerging in the substance. Good.

[Przeciętny Francuz – nienawistny. Tłum pochłaniający góry. Nie dbają o nie. Żadnych myśli, czasem wyłaniających się w masie. Dobrze].

Lekcja (ewangelia) na dzień dzisiejszy: a jeżeli wszystko – wyłącznie fenomeny – jest złudzeniem? Łącznie ze mną, oczywiście. Czy to byłby ów przełom, *equinox*[1] życia, podczas kiedy ono rozpada się na dwie połowy? Wtedy:

A) *Everything is personal.*

B) *Everything is objective*[2].

A) To głównie uczucia, odczucia, *la vie sentimentale.*

B) To jasność. Widzenie najprzeróżności.

Desires and feeling never disappear. However, they are seen in the space and movements, structures and interstructures. Their character as entities is weakened, diminished.

[Żądze i uczucia nigdy nie znikają. Natomiast można je zobaczyć w przestrzeni oraz w ruchach, w strukturach oraz w międzystrukturach. Ich charakter jako całości jest osłabiony, pomniejszony].

8 marca

The lessening desire to participate. Not even because one's own costs are too high. Just because the reward seems to be too low.

What one wins is of too little worth, whatever the price.

The incumbent catastrophes – the big ones as well as a lot of smaller, private catastrophes – sometimes don't frighten me. Any-

---

[1] *equinox* (ang.) – zrównanie dnia z nocą

[2] *Everything is personal*... (ang.) – Wszystko jest osobiste. Wszystko jest obiektywne.

way, what is constantly required of me – the constant investment of emotions, mainly fears – looks like a less and less justified demand. By what right, after all? I would not mind paying with them for something. But what does one get?

The lessening desire to participate even – or first of all – in myself. That myself is made of the same stuff as everything else, that is of nothing worth participating.

The great thing is – getting cooler about women. Quite cool, as a matter of fact. Nothing more important has happened to me since I became a man. Some days of puberty so long ago.

[Zmniejszająca się żądza uczestniczenia. Nawet nie dlatego, że koszta są zbyt wysokie. Po prostu dlatego, że nagroda wydaje się zbyt niska.

To, co się wygrywa, jest zbyt małej wartości, jakakolwiek byłaby cena.

Nieuniknione katastrofy – zarówno wielkie, jak i liczne pomniejsze, prywatne katastrofy – czasem mnie nie przerażają. W każdym razie to, czego się stale ode mnie żąda – ciągłe inwestowanie emocji, głównie lęków – wygląda jak żądanie coraz mniej usprawiedliwione. Jakim prawem ostatecznie? Nie miałbym nic przeciwko płaceniu nimi za coś. Ale co się dostaje?

Zmniejszająca się żądza uczestniczenia nawet – albo przede wszystkim – we mnie samym. To „ja sam" jest zrobione z tego samego, co wszystko inne, to znaczy z niczego, w czym warto by uczestniczyć.

Wspaniałą rzeczą jest – stawanie się chłodniejszym wobec kobiet. Całkiem chłodnym, w istocie. Nic ważniejszego nie zdarzyło mi się, odkąd stałem się mężczyzną. Czasy dojrzewania tak dawno temu].

9 marca

Don't cry over anyone that won't cry over you[1].

10 marca

Setka.

[1] *Don't cry over anyone that won't cry over you* (ang.) – Nie płacz nad kimś, kto nie zapłacze nad tobą; aforyzm ten pojawia się w felietonie *Kawałki* („Dialog" 1980, nr 1).

11 marca

Jestem z domu niewolników naiwnych i dobrodusznych. *Panache*[1] to nie była moja tradycja, ani na Bandurskiego 18 (?), ani na Kieleckiej 28, ani na Bednarskiej 3, w Prokocimiu czy Porąbce Uszewskiej[2].

Dusza chrześcijańska – nie do przyjęcia ten koncept. Ale dlaczego zgadzać się na szantaż, że jeżeli nie dusza chrześcijańska, to już tylko nihilizm i ohyda? Czy to, co mija, nie cierpi, nie myśli, nie czuje i nie zasługuje na te same względy? A zasługuje na więcej, bo pozbawione pysznej i lśniącej nieśmiertelności?

Ja, jako agregat – kiedy jestem, dopóki jestem – w czym jestem gorszy od nieśmiertelności?

Impermanence, suffering, non-entity[3]. Te trzy charakterystyczności mogą pojawiać się w rozmaitym oświetleniu – najpierw (na skutek chrześcijańskiego treningu) ponurym. Później się rozjaśnia i w tym rozjaśnieniu pojawia się wiele krajobrazów, raczej bogatych.

Nieśmiertelność – słaby mam instynkt nieśmiertelności. A może kolejność była taka: kiedy pojawiło się ego, naturalnie zachciało mu się być nieśmiertelnym. Dusza chrześcijańska – wytworne ego. Nic więcej.

All the years till now, all my life, it has been the search, the longing, for the ideal (perfect) situation.

The situation, let's call it The Situation, has never been imagined clearly. It has never been even perceived as The Situation. Nevertheless, The Situation was – in its essence as well as in its numerous embodiments in turn – that which was searched for and longed and desired.

I experienced many situations, one by one, some of them promising (in view of the primordial desire), none could fulfill desire, naturally. Because any situation is just The Situation, under the law of

---

1 *panache* – buńczuczność, zawadiactwo

2 Ulice: Bandurskiego 18, Kielecka 28, Bednarska 3 w Prokocimiu – krakowskie adresy S. Mrożka w latach 30.; Porąbka Uszewska – wieś koło Borzęcina, S. Mrożek mieszkał tam w latach 1941–1942.

3 *impermanence, suffering, non-entity* (ang.) – nietrwałość, cierpienie, niebyt

the situations. Which is common to all of them. Their nature is their nature and they cannot do without it.

[Wszystkie lata aż do teraz, całe moje życie było poszukiwaniem, tęsknotą – za idealną (perfekcyjną) sytuacją.

Ta sytuacja, nazwijmy ją Sytuacją, nigdy nie była jasno wyobrażona. Nigdy nie była nawet postrzegana jako Sytuacja. Pomimo to Sytuacja była – w swojej istocie tak samo jak w swych licznych wcieleniach po kolei – tym, co poszukiwane, wytęsknione i pożądane.

Doświadczyłem wielu sytuacji, jednej po drugiej, niektóre z nich obiecujące (z punktu widzenia pierwotnego pożądania), żadna naturalnie nie mogła zaspokoić pożądania. Ponieważ jakakolwiek sytuacja jest po prostu Sytuacją, zgodnie z prawem sytuacji. Które jest wspólne dla nich wszystkich. Ich natura jest ich naturą i nie mogą się bez niej obejść].

12 marca

I know what it is: I have a clean, neat, quiet death wish. Nothing lurid, sinister or sombre. Just that.

[Wiem, co to jest: mam czyste, schludne, ciche pragnienie śmierci. Nic upiornego, złowróżbnego, mrocznego. Tylko takie].

Whale's hiccup – the universal history. Herring's hiccup – the personal history (of mine and of the other persons, of everybody).

Au fond. I have to pretend whatever I am or do. Some cheating is inevitable. As – au fond – I am nothing great, or great nothing and I do accordingly.

I should not pretend to myself. Sometimes I still despair of not having a life wish. Then (the meaner form) I accuse life that it is not up to my wish of it. But that wish is fake and life knows that. It always responds to those who love it unconditionally.

[Czkawka wieloryba – historia powszechna. Czkawka śledzia – historia osobista (moja oraz innych osób, każdego).

W głębi. Muszę udawać, czymkolwiek jestem, cokolwiek robię. Oszustwo jest nieuniknione. Jak – w głębi – jestem niczym wielkim albo wielkim nic i zachowuję się odpowiednio do okoliczności.

Nie powinienem udawać przed sobą. Czasem wciąż rozpaczam, że nie mam pragnienia życia. Wtedy (nędzniejsza forma) oskarżam życie, że nie spełnia mojego wobec niego pragnienia. Ale to pragnienie jest fałszywe i życie o tym wie. Ono zawsze odpowiada tym, którzy kochają je bezwarunkowo].

14 marca

Trwa mój teatr komiczny. (Stolarz i hydraulik krążą koło mojego stołu. Oczywiście sytuacja dla Jerzego Jurandota – czy on jeszcze żyje? – pt. *Roboty trwają*[1]). I coraz mniej jestem w stanie brać siebie samego na serio. Cokolwiek jest myślą tylko, nie ma żadnego znaczenia dla dalszego biegu mojego życia. Co więc decyduje? Tylko przypadki, czyli „okoliczności, znowu okoliczności", czy też coś jeszcze, sprzężone z „okolicznościami"?

Teatr komiczny – bo komiczne są moje postanowienia, koncepty, pomysły, *wishy-washy*[2].

Komunizm, postęp itd. – postępowość. Siła tego ogromna i prawdziwa – bynajmniej nie polega na myślach i konceptach, choć niby pierwszorzędną odgrywają one tu rolę. Pod tym jest właściwy napęd: siła zawiści, nienawiści człowieka do siebie i chęć wyzwolenia się z siebie przez zewnętrzność. Kto zwróci się do swojej wewnętrzności, nieuniknionej zresztą, zobaczy nędzę jej i swoją bezradność (jak ja), kto więc chce się do niej zwracać? A jednak ja już nie mogę inaczej. Raz już spróbowałem, kiedy miałem dwadzieścia lat, i nie mogłem dać sobie rady, bo miałem dwadzieścia lat.

Despairing is also a sort of entertainment. I despair – therefore I am. To relish the Weltschmerz is the last stand, how sophisticated.

You should remember that – if you want to be honest.

[Rozpaczanie jest też rodzajem rozrywki. Rozpaczam – więc jestem. Znajdować przyjemność w *Weltschmerz* jest ostatnim stadium (rozpaczy), jakże wyrafinowanym.

Powinieneś o tym pamiętać – jeżeli chcesz być uczciwy].

[1] Mrożek nie napisał tak zatytułowanego utworu; zapewne aluzja do satyr Jurandota.

[2] *wishy-washy* (ang.) – nijaki, rozmyty

15 marca

Setka whisky Cutty Sark. Sesja na temat: *Everything seen as entertainment. Even the Godhead*. [Wszystko widziane jako rozrywka. Nawet bóstwo].

Setka niepotrzebna. Całkiem już świadoma zabawa w *l'ultima sigaretta*. Ta świadomość sama jest już włączona w grę. I nawet świadomość świadomości.

Źle się czuć, oto moje *entertainment*. Egzystencjalny wybór, jak by powiedział pan wie, kto.

Boże, jak ten *entertainment* mnie już nie bawi. Ale rozpamiętywanie, jak *entertainment* mnie nie bawi, samo stało się już rozrywką.

17 marca

Miło jednak, że i ciało się zmienia, i dusza, nawet jeżeli słabnie i tępieje. Przynajmniej to się zmienia, inaczej nie zmieniłoby się nic.

O czym by tu napisać? Aha, mała radość ze znalezionego tematu: Gérard Borras umiera, mając czterdzieści trzy lata. Dla jego bliskich wielka rzecz, nie mówiąc o nim samym. Dla mnie okazja do zapisania paru linijek. I znowu nie mogę z siebie wykrzesać chrześcijaństwa. Ale dlaczego niby-chrześcijanin miałby przejmować się czyjąś śmiercią: czyż dusza nie jest nieśmiertelna i czyż ziemia nie jest padołem grzechu i płaczu? Śmierć jest skandalem tylko dla prometejskich w dupę jebanych humanistów i bękartów ich – literatów postępowych. Dla tych, którzy – i dla mnie też, jestem dziecięciem mego wieku i jestem człowiekiem – nie znajdują alternatywy, tylko ludzkie, ludzkie, ludzkie. Ale ja też nie znajduję alternatywy.

Śmierć z ręki pijanego Murzyna, kiedy ofiara wyszła z domu na chwilę, żeby kupić gazetę. Śmierć na polu chwały, czy też śmierć ojca Kolbego[1]. Dla ludzi pierwsza – skandaliczna, druga – smutna, ale dopuszczalna, usprawiedliwiona. Tymczasem czy tej sile, która

[1] Św. Maksymilian Kolbe zmarł śmiercią głodową w zamian za skazanego współwięźnia, dobity przez Niemców zastrzykiem fenolu, 14 sierpnia 1941 roku w tzw. Bloku Śmierci KL Auschwitz; został kanonizowany przez Jana Pawła II 10 października 1982 roku.

lekko objawiła mi się pod Ścianą Płaczu, nie wszystko jedno? Pole chwały i pijany Murzyn – to tylko ludzkie hierarchizowanie.

18 marca

Zdziwienie trwa. Wracam z przyjęcia do domu i nic o paniach nie myślę. Straciły władzę? Jeżeli tak, to największe wyzwolenie od czasu... Nie, nie od żadnego czasu. Tego jeszcze nigdy nie było.

Teraz widzę, jak panowie uwijają się. Mam nadzieję, że ja nie uwijałem się tak nigdy – brak zdolności do uwijania się mi przeszkadzał. Widzę, jak wielkie możliwości i pole panowie dają paniom. Manipulacji. Panie to jak wieczny OPEC[1], wyłączny dysponent artykułu pierwszej potrzeby.

My car doesn't go on water, either, but I need my car much less than I used to.

[Mój samochód też nie jest na wodę, ale potrzebuję mojego samochodu dużo mniej niż kiedyś].

Aż dziwne, że panie, dysponując aż tak wielką władzą nad uwijającymi się, bez przerwy złaknionymi panami, są jednocześnie (a skądinąd) tak nieszczęśliwe i bezradne. Widocznie one też czegoś potrzebują, *but what they need seems to be in short supply (?).*

Do they want to be needed for something more than they dispose of so basically? Appreciated from the waist up?

How easy it is to be at the coctail party – now. How easier – because I don't need anything special – now? The recompense for growing old?

Is freedom really the lack of wants?

The independence?

[ale wydaje się, że tego, czego one potrzebują, brakuje (?).

Czy chcą być potrzebne do czegoś więcej niż do tego, czym zasadniczo dysponują? Oceniane od pasa w górę?

Jak łatwo jest być na *cocktail party* – teraz. Tym łatwiej teraz – ponieważ nie potrzebuję niczego specjalnego? Rekompensata za starzenie się?

Czy wolność jest naprawdę brakiem potrzeb?

Niezależność?]

---

[1] Zob. przypis do 18 grudnia 1976.

20 marca

Upiłem się wczoraj wieczorem (White Label). Sam oczywiście. Inaczej już się nie upijam.

Na skutek zmęczenia (?), prawa cykliczności (?), dzień bez reliefu, cudowny w tymże stylu, „bez". Teraz usiadłem (i zapaliłem pierwszą fajkę, a wiadomo, co to znaczy) – po co? Żeby *relief* wywołać. A po co?

Z przyzwyczajenia całego życia. Ze strachu, że życie bez reliefu nie jest możliwe. Słusznie, bo nie znam innego życia.

Panie walczą (prawie wyłącznie) tylko o to, żeby być reliefem, żeby *relief* im nadać. Może kiedyś będę zdolny – sam już nie będąc reliefem – żeby i w tym życiu, które może kiedyś nastąpi, spełniać ich zasadniczą potrzebę, ich konieczność, może lepiej niż teraz nawet, kiedy ani już nie reliefuję, ani też całkiem nie reliefować jeszcze nie potrafię.

7 kwietnia

W połowie dwudziestego wieku biali ludzie przestali prowadzić wojny między sobą i zajęli się wytwarzaniem dobrobytu. Tak skutecznie, jak wszystkim, czym się zajmowali. Co stało się ich zgubą, ponieważ tylko dwa zajęcia nie szkodzą gatunkowi: płodzenie i umieranie. A do umierania biali ludzie odnoszą się równie niechętnie, jak do rodzenia. Wyłącznie rodzenie i umieranie było główną specjalnością innych ras i jest nią ciągle – i tak cierpliwie przeczekały one neurasteniczne wzloty i pomysły białych.

To, co stało się przed chwilą, jest równie odległe jak to, co stało się milion lat temu. W rzeczywistości, nie w głowie. To, co za chwilę – jak za milion lat.

To, co jest obok, jest tak samo odległe jak to, co jest w innych galaktykach.

Odległość i czas nie istnieją naprawdę, to znaczy inaczej jak tylko w głowie.

Wieczność jest i nie ma niczego poza wiecznością, ale wieczność nie jest bynajmniej przedłużeniem trwania w nieskończoność (powszechne, prymitywne = nieudolne pojmowanie wieczności). Pejzaż mentalny jest takim samym, tak samo, pejzażem – jak pejzaż wizualny.

Krajobraz – „to-co-na zewnątrz" bywa, bo może być urządzone w następujące sposoby:

1. Według szerokości i głębokości. Panorama i *close-up*[1].

2. Spójnie i niespójnie.

Tak samo „to-co-wewnątrz", ale:

1. Tylko *close-up* wydaje się raczej sposobem tutaj naturalnym. Z panoramą i głębokością są trudności.

2. Spójnie i niespójnie – raczej tak samo jak z pejzażem na zewnątrz. Miasto, architektura, jakikolwiek zespół mniej czy więcej zorganizowany.

Oglądanie pejzażu zewnętrznego, panoramicznego, działa pozytywnie: zastępuje naszą nieudolność w myśleniu panoramicznym, przypomina o panoramicznej prawdzie naszej wewnętrznej.

Im bardziej mam pięćdziesiąt lat, tym bardziej chce mi się śmiać.

Chciałbym, żeby moje umieranie było tylko odejściem – nie aż tak, jak kiedyś odchodziłem z obozu koncentracyjnego dla młodocianych w Boernerowie pod Warszawą[2] – kiedy nastąpił dzień wolności. Bo to było, znaczyło życie przedtem aż nazbyt uciążliwe. Ale odejściem – bez żalu i paniki, z ulgą, nawet jeżeli donikąd.

Nienasycenie – nasycenie. Po drodze ku nasyceniu – nigdy nie spełnionemu – wykonujemy wszystko, co wykonujemy (marchewka przed osłem), i ogromna energia po drodze się uruchamia. Bez niego, bez nienasycenia, nic by nie było?

Kiedy uczę się żyć z nienasyceniem raczej niż przeciwko niemu, obawa, że nie będzie energii, jest czysto teoretyczna. Tylko nieswojo, jakby się było w innej skórze. Nie źle, nieswojo. Trochę jakby się już umarło, a jednak nie było trupem – jeżeli wolno mi tak powiedzieć, bo nic nie mogę wiedzieć – przecież – o umieraniu. I nawet kiedy umrę, też niczego się o nim nie dowiem, może.

---

[1] *close-up* (ang.) – zbliżenie

[2] W 1948 roku Mrożek jako junak Służby Polsce pracował przy budowie lotniska wojskowego na warszawskim Boernerowie.

8 kwietnia

Que c'est triste, Venise[1] – przypomnienie moich dziesięciu lat mrocznych, ich znaczenie – czy kiedykolwiek się dowiem, co to było naprawdę?

5 czerwca, Stuttgart

Film (*Tuż po wojnie*[2]) zakończony (prawie, jeszcze montaż).

Jeżeli pisanie na zimno jest odwrotnością grafomaństwa (ono „gorące"), teraz powinienem – już niedługo – zostać dobrym pisarzem.

9 czerwca, Stuttgart

Któreś znowu lato. Ale co w tym dziwnego? Tyle, żeby aż to zapisać?

19 czerwca

Dzieją się różne tragedie, ale nic z nich nie wynika. Co pewnie jest istotą tragedii.

3 lipca, Paryż

Ponieważ mniej już przejmuję się sobą (*a sort of the remoteness from oneself*[3]), grozi mi, że będę mniej zdolny odczuwać i doceniać gwałtowność i bolesność przeżyć osób ze mną związanych, związanych jakkolwiek. Czy: *fading away of passions weakens the compassion?* [...wygasanie namiętności osłabia współczucie?]

Co? Jeszcze o mnie?

Zanikanie namiętności. Jak gdyby one były zawsze moim „ciałem obcym". Jakże sporym. Teraz kiedy zanikają – najpierw depresja z tego powodu. A może – później? – *a most welcome natural evolution. Coming back to oneself.* [...najbardziej pożądana naturalna ewolucja. Powrót do siebie samego].

---

1 *Jakże smutna jest Wenecja* – tytuł piosenki Ch. Aznavoura z 1964 roku.

2 Mowa o filmie *Powrót*; zob. przypis do 24 maja 1978.

3 *a sort of the remoteness from oneself* (ang.) – rodzaj oddalenia się od siebie samego

5 lipca

Pisanie jest i musi pozostać pisaniem. Narzekasz, że nie przyniosło ci nic więcej, niż ci przynieść mogło? Ponieważ nic, co znane człowiekowi, nie jest zasadnicze, pierwsze, więc dlaczego pisanie by być miało. To nie pisanie cię rozczarowało, tylko twoje roszczenia.

Tak zresztą jest z każdą rzeczą i – gorzej – z każdą osobą. Oczekujesz od niej za wiele i nie tego, co dać może, ponieważ stwarzasz sobie rzeczy i osoby na podobieństwo swoje, zamiast się im przypatrywać i ustalać ich tożsamości. (Proces to tylko, ustalić nie można, ale ustalać).

Mieć talizman. Ale niematerialny. W obecnej fazie – podejrzenie, że mieć go można, ale brak odwagi.

Miłość, wiara i inne pomniejsze – to owe talizmany, różne rodzaje talizmanów szukane i znajdywane bezwiednie. Ludzkie tragedie to między innymi utraty tych talizmanów, które muszą być tracone, ponieważ z takiego są materiału, że nie wytrzymują tego, czego się od nich oczekuje.

6 lipca

Jedna, dwie, trzy, kilkanaście osób. Już sto osób – to brzmi niezręcznie, pustawo. Milion osób, a co dopiero bilion – to w ogóle nie brzmi.

Język sam opiera się przed nadużyciem. Ale język można zgwałcić, podobnie jak osobę.

Koniec wieku zapowiada, że przyniesie biedy i ogólne ubożenie. Moja starość wypadnie właśnie wtedy. Tymczasem sam powiększam swoje wydatki, bez wyraźnej konieczności. Bojąc się jednocześnie. Nie mając już innych na to sposobów, używam strachu, żeby sobie udowodnić, że istnieję. Na strach zawsze można liczyć.

Chińczycy dotąd nie wiedzą, że ludzie wylądowali na Księżycu. Ponieważ im tego nie oznajmiono. Można zapytać, no to co? Czy brak tej wiadomości przeszkadza im w rodzeniu się i umieraniu?

Podobnie nie są poinformowane psy, koty oraz inne zwierzęta.

No to co z tego?

Również nie są w posiadaniu owej wiadomości minerały.

Na co również można rzec: „No to co z tego?”.

„No to co z tego?" jest pytaniem kretyna, na które nawet mędrzec nie ma wystarczającej odpowiedzi. Ponieważ kretynizm jest zawsze wystarczający, mądrość nigdy. Dlatego kretyn irytuje inteligenta, nigdy odwrotnie. Kretyn jest zbyt świadomy swojej wyższości, żeby inteligent go irytował, inteligent zaś zbyt niepewny siebie.

Inteligent się irytuje, kiedy kretyn spokojnie powtarza swoje pytanie, głupie, ale bezdenne.

8 lipca, Bruksela – Paryż

Avenue des Rogations. *Dans le parc. M. et Mme Madder. Was für ein großer Dichter bin ich.*

[W parku. Państwo Madderowie. Jakimże wielkim poetą jestem].

9 lipca

Podobno mój ojciec (pisze siostra), zapytany, dlaczego nie zdejmuje butów i nie włoży pantofli, odpowiedział: „Bo nie mam czasu".

Poza tym wszystko to samo, tylko bardziej. Za wiele widzę, za mało umiem i mogę. I jeszcze mniej chcę.

Nie unikać tego, czego nie da się uniknąć. Natomiast uciekać przed tym, przed czym ucieczka jest możliwa.

Literatura, sztuka – dają nam hierarchie. W życiu wszystko jest na płaskim. Ostatnio sztuka chce być jak w życiu i też wszystko nam daje, jedno obok drugiego.

W związku z tym tak samo przestaje być interesująca jak życie.

Na schodach rozległ się mój donośny śmiech. Jak zwykle zrozumiałem dowcip za późno.

11 lipca

Co byśmy zrobili bez narzekania na tematy ogólne? Zły rząd, kryzysy ekonomii, opłakany stan spraw publicznych jakże są nam potrzebne. Bez nich musielibyśmy mówić o sobie, o równie opłakanym stanie naszych spraw osobistych, o wstydach i o nędzach naszego życia prywatnego. Więc w salonach, barach i podczas rodzinnych przyjęć, wszędzie tam, gdzie ludzie się spotykają, panowałoby milczenie. A nawet sam ze sobą człowiek nie byłby rozmowny.

Narzekamy więc z ulgą i ożywieniem, choć ponarzekawszy i rozstawszy się, odczuwamy niedosyt i pustkę. Mamy wrażenie, żeśmy niczego sobie naprawdę nie powiedzieli. Oznajmiliśmy, przewietrzyliśmy naszą złość, upokorzenie i pretensje na wspólnym podwórku, ale przyczyny pozostały tak samo zatęchłe, jak były w naszych prywatnych piwnicach.

13 lipca

Więc mam odnaleźć się w nowym pojęciu: że nic się „nareszcie nie zacznie". Aż do tego roku życia i ciągle jeszcze byłem, jestem, jak Tołstoj w swoim *Dzieciństwie, Latach chłopięcych, Młodości*[1], kiedy czekał na POCZĄTEK. Nareszcie początek.

Przeciwnie, raczej się kończyć będzie. Będzie się kończyć, zanim się „naprawdę zaczęło".

Po staremu: nie wiem, czego chcę, ale wiem, czego nie chcę. I trochę też nie chcę wciąż tego, co wiem.

Ciągle ci się zdaje, że masz jeszcze wybór. Że możesz ociągać się jeszcze i zwlekać. Bo nie ma kaprala, kaprala następującego na palce tym, którzy boją się skoczyć z samolotu... (Tutaj techniczny opis tego, o co mi chodzi w metaforze, byłby zbyt długi).

14 lipca

Gérard Borras umarł cztery dni temu. Dwa dni przed śmiercią mówił odwiedzającym go, gdzie chciałby spędzić rekonwalescencję (w Genewie).

On też w orszaku posłów, zwiastunów, znaków. Choć w jego życiu nie było dla mnie znaku szczególnego, tym bardziej mi jego śmierć jest dana jako znak, kolejny znak. (Nie było za jego życia jego życie znakiem szczególnym – nie znaczy to, że nie było znakiem w ogóle, albowiem wszystko może coś znaczyć).

Beczka, do której w średniowieczu wkładano pacjenta, a potem bito w beczkę kijami, żeby go ogłuszyć przed rwaniem zęba.

Bębny wojskowe, żeby żołnierzy wprowadzić w otępienie, kiedy maszerowali na salwy przeciwnika, równo i miarowo.

---

[1] *Dzieciństwo, Lata chłopięce, Młodość* – trylogia autobiograficzna Lwa Tołstoja z lat 1852–1857.

Nasze obecne umiłowanie bębna w muzyce powszechnej i popularnej, potrzeba mocnych i coraz głośniejszych rytmów – czy znaczy, że przygotowujemy się do czegoś bolesnego a strasznego?

15 lipca

Potop w Paryżu, film z udziałem Daniela Olbrychskiego, pamiętnego skądinąd[1].

Co miało wdzięk literatury narodowej, człowieka (H. Sienkiewicza) i wyobraźni Polaków od pokoleń czytających tę książkę – stało się *C picture*[2], ku umiarkowanemu zainteresowaniu rzadkiej, niedzielnej publiczności.

16 lipca

Skarżę się na nijaczenie wszystkiego i sam jestem przykładem takiego nijaczenia. Widziany z zewnątrz: nijaka mieszanina kosmopolityczna. Z czego to ja się nie składam? Od wewnątrz – podobnie.

A jednocześnie – jakość (w znaczeniu wyłącznie przeciwstawienia nijakości) jest ograniczeniem jakże nieznośnym, choć przede wszystkim dla otoczenia, czyli dla mnie. Nacjonaliści polscy, baskijscy, chasydzi, rasiści murzyńscy, muzułmanie.

Polaryzacja. Tu nijakość wstępująca, tam coraz bardziej nieznośna jakość. Mój dylemat wieku. Tęsknota za jakościami, których jednocześnie nie znoszę. Z wyjątkiem tych, które mi odpowiadają z powodów mojego usposobienia, typu kulturowego itp.

Z tego można coś zrobić w sensie teatralnym i innym.

Tylko co zrobione, jest dokonane, nie – co pomyślane (banalne to, ale aktualne). Tymczasem wyobrażenie sobie czegoś myli mi się z dokonaniem czegoś. To nie tylko moja indywidualna słabość. Prawdopodobnie ciągle jeszcze traktujemy naszą (ludzką) zdolność wyobrażania sobie magicznie. Tak ciągle jeszcze, jakby tuż po małpie, urzeczeni jesteśmy cudem „pomysłu" (że go mieć możemy). A jednak jestem tym, co robię, nie tym, co myślę. Jeżeli naprawdę zależy ci na prawdzie, jak to lubisz obwieszczać, o tym powinieneś pamiętać przede wszystkim.

[1] *Potop* – filmowa ekranizacja powieści H. Sienkiewicza w reż. J. Hoffmana z 1974 roku; Daniel Olbrychski zagrał rolę Kmicica.

[2] *C picture* (ang.) – film klasy C, czyli popularny, trzeciorzędny.

Znowu zapalił fajkę, magicznie, w oczekiwaniu, że dym stworzy warunki sprzyjające dla cudu. A jedyna prawda to reakcja biochemiczna jego organizmu, negatywna z punktu widzenia sprawności umysłowej i fizycznej.

To sobie uświadomił – to powyższe – i pomyślał, że dokonał czegoś.

19 lipca

Les jeux neurotiques avec soi-même.
[Gry neurotyczne z samym sobą].

Dawniej wydawało mi się tylko, że byłem samotny, kiedy byłem sam. Byłem w towarzystwie nadziei, że moja samotność służy niejasnemu, ale niezmiernie ważnemu celowi oraz temu, żeby samotnym kiedyś nie być.

Teraz moja samotność służy tylko samej sobie, czyli niczemu, i dlatego jest dopiero teraz prawdziwą samotnością. Jednak znoszę ją łatwiej, to znaczy mniej sobie wyrządzając szkody, ponieważ już wiem, że niecierpliwość niczemu nie służy, niczego nie przyspiesza, ponieważ niczego nie ma.

22 lipca

Dawniej (niegdyś) jedni ludzie czuli się wyżsi, drudzy niżsi.

Obecnie pozostali tylko ci pierwsi.

By kupić „Sterna"[1], wyszedłem na Champs-Élysées. Tam megafony z jakiejś okazji i tłum.

Tłum.

Jak szesnaście lat temu w Polsce. Ale teraz już nie mam dokąd uciekać, ponieważ gnój, najwcześniej poczęty w totalitaryzmie obrządku komunistycznego, lęgnie się coraz szybciej tu, dokąd uciekłem.

Zinowiew ma rację – nie groźba zbrojna, nawet nie organizowana dywersja i rewolucja. Gnój to sam załatwi.

Coraz częściej myślę o wycofaniu się. Uciec z wielkiego miasta, o „domu w Karyntii".

---

[1] „Stern" – ilustrowany tygodnik niemiecki wydawany w Hamburgu od 1948 roku.

Domy drożeją z każdym miesiącem.

Jedno jest pewne: nie mogę, nie umiem, nie chcę i nie będę ani produkował gnoju, ani tym mniej zarabiał na jego sprzedaży.

Z czego będę żył?

Bo trzeba zdać sobie sprawę: to się nie odmieni. To będzie coraz bardziej tak właśnie. Aż do końca mojego życia.

Zostanę w Europie, ale nie we Francji. Gdzieś między Zurychem, Wiedniem a Wenecją.

To piękne mieszkanie nad Sekwaną jest już na pół martwe.

Skacze mi prawa powieka.

Czas dojrzewa.

23 lipca

Sometimes I wonder why that extreme pauvreté of my social life.

[Czasami zastanawiam się, dlaczego ta ekstremalna nędza mego życia towarzyskiego].

Każdy robi to, co lubi. Prawdopodobnie w życiu towarzyskim dwa motywy odgrywają rolę: inni jako *un mode de se mettre en valeur pour soi-même, les autres comme les objets intéressants.*

[...sposób, by samemu się dowartościować, inni jako interesujące obiekty].

Co do pierwszego, dawno już niezbyt silna skłonność, żeby się widzieć poprzez innych, stała się jeszcze słabsza. Opinie innych o mnie, a nawet więcej niż opinie, uczucia innych do mnie, negatywne i pozytywne, niezbyt mnie obchodzą.

To samo z innymi jako „osobami", ku którym ja się zwracam. Zbyt wyraźnie i zbyt często widzę innych inaczej, niż oni siebie widzą i mnie do widzenia się podają. Żeby przebywać z innymi, trzeba wierzyć, że oni są jacyś i że ja jestem jakiś. Tymczasem ja widzę ich i siebie raczej jako będących j a k o ś (nie jakichś). Zbiory tendencji, postaw, działań, danych – fenomeny raczej niż istoty. Więc kiedy jestem z innymi, raczej przeważa smutek bezsilności tej całej gry, w którą oni grają szczerze, a ja nie mogę. I dlatego przeważnie jestem sam.

W dalszym ciągu przeżywam „dramat egzystencji nieuzasadnionej". Jednak zauważyłem, że już zasypiam, ile razy położę się na kanapie. Dawniej nie mogłem – zdarzało się – zasypiać nawet w nocy. Obecnie i w nocy śpię nieźle, a zasypiam zawsze.

Skłonność i zdolność do drzemek jest u mnie nowa. Nie rozwiązuje „dramatu egzystencji nieuzasadnionej", ale pozwala na przerwy. Na przerwy we wszystkim. Zapowiada finał. Gdybym uległ cechującej mnie skłonności do przesady, powiedziałbym, że są to drzemki Obłomowa[1].

Inne zmiany: nadal chętnie jem dobrze, kiedy mi się zdarzy, ale ani takich okazji nie szukam, ani o nich nie myślę. Minęły czasy gastronomicznej lubieżności. Dobra kolacja w dobrej restauracji, dobrze opita – nie jest już żadną komponentą mojego stylu.

O pożądaniach erotycznych, osłabionych, już było. Okresy przymusowej wstrzemięźliwości są już tylko uciążliwością, czasem dotkliwą, ale już nie tragedią. Ani nie krzywdą, wyłączeniem od „stołu życia". Więc i skłonność do zazdrości mniejsza.

O ile nadal nie włożę na siebie byle czego i byle jak – wkładam tylko minimum i myśl o nabywaniu nowej odzieży jest mi raczej wstrętna. Już się nie stroję.

Wyobraźnia przestała być dla mnie podniecającym potencjałem, tym mniej wartością. Przeciwnie. To, co wiem już o moim życiu umysłowym i psychicznym, z nieuniknionego doświadczenia oraz ze świadomej obserwacji, zniechęca mnie do tego życia. Nic mnie w nim już nie zaskakuje. Raczej nużą nawroty i „utwardy". Co oczywiście utrudnia znacznie pracę literacką, a zwłaszcza zabranie się do niej. Nie odczuwam, nie widzę potrzeby wymyślania nowych rzeczy, ponieważ sądzę, że nigdy nie są one nowe, a są tylko wynikiem kombinatoryki, ustawianiem starych mebli w dalsze konfiguracje. Ale tylko tych mebli, które znajdują się w mieszkaniu.

24 lipca

„Być w humorze" – takim czy innym – to znaczy reagować emocjonalnie na swoje własne przedstawienia, pojęte jako rzeczywistość. Pytanie: czy wobec tego możliwe są jakiekolwiek emocje, które nie wynikają tylko z moich własnych przedstawień, pojętych jako rzeczywistość? Czyli pytanie: czy istnieje rzeczywistość inaczej niż jako moje przedstawienie, które ja za rzeczywistość biorę?

---

[1] Zob. przypis do 6 grudnia 1978.

Nie udawajmy filozofa. Siedzę samotny w tym pokoju, nie dzieje się nic, a tylko jestem stale w humorze takim albo innym. Bo moja wyobraźnia nieustannie przedstawia mi to taką, to inną sytuację. Której nie ma, która jest, owszem, możliwa, bo w wyobraźni skonstruowana z możliwych elementów, ale niekonieczna, jest tylko jedną z wielu możliwych, mogących się zdarzyć sytuacji.

Nie wiem, co to jest rzeczywistość, jak nie wiedzą ci, którzy całe życie poświęcili rozmyślaniom na ten temat. Ale istnieje stopień rzeczywistości; jeżeli nawet nie istnieje w żadnej definicji wytrzymującej krytykę filozoficzną, istnieje w założeniu, które muszę przyjąć, jeżeli chcę przetrwać fizycznie.

Moje życie, przynajmniej obecne, to przeżywanie sytuacji wyimaginowanych. Prawdopodobnie na skutek braku sytuacji konkretnych. Zaś brak ten jest przeze mnie umyślnie, choć nie całkiem świadomie prowokowany.

Sytuacje konkretne – to są przeważnie ludzie.

Zdolność do przeżywania życia jako sytuacji wyimaginowanych – w parze z małą zdolnością do przeżywania sytuacji konkretnych – zwana jest talentem artystycznym. Jednak żyć fizycznie trzeba. Tak zwany konflikt wewnętrzny artysty na tym chyba polega.

Mam nadzieję, że istnieje naprawdę psychika i psychologia głębi – myśli i wyobrażenia nie powierzchniowe tylko, to znaczy wynikające z nawyków („utwardy", *fixations*), ale z istotnych skłonności i sił poprzez mnie działających. Stara moja obserwacja, czy też teoria, o reakcjach autentycznych, spontanicznych i nawykowych. O reakcjach przystających do sytuacji i reakcjach automatycznych.

Kiedy budzę się nocą na chwilę, formułują mi się myśli, które nie powinny być myślami człowieka zaspanego, z uwagi na ich styl i jasność, i przedmiot. Wyskakują gotowe i mają cechę pewności. Dzisiaj w nocy ta rzecz o reakcjach emocjonalnych na przedstawienie w wysokim stopniu urojone (o wysokim stopniu urojenia) ukazała mi się niezwykle pewnie.

Poprzedniej – pewność, że wszystkie pomysły na temat mojego bytu przed moim urodzeniem i po mojej śmierci są tylko pomysłami, literaturą (produktem-projektem umysłu), i to przeważnie złą literaturą.

Podobnie wszystkie pomysły na temat Boga. To bynajmniej nie jest postanowieniem, że Boga nie ma. Tylko że wszystkie pomysły na jego temat, wszystkie religie, liturgia i objawienia, są tylko literaturą. A już tak zwane życie pozagrobowe w czym jest potrzebne do idei, że Bóg jest? W czym to słowo, nasze biedne, ludzkie słowo „Bóg", jest potrzebne, aby był czy nie był? Jeżeli jest – jest obiektywnością samą, a więc całkowicie poza zasięgiem naszej subiektywności (a jesteśmy wyłącznie naszą subiektywnością). „Jest", „nie ma" – silne podejrzenie, że „jest i nie ma" – to również wyłącznie nasza subiektywność, my.

Czasami śmieszne wydaje mi się dyskutowanie idei Boga w kategoriach „jest" – „nie ma". To nasza subiektywność (czyli my, wyłącznie my) rozmawia sama z sobą, ale udaje, że rozmawia z kimś, czymś, kto (co) nie jest nią. Udaje, że ma partnera do rozmowy.

25 lipca

Te kilka bieżących lat – fizycznie mało się zmieniam, ale wszystkie kobiety o dziesięć lat ode mnie młodsze – nagle coś z nimi się dzieje, nie tylko psychicznie. Ponieważ są w mojej biografii i moich relacjach, choćby tylko towarzyskich, te relacje nagle ulegają przeobrażeniom. Ponieważ ja to również moje relacje – więc i ja zmieniam się, pod tym względem, raptownie.

To na skutek małej, ale ważnej obserwacji, umyślnie zresztą przedsięwziętej – wczoraj. N. z dzieckiem swoim zauważona. I cóż się stało ze sprawą mojego życia – kiedyś. Jej życie toczy się normalnie. Moje normalnie – nienormalnie.

The normal course of her life is to be pitied, though – because it is so normal.

[Jednak normalny kierunek jej życia jest godzien pożałowania – ponieważ jest tak normalny].

Czyżby tylko to, co „nienormalne", co nie jest przyrodą, normalnym biegiem biologii, nie zasługiwało na litość? A więc wszystkie moje ekstra, mimo wszystko, wartość jakąś miały i – mimo wszystko – nie były w tyranii czasu, nie podlegały litości, czyli miały jednak pewną *dignity*[1]?

[1] *dignity* (ang.) – godność

Perhaps.

Women are perishable goods. They produce children to reach beyond being perishable. The children must repeat the feat.

I, the man as I am, am sporadic, but not perishable.

[Może.

Kobiety są dobrami nietrwałymi. Produkują dzieci, aby sięgnąć poza nietrwałość istnienia. Dzieci muszą potem powtórzyć ten wyczyn.

Ja, mężczyzna, jakim jestem, jestem sporadyczny, ale nie nietrwały].

26 lipca

O równowagę między rzeczami a mną.

Don't jump on them as they don't – ever – jump on you. It is only your illusion that they do. Really, it is you who jumps and all your jumping fury you blame on them. It is only your own aggressiveness.

You are aggressive, but your agressiveness is of a different sort than the usual one. It is inward agressiveness. Outwardly you are meek, but inwards you are choked with your own agressiveness. There is a whole lot of things you don't really need at all. You do not need that pipe and coffee, really you don't. You don't really need to worry so aggressively about so many things. If the bad thing happens, there will be time to worry about it. If it does not – your worrying will be for nothing.

Just remember: the reality is not necessarily your thoughts. Sometimes the reality and your thoughts meet, but mostly they don't. Then you live mostly in dreams, mostly bad dreams. I don't know what the reality is, but I know how it works (though only partly I know that) and I know you may be closer or not so close to it. What is left if not trying to be close to it?

[Nie naskakuj na nie, tak jak one – nigdy – nie naskakują na ciebie. To tylko twoje złudzenie, że to robią. Naprawdę to ty jesteś tym, który naskakuje i za całą swą furię naskakiwania obwiniasz je. To jest tylko twoja własna agresywność.

Jesteś agresywny, ale twoja agresywność jest innego rodzaju niż ta zwyczajna. To jest agresywność skierowana do wewnątrz. Widziany z zewnątrz, jesteś łagodny, ale od wewnątrz dławisz się swą własną agresywnością. Jest cała masa rzeczy, których naprawdę wcale nie potrzebujesz. Nie potrzebujesz tej fajki i kawy, naprawdę nie. Naprawdę nie potrzebujesz się martwić tak napastliwie o tak wiele rzeczy. Jeśli zła rzecz się wydarzy, będzie czas, żeby się nią martwić. Jeżeli się nie wydarzy – twoje martwienie się będzie po nic.

Po prostu pamiętaj: rzeczywistość nie jest koniecznie twymi myślami. Czasami rzeczywistość i twoje myśli się spotykają, ale w większości przypadków nie. A więc żyjesz głównie w snach, głównie złymi snami. Nie wiem, czym jest rzeczywistość, ale wiem, jak działa (chociaż wiem to tylko częściowo), i wiem, że możesz być bliżej niej lub nie tak blisko. Co pozostaje, jeżeli nie staranie, aby być bliżej niej?]

Mieszkanie za ścianą prawie gotowe. Do czego ono posłuży? Nie tylko utylitarnie – dosłownie. Zmieniając dane, zmieniając okoliczności – zmieni jakoś układ moich działań i przygotuje dalsze.

18 października

9 września wyszedł z domu (i więcej nie wrócił?). Był: Zürich, Lugano, Venezia, Wien, Nürnberg, Berlin, Warszawa, Berlin.

Jest od wczoraj w Paryżu.

Osiem tysięcy kilometrów i trzydzieści lat. (Na grobie matki w Borzęcinie).

19 października

Zamieniłem się w administratora spraw i dóbr, które są wynikiem działalności nie mającej ani spraw, ani dóbr na pierwszym względzie. Administracja nie pozwala mi zajmować się już ową działalnością pierwszą i zasadniczą.

Podobnie jest z kobietami. *La sexualité primaire* jest u podstaw każdego związku, bez myśli nawet, bez intencji takiego związku. Potem wynika z tego związek i *la sexualité primaire* przestaje być bohaterką.

On s'éloigne des sources et on souffre à cause de cela.

[Oddalamy się od źródeł i cierpimy z tego powodu].

Być może według tego samego modelu powstają cywilizacje. I kiedy zbyt daleko już są od źródeł, giną pod ciężarem swoich własnych skutków.

Nadanie porządku – możliwe tylko do pewnych wymiarów sprawy. Ale łaknienie porządku nie ma granic. Ale czy tylko moje, czy można mnie uznać za przedstawiciela ludzkości w tym względzie? Już kobiety – wolno mi uogólnić – wcale porządku nie łakną. Tylko uczuć i poczucia bezpieczeństwa.

Przegrałem, godząc się na zmianę modelu mojego mieszkania. Dotąd – ideał. *Compact* – jak ja chciałem i chcę być *compact*. Teraz jakiś autobus, z którym nie wiem, co pocznę i po co mi on.

I w ogóle po co mi cokolwiek, i po co ja sam sobie?

Nadal usiłuję rozpaczliwie coś wymyślić, podczas kiedy nic wymyślić się ani nie da, ani nie trzeba. Tylko zrobić. Ale o to najtrudniej. To znaczy – najtrudniej zrezygnować z owego złudzenia, że wymyślić się da i trzeba.

I nawet gdybym coś wymyślił, to wymyślone do niczego by mi się nie przydało, pozostałoby formułą, jak rzecz, martwą, nieprzydatną.

20 października

Podobno Grecy (ci starzy) nie znali pojęcia doskonałości moralnej (psychicznej), czyli pojęcia „święty" (święty Józef, Antoni czy Sławomir). Wszystko było procesem sił różnych, *ups and downs*[1].

À propos, między świętymi nie ma kogoś takiego jak święty Sławomir. To daje do myślenia. Nie było takiego, więc i nie będzie.

Wszystko jest chwilowe (czyli) i częściowe. Wiemy o tym i cierpimy z tego powodu. Ale skąd wiemy, kiedy nie ma ani jednego przykładu całości? Całość jest tylko pomysłem. Ale skąd mamy pomysły? Dlaczego jesteśmy zdolni je mieć?

TV – fragment *de la „lutte ouvrière"*[2]. Nadęcie dwóch typów, przemawiających w stylu „krew naszą długo leją katy"[3]. Nieproporcja między ich minami i stylem a głoszonymi rewindykacjami (chodzi o kilka dni wakacji więcej) – źródłem groteski. Stąd nadęcie.

---

[1] *ups and downs* (ang.) – wzloty i upadki

[2] *lutte ouvrière* (franc.) – walka robotnicza

[3] „Krew naszą długo leją katy" – z pieśni rewolucyjnej *Czerwony sztandar* B. Czerwieńskiego z 1882 roku.

Typ widziany w pogotowiu ratunkowym w Warszawie. Białe oczy alkoholika. Degeneracja ogólna. Człowiek to czy nie człowiek? Każda z możliwych odpowiedzi – szerokie i dalekie, głębokie implikacje i konsekwencje, z każdą niewygodnie. Niewątpliwe tylko zgroza, strach, przygnębienie. Znowu stary konflikt: między chrześcijańskim pomysłem o równości dusz a pogańskim pomysłem hierarchii. Pomysł pierwszy: tak łatwy i przytulny. Drugi: trudny, niebezpieczny. Pierwszy: prostacki od początku. Drugi: narażony ustawicznie na uproszczenia aż do prostackości.

26 października

Pięć dni w Wiedniu, hotel Sacher.

Some things that were very difficult once, in my youth, are very easy now.

[Niektóre rzeczy, które były kiedyś, w mojej młodości, bardzo trudne, teraz są bardzo łatwe].

Każda kobieta żyje w nieustającej niepewności i niepokoju. Niepewności swojej urody, choćby ta była tysiąc razy potwierdzona przez mężczyzn („czy na pewno?", „czy stale?"). Niepokoju, bo w niepewności. Los to tragiczny, być tak zależnym od nie swojego spojrzenia. Najpiękniejsza nawet czuje się głęboko winna swoich defektów, o których tylko ona wie albo urojonych. Kto ją zapewni, pocieszy, zabezpieczy przed zwątpieniem – ten przystąpi.

27 października

Z jednej strony: „człowiek jest całkowicie ukształtowany przez społeczeństwo, przez nie uwarunkowany, więc za siebie nie jest odpowiedzialny".

Z drugiej strony: „precz z rządem".

Na to odpowiadają leftyści[1]: rząd to nie społeczeństwo. Urządźmy społeczeństwo idealne. Rząd przeszkadza nam w tymże przedsięwzięciu.

Urządźmy społeczeństwo, czyli nas. Ale nas przecież nie ma. Więc jak my możemy – jak wy, robaczki, możecie urządzić społeczeństwo?

[1] leftyści (z ang.) – lewicowcy

Z wiekiem: coraz łatwiej, swobodniej mi z ludźmi – coraz trudniej samemu.

Kiedy podróżuję – uczucie nicości, ale uciekam. Kiedy siedzę w domu – uczucie nicości, ale siedzę.

Napisać o faszyście, który – między innymi postaciami – jest we mnie i we wszystkich. Ujawnić go i skonfrontować – dosyć hipokryzji. Nauczyłem się radzić sobie z życiem z pomocą życia. Sztuką już życia nie atakuję, więc coraz mniej sztuki jest we mnie.

I stary ból znoszę, już nie buntuję się przeciw niemu. I jest tak, jakby bunt tylko stwarzał wartości i jakby tylko krzyk był możliwy. I nie jestem już artystą, bo im „lepszym" staję się człowiekiem, tym gorszym artystą.

Im bardziej obojętny jestem wobec świata, to znaczy – im bardziej go akceptuję – tym świat jest dla mnie łatwiejszy, tym sam sobie jestem łatwiejszy i tym nudniej. Łatwiej i nudniej.

Ale tak jest, jak jest, widocznie tak być musi. Tylko resztki starej energii kołaczą się we mnie i żałują, że są tylko resztkami.

29 października

Trzeba być szalonym, żeby być w jakimkolwiek humorze, dobrym czy złym. Przejmować się swoimi humorami, nastrojami; z nich czynić (tym bardziej szaleństwo) podstawę jakiegokolwiek działania, światopoglądu, opinii. Chyba że jest się młodym, ale tu nie o młodym jest mowa.

Ale wtedy jeżeli nie z humorów, to z czego działać będziemy?

Przygnębiające historyczne porównania: pierwsza wojna światowa. Okres odbudowy, euforia obyczajów, kryzys, żmudne i ponure lata trzydzieste – druga wojna.

Jesteśmy więc mniej więcej w 1936 roku[1].

Sądząc z życia publicznego, politycznego, *a murderous fury*[2] powinna już, już nas ogarnąć bez reszty, i powstaje pytanie, dlacze-

---

[1] Aluzja do wybuchu wojny domowej w Hiszpanii, która podzieliła politycznie ówczesną Europę na dwa antagonistyczne obozy i stanowiła zapowiedź II wojny światowej.

[2] *a murderous fury* (ang.) – mordercza furia

go cokolwiek jest jeszcze poza głupotą, ograniczeniem, nienawiścią, gnojem. Istnieje więc coś takiego, czego ani gazety, ani TV, ani polityka objąć nie są w stanie, a tym bardziej wyrazić. Sugestia: może to sztuką tylko pojęte i wyrażone być może, a także wiarą, nadzieją i miłością, czym być może sztuka właśnie jest.

Czas mnie obgryza do czegoś, co tylko *the cognitive agent*[1] można nazwać. Destylacja (w tyglu życia, namiętności). Być może nuda wszystkich przedsięwzięć coraz silniejsza, a na pewno nie opuszczająca mnie już (wszystkie przedsięwzięcia podszyte są nudą, bo poczuciem nierealności, niesubstancjalności, nie tylko wszystkie zjawiska, w ogóle wszystko), jest tylko znakiem, że jeszcze nie przekroczyłem granicy, ale do niej się zbliżam. I kiedy granicę przekroczę, co nie wiadomo, czy kiedykolwiek nastąpi (w chwili umierania?) – wtedy nie będzie już nudy, ale inna, pozytywna już jakość.

Owa nuda – być może z tego, że wciąż upieram się, żeby do rzeczy podchodzić z niewłaściwej strony. Wciąż chcę, żeby było jak dawniej, żebym był taki, jaki już być nie mogę.

Stąd pośpiech, jakże śmieszny, kiedy się nad tym zastanowię. Tam gdzie znajdę się za chwilę, będę taki sam jak tu, gdzie jestem teraz, bo niczym innym nie będę jak tylko *the cognitive agent*. I taki sam byłem, kiedy miałem lat pięć, dwadzieścia pięć, czterdzieści pięć, jak i teraz jestem. Tyle że *cognitive agent* nie był jeszcze siebie świadomy. Siebie świadomym stawał się stopniowo, w ciągu tylu lat.

31 października

Any neurotic game is better (more likeable) than the truth, that is – nothing. I intend to write a "fool-proof" play. Not an "ambitious" play (ambitious to reach and reveal). My ambitious plays are either pretentious, or incommunicado.

If I want to write a fool proof play, I risk making it vulgar, flat.

The risk of vulgarity is the greatest when I try to be funny, satirical.

[1] *the cognitive agent* (ang.) – czynnik poznawczy

The Emigrants are fool proof, but not because I tried to be funny writting with them.

Short stories – at my best when found in a sort of a poetic notion. Developed from an image.

The 18th century novel of adventure – the hero wandering through a rich world – the model. Write more about it separately. (In Polish or what).

[Jakakolwiek neurotyczna gra jest lepsza (przyjemniejsza) niż prawda, czyli – nic. Zamierzam napisać sztukę „nie do zepsucia". Nie jakąś sztukę „ambitną" (z ambicjami, aby dosięgnąć i odkryć). Moje ambitne sztuki są albo pretensjonalne, albo niekomunikatywne.

Jeżeli chcę napisać sztukę nie do zepsucia, ryzykuję, że będzie wulgarna, płaska.

To ryzyko wulgarności jest największe, gdy staram się być zabawny, satyryczny.

Emigranci są nie do zepsucia, ale nie dlatego, że starałem się być w nich zabawny.

Moje opowiadania – te najlepsze z nich, kiedy jest w nich rodzaj poetyckiego zamysłu. Rozwijane z obrazu.

Osiemnastowieczna powieść przygodowa – bohater wędrujący poprzez bogaty świat – model. Pisz więcej o tym osobno. (Po polsku albo jakoś)].

Oto czynię coś, co może się wydać poświęceniem się. Trochę jest, trochę nie jest. Motywy takie i takie. A jeśli chodzi o skutki czynu, to skutki każdego, nawet drobnego czynu są tak rozgałęzione i te gałęzie są tak splecione ze sobą, że zarówno korzystne między nimi, jak i niekorzystne się znajdą. Wtedy co? O mnie powiedzą według tego, jak to z wierzchu wygląda, i według tego, jak są do mnie usposobieni. A ja sam, który wiem o wielości swoich motywów najlepiej, najwięcej? (A może w ogóle tylko ja sam o nich wiem?)

Ano, mogę się uznać za egoistę albo za świętego, zależnie od temperamentu „mnie". Ale jeśli chcę być uczciwy, a nie tylko efektowny sam przed sobą, muszę się uznać za nijakiego. Motywy niwelują się nawzajem, gdy chcą koniecznie ocenić się ogólnie. Ogólnie jestem nijaki. A uznać się za nijakiego jest najmniej wdzięcznie. Szmata, świnia, cynik – to jest coś, tak samo jak święty, dobry, uczynny.

3 listopada

Umarł Hilary[1].

Umieranie musi być bardzo łatwe i proste, skoro wszyscy to robią. Nawet dzieci.

Ból też, skoro wszystkich boli? Mój bon mot jest świństwem?

Coraz wyraźniej podejrzewam, że moja wielka miłość była – jako skutek fatalnych pokręceń i zahamowań, jakich doznałem w chłopięctwie – dalszym ciągiem nieadaptacji w owych latach. Mój normalny rozwój jako człowieka mężczyzny został zahamowany małżeństwem i dlatego to, co podobno – według Prousta choćby – jest esencją miłości: katalizacja fantasmagorii, frustracji i projekcji podmiotu na przedmiot miłości, mogło nastąpić z taką siłą. Moje widzenie przedmiotu obecnie mnie w tym przekonaniu podtrzymuje i utwierdza.

Istnieją bowiem przedmioty *par eux-mêmes valables comme les objets d'amour. Mais, alors, l'amour est plus compréhensible et, en même temps, il n'est plus l'amour dans le sens du mot, comme il n'est pas fou. Il s'ensuit que seulement ce qui est irrationnel, c'est-à-dire résultant du sujet même uniquement, coupé du monde, abstrait de la relation l'objet – le monde – est le plus fort.*

[...same w sobie zasadne, jak przedmioty miłości. Miłość zatem jest bardziej zrozumiała, a jednocześnie nie jest miłością w pełnym tego słowa znaczeniu, skoro nie jest szalona. Wynika z tego, że tylko to, co irracjonalne, to znaczy pochodzące wyłącznie od samego podmiotu, odcięte od świata, abstrahujące od relacji „przedmiot–świat" – jest najsilniejsze].

[1] Hilary Krzysztofiak zmarł nagle 30 września 1979 roku w Falls Church koło Waszyngtonu w wieku 52 lat.

Popiół to jest całkiem co innego niż drewno, zanim się spali, całkiem co innego niż ogień. Melancholia kontemplowania popiołu ma miejsce tylko wtedy, kiedy dzięki pamięci układamy wszystko w jedną całość. A skłonność do układania wszystkiego w jedną całość jest nieprzezwyciężona, stąd i melancholia jest nieunikniona. Jest ludzka, ale czy to znaczy – uzasadniona?

Czy wszystko, co ludzkie, jest wobec tego uzasadnione? Wracamy do starego pytania. Prawda, rzeczywistość są wyłącznie ludzkie (*the mind, or its contents, rather*[1]). Czy tylko mętna granica między ludzkim a nieludzkim, relacje *of the mind* z *non-mind*[2] poprzez ową mętną granicę – czy to wszystko musi być jako tako uznane za prawdę?

Między mną a publicznością – transmisja. Ale nie wiem, jaka jest moja publiczność, choć ona jest jakaś. Kiedyś chciałem ją uwieść i podbić, dzisiaj nie.

"Take me as I am, or leave me". Some take, some leave.

[„Bierzcie mnie, jakim jestem, albo odejdźcie". Niektórzy biorą, inni odchodzą].

Ale w tym zaniknięciu u mnie chęci dotarcia sobą do ludzi kryje się, być może, słabość mojej dramaturgii i niedostatek sukcesu.

"Decisions are mostly just the acts of hysteria". Maybe it's true. I can't endure a situation, so I end it with any decision whatever.

What about the intuition, liberating the intuition, not blocking it, that is. But here the spectres of irrationality, whims and pure laziness.

All of that is very confusing.

[„Decyzje są głównie aktami histerii". Może to prawda. Nie mogę znieść sytuacji, więc kończę ją decyzją jakąkolwiek.

Co z intuicją, wyzwoleniem intuicji, to znaczy nieblokowaniem jej? Ale tutaj widma irracjonalności, kaprysów i czystego lenistwa.

Wszystko to jest bardzo pogmatwane].

---

[1] *the mind, or its contents, rather* (ang.) – umysł albo raczej jego zawartość

[2] *of the mind* z *non-mind* (ang.) – umysłu z nieumysłem

5 listopada

Ćwiczenie w pisaniu czegoś, co mniej do wyżyn pretenduje:

Dzień pogodny, ale wietrzny, polany błękitu wśród ciemnych zachmurzeń (a więc nie całkiem pogodny), wiatr niespokojny, bo przychodzący skądś, gdzie nie jest tak jak tutaj. Ja też niespokojny, bo oczekujący, że nie będę takim, jak jestem. Amen, dosyć ćwiczenia.

6 listopada

Zwei Zeitgenossen haben mich gestern besucht. Beide einen total Stand erreichend – wie ich – im sozialen und kulturellen Sinn. Drei Herren die bekannt von…

[Dwaj współcześni mnie wczoraj odwiedzili. Obaj osiągający – jak ja – stan totalny w sensie społecznym i kulturalnym. Trzej panowie, znani z…]

9 listopada

Dalsze rozrzedzenie wszystkiego, któremu – rozrzedzeniu – nie ma granic innych, jak tylko ta, na której okrakiem siedząc, ja z nią razem się przesuwam i ciągle mi ona się wydaje granicą.

Coraz mniej chcę czegokolwiek od kogokolwiek i coraz mniej – symetria? – że cokolwiek komukolwiek mogę dać, sądzę.

Pure nothingness. Have you ever wished anything else?

[Czysta nicość. Czy życzyłeś sobie kiedyś czegokolwiek innego?]

Czytam stare gazety.

10 listopada

Jeżeli wszystko jest widmowe, to tylko w relacji do niewidmowego, „prawdziwego", cielesnego.

Dawniej wszystko było bardziej cielesne, nie widmowe. Ale co to znaczy: „bardziej". Nie wiadomo, jakie co było, ani jakie jest, też nie wiadomo. To moje myśli i uczucia były gęstsze, były cielesne. Już nie są. To ja staję się widmowy.

Nie wiadomo, jakie co było ani jakie co jest, ale z tym absolutnym relatywizmem ostrożnie, jak z każdym absolutyzmem. Nie można nie brać pod uwagę faktu, że (przez coraz dłuższe życie) przejściowy, okolicznościowy, niesubstancjalny charakter myśli i uczuć jest raczej ich właściwym charakterem, a nie tylko moim złudzeniem.

„Widmowe" to brzmi pejoratywnie. Gdyby mi się udało ów przejrzysty, niecielesny, niesubstancjalny charakter myśli i uczuć, jak również wszelkich zjawisk, przyjąć bez pejoratywnego znaku – duża by to była ulga.

Czy to możliwe, wątpię. Tak jestem stworzony i tak wychowany, że tylko *a solid-state*[1] wydaje mi się jedynym sposobem rzeczywistości, jedyną rzeczywistością. Inaczej to w stronę nicości, osłabienia i śmierci.

A jednak – z drugiej strony – proces „widmienia" jest nieodwracalny, i wszelkie wysiłki, aby go choćby zatrzymać, wszelkie tęsknoty do tego mnie, jakim byłem, są wbrew prawdzie, reakcyjne i konserwatywne, też frustrujące.

Nie chcę się zgodzić na nieuchronność procesu, odczuwam go jako marsz w stronę nicości, rozkładu, śmierci własnej. Gdyby się udało znaleźć modus vivendi z tym procesem – też nie wiadomo, czy to byłoby lepsze niż bunt. To by była tylko rezygnacja, nieproduktywne „urządzenie się" w tej sytuacji. Najlepiej, gdyby się udało ten proces przyjąć jako rzeczywistość, a rzeczywistość, prawda, jest zawsze twórcza. Czyżby? Dwie są możliwe teorie: że człowiek może żyć tylko w złudzeniu, a prawda go zabija. Oraz odwrotnie.

Cielesność zjawisk, materialność, „utwardzenie", to także nie było całkiem przyjemne. Zjawisko, ja sam, gęstniało mi prawie w przedmioty, jak kryształki w kolanie, bolało przy chodzeniu. Niecielesność, widmowość – za tym kryje się *the notion of space*[2]. O przestrzeni pomówmy.

12 listopada

Pisarz pisze z powodów, które nawet jemu samemu tylko częściowo są znane, ponieważ częściowo są impulsami. W każdym razie u przyczyny są jego sprawy tak prywatne, że gdyby o nich opowiedział – zakładając, że znałby je wystarczająco, żeby je opowiedzieć – nikogo by nie interesowały.

Bo ten, kto by pytał, też ma swoje sprawy osobiste i osobiste powody, dla których pyta, tak osobiste, że musi wynajdywać inne,

---

[1] *a solid-state* (ang.) – stały stan skupienia
[2] *the notion of space* (ang.) – pojęcie przestrzeni

żeby je przedstawić, kiedy jego zapytają: „A dlaczego pan pyta?". Jego prawdziwe powody też by nikogo nie obchodziły, nie byłyby wystarczające, uprawniające go do zadawania pytań.

Jeden i drugi wysuwają więc przed siebie półpowody, powody sztucznie skonstruowane. Takie mam wrażenie, słuchając dyskusji literackich, choćby w studio France Culture. Te powody spotykają się i z tych spotkań, z interrelacji wymyślonych racji – powstaje kultura.

Tak samo z pisarzem, jak z wydawcą, z krytykiem i też publicznością.

14 listopada

Siedzę więc w tym wytwornym studio (dwa dalsze pokoje – upiory puste, za drzwiami) w środku Paryża, koło wieży Eiffla, prawie pięćdziesięcioletni, i wiem, że już tak będzie. To znaczy może już nie będzie wieży Eiffla ani trzech pokoi. Tak będzie – w ogóle.

Nie zostanę już nigdy wielkim światowym pisarzem, ani zbyt sławnym, ani zbyt bogatym. Po części na skutek braku odpowiedniego talentu, po części na skutek okoliczności. Będę już do końca pisał historyjki w miarę ciekawe, w miarę nie. W Polsce coraz bardziej obcy (i słusznie) i czczony coraz bardziej jak wszystko, co w tym kraju – gdzie tak często wszystko jest niszczone – a co dzięki pomyślnemu zbiegowi okoliczności trwa czas jakiś. Gdzie indziej być może uda się na tyle być znanym, żebym nigdy nie musiał przyjąć pracy innej, jak tylko literacka, i zbyt martwić się o spokojne utrzymanie.

Przeważnie sam siedział będę i tyle będę bronił mojej samotności, ile ciężko ją znosił.

Przed swoją śmiercią, co według zegara biologicznego powinno nastąpić gdzieś koło roku 2000, raczej nie będzie ze światem wielkiej katastrofy. Będzie tylko coraz biedniej, głupiej i parszywiej. Stopniowo Europa stanie się kolonią rosyjską, co jednocześnie, będąc jednym ze skutków, będzie też jedną z przyczyn jej przyspieszonego rozkładu. Reszta świata będzie jeszcze mniej interesująca.

I co najdziwniejsze, już nie myślę o tym wszystkim z rozpaczą i buntem, ale z niesmakiem i znużeniem. Co sprawia, że łatwiej mi to wszystko znosić.

15 listopada

Problemy nie rozwiązują się, tylko zużywają. Szedłem sobie Av. Bourdonni po liściach. Naprzeciw mnie mała dziewczynka w liliowych pończochach i bereciku. „Mała dziewczynko – pomyślałem sobie – tobie wypadło być małą dziewczynką, zagrać rolę małej dziewczynki, bo widocznie taka rola była do obsadzenia. Ja muszę grać co innego. Ty i ja – tylko w tej chwili. Już za chwilę wypadnie nam grać co innego, zaledwie ty i ja nauczymy się – *tant bien que mal* (jako tako) – grać to, co gramy". A oto ciąg dalszy opowiadania:

Halt! – zawołał dyrektor, siedział na werandzie bistra. – Dlaczego, czy źle gramy? – Nie, ale jestem w dobrym humorze, porozmawiajmy. Ty, dziewczynko, wiem, że marzysz o innej roli. A ty, chłopczyku? – Dyrektor: Przepraszam, ja mam pięćdziesiąt lat. – Ja: Przepraszam, powiedziało mi się z rozpędu. – Dyrektor: Ja jestem dyrektorem tego całego interesu. – Ja: Zagrasz tę inną rolę za dwadzieścia lat. – Za dwadzieścia lat? Co to jest dwadzieścia lat, nie ma dwadzieścia lat – skrzywiła się mała. – Ja: Grałem już młodego, niezbyt dobrze. W czym jeszcze mogę być obsadzony? – Dyrektor: Nie bardzo widzę.

There is a fundamental fear in me, the fear of living.

It expresses itself not necessarily through being afraid to do this or that, to avoid this or that. Though that happens, too.

It shows up through the fear or the right attitude in front of persons and things. Underneath it is the fear of discovering emptiness.

The fear of confrontation. Constantly. I know what the right attitude would be, but I shun it constantly. I prefer to choose wrong ones – that gives me the constant feeling that it is not that, it is not "it". Presumably: something, "it", is there, something really is possible, only Ji is away from me, temporarily, because I am just busy with something which is not "it", which is wrong.

This is the key problem. The mother-problem of all other problems. Attacking all other problems is also divertissement, frivolity. You are making yourself busy trying to cope with everything, but not with the only something that counts. Of course, you cannot win all those marginal contests, but – really – you are asking for no better. Your constant defeat is your alibi.

You are afraid to confront even the most ordinary situations. I do not mention the situations with the people. Even alone you are dying of fear to accomplish just what is lying ahead of you. You call it "longing for freedom". The excuse is understandable, doing only what you should, in the way you should – there is no surprise in it.

Boredom. So you are chasing after freedom, but you never attain it, of course. The chasing itself is your reward. A cheap one. Because, however you change the course, you must always stay on the track, never can you leave the track. As a result, it is only the wayward footprints of yours, a difference in the pattern of your running, but that is all.

The life – your life – is boring, because you live it through your patterns (the patterns of your flight) which, becoming more and more patterns, more and more solidified, become more and more boring.

IT IS THE REPETITIVE CHARACTER OF YOUR PANIC, OF THE FORMS OF YOUR PANIC, WHICH ARE BORING. AVOIDING THE PERMANENT CHALLENGE OF LIFE, THAT IS, OF ANY, EVERY SITUATION, HOWEVER SIMPLE. ANY SITUATION, IF NOT SHUNNED, BURSTS IN YOUR FACE LIKE DYNAMITE.

DON'T look far for situations as situations. Looking that way is also a way of panicking. Your body, your breath is the situation, to begin with it.

But you should begin with your looking at things and people.

[Jest we mnie fundamentalny strach, strach przed życiem.

Wyraża on siebie niekoniecznie poprzez obawę, żeby zrobić to czy tamto, uniknąć tego czy tamtego. Choć to się także zdarza.

Przejawia się on w lęku lub we właściwej postawie wobec osób czy rzeczy. Pod spodem jest strach przed odkryciem pustki.

Strach przed konfrontacją. Stale. Wiem, jakie powinno być właściwe zachowanie, ale ciągle go unikam. Wolę wybierać to złe – to daje mi stałe poczucie, że to nie jest tamto, to nie jest „to". Przypuszczalnie: coś, „to", jest tam, coś naprawdę jest możliwe, tylko Ji[1] jest daleko ode mnie, tymczasowo, ponieważ jestem właśnie zajęty czymś, co nie jest „tym", co jest złe.

To jest kluczowy problem. Matka-problem wszystkich innych problemów. Atakowanie wszystkich innych problemów jest także

[1] Ji – w języku hindi duch, serce.

rozrywką, frywolnością. Starasz się siebie czymś zająć, usiłując poradzić sobie ze wszystkim, tylko nie z tym, co się liczy. Oczywiście, nie możesz wygrać wszystkich tych pomniejszych starć, ale – naprawdę – sam się o to prosisz. Twoja nieustanna przegrana jest twoim alibi.

Boisz się konfrontacji nawet z najbardziej zwyczajnymi sytuacjami. Nie mówiąc już o sytuacjach z ludźmi. Nawet będąc sam umierasz ze strachu, by osiągnąć tylko to, co leży przed tobą. Nazywasz to „tęsknotą za wolnością". Wymówka jest zrozumiała, robisz tylko to, co powinieneś, w sposób, w jaki powinieneś – nie ma w tym żadnej niespodzianki.

Nuda. Więc gonisz za wolnością, ale nigdy jej nie osiągasz, oczywiście. Pościg sam w sobie jest twoją nagrodą. Tanią. Ponieważ jakkolwiek zmienisz kurs, musisz zawsze pozostać na tropie, nigdy nie możesz go porzucić. Efektem są tylko dziwaczne odciski twoich stóp, różnica we wzorze twego biegu, ale to wszystko.

Życie – twoje życie – jest nudne, ponieważ przeżywasz je poprzez swoje wzory (wzory twojej ucieczki), które stając się coraz bardziej wzorami, coraz bardziej utrwalone – stają się coraz bardziej nudne.

TO MONOTONNY CHARAKTER TWOJEJ PANIKI, FORM TWOJEJ PANIKI, KTÓRE SĄ NUDNE. UNIKANIE NIEUSTANNEGO WYZWANIA ŻYCIA, TO JEST JAKIEJŚ, KAŻDEJ SYTUACJI, JAKKOLWIEK PROSTEJ. JAKAKOLWIEK SYTUACJA, JEŚLI JEJ NIE UNIKNIESZ, EKSPLODUJE CI W TWARZ JAK DYNAMIT.

NIE szukaj daleko sytuacji samych w sobie. Patrzenie w ten sposób jest także sposobem panikowania. Zacznijmy od tego, że już twoje ciało, twój oddech jest sytuacją.

Ale powinieneś zacząć od patrzenia na rzeczy i ludzi].

17 listopada

Wszelkie postanowienia i światopoglądy poczęte w złym stanie nerwów powinny być automatycznie unieważniane. Ale wtedy nie byłoby żadnych postanowień ani światopoglądów, ani przedsięwzięć w ogóle. Niemniej jeśli wyrzekniemy się bon motów (*l'esprit de salon*[1] pracuje także w samotności) – coś w tym jest.

---

[1] *l'esprit de salon* (franc.) – duch salonowy

Byłem gościem na weselu. Coraz częściej podejrzewam, że większość wszystkiego, co się dzieje, jest nieprawdopodobnym – wciąż dla mnie do uwierzenia trudnym – nagromadzeniem tandety. Może jedynym stylem zabezpieczającym człowieka przed jego własną tandetą jest system moralności, takiej czy innej (raczej takiej niż innej – moralność nazizmu była tandetą), albo osobiste jakieś powołanie, wizja; człowiek zostawiony sam sobie, żeby sam sobie łatał swoje życie, prawie każdy musi wpaść w tandetę. I wpada.

Stąd wzmożenie tandety niebywałe.

18 listopada

Tylko ludzkie, oddzielone od nieludzkiego. Tylko literatura, my – to wszystko tylko literatura. Albo przeciwna koncepcja: „Jak w dole, tak na górze", czyli to koresponduje z tamtym.

Może nie tak całkiem znowu koresponduje, ale oddzielone – mniej wydaje się prawdopodobne. Przynajmniej według doświadczenia łatwiej dopuścić, należyciej, że wszystko jest z jednego kawałka. Tyle że to doświadczenie to znowu tylko nasze ludzkie, „literackie" doświadczenie.

Felieton.

Moje doświadczenie, osiemnastoletniego, przy wydawaniu zupy oraz przy noszeniu szyn. Nie wiedziałem wtedy, że były to dwa fundamentalne doświadczenia w sprawie ludzkości. Tylu jest teraz sprawiedliwych. To znaczy takich, którzy bardzo głośno ogłaszają się sprawiedliwymi. To znaczy – krzycząc, że inni są niesprawiedliwi. Tyle jest racji doskonałych i jedynych. I tylu „niewiernych psów". Jeżeli sprawiedliwość osiąga się przez usunięcie niesprawiedliwych, to znaczy, że trzeba wyrżnąć całą ludzkość, dokładnie.

Kiedy to ostatni raz tak kochano ludzkość i bliźniego swego? Przed rewolucją francuską i wojnami Napoleona. Wybuch sentymentalizmu. Pasterze i pasterki – potem terror. Koniec dziewiętnastego wieku – orgia postępu, cywilizacji, jak przedtem orgia sentymentalizmu. I pierwsza wojna światowa.

„Kochają, to znaczy, że będą rżnąć" – powiedziałby Lejzorek Rojtszwaniec, Szwejk[1] czy jeszcze inny przedstawiciel zwykłego rozsądku.

Dlaczego – poza tym, że talent jest jaki jest – nie zrobię szczególnej kariery jako pisarz, nigdy?

Otóż jestem ani nie z pierwszego, ani nie z trzeciego świata, tylko z drugiego. Jeżeli nie jest się pisarzem, ale statystycznie przeciętnym obywatelem tylko, lepiej, znacznie lepiej być ze świata drugiego, nie mówiąc o pierwszym. Ale kiedy jest się pisarzem – najgorzej.

To nie sprawa mód, tylko sprawa poważna. Drugi świat nigdy nie był oczywiście kolonizowany przez pierwszy. Kolonizacja odbywała się tam w rodzinie; Rosjanie, kiedyś Polacy, kolonizowali, kolonizują, ale pierwszy świat w tym nie brał udziału. Więc ani tym sposobem, ani tym mniej innym drugi świat nie brał udziału w interesie światowym. Trochę tam działo się na Bałkanach, tyle tylko – jako pretekst do pierwszej wojny światowej, potem do drugiej. I z tego do tej pory drugi świat najbardziej jest znany.

Od 1945 roku drugi świat siedzi w lodówce, w *deep-freeze*[2], do tej pory, lodówka rosyjska. Nieruchomość. Więc czym się interesować? Zawsze prowincjonalny, przynajmniej od końca szesnastego wieku, drugi świat od 1945 roku stał się – relatywnie prowincjonalny już beznadziejnie.

V.S. Naipaul urodził się w Trynidadzie jako Hindus. Sprawa, zdawałoby się, beznadziejna. Ale mając lat osiemnaście, znalazł się w Londynie, od dziecka zresztą chyba mówił po angielsku. Milan Kundera bynajmniej nie pochodzi z trzecioświatowych slumsów, ale z dobrej czeskiej rodziny. Niezależnie od talentów, niezależnie od tego, że inna jest nośność języka czeskiego, a inna angielskiego – świat Naipaula jest wielki i dramatycznie współczesny. Świat Kundery – taki sobie, nasz, drugoświatowy.

Tylko na styku trzeciego i pierwszego świata dzieją się teraz rzeczy i sprawy. Drugi siedzi w *deep-freeze*. I długo tam jeszcze będzie siedział.

---

[1] Tytułowy bohater *Przygód dobrego wojaka Szwejka podczas wojny* J. Haška z 1921 roku.

[2] *deep-freeze* (ang.) – głębokie zamrożenie, tu: w zamrażarce

O co chodzi w drugim świecie? O dekolonizację, niepodległość. Zarówno problemy ludów skolonizowanych, jak i problemy imperium – to trzeci i pierwszy świat mają przerobione już dawno. Tym ich nie zainteresujemy. O co jeszcze? Problemy prowincji? Trzeci świat nad tym już pracuje, i to w taki sposób i na takim materiale, że interesują się tym wszyscy. My, drugi świat, jesteśmy interesujący tylko sami dla siebie – i słusznie. I jeszcze ta nasza niewyraźność: ani nie niewolnicy, ani też nie panowie. Kulturowo – niby w stronę pierwszego, ale z drugiej ręki. Egzotyczni? Bynajmniej. Ani u nas Buddy, ani Allacha, ani my nie prekolumbijscy. Ten sam Chrystus, co w pierwszym świecie, ale prowincjonalny, Chrystus na delegacji, misyjny przecież.

Bracia Rosjanie nadrabiają nagą siłą. Dlatego głośno o nich w świecie. Ale co mają poza pałą? Gonią jeszcze resztkami ikon, ale ducha niszczą przecież już od siedemdziesięciu lat, i jako styl coraz im bardziej pozostaje tylko biurokracja. Mało atrakcyjne. Myśleli, że owa ideologia im zastąpi resztę. Owszem, trik działał jeszcze do lat pięćdziesiątych, potem powstała konkurencja. Więc nawet Rosjanie nie dadzą rady.

Co nam zostaje, drugoświatowcom, doświadczenie totalitarne? Kto ma do tego głowę? Doświadczenie mistyczne? Jakie? Mistyka rodzi się raczej na dużych przestrzeniach, my nie mistycy. Aha, może Rosjanie właśnie, ale ich patent na to dosyć już jest znany, nie chwyta. Co nam pozostaje?

22 listopada

Przed czym uciekam (*frivolity*[1])?
W co gram sam ze sobą?
Czy robię to, co robię – mechanicznie?

11 grudnia

Znowu dużo przestrzeni obiektywnie, a bardzo dużo subiektywnie oraz relatywnie. Relatywnie – po prostu masa.

Naucz się nie robić nic albo robić coś. Stany między coś a nic nie są zdrowe. Kiedy robisz coś, ale niedbale, kiedy – w panice przed

[1] *frivolity* (ang.) – brak powagi

dziurą – stale chcesz robić coś, nieuchronnie to coś nie jest dobrze wykonywane.

12 grudnia

Moje pisanie: *pattern* wyniesiony chyba ze szkoły jeszcze: „Napiszę wypracowanie na temat". Kiedy w najlepszym wydaniu (*Tango*) – może ujść. Inaczej handicap. A bierze się to z grzeczności. Z dydaktyczności, czyli kaznodziejstwa. Bo jestem moralistą, a teoria podejrzeń tłumaczy tę moją potrzebę ustalenia porządku i bronienia go – słabością, która potrzebuje opieki. Odwrotnie niż w wypadku mojego kolegi, którego słowa pamiętam: „Żyję w przekonaniu, że nie ma takiej sytuacji, w której bym sobie nie poradził". Odwrotnie, całkiem odwrotnie. Nawet śmiesznie zwyczajne sytuacje wydają mi się nie do załatwienia. To rodzaj mojej choroby.

Takie pisanie mnie krępuje i nie jest najlepszej jakości.

Powyższe przyszło mi do głowy nad listem wdowy. Cień pomysłu: rzecz zaczyna się po śmierci męża. „Nowe życie". Jak przezwyciężyć stare? Nowe? Kochanek dziedziczy kochankę w całości – kiedy jej mąż umarł.

A to – wprost – do zagadnienia sprawy odpowiedzialności w ogóle. Co to jest suwerenność, czy to jest zależność człowieka od człowieka? Potrzeba niezależności?

14 grudnia

Za chwilę do Szwajcarii, tydzień w Alpach (z nartami).

Użytek ze słów. Dwa użytki ze słów. Jeden stosowany tylko przez nielicznych. Niemożność dialogu. Bo tylko jednemu wydaje się, że rozmawia, drugiemu wcale nie chodzi o rozmowę. Więc ten pierwszy jest przegrany, bo bierze na serio wszystko, co tamten mówi.

Sztuka o tym. O dialogu. Europejczyk wreszcie, zdeprawowany, zaczyna bełkotać. Parodia UN[1]. Tymczasem za sceną zaczynają. Debaty.

23 grudnia

Powrót z Alp. Gdzie ciało dało się pokrzepić na przekór duszy. Jeszcze jeden dowód na prymat ciała.

---

[1] UN – United Nations, Organizacja Narodów Zjednoczonych.

Stare problemy. Czy nie można ich potraktować po nowemu?

Jednocześnie myśli o tym, co było przy oknie hotelu Bretania nad kanałem Grande.

24 grudnia

Une soirée chez Claude Mauriac. Un blocage, depuis le début de mon séjour en montagne.

[Wieczór u Claude'a Mauriaca. Blokada, od początku pobytu w górach].

Katastrofalne poczucie, że nie mam nikomu nic do powiedzenia, oraz katastrofalny brak zainteresowania tym, cokolwiek ktokolwiek mówi. Rodzaj choroby psychicznej, która przejdzie, jak wszystko.

Do M. Mauriac trzeba list napisać, przepraszając.

Godz. 18.00.

Przecież to dzień wigilijny, podobno. Ale odmiennie niż rok temu, nie mam już nawet ochoty napisać, że nic z tego powodu nie czuję. Czyli to samo co rok temu, ale jeszcze bardziej.

27 grudnia

Ból w czaszce (newralgia). Przenikliwy, dręczący. Pół nocy mi odebrał. Nie mogłem spać. Ból, jedyna realność, a ta realność jest skandalem.

Ból niszczy moje wątłe usiłowanie obrony, porządku. Od dwóch dni usiłuję pisać *Pieszo*, ale od dawna mam poczucie niezdolności, małego talentu. Pisanie mnie nie interesuje.

List od Y. W nowym jej stylu. *Détachée*[1]. Krótki i niedbały, formalny.

Przez radio jeden pan coś czytał o Jezusku. Coraz bardziej nie lubię Jezuska i katolicyzmu. Tylko islam jest głupszy. Jak ogromne jest pragnienie i strach człowieka, kiedy...

Czytam Monisa Sperstena po niemiecku. Jego też nie lubię. Inteligentny, głupi Żyd. Nadęty sobą. Ja swoje pragnienia i strach coraz mniej jestem skłonny brać za rzeczywistość.

---

[1] *détachée* (franc.) – niezainteresowany, obojętny

Ból jest boski. To znaczy całkowicie dla człowieka obojętny, bezwzględny, *gratuit*[1], śmierć jest naturalna, ból nie.

28 grudnia

„DIALOG".

Dlaczego jestem nieprzyjacielem wyobraźni, co tak niekorzystnie odbija się na moim zawodzie? A przynajmniej jestem wobec niej nieufny. Jestem też nieprzyjacielem stylu: co przyjdzie ci do głowy, to dobrze.

Może dlatego, że wyobraźnia rządzi światem. Zachowanie człowieka rządzone jest wyobraźnią. A rzeczywistość to nie wyobraźnia. Kiedy byłem młody, byłem entuzjastą wyobraźni. Intuicja to nie wyobraźnia.

29 grudnia

Przeczytałem kronikę towarzyską, gdzie *Beautiful People*[2] spędzają święta i Nowy Rok. Zapragnąłem być *a Beautiful Man* i żeby moje nazwisko znalazło się w tej kronice. Jak trzydzieści lat temu pragnąłem i też w ciągu tych trzydziestu lat.

Czyli co we mnie powstało kiedyś, jakim mnie kiedyś stworzyło, tak i zostało. A tylko otoczone większym polem świadomości. Potwierdza się to, co w górach się okazało: nie można się pozbyć swojego szkieletu.

I tylko siły i przekonania brak, że kiedyś tym *Beautiful Man* zostanę. Dlatego też brak napędu do pisania utworów.

31 grudnia

Chyba nic mnie nie zbawi oprócz mojej własnej siły. Której wciąż mi się wydaje, że nie mam. Stąd strach.

Nie chodzi o zbawienie inne, jak tylko o *the survival*[3], przetrwać, czyniąc sobie jak najmniej szkód. Bo szkody są dozwolone, mogą być chwalebne – kiedy chodzi o coś znaczącego, będącego. W imię

---

[1] *gratuit* (franc.) – bezpodstawny, nieuzasadniony
[2] *Beautiful People* (ang.) – piękni ludzie
[3] *the survival* (ang.) – przetrwanie, ocalenie

sprawy. Dla ocalenia kogoś (choćby dziecka z pożaru), czegoś, dla wygrania wojny z Hitlerem. Dla obrony Izraela. Ale nie dla czegoś, co nie wiadomo, czy jest, nie dla owej upiorności, widmowości myśli, odczuć, zamętu urojeń. Co do których zresztą raz wydaje się, że są tylko urojeniami, raz – że skutkiem działania sił istotnych. Sił, nie *entités*. To my z sił usiłujemy uczynić *entités*.

Dwa listy od Y.

Może moje odrętwienie, zwłaszcza publiczne, to skutek paraliżu. Paraliż skutkiem ścierania się takich namiętności, takich sił, że następuje interferencja i wzajemne likwidowanie się. Wtedy nic nie pozostaje, jak *lying low*[1]. Nie ruszać się, nie mówić nic.

Teraz nieco pomniejsze i od rzeczy (tej powyższej, choć może nie całkiem. Rodzaj ćwiczenia, naocznej obserwacji):

Rankiem, każdego ranka: dzień świeży, jeszcze go nie ma, więc „dobry". Dobry (bez „"). Nie palić. Ale już wiem, że zapalę, i wiem, że wiem.

Myślę, co myślę, jak myślę, czująco czuję, jak jestem, tak jestem, ponieważ jestem *accidental*[2]. Podobnie jak jakiś Pers, który w tej chwili coś tam krzyczy na ulicy Teheranu, jest inny niż ja, ale też jest.

Wobec tego nie należy brać zbyt poważnie tego, co ze mną, we mnie, *accidental*. A tylko to, co nie jest. Co dzielę ze wszystkimi, nawet z tym Irańczykiem. To bardzo ważne.

Globalne rozwiązanie, cesarskie cięcie, nie jest możliwe. Wobec tego pozostaje uporanie się ze wszystkim, ze sobą, z sytuacjami, *tant bien que mal*[3]. Cierpliwie, wytrwale, inkasując też porażki, własne niewydolności, błędy. Nie czyniąc z nich filozofii, podobnie jak nie urzekając się mirażami totalnego zwycięstwa. Ale to jest najtrudniejsze.

---

1 *lying low* (ang.) – przyczajenie się
2 *accidental* (ang.) – przypadkowy
3 *tant bien que mal* (franc.) – jako tako

Kiedy jest się żywym, boli i rzuca. Kiedy jest się żywym, jest się bezbronnym. Kiedy organizuje się obronę, traci się życie.

A jeszcze to, co żywe, życie – łatwo pomylić z utwardami. Czerpać życie z życia już martwego, ale które kiedyś było tak intensywne, że jego odblask z utwardów jeszcze daje poczucie życia.

KALENDARIUM ŻYCIA I TWÓRCZOŚCI SŁAWOMIRA MROŻKA* (LATA 1970–1979)

1970 Od połowy stycznia do lipca, na zaproszenie Fundacji Forda, przebywa w Stanach Zjednoczonych, głównie w Nowym Jorku.

Tango otrzymuje nagrodę hiszpańskiej krytyki jako najlepsza sztuka zagranicznego autora.

PUBLIKACJE

Dwa listy i inne opowiadania, Paryż, Instytut Literacki.

TŁUMACZENIA

Watzlaff (*Vatzlav*), przeł. Ludwig Zimmerer, Berlin, Henssel.

Une souris dans l'armoire et autres récits (*Dwa listy i inne opowiadania*), przeł. Thérèse Douchy, Paris, Albin Michel.

Vatzlav, przeł. Ralph Manheim, New York, Grove Press.

SPEKTAKLE

11 lutego *Watzlaff*, światowa prapremiera, przeł. Ludwig Zimmerer, reż. Felix Rellstab, Theater am Neumarkt, Zurych.

14 marca *Vatzlav*, przeł. Monz Weijers, reż. Heinz Engels, Nederlandse Comedie, Amsterdam.

FILMY TELEWIZYJNE

Nochmal von worn (*Drugie danie*), reż. Georg Madeja i Tamás Ferkai (Austria); *Politi, politi* (*Policja*), reż. Knut Thomassen (Norwegia); *Politie*

* W Kalendarium zostały uwzględnione wszystkie polskie prapremiery teatralne oraz wybrane polskie i zagraniczne przedstawienia sztuk S. Mrożka.

(*Policja*), reż. Rik Hancké (Belgia); *Tango*, reż. Jean Kerchbron (Francja) – w roli Edka Gérard Depardieu; *The Police* (*Policja*), reż. Fielder Cook (USA).

1971 Zwraca się do Związku Literatów Polskich z prośbą o skreślenie go z listy członków.

W maju przebywa na Lazurowym Wybrzeżu.

W lipcu spędza trzy tygodnie w Skandynawii.

W październiku odwiedza Düsseldorf z okazji prapremiery światowej *Szczęśliwego wydarzenia*.

PUBLIKACJE

Szczęśliwe wydarzenie, „Kultura" (Paryż) nr 5.

SPEKTAKLE

kwiecień *Second service* (*Drugie danie*), przeł. Thérèse Douchy, reż. Georges Riquier, Théâtre National Populaire, Paryż.

30 października *Eine freudiges Ereignis* (*Szczęśliwe wydarzenie*), przeł. Christa Vogel, reż. Peter Arens, Schauspielhaus, Düsseldorf.

1972 Na przełomie marca i kwietnia przebywa w Szwajcarii.

W lipcu podróżuje do Brazylii.

Otrzymuje austriacką nagrodę państwową za całokształt działalności i wkład w literaturę europejską.

W sierpniu przebywa w Londynie.

TŁUMACZENIA

Vatzlav, przeł. Ralph Manheim, London, Jonathan Cape.

FILMY TELEWIZYJNE

Tango, reż. Göran Graffman (Szwecja).

1973 W lipcu spędza trzy dni w Londynie, odwiedza Ognisko Polskie.

Od końca sierpnia do 12 września gości na festiwalu teatralnym Teheran, Shiraz–Persepolis.

Od końca września podróżuje: udaje się do Zurychu, stamtąd do Monachium, a następnie do Aten i przez Wiedeń wraca do Paryża.

W listopadzie odwiedza Londyn.

Od początku grudnia prowadzi wykłady w Pennsylvania State University w USA.

PUBLIKACJE

Szczęśliwe wydarzenie, „Dialog" nr 4 [sprostowanie w nrze 6].

Rzeźnia, „Dialog" nr 9.

TŁUMACZENIA

Feliz acontecimiento (*Szczęśliwe wydarzenie*), przeł. Violetta Beck i Jorge Segovia, Madrid, Escelicer.

SPEKTAKLE

24 czerwca *Szczęśliwe wydarzenie*, reż. Leopold Kielanowski, Teatr Polski ZASP, Londyn.

3 listopada *Szczęśliwe wydarzenie*, prapremiera krajowa, reż. Erwin Axer, Teatr Współczesny, Warszawa.

FILMY TELEWIZYJNE

Policajci (*Policja*), reż. Ljubiša Ristić (Jugosławia); *Tango*, reż. Søren Melson (Dania).

1974 Na początku marca kończy wykłady w Pennsylvania State University, następnie przebywa w Nowym Jorku oraz w Madison na konferencji zorganizowanej przez University of Wisconsin-Madison; odwiedza także Ottawę (Kanada). Podróżuje po Ameryce Południowej.

Od początku października przebywa w Berlinie Zachodnim (do września 1975) na stypendium Deutscher Akademischer Austausch-Dienst (DAAD).

PUBLIKACJE

Małe listy, „Dialog" od numeru 5.

Emigranci, „Dialog" nr 8.

Dwa listy, Kraków, Wydawnictwo Literackie.

Ma stałą rubrykę satyryczną w tygodniku „Szpilki".

SPEKTAKLE

13 lutego *L'abattoir* (*Rzeźnia*), prapremiera światowa, przeł. Thérèse Douchy, Nouveau Théâtre de Poche, Genewa.

17 września *Moje kochane beznóżki*, reż. Jerzy Paszula, Akademicki Ośrodek Teatralny Kalambur, Wrocław.

19 października *Les émigrés* (*Emigranci*), prapremiera światowa, reż. Gabriel Mérétik, reż. Roger Blin, Théâtre d'Orsay, Paryż.

1975 W czerwcu przebywa we Włoszech (Korsyka, Riwiera Włoska, Mediolan, jezioro Como, okolice Florencji).

W listopadzie przeprowadza się z 19, rue du Chevalier-de-La-Barre na Montmartrze na 5, avenue Franco-Russe.

PUBLIKACJE

Wyspa róż, „Dialog" nr 5.

Garbus, „Dialog" nr 9.

Utwory sceniczne nowe, Kraków, Wydawnictwo Literackie.

Wybór dramatów i opowiadań, Kraków, Wydawnictwo Literackie.

TŁUMACZENIA

Emigranci (*Les émigrés*), przeł. Gabriel Mérétik, Paris, Albin Michel.

Emigranci (*Emigranten*), przeł. Christa Vogel, Berlin, Henssel.

SPEKTAKLE

6 marca *Utvandrare* (*Emigranci*), przeł. Jerzy Lederman i Jerzy Sawka, reż. Goran Bohman, Hjalmar-Teater, Örebro (Szwecja).

21 marca *Rzeźnia*, reż. Jerzy Jarocki, Teatr Dramatyczny, Warszawa.

22 maja *Emigranten* (*Emigranci*), przeł. Christa Vogel, reż. Günter Krämer, Schlosspark-Theater, Berlin Zachodni.

14 grudnia *Garbus*, reż. Kazimierz Dejmek, Teatr Nowy, Łódź.

17 grudnia *Emigranci*, reż. Jerzy Kreczmar, Teatr Współczesny, Warszawa.

18 grudnia *Emigranten* (*Emigranci*), przeł. Christa Vogel, reż. Jörg Buttler, Landestheater, Linz.

19 grudnia *Garbus*, reż. Jerzy Jarocki, Stary Teatr, Kraków.

Emigranti (*Emigranci*), przeł. P. Vujičić, „Atelje 212", Belgrad.

FILMY TELEWIZYJNE

Etiuda *Ostatni husarz*, reż. Wojciech Jesionowski, PWSFTViT, Łódź.

1976 Na początku roku odwiedza Nowy Jork.

W lutym otrzymuje kartę pobytu we Francji.

W lutym odwiedza Londyn.

W marcu przebywa w Alpach włoskich,

13 IV odbywa się premiera filmu telewizyjnego *Insel der Rosen* (*Wyspa Róż*), reż. Peter Wirth wg scenariusza Mrożka dla telewizji zachodnioniemieckiej ARD.

W kwietniu odwiedza Monachium i Brugię, a w czerwcu Berlin Zachodni i Londyn.

W październiku odwiedza Wiedeń, a w listopadzie Madryt.

Koniec grudnia spędza w Londynie.

TŁUMACZENIA

Emigranci, przeł. Maciej i Teresa Wronowie oraz Robert Halman, „The New Review" nr 3 (Wielka Brytania).

SPEKTAKLE

14 lutego *Emigranci*, reż. Agnieszka Holland, Teatr im. J. Osterwy, Gorzów Wielkopolski.

8 maja *Rzeźnia*, reż. Krystian Lupa, Teatr im. J. Słowackiego, Kraków.

15 maja *Emigranci*, reż. Jerzy Goliński, Teatr im. J. Kochanowskiego, Opole.

21 maja *Emigranten* (*Emigranci*), przeł. Christa Vogel, reż. Herman Kutschner, Theater in der Josefstadt, Wiedeń.

wrzesień *Los emigrados* (*Emigranci*), przeł. José Méndez Herrera, reż. Manuel Manzaneque, Teatro Alfil, Madryt.

23 września *Moniza Clavier*, adaptacja i inscenizacja Wojciech Siemion, Teatr Bagatela, Kraków.

31 grudnia *Emigranterne* (*Emigranci*), przeł. Asta Hoff-Jørgensen, reż. Ole Kröll, Det Kongelige Teater, Kopenhaga.

Émigrés (*Emigranci*), przeł. Maciej i Teresa Wronowie oraz Robert Halman, reż. Kevin Billington, National Theatre, Londyn.

Buckel (*Garbus*), przeł. Christa Vogel, Schlosspark-Theater, Berlin Zachodni.

FILMY TELEWIZYJNE

Rendörség (*Policja*), reż. Péter Gothár (Węgry).

1977 W styczniu przebywa w Berlinie Zachodnim, w lutym w Szwajcarii (Zurych, Engelberg), a w marcu w Stuttgarcie i Monachium; w kwietniu ponownie w Stuttgarcie i w Antwerpii; na przełomie maja i czerwca w Londynie.

Od czerwca do września przebywa w Stuttgarcie w związku z pracą nad filmem *Amor* dla telewizji zachodnioniemieckiej (ARD) – współreżyseria Jerzy Lipman.

W drugiej połowie października jedzie do Izraela (Jerozolima, Ejlat).

Na przełomie listopada i grudnia przebywa w Kolonii i Wenecji, koniec roku spędza w Szwajcarii.

PUBLIKACJE

Serenada, „Dialog" nr 2.

Lis filozof, „Dialog" nr 3.

Polowanie na lisa, „Dialog" nr 5.

Krawiec, „Dialog" nr 11.

TŁUMACZENIA

Garbus (*Buckel*), przeł. Christa Vogel, Berlin, Kiepenheuer.

Emigranci (*Emigranti*), przeł. D. Latjak, „Švetlosc" nr 5 (Nowy Sad).

Emigranci (*'Emigkrádes*), przeł. 'E. Basilikiōte, 'Athēna.

SPEKTAKLE

24 marca *Buckel* (*Garbus*), przeł. Christa Vogel, reż. Bolesław Barlog, Schlosspark-Theater, Berlin Zachodni.

5 czerwca *Drugie danie*, prapremiera, reż. Aleksander Berlin, Teatr im. W. Bogusławskiego, Kalisz.

11 grudnia *Lis filozof* / *Polowanie na lisa* / *Serenada*, reż. Waldemar Krygier, Teatr Nowy, Zabrze.

29 grudnia *De Bultenaar* (*Garbus*), przeł. Benjamin Gijzel, reż. Carl van der Plas, De Haagse Comedie, Haga.

Premiery *Emigrantów* odbywają się m.in. w Bukareszcie, Hadze, Jerozolimie, Nowym Jorku, Sofii i na Kostaryce.

FILMY TELEWIZYJNE

De emigranten (*Emigranci*), reż. Jean-Pierre De Decker (Belgia); *Striptease*, reż. Gerardo N. Miró (Hiszpania); *Tango*, reż. Sergi Schaaff (Hiszpania); *En alta mar* (*Na pełnym morzu*), reż. Gerardo N. Miró (Hiszpania).

1978 W styczniu przebywa w Stuttgarcie.

5 lutego Mrożek otrzymuje obywatelstwo francuskie.

W lutym odwiedza Stuttgart, na przełomie lutego i marca przebywa w Nowym Jorku, a następnie w Zurychu i Kolonii, a w kwietniu ponownie w Stuttgarcie.

W czerwcu dwa tygodnie przebywa w Polsce.

Pierwszą połowę lipca spędza w Wenezueli.

W październiku w Stuttgarcie, Mariborze i Ptuj realizuje plenery do filmu *Powrót* wg własnego scenariusza dla telewizji ARD.

W październiku spędza tydzień na Malcie, w listopadzie przebywa w Berlinie Zachodnim i Stuttgarcie.

W grudniu przebywa w Szwajcarii.

Zwraca się do ZLP o przywrócenie mu członkostwa w związku.

PUBLIKACJE

Amor, „Dialog" nr 3.

Lis aspirant, „Dialog" nr 7.

TŁUMACZENIA

Garbus (*Pukkelryggen*), przeł. Olav Rytter, Oslo, Det Norske Teatret.

SPEKTAKLE

4 lutego *Emigranten* (*Emigranci*), reż. Mirjana Erceg, Deutsches Nationaltheater, Weimar (NRD).

27 kwietnia *Emigranti* (*Emigranci*), przeł. Erich Sojka, reż. Jaroslav Chundela, Divadlo na Zábradli, Praga.

10 maja *Emigranterna* (*Emigranci*), przeł. Jerzy Lederman i Jerzy Sawka, reż. Gunnel Lindblom, Kungliga Dramatiska Teatern „Dramaten", Sztokholm.

11 maja *Los emigrados* (*Emigranci*), przeł. José Méndez Herrero, reż. Manuel Montoro, Mexico City Teatro Milan.

20 października *Krawiec*, reż. Janusz Nyczak, Teatr Współczesny, Szczecin.

10 listopada *Dom na granicy*, reż. Piotr Cieślak i Tomasz Grochoczyński, Teatr Popularny, Warszawa (grano z *Nocą w oberży pod Wielkim Dzikiem* Iwana Turgieniewa pod wspólnym tytułem *Szaleństwo*).

1979 15–22 stycznia przebywa w Stuttgarcie, następnie do 9 lutego w Berlinie Zachodnim.

W sierpniu odwiedza Meksyk, jest na 150. przedstawieniu *Emigrantów* w Mexico City Teatro Milan.

Od 9 września do połowy października podróżuje: Zurych, Lugano, Wenecja, Wiedeń, Norymberga, Berlin Zachodni, Polska (m.in. Warszawa i Borzęcin).

Pod koniec października odwiedza Wiedeń.

Grudzień spędza w Szwajcarii.

PUBLIKACJE

Kończy publikacje felietonów pisanych dotąd pod stałym tytułem *Małe listy* („Dialog" do nr 3), a zaczyna tamże drukować felietony odrębnie tytułowane.

Amor (wybór utworów scenicznych), Kraków, Wydawnictwo Literackie.

TŁUMACZENIA

Emigranci (*Emigrantene*), przeł. Finn Kvalheim, Oslo, Riksteatret.

SPEKTAKLE

22 lutego *Krawiec*, reż. Erwin Axer, Teatr Współczesny, Warszawa.

21 kwietnia *Vatzlav*, reż. Kazimierz Dejmek, Teatr Nowy, Łódź.

18 maja *Ein freudiges Ereignis* (*Szczęśliwe wydarzenie*), przeł. Christa Vogel, reż. Ekkehart Emig i Martin Meltke, Theater, Rudolstadt (NRD).

9 czerwca *Lis aspirant* (grano z *Serenadą* i *Polowaniem na lisa*), reż. Mikołaj Grabowski, Teatr im. S. Jaracza, Łódź.

16 czerwca *Dom na granicy*, reż. Zofia Jaremowa, Teatr Lalki i Maski „Groteska", Kraków.

2 października *Emigránsok* (*Emigranci*), przeł. Géza Balogh, reż. Gábor Székely, Veszprémi Petőfi Színház, Játékszin, Budapeszt.

17 października *Emigranci*, przeł. Kazuo Yonekawa, reż. Fumio Niwa, Mingei, Tokio.

25 października *Buckel* (*Garbus*), przeł. Christa Vogel, reż. Herman Kutscher, Theater in der Josefstadt, Wiedeń.

21 listopada *Le pic du bossu* (*Garbus*), adapt. Gabriel Mérétik, reż. Laurent Terzieff, Théâtre National de Chaillot, Paryż.

Opracował: Roman Włodek

SPIS ILUSTRACJI

„MNOGOŚĆ RÓL..."

1.–2. Lata sześćdziesiąte XX wieku. FOT. EAST NEWS/LESZEK ŁOŻYŃSKI.

3. Chiavari, lata sześćdziesiąte XX wieku. FOT. ZOFIA NASIEROWSKA.

4.–5. Lata siedemdziesiąte XX wieku.

6. Z Samuelem Beckettem, Stuttgart 1977.

7. Z Leopoldem Kielanowskim, lata sześćdziesiąte XX wieku.

8.–10. Lata siedemdziesiąte XX wieku.

Fotografie 1–3 pochodzą z agencji fotograficznej Reporter. Zdjęcie nr 9 – FOT. HALINA ZACZEK.
Pozostałe fotografie oraz rysunki (powstałe w latach siedemdziesiątych) pochodzą z archiwum Sławomira Mrożka.

SZCZĘŚLIWE WYDARZENIE

1. *Szczęśliwe wydarzenie*, reż. Leopold Kielanowski, Teatr Polski ZASP, Londyn 1973 – afisz.
2. Plakat Jana Lenicy, 1974
3. Plakat Franciszka Starowieyskiego, 1974
4. *Szczęśliwe wydarzenie*, reż. Erwin Axer, scen. Ewa Starowieyska, Teatr Współczesny, Warszawa, premiera 3 listopada 1973. Od lewej: Kazimierz Rudzki (Mąż), Marta Lipińska (Żona), Kazimierz Kaczor (Niemowlę). FOT. WOJCIECH PLEWIŃSKI.

5. *Szczęśliwe wydarzenie*, reż. Erwin Axer, scen. Ewa Starowieyska, Teatr Współczesny, Warszawa, premiera 3 listopada 1973. Wiesław Michnikowski (Przybysz). FOT. WOJCIECH PLEWIŃSKI.
6. *Szczęśliwe wydarzenie*, reż. Erwin Axer, scen. Ewa Starowieyska, Teatr Współczesny, Warszawa, premiera 3 listopada 1973. Od lewej: Kazimierz Rudzki (Mąż), Kazimierz Kaczor (Niemowlę), Marta Lipińska (Żona). FOT. WOJCIECH PLEWIŃSKI.
7. *Szczęśliwe wydarzenie*, reż. Erwin Axer, scen. Ewa Starowieyska, Teatr Współczesny, Warszawa, premiera 3 listopada 1973. Od lewej: Wiesław Michnikowski (Przybysz), Kazimierz Rudzki (Mąż), Marta Lipińska (Żona), Henryk Borowski (Starzec). FOT. WOJCIECH PLEWIŃSKI.

Fotografie 4–7 pochodzą z archiwum Starego Teatru w Krakowie.

GARBUS

1. *Garbus*, reż. Jerzy Jarocki, scen. Ewa Starowieyska, Stary Teatr, Kraków, premiera 19 grudnia 1975. Józef Onyszkiewicz (Garbus) i Jerzy Bińczycki (Baron). FOT. WOJCIECH PLEWIŃSKI.
2. *Garbus*, reż. Jerzy Jarocki, scen. Ewa Starowieyska, Stary Teatr, Kraków, premiera 19 grudnia 1975. Na pierwszym planie Józef Onyszkiewicz (Garbus); na planie drugim: Renata Kretówna (Onka), Jerzy Bińczycki (Baron), Jerzy Święch (Onek), Ewa Lassek (Baronowa). FOT. WOJCIECH PLEWIŃSKI.
3. *Garbus*, reż. Jerzy Jarocki, scen. Ewa Starowieyska, Stary Teatr, Kraków, premiera 19 grudnia 1975. Od lewej: Jerzy Bińczycki (Baron), Renata Kretówna (Onka), Ewa Lassek (Baronowa), Jerzy Święch (Onek). Na drugim planie Józef Onyszkiewicz (Garbus). FOT. WOJCIECH PLEWIŃSKI.
4. *Garbus*, reż. Kazimierz Dejmek, Teatr Nowy, Łódź, premiera 14 grudnia 1975. Od lewej: Mieczysław Voit (Baron), Andrzej May (Onek). FOT. JERZY NEUGEBAUER.
5. *Garbus*, reż. Kazimierz Dejmek, Teatr Nowy, Łódź, premiera 14 grudnia 1975. Od lewej: Izabella Pieńkowska (Baronowa), Barbara Krafftówna (Onka), Mieczysław Voit (Baron), Bogusław Sochnacki (Garbus), Leon Charewicz (Student), Andrzej May (Onek). FOT. JERZY NEUGEBAUER.
6. *Garbus*, reż. Kazimierz Dejmek, Teatr Nowy, Łódź, premiera 14 grudnia 1975. Od lewej: Leon Charewicz (Student), Jan Kobuszewski (Nieznajomy). FOT. JERZY NEUGEBAUER.
7. *Garbus*, reż. Kazimierz Dejmek, Teatr Nowy, Łódź, premiera 14 grudnia 1975. Od lewej: Izabella Pieńkowska (Baronowa), Bogusław Sochnacki (Garbus), Barbara Krafftówna (Onka), Mieczysław Voit (Baron), Leon Charewicz (Student). FOT. JERZY NEUGEBAUER.

Fotografie 1–3 pochodzą z archiwum Starego Teatru w Krakowie.
Fotografie 4–7 pochodzą z archiwum Instytutu Teatralnego w Warszawie.

RZEŹNIA

1. Plakat Jana Młodożeńca.

2. *Rzeźnia*, reż. Jerzy Jarocki, scen. Kazimierz Wiśniak, Teatr Dramatyczny, Warszawa, premiera 21 marca 1975. Od lewej: Andrzej Szczepkowski (Dyrektor Filharmonii), Gustaw Holoubek (Skrzypek), Zbigniew Zapasiewicz (Paganini-Rzeźnik). FOT. MAREK HOLZMAN.
3. *Rzeźnia*, reż. Jerzy Jarocki, scen. Kazimierz Wiśniak, Teatr Dramatyczny, Warszawa, premiera 21 marca 1975. Od lewej: Janina Traczykówna (Flecistka), Gustaw Holoubek (Skrzypek), Wanda Łuczycka (Matka). FOT. MAREK HOLZMAN.
4. *Rzeźnia*, reż. Jerzy Jarocki, scen. Kazimierz Wiśniak, Teatr Dramatyczny, Warszawa, premiera 21 marca 1975. Z lewej: Gustaw Holoubek (Skrzypek), z prawej: Zbigniew Zapasiewicz (Paganini-Rzeźnik). FOT. MAREK HOLZMAN.
5. *Rzeźnia*, reż. i scen. Krystian Lupa, Teatr im. Juliusza Słowackiego, Kraków, premiera 8 maja 1976. Od lewej: Jerzy Nowak (Paganini-Rzeźnik), Paweł Korombel (Skrzypek). FOT. WOJCIECH PLEWIŃSKI.
6. *Rzeźnia*, reż. i scen. Krystian Lupa, Teatr im. Juliusza Słowackiego, Kraków, premiera 8 maja 1976. Na pierwszym planie Maria Przybylska (Flecistka), z tyłu: Maria Kościałkowska (Matka) i Paweł Korombel (Skrzypek). FOT. WOJCIECH PLEWIŃSKI.
7. *Rzeźnia*, reż. i scen. Krystian Lupa, Teatr im. Juliusza Słowackiego, Kraków, premiera 8 maja 1976. Od lewej: Ambroży Klimczak (Woźny), Jan Prochyra (Dyrektor Filharmonii). FOT. WOJCIECH PLEWIŃSKI.
8. *Rzeźnia*, reż. i scen. Krystian Lupa, Teatr im. Juliusza Słowackiego, Kraków, premiera 8 maja 1976. Jerzy Nowak (Paganini-Rzeźnik). FOT. WOJCIECH PLEWIŃSKI.

Fotografie 2–4 pochodzą z archiwum Instytutu Teatralnego w Warszawie. Fotografie 5–8 pochodzą z archiwum Starego Teatru w Krakowie.

EMIGRANCI

1.–3. *Emigranci*, reż. Jerzy Kreczmar, scen. Ewa Starowieyska, Teatr Współczesny, Warszawa, premiera 17 grudnia 1975. Od lewej: Wiesław Michnikowski (AA), Mieczysław Czechowicz (XX). FOT. MAREK HOLZMAN.

4. *Emigranci*, reż. Andrzej Wajda, scen. Krystyna Zachwatowicz, Stary Teatr, Kraków, premiera 24 kwietnia 1976. Od lewej: Jerzy Stuhr (AA), Jerzy Bińczycki (XX). FOT. WOJCIECH PLEWIŃSKI.
5. *Emigranci*, reż. Andrzej Wajda, scen. Krystyna Zachwatowicz, Stary Teatr, Kraków, premiera 24 kwietnia 1976. Od lewej: Jerzy Bińczycki (XX), Jerzy Stuhr (AA). FOT. WOJCIECH PLEWIŃSKI.
6. *Emigranci*, reż. Andrzej Wajda, scen. Krystyna Zachwatowicz, Stary Teatr, Kraków, premiera 24 kwietnia 1976. Od lewej: Jerzy Bińczycki (XX), Jerzy Stuhr (AA). FOT. WOJCIECH PLEWIŃSKI.
7. Afisz: *Emigranci*, reż. Roger Blin, Theatre D'Orsay, Paryż 1974. Na zdjęciu: Laurent Terzieff (AA). Z archiwum Starego Teatru w Krakowie.

Fotografie 1–6 pochodzą z archiwum Instytutu Teatralnego w Warszawie.

KRAWIEC

1. *Krawiec*, reż. Erwin Axer, scen. Ewa Starowieyska, Teatr Współczesny, Warszawa, premiera 22 lutego 1979. Od lewej: Jan Englert (Karlos), Wiesław Michnikowski (Krawiec). FOT. MAREK HOLZMAN.
2. *Krawiec*, reż. Erwin Axer, scen. Ewa Starowieyska, Teatr Współczesny, Warszawa, premiera 22 lutego 1979. Zofia Saretok (Nana) i Mieczysław Czechowicz (Onucy). FOT. MAREK HOLZMAN.
3. *Krawiec*, reż. Erwin Axer, scen. Ewa Starowieyska, Teatr Współczesny, Warszawa, premiera 22 lutego 1979. Od lewej: Krzysztof Kowalewski (Ekscelencja), Jan Englert (Karlos). FOT. MAREK HOLZMAN.
4. *Krawiec*, reż. Erwin Axer, scen. Ewa Starowieyska, Teatr Współczesny, Warszawa, premiera 22 lutego 1979. Mieczysław Czechowicz (Onucy) i Zofia Saretok (Nana). FOT. MAREK HOLZMAN.
5. *Krawiec*, reż. Janusz Nyczak, scen. Jacek Zagajewski, Teatr Współczesny, Szczecin, premiera 20 października 1978. Henryk Gęsikowski (Karlos). FOT. RENATA PAJCHEL.
6. *Krawiec*, reż. Janusz Nyczak, scen. Jacek Zagajewski, Teatr Współczesny, Szczecin, premiera 20 października 1978. Henryk Gęsikowski (Karlos) i Irmina Babińska (Nana). FOT. RENATA PAJCHEL.
7. Plakat Franciszka Starowieyskiego.

Fotografie 1–6 pochodzą z archiwum Instytutu Teatralnego w Warszawie.

INDEKS OSÓB*

* Nazwiska osób, które pojawiają się tylko w przypisach oraz w podpisach pod zdjęciami – zostały oznaczone drukiem pochyłym. Indeks nie obejmuje *Kalendarium* i *Spisu ilustracji*.

SPIS TREŚCI

Wydanie pierwsze

Konsultacja redakcyjna
Anna Zaremba-Michalska

Opieka redakcyjna, redakcja
Anita Kasperek

Przypisy
Maciej Urbanowski

Tłumaczenie fragmentów z języka francuskiego – Andrzej Stańczyk;
z języka angielskiego – Maciej Urbanowski, Beata Śmietana

Indeks osób
Roman Włodek

Korekta
Henryka Salawa, Tomasz Kunz, Weronika Kosińska,
Renata Niziołek, Anna Milewska-Grzyb, Małgorzata Wójcik

Opracowanie graficzne z wykorzystaniem rysunków Sławomira Mrożka
Marek Pawłowski

Redakcja techniczna
Bożena Korbut

Printed in Poland
Wydawnictwo Literackie Sp. z o.o., 2012
ul. Długa 1, 31-147 Kraków
bezpłatna linia telefoniczna: 800 42 10 40
księgarnia internetowa: www.wydawnictwoliterackie.pl
e-mail: ksiegarnia@wydawnictwoliterackie.pl
fax: (+48-12) 430 00 96
tel.: (+48-12) 619 27 70
Skład i łamanie: Scriptorium „TEXTURA"
Druk i oprawa: Zakład Poligraficzno-Wydawniczy POZKAL

ISBN 978-83-08-04845-0